NOMOSLEHRBUCH

Prof. Dr. Annette Guckelberger
Universität des Saarlandes

Allgemeines Verwaltungsrecht

mit Verwaltungsprozessrecht
und Staatshaftungsrecht

11. Auflage

Die Deutsche Nationalbibliothek verzeichnet diese Publikation in
der Deutschen Nationalbibliografie; detaillierte bibliografische
Daten sind im Internet über http://dnb.d-nb.de abrufbar.

ISBN 978-3-8487-8136-2 (Print)
ISBN 978-3-7489-2552-1 (ePDF)

11. Auflage 2023
© Nomos Verlagsgesellschaft, Baden-Baden 2023. Gesamtverantwortung für Druck
und Herstellung bei der Nomos Verlagsgesellschaft mbH & Co. KG. Alle Rechte, auch die
des Nachdrucks von Auszügen, der fotomechanischen Wiedergabe und der Übersetzung,
vorbehalten.

Vorwort
mit wichtigen Hinweisen zur Arbeit mit dem Buch

Das von *Wilfried Erbguth* begründete und von mir seit der 9. Auflage mitverantwortete Lehrbuch zum allgemeinen Verwaltungsrecht hat in der 10. Auflage eine positive Resonanz erfahren. In der nunmehr von mir allein verantworteten 11. Auflage wurden umfassende Aktualisierungen vorgenommen. Ua werden aktuelle, prüfungsrelevante Entwicklungen aus den Bereichen der Digitalisierung und Europäisierung, vor allem aber auch im Kontext der Coronapandemie aufgetretene verwaltungsrechtliche Rechtsprobleme aufgegriffen. Auch wird auf erste Maßnahmen zur Bewältigung der Energiekrise eingegangen, denen sicherlich noch weitere folgen werden. Auf Wunsch des Verlages habe ich mich um eine Reduzierung des Umfangs des Lehrbuchs bemüht und mich bei der Darstellung an den nunmehr zumeist in den Landesgesetzen enthaltenen Katalogen der zum allgemeinen Verwaltungsrecht gehörenden Prüfungsgegenstände in der 1. Juristischen Staatsprüfung orientiert. Dabei wird das bewährte didaktische Konzept des Lehrbuchs fortgesetzt, welches die Bedeutung des allgemeinen Verwaltungsrechts in seiner Vernetzung mit dem besonderen Verwaltungsrecht sowie Verwaltungsprozessrecht aufzeigt.

Allgemeines und **besonderes Verwaltungsrecht** sind miteinander verflochten, weil das allgemeine Recht vielfach die Grundlage des besonderen Rechts (etwa des Bau-, Polizei- und Kommunalrechts) bildet und das allgemeine (Verwaltungs-)Recht regelmäßig erst im Wege des besonderen Verwaltungsrechts Anwendung findet. Die Darstellung möchte die(se) enge Verbindung zwischen allgemeinem und besonderem Verwaltungsrecht anhand einzelner, besonders klausurrelevanter Stellen verdeutlichen. Indem an den Schnittstellen zum allgemeinen (Verwaltungs-)Recht bereits in wesentliche Grundlagen des besonderen Verwaltungsrechts eingeführt wird, lässt sich dieses später im Rahmen des weiteren Studiums besser erfassen.

Das **Verwaltungsprozessrecht** erscheint weiterhin nicht monolithisch am Ende der Abhandlung, sondern wird jeweils an passender Stelle problemorientiert dem allgemeinen Verwaltungsrecht zugeordnet, um die prozessuale und damit praktische Bedeutung der jeweiligen Rechtsfragen aufzuzeigen.

Die Darstellung will den Einstieg in das **allgemeine Verwaltungsrecht** erleichtern, aber auch die Möglichkeit der Vertiefung geben. Damit eignet sie sich nicht allein zur erstmaligen Aneignung des Stoffs, sondern dient zugleich der fortgeschrittenen juristischen Ausbildung und zur Examensvorbereitung. Dergestalt gilt für die Arbeit mit dem Buch folgende **Zweiteilung**:

- Bei der **erstmaligen Aneignung** des allgemeinen Verwaltungsrechts können die in kleinerer Schrift gesetzten Passagen im Text *übersprungen* werden. Entsprechendes gilt für *umfangreiche Fußnoten*, die zusätzliche Erläuterungen, Hinweise und Bewertungen liefern.

- Zur **vertiefenden Wiederholung** am Ende der erstmaligen Beschäftigung mit dem allgemeinen Verwaltungsrecht, in späteren Studienabschnitten oder zur Examensvorbereitung, ferner für die (Verwaltungs-)Praxis, ist es hingegen *ratsam*, die in kleinerer Schrift gesetzten Passagen im Text mitzulesen und zu durchdenken.

- Zur Verstärkung des Lerneffekts empfiehlt sich unabhängig von der Wissensstufe, die Fälle zunächst selbstständig zu lösen, bevor die angebotene Lösung zur Kontrolle herangezogen wird. Zudem dienen Wiederholungs- und Verständnisfragen der Verfestigung des Erlernten.

Für wertvolle Recherche- und Überprüfungsarbeiten sowie Anmerkungen aus Sicht von Examenskandidatinnen und -kandidaten möchte ich mich bei meinem Lehrstuhlteam, den Diplom-Juristinnen Katharina V. Weiß, Kerstin Wrobel und Ella Mitschang sowie den Rechtsreferendarinnen Alexandra Fiedler, Franziska Lind und Dr. Gina Starosta bedanken. Ferner gilt mein Dank den cand. iur. Paul Dick, Andreas Ecker, Demian Haddad, Johannes Hoffmann, Max Müller, Maurice Rammo, Verena Remlinger und Julia Wilbois. Außerdem haben Richterin Sabrina Balz und stud. iur. Lucca Kaltenecker bedeutsame Hinweise gegeben. Dank gebührt des Weiteren meiner Sekretärin, Frau Marlies Weber, für das Korrekturlesen.

Ich würde mich freuen, wenn das nun in 11. Auflage vorliegende Lehrbuch weiterhin wohlwollend angenommen wird. Hinweise aus dem Leserkreis sind willkommen, an: a.guckelberger@mx.uni-saarland.de.

Saarbrücken, im September 2022 *Annette Guckelberger*

Vorwort zur 1. Auflage

Dem gut besetzten Kanon der Darstellungen zum allgemeinen Verwaltungsrecht ein weiteres Buch hinzuzufügen, stellt ein riskantes Unterfangen dar. Das Wagnis ist auch nur deshalb eingegangen worden, weil die Erfahrung lehrt, dass trotz aller – traditionsreichen wie jüngeren – Abhandlungen der Zugang zu diesem Rechtsgebiet von Seiten der Studierenden vielfach als dornig begriffen wird: Das (allgemeine) Verwaltungsrecht rangiert im ohnehin nicht sonderlich beliebten „Ö-"Recht regelmäßig am untersten Ende.

In Anbetracht dessen versteht sich die bewusst nicht ausufernd verfasste Darstellung als reines Lehrbuch. Es versucht auf sprachlich eingängige Weise und mit einer Vielzahl von Beispielen und Fällen die Materie nicht nur verständlich, sondern auch schmackhaft zu machen. Zur Vertiefung finden sich in den Fußnoten ergänzende Bemerkungen mit weiterführenden Hinweisen.

Zu danken ist Frau Wissenschaftlicher Mitarbeiterin *Jana Kenzler* für weitreichende inhaltliche Vorarbeiten. Frau *Kathrin Podehl*, die am Lehrstuhl für öffentliches Recht und am Ostseeinstitut für Seerecht, Umweltrecht und Infrastrukturrecht die Aufgaben der Verwaltung und Organisation wahrnimmt, hat – nicht zum ersten Mal – mit Sorgfalt die notwendigen Korrekturen und Formatierungen vorgenommen; auch ihr gebührt daher Dank.

Dankbar wäre ich schließlich für Hinweise, Anregungen und Kritik.

Rostock, im Januar 2005

Inhaltsübersicht

Vorwort mit wichtigen Hinweisen zur Arbeit mit dem Buch	5
Vorwort zur 1. Auflage	7
Abkürzungsverzeichnis	29
Verzeichnis der abgekürzt zitierten Literatur	36

Teil 1 Einführung

§ 1	Begriff der öffentlichen Verwaltung	44
§ 2	Verwaltungsrecht und Verfassungsrecht	49
§ 3	Verwaltungsrecht und Unionsrecht	51
§ 4	Wiederholungs- und Verständnisfragen zu Teil 1	59

Teil 2 Grundlagen des Verwaltungsrechts

§ 5	Einordnung und Abgrenzungen des Verwaltungsrechts im Gesamtrechtssystem der Bundesrepublik Deutschland	61
§ 6	Verwaltungsorganisation	79
§ 7	Rechtsquellen der Verwaltung	95
§ 8	Grundsatz der Gesetzmäßigkeit der Verwaltung	106
§ 9	Subjektiv-öffentliche Rechte	113
§ 10	Verwaltungsrechtsverhältnisse	133
§ 11	Systematisierung des Verwaltungshandelns und Verwaltungsrechtsschutz	145

Teil 3 Verwaltungsakt

§ 12	Begriff, Funktionen und Arten des Verwaltungsakts	149
§ 13	Bekanntgabe und Wirksamkeit von Verwaltungsakten, Rechtsnachfolge	187
§ 14	Rechtmäßigkeitsvoraussetzungen des Verwaltungsakts	200
§ 15	Rechtsfolgen fehlerhafter Verwaltungsakte	246
§ 16	Rücknahme und Widerruf von Verwaltungsakten	264
§ 17	Wiederaufgreifen des Verfahrens	292
§ 18	Nebenbestimmungen zum Verwaltungsakt	299
§ 19	Vollstreckung von Verwaltungsakten	310
§ 20	Rechtsschutz im Widerspruchs- und Klageverfahren bei Verwaltungsakten	331
§ 21	Vorläufiger Rechtsschutz bei Verwaltungsakten	384
§ 22	Rechtsmittel	410

Teil 4 Weitere Handlungsformen der Verwaltung

§ 23	Realakte	413
§ 24	Öffentlich-rechtliche Verträge	439
§ 25	Rechtsverordnungen	458
§ 26	Satzungen	469
§ 27	Verwaltungsvorschriften	474
§ 28	Normenkontrolle, § 47 VwGO	481
§ 29	Privatrechtliches Handeln der Verwaltung und Privatisierung	497

Teil 5 Recht der öffentlichen Sachen

§ 30	Begriff, Begründung und Einteilung der öffentlichen Sachen	515
§ 31	Öffentliche Sachen im Gemeingebrauch	523
§ 32	Öffentliche Sachen im Sondergebrauch	533
§ 33	Öffentliche Sachen im Anstaltsgebrauch	534
§ 34	Öffentliche Sachen im Verwaltungsgebrauch	539
§ 35	Wiederholungs- und Verständnisfragen	540

Teil 6 Haftung für Verwaltungshandeln

§ 36	Einführung in das Staatshaftungsrecht	541
§ 37	Amtshaftungsansprüche	544
§ 38	Haftung bei Verletzung von Unionsrecht	566
§ 39	Entschädigungsansprüche bei Eigentumseingriffen	575
§ 40	Ansprüche aus (allgemeiner) Aufopferung	603
§ 41	Folgenbeseitigungs-, Unterlassungs- und Herstellungsansprüche	607
§ 42	Öffentlich-rechtliche Erstattungsansprüche	619
§ 43	Ansprüche aus öffentlich-rechtlichen Schuldverhältnissen	626
Anhang: Definitionen		637
Stichwortverzeichnis		645

Inhalt

Vorwort mit wichtigen Hinweisen zur Arbeit mit dem Buch	5
Vorwort zur 1. Auflage	7
Verzeichnis der Übersichten und Prüfungsschemata	27
Abkürzungsverzeichnis	29
Verzeichnis der abgekürzt zitierten Literatur	36

Teil 1 Einführung

§ 1	Begriff der öffentlichen Verwaltung	44
§ 2	Verwaltungsrecht und Verfassungsrecht	49
§ 3	Verwaltungsrecht und Unionsrecht	51
	I. Geltungsumfang des Unionsrechts in den Mitgliedstaaten	51
	II. Auswirkungen des Unionsrechts auf die mitgliedstaatliche Verwaltung	54
	1. Umsetzung durch nationales Recht	54
	2. Vollzug durch nationale Behörden	55
	3. Europäischer Verwaltungsverbund	57
	4. Europäische Verwaltungszusammenarbeit	58
§ 4	Wiederholungs- und Verständnisfragen zu Teil 1	59

Teil 2 Grundlagen des Verwaltungsrechts

§ 5	Einordnung und Abgrenzungen des Verwaltungsrechts im Gesamtrechtssystem der Bundesrepublik Deutschland	61
	I. Verwaltungsrecht und seine Untergliederungen	61
	II. Verwaltungsrecht als Teilgebiet des öffentlichen Rechts und seine Abgrenzung zum Privatrecht	62
	1. Bedeutung der Abgrenzung	62
	2. Ansatzpunkte für die Abgrenzung	63
	a) Abgrenzungstheorien	63
	b) Aufgabenbereich der Behörde	66
	c) Zwei-Stufen-Theorie	67
	d) Problemfälle	68
	aa) Realakte	68
	bb) Rechtsakte	71
	III. Prüfung der Generalklausel in § 40 Abs. 1 VwGO	72
	1. Aufdrängende Sonderzuweisungen	73
	2. Merkmale der Generalklausel in § 40 Abs. 1 VwGO	73
	a) Öffentlich-rechtliche Streitigkeit	74
	b) Nichtverfassungsrechtliche Streitigkeit	74
	c) Fehlen einer abdrängenden Sonderzuweisung	76

		d) Verfahren bei Rechtswegstreitigkeiten	76
	IV.	Wiederholungs- und Verständnisfragen	78
§ 6	**Verwaltungsorganisation**		**79**
	I.	Grundbegriffe	79
		1. Verwaltungsträger	79
		2. Organ, Behörde, Amt	80
	II.	Zuständigkeiten	82
	III.	Verwaltungsaufbau	82
		1. Unmittelbare Staatsverwaltung	83
		a) Unmittelbare Bundesverwaltung	83
		b) Unmittelbare Landesverwaltung	85
		2. Mittelbare Staatsverwaltung	85
		a) Körperschaften	86
		b) Anstalten	89
		c) Stiftungen	90
		d) Beliehene	90
	IV.	Staatsaufsicht	92
		1. Arten der Aufsicht	93
		2. Aufsicht bei unmittelbarer Staatsverwaltung	93
		3. Aufsicht bei mittelbarer Staatsverwaltung	93
		4. Aufsicht des Bundes gegenüber den Ländern	94
	V.	Wiederholungs- und Verständnisfragen	94
§ 7	**Rechtsquellen der Verwaltung**		**95**
	I.	Verfassungsrecht	95
	II.	Formelle Gesetze	95
	III.	Materielle Gesetze	96
		1. Rechtsverordnungen	96
		2. Satzungen	97
	IV.	Verwaltungsvorschriften	97
	V.	Gewohnheitsrecht	97
	VI.	Richterrecht	98
	VII.	Allgemeine Rechtsgrundsätze	98
	VIII.	Unionsrecht und Völkerrecht	99
		1. Unionsrecht	99
		2. Völkerrecht	100
	IX.	Rangordnung der Rechtsquellen	100
	X.	Prüfungs- und Verwerfungskompetenz der Verwaltung	103
	XI.	Wiederholungs- und Verständnisfragen	105
§ 8	**Grundsatz der Gesetzmäßigkeit der Verwaltung**		**106**
	I.	Vorrang des Gesetzes	106
	II.	Vorbehalt des Gesetzes	107
		1. Begriff	107
		2. Parlamentsvorbehalt und Rechtssatzvorbehalt	108
		3. Zum Geltungsbereich des Vorbehalts des Gesetzes	109
		a) Eingriffsverwaltung	109
		b) Leistungsverwaltung	110

	III.	Wiederholungs- und Verständnisfragen	112
§ 9		**Subjektiv-öffentliche Rechte**	113
	I.	Begriffsbestimmung	113
	II.	Voraussetzungen für die Annahme subjektiv-öffentlicher Rechte	113
		1. Allgemeines und Herangehensweise	113
		a) Explizite Aussage zum (Nicht-)Vorliegen eines subjektiven öffentlichen Rechts	114
		b) Schutznormtheorie	114
		2. Einzelfragen	116
		a) Formelle Vorschriften, insbesondere Verfahrensregelungen	116
		b) Grundrechte und grundrechtsähnliche Rechtspositionen	117
		c) Europarecht im engeren und weiteren Sinne	119
	III.	Verwaltungsprozessrechtliche Bedeutung: Klagebefugnis	121
		1. Funktion und Bedeutung der Klagebefugnis	121
		2. Vorliegen der Klagebefugnis	123
		3. Klagebefugnis kraft Unionsrechts	127
	IV.	Wiederholungs- und Verständnisfragen	132
§ 10		**Verwaltungsrechtsverhältnisse**	133
	I.	Begriff des Verwaltungsrechtsverhältnisses	133
	II.	Arten von Verwaltungsrechtsverhältnissen	133
	III.	Begründung von Verwaltungsrechtsverhältnissen	135
	IV.	Verwaltungsprozessrechtliche Bedeutung: Feststellungsklage	136
		1. Statthaftigkeit	136
		a) Richtiger Streitgegenstand	136
		b) Subsidiarität	138
		2. Besondere Zulässigkeitsvoraussetzungen	139
		a) Feststellungsinteresse	139
		b) Klagebefugnis	141
		c) Widerspruchsverfahren und Klagefrist	141
		d) Klagegegner	142
		3. Allgemeine Zulässigkeitsvoraussetzungen	142
		4. Begründetheit	142
	V.	Wiederholungs- und Verständnisfragen	144
§ 11		**Systematisierung des Verwaltungshandelns und Verwaltungsrechtsschutz**	145

TEIL 3 VERWALTUNGSAKT

§ 12		**Begriff, Funktionen und Arten des Verwaltungsakts**	149
	I.	Tatbestandsmerkmale des Verwaltungsakts	150
		1. Hoheitliche Maßnahme	150
		2. Behörde	151
		3. Auf dem Gebiet des öffentlichen Rechts	151
		4. Regelung	152
		a) Abgrenzung zu Realakten	154
		b) Vorbereitungs- und Teilakte	155
		c) Öffentlich-rechtliche Willenserklärungen	156

		5. Einzelfall	158
		a) Merkmale konkret-individuell/abstrakt-generell	158
		b) Allgemeinverfügung	160
		6. Außenwirkung	162
		a) Abgrenzung zu innerdienstlichen Weisungen	163
		b) Maßnahmen zwischen und innerhalb von Verwaltungsträgern	165
		c) Mehrstufige Verwaltungsakte	166
		d) Organisationsakte	168
		7. Vollständig automatisierter Verwaltungsakt	170
	II.	Funktionen des Verwaltungsakts	173
	III.	Arten von Verwaltungsakten	174
		1. Befehlende, gestaltende und feststellende Verwaltungsakte	174
		a) Befehlende Verwaltungsakte	174
		b) Gestaltende Verwaltungsakte	174
		c) Feststellende Verwaltungsakte	176
		2. Begünstigende und belastende Verwaltungsakte	176
		3. Einseitige und mitwirkungsbedürftige Verwaltungsakte; einstufige und mehrstufige Verwaltungsakte	177
		4. Behördliche Erklärungen – Zusage/Zusicherung, Vorbescheid, Teilgenehmigung, vorläufiger und vorsorglicher Verwaltungsakt	177
		a) Zusicherung	177
		b) Zusage	179
		c) Vorbescheid	180
		d) Teilgenehmigung	180
		e) Vorläufiger Verwaltungsakt	181
		f) Vorsorglicher Verwaltungsakt	182
		5. Differenzierung mit Blick auf die räumliche Reichweite: Transnationale und interföderale Verwaltungsakte	183
		a) Transnationaler Verwaltungsakt	183
		b) Interföderaler Verwaltungsakt	185
	IV.	Wiederholungs- und Verständnisfragen	185
§ 13	Bekanntgabe und Wirksamkeit von Verwaltungsakten, Rechtsnachfolge		187
	I.	Wirksamkeit von Verwaltungsakten	189
	II.	Bekanntgabe	190
		1. Adressat der Bekanntgabe	190
		2. Voraussetzungen der Bekanntgabe	191
		3. Verwaltungsprozessuale Relevanz der Bekanntgabe	191
		4. Formen der Bekanntgabe	192
	III.	Rechtsnachfolge	197
	IV.	Wiederholungs- und Verständnisfragen	199
§ 14	Rechtmäßigkeitsvoraussetzungen des Verwaltungsakts		200
	I.	Ermächtigungsgrundlage zum Erlass von Verwaltungsakten	200
		1. Erforderlichkeit der Ermächtigungsgrundlage – Vorbehalt des Gesetzes	201
		2. Verwaltungsaktbefugnis	202

II.	Formelle Rechtmäßigkeit	204
	1. Zuständigkeit	204
	a) Sachliche Zuständigkeit	205
	b) Örtliche Zuständigkeit	205
	2. Verfahren	206
	a) Verwaltungsverfahren	207
	aa) Anwendungsbereich des VwVfG	207
	bb) Verfahrensarten	209
	cc) Allgemeine Verfahrensgrundsätze des nichtförmlichen Verfahrens	213
	b) Anhörung als besonderes Verfahrenserfordernis	215
	c) Akteneinsicht	217
	3. Form	219
	4. Rechtsbehelfsbelehrung als Formerfordernis der VwGO	220
III.	Materielle Rechtmäßigkeit	221
	1. Unbestimmte Rechtsbegriffe und Beurteilungsspielraum	222
	a) Unbestimmte Rechtsbegriffe	222
	b) Beurteilungsspielraum	223
	aa) Prüfungs- und prüfungsähnliche Entscheidungen	225
	bb) Weitere unbestimmte Rechtsbegriffe mit Beurteilungsspielraum	228
	2. Ermessen	230
	a) Begriff	230
	b) Arten von Ermessen	232
	c) Rechtsbindung des Ermessens	233
	d) Ermessensfehler	234
	e) Ermessensreduzierung auf Null	236
	f) Anspruch auf ermessensfehlerfreie Entscheidung	236
	3. Koppelungsvorschriften	237
	4. Exkurs: Planerische Abwägung	239
	5. Übereinstimmung mit sonstigen Rechtsgrundsätzen und höherrangigem Recht	240
	a) Verhältnismäßigkeit	240
	b) Bestimmtheit	242
	c) Tatsächliche und rechtliche Unmöglichkeit	243
	d) Kein Verstoß gegen die Rechtskraft eines vorherigen Urteils	243
	e) Kein Verstoß gegen sonstiges höherrangiges Recht	244
IV.	Wiederholungs- und Verständnisfragen	245

§ 15 Rechtsfolgen fehlerhafter Verwaltungsakte   246

I.	Rechtsunwirksamkeit und Rechtswidrigkeit von Verwaltungsakten	246
	1. Nichtigkeitsgründe	246
	2. Nichtigkeitsfolgen	249
II.	Anfechtbarkeit und Aufhebbarkeit	250
	1. Anfechtbarkeit	250
	a) Widerspruch und Anfechtungsklage	250
	b) Bestandskraft von Verwaltungsakten	250
	2. Aufhebbarkeit	251
	3. Teilrechtswidrigkeit, Teilanfechtbarkeit und Teilaufhebbarkeit	251

III.	Folgen von Verfahrens- und Formfehlern	252
	1. Heilung von Verfahrens- und Formfehlern	254
	2. Unbeachtlichkeit bestimmter formeller Fehler	258
IV.	Umdeutung fehlerhafter Verwaltungsakte	261
V.	Sonstige Fehlerfolgen	262
VI.	Wiederholungs- und Verständnisfragen	263

§ 16 Rücknahme und Widerruf von Verwaltungsakten 264
- I. Begriffe: Rücknahme und Widerruf 264
    1. Unterscheidung rechtmäßige und rechtswidrige Verwaltungsakte 265
    2. Unterscheidung belastende und begünstigende Verwaltungsakte 266
- II. Rücknahme 267
    1. Belastende Verwaltungsakte 269
    2. Begünstigende Verwaltungsakte 270
        - a) Rücknahme leistungsgewährender Verwaltungsakte 270
            - aa) Vertrauenstatbestand 271
            - bb) Schutzwürdigkeit 271
        - b) Rücknahme sonstiger begünstigender Verwaltungsakte 274
    3. Rücknahmefrist 275
- III. Widerruf 278
    1. Belastende Verwaltungsakte 279
    2. Begünstigende Verwaltungsakte 280
- IV. Erstattungspflicht 284
- V. Rücknahme und Widerruf von begünstigenden Verwaltungsakten mit belastender Drittwirkung 286
- VI. Rücknahme und Widerruf unionsrechtswidriger Verwaltungsakte 287
    1. Rücknahme belastender, unionsrechtswidriger Verwaltungsakte 287
    2. Rücknahme begünstigender unionsrechtswidriger Verwaltungsakte 288
    3. Widerruf nachträglich unionsrechtswidriger Verwaltungsakte 290
- VII. Wiederholungs- und Verständnisfragen 291

§ 17 Wiederaufgreifen des Verfahrens 292
- I. Zulässigkeit des Antrags auf Wiederaufgreifen des Verfahrens ieS 293
- II. Begründetheit des Antrags auf Wiederaufgreifen des Verfahrens ieS 294
- III. Begründetheit des Antrags auf Aufhebung des Verwaltungsakts 295
- IV. Wiederaufgreifen iwS 296
- V. Exkurs: Wiederaufnahme des verwaltungsgerichtlichen Verfahrens 297
- VI. Wiederholungs- und Verständnisfragen 298

§ 18 Nebenbestimmungen zum Verwaltungsakt 299
- I. Arten von Nebenbestimmungen, Rechtsnatur, Abgrenzung 300
    1. Befristung 300
    2. Bedingung 300
    3. Widerrufsvorbehalt 301
    4. Auflage 301
    5. Auflagenvorbehalt 302
    6. Rechtsnatur der Nebenbestimmungen 302
    7. Abgrenzung 302
        - a) Abgrenzung zwischen Auflage und Bedingung 302

		b) Abgrenzung zwischen Auflage und Inhaltsbestimmung sowie „modifizierender Auflage"	304
	II.	Rechtliche Zulässigkeit von Nebenbestimmungen	305
	III.	Rechtsschutz gegen Nebenbestimmungen	306
		1. Meinungsstand	306
		2. Beurteilung	307
	IV.	Wiederholungs- und Verständnisfragen	309

§ 19 Vollstreckung von Verwaltungsakten — 310
- I. Grundstrukturen der Verwaltungsvollstreckung — 310
  1. Begriff und Bedeutung — 310
  2. Rechtliche Grundlagen — 311
- II. Erzwingung von Handlungen, Duldungen und Unterlassungen — 311
  1. Überblick über die Zwangsmittel — 311
     - a) Ersatzvornahme — 312
     - b) Zwangsgeld — 312
     - c) Unmittelbarer Zwang — 314
  2. Voraussetzungen — 314
     - a) Gestrecktes Verfahren — 315
        - aa) Grundverfügung — 315
        - bb) Androhung des Zwangsmittels — 317
        - cc) Festsetzung des Zwangsmittels — 318
        - dd) Anwendung des Zwangsmittels — 319
     - b) Sofortiger Vollzug — 319
  3. Keine Vollstreckungshindernisse — 321
  4. Keine Vollstreckung gegen Behörden — 322
  5. Rechtsschutzeröffnung — 322
     - a) Gegen die Grundverfügung — 322
     - b) Auf Einstellung der Vollstreckung — 323
     - c) Gegen Vollstreckungsmaßnahmen — 324
     - d) Gegen den Kostenbescheid — 325
- III. Vollstreckung wegen Geldforderungen — 326
  1. Ablauf des Vollstreckungsverfahrens — 326
  2. Rechtsschutz — 327
- IV. Wiederholungs- und Verständnisfragen — 330

§ 20 Rechtsschutz im Widerspruchs- und Klageverfahren bei Verwaltungsakten — 331
- I. Widerspruchsverfahren — 332
  1. Ablauf des Widerspruchsverfahrens — 333
  2. Zuständige Widerspruchsbehörde — 335
  3. Zulässigkeitsvoraussetzungen des Widerspruchs — 335
     - a) Eröffnung des Verwaltungsrechtswegs (§ 68 iVm § 40 Abs. 1 VwGO analog) — 335
     - b) Statthaftigkeit des Widerspruchs (§ 68 iVm § 42 Abs. 1 VwGO analog) — 335
     - c) Widerspruchsbefugnis (§ 68 iVm § 42 Abs. 2 VwGO analog) — 337
     - d) Form und Frist des Widerspruchs (§ 70 VwGO) — 337
     - e) Widerspruchs- bzw. Sachbescheidungsinteresse — 340
     - f) Sonstige Zulässigkeitsvoraussetzungen — 340

	4. Begründetheit des Widerspruchs	340
	5. Reformatio in peius	341
II.	Anfechtungs- und Verpflichtungsklage	344
	1. Statthaftigkeit	344
	a) Anfechtungsklage	344
	b) Verpflichtungsklage	345
	2. Besondere Zulässigkeitsvoraussetzungen der Anfechtungs- und Verpflichtungsklage	349
	a) Klagebefugnis	349
	b) Widerspruchsverfahren	350
	c) Klagefrist	351
	d) Klagegegner	353
	3. Allgemeine Zulässigkeitsvoraussetzungen der Anfechtungs- und Verpflichtungsklage	355
	a) Eröffnung des Verwaltungsrechtswegs	356
	b) Beteiligungsfähigkeit	356
	c) Prozess- und Postulationsfähigkeit	357
	d) Rechtsschutzbedürfnis	358
	e) Zuständigkeit des Gerichts	359
	f) Klagehäufung	360
	g) Exkurs: Beiladung	361
	4. Begründetheit von Anfechtungs- und Verpflichtungsklage	362
	a) Anfechtungsklage	362
	b) Verpflichtungsklage	367
III.	Fortsetzungsfeststellungsklage	369
	1. Statthaftigkeit	369
	2. Besondere Zulässigkeitsvoraussetzungen	372
	a) Klagebefugnis	372
	b) Widerspruchsverfahren	372
	c) Klagefrist	373
	d) Klagegegner	373
	e) Fortsetzungsfeststellungsinteresse	373
	3. Allgemeine Zulässigkeitsvoraussetzungen	376
	4. Begründetheit der Fortsetzungsfeststellungsklage	376
IV.	Verfahrensgrundsätze im Verwaltungsprozess	380
V.	Wiederholungs- und Verständnisfragen	382
§ 21	**Vorläufiger Rechtsschutz bei Verwaltungsakten**	**384**
I.	Funktion und Arten vorläufigen Rechtsschutzes	384
II.	Aufschiebende Wirkung und Aussetzungsverfahren	384
	1. Begriff und Rechtsfolgen	384
	2. Voraussetzungen der aufschiebenden Wirkung	386
	3. Ausnahmetatbestände	387
	a) Ausnahmen kraft gesetzlicher Regelung	387
	b) Ausnahme kraft behördlicher Anordnung	389
	aa) Formelle Rechtmäßigkeit der Vollziehungsanordnung	389
	bb) Materielle Rechtmäßigkeit der Vollziehungsanordnung	391
	4. § 80 Abs. 1, 2 VwGO und Unionsrecht	392

Inhalt

5.	Antrag auf Anordnung oder Wiederherstellung der aufschiebenden Wirkung allgemein	393
	a) Zulässigkeit des Antrags	393
	aa) Statthaftigkeit	393
	bb) Weitere Zulässigkeitsvoraussetzungen	395
	b) Begründetheit des Antrags	396
	c) Berücksichtigung des Unionsrechts	398
6.	Vorläufiger gerichtlicher Rechtsschutz bei Verwaltungsakten mit Drittwirkung	400
	a) Behördlicher Rechtsschutz	401
	aa) § 80a Abs. 1 Nr. 1 VwGO	401
	bb) § 80a Abs. 1 Nr. 2 VwGO	401
	cc) § 80a Abs. 2 VwGO	402
	b) Gerichtlicher Rechtsschutz	402
	aa) Statthaftigkeit	402
	bb) Weitere Zulässigkeitsvoraussetzungen	403
	cc) Begründetheit	404
	(1) Antrag auf Anordnung oder Wiederherstellung bzw. Feststellung der aufschiebenden Wirkung	404
	(2) Antrag auf Anordnung der sofortigen Vollziehung	405
	(3) Antrag auf Vornahme von Sicherungsmaßnahmen und Antrag auf Vollzugsfolgenbeseitigung	406
	(4) Mögliche Änderung in Bezug auf Infrastrukturvorhaben	406
III.	Einstweiliger gerichtlicher Rechtsschutz in der Verpflichtungssituation	408
IV.	Wiederholungs- und Verständnisfragen	409

§ 22 Rechtsmittel — 410

Teil 4 Weitere Handlungsformen der Verwaltung

§ 23 Realakte — 413

I.	Begriff	413
II.	Rechtmäßigkeitsvoraussetzungen von Realakten	415
III.	Informelles Verwaltungshandeln	417
IV.	Rechtsschutz bei Realakten: allgemeine Leistungsklage und einstweiliger Rechtsschutz	418
	1. Allgemeine Leistungsklage	419
	a) Statthaftigkeit	419
	b) Besondere Zulässigkeitsvoraussetzungen	420
	aa) Klagebefugnis	420
	bb) Widerspruchsverfahren und Klagefrist	421
	cc) Klagegegner	421
	dd) Qualifiziertes Rechtsschutzbedürfnis	421
	c) Allgemeine Zulässigkeitsvoraussetzungen	423
	aa) Beteiligungs- und Prozessfähigkeit	423
	bb) Allgemeines Rechtsschutzbedürfnis	423
	d) Begründetheit	423

		2. Sonderfall: Kommunalverfassungsstreit	426
		a) Statthaftigkeit	428
		b) Klagebefugnis	430
		c) Allgemeines und besonderes Feststellungsinteresse	431
		d) Sonstige Zulässigkeitsvoraussetzungen	431
		e) Begründetheit	432
		3. Einstweilige Anordnung nach § 123 VwGO	432
		a) Statthaftigkeit	433
		b) Weitere Zulässigkeitsvoraussetzungen	434
		c) Begründetheit	435
	V.	Wiederholungs- und Verständnisfragen	438
§ 24	Öffentlich-rechtliche Verträge		439
	I.	Anwendungsbereich	439
	II.	Merkmale des öffentlich-rechtlichen Vertrags	440
		1. Vertrag	440
		2. Vertragsinhalt	441
		3. Auf dem Gebiet des öffentlichen Rechts	441
	III.	Arten öffentlich-rechtlicher Verträge	443
		1. Koordinations- und subordinationsrechtliche öffentlich-rechtliche Verträge	443
		2. Besondere Vertragstypen	444
		a) Vergleichsvertrag	444
		b) Austauschvertrag	445
	IV.	Ordnungsgemäßes Zustandekommen öffentlich-rechtlicher Verträge	447
		1. Zulässigkeit des Handelns durch Vertrag	447
		2. Formelle Rechtmäßigkeit	448
		a) Zuständigkeit	448
		b) Schriftform	448
		c) Zustimmung von Dritten und Behörden	449
		3. Materielle Rechtmäßigkeit	449
		4. Der fehlerhafte öffentlich-rechtliche Vertrag	450
		a) Rechtswidrigkeit und Rechtsunwirksamkeit	450
		b) Nichtigkeit	451
		aa) Besondere Nichtigkeitsgründe	451
		bb) Allgemeine Nichtigkeitsvorschrift	452
		cc) Folgen der Nichtigkeit	453
	V.	Abwicklung wirksamer öffentlich-rechtlicher Verträge	454
		1. Durchsetzung	454
		2. Anpassung oder Kündigung	455
	VI.	Wiederholungs- und Verständnisfragen	457
§ 25	Rechtsverordnungen		458
	I.	Begriff	459
	II.	Rechtmäßigkeitsvoraussetzungen der Rechtsverordnung	459
		1. Ermächtigungsgrundlage	460
		2. Formelle Rechtmäßigkeit	462
		a) Zuständigkeit	462
		b) Verfahren	462

Inhalt

		c) Form	463
	3.	Materielle Rechtmäßigkeit	463
III.	Rechtswidrigkeit von Rechtsverordnungen und Rechtsschutz		464
IV.	Wiederholungs- und Verständnisfragen		468

§ 26 Satzungen — 469
- I. Begriff — 469
- II. Rechtmäßigkeitsvoraussetzungen der Satzung — 469
    1. Ermächtigungsgrundlage — 469
    2. Formelle Rechtmäßigkeitsvoraussetzungen — 470
    3. Materielle Rechtmäßigkeitsvoraussetzungen — 471
- III. Rechtswidrigkeit der Satzung und Rechtsschutz — 472
- IV. Wiederholungs- und Verständnisfragen — 473

§ 27 Verwaltungsvorschriften — 474
- I. Begriff — 474
- II. Arten von Verwaltungsvorschriften — 474
- III. Allgemeine rechtliche Anforderungen an Verwaltungsvorschriften — 476
- IV. Rechtsnatur — 477
- V. Wiederholungs- und Verständnisfragen — 480

§ 28 Normenkontrolle, § 47 VwGO — 481
- I. Begriff und Funktion — 481
- II. Statthaftigkeit — 482
- III. Antragsbefugnis — 485
- IV. Antragsfrist — 487
- V. Beteiligungsfähigkeit, Prozessfähigkeit, Postulationsfähigkeit, Antragsgegner, Antragsform — 488
- VI. Rechtsschutzbedürfnis — 489
- VII. Begründetheit — 489
- VIII. Einstweilige Anordnung nach § 47 Abs. 6 VwGO — 491
    1. Statthaftigkeit — 492
    2. Weitere Zulässigkeitsvoraussetzungen — 492
    3. Begründetheit — 493
- IX. Wiederholungs- und Verständnisfragen — 496

§ 29 Privatrechtliches Handeln der Verwaltung und Privatisierung — 497
- I. Privatrechtliches Handeln — 497
    1. Wahrnehmung von Verwaltungsaufgaben in Form des Privatrechts: Verwaltungsprivatrecht — 497
        - a) Wahlfreiheit — 497
        - b) Zwei-Stufen-Theorie — 498
            - aa) Gewährung von Subventionen — 498
            - bb) Zugang zu kommunalen öffentlichen Einrichtungen — 500
        - c) Geltung der Grundrechte — 502
    2. Fiskalverwaltung — 502
        - a) Geschäfte zur Bedarfsdeckung/fiskalische Hilfsgeschäfte (Staat als Kunde) — 502
        - b) Erwerbswirtschaftliche Geschäfte (Staat als Unternehmer) — 504

		c) Verwaltung von Vermögensgegenständen (Staat als Eigentümer)	505
	II.	Privatisierung	506
		1. Formelle Privatisierung	507
		2. Funktionale Privatisierung	508
		3. Materielle Privatisierung	509
		4. Vermögensprivatisierung	510
		5. Public-Private-Partnership	510
		6. Regulierung	511
	III.	Wiederholungs- und Verständnisfragen	513

Teil 5 Recht der öffentlichen Sachen

§ 30	Begriff, Begründung und Einteilung der öffentlichen Sachen	515
	I. Begriff der öffentlichen Sachen	515
	II. Statusbegründung bei öffentlichen Sachen	516
	1. Gemeinwohlfunktion	516
	2. Begründung eines öffentlich-rechtlichen Status	516
	a) Rechtsnatur der öffentlichen Sachen	516
	b) Widmung	518
	aa) Voraussetzungen der Widmung	519
	bb) Formen der Widmung	519
	c) Änderung der Widmung	520
	d) Aufhebung der Widmung	521
	3. Indienststellung	521
	III. Einteilung der öffentlichen Sachen	521
§ 31	Öffentliche Sachen im Gemeingebrauch	523
	I. Straßenrechtlicher Gemeingebrauch	523
	II. Straßenrechtliche Sondernutzung	524
	1. Öffentlich-rechtliche Sondernutzung	525
	2. Privatrechtliche Sondernutzung	527
	III. Abgrenzung Gemeingebrauch und öffentlich-rechtliche Sondernutzung	527
	1. Anliegergebrauch	528
	2. Weitere grundrechtsrelevante Abgrenzungen zwischen Gemeingebrauch und Sondernutzung	529
§ 32	Öffentliche Sachen im Sondergebrauch	533
§ 33	Öffentliche Sachen im Anstaltsgebrauch	534
	I. Sachenrechtliche Widmung	535
	II. Nutzung von Sachen im Anstaltsgebrauch	535
§ 34	Öffentliche Sachen im Verwaltungsgebrauch	539
§ 35	Wiederholungs- und Verständnisfragen	540

Teil 6 Haftung für Verwaltungshandeln

§ 36	Einführung in das Staatshaftungsrecht	541
§ 37	Amtshaftungsansprüche	544
	I. Charakterisierung des Amtshaftungsanspruchs	544
	II. Anspruchsvoraussetzungen	545
	1. Handeln in Ausübung eines öffentlichen Amtes	545
	a) Öffentliches Amt	545
	b) In Ausübung	548
	2. Verletzung der einem Dritten gegenüber obliegenden Amtspflicht	549
	a) Amtspflicht	549
	b) Verletzung	550
	c) Drittrichtung der Amtspflicht	551
	3. Verschulden	556
	a) Verschuldensmaßstab und Mitverschulden	556
	b) Beweislast	557
	4. Schaden	558
	a) Kausalität	558
	b) Art und Umfang des Schadens	559
	5. Ausschlussgründe des § 839 BGB	559
	a) Subsidiaritätsklausel	560
	b) Richterspruchprivileg	561
	c) Rechtsmittelversäumnis	562
	6. Schuldner des Anspruchs	562
	7. Verjährung des Amtshaftungsanspruchs	563
	III. Regress gegen den Amtsträger	565
	IV. Wiederholungs- und Verständnisfragen	565
§ 38	Haftung bei Verletzung von Unionsrecht	566
	I. Haftung der Europäischen Union	566
	II. Mitgliedstaatliche Haftung	567
	1. Rechtsgrundlage des Anspruchs	568
	2. Voraussetzungen des Anspruchs	568
	a) Schutznormverletzung	568
	b) Hinreichend qualifizierter Rechtsverstoß	569
	c) Unmittelbare Kausalität	570
	3. Geltendmachung des unionsrechtlichen Staatshaftungsanspruchs	571
	4. Verhältnis zu nationalen Haftungsansprüchen	572
	III. Sekundärrechtliche Haftungsansprüche	574
	IV. Haftung im Europäischen Verwaltungsverbund	574
	V. Wiederholungs- und Verständnisfragen	574
§ 39	Entschädigungsansprüche bei Eigentumseingriffen	575
	I. Überblick über die Entschädigungsregelungen	575
	II. Enteignungsentschädigung	575
	1. Eigentum	575
	2. Enteignung	577

	3. Zulässigkeitsvoraussetzungen der Enteignung	579
	a) Ermächtigungsgrundlage	579
	b) Allgemeinwohl	580
	c) Verhältnismäßigkeit	581
	d) Entschädigungsregelung	582
	4. Rechtsfolge: Entschädigung	583
	5. Haftungsgegner	583
	6. Verjährung	584
	7. Rechtsweg	584
	8. Enteignungsverfahren	584
	9. Rückenteignung	584
III.	Ausgleichspflichtige Inhalts- und Schrankenbestimmungen	585
	1. Rechtmäßigkeit von Inhalts- und Schrankenbestimmungen	586
	2. Ausgleichspflicht bei Inhalts- und Schrankenbestimmungen	587
	3. Entschädigung	589
	4. Rechtsweg	589
IV.	Enteignungsgleicher Eingriff	590
	1. Definition und Rechtsgrundlage des enteignungsgleichen Eingriffs	590
	2. Voraussetzungen	591
	a) Eigentum als Eingriffsobjekt	591
	b) Rechtswidriger hoheitlicher Eingriff	591
	c) Unmittelbarkeit des Eingriffs	593
	d) Sonderopfer	593
	e) Vorrang des Primärrechtsschutzes	594
	3. Entschädigung	594
	4. Haftungsgegner	594
	5. Verjährung	595
	6. Rechtsweg	595
	7. Anspruchskonkurrenzen	595
V.	Enteignende Eingriffe	596
	1. Definition und Rechtsgrundlage des enteignenden Eingriffs	597
	2. Voraussetzungen	598
	a) Eigentum als Eingriffsobjekt	598
	b) Rechtmäßiges hoheitliches Handeln	599
	c) Unmittelbarkeit des Eingriffs	599
	d) Sonderopfer	599
	e) Primärrechtsschutz	600
	3. Weitere Voraussetzungen	600
	4. Anspruchskonkurrenzen	600
VI.	Wiederholungs- und Verständnisfragen	602

§ 40 Ansprüche aus (allgemeiner) Aufopferung   603

I.	Definition und Rechtsgrundlage des allgemeinen Aufopferungsanspruchs	603
II.	Anwendungsbereich	603
III.	Voraussetzungen	604
	1. Nichtvermögenswerte Rechtsgüter	604
	2. Hoheitlicher und unmittelbarer Eingriff	604
	3. Sonderopfer	604

	4.	Vorrang Primärrechtsschutz, kein „Dulde und Liquidiere"	605
	5.	Entschädigung	605
	6.	Anspruchskonkurrenzen	605
IV.	Wiederholungs- und Verständnisfragen		606

§ 41 Folgenbeseitigungs-, Unterlassungs- und Herstellungsansprüche 607
    I. Begriff des Folgenbeseitigungsanspruchs 607
    II. Rechtsgrundlage 608
    III. Voraussetzungen 609
        1. Öffentlich-rechtliches Handeln 609
        2. Verletzung subjektiver Rechte 609
        3. Fortdauernde rechtswidrige Folgen 609
        4. Unmittelbarkeit (Zurechenbarkeit) der Folgen 610
    IV. Ausschlussgründe 611
        1. Rechtliche und tatsächliche Unmöglichkeit der Wiederherstellung 611
        2. Unzumutbarkeit der Wiederherstellung 612
    V. Rechtsfolge 613
        1. Wiederherstellung des ursprünglichen Zustands 613
        2. Mitverschulden 613
    VI. Haftungsgegner 614
    VII. Verjährung 614
    VIII. Geltendmachung des Folgenbeseitigungsanspruchs 614
    IX. Öffentlich-rechtlicher Unterlassungsanspruch 616
        1. Rechtsgrundlage 616
        2. Voraussetzungen 617
            a) Hoheitlicher Eingriff 617
            b) Der bevorsteht oder Wiederholungsgefahr 617
            c) Rechtswidrigkeit des Eingriffs 617
            d) Prozessuale Durchsetzung 618
    X. Wiederholungs- und Verständnisfragen 618

§ 42 Öffentlich-rechtliche Erstattungsansprüche 619
    I. Begriff der öffentlich-rechtlichen Erstattungsansprüche 619
    II. Rechtsgrundlagen 619
    III. Voraussetzungen 620
        1. Öffentlich-rechtliche Rechtsbeziehung 620
        2. Vermögensverschiebung 621
        3. Rechtsgrundlosigkeit der Vermögensverschiebung 621
    IV. Ausschlussgründe 621
        1. Wegfall der Bereicherung 621
        2. § 814, § 817 BGB sowie Treu und Glauben 622
    V. Verjährung 623
    VI. Geltendmachung des Erstattungsanspruchs 623
    VII. Wiederholungs- und Verständnisfragen 625

§ 43 Ansprüche aus öffentlich-rechtlichen Schuldverhältnissen 626
    I. Begriff der öffentlich-rechtlichen Schuldverhältnisse 626
    II. Öffentlich-rechtliche GoA 626
        1. Abgrenzung öffentlich-rechtliche und privatrechtliche GoA 626

		2. Anwendbarkeit der GoA-Vorschriften	627
		a) Hoheitsträger handelt für ein Privatrechtssubjekt	627
		b) Hoheitsträger handelt für einen anderen Hoheitsträger	628
		c) Privatrechtssubjekt handelt für einen Hoheitsträger	629
		3. Voraussetzungen	630
		a) Fremdes Geschäft	630
		b) Fremdgeschäftsführungswille	630
		c) Ohne Auftrag oder sonstige Berechtigung	630
		d) Berechtigte Übernahme der Geschäftsführung	631
		4. Ersatzansprüche	631
		a) Aufwendungsersatz	631
		b) Schadensersatz	631
		c) Herausgabe des Erlangten	631
		d) Rechtsweg	631
	III.	Öffentlich-rechtliche Verwahrung	633
	IV.	Rechtsweg	634
	V.	Anspruchskonkurrenz	635
	VI.	Analogie zu zivilrechtlichen Anspruchsnormen	635
	VII.	Wiederholungs- und Verständnisfragen	636

Anhang: Definitionen   637

Stichwortverzeichnis   645

Verzeichnis der Übersichten und Prüfungsschemata

Übersicht 1:	Die Staatsfunktionen, Art. 20 Abs. 2 S. 2 GG	46
Übersicht 2:	Organisatorische Grundstruktur der Bundes- und Landesverwaltung	83
Übersicht 3:	Normenhierarchie	102
Übersicht 4:	Grundsatz der Gesetzmäßigkeit der Verwaltung, Art. 20 Abs. 3 GG	106
Übersicht 5:	Prüfungsschema für die Feststellungsklage	143
Übersicht 6:	Arten des Verwaltungshandelns	146
Übersicht 7:	Abgrenzung zwischen Verwaltungsakt und Rechtsnorm	162
Übersicht 8:	Zusammenfassende Übersicht zu den Tatbestandsmerkmalen eines Verwaltungsakts und den hiermit verbundenen Abgrenzungen	170
Übersicht 9:	Wirksamkeit von Verwaltungsakten	190
Übersicht 10:	Bekanntgabe von Verwaltungsakten	197
Übersicht 11:	Prüfungsschema zur Rechtmäßigkeit eines Verwaltungsakts	244
Übersicht 12:	Voraussetzungen für die Heilung von Verfahrens- und Formfehlern nach § 45 VwVfG	258
Übersicht 13:	Voraussetzungen für die Unbeachtlichkeit von Verfahrens- und Formfehlern nach § 46 VwVfG	261
Übersicht 14:	Aufhebung von Verwaltungsakten	265
Übersicht 15:	Prüfungsschema für die Rücknahme von Verwaltungsakten	277
Übersicht 16:	Prüfungsschema für den Widerruf von Verwaltungsakten	284
Übersicht 17:	Rechtsbeziehungen bei der Ersatzvornahme	312
Übersicht 18:	Materielle Rechtmäßigkeit des Verwaltungszwangs	326
Übersicht 19:	Rechtmäßigkeit der Beitreibung von Geldforderungen	328
Übersicht 20:	Prüfungsschema für das Widerspruchsverfahren	343
Übersicht 21:	Prüfungsschema für die Anfechtungsklage	366
Übersicht 22:	Prüfungsschema für die Verpflichtungsklage	367
Übersicht 23:	Prüfungsschema für die Fortsetzungsfeststellungsklage	376
Übersicht 24:	Prüfungsschema für den Antrag auf Anordnung/Wiederherstellung der aufschiebenden Wirkung gem. § 80 Abs. 5 S. 1 VwGO	399
Übersicht 25:	Prüfungsschema für Anträge gem. § 80a Abs. 3 VwGO	407
Übersicht 26:	Prüfungsschema für die allgemeine Leistungsklage	424

Verzeichnis der Übersichten und Prüfungsschemata

Übersicht 27:	Prüfungsschema für den Antrag auf einstweilige Anordnung gem. § 123 Abs. 1 VwGO	437
Übersicht 28:	Vorliegen, Rechtmäßigkeit und Wirksamkeit eines öffentlich-rechtlichen Vertrags	456
Übersicht 29:	Rechtmäßigkeit der Rechtsverordnung	467
Übersicht 30:	Rechtmäßigkeit der Satzung	472
Übersicht 31:	Prüfungsschema für den Normenkontrollantrag gem. § 47 Abs. 1 VwGO	490
Übersicht 32:	Prüfungsschema für den Antrag auf einstweiligen Rechtsschutz gem. § 47 Abs. 6 VwGO	494
Übersicht 33:	Einteilung der öffentlichen Sachen	522
Übersicht 34:	Voraussetzungen des Amtshaftungsanspruchs nach § 839 BGB iVm Art. 34 GG	563
Übersicht 35:	Voraussetzungen der Haftung der EU nach Art. 340 Abs. 2 AEUV	567
Übersicht 36:	Voraussetzungen des unionsrechtlichen Staatshaftungsanspruchs	572
Übersicht 37:	Anspruchsvoraussetzungen einer Enteignungsentschädigung	585
Übersicht 38:	Anspruchsvoraussetzungen einer Entschädigung wegen enteignungsgleichen Eingriffs	595
Übersicht 39:	Anspruchsvoraussetzungen einer Entschädigung aufgrund enteignenden Eingriffs	601
Übersicht 40:	Voraussetzungen des allgemeinen Aufopferungsanspruchs	605
Übersicht 41:	Voraussetzungen des Folgenbeseitigungsanspruchs	615
Übersicht 42:	Voraussetzungen des öffentlich-rechtlichen Unterlassungsanspruchs	618
Übersicht 43:	Voraussetzungen des öffentlich-rechtlichen Erstattungsanspruchs	624

Abkürzungsverzeichnis

aA	andere(r) Ansicht
aaO	am angegebenen Ort
ABl. EG/EU	Amtsblatt der Europäischen Gemeinschaften/Europäischen Union
Abs.	Absatz, Absätze
aE	am Ende
AEG	Allgemeines Eisenbahngesetz
AEUV	Vertrag über die Arbeitsweise der Europäischen Union
aF	alte Fassung
AG	Aktiengesellschaft
AGVwGO	Gesetz zur Ausführung der Verwaltungsgerichtsordnung
AktG	Aktiengesetz
allg.	allgemein
ALR	Allgemeines Preußisches Landrecht
Alt.	Alternative(n)
Anm.	Anmerkung
AO	Abgabenordnung
AöR	Archiv des öffentlichen Rechts (Zeitschrift)
apf	Ausbildung – Prüfung – Fortbildung (Zeitschrift)
Art.	Artikel
ASOG	Allgemeines Gesetz zum Schutz der öffentlichen Sicherheit und Ordnung
AsylG	Asylgesetz
AtomG	Atomgesetz
AufenthG	Aufenthaltsgesetz
Aufl.	Auflage
ausschl.	ausschließlich
BaFin	Bundesanstalt für Finanzdienstleistungsaufsicht
BAföG	Bundesausbildungsförderungsgesetz
BauGB	Baugesetzbuch
BauNVO	Baunutzungsverordnung
BauR	Zeitschrift für das gesamte öffentliche und zivile Baurecht
Bay	Bayern/bayerisch(e/er/es)
BayVwZVG	Bayerisches Verwaltungszustellungs- und Vollstreckungsgesetz
BayVBl.	Bayerische Verwaltungsblätter (Zeitschrift)
BBergG	Bundesberggesetz
BBesG	Bundesbesoldungsgesetz
Bbg	Brandenburg/brandenburgisch(e/er/es)
BBG	Bundesbeamtengesetz
Bd.	Band
BDSG	Bundesdatenschutzgesetz
BeamtStG	Beamtenstatusgesetz
BeckRS	Beck-Rechtsprechung (online)
Berl	Berlin/berlinisch(e/er/es)
Beschl.	Beschluss
BFH	Bundesfinanzhof
BGB	Bürgerliches Gesetzbuch
BGBl.	Bundesgesetzblatt
BGH	Bundesgerichtshof
BGHZ	Entscheidungen des Bundesgerichtshofs in Zivilsachen
BHO	Bundeshaushaltsordnung
BImSchG	Bundes-Immissionsschutzgesetz
BImSchV	Verordnung zur Durchführung des Bundes-Immissionsschutzgesetzes
BNatSchG	Bundesnaturschutzgesetz
BPolG	Bundespolizeigesetz
BR	Bundesrat
BRAO	Bundesrechtsanwaltsordnung
Brem	Bremen/bremisch(e/er/es)
BRJ	Bonner Rechtsjournal (Zeitschrift)

Abkürzungsverzeichnis

BRRG	Beamtenrechtsrahmengesetz
BSG	Bundessozialgericht
BSGE	Entscheidungen des Bundessozialgerichts
bspw.	beispielsweise
BT	Bundestag
BVerfG	Bundesverfassungsgericht
BVerfGE	Entscheidungen des Bundesverfassungsgerichts
BVerfGG	Bundesverfassungsgerichtsgesetz
BVerwG	Bundesverwaltungsgericht
BVerwGE	Entscheidungen des Bundesverwaltungsgerichts
BVerfSchG	Gesetz über die Zusammenarbeit des Bundes und der Länder in Angelegenheiten des Verfassungsschutzes und über das Bundesamt für Verfassungsschutz
BW	Baden-Württemberg/baden-württembergisch(e/er/es)
bzgl.	bezüglich
bzw.	beziehungsweise
cic	culpa in contrahendo
ders.	derselbe
dh	das heißt
dies.	dieselbe(n)
diesbzgl.	diesbezüglich(e/er/en)
DÖV	Die Öffentliche Verwaltung (Zeitschrift)
DRL	Dienstleistungsrichtlinie
Drs.	Drucksache
DSchG	Denkmalschutzgesetz
DSGVO	Datenschutz-Grundverordnung (EU) 2016/679
DVBl.	Deutsches Verwaltungsblatt (Zeitschrift)
DVP	Deutsche Verwaltungspraxis (Zeitschrift)
EG	Europäische Gemeinschaft(en)/Vertrag zur Gründung der Europäische Gemeinschaft
EGGVG	Einführungsgesetz zum Gerichtsverfassungsgesetz
EGovG	E-Government-Gesetz
EigVO	Eigenbetriebsverordnung
Einl.	Einleitung
einschl.	einschließlich
EMRK	Europäische Konvention zum Schutz der Menschenrechte und Grundfreiheiten
EntG	Enteignungsgesetz
EnWG	Energiewirtschaftsgesetz
EnWZ	Zeitschrift für das gesamte Recht der Energiewirtschaft
EU	Europäische Union
EuG	Gericht der Europäischen Union
EuGH	Europäischer Gerichtshof, Gerichtshof der Europäischen Union
EuGRZ	Europäische Grundrechte-Zeitschrift
EuR	Europarecht (Zeitschrift)
EurUP	Zeitschrift für Europäisches Umwelt- und Planungsrecht
EUV	Vertrag über die Europäische Union
EuZW	Europäische Zeitschrift für Wirtschaftsrecht
eV	eingetragener Verein
evtl.	eventuell
EWG	Europäische Wirtschaftsgemeinschaft
f., ff.	folgende(r/s)
FeV	Fahrerlaubnis-Verordnung
FFH	Fauna-Flora-Habitat
FGG	Finanzgerichtsgesetz
FGO	Finanzgerichtsordnung
FinDAG	Gesetz über die Bundesanstalt für Finanzdienstleistungsaufsicht (Finanzdienstleistungsaufsichtsgesetz)
Fn.	Fußnote

Abkürzungsverzeichnis

FStrG	Bundesfernstraßengesetz
FZV	Fahrzeug-Zulassungsverordnung
G	Gesetz
G 10	Gesetz zur Beschränkung des Brief-, Post- und Fernmeldegeheimnisses
GastG	Gaststättengesetz
ggü.	gegenüber
gem.	gemäß
GenTG	Gesetz zur Regelung der Gentechnik
GerStrukGAG	Gesetz zur Ausführung des Gerichtsstrukturgesetzes
GesR	GesundheitsRecht (Zeitschrift)
GewArch	Gewerbearchiv (Zeitschrift)
GewO	Gewerbeordnung
GG	Grundgesetz
ggf.	gegebenenfalls
GmbH	Gesellschaft mit beschränkter Haftung
GmbHG	GmbH-Gesetz
GMBl.	Gemeinsames Ministerialblatt
GO	Gemeindeordnung
GoA	Geschäftsführung ohne Auftrag
GRCh	Charta der Grundrechte der Europäischen Union
grds.	grundsätzlich
GVBl./GVOBl.	Gesetz- und Verordnungsblatt
GVG	Gerichtsverfassungsgesetz
GWB	Gesetz gegen Wettbewerbsbeschränkungen
HwO	Handwerksordnung
Hess	Hessen/hessisch(e/er/es)
hins.	hinsichtlich
hL	herrschende Lehre
hM	herrschende Meinung
Hmb	Hamburg/hamburgisch(e/er/es)
Hrsg.	Herausgeber
Hs.	Halbsatz
HStR	Handbuch des Staatsrechts der Bundesrepublik Deutschland
idFd	in der Fassung der(/s)
idR	in der Regel
idS	in diesem Sinne
iE	im Erscheinen
iErg	im Ergebnis
ieS	im engeren Sinn
IFG	Gesetz zur Regelung des Zugangs zu Informationen des Bundes (Informationsfreiheitsgesetz)
IfSG	Infektionsschutzgesetz
IHK	Industrie- und Handelskammer(n)
iHv	in Höhe von
insb.	insbesondere
iSd	im Sinne der(/s)
iSe	im Sinne einer(/s)
iSv	im Sinne von
iÜ	im Übrigen
iVm	in Verbindung mit
iwS	im weiteren Sinn
JA	Juristische Arbeitsblätter (Zeitschrift)
jew.	jeweils/jeweilig/jeweilig(er)
Jura	Juristische Ausbildung (Zeitschrift)
JuS	Juristische Schulung (Zeitschrift)
JuSchG	Jugendschutzgesetz
JustG	Justizgesetz
JZ	Juristenzeitung (Zeitschrift)
KAG	Kommunalabgabengesetz

Abkürzungsverzeichnis

KlimR	Klima und Recht (Zeitschrift)
KO	Kommunalordnung
K&R	Kommunikation und Recht (Zeitschrift)
krit.	kritisch(e/er/es)
KSG	Bundes-Klimaschutzgesetz
KSVG	Kommunalselbstverwaltungsgesetz Saarland
KV	Kommunalverfassung/Die Kommunalverwaltung (Zeitschrift)
KVG	Kommunalverfassungsgesetz
LArbG	Landesarbeitsgericht
LBO	Landesbauordnung(en)
LBG	Landesbeamtengesetz
LFGB	Lebensmittel-, Bedarfsgegenstände- und Futtermittelgesetzbuch
LG	Landgericht
LHG	Landeshochschulgesetz
Lit.	Literatur
lit.	Litera
LKRZ	Zeitschrift für Landes- und Kommunalrecht Hessen/Rheinland-Pfalz/Saarland
LKV	Landes- und Kommunalverwaltung (Zeitschrift)
LöffG M-V	Gesetz über die Ladenöffnungszeiten für das Land Mecklenburg-Vorpommern
LÖG	Ladenöffnungsgesetz
LOG	Landesorganisationsgesetz
Ls.	Leitsatz
LSA	Land Sachsen-Anhalt/sachsen-anhaltinisch(e/er/es)
LSchlG	Gesetz über den Ladenschluss
LVerf	Landesverfassung
LVwG	Allgemeines Verwaltungsgesetz (SH)
LVwVG	Landesverwaltungsvollstreckungsgesetz
LWaG	Landeswassergesetz
maW	mit anderen Worten
MedR	Medizinrecht (Zeitschrift)
M-V	Mecklenburg-Vorpommern
mwN	mit weiteren Nachweisen
NDR	Norddeutscher Rundfunk
Nds	Niedersachsen/niedersächsisch(e/er/es)
NdsVBl.	Niedersächsische Verwaltungsblätter
nF	neue Fassung
NJ	Neue Justiz (Zeitschrift)
NJW	Neue Juristische Wochenschrift (Zeitschrift)
NJW-RR	NJW- Rechtsprechungs-Report Zivilrecht (Zeitschrift)
NdsKomVG	Niedersächsisches Kommunalverfassungsgesetz
NordÖR	Zeitschrift für Öffentliches Recht in Norddeutschland
Nr./Nrn.	Nummer(n)
NRW	Nordrhein-Westfalen/nordrhein-westfälisch(e/er/es)
NuR	Natur und Recht (Zeitschrift)
NVwZ	Neue Zeitschrift für Verwaltungsrecht
NVwZ-RR	NVwZ-Rechtsprechungs-Report Verwaltungsrecht (Zeitschrift)
NWVBl.	Nordrhein-Westfälische Verwaltungsblätter (Zeitschrift)
NZA	Neue Zeitschrift für Arbeitsrecht
NZS	Neue Zeitschrift für Sozialrecht
oÄ	oder Ähnliche(s)
OBG	Ordnungsbehördengesetz
o.g.	oben genannt
OLG	Oberlandesgericht
OVG	Oberverwaltungsgericht
OVGE	Entscheidungssammlung des OVG
OWiG	Gesetz über Ordnungswidrigkeiten
OZG	Onlinezugangsgsetz

Abkürzungsverzeichnis

PAG	Polizeiaufgabengesetz
PAuswG	Personalausweisgesetz
PBefG	Personenbeförderungsgesetz
PolG	Polizeigesetz
PostG	Postgesetz
PrGBl.	Preußisches Gesetzblatt
PrOVG	Preußisches Oberverwaltungsgericht
PrOVGE	Entscheidungen des Preußischen Oberverwaltungsgerichts
resp.	respektive
RGBl.	Reichsgesetzblatt
RGZ	Entscheidungen des Reichsgerichts in Zivilsachen
rip	reformatio in peius
Rn.	Randnummer(n)
ROG	Raumordnungsgesetz
RP	Rheinland-Pfalz/rheinland-pfälzisch(e/er/es)
Rs.	Rechtssache
Rspr.	Rechtsprechung
S.	Seite(n), Satz/Sätze
s.	siehe
s.a.	siehe auch
Saarl	Saarland/saarländisch(e/er/es)
Sachs	Sachsen
Sächs	sächsisch(e/er/es)
SächsVBl.	Sächsische Verwaltungsblätter (Zeitschrift)
SchfHwG	Gesetz über das Berufsrecht und die Versorgung im Schornsteinfegerhandwerk
SchulG	Schulgesetz
SchwbG	Schwerbehindertengesetz
SfH	Stiftung für Hochschulzulassung (früher: Zentralstelle für die Vergabe von Studienplätzen)
SG	Gesetz über die Rechtsstellung der Soldaten (Soldatengesetz)
SGB	Sozialgesetzbuch
SGG	Sozialgerichtsgesetz
SH	Schleswig-Holstein/schleswig-holsteinisch(e/er/es)
Slg	Sammlung
s.o.	siehe oben
SOG	Sicherheits- und Ordnungsgesetz
sog.	sogenannte(r/s)
Staat	Der Staat (Zeitschrift)
StAG	Staatsangehörigkeitsgesetz
StGB	Strafgesetzbuch
StGH	Staatsgerichtshof
StrG	Straßengesetz
stRspr.	ständiger Rechtsprechung
StrWG	Straßen- und Wegegesetz
StVG	Straßenverkehrsgesetz
StVO	Straßenverkehrs-Ordnung
StVollzG	Strafvollzugsgesetz
StVZO	Straßenverkehrs-Zulassungs-Ordnung
TA	Technische Anleitung
TEHG	Treibhausgas-Emissionshandelsgesetz
teilw.	teilweise
Thür	Thüringen/thüringisch(e/er/es)
ThürVBl.	Thüringer Verwaltungsblätter (Zeitschrift)
ThürVGH	Thüringer Verfassungsgerichtshof
TierSchG	Tierschutzgesetz
TKG	Telekommunikationsgesetz
TÜV	Technischer Überwachungsverein eV
TVG	Tarifvertragsgesetz

Abkürzungsverzeichnis

ua	unter anderem, und andere(r/s)
uÄ	und Ähnliche(s)
UAbs.	Unter-Absatz
uam	und andere(s) mehr
UIG	Umweltinformationsgesetz
ü.M.	überwiegende Meinung
UmwRG	Umwelt-Rechtsbehelfsgesetz
UN	United Nations (Vereinte Nationen)
UPR	Umwelt und Planungsrecht (Zeitschrift)
Urt.	Urteil
usw.	und so weiter
uU	unter Umständen
UVP	Umweltverträglichkeitsprüfung
UVPG	Gesetz über die Umweltverträglichkeitsprüfung
UWG	Gesetz gegen den unlauteren Wettbewerb
UZwG	Gesetz über den unmittelbaren Zwang bei Ausübung öffentlicher Gewalt durch Vollzugsbeamte des Bundes
v.	vom/n
v.a.	vor allem
VA	Verwaltungsakt/Verwaltungsrecht für die Anwaltspraxis (Zeitschrift, inzwischen eingestellt)
Var.	Variante(n)
VBlBW	Verwaltungsblätter für Baden-Württemberg (Zeitschrift)
Verf	Verfassung
VerfG	Verfassungsgericht
VerfGH	Verfassungsgerichtshof
VersR	Versicherungsrecht (Zeitschrift)
Verw	Die Verwaltung (Zeitschrift)
VerwArch	Verwaltungsarchiv (Zeitschrift)
VG	Verwaltungsgericht
VGH	Verwaltungsgerichtshof
vgl.	vergleiche
Vorb	Vorbemerkung
VR	Verwaltungsrundschau (Zeitschrift)
VVDStRL	Veröffentlichungen der Vereinigung der Deutschen Staatsrechtslehrer
VwGO	Verwaltungsgerichtsordnung
VwVfÄndG	Gesetz zur Änderung verwaltungsverfahrensrechtlicher Vorschriften
VwVfG	Verwaltungsverfahrensgesetz (Bund, wenn ohne Landeszusatz)/Verwaltungsverfahrensgesetze
VwVG	Verwaltungs-Vollstreckungsgesetz (Bund, wenn ohne Landeszusatz)
VwZG	Verwaltungszustellungsgesetz
WaffG	Waffengesetz
WaStrG	Bundeswasserstraßengesetz
WG	Wegegesetz
WHG	Wasserhaushaltsgesetz
WiVerw	Wirtschaft und Verwaltung (Zeitschrift)
WissR	Wissenschaftsrecht, Wissenschaftsverwaltung, Wissenschaftsförderung (Zeitschrift)
wN	weitere Nachweise
WRV	Weimarer Reichsverfassung
zB	zum Beispiel
ZBR	Zeitschrift für Beamtenrecht
ZEuS	Zeitschrift für Europarechtliche Studien
ZfBR	Zeitschrift für deutsches und internationales Baurecht
ZfWG	Zeitschrift für Wett- und Glücksspielrecht
ZIP	Zeitschrift für Wirtschaftsrecht
ZNER	Zeitschrift für Neues Energierecht
ZPO	Zivilprozessordnung
ZRP	Zeitschrift für Rechtspolitik

Abkürzungsverzeichnis

zT	zum Teil
ZTR	Zeitschrift für Tarif-, Arbeits- und Sozialrecht des öffentlichen Dienstes
zumind.	zumindest
ZUR	Zeitschrift für Umweltrecht

Verzeichnis der abgekürzt zitierten Literatur

Bader, Johann/Ronellenfitsch, Michael (Hrsg.), BeckOK VwVfG, 55. Edition, Stand 1.4.2022, zitiert: Bearbeiter in: BeckOK VwVfG
Baldus, Manfred/Grzeszick, Bernd/Wienhues, Sigrid, Staatshaftungsrecht, 5. Aufl. 2018, zitiert: Bearbeiter in: Baldus/Grzeszick/Wienhues
Battis, Ulrich, Allgemeines Verwaltungsrecht, 3. Aufl. 2002, zitiert: Battis
Breuer, Rüdiger/Gärditz, Klaus Ferdinand, Öffentliches und privates Wasserrecht, 4. Aufl. 2017, zitiert: Breuer/Gärditz, Wasserrecht
Brühl, Raimund, Staasorganisation und Behördenaufbau in der Bundes- und Landesverwaltung, 2. Aufl. 2022, zitiert: Brühl, Staatsorganisation
Bull, Hans Peter/Mehde, Veith, Allgemeines Verwaltungsrecht mit Verwaltungslehre, 9. Aufl. 2015, zitiert: Bull/Mehde
Bullinger, Martin, Beschleunigte Genehmigungsverfahren für eilbedürftige Vorhaben, 1991, zitiert: Bullinger, Genehmigungsverfahren
Burgi, Martin, Kommunalrecht, 6. Aufl. 2019, zitiert: Burgi, Kommunalrecht
Burgi, Martin/Durner, Wolfgang, Modernisierung des Verwaltungsverfahrensrechts durch Stärkung des VwVfG, 2012, zitiert: Burgi/Durner, Modernisierung
Calliess, Christian/Ruffert, Matthias (Hrsg.), EUV/AEUV, 6. Aufl. 2022, zitiert: Bearbeiter in: Calliess/Ruffert, EUV/AEUV
von Danwitz, Thomas, Die Gestaltungsfreiheit des Verordnungsgebers, 1989, zitiert: von Danwitz, Gestaltungsfreiheit
Degenhart, Christoph, Staatsrecht I, Staatsorganisationsrecht, 37. Aufl. 2021, zitiert: Degenhart
Depenheuer, Otto/Shirvani, Foroud (Hrsg.), Die Enteignung, 2018, zitiert: Bearbeiter, in: Depenheuer/Shirvani
Detterbeck, Steffen, Allgemeines Verwaltungsrecht mit Verwaltungsprozessrecht, 20. Aufl. 2022, zitiert: Detterbeck
Detterbeck, Steffen/Windthorst, Kay/Sproll, Hans-Dieter, Staatshaftungsrecht, 2000, zitiert: Detterbeck/Windthorst/Sproll
Dörr, Oliver/Lenz, Christofer, Europäischer Verwaltungsrechtsschutz, 2. Aufl. 2019, zitiert: Dörr/Lenz
Dörr, Oliver/Grote, Rainer/Marauhn, Thilo (Hrsg.), EMRK/GG, Konkordanzkommentar zum europäischen und deutschen Grundrechtsschutz, Bd. II, 3. Aufl. 2022, zitiert: Bearbeiter in: EMRK/GG
Dörschuck, Michael, Typen- und Tarifgenehmigungen im Verwaltungsrecht, 1988, zitiert: Dörschuck, Typen- und Tarifgenehmigungen
Dürig, Günter/Herzog, Roman/Scholz, Rupert, Grundgesetz, Kommentar, Loseblatt, zitiert: Bearbeiter in: Dürig/Herzog/Scholz
Eisentraut, Nikolas (Hrsg.), Verwaltungsrecht in der Klausur, 2020, zitiert: Bearbeiter in: Eisentraut
Ders. (Hrsg.), Fälle zum Verwaltungsrecht, 16 Klausurfälle mit ausführlichen Lösungen, zitiert: Bearbeiter in: Eisentraut, Fälle Verwaltungsrecht
Ehlers, Dirk/Fehling, Michael/Pünder, Hermann (Hrsg.), Besonderes Verwaltungsrecht, Band I, Öffentliches Wirtschaftsrecht, 4. Aufl. 2019, zitiert: Bearbeiter in: Ehlers/Fehling/Pünder, Bd. I
Ehlers, Dirk/Pünder, Hermann (Hrsg.), Allgemeines Verwaltungsrecht, 15. Aufl. 2015, zitiert: Bearbeiter in: Ehlers/Pünder

Ehlers, Dirk/Schoch, Friedrich (Hrsg.), Rechtsschutz im Öffentlichen Recht, 2021, zitiert: Bearbeiter in: Ehlers/Schoch

Engert, Markus, Die historische Entwicklung des Rechtsinstituts Verwaltungsakt, 2002, zitiert: Engert, Die historische Entwicklung

Erbguth, Wilfried, Zur Vereinbarkeit der jüngeren Deregulierungsgesetzgebung im Umweltrecht mit dem Verfassungs- und Europarecht, 1999, zitiert: Erbguth, Deregulierungsgesetzgebung

Erbguth, Wilfried/Guckelberger, Annette, Allgemeines Verwaltungsrecht mit Verwaltungsprozessrecht und Staatshaftungsrecht, 10. Aufl. 2020, zitiert: *Erbguth/Guckelberger*

Erbguth, Wilfried/Kluth, Winfried (Hrsg.), Planungsrecht in der gerichtlichen Kontrolle. Kolloquium zum Gedenken an Werner Hoppe, 2012, zitiert: Verfasser in: Erbguth/Kluth

Erbguth, Wilfried/Mann, Thomas/Schubert, Mathias, Besonderes Verwaltungsrecht, 13. Aufl. 2020, zitiert: Erbguth/Mann/Schubert

Erbguth, Wilfried/Schubert, Mathias, Öffentliches Baurecht mit Bezügen zum Umwelt- und Raumplanungsrecht, 6. Aufl. 2014, zitiert: Erbguth/Schubert, Öffentliches Baurecht

Ernst, Christian/Kämmerer, Jörn Axel, Fälle zum Allgemeinen Verwaltungsrecht mit Verwaltungsprozessrecht, 4. Aufl. 2021, zitiert: Ernst/Kämmerer

Eyermann, Erich (Begr.), Verwaltungsgerichtsordnung, 15. Aufl. 2019, zitiert: Bearbeiter in: Eyermann, VwGO

Fehling, Michael/Kastner, Berthold/Störmer, Rainer (Hrsg.), Verwaltungsrecht, Handkommentar, 5. Aufl. 2021, zitiert: Bearbeiter in: Fehling/Kastner/Störmer

Fellenberg, Frank/Guckelberger, Annette (Hrsg.), Klimaschutzrecht, Kommentar, 2022, zitiert: Bearbeiter in: Fellenberg/Guckelberger

Forsthoff, Ernst, Lehrbuch des Verwaltungsrechts, Bd. 1, Allgemeiner Teil, 10. Aufl. 1973, zitiert: Forsthoff

Frotscher, Werner/Kramer, Urs, Wirtschaftsverfassungs- und Wirtschaftsverwaltungsrecht, 7. Aufl. 2019, zitiert: Frotscher/Kramer

Funke, Andreas, Falldenken im Verwaltungsrecht, 2020, zitiert: *Funke*

Gärditz, Klaus Ferdinand (Hrsg.), VwGO, 2. Aufl. 2018, zitiert: Bearbeiter in: Gärditz

Geis, Max-Emanuel, Kommunalrecht, 5. Aufl. 2020, zitiert: Geis

Gersdorf, Hubertus, Verwaltungsprozessrecht, 6. Aufl. 2019, zitiert: Gersdorf

Götz, Volkmar/Geis, Max-Emanuel, Allgemeines Polizei- und Ordnungsrecht, 17. Aufl. 2022, zitiert: Götz/Geis

Grabitz, Eberhard/Hilf, Meinhard/Nettesheim, Martin (Hrsg.), Das Recht der Europäischen Union, Bd. III, EUV/AEUV, Loseblatt, zitiert: Bearbeiter in: Grabitz/Hilf/Nettesheim, EUV/AEUV

Gröpl, Christoph, Staatsrecht I, 13. Aufl. 2021, zitiert: Gröpl, Staatsrecht I

Ders./Guckelberger, Annette/ Wohlfarth, Jürgen (Hrsg.), Landesrecht Saarland, 4. Aufl. 2022, zitiert: Bearbeiter in: Gröpl/Guckelberger/Wohlfarth, Landesrecht Saarland

Grüneberg, Christian (Hrsg.) (vormals Palandt, Otto), Bürgerliches Gesetzbuch, 81. Aufl. 2022, zitiert: Bearbeiter in: Grüneberg

Guckelberger, Annette, Deutsches Verwaltungsprozessrecht unter unionsrechtlichem Anpassungsdruck, 2017, zitiert: Guckelberger, Deutsches Verwaltungsprozessrecht

Dies., Öffentliche Verwaltung im Zeitalter der Digitalisierung, 2019, zitiert: Guckelberger, Öffentl. Verwaltung

Guckelberger, Annette/Geber, Frederic, Allgemeines Europäisches Verwaltungsverfahrensrecht vor seiner unionsrechtlichen Kodifizierung?, 2013, zitiert: Guckelberger/Geber, Allgemeines Europäisches Verwaltungsverfahrensrecht

Verzeichnis der abgekürzt zitierten Literatur

Hendler, Reinhard, Allgemeines Verwaltungsrecht, 3. Aufl. 2001, zitiert: Hendler

Hissnauer, Daniel, Auswirkungen der Dienstleistungsrichtlinie auf das deutsche Genehmigungsverfahrensrecht, 2009, zitiert: Hissnauer, Dienstleistungsrichtlinie

Hoffmann-Riem, Wolfgang/Schmidt-Aßmann, Eberhard/Voßkuhle, Andreas (Hrsg.), Grundlagen des Verwaltungsrechts, Bd. 1: Methoden, Maßstäbe, Aufgaben, Organisation, 2. Aufl. 2012, Bd. 2: Informationsordnung, Verwaltungsverfahren, Handlungsformen, 2. Aufl. 2012, Bd. 3: Personal, Finanzen, Kontrolle, Sanktionen, Staatliche Einstandspflichten, 2. Aufl. 2013, zitiert: Bearbeiter in: Hoffmann-Riem/Schmidt-Aßmann/Voßkuhle, Bd. 1, 2 oder 3

Hufen, Friedhelm, Verwaltungsprozessrecht, 12. Aufl. 2021, zitiert: Hufen

Hufen, Friedhelm/Siegel, Thorsten, Fehler im Verwaltungsverfahren, 7. Aufl. 2021, zitiert: Hufen/Siegel

Ipsen, Jörn, Allgemeines Verwaltungsrecht, 11. Aufl. 2019, zitiert: Ipsen

Jachmann, Monika, Die Fiktion im öffentlichen Recht, 1998, zitiert: Jachmann, Fiktion

Jarass, Hans D./Kment, Martin, Baugesetzbuch, 3. Aufl. 2022, zitiert: Jarass/Kment

Jellinek, Walter, Verwaltungsrecht, 3. Aufl. 1931 (Nachdruck 1966), zitiert: Jellinek

Kahl, Wolfgang, Droht die Entmachtung der Verwaltungsgerichtsbarkeit durch die Zivilgerichte?, 2016, zitiert: Kahl, Entmachtung

Kahl, Wolfgang/Mager, Ute (Hrsg.), Verwaltungsaufgaben und Legitimation der Verwaltung, 2022, zitiert: Kahl/Mager, Verwaltungsaufgaben

Kahl, Wolfgang/Mager, Ute (Hrsg.), Verwaltungsrechtswissenschaft und Verwaltungsrechtspraxis, 2019, zitiert: Kahl/Mager, Verwaltungsrechtswissenschaft

Kahl, Wolfgang/Ludwigs, Markus (Hrsg.), Handbuch des Verwaltungsrecht, Band I Grundstrukturen des deutschen Verwaltungsrechts, 2021, zitiert: Bearbeiter in: Kahl/Ludwigs, I

Kahl, Wolfgang/Ludwigs, Markus (Hrsg.), Handbuch des Verwaltungsrechts, Band II, Grundstrukturen des europäischen und internationalen Verwaltungsrechts, 2021, zitiert: Bearbeiter in: Kahl/Ludwigs, II

Kahl, Wolfgang/Ludwigs, Markus (Hrsg.), Handbuch des Verwaltungsrechts, Band III, Verwaltung und Verfassungsrecht, 2022, zitiert: Bearbeiter in: Kahl/Ludwigs, III

Kawohl, Claudia Verena, Der Europäische Datenschutzverbund – Strukturen, Legitimation, Rechtsschutz, 2022, zitiert: Kawohl, Der Europäische Datenschutzverbund

Kemmler, Iris, Geldschulden im Öffentlichen Recht, 2015, zitiert: Kemmler, Geldschulden

Kingreen, Thorsten/Poscher, Ralf, Grundrechte, Staatsrecht II, 37. Aufl. 2021, zitiert: Kingreen/Poscher, Grundrechte

Dies., Polizei- und Ordnungsrecht mit Versammlungsrecht, 11. Aufl. 2020, zitiert: Kingreen/Poscher, PolizeiR

Kirchhof, Gregor/Korte, Stefan/Magen, Stefan (Hrsg.), Öffentliches Wettbewerbsrecht, 2014, zitiert: Bearbeiter in Kirchhof/Korte/Magen, Öffentliches Wettbewerbsrecht

Kjellsson, Rabea, Das Zwangsmittel der Ersatzvornahme, Vollstreckung, Kosten, Haftung, 2019, zitiert: *Kjellsson*

Kluth, Winfried, Öffentliches Wirtschaftsrecht, 2019, zitiert: Kluth

Knack, Hans Joachim/Henneke, Hans-Günter (Hrsg.), Verwaltungsverfahrensgesetz, Kommentar, 11. Aufl. 2019, zitiert: Bearbeiter in: Knack/Henneke

Koch, Hans-Joachim/Rubel, Rüdiger/Heselhaus, Sebastian, Allgemeines Verwaltungsrecht, 3. Aufl. 2003, zitiert: Koch/Rubel/Heselhaus

Kopp, Ferdinand O./Ramsauer, Ulrich, Verwaltungsverfahrensgesetz, 22. Aufl. 2021, zitiert: Kopp/Ramsauer

Verzeichnis der abgekürzt zitierten Literatur

Kopp, Ferdinand O./Schenke, Wolf-Rüdiger, Verwaltungsgerichtsordnung, 27. Aufl. 2021, zitiert: Bearbeiter in: Kopp/Schenke

Kramer, Urs, Allgemeines Verwaltungsrecht und Verwaltungsprozessrecht mit Staatshaftungsrecht, 4. Aufl. 2021, zitiert: Kramer

Lemke, Hanno-Dirk, Verwaltungsvollstreckungsrecht des Bundes und der Länder, 1997, zitiert: Lemke

Mann, Thomas/Sennekamp, Christoph/Uechtritz, Michael (Hrsg.), Verwaltungsverfahrensgesetz, 2. Aufl. 2019, zitiert: Bearbeiter in: Mann/Sennekamp/Uechtritz

Martini, Mario, Allgemeines Verwaltungsrecht und Verwaltungsprozessrecht, 6. Aufl. 2017, zitiert: Martini

Maurer, Hartmut/Waldhoff, Christian, Allgemeines Verwaltungsrecht, 20. Aufl. 2020, zitiert: Maurer/Waldhoff

Mayer, Otto, Deutsches Verwaltungsrecht (Bd. 1 und 2), 3. Aufl. 1924 (Nachdruck 1969), zitiert: Mayer, Bd. I oder II

Michael, Lothar/Morlok, Martin, Grundrechte, 7. Aufl. 2019, zitiert: Michael/Morlok

Muckel, Stefan/Ogorek, Markus, Sozialrecht, 5. Aufl. 2019, zitiert: Muckel/Ogorek

Obermayer, Klaus/Funke-Kaiser, Michael (Hrsg.), VwVfG, 6. Aufl. 2021, zitiert: Bearbeiter in: Obermayer/Funke-Kaiser

Oppermann, Thomas/Classen, Claus-Dieter/Nettesheim, Martin, Europarecht, 9. Aufl. 2021, zitiert: Oppermann/Classen/Nettesheim

Ossenbühl, Fritz/Cornils, Matthias, Staatshaftungsrecht, 6. Aufl. 2013, zitiert: Ossenbühl/Cornils

Papier, Hans-Jürgen, Recht der öffentlichen Sachen, 3. Aufl. 1998, zitiert: Papier

Peine, Franz-Joseph/Siegel, Thorsten, Klausurenkurs im Verwaltungsrecht, 7. Aufl. 2021, zitiert: Peine/Siegel, Klausurenkurs

Posser, Herbert/Wolff, Heinrich Amadeus (Hrsg.), BeckOK VwGO, 59. Edition, Stand 1.4.2020, zitiert: Bearbeiter in: Posser/Wolff

Redeker, Konrad/von Oertzen, Hans-Joachim, Verwaltungsgerichtsordnung, 17. Aufl. 2021, zitiert: Redeker/von Oertzen

Rengeling, Hans-Werner/Middeke, Andreas/Gellermann, Martin (Hrsg.), Handbuch des Rechtsschutzes in der Europäischen Union, 3. Aufl. 2014, zitiert: Bearbeiter in: Rengeling/Middeke/Gellermann

Ruthig, Josef/Storr, Stefan, Öffentliches Wirtschaftsrecht, 5. Aufl. 2020, zitiert: Ruthig/Storr, Öffentliches Wirtschaftsrecht

Sachs, Michael (Hrsg.), Grundgesetz, Kommentar, 9. Aufl. 2021, zitiert: Bearbeiter in: Sachs

Sadler, Gerhard/Tillmann, Reiner, Verwaltungsvollstreckungsgesetz, Verwaltungszustellungsgesetz, Kommentar, 10. Aufl. 2020, zitiert: Sadler/Tillmanns

Sauer, Heiko, Klausurtraining, Allgemeines Verwaltungsrecht und Verwaltungsprozessrecht, 2. Aufl. 2021, zitiert: Sauer

Sauer, Heiko, Öffentliches Reaktionsrecht, Theorie und Dogmatik der Folgen hoheitlicher Rechtsverletzungen, 2021, zitiert: Sauer, Reaktionsrecht

Schenke, Wolf-Rüdiger, Polizei- und Ordnungsrecht, 11. Aufl. 2021, zitiert: Schenke, Polizei- und Ordnungsrecht

Ders., Verwaltungsprozessrecht, 17. Aufl. 2021, zitiert: Schenke

Schlacke, Sabine, Überindividueller Rechtsschutz, 2008, zitiert: Schlacke, Rechtsschutz

Dies., Umweltrecht, 8. Aufl. 2021, zitiert: Schlacke

von Schlieffen, Katharina/Haaß, Stefanie, Grundkurs Verwaltungsrecht, Paderborn 2019, zitiert: v. Schlieffen/Haaß

Schliesky, Utz, Öffentliches Wirtschaftsrecht, 4. Aufl. 2013, zitiert: Schliesky

Schmidt, Reiner/Wollenschläger, Ferdinand (Hrsg.), Kompendium Öffentliches Wirtschaftsrecht, 4. Aufl. 2016, zitiert: Bearbeiter in: Schmidt/Wollenschläger

Schmidt, Thorsten Ingo, Fallrepetitorium Allgemeines Verwaltungsrecht mit VwGO, 3. Aufl. 2020, zitiert: Schmidt

Schmidt-Aßmann, Eberhard, Das Allgemeine Verwaltungsrecht als Ordnungsidee. Grundlagen und Aufgaben der verwaltungsrechtlichen Systembildung, 2. Aufl. 2004, zitiert: Schmidt-Aßmann

Schoch, Friedrich, Vorläufiger Rechtsschutz, 1988, zitiert: *Schoch,* Vorläufiger Rechtsschutz

Schoch, Friedrich/Schneider, Jens-Peter (Hrsg.), Verwaltungsrecht, Loseblatt, 41. Erg.-Lfg. 2021, zitiert: Bearbeiter in: Schoch/Schneider, VwGO

Schoch, Friedrich/Schneider, Jens-Peter (Hrsg.), Verwaltungsrecht, Loseblatt, 1. Erg.-Lfg. 2021, zitiert: Bearbeiter in: Schoch/Schneider, VwVfG

Schröder, Meinhard, Genehmigungsverwaltungsrecht, 2016, zitiert: Schröder, Genehmigung

Seiler, Christian, Examens-Repititorium Verwaltungsrecht, 7. Aufl. 2022, zitiert: Seiler

Siegel, Thorsten, Allgemeines Verwaltungsrecht, 14. Aufl. 2022, zitiert: Siegel

Ders., Entscheidungsfindung im Verwaltungsverbund, 2009, zitiert: Siegel, Entscheidungsfindung

Ders., Europäisierung des Öffentlichen Rechts, 2012, zitiert: Siegel, Europäisierung

Sodan, Helge (Hrsg.), Grundgesetz, 4. Aufl. 2018, zitiert: Bearbeiter in: Sodan, GG

Sodan, Helge/Ziekow, Jan, Grundkurs Öffentliches Recht, 9. Aufl. 2020, zitiert: Sodan/Ziekow

Sodan, Helge/Ziekow, Jan (Hrsg.), Verwaltungsgerichtsordnung, 5. Aufl. 2018, zitiert: Bearbeiter in: Sodan/Ziekow, VwGO

Sommermann, Karl-Peter/Schaffarzik, Bert (Hrsg.), Handbuch der Geschichte der Verwaltungsgerichtsbarkeit in Deutschland und Europa, 2019, zitiert: Bearbeiter in: Sommermann/Schaffarzik

Steinbach, Armin (Hrsg.), Verwaltungsrechtsprechung, 2017, zitiert: Bearbeiter in: Steinbach

Stelkens, Paul/Bonk, Heinz Joachim/Sachs, Michael (Hrsg.), Verwaltungsverfahrensgesetz, Kommentar, 9. Aufl. 2018, zitiert: Bearbeiter in: Stelkens/Bonk/Sachs

Storr, Stefan/Schröder, Rainer, Allgemeines Verwaltungsrecht, 2. Aufl. 2021, zitiert: Storr/Schröder

Streinz, Rudolf(Hrsg.), Vertrag über die Europäische Union und Vertrag über die Arbeitsweise der Europäischen Union, Kommentar, 3. Aufl. 2018, zitiert: Bearbeiter in: Streinz, EUV/AEUV

Sydow, Gernot/Wittreck, Fabian, Deutsches und Europäisches Verfassungsrecht I, 2. Aufl. 2020, zitiert: Sydow/Wittreck

Terhechte, Jörg Philipp (Hrsg.), Verwaltungsrecht der Europäischen Union, 2. Aufl. 2021, zitiert: Bearbeiter in: Terhechte

Traub, Sebastian, Nebenbestimmungsfeindliche Verwaltungsakte, 2018, zitiert: Traub, Nebenbestimmungsfeindliche Verwaltungsakte

Tremml, Bernd/Karger, Michael/Luber, Michael, Der Amtshaftungsprozess, 4. Aufl. 2013, zitiert: Tremml/Karger/Luber

Uerpmann-Wittzack, Robert, Examens-Repetitorium Allgemeines Verwaltungsrecht mit Verwaltungsprozessrecht, 5. Aufl. 2018, zitiert: Uerpmann-Wittzack, Examens-Repetitorium

Verzeichnis der abgekürzt zitierten Literatur

Vorwerk, Volkert/Wolf, Christian (Hrsg.), BeckOK ZPO, 42. Edition, Stand 1.09.2021, zitiert: Bearbeiter, in: BeckOK ZPO

Voßkuhle, Andreas/Eifert, Martin/Möllers, Christoph (Hrsg.), Grundlagen des Verwaltungsrechts, Bd. 1 und Bd. 2, 3. Aufl. 2022, zitiert: Bearbeiter in: Voßkuhle/Eifert/Möllers, Bd. 1 oder 2

Wallerath, Maximilian, Allgemeines Verwaltungsrecht, 6. Aufl. 2009, zitiert: Wallerath

Wandschneider, Steffen, Die Allgemeinverfügung in Rechtsdogmatik und Rechtspraxis, 2009, zitiert: Wandschneider, Allgemeinverfügung

Wank, Rolf, Die Auslegung von Gesetzen, 6. Aufl. 2015, zitiert: Wank, Auslegung

Winkler, Markus, Verwaltungsträger im Kompetenzverbund, 2009, zitiert: Winkler, Kompetenzverbund

Wolff, Hans J./Bachof, Otto/Stober, Rolf, Verwaltungsrecht Bd. 3, 5. Aufl. 2004, zitiert: Wolff/Bachof/Stober, Bd. 3

Wolff, Hans J./Bachof, Otto/Stober, Rolf/Kluth, Winfried, Verwaltungsrecht I, 13. Aufl. 2017, zitiert: Wolff/Bachof/Stober/Kluth, Bd. 1

Wolff, Hans J./Bachof, Otto/Stober, Rolf/Kluth, Winfried, Verwaltungsrecht II, 8. Aufl. 2019, zitiert: Wolff/Bachof/Stober/Kluth, Bd. 2

Wolff, Heinrich Amadeus/Decker, Andreas (Hrsg.), VwGO/VwVfG, Studienkommentar, 4. Aufl. 2021, zitiert: Bearbeiter in: Wolff/Decker, Studienkommentar, VwGO/VwVfG

Würtenberger, Thomas/Heckmann, Dirk, Verwaltungsprozessrecht, 4. Aufl. 2018, zitiert: Würtenberger/Heckmann

Ziekow, Jan, Möglichkeiten zur Verbesserung der Standortbedingungen für kleinere und mittlere Unternehmen durch Einführung von Genehmigungsfiktionen, 2008, zitiert: Ziekow, Genehmigungsfiktionen

Ziekow, Jan, Öffentliches Wirtschaftsrecht, 5. Aufl. 2020, zitiert: Ziekow, Wirtschaftsrecht

Ders., Verwaltungsverfahrensgesetz, 4. Aufl. 2019, zitiert: Ziekow, VwVfG

Anm.: Beiträge in Festschriften werden mit „*FS für …, Jahreszahl*" zitiert.

Teil 1
Einführung

Das Verwaltungsrecht ist Teil des öffentlichen Rechts. Als „Recht der Verwaltung" enthält es die rechtlichen Grundlagen für die Organisation und die Tätigkeit der öffentlichen Verwaltung. Auch wenn es sich dabei um Rechtssätze mit einem spezifischen Bezug zu Behörden handelt, ist seine Kenntnis nicht nur für diejenigen von Bedeutung, die in einer Behörde arbeiten (wollen). Weil viele dieser Normen auch Rechte oder Pflichten der Bürger ggü. der öffentlichen Verwaltung ausgestalten, ist das Verwaltungsrecht für diese ebenfalls wichtig.

Das Verwaltungshandeln weist nicht nur eine breite Einsatz- und Wirkungsweise auf (einseitig hoheitlich/vertraglich, belastend/begünstigend), sondern spielt sich auch in unterschiedlichen Lebensbereichen ab. So obliegt der Kommunalverwaltung die Wahrnehmung örtlicher Angelegenheiten, wie Entscheidungen über die Errichtung einer öffentlichen Einrichtung und Zulassung zu dieser, etwa einer Stadthalle. Die Polizeibehörden haben Gefahren für die öffentliche Sicherheit und Ordnung abzuwehren, indem sie falsch geparkte Autos abschleppen, eine Bombe entschärfen, Ruhestörungen beenden und vieles mehr. Die Bauaufsichtsbehörden erteilen ua Baugenehmigungen und schreiten gegen Schwarzbauten ein. Während das sog. **besondere Verwaltungsrecht** in einem weiten Sinne der Bewältigung einzelner bereichsspezifischer Sachaufgaben dient (Baurecht, Kommunalrecht, Polizei- und Ordnungsrecht, Umweltrecht, Wirtschaftsverwaltungsrecht usw.), enthält das **allgemeine Verwaltungsrecht** „vor die Klammer gezogene" Vorgaben und Grundsätze. Mangels abweichender Regelung finden seine Instrumente (Verwaltungsakt, Verwaltungsvertrag, Satzung uam) und Verfahrensschritte (insb. Beteiligung der Betroffenen/Bürger) in sämtlichen Bereichen des Verwaltungshandelns Anwendung.[1] Egal, ob eine Behörde den Abriss eines Gebäudes oder die Schließung eines Gewerbes oder die Ausweisung eines Ausländers anordnen will, folgt aus § 28 Abs. 1 VwVfG die Notwendigkeit, den Betroffenen vorher anzuhören.

Richtigerweise sollte man das allgemeine Verwaltungsrecht nicht nur als eine Zusammenfassung der allg. Regeln, Grundsätze und Bausteine des Verwaltungshandelns begreifen. Es beinhaltet ein auf einer Ordnungsidee beruhendes „Gerüst", das die einzelnen Gebiete des Verwaltungsrechts zusammenhält.[2] So bietet es für eine Vielzahl im Verwaltungsalltag immer wieder ähnlich auftretender Fragen Aussagen in Gestalt von Standardantworten (sog. Speicherfunktion). Außerdem erlaubt es, bestimmte Rechtsfragen unter Rückgriff auf ein System nachvollziehbar zu lösen (dogmatische Funktion). Auch kann es zur Reduzierung einer Vielzahl von Sonderregelungen beitragen, indem derartige Forderungen von Fachverwaltungen nur akzeptabel erscheinen, sofern sie dauerhaft aus rechtlich anzuerkennenden Besonderheiten des Bereichs ableitbar sind (rechtspolitische Funktion).[3]

---

1 Krit. ggü. der Verkürzungsgefahr der Klammeridee Kahl in: ders./Ludwigs, I, § 12 Rn. 4.
2 Burgi in: Voßkuhle/Eifert/Möllers, Bd. 1, § 18 Rn. 97; Stelkens WiVerw 2019, 1, 4. Zu den beiden Filtern für die Zuordnung zum allg. Verwaltungsrecht Kahl in: ders./Ludwigs, I, § 12 Rn. 5.
3 Dazu Stelkens WiVerw 2019, 1, 4; eingehend Schmidt-Aßmann, Kap. 1 Rn. 4 ff. Zur Frage der Notwendigkeit eines allg.Verwaltungsrechts Franzius JZ 2019, 161 ff.

Das allgemeine Verwaltungsrecht hat eine **enorme praktische Bedeutung**. Seine Kenntnis ist für das Bestehen verwaltungsrechtlicher Klausuren unerlässlich.[4] Weil sich das allgemeine Verwaltungsrecht nicht isoliert betrachten und darstellen lässt, werden in diesem Lehrbuch immer wieder Erläuterungen unter Bezugnahme auf das besondere Verwaltungsrecht vorgenommen und zwar aufgrund der Examensrelevanz in erster Linie zum Kommunalrecht, zum öffentlichen Baurecht sowie zum Polizei- und Ordnungsrecht.

Vor diesem Hintergrund sind **Begriff** und **Organisation** der Verwaltung, ferner die Abgrenzung und die nähere Untergliederung der **Rechtsgrundlagen**, die **Handlungsmittel** der Verwaltung und ihre **Rechtmäßigkeit**, schließlich, ob und in welchem Umfang für schädigendes Verwaltungshandeln **gehaftet** werden muss, klärungsbedürftig – um nur einige wesentliche Ausprägungen dieses Rechtsgebiets zu nennen.[5] Aufgrund seiner engen Verflechtung mit dem Verwaltungsrecht[6] nimmt sich dieses Lehrbuch daher zugleich des **Verwaltungsprozessrechts** an und behandelt es jew. an den Stellen seiner verwaltungsrechtlichen Relevanz, also bewusst nicht en bloc für sich. So lässt sich bspw. verdeutlichen, dass die Rechtsfigur des subjektiv-öffentlichen Rechts v.a. bei der Prüfung der Klage- bzw. Antragsbefugnis als Zulässigkeitsvoraussetzung der meisten verwaltungsgerichtlichen Rechtsbehelfe sowie deren Begründetheitsprüfung von ausschlaggebender Bedeutung ist.

§ 1 Begriff der öffentlichen Verwaltung

1 Gegenstand der öffentlichen Verwaltung ist das Gemeinwesen, weshalb für sie das öffentliche Interesse maßgebend ist.[7] Öffentliche Verwaltung meint demzufolge die **staatliche** Verwaltung. Hierzu gehören Bund, Länder, Gemeinden und Gemeindeverbände sowie andere dem Staat zugeordnete Körperschaften, Anstalten, Stiftungen und Beliehene.[8] Nicht zur öffentlichen Verwaltung zählt dagegen die Verwaltung von Wirtschaftsunternehmen, privatrechtlichen Vereinen und Verbänden, unabhängig davon, welchen Zwecken ihre Tätigkeit dient.

2 Eine allgemeingültige Definition der öffentlichen Verwaltung existiert nicht. Herkömmlich wird zwischen der Verwaltung als Organisation, der Verwaltung im formellen und der Verwaltung im materiellen Sinne unterschieden:[9]

- Unter Verwaltung im **organisatorischen Sinne** versteht man die Gesamtheit aller staatlichen Einrichtungen, die Verwaltungsaufgaben erledigen, also die Verwaltungsträger und ihre Organe (hierzu § 6 Rn. 2 ff.). Auf Landesebene werden die (meisten) Landesbehörden zumeist in Landesorganisationsgesetzen aufgelistet.[10] Der an die organisatorische Zuordnung anknüpfende Verwaltungsbegriff kann

---

4 Bericht des Ausschusses der Konferenz der JustizministerInnen zur Koordinierung der Juristenausbildung, Herbst 2016, S. 47.
5 Vgl. allg. die Beiträge von Voßkuhle, Möllers, Marsch und Franzius in: Voßkuhle/Eifert/Möllers, Bd. 1, §§ 1-4.
6 Bericht des Ausschusses der Konferenz der JustizministerInnen zur Koordinierung der Juristenausbildung, Herbst 2016, S. 54.
7 Siegel, Rn. 19.
8 Näher zu den Trägern öffentlicher Verwaltung § 6.
9 Maurer/Waldhoff, § 1 Rn. 2. Eingehend zu den Schwierigkeiten der Begriffsbestimmung Waldhoff in: Kahl/Ludwigs, I, § 11 Rn. 16 ff.
10 Brühl, Staatsorganisation, S. 19.

§ 1 Begriff der öffentlichen Verwaltung   § 1

jedoch die Verwaltungswirklichkeit nicht vollständig abbilden.[11] So handelt es sich bei der Führung des Grundbuchs durch die Justiz, auch wenn letztere nicht zu den Verwaltungsträgern zählt, inhaltlich um eine verwaltende Tätigkeit.[12]

- Die Verwaltung im **formellen Sinne** erfasst alle Handlungen der Verwaltung im organisatorischen Sinne, unabhängig davon, ob diese materiell verwaltender Art sind oder zB zur Regierungs- oder Gesetzgebungstätigkeit zählen.[13]
- Verwaltung im **materiellen Sinne** ist die Staatstätigkeit, die sich **inhaltlich** auf die Wahrnehmung von Verwaltungsangelegenheiten bezieht (zB Erteilung von Genehmigungen, Gewährung von Sozialleistungen, Betrieb öffentlicher Einrichtungen).

Der Begriff der Verwaltung im materiellen Sinne erweist sich als konturenunscharf.[14] Zwar finden sich vielfältige Versuche, die materielle Seite des Verwaltungshandelns **positiv** zu beschreiben.[15] Da diese hierbei vielfach nur auf Teilaspekte des Aufgabenspektrums abstellen, ohne abschließend zu sein, andere Definitionen hingegen wenig praktikabel sind, wird die öffentliche Verwaltung (im materiellen Sinne) überwiegend auch **negativ** abgegrenzt.[16] Dies geschieht in Anlehnung an die ua bereits von *Otto Mayer* etablierte[17] und von *Walter Jellinek* aufgegriffene[18] **Subtraktionsmethode**. Die negative Begriffsumschreibung geht von dem in der Verfassung niedergelegten Gewaltenteilungsprinzip (Art. 20 Abs. 2 S. 2 GG) aus. Verwaltung bildet vor diesem Hintergrund das, was von den Staatsfunktionen nach Abzug der Legislative und Judikative übrig bleibt, also die Exekutive. Problematisch hieran ist die mangelnde Genauigkeit: Die drei Staatsgewalten[19] lassen sich nicht immer eindeutig abgrenzen; vielmehr überschneiden sie sich personell wie funktionell. So erarbeitet die Ministerialverwaltung oft Gesetzentwürfe, die später in das Gesetzgebungsverfahren eingebracht werden. Des Weiteren umfasst die Exekutive nicht nur die Verwaltung, sondern auch die Regierung. Deren typisches (Regierungs-)Handeln richtet sich auf politische Leitentscheidungen, hat Anteil an der Staatsleitung und gehört nicht zum Bereich der typischerweise gesetzesgebundenen Verwaltungstätigkeit – wobei die Abgrenzung von Verwaltungstätigkeit und Regierungshandeln uU schwierig sein kann.[20] In seiner Entscheidung zu den Ausgangs- und Kontaktbeschränkungen aufgrund der sog. Bundesnotbremse führt das BVerfG aus, dass Entscheidungen aufgrund eines schlicht-subsumierenden Normenvollzugs funktional zwar typischerweise der Verwaltung vorbehalten sind, weil diese über den für diese Aufgabe erforderlichen Verwaltungsapparat sowie Sachverstand verfügt. Es ist aber mit dem im Grundgesetz verankerten Gewaltenteilungsgrundsatz vereinbar, dass das Parlament bei hinreichend gewichtigen Gründen solche Verwal-

3

---

11 Siegel, Rn. 16.
12 Siegel, Rn. 16.
13 OVG Münster Urt. v. 2.6.2015 – 15 A 1997/12, Rn. 41 juris; LArbG Köln Urt. v. 16.9.2021 – 6 Sa 160/21, Rn. 56 ff. juris; krit. ggü. dem Begriff Siegel, Rn. 17.
14 Insofern ist schon früh konstatiert worden, dass sich die Verwaltung zwar beschreiben, aber nicht definieren lasse, vgl. Forsthoff, S. 1.
15 Vgl. Wolff/Bachof/Stober/Kluth, Bd. 1, § 3 Rn. 1 ff. Zu weiteren Definitionsansätzen Maurer/Waldhoff, § 1 Rn. 7.
16 BVerwGE 141, 122, 125; OVG Berl-Bbg NVwZ-RR 2021, 923, 924 f. Rn. 23 f.; s.a. Waldhoff in: Kahl/Ludwigs, I, § 11 Rn. 18, 21.
17 Mayer, Bd. I, S. 7.
18 Jellinek, S. 6.
19 Instruktiv zum Prinzip der Gewaltenteilung Voßkuhle/Kaufhold JuS 2012, 314; Schröder JuS 2022, 23.
20 BVerwGE 141, 122, 125; vgl. zu den Abgrenzungsproblemen Detterbeck, Rn. 5 f.

45

tungstätigkeiten an sich ziehen kann, solange es sich nur um punktuelle, nicht in den Kernbereich der Exekutive eingreifende Gewichtsverlagerungen handelt.[21]

Übersicht 1: Die Staatsfunktionen, Art. 20 Abs. 2 S. 2 GG

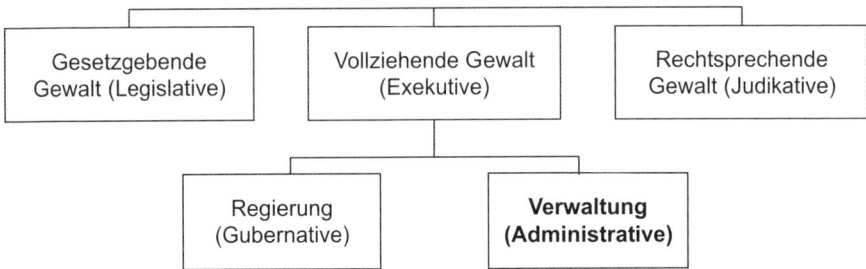

Letztlich muss mit Blick auf die jew. einschlägige Norm festgestellt werden, welcher Verwaltungsbegriff ihr zugrunde liegt. Da nach § 1 Abs. 4 VwVfG das Verwaltungsverfahrensgesetz für jede Stelle gilt, „die Aufgaben der öffentlichen Verwaltung wahrnimmt", bezieht sich dieses auf die Verwaltung im materiellen Sinne.[22] Wegen der Vielgestaltigkeit des Verwaltungshandelns, das in ständiger Entwicklung steht, muss der Versuch einer abschließenden Definition der Verwaltung scheitern.[23] Das gilt umso mehr vor dem Hintergrund einer zunehmenden Durchdringung und Veränderung der (mitglied)staatlichen Verwaltungs(rechts)ordnungen durch das Recht der EU (vgl. § 3; zum transnationalen Verwaltungsakt § 12 Rn. 55 f.). Der Vollzug des Unionsrechts erfolgt nicht mehr allein durch mitgliedstaatliche Behörden (indirekter Vollzug),[24] sondern zunehmend in einem **europäischen Verwaltungsverbund**,[25] an dem mitgliedstaatliche wie unionseigene Institutionen (zB die Kommission) beteiligt sind, und innerhalb dessen die Zuordnung zum einen oder anderen Bereich oftmals schwerfällt (sog. europäisches Mehrebenensystem).[26]

Festgehalten werden kann aber die **Typik des Verwaltungshandelns**,[27] die allg. in der bürger- und unternehmensgerichteten Umsetzung rechtsnormativer, insb. gesetzlicher Vorgaben liegt, und die des Näheren im öffentlichen Interesse

- eingreifend (etwa Erlass einer Polizeiverfügung, Gewerbeuntersagung),
- leistend (bspw. Gewährung eines finanziellen Zuschusses, Förderung von Museen),
- planend (zB Aufstellung eines Bebauungsplans),

---

21 BVerfG NJW 2022, 139, 145 f. Rn. 140 ff.
22 BVerwGE 141, 122, 124, s.a. die Ausführungen zur Verwaltung iSd IFG.
23 Ansätze aber ua unter Berücksichtigung interdisziplinärer Begriffsbestimmungen bei Bohne Verw 47 (2014), 159, 163 ff.
24 Vgl. § 3 Rn. 8; ferner Sydow JuS 2005, 97; s.a. BVerfGE 151, 202, 343 f. Rn. 243.
25 Vgl. § 3 Rn. 9; Schmidt-Aßmann in: Hoffmann-Riem/ders./Voßkuhle, Bd. 1, § 5 Rn. 16 ff.; BVerfGE 151, 202, 343 f. Rn. 243.
26 Dörr/Lenz, Europäischer Verwaltungsrechtsschutz, Einl. Rn. 4; Weiß Verw 38 (2005), 517.
27 Eingehend zur Typologie des Verwaltungshandelns bezogen auf die Eingriffs-, Leistungs-, planende, Infrastruktur-, Gewährleistungs- und Regulierungs- sowie Informationsverwaltung Kahl/Ludwigs, I, §§ 18–23.

- – in Zeiten der Privatisierung ehemals staatlicher Aufgaben – auch regulierend (dazu § 29 Rn. 23 ff.)
- und seit langem informierend (zB Warnungen, Empfehlungen, Öffentlichkeitsarbeit)

agiert.

Das Verwaltungshandeln kommt keineswegs nur monolithisch in Form einseitiger Gebote oder Verbote daher, sondern setzt auch auf „weiche" Steuerungselemente, wie Abgaben, Organisation und Anreize. Dominierte bis zum Beginn der 1990er Jahre eine vor allem auf den Verwaltungsakt konzentrierte Betrachtung des Verwaltungsrechts aus der gerichtlichen Kontrollperspektive, treten Vertreter der „**Neuen Verwaltungsrechtswissenschaft**"[28] für eine Neuausrichtung ein. Angesichts des tiefgreifenden Wandels aufgrund von Europäisierung und Internationalisierung, des technischen Fortschritts und der Privatisierung müsse das Verwaltungsrecht auch **aus der Vorher-Sicht** von Gesetzgeber und Verwaltung betrachtet und danach gefragt werden, wie die Verwaltung ihre Aufgaben möglichst gut und effizient erfüllen kann. Auf diese Weise geraten die Wirksamkeitsbedingungen des Rechts, seine Implementierung, die Ausgestaltung administrativer Entscheidungsprozesse und Organisationsstrukturen stärker in den Fokus. Dazu sollen die Erkenntnisse aus den Nachbarwissenschaften der Jurisprudenz (zB Wirtschaftswissenschaften, Sozial- und Politikwissenschaft) bei der Entwicklung und Umsetzung von Recht eingebunden werden. Die Rechtstatsachenforschung soll intensiviert werden und neue administrative Handlungs- und Organisationsformen aus dem europäischen und internationalen Kontext sollen Berücksichtigung finden.[29] Ausgehend vom Verständnis der Rechtswissenschaft als einer auch problemlösungsorientierten Handlungs- und Entscheidungswissenschaft wird zu einer Perspektivenverschiebung weg von der anwendungsbezogenen Interpretationswissenschaft hin zu einer rechtsetzungsorientierten Handlungs- und Entscheidungswissenschaft aufgefordert.[30]

Die „Neue Verwaltungsrechtswissenschaft" führt zu einer Perspektivenerweiterung (Verwaltungsrecht + Verwaltungsrechtswissenschaft).[31] Sie lenkt den Blick auf die Effektivität des Verwaltungshandelns und lotet Verbesserungsansätze hierfür aus. Da das Verwaltungsrecht nicht nur Steuerungsmedium, sondern Ausdruck einer in der Verfassung verwurzelten Wertordnung ist (vgl. sogleich § 2.), kommt diese neue Betrachtungsweise aber nach zutreffender Ansicht nur als Ergänzung bzw. Akzentuierung der herkömmlichen „juristischen Methode" in Betracht.[32]

Eine jüngere Spielart der „Neuen Verwaltungsrechtswissenschaft" stellt den Brückenschlag zwischen Verwaltungswissenschaft und (Verwaltungs-)Rechtswissenschaft über das Governance-Modell her. Der Governance-Ansatz umschreibt die Problemlösungsfähigkeit des Gemeinwesens durch Mechanismen für das Zusammenwirken staatlicher und anderer Akteure. Es geht also um die Koordination, Kommunikation und Regelungsstrukturen zwischen diesen. Diesem Ansatz wird ein Analyseraster für die vielfäl-

---

28 Dazu etwa Voßkuhle in: Hoffmann-Riem/Schmidt-Aßmann/ders., Bd. 1, § 1; Appel VVDStRL 67 (2007), 226; Eifert VVDStRL 67 (2007), 286; s.a. Kersten in: Kahl/Ludwigs, I, § 25.
29 Vgl. wie vor; zur Weiterführung iSv „Good Governance" etwa Wallerath, § 2 Rn. 25, und nachfolgend im Text.
30 S. Voßkuhle in: Hoffmann-Riem/Schmidt-Aßmann/ders., Bd. 1, § 1 Rn. 15; ders. in: Burgi, Die Zukunft des Verwaltungsverfahrensrechts, 2010, S. 13 ff.; vgl. Hoffmann-Riem AöR 130 (2005), 5, 48. Zum Verhältnis der Rechtswissenschaft zur Rechtspraxis Sommermann Verw 50 (2017), 77 ff.
31 Voßkuhle BayVBl. 2010, 581; s.a. Kersten in: Kahl/Ludwigs, I, § 25 Rn. 1; zur weiteren Entwicklung des Verwaltungshandelns und zur Kritik Huber DVBl. 2021, 753.
32 In diese Richtung tendiert inzwischen auch Voßkuhle BayVBl. 2010, 581; s.a. Schönenbroicher in: Kahl/Mager, Verwaltungsrechtswissenschaft, S. 133, 138 ff.

tigen Formen des Zusammenwirkens innerhalb mehrfach gestufter Rechtsordnungen, etwa zwischen nationalen Behörden mit unionalen Stellen oder auch des Formen- oder Instrumentenmixes entnommen. Auf diese Weise sollen insb. nicht-hierarchische Strukturen durch institutionelle und organisatorische Verbindungen administrativ-gesellschaftlicher Art, durch Absprachen etc. besser erfassbar sein; zugleich soll das herkömmliche Verwaltungs(rechts)handeln auf moderne Anforderungen einer modulhaft und zugleich prozessorientiert wirkenden Exekutive ausgerichtet werden.[33]

---

33 Dazu mwN Schaefer, Die Umgestaltung des Verwaltungsrechts, 2016, S. 364 ff. (auf S. 366 die Anschlussfähigkeit bejahend); s.a. Schmidt-Preuß in: Kahl/Ludwigs, I, § 26; zur Zurückhaltung der „Neuen Verwaltungsrechtswissenschaft" ggü. diesem Ansatz im Hinblick auf den akteurzentrierten Institutionalismus Kersten in: Kahl/Ludwigs, I, § 25 Rn. 18.

§ 2 Verwaltungsrecht und Verfassungsrecht

Besondere Prägung erhält das Verwaltungsrecht durch die Verfassung (das Grundgesetz).[1] Plakativ wird es daher auch als „konkretisiertes Verfassungsrecht" bezeichnet.[2] Zu diesem sog. **Verwaltungsverfassungsrecht**[3] gehört **Art. 20 Abs. 3 GG**, wonach die Verwaltung in ihrem Handeln Gesetz und Recht unterworfen ist. Das Verwaltungshandeln unterliegt der Kontrolle durch Gerichte: **Art. 19 Abs. 4 S. 1 GG** eröffnet Rechtsschutz gegen Maßnahmen der öffentlichen Gewalt, soweit Bürger hierdurch in eigenen Rechten verletzt werden können. Nach **Art. 33 Abs. 2 GG** hat jeder Deutsche nach seiner Eignung, Befähigung und fachlichen Leistung gleichen Zugang zu öffentlichen Ämtern. Aus **Art. 30, 83 ff. GG** ergibt sich die Unterscheidung zwischen Bundes- und Landesverwaltung (eingehend dazu § 6 Rn. 9 ff.). In **Art. 87e, f GG** wurde das Modell des Gewährleistungsstaats verankert. Auch wenn Post- und Telekommunikationsdienstleistungen privatwirtschaftlich erbracht werden, hat der Bund gem. Art. 87f Abs. 1 GG flächendeckend angemessene und ausreichende Dienstleistungen zu gewährleisten. **Art. 91c Abs. 5 GG** enthält einen Regelungsauftrag, durch Bundesgesetz, einen übergreifenden informationstechnischen Zugang zu den Verwaltungsleistungen von Bund und Ländern zu normieren.[4] Diese dem Bund zur Ermöglichung eines digitalen Außenkontakts verliehene ausschließliche Gesetzgebungskompetenz erlaubt ihm erstmals, – allerdings beschränkt auf den Zugang zu diesen Leistungen – auch im Bereich des Vollzugs von Landesrecht regelnd tätig zu werden sowie abweichungsfeste organisationsrechtliche Regelungen zu erlassen.[5] § 1 Abs. 1 Onlinezugangsgesetz (OZG) verpflichtet Bund und Länder, bis Ende 2022 ihre Verwaltungsleistungen auch elektronisch über Verwaltungsportale anzubieten.[6] Indem Bund und Länder ihre Online-Portale miteinander zu einem Portalverbund verknüpfen (s. § 1 Abs. 2 OZG), können Bürger und Unternehmen über jedes Portal einfachen Zugang zu den Online-Anwendungen von Bund, Ländern und Kommunen erhalten.[7] Es zeichnet sich ab, dass die angestrebte Zugänglichkeit von annähernd 600 Verwaltungsleistungen nur partiell bis Ende 2022 erreicht werden wird,[8] und die Frist in § 1 Abs. 1 OZG verlängert werden muss.

Aus dem Verfassungsrecht ergeben sich neben Determinanten für den Verwaltungsrechtsgesetzgeber auch unmittelbare Vorgaben für die Verwaltungstätigkeit.[9] So ist die Verwaltung an die Grundrechte gebunden, **Art. 1 Abs. 3 GG**,[10] denen sie bei Auslegung und Anwendung des einfachen Verwaltungsrechts Rechnung tragen muss. Die

---

[1] S. dazu Michael VVDStRL 75 (2016), 131 ff.; Wollenschläger VVDStRL 75 (2016), 187 ff. sowie Reimer in: Kahl/Ludwigs, I, § 10.
[2] Werner DVBl. 1959, 527; s. dazu auch Michael VVDStRL 75 (2016), 131, 152 f.; Huber DVBl. 2021, 753, 755; Das Verwaltungsrecht wirkt ua allerdings iSd Modernisierung, also des Transports von Innovationen, auf das Verfassungsrecht ein, vgl. Shirvani BayVBl. 2012, 197; Wollenschläger VVDStRL 75 (2016), 187, 210 ff. Eingehend zu den verschiedenen Einwirkungen vom Verwaltungsrecht auf das Verfassungsrecht Reimer in: Kahl/Ludwigs, I, § 10 Rn. 56 ff.
[3] Näher dazu Wollenschläger VVDStRL 75 (2016), 187, 195 ff.
[4] BGBl. 2017 I S. 2347.
[5] Eingehend Starosta, Der Portalverbund zwischen Bund und Ländern, 2022.
[6] BGBl. 2017 I S. 3138.
[7] BT-Drs. 18/11131, S. 12, 16. Näher zum Portalverbund Guckelberger, Öffentliche Verwaltung, Rn. 266 ff.; Herrmann/Stöber NVwZ 2017, 1401 ff.; Petersen DVBl. 2018, 1534 ff.; Rüscher DVBl. 2017, 1530 ff.; Siegel DÖV 2018, 185 ff.
[8] Guckelberger/Starosta NVwZ 2021, 1161, 1167.
[9] Zu diesen Wirkungsweisen des Verfassungsrechts Reimer in: Kahl/Ludwigs, I, § 10 Rn. 10.
[10] Eingehend Grimm in: Kahl/Ludwigs, III, § 68.

hierdurch geschaffenen Schutzpositionen müssen etwa im Rahmen von Beurteilungs- und Ermessensspielräumen der Verwaltung beachtet werden (zu Beurteilungsspielräumen § 14 Rn. 27 ff.; zum Ermessen § 14 Rn. 36 ff.; zur (planerischen) Abwägung § 14 Rn. 51). Das gilt auch für die Einhaltung des Gleichheitssatzes (**Art. 3 Abs. 1 GG**) und kann zu einer Selbstbindung der Verwaltung bei der Behandlung gleich gelagerter Fälle führen (vgl. hierzu § 14 Rn. 47, § 27 Rn. 7).

3   Aus den Grundrechten und dem **Rechtsstaatsprinzip** (Art. 20 Abs. 3, Art. 28 Abs. 1 GG) rühren allg. Grundsätze des Verwaltungsrechts, wie das Bestimmtheitsgebot, die Verhältnismäßigkeit von Mittel und Zweck sowie der Vertrauensschutz her.[11] Aufgrund des Rahmencharakters des Grundgesetzes sowie des Gestaltungsspielraums des Gesetzgebers obliegt ihm die Ausbalancierung von Gesetzesbindung und Vertrauensschutz.[12] Schädigende Folgen des Verwaltungshandelns werden über das System der Staatshaftung (vgl. **Art. 34** und **14 GG**) ausgeglichen.

4   Die **verfahrensrechtliche Dimension** der Grundrechte[13] und das Rechtsstaatsprinzip des Grundgesetzes beeinflussen die Ausgestaltung des Verwaltungsverfahrens durch den Gesetzgeber.[14] Dieser hat die Verfahrensrechte der Bürger einfachgesetzlich ausgeformt, zB das Recht auf Anhörung (§ 28 Abs. 1 VwVfG) und auf Akteneinsicht (§ 29 VwVfG).

---

11   Wollenschläger VVDStRL 75 (2016), 187, 197; zum Rechtsstaatsprinzip Voßkuhle/Kaufhold JuS 2010, 116.
12   Wollenschläger VVDStRL 75 (2016), 187, 207, 210 mwN.
13   BVerfGE 53, 30; 46, 325; 52, 380; Maurer/Waldhoff, § 19 Rn. 16.
14   Zu punktuell darüber hinausgehendem Landesverfassungsrecht, etwa dem Recht auf Akteneinsicht und Verfahrensbeteiligung in Art. 21 Abs. 4, 5 BbgVerf, Reimer in: Kahl/Ludwigs, I, § 10 Rn. 53.

§ 3 Verwaltungsrecht und Unionsrecht

Europäisches Recht wirkt zunehmend auf das deutsche öffentliche Recht ein.[1] Insoweit kann von einer „**Europäisierung**" des nationalen Verwaltungsrechts gesprochen werden.[2] Im Rahmen der ihr zugewiesenen Kompetenzen (beachte Art. 5 EUV, insb. den Grundsatz der begrenzten Einzelermächtigung) kann die Europäische Union als supranationale Einrichtung hoheitliche Maßnahmen mit Verbindlichkeit für die Mitgliedstaaten erlassen.[3]

Vorgaben zum Europäischen Verwaltungsrecht ieS, also solche der Europäischen Union selbst, speisen sich aus sämtlichen Rechtsquellen der Union.[4] Zum **primären Unionsrecht** gehören die Gründungsverträge samt Änderungsverträgen, heute also der Vertrag über die Europäische Union idF des Vertrags von Lissabon (EUV) sowie der Vertrag über die Arbeitsweise der Europäischen Union (AEUV). Nach Art. 6 Abs. 1 EUV ist die Charta der Grundrechte den Verträgen ebenbürtig. Während das Primärrecht sozusagen die Grundordnung für die Union enthält und diese begründet, wird das sekundäre Recht von der Union erlassen.[5] Als **Sekundärrecht** werden die auf der Grundlage von EUV/AEUV ergangenen Rechtsakte des Unionsrechts bezeichnet: Verordnungen (Art. 288 Abs. 2 AEUV), Richtlinien (Art. 288 Abs. 3 AEUV), Beschlüsse (Art. 288 Abs. 4 AEUV) sowie Empfehlungen und Stellungnahmen (Art. 288 Abs. 5 AEUV). Als Beispiel für einen derartigen Sekundärrechtsakt, der auch zu Änderungen im Verwaltungsverfahrensgesetz führte (§§ 8a ff., 42a, 71a ff. VwVfG), sei die sog. Dienstleistungsrichtlinie genannt.[6] Nach überwiegender Ansicht beinhaltet das sog. **Tertiärrecht** delegierte Rechtsakte iSd Art. 290 AEUV sowie Durchführungsrechtsakte iSd Art. 291 AEUV, also Produkte administrativer Rechtsetzung der Europäischen Kommission oder Unionsagenturen.[7] Da das Primärrecht den Vorschriften des Sekundär- und Tertiärrecht vorgeht, sind diese ggf. primärrechtskonform auszulegen.[8]

I. Geltungsumfang des Unionsrechts in den Mitgliedstaaten

Das Unionsrecht ist ggü. dem nationalen Recht vorrangig; es besteht ein sog. **Anwendungsvorrang** des Unionsrechts, selbst ggü. dem nationalen Verfassungsrecht.[9] Dieser Anwendungsvorrang folgt aus dem Grundsatz der loyalen Zusammenarbeit (Art. 4 Abs. 3 EUV) und wird in der Erklärung Nr. 17 der Schlussakte zum Vertrag von Lissabon erwähnt. Steht das nationale (Verwaltungs-)Recht mit dem Unionsrecht nicht in

---

1 Dazu Siegel, Europäisierung, Rn. 150 ff. sowie eingehend Ludwigs in: Kahl/ders., I, § 8. Zur Internationalisierung des Verwaltungsrechts Schmidt in: Kahl/Ludwigs, I, § 9. Zu den paneuropäischen allg. Rechtsgrundsätzen guter Verwaltung des Europarats Stelkens VerwArch 112 (2021), 309 ff.
2 Huber DVBl. 2021, 753, 756 f.; Voßkuhle/Schemmel JuS 2019, 347 f. Eingehend Ludwigs in: Kahl/ders., I, § 8 Rn. 24 ff.
3 Siegel, Rn. 51 f.
4 Kahl, Artikel „Europäisches Verwaltungsrecht", Staatslexikon, Sp. 486.
5 Näher zu Primär- und Sekundärrecht Siegel, Europäisierung, Rn. 12 ff.
6 Richtlinie 2006/123/EG des Europäischen Parlaments und des Rates v. 12.12.2006 über Dienstleistungen im Binnenmarkt, ABl. EU, L 376, S. 36 (DRL); dazu § 13 Rn. 1; § 14 Rn. 16.
7 VG Köln Urt. v. 20.4.2018 – 18 K 1866/16, Rn. 65 ff. juris; Kahl, Artikel „Europäisches Verwaltungsrecht", Staatslexikon, Sp. 486; Sydow/Wittreck, Kap. 15 Rn. 241. Eingehend zu delegierten Rechtsakten und Durchführungsrechtsakten Guckelberger in: Kahl/Ludwigs, II, § 40.
8 S.a. BVerfGE 151, 202, 318 f. Rn. 189.
9 Näher EuGH NVwZ 2010, 1410, 1420; Urt. v. 18.1.2022 – C-261/20, Rn. 25 ff. juris; s.a. BVerfGE 142, 123, 197 ff.; Voßkuhle in: Kahl/Ludwigs, III, § 59 Rn. 10 ff.

Einklang, ist zuerst zu prüfen, ob es sich nicht unionsrechtskonform auslegen lässt.[10] Steht dem der klare Wortlaut entgegen, ist das entgegenstehende nationale Recht zwar nicht nichtig, denn es besteht **kein Geltungsvorrang**; die mitgliedstaatliche Vorschrift ist aber wegen Überlagerung oder Verdrängung durch das Unionsrecht unanwendbar (Merke: Suspension, nicht Derogation).[11]

Der Anwendungsvorrang stellt die schonendere Variante im europäischen Kontext dar. Überdies wirkt dieser dort nicht, wo die nationale Norm innerstaatlich weiter reicht als die unionsrechtliche Bestimmung. Schließlich kommt das mitgliedstaatliche Recht dann wieder zur alleinigen Anwendung, wenn das fragliche Unionsrecht beseitigt, etwa aufgehoben, wird.[12] Während die Unionsgerichte von einem umfassenden Anwendungsvorrang ausgehen, sieht dies das BVerfG angesichts der Übertragung von Hoheitsrechten der Mitgliedstaaten auf die Union enger.[13] Es stellt sich auf den Standpunkt, dass der Anwendungsvorrang eine Grenze in dem nach Art. 23 Abs. 1 S. 2 GG notwendigen Zustimmungsgesetz zum Integrationsprogramm findet. Daher kann das BVerfG hinreichend qualifiziertes Ultra-Vires-Handeln der Organe, Einrichtungen und sonstigen Stellen der EU beanstanden (sog. **ausbrechende Rechtsakte**). Dafür bedarf es einer sog. qualifizierten Kompetenzüberschreitung, die zum einen offensichtlich und zum anderen für die Kompetenzverteilung zwischen Union und Mitgliedstaaten von struktureller Bedeutung sein muss.[14] Eine weitere Grenze findet der Anwendungsvorrang in den nach Art. 23 Abs. 1 S. 3 GG iVm Art. 79 Abs. 3 GG für integrationsfest erklärten Grundsätzen der Verfassung, zu denen ua die Menschenwürdegarantie gehört (sog. **Schutz der Verfassungsidentität**).[15] Schlagwortartig bedarf ein Ultra-Vires-Akt einer hinreichend qualifizierten Kompetenzüberschreitung, die Identitätskontrolle dagegen einer Verletzung eines der in Art. 79 Abs. 3 GG genannten Schutzgüter.[16] Sowohl die Ultra-Vires- als auch Identitätskontrolle sind zum Schutz der Funktionsfähigkeit der Unionsrechtsordnung allein dem BVerfG vorbehalten und werden von diesem zurückhaltend und europarechtsfreundlich ausgeübt (idR durch ein vorheriges Vorabentscheidungsersuchen an den EuGH).[17]

Der Vorrang gilt auch, sofern das Unionsrecht infolge innerstaatlicher Regelungen schlechter als das nationale Recht behandelt wird (Missachtung des unionsrechtlichen **Diskriminierungsverbots** bzw. **Äquivalenzgrundsatzes**) oder seine Geltung bzw. Anwendung unmöglich gemacht resp. wesentlich erschwert wird – Verstoß gegen das unionsrechtliche **Effektivitätsprinzip** (Art. 4 Abs. 3 EUV).[18]

3 Von der grds. Frage des Anwendungsvorrangs ist diejenige abzugrenzen, wann das Unionsrecht in den Mitgliedstaaten **Geltung** beansprucht. Letztere bezieht sich auf das Problem einer **unmittelbaren Anwendbarkeit** des hier interessierenden Unionsrechts.

- Die Bestimmungen des **Primärrechts** begründen, soweit sie an natürliche und juristische Personen adressiert sind, unmittelbar geltende Rechte und Pflichten. Dies gilt

---

10 EuGH DVBl. 2016, 42, 46; Urt. v. 18.1.2022 – C-261/20, Rn. 26 juris; Ludwigs in: Kahl/Ludwigs, I, § 8 Rn. 20.
11 EuGH, Slg 1978, 629; Urt. v. 18.1.2022 – C-261/20, Rn. 30 ff. juris, aber unter Betonung der Beachtung der Besonderheiten von Richtlinien im Verhältnis zwischen Privaten; dazu auch Germelmann/Gundel BayVBl. 2017, 649, 658; s.a. BVerfGE 75, 223, 244, wo dieser Anwendungsvorrang anerkannt wird.
12 Zum Vorstehenden Maurer in: FS für K. Stern, 2012, S. 101, 103.
13 Zu den divergierenden Positionen, auch unter Berücksichtigung der Lage in anderen Mitgliedstaaten, Kahl in: ders./Ludwigs, II, § 37 Rn. 42 ff.; s.a. Kirchhof NJW 2022, 1049 ff.
14 BVerfGE 142, 123, 198 ff.; 146, 216, 252 f.; 151, 202, 297 ff.; BVerfG Nichtannahmebeschl. v. 26.5.2020 – 2 BvR 43/16, Rn. 12 juris.
15 BVerfGE 142, 123, 195 ff.; 158, 1, 24 ff. Rn. 38 ff.; s. zur Identitätskontrolle in Bezug auf die haushaltspolitische Gesamtverantwortung BVerfGE 146, 216, 253 ff.; 151, 202, 324 ff.
16 BVerfGE 151, 202, 325 Rn. 204.
17 BVerfGE 142, 123, 203 ff.; 146, 216, 255 f. Dazu, dass die Kommission das gegen Deutschland eingeleitete Vertragsverletzungsverfahren wegen des PSPP-Urteils zwischenzeitlich eingestellt hat, Pressemitteilung EU-Kommission, EuZW 2022, 4.
18 Zu den Prinzipien EuGH, Slg 2000, I-3201, 3256; DVBl. 2016, 42, 46; Urt. v. 14.9.2017 – 6 C-448/17, Rn. 36 ff. juris; Urt. v. 20.9.2018 – C 448/17, Rn. 36 ff. juris; vgl. auch Art. 197 AEUV; dazu Schröder DVBl. 2011, 671. Eingehend zu letzterem Prinzip Kulms, Der Effektivitätsgrundsatz, 2013.

insb. für die Grundfreiheiten, wie zB die Warenverkehrsfreiheit (Art. 28 ff. AEUV) und die Arbeitnehmerfreizügigkeit (Art. 45 ff. AEUV), aber auch für Grundrechte der Europäischen Grundrechtecharta. Gem. Art. 51 Abs. 1 S. 1 GRCh gilt diese für die Mitgliedstaaten „ausschließlich bei der Durchführung des Rechts der Union".[19] Bspw. muss die nationale Administration beim Vollzug unionsrechtlicher Datenschutzvorschriften dem Recht auf Schutz personenbezogener Daten in Art. 8 GRCh Rechnung tragen.

- Hins. des **Sekundärrechts** ist zu differenzieren: **Verordnungen** gelten ebenfalls unmittelbar und sind in all ihren Teilen verbindlich (Art. 288 Abs. 2 S. 2 AEUV). So gilt die Datenschutz-Grundverordnung (DSGVO) seit dem 25.5.2018 in allen Mitgliedstaaten unmittelbar, soweit die infrage stehende Regelung nicht ausnahmsweise eine Öffnungsklausel für nationale Sonderregelungen vorsieht.[20] Die unmittelbare Anwendbarkeit von Verordnungen ist dabei sowohl für das vertikale Verhältnis zwischen Privatpersonen und staatlichen Stellen als auch horizontal zwischen Privatpersonen anerkannt.[21] Auch der **Beschluss** (zB der EU-Kommission darüber, dass eine unzulässig gewährte Beihilfe vom betreffenden Mitgliedstaat aufzuheben und zurückzufordern ist, Art. 108 Abs. 2 AEUV, dazu auch § 16 Rn. 34 f.) ist ein in allen Teilen unmittelbar verbindlicher Rechtsakt und wegen seiner individualbezogenen Ausrichtung mit dem deutschen Verwaltungsakt vergleichbar (Art. 288 Abs. 4 AEUV).[22]

- **Richtlinien** müssen dagegen in nationales Recht überführt werden.[23] So ist bspw. die „Richtlinie 2003/4/EG des Europäischen Parlaments und des Rates vom 28. Januar 2003 über den Zugang der Öffentlichkeit zu Umweltinformationen"[24] durch das Umweltinformationsgesetz des Bundes (UIG)[25] und entsprechende Landesgesetze[26] transferiert worden. Hins. der Art und Weise ihrer Umsetzung lassen Richtlinien den Mitgliedstaaten regelmäßig einen gewissen Gestaltungsspielraum. Das mit dem (sekundären) Unionsrecht verfolgte Ziel muss aber erreicht werden, s. Art. 288 Abs. 3 AEUV.[27] In formeller Hinsicht hat die Umsetzung durch Rechtsnormen mit unmittelbarer Außenwirkung im Verhältnis Bürger – Staat zu erfolgen;

4

---

19 Zum Streit, was unter der Durchführung von Unionsrecht zu verstehen ist, EuGH EuZW 2014, 795, 796 ff. iSe Handelns im Anwendungsbereich des Unionsrechts einerseits und BVerfGE 133, 277, 315 andererseits; dazu zB Klement JZ 2017, 161, 167 f. S. zur unmittelbaren Anwendung auch Kahl in: ders./Ludwigs, II, § 37 Rn. 12 im Vertikal- und Rn. 13 zum Horizontalverhältnis.
20 Verordnung 2016/679/EU des Europäischen Parlaments und des Rates v. 27.4.2016 zum Schutz natürlicher Personen bei der Verarbeitung personenbezogener Daten, ABl. EU, L 119, S. 1 (EU-DSGVO); näher zu den Öffnungsklauseln zB Kühling/Martini EuZW 2016, 448, 449.
21 Kahl in: ders./Ludwigs, II, § 37 Rn. 14; zur Geltung im vertikalen Verhältnis auch EuGH Urt. v. 18.1.2022 – C-261/20, Rn. 32.
22 Zu den Beschlüssen Glaser in: Kahl/Ludwigs, II, § 39 Rn. 55 ff. und zur Frage der unmittelbaren Anwendbarkeit Kahl in: ders./Ludwigs, II, § 37 Rn. 17. Näher zum Verwaltungsakt §§ 12 ff.
23 Zur Umsetzungsbedürftigkeit samt der Ausnahme, dass das bestehende nationale Recht bereits vollständig den unionsrechtlichen Anforderungen entspricht, Glaser in: Kahl/Ludwigs, II, § 39 Rn. 31 ff.
24 ABl. EU, L 41, S. 26; sog. UI-Richtlinie.
25 IdF d. Bekanntmachung v. 27.10.2014, BGBl. I S. 1643, zuletzt geändert durch Art. 2 Gesetz v. 25.2.2021, BGBl. I S. 306.
26 Bayerisches Umweltinformationsgesetz (BayUIG) v. 8.12.2006, GVBl. S. 933, zuletzt geändert durch Art. 9a Abs. 15 des Gesetzes v. 22.12.2015, GVBl. S. 458; Umweltinformationsgesetz NRW (UIG NRW) v. 29.3.2007, GVBl. S. 142, ber. S. 658, geändert durch Gesetz v. 8.7.2016, GVBl. S. 618; Saarländisches Umweltinformationsgesetz (SUIG) v. 12.9.2007, ABl., S. 2026, zuletzt geändert durch Art. 150 des Gesetzes v. 8.12.2021, ABl. I S. 2629.
27 Zu den verschiedenen Methoden der nationalen Umsetzung Glaser in: Kahl/Ludwigs, II, § 39 Rn. 35 ff.

Regelungen in Verwaltungsvorschriften, die nur die Verwaltung intern binden, genügen jener Anforderung nicht (dazu § 27 Rn. 9).

Ausnahmsweise entfalten Richtlinien **unmittelbare Wirkung** im mitgliedstaatlichen Bereich, wenn folgende drei Voraussetzungen vorliegen: Erstens muss die Umsetzungsfrist ohne ordnungsgemäße Umsetzung abgelaufen sein. Zweitens muss es sich um eine unbedingte Regelung handeln, die dem Mitgliedstaat keinen Umsetzungsspielraum belässt. Schließlich muss die infrage stehende Regelung selbst inhaltlich hinreichend bestimmt sein,[28] damit sie unmittelbar angewendet werden kann. Eine solche unmittelbare Wirkung wird **nur zugunsten** des Bürgers ggü. dem Staat angenommen, sog. vertikale Direktwirkung.[29] Zulasten des Bürgers kommt dies prinzipiell nicht in Betracht – andernfalls würde der Mitgliedstaat für sein unionsrechtswidriges Verhalten „belohnt".[30]

5 ■ **Empfehlungen und Stellungnahmen** sind schließlich Akte von Unionsorganen, die rechtlich unverbindlich sind, s. Art. 288 Abs. 5 AEUV, aber durchaus politische Bedeutung haben.[31]

II. Auswirkungen des Unionsrechts auf die mitgliedstaatliche Verwaltung

6 Allgemein gilt demzufolge, dass die Verwaltung im Vollzug des nationalen Rechts den beschriebenen Vorrang des Unionsrechts (Verordnungen, Beschlüsse, uU Richtlinien) zu beachten hat. Als „Vorwirkung" des Anwendungsvorrangs stellt sich die Pflicht zur unionsrechtskonformen Interpretation dar;[32] die Anwendung nationaler Vorschriften ist darauf auszurichten, dass sie im Einklang mit dem Unionsrecht stehen.[33] Ferner gilt Folgendes:

1. Umsetzung durch nationales Recht

7 Mit der Umsetzung von EU-Richtlinien in nationales Recht ist nicht nur die Legislative (auf Bundes- wie auf Landesebene) befasst, sondern auch die Exekutive. Sofern eine hierauf gerichtete Ermächtigung zum Erlass von Rechtsverordnungen besteht (Art. 80 Abs. 1 GG), ist die Verwaltung gefordert, Recht zur ordnungsgemäßen Umsetzung jenes Unionsrechts zu setzen.

---

28 EuGH, Slg 1974, 1337; Urt. v. 28.10.2021 – C-636/19, Rn. 60 juris; s.a. Nettesheim in: Oppermann/Classen/ders., Europarecht, § 9 Rn. 104 ff.; Siegel, Europäisierung, Rn. 16.
29 EuGH, Slg 1986, 723; Slg 1994, I-3325; NZA 2018, 1467, 1472; s.a. Nettesheim in: Oppermann/Classen/ders., Europarecht, § 9 Rn. 110 ff.
30 IErg auch EuGH NZA 2018, 1467, 1472; NVwZ 2022, 314, 315 Rn. 32; s. zu dieser Thematik auch Germelmann/Gundel BayVBl. 2017, 649, 658 sowie Kahl in: ders./Ludwigs, II, § 37 Rn. 16.
31 Zu einer Bekanntmachung über die Zusammenarbeit und die Kronzeugenregelung, die im Rahmen des ECN erlassen wurde, EuGH EuZW 2016, 270, 272. Allg. zum Soft law im europ. Verwaltungsrecht Knauff in: Kahl/Ludwigs, II, § 41 Rn. 31 ff.
32 Dazu Streinz in: ders., EUV/AEUV, Art. 4 EUV Rn. 64; je nachdem, ob unmittelbar geltendes oder durch nationales Recht umgesetztes Unionsrecht vollzogen wird (dazu Rn. 3 f.), wird des Weiteren der unmittelbare (mitgliedstaatliche) Vollzug von demjenigen mittelbarer Art unterschieden, etwa Wolff/Bachof/Stober/Kluth, Bd. 2, § 88 Rn. 18 ff.
33 Zu den verfassungsrechtlichen Grenzen richtlinienkonformer Rechtsfortbildung Michael Der Staat 54 (2014), 349; zu den Problemen richtlinienkonformer Rechtsanwendung auch Reimer JZ 2015, 910. Zur Europäisierung der Methodik richtlinienkonformer Rechtsfindung Brenncke EuR 2015, 440.

§ 3 Verwaltungsrecht und Unionsrecht

2. Vollzug durch nationale Behörden

Der Vollzug des Unionsrechts durch die Organe, Einrichtungen oder sonstigen Stellen der Union (sog. **direkter Vollzug**) stellt traditionell die Ausnahme dar. Dieser Befund lässt sich zum einen mit dem Grundsatz der begrenzten Einzelermächtigung (Art. 5 Abs. 1 S. 1, Abs. 2 EUV) sowie dem Subsidiaritätsprinzip (Art. 5 Abs. 1 S. 2, Abs. 3 EUV) und den beschränkten personellen Ressourcen der Union erklären. Zum anderen ist der Vollzug durch die Mitgliedstaaten mit einer größeren Bürgernähe verbunden, wahrt die nationale Eigenstaatlichkeit und trägt dem Gedanken der Subsidiarität Rechnung.[34] Unionsrecht wird daher in weitem Maße durch (Exekutiv-)Organe der Mitgliedstaaten vollzogen, die nach Art. 291 Abs. 1 AEUV alle zur Durchführung der verbindlichen Rechtsakte der Union erforderlichen Maßnahmen ergreifen. Man spricht insofern von **indirektem Vollzug.**[35]

8

Der direkte Vollzug des Unionsrechts liegt hauptsächlich bei der Kommission (Art. 17 Abs. 1 S. 5 EUV), der ggü. zB Beihilfen nach Art. 108 Abs. 3 AEUV zu notifizieren sind. Zahlreiche Einrichtungen auf Unionsebene unterstützen die Kommission bei ihrer Tätigkeit, insb. Agenturen.[36] Der Begriff des **Eigenverwaltungsrechts** umschreibt vor allem die Rechtsvorschriften und die von den Unionsgerichten etablierten Rechtsgrundsätze, die dem direkten Vollzug des Unionsrechts dienen.[37] Dieses lässt sich wiederum in den rein internen Vollzug (zB Personalangelegenheiten, Haushaltsvollzug) sowie in den externen Vollzug mit unmittelbarer Außenwirkung ggü. Mitgliedstaaten sowie Privatrechtssubjekten (zB im Rahmen der Wettbewerbsaufsicht) unterteilen.[38] Mangels einer allg. EU-Verwaltungsverfahrensverordnung sind die Verfahrensanforderungen vor allem sektorspezifischen sekundärrechtlichen Regelungen zu entnehmen, etwa der Beihilfe-Verfahrensverordnung.[39] Als primärrechtliche Vorgabe für das Verwaltungshandeln der Union ist vor allem das Recht auf gute Verwaltung gem. Art. 41 GRCh hervorzuheben. Der EuGH entnimmt dem Grundsatz ordnungsgemäßer Verwaltung zB, dass die Unionsverwaltung in den Beziehungen zur Öffentlichkeit sorgsam und umsichtig handeln muss.[40] Der Betroffene kann unter den Voraussetzungen des Art. 263 Abs. 4 AEUV die Unionsgerichte um Rechtsschutz ersuchen. Auch besteht die Möglichkeit zur Einschaltung des Europäischen Bürgerbeauftragten wegen eines Missstands bei der Tätigkeit der Organe, Einrichtungen oder sonstigen Stellen der Union (Art. 228 AEUV, Art. 43 GRCh). Ferner ist auf eine etwaige Haftung der Unionsorgane nach Art. 340 AEUV hinzuweisen.[41] Auch lassen sich zwischenzeitlich einige allg. Grundsätze des EU-Eigenverwaltungsrechts als Teil des unionalen Verwaltungsprimärrechts ausmachen.[42]

---

34 Näher dazu Guckelberger/Geber, Allgemeines Europäisches Verwaltungsverfahrensrecht, S. 42 ff.; Lorenzen Jura 2022, 1426, 1430; Streinz in: Kahl/Ludwigs, II, § 45 Rn. 1 f., 9 ff.; Sydow/Wittreck, Kap. 16 Rn. 6 ff.; Weiß in: Kahl/Ludwigs, II, § 35 Rn. 2. Zum Thema Fehlerfolgen beim Eigenverwaltungsrecht Hering Der Staat 57 (2018), 601 ff. Zum Ausnahmecharakter BVerfGE 151, 202, 343 f.
35 Vgl. § 1 Rn. 3. Zur Absicherung des nationalen Vollzugs über Art. 4 Abs. 3 UAbs. 2 EUV, Art. 197 und Art. 291 Abs. 1 AEUV BVerfGE 151, 202, 343 f. Rn 243.
36 Guckelberger/Geber, Allgemeines Europäisches Verwaltungsverfahrensrecht, S. 42 f.; Ladenburger in: Kahl/Mager, Verwaltungsrechtswissenschaft, S. 69, 80 f.; Lorenzen Jura 2022, 1426, 1427 f.; Siegel, Europäisierung, Rn. 43 ff.; Sydow/Wittreck, Kap. 16 Rn. 35 ff.; eingehend auch zu weiteren Akteuren Weiß in: Kahl/Ludwigs, II, § 35 Rn. 7, 14 f.; zu den Agenturen Görisch Jura 2012, 42 ff.; Haratsch in: Kahl/Ludwigs, III, § 63 Rn. 17 f., 63 ff.; Meinel in: Kahl/Ludwigs, § 61 Rn. 13 ff.; BVerfGE 151, 202, 338 ff.
37 Kahl, Artikel „Europäisches Verwaltungsrecht", Staatslexikon, Sp. 487. S. unter einer bestimmten Facette auch die Dissertation von Lorenzen, Kontrolle einer sich ausdifferenzierenden EU-Eigenverwaltung, 2019 sowie Hering, Fehlerfolgen im europäischen Eigenverwaltungsrecht, 2019.
38 Lorenzen Jura 2021, 1426, 1427; s.a. Weiß in: Kahl/Ludwigs, II, § 35 Rn. 8.
39 Verordnung (EU) Nr. 743/2013 zur Änderung der Verordnung (EG) Nr. 659/1999 über besondere Vorschriften für die Anwendung von Art. 93 EGV, ABl. EU, L 204, S. 15 ff.; zu weiteren Rechtsakten Schneider in: Kahl/Ludwigs, II, § 56 Rn. 11.
40 EuGH Urt. v. 4.4.2017 – C-337/15, Rn. 34 juris; zu weiteren vom EuGH entwickelten Grundsätzen Bruckert VR 2019, 51, 54 f.
41 Zu den Haftungsvoraussetzungen EuGH Urt. v. 4.4.2017 – C-337/15, Rn. 31 juris. Auf Sekundärebene, vgl. § 36 Rn. 1, § 38 Rn. 2 ff.
42 Näher dazu Weiß in: Kahl/Ludwigs, II, § 35 Rn. 16 ff.

Gem. **Art. 298 AEUV** können im ordentlichen Gesetzgebungsverfahren Anforderungen an eine offene, effiziente und unabhängige europäische Verwaltung erlassen werden. Seit dem Vertrag von Lissabon enthält das Unionsrecht eine explizite Kompetenzgrundlage für den Erlass eines allg. EU-Verwaltungsverfahrensgesetzes, um das in **Art. 41 GRCh garantierte Recht auf eine gute Verwaltung** zu konkretisieren.[43] Besonders hervorzuheben ist der von einem Netzwerk aus Wissenschaftlern der verschiedenen EU-Mitgliedstaaten in Zusammenarbeit mit Praktikern aus der Verwaltungsgerichtsbarkeit, Anwalt- und Beamtenschaft erstellte ReNEUAL-Musterentwurf für ein EU-Verwaltungsverfahrensrecht, der sich aus sechs Büchern (allg. Vorschriften, administrative Normsetzung, Einzelfallentscheidungen, Verträge, Amtshilfe, behördliches Informationsinstrument) zusammensetzt.[44] Im Januar 2016 hat eine Arbeitsgruppe des Rechtsausschusses des Europäischen Parlaments einen Vorschlag für eine mögliche EU-Verordnung über das Verwaltungsverfahren der Organe, Einrichtungen, Ämter und Agenturen der EU vorgelegt.[45] Die initiativberechtigte EU-Kommission hat jedoch bislang keine diesbzgl. Gesetzgebungsschritte eingeleitet, obwohl es für eine solche Kodifizierung des allgemeinen Verwaltungsrechts für alle EU-Behörden durchaus Vorarbeiten gibt.

Der **indirekte Vollzug**, bei welchem Unionsrecht **durch die Mitgliedstaaten** vollzogen oder angewendet wird, lässt sich in den unmittelbaren und mittelbaren Vollzug unterteilen. Beim **unmittelbaren Vollzug** vollziehen die nationalen Behörden unmittelbar anwendbares Unionsrecht, etwa die seit dem 25.5.2018 unmittelbar anwendbare DSGVO. Beim **mittelbaren** mitgliedstaatlichen **Vollzug** wenden die Behörden dagegen nationale Rechtsnormen an, welche nicht unmittelbar anwendbares Unionsrecht umsetzen (zB das zur Umsetzung der Umweltinformations-Richtlinie erlassene UIG des Bundes bzw. des jew. Bundeslandes). Soweit das Unionsrecht zwar sachliche Regelungen trifft, aber keine Vorgaben zu deren Vollzug durch die Mitgliedstaaten, wird dieses nach den nationalen Vorschriften, etwa des VwVfG, vollzogen.[46] Die Mitgliedstaaten regeln aufgrund der ihnen zukommenden **nationalen Verfahrensautonomie** die Behördenzuständigkeit und das Verwaltungsverfahren (s. Art. 291 AEUV).[47] Nach dem **Äquivalenzgrundsatz** dürfen diese Vorschriften jedoch nicht ungünstiger als beim Vollzug rein innerstaatlichen Rechts sein. Aus dem **Effektivitätsgrundsatz** folgt, dass die nationale Regelung die Ausübung der unionsrechtlich verliehenen Rechte des Einzelnen nicht praktisch unmöglich machen oder übermäßig erschweren darf.[48] Auch müssen die Mitgliedstaaten bei der „Durchführung des Unionsrechts" die europäischen Grundrechte beachten.[49] Auftretende Konflikte zwischen europäischem und nationalem Recht werden kraft Anwendungsvorrangs zugunsten des Unionsrechts[50] gelöst.

---

43 Näher Guckelberger/Geber, Allgemeines Europäisches Verwaltungsverfahrensrecht, S. 131 ff. Zu Art. 41 GRCh Grosche in: Kahl/Ludwigs, III, § 67 Rn. 45 ff.; Kahl in: ders./Ludwigs, III, § 66 Rn. 32 ff.
44 ReNEUAL-Musterentwurf für ein EU-Verwaltungsverfahrensrecht, 2015, s. dazu auch den Tagungsband von 2016 sowie Augsberg Verw 50 (2017), 1 ff.; Kahl JuS 2018, 1025, 1031; Schneider in: Kahl/Ludwigs II, § 56 Rn. 20. Ferner wurde ein eigener Regelungsvorschlag von Hartmann, Die Kodifikation des Europäischen Verwaltungsrechts, 2020, S. 457 ff. vorgelegt.
45 Abrufbar unter: http://www.europarl.europa.eu/meetdocs/2014_2019/plmrep/COMMITTEES/JURI/DV/2016/01-28/1081253DE.pdf (zuletzt abgerufen am 16.8.2022). Dazu auch Schneider in: Kahl/Ludwigs, II, § 56 Rn. 18.
46 Voßkuhle/Schemmel JuS 2019, 347, 348; s.a. Streinz in: Kahl/Ludwigs, II, § 45 Rn. 3, 15 ff.
47 Dazu, dass sich der im Unionsrecht verwendete Begriff der Verfahrensautonomie auf Verwaltungsorganisation, Verwaltungsverfahren und Verwaltungsprozessrecht bezieht, Streinz in: Kahl/Ludwigs, II, § 45 Rn. 4, 52 ff.
48 ZB EuGH DVBl. 2016, 42, 44 f.; Urt. v. 10.2.2022 – C-219/20, Rn. 41 ff. juris; zum indirekten Vollzug Guckelberger/Geber, Allgemeines Europäisches Verwaltungsverfahrensrecht, S. 47 ff. Eingehend zu den beiden Grundsätzen Galetta in: Kahl/Ludwigs, II, § 46 Rn. 8 ff.
49 Dazu Lorenzen Jura 2021, 1426, 1432.
50 Vorstehend Rn. 2; anhand der staatlichen Aufsicht im Datenschutz näher und krit. Frenzel DÖV 2010, 925.

§ 3 Verwaltungsrecht und Unionsrecht

Nimmt man eine Gesamtbetrachtung der vielen sekundärrechtlichen Vorgaben sowie der zum für die Mitgliedstaaten maßgeblichen Unionsverwaltungsrecht ergangenen EuGH-Rechtsprechung vor, lassen sich als allg. Entwicklungslinien der Europäisierung des Verwaltungsrechts der Bedeutungszuwachs des Verwaltungsverfahrens, die Stärkung der Transparenz, der Ausbau von Beteiligungsrechten für die Öffentlichkeit, eine stärkere Öffnung administrativer Entscheidungsspielräume sowie die Einführung entpolitisierter, völlig unabhängiger Behörden ausmachen.[51]

3. Europäischer Verwaltungsverbund

Im Laufe der Zeit hat sich immer mehr herausgestellt, dass die unionalen und mitgliedstaatlichen Verwaltungsbehörden beim Vollzug des Unionsrechts in vielfältiger Weise **miteinander** zu einem Informations-, Entscheidungs- und Kontrollverbund **verwoben** sind.[52] Während die **vertikale Zusammenarbeit** das Verhältnis zwischen Union und Mitgliedstaaten in den Blick nimmt, erfolgt die **horizontale Kooperation** zwischen den Mitgliedstaaten.[53] Primärrechtliche Vorgaben zu diesem Verbund sind selten. Art. 197 Abs. 2 AEUV sieht vor, dass die Union bei der Durchführung des Unionsrechts durch die Verwaltungen der Mitgliedstaaten diese insb. durch die Erleichterung des Austauschs von Informationen unterstützen kann, wobei die Mitgliedstaaten diese Unterstützung nicht in Anspruch nehmen müssen. Außerdem kann der in Art. 4 Abs. 3 EUV normierte Grundsatz der loyalen Zusammenarbeit in dieser Hinsicht bedeutsam werden.[54] Vor allem im Sekundärrecht finden sich zahlreiche Regelungen zur Zusammenarbeit, wobei als Referenzgebiete neben dem Regulierungs- und Stoffrecht insb. das europäische Planungs- und Umweltrecht hervorzuheben sind.[55] Gerade im Umweltrecht[56] finden sich verstärkt mehrstufige Verwaltungsverfahren,[57] an denen europäische Institutionen und mitgliedstaatliche Behörden in Formen vertikaler und horizontaler Kooperation, allerdings variantenreicherer Ausprägung, beteiligt sind.[58]

Auch die **DSGVO** enthält eine Reihe von Regelungen über die Zusammenarbeit zwischen den mitgliedstaatlichen Datenschutzaufsichtsbehörden (Art. 60), über gegenseitige Amtshilfe (Art. 61) sowie gemeinsame Maßnahmen der Aufsichtsbehörden (Art. 62). Um eine einheitliche Anwendung der Verordnung zu gewährleisten, arbeiten die Aufsichtsbehörden in dem in Art. 63 ff. beschriebenen Kohärenzverfahren untereinander und ggf. mit der Kommission zusammen. Darüber hinaus wird ein Europäischer Datenschutzausschuss gebildet, welchem die Leiter der Aufsichtsbehörden der Mitgliedstaaten und der

---

51 Kahl, Artikel „Europäisches Verwaltungsrecht", Staatslexikon, Sp. 488.
52 Voßkuhle in: Kahl/Ludwigs, III, § 59 Rn. 15 ff.
53 Guckelberger/Geber, Allgemeines Europäisches Verwaltungsverfahrensrecht, S. 53 ff.; Ludwigs in: Kahl/ders., II, § 36 Rn. 4 und in Rn. 17 zu den Funktionen der Verbundverwaltung, ua zur gleichförmigen Anwendung des Unionsrechts, zur Generierung von Informationen und zum Abbau von Asymmetrien; zur demokratischen Legitimation Schöndorf-Haubold in: Kahl/Mager, Verwaltungsaufgaben, S. 219 ff.
54 Nachweise zu den verschiedenen primärrechtlichen Ansätzen für die Verwaltungszusammenarbeit bei Guckelberger/Geber, Allgemeines Europäisches Verwaltungsverfahrensrecht, S. 59 ff.
55 Sydow/Wittreck, Kap. 16 Rn. 45.
56 Vgl. die Zulassung der Freisetzung genetisch veränderter Organismen (§ 16 GenTG), dazu Calliess/Korte DÖV 2006, 10, oder die Ausweisung von Gebieten zum Schutz von Fauna, Flora und Habitaten (§ 31 ff. BNatSchG), Weiß Verw 38 (2005), 517, 522 ff.; Stüer/Spreen VerwArch 96 (2005), 174. Zu den verschiedenen Typologien der Verbundsysteme Ludwigs in: Kahl/ders., II, § 36 Rn. 6 ff. mwN.
57 Zur Mehrstufigkeit von Verwaltungsakten im nationalen Bereich vgl. § 12 Rn. 30.
58 Shirvani EuR 2011, 619 f.; auch Frenz DÖV 2010, 66; zu den unionsrechtlich bedingten Innovationen Hatje in: FS für D. H. Scheuing, 2011, S. 323. S.a. Latour, Die integrierte Umweltverwaltung in der Europäischen Union, 2013.

Europäische Datenschutzbeauftragte angehören, der über die europaweit einheitliche Anwendung der Verordnung zu wachen hat (Art. 68 ff.).[59]

Derartige im **europäischen Verwaltungsverbund**[60] getroffene Entscheidungen, bei denen im Außenverhältnis weiterhin eine (nationale) Behörde aufgrund eines binnenadministrativ gestuften oder vernetzten Verwaltungsverfahrens handelt, stellen den **Rechtsschutz** vor eine große Herausforderung. Denn nach dem sog. Trennungsmodell sind – ungeachtet der Verfahrensverflechtungen – die nationalen Verwaltungsgerichte zuständig, wenn eine nationale Behörde die verfahrensabschließende Entscheidung trifft, und die Unionsgerichte bei einer solchen der EU-Eigenverwaltung.[61] Darüber hinaus wirft die Verschränkung zwischen den nationalen Behörden untereinander oder mit der unionalen Verwaltung Haftungsprobleme auf.[62]

4. Europäische Verwaltungszusammenarbeit

10 Im Wege der Dienstleistungsrichtlinie (vgl. vorstehend Rn. 1) ist zum Abbau bürokratischer Hindernisse im ökonomisch wichtigen Bereich grenzüberschreitender Dienstleistungen ua eine Verstärkung der **Zusammenarbeit** zwischen den Verwaltungen der Mitgliedstaaten vorgeschrieben worden.[63] Die Bestimmungen ähneln den nationalen Amtshilfevorschriften (§§ 4 ff. VwVfG), statuieren indes – so die Materialien – keine ergänzende Hilfe im Ausnahmefall, sondern übertragen die Unterstützung(spflicht) als Daueraufgabe.[64] Bei der europäischen Verwaltungszusammenarbeit ist die Unterstützung infolge von Gemeinschafts- respektive Unionsrechtsakten geboten.[65] Diesbzgl. wurden die §§ 8a ff. VwVfG im Wege der Umsetzung der Dienstleistungsrichtlinie in die Verwaltungsverfahrensgesetze des Bundes und der Länder eingeführt.[66]

---

59 Näher dazu von Lewinski NVwZ 2017, 1483, 1486 ff. Eingehend Kawohl, Der Europäische Datenschutzverbund, 2022.
60 Zum Begriff vgl. auch § 1 Rn. 3; Ruffert DÖV 2007, 761; eingehend ders. Verw 48 (2008), 543; Kahl Der Staat 50 (2011), 353; Weiß, Der Europäische Verwaltungsverbund, 2010.
61 Dazu Gärditz, Gutachten für den 71. DJT, 2016, D 93 ff. mwN; s.a. Ludwigs in: Kahl/ders., II, § 36 Rn. 38.
62 Dazu Guckelberger/Geber, Allgemeines Europäisches Verwaltungsverfahrensrecht, S. 64 f.; Hofmann in: Schmidt-Aßmann/Schöndorf-Haubold, Der Europäische Verwaltungsverbund, 2005, S. 353 ff.; Ludwigs in: Kahl/ders., II, § 36 Rn. 39.
63 Zur effektiven Durchführung des Unionsrechts insoweit vgl. Art. 197 AEUV; dazu Schröder DVBl. 2011, 671.
64 BT-Drs. 16/13399, S. 11. Dazu und zu weiteren Einzelheiten Banafsche VerwArch 107 (2016), 568, 575 ff., 591 ff.; krit. ggü. dieser Abgrenzung, weil auch die Amtshilfe im Einzelfall eine Daueraufgabe sein kann, Rademacher in: Schoch/Schneider, VwVfG, § 8a Rn. 2.
65 Rademacher in: Schoch/Schneider, VwVfG, § 8a Rn. 2.
66 Im Wege des 4. VwVfÄndG v. 4.11.2008, BGBl. I S. 2418; dazu Windoffer DÖV 2008, 797; Schliesky/Schulz DVBl. 2010, 601. Grundlegend zu Gestaltungsimpulsen des Unionsrechts für das nationale Verwaltungsverfahrensrecht Burgi JZ 2010, 105.

§ 4 Wiederholungs- und Verständnisfragen zu Teil 1

1. Wie kann öffentliche Verwaltung beschrieben werden? Ist eine konturenscharfe Definition möglich? (§ 1 Rn. 1 ff.)
2. Durch welche Vorgaben wird das Verwaltungsrecht verfassungsrechtlich geprägt? (§ 2 Rn. 1 ff.)
3. In welchem Verhältnis stehen das primäre und sekundäre Unionsrecht zum Recht der Mitgliedstaaten? (§ 3 Rn. 2)
4. Gelten Richtlinien der Europäischen Union in den Mitgliedstaaten unmittelbar? (§ 3 Rn. 4)
5. Wie gestaltet sich der Vollzug Europäischen Unionsrechts? (§ 3 Rn. 8 ff.)
6. Worin liegt der Unterschied zwischen dem unmittelbaren und mittelbaren indirekten Vollzug des Unionsrechts? (§ 3 Rn. 8)
7. Was bedeutet „Europäische Verbundverwaltung"? (§ 3 Rn. 9)

Teil 2
Grundlagen des Verwaltungsrechts

§ 5 Einordnung und Abgrenzungen des Verwaltungsrechts im Gesamtrechtssystem der Bundesrepublik Deutschland

Das Verwaltungsrecht als Teilgebiet des **öffentlichen Rechts** befasst sich als „Sonderrecht des Staates" mit dem Aufbau und den Aufgaben der Verwaltungsbehörden sowie vor allem mit den Rechtsbeziehungen zwischen der öffentlichen Verwaltung und den Privatrechtssubjekten.[1]

I. Verwaltungsrecht und seine Untergliederungen

Das **allgemeine Verwaltungsrecht** enthält **bereichsübergreifende Grundstrukturen des Verwaltungsrechts**, die grds. für das gesamte besondere Verwaltungsrecht Geltung beanspruchen.[2] Oft ist auch davon die Rede, dass es – gleichsam vor die Klammer gezogen – die Grundlagen und Grundsätze der Verwaltung und ihrer Tätigkeit umfasst, die hauptsächlich, jedoch nicht ausschließlich, in den VwVfG von Bund und Ländern geregelt sind.[3] Andere betonen dagegen, dass es sich um Vorgaben handelt, die einerseits verlässlich zum Fundament des Verwaltungsrechts gehören und für gleichartige Konstellationen identische und kohärente Lösungen anbieten. Für die Elemente des allgemeinen Verwaltungsrechts ist kennzeichnend, dass sie sich zu einem systematischen Ganzen verbinden, also von einer Ordnungsidee getragen sind.[4] Demgegenüber beinhaltet das **besondere Verwaltungsrecht** als Summe aller Fachverwaltungsrechte das im weitesten Sinne der Bewältigung einzelner bereichsspezifischer Fachaufgaben dienende Verwaltungsrecht;[5] hierzu gehören bspw. das Bau-, das Kommunal- sowie das Sicherheits- und Ordnungsrecht.

Eine weitere für das Recht der Verwaltung bedeutsame Differenzierung liegt in der Unterscheidung zwischen **Außen- und Innenrecht**. Diese orientiert sich an den verschiedenen Adressaten des Verwaltungsrechts. Außenrecht betrifft Rechtsbeziehungen zwischen dem verwaltenden Staat und dem Bürger oder Unternehmen; es wirkt also zwischen verschiedenen Rechtssubjekten. Dagegen regelt das Innenrecht die Beziehungen innerhalb der Verwaltung, nämlich das Verhältnis der verschiedenen Behörden zueinander, und die Dienstpflichten der Angehörigen des öffentlichen Dienstes. Innenrecht findet sich in Gesetzen (bspw. Beamtengesetzen), v.a. aber in Verwaltungsvorschriften (Erlassen und Richtlinien) sowie dienstlichen Anweisungen.[6]

---

1 Gröpl, Staatsrecht I, Rn. 119.
2 Kahl in: ders./Ludwigs, I, § 12 Rn. 2.
3 Fragen des allg. Verwaltungsrechts sind auch anderweitig geregelt, vgl. etwa §§ 68 ff. VwGO über das Vorverfahren (näher § 20 Rn. 2 ff.). Zur Kritik an dieser Gegenüberstellung Kahl in: ders./Ludwigs, I, § 12 Rn. 4.
4 Kahl in: ders./Ludwigs, I, § 12 Rn. 5 ff. und in Rn. 26 ff. näher zu dessen verschiedenen Funktionen: 1. Entlastungsfunktion, 2. Disziplinierungs- und Stabilisierungsfunktion, 3. Entwicklungsfunktion, 4. Konstitutionalisierungsfunktion, 5. Zugänglichkeits- und Vereinheitlichungsfunktion sowie 6. identitätsstiftende und komplexitätsreduzierende Funktion.
5 Näher hierzu Kahl in: ders./Ludwigs, I, § 12 Rn. 2, 33 ff.
6 Maurer/Waldhoff, § 3 Rn. 6; zu Verwaltungsvorschriften § 27.

II. Verwaltungsrecht als Teilgebiet des öffentlichen Rechts und seine Abgrenzung zum Privatrecht

4 In vielen Rechtsvorschriften wird klar zwischen öffentlichem Recht und Privatrecht unterschieden.[7] Während das Zivilrecht die Rechtsbeziehungen von Privatrechtssubjekten (im Regelfall: Bürger) betrifft,[8] liegt der Schwerpunkt des öffentlichen Rechts und damit auch des (allgemeinen) Verwaltungsrechts in der Regelung des rechtlichen Verhältnisses zwischen dem Staat als **Hoheitsträger** und dem **Bürger**.[9] Zwischenzeitlich hat sich jedoch die Erkenntnis durchgesetzt, dass die beiden Rechtsregime teilw. auch in einer Wechselwirkung zueinander stehen, etwa indem die Verwaltung in bestimmten Bereichen auch privatrechtlich handeln kann oder gewisse privatrechtliche Vorschriften kraft Verweisung (s. § 62 S. 2 VwVfG) oder im Wege der Analogie auch im Verwaltungsrecht Anwendung finden.[10]

1. Bedeutung der Abgrenzung

5 Die Notwendigkeit der Abgrenzung zwischen öffentlichem Recht und Privatrecht rührt daher, dass eine Reihe zentraler Rechtsvorschriften an das Vorliegen einer öffentlich-rechtlichen Angelegenheit anknüpfen und damit eine Abgrenzung zum privatrechtlichen Handeln erfordern. An dieser Stelle sind insb. zu nennen:

- Allein für öffentlich-rechtliche Streitigkeiten ist der **Verwaltungsrechtsweg** gem. § 40 Abs. 1 VwGO eröffnet, wenn sie nichtverfassungsrechtlicher Art sind. Privatrechtliche Streitigkeiten sind dagegen vor den ordentlichen Gerichten, dh den Zivilgerichten, auszutragen (§ 13 GVG).
- Die **Amtshaftung** greift nach § 839 BGB iVm Art. 34 S. 1 GG nur, wenn einem Dritten in Ausübung einer hoheitlichen Tätigkeit ein Schaden zugefügt wird.
- Der **Anwendungsbereich der VwVfG** von Bund und Ländern ist nur im Falle einer öffentlich-rechtlichen Verwaltungstätigkeit eröffnet (s. § 1 Abs. 1–3 VwVfG Bund); demgegenüber unterliegt das privatrechtliche Handeln der Verwaltung nicht dem VwVfG.
- Eines der wichtigsten Handlungsinstrumente der Verwaltung, der **Verwaltungsakt**, bleibt den Behörden bei privatrechtlichem Handeln verschlossen, denn nach § 35 S. 1 VwVfG muss es sich bei ihm zwingend um eine Maßnahme auf dem Gebiet des öffentlichen Rechts handeln. Derartige, in einem Verwaltungsakt titulierte Ansprüche kann die Verwaltung selbst vollstrecken (s. das VwVG).
- §§ 54 ff. VwVfG enthalten besondere Regelungen für **öffentlich-rechtliche Verträge**.

---

7 Wollenschläger in: Kahl/Ludwigs, I, § 15 Rn. 2.
8 Dazu, dass der Begriff des bürgerlichen Rechts in Art. 74 Abs. 1 Nr. 1 GG in dem Sinne zu verstehen ist, wie dies unter der RVerf 1871 und der WRV der Fall war, daher entscheidend ist, dass die Vorschriften Rechtsverhältnisse zwischen Privaten regeln, und daher auch aus heutiger Sicht öffentlich-rechtliche Regelungen auf diesen Kompetenztitel abgestützt werden können, sofern der Regelungsschwerpunkt im Privatrecht liegt, BVerfG NJW 2021, 1377, 1382 ff. Rn. 110 ff.
9 Vertiefend Masing in: Voßkuhle/Eifert/Möllers, Bd. 1, § 10.
10 S. dazu Wollenschläger in: Kahl/Ludwigs, I, § 15, insb. Rn. 27 ff. zum Privatrecht als Element des Rechts der Verwaltung.

2. Ansatzpunkte für die Abgrenzung

Der in Ausbildung und Praxis bedeutsamste Anwendungsbereich für die Abgrenzung zwischen Verwaltungs- und Privatrecht ist derjenige des § 40 Abs. 1 VwGO. Die Vorschrift eröffnet den Rechtsweg zur Verwaltungsgerichtsbarkeit „in allen **öffentlich-rechtlichen Streitigkeiten**". Davon nicht umfasst sind jedoch diejenigen staatsrechtlicher Art (die Streitigkeit muss „nichtverfassungsrechtlich" (vgl. nachfolgend Rn. 25) sein). Mithin muss es bei dem öffentlich-rechtlichen Streit um einen solchen im verwaltungsrechtlichen Sinne gehen. Allein aus der Beteiligung einer Behörde an dem jew. Rechtsverhältnis darf nicht automatisch auf das Vorliegen einer öffentlich-rechtlichen Streitigkeit geschlossen werden,[11] da die Verwaltung wie Bürger auch privatrechtliche Kauf- und Mietverträge abschließen kann. Ob der Streit öffentlich-rechtlicher Natur ist, beurteilt sich vielmehr anhand des erkennbaren Ziels des Rechtsschutzbegehrens und des zu seiner Begründung vorgetragenen Lebenssachverhalts.[12] Es geht also um das Auffinden der im Streit stehenden Rechtsnorm(en), also der für das streitige Rechtsverhältnis relevanten Vorschrift(en) – und sodann um deren Zuordnung zum öffentlichen oder Privatrecht.[13] In der ersten Variante ist bei Erfüllung der weiteren Voraussetzungen des § 40 Abs. 1 VwGO der Verwaltungsrechtsweg eröffnet, bei der zweiten Variante der Zivilrechtsweg, § 13 GVG.

Nachfolgend geht es zunächst um die Abgrenzung zwischen öffentlichem und privatem Recht. Weitere Fragen zu § 40 VwGO werden anschließend behandelt (vgl. Rn. 21 ff.). Die Abgrenzungstheorien lösen Schwierigkeiten bei der Zuordnung einer Rechtsnorm zum öffentlichen Recht oder Privatrecht und sind in solchen Zweifelsfällen heranzuziehen. In bestimmten Fallkonstellationen kann hingegen die Frage, ob das Handeln der Behörde als privat- oder öffentlich-rechtlich einzustufen ist, relativ schnell und eindeutig beantwortet werden: unter Berücksichtigung der von der Behörde erfüllten Aufgabe (siehe b), bei der Zwei-Stufen-Theorie (unter c) oder im Gefolge der gewählten Handlungsform (→ Rn. 24). Umgekehrt gibt es Problemfälle, in denen die Ermittlung der im Streit stehenden Norm schwer fällt (unter d). Dann führt auch die modifizierte Subjektstheorie, die heute herrschend ist, nicht zu eindeutigen Ergebnissen, so dass zur Bestimmung, ob eine öffentlich-rechtliche oder privatrechtliche Streitigkeit vorliegt, weitere Kriterien heranzuziehen sind.

a) Abgrenzungstheorien

▶ **FALL 1:** Das Sportförderungsgesetz des Landes X bestimmt ua: „Zum Bau von Sportanlagen können Sportvereinen auf Antrag Grundstücke aus dem Grundvermögen der Gemeinden übertragen werden. Der Erwerb erfolgt für den Sportverein kostenlos. Der Gemeinde wird die Hälfte des Grundstückswertes aus Landesmitteln erstattet." Der Sportverein V stellt bei der Gemeinde G einen Antrag auf Übertragung eines in ihrem Eigentum stehenden Grundstücks, auf dem er einen Sportplatz errichten möchte. Dieser wird positiv beschieden. Als G vom Land Erstattung der Hälfte des Grundstückswertes verlangt, gibt es Streit über den von G geltend gemachten Grundstückswert. G verweigert nun die Über-

---

11 S.a. BVerwGE 172, 8, 15 Rn. 18 sowie BGHZ 228, 373, 378 Rn. 18.
12 ZB VGH Mannheim ZfBR 2018, 514, 515; s.a. OVG Lüneburg Beschl. v. 25.2.2019 – 2 O 1/19, Rn. 5 juris. Näher zum Streitgegenstand im Verwaltungsprozessrecht Haack VerwArch 109 (2018), 503, 505 ff.
13 Dazu, dass es sich um ein Zuordnungs- und kein Qualifikationsproblem handelt, Wollenschläger in: Kahl/Ludwigs, I, § 15 Rn. 9 f.

tragung des Grundstücks an V. Vor welchem Gericht kann V von der Gemeinde G die Überlassung des Grundstücks verlangen? ◂

7 Zur Abgrenzung des öffentlichen vom privaten Recht sind verschiedene Theorien zur Bewältigung von Zweifelsfragen entwickelt worden. Sofern die streitentscheidende Norm ohne Weiteres dem öffentlichen Recht zugeordnet werden kann (zB wenn sie sich aus dem öffentlichen Baurecht, dem Recht der Gefahrenabwehr oder dem Kommunalrecht ergibt), reicht in Examensklausuren eine kurze Erklärung aus, dass und warum eine öffentlich-rechtliche Streitigkeit vorliegt. Ansonsten gilt: Obwohl die Theorien jew. unterschiedliche Kriterien der Abgrenzung zugrunde legen, kommen sie nicht zwangsläufig zu abweichenden Ergebnissen; sie können und soll(t)en daher ergänzend herangezogen werden.[14] Ein Streitentscheid ist nur bei voneinander abweichenden Ergebnissen notwendig. Wichtig ist dann vor allem, wie in der Prüfungsarbeit die Zuordnung begründet wird. Als wesentliche Abgrenzungstheorien dieser Art sind zu nennen:[15]

8 Die **Interessentheorie** geht auf den römischen Juristen Ulpian (170–228 n.Chr.) zurück und besagt, dass dem Allgemeininteresse dienende Vorschriften öffentlich-rechtlichen Charakter haben. Rechtsvorschriften, die dem Einzelinteresse dienen, gehören dagegen dem Privatrecht an. Diese nach dem Zweck der jew. Norm fragende Sichtweise erweist sich allerdings in weiten Bereichen als unpraktikabel, weil viele Normen sowohl öffentlichen als auch privaten Interessen dienen und eine klare Abgrenzung mithilfe der Theorie somit nicht immer möglich ist:[16] Öffentlich-rechtliche Vorschriften richten sich nicht selten (auch) nach Individualinteressen, etwa wenn die LBO bestimmte Abstandsflächen zwischen Gebäuden zum Schutz nachbarschaftlicher Interessen vorgibt. Umgekehrt dienen viele familienrechtliche Vorschriften, etwa zum Unterhalt, zugleich einem öffentlichen Interesse.

9 Nach der **Subordinationstheorie** (auch: Subjektionstheorie bzw. Über-/Unterordnungstheorie) ist das öffentliche Recht durch ein Über-/Unterordnungsverhältnis zwischen Staat und Bürger gekennzeichnet.[17] Im Unterschied dazu ist für das Privatrecht eine Gleichordnung der Beteiligten kennzeichnend. Auch diese Sichtweise gibt Anlass zur Kritik. Zum einen gibt es auch im Privatrecht Über-/Unterordnungsverhältnisse (zB Eltern-Kind-Beziehung, Vormundschaft, Weisungsrecht des Arbeitgebers) und im öffentlichen Recht Gleichordnungsverhältnisse (etwa beim öffentlich-rechtlichen Vertrag). Zudem stellen die Begriffe „Über-/Unterordnung" im Verhältnis Staat – Bürger ein Relikt des 19. Jahrhunderts dar[18] und erscheinen unter der freiheitlich-demokratischen Grundordnung des Grundgesetzes unzeitgemäß.

10 Nach der **modifizierten Subjektstheorie** (auch Sonderrechtstheorie oder Zuordnungstheorie) ist eine Norm öffentlich-rechtlich, wenn sie einen Hoheitsträger als solchen berechtigt oder verpflichtet, sich also zumind. auf einer Seite ausschließlich an den Staat oder einen sonstigen Träger hoheitlicher Gewalt in ebendieser Funktion richtet.[19] Das Privatrecht hingegen wird durch für jedermann geltende Rechtssätze charakteri-

---

14 Bull/Mehde, Rn. 75.
15 Übersicht über weitere Theorien bei Maurer/Waldhoff, § 3 Rn. 15.
16 S. etwa Wollenschläger in: Kahl/Ludwigs, I, § 15 Rn. 6.
17 Forsthoff, S. 113 mwN.
18 Zu den Argumenten gegen die Subordinationstheorie etwa Wollenschläger in: Kahl/Ludwigs, I, § 15 Rn. 7 mwN.
19 Zurückgehend auf Wolff AöR 76 (1950/51), 205. ZB BVerwGE 172, 8, 14 f. Rn. 17; BAG Beschl. v. 4.9.2018 – 9 AZB 10/18, Rn. 17 juris.

siert (Stichwort: „Jedermannsrecht").²⁰ Der Vorteil dieser Definition ist darin zu sehen, dass sie das öffentliche Recht als Sonderrecht des Staates kennzeichnet und damit den gesamten Horizont öffentlich-rechtlichen Handelns erfasst.²¹ Je nach Konstellation stellt das BVerwG bei der Eröffnung des Verwaltungsrechtswegs allein darauf ab, ob sich der Träger hoheitlicher Gewalt besonderer, ihm zugeordneter Rechtssätze bedient oder sich den für jedermann geltenden zivilrechtlichen Regelungen unterstellt,²² teils zieht es ergänzend die Subordinationstheorie heran.²³

Will ein Privater gegen die wirtschaftliche Betätigung einer Kommune vorgehen, hängt die Art des Rechtsschutzes davon ab, mit welcher Begründung die Tätigkeit des kommunalen Unternehmens oder der kommunalen Einrichtung für unzulässig gehalten wird. Geht die Auseinandersetzung darum, *ob* das (gemeindliche) Unternehmen überhaupt am Marktgeschehen teilnehmen durfte, also um den Marktzutritt, ist nach zutreffender Auffassung der Verwaltungsrechtsweg eröffnet.²⁴ Denn die einschlägigen Grenzziehungen ergeben sich aus dem Kommunalrecht (etwa Art. 87 Abs. 1 BayGO, § 107 Abs. 1 GO NRW, § 108 Abs. 1 SaarlKSVG, vgl. § 29 Rn. 15 mwN), so dass nach der modifizierten Subjektstheorie über an staatlich-kommunale Träger allein adressiertes, mithin öffentliches Recht gestritten wird.²⁵ Betrifft der Angriff dagegen die Art und Weise, also das „Wie" des Verhaltens des kommunalen Unternehmens im Wettbewerb, ist § 3a UWG als eine für jedermann geltende zivilrechtliche Vorschrift streitentscheidend,²⁶ so dass Rechtsschutz vor den ordentlichen Gerichten zu suchen ist.

Derartiges „Sonderrecht" können auch unionsrechtliche Bestimmungen sein (etwa zu staatlichen Beihilfen, Art. 107 ff. AEUV), so dass die Sichtweise gleichermaßen eine dem Unionsrecht Rechnung tragende Zuordnung gewährleistet.²⁷ Die Theorie ermöglicht freilich dann keinen eindeutigen Zugriff, wenn (schon) unklar ist, auf welcher Norm das im Streite stehende staatliche Handeln beruht.

▶ Zu Fall 1: Die Übertragung des Grundstücks von G auf den Sportverein V erfolgt nach Maßgabe des Sportförderungsgesetzes des Landes X. Das Gesetz enthält die streitentscheidenden Vorschriften. Sind diese öffentlich-rechtlicher Natur, ist der Rechtsweg zu den Verwaltungsgerichten zu beschreiten (§ 40 Abs. 1 VwGO); tragen sie privatrechtlichen Charakter, sind die Zivilgerichte zuständig (§ 13 GVG). Das Gesetz verbindet privatrechtliche Tatbestände (Übertragung von Eigentum) mit öffentlichen Zwecken (Förderung bzw. Subventionierung von Sportvereinen und der sportlichen Betätigung). Daher ist eine eindeutige bzw. offensichtliche Zuordnung der einschlägigen Bestimmungen zum öffentlichen oder zum privaten Recht nicht gegeben und auf die Abgrenzungstheorien einzugehen:
– Bei Anwendung der Interessentheorie, nach der die dem Streit zugrunde liegende Rechtsnorm überwiegend auf das öffentliche Interesse gerichtet sein muss, würde sich im Ergebnis eine öffentlich-rechtliche Streitigkeit ergeben. Die Vergabe von Grundstücken zum Bau von Sportanlagen dient dem Allgemeininteresse.
– Die Subordinationstheorie, die eine Streitigkeit im Über-/Unterordnungsverhältnis verlangt, kommt zu keinem eindeutigen Ergebnis. Die aus dem Bereich der Leistungsver-

---

20 BVerwGE 172, 8, 14 f. Rn. 17.
21 Ipsen, Rn. 30.
22 BVerwG NVwZ 2015, 991.
23 BVerwG UPR 2016, 257 f.; s.a. Beschl. v. 26.3.2018 – 7 B 8/17, Rn. 5 juris.
24 OVG Münster NVwZ 2008, 1031, 1033; LG Dortmund Beschl. v. 26.6.2018 – 3 O 262/17, Rn. 2 juris. Näher zum noch nicht gänzlich ausgestandenen Meinungsstreit Erbguth/Mann/Schubert, Rn. 315 ff.
25 Auch Geis/Madeja JA 2013, 248, 250.
26 Zur früheren Rechtslage BGH DÖV 1998, 3778; OVG Münster NVwZ 2008, 1031, 1033; unter Heranziehung des jetzt maßgeblichen § 3a UWG LG München MMR 2021, 355, 357.
27 Huber BayVBl. 2001, 577, 578.

waltung hervorgehende Rechtsbeziehung zwischen V und der Gemeinde G kann weder eindeutig als solche der Über- bzw. Unterordnung charakterisiert werden, noch ist sie wie bei einem gegenseitigen Vertrag durch Gleichrangigkeit geprägt.

– Nach der modifizierten Subjektstheorie, die auf eine öffentlich-rechtliche Streitigkeit schließt, wenn die streitentscheidende Norm einen Träger öffentlicher Gewalt berechtigt oder verpflichtet, liegt eine öffentlich-rechtliche Streitigkeit vor. Die maßgebliche Vorschrift des Sportförderungsgesetzes berechtigt die Gemeinde(n) zur kostenlosen Übertragung von Grundstücken und verpflichtet das Land zur teilw. Kostenerstattung. Damit werden ausschließlich Träger öffentlicher Gewalt berechtigt bzw. verpflichtet. Demgegenüber sind Private nicht ermächtigt, nach diesem Gesetz Grundstücke an Sportvereine zu vergeben und vom Land Erstattung der hälftigen Kosten zu verlangen. Die Streitigkeit beruht somit bei Betrachtung des Gesamtzusammenhangs auf öffentlichem Recht und ist vor den Verwaltungsgerichten zu klären. ◄

b) Aufgabenbereich der Behörde

11 ▶ **FALL 2:** Das Bundesministerium des Innern (BMI) least beim Autohaus A Dienstfahrzeuge. Nach Ablauf der vereinbarten Nutzungsdauer stellt sich bei Rückgabe heraus, dass an einem Fahrzeug infolge eines durch den Beamten B verschuldeten Unfalls ein erheblicher Schaden entstanden ist. Das BMI weigert sich, den entstandenen Schaden auszugleichen. Es vertritt die Auffassung, dieser sei mit der in der Leasingrate enthaltenen Versicherungsprämie abgedeckt. A ist anderer Meinung und will klagen. Auf welchem Rechtsweg? ◄

12 Hilfreich für die Abgrenzung öffentliches und Privatrecht ist oft ein Blick auf das allg. Aufgabenfeld der Behörde. Dem Grunde nach lassen sich insoweit die Fiskal-, die Eingriffs- und die Leistungsverwaltung unterscheiden (vgl. auch § 29). Die diesbzgl. Zuordnung des behördlichen Handelns kann die Entscheidung zwischen öffentlichem oder privatem Recht erheblich vereinfachen.

13 **Eingriffsverwaltung** ist die Verwaltungstätigkeit, welche in die Freiheits- bzw. Vermögenssphäre des Bürgers einseitig und rechtsverbindlich eingreift – etwa zu dem Zweck, die öffentliche Sicherheit oder Ordnung zu gewährleisten (Polizeiverfügungen). Das Verwaltungshandeln bedarf hier aufgrund des Gesetzesvorbehalts[28] stets einer öffentlich-rechtlichen Ermächtigungsgrundlage; die darauf gerichtete Auseinandersetzung stellt mithin eine öffentlich-rechtliche Streitigkeit dar.

Von **Fiskalverwaltung**[29] spricht man, wenn die öffentliche Verwaltung Sachgüter zur reinen Bedarfsdeckung erwirbt, sich erwerbswirtschaftlich betätigt oder ihre Vermögensgegenstände verwaltet (zB Erwerb von Büromaterial, Beteiligungen an Aktiengesellschaften). Hierzu sind keine hoheitlichen Befugnisse erforderlich; so gleicht das Handeln der Behörden beim Einkauf von Büromaterial demjenigen von Privatpersonen; dass ggf. eine Bindung der Verwaltung an Grundrechte besteht,[30] vermag hieran nichts zu ändern. Fiskalisches Handeln der Verwaltung hat daher stets privatrechtlichen Charakter. Für einen darüber geführten Streit ist somit der Zivilrechtsweg eröffnet.

---

28 Vgl. § 8 Rn. 3 ff. Zur Mehrdeutigkeit des Begriffs der Eingriffsverwaltung und auch zum Gesetzesvorbehalt Geis in: Kahl/Ludwigs, I, § 18 Rn. 1 ff., 38 ff.
29 Dazu § 29 Rn. 10 ff.; s.a. BVerfG NJW 2016, 3153, 3155.
30 Dazu § 29 Rn. 12; s.a. BVerfG NJW 2016, 3153, 3154 f.

§ 5 Einordnung und Abgrenzungen des Verwaltungsrechts

Probleme bei der Abgrenzung zwischen öffentlich-rechtlicher und privatrechtlicher Verwaltungstätigkeit bereitet meist der Bereich der **Leistungsverwaltung**. Dieser umfasst ua das Erbringen von Leistungen, wenn ein Anspruch des Berechtigten besteht, so etwa im Bereich der gemeinwohlorientierten **Daseinsvorsorge** (zB Müllabfuhr, Wasser- und Energieversorgung, Betrieb von Krankenhäusern, Bibliotheken, Museen und Theatern, auch Stadtplanung und Stadtentwicklung).[31] Ferner gehört dazu die klausurrelevante Konstellation der Gewährung finanzieller **Zuwendungen** (Subventionen). Die Behörde hat für dieses Aufgabenfeld, soweit nicht eine Vorschrift die Art der Leistungserbringung zwingend vorschreibt, die Wahl, ob sie öffentlich-rechtlich oder privatrechtlich handelt (näher § 29 Rn. 3). Vielfach hilft dann die sogleich darzustellende **Zwei-Stufen-Theorie** (vgl. näher § 29 Rn. 4 ff.).

▶ **Zu Fall 2:** Die Beschaffung von Dienstfahrzeugen fällt unter die Bedarfsdeckung der Verwaltung und ist demnach Bestandteil der Fiskalverwaltung. Die Verwaltung tritt hier als „Kunde" auf, handelt also wie jedermann und nicht hoheitlich. Die insoweit relevanten Rechte und Pflichten der Behörde sind solche des Zivilrechts; die Streitigkeit hat privatrechtlichen Charakter und ist vor die Zivilgerichte zu bringen. ◀

c) Zwei-Stufen-Theorie

▶ **Fall 3:** Die örtliche Untergliederung der X-Partei möchte die Stadthalle der Gemeinde G zwecks Durchführung einer Wahlveranstaltung mieten. Die Gemeinde lehnt dieses Begehren ab. Die X-Partei will gegen die Entscheidung vorgehen. Welcher Rechtsweg ist eröffnet? ◀

Bei der Einordnung einer Streitigkeit zum Privat- oder öffentlichen Recht kann die sog. Zwei-Stufen-Theorie hilfreich sein.[32] Diese Theorie geht davon aus, dass Entscheidungen im Bereich der **Leistungsverwaltung** einem zweistufigen Ablauf folgen. Auf erster Stufe klärt die Behörde, **ob** die Leistung gewährt wird. Die zweite Stufe betrifft die Entscheidung darüber, **wie** dies geschehen soll. Relevant wird die Zwei-Stufen-Theorie insb. beim Zugang zu öffentlichen Einrichtungen und bei der Vergabe von staatlichen Subventionen.[33] Ob eine Subvention gewährt wird bzw. ein Anspruch auf Zulassung zu einer öffentlichen Einrichtung besteht, ist nach öffentlichem Recht zu beurteilen, so dass der Weg zu den Verwaltungsgerichten offen steht.[34] Die nähere Ausgestaltung der Modalitäten, also das **Wie** eines solchen Subventions- bzw. Benutzungsverhältnisses, ist davon getrennt zu bewerten. Es kann zivil- oder öffentlich-rechtlicher Natur sein.[35] Allerdings vertrat das BVerwG in Bezug auf die Vergabe eines öffentlichen Auftrags für Straßenbeleuchtungs- und Verkehrssignalanlagen, der unterhalb des Schwel-

---

31 Eingehend zur Leistungsverwaltung samt Typologie des Verwaltungshandelns Wallrabenstein in: Kahl/Ludwigs, I, § 19.
32 Zu Herleitung und Geltungsbereich(en) jener Lehre Wollenschläger in: Kahl/Ludwigs, I, § 15 Rn. 11; krit. Siegel, Entscheidungsfindung, S. 158 ff.; s.a. § 29 Rn. 4 ff.
33 Eingehend dazu Tanneberg, Die Zweistufentheorie, 2011, S. 24 ff. (anhand des Subventionsrechts), S. 168 ff. (anhand anderer Rechtsbereiche). Zwischen der Rechtsbegründung auf der ersten Stufe und der Erfüllung auf der zweiten Stufe unterscheidend Wallrabenstein in: Kahl/Ludwigs, I, § 19 Rn. 61.
34 BVerwG DVBl. 2006, 118, 120 (Subvention); NVwZ 1991, 59 sowie OVG Saarlouis Beschl. v. 28.3.2018 – 2 E 120/18, Rn. 4 juris (öffentliche Einrichtung). Für die Nutzung kommunaler Einrichtungen besteht nach dem Kommunalrecht der Länder ein öffentlich-rechtlicher Zulassungsanspruch (zB § 14 Abs. 2 KV M-V; § 19 SaarlKSVG); nachfolgend zu Fall 3; s.a. § 29 Rn. 5 ff.
35 VGH Mannheim Beschl. v. 7.7.2022 – 1 S 435/22, Rn. 23 juris; OVG Saarlouis Beschl. v. 28.3.2018 – 2 E 120/18, Rn. 4 juris. Näher zur Zwei-Stufen-Theorie bei der Gewährung von Subventionen und der Nutzung öffentlicher Einrichtungen § 29 Rn. 4 ff.

lenwerts für die Anwendung der §§ 97 ff. GWB lag, dass über solche Streitigkeiten die ordentlichen Gerichte zu entscheiden haben. Denn hier fehle es an der für die Zwei-Stufen-Theorie erforderlichen **Mehrphasigkeit** der Aufgabenwahrnehmung. Das Vergabeverfahren sei nicht zweistufig, weil die Entscheidung über die Auswahl zwischen mehreren Bietern regelmäßig unmittelbar durch den Abschluss eines privatrechtlichen Vertrags mit einem der Bieter durch den Zuschlag erfolgt.[36]

▶ **ZU FALL 3:** Die Entscheidung über die Gewährung der Nutzung der Stadthalle, einer kommunalen Einrichtung, betrifft den Bereich der Leistungsverwaltung. Danach kann die Behörde grds. in öffentlich-rechtlicher oder privatrechtlicher Form handeln. Konkretisierend wirkt vorliegend allerdings die Zwei-Stufen-Theorie: Es geht hier um den Zugang zur Stadthalle, also das „Ob" der Benutzung. Diese Entscheidung richtet sich nach kommunalrechtlichen Vorschriften, welche Sonderrecht für die Gemeinden enthalten (vgl. auch die entsprechenden Regelungen des Kommunalrechts, etwa § 14 Abs. 2 KV M-V; § 19 SaarlKSVG). Somit liegt eine öffentlich-rechtliche Streitigkeit vor. Betreibt die Gemeinde die Stadthalle dagegen durch ein ihr gehörendes Unternehmen in Privatrechtsform, etwa eine von der Gemeinde beherrschte GmbH, kann der Verein entweder gegen die Gemeinde vor den Verwaltungsgerichten klagen, da sich dann aus den genannten Normen ein Anspruch des Berechtigten auf Verschaffung des Zugangs durch Einwirkung auf die ihr unterstehende privatrechtliche GmbH ergibt.[37] Würde der Verein dagegen direkt gegen die GmbH klagen, wäre der ordentliche Rechtsweg gegeben, da die GmbH mangels Beleihung nur privatrechtlich handeln kann.[38] ◀

d) Problemfälle

15 Solange das Handeln der Verwaltung eindeutig auf einer einzigen Norm beruht bzw. sich dieser unschwer zuordnen lässt, kann die Abgrenzung nach den beschriebenen Grundsätzen vorgenommen werden. Schwierig wird es, wenn sich entweder keine Rechtsgrundlage für das Handeln der Behörde finden lässt oder verschiedene Rechtsgrundlagen (privat- und öffentlich-rechtlicher Natur) in Betracht kommen. In solchen Fällen kann (und muss) die Zuordnung anhand einer **Gesamtbetrachtung** erfolgen. Die zu beurteilende Tätigkeit ist regelmäßig dann als öffentlich-rechtlich einzuordnen, wenn die Maßnahme mit Verwaltungshandeln in engem **Sachzusammenhang** steht, das eindeutig dem öffentlichen Recht unterfällt.

aa) Realakte

▶ **FALL 4:** Beamter B arbeitet bei der Bauaufsichtsbehörde. Auf dem Weg zu einer Ortsbesichtigung, die ihm über das Vorliegen der Voraussetzungen für eine Abrissverfügung Aufschluss geben soll, ereignet sich ein Unfall, bei dem das Fahrrad des Studenten S erheblich in Mitleidenschaft gezogen wird. S möchte seinen materiellen Schaden ersetzt bekommen. Vor welchem Gericht muss er klagen? ◀

---

36 BVerwGE 129, 9, 10 ff., das sich auch mit den gegenteiligen Ansichten auseinandersetzt. Zu möglichen Ausnahmen davon VGH Mannheim NJW 2018, 2583, 2584. S.a. Kahl, Entmachtung, S. 70 ff.
37 BVerwG NVwZ 1991, 59; s.a. VGH München BayVBl. 2019, 50, 51; Becker/Meyer Jura 2021, 1450, 1460.
38 S. etwa VG München Beschl. v. 24.5.2016 – M 7 K 16.1571, Rn. 8 f. juris sowie BVerwG NVwZ-RR 2019, 1029 Rn. 6. S. aber zur Eröffnung des Verwaltungsrechtswegs bei Informationszugangsansprüchen gegen juristische Personen des Privatrechts, wenn sie nach den einschlägigen Vorschriften als Behörde gelten, BVerwG NVwZ 2020, 1363 f.

§ 5 Einordnung und Abgrenzungen des Verwaltungsrechts

Problematisch wird die Zuordnung zum öffentlichen Recht oder Privatrecht, wenn die Verwaltung keinen Rechtsakt erlassen, sondern in tatsächlicher Weise gehandelt hat (mittels eines Realaktes, näher § 23).

16

- Praktische Bedeutung kommt der Einordnungsfrage beim **Unfall eines Beamten** zu, nämlich deshalb, weil das zivilrechtliche Deliktsrecht (§§ 823 ff. BGB) andere Rechtsfolgen zeitigt als der öffentlich-rechtliche Amtshaftungsanspruch (§ 839 BGB iVm Art. 34 GG).[39] Die Rspr. hat in derartigen Fällen auf den Zusammenhang mit der öffentlich-rechtlichen Aufgabenerfüllung, dh auf die Zielsetzung der Fahrt abgestellt: Die Teilnahme am allg. Straßenverkehr sollte öffentlich-rechtlich sein, wenn sie zur Wahrnehmung hoheitlicher Aufgaben erfolgte, privatrechtlich, wenn sie der Erledigung fiskalischer Geschäfte diente.[40] Unternimmt also ein Beamter der Bundeswehr eine Fahrt, einmal um Soldaten zum Truppenplatz zu bringen, und ein anderes Mal, um Büromaterial einzukaufen, und ereignet sich dabei ein Unfall, wird dieses Geschehen von der Rspr. in der ersten Variante als öffentlich-rechtlich[41] und in der zweiten Variante als zivilrechtlich eingestuft. Die Lit. geht hingegen überwiegend von einer zivilrechtlichen Einordnung aus, weil staatliche Bedienstete wie andere Kraftfahrer am öffentlichen Verkehr teilnehmen.[42] Nach dieser Ansicht hat eine Dienstfahrt nur ausnahmsweise öffentlich-rechtlichen Charakter, wenn die Teilnahme am Straßenverkehr als Ausübung hoheitlicher Befugnisse nach außen erkennbar wird und zB Sonderrechte gem. § 35 StVO, also Blaulicht oder Martinshorn, in Anspruch genommen werden.[43]

17

- Ähnlichen Schwierigkeiten begegnet die Einordnung **ehrverletzender Äußerungen eines Beamten** ggü. einem Bürger. Ist infolge solcher Äußerungen das Persönlichkeitsrecht des Bürgers verletzt, hat er die Möglichkeit, Widerruf oder Unterlassung zu verlangen. Widerrufs- und Unterlassungsansprüche können sich sowohl aus dem Privatrecht (§§ 823, 1004 BGB) als auch aus dem öffentlichen Recht ergeben (öffentlich-rechtlicher Unterlassungsanspruch, Folgenbeseitigungsanspruch auf Widerruf ehrbeeinträchtigender Äußerungen, hierzu § 23, § 41), für die jew. unterschiedliche Rechtswege bereitstehen: im ersten Fall derjenige zu den Zivilgerichten, im zweiten der Verwaltungsrechtsweg. Welcher Anspruch einschlägig ist – und damit der zu beschreitende Rechtsweg –, entscheidet sich danach, in welchem Sachzusammenhang die Äußerung des Beamten steht.[44]

18

Artikuliert sich der Beamte als Privatperson und erkennbar nicht in seiner Eigenschaft als Teil der Verwaltung, also sozusagen nur „bei Gelegenheit" seiner Tätigkeit mit einer Äußerung, die Ausdruck seiner persönlichen Meinung oder Einstellung und deshalb durch eine bürgerlich-rechtliche Gleichordnung geprägt ist,

---

39 Während der Anspruch nach § 823 BGB Schadensersatz für die Verletzung von Rechtsgütern wie Leben, Körper, Gesundheit, Freiheit und Eigentum sowie sonstiger Rechte, nicht aber bei bloßen Vermögensschäden gewährt, bietet § 839 BGB einen Ausgleich für sämtliche Schäden infolge der Verletzung einer (drittgerichteten) Amtspflicht, für den aber die besonderen Ausschlussgründe in § 839 Abs. 1 S. 2, Abs. 2 und 3 BGB zu beachten sind. Näher zu den Amtshaftungsansprüchen § 37.
40 BGH DÖV 1979, 865; BGHZ 29, 38, 41 f.
41 OLG Brandenburg Urt. v. 23.10.2008 – 12 U 70/08, Rn. 18 juris.
42 So Ipsen, Rn. 829; Maurer/Waldhoff, § 3 Rn. 31.
43 Der haftungsrechtlichen Gleichstellung hat sich die Rspr. angenähert, indem sie auf den Amtshaftungsanspruch nicht die Subsidiaritätsklausel des § 839 Abs. 1 S. 2 BGB anwendet; Ausnahme: Einsatz von Sonderrechten; vgl. BGHZ 68, 217; 118, 368, 372; hierzu auch § 37 Rn. 27.
44 OLG Dresden NVwZ-RR 1998, 343; VGH Kassel DVBl. 2012, 1176 f.

erwächst daraus ein privatrechtlicher Anspruch, der allein zivilgerichtlich verfolgt werden kann.[45] Aus diesem Grund steht einem Unternehmer, der von einem Beamten abends am Stammtisch als Betrüger beschimpft wird, ein vor den Zivilgerichten zu verfolgender Widerrufsanspruch zu.

Steht die Äußerung des Amtsinhabers im Zusammenhang mit seiner dienstlichen Tätigkeit, ist wiederum zu differenzieren: Geht es um privatrechtliche Geschäfte (Fiskalverwaltung, zB im Rahmen von Verhandlungen über einen Kaufvertrag), kommt es zu einem privatrechtlichen Anspruch (Zivilrechtsweg); erfolgt die Äußerung während der Erfüllung hoheitlicher Aufgaben (zB im Zusammenhang mit der Erteilung einer Genehmigung), so ist der Anspruch öffentlich-rechtlicher Natur (Verwaltungsrechtsweg).[46]

19 ▪ Das Kriterium des Sachzusammenhangs ist gleichermaßen für die Beurteilung von **Immissionen**, die von **öffentlichen Einrichtungen** ausgehen, relevant. Auch hier kommen öffentlich-rechtliche (Folgenbeseitigungsanspruch bzw. öffentlich-rechtlicher Unterlassungsanspruch, vgl. allg. § 23, § 41) oder privatrechtliche Ansprüche (§§ 1004, 906 BGB) des betroffenen Nachbarn in Betracht, so dass die Frage nach dem Rechtsweg abhängig von der Rechtsnatur der Immissionsquelle (unterschiedlich) beantwortet werden muss: Ein öffentlich-rechtlicher, vor den Verwaltungsgerichten geltend zu machender Abwehranspruch liegt vor, wenn die Immissionen von öffentlich-rechtlich betriebenen Einrichtungen ausgehen und sie **in einem Sachzusammenhang mit der Erfüllung öffentlicher Aufgaben** (insb. der Daseinsvorsorge, vgl. zum Begriff der Daseinsvorsorge vorstehend Rn. 13) stehen.[47] Ein zivilrechtlicher Abwehr- und Unterlassungsanspruch ist dagegen anzunehmen, wenn das Nutzungsverhältnis bzw. der Betrieb privatrechtlich ausgestaltet ist[48] oder das Handeln außerhalb der öffentlichen Zwecksetzung liegt.[49]

▶ **Zu Fall 4:** Nach früherer Ansicht war auf die Zielsetzung der Fahrt abzustellen: Diese wäre wegen der Ortsbesichtigung als Voraussetzung für den Erlass einer Abrissverfügung (als Grundlage für die Eingriffsverwaltung) hoheitlich einzustufen gewesen; die Anspruchsgrundlage beruhte dann auf der Amtshaftung (zum Amtshaftungsanspruch § 37) und die Streitigkeit stellte sich als öffentlich-rechtliche dar (allerdings ist diese aufgrund der Sonderzuweisung in Art. 34 S. 3 GG (!) vor den Zivilgerichten auszutragen). Nunmehr sollen

---

45 Wegen einer ehrverletzenden Äußerung ist ein Beamter darüber hinaus auch dann – unabhängig davon, in welchem Zusammenhang diese Äußerung steht – vor den Zivilgerichten zu verklagen, wenn sie so sehr Ausdruck seiner persönlichen Meinung ist, dass sie ihm als Hoheitsträger nicht mehr zugerechnet werden kann („Sie Giftzwerg!"), vgl. BVerwGE 34, 99, 106 f.; s.a. VG Berlin Beschl. v. 28.9.2017 – 33 K 271.15, Rn. 11 f. juris.
46 Siegel, Rn. 39; s. OVG Berl-Bbg Urt. v. 25.5.2020 – OVG 10 L 49.17, Rn. 10 juris. Umstr. sind Äußerungen in öffentlich-rechtlichen Rundfunk- und Fernsehsendungen. Der BGH geht von einer privatrechtlich zu beurteilenden Streitigkeit aus, BGHZ 66, 182, 185 ff.; BVerwG NJW 1994, 2500. Anders die ü.M. in der Lit., die mit Überzeugungskraft eine öffentlich-rechtliche Streitigkeit annimmt, weil Organisation und Tätigkeit der öffentlich-rechtlichen Rundfunkanstalten in öffentlichen Vorschriften geregelt sind, Bettermann NJW 1977, 513; Maurer/Waldhoff, § 3 Rn. 33.
47 Öffentlich-rechtlicher Abwehranspruch gegen Geruchsbelästigungen einer gemeindlich betriebenen Kläranlage, BVerwG DVBl. 1974, 239; gegen Lärmbelästigungen eines kommunalen Sportplatzes, BVerwGE 81, 197; gegen Lärmbelästigungen durch liturgisches Glockengeläut (zum Gottesdienst) einer Kirche, BVerwGE 68, 62.
48 Privatrechtlich genutzter Jugendzeltplatz einer Gemeinde, BGH NJW 1993, 1656; Betrieb der Deutschen Bahn AG, BGH NJW 1997, 744: zivilrechtlicher Unterlassungsanspruch ggü. Baumaßnahmen der Bahn.
49 Vgl. auch BVerwG NJW 1994, 956, wo gegen das Zeitschlagen von Kirchenglocken (ohne liturgischen Bezug) ein privatrechtlicher Abwehranspruch zuerkannt wurde.

§ 5 Einordnung und Abgrenzungen des Verwaltungsrechts   § 5

nach hM grds. alle Verkehrsteilnehmer haftungsrechtlich gleichgestellt sein (dh zivilrechtlich haften). Da B bei seiner Dienstfahrt keine Sonderrechte gem. § 35 StVO in Anspruch nimmt, ist der Anspruch des S danach privatrechtlicher Natur und vor den Zivilgerichten geltend zu machen. ◂

bb) Rechtsakte

▸ **FALL 5:** Der Bürgermeister der Gemeinde G spricht ggü. den im Rathaus randalierenden Demonstranten A und B, die sich wegen der Verlegung des Ortes der von ihnen angemeldeten Versammlung beschweren wollen, ein Hausverbot aus. Welchen Rechtsweg können A und B beschreiten, um sich dagegen zu wehren? ◂

Zu den problematischen Fällen einer Zuordnung von **Rechtsakten** zum öffentlichen oder Privatrecht zählt das ggü. einem Bürger ausgesprochene **Hausverbot** für öffentliche Gebäude. Es kann sowohl auf privatrechtlichen Rechtsnormen (§§ 859, 903, 1004 BGB) beruhen als auch öffentlich-rechtlich zu beurteilen sein (wenn die Einrichtung kraft Widmung eine öffentliche Sache (zum Recht der öffentlichen Sachen Teil 5, §§ 30 ff.) ist und damit zumind. teilw. dem öffentlichen Rechtsregime unterfällt).[50] Im zuletzt genannten Fall bildet die (Rechts-)Grundlage für das Hausrecht das Gewohnheitsrecht oder eine Annexkompetenz zur Aufgabenwahrnehmung.[51]   20

Die früher vorherrschende Auffassung[52] differenziert nach dem Ziel, das der vom Hausverbot Betroffene verfolgt: Dieser könne das Gebäude mit einem öffentlichen[53] oder einem privaten Interesse betreten – dementsprechend sei auch das jew. Rechtsverhältnis einzustufen. Das Hausverbot ist hiernach als öffentlich-rechtlich einzustufen, wenn es zB ggü. einem Bürger ausgesprochen wird, der Widerspruch gegen eine erteilte Abrissverfügung einlegen will. Dem Privatrecht ist das Hausverbot dagegen zuzuordnen, wenn es während der Erledigung privatrechtlicher Geschäfte ergeht, etwa im Zusammenhang mit Verhandlungen über einen privatrechtlichen Kaufvertrag.[54] Gegen diese Ansicht spricht jedoch, dass das Betreten eines öffentlichen Gebäudes auf verschiedenen Motiven beruhen kann oder die ausschlaggebende Intention im Augenblick der Aussprache des Hausverbots nicht bekannt ist.[55] Als überzeugender erweist sich daher die Gegenansicht,[56] die sich an der jew. Widmung des Gebäudes und damit an der diesbzgl. öffentlich-rechtlichen Sachherrschaft[57] orientiert. Solange das Hausverbot zur Sicherung des Zwecks der öffentlichen Widmung des (Verwaltungs-)Gebäudes dient,[58] was regelmäßig der Fall sein wird (Funktionsfähigkeit der Verwaltung),[59] hat

---

50 Ausführlich Schäfer JA 1992, 150, 152; Stelkens Jura 2010, 363. S.a. Günther DVBl. 2015, 1147.
51 Dazu Stelkens Verw 46 (2013), 493, 518 mwN. Zum Gewohnheitsrecht VG München Beschl. v. 9.10.2020 – M 7 S 20.4171, Rn. 14 juris.
52 Vgl. Ramm DVBl. 2011, 1506, 1507; Überblick zum Meinungsstand bei Hebeler JA 2015, 159 f. Das BSG NZS 2014, 918 f. ließ offen, ob es von der bisher vorherrschenden Ansicht abgehen wird.
53 Hausverbot zum Betreten einer Universität ggü. einem Doktoranden und wissenschaftlichem Mitarbeiter wegen sexueller Belästigungen, OVG Münster NJW 1998, 1425.
54 Vgl. vorstehende Fn.; zusammenfassend Ramm DVBl. 2011, 1506, 1507.
55 Ernst/Kämmerer, Fall 6 S. 89.
56 Bull/Mehde, Rn. 957; Maurer/Waldhoff, § 3 Rn. 35; auch OVG Magdeburg NVwZ-RR 2018, 134; OVG Münster NVwZ-RR 1989, 316.
57 OVG Koblenz Beschl. v. 14.3.2014 – 7 D 10039/14, Rn. 4 juris. Dazu auch Ramm DVBl. 2011, 1506 f.
58 Dabei geht es nicht nur um Gefahrenabwehr, sondern den Erhalt der Funktionsfähigkeit, so aber Stelkens Verw 46 (2013), 493, 518 f.
59 S. dazu und zur Verneinung des öffentlich-rechtlichen Hausrechts bei einer Nutzung von Räumlichkeiten allein zu privaten Zwecken BayLSG Beschl. v. 4.8.2021 – L 1 SV 21/21 B, Rn. 13 f. juris.

es öffentlich-rechtlichen Charakter; für einen hierüber geführten gerichtlichen Streit ist daher der Verwaltungsrechtsweg eröffnet.

▶ **Zu Fall 5:** Vor welchem Gericht A und B gegen das Hausverbot vorgehen müssen, richtet sich nach dessen Rechtsnatur. Die Rspr. knüpft teilw. an den Zweck des Besuchs an. Einerseits randalieren A und B im Rathaus; damit verfolgen sie keine öffentlich-rechtlich zu beurteilende, sondern privatrechtliche Interessen. Andererseits wollen sie sich wegen der Verlegung der Demonstration beschweren und damit von ihrem Widerspruchsrecht Gebrauch machen; dies ist als öffentlich-rechtliche Angelegenheit einzuordnen. Letztlich ist bei querulatorischen oder störenden Einwirkungen, sofern der Gebrauch der Einrichtung nicht ausschl. außerhalb der Zweckbestimmung erfolgt, das deswegen ausgesprochene Hausverbot nach verwaltungsgerichtlicher Rspr. öffentlich-rechtlich und somit der Verwaltungsrechtsweg zu beschreiten.[60] Auch die Gegenansicht würde zum Ergebnis eines öffentlich-rechtlichen Hausverbots kommen: Dessen Ziel ist es, die Funktionsfähigkeit der Verwaltung zu sichern. ◀

III. Prüfung der Generalklausel in § 40 Abs. 1 VwGO

▶ **Fall 6:** Am Abend wirft eine Gruppe Jugendlicher Gegenstände auf vorbeikommende Passanten. Als zwei Vollzugspolizisten vorbeikommen, schreiten sie ein und nehmen die Jugendlichen in Gewahrsam, um dem Geschehen ein Ende zu bereiten und ggf. strafrechtlich gegen sie vorzugehen. Die Betroffenen haben Zweifel an der Rechtmäßigkeit der polizeilichen Maßnahme und wollen dagegen klagen. Welchen Rechtsweg müssen sie beschreiten? ◀

21   Die Abgrenzung zwischen öffentlichem und privatem Recht erlangt bei der Prüfung des § 40 Abs. 1 VwGO besondere Relevanz. Danach ist der Verwaltungsrechtsweg in allen „öffentlich-rechtlichen" Streitigkeiten nichtverfassungsrechtlicher Art gegeben, sofern sie nicht einem anderen Gericht ausdrücklich zugewiesen sind.

Umstritten ist zunächst, ob es sich bei der Eröffnung des Verwaltungsrechtswegs um eine **Zulässigkeitsvoraussetzung** des Rechtsbehelfs (zumeist der Klage)[61] handelt – oder aber um eine hiervon zu unterscheidende, mithin vor und damit außerhalb der Zulässigkeit zu prüfende Maßgabe, die als Sachentscheidungsvoraussetzung bezeichnet wird.[62] Vorzugswürdig erscheint erstere Auffassung (Zulässigkeitsvoraussetzung); denn die Rechtswegeröffnung betrifft zwar nicht die Zulässigkeit des Rechtsbehelfs als solche (ist der gewählte Rechtsweg unzulässig, wird die Klage nicht abgewiesen, sondern der Rechtsstreit von Amts wegen gem. § 173 S. 1 VwGO iVm § 17a Abs. 2 GVG an das zuständige Gericht des zulässigen Rechtswegs verwiesen[63]). Nach der Terminologie des § 17a Abs. 3 GVG kann jedoch ein Gericht, wenn eine Partei die „Zulässigkeit des Rechtsweges" rügt, dies vorab aussprechen. Letztlich ist der Streit um die richtige Einordnung akademischer Natur und daher in der Klausur eine dieser Begrifflichkeiten ohne Erklärung zugrunde zu legen.

---

60 OVG Münster NJW 1998, 1425.
61 Detterbeck, Rn. 1319.
62 So Hufen, § 10 Rn. 1.
63 Allerdings nur bei wirksamer Klageerhebung – was nicht der Fall ist, wenn das angegangene Gericht vom Kläger lediglich als „Bote" im obigen Sinne benutzt wird, OVG Münster NJW 2009, 2615.

§ 5 Einordnung und Abgrenzungen des Verwaltungsrechts

1. Aufdrängende Sonderzuweisungen

Unproblematisch ist die Eröffnung des Verwaltungsrechtswegs bei einer sog. **aufdrängenden Sonderzuweisung**, also einer Norm, die den der Klage zugrunde liegenden Rechtsstreit vorbehaltlos der Verwaltungsgerichtsbarkeit zuweist. Bspw. ist nach § 126 Abs. 1 BBG für alle **Klagen der Beamtinnen und Beamten** des Bundes aus dem Beamtenverhältnis sowie für Klagen des Dienstherrn der Verwaltungsrechtsweg gegeben. Eine vergleichbare Bestimmung findet sich für Landesbeamte in § 54 Abs. 1 BeamtStG. Mit diesen Rechtswegregelungen wird die möglichst einheitliche Entscheidung beamtenrechtlicher Streitigkeiten bezweckt. § 54 Abs. 1 BeamStG und § 126 Abs. 1 BBG gelten deshalb auch für vorbeamtliche Klagen, die im Zusammenhang mit der Begründung eines Beamtenverhältnisses stehen. Bewirbt sich dagegen ein Nichtbeamter auf eine Stelle, die nach dem TVöD besetzt werden soll, sind dafür aufgrund des abzuschließenden Arbeitsvertrags die Gerichte für Arbeitssachen zuständig. In Fällen, in denen unabhängig von der Art der zu besetzenden Stelle der unterlegene Bewerber ein Beamter ist oder sich ein auch nicht beamteter Mitbewerber gegen die Auswahlentscheidung zugunsten eines Beamten richtet, wird dagegen vom BVerwG das Vorliegen einer öffentlich-rechtlichen Streitigkeit bejaht.[64] Für Ansprüche aus **ausgleichspflichtigen Inhalts- und Schrankenbestimmungen** iSd Art. 14 Abs. 1 S. 2 GG ist gem. § 40 Abs. 2 S. 1 Hs. 2 VwGO die Verwaltungsgerichtsbarkeit zuständig (zu den dort erfassten ausgleichspflichtigen Inhalts- und Schrankenbestimmungen nach Art. 14 Abs. 1 S. 2 GG vgl. § 39 Rn. 23 ff.). Nach **§ 68 Abs. 1 IfSG** ist für Ansprüche aus den §§ 56–58 und § 65 IfSG gegen das zur Zahlung verpflichtete Land der Verwaltungsrechtsweg gegeben. Da sich diese Vorschrift auf die in ihr explizit genannten Entschädigungsansprüche beschränkt, sind die davon nicht erfassten Entschädigungsansprüche von Gewerbetreibenden aus dem allg. Staatshaftungsrecht vor den ordentlichen Gerichten geltend zu machen.[65] Verweist ein Zivilgericht einen Rechtsstreit an das Verwaltungsgericht, weil es (irrtümlich) den Verwaltungsrechtsweg für eröffnet hält, ist dieser Beschluss gem. **§ 17a Abs. 2 S. 3 GVG** für das Verwaltungsgericht hins. des Rechtswegs bindend (Grenze im Hinblick auf Art. 101 Abs. 1 S. 2 GG: willkürlicher Verweisungsbeschluss aufgrund eines extremen Rechtsverstoßes).[66] Alle diese Regelungen stehen zu § 40 Abs. 1 VwGO im Verhältnis der **Spezialität** und sind damit **vorrangig**. Vor dem Rückgriff auf die allg. Vorschrift muss deshalb die Einschlägigkeit einer der aufdrängenden Spezialzuweisungen ausgeschlossen werden (können).

2. Merkmale der Generalklausel in § 40 Abs. 1 VwGO

Ist eine aufdrängende Sonderzuweisung (wie meistens) nicht einschlägig, beurteilt sich die Eröffnung des Verwaltungsrechtswegs anhand von § 40 Abs. 1 VwGO. Hiernach ist der Verwaltungsrechtsweg in allen öffentlich-rechtlichen Streitigkeiten nichtverfassungsrechtlicher Art eröffnet, soweit diese nicht durch Bundesgesetz (oder Landesgesetz nach Maßgabe des § 40 Abs. 1 S. 2 VwGO) einem anderen Gericht ausdrücklich zugewiesen sind.

---

[64] BVerwGE 172, 8, 11 ff. Rn. 8 ff.; für eine Eröffnung des Verwaltungsrechtswegs, auch wenn eine Stelle im Angestelltenverhältnis besetzt werden soll, dagegen OVG Bremen NordÖR 2021, 238 ff.
[65] Kümper NVwZ 2021, 1254, 1257 f.; gegen eine analoge Anwendung der IfSG-Vorschriften mangels planwidriger Regelungslücke und Vergleichbarkeit BGH NVwZ 2022, 814, 817 ff. unter Auseinandersetzung mit der gegenteiligen Meinung; ebenso BVerwG Beschl. v. 1.6.2022 – 3 B 29/21, Rn. 13 ff. juris.
[66] Zu den Grenzen der Bindung BVerwG NJW 2019, 2112, 2113.

Bei Eröffnung des Verwaltungsrechtswegs darf das Verwaltungsgericht den Rechtsstreit aufgrund von § 173 S. 1 VwGO iVm § 17 Abs. 2 GVG unter allen in Betracht kommenden und somit auch zivilrechtlichen Gesichtspunkten entscheiden. Dies gilt jedoch nicht für die kraft Verfassungsrechts der ordentlichen Gerichtsbarkeit zugewiesene Enteignungsentschädigung (Art. 14 Abs. 3 S. 4 GG) sowie die Amtshaftung (Art. 34 S. 3 GG).[67]

a) Öffentlich-rechtliche Streitigkeit

24 Regelmäßig bildet die Feststellung des öffentlich-rechtlichen Charakters einer Streitigkeit den Schwerpunkt der Prüfung des § 40 Abs. 1 S. 1 VwGO. Es gelten die zuvor dargestellten Abgrenzungsgrundsätze und -theorien (vgl. vorstehend Rn. 4 ff.). Wählt die Verwaltung eine Handlungs- oder Rechtsform, die eindeutig auf eine hoheitliche Maßnahme hinweist (erlässt sie zB eine Satzung, handelt ausdrücklich durch Verwaltungsakt, verlangt eine Gebühr, droht Zwangsmittel an oder fügt eine Rechtsbehelfsbelehrung bei), so wird mit Blick auf den grundrechtlich garantierten effektiven Rechtsschutz (Art. 19 Abs. 4 GG) für den Rechtsschutzsuchenden angenommen, dass die Natur der Streitigkeit stets öffentlich-rechtlicher Art ist. Nimmt eine Behörde der äußeren Form nach für sich hoheitliche Befugnisse in Anspruch, ist der Verwaltungsrechtsweg allein deswegen eröffnet und erst im Rahmen der Begründetheit des Rechtsbehelfs zu klären, ob die Voraussetzungen der für das Handeln beanspruchten öffentlich-rechtlichen Normen tatsächlich vorliegen (zur Begründetheit von Anfechtungs- und Verpflichtungsklage § 20 Rn. 34 ff.). Letzteres ist ua dann zu verneinen, wenn sich die Verwaltung einer für ihre Maßnahme nicht zugelassenen Handlungsform bedient, etwa einen privatrechtlichen Mietvertrag durch Verwaltungsakt kündigt.[68]

b) Nichtverfassungsrechtliche Streitigkeit

25 Darüber hinaus muss die öffentlich-rechtliche Streitigkeit „nichtverfassungsrechtlicher Art" sein. Das ist nach hM dann der Fall, wenn es ihr an der sog. **doppelten Verfassungsunmittelbarkeit** fehlt.[69] Entsprechend der Bezeichnung „doppelt" müssen für die Annahme einer verfassungsrechtlichen Streitigkeit zwei Elemente vorliegen: Zum einen muss das streitige Rechtsverhältnis seine maßgebliche Prägung durch das Verfassungsrecht erfahren.[70] Zum anderen müssen die streitenden Rechtssubjekte unmittelbar am Verfassungsleben beteiligt sein.[71] Dies ist nur bei solchen Subjekten zu bejahen, deren rechtliche Existenz sich direkt aus dem Verfassungsrecht ableitet (oberste Bundesorgane, wie Bundespräsident, Bundestag, Bundesrat, Bundesregierung und Teile von ihnen, wie Fraktionen oder weitere Beteiligte, insb. Abgeordnete, uÄ).[72]

---

67 BVerwG Beschl. v. 1.6.2022 – 3 B /29/21, Rn. 7, 10 juris. Zur rechtswegüberschreitenden Sachkompetenz etwa BGHZ 225, 59, 67 Rn. 22.
68 Vgl. Bull/Mehde, Rn. 77 ff.; auch § 12 Rn. 9.
69 OVG Berlin-Bbg NVwZ-RR 2017, 126; NVwZ-RR 2021, 120 Rn. 7; Hufen, § 11 Rn. 49; Würtenberger/Heckmann, Rn. 213; jew. mwN; offengelassen von OVG Münster Urt. v. 19.3.2019 – 4 A 1361/15, Rn. 78 ff. juris.
70 BVerwG DVBl. 2016, 1603, 1607. Dazu, dass das Begehren eines parlamentarischen Untersuchungsausschusses auf Zugänglichmachen bestimmter Materialien durch eine Bundesbehörde zwar in Art. 35 Abs. 1 GG einen verfassungsrechtlichen Hintergrund hat, aber die eigentliche Konkretisierung in §§ 4 ff. VwVfG erfolgt, BVerwG 2020, 151, 152 Rn. 15.
71 BVerfG NVwZ 2019, 1034; BVerwGE 36, 218, 228; 60, 162, 172 f.; Erichsen Jura 1994, 418, 422; aA Schenke, Rn. 144: nur das, was nach geltendem Recht ausschl. den Verfassungsgerichten vorbehalten ist (formelle Betrachtungsweise); anders auch Ehlers/Schneider in: Schoch/Schneider, § 40 VwGO Rn. 136 ff.: verfassungs(subjekt)spezifische Streitigkeit (materielle Sicht).
72 Detterbeck, Rn. 1327.

§ 5 Einordnung und Abgrenzungen des Verwaltungsrechts

Teilw. wird demgegenüber allein auf das personale Element und hier wiederum auf die verfassungsrechtliche Position des Rechtsschutzgegners abgestellt, weil es um dessen Bewahrung vor einer ihm nicht adäquaten verwaltungsgerichtlichen Befassung gehe.[73] Diese Auffassung greift indes zu kurz, weil sie nicht um die Frage herumkommt, ob das Verfassungsorgan in concreto gerade in dieser Eigenschaft gehandelt hat – was sich nur anhand des Verfassungsrechts und damit materiellrechtlich beurteilen lässt.[74] Nach anderer Ansicht soll allein maßgeblich sein, ob der Gesetzgeber die Angelegenheit prozessual der Verfassungsgerichtsbarkeit zugewiesen hat;[75] dem widerstreitet indes, dass gesetzgeberisch durchaus auch verwaltungsgerichtliche Streitigkeiten den Verfassungsgerichten anheimgegeben worden sind, etwa durch Art. 93 Abs. 1 Nr. 4 Alt. 1 GG.[76] Schließlich wird zu Recht von der hL der doppelten Verfassungsunmittelbarkeit betont, dass auf die im Zentrum des Streits stehende Norm abzustellen sei, diese in ähnlichem Sinne wie bei der Sonderrechtstheorie (dazu Rn. 10.) ausschl. nur ein Verfassungsrechtssubjekt berechtigen und verpflichten dürfe (wobei es ausreichend sei, wenn solches auf Kläger- oder Beklagtenseite vorliege), dass der Begriff des Verfassungsrechtssubjekts institutionell-organisatorisch eng, nämlich als konstituierend für die staatliche Ordnung zu begreifen sei und dass gerichtlich um ebendiesen Wirkungskreis gestritten werden müsse.[77]

Auch wenn sich der **Bürger** auf die Verletzung von Grundrechten beruft, stellt er keine unmittelbar am Verfassungsleben beteiligte Person dar. Streitigkeiten im Verhältnis zwischen Staat und Bürger sind daher nichtverfassungsrechtlicher Art. Nur ausnahmsweise soll einem bürgerseits geführten (Gerichts-)Verfahren verfassungsrechtlicher Charakter zukommen, nämlich wenn der Einzelne die (unmittelbare) Überprüfung bzw. den Erlass eines formellen Gesetzes anstrebt.[78] Ähnlich verhält es sich bei politischen **Parteien**.[79] Da sie im gesellschaftlichen Bereich verwurzelt und staatsfern sind, handelt es sich grds. nicht um am Verfassungsleben unmittelbar Beteiligte; sie sind daher auf den Verwaltungsrechtsweg verwiesen. Sofern eine Partei freilich gegen ein oberstes Bundesorgan Rechte geltend macht, die in ihrem besonderen verfassungsrechtlichen Status aus Art. 21 GG begründet sind, soll nach stRspr. des BVerfG[80] eine verfassungsrechtliche Streitigkeit vorliegen, die im Wege des Organstreitverfahrens zu führen ist.[81] Der in § 40 Abs. 1 S. 1 VwGO verwandte Terminus „nichtverfassungsrechtlich" bezieht sich iÜ nur auf **staatliches Verfassungsrecht**. Sog. kommunalverfassungsrechtliche Streitigkeiten, bei denen sich Organe und/oder Organteile einer Kommune gegenüberstehen, etwa der Gemeinderat auf der einen und der Bürgermeister auf der anderen Seite (näher § 23 Rn. 18 ff.), sind nicht vom Ausschluss erfasst. Abgesehen davon, dass Bürgermeister und Gemeinderat keine Verfassungsorgane sind, geht es bei diesen Streitigkeiten um Rechtspositionen aus der Gemeindeordnung oder anderen Kommunalgesetzen – und nicht um Verfassungsrecht; zu Recht werden sie daher der Verwaltungsgerichtsbarkeit zugeordnet.[82]

---

73 Ehlers/Schneider in: Schoch/Schneider, § 40 VwGO Rn. 145.
74 Haack DVBl. 2014, 1566, 1569.
75 Schenke AöR 131 (2006), 117, 130 ff.
76 Haack DVBl. 2014, 1566, 1567.
77 Näher Haack DVBl. 2014, 1566, 1568 ff. S.a. VG München Beschl. v. 17.1.2018 – M 7 E 18.68, Rn. 17 juris.
78 BVerfGE 70, 35, 67; 80, 355, 358; anders Hufen, § 11 Rn. 50.
79 Hierzu Haack DVBl. 2014, 1566, 1571.
80 Vgl. nur BVerfGE 6, 84, 88; 85, 264, 284.
81 Im Ergebnis ähnlich Haack DVBl. 2014, 1566, 1571; vgl. ferner BVerfG DVBl. 2007, 848: Volksinitiative ist kein Verfassungsorgan.
82 Hufen, § 11 Rn. 52; Burgi, Kommunalrecht, § 14 Rn. 7.

c) Fehlen einer abdrängenden Sonderzuweisung

26 Der Verwaltungsrechtsweg ist nach § 40 Abs. 1 S. 1 VwGO nur vorbehaltlich anderer bundesgesetzlicher und – bei Streitigkeiten auf dem Gebiet des Landesrechts – nach § 40 Abs. 1 S. 2 VwGO auch landesgesetzlicher Regelungen eröffnet.[83] Um solche „abdrängenden" Sonderzuweisungen handelt es sich bei § 33 FGO und § 51 SGG, die Streitigkeiten in Steuer- und Abgabenangelegenheiten der Finanzgerichtsbarkeit[84] und sozialrechtliche Streitigkeiten der Sozialgerichtsbarkeit zuweisen. Darüber hinaus finden sich zahlreiche Verweisungen zur ordentlichen Gerichtsbarkeit, so in **Art. 34 S. 3 GG** für die Geltendmachung von Amtshaftungsansprüchen, in **Art. 14 Abs. 3 S. 4 GG** bei Streitigkeiten über die Höhe von Enteignungsentschädigungen oder in § 23 EGGVG für Verfügungen von Justizbehörden auf dem Gebiet der Strafrechtspflege (s. auch § 98 Abs. 2 StPO in Bezug auf Beschlagnahmen zur Strafverfolgung).[85] Im Bereich der polizeilichen Tätigkeit, die einerseits zur präventiven Abwehr einer Gefahr und andererseits zur repressiven Verfolgung einer Straftat erfolgen kann, ist auf das Problem doppeltfunktionaler Maßnahmen einzugehen und der Rechtsweg nach ü.M. anhand des Schwerpunkts der Maßnahme zu bestimmen (dh Eröffnung des Verwaltungsrechtswegs, wenn das vorrangige Ziel der Maßnahme zB im Schutz von Leib und Leben von Personen liegt; aA Wahlrecht des Betroffenen hins. des Rechtswegs).[86] Nach § 49 Abs. 6 S. 3 VwVfG ist der Rechtsweg zu den ordentlichen Gerichten bei Streitigkeiten über die Entschädigung aufgrund Widerrufs eines Verwaltungsakts eröffnet. § 40 Abs. 2 S. 1 Hs. 1 VwGO selbst enthält abdrängende Sonderzuweisungen an die ordentlichen Gerichte, nämlich bei Ansprüchen aus Aufopferung (gilt auch für Ansprüche aus enteignungsgleichem Eingriff, strittig bei solchen aus enteignendem Eingriff)[87] und aus öffentlich-rechtlicher Verwahrung. Die ordentlichen Gerichte sind gem. § 40 Abs. 2 S. 1 Hs. 1 Var. 3 VwGO für Schadensersatzansprüche aus der Verletzung öffentlich-rechtlicher Pflichten zuständig, allerdings nur, wenn sie nicht auf einem öffentlich-rechtlichen Vertrag (dazu § 24) beruhen. Diese abdrängende Sonderzuweisung gilt aber nur für Schadensersatzansprüche des Bürgers gegen den Staat und nicht umgekehrt.[88]

d) Verfahren bei Rechtswegstreitigkeiten

27 Kommt das Verwaltungsgericht zur Überzeugung, dass der Verwaltungsrechtsweg nicht eröffnet ist, nimmt es von Amts wegen eine **Verweisung des Rechtsstreits** an das zuständige Gericht vor, § 173 S. 1 VwGO iVm § 17a Abs. 2 GVG. Dieser Beschluss ist für das Gericht, an das der Rechtsstreit verwiesen wurde, hins. des Rechtswegs

---

83 Eingehend Gärditz Verw 43 (2010), 309; Kunig Jura 1990, 386; Überblick bei Ruthig in: Kopp/Schenke, § 40 Rn. 48.
84 Etwa auch beim Streit um die Berichtigung und Löschung personenbezogener Daten aus einer Steuerakte, OVG Münster NVwZ-RR 2015, 70.
85 Bei Strafverfolgungsmaßnahmen, etwa durch Polizeibehörden (repressive Tätigkeit); bei präventivem Handeln der Polizei, also zur Verhinderung von Straftaten, ist hingegen der Verwaltungsrechtsweg eröffnet; vgl. dazu Detterbeck, Rn. 1329; OVG Magdeburg Beschl. v. 6.10.2021 – 3 O 191/21, Rn. 4 juris; s.a. Lösung Fall 6.
86 Guckelberger in: Gröpl/dies./Wohlfarth, Landesrecht Saarland, § 4 Rn. 2 mwN; s.a. Danne JuS 2018, 434.
87 So BGHZ 90, 17, 31; OVG Lüneburg Beschl. v. 3.9.2021 – 13 OB 321/21, Rn. 23 juris; aA Hufen, § 11 Rn. 69; vgl. § 39 Rn. 39, 48. Dazu nachfolgende Falllösung, aE; insoweit zum enteignenden Eingriff s. § 39 Rn. 40; zum enteignungsgleichen Eingriff vgl. § 39 Rn. 29. Teilw. wird auch auf § 40 Abs. 2 S. 1 Hs. 1 Var. 3 VwGO abgestellt, s. dazu Kahl, Entmachtung, S. 53 f.
88 BVerwG NVwZ 2017, 242, 244; hins. der Verwahrung, VG Würzburg Urt. v. 3.12.2018 – W 8 K 16.565, Rn. 44 juris.

bindend (§ 17a Abs. 2 S. 3 GVG).[89] Ausnahmen gelten allenfalls bei extremen Rechtsverstößen, dh grob fehlerhaften Verweisungen.[90] Umgekehrt kann das angerufene Verwaltungsgericht, wenn es den beschrittenen Rechtsweg für zulässig hält, vorab durch Beschluss ebendiese Zulässigkeit feststellen (§ 17a Abs. 3 S. 1 GVG; auf Rüge eines Beteiligten hins. der Zulässigkeit des Rechtswegs ist es dazu verpflichtet, § 17a Abs. 3 S. 2 GVG; hiergegen ist nach § 17a Abs. 4 S. 3 GVG, § 146 VwGO die sofortige Beschwerde möglich).

▶ Zu Fall 6: Eine aufdrängende (Sonder-)Zuweisung an die Verwaltungsgerichtsbarkeit fehlt. Daher beurteilt sich der Zugang zu den Verwaltungsgerichten anhand § 40 Abs. 1 VwGO. Hiernach ist der Verwaltungsrechtsweg in allen öffentlich-rechtlichen Streitigkeiten nichtverfassungsrechtlicher Art gegeben, sofern keine anderweitige Zuweisung vorliegt. Öffentlich-rechtlich ist eine Streitigkeit, wenn die streitentscheidende Norm dem öffentlichen Recht angehört. Streitgegenstand ist die Ingewahrsamnahme der Jugendlichen durch die Polizei. Dadurch möchte diese Leib und Leben der Passanten schützen. Als streitentscheidende Norm kommt eine solche des jew. (Landes-)Polizei- bzw. Sicherheitsgesetzes über die Ingewahrsamnahme (zB § 13 SaarlPolG) in Betracht. Die Normen ermächtigen die Gefahrenabwehrbehörden und damit ausschl. Träger hoheitlicher Gewalt in ebendieser Funktion, Personen in Gewahrsam zu nehmen; sie sind daher dem öffentlichen Recht zuzuordnen (modifizierte Subjektstheorie). Da die Polizei in einem Über-/Unterordnungsverhältnis zu den Jugendlichen steht sowie die Gefahrenabwehr im öffentlichen Interesse liegt, wäre auch nach der Subordinations- und Interessentheorie eine öffentlich-rechtliche Streitigkeit zu bejahen. Diese müsste nichtverfassungsrechtlicher Art sein. Verfassungsrechtlich ist ein Rechtsstreit, wenn er doppelte Verfassungsunmittelbarkeit aufweist, also von unmittelbar am Verfassungsleben Beteiligten geführt wird und direkt aus der Verfassung folgende Rechte und Pflichten zum Gegenstand hat. Weder die Jugendlichen noch die Polizei als Ordnungsbehörde sind unmittelbar am Verfassungsleben beteiligt; schon deshalb fehlt es an einer verfassungsrechtlichen Streitigkeit. Indem der Rechtsstreit durch das Polizei- und Ordnungsrecht geprägt wird, fehlt überdies das materielle Element der Verfassungsunmittelbarkeit – selbst wenn die Jugendlichen eine Verletzung von Grundrechten geltend machen.

Möglicherweise könnte jedoch § 23 Abs. 1 S. 1 EGGVG als abdrängende Sonderzuweisung einschlägig sein. Danach entscheiden die ordentlichen Gerichte über Maßnahmen von den Justizbehörden. Damit nicht ein und dieselben Vorschriften durch Gerichte verschiedener Gerichtsbarkeiten unterschiedlich ausgelegt werden, ist der Begriff der Justizbehörde in § 23 Abs. 1 S. 1 EGGVG nicht organisatorisch, sondern funktional zu verstehen. Daher fallen darunter auch die Polizeibehörden, wenn sie Aufgaben der Strafrechtspflege wahrnehmen.[91] Laut Sachverhalt erfolgt die Gewahrsamnahme zumind. auch, um ggf. strafrechtliche Schritte gegen die Jugendlichen einzuleiten. In der vorliegenden Konstellation handelt es sich somit um eine sog. doppelfunktionale Maßnahme der Polizei, die sowohl der Gefahrenabwehr als auch strafprozessualen Zwecken dient. In einer solchen Konstellation bestimmt sich das anwendbare Recht einschl. des Rechtsschutzes nach ü.M. danach, worauf

---

[89] Anders im Fall eingeschränkten (Beschluss-)Inhalts: Bei Verweisung wegen örtlicher Unzuständigkeit tritt hins. der sachlichen (Un-)Zuständigkeit keine Bindungswirkung ein.
[90] BVerwG NJW 2019, 2112, 2113; BFH BeckRS 2018, 28220, Rn. 9; zurückhaltend OVG Berlin-Bbg NVwZ-RR 2014, 288.
[91] BVerwGE 69, 192, 195; BGH StV 2018, 208, 209; VGH Kassel NVwZ-RR 2019, 152, 153; Sodan/Ziekow, § 94 Rn. 7. S.a. VGH Mannheim AfP 2021, 266 allerdings bzgl. der Nichteröffnung des Verwaltungsrechtswegs, wenn die Unterlassung der Veröffentlichung eines zivilrechtlichen Urteils mangels ausreichender Anonymisierung begehrt wird.

der Schwerpunkt des polizeilichen Handelns liegt. Da es der Polizei vor allem darauf ankam, dem Bewerfen der Passanten mit Gegenständen und den Gefahren für diese ein Ende zu bereiten, lag der Schwerpunkt für die Ingewahrsamnahme auf der präventiv-polizeilichen Gefahrenabwehr. Strafprozessualen Überlegungen kam nur eine sekundäre Bedeutung zu. Deshalb ist § 23 Abs. 1 EGGVG nicht einschlägig und der Rechtsweg zur Verwaltungsgerichtsbarkeit eröffnet.[92] ◄

IV. Wiederholungs- und Verständnisfragen

> Wie ordnet sich das Verwaltungsrecht in das allg. Rechtssystem ein und wie lässt sich das Recht der Verwaltung untergliedern? (→ Rn. 1 ff.)
> Wo wird die Abgrenzung von öffentlichem Recht und Privatrecht relevant? (→ Rn. 4 f.)
> Wie ist bei der Abgrenzung vorzugehen? (→ Rn. 7 ff.)
> Welche Aufgabenbereiche der öffentlichen Verwaltung gibt es und wie kann anhand dessen eine Zuordnung zum öffentlichen und privaten Recht vorgenommen werden? (→ Rn. 12 ff.)
> Wie ist die Abgrenzung bei schlicht-hoheitlichem Handeln vorzunehmen? (→ Rn. 16 ff.)
> Was versteht man unter aufdrängender und abdrängender (Sonder-)Zuweisung iSd § 40 Abs. 1 S. 1 VwGO? (→ Rn. 22, 26)
> Wann liegt eine nichtverfassungsrechtliche Streitigkeit nach § 40 Abs. 1 S. 1 VwGO vor? (→ Rn. 25)

---

92 S.a. OVG Münster NWVBl. 2012, 364 f.; OVG Hamburg NordÖR 2019, 40, 41 f.; für eine Anwendung beider Rechtsgrundlagen und eine kumulative Rechtswegeröffnung Schenke, Polizei- und Ordnungsrecht, Rn. 472; teilw. wird wegen der Schwierigkeiten bei der Rechtswegbestimmung für den Betroffenen aufgrund Art. 19 Abs. 4 GG ein Wahlrecht für diesen angenommen, zB Danne JuS 2018, 434, 437; Sodan in: ders./Ziekow, VwGO, § 40 Rn. 618. Eingehend zu den verschiedenen Ansichten und gegen einen Vorrang des Strafprozessrechts, weil die Gefahrenabwehr ebenbürtig zur Strafverfolgung ist, sonst eine effektive Gefahrenabwehr beeinträchtigt wäre und auch das Legalitätsprinzip nicht entgegensteht, wenn die Strafverfolgung nur zeitlich hinausgeschoben wird, BGH NStZ 2017, 651, 654 f. Auch BVerfG NVwZ 2019, 381, 386 stellte sich, allerdings bezogen auf die Gesetzgebungskompetenz, auf den Standpunkt, dass sich die Abgrenzung nach dem Schwerpunkt des verfolgten Zwecks bestimmt.

§ 6 Verwaltungsorganisation

▶ **FALL 7:** B hat einen schlechten Tag: Erst erhält er ein Schreiben mit der Ablehnung seines Antrags auf Zuteilung eines Studienplatzes im Fach Medizin durch die Stiftung für Hochschulzulassung (SfH). Am Nachmittag weigert sich auch noch ein Prüfer des TÜV, an seinem Wagen die TÜV-Plakette anzubringen, weil das Fahrzeug erhebliche Mängel aufweise. Ist B in beiden Fällen mit Hoheitsträgern in Berührung gekommen? ◀

Wenn bislang von Verwaltung oder Staat die Rede war, bezog sich dies auf Verwaltungs- bzw. Hoheitsträger. Bei ihnen handelt es sich um Organisationen oder Subjekte, die Verwaltungsaufgaben wahrnehmen. Deren äußeres und inneres Gefüge beruht im Näheren auf der **Organisationsgewalt** des Staates;[1] dabei handelt es sich um die Befugnis zur Errichtung, Änderung und Aufhebung von Verwaltungsträgern und -organen sowie deren Binnen-, aber auch Verbandsstrukturen.[2] Das Verwaltungsorganisationsrecht ist nicht in einem Gesetz(-buch) kodifiziert, sondern ergibt sich v.a. aus diversen – oft nur fragmentarischen – Bundes- und Landesregelungen.[3] Es haben sich aber gewisse bundeseinheitliche Begriffe und „Bausteine" herausgebildet, die zum besseren Verständnis dieser Regelungen beitragen und deren Kenntnisse an verschiedenen Stellen einer verwaltungsrechtlichen Klausur Bedeutung erlangen können.[4]

I. Grundbegriffe

1. Verwaltungsträger

Mittels des Verwaltungsorganisationsrechts wird sichergestellt, dass ein bestimmtes Handeln, Wissen und Wollen bestimmter Menschen als solches „der Verwaltung" gilt.[5] Dazu ist die Verwaltung zum einen mit Vermögensfähigkeit und der Fähigkeit zur Teilnahme am Rechtsverkehr auszustatten; zum anderen sind klare Verantwortungsstrukturen für die Ausübung von Hoheitsrechten zu schaffen.[6] Verwaltungsträger ist zuallererst der Staat in seinen Ausformungen **Bund** (§ 1 Abs. 1 Nr. 1 Var. 1 VwVfG) und **Länder** (§ 1 Abs. 1 Nr. 2 Var. 1 VwVfG). Bund und Länder sind Träger der sog. **unmittelbaren Staatsverwaltung**.[7] In § 1 Abs. 1 VwVfG werden noch weitere Verwaltungsträger benannt: Körperschaften, Anstalten und Stiftungen des öffentlichen Rechts, die Gemeinden und die Gemeindeverbände. Sie sind Träger der sog. **mittelbaren Staatsverwaltung**.[8] Einen Sonderfall des Verwaltungsträgers stellt der in § 1 Abs. 1 VwVfG nicht ausdrücklich genannte Beliehene dar (hierzu Rn. 22).

Verwaltungsträger sind grds. – eine Ausnahme bildet der Beliehene – **juristische Personen des öffentlichen Rechts**, die öffentliche Aufgaben wahrnehmen. Ebenso wie

---

1 Wer im Näheren Träger der Organisationsgewalt ist, beurteilt sich vorrangig anhand des Verfassungs-, genauer: Staatsorganisationsrechts, und zwar in bundesstaatlicher Hinsicht (Bund-Länder: Art. 83 ff. GG) sowie unter Aspekten der Gewaltenteilung (Gesetz – Exekutive: Art. 86 S. 2, Art. 87 GG; Gesetzesvorbehalt, vgl. § 8 Rn. 3 ff.), Maurer/Waldhoff, § 21 Rn. 59 ff.; eingehend Wolff/Bachof/Stober/Kluth, Bd. 2, § 81.
2 Zu Letzteren und ähnlichen Erscheinungen Winkler, Kompetenzverbund, S. 45 ff.
3 Stelkens Jura 2016, 1013; s.a. Groß Jura 2016, 1026, 1027.
4 Stelkens Jura 2016, 1013 ff.; s.a. Groß Jura 2016, 1026 ff. Nachfolgend wird nur ein Abriss gegeben; ausführlich zum Verwaltungsorganisationsrecht Wolff/Bachof/Stober/Kluth, Bd. 2, §§ 79 ff.; vertiefend die Beiträge von Groß, Jestaedt und Schuppert in: Voßkuhle/Eifert/Möllers, Bd. 1, §§ 15, 16, 17.
5 Stelkens Jura 2016, 1013.
6 Näher dazu Stelkens Jura 2016, 1013, 1014 ff.
7 Vgl. Rn. 11 ff.; näher zur Ministerialverwaltung Wolff/Bachof/Stober/Kluth, Bd. 2, § 84.
8 Nachstehend Rn. 14 ff.; hierzu unter ausbildungsrelevanten Aspekten Kemmler JA 2015, 328.

juristische Personen des Privatrechts haben sie eigene Rechtspersönlichkeit und sind Träger von Rechten und Pflichten; sie können selbst klagen und verklagt werden.[9] Während sich aber die Gründung von juristischen Personen des Privatrechts nach den für jedermann geltenden Vorschriften des Zivilrechts richtet (zB die Errichtung einer AG aufgrund von § 1 AktG oder die Gründung einer GmbH nach § 13 GmbHG), beruht die Errichtung juristischer Personen des öffentlichen Rechts auf bundes- oder landesrechtlichen (Organisations-)**Gesetzen** (zB die Errichtung von Handwerkskammern als Körperschaften des öffentlichen Rechts aufgrund von § 90 Abs. 1 HwO). Dass der Bund und die Länder selbst juristische Personen sind, wird von der Verfassung und dem einfachen Recht vorausgesetzt.[10]

2. Organ, Behörde, Amt

4 Juristische Personen im Allgemeinen und Verwaltungsträger im Besonderen sind zwar Inhaber von Rechten und Pflichten und damit rechtsfähig. Dies bedeutet aber noch nicht, dass sie auch handlungsfähig sind; letztere Fähigkeit besitzen nur Menschen.[11] Da bei Benennung eines einzelnen konkreten Menschen, durch welchen die juristische Person handeln kann, deren Handlungsfähigkeit stark beeinträchtigt wäre (zB bei Krankheit oder Tod dieser Person), hat man sich für eine andere Regelungstechnik entschieden: Durch oder aufgrund eines Gesetzes werden für die juristische Person als „Werkzeuge" zur Herstellung ihrer Handlungsfähigkeit **Organe** vorgesehen. Hierbei handelt es sich um funktionell, aber nicht rechtlich verselbständigte Stellen, durch welche die Verwaltungsträger ihre Aufgaben erfüllen.[12] Bspw. verfügt jede Gemeinde über die beiden Organe Gemeindevertretung und Bürgermeister bzw. Gemeindevorstand. Diese Organe werden sodann mit Menschen (**Organwaltern**) besetzt, um die den Organen zugewiesenen Zuständigkeiten wahrzunehmen (zB dem aktuell gewählten Bürgermeister A). Im Unterschied zum Verwaltungsträger ist das Organ zwar nicht rechtsfähig, aber organisatorisch selbstständig, dh es besteht als rechtlich geschaffene Einrichtung eines Verwaltungsträgers auch unabhängig von der Besetzung mit Organwaltern.[13] Das Handeln seiner Organe wird dem Verwaltungsträger zugerechnet.

Während **Kollegialorgane** mehrere Organwalter als Mitglieder haben (zB Gemeinderat), werden **monokratische bzw. monistische Organe** nur mit einem einzigen Organwalter „besetzt" (zB ein Bürgermeister).[14]

5 Unter einer **Behörde im verwaltungsorganisationsrechtlichen Sinne** versteht man all diejenigen Organe einer juristischen Person, die zur Wahrnehmung öffentlicher Aufgaben mit Außenwirkung berechtigt sind. An diesen Behördenbegriff knüpfen § 47 Abs. 2 S. 1 Alt. 2 VwGO, §§ 68 ff. und § 78 VwGO an.[15] Davon ist der in § 1 Abs. 4 VwVfG verwendete **verwaltungsverfahrensrechtliche Behördenbegriff** zu unter-

---

9 S. § 50 Abs. 1 ZPO, § 61 Nr. 1 Alt. 2 VwGO; Stelkens Jura 2016, 1013, 1016 f.; s. zur juristischen Verselbständigung des Staats auch Gröpl, Staatsrecht I, Rn. 84 ff.
10 Stelkens Jura 2016, 1013, 1015; Maurer/Waldhoff, § 21 Rn. 7.
11 Gröpl, Staatsrecht I, Rn. 87; Stelkens Jura 2016, 1013, 1019.
12 Gröpl, Staatsrecht I, Rn. 87; s.a. Siegel, Rn. 118 ff. Zum Organ als wesentlichem Bestandteil jeglicher juristischen Person, auch jener des Privatrechts, und zur ebenen- und aufgabenspezifischen Unterscheidung in Verfassungsorgane, Verwaltungsorgane und Rechtsprechungsorgane sowie Universitäts- und Gemeindeorgane vgl. Maurer/Waldhoff, § 21 Rn. 20 f.; hier geht es um die Organe im staatlichen bzw. selbstverwaltungsrechtlich geprägten Verwaltungsbereich.
13 Maurer/Waldhoff, § 21 Rn. 23; Stelkens Jura 2016, 1013, 1019.
14 Gröpl, Staatsrecht I, Rn. 87; Stelkens Jura 2016, 1013, 1020.
15 Stelkens Jura 2016, 1017, 1020.

scheiden. Danach ist eine Behörde[16] „jede Stelle, die Aufgaben der öffentlichen Verwaltung wahrnimmt". D(ies)er sog. **funktionelle** Behördenbegriff stellt auf die Tätigkeit der jew. Stelle ab: Sobald sie Aufgaben der öffentlichen Verwaltung wahrnimmt, ist sie Behörde. Danach sind auch sonstige Staatsorgane, die nicht zur Verwaltung gehören (Gesetzgebung, Rechtsprechung), oder Teile von ihnen Behörden, wenn sie Verwaltungsaufgaben[17] erledigen (wie der Bundespräsident, wenn er Bundesbeamte ernennt). Sofern Staatsorgane jedoch gesetzgeberisch, regierend oder rechtsprechend handeln, werden sie nicht als Behörden tätig. Auch Einzelpersonen oder juristische Personen des Privatrechts, die mit der Wahrnehmung von Aufgaben der öffentlichen Verwaltung beliehen worden sind (sog. **Beliehene**, hierzu Rn. 22), können als Behörde iSv § 1 Abs. 4 VwVfG auftreten; sie stellen aber kein Organ eines Verwaltungsträgers dar, vielmehr sind sie im Rahmen ihrer eigenverantwortlichen hoheitlichen Tätigkeit selbst Verwaltungsträger.[18] Abgesehen von dieser Besonderheit sind Behörden von Verwaltungsträgern strikt zu trennen; grds. gilt: Letztere haben Behörden, sind jedoch keine.[19]

Der Bestimmung des Verwaltungsträgers kommt Bedeutung im **Verwaltungsprozessrecht** zu. Wehrt sich ein Bürger gegen eine Entscheidung der Verwaltung, stehen ihm verschiedene Klagemöglichkeiten vor den Verwaltungsgerichten offen (Überblick bei § 11 Rn. 4). Gegen wen sich seine Klage zu richten hat, bestimmt sich nach Vorschriften der VwGO. Die Klage (Anfechtungs- oder Verpflichtungsklage) ist nach dem Rechtsträgerprinzip gegen die juristische Person des öffentlichen Rechts bzw. den Verwaltungsträger, deren/dessen Behörde tätig geworden ist, zu richten, § 78 Abs. 1 Nr. 1 VwGO. Lehnt das Bundesministerium des Innern (BMI) einen Antrag nach § 1 Abs. 1 S. 1 IFG auf Zugang zu Informationen ab, muss sich die Verpflichtungsklage gegen die Bundesrepublik Deutschland als Rechtsträger des BMI richten. Denn das BMI ist nur eine Behörde des Bundes, aber selbst keine juristische Person des öffentlichen Rechts.[20] Das jeweilige Landesrecht kann freilich vorsehen, dass gegen die handelnde Behörde selbst geklagt werden muss, § 78 Abs. 1 Nr. 2 VwGO.[21] Davon hat zB das Saarland Gebrauch gemacht (§ 19 Abs. 2 SaarlAGVwGO). Hätte das saarländische Innenministerium einen vergleichbaren Antrag auf Informationszugang nach § 1 Abs. 1 S. 1 SaarlIFG abgelehnt, wäre die Klage deshalb gegen das Ministerium zu richten.

6

Behörden sind idR innerorganisatorisch in verschiedene Aufgabenbereiche untergliedert, die vielfach, insb. im kommunalen Bereich, als **Ämter** (im organisationsrechtlichen Sinne) bezeichnet werden, wie das Bauamt, Liegenschaftsamt oder Ordnungsamt einer Gemeinde.[22] Das Amt wird von natürlichen Personen wahrgenommen, sog. **Amtswalter**. Im Gegensatz zur Behörde besitzt das Amt keine Außenzuständigkeit im

7

---

16 Der Begriff „Behörde" wird auch in anderen Normen (Art. 35 Abs. 1, Art. 84, 85, 87 GG, § 130 Abs. 3, § 136 BGB) verwendet, aber jew. mit unterschiedlicher Bedeutung.
17 Zur Bestimmung der Tätigkeit der Verwaltung vgl. § 1.
18 Auch Maurer/Waldhoff, § 21 Rn. 11: Verwaltungsträger „iwS.".
19 Ipsen, Rn. 213; s.a. Siegel, Rn. 121.
20 S.a. Stelkens Jura 2016, 1013, 1017; allerdings reicht nach § 78 Abs. 1 Nr. 1 letzter Hs. VwGO zur Bezeichnung des Beklagten die Angabe der Behörde aus, weshalb die Klage dann als gegen den Rechtsträger gerichtet verstanden wird; s. BVerwG Beschl. v. 8.8.2019 – 3 B 41/18, Rn. 5 juris.
21 Auch von dieser Möglichkeit ist zB durch § 14 Abs. 2 GerStrukGAG M-V Gebrauch gemacht worden. Näher zur Bestimmung des Klagegegners § 10 Rn. 16, § 20 Rn. 24, § 23 Rn. 12.
22 Die jeweilige Bezeichnung ist für die Zuordnung allerdings nicht ausschlaggebend. So handelt es sich beim Finanzamt, Umweltbundesamt und Statistischen Landesamt um keine Ämter im vorstehenden Sinne, sondern um Verwaltungsträger und – durch ihre Leitungsorgane (Vorsteher, Präsident) – nach außen wirkende Behörden.

Verhältnis zum Bürger, weshalb nur die Behörde, nicht aber ein ihr untergeordnetes Amt bzw. der dort tätige Amtswalter im Verwaltungsprozess klagen oder verklagt werden kann.

II. Zuständigkeiten

8 Zuständigkeit meint die Zuweisung von Kompetenz an eine Behörde; Kompetenz wiederum steht für Aufgaben und Befugnisse.[23] Rechtlich geht es also um die rechtssatzförmige Festlegung, welcher Verwaltungsträger und welches Verwaltungsorgan innerhalb der Verwaltungsorganisation eine bestimmte Aufgabe zu erledigen hat.[24] Da die Behörde nach außen für einen Verwaltungsträger tätig wird, knüpfen die Vorschriften zumeist an die Zuständigkeit der Behörde an.

Ist (ausnahmsweise) nur der Verwaltungsträger genannt (zB „die Hochschule"), ergibt sich die Zuständigkeit aus den näheren einschlägigen Regelungen (hier des Landeshochschulrechts (LHG), – oder bei Gemeinden aus den Gemeindeordnungen bzw. Gemeindeverfassungen).[25]

Zuständigkeitsregelungen sind aus mehreren Gründen unverzichtbar: Verfassungsrechtlich stellen sie die nähere verwaltungsorganisatorische **Ausprägung des Ressortprinzips**[26] dar. Vollzugsorientiert weisen sie die jeweilige Aufgabe der für die Ausführung geeigneten Stelle zu und begründen eine entsprechende **Verantwortlichkeit**. Außerdem lassen sich durch derartige Festlegungen Doppelzuständigkeiten aus Kostengründen vermeiden.

Die Feststellung der Zuständigkeit (sachlich, örtlich, instanziell) ist v.a. mit Blick auf die formelle Rechtmäßigkeit von Verwaltungsakten bedeutsam; deshalb wird auf die damit zusammenhängenden Fragen dort näher eingegangen (vgl. § 14 Rn. 9 ff.).

III. Verwaltungsaufbau

9 Die Verteilung der hoheitlichen Funktionen auf Bund und Länder zeichnet sich nach dem Grundgesetz dadurch aus, dass, anders als bei den Gesetzgebungskompetenzen (vgl. Art. 70 ff. GG mit weitreichenden Ausnahmen vom Grundsatz des Rechts der Länder zur Gesetzgebung), der Gesetzesvollzug, dh die Verwaltungstätigkeit, weitgehend Ländersache ist (Art. 30, 83 ff. GG). Bundesverwaltung ist nur zulässig, wenn eine der Zuordnungsnormen der Art. 86 ff. GG dies bestimmt (sog. bundeseigene Verwaltung).[27] Die Verwaltungen des Bundes und der Länder nach Art. 83 ff. GG sind grds. organisatorisch und funktionell voneinander getrennt, denn das Rechtsstaatsprinzip, aber auch das Demokratieprinzip (demokratische Verantwortlichkeit) sowie der Föderalismus gebieten eine hinreichend klare Bestimmung der Verwaltungszuständigkeit. Deshalb gilt in Deutschland ein **Verbot der Mischverwaltung**. Davon darf der (verfassungs-)ändernde Gesetzgeber nur in Ausnahmefällen aus sachgerechten Gründen abweichen, wie dies bei den Jobcentern als gemeinsamen Einrichtungen gem. Art. 91e Abs. 1 GG, § 44b, § 6d SGB II geschehen ist.[28]

---

23 Ähnlich anhand des Polizei- und Ordnungsrechts Kingreen/Poscher, PolizeiR, § 6 Rn. 1.
24 Vgl. nur Bull/Mehde, Rn. 386; s.a. Ipsen, Rn. 222 f.; näher Collin/Fügemann JuS 2005, 694.
25 Maurer/Waldhoff, § 21 Rn. 45.
26 Ausgehend von Art. 65 S. 2 GG und den entsprechenden Regelungen der Landesverfassungen.
27 S. dazu Burgi/Zimmermann Jura 2019, 951 ff.; Reimer BRJ Sonderausgabe 2018, 10, 12.
28 BVerfGE 137, 108, 143 ff.; s.a. BVerfGE 119, 331, 364 ff.; zu Formen des Zusammenwirkens von Bund und Ländern bzw. der Länder untereinander und den diesbzgl. verfassungsrechtlichen Grenzen vgl. Maurer/Waldhoff, § 22 Rn. 43 ff.

Der Bund und die Länder sind Inhaber ursprünglicher Herrschaftsgewalt.[29] Deshalb spricht man von **unmittelbarer Staatsverwaltung**, wenn diese durch den Bund oder die Länder selbst erfolgt, dh *durch eigene, nicht rechtsfähige* Behörden. Um **mittelbare Staatsverwaltung** handelt es sich hingegen, wenn der Bund oder das Land eine *rechtlich selbstständige juristische Person des öffentlichen Rechts* errichtet, der eigene Aufgaben zugewiesen werden, und diesen Trabanten Verwaltungsaufgaben wahrnehmen lässt.[30] Neben den Gemeinden, Kreisen und sonstigen kommunalen Körperschaften gehören die öffentlich-rechtlich organisierten Kammern der Selbstverwaltung der Wirtschaft, die öffentlich-rechtlich organisierten Hochschulen oder die öffentlich-rechtlichen Rundfunkanstalten zur mittelbaren Staatsverwaltung (= da eigene juristische Personen des öffentlichen Rechts).[31]

Übersicht 2: Organisatorische Grundstruktur der Bundes- und Landesverwaltung

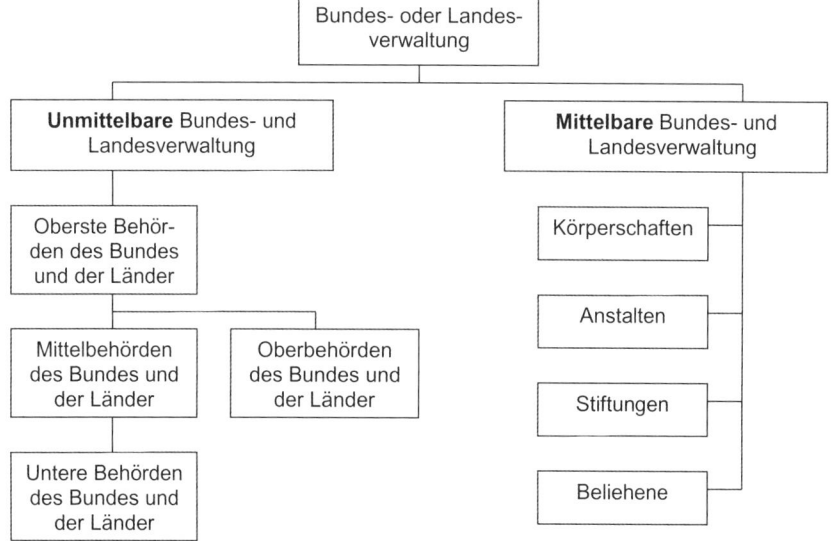

1. Unmittelbare Staatsverwaltung

a) Unmittelbare Bundesverwaltung

Die Verwaltung im Bund besteht nur selten aus drei Instanzen. An der Spitze stehen dann die **obersten Bundesbehörden** bzw. **oberen Stellen** (zB Ministerien,[32] Bundesrechnungshof), die sowohl mit Regierungsaufgaben als auch solchen der Verwaltung befasst sind. Es handelt sich um Verfassungsorgane, sie bilden zugleich die Spitze des hierarchischen Verwaltungsaufbaus und sind keiner anderen Behörde untergeordnet.[33]

---

29 Siegel, Rn. 126.
30 Gröpl, Staatsrecht I, Rn. 1375; Reimer BRJ Sonderausgabe 2018, 10; Stelkens Jura 2016, 1013, 1017.
31 Stelkens Jura 2016, 1013, 1017; s.a. Reimer BRJ Sonderausgabe 2018, 10.
32 Eingehend zur Ministerialverwaltung Wolff/Bachof/Stober/Kluth, Bd. 2, § 84. Zu deren Rückführung auf Art. 65 S. 2 GG und Errichtung durch Organisationserlass des Bundeskanzlers Reimer BRJ Sonderausgabe 2018, 10, 12.
33 Vgl. Maurer/Waldhoff, § 22 Rn. 36.

Diesen unterstehen oftmals Bundesoberbehörden (Rn. 12) und die Bundesmittelbehörden. Letztere sind im Unterschied zu den Bundesoberbehörden nur für einen Teil des Bundesgebiets zuständig, wie früher die Bundesfinanz- und Wasserschifffahrtsdirektionen. Im Zuge der Konzentration der Bundesverwaltung wurden diese aber zu Bundesoberbehörden zusammengefasst.[34] Untere Bundesbehörden, welche einer Bundesober- oder Bundesmittelbehörde unterstehen, verfügen über einen noch engeren örtlichen Zuständigkeitsbereich.[35] Bspw. unterstehen dem Bundespolizeipräsidium als Oberbehörde die Bundespolizeidirektionen als Unterbehörden (§ 57 Abs. 2 S. 1 BPolG).

Entsprechend der Tradition ist die Verwaltung in Deutschland grds. **hierarchisch** aufgebaut, dh die oberste Leitung obliegt idR den Ministerien, die durch generelle oder konkrete Weisungen auch das Verhalten der Behördenbediensteten auf der untersten Stufe steuern. In den Worten des BVerfG sind die Beamten – anders als die unabhängigen Richter – in die Behördenhierarchie eingegliedert und unterliegen den Weisungen ihrer Vorgesetzten (§ 62 Abs. 1 S. 2 BBG; § 35 Abs. 1 S. 2 BeamtStG).[36] Auf diese Weise wird ein gleichmäßiger und loyaler Gesetzesvollzug sichergestellt. Kommt es zu Missständen in einzelnen Bereichen, ist hierfür die Verwaltungsspitze dem Parlament verantwortlich. Die hierarchische Verwaltungsorganisation trägt Art. 20 Abs. 2 S. 1 GG Rechnung, nach dem alle Staatsgewalt auf das Volk zurückzuführen sein muss.[37]

Die bzw. der Bundesbeauftragte für den Datenschutz und die Informationsfreiheit ist gem. § 8 Abs. 1 S. 1 BDSG eine oberste Bundesbehörde, jedoch gem. § 10 Abs. 1 BDSG abweichend vom hierarchischen Prinzip bei der Ausübung der Aufgaben und Befugnisse völlig unabhängig. Sie bzw. er ersucht weder um Weisung noch nimmt sie bzw. er solche entgegen. Dies geht darauf zurück, dass Art. 51 iVm Art. 52 Abs. 1 DSGVO die Unabhängigkeit der Datenschutzaufsichtsbehörde vorschreiben. Der EuGH hat die hiergegen von Deutschland wegen des Demokratieprinzips vorgebrachten Bedenken für nicht durchschlagend erachtet, weil Maßnahmen des Datenschutzbeauftragten an das Gesetz gebunden sind, der Gerichtskontrolle unterliegen und er dem Parlament zB durch Informationspflichten rechenschaftspflichtig ist.[38] Dieses sog. Managementmodell der Verwaltungsorganisation beruht auf dem Grundgedanken, dass administrative Aufgaben am besten aufgrund sachspezifischer Kriterien durch Experten in Autonomie und nicht nach politischen Vorgaben wahrgenommen werden sollen.[39] Auch hat der EuGH beanstandet, dass Deutschland nicht im gebotenen Maße die unionsrechtlich geforderte Unabhängigkeit der Bundesnetzagentur sichergestellt hat, dh die betreffende Stelle völlig frei handeln kann und vor jeglicher Weisung und Einflussnahme von außen, auch ggü. Trägern legislativer Gewalt, geschützt sein muss.[40] Je nach Verwaltungseinheit kann deren Verselbständigung auf unterschiedliche Gründe zurückzuführen sein. Teils gehen die Impulse vom Unionsrecht aus, auch um die Zusammenarbeit im Verwaltungsverbund zu erleichtern.[41]

---

34 Brühl, Staatsorganisation, S. 30.
35 Brühl, Staatsorganisation, S. 30.
36 BVerfGE 148, 69, 89 f.
37 Näher dazu Groß Jura 2016, 1026, 1028, 1032 f.; sowie Meinel in: Kahl/Ludwigs, III, § 61 Rn. 1 ff., 38 ff.; BVerfGE 151, 202, 291 Rn. 129 ff. auch zu Ausnahmen, etwa ministerialfreien Räumen.
38 S.a. BVerfGE 151, 202, 294 Rn. 136; EuGH EuZW 2010, 296, 298. Eingehend zu den unabhängigen Verwaltungsbehörden, die in die europäische Verbundverwaltung integriert sind, einschl. der Kritik daran, Mayen in: FS für K.-P. Dolde, 2014, S. 39 ff.
39 Näher dazu Groß Jura 2016, 1026, 1030 ff.; krit. im Hinblick auf die oft nur vermeintliche Expertise Meinel in: Kahl/Ludwigs, III, § 61 Rn. 24. Zur Abweichung vom hierarchischen Legitimationskettenmodell auch Gärditz in: Schmidt/Wollenschläger § 4 Rn. 29 f. Zur Unabhängigkeit der Regulierungsbehörden Socher Verw 52 (2019), 203 ff. Dazu, dass die Staatsanwaltschaften in Deutschland wegen des Weisungsrechts der Justizministerien nicht als Justizbehörden für die Ausstellung europäischer Haftbefehle angesehen werden können, EuGH Urt. v. 27.5.2019 – C-508/18 ua Rn. 47 ff., insb. 76 ff. juris.
40 EuGH ZEuP 2022, 456, 458 ff. mit Anm. Ackermann.
41 Eingehend zur Verselbständigung von Verwaltungseinheiten, die man differenziert betrachten muss, Meinel in: Kahl/Ludwigs, III, § 61.

§ 6 Verwaltungsorganisation

Es gibt zahlreiche sog. **Bundesoberbehörden.** Solche können in Bereichen, in denen dem Bund die Gesetzgebungskompetenz zukommt, durch Bundesgesetz errichtet werden (Art. 87 Abs. 3 S. 1 Var. 1 GG). Wegen der erhöhten Anforderungen in Art. 87 Abs. 3 S. 2 GG verfügen sie nur selten über Mittel- und Unterbehörden, die nur für Teile des Bundesgebiets zuständig sind.[42] Bundesoberbehörden sind einer **obersten Bundesbehörde** nachgeordnet und nehmen fachlich abgrenzbare Verwaltungsaufgaben *für das gesamte Bundesgebiet* wahr.[43] So ist das Bundesamt für Sicherheit in der Informationstechnik gem. § 1 BSIG eine Bundesoberbehörde. Es untersteht dem BMI, hat keine untere Behörde und ist zuständig für die Informationssicherheit auf nationaler Ebene.

b) Unmittelbare Landesverwaltung

Die unmittelbare Landesverwaltung erfolgt durch landeseigene Behörden, also durch Behörden des jeweiligen Bundeslandes. Viele Landesverfassungen enthalten einen expliziten Auftrag dazu, den Aufbau der Landesverwaltung durch Gesetz zu regeln (Art. 77 Abs. 1 S. 1 BayVerf, Art. 70 Abs. 1 S. 1 LVerf BW, Art. 77 S. 1 Verf NRW, Art. 112 S. 1 SaarlVerf), weshalb der gestufte Aufbau der Landesverwaltung regelmäßig in **Landesorganisationsgesetzen** geregelt wird.[44] **Oberste Landesbehörden** sind die Ministerpräsidenten, die Landesregierung und die Landesministerien.[45] Nur in großen Flächenstaaten (Baden-Württemberg, Bayern, Hessen, Nordrhein-Westfalen) finden sich im Bereich der allg. Verwaltung auf der **mittleren Ebene** Regierungspräsidien bzw. Bezirksregierungen, die einer obersten Landesbehörde unterstehen und denen untere Landesbehörden nachgeordnet sind. Sie sind, ähnlich wie dies bei der unteren Verwaltungsebene der Fall ist, **nur für einen Teil des Landesgebiets regional** zuständig.[46] Häufig liegt die **untere Verwaltungsinstanz** der Länder nicht bei eigenen, sondern bei Behörden der Gemeinden und Kreise, die insoweit Träger mittelbarer Staatsverwaltung sind (Beispiel: Landrat, näher nachfolgend Rn. 18). Auch auf Landesebene gibt es dem „normalen" Behördenaufbau nicht zugehörige **Landesoberbehörden,** wie die Landeskriminalämter.[47]

2. Mittelbare Staatsverwaltung

Mittelbare Staatsverwaltung auf Bundes- wie Länderebene erfolgt **durch verselbstständigte juristische Personen des öffentlichen Rechts** (Körperschaften, Anstalten, Stiftungen). Im Rahmen der mittelbaren Bundesverwaltung werden sie als bundesunmittelbare Körperschaften, Anstalten und Stiftungen bezeichnet. ZB ist die Bundesanstalt für Finanzdienstleistungen (BaFin) gem. § 1 Abs. 1 S. 2 FinDAG eine bundesunmittelbare, rechtsfähige Anstalt des öffentlichen Rechts. Entsprechendes gilt für die Landesebene:

---

42 Dazu und auch krit. ggü. der Tendenz zur Schaffung von Außenstellen der Bundesoberbehörden Reimer BRJ Sonderausgabe 2018, 10, 12.
43 S.a. Reimer BRJ Sonderausgabe 2018, 10, 12.
44 Groß Jura 2016, 1026, 1031.
45 Vgl. etwa § 3 SaarlLOG, § 3 SGV NRW, § 5 Abs. 1 LOG Bbg.
46 Reimer BRJ Sonderausgabe 2018, 10, 11.
47 Reimer BRJ Sonderausgabe 2018, 10, 11.

landesunmittelbare Körperschaften, Anstalten und Stiftungen.[48] Einen Sonderfall der mittelbaren Staatsverwaltung bilden die Beliehenen.

a) Körperschaften

15 Dass die öffentliche Verwaltung auch „bottom up" durch Einbeziehung der Bürger/-innen erfolgen kann, hat in Deutschland im Hinblick auf Gemeinden und Universitäten eine lange Tradition.[49] Körperschaften sind juristische Personen des öffentlichen Rechts, die **mitgliedschaftlich verfasst** und vom Wechsel der Mitglieder unabhängig sind;[50] ihre Mitglieder müssen maßgeblichen Einfluss auf die Gestaltung der Verbandsangelegenheiten haben.[51] Soweit die Körperschaft nicht unmittelbar durch das Grundgesetz vorgegeben ist, können Körperschaften nur **durch Gesetz oder aufgrund eines Gesetzes** eingerichtet werden, um bestimmte öffentliche Aufgaben idR mit hoheitlichen Verwaltungsmitteln (Hoheitsbefugnissen) und unter staatlicher Aufsicht zu erfüllen;[52] ihnen kommt durchweg Rechtsfähigkeit zu. Die **Mitgliedschaft** in Körperschaften kann **freiwillig**, aber auch **gesetzlich vorgeschrieben** sein.[53] Sie steht meist in Abhängigkeit von bestimmten Kriterien. Anhand jener Anknüpfungspunkte für die Mitgliedschaft lassen sich verschiedene Arten von Körperschaften des öffentlichen Rechts unterscheiden.

16 Bei **Realkörperschaften** knüpft die Mitgliedschaft an Eigentum (zB an einem Grundstück), den Betrieb eines Unternehmens oder eine sachbezogene Berechtigung an. Zu den Realkörperschaften gehören ua die Industrie- und Handelskammern (IHK). Nach § 2 Abs. 1 IHKG richtet sich die Zugehörigkeit zur IHK nach der Unterhaltung einer Betriebsstätte im Bezirk der IHK. Insb. im Bereich der wirtschaftlichen Selbstverwaltung trifft man sog. **Personalkörperschaften** an. Deren Mitgliedschaft hängt von bestimmten Eigenschaften ihrer Mitglieder ab, typischerweise dem Beruf. Zu den Personalkörperschaften auf Bundesebene gehören etwa die berufsständischen Kammern der freien Berufe, zB die Bundesrechtsanwaltskammer.[54] Auf Landesebene sind zB die Landesärztekammern zu nennen, denen die Wahrung der Belange der Ärzteschaft obliegt. Traditionell sind viele Universitäten im Bereich der kulturellen Selbstverwaltung Körperschaften des öffentlichen Rechts mit jew. gruppenspezifisch abgestuften

---

48 Die Bezeichnung bundes- bzw. landesunmittelbar bezieht sich nicht auf die Zuordnung zur unmittelbaren oder mittelbaren Staatsverwaltung, sondern auf diejenige zum Bund bzw. zu den Ländern, s. Gröpl, Staatsrecht I, Rn. 1375 f.
49 Groß Jura 2016, 1026, 1028 f.
50 Detterbeck, Rn. 182; vertieft zu öffentlich-rechtlichen Körperschaften Wolff/Bachof/Stober/Kluth, Bd. 2, § 85.
51 Vgl. nur Maurer/Waldhoff, § 23 Rn. 46.
52 BVerfG Beschl. v. 12.7.2017 – 1 BvR 2222/12, 1 BvR 1106/13, Rn. 82 juris. Zur Notwendigkeit einer gesetzlichen Grundlage für funktionale Selbstverwaltungsträger, deren „Verbandsvolk" wie bei der IHK nicht mit dem Volk iSd Art. 20 Abs. 2 S. 1 GG übereinstimmt, VGH Kassel NVwZ-RR 2013, 878, 879. Juristische Personen des öffentlichen Rechts können sich nicht auf Grundrechte berufen, sofern sie nicht etwa wie die Universitäten ausnahmsweise unmittelbar grundrechtlich geschützten Lebensbereichen zugeordnet sind, BVerwGE 154, 296, 302; zum hiervon zu unterscheidenden kommunalen Selbstverwaltungsrecht nachfolgend Rn. 18. Zur Aufsicht ggü. selbstständigen Körperschaften des öffentlichen Rechts nachfolgend Rn. 27.
53 Zu der am Beispiel der IHK zugleich aufgeworfenen Problematik der Zwangsmitgliedschaft vertritt die Rspr., dass diese vor Art. 2 Abs. 1 GG Bestand hat, weil die im Interesse der Mitglieder und der Allgemeinheit wahrzunehmenden berufsständischen Aufgaben als verfassungsmäßige Ordnung den Eingriff rechtfertigen, BVerfGE 15, 235; 107, 109; 146, 164, 195 ff.; zu Wasserverbänden BVerfGE 10, 89; zu Sozialversicherungsträgern BVerfGE 97, 271, 286; zu Ärztekammern BVerwGE 10, 354; zur verfassten Studentenschaft BVerwGE 59, 231. S.a. Rn. 17.
54 Maurer/Waldhoff, § 23 Rn. 37; s.a. Kluth in: Kahl/Ludwigs, III, § 65 Rn. 24.

Mitwirkungsrechten ihrer Mitglieder.[55] Bei **Gebietskörperschaften** bestimmt sich die Mitgliedschaft nach dem Wohnsitz.[56] Typische Gebietskörperschaften sind **Gemeinden** und **Gemeindeverbände**, bei denen sich das „Gemeindevolk" durch die Wahl des Gemeinderats und des Hauptverwaltungsbeamten (Bürgermeister) sowie Bürgerentscheide in kommunalen Angelegenheiten einbringen kann.[57] Ihre Zuständigkeit erstreckt sich auf das Gemeinde- bzw. Kreisgebiet und die dort ansässigen Personen. Darüber hinaus können mehrere Körperschaften des öffentlichen Rechts zu einer gemeinsamen vereint werden, sog. **Verbandskörperschaften** (wie kommunale Zweckverbände[58]).

Errichtung und wesentliche Strukturen der Körperschaften (Mitgliederkreis, Organisation und Aufgaben) muss der **Gesetzgeber** in einer v.a. den Anforderungen des Grundgesetzes genügenden Weise regeln. Die von den Körperschaften zu erfüllenden Aufgaben ergeben sich aus der vorgegebenen Zwecksetzung, die ihre Errichtung verfolgt. Berufskammern bspw. haben die Berufs- und Standesangelegenheiten ihrer Mitglieder zu erledigen (die Handwerkskammern etwa die aus dem Aufgabenkatalog in § 91 HwO festgelegten Angelegenheiten, die Bundesrechtsanwaltskammer die Aufgaben nach § 177 BRAO). Hierin liegt zugleich eine Grenzziehung für die Tätigkeit. So verfügen weder Studierendenschaften noch Gemeinden über ein allgemeines (!) politisches Mandat.[59] Macht eine Gemeinde die Gewährung einer umweltbezogenen Förderung von der Erklärung eines Antragstellers zu seiner Religion oder Weltanschauung abhängig, beinhaltet dieses Verlangen keine Angelegenheit der örtlichen Gemeinschaft iSd Art. 28 Abs. 2 S. 1 GG und verstößt zudem gegen Art. 3 Abs. 1, 3 sowie Art. 4 Abs. 1, 2 GG.[60]

17

Die für die IHK vorgesehene Pflichtmitgliedschaft und der damit verbundene Eingriff in Art. 2 Abs. 1 GG (ggf. iVm Art. 19 Abs. 3 GG) wird unter Verweis auf § 1 Abs. 1 IHKG damit begründet, dass die IHK als Beraterin der staatlichen Verwaltung den **Sachverstand der Kammermitglieder** bündelt, diesen strukturiert und ausgewogen in Willensbildungs- und Entscheidungsprozesse des Staates einbringt. Sie entlastet den Staat überdies durch eine **dezentrale, partizipative Erfüllung** von Aufgaben im Bereich der Wirtschaftsverwaltung.[61] Aus dem aus Art. 2 Abs. 1 GG ergebenden Abwehrrecht „unnötiger" Zwangsverbände folgt für die Pflichtmitglieder ein Abwehrrecht gegen Kompetenzüberschreitungen der Kammer.[62] Letzteres wäre zB der Fall, wenn diese sozialpolitische und arbeitsrechtliche Fragen wahrnimmt, die gem. § 1 Abs. 5 IHKG explizit von ihren Aufgaben ausgenommen sind. Da die Gruppe der in der IHK zusammengefassten Gewerbetreibenden sehr inhomogen ist, betonte das BVerfG, dass bei der Ermittlung des Gesamtinteresses der Gewerbetreibenden nach dem Selbstverwaltungsgedanken alle Positionen angemessen zu berücksichtigen und erforderlichenfalls zu kommunizieren sind. Auch im Lichte des Demokratiegebots dürften schutzwürdige Interessen der Verbandsmitglieder nicht willkürlich

---

55 Groß Jura 2016, 1026, 1029.
56 Bull/Mehde, Rn. 100 ff.
57 Der Begriff des Gemeindeverbands ist umstritten; Einigkeit soll insoweit bestehen, dass als Minimum die Landkreise erfasst werden, Maurer/Waldhoff, § 23 Rn. 26.
58 Dabei handelt es sich um freiwillig vorgenommene oder gesetzlich vorgeschriebene Zusammenschlüsse von Gemeinden zur gemeinsamen Erfüllung einer bestimmten öffentlichen Aufgabe (zB Abfallbeseitigungsverbände oder gemeinsam betriebene Energieversorgung); BGH NJW 2022, 1250, 1251 f.
59 BVerwG Urt. v. 6.4.2022 – 8 C79/21, Rn. 14 juris; OVG Berlin NVwZ-RR 2004, 348 (Studierendenschaft); BVerwGE 87, 228, 231 ff. (Gemeinden); bei Überschreitung des Aufgabenkreises steht den Mitgliedern der Körperschaft ein Abwehrrecht aus Art. 2 Abs. 1 GG zu: verwaltungsgerichtliche Unterlassungsklage, BVerwGE 64, 115; 59, 291; OVG Bautzen LKV 2021, 519, 520; allg. zur Unterlassungsklage als allg. Leistungsklage § 23 Rn. 9.
60 BVerwG Urt. v. 6.4.2022 – 8 C 9/21, Rn. 14 ff. juris.
61 BVerwGE 154, 296, 299. Zum Kammerzwang auch aus europarechtlicher und transatlantischer Perspektive Neurath DÖV 2019, 513 ff.
62 BVerfGE 146, 164, 196, 207; BVerwGE 154, 296, 299 ff.

vernachlässigt und es dürfe keine Gruppe „institutionell majorisiert" werden.[63] Nachdem der Bundesgesetzgeber in Reaktion auf diese Rechtsprechung das IHKG novelliert hat, stellt sich die Frage nach der Notwendigkeit der verfassungskonformen Auslegung des nunmehr etwas anders ausgestalteten § 1 Abs. 1 IHKG[64] sowie ob die nunmehr in § 13c Abs. 8 IHKG angeordnete Pflichtmitgliedschaft der Industrie- und Handelskammern im Deutschen Industrie- und Handelskammertag e.V. (DIHK) mit Art. 2 Abs. 1 GG in Einklang steht.[65] Einfachgesetzlich wird nunmehr in § 13c Abs. 10 S. 1 IHKG geregelt, dass die Industrie- und Handelskammern sowie Kammerzugehörigen ggü. dem DIHK einen Unterlassungsanspruch haben, soweit dieser seine Kompetenzen aus § 10a IHKG überschreitet.

Die nähere Ausgestaltung der Aufgabenerfüllung ist Sache der Körperschaften. Verbände, die idS ihre eigenen Angelegenheiten selbst wahrnehmen und verwalten, werden als **Selbstverwaltungskörperschaften** bezeichnet.[66]

18 Besondere Bedeutung als Selbstverwaltungskörperschaften kommt den **Gemeinden** und **Kreisen** zu. Ihnen ist die **kommunale Selbstverwaltung** verfassungsrechtlich in Art. 28 Abs. 2 GG – wenn auch unterschiedlich ausgeprägt[67] – garantiert.[68] Die kommunale Selbstverwaltung wird maßgeblich durch das Prinzip der Partizipation geprägt und zielt auf die Aktivierung der Beteiligten für ihre eigenen Angelegenheiten ab, um das Wohl der Einwohner zu fördern und die geschichtliche sowie örtliche Eigenart der jeweiligen Kommune zu wahren.[69] Für Gemeinden folgt aus Art. 28 Abs. 2 S. 1 GG das Recht, **alle Angelegenheiten der örtlichen Gemeinschaft** (Organisations-, Personal-, Gebiets-, Planungs- und Finanzhoheit), sog. Allzuständigkeit, im Rahmen der Gesetze **in eigener Verantwortung** (sog. Eigenverantwortlichkeit) regeln zu können.[70] Neben dieser Wahrnehmung von Aufgaben des eigenen Wirkungskreises[71] haben sie staatliche Aufgaben zu erfüllen, die ihnen durch Gesetz zur Erfüllung nach Weisung oder als Auftragsangelegenheiten durch das jeweilige Land übertragen worden sind (Aufgaben im übertragenen Wirkungskreis, etwa Pass- und Meldewesen, Personenstandswesen). Im letzten Fall nehmen sie Aufgaben der unteren Verwaltungsbehörden wahr.[72] Diese

---

63 BVerfGE 146, 164, 215; s.a. BVerwGE 169, 375, 380 f. Rn. 21 f.
64 Dazu VG Stuttgart Beschl. vom 2. 12.2021 – 4 K 3287/21, Rn. 32 ff. juris.
65 Offengelassen von OVG Münster Beschl. v. 21.6.2021 – 16 B 2045/20, Rn. 16 ff. juris; dazu auch Günther NVwZ 2022, 97 ff.
66 Zur funktionalen Selbstverwaltung der Berufskammern, wie Rechtsanwalts-, Handwerkskammern ua (Rn. 16), aber auch zu Hochschulen vgl. eingehend Wolff/Bachof/Stober/Kluth, Bd. 2, § 99; Kluth, Öffentliches Wirtschaftsrecht, § 9 Rn. 8 ff.; ders. in: Kahl/Ludwigs, III, § 65. Insoweit gilt wie bei jeglichen Selbstverwaltungsträgern (vgl. zu den Gemeinden nachfolgende Rn. 18), dass sie sich auf ihre eigenen Aufgaben beschränken müssen – und dies in höchstmöglicher Objektivität, auch bei allg. Stellungnahmen, BVerwG NVwZ-RR 2010, 882; dazu Waldhoff JuS 2011, 670.
67 Vgl. dazu Erbguth LKV 2004, 1.
68 Dazu und zum Nachfolgenden näher Maurer/Waldhoff, § 23 Rn. 6 ff.; Wolff/Bachof/Stober/Kluth, Bd. 2, § 96; zum Schutz gegen gesetzliche Eingriffe Waechter AöR 135 (2010), 327.
69 BVerfGE 138, 1, 18 Rn. 52; s.a. BVerfGE 147, 185, 215 f.; s. zur Garantie der kommunalen Selbstverwaltung auch Voßkuhle/Kaufhold JuS 2017, 728 ff.
70 BVerfGE 79, 127, 143 ff.; 155, 310, 330 ff. Rn. 50 ff. Ansonsten, dh bei sonstigen Körperschaften, etwa den Kreisen, kommt es hingegen auf den jeweiligen Umfang der einfach-gesetzlichen Zuweisung von Selbstverwaltungsrechten an: Enumerationsprinzip, s.a. BVerwG UPR 2022, 226 f.; vgl. Maurer/Waldhoff, § 23 Rn. 43.
71 Wobei diese den Kreisen gesetzlich zugewiesen sein müssen, vgl. Art. 28 Abs. 2 S. 2 GG; demggü. steht den Gemeinden das Selbstverwaltungsrecht qua Verfassung zu, Art. 28 Abs. 2 S. 1 GG; vgl. Ziekow VerwArch 110 (2019), 218, 221.
72 Vorstehend Rn. 13; wie die Aufgabenwahrnehmung auf der unteren Stufe der Landesverwaltung organisatorisch ausgestaltet ist, hat in den Ländern unterschiedliche Regelung erfahren. In den meisten Ländern bleibt der Bürgermeister einer Gemeinde auch bei der Erledigung von Aufgaben im übertragenen Wirkungskreis Kommunalbehörde: auftragsweise Aufgabenerledigung, Maurer/Waldhoff, § 21 Rn. 55. Hingegen wird der Landrat als Behörde des Landkreises oftmals bei dieser Art der Aufgabenerfüllung im Wege

Differenzierung zwischen Aufgaben des eigenen und des übertragenen Wirkungskreises geht mit einer unterschiedlichen Intensität der (Landes-)Aufsichtsbefugnisse ggü. den Gemeinden einher (sogleich Rn. 24 ff.). Art. 28 Abs. 2 GG schützt die Kommunen sowohl vor einer unverhältnismäßigen Aufgabenentziehung als auch Aufgabenzuweisung. Eine besondere Ausprägung von letzterem beinhaltet das **Durchgriffsverbot in Art. 84 Abs. 1 S. 7 GG** für den Bund.[73]

b) Anstalten

Bei **Anstalten** als dezentralisierte öffentlich-rechtliche Organisationen[74] handelt es sich um Bestände an **sachlichen und persönlichen Mitteln**, die in der Hand eines Trägers der öffentlichen Verwaltung einem **besonderen öffentlichen Zweck** dauernd zu dienen bestimmt sind.[75] Der Zweck besteht hauptsächlich darin, bestimmte Leistungen zur Verfügung zu stellen. Deshalb werden Anstalten im Gegensatz zu Körperschaften nicht von Mitgliedern getragen, sondern haben **Nutzer**.[76] Die Nutzung einer Anstalt ist meist freiwillig (zB kommunale Badeanstalt). Diese kann aber auch (gesetzlich) zwingend vorgeschrieben sein, wie im Fall von Justizvollzugsanstalten. Sofern die Benutzung einer Anstalt freiwillig ist, kann das Benutzungsverhältnis nicht nur öffentlich-rechtlich, sondern auch privatrechtlich ausgestaltet sein. Anstalten werden von einem Anstaltsträger, der seinerseits Verwaltungsträger ist (Gemeinden, aber auch Bund und Länder), errichtet. Dieser legt Aufgaben und Organisation der Anstalt fest und besitzt ihr gegenüber Aufsichtsbefugnisse (dazu nachfolgend Rn. 27).

Rechtsfähige Anstalten sind selbst Verwaltungsträger und müssen deshalb durch oder aufgrund eines Gesetzes errichtet werden. Die rechtsfähige Anstalt ist im Gefolge ihres Status berechtigt und verpflichtet, die ihr obliegenden Aufgaben eigenverantwortlich wahrzunehmen. Die meisten (aber nicht alle) Anstalten sind selbstständige juristische Personen des öffentlichen Rechts. So ist die „Bundesanstalt für Finanzdienstleistungen" („BaFin") eine rechtsfähige Anstalt des öffentlichen Rechts (§ 1 Abs. 1 FinDAG). Zu den rechtsfähigen Anstalten zählen des Weiteren Stadt- und Kreissparkassen[77] oder die öffentlich-rechtlichen Rundfunkanstalten.[78] Die Anstaltsform wird oft gewählt, um eine staatsferne Aufgabenerledigung ohne Involvierung von Mitgliedern zu ermöglichen.[79] Anstalten können auch mit **Teilrechtsfähigkeit** ausgestattet werden, wie dies bei Börsen nach § 2 Abs. 1 BörsG geschehen ist. **Nichtrechtsfähige Anstalten** sind keine selbstständigen Verwaltungsträger; sie stellen lediglich einen Teil ihres Anstaltsträgers dar (zB Schulen oder Justizvollzugsanstalten); mangels Rechtsfähigkeit zählen sie nicht

---

der „Organleihe" als untere (staatliche) Verwaltungsbehörde tätig; ausführlich Wolff/Bachof/Stober/Kluth, Bd. 2, § 84 Rn. 28 ff.
73 BVerfGE 155, 310, 335 ff. Rn. 58 ff.
74 Maurer/Waldhoff, § 23 Rn. 52, 55.
75 Die Definition geht auf Mayer, Bd. 2, S. 268, 331 zurück; näher zu alldem Wolff/Bachof/Stober/Kluth, Bd. 2, § 86.
76 Dazu Kemmler JA 2015, 328, 331.
77 Etwa Goldhammer DÖV 2013, 416, 417.
78 Zum Konflikt zwischen öffentlich-rechtlich gebundener, aber auch eigenverantwortlicher Wahrnehmung des Rundfunks und Fernsehens durch öffentlich-rechtliche Rundfunkanstalten BVerfGE 12, 205, 250 ff.; die „Staatsfreiheit" des Rundfunks kann aber organisatorisch gewährleistet werden, die Einordnung der Rundfunkanstalten in die mittelbare Staatsverwaltung braucht also nicht infrage gestellt zu werden, hierzu und zum diesbzgl. Streit Hain K&R 2010, 242.
79 Kemmler JA 2015, 328, 331; zu den Rundfunkanstalten, die sich ausnahmsweise auf ein Grundrecht, die Rundfunkfreiheit berufen können, OVG Koblenz NVwZ-RR 2019, 441, 442.

zu den Akteuren der mittelbaren Staatsverwaltung.[80] Im Falle des § 78 Abs. 1 Nr. 1 VwGO ist eine Klage gegen eine öffentliche Schule als nichtrechtsfähige Anstalt also nicht gegen diese, sondern ihren Verwaltungsträger (zB das Land) zu richten, denn die Schule besitzt keine Rechtsfähigkeit. In ihrer Ausgestaltung als nichtrechtsfähige Anstalt wird aber sichtbar, dass ihr eine gewisse Selbstständigkeit bei der Erfüllung ihres Bildungsauftrags zukommt.[81] Nichtrechtsfähige Anstalten einer Gemeinde werden auch als öffentliche (kommunale) Einrichtungen bezeichnet.[82]

c) Stiftungen

21 Unter Stiftungen des öffentlichen Rechts[83] versteht man organisatorisch eigenständige und rechtsfähige Institutionen zur Verwaltung eines von einem Stifter übergebenen Bestandes an **Vermögenswerten** für einen bestimmten Zweck[84] (etwa Stiftung Preußischer Kulturbesitz)[85]. Stiftungen des öffentlichen Rechts haben einen staatlichen Gründer und werden im staatlichen Aufgabenbereich tätig.[86] Stiftungen haben weder Mitglieder noch Nutzer, sondern sog. **Destinatäre** (Empfänger der Erträge des Stiftungsvermögens) und werden mittels staatlichen Hoheitsakts – durch oder aufgrund eines Gesetzes – errichtet.[87] Sie unterliegen staatlicher Aufsicht.[88] Der Einfluss des Stifters wird durch den Stiftungsakt und die hiermit verbundene Zweckbestimmung begrenzt.[89] Bspw. wurde durch Gesetz vom 13. Mai 2019 eine rechtsfähige bundesunmittelbare „Stiftung Forum Recht" mit Sitz in Karlsruhe errichtet (§ 1 Abs. 1 ForumRG). Als ihr Zweck wurde in § 2 Abs. 1 S. 1 ForumRG festgelegt, in einem auf Bürgerbeteiligung angelegten Kommunikations-, Informations- und Dokumentationsforum aktuelle Fragen von Recht und Rechtsstaat in der Bundesrepublik in Ausstellungen und Aktivitäten vor Ort und im virtuellen Raum erfahrbar werden zu lassen (§ 2 Abs. 1 S. 1 ForumRG).

d) Beliehene

22 Beliehene sind natürliche oder juristische **Personen des Privatrechts**, denen durch Gesetz oder aufgrund eines Gesetzes einzelne **hoheitliche Aufgaben** zur Wahrnehmung **im eigenen Namen** übertragen worden sind (s.a. § 44 Abs. 3 S. 1 BHO).[90] Sinn der Beleihung ist es, dass sich der Staat die besondere Sachkunde der Personen zunutze macht und gleichzeitig den Verwaltungsapparat entlastet.[91] Als Beispiel für eine sol-

---

80 Kemmler JA 2015, 328, 331.
81 OVG Lüneburg DVBl. 2018, 1642, 1644.
82 Siegel, Rn. 149; vgl. auch § 33 Rn. 1.
83 Näher Wolff/Bachof/Stober/Kluth, Bd. 2, § 87.
84 Kemmler JA 2015, 328, 331.
85 G v. 25.7.1957, BGBl. I S. 841. Allg. zum Stiftungsrecht Strobel JuS 2020, 1149 ff.
86 Kemmler JA 2015, 328, 331. Daneben gibt es eine Vielzahl privatrechtlicher Stiftungen (zB Volkswagenstiftung, Deutsche Bundesstiftung Umwelt), deren Errichtung sich nach §§ 80 ff. BGB bemisst.
87 Kemmler JA 2015, 328, 331.
88 Dazu Rn. 27. Eingehend Behr/Yuen DVBl. 2021, 1397 ff.
89 Wolff/Bachof/Stober/Kluth, Bd. 2, § 87 Rn. 15.
90 Kemmler JA 2015, 328, 331; Stelkens Jura 2016, 1260, 1261; eingehend zur Beleihung Kluth in: Ehlers/Fehling/Pünder, Bd. 1, § 12 Rn. 33 ff. In Ausnahmefällen ist der Beliehene kein „reines" Privatrechtssubjekt, sondern ein privatrechtlich organisierter Verwaltungsträger, wie die Post bei der förmlichen Zustellung nach § 33 Abs. 1 PostG. Dazu und zur allg. Abgrenzung zwischen Beliehenen (als originären Privatrechtssubjekten) und Verwaltungsträgern in Privatrechtsform (als staatlich geschaffenen Privatrechtssubjekten) Maurer/Waldhoff, § 21 Rn. 11, 15 ff.; § 23 Rn. 58 f.; § 26 Rn. 13.
91 Maurer/Waldhoff, § 23 Rn. 58; zum Wandel der Beleihung Schmidt am Busch DÖV 2007, 533.

§ 6 Verwaltungsorganisation

che gesetzliche Regelung sei § 16a Abs. 1 LuftSiG genannt, wonach die zuständige Luftsicherheitsbehörde natürlichen Personen sowie teilrechtsfähigen und juristischen Personen des Privatrechts als Beliehenen die Wahrnehmung bestimmter Aufgaben bei der Durchführung bestimmter Sicherheitsmaßnahmen (Nr. 1) sowie bestimmte Zulassungs-, Zertifizierungs- und Überwachungsaufgaben (Nr. 2) übertragen kann. Aufgrund von § 6 S. 1 InfrGG iVm § 1 InfrGG-Beleihungsverordnung wurde die Autobahn GmbH des Bundes mit der Wahrnehmung der dort genannten Aufgaben (Straßenbaulast, Finanzierung und vermögensmäßige Verwaltung der Bundesautobahnen, Wahrnehmung straßenverkehrsrechtlicher Befugnisse) beliehen.

Der Gesetzgeber muss hins. des „Ob" der Beleihung entscheiden, ob es Gründe für die Indienstnahme Privater gibt, die gewichtiger als die Beeinträchtigungen der Rechtsgüter des Art. 33 Abs. 4 GG, des Rechtsstaats- und Demokratieprinzips sind. Die Frage, ob auch einzelne Modalitäten der Beleihung einer parlamentsgesetzlichen Regelung bedürfen, beurteilt sich anhand der Wesentlichkeitstheorie.[92] Da der Beliehene selbst hoheitlich und in eigener Zuständigkeit und Verantwortung handelt, wird er im Außenverhältnis als Behörde iSv § 1 Abs. 4 VwVfG tätig und kann sich daher auch nicht auf Grundrechte berufen.[93] Obwohl die Beliehenen Privatrechtssubjekte bleiben, können sie – wenn auch in begrenztem Umfang – hoheitlich handeln, etwa Verwaltungsakte (zum Begriff des Verwaltungsakts vgl. § 12) erlassen und Gebühren erheben. Sie unterliegen der Rechts- und Fachaufsicht (nachfolgend Rn. 25, 27) des beleihenden Verwaltungsträgers (innerhalb dieses Rahmens sind Beliehene selbst Verwaltungsträger, vgl. vorstehend Rn. 5). Beliehene sind zB die bevollmächtigten Bezirksschornsteinfegermeister (§ 8 Abs. 2 S. 2 Hs. 1 SchfHwG)[94] und der TÜV,[95] die im öffentlich-rechtlichen Streitfall als Rechtsträger nach § 78 Abs. 1 Nr. 1 VwGO bzw. bei entsprechender landesrechtlicher Regelung iSd § 78 Abs. 1 Nr. 2 VwGO zu verklagen sind.[96]

Im Unterschied zum Beliehenen nimmt der sog. **Verwaltungshelfer im Namen der Behörde Hilfstätigkeiten in deren Auftrag und nach Weisung** wahr,[97] so dass der Private gleichsam als bloßes „Werkzeug" oder „verlängerter Arm" der Behörde handelt.[98] In diesem Fall verbleiben Aufgabe, Zuständigkeit und Verantwortung beim Staat.[99] Das Handeln des Verwaltungshelfers wird unmittelbar der Behörde und dem entsprechenden Hoheitsträger zugerechnet, für die er tätig wird.[100] Verwaltungshelfer (zB Schülerlotsen,[101] ein vom Lehrer mit der Beaufsichtigung von Schülern beauftragter

---

92 BVerwGE 137, 377, 382; s.a. Stelkens Jura 2016, 1260, 1261.
93 Ehlers in: Kahl/Ludwigs, III, § 69 Rn. 17; Stelkens Jura 2016, 1260, 1261. Zur Möglichkeit zur Zurückdrängung der Grundrechte BVerwG Beschl. v. 14.1.2022 – 2 B 66/20, Rn. 47 juris. Zur Behördeneigenschaft BVerwGE 153, 367, 372.
94 BGHZ 62, 372; s.a. BVerwGE 153, 367, 380 f. Dazu, dass sich unmittelbar aus Hs. 2 eine Eintragungspflicht in die Handwerksrolle ergibt, BVerwGE 163, 351, 353 f. Rn. 12 ff.
95 Vgl. BGHZ 49, 108, 113; 122, 85, 87 ff.; VGH München NJW 1975, 1796 – dazu Besprechungen von Steiner NJW 1975, 1797 und Götz DÖV 1975, 211.
96 Stelkens Jura 2016, 1260, 1261.
97 Näher zur „Verwaltungshilfe" Wolff/Bachof/Stober/Kluth, Bd. 2, § 91; s.a. VGH München Urt. v. 1.6.2017 – 20 B 16/2241, Rn. 27 juris.
98 Dazu BGH NVwZ-RR 2019, 830, 831.
99 Kemmler JA 2015, 328, 332; s.a. VGH München Urt. v. 1.6.2017 – 20 B 16/2241, Rn. 27 juris.
100 VGH München Urt. v. 1.6.2017 – 20 B 16/2241, Rn. 27 juris.
101 OLG Köln NJW 1968, 655.

Ordnungsschüler[102] und – aktueller – Dritte nach § 4b BauGB[103]) sind daher weder Verwaltungsträger noch Behörden, auch nicht partiell.[104]
Beliehene und Verwaltungshelfer gilt es wiederum von **privaten Unternehmern** abzugrenzen, mit denen der Staat zivilrechtliche Verträge (zB für den Bau von Straßen oder das Abschleppen verkehrswidrig geparkter Fahrzeuge)[105] abschließt und die in Erfüllung dieser Verträge für ihn tätig werden – sog. funktionelle/funktionale Privatisierung.[106] Von den klassischen Verwaltungshelfern unterscheiden sie sich dadurch, dass sie nicht nur Hilfstätigkeiten ausführen, sondern im Rahmen ihres Auftrages selbstständig tätig werden. Teilw. werden sie daher auch als „selbstständige Verwaltungshelfer" bezeichnet.[107] Im Gegensatz zu Beliehenen sind sie nicht mit hoheitlichen Befugnissen ausgestattet. Da sie in fremdem Namen tätig werden, wird ihr Handeln unmittelbar der beauftragenden Behörde zugerechnet.[108]

▶ **Zu Fall 7:** Die SfH hat die Aufgabe, Studienplätze in bestimmten Fächern nach Maßgabe eines Verteilungs- oder Auswahlverfahrens zu vergeben. Sie wurde von den Ländern im Zusammenwirken mit der Hochschulrektorenkonferenz als eine gemeinsame Einrichtung für Hochschulzulassung nach dem Recht des Landes Nordrhein-Westfalen durch Gesetz als Stiftung des öffentlichen Rechts errichtet (Art. 1 Staatsvertrag über die gemeinsame Einrichtung für Hochschulzulassung). Sie ist eine juristische Person des öffentlichen Rechts und zählt zur mittelbaren Staatsverwaltung.
Mit Blick auf die Verweigerung der TÜV-Plakette gelten Besonderheiten. Der Technische Überwachungsverein (TÜV) stellt zwar als eingetragener Verein eine juristische Person des Privatrechts dar. Ihm ist allerdings die Durchführung der Kraftfahrzeug-Hauptuntersuchung nach § 29 StVZO übertragen.[109] Danach darf und muss er, wenn keine Bedenken an dem vorschriftsmäßigen Zustand eines Fahrzeuges bestehen, dem geprüften Fahrzeug die Prüfplakette zuteilen. Diese öffentlich-rechtliche Aufgabe nimmt er als Beliehener im eigenen Namen wahr und tritt als Behörde iSd § 1 Abs. 4 VwVfG auf. ◀

IV. Staatsaufsicht

24 Juristische Personen des öffentlichen Rechts unterliegen bei ihrer Tätigkeit der Gesetzesbindung (Vorrang des Gesetzes, dazu auch § 8 Rn. 2). Dass dem auch tatsächlich Rechnung getragen wird, ist Gegenstand staatlicher Aufsicht. Mittels aufsichtsrechtlicher Instrumentarien wird darüber hinaus überwacht, ob die aus dem hierarchischen Verwaltungsaufbau folgenden Aufsichts- und Weisungsrechte übergeordneter ggü. nachgeordneten Behörden und Stellen befolgt werden.[110] Dahinter stehen innerstaatlich-verfassungsrechtliche Anforderungen einer hinreichenden demokratischen Legitimation.[111] Allerdings finden sich insoweit **Durchbrechungen** durch (meist) sekun-

---

102 LG Rottweil NJW 1970, 474.
103 Dazu etwa Erbguth/Schubert, Öffentliches Baurecht, § 5 Rn. 231 ff.
104 Ipsen, Rn. 1261.
105 „Kooperationsverträge", Maurer/Waldhoff, § 23 Rn. 61. Zu deren Einordnung als Beamter im haftungsrechtlichen Sinne BGH NVwZ-RR 2019, 830, 832.
106 Abweichend iSe Zuordnung zu den Verwaltungshelfern Maurer/Waldhoff, § 23 Rn. 61; vgl. aber nachfolgend im Text.
107 Stelkens Jura 2016, 1260, 1262.
108 Stelkens Jura 2016, 1260, 1262. Zur Amtshaftung bei Einschaltung von privaten Unternehmern zur öffentlichen Aufgabenerfüllung § 37 Rn. 5.
109 BGHZ 49, 108, 111.
110 Vgl. Koch/Rubel/Heselhaus, § 2 Rn. 16.
111 Dazu etwa Sachs in: ders., GG, Art. 20 Rn. 35 ff.; s.a. BVerfGE 146, 1, 39 f. Rn. 87; 151, 202, 291 Rn. 129.

däres Unionsrecht, wenn – wie bei den Datenschutzaufsichtsbehörden, s. Art. 51, 52 DSGVO, § 10 BDSG – deren Unabhängigkeit vorgegeben wird. In der Sache ist die Aufsicht nicht auf Beobachtung beschränkt, sondern bedeutet auch Beeinflussung des Handelns des Beaufsichtigten durch Verwaltungsvorschriften (zu Verwaltungsvorschriften § 27) und Weisungen (zum Rechtscharakter von Weisungen § 12 Rn. 25 ff.), um es mit den vorgegebenen Maßstäben in Übereinstimmung zu bringen bzw. zu halten.[112]

1. Arten der Aufsicht

Rechtsaufsicht beschränkt sich auf die **Kontrolle der Rechtmäßigkeit** des Handelns. Die **Fachaufsicht** ist grds. unbeschränkt und berechtigt neben der **Rechtmäßigkeitskontrolle zur Überwachung der Zweckmäßigkeit** des Verwaltungshandelns. Der Verwaltung stehen Zweckmäßigkeitserwägungen offen, wenn ihr in Gesetzen ein Beurteilungs- oder Ermessensspielraum zugewiesen ist (zu Beurteilungsspielräumen § 14 Rn. 27 ff.; zum Ermessen der Verwaltung § 14 Rn. 36 ff.). Mit der Einflussnahme auf die Zweckmäßigkeit hat die Aufsichtsbehörde mithin die Möglichkeit, Art und Weise der Handhabung solcher Entscheidungs- und Handlungsspielräume zu bestimmen.[113]

25

Die **Dienstaufsicht** als organisatorische Aufsicht ist v.a. ein personalwirtschaftliches Instrument und bezieht sich auf die internen Angelegenheiten der Behörde, insb. auf Entscheidungsbefugnisse in Personalangelegenheiten und bei der Ausstattung mit Sachmitteln.[114]

2. Aufsicht bei unmittelbarer Staatsverwaltung

Im Rahmen unmittelbarer Staatsverwaltung verfügen die obersten Behörden neben der Rechtsaufsicht über Fach- und Dienstaufsichtsbefugnisse ggü. den nachgeordneten Behörden, die ihrerseits ggü. ihnen unterstellten Behörden zur Aufsicht berechtigt und verpflichtet sind.[115] An der Spitze der Hierarchie steht der jeweilige Fachminister der parlamentarisch verantwortlichen Regierung. Mit den umfangreichen Aufsichtsbefugnissen wird sichergestellt, dass sich jede abgeleitete hoheitliche Tätigkeit letztlich auf das Parlament zurückführen lässt (demokratische Legitimationskette).[116]

26

3. Aufsicht bei mittelbarer Staatsverwaltung

Träger mittelbarer Staatsgewalt (Stiftungen, Anstalten, Körperschaften) unterliegen grds. der Rechtsaufsicht durch Organe der unmittelbaren Staatsverwaltung.[117] Nach der bundesstaatlichen Ordnung des Grundgesetzes unterstehen die **Gemeinden** ausschließlich der Staatsaufsicht des jew. Bundeslandes. In Angelegenheiten ihres *eigenen Wirkungskreises* (etwa bei der Aufstellung von Bebauungsplänen) unterliegen sie als von Verfassungs wegen vorgesehenem Korrelat zur kommunalen Selbstverwal-

27

---

112 Zu Grundfragen der Aufsicht im Bereich öffentlicher Verwaltung Schröder JuS 1986, 371.
113 Vgl. zur Prüfung einer Klage gegen Aufsichtsmaßnahmen Rennert JuS 2008, 119, 120 f.; näher zur Fachaufsicht Etscheid VerwArch 110 (2019), 181 ff.; DÖV 2021, 297 ff.
114 Brühl, Staatsaufsicht, S. 21; Bull/Mehde, Rn. 392.
115 Battis, S. 79.
116 Bereits Rn. 24; BVerfGE 146, 1, 39 f. Rn. 87; Groß Jura 2016, 1026, 1032 f.; zur Vertiefung Trute in: Hoffmann-Riem/Schmidt-Aßmann/Voßkuhle, Bd. 1, S. 341.
117 Bull/Mehde, Rn. 105; s.a. zur Rechtsaufsicht des Bundesgesundheitsministeriums ggü. dem Gemeinsamen Bundesausschuss BSG NZS 2019, 57, 64.

tung der auf die Kontrolle der Gesetzmäßigkeit des Gemeindehandelns beschränkten **Rechtsaufsicht**,[118] nicht jedoch der Fachaufsicht. Denn eine Zweckmäßigkeitskontrolle mit Weisungsrechten der Kommunalaufsichtsbehörden ließe sich mit der Selbstverwaltungsgarantie in Art. 28 Abs. 2 GG nicht vereinbaren.[119] Häufig wird daher in den Landesverfassungen und Gemeindeordnungen explizit geregelt, dass sich in den Selbstverwaltungsangelegenheiten die Aufsicht auf die Sicherstellung der Rechtmäßigkeit beschränkt (s. Art. 122 S. 2 SaarlVerf).[120] Gemeinden unterliegen jedoch **fachaufsichtlichen Weisungen** bei der Wahrnehmung von Aufgaben im *übertragenen* Wirkungskreis (vom Land durch Gesetz zugewiesene Aufgaben, etwa im Bereich der Gefahrenabwehr).[121]

4. Aufsicht des Bundes gegenüber den Ländern

28 Aufsichtsbefugnisse zwischen Bund und Ländern sind im Grundgesetz (Art. 84 ff. GG) rechtlich angeordnet. Die Länder unterstehen der **Rechtsaufsicht des Bundes**, soweit sie **Bundesgesetze als eigene Angelegenheiten** (Art. 84 Abs. 3 S. 1 GG) ausführen.[122] Führen sie dagegen **Gesetze im Auftrag des Bundes** aus, erstreckt sich die Aufsicht des Bundes gem. Art. 85 Abs. 4 S. 1 GG auf „Gesetzmäßigkeit und Zweckmäßigkeit", es besteht mithin eine **Fachaufsicht**.[123]

V. Wiederholungs- und Verständnisfragen

> Was versteht man unter einer Behörde? (→ Rn. 5)
> Welche Arten von Staatsverwaltung gibt es und wer übt diese jeweils aus? (→ Rn. 9 ff.)
> Welche Aufsichtsarten sind zu unterscheiden? (→ Rn. 25)
> Wie ist der Beliehene in das System der Staatsverwaltung einzuordnen und von Verwaltungshelfern und privaten Unternehmern, die zur Erfüllung hoheitlicher Aufgaben herangezogen werden, abzugrenzen? (→ Rn. 22 f.)

---

118 BVerwG NVwZ 2019, 1528, 1529 Rn. 17 f., wonach nicht im Wege der Einmischungsaufsicht in kommunale Entscheidungsspielräume eingedrungen werden darf. S.a. Axer in: Kahl/Ludwigs, III, § 62 Rn. 48; Brüning in: Kahl/Ludwigs, III, § 64 Rn. 54.
119 BVerwGE 138, 89, 97. Zur Staatsaufsicht über Kommunen Knemeyer JuS 2000, 521. Mittel der Rechtsaufsicht des Staates ggü. den Kommunen sind Anordnung (§ 82 Abs. 1 KV M-V; § 132 SaarlKSVG), Beanstandung (§ 81 Abs. 1 KV M-V; § 130 SaarlKSVG), Aufhebung (§ 81 Abs. 2, 3 KV M-V; § 131 SaarlKSVG) oder Ersatzvornahme (§ 82 Abs. 2 KV M-V; § 133 SaarlKSVG); in den übrigen Bundesländern gilt Entsprechendes.
120 S.a. BVerwGE 138, 89, 97 f.
121 Brüning in: Kahl/Ludwigs, III, § 64 Rn. 55. Zu den Mitteln der Fachaufsicht s. zB § 87 Abs. 2 KV M-V. Vgl. Rn. 18.
122 S. Suerbaum in: Kahl/Ludwigs, III, § 81 Rn. 38.
123 Zu den weitergehenden Einwirkungsmöglichkeiten des Bundes bei Art. 85 GG BVerwG DVBl. 2014, 303 f. S.a. Burgi/Zimmermann Jura 2019, 951, 954 ff.; Suerbaum in: Kahl/Ludwigs, III, § 81 Rn. 49 f., 55.

§ 7 Rechtsquellen der Verwaltung

Als Rechtsquellen[1] der Verwaltung werden die rechtlichen Grundlagen bezeichnet, die das Verwaltungshandeln bestimmen; sie bilden das für die Verwaltung maßgebliche Recht.[2] Diese lassen sich nach verschiedenen Gesichtspunkten untergliedern. So wird zwischen Innen- und Außenrecht differenziert (vgl. § 5 Rn. 3). Dabei ist umstritten, ob unter dem Begriff der Rechtsquelle bzw. Rechtsnorm nur das ggü. dem Bürger wirkende Außenrecht zu verstehen oder ob dazu auch das Innenrecht, also bloß verwaltungsintern wirkendes Recht, zu zählen ist.[3] Bedeutsamer als diese eher begriffliche Zuordnung ist jedoch die Frage, ob der jew. Rechtssatz im konkreten Einzelfall Anwendung findet und verbindlich ist. Weiterhin kann zwischen geschriebenem Recht, also schriftlich fixierten Regelungen (Verfassung, Gesetze), und ungeschriebenem Recht, das durch tatsächliche Übung und Überzeugung entsteht (wie das Gewohnheitsrecht), unterschieden werden.

I. Verfassungsrecht

Verfassungsrecht bildet das im Grundgesetz und in der jew. Landesverfassung enthaltene Recht sowie die daraus abgeleiteten Prinzipien. Aus dem Verfassungsrecht ergeben sich die grundlegenden Weichenstellungen für das Staatshandeln. Diese sind nur erschwert bzw. gar nicht abänderbar (s. Art. 79 Abs. 2, 3 GG).[4] Obwohl das Grundgesetz kaum Befugnisnormen für die Verwaltung enthält, ist es zentraler Maßstab für das Verwaltungshandeln (zB Grundsatz der Gesetzmäßigkeit der Verwaltung, Art. 20 Abs. 3 GG).[5]

II. Formelle Gesetze

Gesetze sind regelmäßig **generell-abstrakte** Vorschriften, die Rechte und Pflichten begründen, ändern oder aufheben. **Generell** sind solche Regelungen, die sich an eine unbestimmte Vielzahl von Personen (= also nicht bloß an einen bestimmten Adressaten) richten; **abstrakt** ist eine Regelung, wenn sie nicht auf den Einzelfall zugeschnitten ist, sondern eine unbestimmte Anzahl von Sachverhalten regelt.[6]

Als **formelle** Gesetze werden die Rechtsnormen bezeichnet, die von der Legislative in dem verfassungsrechtlich vorgeschriebenen Gesetzgebungsverfahren (Art. 76 ff. GG, Landesverfassungen) erlassen werden. Formelle Gesetze sind die vom Bundestag bzw. von den Landtagen erlassenen einfachgesetzlichen Rechtsvorschriften, gehen also auf Organe mit einer besonders hohen demokratischen Legitimation einschl. eines transparenten Gesetzgebungsverfahrens zurück.[7] Da heute alle wesentlichen Entscheidungen im Staat-Bürger-Verhältnis vom demokratisch legitimierten Parlament zu treffen sind

---

1 Eingehend zu alldem Ruffert in: Voßkuhle/Eifert/Möllers, Bd. 1, § 7 sowie Schenke in: Kahl/Ludwigs, I, § 7.
2 Siegel, Rn. 64; oben vor § 1.
3 So ist insb. die Einordnung der Verwaltungsvorschriften wegen ihres verwaltungsinternen Regelungsgehalts als Rechtsquelle strittig, vgl. hierzu Rn. 8. Eine solche Unterscheidung aus rechtstheoretischen Gründen ablehnend, aber aus rechtspraktischen Gründen bejahend, Schenke in: Kahl/Ludwigs, I, § 8 Rn. 7.
4 Dazu Sydow/Wittreck, Kap. 3 Rn. 1.
5 Reimer in: Kahl/Ludwigs, I, § 10 Rn. 52 ff. S.a. § 2 und zum Grundsatz der Gesetzmäßigkeit der Verwaltung § 8.
6 Gröpl, Staatsrecht I, Rn. 435.
7 Schenke in: Kahl/Ludwigs, I, § 7 Rn. 45; Sydow/Wittreck, Kap. 15 Rn. 240.

(Wesentlichkeitstheorie), stellen sie eine bedeutende Rechtsquelle für das Verwaltungshandeln dar.[8]

Im Verwaltungsrecht geht es vornehmlich um Gesetze des öffentlichen Rechts. Zuweilen verweisen diese aber auf Normen des Zivilrechts (zB § 62 S. 2 VwVfG), die infolge der Inbezugnahme öffentlich-rechtlichen Charakter erhalten. Auch können zivilrechtliche Vorschriften (des Bundes[9]) **analog**[10] angewendet werden.[11] Weil verwaltungsrechtliche Normen die spezifischen Besonderheiten dieses Rechtsgebiets berücksichtigen (Ausrichtung am Gemeinwohl, grds. zwingender Charakter), sollte jedoch zuvor geprüft werden, ob das Verwaltungsrecht nicht passendere Vorschriften zur Lückenschließung bereithält.[12]

Oftmals haben formelle Gesetze zugleich materiell regelnden Charakter, weil sie generell-abstrakte Regelungen mit Außenwirkung, also insb. mit Verbindlichkeitsanspruch ggü. dem Bürger, enthalten. Als Beispiel dafür sei das Baugesetzbuch (BauGB) über die städtebaulichen Anforderungen an ordnungsgemäßes Bauen genannt. Ist das – ausnahmsweise – nicht der Fall, handelt es sich um **nur formelle** Gesetze. Diese sind zwar parlamentarisch zustande gekommen, haben also Rechtssatzcharakter, ihnen fehlt indes besagter normativer Inhalt,[13] weil sie keine bürger- oder außengerichteten Regelungen enthalten (Zustimmungsgesetze nach Art. 59 Abs. 2 S. 1 GG, Feststellung des Haushaltsplans, Art. 110 Abs. 2 S. 1 GG).[14]

III. Materielle Gesetze

5   Gesetze im materiellen Sinne sind alle generell-abstrakten Regelungen mit Außenwirkung, also Verbindlichkeitsanspruch ggü. den Normadressaten, die ein Träger hoheitlicher Gewalt erlassen hat.[15] Um **Gesetze im nur materiellen Sinne** handelt es sich bei nicht vom Parlament beschlossenen, sondern von der Exekutive erlassenen untergesetzlichen Rechtsnormen: Rechtsverordnungen und Satzungen.[16]

1. Rechtsverordnungen

6   Rechtsverordnungen als Normen der Exekutive entfalten die gleiche Bindungswirkung wie formelle Gesetze.[17] Im Unterschied zu letzteren werden Rechtsverordnungen von der Exekutive erlassen. Nach Art. 80 Abs. 1 S. 2 GG bzw. den korrespondierenden Landesverfassungsnormen[18] bedürfen sie einer gesetzlichen Ermächtigung (durch das Parlament), in der Inhalt, Zweck und Ausmaß der untergesetzlichen Normsetzung bestimmt sind.

Rechtsverordnungen entlasten den parlamentarischen Gesetzgeber von Detailregelungen.[19] Ihr Einsatzbereich ist vielfältig. Rechtsverordnungen, die von der Regierung oder einem bzw. mehreren Ministerien

---

8   Sodan/Ziekow, § 63 Rn. 1.
9   Vgl. Art. 74 Abs. 1 Nr. 1 GG.
10 Zur Analogie etwa Wank, Auslegung, S. 85 ff.
11 Zum Vorstehenden Maurer/Waldhoff, § 3 Rn. 42 ff.
12 Eingehend zu dieser Thematik Guckelberger, Die Verjährung im Öffentlichen Recht, 2004, S. 290 ff. und auf S. 299 ff. zur Frage, ob und inwieweit eine analoge Anwendung im Öffentlichen Recht verfassungsrechtlich zulässig ist, sowie Kemmler, Geldschulden, S. 193 ff. Zum Abstellen auf die „sachnächste" Regelung BVerwGE 158, 199, 203 Rn. 18.
13 Keine Normen, Maurer/Waldhoff, § 4 Rn. 17.
14 Gröpl, Staatsrecht I, Rn. 438.
15 VGH Mannheim DVBl. 2020, 1154, 1160.
16 Maurer/Waldhoff, § 4 Rn. 4, 17.
17 Näher zu Rechtsverordnungen § 25.
18 ZB Art. 57 Verf M-V; Art. 104 SaarlVerf; eingehend Saurer, Die Funktionen der Rechtsverordnung, 2005.
19 BVerfGE 153, 310, 354 Rn. 103.

erlassen werden, dienen idR der allgemeinverbindlichen Gesetzeskonkretisierung und -weiterführung.[20] Als Beispiel dafür seien die aufgrund von § 9a BauGB erlassene Baunutzungsverordnung (BauNVO) oder die auf § 32 IfSG gestützten Corona-Verordnungen genannt.

2. Satzungen

Satzungen sind Rechtsnormen, die von einer juristischen Person des öffentlichen Rechts, zB Gemeinden (insb. Erlass von Bebauungsplänen gem. § 10 Abs. 1 BauGB), Ärztekammern, öffentlich-rechtlichen Rundfunkanstalten oder Universitäten zur Regelung ihrer Angelegenheiten erlassen werden.[21] Sie unterscheiden sich von Rechtsverordnungen dadurch, dass sie nicht von (unmittelbar vgl. § 6 Rn. 11 ff.) staatlichen Verwaltungsorganen, sondern von rechtlich selbstständigen, wenn auch dem Staat zugehörigen Organisationen stammen und somit autonomes Recht darstellen.[22]

IV. Verwaltungsvorschriften

Verwaltungsvorschriften enthalten, wie Gesetze, generell-abstrakte Regelungen – jedoch mit dem Unterschied, dass Verwaltungsvorschriften grds. (vgl. aber § 27 Rn. 8) keine unmittelbare Bindungswirkung nach außen ggü. den Bürgern entfalten.[23] Entsprechend ihrer Bezeichnung richten sie sich an die Verwaltung und sind dem **Innenrecht** zugeordnet. Dabei handelt es sich um Bestimmungen, die von vorgesetzten an nachgeordnete Stellen bzw. an unterstellte Bedienstete oder Beamte gerichtet sind. Verwaltungsvorschriften bezwecken vornehmlich die Vereinheitlichung des Vollzugs von Rechtsvorschriften. Wegen ihrer fehlenden Außenwirkung ist streitig, ob sie Rechtsquellen bzw. -normen darstellen.[24] Einigkeit besteht aber überwiegend darüber, dass sie aufgrund der Weisungsgebundenheit der Beamten und Bediensteten für diese verbindlich sind und beachtet werden müssen, insoweit also Rechtsqualität besitzen.[25]

V. Gewohnheitsrecht

Unter Gewohnheitsrecht[26] versteht man **ungeschriebene** Rechtsnormen, die (1.) auf einer längeren und gleichmäßigen Übung beruhen und (2.) von deren Geltungsgrund die Rechtsgemeinschaft überzeugt ist.[27] Aufgrund der weitgehenden Kodifikation des

---

20 Gröpl, Staatsrecht I, Rn. 1183.
21 BVerfGE 33, 125, 156; Gröpl, Staatsrecht I, Rn. 1225. Näher zu Satzungen § 26.
22 Hierzu bereits § 6 Rn. 14 ff.; dazu werden überwiegend auch die Geschäftsordnungen staatlicher Beschlussorgane gezählt, etwa die Geschäftsordnung des Bundestags, vgl. BVerfGE 1, 144, 148; anders Maurer/Waldhoff, § 4 Rn. 24, § 24 Rn. 15: Regelungstyp eigener Art; ebenso zur GeschO BReg. BVerwGE 164, 112, 119 f.
23 Insgesamt näher zu Verwaltungsvorschriften § 27; Sauerland, Die Verwaltungsvorschrift im System der Rechtsquellen, 2005.
24 Vgl. zum das Innenrecht ausdrücklich als Rechtsquelle ansehend Sproll, Allgemeines Verwaltungsrecht I, 1997, § 4 Rn. 3.
25 Maurer/Waldhoff, § 24 Rn. 3; s. in diesem Zusammenhang auch die Ausführungen ders. zu den überholten sog. „Sonderverordnungen" in ebenfalls überholten, weil rechtlich unzulässigen „besonderen Gewaltverhältnissen" (zu Letzteren in diesem Buch § 10 Rn. 5) § 4 Rn. 43, welche sich explizit in § 8 Rn. 33 für eine Aufgabe des Begriffs aussprechen.
26 Dazu näher Krebs/Becker JuS 2013, 97. Krit. zum Verwaltungsgewohnheitsrecht Schmidt NVwZ 2004, 930.
27 BVerfGE 122, 248, 269; Schenke in: Kahl/Ludwigs, I, § 7 Rn. 58. Wenn ferner als Geltungsvoraussetzung gefordert wird, Gewohnheitsrecht müsse als Rechtssatz formulierbar und als solcher hinreichend bestimmbar sein (Maurer/Waldhoff, § 4 Rn. 30), so bringt Ersteres Naheliegendes zum Ausdruck („Übung", s.o. im Text) und trifft Letzteres zu, freilich nicht als begriffliche Voraussetzung für die Annahme von Gewohnheitsrecht, sondern (wie bei geschriebenen Rechtssätzen auch) als wesentliche Anforderung der Rechtmäßigkeit, deren Nichteinhaltung Gewohnheitsrecht unwirksam machen kann.

Rechts ist die Bedeutung des Gewohnheitsrechts im Verwaltungsrecht deutlich **rückläufig**; v.a. im Staatshaftungsrecht wird darauf noch zurückgegriffen. Gewohnheitsrechtlich anerkannt ist bspw. der Aufopferungsanspruch.[28]

VI. Richterrecht

10 Die Gerichtsbarkeit ist zur Rechtsanwendung iSd Kontrolle berufen, nicht zur Rechts-
setzung. Jedoch beschränkt sich die Tätigkeit der Richter nicht auf die Anwendung
von Normen als reiner „Subsumtionsautomat". Indem sie gesetzliche Normen interpretieren, erzeugen sie neues, noch nicht bestehendes Recht auf der Grundlage und
nach Maßgabe des anzuwendenden Rechts.[29] Auf diese Weise kann sich eine „ständige
Rechtsprechung" entwickeln (etwa zur polizeilichen Generalklausel).[30] Was Geltungsgrund und -reichweite derartiger judikativer Entscheidungspraxis anbelangt, fehlt es
zwar an einer normativen Bindungswirkung (Ausnahme: § 31 Abs. 2 BVerfGG, § 47
Abs. 5 S. 2 VwGO); gleichwohl hat die Verwaltung höchstrichterliche Rspr. bei ihren
Entscheidungen tunlichst zu berücksichtigen, damit diese vor Gericht bestehen (können):[31] Richterrecht wirkt mithin als faktische Rechtsquelle.

Allerdings darf Richterrecht aufgrund der Gesetzesbindung (Art. 20 Abs. 3 GG) nur gesetzeskonkreti-
sierend bzw. -ergänzend Einsatz finden.[32] Gesetzeslücken darf ein Gericht nur bei einer planwidrigen
Regelungslücke rechtsfortbildend schließen, sofern Verfassungsrecht nicht entgegensteht.[33] Soweit die
richterliche Rechtsfortbildung dazu dient, der Verfassung, insb. den verfassungsmäßigen Rechten des
Einzelnen, zum Durchbruch zu verhelfen, sind die Grenzen für die Rechtsfortbildung weiter ggü. solchen, die auf eine Verschlechterung der Rechtssituation des Einzelnen hinauslaufen.[34] Da höchstrichterliche Rspr. kein Gesetzesrecht ist und keine diesem vergleichbare Rechtsbindung erzeugt, unterliegt diese
auch nicht den Maßstäben der Rückwirkung von Gesetzen. Eine Änderung ständiger höchstrichterlicher
Rspr. steht grds. mit dem Vertrauensschutz in Einklang, wenn sie hinreichend begründet ist und sich
im Rahmen einer vorhersehbaren Entwicklung bewegt. Ein schutzwürdiges Vertrauen wird nur bei
Hinzutreten weiterer Umstände angenommen, etwa bei einer langjährig gefestigten Rspr.[35]

VII. Allgemeine Rechtsgrundsätze

11 Allgemeine Grundsätze **ieS** und damit des Verwaltungsrechts sind von Rspr. und
Rechtslehre v.a. zu Zeiten entwickelt worden, als das Verwaltungsrecht noch wenig
und unvollständig gesetzlich geregelt war.[36] Zu ihnen gehör(t)en zB die Grundsätze
über Bestandskraft, Aufhebbarkeit und Nichtigkeit von Verwaltungsakten, die Verwirkung im öffentlichen Recht, die Selbstbindung der Verwaltung, die Ermessensgrund-
sätze, das Verhältnismäßigkeitsprinzip, ferner die Grundsätze über das Verwaltungsverfahren, über den öffentlich-rechtlichen Entschädigungs-, Erstattungs- und Folgen-

---

28 Näheres zum Aufopferungsanspruch im Teil über die Haftung für Verwaltungshandeln, §§ 37 ff., § 40 Rn. 2.
29 BVerfG NVwZ 2016, 1630, 1631; s.a. Schenke in: Kahl/Ludwigs, I, § 7 Rn. 61.
30 Zu den verfassungsrechtlichen Grenzen des Richterrechts Hufen ZRP 2003, 248; krit. Rüthers NJW 2005, 2759.
31 Umstritten ist auch, ob das Richterrecht als Rechtsquelle anzusehen ist, hierzu Wolff/Bachof/Stober/Kluth, Bd. 1, § 25 Rn. 26 ff. Das BVerfG hat die Rechtsfortbildung durch Gerichte anerkannt, ihr aber durch die Bindung an Recht und Gesetz (Art. 20 Abs. 3 GG) Grenzen gesetzt, vgl. BVerfGE 34, 269, 286 ff.; nachfolgend im Text. Dafür, dass Richterrecht inter partes wirkt und ihm nur eine präsumtive Verbindlichkeit zukommt, Schenke in: Kahl/Ludwigs, I, § 7 Rn. 61.
32 Vgl. Maurer/Waldhoff, § 4 Rn. 42.
33 S. dazu BVerwG Urt. v. 29.3.2018 – 5 C 14/16, Rn. 24 juris.
34 BVerwG WM 2017, 154, 155.
35 BVerfG NJW 2015, 1867, 1868.
36 Das VwVfG trat erst 1976 in Kraft. S.a. Schenke in: Kahl/Ludwigs, I, § 7 Rn. 59.

beseitigungsanspruch sowie der Grundsatz des Vertrauensschutzes.[37] Viele dieser Anforderungen sind mittlerweile in Rechtsvorschriften aufgenommen worden;[38] ihnen kommt daher allenfalls ergänzende oder lückenfüllende Bedeutung zu (etwa mit Blick auf § 48 VwVfG[39]).

Ihre rechtliche Geltung nimmt dann an derjenigen des geschriebenen Rechts teil; ansonsten rührt sie aus dem Verfassungsrecht, in dessen verwaltungsbezogener Konkretisierung die Grundsätze entwickelt worden sind.[40] Teilw. wird auch auf (fundamentale) Rechtsgrundsätze rekurriert, die Ausdruck der Gerechtigkeit seien und von daher allg. Akzeptanz genießen sollen.[41]

Ferner gibt es Rechtsgrundsätze, die aus dem Zivilrecht stammen, aber als gleichsam allgemeinste Grundregeln regimeübergreifend von vornherein auch den öffentlich-rechtlichen Bereich und damit das Verwaltungsrecht erfassen.[42] Bestes Beispiel bildet der Grundsatz von Treu und Glauben (vgl. § 242 BGB). Insoweit kann daher von allgemeinen Rechtsgrundsätzen iwS gesprochen werden.

Insgesamt verlangen Herleitung und Einsatz von Rechtsgrundsätzen, soweit es ihrer weiterhin bedarf, nach stärkerer rechtsmethodischer Absicherung.[43] Insb. dürfen sie zur Rechtsfortbildung nur entwickelt und herangezogen werden, wenn weder eine Auslegung noch eine Analogie des geschriebenen Rechts eine Problemlösung ermöglicht und die vorhandene Rechtsmaterie hinreichend breit angelegt ist, um einen allgemeinen Rechtsgrundsatz gesichert entwickeln zu können.[44] Auf unionsrechtlicher Ebene (s. Art. 6 Abs. 3 EUV; Art. 340 Abs. 2, 3 AEUV, vgl. dazu § 3) richtet sich Letzteres auf Rechtsvergleichung und bedingt, dass die Rechtsordnungen der Mitgliedstaaten die Annahme des fraglichen Grundsatzes überwiegend belegen.[45]

VIII. Unionsrecht und Völkerrecht

1. Unionsrecht

Auch das Unionsrecht bildet eine Rechtsquelle für das Verwaltungshandeln (bereits § 3 Rn. 2 f.). Das **primäre Unionsrecht** begründet grds. für Mitgliedstaaten und Bürger unmittelbar geltende Rechte und Pflichten.[46]

12

Hins. des **sekundären Unionsrechts** (Art. 288 AEUV) ist zu differenzieren: Verordnungen gelten unmittelbar in den Mitgliedstaaten, dh auch ggü. den Bürgern (Art. 288 Abs. 2 AEUV). Entsprechendes gilt für Beschlüsse, die im Falle bestimmter Adressaten nur für diese verbindlich sind (Art. 288 Abs. 4 AEUV). Abweichend verhält es sich, wie

13

---

37 Vgl. die Aufzählung bei Siegel, Rn. 78.
38 Insb. in das Verwaltungsverfahrensgesetz, etwa in §§ 48, 49 VwVfG; allg. Maurer/Waldhoff, § 5 Rn. 9; auch § 16.
39 Zur Rücknahme rechtswidriger Verwaltungsakte § 16 Rn. 9 ff.
40 Vgl. Maurer/Waldhoff, § 4 Rn. 36 ff. mit weiteren Begründungsansätzen; Schenke in: Kahl/Ludwigs, I, § 7 Rn. 60.
41 Wolff/Bachof/Stober/Kluth, Bd. 1, § 25 Rn. 2 ff. Zu den allg. Rechtsgrundsätzen auch Kemmler, Geldschulden, S. 201 ff.
42 Vgl. Maurer/Waldhoff, § 3 Rn. 42 ff.; Wollenschläger in: Kahl/Ludwigs, I, § 15 Rn. 37.
43 Vgl. eingehend Beaucamp DÖV 2013, 41; Kemmler, Geldschulden, S. 515 ff.
44 Gegen einen allg. Rechtsgrundsatz einer 30-jährigen Verjährung im Öffentlichen Recht und für die Heranziehung der sachnächsten Verjährungsnormen BVerwGE 163, 58, 70 Rn. 35. Krit. ggü. der Annahme eines Vorrangs der Analogie Kemmler, Geldschulden, S. 208 ff.
45 Näher Beaucamp DÖV 2013, 41, 43 ff., zusammenfassend aaO, 50.
46 Zur bürgergerichteten Wirkung bereits § 3 Rn. 3; ferner § 9 Rn. 9. S.a. Voßkuhle in: Kahl/Ludwigs, III, § 59 Rn. 10 ff.

bereits aufgezeigt wurde, dem Grundsatz nach bei Richtlinien (Art. 288 Abs. 3 AEUV); sie erlangen erst im Wege der Umsetzung Geltung, also durch die auf ihrer Grundlage erlassenen nationalen Gesetze (vgl. näher § 3 Rn. 4 und § 9 Rn. 9).

2. Völkerrecht

14 **Allgemeine Regeln des Völkerrechts** (Völkergewohnheitsrecht, allgemeine Rechtsgrundsätze des Völkerrechts) sind Bestandteil des Bundesrechts, Art. 25 S. 1 GG. Sie gelten unmittelbar ohne einen einfachgesetzlichen Umsetzungsakt und binden somit die innerstaatlichen Behörden.[47] Sonstiges Völkerrecht (zB die Aarhus-Konvention mit ihren drei Säulen Zugang zu Umweltinformationen, Öffentlichkeitsbeteiligung bei umweltrelevanten Vorhaben sowie Gerichtszugang in Umweltangelegenheiten[48]) hat keine direkte Wirkung im innerstaatlichen Recht. Es muss vielmehr mittels eines Zustimmungsgesetzes in nationales Recht umgewandelt werden, Art. 59 Abs. 2 S. 1 GG.[49]

IX. Rangordnung der Rechtsquellen

15 Oft können für das Verwaltungshandeln mehrere der soeben vorgestellten Rechtsquellen maßgeblich sein. Die Rechtssätze innerhalb der Rechtsquellen bilden eine Normenpyramide iSv Rangstufen.[50]

- An deren Spitze steht das **Unionsrecht**. Dieses geht, wie aufgezeigt, dem innerstaatlichen Recht (auch dem Verfassungsrecht) vor; grenzziehend wirken allein Art. 23 Abs. 1 S. 1, S. 3 iVm Art. 79 Abs. 3 GG.[51] Nationales deutsches Recht muss, wenn möglich, unionsrechtskonform ausgelegt werden. Widerspricht eine nationale Rechtsvorschrift dem Unionsrecht, gebührt letzterem im Kollisionsfall der **Anwendungsvorrang**. Die deutsche Vorschrift, die mit einer unionsrechtlichen Regelung nicht in Einklang steht, ist nicht nichtig: sie wird nur im einzelnen Konfliktfall durch das Unionsrecht verdrängt und darf nicht angewendet werden.[52] Zu beachten ist, dass nach der neueren BVerfG-Rspr. bei unionsrechtlich vollständig vereinheitlichten Regelungen grds. nur noch die Unionsgrundrechte und nicht mehr die nationalen Grundrechte maßgeblich sind.[53] Ob eine solche Determinierung besteht, richtet sich nach den im konkreten Fall anzuwendenden Rechtsnormen. Allein aus der gewählten Handlungsform lassen sich keine abschließenden Aussagen zur Frage der (un)vollständigen Determinierung durch das Unionsrecht treffen, da Verordnungen iSd Art. 288 Abs. 2 AEUV den nationalen Behörden durch Öffnungsklauseln Gestaltungsfreiräume eröffnen können; umgekehrt können Richtli-

---

47 BVerfGE 141, 1, 15 f. Rn. 34; 143, 101, 135 Rn. 113; BVerfG NJW 2018, 2312, 2313 f. Zur grds. Notwendigkeit, innerstaatliches Recht im Lichte der allg. Regeln des Völkerrechts auszulegen, BVerfG Beschl. v. 8.12.2021 – 2 BvR 1282/21, Rn. 15 juris.
48 Dazu etwa Schlacke, § 8 Rn. 21; s.a. Siegel, Rn. 84.
49 BVerfGE 141, 1, 18; 143, 101, 135 f. S.a. Berger Verw 49 (2016), 503 ff. Zur Internationalisierung des Verwaltungsrechts Schmidt in: Kahl/Ludwigs, I, § 9.
50 Zum Stufenbau der Rechtsordnung Lepsius JuS 2018, 950 ff.; zum Stufenbau versus Polyzentralität Schenke in: Kahl/Ludwigs, I, § 7 Rn. 38 ff.
51 § 3 Rn. 2 ff.; BVerfG NVwZ 2021, 1211, 1213 Rn. 39.
52 BVerfGE 85, 191, 204; BVerfG NVwZ 2021, 1211, 1212 Rn. 38; Sydow/Wittreck, Kap. 3 Rn. 34 ff.; § 3 Rn. 2. Zur Anreicherung des Stufenmodells der Rechtsordnung mit polyzentrischen Elementen Schenke in: Kahl/Ludwigs, I, § 7 Rn. 40.
53 BVerfGE 156, 182, 197 Rn. 36; BVerfG NVwZ 2021, 1211, 1213 Rn. 41; s. dazu Britz NJW 2021, 1489 ff.; Hofmann/Heger EuGRZ 2021, 1 ff.; krit. zB Detterbeck JZ 2021, 593 ff.; Preßlein EuR 2021, 247 ff.

nien trotz ihrer Umsetzungsbedürftigkeit (s. Art. 288 Abs. 3 AEUV) zwingende und abschließende Vorgaben enthalten.[54]

- Innerhalb des innerstaatlichen Rechts steht das **Verfassungsrecht des Bundes und somit das Grundgesetz** an oberster Stelle. Wie man an Art. 1 Abs. 3 und Art. 20 Abs. 3 Hs. 1 GG erkennen kann, kommt ihm im Konflikt mit anderen innerstaatlichen Rechtsnormen und Rechtssätzen grds. **Geltungsvorrang** zu. Aus dem Geltungsvorrang folgt im Kollisionsfall, dass ranghöheres Recht das rangniedere bricht.[55] Steht eine Regelung in einem formellen oder materiellen Gesetz, zB dem BauGB oder der BauNVO, nicht mit dem Grundgesetz in Einklang, ist diese nichtig und zwar ggü. jedermann.[56]

- **Allgemeine Regeln des Völkerrechts** stehen gem. Art. 25 S. 2 GG im Rang unter dem Verfassungsrecht, gehen jedoch den (formellen und materiellen) Gesetzen vor (sog. Zwischenrang).[57] Es ist den nationalen Behörden und Gerichten grds. verwehrt, innerstaatliches Recht im Widerspruch zu einer allgemeinen Regel des Völkerrechts anzuwenden und zu interpretieren.[58] Die staatlichen Stellen haben Verletzungen allgemeiner Regeln des Völkerrechts zu unterlassen und müssen diese in ihrem eigenen Verantwortungsbereich durchsetzen, sofern andere Staaten gegen diese verstoßen.[59] Verstößt eine innerstaatliche Rechtsnorm gegen eine allgemeine Regel des Völkerrechts, verstößt sie gegen die verfassungsmäßige Ordnung und ist nichtig.[60] Dagegen folgt aus Art. 59 Abs. 2 S. 1 GG, dass völkerrechtliche Verträge, die eines Transformationsgesetzes bedürfen, innerstaatlich keinen Übergesetzes- oder Verfassungsrang haben, sondern nur den eines einfachen Bundesgesetzes.[61] Infolgedessen kann nach der – nicht unumstrittenen – Rspr. des BVerfG ein durch einfaches Bundesgesetz umgesetzter völkerrechtlicher Vertrag nach dem lex-posterior-Grundsatz durch ein späteres, ihm widersprechendes Bundesgesetz verdrängt werden.[62] Soweit möglich, sollte das nationale Recht, sei es das Verfassungsrecht oder das einfache Recht, nach dem Grundsatz der Völkerrechtsfreundlichkeit in Einklang mit dem Völkerrecht, insb. der EMRK, ausgelegt werden.[63]

- **Formelle Gesetze** sind ggü. rein materiellen Gesetzen (Rechtsverordnungen und Satzungen) vorrangig.

- **Bundesrecht** genießt ggü. Landesrecht Geltungsvorrang (Art. 31 GG: „Bundesrecht bricht Landesrecht.").[64] Daraus folgt, dass bundesrechtliche Rechtsnormen jeder Stufe grds. Vorrang vor landesrechtlichen Vorschriften aller Ebenen haben. Widerspricht eine Norm in einer Landesverfassung einer Regelung zB in einer Rechts-

---

54 BVerfG NVwZ 2021, 1211, 1213 Rn. 43.
55 „Lex superior derogat legi inferiori"; Maurer/Waldhoff, § 4 Rn. 6, auch zum Nachfolgenden; Sydow/Wittreck, Kap. 3 Rn. 14 f. und in Rn. 17 f. zur verfassungskonformen Auslegung des einfachen Rechts.
56 Gröpl, Staatsrecht I, Rn. 134 f.
57 So BVerfGE 141, 1, 19 f.; 143, 101, 135 Rn. 113; BVerfG NJW 2018, 2312, 2313; näher zur Meinungsvarianz im Schrifttum Schmahl in: Sodan, GG, Art. 25 Rn. 12.
58 BVerfG Nichtannahmebeschl. v. 26.2.2018 – 2 BvR 107/18, Rn. 25 juris.
59 BVerfG NJW 2018, 2312, 2314.
60 BVerfGE 143, 101, 135 Rn. 113; BVerfG Nichtannahmebeschl. v. 26.2.2018 – 2 BvR 107/18, Rn. 25 juris.
61 BVerfG NJW 2016, 1295, 1296; NVwZ 2017, 137, 141. Ausnahmsweise gilt etwas anderes, soweit der Vertrag einer anderen, speziellen Öffnungsklausel, zB aus Art. 23–25 GG, unterfällt, BVerfG NVwZ 2018, 1121, 1125. Zur Kritik an dieser Rspr. s. den Beitrag von Giegerich in: FS für C. Vedder, 2017, S. 640 ff.
62 BVerfGE 141, 1, 20 ff.
63 BVerfGE 141, 1, 28; BVerfG NVwZ 2018, 1121, 1125; NJW 2022, 380, 384 f. Rn. 101 ff.
64 Schenke in: Kahl/Ludwigs, I, § 7 Rn. 90; vgl. aber auch Art. 72 Abs. 3 GG.

verordnung des Bundes, bricht infolge Art. 31 GG das Bundesrecht die in der Landesverfassung enthaltene Norm.[65] In Materien, in denen die Länder über eine Abweichungskompetenz verfügen, geht jedoch nach Art. 72 Abs. 3 S. 3 GG im Verhältnis Bundes- und Landesrecht das jew. spätere Gesetz vor. Trifft zB ein Bundesland eine vom Raumordnungsgesetz des Bundes abweichende Regelung, gilt somit das später erlassene Landesrecht: Wird die Abweichung später aufgehoben, lebt das Bundesrecht wieder auf.

16 Die **Normenhierarchie** sieht wie folgt aus:

Übersicht 3: Normenhierarchie

Unionsrecht	Primäres Unionsrecht (Unionsverträge)
	Sekundäres Unionsrecht: Verordnungen, Richtlinien (Art. 288 AEUV)
Verfassungsrecht	Grundgesetz
Allgemeine Regeln des Völkerrechts (Art. 25 S. 2 GG)	Völkergewohnheitsrecht und allgemeine Rechtsgrundsätze des Völkerrechts, zB pacta sunt servanda
(übriges) Bundesrecht	Formelle Gesetze, zB BauGB, BImSchG, auch Art. 59 Abs. 2 S. 1 GG, insb. EMRK
	Rechtsverordnungen/Satzungen
Landesrecht (vgl. Art. 31 GG, sofern nicht Art. 72 Abs. 3 GG)	Verfassung
	Formelle Gesetze
	Rechtsverordnungen/Satzungen

Auf gleicher Ebene der Normenpyramide gibt es naturgemäß keinen vertikal begründeten Vorrang; hier gilt im Kollisionsfall ein zeitlicher Vorrang bzw. ein solcher der Spezialität: Werden zB neue Vorschriften zu Flüchtlingsunterkünften in das BauGB aufgenommen und danach Baugenehmigungen für eine solche beantragt, haben die Behörden ihrer Entscheidung das neue Recht zugrunde zu legen. Denn die spätere Norm geht der früheren vor („**lex posterior** derogat legi priori").[66] Nach dem Grundsatz „**lex specialis** derogat legi generali" wird eine allg. Regelung durch eine speziellere, dh enger zugeschnittene, Norm verdrängt.[67] Gem. § 14 Abs. 1 BPolG kann die Bundespolizei zur Erfüllung ihrer Aufgaben die notwendigen Maßnahmen zur Abwehr einer Gefahr treffen (sog. Generalklausel). Dies gilt jedoch nur, „soweit nicht dieses Gesetz die Befugnisse der Bundespolizei besonders regelt". Denn die spezielleren Normen sind vorrangig. Identitätsfeststellungen hat die Bundespolizei deshalb nach Maßgabe des § 23 BPolG und erkennungsdienstliche Maßnahmen nach Maßgabe des § 24 BPolG vorzunehmen.

17 Bei der **Anwendung** von Gesetzen im Einzelfall wird umgekehrt **von unten** („konkretere Norm") **nach oben** vorgegangen. In der Praxis trifft die Verwaltung ihre

---

65 Dazu, dass Art. 31 GG nur bei echten Kollisionen zur Anwendung kommt, dh wenn das Bundes- und Landesrecht jew. gültig ist, Siegel, Rn. 89; BVerfGE 147, 253, 355 f. Zum Verhältnis Landes- und Bundesrecht auch Lepsius JuS 2018, 950, 952.
66 BVerfGE 141, 1, 21; s.a. BVerfGE 157, 203, 206 f.; Gröpl, Staatsrecht I, Rn. 150; Schenke in: Kahl/Ludwigs, I, § 7 Rn. 87 unter Verweis auf die Herrschaft auf Zeit.
67 S.a. BVerwGE 157, 203, 206 f.; Gröpl, Staatsrecht I, Rn. 149; Schenke in: Kahl/Ludwigs, I, § 7 Rn. 87.

Entscheidung ausgehend von der rangniedrigeren Norm. Diese weisen den höheren Konkretisierungsgrad auf und sollen das Verwaltungshandeln auch dort steuern, wo Gesetze keine (abschließenden) Maßstäbe treffen (zB bei gesetzesergänzenden oder ermessenslenkenden Verwaltungsvorschriften).[68] Voraussetzung ist, dass die rangniedere Norm nicht aufgrund Unionsrechts unangewendet bleiben muss oder wegen des Geltungsvorrangs unwirksam ist. Dies wirft die Frage nach der Prüfungs- und Verwerfungskompetenz der Verwaltung auf (s. sogleich). Nur ausnahmsweise, wenn jegliche Regelungen einfachgesetzlicher Art fehlen oder aufgrund des Geltungsvorrangs unwirksam sind und auch eine Lückenfüllung auf dieser Ebene durch Auslegung, Analogie, Umkehrschluss uam nicht möglich ist, kann die Verwaltung ihr Handeln ggf. unmittelbar auf Verfassungsrecht stützen.[69]

X. Prüfungs- und Verwerfungskompetenz der Verwaltung

Unter den Stichworten „Prüfungs- und Verwerfungskompetenz der Verwaltung" wird diskutiert, ob die zum Vollzug verpflichtete Behörde ein Gesetz, das sie für rechtswidrig und damit nichtig hält, anwenden muss oder nicht.[70] Das **Prinzip der Gesetzmäßigkeit der Verwaltung (Art. 20 Abs. 3 GG)** verlangt von der Verwaltung bzw. von den für sie tätigen Personen, die Gesetze zu beachten. Es steht außer Zweifel, dass die Verwaltung aufgrund dessen die Verfassungsmäßigkeit der anzuwendenden Vorschriften prüfen darf. Davon ist die Frage zu unterscheiden, ob ein Beamter[71] eine in seinen Augen rechtswidrige Norm anwenden muss oder sie im Einzelfall unangewendet lassen darf (sog. Verwerfungsbefugnis). Das wird auch für die Amtshaftung relevant: Handelt ein Amtswalter rechtswidrig (zB weil er eine rechtswidrige Norm vollzieht) und schuldhaft, kann ein dadurch geschädigter Bürger Schadensersatzansprüche gem. § 839 BGB iVm Art. 34 GG geltend machen (zu alledem § 37).

18

Nach Art. 100 Abs. 1 GG muss ein Gericht, wenn es ein entscheidungserhebliches **formelles Gesetz** für (landes-)verfassungswidrig hält, das Verfahren aussetzen und die Entscheidung des zuständigen Verfassungsgerichts einholen.[72] Weil das Grundgesetz keine spezielle Regelung dafür vorsieht, wie die Verwaltung bei einem aus ihrer Sicht verfassungswidrigen formellen Gesetz vorzugehen hat, werden folgende Lösungswege diskutiert:[73]

19

- Der Beamte darf ein solches Gesetz nicht anwenden;[74]
- der Beamte muss ein solches Gesetz anwenden;[75]
- der Beamte muss das Verfahren aussetzen und die Frage der Rechtmäßigkeit der Rechtsnorm seinem Vorgesetzten vorlegen; hält dieser die Vorschrift für rechtswidrig, muss er ebenso verfahren – bis schließlich die Bundes- oder Landesregierung

---

68 Siegel, Rn. 88. Näher zu den Verwaltungsvorschriften § 27.
69 Näher Maurer in: FS für K. Stern, 2012, S. 101, 109 ff.
70 So bei Maurer/Waldhoff, § 4 Rn. 61 ff.
71 Oder: Angestellter im öffentlichen Dienst uÄ.
72 BVerfG NJW 2022, 139, 145 Rn. 136. Dazu, dass die Verwaltungsgerichte über die Verfassungswidrigkeit von Rechtsverordnungen selbst entscheiden können, BVerfG NVwZ 2020, 622, 623 Rn. 15 f.
73 Überblick zum Meinungsstand bei Gril JuS 2000, 1080; näher Dettling BayVBl. 2009, 613, 615, in der Kollision rangniederer zu ranghöheren Normen.
74 Arndt DÖV 1959, 81; s.a. Reimer in: Kahl/Ludwigs, I, § 10 Rn. 19 unter Verweis auf das Nichtigkeitsdogma, sowie Schenke in: Kahl/Ludwigs, I, § 7 Rn. 78.
75 Pietzcker JuS 1979, 710, 711.

mit der Sache befasst ist, der dann die Erhebung einer abstrakten Normenkontrolle zum BVerfG offensteht (nach Art. 93 Abs. 1 Nr. 2 GG).[76]

Die **erste Meinung**, die der Durchsetzung der materiellen Rechtslage den Vorzug gibt, begründet dies mit dem Vorrang der Verfassung, der Grundrechtsbindung der Verwaltung sowie der wechselseitigen Kontrolle der Gewalten.[77] Sollte das formelle Gesetz jedoch entgegen der Annahme des Beamten objektiv rechtmäßig sein, würde er im Falle seiner Nichtanwendung gegen den Grundsatz der Bindung der Verwaltung an Recht und Gesetz und den damit einhergehenden Auftrag der Gesetzesanwendung (vgl. § 8 Rn. 2) verstoßen.[78] Aus Gründen der Gewaltenteilung (Art. 20 Abs. 2 S. 2 GG), der Rechtssicherheit und Rechtsklarheit sowie des gleichmäßigen Gesetzesvollzugs wird eine Normverwerfung durch die Behörden abgelehnt.[79] Nur eine Anwendung des Gesetzes verhindere ein Unterlaufen des den Verfassungsgerichten vorbehaltenen Normverwerfungsmonopols und vermeide eine Destabilisierung der praktischen Wirksamkeit geltender Parlamentsgesetze.[80] Vorzugswürdig erscheint deshalb die **dritte** Lösung. Sie entspricht zudem den Regelungen in § 63 Abs. 2 BBG, § 36 Abs. 2 BeamtStG: Wie bei einer rechtswidrigen dienstlichen Anordnung muss der Beamte auch die – seiner Meinung nach bestehende – Rechtswidrigkeit eines anzuwendenden Gesetzes bei seinem Vorgesetzten geltend machen (sog. Remonstration).[81] Dieser Weg wirft freilich Probleme auf, wenn eilige Entscheidungen zu treffen sind (zB zur Abwehr einer drohenden Gefahr).[82] Dann muss der Beamte nach sorgfältiger Prüfung einer vertretbaren Rechtsansicht folgen und sich für die Rechtmäßigkeit oder Rechtswidrigkeit der Norm entscheiden, dh sie dementsprechend anwenden oder nicht.[83] Auch wenn er irrt und sein Handeln rechtswidrig ist, handelt er gleichwohl nicht schuldhaft, so dass keine Amtshaftung zu befürchten ist.

20 Die Diskussion erstreckt sich des Weiteren auf die Verwerfungskompetenz in Bezug auf **Rechtsverordnungen** und **Satzungen**. In diesem Zusammenhang stellt sich insb. die Frage nach der (Nicht-)Anwendung eines nichtigen Bebauungsplanes (= Satzung nach § 10 Abs. 1 BauGB) durch die Baugenehmigungsbehörde.[84] Gegen eine Verwerfungskompetenz bei rein materiellen Gesetzen wird geltend gemacht, dass eine Nichtbeachtung durch den gesetzesausführenden Beamten die Kompetenzgliederungen der Verwaltung missachten würde. Zuständig für die Aufhebung einer Norm ist das Organ, welches die Norm erlassen hat (bei Bebauungsplänen: Gemeindevertretung). Auch in diesen Fällen sei daher ähnlich wie vorstehend zu verfahren. Zunächst muss das Verfahren des Gesetzesvollzugs ausgesetzt werden. Innerhalb der Exekutive besteht sodann die Möglichkeit (ggf. die Pflicht[85]), die normgebende Stelle oder Aufsichtsbehörde auf die Rechtswidrigkeit der Vorschrift hinzuweisen, damit sie die Norm zustän-

---

76 Maurer/Waldhoff, § 4 Rn. 66; Siegel, Rn. 94.
77 VG Leipzig GewArch 2014, 165, 166 mwN.
78 Detterbeck, Rn. 128.
79 Gril JuS 2000, 1080.
80 VG Leipzig GewArch 2014, 165, 166 mwN.
81 Bull/Mehde, Rn. 225.
82 VG Leipzig GewArch 2014, 165, 166 mwN.
83 Maurer/Waldhoff, § 4 Rn. 66. Allerdings bezogen auf Entscheidungen der Fachgerichte betonte der BayVerfGH Entsch. v. 7.3.2019 – Vf. 15-VII-18, Rn. 68 juris die Notwendigkeit, jede einzelne polizeiliche Maßnahme auf ihre Verhältnismäßigkeit unter Beachtung der Grundrechte des Betroffenen zu prüfen.
84 Hierzu auch Engel NVwZ 2000, 1258; BVerwGE 75, 142; offengelassen von BVerwG NVwZ 2019, 318, 319; dazu Maurer/Waldhoff, § 4 Rn. 68 f. mwN.
85 Ggü. der Gemeinde bei als rechtswidrig erkannter Satzung, BGH NVwZ 2013, 167.

digkeitsgemäß aufheben kann.[86] Bei Satzungen nach dem BauGB (insb. bei Bebauungsplänen), aber ggf. auch bei sonstigen Rechtsverordnungen und Satzungen des Landesrechts (sofern dies landesgesetzlich vorgesehen ist, vgl. § 47 Abs. 1 Nr. 2 VwGO), eröffnet sich der mit der Norm lediglich befassten Behörde überdies ein Vorgehen im Normenkontrollverfahren nach § 47 VwGO vor dem Oberverwaltungsgericht (s. aber zum Rechtsschutzbedürfnis § 28 Rn. 13).[87] Allerdings ist diese Verfahrensweise nur innerhalb der einjährigen Antragsfrist des § 47 Abs. 2 S. 1 VwGO möglich. Ansonsten muss v.a. bei Rechtsverordnungen des Bundes auf dem Remonstrationsweg erwirkt werden, dass sich die (Landes- bzw.) Bundesregierung mit der streitigen Norm befasst – wegen deren Berechtigung zur Erhebung einer abstrakten Normenkontrolle (vgl. Art. 93 Abs. 1 Nr. 2 GG, § 13 Nr. 6, §§ 76 ff. BVerfGG).[88]

Für die Anwendung von **EU-Recht** gilt **Abweichendes**: Alle staatlichen Stellen der Mitgliedstaaten und somit auch die Behörden dürfen aufgrund des Anwendungsvorrangs des Unionsrechts entgegenstehendes nationales Recht nicht anwenden, sollte es sich nicht unionsrechtskonform auslegen lassen.[89] Auch aus Art. 20 Abs. 3 GG lässt sich nichts Gegenteiliges entnehmen, weil das Unionsrecht mit seinem Anwendungsvorrang zu dem von der Verwaltung zu beachtenden Recht gehört.[90]

21

XI. Wiederholungs- und Verständnisfragen

> Welches sind geschriebene und welches ungeschriebene Rechtsquellen der Verwaltung? (→ Rn. 1)
> In welcher Rangfolge stehen die nationalen Rechtsquellen? (→ Rn. 16)
> Wie sind das Unions- und das Völkerrecht in die Normenpyramide einzuordnen? (→ Rn. 16)
> Steht der Verwaltung eine Normverwerfungskompetenz zu? (→ Rn. 18 ff.)

---

86 Siegel, Rn. 97; OVG Bautzen NVwZ-RR 2020, 957, 959 Rn. 16.
87 Allg. zur Antragsbefugnis einer Behörde W.-R. Schenke/R. P. Schenke in: Kopp/Schenke, § 47 Rn. 82. Zum Normenkontrollverfahren nach § 47 VwGO vgl. § 11 Rn. 4; näher § 28.
88 Nach jüngerer Rspr. des BVerfG ist allerdings auch – und vorrangig – die allg. Feststellungsklage eröffnet, vgl. § 25 Rn. 10.
89 EuGH Urt. v. 18.1.2022 – C-261/20, Rn. 25 ff.; s.a. BVerfG NVwZ 2021, 1211, 1212 f. Rn. 38 ff. allerdings unter Betonung der verfassungsrechtlichen Kontrollvorbehalte der Ultra-Vires- und Identitätskontrolle.
90 OVG Saarlouis NVwZ-RR 2008, 95, 99 f.; s.a. Hwang EuR, 2016, 355 ff.

§ 8 Grundsatz der Gesetzmäßigkeit der Verwaltung

▶ **FALL 8:** Die V-GmbH ist Verlegerin einer regionalen Tageszeitung, deren Auflage rückläufig ist. Weil im Landeshaushaltsplan entsprechende Mittel für eine finanzielle Unterstützung von regionalen Unternehmen bereitgestellt sind, weist das Wirtschaftsministerium der V-GmbH nach Maßgabe von Vergaberichtlinien eine Subvention iHv 100.000 EUR zu. Wie ist die Vergabe zu beurteilen? ◀

1 Die Verwaltung ist in ihrem Handeln an Recht und Gesetz gebunden. Dieser Grundsatz der **Gesetzmäßigkeit der Verwaltung** ergibt sich aus **Art. 20 Abs. 3 GG**. Ihm bzw. dem Rechtsstaats-[1] und Demokratieprinzip[2] werden nach ganz einhelliger Auffassung die Prinzipien des Vorrangs des Gesetzes und des Vorbehalts des Gesetzes zugeordnet.[3]

Übersicht 4: Grundsatz der Gesetzmäßigkeit der Verwaltung, Art. 20 Abs. 3 GG

Vorrang des Gesetzes	**Vorbehalt des Gesetzes**
Kein Handeln der Verwaltung gegen Gesetz	Kein Handeln der Verwaltung ohne Gesetz

I. Vorrang des Gesetzes

2 Die Bindung an Recht und Gesetz bedeutet zum einen, dass die Verwaltung so handeln muss, wie es die Gesetze vorschreiben. Sie muss diese vollziehen (sog. **Anwendungsgebot**). Außerdem darf sie nichts tun, was gegen gesetzliche Vorschriften verstößt (sog. **Abweichungsverbot**). Der Gesetzesvorrang, der sich als „**kein Handeln gegen das Gesetz**" umschreiben lässt, gilt für das gesamte Tätigkeitsfeld der Verwaltung.[4]

Verstößt das Verwaltungshandeln (zB der Erlass eines Verwaltungsakts, einer Rechtsverordnung oder Satzung) gegen ein Gesetz, ist es rechtswidrig. Hins. der Frage, ob es auch nichtig, dh unwirksam ist, muss unterschieden werden: Rechtswidrige Rechtsverordnungen, die zB nicht der gesetzlichen Ermächtigung entsprechen, sind regelmäßig nichtig (Ausnahme ggf.: § 246 Abs. 2, §§ 214 f. BauGB; vgl. auch § 28 Rn. 3, § 25 Rn. 9). Für Satzungen gilt Ähnliches; zunehmend steht die Unwirksamkeit allerdings unter dem Vorbehalt von Heilungs- und Unbeachtlichkeitsregelungen (zB §§ 214 f. BauGB[5]). Ein rechtswidriger Verwaltungsakt (vgl. dazu § 15 Rn. 1 ff.) ist nur ausnahmsweise nichtig (§ 44 VwVfG); ansonsten ist er anfechtbar und kann im Widerspruchsverfahren (§§ 68 ff. VwGO) oder im gerichtlichen Verfahren aufgehoben werden. Öffentlich-rechtliche Verträge (§ 24 Rn. 22 ff.) sind nur unter den Voraussetzungen des § 59 VwVfG nichtig.

---

1 Zum gestuften System der Rechtsstaatlichkeit Grimm JZ 2009, 596.
2 Bereits vorstehend, etwa § 7 Rn. 4; näher Maurer/Waldhoff, § 6 Rn. 2, 4, 6 ff.: nur Vorrang des Gesetzes aus Art. 20 Abs. 3 GG, spezielle Gesetzesvorbehalte aus Grundrechten (etwa Art. 12 Abs. 1 GG), aus Staats- und Verwaltungsorganisation (bspw. Art. 28 Abs. 2 GG), allg. Gesetzesvorbehalt aus Demokratie- und Rechtsstaatsprinzip.
3 Vgl. auch Storr/Schröder, Rn. 32 f. Zur Vertiefung Detterbeck Jura 2002, 235.
4 Wollenschläger in: Kahl/Ludwigs, I, § 15 Rn. 18. Zu den einzelnen Handlungsformen Teile 3 und 4.
5 Dazu näher Erbguth/Mann/Schubert, Rn. 1071 ff.

II. Vorbehalt des Gesetzes

1. Begriff

Da die Bindung der vollziehenden Gewalt an Gesetz und Recht leerlaufen würde, wenn es für wichtige Sachbereiche keine Gesetze gäbe, wird der Gesetzesvorrang durch den Vorbehalt des Gesetzes ergänzt.[6] Letzterer besagt, dass die Regelung bestimmter Lebensbereiche einem Gesetz vorbehalten ist und ein Tätigwerden der Verwaltung nur rechtmäßig ist, wenn sie gesetzlich zu ebendiesem Handeln ermächtigt wird (**kein Handeln ohne Gesetz**).

Der Vorbehalt des Gesetzes findet sich nicht ausdrücklich im Grundgesetz; insb. kann er nicht unmittelbar bzw. allein aus dem Wortlaut des Art. 20 Abs. 3 GG erschlossen werden. Zu seiner Begründung wird deshalb auf das Demokratieprinzip (Art. 20 Abs. 1, Abs. 2 S. 1, Art. 28 Abs. 1 S. 1, Art. 23 Abs. 1 S. 1 GG) und das Rechtsstaatsprinzip (Art. 28 Abs. 1 S. 1, Art. 20 Abs. 2 S. 2, Abs. 3, Art. 1 Abs. 3, Art. 19 Abs. 4, Art. 23 Abs. 1 S. 1 GG) rekurriert.[7] Aus dem Demokratieprinzip folgt, dass die für die Gemeinschaft wesentlichen Entscheidungen vom unmittelbar demokratisch legitimierten parlamentarischen Gesetzgeber zu treffen sind. Die Verwaltung bedarf für ihr Handeln in diesen Bereichen also einer parlamentsgesetzlichen Ermächtigung; sie hat insoweit keine Handlungsbefugnisse kraft eigenen Rechts.[8] Nach dem Rechtsstaatsprinzip müssen die rechtlichen Beziehungen zwischen Staat und Bürger durch allgemeine Gesetze geregelt sein, damit das Verwaltungshandeln für den Bürger voraussehbar und berechenbar ist.[9]

Neben jenem allgemeinen Vorbehalt des Gesetzes resultiert oftmals aus den Grundrechten ein **besonderer** Gesetzesvorbehalt: Die Grundrechte schützen die Freiheit, das Eigentum und können aufgrund der in ihnen enthaltenen Schranken- und Gesetzesvorbehalte nur durch Gesetz oder aufgrund eines Gesetzes eingeschränkt werden, sog. **grundrechtlicher Gesetzesvorbehalt**.[10] Dieser Schutz ist umfassend: Greifen spezielle Freiheitsgrundrechte und somit deren Gesetzesvorbehalte nicht, findet zumind. Art. 2 Abs. 1 GG Anwendung, der die allgemeine Handlungsfreiheit garantiert,[11] sie aber freilich unter Schrankenvorbehalt stellt. Im Bereich der **Eingriffsverwaltung** bedeutet der grundrechtliche Gesetzesvorbehalt eine Konkretisierung des allgemeinen Gesetzesvorbehalts.

Jenseits dessen, insb. im Bereich der **Leistungsverwaltung**, bleibt es (auch) im Grundrechtsbereich bei dem Vorbehalt des Gesetzes in seiner allgemeinen Ausgestaltung, weil er nicht durch eine subjektive Rechtsschutzfunktion geprägt ist, sondern eine kompetenzbestimmende Ausrichtung aufweist. So kann sich hieraus etwa bei vorbehaltlos

---

6 BVerfGE 40, 237, 248 f.; Gröpl, Staatsrecht I, Rn. 455.
7 So BVerfGE 45, 400, 417; 47, 46, 78; Maurer/Waldhoff, § 6 Rn. 6; krit. ggü. dieser Abstützung Lassahn, Rechtsprechung und Parlamentsgesetz, 2017, S. 95 ff.; zur Abgrenzung der verschiedenen Vorbehalte auch Wolff/Zimmermann Jura 2022, 18, 20 f. Eingehend zum Vorbehalt des Gesetzes Grzeszick in: Kahl/Ludwigs, III, § 72 Rn. 7 ff.
8 BVerfGE 150 1, 90 Rn. 190; Maurer/Waldhoff, § 6 Rn. 6.
9 Jachmann ZBR 1994, 1, 10.
10 Zu deren dichteren textlichen Anknüpfung und Ausdehnung in Akzessorietät zum Grundrechtseingriff Reimer in: Kahl/Ludwigs, I, § 10 Rn. 46 ff.
11 Vgl. aber zur Diskussion um die Reichweite des Schutzbereichs der Grundrechte Kahl Der Staat 2004, 167; Erwiderung von Hoffmann-Riem Der Staat 2004, 203. Zur Bedeutung des „Vorbehalts des Gesetzes" vs. „Gesetzesvorbehalt" Lassahn, Rechtsprechung und Parlamentsgesetz, 2017, S. 14 f. Eingehend zu den Schranken der Grundrechte Guckelberger in: Stern/Sodan/Möstl, Bd. 3, 2. Aufl. 2022, § 81 ff.

gewährten Grundrechten die Notwendigkeit einer gesetzlichen Konkretisierung der verfassungsimmanenten Schranken ergeben.[12]

5 Die vom Vorbehalt des Gesetzes geforderte normative Ermächtigung der Verwaltung verlangt entweder ein formelles Gesetz mit Außenwirkung (also Parlamentsgesetz: **Parlamentsvorbehalt**) oder ein materielles Gesetz (Rechtsverordnungen, Satzungen: **Rechtssatzvorbehalt**). Bei Rechtsverordnungen sind die Anforderungen des Art. 80 GG (bzw. der entsprechenden Vorschriften der Landesverfassungen) zu beachten; insb. müssen sie auf einem formellen Gesetz beruhen, das seinerseits Inhalt, Zweck und Ausmaß der Rechtsverordnung bestimmt.[13]

2. Parlamentsvorbehalt und Rechtssatzvorbehalt

6 Der Vorbehalt des Gesetzes verpflichtet den unmittelbar demokratisch legitimierten parlamentarischen Gesetzgeber dazu, alle wesentlichen Fragen in einem Gesetzgebungsverfahren, das sich durch seine Transparenz und die Beteiligung der Opposition auszeichnet, selbst zu entscheiden (sog. Wesentlichkeitstheorie);[14] er darf diese nicht anderen Gewalten überlassen. Wann es einer solchen parlamentsgesetzlichen Regelung bedarf, hängt vom jew. Sachbereich und der Eigenart des Regelungsgegenstandes ab. Wesentlich sind zunächst solche Angelegenheiten, die für die Realisierung der Grundrechte erhebliche Bedeutung haben und diese besonders intensiv betreffen.[15] Des Weiteren muss der parlamentarische Gesetzgeber alle Fragen für Staat und Gesellschaft von erheblicher Bedeutung in einem formellen Gesetz regeln, mithin die grundlegenden Entscheidungen für das Gemeinwesen („Weichenstellungen") treffen.[16] So hielt das BVerfG ein Parlamentsgesetz für die Grundsatzentscheidung über die friedliche Nutzung der Kernenergie,[17] zur Konkretisierung des Existenzminimums für ein menschenwürdiges Dasein[18] oder für die Auswahlkriterien der knappen Studienplätze im Studienfach Humanmedizin[19] für notwendig.

In seinem Klimabeschluss betonte das BVerfG hins. der Festlegung der Jahresemissionsmengen, dass der Gesetzgeber diese aufgrund der wesentlichen Folgen für die Freiheits- und Gleichheitsrechte der Betroffenen entweder unmittelbar selbst zu regeln oder in einer Ermächtigung für den Verordnungsgeber die wesentlichen Kriterien für die Bemessung der jährlichen Mengen vorzugeben hat.[20] Hins. des Grades an Detailliertheit der erforderlichen formell-gesetzlichen Regelung liefert die Wesentlichkeitstheorie indes keine konkreten Anhaltspunkte. Das BVerfG stellt lediglich darauf

---

12 BVerfGE 139, 19, 45 f.; 150, 1, 97 Rn. 194; Maurer/Waldhoff, § 6 Rn. 8. Eingehend zu den verfassungsimmanenten Schranken Guckelberger in: Stern/Sodan/Möstl, Bd. 3, 2. Aufl. 2022, § 84 Rn. 65 f.
13 Zum Streit um die insofern materiell oder rein formal (Bestimmtheit) zu verstehende Bedeutung des Art. 80 Abs. 1 GG vgl. Maurer/Waldhoff, § 6 Rn. 15: Materielles Verständnis, das die Prüfung der Wesentlichkeitstheorie einschließt, ist vorzugswürdig; s.a. BVerfGE 150, 1, 98, Rn. 196; näher zu Rechtsverordnungen § 25.
14 BVerfGE 157, 30, 172 Rn. 260.
15 BVerfGE 139, 19, 45, Rn. 52; 150, 1, 98, Rn. 196; BVerfG Beschl. v. 9.2.2022 – 2 BvL 1/ 20, Rn. 91 juris.
16 BVerfGE 98, 218, 251; 150, 1, 97 Rn. 194. ZB die Einrichtung von Verwaltungsträgern und Behörden, grds. auch die Festlegung von Zuständigkeiten. Vgl. VerfGH NRW NJW 1999, 1243, wonach die Zusammenlegung von Innen- und Justizministerium als wesentlich angesehen wurde, mit der Folge, dass diese nicht durch Organisationserlass, sondern in einem formellen Gesetz geregelt sein muss; dazu Erbguth NWVBl. 1999, 365.
17 BVerfGK 16, 370, 379.
18 BVerfGE 125, 175, 222 ff.
19 BVerfGE 147, 253, 309 ff.
20 BVerfGE 157, 30, 172 Rn. 260 ff.

§ 8 Grundsatz der Gesetzmäßigkeit der Verwaltung

ab, dass je stärker Grundrechte tangiert sind (insb. bei typischem Aufeinandertreffen miteinander konkurrierender Grundrechtspositionen)[21] oder je gewichtiger die Angelegenheit für die Allgemeinheit ist, die (formell-)gesetzlichen Regelungen umso präziser und enger ausgestaltet sein müssen.[22] Jenseits dessen greift in besonderen Konstellationen der sog. einfache Parlamentsvorbehalt (lediglich Zustimmung des Bundestags, kein Gesetzesbeschluss);[23] ansonsten ist ein untergesetzlicher Vorschriftenerlass möglich (Rechtssatzvorbehalt).

3. Zum Geltungsbereich des Vorbehalts des Gesetzes

Klärungsbedürftig bleibt, welche (vgl. Rn. 5) (Verwaltungs-)Maßnahmen im Näheren vom Grundsatz des Vorbehalts des Gesetzes erfasst werden. Anerkannt ist zunächst, dass nicht für sämtliche Verwaltungstätigkeiten eine gesetzliche Grundlage erforderlich ist. Ein sog. Totalvorbehalt besteht nicht.[24]

a) Eingriffsverwaltung

Aufgrund des Vorbehalts des Gesetzes wird für Eingriffe in die Grundrechte eine gesetzliche Grundlage benötigt.[25] Der Vorbehalt des Gesetzes ist historisch im liberalen Rechtsstaat des 19. Jahrhunderts für staatliche Eingriffe in Freiheit und Eigentum entwickelt worden.[26] Heute ist einhellige Meinung, dass ein Tätigwerden im Rahmen der Eingriffsverwaltung immer auf einer formell-gesetzlichen Grundlage iSd vorgenannten Anforderungen zu beruhen hat (vgl. bereits Rn. 4). Deshalb werden zB die Erzwingung von Handlungen, Duldungen oder Unterlassungen durch die Behörden des Bundes in §§ 6 ff. VwVG oder die Befugnisse der Bundespolizei in §§ 14 ff. BPolG ausführlich geregelt.

Will eine Gemeinde in einer städtischen Friedhofssatzung die Verwendung von Grabmalen aus ausbeuterischer Kinderarbeit verbieten, genügen dafür weder die aus Art. 28 Abs. 2 S. 1 GG folgende gemeindliche Satzungsautonomie noch die Bestimmungen in den Gemeindeordnungen, wonach Gemeinden ihre Selbstverwaltungsangelegenheiten durch Satzung regeln können (zB Art. 23 S. 1 BayGO, § 12 Abs. 1 S. 1 SaarlKSVG). Weil durch eine solche Vorgabe in die durch Art. 12 Abs. 1 GG geschützte Berufsfreiheit der Steinmetze eingegriffen wird, muss der parlamentarische Gesetzgeber dem Satzungsgeber die Befugnis zu einem derartigen Grundrechtseingriff in einer hinreichend bestimmten Ermächtigungsgrundlage eröffnen.[27]

---

21 Wesentlichkeit angenommen hins. dienstlichem Kopftuchverbots bei Lehrerinnen, vgl. BVerfGE 108, 282, 311; anders für die Umsetzung von Beamten BVerfG NVwZ 2008, 547; BVerwG Beschl. v. 23.2.2017 – 2 B 14/15, Rn. 13 juris; dafür wiederum bei schulordnungsrechtlichen Maßnahmen in der Kollision mit religiös motiviertem Verhalten von Schülern Zimmermann LKV 2010, 394.
22 BVerfGE 83, 130, 152; 150, 1, 98 Rn. 196. Zur sog. „Gleitformel" Maurer/Waldhoff, § 6 Rn. 14; auch Detterbeck Jura 2002, 235, 237.
23 So ist bspw. für die Zustimmung zur Entsendung bewaffneter Streitkräfte zu Auslandseinsätzen ein schlichter Parlamentsbeschluss ausreichend, vgl. BVerfGE 90, 286, 381 ff. All das kann man freilich auch anders sehen, vgl. Weingärtner DVBl. 2012, 344 (Bericht), unter Hinweis auf Zimmermann: förmliches Gesetz erforderlich; s. zum Parlamentsvorbehalt im weiteren Sinne Wolff/Zimmermann Jura 2020, 18, 20.
24 Etwa Maurer/Waldhoff, § 6 Rn. 11.; BVerfGE 150, 1, 99 Rn. 197: kein Gewaltenmonismus in Form eines umfassenden Parlamentsvorbehalts.
25 ZB BVerfGE 145, 20, 90 Rn. 182.
26 Vgl. Maurer/Waldhoff, § 2 Rn. 5; zu den Wurzeln in der Aufklärung und Entwicklung aus der Habeas-Corpus-Idee Geis in: Kahl/Ludwigs, I, § 18 Rn. 38.
27 BVerwGE 148, 133, 142 f.

Umstritten ist, inwieweit für **mittelbare** oder **faktische** „Eingriffe" (etwa Warnungen durch öffentliche Stellen), die bei entsprechender Wirkung hoheitlich-einseitigen Zugriffen auf (Grundrechts-)Positionen gleichstehen,[28] eine gesetzliche Grundlage erforderlich ist. Das BVerfG verwies in seiner Entscheidung zur Veröffentlichung einer Liste glykolhaltiger Weine durch die Regierung darauf, dass deren Aufgabe zur Staatsleitung auch die Verbreitung von Informationen umfasst, welche die Bürger dazu befähigen, eigenverantwortliche (hier: Kauf-)Entscheidungen zu treffen. Da Art. 12 Abs. 1 GG nicht vor der Verbreitung inhaltlich zutreffender sowie sachlich gehaltener Informationen schütze, werde durch eine solche Maßnahme schon nicht der Schutzbereich dieses Grundrechts tangiert.[29] Auch im nichtwirtschaftlichen Bereich, zB hins. der Warnung vor Jugendsekten, wird eine solche Berechtigung zum Informationshandeln als Annexkompetenz zur Aufgabe der Staatsleitung abgeleitet, ohne dass dafür eine besondere Ermächtigung durch den Gesetzgeber für notwendig gehalten wird. Angesichts der Vielgestaltigkeit und Veränderlichkeit der in Betracht kommenden Lebenssachverhalte ließen sich derartige Informationstätigkeiten durch den Parlamentsgesetzgeber nicht sinnvoll regeln.[30] Die überwiegende Lehre hält diesen Schluss von der Aufgabe auf eine Rechtsgrundlage – wie später noch zu zeigen sein wird – für mehr als problematisch.[31] Dies und der Umstand, dass sich möglicherweise aus dem Unionsrecht eine Umsetzungsverpflichtung hins. behördlicher Warnungen ergibt, erklären das Vorliegen einer Reihe von Ermächtigungsgrundlagen in Spezialgesetzen.[32]

b) Leistungsverwaltung

9   Ferner ist umstritten, ob auch begünstigende Verwaltungstätigkeit im Rahmen der sog. Leistungsverwaltung dem Vorbehalt des Gesetzes unterliegt. Da viele Bereiche der Leistungsverwaltung gesetzlich ausgeformt sind,[33] handelt es sich dabei vornehmlich um ein Problem bei der **Vergabe von staatlichen Leistungen** (**Subventionen**).[34] Nach der sog. Lehre vom Totalvorbehalt soll für jegliches Handeln der Verwaltung, also auch bei Begünstigungen, eine gesetzliche Grundlage mit Außenwirkung erforderlich sein.[35] Deren Aufnahme in die Haushaltspläne der Länder oder des Bundes, die wiederum durch das Haushaltsgesetz festgestellt werden (vgl. auf Bundesebene Art. 110 Abs. 1 und 2 GG), genüge dem nicht. Denn das Haushaltsgesetz sei zwar ein formelles, die Verwaltung bindendes Gesetz; als nur intern wirkendes Recht entfalte es jedoch keine Außenwirkung im Verhältnis zu den Bürgern.[36] Auch Verwaltungsvorschriften (wie Vergaberichtlinien) könnten die Vergabe von Subventionen nicht legitimieren, weil ihnen als verwaltungsinterne Regelungen ebenfalls keine Außenwirkung zukomme. Die Lehre vom Totalvorbehalt ist jedoch abzulehnen, da sie zu einer Suprematie der Legislative führt und sich mit dem Gewaltenteilungsgrundsatz, insb. der Eigenständigkeit

---

28 Vgl. näher Sachs in: ders., Vorb Art. 1 Rn. 86 ff.; s.a. BVerfG NJW 2018, 2312, 2313.
29 BVerfGE 105, 252, 265; 148, 40, 50 Rn. 27; BVerwGE 151, 228, 240 f.
30 BVerfGE 105, 279, 305 ff.; s.a. BVerwGE 151, 228, 241.
31 Vgl. etwa Maurer/Waldhoff, § 6 Rn. 16; Spiecker gen. Döhmann in: Kahl/Ludwigs, I, § 23 Rn. 91.
32 S.a. Spiecker gen. Döhmann in: Kahl/Ludwigs, I, § 23 Rn. 91.
33 ZB die Ausbildungsförderung nach dem BAföG. Für den Sozialleistungsbereich ist der Vorbehalt des Gesetzes ausdrücklich in § 31 SGB I angeordnet; zur Leistungsverwaltung bereits § 5 Rn. 13 f.
34 Ausführlich Detterbeck Jura 2002, 235, 238.
35 Jesch, Gesetz und Verwaltung, 2. Aufl. 1968, S. 171 ff.
36 Zum Haushaltsgesetz SächsVerfGH Beschl. v. 24.3.2021 – Vf. 121-II-20, Rn. 27 juris; Vgl. § 7 Rn. 4; zur Bindungswirkung von Verwaltungsvorschriften § 27 Rn. 7 f.

§ 8 Grundsatz der Gesetzmäßigkeit der Verwaltung

der vollziehenden Gewalt, nur schwer in Einklang bringen lässt.[37] Die Rechtsprechung vertritt zutreffend den Standpunkt, dass die Bewilligung von Subventionen keineswegs notwendigerweise der Regelung durch außenwirksame Rechtsvorschriften bedarf.[38] Dafür spricht, dass ein generelles Erfordernis konkreter und detaillierter gesetzlicher Normierung für die Gewährung von Subventionen der Exekutive die Fähigkeit nehmen würde, flexibel auf die jew. Bedarfssituation reagieren zu können.[39] Davon abweichend bedarf es ausnahmsweise einer gesetzlichen Ermächtigungsgrundlage in wesentlichen Angelegenheiten, etwa wenn die Subvention mit gezielten Eingriffen in die Grundrechte von nicht am Förderungsverhältnis beteiligten Dritten verbunden ist.[40] In einem solchen Fall muss die Vergabe von Subventionen in einem formellen Gesetz mit Außenwirkung geregelt sein – wie im Falle der finanziellen Förderung von Vereinen, die Aufklärungsarbeit betreffend jugendgefährdender Sekten leisten.[41]

Die grds. Nichtgeltung des Vorbehalt des Gesetzes[42] bedeutet indes nicht, dass die Verwaltung bei der Gewährung von Leistungen (insb. Subventionen) gänzlich von rechtlichen Bindungen freigestellt ist. Eine Vergabebindung ergibt sich neben den die Subventionen ausweisenden Haushaltsgesetzen bzw. -plänen aus dem Gleichheitsgrundsatz (Art. 3 Abs. 1 GG), insb. iVm (besagten) Verwaltungsvorschriften.[43] Eine Subvention bzw. sonstige staatliche Leistung ohne jegliche Rechtsgrundlage wird als unzulässig erachtet.[44] Abweichendes kann allenfalls in dringenden Notfällen, wie Naturkatastrophen, gelten, weil ansonsten jegliche (Not-)Hilfe ausgeschlossen wäre.[45]

Die Vergabe muss schließlich unter Wahrung der einschlägigen Bestimmungen des Unionsrechts (vgl. hierzu auch § 16 Rn. 34 f.) und des Grundgesetzes (v.a. des allgemeinen Gleichheitssatzes, Art. 3 Abs. 1 GG) erfolgen.[46] Das sind allerdings (selbstverständliche) Anforderungen des Gesetzesvorrangs (dazu allg. Rn. 2).

▶ Zu Fall 8: Die Rechtmäßigkeit der Vergabe von Subventionen ist davon abhängig, ob die Bereitstellung entsprechender Mittel durch den Haushaltsplan und die Regelung der Vergabekriterien durch Verwaltungsvorschriften ausreichend sind oder ob es dafür einer formell-gesetzlichen Grundlage mit materieller, dh Außenwirkung bedarf. Speziell bei Pressesubventionen sind die Auswirkungen auf die durch Art. 5 Abs. 1 S. 2 GG geschützte Pressefreiheit zu berücksichtigen. Die Verfassungsnorm enthält neben einem Abwehrrecht gegen staatliche Eingriffe in die Pressefreiheit auch eine objektiv-rechtliche Institutsgarantie der freien Presse.[47] Die Medien müssen ihre Aufgaben unabhängig von jedem staatlichen Einfluss wahrnehmen können.[48] Schaltet sich der Staat in den Wettbewerb der Presseunternehmen ein, indem er ein Unternehmen fördert und andere nicht, besteht die Gefahr,

---

37 Guckelberger, Die Verjährung im Öffentlichen Recht, 2004, S. 319 mwN; s.a. BbgVerfG NVwZ-RR 2012, 577, 582; BVerfGE 150, 1, 99 Rn. 197.
38 BbgVerfG NVwZ-RR 2012, 577, 581; BVerwG DVBl. 2003, 139; OVG Bremen Urt. v. 14.7.2021 – 2 LC 112/20, Rn. 65 ff. juris.
39 So Bull/Mehde, Rn. 168; Degenhart, Rn. 326.
40 In diese Richtung auch Korte Jura 2017, 656, 657 f.
41 BbgVerfG NVwZ-RR 2012, 577, 581; BVerwGE 90, 112, 126.
42 Der Bereich des Verwaltungshandelns, für den der Vorbehalt des Gesetzes nicht gilt, wird auch als sog. gesetzesfreie Verwaltung bezeichnet; § 27 Rn. 7.
43 OVG Koblenz Urt. v. 30.5.2018 – 7 A 11603/17, Rn. 28 juris; VG München Urt. v. 29.9.2021 – M 18 K 20.737, Rn. 57 juris.
44 BVerwG DVBl. 1963, 859.
45 Maurer/Waldhoff, § 6 Rn. 22.
46 Sproll, Allgemeines Verwaltungsrecht I, 1997, § 5 Rn. 31.
47 BVerfGE 10, 118, 121.
48 BVerfGE 80, 124, 134.

dass das geförderte Unternehmen seine Neutralität ggü. dem Staat verliert. Deshalb ist es dem Staat grds. verwehrt, auf die Konkurrenzsituation der sich im gesellschaftlichen Raum frei artikulierenden Presseunternehmen Einfluss zu nehmen.[49] Zumind. ist aber für die Gewährung einer solchen Subvention eine hinreichend präzise gesetzliche Ermächtigung durch das Parlament erforderlich.[50] Eine bloße Ausweisung im Haushaltsplan reicht nicht aus. Angesichts dessen ist ihre Gewährung rechtswidrig. ◀

III. Wiederholungs- und Verständnisfragen

> Was besagt der Vorrang des Gesetzes? (→ Rn. 2)
> Was ist unter dem Vorbehalt des Gesetzes zu verstehen? (→ Rn. 3 ff.)
> Für welche Art der Verwaltungstätigkeit ist der Gesetzesvorbehalt immer zu beachten? (→ Rn. 8)
> Gilt der Vorbehalt des Gesetzes bei der Vergabe von Subventionen? (→ Rn. 9 f.)

---

49 BVerfGE 20, 162, 174 f. Somit sind Subventionen an die Presse als teilw. oder gänzlich unvereinbar mit Art. 5 Abs. 1 GG anzusehen; offengelassen von OVG Berlin NJW 1975, 1938.
50 OVG Berlin NJW 1975, 1938, 1939.

§ 9 Subjektiv-öffentliche Rechte

▶ **FALL 9:** B ist Eigentümer eines Grundstücks, das er mit einem Einfamilienhaus bebauen möchte. Eine entsprechende Baugenehmigung kann B vorweisen. Der zum Nachbargrundstück des N erforderliche Grenzabstand kann dabei nicht eingehalten werden. ◀

▶ **FALL 9A:** Wäre in Fall 9 eine Klage des N unter dem Gesichtspunkt der Klagebefugnis vor dem Verwaltungsgericht zulässig? ◀

Die bundesdeutsche Rechtsordnung unterscheidet zwischen objektivem und subjektivem Recht.[1] **Objektives Recht** stellt die Summe aller geschriebenen und ungeschriebenen Rechtssätze dar. Die Verwaltung ist gem. Art. 20 Abs. 3 GG (Vorrang des Gesetzes) zu deren Einhaltung verpflichtet (bereits vorstehend, etwa § 8 Rn. 2). **Subjektiv-öffentliche Rechte** stellen einen Ausschnitt des objektiven Rechts dar. Es handelt sich dabei um Rechtsnormen, die einer Person einen Anspruch bzw. eine Rechtsposition zuordnen.[2] Der Bürger kann die Einhaltung des objektiven Rechts von der Verwaltung nur dann verlangen, wenn ihm insoweit ein **subjektiv-öffentliches Recht** zur Seite steht.

Derartige Positionen können einerseits nicht generell ausgeschlossen sein. Sonst wäre der Einzelne lediglich Untertan und Objekt staatlichen Handelns; das widerspräche der Würde des Menschen (Art. 1 Abs. 1 GG) und seinen weiteren Grundrechtspositionen.[3] Andererseits gibt es keinen Anspruch darauf, dass Rechtsnormen als solche generell beachtet bzw. durchgesetzt werden, mithin keinen allgemeinen Gesetzesvollziehungsanspruch.[4]

I. Begriffsbestimmung

Im öffentlichen Rechtskreis wird nach herkömmlichem Verständnis unter einem subjektiven Recht die einer Person zuerkannte Rechtsmacht verstanden, vom Staat zur Verfolgung eigener Interessen ein bestimmtes Verhalten verlangen zu können.[5]

II. Voraussetzungen für die Annahme subjektiv-öffentlicher Rechte

1. Allgemeines und Herangehensweise

Im Zivilrecht ist die Feststellung eines subjektiven Rechts, jedenfalls im Vertragsrecht, nicht schwierig. Aus den objektiven Bestimmungen des Zivilrechts resultieren in aller Regel unmittelbar Pflichten der einen Vertragsseite, die mit den Rechten bzw. Ansprüchen (§ 194 Abs. 1 BGB) der anderen (Vertrags-)Seite korrespondieren. Aufgrund § 433 BGB über den Kaufvertrag ergeben sich bspw. für Verkäufer und Käufer bestimmte Rechte und Pflichten, die sie jew. dem anderen ggü. durchsetzen können. Dieses Korrespondenzverhältnis folgt aus der Funktion des Privatrechts, die Interessen der Bürger auszugleichen und voneinander abzugrenzen.[6] Im öffentlichen Recht wird

---

1 Gröpl, Staatsrecht I, Rn. 78.
2 Gröpl, Staatsrecht I, Rn. 79.; Kraft in: Kluth/Rennert, Entwicklung im Verwaltungsprozessrecht, 2008, S. 13. Zu dieser Thematik auch Haack, Theorie des öffentlichen Rechts, 2017.
3 Maurer/Waldhoff, § 8 Rn. 4; BVerfGE 1, 159; dazu auch Voßkuhle/Kaiser JuS 2009, 16.
4 BGHZ 218, 96, 101 Rn. 18; VGH Mannheim VBlBW 2020, 387 Rn. 28; Bull/Mehde, Rn. 145; Funke, Rn. 33; Guckelberger in: Steinbach, S. 58, 61.
5 Vgl. Guckelberger, Deutsches Verwaltungsprozessrecht, S. 44 f.; Kahl/Ohlendorf JA 2010, 872; Steiger VerwArch 107 (2016), 497, 503 f.
6 Kraft in: Kluth/Rennert, Entwicklung im Verwaltungsprozessrecht, 2008, S. 13, 14; s. auch Sauer, S. 41 f. Rn. 63.

die Verwaltung dagegen vorrangig im Allgemeininteresse tätig. Aus objektiven Rechtsnormen des öffentlichen Rechts folgen nicht zwingend subjektiv-öffentliche Rechte.[7]

a) Explizite Aussage zum (Nicht-)Vorliegen eines subjektiven öffentlichen Rechts

4   Die Feststellung eines subjektiven öffentlichen Rechts ist unproblematisch, wenn der Gesetzgeber dazu selbst eine Aussage getroffen hat. So ordnet § 1 BAföG an, dass auf Ausbildungsförderung nach Maßgabe des Gesetzes „ein Rechtsanspruch" besteht, und vermittelt diesbzgl. ein subjektiv-öffentliches Recht. Ausweislich des § 1 Abs. 3 S. 1 BauGB besteht hingegen (ua) auf die Aufstellung von Bebauungsplänen „kein Anspruch". Zwar verpflichtet § 1 Abs. 3 S. 1 BauGB die Gemeinden zur Aufstellung eines Bebauungsplans, wenn städtebauliche Gründe dies erfordern. Dies kann für jemanden, der in einem bislang nicht beplanten Gebiet Grundstücke besitzt, die durch einen hiernach erforderlichen Bebauungsplan in wesentlich wertvolleres Bauland umgewandelt würden, von Vorteil sein. Diese Begünstigung des Bürgers stellt jedoch lediglich einen **Rechtsreflex** dar. Damit werden nicht bezweckte, rein faktische Vergünstigungen bezeichnet, die keine subjektiven Rechte gewähren.[8] Auch durch das Klimaschutzgesetz des Bundes werden gem. § 4 Abs. 1 S. 10 KSG keine subjektiven Rechte begründet.

b) Schutznormtheorie

5   Trifft das Gesetz keine explizite Aussage zum Vorliegen eines subjektiven öffentlichen Rechts, zieht die hM zur Klärung die sog. **Schutznormtheorie** heran, die auf eine lange Tradition zurückblicken kann.[9] Nach dieser liegt ein subjektiv-öffentliches Recht vor, wenn die (zwischen Verwaltung und Bürger im Streite stehende) Bestimmung nicht ausschließlich dem öffentlichen Interesse, sondern zumind. auch der Rechtsposition einzelner Bürger, zu denen der Betreffende zählt, zu dienen bestimmt ist.[10] Abweichende Sichtweisen im Schrifttum haben sich bislang nicht durchsetzen können.[11]

Folglich ist zu prüfen,

- ob die fragliche Vorschrift des objektiven Rechts – zumind. auch – dem Schutz von Individualinteressen dient,

und – natürlich –,

- ob die sich auf diese Norm berufende Person zum geschützten Personenkreis zählt.

Wie bereits bei der Erklärung des Rechtsreflexes aufgezeigt wurde, kann allein aus dem Umstand, dass dem Einzelnen aus einer öffentlich-rechtlichen Norm Vorteile erwachsen, noch nicht der Schluss auf ein subjektiv-öffentliches Recht gezogen werden. Dafür müssen derartige Begünstigungen iSd Gewährung einer individuellen Rechtsposition gewollt sein.

---

7   Dazu Wolff in: ders./Decker, Studienkommentar, VwGO § 42 Rn. 92.
8   Dazu, dass die §§ 32 ff. BNatSchG bloß einen Rechtsreflex, also keine wehrfähige individuelle Rechtsposition einräumen, BVerwG NVwZ 2021, 984 ff.
9   Dazu Bauer, Geschichtliche Grundlagen der Lehre vom subjektiven öffentlichen Recht, 1986, S. 80 ff.; Scharl, Die Schutznormtheorie, 2018. Die Theorie knüpft an eine Formulierung von Ottmar Bühler, Die subjektiven öffentlichen Rechte und ihr Schutz in der deutschen Verwaltungsrechtsprechung, 1914, S. 2, 9 ff. an.
10 BVerwGE 7, 354, 355; BVerwG NVwZ 2019, 1685, 1687; BGHZ 218, 96, 101 Rn. 18; zum Umweltrecht insoweit Gärditz NVwZ 2014, 1; zum Städtebau- und Bauordnungsrecht Erbguth/Mann/Schubert, Rn. 1359 ff.
11 Dazu etwa anhand des Umweltrechts Erbguth, Rechtssystematische Grundfragen des Umweltrechts, 1987, S. 300.

§ 9 Subjektiv-öffentliche Rechte

Aus vielen Vorschriften lässt sich nicht ohne Weiteres ablesen, ob sie Individualinteressen schützen und damit subjektive Rechte vermitteln oder nicht. Dann ist durch Heranziehung der herkömmlichen Auslegungsmethoden (grammatische, systematische, teleologische und historische Interpretation) zu ermitteln, ob die Normen ein subjektives öffentliches Recht gewähren.[12] Die individuelle Schutzrichtung kann sich auch aus einer grundrechts- (dazu § 8 Rn. 4) oder unionsrechtskonformen Auslegung ergeben.[13] Die einfachgesetzliche Einräumung eines Antragsrechts oder die Erwähnung eines sich von der Allgemeinheit abhebenden Personenkreises im Tatbestand der Norm können Indizien für ein subjektives öffentliches Recht sein.[14]

BEISPIELE:

- Nach § 73 Abs. 1 S. 1 Hs. 1 SaarLBO „ist" die **Baugenehmigung** zu erteilen, wenn dem Bauvorhaben keine öffentlich-rechtlichen Vorschriften entgegenstehen. Der Wortlaut dieser Norm begründet eine Pflicht für die Behörde. Aus einer systematischen und verfassungskonformen Auslegung folgt, dass diese Norm auch einen subjektiv-rechtlichen Inhalt hat. Denn die Baugenehmigung wird nur auf Antrag gewährt und soll typischerweise dem Eigentümer den Gebrauch seiner in Art. 14 Abs. 1 GG verbürgten Baufreiheit ermöglichen.[15]

- Nach den bauordnungsrechtlichen Regelungen in den LBOen müssen zwischen den Außenwänden von Gebäuden gewisse **Mindestabstandsflächen** liegen, die von Bebauung freizuhalten sind. Neben anderen Zwecken sollen sie ein Übergreifen von Bränden auf Nachbargebäude verhindern sowie den nachbarlichen Wohnfrieden schützen und dienen damit auch dem Individualschutz.[16]

- Eine **immissionsschutzrechtliche Genehmigung** darf nur bei Erfüllung der Voraussetzungen des § 5 BImSchG erteilt werden. Nach § 5 Abs. 1 Nr. 1 BImSchG darf die Anlage keine schädlichen Umwelteinwirkungen, sonstige Gefahren, erhebliche Nachteile und erhebliche Belästigungen für die Allgemeinheit und die Nachbarschaft hervorrufen. Aus der expliziten Erwähnung der Nachbarschaft ergibt sich, dass Nr. 1 insoweit eine **nachbarschützende** (und daher drittschützende) Vorschrift enthält. Umstritten ist die Einordnung der Nr. 2, die zur Vorsorge gegen schädliche Umwelteinwirkungen, sonstige Gefahren, erhebliche Nachteile sowie erhebliche Belästigungen verpflichtet. Teilw. wird aus einer Gegenüberstellung von Nr. 1 und Nr. 2 darauf geschlossen, dass Nr. 2 wegen der dort fehlenden Erwähnung der Nachbarn nur eine objektiv-rechtliche Vorschrift darstellt.[17] Stimmen im Schrifttum messen demgegenüber mit Blick auf das Unionsrecht auch der Nr. 2 subjektiv-rechtlichen Charakter bei, da Vorsorgevorschriften neben der Volksgesundheit auch dem individuellen Gesundheitsschutz dienen.[18]

- Aufgrund der **polizeilichen Generalklauseln** im Landesrecht, zB § 8 Abs. 1 SaarlPolG, kann die Polizei die notwendigen Maßnahmen zur Abwehr einer Gefahr für die öffentliche Sicherheit und Ordnung treffen. Auch wenn hier das Adjektiv „öffentlich" verwendet wird, kann sich aus derartigen Regelungen ein subjektiv-öffentliches Recht auf fehlerfreie Ermessensbetätigung[19] oder – bei Ermessensreduzierung auf Null (vgl. allg.

---

12 Vgl. BVerwG NVwZ 2019, 1685, 1687; BGHZ 218, 96, 101 ff. Rn. 17 ff.
13 Dazu instruktiv anhand Art. 10a der Richtlinie 337/85/EWG aF (UVP-Richtlinie), Schlacke, § 5 Rn. 63) mit Blick auf die subjektiv-öffentliche Anreicherung des Denkmal- und Kulturgutschutzes Mast NVwZ 2012, 472.
14 BVerwG NVwZ 2019, 1685, 1687; BGHZ 218, 96, 102 f. Rn. 22.
15 Ibler, Öffentliches Baurecht, 2006, S. 3.
16 OVG Saarlouis Beschl. v. 10.6.2013 – 2 B 29/13, Rn. 28 juris. Dazu Fall 9 mit Abwandlung; allg. Erbguth/Mann/Schubert, Rn. 1363 ff.
17 ZB VGH München Urt. v. 26.7.2016 – 2 B 15.2392, Rn. 40 juris.
18 ZB Kahl/Ohlendorf JA 2011, 41, 45.
19 Näher § 14 Rn. 41 ff. Dazu auch Beaucamp JA 2022, 392.

§ 14 Rn. 48) – auf ein bestimmtes (Verwaltungs-)Handeln ergeben (vgl. § 14 Rn. 49), wenn sich der (Ermessens-)Vorschrift selbst oder dem im Einzelfall relevanten Rechtsgut bzw. der konkret betroffenen Norm eine individuelle Schutzrichtung entnehmen lässt,[20] etwa Leib und Leben des Einzelnen zu schützen sind.

2. Einzelfragen

a) Formelle Vorschriften, insbesondere Verfahrensregelungen

7   Verfahrensvorschriften dienen der Ordnung des Verfahrensablaufs sowie insb. der umfassenden Information der Behörde und liegen somit zunächst einmal im öffentlichen Interesse.[21] Betrachtet man die Rspr., enthalten die meisten Verfahrensvorschriften, wie etwa § 28 Abs. 1 VwVfG, nur sog. **relative Verfahrensrechte**. Da deren Einhaltung der besseren Durchsetzung von materiellen Rechten und Belangen dient, vermitteln diese nach bislang vorherrschender Auffassung nur dann ein subjektiv-öffentliches Recht, wenn zugleich die Verletzung eines materiellen Rechts möglich erscheint.[22] Beispielhaft sei auf eine Entscheidung des VG Saarlouis verwiesen, wonach die formalrechtlichen Bestimmungen über die Notwendigkeit bzw. Entbehrlichkeit eines Baugenehmigungsverfahrens allein öffentlichen Interessen dienen und ihre Verletzung daher bereits vom Ansatz her ungeeignet sei, dem Nachbarn ein Abwehrrecht ggü. Vorhaben oder Nutzungen auf benachbarten Grundstücken zu gewähren.[23] Nur ausnahmsweise ist Verfahrensnormen unabhängig vom materiellen Recht ein subjektiv-rechtlicher Charakter beizumessen. Es handelt sich dabei um sog. **absolute Verfahrensrechte**, die den Betroffenen in spezifischer Weise und unabhängig vom materiellen Recht eine eigene, selbstständig durchsetzbare Rechtsposition gewähren, mit der Folge, dass der Berechtigte von den staatlichen Stellen seine Beteiligung im Verwaltungsverfahren verlangen kann und die Gerichte im Falle einer Klage die Behördenentscheidung allein wegen des unterlaufenen Verfahrensfehlers aufheben.[24] Absolute Verfahrensrechte sind Verfahrensvorgaben, deren Einhaltung für die Richtigkeit einer Behördenentscheidung sozusagen als essentiell eingestuft wird.[25] Als Beispiel für ein solches absolutes Verfahrensrecht sei das Recht der Gemeinde auf Erteilung ihres Einvernehmens in § 36 BauGB genannt.[26] Diese nur zögerliche Annahme des subjektiv-rechtlichen Charakters von Verfahrensvorschriften stößt zunehmend auf Kritik, weil das Unionsrecht – wie noch zu zeigen sein wird – einzelnen Verfahrensvorschriften oft einen höheren Stellenwert beimisst als das nationale Recht.[27] Wichtigstes Beispiel für ein solches, auf einem unionsrechtlichen Hintergrund beruhendes absolutes Verfahrensrecht ist § 4 Abs. 1

---

20 S. Maurer/Waldhoff, § 8 Rn. 8 f., mit Beispiel. Vgl. auch VGH Mannheim Beschl. v. 21.7.2017 – 9 S 1452/16, Rn. 8 juris. Zum Baurecht vgl. noch Rn. 7.
21 VGH München NVwZ-RR 2013, 545, 546; Greim, Rechtsschutz bei Verfahrensfehlern im Umweltrecht, 2013, S. 32.
22 VGH Mannheim Urt. v. 30.9.2020 – 5 S 969/18, Rn. 59 f. juris; Wolff in: ders./Decker, Studienkommentar, VwGO § 42 Rn. 105.
23 VG Saarlouis Urt. v. 8.10.2014 – 5 K 808/13, Rn. 41 juris; s.a. Guckelberger, Deutsches Verwaltungsprozessrecht, S. 159.
24 BVerwGE 117, 93, 115 f.; VGH Mannheim Urt. v. 30.9.2020 – 5 S 969/18, Rn. 60 juris; s.a. Funke, Rn. 96 f.; Guckelberger, Deutsches Verwaltungsprozessrecht, S. 160 ff.; Hufen/Siegel, Rn. 46; Steiger VerwArch 107 (2016), 497, 506.
25 Held DVBl. 2016, 12, 14.
26 BVerwG NVwZ 2008, 1347, 1348; Held DÖV 2019, 121, 124. Zur Einstufung des Grundsatzes der Öffentlichkeit bei Gemeinderatssitzungen als absolutes Verfahrenserfordernis VGH Mannheim VBlBW 2019, 114, 116.
27 Vgl. §§ 18 ff. UVPG; näher Schlacke, § 5 Rn. 62 ff., § 7 Rn. 26; krit. ggü. der herkömmlichen Verfahrensdoktrin Steiger VerwArch 107 (2016), 497, 506 ff.

§ 9 Subjektiv-öffentliche Rechte

UmwRG, das allerdings bei Individualklägern der Einschränkung des § 4 Abs. 3 S. 2 UmwRG unterliegt.[28]

b) Grundrechte und grundrechtsähnliche Rechtspositionen

Subjektiv-öffentliche Rechte stellen natürlich die (nationalen) **Grundrechte** dar, insb. die Freiheitsrechte. Als **Abwehrpositionen** des Bürgers gegen den Staat schützen sie den Einzelnen vor staatlichen Eingriffen.[29] So kann sich der Eigentümer eines Grundstücks ggü. staatlichen Straßenbaumaßnahmen auf Art. 14 GG berufen, sofern dadurch das Grundeigentum betroffen ist. Nach hM schützt das Grundrecht der Berufsfreiheit aus Art. 12 Abs. 1 GG (auch) die Teilhabe am Wettbewerb, verleiht aber keinen Anspruch darauf, dass die Wettbewerbsbedingungen gleich bleiben. Insb. folgt aus Art. 12 Abs. 1 GG grds. kein Recht auf Abwehr des Marktzutritts weiterer Konkurrenten.[30] Klausurrelevanz erlangt diese Problematik ua bei der Inanspruchnahme von Grundrechtsschutz ggü. wirtschaftlichen Unternehmen des Staates, insb. der Gemeinden (Art. 12, 14 GG).[31] Sofern keine einfachgesetzlichen Grenzziehungen einschlägig sind (dazu § 29 Rn. 15), wird ein Abwehranspruch aus Art. 12 Abs. 1 GG nur ausnahmsweise in Fällen einer unerträglichen Beeinträchtigung der Wettbewerbsfreiheit von Konkurrenten, einer Auszehrung der (privaten) Konkurrenz oder bei einer Monopolstellung derartiger Unternehmen anerkannt.[32] Die Literatur ist teilw. etwas großzügiger[33] und verweist auf die anerkannte Eingriffswirkung faktisch hoheitlichen Handelns im Rahmen des Art. 12 GG,[34] jedenfalls bei berufsregelnder Tendenz.[35]

Unter gewissen Voraussetzungen gewähren Grundrechte bzw. grundrechtsgleiche Rechte zudem **Leistungsansprüche**.[36] Dies gilt etwa für den Bewerbungsverfahrensanspruch auf der Grundlage des grundrechtsgleichen Rechts aus Art. 33 Abs. 2 GG bei der Besetzung von oder der Beförderung auf Beamtenstellen (vgl. bereits Rn. 7), das den Zugang zu jedem öffentlichen Amt nach Eignung, Befähigung und fachlicher Leistung (Bestenauslese) gewährleistet.[37] Aus Art. 3 Abs. 1 GG folgt hingegen kein Anspruch auf Bereitstellung veganer Mittagsverpflegung in einer Ganztagsschule, da aus dem Gleichheitsgrundrecht keine originären staatlichen Leistungsansprüche hergeleitet werden können.[38] Allerdings kann sich der Einzelne gegen eine Ungleichbehandlung bei der Gewährung einer Begünstigung an einen anderen unter Berufung auf Art. 3 Abs. 1 GG wehren, wenn es keinen sachlichen Grund für diese gibt. Rückt etwa die Verwaltung grundlos von einer langjährigen Verwaltungspraxis bei der Vergabe öffentlicher Aufträge ab, so kann der Einzelne unter Berufung auf die **Selbstbindung** der Verwaltung nach stRspr. eine Verletzung von Art. 3 Abs. 1 GG geltend machen.[39]

---

28 Wolff in: ders./Decker, Studienkommentar, VwGO § 42 Rn. 106; s.a. BVerwG NVwZ 2021, 736 f.
29 Detterbeck, Rn. 403; Maurer/Waldhoff, § 8 Rn. 11.
30 BVerwG KommJur 2021, 60 f.
31 Näher Erbguth/Mann/Schubert, Rn. 315 ff.
32 Etwa BVerwGE 17, 306, 314; BVerwG NJW 1995, 2938, 2939.
33 Bereits Kluth, Grenzen kommunaler Wettbewerbsteilnahme, 1988, S. 63 ff.; Faßbender DÖV 2005, 89, 97.
34 Erbguth/Mann/Schubert, Rn. 324.
35 Dazu etwa BVerfGE 111, 191, 213.
36 Maurer/Waldhoff, § 8 Rn. 14; näher etwa Michael/Morlok, Rn. 525 ff.
37 BVerfGE 1, 167, 184.
38 BVerfG Nichtannahmebeschl. v. 9.8.2018 – 1 BvR 1981/16, Rn. 10 juris.
39 BVerwG Beschl. v. 15.12.2020 – 3 B 34/19, Rn. 39 juris.

Wegen **vorrangig heranzuziehender einfachgesetzlicher Regelungen**[40] ist jedoch mit der Suche nach individualschützenden Normen zunächst bei diesen und nicht bei den Grundrechten anzusetzen.[41] Seit Inkrafttreten des Grundgesetzes gehört die Ausweitung der einfachgesetzlichen subjektiven öffentlichen Rechte auf der Grundlage der Grundrechte zu einem der erfolgreichsten Entwicklungspfade im deutschen öffentlichen Recht.[42] Denn im Rahmen der Prüfung, ob einfachgesetzlichen Vorschriften individualschützende Wirkung zukommt, sind die Grundrechtspositionen bei der Auslegung mit zu berücksichtigen.[43] Bei der Auslegung des einfachen Rechts ist außerdem zu beachten, dass je nach Konstellation die EMRK die Auslegung der nationalen Grundrechte beeinflussen kann,[44] oder je nach Kontext auch die Vorgaben der europäischen Grundrechtecharta relevant werden (näher Rn. 8). Lediglich wenn den Regelungen des einfachen Rechts kein subjektiv-öffentliches Recht zu entnehmen ist, kann (erst dann!) auf Grundrechte zurückgegriffen werden.

Juristische Personen des öffentlichen Rechts und staatlich beherrschte Unternehmen können sich nicht auf die Grundrechte berufen, da die staatliche Gewalt gem. Art. 1 Abs. 3 GG an die Grundrechte gebunden ist.[45] Ausnahmsweise gilt etwas anderes, wenn sie, wie zB Universitäten oder Rundfunkanstalten, gerade zur Verwirklichung bestimmter Grundrechte geschaffen wurden.[46] Gemeinden können sich zwar nicht auf Grundrechtspositionen, wohl aber in ähnlicher Weise auf **Art. 28 Abs. 2 S. 1 GG** stützen: Soweit sie sich ggü. staatlichem Handeln (etwa der Verweigerung der Genehmigung eines Bebauungsplans) auf Selbstverwaltungspositionen iSd Vorschrift berufen können, erwächst für sie daraus ein subjektiv-öffentliches Recht;[47] allerdings ist auch hier die vorrangige Auslegung des einfachen Rechts beachtlich.[48] Das BVerfG entschied, dass Vertrauenspersonen eines Bürgerbegehrens als „Amtswalter" in einem organschaftlichen Verhältnis zur Gemeinde stehen und sich daher wie die Gemeinde nicht auf Art. 19 Abs. 4 GG, sondern nur auf eine durch einfaches Recht zugewiesene subjektive Rechtsstellung berufen könnten.[49] Im Übrigen ermöglicht Art. 28 Abs. 2 S. 1 GG den Gemeinden nur die Wahrnehmung ihrer über das Selbstverwaltungsrecht geschützten gemeindlichen Interessen. Es berechtigt sie nicht dazu, sich zum Sachwalter privater Interessen aufzuschwingen und sich für diese ggü. anderen staatlichen Stellen einzusetzen.[50]

---

40 Bereits § 7 Rn. 17; Rozek Jura 2021, 30, 36; Sauer, S. 43 Rn. 65.
41 Dazu und zum Nachfolgenden aus transnationaler Sicht Kment in: Calliess, Transnationales Recht – Stand und Perspektiven, 2014, S. 331, 350 f.
42 So bezogen auf den Rechtsschutz Gärditz, Gutachten für den 71. DJT, D 10.
43 BVerfGE 53, 30, 66; 56, 216, 242; Maurer/Waldhoff, § 8 Rn. 11.
44 S. etwa BVerfG NVwZ 2018, 1121, 1125; zur Auslegung des GG im Lichte der EMRK, welches ein generelles Streikverbot für Beamte für mit Art. 11 Abs. 1 EMRK vereinbar erachtete.
45 BVerwGE 167, 202, 207 ff. Rn. 21 ff.; s.a. BVerfG Nichtannahmebeschl. v. 23.9.2021 – 2 BvR 1144/21, Rn. 15 f. juris.
46 Wolff in: ders./Decker, Studienkommentar, VwGO § 42 Rn. 114.
47 Näher zur Selbstverwaltungsgarantie etwa Geis, § 6; s. auch BVerwG UPR 2022, 226, 227.
48 BVerwG UPR 2022, 226, 227. Vgl. zum subjektiven Verfahrensrecht aus § 36 BauGB bei Rn. 5.
49 BVerfG NVwZ 2019, 642, 643 Rn. 18 ff.; Nichtannahmebeschl. v. 23.9.2021 – 2 BvR 1144/21, Rn. 15 ff. juris; für eine Eröffnung des Art. 19 Abs. 4 S. 1 GG bei Kommunen Guckelberger Jura 2008, 819, 823 mwN.
50 BVerwG NVwZ 2016, 1734; UPR 2018, 387, 389 f.

c) Europarecht im engeren und weiteren Sinne

Individualschützende Normen lassen sich ferner unmittelbar dem Europarecht entnehmen.[51] So sind die Gewährleistungen der **EMRK**,[52] welche zum Europarecht im weiteren Sinne zählen,[53] als subjektiv-öffentliche Rechte anerkannt.[54] Was das Unionsrecht anbetrifft, lassen sich subjektiv-öffentliche Rechte der Einzelnen aus den **Grundfreiheiten** und seit ihrer Kodifizierung im Gefolge des Lissabon-Vertrags aus den sich in der Europäischen Grundrechtecharta (GRCh) enthaltenen Grundrechten entnehmen (vgl. Art. 6 Abs. 1 EUV).[55] Soweit diese Rechte den in der EMRK garantierten Rechten entsprechen, haben die in der GRCh enthaltenen Rechte die gleiche Bedeutung und Tragweite wie nach der EMRK, soweit nicht das **Unionsrecht** einen weitergehenden Schutz gewährt (Art. 52 Abs. 3 GRCh). Die GRCh wirkt nicht nur ggü. jeglichen Organen, Stellen und Einrichtungen der EU, sondern auch ggü. denjenigen der Mitgliedstaaten, sofern sie Unionsrecht durchführen (Art. 51 Abs. 1 S. 1 GRCh).

Auch im Unionsrecht werden die primärrechtlichen Vorgaben oft durch **Sekundärrecht** konkretisiert, das subjektiv-öffentliche Rechte einräumen kann.[56] Wegen der Eigenständigkeit des Unionsrechts bestimmen die Unionsgerichte selbstständig – und damit nicht unter Heranziehung der deutschen Schutznormtheorie –, ob und inwieweit sich aus diesem Rechte ergeben.[57] Obwohl es bis heute keine gefestigte Dogmatik des EuGH zur Annahme derartiger Rechte gibt, herrscht Konsens, dass das Unionsrecht im Vergleich zur nationalen Schutznormtheorie großzügiger subjektive Rechte gewährt,[58] um so ua Ineffizienzen beim Vollzug des Unionsrechts durch die Mitgliedstaaten begegnen zu können (Stichworte: Mobilisierung des Bürgers zur Durchsetzung des Unionsrechts; funktionaler Ansatz).[59] Bspw. wurde vom EuGH im Bezug auf eine Richtlinie zur Kontrolle der Luftqualität die Annahme eines subjektiven Rechts bejaht, weil diese mit dem Schutz der Volksgesundheit einem individualisierbaren Interesse der Allgemeinheit dient.[60] Voraussetzung für die Annahme einer derartigen, den Bürger begünstigenden Rechtsposition ist hiernach zum einen, dass die im Streit stehende unionsrechtliche bzw. nationale (Umsetzungs-)Bestimmung **auch dem Schutz personaler Interessen** dienen soll, wie es etwa beim Gesundheitsschutz und grds. auch beim Umweltschutz der Fall ist.[61] Darüber hinaus muss die um Rechtsschutz suchende Person in diesem Rechtsgut **tatsächlich betroffen** sein können.[62] Man kann somit sagen,

---

51 Allg. und eingehend zur Europäisierung des deutschen Rechtsschutzkonzepts Mangold/Wahl Verw 48 (2015), 1.
52 Vom Europarat am 4.11.1950 beschlossen, BGBl. 1952 II S. 686; konsolidierte Fassung BGBl. 2002 II S. 1055.
53 Siegel, Europäisierung, Rn. 8; eingehend zum Begriff „Europarecht" v. Bogdandy JZ 2017, 589 ff.
54 Dörr DVBl. 2008, 1401, 1405; ders./Lenz, Rn. 736.
55 Zum EU-Grundrechtsschutz „nach Lissabon" näher Weiß EuZW 2012, 201; Zeder EuR 2012, 34; „vor und nach Lissabon", Stern in: FS für E. Klein, 2013, S. 669. Insoweit zu den Grundrechtsverpflichteten und den Grundrechtsdimensionen Cremer EuGRZ 2011, 545.
56 Huber BayVBl. 2001, 577, 581.
57 Guckelberger, Deutsches Verwaltungsprozessrecht, S. 46 f.; Ruthig BayVBl. 1997, 289, 291.
58 BVerwGE 147, 312, 324 f.; Guckelberger, Deutsches Verwaltungsprozessrecht, S. 47 f.; Ludwigs in: Kahl/ders., I, § 8 Rn. 37; Saurer, Der Einzelne im europäischen Verwaltungsrecht, 2014, S. 376; Siegel, Europäisierung, Rn. 179.
59 Rozek Jura 2021, 30, 37; s.a. Masing, Die Mobilisierung des Bürgers für die Durchsetzung des Rechts, 1997; Voßkuhle/Schemmel JuS 2019, 347, 349.
60 EuGH EuZW 2008, 573, 574; weitere Beispiele bei Ebers, Rechte, Rechtsbehelfe und Sanktionen im Unionsrecht, 2016, S. 157 ff.
61 Vgl. etwa Ludwigs in: Kahl/ders., I, § 8 Rn. 38.
62 EuGH, Slg 1987, 4097 Rn. 17; Slg 1992, I-6313 Rn. 14 ff.; NVwZ 2020, 1177, 1183 f.; Ludwigs in: Kahl/ders., I, § 8 Rn. 38.

dass der EuGH rechtssystematisch einem ähnlichen Ansatz wie bei der Schutznormtheorie folgt, aber bei der Anerkennung von solchen Individualpositionen großzügiger verfährt.[63]

Bei der Prüfung, ob eine unionsrechtliche Regelung oder eine sie umsetzende, ggf. unionsrechtskonform auszulegende innerstaatliche Bestimmung einer Person ein subjektives Recht gewährt, ist wie folgt vorzugehen: Relativ unproblematisch sind diejenigen Konstellationen, in denen sich bereits aus dem Wortlaut der jew. Bestimmung ergibt, dass einer Person ein Recht zusteht. Bspw. steht der betroffenen Person nach Art. 15 Abs. 1 Hs. 1 DSGVO das Recht zu, von den Verantwortlichen eine Bestätigung darüber zu verlangen, ob sie betreffende personenbezogene Daten verarbeiten werden. Sollte sich dem Wortlaut keine eindeutige Aussage entnehmen lassen, ist durch Auslegung zu bestimmen, ob die Norm ein subjektives Recht begründet, wobei die Maßstäbe der EuGH-Rechtsprechung heranzuziehen sind.

Hins. **sekundärer Rechte** aus EU-Verordnungen, unmittelbar geltenden Richtlinien der EU (dazu § 3 Rn. 4) oder bei nationalem Recht, das EU-Richtlinien umsetzt, bejaht der EuGH (iSd Effektivitätsgebots[64]) eine Subjektivität im Falle der Betroffenheit, wenn die einschlägige Regelung auf personenbezogene Rechtsgüter im o.g. Sinne Bezug nimmt.[65] Das gilt für Vorschriften des **materiellen** Rechts, aber auch für **Verfahrensbestimmungen**, insb. Beteiligungsregelungen (vgl. Rn. 7 sowie Rn. 13).

All dies zieht einen unionsrechtlich erweiterten Einsatz der Schutznormtheorie (vgl. Rn. 3 ff.) nach sich.[66] So war umstritten, ob aus dem Unionsrecht ein Anspruch einzelner Bürger auf Aufstellung eines Aktionsplans zur Reduzierung von Schadstoffemissionen in Städten (Stichwort: Feinstaub) abgeleitet werden kann.[67] Nachdem das BVerwG die Frage einer solchen Auslegung der deutschen Vorschrift (§ 47 Abs. 2 S. 1 BImSchG) zunächst verneint hatte, weil sich aus dem Wortlaut keine Berechtigung Dritter entnehmen lasse und auch in der Begründung des Gesetzentwurfs nur von einer verwaltungsinternen Bedeutung der Pläne ausgegangen wurde,[68] ist vom EuGH unmittelbar Betroffenen ein derartiger Anspruch ggü. den zuständigen nationalen Behörden zuerkannt worden, wenn die Gefahr einer Überschreitung der immissionsschutzrechtlichen Grenzwerte oder Alarmschwellen besteht. Denn die Richtlinie werde die Eindämmung und Reduzierung der Luftverschmutzung und damit der Schutz der öffentlichen Gesundheit bezweckt.[69] Das ist ohne Weiteres auf Luftreinhaltepläne nach § 47 Abs. 1 BImSchG im Gefolge von Art. 23 der Richtlinie 2008/50/EG übertragbar.[70] Inzwischen bejaht das

---

63 Eingehend Schlacke, Rechtsschutz, S. 92 ff.; zusammenfassend Breuer Verw 45 (2012), 171 f.; s.a. Ludwigs in: Kahl/ders., I, § 8 Rn. 37 f.
64 Dazu § 3 Rn. 2; stRspr., vgl. EuGH, Slg 2000, I-3201 Rn. 31; Slg 2001, I-1727 Rn. 85; auch Dörr/Lenz, Rn. 535; Ehlers Verw 37 (2004), 255, 258.
65 EuGH, Slg 1996, I-4845 Rn. 43. S.a. EuGH NVwZ 2020, 1177, 1183 f., wonach Einzelne berechtigt sein müssen, vor den zuständigen nationalen Gerichten die Verletzung der Pflichten zur Verhinderung der Verschlechterung von Wasserkörpern und zur Verbesserung ihres Zustands aus der Wasserrahmenrichtlinie geltend zu machen, wenn sie unmittelbar betroffen sind, was bei einer Berechtigung zur Grundwasserentnahme und -nutzung zu bejahen ist, auch wenn keine Gesundheitsgefährdung vorliegt.
66 Vgl. noch Rn. 12; so anhand der Verbandsklage mit Definitionsvorschlag Schlacke NVwZ 2014, 11, 15. Zum subjektiven Recht aus Verfahrensvorschriften Rn. 7; zum bloßen Interessenschutz anhand der Klagebefugnis Rn. 12. Eingehend zur Frage, ob und inwieweit an der Schutznormtheorie angesichts des Unionsrechts festgehalten werden sollte, Guckelberger, Deutsches Verwaltungsprozessrecht, S. 49 ff. mwN.
67 Vgl. Winkler ZUR 2007, 364 mwN; Schlacke JA 2007, 361.
68 BVerwGE 128, 278, 281.
69 EuGH BayVBl. 2008, 751; auch (Kurzwiedergabe) JuS 2009, 74, 75 f.; dazu Faßbender EuR 2009, 400; zu den immissionsschutzrechtlichen Folgewirkungen G. Kirchhof AöR 135 (2010), 29; fallbezogen bereits Schlacke JA 2007, 361; zu alledem auch unter national-rechtlichen Aspekten Brinktrine in: FS für D. H. Scheuing, 2011, S. 279, 284 ff.
70 BVerwG NVwZ 2014, 64, 67 mwN. Zur Verneinung eines subjektiven Rechts aus der Umgebungslärmrichtlinie BVerwG Beschl. v. 7.1.2019 – 7 B 16/18, Rn. 12 juris.

BVerwG aufgrund vorstehender Rspr.[71] ein subjektiv-öffentliches Recht auf Aufstellung eines den Luftqualitätsvorgaben entsprechenden Luftreinhalteplans.[72]

▶ **Zu Fall 9:** N könnte die Aufhebung der an B gerichteten Baugenehmigung verlangen, wenn ihm ein subjektiv-öffentliches Recht zur Seite steht. Dann müsste die dem B erteilte Genehmigung gegen eine den N schützende Rechtsnorm verstoßen. Letzteres wird bei Regelungen über die Abstandsflächen (vgl. etwa § 6 LBauO M-V, § 7 SaarLBO),[73] die vorliegend nicht beachtet wurden, angenommen.[74] Über sie sollen Brandschutz und ein gewisses Maß an Licht- und Luftzufuhr der Nachbargrundstücke sowie der Wohnfrieden gewährleistet werden.[75] Die Vorschriften schützen damit auch die individuellen Interessen eines bestimmbaren Personenkreises, nämlich der Nachbarn, dem N angehört. Er kann sich folglich auf ein subjektiv-öffentliches Recht berufen und die Beachtung besagter Vorschrift von der Baubehörde verlangen. ◀

III. Verwaltungsprozessrechtliche Bedeutung: Klagebefugnis

Praktische Bedeutung erlangen subjektiv-öffentliche Rechte wegen ihrer gerichtlichen Durchsetzbarkeit. Nach Art. 19 Abs. 4 S. 1 GG steht jedem, der durch die öffentliche Gewalt **in seinen Rechten verletzt** ist, der Rechtsweg offen. Diese Garantie des **Individualrechtsschutzes** wird einfachgesetzlich durch § 42 Abs. 2 Hs. 2 VwGO sowie durch § 113 Abs. 1 S. 1, Abs. 5 S. 1 VwGO konkretisiert. § 42 Abs. 2 Hs. 2 VwGO normiert die **Klagebefugnis** als (Zulässigkeits-)Voraussetzung für die Erhebung bestimmter verwaltungsgerichtlicher Klagen.[76] Deshalb kann man auch davon sprechen, dass das subjektive öffentliche Recht als „Türöffner" für die Verwaltungsgerichtsbarkeit fungiert.[77]

10

1. Funktion und Bedeutung der Klagebefugnis

Ggü. Maßnahmen der Verwaltung eröffnen sich dem Bürger unterschiedliche Klagearten (zum Überblick über die verwaltungsgerichtlichen Klagearten vgl. § 11 Rn. 4). Für die Anfechtungs- und Verpflichtungsklage (§ 42 Abs. 1 VwGO) ordnet § 42 Abs. 2 VwGO die Maßgabe der Klagebefugnis ausdrücklich an: Soweit gesetzlich nichts anderes bestimmt ist, muss der Kläger geltend machen, durch den Verwaltungsakt oder seine Ablehnung in seinen Rechten verletzt zu sein. Die Vorschrift gilt nach hM allerdings analog für weitere verwaltungsgerichtliche Klagen (Leistungsklage, Fortsetzungsfeststellungsklage (vgl. dazu § 23 Rn. 10, § 20 Rn. 43)). Der Klagebefugnis kommt eine **Filterfunktion** zu. Könnte jeder die Gerichte allein wegen eines Gesetzesverstoßes der

11

---

71 Ebenso EuGH NVwZ 2011, 673, 675; zu alldem eingehend Berkemann DVBl. 2013, 1137; bereits Schlacke ZUR 2011, 312.
72 Prozessual allerdings nicht auf der Grundlage von § 42 Abs. 2 Hs. 1 VwGO, sondern von § 42 Abs. 2 Hs. 2 VwGO, auch zugunsten von Umweltvereinigungen iSd § 3 UmwRG, BVerwG NVwZ 2014, 64, 67 f.; Schlacke ZUR 2013, 666, 674. Einschränkendes Verständnis bei Stevens DVBl. 2014, 349, 354: nur Korrelat zum subjektiv-öffentlichen Recht von Privaten in concreto, keine allg. Öffnung zugunsten eines Verbandsrechts; so auch Lau NVwZ 2014, 637, 639 f.; jenseits § 64 BNatSchG, § 2 UmwRG nur bei (möglicher) Verletzung von Rechten Einzelner. Trotz unionsrechtlichem Hintergrund kam BVerwGE 167, 147, 150 ff. Rn. 17 ff. demgü. zu dem Ergebnis, dass die §§ 47a ff. BImSchG zu den Lärmaktionsplänen nur objektiv-rechtliche Verpflichtungen enthalten.
73 Art. 6 BayLBO; § 6 LBO NRW; § 5 NdsLBO.
74 BVerwGE 94, 151, 158; näher Erbguth/Schubert, Öffentliches Baurecht, § 15 Rn. 40 f.
75 Brohm, Öffentliches Baurecht, 3. Aufl. 2002, § 5 Rn. 8; VG Saarlouis Urt. v. 7.9.2011 – 5 K 83/11, Rn. 30 juris.
76 Näher dazu etwa Groß Verw 43 (2010), 349, 351 ff.
77 Ziekow in: Kahl/Ludwigs, I, § 14 Rn. 49; zur zentralen Bedeutung auch Marxsen Die Verw 53 (2020), 215, 219.

Verwaltung unabhängig von einer möglichen Verletzung in einem eigenen Recht in Anspruch nehmen, würden die Gerichte an ihre Kapazitätsgrenzen stoßen. Der mit § 42 Abs. 2 VwGO bezweckte **Ausschluss von Popularklagen** wird daher auf die anderen Klagearten übertragen, um in der Sache nicht gerechtfertigte Wertungswidersprüche in Bezug auf die Klagebefugnis zu vermeiden.[78] Bei der auf ein berechtigtes Interesse an der baldigen Feststellung abstellenden Feststellungsklage (s. § 43 Abs. 1 VwGO) ist die entsprechende Heranziehung des § 42 Abs. 2 VwGO dagegen umstritten.[79] Für die abstrakte Normenkontrolle muss der Antragsteller nach § 47 Abs. 2 S. 1 Hs. 1 VwGO geltend machen, durch die Rechtsvorschrift oder deren Anwendung in seinen Rechten verletzt zu sein oder in absehbarer Zeit verletzt zu werden. Jedoch besteht diese Beschränkung nicht für Normenkontrollanträge von Behörden (vgl. § 28 Rn. 9 f.). Auch in den Verfahren des vorläufigen Rechtsschutzes[80] sowie im Widerspruchsverfahren (vgl. § 20 Rn. 1 ff., 8) wird in entsprechender Anwendung des § 42 Abs. 2 VwGO das Vorliegen der **Antrags- bzw. Widerspruchsbefugnis** geprüft.[81]

Das Erfordernis der Klage- bzw. Antragsbefugnis im Verwaltungsprozessrecht spiegelt die verfassungsrechtlich (Art. 19 Abs. 4 GG, s.o.) vorgegebene Strukturentscheidung für ein **Individualrechtsschutzsystem** im Gegensatz zu einem System der objektiven Rechtskontrolle wider.[82] Entsprechend dem Wortlaut dieser Verfassungsnorm genügt für die Eröffnung der Garantie effektiven Rechtsschutzes weder die Möglichkeit einer bloßen Interessenbeeinträchtigung (= Ausschluss der Interessentenklage) noch die mögliche Verletzung von Rechtssätzen, die nicht den Interessen des Einzelnen zu dienen bestimmt sind (= Ausschluss von Popularklagen), womit Überlastungen der Verwaltungsgerichte entgegengewirkt wird.[83] Da Art. 19 Abs. 4 GG in den Worten des BVerfG Personen einen möglichst lückenlosen Rechtsschutz gegen Verletzungen der „individuellen Rechtssphäre" durch Eingriffe der öffentlichen Gewalt gewährleistet,[84] können sich Stellen, die aus altruistischen Gründen zur Durchsetzung bestimmter öffentlicher Interessen tätig werden oder die in fremdem Interesse liegende Rechtspositionen gerichtlich durchsetzen wollen, nicht auf das Grundrecht auf effektiven Rechtsschutz berufen.[85]

Weil Art. 19 Abs. 4 GG jedoch nur eine Mindestgarantie enthält, kann der Gesetzgeber auch von einer eigenen Rechtsverletzung unabhängige Rechtsschutzmöglichkeiten einräumen, sofern dadurch der verfassungsrechtlich garantierte Individualrechtsschutz nicht beeinträchtigt wird.[86] Deshalb stellt § 42 Abs. 2 Hs. 1 VwGO die Klagebefugnis unter den Vorbehalt abweichender Regelungen („Soweit gesetzlich nichts anderes bestimmt ist, [...]") – mit der Folge, dass es auch **Ausnahmen** von der für den Rechtsschutz prinzipiell geforderten individuellen Rechtsverletzung gibt. Die in § 42 Abs. 2 Hs. 1 VwGO enthaltene Öffnungsklausel erlangt nur im Falle einer Umsetzung durch

---

[78] BVerwGE 36, 192, 199; 147, 312, 316; BVerwG NVwZ 2016, 460, 461; s.a. Rozek Jura 2021, 30 ff.; Sauer, S. 41.
[79] BVerwG NVwZ-RR 2016, 344; § 10 Rn. 14.
[80] Soweit es um Verwaltungsakte geht; zum einstweiligen Rechtsschutz näher § 21.
[81] Detterbeck, Rn. 1363, 1500.
[82] BVerfG NVwZ 2018, 1224, 1226; Hufen, § 14 Rn. 54; Ziekow in: Kahl/Ludwigs, I, § 14 Rn. 50.
[83] BVerwGE 36, 199; BVerwG NVwZ 2016, 1176, 1181 f.; BVerfG NVwZ 2018, 1224, 1227; Schmidt-Kötters in: Posser/Wolff, § 42 Rn. 109 ff.
[84] BVerfGK 15, 545, 558; s.a. Guckelberger, Deutsches Verwaltungsprozessrecht, S. 101. Dazu, dass sich Gemeinden und ihre Organe nicht auf Art. 19 Abs. 4 S. 1 GG berufen können, weil es an dem notwendigen Bezug zur individuellen Selbstbestimmung fehlt, BVerfG NVwZ 2019, 642, 643 Rn. 21; aA zB Bethge in: Schmidt-Bleibtreu/Klein/ders., § 91 Rn. 7.
[85] Dazu Guckelberger, Deutsches Verwaltungsprozessrecht, S. 102 mwN.
[86] Mit Nachweisen, auch zu den krit. Stimmen Guckelberger, Deutsches Verwaltungsprozessrecht, S. 104 ff.

eine Entscheidung des zuständigen Normgebers Relevanz. Mithin kann aufgrund von Bestimmungen des Bundes- und Landesrechts, aber auch des Unionsrechts, eine eigenständige, von materiellen Berechtigungen losgelöste Klagebefugnis vermittelt werden. Davon wurde im nationalen Recht nur in eng begrenzten Bereichen Gebrauch gemacht.[87] So kann nach **§ 2 Abs. 1 UmwRG** eine anerkannte Umweltschutzvereinigung ohne Geltendmachung einer Verletzung in eigenen Rechten gegen eine Entscheidung nach § 1 Abs. 1 S. 1 UmwRG oder deren Unterlassung vorgehen, wobei sie jedoch bei Entscheidungen nach § 1 Abs. 1 S. 1 Nrn. 2a–6 UmwRG nur eine Verletzung umweltbezogener Rechtsvorschriften rügen darf (beachte § 1 Abs. 3 UmwRG zum Verhältnis zu § 64 BNatSchG).[88] Inzwischen haben acht Bundesländer in unterschiedlicher Ausgestaltung eine **tierschutzrechtliche Verbandsklagemöglichkeit** eröffnet, durch welche Verbände unter den dort genannten Voraussetzungen etwaige Verstöße der Verwaltung gegen bestimmte tierschutzrechtliche Vorschriften einer gerichtlichen Überprüfung zuführen können.[89] Auf diese Weise soll strukturellen Vollzugsdefiziten in den genannten Rechtsbereichen begegnet werden. Derartige Klagebefugnisse stellen aber nicht zugleich Popularklagemöglichkeiten dar; denn sie sind lediglich spezifischen Amtswaltern, zB Gleichstellungsbeauftragten, oder hoheitlich anerkannten privaten Organisationen, wie Umweltverbänden, eröffnet.[90]

Auch die **Prozessstandschaft**, also die Geltendmachung fremder Rechte in eigenem Namen, ist aufgrund dieses Vorbehalts zulässig, wenn sie **gesetzlich angeordnet** ist (wie in § 2212 BGB für den Testamentsvollstrecker oder in § 80 InsO für den Insolvenzverwalter).[91] Eine gewillkürte, auf eine rechtsgeschäftliche Ermächtigung zurückgehende Prozessstandschaft (etwa: Umweltverband soll Rechte eines Eigentümers geltend machen) ist dagegen mit § 42 Abs. 2 Hs. 1 VwGO nicht vereinbar.[92]

§ 42 Abs. 2 Hs. 1 VwGO ermöglicht staatlichen Stellen auch die Herbeiführung einer Entscheidung durch die Verwaltungsgerichtsbarkeit allein zur Durchsetzung des Prinzips der Gesetzmäßigkeit der Verwaltung. So kann in Rheinland-Pfalz (§ 17 AGVwGO RP) und im Saarland (§ 17 SaarlAGVwGO) insb. die Aufsichts- und Dienstleistungsdirektion bzw. der fachlich zuständige Minister eine **Aufsichtsklage** unter Geltendmachung der Rechtswidrigkeit des Widerspruchsbescheids des Rechtsausschusses erheben.[93]

2. Vorliegen der Klagebefugnis

Aufgrund § 42 Abs. 2 Hs. 2 VwGO muss der Kläger für die Zulässigkeit seiner Klage eine Verletzung eigener Rechte geltend machen. Die Anforderungen an den diesbzgl. Sachvortrag sind allerdings eher gering. So ist ein schlüssiger Vortrag nicht erforderlich;[94] es reicht vielmehr aus, wenn nach dem Vorbringen zumind. die Möglichkeit be-

---

87 BVerwGE 167, 147, 148 Rn. 11 f.
88 Dazu Schlacke NVwZ 2017, 905, 908 f.
89 § 3 Abs. 1 TierSchMVG BW; § 1 Abs. 1 BremTSVbkIG; § 1 Abs. 1 HmbTierSchVKG; § 2 TierSchKG ND; § 3 Abs. 1 TierSchLMVG RP; § 1 Abs. 1 SaarlTSVKG; § 1 Abs. 1 TierSchVKG SH; § 4 Abs. 1 BlnTSVKG; dazu Gärditz EurUP 2018, 487 ff.; Guckelberger, Deutsches Verwaltungsprozessrecht, S. 82 ff.; Groß, Die Rechtsdurchsetzung von Tierbelangen insb. durch tierschutzrechtliche Verbandsklagen, 2018; Kloepfer NuR 2016, 729 ff. In Nordrhein-Westfalen wurde mit § 1 Abs. 1 TierschutzVMG NRW 2013 ein Verbandsklagerecht geschaffen. Dieses galt jedoch nur befristet bis zum 31.12.2018 und ist mangels Verlängerung außer Kraft getreten.
90 Kloepfer, Umweltrecht, 2016, § 8 Rn. 83.
91 Hufen, § 12 Rn. 28. Dazu, dass Behörden als Beteiligte nach § 61 Nr. 3 VwGO in gesetzlicher Prozessstandschaft handeln, VGH Mannheim Beschl. v. 23.1.2019 – 11 S 1109/18, Rn. 13 juris.
92 VGH München Beschl. v. 27.5.2020 – 3 ZB 19.1337, Rn. 11 juris; Hufen, wie vor; s.a. VGH München BayVBl. 2018, 596, 597 f. und in Bezug auf § 47 Abs. 2 S. 1 Hs. 1 VwGO OVG Lüneburg NordÖR 2018, 472, 475.
93 Zur Aufsichtsklage Guckelberger/Heimpel LKRZ 2012, 6 ff.
94 So aber Ule, Verwaltungsprozessrecht, 9. Aufl. 1987, § 33 II; ähnlich Detterbeck, Rn. 1351.

steht, dass der Kläger (bzw. im Verfahren des vorläufigen Rechtsschutzes: der Antragsteller, vgl. näher zum vorläufigen Rechtsschutz § 21) durch das Verwaltungshandeln in seinen Rechten verletzt sein kann, sog. **„Möglichkeitstheorie"**.[95] Nur wenn offensichtlich und eindeutig nach keiner Betrachtungsweise die geltend gemachten Rechte verletzt sein können,[96] ist die Klagebefugnis zu verneinen. Bei genauerer Betrachtung ergibt sich daraus für die Prüfung Folgendes:

- Zunächst muss sich der Kläger auf ein **subjektiv-öffentliches Recht** berufen können; ob ein solches vorliegt, ist daher – nach allerdings nicht unumstrittener Ansicht – bereits an dieser Stelle **abschließend** zu klären.[97] Ist das zu verneinen, fehlt es an der Klagebefugnis.

- Ist das Vorliegen eines subjektiv-öffentlichen Rechts hingegen zu bejahen, muss seine Verletzung **möglich** erscheinen. In tatsächlicher Hinsicht braucht der Kläger mithin nur Tatsachen vorzutragen, die seine Rechtsverletzung als möglich erscheinen lassen.[98] An dieser Stelle kommt es **nicht** darauf an, ob das Recht wirklich verletzt ist; das ist nicht Gegenstand der Prüfung im Rahmen der Zulässigkeit der Klage, sondern derjenigen, ob die Klage auch (materiell) begründet ist (vgl. § 113 Abs. 1 S. 1, Abs. 5 S. 1 VwGO).[99] Die Richtigkeit der vom Kläger vorgetragenen Tatsachen in Bezug auf die von ihm geltend gemachte Rechtsverletzung wird erst im Rahmen der Begründetheit ggf. durch Beweiserhebung geprüft.[100]

Die Annahme eines subjektiv-öffentlichen Rechts bereitet keine Probleme, sofern der Kläger Adressat eines belastenden Verwaltungsakts[101] ist. Da Letzterer für Grundrechtsträger immer zumind. einen Eingriff in die allgemeine Handlungsfreiheit (Art. 2 Abs. 1 GG) darstellt, kann von einer derartigen Rechtsposition ausgegangen werden (**„Adressatentheorie"**).[102]

Als schwieriger oder zumind. aufwändiger erweist sich hingegen zumeist die Feststellung subjektiver Rechte in den **Dritt- oder Nachbarschutzfällen**,[103] wie bei den Fällen 9 und 9a. Dann bedarf das Vorliegen eines subjektiv-öffentlichen Rechts regelmäßig näherer Untersuchung, wie dies zuvor dargestellt worden ist.[104] Das BVerwG verneinte bei einem Anwohner eines US-Militärflughafens hins. der Überwachung von US-Drohneneinsätzen die Klagebefugnis. Auf einen grundrechtlichen Abwehranspruch konnte sich der Kläger nicht berufen, da die im Zusammenhang mit den Drohneneinsätzen stehenden Eingriffe keinen den deutschen Stellen zurechenbaren Grundrechtseingriff beinhalten. Eine Verletzung der Schutzpflicht aus Art. 2 Abs. 2 S. 1 GG komme nur bei gänzlich fehlenden oder völlig unzulänglichen Schutzvorkehrungen durch die staat-

---

95 BVerwGE 44, 1, 3; 136, 75, 80; BVerwG NVwZ 2021, 570, 571 f.; Rozek Jura 2021, 30, 32 f.
96 BVerwGE 44, 1, 3; 153, 246, 248 f.; BVerwG NVwZ 2021, 570, 571; Rozek Jura 2021, 30, 35.
97 So deutlich Ehlers JZ 2012, 623; iErg auch BVerwG Beschl. v. 14.6.2018 – 3 BN 1/17, Rn. 12 f. juris; partiell anders, aber kaum überzeugend OVG Greifswald NVwZ-RR 2019, 884; Rozek Jura 2021, 30, 34 f. befürwortet dagegen bei Streit um den drittschützenden Charakter eine eingehende Prüfung erst im Rahmen der Begründetheit, da diese der Ort für die Klärung streitiger Fragen sei.
98 BVerwG NVwZ 2019, 86, 88.
99 Nachfolgend im Text; Schenke, Rn. 517; näher zur Begründetheitsprüfung § 20 Rn. 34 ff.
100 BVerwG NVwZ 2019, 86, 88.
101 Vgl. § 12 Rn. 41 ff.
102 BVerwG LKV 2020, 314, 316; s.a. Kempny JA 2022, 10 ff.; Sauer, S. 43 Rn. 65; Wolff in: ders./Decker, Studienkommentar, VwGO § 42 Rn. 86 f., auch dazu, dass die Adressatentheorie einerseits bei Nichtgrundrechtsträgern und andererseits bei dinglichen Verwaltungsakten unanwendbar ist.
103 Uerpmann-Wittzack, Examens-Repetitorium, Rn. 77 ff.
104 Vgl. vorstehend Rn. 3 ff. S.a. OVG Lüneburg DVBl. 2018, 310.

lichen Stellen in Betracht, was ebenfalls zu verneinen sei.[105] Auf eine Verletzung einer Regel des allgemeinen Völkerrechts (Art. 25 S. 1 GG) können sich wegen des engen Bezugs zu individuellen Rechtsgütern nur unmittelbare Opfer einer Verletzung hochrangiger Rechtsgüter, wie Enteignete oder potenzielle Opfer von Drohneneinsätzen, berufen. Der 12 km vom Militärflughafen entfernt wohnende Kläger kann dies allein aufgrund dieses Umstands nicht.[106] Nach den wegweisenden Ausführungen zum Grundrechtsschutz von im Ausland lebenden Personen im Hinblick auf die BND-Auslandsaufklärung[107] hielt das BVerwG in dem von ihm zu entscheidenden Fall die Klagebefugnis von Personen, die bewaffneten Drohneneinsätzen eines anderen Staates ausgesetzt sind, zwar nicht wegen Verletzung eines grundrechtlichen Abwehrrechts, aber des Schutzanspruchs aus Art. 2 Abs. 2 S. 1 GG für möglich, weil die Kläger unter Verweis auf zahlreiche Berichte von Medien und NGOs substantiiert geltend machen konnten, dass die bisher erfolgten Konsultationen Tötungen und Verletzungen zahlreicher Unbeteiligter durch Drohnenangriffe, bei denen Teilakte des Geschehens einen Bezug zum deutschen Inland aufwiesen, nicht verhindern konnten.[108]

Seit dem Klimabeschluss des BVerfG[109] erfahren sog. **Klimaklagen** vermehrte Aufmerksamkeit. Es handelt sich dabei um eine Sammelbezeichnung für gerichtliche Verfahren zur Verfolgung von Klimaschutzanliegen im weiteren Sinne. Während man als horizontale Klimaklagen die vor den ordentlichen Gerichten zB gegen private Hersteller und Emittenten gerichteten Klagen bezeichnet, wenden sich die sog. vertikalen Klagen gegen Hoheitsträger.[110] Beziehen sich die Klagen auf konkrete Maßnahmen staatlicher Stellen, für die der Verwaltungsrechtsweg eröffnet ist, die aber aus Sicht der Kläger im Hinblick auf den Klimaschutz unzureichend sind, ist zu klären, ob diese gem. § 42 Abs. 2 VwGO (ggf. analog) klagebefugt sind. Dies hängt von der Person des Klägers und den jew. einschlägigen Vorschriften ab. Ein einzelner Bürger kann sich nicht mit Erfolg auf eine Verletzung der Jahresemissionsmengen und jährlichen Minderungsziele des Bundes-Klimaschutzgesetzes (KSG) berufen, da nach **§ 4 Abs. 1 S. 10 KSG subjektive Rechte** und klagbare Rechtspositionen durch dieses Gesetz oder aufgrund dieses Gesetzes **nicht begründet** werden. Somit müssen natürliche Personen bei Klagen gegen Rechtsakte, die, wie zB immissionsschutzrechtliche Genehmigungen, unmittelbar klimarelevantes Handeln zulassen, unverändert eine mögliche Verletzung in anderweitig begründeten subjektiven Rechten geltend machen.[111] Da anerkannte Umweltschutzvereinigungen aufgrund der Öffnungsklausel in § 42 Abs. 1 Hs. 1 VwGO unabhängig vom Vorliegen einer subjektiven Rechtsverletzung nach dem UmwRG klagebefugt sind, können sie zB SUP-pflichtige Pläne und Programme, zu denen grds. auch Klimaschutzprogramme (s. § 9 KSG) zählen, einer gerichtlichen Kontrolle zuführen.[112] In nächster Zeit wird zu erörtern sein, ob nicht das Institut der Klagebefugnis im Bereich des Klimaschutzes behutsam fortzuentwickeln ist.[113] Dabei sind auch die Vorschriften des grds. subjektive Rechte großzügiger einräumenden Unionsrechts ebenso wie die EMRK- und Unionsgrundrechte im Auge zu behalten.[114]

---

105 BVerwGE 154, 328, 336; s.a. BVerfG NVwZ 2018, 1224, 1225, 1227.
106 BVerwGE 154, 328, 339 ff.
107 BVerfGE 154, 215 ff. Rn. 88 ff., 224 Rn. 104.
108 BVerwGE 170, 345, 350 ff. Rn. 27 ff.
109 BVerfG NJW 2021, 1723 ff.
110 Fellenberg in: ders./Guckelberger, Einl. Rn. 33 f. Eingehend zu den Klimaklagen Fellenberg NVwZ 2022, 913 ff.; Franzius in: Rodi (Hrsg.), Handbuch Klimaschutzrecht, 2022, § 7.
111 v. Weschpfennig in: Fellenberg/Guckelberger, § 4 KSG Rn. 29 ff.
112 Guckelberger in: Fellenberg/dies., § 9 KSG Rn. 26; v. Weschpfennig in: Fellenberg/Guckelberger, § 4 KSG Rn. 32 ff.
113 Maidowski, These 11 des Thesenpapiers zum Vortrag Klimawandel: Rechtliche Dimensionen eines existenziellen Problems am 15.10.2021, 65. JT 2021.
114 Vgl. Maidowski, These 26 des Thesenpapiers zum Vortrag Klimawandel: Rechtliche Dimensionen eines existenziellen Problems am 15.10.2021, 65. JT 2021.

Am Vorliegen einer vor Gericht durchsetzbaren Rechtsposition fehlt es, wenn der Rechtsschutzsuchende mit den von ihm geltend gemachten Rechten offensichtlich präkludiert, also ausgeschlossen ist.[115] Dabei ist zwischen **formeller** und materieller **Präklusion** zu unterscheiden. Erstere, wie sie zB in § 10 Abs. 3 S. 5 BImSchG anzutreffen ist, stellt die Konsequenz von Fristen im Beteiligungsverfahren dar und schließt nicht fristgerecht vorgebrachte Einwendungen lediglich für das weitere (Verwaltungs-)Verfahren, nicht aber für die gerichtliche Geltendmachung und damit für die Herleitung der Klagebefugnis aus. Dagegen führen **materielle Präklusionsnormen** zu einem umfassenden Einwendungsausschluss (auch) für das Klageverfahren. Diese Folge muss im Fall verfristeter Einwendungen gesetzlich vorgesehen, also zumind. den fraglichen Vorschriften durch Auslegung zu entnehmen sein.[116] So ordnet § 73 Abs. 4 S. 1 VwVfG für das sog. Planfeststellungsverfahren an, dass jeder, dessen Belange durch das Vorhaben berührt werden, bis zum Ablauf von zwei Wochen nach Verstreichen der Auslegungsfrist Einwendungen gegen den Plan erheben kann. Nach Satz 3 sind mit Ablauf der Frist alle Einwendungen ausgeschlossen, wenn – so Satz 4 – in der Bekanntmachung der Auslegung oder bei der Bekanntgabe der Einwendungsfrist darauf hingewiesen worden ist. Trägt eine Person bei einem großen Infrastrukturvorhaben ihre Einwände gegen dieses nicht rechtzeitig vor, brauchen sich Verwaltung und Gerichte damit nicht mehr zu befassen. Bestehen Zweifel an der (materiellen) Präklusion, sind wegen nicht auszuschließender Rechtsposition (s.o. Möglichkeitstheorie) bei möglicher Rechtswidrigkeit des Verwaltungshandelns die Möglichkeit einer Rechtsverletzung und damit die Klagebefugnis gegeben; die abschließende Klärung des Eintritts der Präklusion ist dann im Rahmen der Begründetheitsprüfung (zur Begründetheitsprüfung vgl. § 20 Rn. 34 ff.) vorzunehmen. Um den Anforderungen des Unionsrechts Rechnung zu tragen, bestimmt § 7 Abs. 4 UmwRG, dass bei den dort aufgezählten Entscheidungen § 73 Abs. 4 S. 3–6 VwVfG keine Anwendung findet.[117]

Ein Ausschluss von Rechten für die Klagebefugnis kann sich ferner infolge **Verzichts**[118] auf ein Recht ergeben. Eine Person kann durch einseitige Erklärung auf einen ihr gegen den Staat zustehenden öffentlich-rechtlichen Geldanspruch verzichten, soweit die jeweilige Rechtsposition disponibel ist, dh ein solcher Verzicht nicht aus überwiegenden öffentlichen Interessen bzw. (verfassungs-)rechtlichen Gründen ausgeschlossen ist.[119] So bestimmt etwa § 2 Abs. 3 BBesG zur Sicherung der Funktionsfähigkeit des Berufsbeamtentums, dass Beamte auf ihre Besoldung weder ganz noch teilw. verzichten können. Darüber hinaus kann je nach Konstellation die Klagebefugnis oder jedenfalls die Begründetheit eines Rechtsbehelfs aufgrund der Verwirkung eines subjektiv-öffentlichen Rechts, wie etwa des öffentlich-rechtlichen Erstattungsanspruchs, zu verneinen sein. Nach stRspr. führt die **Verwirkung** als Hauptanwendungsfall des venire contra factum proprium (= Verbot widersprüchlichen Verhaltens) dazu, dass eine verwirkbare Rechtsposition nicht mehr beansprucht werden darf, wenn seit der Möglichkeit seiner Geltendmachung (1.) längere Zeit verstrichen ist (sog. Zeitmoment) und (2.) besondere Umstände hinzutreten, welche seine verspätete Geltendmachung als treuwidrig erscheinen lassen (sog. Umstandsmoment). Letzteres ist insb. zu bejahen, wenn sich aus einem aktiven oder konkludenten Verhalten des Berechtigten konkrete Anhaltspunkte dafür ergeben, dass er den Verpflichteten nicht mehr in Anspruch nehmen wird.[120]

Der Individualrechtsschutz ist vor diesem Hintergrund systemprägend für das nationale Verwaltungs- und Verwaltungsprozessrecht. Weil die Rechtsverletzung für die Zulässigkeit des Rechtsschutzes nur möglich erscheinen muss, hängen die weiteren –

---

115 Schenke, Rn. 537. Zu abweichenden Zuordnungen der Präklusion (Verwirkung/Rechtsschutzbedürfnis) vgl. Ehlers in: ders./Schoch, § 22 Rn. 48. Zur europarechtlichen Vereinbarkeit von Präklusionsvorschriften EuGH NuR 2009, 773, 774 f.
116 Vgl. § 14 Rn. 16. Dazu Guckelberger, Deutsches Verwaltungsprozessrecht, S. 186 ff.
117 S.a. BVerwGE 161, 180, 188 ff. Rn. 28 ff.; bedauernd Gärditz Verw 52 (2019), 259, 290 ff.
118 Durch öffentlich-rechtlichen Vertrag oder öffentlich-rechtliche Willenserklärung, vgl. Schenke, Rn. 541 mwN; eingehend Sanden VerwArch 105 (2014), 465, 467 ff.
119 Dazu Kemmler, Geldschulden, S. 354 ff.; zum Verzicht auf Verfahrensvorschriften unter dem Aspekt des § 295 ZPO BVerwG Beschl. v. 1.7.2021 – 2 B 71/20, Rn. 13 f. juris.
120 ZB BVerwGE 163, 36, 48 f. Rn. 34 f.; BVerwG NJW 2019, 383, 384; näher zu den Voraussetzungen in der Praxis Guckelberger, Die Verjährung im Öffentlichen Recht, 2004, S. 507 ff. S.a. Kemmler, Geldschulden, S. 508 ff., die die Verwirkung im Rechtsstaatsprinzip verortet und daraus – im Unterschied zum Zivilrecht – eine objektive Prüfung bestimmter Kriterien entnimmt.

materiellen – Erfolgsaussichten (**Begründetheit**) der genannten Klage- und Antragsverfahren prinzipiell davon ab, ob der Kläger (bzw. Antragsteller) in seinen Rechten auch wirklich[121] verletzt ist, § 113 Abs. 1 S. 1, Abs. 5 S. 1 VwGO (dazu § 20 Rn. 34 ff.). Im Unterschied zu anderen Staaten ist für das deutsche Verwaltungsprozessrecht eine Spiegelbildlichkeit bzw. ein Junktim zwischen Klagebefugnis und Begründetheitsprüfung kennzeichnend. Diese lange Tradition beruht ua auf Erwägungen der Gewaltenteilung und wird als wichtiger Baustein für die Beibehaltung der in Deutschland praktizierten intensiven Gerichtskontrolle angesehen.[122]

Anders verhält es sich hins. der Begründetheit der in § 47 VwGO geregelten abstrakten Normenkontrolle. Da diese (auch) der objektiven Rechtskontrolle dient, prüft das OVG, ob die jeweilige Rechtsvorschrift unwirksam ist und nicht, ob der Antragsteller durch diese tatsächlich in einem subjektiven Recht verletzt ist. Denn für die Normenkontrolle fehlt es an einer dem § 113 Abs. 1 S. 1 VwGO vergleichbaren Vorschrift.[123] Da bei der Verbandsklage bestimmte Verbände unabhängig von einer Rechtsverletzung klagebefugt sind, kommt es für deren Begründetheit ebenfalls nicht auf das Vorliegen der Verletzung des Verbands in einem eigenen Recht an,[124] jedoch muss eine Verletzung solcher Vorschriften vorliegen, zu deren Einhaltung der jeweilige Verbandsrechtsbehelf geschaffen wurde (also bei der tierschutzrechtlichen Verbandsklage bestimmter tierschutzrechtlicher Vorschriften). § 2 Abs. 4 UmwRG enthält eine spezielle Regelung zur Begründetheit derartiger Umweltrechtsbehelfe.

3. Klagebefugnis kraft Unionsrechts

Wenn unionale Vorgaben von mitgliedstaatlichen Behörden vollzogen werden, obliegt die Kontrolle der Verwaltung insoweit den nationalen Gerichten, die sie anhand des jeweiligen Prozessrechts auszuüben haben. Allerdings ist nach dem EuGH eine auf dem Unionsrecht basierende, die Klage eröffnende Position eher anzunehmen als nach dem nationalen Rechtsverständnis. Auf die näheren Kriterien ist hingewiesen worden.[125] Dem ist im Rahmen des nationalen Rechtsschutzsystems Rechnung zu tragen.[126] Um den unionsrechtlichen Anforderungen gerecht zu werden, kann der nationale Gesetzgeber entweder in Umsetzung des Unionsrechts diesbzgl. Rechte schaffen. Letzteres trifft etwa auf § 3 Abs. 1 S. 1 UIG zu, der einen die Merkmale eines subjektiven Rechts erfüllenden Jedermann-Anspruch auf Zugang zu Umweltinformationen normiert, ferner auf § 4 Abs. 1, 3 UmwRG als absolute Verfahrensposition. Er kann aber auch von der Öffnungsklausel Gebrauch machen, wofür als wichtigstes Beispiel die in § 2 Abs. 1 UmwRG normierte Rechtsbehelfsbefugnis von Umweltschutzvereinigungen un-

13

---

121 Zur missverständlichen Verwendung des Begriffs „tatsächlich" vgl. vorstehend im Text. S.a. OVG Lüneburg DVBl. 2018, 310.
122 Zur Spiegelbildlichkeit und dazu, dass diese im Vergleich zu anderen EU-Mitgliedstaaten eher untypisch ist, Guckelberger, Deutsches Verwaltungsprozessrecht, S. 207 ff.; Held DÖV 2019, 121, 122; Skouris DVBl. 2016, 937 ff.
123 BVerwG Beschl. v. 24.2.2020 – 9 BN 9/18, Rn. 24 juris.
124 Dem wird zB durch eine teleologische Reduzierung des § 113 Abs. 1 S. 1 VwGO Rechnung getragen, s. dazu Guckelberger, Deutsches Verwaltungsprozessrecht, S. 211. Zum fehlenden Aufhebungsanspruch bei Verbandsklagen Haack VerwArch 109 (2018), 503, 518 ff.
125 Vgl. Rn. 9; näher Ziekow NVwZ 2010, 793, 794 f.; dort auch aaO, 796 zur mitgliedstaatlichen Pflicht, im Geltungsbereich des Effektivitätsprinzips (dazu § 3 Rn. 2) Klagemöglichkeiten zu eröffnen. Zu Objektivierungstendenzen des Rechtsschutzes im Unionsrecht und auch zum Völkerrecht Marxsen Die Verw 53 (2020), 215, 226 ff.
126 Calliess NJW 2002, 3577, 3578; eingehend zu hinter alldem stehenden völkerrechtlichen Vorgaben Schwerdtfeger, Der deutsche Verwaltungsrechtsschutz unter dem Einfluss der Aarhus-Konvention, 2010.

abhängig von der Geltendmachung einer Verletzung in eigenen Rechten zu nennen ist. In allen anderen Fällen, in denen es an einer expliziten Regelung fehlt, ist den Anforderungen des Unionsrechts durch eine bereichsangemessene Handhabung der Klagebefugnis iSv § 42 Abs. 2 Hs. 2 VwGO Rechnung zu tragen, indem großzügiger ein subjektives öffentliches Recht bejaht wird.[127]

So hat zB das BVerwG[128] die Klagebefugnis[129] bei einem Antrag zur Aufstellung eines dem unionalen Luftqualitätsrecht entsprechenden Luftreinhalteplans (§ 47 BImSchG) bejaht. Die Handhabung der Schutznormtheorie in der Verwaltungsgerichtspraxis belegt, dass diese – auch wegen des Loyalitätsgebots in Art. 4 Abs. 3 EUV – die Notwendigkeit von Modifizierungen der Schutznormtheorie in ihre Überlegungen einbezieht und dadurch vielfach eine mit dem Unionsrecht in Einklang stehende Rechtslage herbeiführt.[130]

Mit großer Erleichterung wurde die Entscheidung des EuGH aufgenommen, wonach die – in Parallele zur Klagebefugnis – erfolgende Begründetheitsprüfung der Verwaltungsgerichte, ob der Kläger durch den Verwaltungsakt tatsächlich in seinen Rechten verletzt wird (§ 113 Abs. 1 S. 1 VwGO), mit dem Unionsrecht grds. in Einklang steht. Lediglich in Konstellationen, in denen wie in Art. 11 Abs. 3 S. 3 UVP-Richtlinie (EU) 2011/92 eine solche Rechtsverletzung anerkannter Umweltschutzvereinigungen fingiert wird, darf diese Beschränkung bei der Begründetheitsprüfung nicht angewendet werden.[131] Nicht nur aus der UVP-Richtlinie, sondern auch aus Art. 6 Abs. 1 lit. b Aarhus-Konvention (AK) und Art. 6 Abs. 3 Habitatrichtlinie 92/43/EWG folgt für den deutschen Gesetzgeber – so der EuGH – die Pflicht zur Schaffung effektiver Verbandsklagemöglichkeiten.[132]

Große Probleme bereitete der Umgang mit **Art. 9 Abs. 3** der sowohl von Deutschland als auch der Europäischen Union unterzeichneten **Aarhus-Konvention**. Danach hat jede Vertragspartei sicherzustellen, dass Mitglieder der Öffentlichkeit, sofern sie etwaige in ihrem innerstaatlichen Recht festgelegte Kriterien erfüllen, Zugang zu gerichtlichen Verfahren erhalten, um gegen umweltbezogene Bestimmungen des innerstaatlichen Rechts verstoßende behördliche Handlungen oder Unterlassungen anzufechten. Ob-

---

127 Ziekow in: Kahl/Ludwigs, I, § 14 Rn. 51; zu den verschiedenen Möglichkeiten, wie man dem Unionsrecht Rechnung tragen kann, Guckelberger, Deutsches Verwaltungsprozessrecht, S. 44 ff.
128 BVerwG NVwZ 2014, 64, 67 f., in der Folge von EuGH NVwZ 2008, 984 und insb. EuGH NVwZ 2011, 673; bereits Rn. 7.
129 BVerwG, wie vor, in Interpretation des § 42 Abs. 2 Hs. 2 VwGO anhand Art. 23 der Richtlinie 2008/50/EG (des Europäischen Parlaments und des Rates v. 21. Mai 2008 über die Luftqualität und saubere Luft für Europa, ABl. EG L 152/1) und Art. 9 Abs. 3 der Aarhus-Konvention (Übereinkommen über den Zugang zu Informationen, die Öffentlichkeitsbeteiligung an Entscheidungsverfahren und den Zugang zu Gerichten in Umweltangelegenheiten v. 25. Juni 1998, vgl. BGBl. 2006 II S. 1252) – anders bzgl. § 42 Abs. 2 Hs. 1 VwGO, BVerwG, aaO, 67 – vor dem Hintergrund des Effektivitätsprinzips nach Art. 4 Abs. 3 EUV (dazu § 3 Rn. 2), dies (auch) zugunsten von Umweltvereinigungen als „betroffener Öffentlichkeit" iSv Art. 2 Nr. 5 der Aarhus-Konvention (Art. 2 Abs. 3 der Richtlinie 2003/35/EG des Europäischen Parlaments und des Rates v. 26. Mai 2003 über die Beteiligung der Öffentlichkeit bei der Ausarbeitung bestimmter umweltbezogener Pläne und Programme und zur Änderung der IVU- und der UVP-Richtlinie, ABl. EG L 156/17), wenn sie die nach nationalem Recht an sie gestellten Anforderungen (§ 3 UmwRG) erfüllen; wohl nur graduell weitergehend Franzius DVBl. 2014, 543, 549 f.
130 Eingehend mwN zu dieser Rechtsposition Guckelberger, Deutsches Verwaltungsprozessrecht, S. 52 ff., 70 ff.
131 EuGH NVwZ 2015, 1665, 1667; dazu auch Guckelberger, Deutsches Verwaltungsprozessrecht, S. 210 f.; Kahl JZ 2016, 666, 669; Skouris DVBl. 2016, 937, 942; s.a. BVerwG Beschl. v. 10.10.2017 – 7 B 4/17, Rn. 9 juris.
132 EuGH EuZW 2017, 275 ff.; s.a. Sobotta EuZW 2018, 165. Dazu, dass das UmwRG mit seiner aktuellen Differenzierung diesen Anforderungen nicht hinreichend gerecht wird, Beier UPR 2018, 161, 163 f.

wohl sich daraus keine die rechtliche Situation Einzelner klar und präzise regelnde Verpflichtung entnehmen lässt, sind die Mitgliedstaaten nach dem EuGH dazu verpflichtet, ihr Recht soweit wie möglich im Einklang mit dieser Bestimmung auszulegen.[133] Weil das deutsche Recht bis zur Änderung des UmwRG durch Gesetz vom Mai 2017[134] keine Regelung zur Ausfüllung des Art. 9 Abs. 3 AK enthielt, judizierte der 7. Senat des BVerwG im September 2013, dass einem Umweltverband ein eigenes subjektives Recht iSd § 42 Abs. 2 Alt. 2 VwGO zur Durchsetzung der dem Gesundheitsschutz dienenden unionsrechtlichen Immissionsgrenzwerte zukomme. Nach dem maßgeblichen Unionsrecht seien unmittelbar betroffene juristische Personen in gleicher Weise wie natürliche Personen klagebefugt. Das Unionsrecht räume letzteren großzügiger Rechte ein, so dass diese „damit zugleich – bezogen auf das objektive Interesse an einer Sicherung der praktischen Wirksamkeit und der Einheit des Unionsrechts – eine ‚prokuratorische' Rechtsstellung" innehaben.[135] In dieser als spektakulär[136] eingestuften Entscheidung hielt das BVerwG abweichend von der traditionellen Schutznormtheorie ein subjektives öffentliches Recht für Einzelne zur Durchsetzung objektiven Rechts im Interesse eines wirksamen Schutzes von Gemeinschaftsgütern im Umweltbereich für möglich. Wie an der Bezeichnung als **prokuratorisches Recht** deutlich wird, dienen derartige Rechte nicht dem Schutz der individuellen Selbstbestimmung des Einzelnen.[137]

Aus diesem Grund wird kontrovers diskutiert, ob die herkömmliche Schutznormtheorie zu modifizieren ist und für die Annahme eines subjektiven öffentlichen Rechts darauf abgestellt werden sollte, ob die Norm entweder zumind. auch individuelle Rechte schützt oder zur Durchsetzung objektiven Rechts berechtigt.[138] Gegen eine generelle Modifizierung spricht, dass Anlass für die BVerwG-Entscheidung die unzulängliche Umsetzung des Unionsrechts im Umweltbereich war, mithin das Unionsrecht nicht per se solche Rechte fordert.[139] Ohne Weiteres kann der Gesetzgeber derartige prokuratorische Rechte einräumen.[140] Eine andere Frage ist, ob solche Rechte auch ohne explizite Regelung von der Praxis durch Interpretation der einfachgesetzlichen Vorschriften entnommen werden können. Als Pro-Argumente werden die vielfachen Verschränkungen und Überlagerungen zwischen öffentlichen und privaten Interessen genannt; außerdem verschwimme die für das deutsche Recht kennzeichnende kategoriale Unterscheidung zwischen Individualrechtsschutz und objektiver Rechtskontrolle aufgrund des Unionsrechts.[141] Dabei ist streitig, ob für die Gewinnung derartiger subjektiver prokuratorischer Rechte im Wege der Auslegung die zu interpretierenden Vorschriften über einen Bezug zu einem personalen Rechtsgut verfügen müssen oder dies entbehrlich ist, so dass Einzelne auch die Einhaltung von Vorschriften, die den Arten-

---

133 EuGH NVwZ 2011, 673, 675; dazu auch Wegener ZUR 2018, 217, 218 ff.
134 BGBl. 2017 I S. 1298.
135 BVerwGE 147, 312, 325 Rn. 46 ; ebenso VGH München BayVBl. 2017, 125, 127.
136 Bunge ZUR 2014, 3; Franzius UPR 2016, 281, 288; s.a. Schlacke NVwZ 2014, 11, 13.
137 Masing in: Voßkuhle/Eifert/Möllers, Bd. 1, § 10 Rn. 98, 99, 100, 103, 138.
138 Franzius UPR 2016, 281, 284 ff.; s.a. Sommermann in: v. Bogdandy/Huber/Marcusson (Hrsg.), Ius Publicum Europaeum, Bd. IX, 2021, § 144 Rn. 32 f.
139 S.a. BVerwGE 167, 383, 409 Rn. 79.
140 Dazu Guckelberger, Deutsches Verwaltungsprozessrecht, S. 119 ff.
141 S. etwa Franzius UPR 2016, 281, 288 ff.; Hong JZ 2012, 380, 388; Schmidt-Aßmann, Kohärenz und Konsistenz des Verwaltungsrechtsschutzes, 2015, S. 20; Winkler/Schaub Ad Legendum 2/2017, 111, 115.

schutz von Tieren und Pflanzen bezwecken, gerichtlich einfordern können.[142] Andere lehnen derartige, im Wege der Interpretation zu entnehmende prokuratorische Rechte aus Gewaltenteilungsgründen oder unter Verweis auf die zu weite Entfernung vom Begriff des „Rechts" ab.[143] Indem der Bundesgesetzgeber durch die Novellierung des Umwelt-Rechtsbehelfsgesetzes 2017 die Verbandsklagemöglichkeiten für anerkannte Umweltschutzvereinigungen unabhängig von einer Rechtsverletzung im Hinblick auf Art. 9 Abs. 3 AK ausgeweitet hat, geht er davon aus, die Diskussion um mögliche prokuratorische Rechte werde sich künftig nicht mehr stellen.[144]

Wie bereits erwähnt, räumt das Unionsrecht der Einhaltung von **Verfahrensvorschriften** aus Gründen der Richtigkeit der behördlichen Sachentscheidungen teils einen höheren Stellenwert als das deutsche Recht ein.[145] So enthält Art. 11 UVP-Richtlinie (EU) 2011/92 keine Beschränkung der Gründe zur Stützung darauf bezogener Rechtsbehelfe. Wie der EuGH inzwischen klargestellt hat, muss deshalb nicht nur bei einer gänzlich unterlassenen Umweltverträglichkeitsprüfung (bzw. Vorprüfung), sondern auch bei schwerwiegenden Fehlern bei der Durchführung einer Umweltverträglichkeitsprüfung – unabhängig von ihren Auswirkungen auf die materielle Sachentscheidung – eine gerichtliche Kontrolle möglich sein.[146] Dementsprechend werden heute in § 4 Abs. 1 UmwRG das Unterbleiben einer erforderlichen UVP bzw. deren Vorprüfung, das Unterbleiben der Öffentlichkeitsbeteiligung nach § 18 UVPG und § 10 BImSchG sowie andere, diesen Verstößen nach Art und Schwere vergleichbare Fälle als **absolute Verfahrensfehler** eingestuft (= allein wegen des Verfahrensfehlers kann eine Aufhebung der fraglichen Verwaltungsentscheidung beansprucht werden).[147] Nach § 4 Abs. 3 S. 1 UmwRG gelten die Absätze 1 und 2 auch für Rechtsbehelfe von natürlichen und juristischen Personen samt Vereinigungen iSd § 61 Nr. 2 VwGO (Nr. 1) sowie für Vereinigungen, welche die Anforderungen des § 3 Abs. 1 oder § 2 Abs. 2 UmwRG erfüllen (Nr. 2).[148] Im Unterschied zu Umweltschutzvereinigungen können die in Nr. 1 genannten, insb. natürlichen Personen nach Satz 2 eine Aufhebung der Entscheidung wegen eines Verfahrensfehlers nur verlangen, sofern ihnen selbst die gesetzlich vorgenommene Beteiligungsmöglichkeit genommen wurde.[149] Trotz des uneingeschränkten Wortlauts des Art. 11 UVP-Richtlinie (EU) 2011/92 dürfen die Mitgliedstaaten die Aufhebung der Verwaltungsentscheidung aufgrund anderer, weniger gravierender UVP-Fehler davon abhängig machen, dass der Verfahrensfehler für den Inhalt der Behördenentscheidung kausal gewesen ist. Allerdings ist es dann Sache der staatlichen Stellen, die mangelnde Kausalität des Fehlers darzulegen und zu beweisen.[150] § 4 Abs. 1a S. 1 UmwRG stellt klar, dass für nicht unter § 4 Abs. 1 UmwRG fallende und somit relative Verfahrensfehler § 46 VwVfG

---

142 Mit Nachweisen zu den verschiedenen Ansichten Guckelberger, Deutsches Verwaltungsprozessrecht, S. 58 f., 131; für die Notwendigkeit eines personalen Bezugs BVerwGE 150, 294, 303; VGH München Beschl. v. 29.12.2016 – 22 CS 16.2162, Rn. 29 ff. juris; Kahl JZ 2016, 666, 668; s.a. Ruffert Verw 48 (2015), 547, 564 f.
143 VGH München Urt. v. 14.7.2017 – 22 B 17.12, Rn. 43 ff. juris; Gärditz, GfU, Dokumentation zur 37. Wissenschaftlichen Fachtagung der GfU, 2014, S. 35 Rn. 17; weitere Nachweise zu dieser Position bei Guckelberger, Deutsches Verwaltungsprozessrecht, S. 57.
144 In diese Richtung BT-Drs. 18/9526, S. 32 f.; s.a. VGH Mannheim Urt. v. 14.7.2021 – 10 S 141/20, Rn. 75 juris;. Zu den unionsrechtlichen Anforderungen an Verbandsklagen nach Art. 9 Abs. 3 AK EuGH NVwZ 2018, 225, 227 f.
145 Guckelberger, Deutsches Verwaltungsprozessrecht, S. 162 mwN; Schlacke UTR 2016, 173, 177; Storost UPR 2018, 52, 53.
146 EuGH NVwZ 2015, 1665, 1667 f. mwN; Kümper DVBl. 2015, 869.
147 Guckelberger, Deutsches Verwaltungsprozessrecht, S. 166 f.; Ingold/Münkler EurUP 2018, 468, 478 ff.; Schlacke UTR 2016, 173, 182 f.
148 Dazu Schlacke NVwZ 2017, 905, 910. Nach der nicht unumstrittenen Ansicht des BVerwG Beschl. v. 14.11.2018 – 4 B 12/18, Rn. 4 juris tastet § 4 Abs. 3 UmwRG den individualrechtsbezogenen Ansatz der § 42 Abs. 2 Hs. 2 VwGO nicht an, sondern weitet nur den Umfang gerichtlicher Begründetheitsprüfung aus; s.a. Held DÖV 2019, 121, 127 f.
149 Dazu, dass § 4 Abs. 3 S. 2 UmwRG unionsrechtskonform ist, also die Entscheidung, eine Projektgenehmigung wegen eines Verfahrensfehlers aufzuheben, für den Fall, dass dieser Fehler keine Veränderung des Inhalts der Entscheidung bewirkt haben kann, davon abhängig gemacht werden kann, dass der Rechtsbehelfsführer wegen dieses Fehlers tatsächlich an der Wahrnehmung seines Beteiligungsrechts gehindert war, EuGH NVwZ 2020, 1177, 1178 f.
150 EuGH NVwZ 2015, 1665, 1667 f.; dazu auch Storost UPR 2018, 52, 53 f.

weiterhin maßgeblich ist. Infolgedessen kann keine Aufhebung des Verwaltungsakts wegen eines derartigen Verfahrensfehlers beansprucht werden, wenn dieser offensichtlich die Entscheidung in der Sache nicht beeinflusst hat. Satz 2 betont zum einen die Pflicht des Gerichts zur Erforschung des Sachverhalts (§ 86 VwGO) und regelt außerdem die Folgen eines non liquet.[151] Lässt sich durch das Gericht nicht aufklären, ob ein solcher Verfahrensfehler die Entscheidung in der Sache beeinflusst hat, wird eine solche Beeinflussung vermutet.[152]

Während der EuGH in manchen Bereichen keinerlei Bedenken an Ausschlussfristen hatte, hielt er im Bereich von Art. 11 Abs. 1 UVP-Richtlinie (EU) 2011/92 und Art. 25 Abs. 1 IE-Richtlinie (EU) 2010/75 eine umfassende gerichtliche Kontrolle der Richtigkeit von Behördenentscheidungen für geboten und – entgegen der überwiegenden deutschen Doktrin – die **materielle Präklusion** in § 2 Abs. 3 UmwRG aF sowie in § 73 Abs. 4 VwVfG für unionsrechtswidrig.[153] Die genannten Rechtsvorschriften bezwecken einen weiten Zugang zu den Gerichten im Bereich des Umweltrechtsschutzes. Auf die Beanstandung des EuGH hin hat der deutsche Gesetzgeber zwar die materielle Präklusion in § 2 Abs. 3 UmwRG beseitigt und in den Fällen des § 7 Abs. 4 UmwRG ein Anwendungsverbot für die Präklusionsregelung in § 73 Abs. 4 S. 3–6 VwVfG normiert.[154] Da sich die EuGH-Entscheidung nicht auf Art. 9 Abs. 3 AK bezogen hat, bestimmt nunmehr § 7 Abs. 3 UmwRG, dass eine Vereinigung, die in einem Verfahren nach § 1 Abs. 1 S. 1 Nr. 4 UmwRG Gelegenheit zur Äußerung hatte, mit allen Einwendungen ausgeschlossen ist, die sie in diesem Verfahren nicht oder nicht rechtzeitig geltend gemacht hat (beachte Satz 2: nicht bei Bebauungsplänen). Obwohl man mit guten Argumenten an der Unionsrechtskonformität dieser Präklusionsnorm zweifeln kann,[155] entschied der EuGH in der aber nicht das deutsche Recht betreffenden Rechtssache Protect, dass der Gesetzgeber aufgrund der ihm in Art. 9 Abs. 3 AK eingeräumten Befugnis zur Festlegung von Kriterien für Rechtsbehelfe eine Ausschlussregelung als Vorbedingung für die Klage unionsrechtskonform aufstellen könne, soweit diese verhältnismäßig ausgestaltet sei.[156]

Im Übrigen darf der nationale Gesetzgeber nach dem EuGH „spezifische Verfahrensvorschriften vorsehen, nach denen zB ein missbräuchliches oder unredliches Vorbringen unzulässig ist," um so die Wirksamkeit des gerichtlichen Verfahrens zu gewährleisten.[157] Beinahe wortwörtlich wird diese Rechtsprechung in § 5 UmwRG in Gesetzesform gegossen.[158]

▶ **Zu Fall 9a:** N begehrt die Aufhebung der Baugenehmigung, die einen Verwaltungsakt darstellt. Demnach ist die Anfechtungsklage statthaft, § 42 Abs. 1 Alt. 1 VwGO. A muss gem. § 42 Abs. 2 Hs. 2 VwGO geltend machen können, durch die Baugenehmigung in seinen Rechten verletzt zu sein. Das ist der Fall, wenn nach dem Sachvortrag des N die Verletzung seiner Rechte möglich ist (Möglichkeitstheorie). Da die Baugenehmigung nicht an ihn, sondern den Bauherrn adressiert ist, mithin N nur mittelbar betrifft, kann nicht auf die Adressatentheorie rekurriert werden. N macht aber einen Verstoß gegen die Abstandsflächenregelung des Bauordnungsrechts geltend, die drittschützenden Charakter hat (s.o. zu Fall 9), und rügt damit die Verletzung des subjektiv-öffentlichen Rechts auf Einhaltung des Grenzabstands bei der Errichtung eines benachbarten Gebäudes. Als Nachbar des B

---

151 Hierzu und zur Unanwendbarkeit des § 4 Abs. 3 S. 2 UmwRG auf relative Verfahrensfehler BVerwG NVwZ 2021, 487, 489.
152 Guckelberger, Deutsches Verwaltungsprozessrecht, S. 166 mwN. Dazu, dass deshalb keine Interessentenklage geboten ist, Steinbeiß-Winkelmann NVwZ 2016, 713, 718.
153 EuGH NVwZ 2015, 1665, 1669 f. Dazu auch Guckelberger, Deutsches Verwaltungsprozessrecht, S. 188 f.; wie diese bereits Erbguth UPR 2000, 81, 90 ff.; Guckelberger/Geber EurUP 2014, 167, 171 ff.; Saurer, Der Einzelne im europäischen Verwaltungsrecht, 2014, S. 345; Siegel NVwZ 2016, 337, 340; aA zB BVerwG NVwZ 2012, 176, 177; Siegel DÖV 2012, 709, 713 f.
154 Zur Unanwendbarkeit des § 73 Abs. 4 S. 3 VwVfG aus Gründen des Unionsrechts BVerwG UPR 2017, 314, 316.
155 Guckelberger, Deutsches Verwaltungsprozessrecht, S. 193 ff.
156 EuGH NVwZ 2018, 225, 230; weiterhin unionsrechtliche Bedenken äußernd Franzius NVwZ 2018, 219 ff.
157 EuGH NVwZ 2015, 1665, 1670.
158 Näher dazu Guckelberger, Deutsches Verwaltungsprozessrecht, S. 199 ff.; ähnlich Schlacke NVwZ 2017, 905, 910; Siegel NVwZ 2016, 337, 340 f.

gehört N auch zu dem von der Vorschrift geschützten Personenkreis. Schließlich muss die Verletzung des geltend gemachten Rechts möglich erscheinen. Das genehmigte Vorhaben soll nicht dem gesetzlich vorgeschriebenen Grenzabstand genügen; eine Missachtung der bauordnungsrechtlich verankerten Einhaltung des Grenzabstands ist nicht offensichtlich ausgeschlossen, die Klagebefugnis daher gegeben. ◄

IV. Wiederholungs- und Verständnisfragen

> Was sind subjektiv-öffentliche Rechte? (→ Rn. 2)
> Wie werden subjektiv-öffentliche Rechte hergeleitet? (→ Rn. 3 ff.)
> Inwiefern wird das subjektiv-öffentliche Recht im Verwaltungsprozess relevant? Was gilt insoweit für unionsrechtliche Vorgaben? (→ Rn. 9 f., 13)
> Was besagt die Möglichkeitstheorie im Zusammenhang mit § 42 Abs. 2 VwGO? (→ Rn. 12)
> Warum liegt für den Adressaten eines belastenden Verwaltungsakts die Voraussetzung des § 42 Abs. 2 VwGO regelmäßig vor? Wie sieht es in sog. Dritt- oder Nachbarschutzfällen aus? (→ Rn. 12)
> Was versteht man unter einem prokuratorischen Recht? (→ Rn. 13)

§ 10 Verwaltungsrechtsverhältnisse

▶ **Fall 10:** Künstler A will eine von ihm geschaffene Monumentalfigur auf einem Hügel in freier Landschaft aufstellen. Die Bauaufsichtsbehörde hält das nur für zulässig, wenn A zuvor eine Baugenehmigung eingeholt hat; ansonsten müsse der „Schwarzbau" wieder abgerissen werden. A beruft sich auf seine Kunstfreiheit; deshalb bedürfe sein Kunstwerk keiner Baugenehmigung. Er möchte das gerichtlich festgestellt sehen. Wäre eine Feststellungsklage nach § 43 VwGO zulässig? ◀

Die Lehre vom Verwaltungsrechtsverhältnis nimmt die Rechtsbeziehungen, etwa zwischen dem Staat und einem einzelnen Privaten, in den Blick.[1] Infolge der dadurch eröffneten Gesamtbetrachtung eines Lebenssachverhalts lassen sich die Gegenseitigkeit von (auch vor- und nachwirkenden) Rechten und Pflichten des Verwaltungshandelns einschl. seiner zeitlichen Dimension besser erfassen.[2] Gerade wenn es um die Digitalisierung von Verwaltungsleistungen geht (s.a. Art. 91c Abs. 5 GG), liegt es nahe, sich dabei auf die Verfahrensrechtsverhältnisse zu konzentrieren.[3] Verwaltungsrechtsverhältnisse haben viel mit subjektiv-öffentlichen Rechten zu tun, weil sie solche oft begründen oder Folge(n) dieser Rechtspositionen sind.[4] Erhebliche praktische Bedeutung kommt derartigen Verhältnissen aus prozessualer Sicht zu. Denn nach § 43 Abs. 1 VwGO kann durch Klage die Feststellung des Bestehens oder Nichtbestehens eines „Rechtsverhältnisses" begehrt werden, sog. Feststellungsklage (vgl. Rn. 9 ff.).

1

I. Begriff des Verwaltungsrechtsverhältnisses

In Anlehnung an den **Begriff** des zivilrechtlichen Schuldverhältnisses wird unter einem Verwaltungsrechtsverhältnis die sich aus einem konkreten Sachverhalt ergebende Rechts- und Pflichtbeziehung zwischen zwei oder mehreren Personen bzw. zwischen Personen und Sachen[5] verstanden;[6] diese Beziehung muss verwaltungsrechtlich geprägt sein.[7]

II. Arten von Verwaltungsrechtsverhältnissen

Die Möglichkeiten, Verwaltungsrechtsverhältnisse zu klassifizieren, sind vielfältig. Eine abschließende Typologie existiert bislang nicht. Hins. ihrer Dauer werden **kurz-** und **langfristige** Verwaltungsrechtsverhältnisse unterschieden. Kurzfristige Rechtsverhältnisse dieser Art entstehen aus einem konkreten, einmaligen Anlass, zB bei einer polizeilichen Platzverweisung oder einer Durchsuchung.[8] Demggü. sind langfristige oder Dauerverwaltungsrechtsverhältnisse auf einen weiter abgesteckten Zeitraum angelegt, für den die rechtlichen Beziehungen zwischen den Beteiligten geregelt werden.

2

---

1 ZB Bauer Verw 25 (1992), 301 ff.; Gröschner, Das Überwachungsrechtsverhältnis, 1992.
2 V. Danwitz Verw 30 (1997), 339, 348; Guckelberger, Die Verjährung im Öffentlichen Recht, 2004, S. 170 f.; krit. ggü. dem Rechtsverhältnis als „Phantombegriff" Haack VerwArch 109 (2018), 503, 511 f.
3 Abromeit in: Greve ua, Der digitalisierte Staat, 2020, S. 333 ff; Starosta, Der Portalverbund zwischen Bund und Ländern, 2022, S. 391. S. zum Verfahrensrechtsverhältnis bei Rn. 6.
4 Maurer/Waldhoff, § 8 Rn. 18; s.a. Haack VerwArch 109 (2018), 503, 524.
5 Die Sache vermittelt dabei die Beziehung zu einer Person (etwa Besitz oder Eigentum), Glaser in: Gärditz, § 43 Rn. 35.
6 Vgl. BVerwGE 149, 359, 364; 160, 169, 172.
7 Ipsen, Rn. 169; Maurer/Waldhoff, § 8 Rn. 18; zum Nachfolgenden Hofmann in: ders./Gerke/Hildebrandt, Rn. 281 f.; zum Rechtsverhältnis als Grundbegriff der Verwaltungsrechtslehre Hase Verw 38 (2005), 453.
8 Detterbeck, Rn. 414.

Beispiel für ein längerfristiges personenbezogenes Verwaltungsrechtsverhältnis ist das Beamtenverhältnis.[9] Längerfristige vermögensbezogene Verwaltungsrechtsverhältnisse bestehen etwa im Rahmen der Gewährung von Arbeitslosengeld und in der der Sozialversicherung, etwa der Rentenversicherung.[10] Auch manche Anstalts- und Benutzungsverhältnisse, wie zB die Wasser- und Energieversorgung, sind längerfristige Verwaltungsrechtsverhältnisse.[11]

3   Eine weitere Differenzierung bildet diejenige zwischen **bi-** und **multipolaren** Verwaltungsrechtsverhältnissen.[12] Bipolare Verwaltungsrechtsverhältnisse entstehen im einseitigen Verhältnis zwischen Staat und Privatrechtssubjekt (zB Bürger als Adressat einer Ordnungsverfügung/als Empfänger von Arbeitslosengeld). Multipolare (insb. tripolare) Verwaltungsrechtsverhältnisse sind dadurch gekennzeichnet, dass es der Staat nicht nur mit dem Adressaten seiner Maßnahme, sondern mit mehreren unterschiedlichen Interessen(ten) zu tun hat. Typische Beispiele für derartige Verwaltungsrechtsverhältnisse finden sich im Baurecht: rechtliche Beziehungen zwischen der Bauaufsichtsbehörde, die über den Erlass einer Baugenehmigung entscheidet und dem Bauherrn, der sein Bauvorhaben realisieren will, sowie den Nachbarn, für den der geplante Bau möglicherweise negative Auswirkungen hat.

4   **Inhaltlich** bilden sich auf den Gebieten des besonderen Verwaltungsrechts spezielle Verwaltungsrechtsverhältnisse heraus, etwa das Abgaben-, das Beamten- oder das Anstaltsbenutzungsverhältnis.[13]

5   Längst nicht mehr aktuell ist die Rechtsfigur der sog. **besonderen Gewaltverhältnisse**.[14] Es handelt sich dabei um strukturell asymmetrische Rechtsbeziehungen,[15] bei denen sich Bürger in besonderer Nähe zum Staat befinden, weil sie in bestimmte Verwaltungsbereiche „eingeordnet" sind. Beispiele dafür sind das Ausbildungsverhältnis in Schule und Hochschule, das Beamtenverhältnis, das Soldatenverhältnis und das Strafgefangenenverhältnis. Früher wurde vertreten, dass diese Rechtsverhältnisse zum verwaltungsinternen Bereich gehören und damit der Bindung an die Grundrechte und dem Vorbehalt des Gesetzes entzogen seien. Es sei ausschließlich Sache der Verwaltung und nicht des Gesetzgebers, derartige Rechtsbeziehungen zu regeln. Das BVerfG[16] ist dem zu Recht entgegengetreten und hat entschieden, dass angesichts der umfassenden Grundrechtsbindung der staatlichen Stellen nach Art. 1 Abs. 3 GG auch in solchen Verhältnissen die Grundrechte[17] und der Gesetzesvorbehalt gelten. So dürfen allein aufgrund einer Verwaltungsvorschrift keine eingreifenden Maßnah-

---

9   Siegel, Rn. 256.
10 Zu den sich dort ergebenden Pflichten auf Versicherten- wie Versicherungsseite Muckel/Ogorek, § 11 Rn. 35 ff., 65 ff.
11 Siegel, Rn. 256.
12 S.a. Siegel, Rn. 258.
13 Vgl. auch Ipsen, Rn. 181 ff.
14 Auf O. Mayer zurückgehend, vgl. Mayer, Bd. I, S. 101. Eingehend zu den besonderen Gewaltverhältnissen Kielmansegg, Grundrechte im Näheverhältnis, 2012; ders. in: Kahl/Ludwigs, III, § 70.
15 So BVerfG NJW 2015, 150, 151 in Bezug auf Personen im Maßregel- oder Strafvollzug.
16 BVerfGE 33, 1: Im sog. Strafgefangenenbeschluss wurde die damals übliche Praxis, Briefe von Strafgefangenen aufgrund von Dienstanordnungen, die den Charakter von Verwaltungsvorschriften entsprachen, zu kontrollieren und uU zurückzuhalten, für rechtswidrig erklärt, weil die Einschränkung der Grundrechte von Strafgefangenen (Meinungsäußerungsfreiheit, Art. 5 Abs. 1 S. 1 Var. 1 GG, und Briefgeheimnis, Art. 10 Abs. 1 S. 1 Var. 1 GG) nur durch oder aufgrund eines Gesetzes möglich sei. Heute ist die Kontrolle und Einbehaltung der Post von Strafgefangenen im StVollzG geregelt.
17 Deutlich die verfassungsgerichtliche Rspr. anhand mit Entkleidung verbundener Untersuchungen von Strafgefangenen, s. Muckel JA 2013, 955.

men im (Jugend-)Strafvollzug getroffen werden. Hierfür ist vielmehr eine gesetzliche Grundlage erforderlich.[18] Zwar ist anzuerkennen, dass jene Beziehungen eine gewisse Eigenart aufweisen und flexibler Regelungen bedürfen. Sie unterliegen indes wie andere Rechtsverhältnisse auch rechtsstaatlichen Anforderungen. Als gesonderte Kategorie („Gewaltverhältnis") mit den bezeichneten Rechtsfolgen sind sie nicht akzeptabel.

III. Begründung von Verwaltungsrechtsverhältnissen

Die das Verhältnis zwischen Staat und Bürger kennzeichnenden Rechte und Pflichten sind zumeist abstrakt-generell in Gesetzen geregelt. Aus dieser allg. Staat-Bürger-Beziehung ergibt sich jedoch noch kein konkretes Verwaltungsrechtsverhältnis. Ein solches setzt konkrete Rechts- und Pflichtenstellungen zwischen den Beteiligten voraus.[19]

Das ist (noch) nicht der Fall, wenn es um bloße Vorfragen oder um einzelne Teile eines Rechtsverhältnisses geht, die nicht selbst Rechte und Pflichten zum Gegenstand haben, sondern nur Voraussetzungen solcher Rechte sind, wie die Zuverlässigkeit als Gewerbetreibender, § 35 GewO.[20]

Die erforderlichen konkreten Rechtsbeziehungen werden bspw. durch **Verwaltungsakt** ausgelöst – so im Beamtenverhältnis (Beamtenernennung). Das Anstalts- und Benutzungsverhältnis findet sich durch eine oftmals **konkludente** Benutzungszulassung (Gewähr des Eintritts) begründet. Ohnehin entsteht ein Verwaltungsrechtsverhältnis nicht zwingend erst mit dem Erlass eines Verwaltungsakts; dies ist auch im Vorfeld möglich. Stellt bspw. der Bürger einen Antrag auf Erteilung einer Genehmigung, beginnt das Verwaltungsverfahren (§ 9 VwVfG) und entsteht ein Verwaltungsverfahrensrechtsverhältnis (zum Verwaltungsverfahren § 14 Rn. 14 ff.). Darüber hinaus zieht eine bei der Behörde vorgenommene **Anzeige**, wie sie zB vor bzw. bei der Aufnahme eines stehenden Gewerbes vorgeschrieben ist (§ 14 Abs. 1 GewO), ein Verwaltungsrechtsverhältnis nach sich; denn aufgrund dessen werden behördliche Prüfpflichten, etwa hins. des Einsatzes von Instrumenten der Gewerbeüberwachung, mit Blick auf den konkreten Betrieb ausgelöst.[21]

Ein Verwaltungsrechtsverhältnis kann sich auch daraus ergeben, dass Verwaltung und Bürger einen Vertrag (**öffentlich-rechtlicher Vertrag**, dazu § 24) schließen. Ferner ist auf die besondere praktische Bedeutung von **öffentlich-rechtlichen bzw. verwaltungsrechtlichen Schuldverhältnissen** (dazu näher § 43; zB öffentlich-rechtliche Verwahrungsverhältnisse) hinzuweisen. Dabei handelt es sich um Beziehungen zwischen Staat und Bürger, die zivilrechtlichen Schuldverhältnissen gleichen, jedoch mit dem Unterschied, dass ein (Vertrags-)Partner ein Hoheitsträger ist. Wegen ihres schuldrechtsähnlichen Charakters sind in diesen Verhältnissen die entsprechenden Vorschriften des Zivilrechts (insb. das Recht der Leistungsstörungen, §§ 280 ff. BGB) analog anwendbar (näher § 43 Rn. 21).

Schließlich kann durch schlicht-hoheitliches Handeln bzw. durch **Realakt** der Verwaltung ein Verwaltungsrechtsverhältnis entstehen (Auskünfte, Hinweise, Warnungen von Behörden).

---

18 BVerfG NJW 2006, 2093, 2094.
19 BVerwG JZ 2014, 994, 995 f.; BVerwGE 157, 8, 10, Rn. 12; zur Unterscheidung allgemeiner und besonderer Rechtsverhältnisse Gröschner Verw 30 (1997), 301, 306.
20 Dazu Geis/Schmidt JuS 2012, 599, 600.
21 Zur gewerberechtlichen Anzeigepflicht näher Ziekow, Wirtschaftsrecht, § 10 Rn. 30 f.

IV. Verwaltungsprozessrechtliche Bedeutung: Feststellungsklage[22]

9 Mit der **allgemeinen Feststellungsklage** kann, sofern der Kläger ein berechtigtes Interesse an alsbaldiger Feststellung hat, die Feststellung des Bestehens oder Nichtbestehens eines Rechtsverhältnisses verlangt werden, § 43 Abs. 1 Alt. 1 VwGO.[23] Wie bei jeder Klage sind im (Prüfungs-)**Aufbau der Feststellungsklage** deren Zulässigkeit und Begründetheit zu unterscheiden. Im Rahmen der Zulässigkeit sind wiederum neben den sog. allgemeinen Sachentscheidungsvoraussetzungen, also Zulässigkeitskriterien für jedwede Klage,[24] besondere Sachentscheidungs- bzw. Zulässigkeitsvoraussetzungen[25] als spezifisch auf bestimmte Klagen zugeschnittene Maßgaben zu beachten.

1. Statthaftigkeit

a) Richtiger Streitgegenstand

10 Die Statthaftigkeit der allgemeinen Feststellungsklage richtet sich nach dem Begehren des Rechtsschutzsuchenden, § 88 VwGO. Begehrt der Kläger die Feststellung des Bestehens oder Nichtbestehens eines **Rechtsverhältnisses** (§ 43 Abs. 1 Alt. 1 VwGO) bzw. die Feststellung der **Nichtigkeit eines Verwaltungsakts** (§ 43 Abs. 1 Alt. 2 VwGO), so ist die Feststellungsklage statthaft. Gegenstand einer Klage nach § 43 Abs. 1 Alt. 1 VwGO ist ein (Verwaltungs-)Rechtsverhältnis im behandelten Sinne.[26] Die Feststellungsklage dient nicht der Klärung abstrakter Rechtsfragen aufgrund lediglich erdachter oder als möglich vorgestellter Sachverhalte. Sonst würde sie zu einer Popularklage „ausfransen"; die Justiz soll aber ihre Entscheidungsressourcen auf tatsächlich vorhandene Streitigkeiten konzentrieren.[27] Das Rechtsverhältnis und damit die in Rede stehende Rechtsfrage[28] muss hinreichend konkret sein.[29] Hiervon ist auszugehen, wenn der zugrunde liegende Sachverhalt bestimmt oder bestimmbar ist[30] und die Rechtsfrage einzelne Rechte und Pflichten betrifft, die sich aus einer vorhandenen,

---

22 Eingehend Ehlers in: ders./Schoch, § 30.
23 Dazu auch Ehlers Jura 2007, 179; Kunig Jura 1997, 326; zum Sonderfall der Feststellungsklage im Rahmen des Kommunalverfassungsstreits vgl. § 23 Rn. 19 ff.
24 Etwa die schon behandelte Eröffnung des Verwaltungsrechtswegs, § 40 VwGO, vgl. § 5 Rn. 22 ff., aber auch die Beteiligungsfähigkeit, die Prozessfähigkeit und der richtige Klagegegner, vgl. dazu im Zusammenhang mit der Anfechtungs- und Verpflichtungsklage § 20 Rn. 25 ff. Vertiefend zu den allg. Zulässigkeitsvoraussetzungen Ehlers in: ders./Schoch, § 25.
25 Wie die zuvor dargestellte Klagebefugnis, § 9 Rn. 10 ff., aber auch das vorherige Durchlaufen eines Vorverfahrens, die Einhaltung von Klagefristen usw. Vgl. näher bei der Anfechtungs- und Verpflichtungsklage, § 20.
26 OVG Münster NVwZ-RR 2018, 54, 55; Mruk Jura 2022, 663 ff.; vgl. vorstehend Rn. 1 ff.
27 BVerwGE 149, 359, 364 f.
28 Nicht zulässig sind Fragen, die allein Tatsachen zum Gegenstand haben, wie bspw. ein Antrag auf Feststellung, dass die Polizei das Kraftfahrzeug des Klägers durchsucht hat; vgl. Detterbeck, Rn. 1396 f.; Würtenberger/Heckmann, Rn. 466.
29 Dazu Rn. 6; Detterbeck, Rn. 1395; Mruk Jura 2022, 663, 66 f.
30 Gersdorf, Rn. 118; so betrifft bspw. die Frage, ob die Polizei zur Durchsuchung von Kraftfahrzeugen berechtigt ist, keinen bestimmten Sachverhalt und ist daher unzulässig. Zulässig wäre demggü. die Frage, ob die Polizei zu der bereits durchgeführten Durchsuchung des dem Kläger gehörenden Kraftfahrzeuges berechtigt war.

aber auch künftigen[31] Rechtsvorschrift ergeben.[32] Unselbstständige Vorfragen, wie etwa die Klärung der Frage, ob bloß ein einzelnes Tatbestandsmerkmal einer Norm erfüllt ist, können nicht mit der Feststellungsklage aufgegriffen werden, da darin kein feststellungsfähiges Rechtsverhältnis liegt.[33] Die Rspr. bejaht ein feststellungsfähiges Rechtsverhältnis nur dann, wenn ein Meinungsstreit erkennbar ist, aus dem heraus sich eine Seite berühmt, von der anderen ein bestimmtes Tun oder Unterlassen verlangen zu können.[34] Unter den Voraussetzungen des Rechtsverhältnisses lässt sich etwa geltend machen, dass aus einer bestimmten Rechtsnorm keine Rechte und Pflichten für den Kläger folgen[35] oder ein bestimmtes Verhalten keiner Genehmigung bedarf.[36]

BEISPIEL: (Negative) Feststellungsklage eines Unternehmers, dass er für das Aufstellen von E-Scootern im Gemeindegebiet keine straßenrechtliche Sondernutzungserlaubnis benötigt.[37]

Feststellungsfähig sind auch Rechtsverhältnisse zwischen dem Beklagten und einem Dritten,[38] also ohne Beteiligung des Klägers (etwa Ordnungsbehörde – Obdachloser, der in die Wohnung des Klägers eingewiesen worden ist), sowie in Vergangenheit oder Zukunft liegende Rechtsverhältnisse[39] (bspw. zurückliegendes oder bevorstehendes Referendarverhältnis). Aus Gründen der Garantie effektiven Rechtsschutzes (Art. 19 Abs. 4 S. 1 GG) geht die Rspr. davon aus, dass trotz § 47 VwGO hins. der Prüfung der Gültigkeit von Rechtsvorschriften auch § 43 Abs. 1 VwGO einschlägig sein kann, wenn nicht lediglich eine abstrakte Prüfung der Rechtsnorm, sondern deren Anwendung auf einen bestimmten, real vorliegenden Sachverhalt, also innerhalb eines Rechtsverhältnisses, streitig ist, innerhalb dessen die Rechtmäßigkeit der Norm sodann – wenn auch als streitentscheidende Vorfrage – aufgeworfen und einer gerichtlichen Prüfung zugeführt werden kann.[40] Dementsprechend hielt das BVerfG in seiner Entscheidung zur Bundesnotbremse I fachgerichtlichen Rechtsschutz auch bei selbstvollziehenden, dh keines Umsetzungsakts erfordernden Rechtsvorschriften für möglich, da unter Zugrundelegung der BVerwG-Rechtsprechung die Feststellung begehrt werden könne, „dass wegen der Ungültigkeit oder Unanwendbarkeit einer Rechtsnorm kein Rechtsverhältnis zu anderen Beteiligten besteht".[41] Die Feststellungsklage ist auch statthaft, wenn sich der Betroffene gegen einen Unionsrechtsakt wendet, gegen den er wegen der einschränkenden Voraussetzungen des Art. 263 Abs. 4 AEUV nicht direkt vor den Unionsgerichten vorgehen kann. Der EuGH hat aus Art. 47 GRCh sowie

---

31 Normerlassklage als Feststellungsklage, nicht im Wege des Normenkontrollverfahrens, BVerwG NVwZ-RR 2010, 578; dem folgend VGH Mannheim DVBl. 2014, 119; zur Feststellungsklage in Bezug auf Ansprüche auf Erlass oder Ergänzung einer untergesetzlichen Regelung (eines Raumplans), BVerwGE 152, 55, 58; anders noch VGH München NVwZ 1985, 502; abweichend auch Hufen, § 20 Rn. 8 mwN; allg. Leistungsklage; zu dieser § 23 Rn. 8 ff.; zur sog. relativen Normerlassklage bzw. Normergänzungsklage (Klage auf Einbeziehung in eine durch die Norm bereits gewährte Begünstigung), die grds. im Verfahren nach § 47 VwGO zu verfolgen ist, Hufen, § 20 Rn. 1; Ziekow in: Sodan/ders., VwGO, § 47 Rn. 70. Zu diesem insgesamt wenig aktuellen Problemkreis, weil es durchweg an einem Anspruch auf Normerlass fehlt, auch Detterbeck, Rn. 1438 ff.; zur Normenkontrolle insoweit § 28 Rn. 9.
32 Würtenberger/Heckmann, Rn. 465 f.
33 BVerwG ZBR 2021, 379, 383.
34 BVerwG ZBR 2021, 379, 383.
35 Ausgehend von BVerfG NVwZ 2006, 922; NVwZ-RR 2016, 1, 2; BVerwG NVwZ 2007, 1428; bezogen auf die sich direkt aus dem Gesetz ergebende Rundfunkbeitragspflicht BVerwG NVwZ-RR 2020, 510, 512.
36 BVerwGE 160, 157, 159.
37 Hartmann/Hermes NdsVBl 2021, 26, 27.
38 BVerwGE 39, 247, 248; 140, 267, 270.
39 Zum vergangenen Rechtsverhältnis BVerwGE 159, 327, 330; ausführlich dazu Sodan/Kluckert VerwArch 94 (2003), 23; Geis/Schmidt JuS 2012, 599, 600; Mruk Jura 2022, 663, 665.
40 BVerwGE 166, 265, 270 f.
41 BVerfG NVwZ-Beilage 2022, 7, 14 Rn. 149.

der Regelung in Art. 19 Abs. 1 UAbs. 1 EUV, wonach die Mitgliedstaaten die erforderlichen Rechtsbehelfe für einen wirksamen Rechtsschutz in den vom Unionsrecht erfassten Bereichen vorsehen bzw. schaffen müssen, die Notwendigkeit der Eröffnung eines Verfahrens vor den nationalen Gerichten entnommen, damit ihm diese ggf. die Frage nach der Primärrechtskonformität des Unionsrechtsakts nach Art. 267 AEUV vorlegen können.[42]

Die sog. Nichtigkeitsfeststellungsklage nach § 43 Abs. 1 Alt. 2 VwGO hat dagegen einen (nichtigen) **Verwaltungsakt** (zum Begriff des Verwaltungsakts vgl. § 12, zu seiner Nichtigkeit § 15 Rn. 2 ff.) zum Gegenstand.

b) Subsidiarität

12 Die Feststellungsklage ist gem. § 43 Abs. 2 S. 1 VwGO ggü. Gestaltungs- und Leistungsklagen **subsidiär**,[43] dh die Feststellungsklage ist unzulässig, wenn der Kläger sein Ziel mit diesen Klagearten erreichen kann. Gemeint sind (jedenfalls) die Anfechtungsklage als Gestaltungsklage- und die Verpflichtungsklage (als „besondere" Leistungsklage) sowie die allgemeine Leistungsklage (zu dieser vgl. § 23 Rn. 8 ff.). Die Regelung will die Umgehung der besonderen Zulässigkeitsvoraussetzungen der Anfechtungs- und Verpflichtungsklage (insb. Vorverfahren §§ 68 ff. VwGO sowie Klagefrist, § 74 VwGO) verhindern und soll einen Rückgriff auf die Feststellungsklage ausschließen, in denen dem Kläger „für die Rechtsverfolgung ein unmittelbares, sachnäheres und wirksameres [gerichtliches] Verfahren zur Verfügung steht".[44]

Keine Subsidiarität tritt hingegen nach § 43 Abs. 2 S. 2 VwGO bei Feststellungsklagen wegen Nichtigkeit eines Verwaltungsakts ein.

- Entsprechendes gilt, wenn eine Leistungs- oder Gestaltungsklage **weniger rechtsschutzintensiv** wäre.[45] Deshalb tritt die Feststellungsklage nicht zurück, wenn durch sie eine Fülle von Klagen verhindert werden kann[46] (etwa gegen Beitragserhebungen wegen der Mitgliedschaft in einer IHK, die vom Kläger bestritten wird) oder wenn es um eine grds. Klärung geht, die durch Anfechtungs- oder Verpflichtungsklage nicht erreicht werden kann (zB wenn geklärt werden soll, ob die Gemeinde ihre Mehrzweckhalle für einen bestimmten Typ von Veranstaltungen überhaupt zur Verfügung stellen muss).[47] Hält eine Person eine beabsichtigte Tätigkeit für erlaubnisfrei, kann sie diese Frage mit der Feststellungsklage einer gerichtlichen Klärung zuführen und braucht keine Verpflichtungsklage auf Erlangung einer Erlaubnis zu erheben; sonst müsste sie sich in Widerspruch zu ihrer eigenen Rechtsauffassung setzen.[48]

- Nach der Rspr. besteht überdies im Verhältnis zur allgemeinen Leistungsklage keine Subsidiarität, sofern, wie regelmäßig, Klagegegner ein **Träger öffentlicher Gewalt** ist. Bei der allgemeinen Leistungsklage besteht keine Gefahr einer Umgehung

---

42 EuGH NVwZ 2014, 53, 56 f.; zur Feststellungsklage als Mittel zur Lückenschließung Giegerich/Lauer ZEuS 2014, 461, 473 ff.; Guckelberger in: FS für R. Wendt, 2015, S. 1165, 1177 ff.
43 Ehlers Jura 2007, 179; krit. zum Begriff der Subsidiarität Klenke NWVBl. 2003, 170.
44 BVerwG NVwZ-RR 2021, 952, 953.
45 BVerwGE 32, 335; 51, 75; 152, 1, 2 f.; BVerwG NVwZ-RR 2021, 952, 953; NVwZ-2022, 1197, 1198; W.-R. Schenke in: Kopp/ders., § 43 Rn. 29.
46 BVerwGE 121, 152, 156; BVerwG NVwZ-RR 2021, 952, 953; Mruk Jura 2022, 663, 666.
47 Vgl. Burgi, Kommunalrecht, § 16 Rn. 35.
48 OVG Münster NVwZ-RR 2016, 851, 852 mwN; s.a. BVerwGE 39, 247; vergleichbar BVerwG Beschl. v. 26.3.2014 – 4 B 55/13, juris; dazu Schübel/Pfister JuS 2014, 993 f.

der Sonderregelungen über Vorverfahren und Fristen, die nur für die Anfechtungs- und Verpflichtungsklagen vorgesehen sind.[49] Wegen der Bindung der Verwaltung an Gesetz und Recht (Art. 20 Abs. 3 GG) könne davon ausgegangen werden, dass ein Feststellungsurteil vom Hoheitsträger beachtet wird;[50] eine doppelte Inanspruchnahme der Gerichte sei dann ausgeschlossen („Ehrenmann-Theorie").[51]

Dem wird von der Literatur zu Recht nicht nur der eindeutige Wortlaut des § 43 Abs. 2 S. 1 VwGO,[52] sondern auch der Umstand entgegengehalten, dass der Gesetzgeber von der Notwendigkeit einer Regelung der Zwangsvollstreckung gegen öffentliche Rechtsträger ausgegangen ist (§ 170, § 172 VwGO).[53] Allerdings bleibt unter dem Umgehungsaspekt (s.o.) zu berücksichtigen, dass die Subsidiarität im Verhältnis zur (allgemeinen) Leistungsklage nur dann die Einhaltung ihrer spezifischen Zulässigkeitsvoraussetzungen sichert, wenn zwar hier (vgl. § 23 Rn. 10), nicht aber bei der Feststellungsklage, das Vorliegen einer Klagebefugnis in entsprechender Anwendung des § 42 Abs. 2 VwGO verlangt wird (vgl. nachfolgend Rn. 14). Denn Fristbindungen oder solche an die vorherige Durchführung eines Widerspruchsverfahrens (§§ 68 ff. VwGO) bestehen weder bei der Feststellungs- (vgl. Rn. 15) noch bei der Leistungsklage (vgl. § 23 Rn. 11).

Diese Gesichtspunkte sind zugleich hins. einer vorbeugenden Unterlassungsklage, welche sich als Unterfall der allg. Leistungsklage darstellt, beachtlich.[54] Allerdings wird selbst vom Schrifttum eine Ausnahme vom Eintritt der Subsidiarität für den Fall angenommen, dass sich der Kläger gegen eine Verpflichtung aufgrund straf- bzw. bußgeldbewehrter oder anderweitig sanktionierter Normen wendet, die zu ihrer Wirksamkeit keines konkretisierenden Verwaltungsakts bedürfen (etwa: bußgeldbewehrte gesetzliche Anleinpflicht für bestimmte Hunderassen).[55]

2. Besondere Zulässigkeitsvoraussetzungen

a) Feststellungsinteresse

Die allgemeine Feststellungsklage ist nur zulässig, wenn der Kläger ein **berechtigtes Interesse** (= subjektive Komponente) an der **baldigen Feststellung** (= zeitliche Komponente) hat, § 43 Abs. 1 VwGO. Das berechtigte Interesse muss auf vernünftigen Erwägungen beruhen und kann **rechtlicher**, aber auch **wirtschaftlicher** oder **ideeller** Art sein, solange nur die begehrte gerichtliche Entscheidung geeignet ist, die Position des Klägers zu verbessern.[56] An Letzterem fehlt es etwa, wenn der Kläger jetzt eine gerichtliche Feststellung einer behördlichen Pflicht nach Maßgabe presserechtlicher

13

---

49 BVerwGE 152, 308, 309.
50 Schon diese Annahme erscheint recht blauäugig, vgl. Geis in: FS für W.-R. Schenke, 2011, S. 709, 717, anhand der sog. Nichtanwendungserlasse des Bundesfinanzministeriums mwN aaO in Fn. 49. Rechtsdogmatisch wird dem überdies mit guten Gründen eine damit produzierte faktische „inter omnes"-Wirkung entgegengehalten, die vom Rechtlichen her nur Entscheidungen im Normenkontrollverfahren nach § 47 VwGO zukommt, vgl. Geis, wie vor, S. 713, 717; zur Normenkontrolle insoweit § 28 Rn. 15.
51 BVerwGE 77, 207, 211.
52 Etwa Detterbeck, Rn. 1401.
53 Dazu Würtenberger/Heckmann, Rn. 480 f.; krit. auch Hufen, § 18 Rn. 6.
54 Vgl. BVerwGE 40, 323, 327; für das Schrifttum etwa Gersdorf, Rn. 119 aE.
55 Schenke, Rn. 386; zur Frage der Subsidiarität ggü. der Normenkontrolle nach § 47 VwGO vgl. § 28 Rn. 7 f.
56 BVerwGE 159, 327, 330. Rechtliches Interesse etwa, wenn der Kläger die Genehmigungsfreiheit seines Vorhabens oder seiner Tätigkeit feststellen lassen will. Wirtschaftliches Interesse dagegen, wenn der Kläger die Feststellung begehrt, dass eine bestimmte öffentlich-rechtliche Zahlungsverpflichtung für ihn nicht besteht. Ideell ist bspw. ein Interesse, das an der Feststellung der Rechtswidrigkeit einer von der Polizei durchgeführten Durchsuchung des Klägers besteht. Vgl. auch Detterbeck, Rn. 1402; Würtenberger/Heckmann, Rn. 483.

Ansprüche begehrt, die Behörde aber bereits zur Auskunftserteilung nach dem Informationsfreiheitsgesetz verurteilt wurde.[57] An einer (als)baldigen Feststellung besteht ein Interesse, wenn die gerichtliche Beantwortung der streitigen Rechtsfrage zum gegenwärtigen Zeitpunkt erforderlich ist.[58] Daran fehlt es, wenn die klagende Partei eine Behörde ist, die das streitige Rechtsverhältnis durch Erlass eines Verwaltungsakts selbst klarstellen kann.[59] Auch **zukünftige Rechtsverhältnisse** sind feststellungsfähig, wenn sie sich hinreichend verdichtet haben und infolgedessen die Anwendung einer bestimmten öffentlich-rechtlichen Norm auf einen bereits überschaubaren Sachverhalt streitig ist,[60] vorausgesetzt die Norm zeitigt schon vor ihrer tatbestandlichen Erfüllung Regelungswirkungen.[61] Bspw. hielt es das BVerwG für möglich, dass ein Beamter zur Absicherung seiner Frau schon jetzt die konkret zweifelhafte Frage klären lässt, ob diese nach seinem Tod Versorgungsbezüge beanspruchen kann.[62] Die sog. **vorbeugende Feststellungsklage**, mit der eine Person eine gerichtliche Feststellung im Hinblick auf künftiges Verwaltungshandeln, etwa gegen drohende Verwaltungsakte, erreichen möchte, ist unzulässig, da dem Kläger grds. das Abwarten dieser Entscheidungen und die Inanspruchnahme von (vorläufigem) Rechtsschutz hiergegen zugemutet werden kann. Etwas anderes gilt im Falle eines besonders qualifizierten Rechtsschutzbedürfnisses, wenn der Person straf- oder ordnungswidrigkeitsrechtliche Folgen oder verwaltungsrechtliche Sanktionen drohen. Aus Gründen effektiven Rechtsschutzes darf der Kläger nicht darauf verwiesen werden, erst solche Sanktionen abwarten zu müssen, um dann in diesen Verfahren die streitigen Fragen gerichtlich zu klären.[63]

Hat die begehrte Feststellung ein in der **Vergangenheit** liegendes Rechtsverhältnis zum Gegenstand, prüft die Rspr., ob es noch anhaltende Auswirkungen in die Gegenwart zeitigt.[64] So werden an das berechtigte Interesse erhöhte Anforderungen gestellt, nämlich ähnliche wie an das berechtigte Interesse des Klägers im Rahmen der Zulässigkeit einer Fortsetzungsfeststellungsklage (§ 113 Abs. 1 S. 4 VwGO).[65] Erforderlich ist insb. eine Wiederholungsgefahr oder ein Rehabilitationsinteresse (dazu anhand der Fortsetzungsfeststellungsklage § 20 Rn. 48) oder dass sich die hoheitliche Maßnahme so schnell erledigt, dass aufgrund der verfassungsrechtlichen Rechtsschutzgarantie eine Rechtsschutzmöglichkeit bestehen muss.[66] Tritt die Erledigung bei einer Maßnahme ohne Verwaltungsaktcharakter erst nach Klageerhebung ein, wird auch die allgemeine Feststellungsklage zur Erhaltung der Früchte aus dem bisherigen Prozess für zulässig erachtet, wenn die Feststellung für die beabsichtigte Geltendmachung von Ersatzansprüchen ggf. in einem weiteren Prozess jedenfalls nicht offensichtlich aussichtslos ist (sog. Präjudizinteresse).[67]

---

57 BVerwG NVwZ 2016, 1023, 1024.
58 Detterbeck, Rn. 1402; daran fehlt es im Fall der Verwirkung, Geis/Schmidt JuS 2012, 599, 601.
59 Würtenberger/Heckmann, Rn. 488; aA Wolff in: ders./Decker, Studienkommentar, VwGO § 43 Rn. 28.
60 Mangels textlicher Einschränkungen hält die Literatur überwiegend zukünftige Rechtsverhältnisse für feststellungsfähig, s. zu den verschiedenen Meinungen Sodan in: ders./Ziekow, VwGO, § 43 Rn. 20 ff.; s.a. OVG Münster Beschl. v. 29.12.2014 – 13 A 1203/14, Rn. 9, 16 juris.
61 Sodan in: ders./Ziekow, VwGO, § 43 Rn. 102; s.a. OVG Münster Beschl. v. 29.12.2014 – 13 A 1203/14, Rn. 16 juris.
62 BVerwGE 38, 346 ff.
63 BVerwG NVwZ-R; OVG Münster NVwZ-RR 2018, 54, 56, wonach der Rechtsstreit nicht erst im Nachhinein „von der Anklagebank herab" geführt werden muss.
64 BVerwGE 61, 164, 169; OVG Koblenz NJOZ 2017, 1328, 1330 Rn. 28.
65 OVG Koblenz NJOZ 2017, 1328, 1330 Rn. 28; OVG Saarlouis ZfWG 2014, 101, 103; Gersdorf, Rn. 125; zum berechtigten Interesse bei der Fortsetzungsfeststellungsklage § 20 Rn. 48.
66 BVerwGE 159, 327, 330 f.; BVerwG NVwZ 2018, 739, 740 f.
67 BVerwGE 165, 305, 309.

b) Klagebefugnis

Die Anwendbarkeit des **§ 42 Abs. 2 VwGO** auf die Feststellungsklage ist umstritten.[68] Während **nach hM** die Klagebefugnis zur Verhinderung von Popularklagen **in analoger Anwendung** der Vorschrift grds. auch für die Feststellungsklage gilt,[69] ist dies nach aA mangels planwidriger Regelungslücke nicht der Fall.[70] Nur in Ausnahmekonstellationen soll eine Klagebefugnis erforderlich sein, etwa bei der Nichtigkeitsfeststellungsklage, weil sie in ihrer Funktion der Anfechtungsklage entspreche[71] und zudem an der Feststellung der Nichtigkeit eines Verwaltungsakts kein schutzwürdiges Interesse bestehe, wenn er bzw. sein Rechtsschein Rechte des Klägers nicht zu beeinträchtigen vermag.[72] Ähnliches gilt für vorbeugende Feststellungsklagen, sofern sie zulässigerweise möglichen Anfechtungs- oder Verpflichtungsklagen vorgreifen.[73] Auch wenn Streitgegenstand ein Rechtsverhältnis zwischen dem Beklagten und einem Dritten ohne Beteiligung des Klägers ist (dazu vorstehend Rn. 11), liegt es wegen der besonderen Gefahr von Popularklagen nahe, dass von dem Rechtsverhältnis eigene Rechte des Klägers abhängen müssen.[74]

Demggü. ist eine generelle Übertragung der Klagebefugnis auf die Feststellungsklage abzulehnen. Mit dem Erfordernis des Feststellungsinteresses besteht bereits eine spezielle Regelung zur Verhinderung von Popularklagen, jedenfalls im Verbund mit den für das feststellungsfähige Rechtsverhältnis geltenden Maßgaben.[75] Die Klagebefugnis ist demnach nur ausnahmsweise (s.o.)[76] zu prüfen. Ein Streitentscheid erübrigt sich in der Klausur, wenn die Klagebefugnis des Klägers analog § 42 Abs. 2 Hs. 2 VwGO zu bejahen ist.

c) Widerspruchsverfahren und Klagefrist[77]

Für die Zulässigkeit der Feststellungsklage bedarf es keiner Durchführung eines **Widerspruchsverfahrens**. Ausnahmen gelten kraft besonderer gesetzlicher Anordnung, bspw. bei Feststellungsklagen im Beamtenrecht (§ 126 Abs. 2 BBG, § 54 Abs. 2 BeamtStG). Vergleichbar ist die Rechtslage hins. der **Klagefrist**. Allgemein muss bei der Feststellungsklage keine Frist eingehalten werden. Abweichendes schreiben auch hier für beamtenrechtliche Streitigkeiten wiederum § 126 Abs. 2 BBG, § 54 Abs. 2 BeamtStG vor.[78]

---

68 Ausführlich dazu Knöpfle in: FS für P. Lerche, 1993, S. 771.
69 BVerwGE 99, 64, 66; 100, 262, 271; 168, 109, 111 Rn. 12; Brüning JuS 2004, 884; Ehlers NVwZ 1990, 110; Fehrmann NWVBl. 1989, 305. Zur Erklärung des Erfordernisses der Klagebefugnis auch Haack VerwArch 109 (2018), 503, 524 f.
70 Erichsen Jura 1994, 385, 386; Hufen, § 18 Rn. 17; Sodan in: ders./Ziekow, VwGO, § 42 Rn. 374, § 43 Rn. 72; s.a. Funke, Rn. 139, da die Feststellungsklage an ein Rechtsverhältnis und nicht an einen Anspruch anknüpft.
71 Gersdorf, Rn. 121.
72 Würtenberger/Heckmann, Rn. 492.
73 BVerwG NVwZ-RR 2016, 344.
74 Würtenberger/Heckmann, Rn. 491; vgl. auch Schenke, Rn. 409 f., 516, der diese Erwägungen bereits bei der Prüfung der Feststellungsfähigkeit des Rechtsverhältnisses im Rahmen der Statthaftigkeit anstellt. In Bezug auf Feststellungsklagen von Trägern hoheitlicher Befugnisse BVerwG NVwZ-RR 2016, 344.
75 Hufen, § 18 Rn. 17.
76 Eingehend Würtenberger/Heckmann, Rn. 489 ff.
77 Näher zum Widerspruchsverfahren § 20 Rn. 1 ff., 21; zur Klagefrist § 20 Rn. 22 f.
78 Dass in diesen Normen nur von „Vorverfahren" die Rede ist, basiert auf einem Redaktionsversehen; BT-Drs. 16/4027, S. 35; VG Trier Urt. v. 22.9.2009 – 1 K 365/09.TR, Rn. 21 f. juris. Allerdings wird zT mangels Bekanntgabe eines Verwaltungsakts, an die § 70 VwGO anknüpft, von einem fristungebundenen Beamtenwider-

d) Klagegegner

16 Da es sich bei der „normalen" Feststellungsklage um keine Anfechtungs- oder Verpflichtungsklage oÄ handelt, wird der Gegner einer Feststellungsklage nach dem Rechtsträgerprinzip (Rechtsgedanke des § 78 Abs. 1 Nr. 1 VwGO, dazu § 20 Rn. 24) bestimmt. Klagegegner ist also der Träger öffentlicher Gewalt als Beteiligter des Rechtsverhältnisses, nicht seine Behörde. Anders sieht es im Fall der Klage auf Feststellung der Nichtigkeit eines Verwaltungsakts (vgl. Rn. 10 f.) aus; dann gilt – bei entsprechender landesgesetzlicher Öffnung – § 78 Abs. 1 Nr. 2 VwGO (zu § 78 VwGO näher § 20 Rn. 24) analog.

3. Allgemeine Zulässigkeitsvoraussetzungen

17 Schließlich müssen im Rahmen der Feststellungsklage die allg. Zulässigkeitsvoraussetzungen vorliegen, also etwa die Eröffnung des Verwaltungsrechtswegs, die Beteiligungs- und die Prozessfähigkeit (§§ 61 ff. VwGO, zu den allg. Zulässigkeitsvoraussetzungen § 20 Rn. 25 ff.). Die Prüfung des allgemeinen Rechtsschutzinteresses erlangt bei der allgemeinen Feststellungsklage keine besondere Relevanz, da dieses in den Anforderungen des berechtigten Feststellungsinteresses sowie der in § 43 Abs. 2 VwGO normierten Subsidiarität eine besondere Ausprägung gefunden hat.[79]

4. Begründetheit

18 Die **allgemeine Feststellungsklage** gem. § 43 Abs. 1 Alt. 1 VwGO ist begründet, wenn das behauptete Rechtsverhältnis besteht (sog. positive Feststellungsklage) bzw. das bestrittene Rechtsverhältnis nicht besteht (sog. negative Feststellungsklage).[80]

Die Rspr. muss wegen der analogen Heranziehung des § 42 Abs. 2 VwGO als Zulässigkeitsvoraussetzung (vgl. Rn. 14) im Rahmen der Begründetheit auch eine Rechtsverletzung (entsprechend § 113 Abs. 1 S. 1, Abs. 5 S. 1 VwGO; zu § 113 Abs. 1 S. 1 VwGO insoweit § 20 Rn. 34) fordern. Diese wird sich aber regelmäßig zugleich aus dem Bestehen resp. Nichtbestehen des Rechtsverhältnisses ableiten lassen.[81]

Die Begründetheit der **Nichtigkeitsfeststellungsklage** liegt vor, wenn der in Rede stehende Verwaltungsakt nichtig ist.

In beiden Fällen ergeht ein nicht vollstreckbares Feststellungsurteil. Nach hM hebt das Gericht bei erfolgreicher Nichtigkeitsfeststellungsklage jedoch zugleich den Verwaltungsakt auf (vgl. § 15 Rn. 7 aE).

---

spruch ausgegangen, während andere von einer Rechtsfolgenverweisung ausgehen und eine Fristbindung bejahen, s. dazu Witt ZBR 2022, 239 ff.

79 S.a. BVerwG Beschl. v. 17.7.2019 – 7 B 27/18, Rn. 13 juris.
80 Etwa Hufen, § 29 Rn. 3; die Kritik begegnet dem mit deutlich konturenloseren Maßgaben: Wenn die umstrittene Rechtsfrage im Sinne des Klägers zu entscheiden ist, so Detterbeck, Rn. 1404. In Fällen der Normerlassklage (vorstehend in Fn. 37) gelten verschärfte Anforderungen: Nichterlass muss schlechterdings unvertretbar oder unverhältnismäßig sein, zu alledem BVerwG NVwZ 2008, 423; Grund ist der Schutz der gesetzgeberischen Entscheidungsfreiheit (normatives Ermessen), Schübel-Pfister JuS 2008, 874, 875.
81 Detterbeck, Rn. 1404.

Übersicht 5: Prüfungsschema für die Feststellungsklage

A. **Zulässigkeit**
  I. Eröffnung des Verwaltungsrechtswegs
    1. Aufdrängende Sonderzuweisung, zB § 54 Abs. 1 BeamtStG, § 126 Abs. 1 BBG; ansonsten:
    2. § 40 Abs. 1 VwGO (Generalklausel): a) öffentlich-rechtliche Streitigkeit, b) nichtverfassungsrechtlicher Art, c) keine abdrängende Sonderzuweisung, zB Art. 14 Abs. 3 S. 4, Art. 34 S. 3 GG, § 40 Abs. 2 S. 1 Hs. 1 VwGO, § 23 Abs. 1 S. 1 EGGVG
  II. Statthaftigkeit, § 43 Abs. 1 VwGO
    1. Richtiger Streitgegenstand
      – § 43 Abs. 1 Alt. 1 VwGO – Feststellung des Bestehens/Nichtbestehens eines Rechtsverhältnisses
      – § 43 Abs. 1 Alt. 2 VwGO – Feststellung der Nichtigkeit eines Verwaltungsakts
    2. Subsidiarität, § 43 Abs. 2 VwGO (nicht bei Nichtigkeit des VA; str., inwieweit weitere Ausnahmen)
  III. Feststellungsinteresse, § 43 Abs. 1 VwGO

    Grundsatz: jedes schutzwürdige Interesse rechtlicher, wirtschaftlicher oder ideeller Art an baldiger Feststellung

    Sonderfälle: qualifiziertes Feststellungsinteresse
  IV. Klagebefugnis, § 42 Abs. 2 VwGO analog (so die Rspr., aA Teile der Lit., allerdings mit Gegenausnahmen)
  V. Klagegegner

    Wird nach dem Rechtsträgerprinzip ermittelt (außer bei Nichtigkeitsfeststellungsklage bei entsprechender landesgesetzlicher Öffnung analog § 78 Abs. 1 Nr. 2 VwGO)
  VI. Beteiligungsfähigkeit, § 61 VwGO
  VII. Prozessfähigkeit, § 62 VwGO
  VIII. Zuständigkeit des Gerichts: sachlich: §§ 45 ff. VwGO, örtlich: § 52 VwGO

B. **Begründetheit**
  Die allgemeine Feststellungsklage ist begründet, wenn das behauptete Rechtsverhältnis besteht bzw. das bestrittene Rechtsverhältnis nicht besteht.
  Die Nichtigkeitsfeststellungsklage ist begründet, wenn der zu überprüfende Verwaltungsakt nichtig ist.

▶ Zu Fall 10: Die Feststellungsklage ist statthaft, wenn ein konkretes Rechtsverhältnis in Streit steht. Hier geht es um die Errichtung der Monumentalfigur auf besagtem Hügel. Aufgrund dieses Sachverhalts ist eine konkrete Rechts- bzw. Pflichtenbeziehung zwischen der Bauaufsichtsbehörde und A streitbefangen, nämlich, ob A die Figur nur mit Baugenehmigung der Behörde nach Bauordnungsrecht[82] aufstellen darf oder ob er dies ohne eine solche Genehmigung tun kann. Die Feststellungsklage dürfte nicht nach § 43 Abs. 2 S. 1 VwGO subsidiär sein. Mit einer Verpflichtungsklage als allein denkbarer Alternative könnte A lediglich die Erteilung einer Baugenehmigung verfolgen, was er ersichtlich nicht will. Vielmehr müsste A nach seinem Klagebegehren mit einem solchen Antrag unterliegen, weil er gerade von einer Genehmigungsfreiheit seines Vorhabens ausgeht. A fehlt ferner nicht das berechtigte Interesse an alsbaldiger Feststellung, das rechtlicher, wirtschaftlicher oder ideeller Natur sein kann, weil er seine Figur bereits fertiggestellt hat und sie aufgrund ihrer Ausmaße sinnvollerweise nur im Freien aufgestellt werden kann. Angesichts des in § 43 Abs. 1 VwGO zur Begrenzung des potenziell klagebefugten Personenkreises ausdrücklich normierten Feststellungsinteresses (ver)bleibt zudem keine Regelungslücke für eine etwaige analoge Heranziehung der Klagebefugnis nach § 42 Abs. 2 VwGO, jedenfalls nicht bei der (normalen) Klage iSd § 43 Abs. 1 Alt. 1 VwGO. Da für die Feststellungsklage grds. kein vorheriges Widerspruchsverfahren vorgeschrieben ist und ebenso wenig Fristen gelten, schließlich hins. der Einhaltung weiterer allg. Zulässigkeitsvoraussetzungen keine Bedenken bestehen, ist die Klage zulässig. ◀

V. Wiederholungs- und Verständnisfragen

> Welche Arten von Verwaltungsrechtsverhältnissen können unterschieden werden? (→ Rn. 2 ff.)
> Wie werden Verwaltungsrechtsverhältnisse begründet? (→ Rn. 6 ff.)
> Welche prozessuale Bedeutung kommt Verwaltungsrechtsverhältnissen zu? (→ Rn. 9)
> Setzt die Zulässigkeit der Feststellungsklage die Klagebefugnis des Klägers voraus? (→ Rn. 14)
> Warum ist die allgemeine Feststellungsklage gem. § 43 Abs. 2 S. 1 Alt. 1 VwGO ggü. Gestaltungs- und Leistungsklagen subsidiär? Welche Ausnahmen gibt es? (→ Rn. 12)
> Wie wird der Klagegegner der allgemeinen Feststellungsklage bestimmt? (→ Rn. 16)

---

82 Dazu Erbguth/Mann/Schubert, Rn. 1256 ff.

§ 11 Systematisierung des Verwaltungshandelns und Verwaltungsrechtsschutz

Zur Erfüllung ihrer Aufgaben stehen der Verwaltung verschiedene Handlungsformen zur Verfügung,[1] die im vorstehenden Zusammenhang bereits Erwähnung gefunden haben. Überblicksartig lassen sich diese wie folgt ordnen:

Aufgrund ihrer Aufgabe zum Gesetzesvollzug im Einzelfall besteht die Tätigkeit der Verwaltung vorrangig in der Festlegung von Rechten und Pflichten bestimmter Privatrechtssubjekte in einer bestimmten Situation. Das hierfür bereitgestellte Handlungsinstrument ist der **Verwaltungsakt** (dazu §§ 12 ff.). Das administrative Vorgehen beschränkt sich ferner nicht auf einseitige Festlegungen; vielmehr ist die Verwaltung auch befugt, mit Bürgern einen auf einer einvernehmlichen Regelung beruhenden **öffentlich-rechtlichen Vertrag** (§ 24) abzuschließen. Das Tätigwerden der Verwaltung ist aber nicht auf die Regelung des Rechts- und Pflichtenkreises von Bürgern beschränkt; es kann des Weiteren in einem **schlicht-hoheitlichen Handeln** (Realakt, § 23) bestehen, das keine rechtliche Regelung enthält, sondern in tatsächlicher Weise auf die Situation des Einzelnen einwirkt. Weil nach Art. 91c Abs. 5 GG der übergreifende informationstechnische Zugang zu den **Verwaltungsleistungen** von Bund und Ländern durch Bundesgesetz zu regeln ist, wird zunehmend erörtert, was unter dieser Begriffsneuschöpfung zu verstehen ist. Ausweislich der einfachgesetzlichen Legaldefinition in § 2 Abs. 3 OZG versteht man darunter „die elektronische Abwicklung von Verwaltungsverfahren und die dazu erforderliche elektronische Information des Nutzers und Kommunikation mit dem Nutzer über allgemein zugängliche Netze". Damit werden abstrakt und somit losgelöst vom Einzelfall Tätigkeiten der Exekutive, welche den Binnenbereich der Verwaltung verlassen, zum Zweck der Digitalisierung umschrieben.[2] Neben solchen Regelungen in einer konkreten Situation (Einzelfall) kann die vollziehende Gewalt gem. Art. 80 Abs. 1 GG vom Gesetzgeber zum Erlass von **Rechtsverordnungen** (§ 25) ermächtigt werden, die für eine Vielzahl von Fällen und Personen Geltung beanspruchen. Abstrakt-generelle Regelungen stellen auch **Satzungen** (§ 26; bereits § 7 Rn. 7) dar, zu deren Erlass juristische Personen des öffentlichen Rechts (der mittelbaren Staatsverwaltung) zwecks Regelung ihrer eigenen Angelegenheiten befugt sind (vgl. § 6 Rn. 14 ff.). Gemeinsames Merkmal der bislang aufgezählten Handlungsinstrumente ist ihre grds. ggü. Privatrechtssubjekten, wie dem Bürger, außerhalb des Bereichs der Verwaltung eintretende Wirkung. Andere Handlungsformen betreffen hingegen die Regelung von Verwaltungsinterna. Derartige Anordnungen im Innenbereich des Staates sind verwaltungsinterne Maßnahmen im Einzelfall oder allg. **Verwaltungsvorschriften** (§ 27; bereits § 7 Rn. 8). Zu diesem Katalog an Instrumenten, der bislang ausschl. auf öffentlich-rechtlich zu beurteilende Betätigungen bezogen war, tritt das **privatrechtliche Handeln** (§ 29) der Verwaltung.

Welcher Handlungsform sich die Verwaltung zur Erfüllung ihrer Aufgaben zu bedienen hat, ist nur in seltenen Fällen gesetzlich vorgeschrieben (etwa für den Bebauungsplan, der als Satzung aufzustellen ist, § 10 Abs. 1 BauGB, oder das gemeindliche Vorkaufsrecht, das in Form eines Verwaltungsakts auszuüben ist, § 28 Abs. 2 S. 1 BauGB). Soweit für das Verwaltungshandeln keine bestimmte Rechtsform vorgesehen ist und

---

1 Zur diesbzgl. Herausforderung durch den technischen Fortschritt Stein DVBl. 2008, 1546, anhand der automatischen Mauterhebung.
2 Starosta, Der Portalverbund zwischen Bund und Ländern, 2022, S. 400.

sich eine solche auch nicht durch Auslegung einer Norm entnehmen lässt, kann die Behörde unter den verschiedenen Instrumenten auswählen (zur Wahlfreiheit zwischen öffentlich-rechtlichen und privatrechtlichen Handlungsformen bereits § 5 Rn. 13 und nachfolgend § 29 Rn. 3).

Übersicht 6: Arten des Verwaltungshandelns

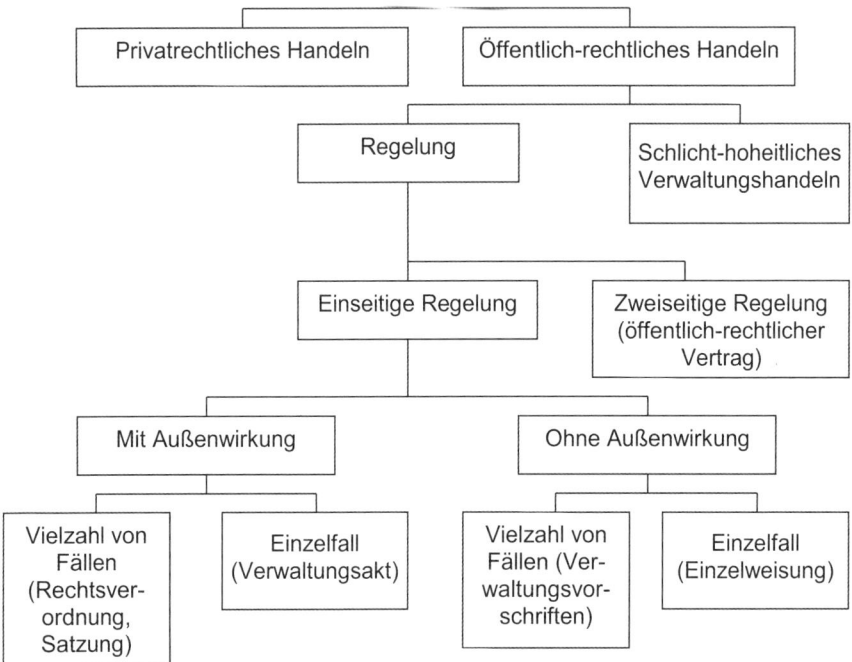

3 Wegen der Rechtsschutzgarantie des Art. 19 Abs. 4 S. 1 GG ist heute der Verwaltungsrechtsweg in allen öffentlich-rechtlichen Streitigkeiten nichtverfassungsrechtlicher Art eröffnet (§ 40 Abs. 1 S. 1 VwGO).³ Diese Systematisierung des Verwaltungshandelns hat jedoch weiterhin insb. für die Bestimmung der richtigen verwaltungsgerichtlichen Klageart ausschlaggebende Bedeutung. Zur funktionsadäquaten Ausgestaltung der Prozessrechtsverhältnisse stellt die VwGO je nachdem, wogegen bzw. worauf sich das Klageziel richtet, verschiedene Klage- bzw. Antragsmöglichkeiten zur Verfügung, wie es in der vorangegangenen Darstellung angesprochen worden ist:⁴

4 Die **Anfechtungsklage** (§ 42 Abs. 1 Alt. 1 VwGO, vgl. § 20 Rn. 17 ff.) ist eine Gestaltungsklage und auf die gerichtliche Aufhebung von Verwaltungsakten gerichtet (zB einer gewerberechtlichen Untersagungsverfügung).⁵ Mit der **Verpflichtungsklage** (§ 42 Abs. 1 Alt. 2 VwGO)⁶ kann der Erlass eines Verwaltungsakts begehrt werden (etwa: Klage auf Erteilung einer Baugenehmigung). Dagegen ist die **allgemeine Leistungsklage** (dazu § 23 Rn. 8 ff.) nicht ausdrücklich in der VwGO geregelt, wird aber in mehreren

---

3 BVerwGE 141, 196, 201.
4 Näher zum System der verwaltungsgerichtlichen Klagearten Schmidt DÖV 2011, 169.
5 Sauer, S. 37.
6 Ebendort.

Vorschriften erwähnt (§ 43 Abs. 2, § 111 S. 1, § 113 Abs. 4 VwGO). Ihr Klageziel richtet sich auf oder gegen Verwaltungshandeln, das nicht im Erlass oder in der Aufhebung eines Verwaltungsakts besteht, sondern in schlicht-hoheitlicher Tätigkeit resp. der Geltendmachung einer Forderung aus einem öffentlich-rechtlichen Vertrag. Gegenstand der **Feststellungsklage** (§ 43 VwGO, vgl. § 10 Rn. 9 ff.) ist die Feststellung des Bestehens oder Nichtbestehens eines (Verwaltungs-)Rechtsverhältnisses bzw. die Feststellung der Nichtigkeit eines Verwaltungsakts. Mit der **Fortsetzungsfeststellungsklage** (§ 113 Abs. 1 S. 4 VwGO, näher § 20 Rn. 39 ff.) kann die Feststellung erreicht werden, dass ein Verwaltungsakt, der sich erledigt hat, rechtswidrig gewesen ist (zB Feststellung nach Verstreichen des Termins einer Versammlung, dass ein hiergegen ergangenes Versammlungsverbot rechtswidrig war). Vergleichbares gilt bei Erledigung eines Verwaltungsakts im Fall der Verpflichtungsklage (§ 113 Abs. 1 S. 4 VwGO analog). Schließlich dient das verwaltungsgerichtliche **Normenkontrollverfahren** (§ 47 VwGO, dazu § 28) dazu, Satzungen nach dem BauGB oder eine untergesetzliche Rechtsnorm (Rechtsverordnung oder Satzung) des Landesrechts für unwirksam erklären zu lassen (bspw. Antrag auf Überprüfung eines Bebauungsplans).

Teil 3
Verwaltungsakt

Der Begriff des Verwaltungsakts wurde erstmals von *Otto Mayer* in das deutsche Verwaltungsrecht eingeführt – definiert als „ein der Verwaltung zugehöriger obrigkeitlicher Ausspruch, der dem Unterthanen im Einzelfall bestimmt, was für ihn rechtens sein soll".[1] Der Verwaltungsakt stellt das klassische Handlungsinstrument der Verwaltung dar.

Durch den Erlass eines Verwaltungsakts wird das Verwaltungsverfahren beendet (§ 9 VwVfG).[2] Die herausragende Bedeutung des Verwaltungsakts liegt in seiner **Individualisierungs- und Konkretisierungsfunktion**:[3] Auf der Grundlage allg. gehaltener Vorgaben in gesetzlichen Vorschriften weist er seinem Adressaten für einen bestimmten Sachverhalt insb. konkrete Rechte und Pflichten zu,[4] etwa indem einer bestimmten Person aufgegeben wird, einen bestimmten, auf ihrem Grundstück stehenden Baum zu fällen. Legt der Adressat gegen diese Anordnung keine Rechtsbehelfe ein, kann dieser Verwaltungsakt nur noch in engen Grenzen abgeändert werden (**Stabilisierungsfunktion** infolge Bestandskraft).[5] Verwaltungsakte, die ein Gebot (s. das vorherige Beispiel) oder auch Verbot enthalten, können von der Verwaltung ohne Einschaltung der Gerichte selbst vollstreckt werden (**Titelfunktion**). Außerdem gelten für die sich auf Verwaltungsakte beziehenden Anfechtungs- und Verpflichtungsklagen (§ 42 Abs. 1 VwGO) besondere Zulässigkeitsanforderungen (Durchführung eines Vorverfahrens, §§ 68 ff. VwGO, und Klagefrist, § 74 VwGO).

§ 12 Begriff, Funktionen und Arten des Verwaltungsakts[6]

In § 35 S. 1 VwVfG wird der Verwaltungsakt **legaldefiniert** als „jede Verfügung, Entscheidung oder andere hoheitliche Maßnahme, die eine Behörde zur Regelung eines Einzelfalls auf dem Gebiet des öffentlichen Rechts trifft und die auf unmittelbare Rechtswirkung nach außen gerichtet ist". Die Beschreibung findet sich gleichlautend in § 31 S. 1 SGB X und in § 118 S. 1 AO. Verwaltungsakte werden in der Praxis oft nicht als solche bezeichnet. Als Synonyme werden die Begriffe Verfügung und Entscheidung oder die Bezeichnungen Bescheid, Beschluss, Erlaubnis und Genehmigung verwendet.

1

In § 35 S. 2 VwVfG hat der Gesetzgeber die **Allgemeinverfügung** als Unterfall des Verwaltungsakts eingeordnet und zugleich begrifflich beschrieben. Eine Allgemeinverfügung ist „ein Verwaltungsakt, der sich an einen nach allgemeinen Merkmalen bestimmten oder bestimmbaren Personenkreis richtet oder die öffentlich-rechtliche

2

---

1 Mayer, Bd. I, S. 95; zur Geschichte Engert, Die historische Entwicklung; Schmidt-De Caluwe, Der Verwaltungsakt in der Lehre Otto Mayers, 1999, insb. S. 49 ff.
2 Siegel, Rn. 281 („Verfahrensfunktion").
3 Oder auch Regelungsfunktion, nachfolgend Rn. 33; s.a. Siegel, Rn. 276 f. sowie v. Schlieffen/Haaß, S. 142.
4 Zu dieser und weiteren Funktionen des Verwaltungsakts nachfolgend Rn. 33; vertiefend insgesamt Bumke in: Voßkuhle/Eifert/Möllers, Bd. 2, § 34; Einführung bei Voßkuhle/Kaufhold JuS 2011, 34.
5 S.a. Siegel, Rn. 278 ff.
6 Anschaulich Bickenbach JA 2015, 481.

Eigenschaft einer Sache oder ihre Benutzung durch die Allgemeinheit betrifft" (wortgleich § 31 S. 2 SGB X; § 118 S. 2 AO). Hierauf wird noch näher einzugehen sein (vgl. Rn. 22 f.).

I. Tatbestandsmerkmale des Verwaltungsakts

3 Ein Verwaltungsakt liegt nach der Definition des § 35 S. 1 VwVfG nur vor, wenn die dort genannten Voraussetzungen **kumulativ erfüllt** sind; namentlich muss es sich um

- eine hoheitliche Maßnahme
- einer Behörde
- auf dem Gebiet des öffentlichen Rechts
- zur Regelung
- eines Einzelfalls
- mit unmittelbarer Außenwirkung

handeln.[7] Diese Voraussetzungen haben nicht nur begrifflich zuordnenden Gehalt, sondern dienen gleichzeitig der Abgrenzung zu anderen Handlungsformen der Verwaltung.

1. Hoheitliche Maßnahme

4 Als **Maßnahme** einer Behörde gilt jegliches Handeln mit Erklärungsgehalt, das ihr zurechenbar ist.[8] In erster Linie sind damit von Menschen ausgeführte Handlungen gemeint. Verwaltungsakte können auch konkludente Erklärungen sein; so stellt sich die erhobene Hand eines Polizisten im Straßenverkehr etwa als Haltegebot dar. Daneben ergehen Verwaltungsakte oft in automatisierter Form unter Zuhilfenahme von Maschinen (EDV), insb. Computern, wie computergefertigte Steuer- und Rentenbescheide. Auch dabei handelt es sich um der Verwaltung zurechenbare Maßnahmen,[9] von deren Existenz in § 37 Abs. 5, § 39 Abs. 2 Nr. 3 VwVfG ausdrücklich ausgegangen wird. Wegen Zweifeln, ob von IT-Systemen aufgrund vorweggenommener Programmierung des Systems „vollständig automatisiert" erlassene Entscheidungen ohne menschliche Willensbetätigung im konkreten Einzelfall als Maßnahme zu qualifizieren sind, stellt § 35a VwVfG klar, dass auch diese Verwaltungsakte sind.[10]

5 Vom Verwaltungsaktbegriff werden des Weiteren nur **hoheitliche** Maßnahmen erfasst. Hoheitlich meint einseitiges Gebrauchmachen von Befugnissen des öffentlichen Rechts.[11]

Das soll nach der Rspr. bei einer Aufrechnungserklärung (§§ 387 ff. BGB analog) durch die öffentliche Hand nicht der Fall sein.[12] Erklären lässt sich dies damit, dass der Staat für die Erklärung der Aufrech-

---

7 Ausführlich zu den Begriffsmerkmalen des Verwaltungsakts Kahl Jura 2001, 505.
8 Kahl Jura 2001, 505, 507; Siegel, Rn. 296 dazu, dass sich das Tun aus den beiden Komponenten Willensbildung und Willensäußerung zusammensetzt.
9 BVerwGE 45, 189, 190; Maurer/Waldhoff, § 18 Rn. 6 f. mwN.
10 BT-Drs. 18/8434, S. 122; dazu OVG Münster Beschl. v. 10.12.2021 – 2 A 51/21, Rn. 7 juris; Schmitz/Prell NVwZ 2016, 1273 f., insb. 1275; Siegel DVBl. 2017, 24 f.
11 Siegel, Rn. 297 ff.; Über-/Unterordnungsverhältnis, OVG Hamburg Beschl. v. 27.7.2021 – 5 Bs 138/21, Rn. 15 juris.
12 BVerwGE 132, 250, 251. Dazu, dass sich zB aus dem Unionsrecht ein ungeschriebenes Aufrechnungsverbot ergeben kann, Waldhoff JuS 2015, 959, 960.

nung keine hoheitlichen Befugnisse benötigt, die über die Rechtsposition jedes Schuldners nach § 387 BGB hinausgehen. Die Aufrechnung wird auch im Bürger-Bürger-Verhältnis immer einseitig erklärt.[13] Auf jeden Fall fehlt ihr aber die Regelungswirkung (dazu Rn. 17).

Aufgrund dieser Einseitigkeit der Pflichtenbegründung grenzt sich der Verwaltungsakt vom öffentlich-rechtlichen Vertrag (§§ 54 ff. VwVfG) ab, bei dem die Pflichtenbegründung einvernehmlich durch Einigung erfolgt (ausführlich zu öffentlich-rechtlichen Verträgen § 24). Teilw. wird in der Literatur „hoheitlich" mit dem Merkmal „auf dem Gebiet des öffentlichen Rechts" gleichgesetzt.[14] Im Gefolge dieser Ansicht kommt der Tatbestandsvoraussetzung „hoheitlich" keine eigenständige Bedeutung zu.[15] § 35 S. 1 VwVfG nennt indes beide Begriffsmerkmale – hoheitlich und auf dem Gebiet des öffentlichen Rechts; deshalb und weil das Element der Einseitigkeit nur dem Merkmal „hoheitlich" und nicht demjenigen „auf dem Gebiet des öffentlichen Rechts" innewohnt,[16] kann nicht davon ausgegangen werden, dass eines der gesetzlichen Merkmale nicht zum Tragen kommen soll.[17]

2. Behörde

Verwaltungsakt ist die Maßnahme einer **Behörde**. Eine solche ist nach § 1 Abs. 4 VwVfG jede Stelle, die Aufgaben der öffentlichen Verwaltung wahrnimmt (funktioneller Behördenbegriff, vgl. § 6 Rn. 5). Keine Behörden sind Private (Ausnahme: Beliehene, dazu § 6 Rn. 22).

6

Behördliches Handeln liegt auch dann vor, wenn ein privater Geschäftsbesorger aufgrund einer entsprechenden Ermächtigung oder Vereinbarung mit Wissen und Wollen der Verwaltung Veranlagungen zu Gebühren und Beiträgen vornimmt, entsprechende Bescheide erstellt und versendet, seine Mitwirkung aber nach außen erkennbar ist, weil im Briefkopf und in der Großformel allein die Behörde ausgewiesen wird.[18] In Abgrenzung dazu liegt ein bloßer Schein-Verwaltungsakt (Nichtakt) vor, wenn zB ein Privater ohne behördliches Wissen und Wollen ein Verkehrszeichen aufstellt, mithin nach außen als Entscheidungsträger tätig wird.[19]

Ebenso wenig sind Verfassungsorgane in ihrem verfassungsrechtlichen Rechtskreis (als Organe der Gesetzgebung, Regierung oder Rechtsprechung) Behörden. Etwas anderes gilt, wenn sie Verwaltungsaufgaben wahrnehmen (s. § 6 Rn. 5), etwa ein Gerichtspräsident die Tätigkeit der Geschäftsstellenleiter beurteilt.

3. Auf dem Gebiet des öffentlichen Rechts

Die Maßnahme einer Behörde ergeht auf dem **Gebiet des öffentlichen Rechts**, wenn die mögliche Rechts- bzw. Ermächtigungsgrundlage für ihren Erlass als öffentlich-rechtlich

7

---

13 Eingehend zum Streitstand Kemmler, Geldschulden, S. 290 ff.
14 Hendler, Rn. 101; Maurer/Waldhoff, § 9 Rn. 12.
15 Vgl. Ipsen, Rn. 324.
16 Deshalb kann auch nur „auf dem Gebiet des öffentlichen Rechts" auf „verwaltungsrechtlich" reduziert werden, nicht aber „hoheitlich"; für Letzteres Maurer/Waldhoff, § 9 Rn. 14.
17 Allenfalls könnte angenommen werden, dass hoheitliche Maßnahmen immer solche auf dem Gebiet des öffentlichen Rechts sind bzw. sein müssten.
18 BVerwG DVBl. 2012, 49 f.: kein „Scheinverwaltungsakt"; Beschl. v. 17.11.2015 – 9 B 21/15, Rn. 13 f. juris; s. eingehend auch Münkler, Der Nichtakt, 2015, S. 141 ff.
19 VGH Mannheim VBlBW 2010, 198; OVG Münster DVBl. 2021, 1628, 1630; Barczak JuS 2018, 238, 244, wonach sich ein Scheinverwaltungsakt nicht einer Behörde zurechnen lässt; s. aber auch zum fehlenden einheitlichen Begriffsverständnis, was unter Scheinverwaltungsakten zu verstehen ist, VGH München Beschl. v. 6.11.2019 – 10 ZB 19.378, Rn. 10 juris.

einzustufen ist (Gebietsklausel).[20] Ob das der Fall ist, richtet sich nach den Kriterien für die Abgrenzung von öffentlichem und privatem Recht (§ 5 Rn. 6 ff.).

8 Entscheidend ist mithin, dass die Befugnis zum Handeln aus öffentlich-rechtlichen Vorschriften folgt. Unerheblich ist dagegen, auf welchem Gebiet die Maßnahme Rechtsfolgen zeitigt.[21] ZB steht den Gemeinden nach § 24 BauGB ein Vorkaufsrecht zum Kauf von Grundstücken zu, für die in dem Bebauungsplan eine Nutzung für öffentliche Zwecke vorgesehen ist. Davon darf eine Gemeinde Gebrauch machen, wenn das Wohl der Allgemeinheit dies rechtfertigt (§ 24 Abs. 3 BauGB). Erklärt die Gemeinde, dass sie das Vorkaufsrecht ausübe, wird sie aufgrund öffentlichen Rechts tätig, auch wenn die Rechtsfolge der Erklärung einen privatrechtlichen Vertrag betrifft. Deswegen handelt es sich dabei um einen sog. **privatrechtsgestaltenden Verwaltungsakt**.[22]

9 Kündigt eine Behörde einen privatrechtlichen Vertrag durch ein Schreiben, das mit der Überschrift „Bescheid" und einer Rechtsbehelfsbelehrung versehen ist, handelt es sich dabei der äußeren Form nach um einen Verwaltungsakt. Ein solcher sog. **formeller Verwaltungsakt** erzeugt den Rechtsschein, ein Verwaltungsakt zu sein, erfüllt aber nicht alle Merkmale des § 35 VwVfG. Aus Gründen des effektiven Rechtsschutzes (Art. 19 Abs. 4 S. 1 GG) kann gegen derartige Maßnahmen trotzdem mit verwaltungsaktbezogenen Klagearten vorgegangen werden. Die Maßnahme wird somit als **Verwaltungsakt im prozessualen Sinne** behandelt.[23] Das Gericht prüft sodann im Rahmen der Begründetheit, ob die Voraussetzungen des § 35 VwVfG vorliegen, und hebt den formellen Verwaltungsakt wegen materieller Rechtswidrigkeit auf.[24]

4. Regelung

▶ **FALL 1:** Autofahrer A ist in den vergangenen fünf Jahren des Öfteren wegen verkehrsrechtlicher Verfehlungen bestraft worden. Diese betrafen Überschreitungen der höchstzulässigen Fahrgeschwindigkeit, eine fahrlässige Körperverletzung, weil er bei Nebel auf ein anderes Fahrzeug aufgefahren war und dabei den Fahrer dieses Wagens verletzt hatte, sowie Nötigung aufgrund zu dichten Auffahrens auf der Überholspur. Die zuständige Behörde richtet daraufhin ein Schreiben an A und fordert ihn auf, ein Gutachten eines medizinisch-psychologischen Instituts beizubringen, um die wegen der Vorfälle bestehenden Zweifel an seiner Eignung zum Führen von Kraftfahrzeugen auszuräumen. A überlegt, ob er gegen diese „Anordnung" vorgehen kann. ◀

---

20 Vgl. Ipsen, Rn. 332.
21 Siegel, Rn. 306.
22 OVG Bautzen Urt. v. 14.11.2019 – 1 A 1281/17, Rn. 19 juris. Die Anerkennung einer Stiftung des bürgerlichen Rechts (s. § 80 Abs. 2 BGB) bildet ein weiteres Beispiel für einen privatrechtsgestaltenden Verwaltungsakt, s. BVerwG NVwZ-RR 2021, 607, 609; allg. zu dieser Rechtsfigur Wollenschläger in: Kahl/Ludwigs, I, § 15 Rn. 49.
23 VGH Mannheim NVwZ-RR 2022, 327, 328 Rn. 31 ff.; s.a. OVG Lüneburg NordÖR 2020, 89, 91; dazu auch Münkler, Der Nichtakt, 2015, S. 110 f. und auf S. 161 ff. näher zu den prozessualen Schwierigkeiten. Vgl. hierzu bereits § 5 Rn. 24 sowie § 20 Rn. 17 f. Ferner nimmt die hM an, dass eine Maßnahme, die zunächst nicht ausdrücklich in der Form eines Verwaltungsakts erlassen wurde, aufgrund eines – als Folge der Erhebung eines Widerspruchs – erlassenen Widerspruchsbescheids die Gestalt eines Verwaltungsakts bekommen kann, BVerwGE 78, 3, 4 f.; OVG Magdeburg DVBl. 2000, 283. In Zweifelsfällen kommt der Meistbegünstigungsgedanke zum Tragen: Der Bürger kann die für ihn günstige(re) Rechtsschutzform wählen, vgl. OVG Greifswald NordÖR 2000, 66.
24 Hierzu § 14; auch § 5 Rn. 24; zur Konstellation eines formellen VA ohne Regelung LSG Hessen Urt. v. 24.11.2017 – L 5 R 12/14, Rn. 67 f. juris.

§ 12 Begriff, Funktionen und Arten des Verwaltungsakts

Eine Regelung liegt vor, wenn die Maßnahme nach ihrem objektiven Sinngehalt auf die unmittelbare Begründung, Änderung, Aufhebung, Ablehnung, aber auch verbindliche Feststellung von Rechten und Pflichten oder eines Rechtsstatus gerichtet ist,[25] kurz: Ein Verwaltungsakt muss unmittelbar und ohne weitere Zwischenschritte auf die Herbeiführung einer Rechtsfolge zielen.[26] Ob ein behördliches Schreiben eine derartige verbindliche Regelung enthält, ist durch Auslegung der behördlichen Erklärung nach dem objektiven Empfängerhorizont zu klären (§ 133, § 157 BGB analog).[27] So enthält die an einen Bewerber gerichtete Negativmitteilung, er werde im behördlichen Auswahlverfahren um eine ausgeschriebene Beamtenstelle nicht berücksichtigt, regelmäßig einen Verwaltungsakt, indem dadurch seine Bewerbung abgelehnt wird.[28] Demggü. stellt die formlose Mitteilung über die Einstellung des Verwaltungsverfahrens zur Entziehung einer Rechtsposition, etwa eines Doktorgrades, zumeist eine unverbindliche Auskunft ohne Regelungscharakter dar.[29] Eine polizeiliche Gefährderansprache, bei welcher einer Person mitgeteilt wird, sie habe in einem bestimmten Zusammenhang die polizeiliche Aufmerksamkeit auf sich gezogen (zB wegen Stalkings einer Person), weshalb ein weiteres Verhalten nachteilige Konsequenzen für sie haben werde, beinhaltet regelmäßig nur einen Hinweis und keine Regelungswirkung. Denn ihr wird dadurch kein bestimmtes Verhalten rechtsverbindlich vorgegeben.[30]

10

Die subjektive Intention der Behörde auf unmittelbare Herbeiführung einer Rechtsfolge reicht für die Annahme einer Regelung allein nicht aus. Hinzukommen muss, dass sie die verbindliche Rechtsfolge auch tatsächlich, mithin objektiv angeordnet und gesetzt hat.[31]

Anhand der jew. festgelegten Rechte und Pflichten können verschiedene Arten von Regelungen unterschieden werden:[32]

11

- **Verbote:** Dem Adressaten wird ein bestimmtes Verhalten untersagt,
- **Gebote:** Von dem Adressaten wird ein positives Tun (Handeln) verlangt,
- **Rechtsgewährung:** Eine Erlaubnis (Baugenehmigung) oder sonstige Rechtsstellung wird erteilt; eine Leistung (Subvention) wird gewährt,
- **Versagung:** Ein beantragter Verwaltungsakt wird durch Bescheid abgelehnt (s. den actus-contrarius-Gedanken),
- **Rechtsgestaltung:** Ein Rechtsverhältnis wird (um-)gestaltet, zB Ernennung einer Person zum Beamten,

---

25 Vgl. BVerwGE 77, 268, 271; 159, 148, 152; OVG Bautzen Beschl. v. 16.9.2021 – 1 B 269/21, Rn. 10 juris.
26 BVerwGE 141, 196, 199. Eingehend Ziekow, VwVfG, § 35 Rn. 25 ff.
27 BVerwGE 142, 179, 189; 159, 148, 153; OVG Münster GewArch 2022, 26 Rn. 6. Indizien für die Setzung einer Rechtsfolge können auch die Bezeichnung als Bescheid und Beifügung einer Rechtsbehelfsbelehrung sein. Wird keine verbindliche Regelung getroffen, aber ergeht die Maßnahme der Form nach als Verwaltungsakt, handelt es sich zwar nicht um einen VA iSd § 35 VwVfG, aber – s. bei Rn. 9 – im verwaltungsprozessualen Sinne, der aufzuheben ist.
28 VGH Kassel DÖD 2018, 283, 284 f.; Spitzlei ZTR 2018, 500, 502.
29 BVerwGE 159, 148, 154.
30 VGH Mannheim VBlBW 2018, 316; VGH München Beschl. v. 14.12.2020 – 10 ZB 20.2656, Rn. 15 juris.
31 Etwa Detterbeck, Rn. 446; Morgenroth NVwZ 2014, 32, 33: zwei Dimensionen.
32 Zu den unterschiedlichen Arten von Verwaltungsakten nachfolgend Rn. 34 ff.; Barczak JuS 2018, 238 ff.

- **Feststellung:** Eine zweifelhafte oder umstrittene Rechtslage wird verbindlich entschieden, bspw. Feststellung der Staatsangehörigkeit einer Person, oder
- **dingliche Regelung:** Bestimmung der öffentlich-rechtlichen Eigenschaft einer Sache bzw. Regelung ihrer Benutzung.

a) Abgrenzung zu Realakten

12 Das Merkmal der Regelung dient in erster Linie der Abgrenzung von schlicht-hoheitlichem oder schlichtem Verwaltungshandeln bzw. von **Realakten** (ausführlich zu Realakten § 23). Realakte sind nicht auf einen Rechtserfolg, sondern auf einen tatsächlichen Erfolg gerichtet. Dazu zählen tatsächliche Verrichtungen, wie der Bau von Straßen, die Fahrt mit einem Dienstfahrzeug oder die Auszahlung von Geld. Zu den Realakten gehören auch Auskünfte (Hinweise, Stellungnahmen,[33] Empfehlungen, Warnungen, Wissenserklärungen[34]) von Behörden über tatsächliche oder rechtliche Umstände.[35] Als reine Wissenserklärungen kommt ihnen keine Regelungswirkung zu.

Von der tatsächlichen (realen resp. schlicht-hoheitlichen) Handlung ist die vorgelagerte Entscheidung über das „Ob" des Handelns zu trennen. So wird idR die Gewährung einer Leistung (Realakt) zuvor mittels eines Verwaltungsakts festgesetzt, zB wird ein Bewilligungsbescheid vor der tatsächlichen Auszahlung einer Subvention erlassen.[36]

Ausnahmsweise ist die Entscheidung über die Erteilung einer **Auskunft** nach hM ein Verwaltungsakt, wenn deren Schwerpunkt nicht in der Auskunft selbst, sondern in der (Ermessens-)Entscheidung über ihre Erteilung liegt.[37] Dies kann etwa für den Fall angenommen werden, dass jemand, der vom Verfassungsschutz aufgesucht worden war, die Bekanntgabe des Verfassungsschutzinformanten begehrt. Die Entscheidung darüber hat das BVerwG als Verwaltungsakt angesehen, weil vor Erteilung der Auskunft eingehend überprüft und mit den privaten Belangen abgewogen werden musste, ob diese mit der Erfüllung der gesetzlichen Aufgaben der Behörde, die eine weitgehende Geheimhaltung der Ermittlungen verlangte, vereinbar war.[38]

13 **Unselbstständigen Verfahrenshandlungen** fehlt ebenfalls häufig der regelnde Charakter, weil sie nur der Vorbereitung einer regelnden Sachentscheidung dienen;[39] hierzu zählen

---

33 ZB dienstliche Beurteilungen von Beamten BVerwG DÖV 1968, 429; Untersuchungsberichte BVerwGE 14, 323; zu staatlichen Warnhinweisen OVG Hamburg NordÖR 2005, 23. Ein Realakt kann aber auch in Fällen vorliegen, in denen eine Maßnahme keine unmittelbare Außenwirkung hat, s. zu einer Weisung ggü. einem Beamten BVerwG KommJur 2021, 196, 198.
34 Etwa Mitteilung eines universitären Fachbereichs, dass ein Bewerber auf eine Professorenstelle nicht auf der Berufungsliste berücksichtigt worden sei, BVerfG NVwZ 2014, 785; Hufen JuS 2015, 94, 96.
35 BVerwGE 159, 148, 152: Zu den rechtlichen Wirkungen behördlicher Äußerungen auch Rn. 45 ff.
36 S. zu dieser Thematik OVG Hamburg NordÖR 2018, 68, 69 f. (und zur möglichen abweichenden Beurteilung der Rechtslage, wenn der Auszahlung keine Bewilligung vorausgeht). Dazu, dass die rein tatsächliche Aushändigung einer Genehmigungsurkunde für den Gelegenheitsverkehr mit Taxen mangels Regelung kein Verwaltungsakt ist, BVerwGE 163, 321, 322.
37 S.a. BVerwGE 146, 56, 57; Auskunftsansprüche sind zB in § 25 Abs. 1 S. 2 VwVfG, § 34 BDSG, zu finden. Besteht keine gesetzliche Grundlage, steht die Auskunftserteilung im Ermessen der Behörde. Vgl. zum behördlichen Ermessen § 14 Rn. 36 ff. S. zur Rechtsfigur der verbindlichen Rechtsauskunft Otto, Die verbindliche Rechtsauskunft im allg. Verwaltungsrecht, 2019.
38 BVerwGE 31, 301, 306 ff.; instruktiv insoweit nunmehr § 15 BVerfSchG. Anschaulich zur Bandbreite der Belange für die Abwägung VGH Mannheim DVBl. 2014, 102, anhand des Anspruchs der Presse auf Übersendung eines nicht anonymisierten Abdrucks einer strafgerichtlichen Entscheidung.
39 S.a. BVerwG NVwZ 2019, 1357, 1359, wobei Verfahrenshandlungen manchmal auch Verwaltungsakte sein können.

die „Abgabenachricht" im Widerspruchsverfahren und die Anordnung der sofortigen Vollziehung nach § 80 Abs. 2 S. 1 Nr. 4 VwGO (dazu näher § 21 Rn. 5).

Lehnt es eine Behörde unter Hinweis auf einen bereits erlassenen Verwaltungsakt, zB Ablehnung der Anerkennung eines Doktortitels, ab, sich erneut mit der Sache zu befassen, wird in materieller Hinsicht keine Regelung getroffen. Über den bestehenden Verwaltungsakt hinausgehend wird jedoch eine verbindliche verfahrensrechtliche Regelung getroffen, dass das Verwaltungsverfahren nicht wiederaufgegriffen wird. Nur insoweit beinhaltet die sog. **wiederholende Verfügung** eine Regelung. Im Unterschied dazu entscheidet die Behörde beim **Zweitbescheid** ein weiteres Mal in derselben Sache; deshalb beinhaltet dieser einen Verwaltungsakt.[40]

Durch feststellende oder gesetzeskonkretisierende Verwaltungsakte werden bestehende Unsicherheiten im Staat-Bürger-Verhältnis, etwa hins. des Bestehens von Ansprüchen oder in Bezug auf Eigenschaften von Personen oder Sachen ausgeräumt, indem die Verwaltung aufgrund eines behördlichen Subsumtionsvorgangs die Rechtslage verbindlich festschreibt.[41] Eine Reihe von Normen ermächtigt die Verwaltung explizit zum Erlass feststellender Verwaltungsakte. So kann die Verwaltung nach § 10 PBefG bei ernsthaften Zweifeln ua feststellen, ob eine Personenbeförderung iS dieses Gesetzes vorliegt. Die Abgrenzung zwischen schlicht-hoheitlichen Maßnahmen in Gestalt von Hinweisen auf eine bestimmte Rechtslage oder feststellenden Verwaltungsakten, die eine bestehende Rechtslage verbindlich festlegen, kann im Einzelfall Schwierigkeiten bereiten. Entscheidend ist, wie die jew. behördliche Erklärung aus Sicht eines objektiven Empfängers aufzufassen ist.[42] Ein feststellender Verwaltungsakt liegt bspw. in der „Mitteilung" der vorgesetzten Dienstbehörde an einen Beamten, der wegen einer vorsätzlich begangenen Straftat zu einer Freiheitsstrafe von einem Jahr und sechs Monaten verurteilt worden ist, dass sein Beamtenverhältnis nach § 41 Abs. 1, 2 BBG zum 1.6. des Jahres beendet ist und er ab dann keine Dienstbezüge mehr erhält. Diese „Mitteilung" wiederholt nicht lediglich den Inhalt der Vorschrift, sondern trifft eine in Anwendung der Vorschrift konkretisierte Aussage darüber, ab welchem Zeitpunkt die genannten Rechtsfolgen gelten sollen. Sie bezieht sich mithin auf ein klärungsbedürftiges Rechtsverhältnis und enthält eine eigenständige Regelung.[43]

14

Die Unterscheidung zwischen (schlicht-hoheitlichem Verwaltungshandeln bzw.) Realakten und Verwaltungsakten ist für die Bestimmung der statthaften Klageart von erheblicher Bedeutung: So ist bei Verwaltungsakten die Anfechtungs- bzw. Verpflichtungsklage (§ 42 Abs. 1 VwGO) statthaft (dazu § 20 Rn. 17 ff.), während bei schlichtem Verwaltungshandeln (Realakten) die – allgemeine – Leistungsklage (vgl. näher § 23 Rn. 8 ff.) zur Verfügung steht (zu den verschiedenen verwaltungsgerichtlichen Klagearten im Überblick § 11 Rn. 4).

15

b) Vorbereitungs- und Teilakte

Regelungen iSv § 35 VwVfG sind nur solche endgültiger Art. Davon sind unselbstständige **Vorbereitungs-** oder **Teilakte** zu unterscheiden. Hierbei handelt es sich zumeist um Zwischenschritte im Verfahren (Verfahrenshandlungen), wie die Ladung zur mündli-

16

---

40 S. dazu auch unter § 17 Rn. 2; Barczak JuS 2018, 238, 241; OVG Münster Urt. v. 25.8.2020 – 1 A 932/17, Rn. 54 juris.
41 BVerwGE 135, 209, 212; s.a. BVerwGE 159, 148, 152; 167, 1, 4 Rn. 15; Barczak JuS 2018, 238, 240.
42 OVG Münster NWVBl. 2017, 168, 169.
43 BVerwGE 34, 353, 354; OVG Saarlouis NVwZ-RR 2017, 338, 339.

chen Prüfung im (Staats-)Examen oder zur Anhörung in einem Zulassungsverfahren.[44] Damit wird noch keine abschließende Sachentscheidung getroffen, aus der sich für den Bürger Rechtsfolgen ergeben. Vielmehr wird diese erst vorbereitet. Dem entspricht verwaltungsprozessual § 44a VwGO: Rechtsschutz findet aus Gründen der Verfahrensbeschleunigung grds. nicht gegen die Verfahrenshandlung selbst statt, sondern wird erst iRd gegen die endgültige Entscheidung eingelegten Rechtsbehelfs gewährt.[45] Als derartige Teilakte, die noch keine abschließende Regelung darstellen, wird die Bewertung von Klassenarbeiten und Einzelklausuren oder werden Einzelnoten eines Abschlusszeugnisses angesehen (bspw. Benotung der schriftlichen Studienarbeit im Rahmen der juristischen Universitätsprüfung als Bestandteil der Ersten Juristischen Prüfung).[46] Die Benotung derartiger einzelner Prüfungsleistungen hat keine selbstständige Bedeutung, sondern schafft lediglich die Grundlage für die behördliche Entscheidung über das Bestehen oder Nichtbestehen der Gesamtprüfung. Erst diese Feststellung des Gesamtergebnisses der Prüfung beinhaltet einen anfechtbaren Verwaltungsakt[47] (etwa der vorstehend genannten juristischen Universitätsprüfung[48]). Etwas anderes kann gelten, wenn einzelne Noten im Abschlusszeugnis schon für sich gesehen rechtserheblich sind,[49] zB (im Abitur) für den Zugang zum Studium.[50] Inzwischen entspricht es jedoch ständiger Rspr., dass aufgrund der besonderen Ausgestaltung des Prüfungsverfahrens in der jew. Prüfungsordnung der Bewertung einer einzelnen Prüfungsleistung eine selbstständige rechtliche Bedeutung und damit Verwaltungsaktqualität zukommen kann.[51] Mangels expliziter Regelung sei dies durch Auslegung der Prüfungsordnung zu bestimmen. Die Annahme eines Verwaltungsakts liege insb. nahe, wenn mit der Bewertung einer einzelnen Prüfungsleistung zugleich über das Ergebnis der Prüfung insgesamt entschieden werde oder sich die Prüfung in mehrere Teile untergliedert, die für sich zu bestehen und andernfalls zu wiederholen sind.[52]

Die Rspr. ist kritikwürdig, weil dadurch das Begriffsverständnis der Regelung zur rechtlichen Disposition gestellt wird.[53]

Keine unselbstständigen Teilakte, sondern eigenständige und anfechtbare Verwaltungsakte stellen die Teilgenehmigung gem. § 8 BImSchG oder die Teilbaugenehmigung (zB § 75 SaarLBO) und der Vorbescheid nach § 9 BImSchG oder zB § 76 SaarLBO dar.[54]

c) Öffentlich-rechtliche Willenserklärungen

17 Die Regelungswirkung der Verwaltungsakte ist ferner von **verwaltungsrechtlichen** bzw. **öffentlich-rechtlichen Willenserklärungen** ohne Anordnungscharakter abzugrenzen. Dazu gehören die Aufrechnungserklärung (mangels anderweitiger Regelung §§ 387 ff.

---

44 Zur Rechtsnatur der Ladung VG Stuttgart Beschl. v. 6.4.2021 – 12 K 1372/21, Rn. 2 juris.
45 S.a. BVerwGE 168, 103, 105 f. Rn. 11 f.; zu Durchbrechungen aufgrund der Unzumutbarkeit nachträglichen Rechtsschutzes BVerfG NVwZ 2022, 401, 402 Rn. 17 ff.
46 BVerwG DVBl. 2003, 871, 872; NVwZ-RR 1994, 582; vgl. auch BVerwGE 96, 126, 128; zur Ersten Juristischen Prüfung VGH München BayVBl. 2011, 212 f.
47 BVerwG NJW 2012, 2901, 2902.
48 VGH München BayVBl. 2011, 212 f.; s.a. OVG Berl-Bbg Beschl. v. 13.5.2020 – OVG 6 N 23.19, Rn. 5 juris.
49 Auch BVerwG DVBl. 2003, 871, 872: Untergliederung der Prüfung in mehrere selbstständige Teile, die jew. für sich bestanden sein müssen – oder bei „Durchschlagswirkung" auf das Gesamtergebnis.
50 BVerwGE 73, 376; zusammenfassend zur Rspr. des BVerwG insoweit Morgenroth NVwZ 2014, 32, 33 ff.
51 BVerwG NJW 2012, 2901; vgl. auch Kersten Verw 46 (2013), 87, 96.
52 OVG Lüneburg Beschl. v. 21.3.2019 – 2 ME 325/19, Rn. 10 juris; OVG Münster NWVBl. 2017, 398, 399.
53 Es verbleibt dann allenfalls eine verfassungskonforme Interpretation anhand von Art. 3 Abs. 1, Art. 12 Abs. 1 und Art. 19 Abs. 4 GG, Morgenroth NVwZ 2014, 32, 35 mit weiteren krit. Anm.
54 Vgl. hierzu Rn. 50 f.; zur Bindungswirkung des (baurechtlichen) Vorbescheids Hauth BauR 2012, 887.

BGB analog; nach der Rspr. bereits keine hoheitliche Maßnahme, vgl. Rn. 4 f.), die Stundung einer Forderung, eine Kündigung oder die Geltendmachung eines Zurückbehaltungsrechts (§ 273 BGB analog). Anerkannt ist, dass die (entsprechende) Anwendung der zivilrechtlichen Vorschriften über derartige rechtsgeschäftliche Willenserklärungen auch auf dem Gebiet des öffentlichen Rechts möglich ist.[55] Solche öffentlich-rechtlichen Erklärungen sind zwar rechtserheblich, dh sie wollen eine Rechtswirkung erzielen (Sinn der Aufrechnung ist es bspw., den Erfüllungsvorgang zu vereinfachen). Sie enthalten jedoch keine rechtsverbindliche Anordnung, weil sich das Erlöschen von Aktiv- und Passivforderung bereits aus dem Gesetz analog § 389 BGB ergibt (so will die Aufrechnung keine verbindliche Entscheidung der Behörde über den Eintritt der Erlöschenswirkung des Schuldverhältnisses herbeiführen).[56] Anders sieht es freilich aus, wenn in der Aufrechnungserklärung zugleich eine konkludente Aufhebungsentscheidung liegt, etwa hins. der vorangegangenen Bewilligung.[57] In den übrigen Fällen betreffen öffentlich-rechtliche Willenserklärungen vertragliche Beziehungen, so dass sich Verwaltung und Bürger nicht in einem Über-/Unterordnungsverhältnis gegenüberstehen, sondern auf Gleichordnungsebene befinden. Damit ist auch das Merkmal der hoheitlichen Maßnahme, das für den Verwaltungsakt eine einseitige Regelung voraussetzt, nicht erfüllt. Jedenfalls in diesen Konstellationen wird teilw. die Bezeichnung „**Verwaltungserklärung**" favorisiert,[58] um die Abgrenzung von den zivilrechtlichen Willenserklärungen zu betonen.

▶ **Zu Fall 1:** Die Möglichkeit des A, gegen die „Anordnung" der Fahrerlaubnisbehörde vorzugehen, richtet sich danach, wie diese rechtlich einzuordnen ist. Würde es sich um einen Verwaltungsakt handeln, könnte A hiergegen Widerspruch erheben (§§ 68 ff. VwGO). Die Anordnung ist eine einseitige Maßnahme einer Behörde. Sie ergeht auch auf dem Gebiet des öffentlichen Rechts, weil die Vorschriften der Fahrerlaubnis-Verordnung (FeV), welche die Einholung eines medizinisch-psychologischen Gutachtens vorsehen, dem öffentlichen Recht zuzuordnen sind. Fraglich ist indes, ob der Anordnung eine Regelungswirkung zukommt. Als Rechtsfolge könnte das Gebot anzusehen sein, das fragliche Gutachten vorzulegen. Gem. § 11 Abs. 2 FeV dient dieses Gutachten aber nur zur Vorbereitung der Entscheidung über die Entziehung der Fahrerlaubnis nach § 3 Abs. 1 StVG, § 46 Abs. 1 FeV. Das Merkmal Regelung iSd § 35 S. 1 VwVfG verlangt hingegen nach einer endgültigen Rechtswirkung. Maßnahmen, welche die Entscheidung lediglich vorbereiten, entsprechen dem nicht (vgl. Rn. 16). Die Anordnung der Beibringung jenes Gutachtens stellt nach herkömmlicher Meinung nur eine solche rein vorbereitende Maßnahme dar. Von einer endgültigen Regelung in Form eines eine Handlungspflicht auferlegenden Gebots könnte nur dann gesprochen werden, wenn es für den Fall, dass es nicht erfüllt wird, zwangsweise durchsetzbar ist.[59] Dies trifft auf die Pflicht zur Beibringung des Gutachtens nicht zu. Aus § 11 Abs. 8 FeV folgt, dass die Behörde im Fall der Nichtbefolgung auf die Nichteignung des Betroffenen schließen darf. Zwangsmaßnahmen sind also nicht vorgesehen. Aus diesem Grund begründet die Anordnung keine durchsetzbare Handlungspflicht, sondern konkre-

---

55 BVerwGE 66, 218.
56 Dazu auch Kemmler, Geldschulden, S. 291 ff., auch mwN zur abweichenden Rspr. im Sozialrecht. Erklärt jedoch die Behörde die Aufrechnung ausdrücklich in Form eines Verwaltungsakts, handelt es sich um einen sog. formellen Verwaltungsakt, BFH NVwZ 1987, 1118. Vgl. Rn. 9.
57 Vgl. Wehrhahn ThürVBl. 2008, 241, 242.
58 So die eingehende Untersuchung von Ernst, Die Verwaltungserklärung, 2008; dazu mit Skepsis, ob die Anerkennung einer solchen neuen Handlungsform auf genügend Substanz verweisen kann, Maurer DVBl. 2011, 1219.
59 BVerwGE 34, 248, 250; s.a. VGH Mannheim Beschl. v. 15.12.2014 – 9 S 2073/14, Rn. 9 juris.

tisiert nur die Mitwirkungslast des Betroffenen bei der Sachverhaltsaufklärung.[60] Einen Widerspruch kann A danach nicht erheben.

Einem anderen Vorgehen steht im Wege, dass es sich bei der Anordnung um einen Verfahrensakt handelt, § 44a VwGO:[61] Dieser kann erst zusammen mit der Entscheidung über die Entziehung der Fahrerlaubnis angegriffen werden. ◄

5. Einzelfall

▶ **FALL 2:** Im Dezember des Jahres 1952 traten in Stuttgart und Umgebung Fälle von Typhus-Erkrankungen auf, die bald darauf epidemische Ausmaße annahmen. Die Behörden ermittelten Endiviensalat als Auslöser. Daraufhin erließ der zuständige Regierungspräsident eine Anordnung, die den Groß- und Einzelhandel mit Endiviensalat in den betroffenen Stadt- und Landkreisen untersagte. Bekannt gemacht wurde diese Anordnung durch Rundfunk und Presse. Handelt es sich dabei um einen Verwaltungsakt iSd § 35 VwVfG?[62] ◄

18 Der Verwaltungsakt ist darauf gerichtet, eine verbindliche Rechtsfolge für den bzw. im Einzelfall zu setzen. Er grenzt sich anhand des Merkmals Einzelfall von **Rechtsnormen** ab, die durch die Verwaltung erlassen werden können (Rechtsverordnung, Satzung). Letztere setzen ebenso wie Verwaltungsakte einseitig eine oder mehrere Rechtsfolgen, regeln im Unterschied zu ihnen jedoch keinen Einzelfall, sondern enthalten Vorgaben für eine Vielzahl von Fällen.[63] Der Erlass eines Verwaltungsakts einerseits und derjenige einer unbestimmten Rechtsnorm andererseits ist an jew. unterschiedliche Voraussetzungen geknüpft – insb. hins. Zuständigkeit, Verfahren sowie Form[64] – und zieht verschiedenartige Rechtsschutzmöglichkeiten[65] nach sich, weshalb eine Unterscheidung erforderlich ist.

a) Merkmale konkret-individuell/abstrakt-generell

19 Die Abgrenzung zwischen Verwaltungsakt und Rechtsnorm wird überwiegend anhand zweier Merkmale vorgenommen:
- zum einen hins. der/des erfassten Sachverhalte/s – hier lassen sich konkrete und abstrakte Regelungen unterscheiden,[66]
- zum anderen mit Blick auf die von der Regelung betroffenen Adressaten – weshalb nach individuellen und generellen Regelungen zu differenzieren ist.[67]

Wird ein bestimmter Sachverhalt hins. Zeit, Ort und sonstiger Umstände geregelt, liegt eine konkrete Regelung vor. Wenn sich eine Maßnahme an einen bestimmten (objektiv feststehenden) Adressaten richtet, ist sie individuell. Solche **konkret-individuellen**

---

60 BVerwGE 34, 248, 250; s.a. OVG Bautzen NJ 2020, 39 Rn. 3.
61 Vgl. Rn. 16; s.a. OVG Bautzen NJ 2020, 39, 40 Rn. 6.
62 Gegenwärtige Rechtsgrundlage für eine solche Maßnahme wäre § 17 Abs. 1 IfSG, vgl. Götz/Geis, § 19 Rn. 18.
63 Nach BVerwG NVwZ 2021, 896, 899 ist die Regelung mehrerer oder einer unbestimmten Zahl gleichartiger Sachverhalte Rechtsnormen vorbehalten.
64 Schoch Jura 2012, 26 f. Zu den Voraussetzungen für den Erlass von Verwaltungsakten § 14, von Rechtsverordnungen § 25 Rn. 3 ff. und Satzungen § 26 Rn. 2 ff.
65 Bei Verwaltungsakten ist die Anfechtungs- bzw. Verpflichtungsklage gem. § 42 Abs. 1 VwGO statthaft, gegen bestimmte Rechtsnormen das Normenkontrollverfahren gem. § 47 VwGO; vgl. hierzu insb. § 20, § 28.
66 Siegel, Rn. 322. Eng hängt damit das zusätzlich bisweilen angeführte Kriterium der „Geltungsdauer" der Maßnahme zusammen, so dass ihm keine eigenständige Bedeutung beigemessen werden muss; anders Maurer/Waldhoff, § 9 Rn. 20.
67 Siegel, Rn. 322; Stelkens in: Stelkens/Bonk/Sachs, § 35 Rn. 206 f.

Maßnahmen stellen eine Einzelfallregelung dar und sind Verwaltungsakte[68] – zB wenn jemand verpflichtet wird, sein Handwerk aufzugeben.

Das typische Erscheinungsbild von Rechtsnormen ist hingegen dadurch geprägt, dass sie für eine Vielzahl von Lebenssachverhalten (abstrakt) und für eine unbestimmte Anzahl von Adressaten (generell) gelten. Polizeiverordnungen enthalten Gebote oder Verbote der Gefahrenabwehr, die für eine unbestimmte Zahl von Fällen gelten und an eine unbestimmte Zahl von Personen gerichtet sind (s. § 59 Abs. 2 SaarlPolG). Derartige Regelungen, wie ein Taubenfütterungsverbot für das gesamte Stadtgebiet zum Schutz der Gesundheit sowie von baulichen Anlagen vor den vom Taubenkot ausgehenden Gefahren, haben einen **abstrakt-generellen** Charakter.

Aus den zuvor genannten Anknüpfungspunkten für die Abgrenzung von Verwaltungsakten und Rechtsnormen lassen sich weitere Begriffspaare, nämlich konkret-generell und abstrakt-individuell bilden. Die Einordnung derartiger Maßnahmen gestaltet sich weniger eindeutig.

- Um eine **abstrakt-individuelle** Regelung[69] handelt es sich, wenn sie sich an einen einzelnen, individualisierten Adressaten richtet, aber die Anzahl der geregelten Fälle unbestimmt ist. Beispiel: Einem Unternehmen wird aufgegeben, immer dann, wenn die aus seinem Kühlturm entweichenden Wasserschwaden (Wasserdampfwolken) vereisen, wegen der entstehenden Glatteisgefahr die im Umkreis des Kühlturms befindlichen, genau bezeichneten Straßen zu streuen.[70] Abgefasst ist diese Regelung in Konditionalform („wenn …, dann …"), was eigentlich auf eine Rechtsnorm hindeutet. Für die Einordnung als Verwaltungsakt spricht dagegen, dass der Adressat der Maßnahme eindeutig individualisiert ist. Überdies hat auch der Regelungsgegenstand Konkretisierung erfahren (Streuen der genau bezeichneten Straßen); unklar ist allein, wie häufig dieses Ereignis eintreten wird. Nach allg. Auffassung hat eine solche Art der Regelung Einzelfallcharakter, weil sie zwar zunächst eine abstrakte Fallkonstellation beschreibt, diese sich jedoch beim Hinzutreten der in der Maßnahme aufgeführten Umstände konkretisiert.[71] Angesichts dessen wird auch vertreten, dass es sich nicht um eine abstrakte, sondern um eine konkrete Regelung handelt.[72] Ausschlaggebend dürfte nach Sinn und Zweck sein, dass die behördliche Maßnahme aus lediglich verwaltungsökonomischen Gründen die Bündelung ansonsten bei Vereisungen gesondert zu erlassender Einzelverfügungen darstellt.

- Eine **konkret-generelle** Regelung liegt vor, wenn die Maßnahme einen bestimmten Sachverhalt betrifft, aber an eine unbestimmte Anzahl von Personen gerichtet ist. Klassisches Beispiel dafür ist das Verbot einer anstehenden Demonstration durch die Polizei, die an einem bestimmten Tag an einem bestimmten Ort stattfinden soll. Hierbei handelt es sich um die Regelung eines konkreten Sachverhalts (geplante Demonstration).

---

68 S.a. BVerwG NVwZ 2021, 896, 899, sowie die Anm. von Stuttmann, 903.
69 Übersicht, auch zu Wirksamkeit, Bestandskraft und Vollstreckung, bei Heyle NVwZ 2008, 390.
70 Sog. Kühlturmfall, OVG Münster OVGE 16, 289. Entsprechendes ist für Autowaschanlagen vorstellbar.
71 Detterbeck, Rn. 475 f.
72 Maurer/Waldhoff, § 9 Rn. 21; Siegel, Rn. 327.

Das unterscheidet die Maßnahme von einer Verordnung zur Gefahrenabwehr nach dem Polizei- und Ordnungsrecht, weil deren Erlass eine abstrakte Gefahr bedingt.[73] Allerdings ist nicht vorhersehbar, wie viele und welche Personen an der geplanten Demonstration teilzunehmen beabsichtigen; der Adressatenkreis ist demnach individuell nicht näher bestimmt, die Regelung hat generellen Charakter.[74] Im Anwendungsbereich des § 35 S. 1 VwVfG kommt man deshalb nur dann zur Annahme eines Verwaltungsakts, wenn in derartigen Kollisionsfällen dem Merkmal konkret und damit dem sachverhaltsbezogenen Maßstab der Vorrang eingeräumt wird.[75] Dessen bedarf es indes nicht, wenn es sich um eine Allgemeinverfügung nach § 35 S. 2 VwVfG handelt (dazu sogleich).

b) Allgemeinverfügung

22 Ein Teil solcher konkreten Regelungen, die sich an mehrere Personen richten,[76] wird von § 35 S. 2 VwVfG erfasst; es handelt sich um sog. **Allgemeinverfügungen**. Die Voraussetzungen jener Vorschrift ersetzen das personelle Element des Merkmals „Einzelfall": Liegt keine individuelle, sondern eine generelle Regelung vor, ist diese an § 35 S. 2 VwVfG zu messen.[77] Erfüllt die zu überprüfende Maßnahme eine der dort genannten Alternativen, handelt es sich nach der gesetzgeberischen Einordnung ebenfalls um einen Verwaltungsakt – was wegen der Ansiedlung jener Allgemeinverfügung(en) im Übergangsbereich zur Rechtsnorm rechtsdogmatisch durchaus angreifbar erscheint.[78] Die Abgrenzung von „normalen" Verwaltungsakten ist erforderlich, weil für Allgemeinverfügungen verfahrensrechtliche Sonderregelungen gelten: Bei ihnen ist eine vorherige Anhörung entbehrlich (§ 28 Abs. 2 Nr. 4 VwVfG). Sie können unter den Voraussetzungen des § 41 Abs. 3 S. 2, Abs. 4 VwVfG öffentlich bekannt gegeben werden und bedürfen dann gem. § 39 Abs. 2 Nr. 5 VwVfG keiner Begründung.

23 Es werden folgende Allgemeinverfügungen unterschieden:

- Die **personenbezogene Allgemeinverfügung** (§ 35 S. 2 Var. 1 VwVfG) ist ein Verwaltungsakt, der sich an einen *nach allgemeinen Merkmalen bestimmten oder bestimmbaren Personenkreis* richtet. Der Erlass einer solchen personenbezogenen Allgemeinverfügung kommt zum einen in Betracht, wenn – wie beim Verbot einer bevorstehenden Versammlung an einem bestimmten Tag an einem bestimmten Ort – es zwar objektiv unmöglich ist, alle betroffenen Personen individuell zu bestimmen,[79] aber diese anhand objektiver Merkmale abstrakt gattungsmäßig bestimmt werden können.[80] Zum anderen liegen solche Allgemeinverfügungen nahe, wenn die Behörde für die Bestimmung der betroffenen Personen einen Ermittlungsauf-

---

73 Allg. zur Abgrenzung konkret – abstrakt vorstehend im Text. Vgl. § 25 Rn. 1; näher Götz/Geis, § 19 Rn. 14 ff.
74 Zur Abgrenzung personenbezogener Allgemeinverfügungen von konkret-individuellen Verwaltungsakten s. BVerwG NVwZ 2021, 896, 898 f.
75 Dafür Bumke in: Voßkuhle/Eifert/Möllers, Bd. 2, § 34 Rn. 22; anders, dh für Vorrang des personellen Maßstabs, Obermayer NJW 1980, 2386; zu diesem Streit Maurer/Waldhoff, § 9 Rn. 19.
76 Vgl. auch OVG Saarlouis NVwZ 2011, 190; dazu Waldhoff JuS 2011, 575: konkrete Regelung mit erweitertem Adressatenkreis.
77 Kritik an der diesbzgl. Großzügigkeit bzw. Beliebigkeit in der Rspr. bei Wandschneider, Allgemeinverfügung, S. 251 ff.
78 Dazu vor rechtshistorischem Hintergrund eingehend Wandschneider, Allgemeinverfügung, S. 225 ff.
79 BVerwG NVwZ 2021, 896, 899.
80 OVG Hamburg Beschl. v. 3.7.2017 – 4 Bs 142/17, Rn. 22 juris. Der Personenkreis muss im Zeitpunkt des Erlasses nicht objektiv feststehen (so aber Obermayer NJW 1980, 2386, 2389), weil § 35 S. 2 VwVfG gattungsmäßige Bestimmbarkeit ausreichen lässt, vgl. vorstehend im Text und Maurer/Waldhoff, § 9 Rn. 30 f.

wand betreiben müsste, wodurch der Regelungszweck der Maßnahme vereitelt oder gefährdet würde.[81] Man denke etwa an Gefahrenlagen, die ein rasches Handeln verlangen,[82] etwa die Anordnung, sich von einem bestimmten Platz zu entfernen und diesen nicht zu betreten, um eine Bombe zu entschärfen.

Von der personenbezogenen Allgemeinverfügung sind die sog. **Sammelverwaltungsakte** zu unterscheiden. Der – im Übrigen uneinheitlich gebrauchte – Terminus Sammelverwaltungsakt wird oft als Umschreibung für ein Bündel inhaltlich gleicher Verwaltungsakte ggü. einer Mehrheit von Personen verwendet.[83] Da es sich hier um mehrere Einzelverwaltungsakte handelt, unterliegen sie nicht den Sondervorschriften für Allgemeinverfügungen.

▪ Die **sachbezogene Allgemeinverfügung** (§ 35 S. 2 Var. 2 VwVfG) regelt die *öffentlich-rechtliche Eigenschaft einer Sache*. Für ihren Inhalt ist kennzeichnend, dass die jew. Sache in den Dienst eines öffentlich-rechtlichen Zwecks gestellt wird.[84] Beispiele sind die Widmung öffentlicher Straßen für den Verkehr, deren (Um-)Benennung[85] oder die Eintragung von Denkmälern in eine Denkmalliste.[86] Auch in der Einstufung eines bestimmten Gegenstands als verbotene Waffe nach § 2 Abs. 5 WaffG durch das BKA sah das BVerwG trotz der Allgemeinverbindlichkeit dieser Entscheidung für den gesamten Geltungsbereich des Gesetzes wegen des Einzelfallbezugs auf bestimmte, näher bezeichnete Gegenstände eine gesetzlich besonders geregelte Erscheinungsform einer sachbezogenen Allgemeinverfügung.[87]

▪ Die **benutzungsregelnde Allgemeinverfügung** (§ 35 S. 2 Var. 3 VwVfG) bestimmt die *Benutzung einer Sache* durch die Allgemeinheit. Sie legt Rechte und Pflichten der Benutzer fest; die Konkretheit der Maßnahme rührt aus besagtem Sachbezug.[88] Hierzu zählen zB Benutzungsregelungen öffentlicher Einrichtungen, wie Museen oder Bibliotheken.[89] Obwohl Verkehrszeichen aufgrund ihrer mehr oder weniger dauerhaften Regelung einen „Grenzfall" bilden, werden sie – bzw. genauer: die im Verkehrszeichen zum Ausdruck kommende Regelung – nach inzwischen überwiegend[90] als Allgemeinverfügung eingestuft. Sie betreffen eine konkrete örtliche

---

81 BVerwG NVwZ 2021, 896, 899.
82 BVerwG NVwZ 2021, 896, 899.
83 Näher dazu Stelkens in: Stelkens/Bonk/Sachs, § 35 Rn. 277 ff.; VG Oldenburg Beschl. v. 1.6.2021 – 7 B 1657/21, Rn. 9 juris (Bündel von Einzelverfügungen).
84 BVerwG NVwZ 2021, 896, 899. Dazu auch, dass mehrere Grundstücke eine Sache iSd § 35 S. 2 Var. 2 VwVfG bilden können, allein die Lage im Trassenkorridor aber keine ausreichende Verklammerung zu einer Sache herbeiführt, BVerwG Urt. v. 22.2.2022 – 4 A 7/20, Rn. 19 juris.
85 Dazu näher Barczak DÖV 2014, 643, 646.
86 Zur Widmung öffentlicher Sachen § 30 Rn. 9 ff.; BVerwG Urt. v. 22.2.2022 – 4 A 7/20, Rn. 19 juris; ferner: Schutzbereichsanordnung nach § 2 des Gesetzes über die Beschränkung von Grundeigentum für die militärische Verteidigung – Schutzbereichsgesetz (BVerwGE 70, 77, 81), Umbenennung einer Straße (BayVerfGH BayVBl. 2013, 236, 237; bereits VGH Mannheim NVwZ 1992, 196).
87 BVerwG NVwZ-RR 2009, 838, 839.
88 Dies kann auch bei mehreren Grundstücken, die nach der Verkehrsanschauung eine Einheit bilden, erfüllt sein, unabhängig von der öffentlich-rechtlichen Zweckbestimmung der Sachen BVerwG NVwZ 2021, 896, 899.
89 Sofern diese nicht (wie oft) durch Satzung getroffen werden („Benutzungsordnung"), vgl. Detterbeck, Rn. 471; ist die Benutzung privatrechtlich ausgestaltet (dazu § 5 Rn. 14, § 29 Rn. 8), fehlt es schon an Maßnahmen „auf dem Gebiet des öffentlichen Rechts" (vgl. Rn. 7 ff.). Zur Möglichkeit, Nutzungsbeschränkungen von privaten Grundstücken in einem Wasserschutzgebiet durch eine benutzungsregelnde Allgemeinverfügung zu treffen, BVerwG AUR 2019, 106 f.
90 BVerwGE 162, 146, 149; näher Kümper JuS 2017, 731, 732 f.; Maurer/Waldhoff, § 9 Rn. 35.

Verkehrssituation und treten gleichsam an die Stelle von den Verkehr regelnden Polizeivollzugsbeamten.[91]

Übersicht 7: Abgrenzung zwischen Verwaltungsakt und Rechtsnorm

Geregelte Sachverhalte	Betroffene Adressaten	Individuell Regelung richtet sich an eine bestimmte Person	Generell Regelung richtet sich an eine unbestimmte Vielzahl von Personen
Konkret Regelung eines bestimmten Sachverhalts		Verwaltungsakt	Verwaltungsakt als Allgemeinverfügung nach Maßgabe des § 35 S. 2 VwVfG
Abstrakt Regelung einer Vielzahl von Sachverhalten		Verwaltungsakt	Rechtsverordnung, Satzung

▶ **Fazit:** Nur abstrakt-generelle Regelungen sind Rechtsnormen; in allen anderen Fällen liegt ein Verwaltungsakt vor, ggf. in Form der Allgemeinverfügung. ◀

▶ **Zu Fall 2:** Fraglich ist, ob die Anordnung, welche den Groß- und Einzelhandel mit Endiviensalat verbietet, eine Rechtsnorm oder ein Verwaltungsakt ist. Eine abstrakte Regelung könnte angenommen werden, weil sie eine unbestimmte Anzahl von Verkaufsvorgängen untersagt.[92] Jedoch ist zu berücksichtigen, dass Anlass des Verkaufsverbotes ein einzelnes Vorkommnis ist, nämlich die von Endiviensalat ausgehende Gefahr der Ausbreitung der Infektion mit der Folge einer möglichen Epidemie. Diese konkrete Situation und die aus jenem Bezug folgende zeitliche Begrenzung sprechen im Ergebnis für die Annahme einer konkreten Regelung.[93] Die Anordnung gilt jedoch nicht für einen Einzelnen oder genau benannten Personenkreis, sondern für eine Vielzahl von Adressaten, nämlich alle Händler von Endiviensalat in den typhusbefallenen Gebieten, und stellt somit eine generelle Regelung dar. Als solche könnte sie eine personenbezogene Allgemeinverfügung iSd § 35 S. 2 Var. 1 VwVfG sein. Dann müsste der Adressatenkreis nach allgemeinen Merkmalen bestimmt sein oder sich bestimmen lassen. Die Maßnahme richtet sich an alle Händler, die Endiviensalat in den genannten Gebieten verkaufen; der Adressatenkreis ist damit nach Gattungsmerkmalen bestimmt. Dass sich eine Epidemie typischerweise gebietlich ausbreitet, zT auch zurückzieht, dürfte nichts an einer zumind. fortbestehenden Bestimmbarkeit der Adressaten des Verkaufsverbots nach § 35 S. 2 Var. 1 VwVfG ändern. Es handelt sich daher um einen Verwaltungsakt in Form der Allgemeinverfügung. ◀

6. Außenwirkung

▶ **Fall 3:** O ist als Oberinspektor im Amt für Umwelt und Natur der Stadt R beschäftigt. Bislang war er Sachbearbeiter in der Abteilung für Naturschutz- und Landschaftspflege.

---

91 BVerwGE 59, 221, 225; ; zur Rechtsnatur von Fahrwassertonnen BVerwG NVwZ 2007, 340. Zwischen 2. und 3. Var. des § 35 S. 2 VwVfG offengelassen bei Maurer in: FS für W.-R. Schenke, 2011, S. 1013, 1017; zur diesbzgl. rechtsdogmatischen Entwicklung ders., wie vor, S. 1014 f. Zu den Besonderheiten der Bekanntgabe von Verkehrsschildern § 13 Rn. 12.
92 So Koch/Rubel/Heselhaus, § 3 Rn. 33 sowie Schoch Jura 2012, 26, 27, die eine Rechtsverordnung annehmen.
93 Vgl. BVerwGE 12, 87.

Nunmehr wird er durch seinen Dienstherrn der Abteilung Personalwesen zugewiesen. Seine Stellung als Oberinspektor und die Höhe seiner Bezüge bleiben davon unberührt. Handelt es sich bei der Zuweisung um einen Verwaltungsakt? ◄

Ein Verwaltungsakt muss nach § 35 S. 1 VwVfG „auf unmittelbare Rechtswirkung nach außen gerichtet" sein. Die vom Verwaltungsakt herbeigeführte Regelung darf also nicht im Innenbereich der Verwaltung (dem die erlassende Behörde angehört) verbleiben. Sie muss außerhalb der Verwaltung Wirkung zeitigen, indem sie erweiternd, einschränkend, feststellend oder sonst regelnd in die Rechtsposition von Bürgern bzw. juristischen Personen des Privatrechts oder in eigenständig wahrzunehmende Kompetenzen anderer Verwaltungsträger (etwa Selbstverwaltungsrecht einer Gemeinde gem. Art. 28 Abs. 2 GG) eingreift.[94] Die Außenwirkung hat nach dem objektiven Sinngehalt des Verwaltungsakts intendiert, dh **beabsichtigt** zu sein.[95] Für die Annahme einer nach außen gerichteten Regelung ist daher nicht ausreichend, wenn sie lediglich mittelbar bzw. faktisch eine solche Rechtsfolge setzt (sog. Rechtsreflex).

a) Abgrenzung zu innerdienstlichen Weisungen

Um rein verwaltungsinterne Maßnahmen handelt es sich etwa bei **innerdienstlichen Weisungen**. Beispiel ist die Anordnung eines Vorgesetzten ggü. einem ihm unterstellten Beamten, die Gewerbeerlaubnis eines für unzuverlässig gehaltenen Gewerbetreibenden aufzuheben. Die Weisung erfolgt im Rahmen des behördlich-hierarchisch strukturierten Binnenverhältnisses und wirkt daher verwaltungsintern. Erst die daraufhin vom Beamten ausgesprochene Rücknahme richtet sich nach außen an den Gewerbetreibenden und stellt einen Verwaltungsakt dar, gegen den der Betroffene (mit der Anfechtungsklage[96]) vorgehen kann.

Bei der Bestimmung der Rechtsnatur von Anweisungen eines Vorgesetzten an Beamte ist wie folgt zu differenzieren:

Sie können an untergebene Beamte ausschl. in **amtlicher Hinsicht**, dh in deren Eigenschaft als Amtsträger und austauschbares Glied der Verwaltung gerichtet sein, indem sie lediglich die Art und Weise der dienstlichen Tätigkeit (Organisation und Gestaltung der Aufgaben) regeln.[97] Eine solche Anweisung, wie im vorgenannten Beispiel oder bei der Zuweisung eines anderen Dienstzimmers, ist in ihrer Wirkung auf binnenorganisatorische Angelegenheiten beschränkt und somit eine rein interne Maßnahme.[98] Mangels Verwaltungsaktqualität kann gegen derartige Anordnungen nicht mit der Anfechtungsklage (§ 42 Abs. 1 Alt. 1 VwGO) vorgegangen werden (vgl. § 20 Rn. 17). Zu denken wäre an die Erhebung einer allgemeinen Leistungsklage. Regelmäßig wird diese jedoch daran scheitern, dass sich der klagende Amtswalter nicht auf eine mögliche Verletzung eines ihm zustehenden subjektiven Rechts analog § 42 Abs. 2 VwGO berufen kann.[99]

---

94 Hendler, Rn. 130; instruktiv und eingehend zum Nachfolgenden Ziekow, VwVfG, § 35 Rn. 44 ff.
95 BVerwGE 41, 258; Wallerath, § 9 Rn. 22 f.: gezielt; wesentliches Indiz ist die „Richtung" der Rechtsvorschrift, die durch die Maßnahme vollzogen werden soll, Maurer/Waldhoff, § 9 Rn. 24.
96 Näher § 20 Rn. 17 ff.
97 BVerwGE 125, 85, 86.
98 Detterbeck, Rn. 487 ff.; Maurer/Waldhoff, § 9 Rn. 25.
99 Etwas anderes gilt allenfalls bei willkürlichen Maßnahmen, s. zur Dienstpostenbewertung BVerwGE 156, 193, 198. Der Beamte hat bei Bedenken gegen die Rechtmäßigkeit dienstlicher Anordnungen das Recht zur Remonstration ggü. seinem unmittelbaren Vorgesetzten, § 36 Abs. 2 BeamtStG, § 63 Abs. 2 BBG; dazu bereits § 7 Rn. 19.

Demggü. können Weisungen von Vorgesetzten gezielt in die **persönliche** bzw. **individuelle Rechtsstellung** des Beamten eingreifen, dh ihn als ggü. seinem Dienstherrn selbstständige Rechtsperson (in seinem Status) und nicht mehr nur als „bloßes" Glied der Verwaltung treffen. Beispiele für solche Anordnungen sind die Entlassung eines Beamten,[100] seine Beförderung, Versetzung (vgl. § 28 BBG, § 15 BeamtStG)[101] oder Abordnung (etwa § 27 BBG, § 14 BeamtStG, näher zur Versetzung, Abordnung und Umsetzung die Lösung zu Fall 3, nach Rn. 31), Urlaubsregelungen oder die Rückforderung von Dienstbezügen.[102] Diese richten sich an den Beamten als eine außerhalb der Verwaltung stehende (selbstständige) Person und entfalten somit Außenwirkung.[103] Rechtsschutz gegen solche Anordnungen kann mit der Anfechtungsklage verfolgt werden (dazu § 20 Rn. 17 ff.). Weil der Beamte durch sie in seiner persönlichen Rechtsstellung betroffen ist, steht ihm (auch) die Klagebefugnis zu (allg. § 9 Rn. 12 ff.).

Probleme bereiten vor allem Anweisungen, die **faktisch** auf die **persönliche Rechtsstellung** des Beamten Einfluss nehmen, etwa an einen Beamten, sich zur Klärung seiner Dienstfähigkeit ärztlich untersuchen zu lassen. Manche Verwaltungsgerichte bejahen hier einen Verwaltungsakt, weil dadurch in die körperliche Unversehrtheit (Art. 2 Abs. 2 S. 1 GG) des Betroffenen eingegriffen wird.[104] Das BVerwG verneinte dagegen einen Verwaltungsakt. In Anlehnung an den Gesetzeswortlaut ist für die Annahme einer unmittelbaren Außenwirkung einer Maßnahme entscheidend, ob sie nach ihrem Sinngehalt zur Entfaltung einer solchen Wirkung bestimmt ist (Finalität), aber nicht, wie sie sich tatsächlich im Einzelfall auswirkt. Zwar greift die Untersuchungsanordnung in die grundrechtsbewehrte persönliche Sphäre des Beamten ein, jedoch liegt ihr Schwerpunkt auf der Klärung der Dienstfähigkeit des Beamten.[105] Auch die Änderung des Aufgabenbereichs eines Beamten durch die Behörde ist eine verwaltungsinterne Maßnahme, weil sie auf Umstrukturierung des verwaltungsinternen Dienstbetriebs und nicht auf Herbeiführung einer Veränderung der Rechtsstellung des Beamten in der Verwaltung gerichtet ist. Dennoch trifft dies den Beamten individuell; die Wirkung wird durch die Anordnung nicht bezweckt, ist aber ihre mittelbare Folge. Wegen der Rechtsschutzgarantie des Art. 19 Abs. 4 GG muss der betroffene Beamte auch in derartigen Konstellationen gerichtlichen Rechtsschutz erhalten,[106] so kann er zB eine Leistungsklage auf Rückgängigmachung der Aufgabenänderung erheben[107] (vgl. Lösung Fall 3). Im Falle der amtsärztlichen Untersuchung kann der Beamte mangels Vorliegens eines Verwaltungsakts vorläufigen Rechtsschutz nach § 123 VwGO beantragen; aus Gründen effektiven Rechtsschutzes ist abweichend von § 44a VwGO eine isolierte gerichtliche Überprüfung einer solchen Anordnung zulässig.[108]

27 Die für das Beamtenverhältnis entwickelten Maßgaben zur Abgrenzung von verwaltungsinternen dienstlichen Anordnungen und Verwaltungsakten können auch für die

---

100 BVerwGE 26, 65.
101 Dazu BVerwGE 60, 144, 147.
102 BVerwGE 40, 237, 238.
103 Auf die nicht mehr existente Rechtsfigur der besonderen Gewaltverhältnisse (dazu § 10 Rn. 5) geht die gelegentlich anzutreffende Unterscheidung, s. etwa OVG Magdeburg NVwZ-RR 2019, 954, 955; zwischen Maßnahmen, die das Betriebsverhältnis (den Beamten in amtlicher Hinsicht) und solchen, die das Grundverhältnis (den Beamten in persönlicher Hinsicht) betreffen, zurück. Unterschiedliche Ergebnisse der Abgrenzung ergeben sich dadurch idR nicht.
104 ZB OVG Berlin NVwZ-RR 2002, 762.
105 BVerwG NVwZ 2012, 1483, 1484; OVG Koblenz DVBl. 2021, 891 f.
106 BVerwGE 98, 334, 335 f.
107 BVerwGE 60, 144; 98, 334; BVerwG DVBl. 1981, 495; befürwortend Maurer/Waldhoff, § 9 Rn. 26.
108 OVG Koblenz DVBl. 2021, 891, 892; s.a. BVerfG NVwZ 2022, 401 ff.

Qualifikation von Maßnahmen in anderen verwaltungsrechtlichen Sonderbeziehungen (insb. Schul-, Hochschul- und Soldatenverhältnis) herangezogen werden. Gerade im Schulverhältnis sind jene Kriterien von praktischer Relevanz. Dementsprechend ist eine schulische Maßnahme ein Verwaltungsakt, wenn sie an den Betroffenen (Schüler oder Lehrer) als Träger eigener Rechte gerichtet ist und nicht lediglich seine Einbindung in typische Abläufe des (Schul-)Betriebs betrifft (dann rein verwaltungsinterne resp. -organisatorische Maßnahme).[109]

Letzteres ist etwa für den Fall angenommen worden, dass eine Klasse räumlich von einem Schulgebäude in ein zweites Gebäude der Schule verlegt wird – auch wenn dieses in einem anderen Ortsteil der Gemeinde liegt.[110]

b) Maßnahmen zwischen und innerhalb von Verwaltungsträgern

28 Verwaltungsintern wirken grds. Maßnahmen **innerhalb** von Verwaltungsträgern, etwa zwischen seinen Organen (dazu bereits § 6 Rn. 4 f.). Jedoch können Anordnungen **zwischen** verschiedenen **Verwaltungsträgern** durchaus Außenwirkung und damit Verwaltungsaktqualität haben.[111] Prüfungsrelevant ist vor allem, wann staatliche Aufsichtsmaßnahmen ggü. Trägern der mittelbaren Staatsverwaltung, resp. den Gemeinden, unmittelbare Außenwirkung entfalten. Für die Annahme eines Verwaltungsakts reicht es nicht aus, dass der Adressat der Maßnahme zur mittelbaren Staatsverwaltung gehört. Nur wenn die Weisungen dergestalt den Rechtskreis der betroffenen juristischen Person des öffentlichen Rechts unmittelbar erweiternd, verringernd oder feststellend gestalten, greifen sie in deren Selbstverwaltungsbereich ein, innerhalb dessen Träger der mittelbaren Staatsgewalt dem Staat ähnlich wie Bürger gegenüberstehen. Bei Anordnungen ggü. Kommunen ist somit entscheidend, inwieweit dadurch ihr in Art. 28 Abs. 2 S. 1 GG verankertes Recht auf kommunale Selbstverwaltung[112] betroffen wird.

Soweit die aufsichtsrechtlichen Weisungen im Rahmen der **Rechtsaufsicht** ergehen, dh sich auf die Ausführung von Angelegenheiten im sog. eigenen Wirkungskreis beziehen, zielen diese auf Außenwirkung ab und stellen Verwaltungsakte dar. Insoweit stehen die Gemeinden zum Staat wie ein eigenständiges Rechtssubjekt, so dass eine nach außen wirkende Regelung vorliegt, bspw. im Falle der Genehmigung einer gemeindlichen Satzung (Bebauungsplan, § 10 Abs. 2 BauGB) oder deren Versagung.[113] Für den

---

109 Verwaltungsakte sind bspw. die Aufnahme in eine Schule, die Verweisung oder Entlassung von der Schule, die Versetzung (VGH München BayVBl. 1985, 631), ein Ausschluss von der Klassenfahrt (OVG Greifswald NJW 1997, 1721) oder die Zuweisung eines Schülers von einer Spezial- zu einer Regelklasse (OVG Berl-Bbg Urt. v. 10.2.2022 – OVG 3 S 1/22, Rn. 2 f. juris). Keinen Verwaltungsakt stellt hingegen die Entscheidung über den Ausfall einer Unterrichtsstunde oder über „hitzefrei" dar, vgl. Ramsauer in: Kopp/ders., § 35 Rn. 141. Dazu, dass schulische Erziehungsmaßnahmen regelmäßig keine Verwaltungsakte sind, OVG Hamburg NordÖR 2019, 249, 250.
110 VGH München Beschl. v. 10.9.2013 – 7 CS 13.1880, juris; näher Schübel-Pfister JuS 2014, 993, 994. Dazu, dass die Einrichtung von Klassen und die Zuteilung von Schülern interne organisatorische Maßnahmen sind, wenn die Zugehörigkeit zur Schule und zum Schuljahrgang nicht infrage steht, OVG Lüneburg NVwZ-RR 2018, 233.
111 Dies betrifft jedoch nicht Weisungen des Bundes ggü. den Ländern im Rahmen des landeseigenen Vollzugs von Bundesgesetzen und der Bundesauftragsverwaltung. Derartige Streitigkeiten sind verfassungsrechtlicher Natur, Stelkens in: Stelkens/Bonk/Sachs, § 35 Rn. 177 ff.
112 Dazu § 6 Rn. 18; VGH Kassel NVwZ-RR 2016, 551.
113 BVerwGE 19, 121. Vgl. auch BVerwGE 52, 313, 316, zur Verweigerung der Zustimmung des Landes zur Erteilung eines Lehrauftrages durch eine Universität. Nach zunehmender Auffassung gilt dies auch bei staatlichen Weisungen im Rahmen der (kommunalen) Erfüllung von Pflichtaufgaben nach Weisung im sog. monistischen System (wonach die Erfüllung aller Verwaltungsaufgaben grds. den Gemeinden zugewiesen ist, während nach dem dualistischen System den Gemeinden neben Selbstverwaltungsaufgaben

Rechtsschutz bedeutet dies, dass Gemeinden (ferner andere juristische Personen des öffentlichen Rechts im Rahmen ihres eigenen Rechtskreises) belastenden Maßnahmen der Rechtsaufsicht durch Anfechtungsklage oder, wenn sie eine Genehmigung benötigen, durch Verpflichtungsklage begegnen können (näher § 20 Rn. 17 ff.). Dementsprechend finden sich oft in den Gemeindeordnungen Normen, wonach gegen derartige Anordnungen Widerspruch bzw. Anfechtungsklage einzulegen ist (§ 125 GemO BW; § 142 HessGO; § 126 GcmO RP; § 136 SaarlKSVG).

Weisungen der **Fachaufsicht** beziehen sich dagegen auf die Wahrnehmung von Aufgaben des übertragenen Wirkungskreises (dazu § 6 Rn. 25, 27, auch zu kommunalen Auftragsangelegenheiten nach dem dualistischen System), also Fremdverwaltungsangelegenheiten. Nach hM fehlt ihnen regelmäßig die für einen Verwaltungsakt notwendige Außenwirkung.[114] Denn diese Anordnungen richten sich nicht an die Gemeinde(n) bzw. sonstige juristische Personen in ihrer Eigenschaft als Selbstverwaltungskörperschaften, sondern als Teil der allg. Staatsorganisation.[115] Somit ist gegen fachaufsichtliche Weisungen in der Regel kein verwaltungsgerichtlicher Rechtsschutz eröffnet.[116]

29 Das BVerwG hat in einigen Entscheidungen Maßnahmen, die zum einen verwaltungsinternen Charakter haben, zum anderen aber in bestimmten Konstellationen Außenwirkung entfalten, also den Beteiligten ggü. unterschiedliche Rechtswirkungen aufweisen, als sog. **relative Verwaltungsakte** eingestuft.[117] Treffe die Rechtswirkung eines Verwaltungsakts nicht jedermann, sondern nur einen bestimmten Kreis, sei die Entscheidung allein diesem ggü. ein Verwaltungsakt. So hat das Gericht aufsichtsrechtliche Maßnahmen des Staates ggü. Kommunen als relative Verwaltungsakte angesehen.[118] Sie seien ausschließlich an die Gemeinden adressiert und nur ihnen ggü. Verfügungen. Für den Bürger sollen sie keine Wirkung entfalten, so dass sie sich in diesem Verhältnis nicht als Verwaltungsakte darstellen. Jene Rspr. ist zu Recht auf Kritik gestoßen.[119] Der Wortlaut des § 35 VwVfG beschränkt das Vorliegen eines Verwaltungsakts nicht auf seinen Adressatenkreis. Liegen die Tatbestandsmerkmale des § 35 S. 1 VwVfG vor, handelt es sich mithin uneingeschränkt um eine derartige Verfügung.[120] Auch ist die Aufspaltung der Rechtsnatur einer Maßnahme je nach Betrachtungsweise dogmatisch sehr zweifelhaft.[121] Bei Nichtadressaten kann lediglich das Vorliegen eines subjektiv-öffentlichen Rechts und damit die Klagebefugnis nach § 42 Abs. 2 VwGO Probleme aufwerfen (vgl. § 9 Rn. 10 ff.).

c) Mehrstufige Verwaltungsakte

30 Durch den Begriff des **mehrstufigen Verwaltungsakts** wird ausgedrückt, dass eine oder mehrere Behörden bei dessen Erlass beteiligt werden. Zum Teil wird jede Art der Betei-

---

– freiwilligen oder pflichtigen ohne Weisung – auch staatliche Auftragsangelegenheiten obliegen), vgl. Burgi, Kommunalrecht, § 9 Rn. 10, § 8 Rn. 4, 12 ff.
114 Ramsauer in: Kopp/ders., § 35 Rn. 132; anders nach neuerer Auffassung bei gemeindlichen Pflichtaufgaben nach Weisung im monistischen System.
115 Vgl. Maurer/Waldhoff, § 23 Rn. 25.
116 BVerwG DVBl. 1995, 744, 745; VGH Kassel NVwZ-RR 2016, 551, 552; aber auch BVerwG NVwZ 1995, 910. Anders, wenn die Anordnung ausnahmsweise über den Innen- in den Selbstverwaltungsbereich ausgreift, VGH Kassel NVwZ-RR 2016, 551, 552; s.a. Ruffert in: Ehlers/Pünder, § 21 Rn. 49.
117 BVerwG NVwZ 1994, 784; DVBl. 1986, 1003.
118 BVerwG NVwZ 1994, 784.
119 Detterbeck, Rn. 494 f.; ablehnend auch Kümper UPR 2021, 171, 179.
120 Vgl. auch Detterbeck, Rn. 495.
121 Barczak JuS 2018, 238, 242; Schröder, Genehmigungsverwaltungsrecht, 2016, S. 66.

ligung von Behörden, etwa auch deren Anhörung oder Gelegenheit zur Stellungnahme (zB hat nach § 15 BBergG die zuständige Behörde auf Antrag den Behörden Gelegenheit zur Stellungnahme zu geben, zu deren Aufgaben die Wahrnehmung öffentlicher Interessen iSd § 11 Nr. 10 BBergG gehört), für die Annahme eines mehrstufigen Verwaltungsakts als ausreichend angesehen.[122] Andernorts wird diese Begrifflichkeit auf konsensabhängige Mitwirkungserfordernisse verengt, dh Verwaltungsakte, die kraft Gesetzes nur mit Zustimmung oder im Einvernehmen mit eines anderen Rechtsträgers bzw. dessen Behörde ergehen.[123] Zum Schutz der gemeindlichen Planungshoheit sieht § 36 Abs. 1 BauGB vor, dass die Bauaufsichtsbehörde über die Zulässigkeit bestimmter Bauvorhaben „im Einvernehmen" mit der Gemeinde entscheidet. Ein mehrstufiger Verwaltungsakt liegt nur vor, sofern die Äußerung der jew. Behörde keinen eigenständigen Verwaltungsakt enthält. Ob Letzteres der Fall ist oder nicht, ist anhand der jew. einschlägigen Rechtsnormen zu klären.[124] Sieht das Gesetz vor, dass der Verwaltungsakt nur „im Benehmen", „nach Anhörung" oder „nach Stellungnahme" einer anderen Behörde ergehen darf (so zB § 5 Abs. 4 S. 4 FStrG, wonach die Festsetzung der Ortsdurchfahrt einer Bundesstraße durch die oberste Landesstraßenbaubehörde im Benehmen mit der höheren Verwaltungsbehörde nach Anhörung der Gemeinde erfolgt), wird schon das Vorliegen des für die Annahme eines Verwaltungsakts erforderlichen Tatbestandsmerkmals „Regelung" abzulehnen sein. Bei solchen Mitwirkungshandlungen handelt es sich meist um Teilakte eines mehrstufigen Verwaltungsverfahrens, die für die federführende Behörde nicht bindend sind und keine eigenständige Rechtswirkung entfalten.[125] Schwieriger wird es, wenn das Einvernehmen, die Genehmigung oder Zustimmung einer anderen Behörde vor Erlass eines Verwaltungsakts erforderlich ist (etwa bei der straßenrechtlichen Widmung, vgl. § 30 Rn. 9 ff.). Hierbei handelt es sich um Vetorechte. Dennoch stellen solche verfahrensbezogenen Mitwirkungsakte neben der Entscheidung der nach außen zuständigen Behörde im Regelfall keine Verwaltungsakte, sondern lediglich verwaltungsinterne Beteiligungsformen dar, sofern die zu beteiligende Behörde dieselben rechtlichen Gesichtspunkte wie die Ausgangsbehörde prüft (Stichwort: kongruente Prüfungskompetenz). Sind die Kontrollaufgaben beider Behörden identisch, liegt in der Mitwirkungshandlung selbst kein Verwaltungsakt. Dies gilt etwa für das gemeindliche Einvernehmen gem. § 36 Abs. 1 BauGB. Denn die Gemeinde darf, wie man an § 36 Abs. 2 S. 1 BauGB sehen kann, ihr Einvernehmen nur aus den sich aus § 31, § 33, § 34 und § 35 BauGB ergebenden Gründen versagen, die auch für die Bauaufsichtsbehörde entscheidungserheblich sind.[126] Nicht schon die Entscheidung über die Erteilung oder Versagung des gemeindlichen Einvernehmens, sondern erst die Entscheidung der Bauaufsichtsbehörde über die Erteilung oder Ablehnung der Baugenehmigung entfaltet ggü. dem Bauwilligen unmittelbare Außenwirkung.[127]

Abweichendes (iS eigenständiger Außenwirkung) gilt, sofern die Mitwirkungshandlungen einen ggü. dem Bürger eigenständigen Regelungsgehalt aufweisen. Dies ist

---

122 ZB Kahl Jura 2001, 505, 512.
123 OVG Münster Beschl. v. 1.12.2017 – 13 E 479/17, Rn. 15 juris; Barczak JuS 2018, 238, 241; Siegel, Rn. 383.
124 Stelkens in: Stelkens/Bonk/Sachs, § 35 Rn. 170.
125 Kahl Jura 2001, 505, 512.
126 Vgl. auch BVerwGE 28, 145, 146 f.; 169, 207, 212 Rn. 19. S.a. Barczak JuS 2018, 238, 241.
127 BGHZ 231, 297, 303 Rn. 18. Im unionsrechtlichen Kontext handelt es sich beim transnationalen Verwaltungsakt und bei den sog. Referenzentscheidungen (dazu Rn. 54 ff.) ebenfalls um mehrstufige Verwaltungsakte. Für die Außenwirkung dürften die vorstehenden Maßstäbe gelten. Der Ausnahmefall einer besonderen Prüfungskompetenz (vgl. nachstehend im Text) wird auszuschließen sein.

anzunehmen, wenn der zu beteiligenden Behörde bestimmte Aufgaben zur alleinigen Wahrnehmung übertragen sind, sie also besondere Gesichtspunkte geltend zu machen resp. zu kontrollieren hat.[128] Verfügen mithin Ausgangs- und Mitwirkungsbehörde über einen *inkongruenten*, also verschiedenartigen Prüfungsmaßstab, wie bei der Ausnahmegenehmigung nach § 7 Abs. 3 BeamtStG oder § 7 Abs. 3 BBG betreffend die Ernennung eines Ausländers zum Beamten, ist ein (außengerichteter) Verwaltungsakt der zustimmungsberechtigten (oÄ) Behörde gegeben.[129]

d) Organisationsakte

31 Organisationsakte sind Maßnahmen mit Regelungscharakter zur Errichtung, Änderung und Aufhebung von Verwaltungsträgern (dazu § 6 Rn. 2 f.) bzw. Verwaltungsorganen.[130]

Beispiele: Schließung einer Schule,[131] einzelner Studiengänge resp. Fakultäten an Universitäten,[132] Eingliederung von Gymnasialklassen in eine Gesamtschule,[133] Neugliederung von Gemeinden im Wege einer Gebietsreform,[134] Errichtung und organisatorische Gliederung von Verwaltungsstellen im Land.[135]

Sofern eine gesetzlich eindeutige Zuordnung fehlt, können solche Organisationsakte der Exekutive verwaltungsinterne Regelungen[136] oder aber auch Verwaltungsakte (ggf. auch Rechtsverordnungen, eher selten öffentlich-rechtliche Verträge[137]) sein.

Es ist deshalb jew. im Einzelfall zu prüfen, ob die Maßnahme verwaltungsintern oder nach außen wirkt; dabei geht es nach allg. Grundsätzen um die verfolgte Reichweite der organisatorischen Regelung (vgl. Rn. 24 ff.). Sofern ihr Außenwirkung zukommt, gilt es weiter danach zu differenzieren, ob eine Einzelfallregelung (dann Verwaltungsakt) oder eine abstrakt-generelle Regelung (dann Rechtsverordnung, allg. Rn. 18 ff. sowie § 25) vorliegt.[138]

So handelt es sich etwa bei der Schließung einer Fakultät durch die Hochschulleitung um eine Organisationsmaßnahme mit Regelungs- und Einzelfallcharakter. Für die Bejahung der Verwaltungsaktqualität kommt es beim einseitigen Schließungsakt auf

---

128 BVerwGE 26, 31, 39.
129 VGH Kassel DVBl. 1981, 1069. Eine inkongruente Prüfungskompetenz wurde auch für die Ausnahmegenehmigung nach § 9 Abs. 8 FStrG (BVerwG NJW 1987, 456, 457) und beim Einverständnis nach § 123 Abs. 2 S. 1 BRRG (OVG Münster DVBl. 1985, 1247) angenommen. S. zu Ersterem Barczak JuS 2018, 238, 241.
130 Allg. § 6 Rn. 4. Ansonsten, dh bei fehlendem Regelungscharakter, spricht man von Organisationsmaßnahmen (als Realakten; allg. § 23), Maurer/Waldhoff, § 21 Rn. 67.
131 Allg. OVG Bautzen DÖV 2002, 747 ff.; vgl. § 81 SchulG NRW; zum Zusammenschluss § 83 SchulG NRW; § 104 NdsSchulG.
132 Dazu Erbguth in: FS für F. E. Schnapp, 2008, S. 83, 86 ff.; zu rechtlichen Grenzziehungen fachlicher Veränderungen der dienstlichen Aufgaben von Professoren allg. Waldeyer NVwZ 2008, 266 mwN; BVerfG DVBl. 2010, 1106: Fachhochschullehrer.
133 BVerwG DVBl. 1979, 354; zur Schließung und Umwandlung eines Gymnasiums in eine Gesamtschule OVG Hamburg DVBl. 1981, 51.
134 VerfG M-V NJ 2007, 453; dazu März NJ 2007, 433 ff.; Erbguth DÖV 2008, 152.
135 Vgl. dazu Art. 70 BWVerf; Art. 77 Abs. 1 BayVerf; Art. 96 Abs. 1, 2 BbgVerf; Art. 70 Abs. 2, 3 MVVerf; Art. 56 Abs. 1 NdsLVerf; Art. 77 NRWVerf; Art. 112 SaarlVerf; Art. 83 Abs. 1, 2 SächsVerf; Art. 86 Abs. 2 LSAVerf; Art. 52 Abs. 2, 3 SHVerf; Art. 90 ThürVerf.
136 Etwa Konzentration von Außenstellen der Gemeindeverwaltung eines staatlichen Amtes.
137 ZB in Form von Zielvereinbarungen zwischen der Hochschule und dem Land über eine Fakultätsschließung, vgl. Erbguth in: FS für F. E. Schnapp, 2008, S. 83, 95 f.
138 Vgl. zur Abgrenzung Rn. 19; näher zur rechtlichen Einordnung von Organisationsakten am Beispiel der Fakultätsschließung Erbguth in: FS für F. E. Schnapp, 2008, S. 83; zum Rechtsschutz gegen eine verbindliche Schulwahlempfehlung Beaucamp NVwZ 2009, 280.

die unmittelbare Außenwirkung an. Die Verfügung greift in das durch Art. 5 Abs. 3 GG verbürgte Grundrecht der Wissenschaftsfreiheit ein, das neben den (betroffenen) Professoren und der Hochschule nach neuerer Rspr. auch die jew. Fakultät bzw. den erfassten Fachbereich schützt.[139] Die Maßnahme wirkt dergestalt nach außen – und muss einheitlich[140] als Verwaltungsakt eingeordnet werden.

Angenommen wird ein Verwaltungsakt auch bei Schließung einer Schule mit der Folge längerer Schulwege[141] sowie eines Gymnasiums und Eingliederung von Gymnasialklassen in eine Gesamtschule.[142] Dagegen soll im Fall der Bildung einer neuen Schulklasse keine Außenwirkung vorliegen.[143]

▶ **Zu Fall 3:** Es geht um den Rechtscharakter der Anordnung, die den Tätigkeitsbereich des Beamten verändert. Allg. sind in diesem Zusammenhang die Versetzung, die Abordnung und die Umsetzung eines Beamten zu unterscheiden. Gemeinsam ist diesen Maßnahmen, dass es sich um dienstliche Anordnungen handelt.
Die Versetzung (für Bundesbeamte § 28 BBG) ist die auf Dauer angelegte Zuweisung des Beamten an eine andere Behörde desselben oder eines anderen Dienstherrn. Im Fall der Abordnung (etwa § 27 BBG) handelt es sich um die vorübergehende Zuweisung einer Tätigkeit bei einer anderen Behörde (desselben oder eines anderen Dienstherrn unter Beibehaltung der Zugehörigkeit zur bisherigen Dienststelle, vgl. § 27 Abs. 1 S. 1 BBG). Wenn der Beamte dergestalt für einen neuen Dienstherrn bzw. eine neue Dienststelle tätig wird, kann er sein bisheriges Amt nicht mehr wahrnehmen und ist in seiner persönlichen Rechtsstellung betroffen. Dies gilt sowohl für eine dauerhafte als auch für eine vorübergehende Tätigkeit (Abordnung, s.o.). Versetzungen und Abordnungen sind daher als Verwaltungsakte einzuordnen.[144]
Demggü. verbleibt die Tätigkeit des B *bei derselben Behörde*, in der er bereits arbeitet. Eine Versetzung oder Abordnung liegt nicht vor. Es könnte sich vielmehr um eine Umsetzung des B handeln. Eine solche bewirkt, dass der konkrete Tätigkeitsbereich des Beamten innerhalb derselben Behörde verändert wird – wie hier die Zuweisung von der Abteilung Naturschutz und Landschaftspflege zum Personalwesen innerhalb des Amtes für Umwelt und Natur. Bestimmungsgemäß beschränkt sich die Umsetzung auf die Regelung des verwaltungsinternen Bereichs; sie will den Beamten nicht in seiner persönlichen Rechtsstellung (in seinem Status) treffen.[145] Demgemäß handelt es sich um eine verwaltungsinterne Maßnahme und nicht um einen Verwaltungsakt. Davon zu trennen ist nach der Rspr. die Frage des Rechtsschutzes; dieser steht B (im Wege der allgemeinen Leistungsklage) offen, wenn er geltend machen kann, durch die Umsetzung (faktisch bzw. mittelbar) in eigenen, dh subjektiv-öffentlichen Rechten verletzt zu sein (vorstehend Rn. 26). ◀

---

139 Dazu bereits BVerfGE 15, 256, 262; BVerwGE 45, 39, 42; zu Fachbereichen ausdrücklich BVerfGE 111, 333, 352; ferner BVerfG NVwZ-RR 2003, 705, 706; näher Bethge in: Sachs, Art. 5 Rn. 210 f.
140 Keine Unterscheidung anhand der Adressaten (Fakultät – Hochschullehrer) mit ggf. unterschiedlicher Rechtsnatur, Rn. 29; allg. Maurer/Waldhoff, § 21 Rn. 69, am Beispiel Gemeinde – Gemeindeeinwohner.
141 BVerwGE 18, 40; VG Berlin Urt. v. 6.6.2018 – 3 K 717/17, Rn. 18 juris.
142 BVerwG DVBl. 1979, 354.
143 OVG Lüneburg NVwZ-RR 2018, 233; VGH München BayVBl. 1980, 244.
144 BVerwGE 75, 138.
145 BVerwGE 60, 144, 147; 153, 246, 249 f.; OVG Berl-Bbg Urt. v. 3.4.2019 – OVG 4 B 15.18, Rn. 22 juris.

Übersicht 8: Zusammenfassende Übersicht zu den Tatbestandsmerkmalen eines Verwaltungsakts und den hiermit verbundenen Abgrenzungen

Tatbestandsmerkmal des Verwaltungsakts	Definition/Problemfälle	Abgrenzungen
hoheitliche Maßnahme	▪ jede der Verwaltung zurechenbare Willenserklärung ▪ einseitiges Handeln im Über-/Unterordnungsverhältnis	verwaltungsrechtliche Verträge im Gleichordnungsverhältnis
einer Behörde	jede Stelle, die Verwaltungsaufgaben wahrnimmt, § 1 Abs. 4 VwVfG	▪ Private, außer: Beliehene ▪ Legislativ- und Judikativorgane, soweit keine originäre Verwaltungstätigkeit
auf dem Gebiet des öffentlichen Rechts	Handeln aufgrund einer öffentlich-rechtlichen Rechtsgrundlage; ▪ privatrechtsgestaltende Verwaltungsakte ▪ formelle Verwaltungsakte	privatrechtliches Handeln
zur Regelung	Maßnahme, die darauf gerichtet ist, eine Rechtsfolge unmittelbar herbeizuführen ▪ feststellende Verwaltungsakte	▪ Realakte, schlichtes bzw. schlicht-hoheitliches Verwaltungshandeln (Auskünfte, Hinweise) ▪ Vorbereitungs- und Teilakte ▪ verwaltungsrechtliche Willenserklärungen ohne Anordnungscharakter
eines Einzelfalls	▪ konkret-individuelle Maßnahme ▪ abstrakt-individuelle Maßnahme ▪ konkret-generelle Maßnahme (Allgemeinverfügung)	(abstrakt-generelle) Rechtsnorm (Rechtsverordnung, Satzung)
mit Außenwirkung	Maßnahme ist dazu bestimmt, Rechtswirkungen ggü. verwaltungsexternen Personen/Stellen zu entfalten; auch ▪ Weisungen ggü. Beamten, die ihn in persönlicher Rechtsstellung treffen ▪ Organisationsakte mit Grundrechtswirkung	▪ innerdienstliche Weisungen ▪ (regelmäßig) Mitwirkung anderer Behörden bei Erlass eines Verwaltungsakts ▪ bloße (Binnen-)Organisationsmaßnahmen

7. Vollständig automatisierter Verwaltungsakt

32   In § 35a VwVfG Bund sowie vergleichbaren Regelungen allerdings nicht aller Bundesländer (§ 35a BWVwVfG; § 35a HmbVwVfG; § 35a HessVwVfG; § 35a MVVwVfG;

§ 35a NRWVwVfG; § 35a SaarVwVfG; § 106a LVwG SH, dynamisch verweisendes LVwVfG)[146] werden nunmehr **vollständig automatisierte Verwaltungsakte** geregelt. Wie an der Bezeichnung sichtbar wird, fällt hier kein Amtswalter die jew. Entscheidung im Einzelfall, sondern ein IT-System aufgrund einer entsprechenden vorherigen menschlichen Programmierung.[147] Keine Rolle spielt dagegen, ob der so zustande gekommene Verwaltungsakt elektronisch oder schriftlich ergeht bzw. wie dieser bekanntgegeben wird.[148] Der VwVfG-Gesetzgeber hat derartige Verwaltungsakte von zwei Einschränkungen abhängig gemacht. Sie dürfen nur in solchen Bereichen eingesetzt werden, in denen **weder ein Beurteilungsspielraum noch ein Ermessen besteht**.[149] Begründen lässt sich dies damit, dass die Verwaltung bei Beurteilungsspielräumen und Ermessensentscheidungen eine dem jew. Einzelfall gerecht werdende Entscheidung zu treffen hat, was vorprogrammierte IT-Systeme jedenfalls im Moment kaum leisten können.[150] Infolgedessen kann die ins Ermessen der Behörde gestellte Rücknahme eines Verwaltungsakts nach § 48 Abs. 1 S. 1 VwVfG nicht durch einen vollständig automatisierten Verwaltungsakt geschehen. Da sich Ermessensreduzierungen vielfach aufgrund der besonderen Umstände des Einzelfalls ergeben, wird auch bei derartigen Verengungen regelmäßig ein Amtswalter über eine Regelung entscheiden müssen. Abweichendes könnte jedoch zB für die Verteilung von Subventionen gelten, bei denen das Ermessen aufgrund einer Verwaltungsvorschrift ausgeübt wird und so aufgrund von Art. 3 Abs. 1 GG eine Selbstbindung der Verwaltung eintritt.[151]

Des Weiteren muss der Erlass vollständig automatisierter Verwaltungsakte **in einer Rechtsvorschrift**, also in einem Gesetz, einer Rechtsverordnung oder Satzung, **zugelassen** sein. Eine Verwaltungsvorschrift reicht dafür nicht.[152] Es obliegt also dem Normgeber, geeignete Anwendungsfelder für derartige Verwaltungsakte zu identifizieren. Nach zutreffender Ansicht ist für die Zulassung der Vollautomatisierung die IT-Abbildbarkeit von Normen sowie die Standardisierbarkeit von Sachverhaltsermittlung und -bewertung von zentraler Bedeutung.[153] Auch in Bereichen, in denen die Verwaltung zwar nicht über Entscheidungsspielräume verfügt, ist deshalb zB bei gewissen baurechtlichen Entscheidungen von einer Vollautomatisierung abzusehen, weil sich der Inhalt unbestimmter Rechtsbegriffe, etwa des Sich-Einfügens in § 34 Abs. 1 BauGB, angesichts dafür notwendiger Wertungen und der Abhängigkeit von den konkreten Örtlichkeiten, nicht maschinenhaft umsetzen lässt.[154] An den Einsatz vollständig auto-

---

146 In Bundesländern ohne eine solche allg. Regelung sind automatisierte Verwaltungsakte aufgrund Fachrechts möglich.
147 Zur umstrittenen Frage, ob man auch ohne eine entsprechende Regelung ausgekommen wäre, und zu den Abgrenzungsschwierigkeiten Bull DVBl. 2017, 409 f.; Schmitz/Prell NVwZ 2016, 1273 f.; Siegel DVBl. 2017, 24, 25. Allg. zum vollständig automatisierten Verwaltungsakt auch Braun Binder in: Seckelmann, Digitalisierte Verwaltung Vernetztes E-Government, 2. Aufl. 2019, S. 185 ff.; Guckelberger, Öffentl. Verwaltung, Rn. 79 ff., 405 ff.
148 Schmitz/Prell NVwZ 2016, 1273, 1275.
149 S. dazu näher unter § 14 Rn. 27 ff., 36 ff. Für eine Erweiterung auf Fälle des Erkenntnisvakuums Münkler DÖV 2021, 615, 622.
150 Guckelberger VVDStRL 78 (2019), 235, 265; prospektiv in Bezug auf die Weiterentwicklungen der künstlichen Intelligenz Bull DVBl. 2017, 409, 411. Zu den Diskussionen, ob man nicht auch bei Beurteilungsspielräumen und Ermessen derartige Verwaltungsakte zulassen könnte, weitere Nachweise bei Guckelberger in: FS für M. Herberger, 2016, S. 397, 407 f.
151 Dazu Kube VVDStRL 78 (2019), 289, 305; Siegel DVBl. 2017, 24, 26. Zu den Ermessensrichtlinien § 27 Rn. 2.
152 Guckelberger in: FS für M. Herberger, 2016, S. 397, 402. Der Bundesgesetzgeber kann aber in einer Spezialregelung von dieser Vorgabe abweichen.
153 Guckelberger VVDStRL 78 (2019), 235, 265. S.a. Kube VVDStRL 78 (2019), 289, 304.
154 Guckelberger VVDStRL 78 (2019), 235, 265 f.; s.a. Edenharter VerwArch 111 (2020), 341, 362.

matisierter Verwaltungsakte ist vor allem bei einfachen Massenverfahren zu denken. Bei der Entscheidung über den Einsatz solcher Verwaltungsakte sind deren Vorteile (größere Genauigkeit, Schnelligkeit, Gleichmäßigkeit, Einsparung von Personal) gegen ihre Nachteile (fehlende Handlungsfähigkeit bei Stromausfall, Gefahr von Manipulationen, Potenzierung der Fehler bei falscher Programmierung) abzuwägen.[155] Bspw. wird in §§ 15a ff. FZV die internetbasierte Zulassung von Fahrzeugen samt der Möglichkeit vollständig automatisierter Entscheidungen näher geregelt.[156] § 10a RBcitrStV erlaubt den vollständig automatisierten Erlass rundfunkbeitragsrechtlicher Bescheide.[157] Aus rechtsstaatlichen Gründen wird die Behörde in § 24 Abs. 1 S. 3 VwVfG zur Berücksichtigung für den Einzelfall bedeutsamer tatsächlicher Angaben des Beteiligten verpflichtet, die im automatischen Verfahren nicht ermittelt würden.[158] Auf vollständig automatisierte Verwaltungsakte finden die VwVfG-Regelungen über Verwaltungsakte Anwendung. Dementsprechend kann ein von Anfang an fehlerhafter automatisierter Verwaltungsakt später gem. § 48 Abs. 1 VwVfG zurückgenommen werden. Darüber hinaus ermöglicht § 41 Abs. 2a VwVfG, derartige Verwaltungsakte durch Bereitstellung zum Abruf über öffentlich zugängliche Netze bekannt zu geben.[159]

Nach § 155 Abs. 4 AO können die Finanzbehörden unter den dort genannten Voraussetzungen Steuerfestsetzungen ausschl. automationsgestützt vornehmen, berichtigen und aufheben.[160] Der ggü. dem nationalen Recht vorrangige Art. 22 Abs. 1 DSGVO verleiht einer betroffenen Person das Recht, nicht einer automatisierten Entscheidung unterworfen zu werden, die ihr ggü. rechtliche Wirkungen entfaltet oder sie in ähnlicher Weise beeinträchtigt, sofern keine in Absatz 2 (s. insb. lit. b) genannte Ausnahme einschlägig ist.

Zunehmend rückt die Frage in den Fokus, ob nicht selbstlernende Algorithmen zum Erlass vollständig automatisierter Verwaltungsakte eingesetzt werden können. Derartige **Systeme Künstlicher Intelligenz**, bei denen nicht mehr alle Entscheidungsparameter im Voraus durch Menschen festgelegt sind, bereiten vor dem Hintergrund des Demokratie- und Rechtsstaatsprinzips, der fehlenden Begründbarkeit der Entscheidungen und damit auch unter dem Aspekt der Rechtsschutzgarantie erhebliche Probleme.[161] Angesichts ihres Gefährdungspotenzials, insb. auch hins. Diskriminierungen, sind hohe rechtliche Anforderungen an den Einsatz derartiger Systeme zu stellen.[162] Die EU-Kommission hat einen Vorschlag für ein KI-Gesetz vorgelegt,[163] der auch für den Einsatz von KI-Systemen auf staatlicher Seite Relevanz erlangen wird. Unter Rekurs auf die normative Ausgestaltung der PNR-Richtlinie zur Speicherung und Auswertung von Fluggastdaten sowie der Rechtsschutzgarantie des Art. 47 GRCh hielt der EuGH den Einsatz von KI-Technologien zu diesen Zwecken für unionsrechtswidrig.[164] Im IT-Einsatz-Gesetz des Landes Schleswig-Holstein wurden erstmals im deutschen Recht rechtsverbindliche Regelungen zum Einsatz von KI-Systemen in der öffentlichen Verwaltung getroffen (§ 2 Abs. 2 ITEG Nennung unzulässiger Einsatzbereiche, § 6 ITEG Transparenz und Nichtigkeit von Verwaltungsakten, § 7 ITEG Menschliche Aufsicht, Vorrang menschlicher Entscheidungen, § 12 ITEG KI-Rüge).[165]

---

155 Näher dazu Guckelberger in: FS für Herberger, 2016, S. 397, 403 ff.
156 Dazu Guckelberger DÖV 2021, 566, 571.
157 S.a. OVG Münster Beschl. v. 10.12.2021 – 2 A 51/21, Rn. 11 juris; Guckelberger DÖV 2021, 566, 571 f.
158 Dann muss ausgesteuert werden und ist ein vollständig automatisierter Verwaltungsakt nicht möglich.
159 Dazu Braun Binder DÖV 2016, 891, 896; Siegel DVBl. 2017, 24, 27 f.
160 Insb. zu Begrenzungen aus dem Verfassungsrecht u. Notwendigkeit einer verfassungskonformen Anwendung Maier JZ 2017, 614 ff.
161 Guckelberger, Öffentliche Verwaltung, Rn. 564 ff.; s.a. Edenharter VerwArch 111 (2020), 341, 364 ff.
162 Edenharter VerwArch 111 (2020), 341, 365.
163 COM(2021) 206 final.
164 EuGH Urt. v. 21.6.2022 – C-817/19, Rn. 193 ff. juris.
165 Sog. IT-Einsatz-Gesetz, LT-Drs. 19/3267, S. 53 ff.

II. Funktionen des Verwaltungsakts

Den Verwaltungsakt als immer noch wichtiges Handlungsinstrument der Verwaltung zeichnen funktionelle Besonderheiten aus:[166]

33

- Zum einen kommt ihm materiellrechtliche **Regelungsfunktion** zu. Die in Gesetzen enthaltenen abstrakt-generell verfassten Vorgaben werden durch den Verwaltungsakt konkretisiert; dergestalt wird dem Bürger ggü. im Einzelfall festgelegt, welche Rechte und Pflichten sich daraus für ihn ergeben. Dabei entfaltet der Verwaltungsakt grds. seine Wirkung zunächst unabhängig davon, ob er rechtmäßig oder rechtswidrig ist (nur ein ausnahmsweise nichtiger Verwaltungsakt entfaltet keine Wirksamkeit; ein rechtswidriger, aber wirksamer Verwaltungsakt kann angefochten werden; näher zum Ganzen § 13 Rn. 1 und § 15 Rn. 1 ff.).

- Für Verwaltungsakte sieht die VwGO **besondere Klagearten** vor. Mit der Anfechtungsklage (§ 42 Abs. 1 Alt. 1 VwGO) kann die Aufhebung eines rechtswidrigen Verwaltungsakts gefordert werden, etwa bei einer Abrissverfügung eines Gebäudes. Die Verpflichtungsklage (§ 42 Abs. 1 Alt. 2 VwGO) dient der Geltendmachung eines Anspruchs auf Erlass eines Verwaltungsakts, zB auf Erteilung einer Baugenehmigung. Für diese Klagen gelten besondere Zulässigkeitsvoraussetzungen. So ist bei ihnen grds. ein behördliches Widerspruchsverfahren als Vorverfahren zum Verwaltungsprozess (§§ 68 ff. VwGO) vorgesehen (zum Vorstehenden näher § 20). Außerdem ist die Klagefrist in § 74 VwGO zu beachten.

- Darüber hinaus besitzt der Verwaltungsakt **Bestandskraftfunktion**. Jeder Verwaltungsakt ist auf eine bestandskräftige Entscheidung gerichtet; Einwände gegen ihn können grds. nur bis zum Ablauf der Widerspruchs- oder Klagefrist (§ 70 Abs. 1, § 74 VwGO) geltend gemacht werden. Nach Ablauf der Rechtsbehelfsfristen erwächst der Verwaltungsakt in Bestandskraft (dazu näher § 15 Rn. 10). Dies gilt unabhängig davon, ob der Verwaltungsakt rechtmäßig oder rechtswidrig ist (zu den Rechtmäßigkeitsvoraussetzungen von Verwaltungsakten § 14).

- Der Verwaltungsakt stellt einen Vollstreckungstitel dar: Gem. § 3, § 6 VwVG bzw. entsprechenden Regelungen der Länder ist die Verwaltung befugt, von ihr erlassene Verwaltungsakte – soweit kein Fall aufschiebender Wirkung vorliegt oder diese unanfechtbar sind – eigenständig durchzusetzen, ohne zunächst auf die Hilfe der Gerichte angewiesen zu sein. Insofern hat der Verwaltungsakt **Vollstreckungsfunktion** (zur Vollstreckung von Verwaltungsakten § 19).

- Nach § 9 VwVfG ist die Ausrichtung der Behördentätigkeit auf den Erlass eines Verwaltungsakts Voraussetzung für die Anwendung der §§ 10 ff. VwVfG. Diese Vorschriften enthalten vornehmlich formelle Anforderungen an den Erlass eines Verwaltungsakts. Dem Verwaltungsakt kommt somit **Verfahrensfunktion** zu.[167]

---

[166] Vgl. die Aufzählung bei Hendler, Rn. 90b; Maurer/Waldhoff, § 9 Rn. 41 ff.; Siegel, Rn. 276 ff.
[167] Zu den wichtigsten Regelungen für das Verwaltungsverfahren zum Erlass eines Verwaltungsakts § 14 Rn. 13 ff.; de lege ferenda für eine Ergänzung des § 9 VwVfG um eine sog. Zweckbestimmungsklausel Burgi DVBl. 2011, 1317, 1323 f.

III. Arten von Verwaltungsakten

34 Zur Komplexitätsreduzierung lassen sich Verwaltungsakte anhand verschiedener Kriterien einordnen. Im Folgenden geht es um die wichtigsten Unterscheidungen:[168]

1. Befehlende, gestaltende und feststellende Verwaltungsakte

35 Anknüpfend an den Regelungsinhalt von Verwaltungsakten kann zwischen befehlenden, gestaltenden und feststellenden Verwaltungsakten differenziert werden (hierzu schon Rn. 11). Diese Unterscheidung ist deshalb bedeutsam, weil **nur befehlende Verwaltungsakte vollstreckbar** sind.

a) Befehlende Verwaltungsakte

36 Befehlende Verwaltungsakte ordnen zwingend eine bestimmte Handlungsweise an (**Gebot**) bzw. untersagen eine solche (**Verbot**).[169] Gibt die Behörde bspw. E auf, dass ihr Hund an einer Leine geführt werden muss, ist dies ein Gebot. Die Anordnung, aus Gründen der Gefahrenabwehr einen bestimmten Platz nicht zu betreten, beinhaltet ein Verbot. Kommt der Verpflichtete derartigen befehlenden Verwaltungsakten nicht nach, kann die Behörde ihren Inhalt zwangsweise durchsetzen (vollstrecken, zur Vollstreckung von Verwaltungsakten § 19).

b) Gestaltende Verwaltungsakte

37 **Gestaltende** Verwaltungsakte begründen, verändern oder beseitigen **unmittelbar** (ohne dass es der Vollstreckung bedarf) ein konkretes Rechtsverhältnis.[170] Das trifft etwa für die Beamtenernennung und -entlassung,[171] die Einbürgerung, für privatrechtsgestaltende Verwaltungsakte (vgl. dazu vorstehend Rn. 8.), wie die Genehmigung der Briefporti der Deutschen Post nach § 23 Abs. 1, 2 PostG, und sonstige Genehmigungen aller Art (vgl. bereits Rn. 11), aber auch deren Rücknahme oder Widerruf zu.[172] Traditionell wird bei den Genehmigungsentscheidungen zwischen solchen unterschieden, die auf einem repressiven Verbot mit Befreiungsvorbehalt beruhen, und solchen, denen ein präventives Verbot mit Erlaubnisvorbehalt zugrunde liegt.[173]

38 **Repressive Verbote** verwendet der Gesetzgeber zum Zwecke der grds. Unterbindung eines bestimmten, als sozial unerwünscht oder schädlich angesehenen Verhaltens. Um mit dem Verbot einhergehende, aber ungewollte Härten zu vermeiden bzw. auszugleichen, zuweilen aber auch im öffentlichen Interesse,[174] enthalten die Vorschriften zumeist einen **Befreiungsvorbehalt**: Die Behörde kann unter gesetzlich normierten Voraussetzungen durch Erteilung einer Ausnahmebewilligung (synonym werden die Begriffe „Befreiung" und „Dispens" verwandt) von der Einhaltung des Verbots abse-

---

168 Vgl. die Unterscheidungen bei Barczak JuS 2018, 238 ff.; Detterbeck, Rn. 497 ff.; Maurer/Waldhoff, § 9 Rn. 44 ff.; Siegel, Rn. 361 ff.
169 Maurer/Waldhoff, § 9 Rn. 45.
170 Dazu Barczak JuS 2018, 238, 239 f.; Detterbeck, Rn. 499.
171 BVerwGE 152, 68, 70; zu ernennungsähnlichen Verwaltungsakten im Beamtenrecht Lindner NVwZ 2006, 543.
172 Zum Widerruf BVerwGE 145, 67, 69 f. Rn. 13; VGH München Beschl. v. 28.9.2021 – 2 ZB 21.2109, Rn. 10 juris.
173 Dazu auch Detterbeck, Rn. 504. Diese Unterscheidung ablehnend, weil sie nicht mehr zeitgemäß sei, Schröder, Genehmigungsverwaltungsrecht, 2016, 539 ff.
174 Etwa § 11 S. 1 LöffG M-V: Ausnahmen von allg. (Laden-)Öffnungszeiten, wenn „im öffentlichen Interesse dringend notwendig"; ähnlich § 9 SaarLÖG; zur Vorgängerregelung im Bundesrecht, § 29 Abs. 1 LSchlG aF, vgl. BVerwG GewArch 1974, 277.

hen. Die Entscheidung über die Ausnahme steht in ihrem Ermessen.[175] Weil Wasser ein knappes Gut und zugleich von zentraler Bedeutung für die Allgemeinheit ist, unterliegen Gewässer einem öffentlichen Bewirtschaftungssystem. Für ihre Benutzung ist eine wasserrechtliche Erlaubnis oder Bewilligung notwendig (§ 8 WHG), deren Erteilung *im pflichtgemäßen Ermessen* der zuständigen Behörde steht (§ 12 Abs. 2 WHG). Weil der Einzelne keinen Anspruch auf die Erteilung einer Erlaubnis oder Bewilligung hat, sieht die ü.M. darin ein repressives Verbot mit Befreiungsvorbehalt.[176] Indem die Ausnahmebewilligung den Rechtskreis des Bürgers erweitert, weil ihm eine vom Gesetzgeber eigentlich nicht zugestandene Betätigung doch gestattet wird, stellt sie eine Begünstigung dar.

Im Gegensatz zu repressiven Verboten mit Befreiungsvorbehalt dienen **präventive Verbote** nicht dazu, ein Verhalten generell zu verbieten. Es soll nur im Vorfeld die Übereinstimmung der Betätigung oder des Vorhabens mit dem materiellen Recht überprüft werden. Ist das Ergebnis der Prüfung positiv, muss die Genehmigung aufgrund von Rechtspositionen des Antragstellers (etwa aus Art. 12, 14 GG) erteilt werden; es besteht dann ein *Anspruch* auf Erlaubnis („gebundener" Verwaltungsakt). Beispiele dafür sind die Baugenehmigung oder die Anlagengenehmigung nach § 6 Abs. 1 BImSchG.[177] Das Genehmigungsverfahren erleichtert den Behörden die Überwachung der Einhaltung der öffentlich-rechtlichen Baurechtsvorschriften[178] und dient zugleich den Interessen des Antragstellers. Könnte zB der Bauherr das geplante Gebäude ohne Genehmigung (dh ohne vorherige Prüfung auf die Vereinbarkeit mit der materiellen Rechtslage) errichten und würde sich dann die (materielle) Rechtswidrigkeit des Baus herausstellen, wäre die Behörde berechtigt, dessen Abriss anzuordnen.[179] Um den Bauherrn vor der Zerschlagung wirtschaftlicher Werte zu bewahren, wird dem Bau ein Genehmigungsverfahren vorgeschaltet, in dem die Vereinbarkeit des beabsichtigten Bauvorhabens mit dem materiellen Recht geprüft und bei positivem Ergebnis die Baugenehmigung erteilt wird. Zum Teil werden daher statt der Bezeichnung „Verbot" die Begriffe „Kontrollerlaubnis", „gebundene Erlaubnis"[180] bzw. „Eröffnungskontrolle" verwendet.[181] Formell betrachtet stellt die Genehmigung eine Begünstigung dar, materiell dagegen nur die Konkretisierung der ohnehin grundrechtlich gewährleisteten Rechtsstellung. Die Verweigerung einer solchen Genehmigung bedeutet immer einen

39

---

175 Hierzu § 14 Rn. 36 ff.; Barczak JuS 2018, 238, 239.
176 VG Saarlouis ZfB 2018, 164, 169. Zur Erlaubnis im Glücksspielrecht BVerwG NVwZ 2021, 1466, 1468. Krit. Schröder, Genehmigungsverwaltungsrecht, 2016, S. 327 f. mwN.
177 Zur Baugenehmigung OVG Schleswig Urt. v. 6.2.2020 – 1 LB 4/17, Rn. 52 juris.
178 OVG Schleswig Urt. v. 6.2.2020 – 1 LB 4/17, Rn. 53 juris.
179 So in den (zunehmenden) Fällen der Genehmigungsfreistellung uam nach den Landesbauordnungen, vgl. etwa Erbguth/Mann/Schubert, Rn. 1284 ff.; ansonsten muss beim Bauen ohne erforderliche (!) Genehmigung zwischen formeller und materieller Rechtswidrigkeit differenziert werden: Fehlt die Erlaubnis, ist der Bau formell rechtswidrig; er ist darüber hinaus materiell rechtswidrig, wenn er gegen eine für die Genehmigung erforderliche Vorschrift (aus den Landesbauordnungen, dem BauGB oder sonstigen Gesetzen) verstößt. Bei allein formeller Rechtswidrigkeit darf die Baubehörde nur die Einstellung des Bauvorhabens bis zur Genehmigungserteilung anordnen (etwa § 79 Abs. 1 Nr. 1 LBauO M-V; § 81 Abs. 1 S. 2 Nr. 1 SaarLBO); die Beseitigung eines rechtswidrig errichteten Baus kann lediglich verlangt werden, wenn er auch materiell rechtswidrig ist (zB § 80 Abs. 1 LBauO M-V; § 82 Abs. 1 SaarLBO); zu alldem näher Erbguth/Schubert, Öffentliches Baurecht, § 13 Rn. 49 ff.
180 So im Recht der Gefahrenabwehr (Polizei- und Ordnungsrecht), Götz/Geis, § 19 Rn. 8.
181 Maurer/Waldhoff, § 9 Rn. 51; Siegel, Rn. 400. Schröder, Genehmigungsverwaltungsrecht, 2016, S. 145 f. spricht von Rechtsbeachtungskontrolle, betont aber zutreffend, dass auch dieser Genehmigungsvorbehalt einen rechtfertigungsbedürftigen Grundrechtseingriff enthält.

Eingriff in subjektive Rechte des Bürgers (Rechtsfolge etwa § 28 Abs. 1 VwVfG, strittig, § 14 Rn. 19).

c) Feststellende Verwaltungsakte

40 Derartige Verwaltungsakte stellen Rechte oder rechtlich erhebliche Eigenschaften von Personen bzw. Sachen verbindlich fest oder verneinen diese. Im Gegensatz zu gestaltenden Verwaltungsakten sind sie nicht darauf gerichtet, die materielle Rechtslage zu ändern, sondern bestätigen nur verbindlich das vom Gesetz Vorgegebene (zB Feststellung der Staatsangehörigkeit, Feststellung des Erlöschens einer immissionsschutzrechtlichen Genehmigung nach § 18 BImSchG).[182]

Der Bescheinigung des Eintritts der Genehmigungsfiktion nach § 42a Abs. 3 VwVfG kann idR keine dergestalt feststellende Regelung beigemessen werden, denn sie weist nur auf die bestehende Rechtslage hin. Im systematischen Kontext des § 42a VwVfG entfaltet sie lediglich eine Beweis(erleichterungs)funktion.[183]

2. Begünstigende und belastende Verwaltungsakte

41 Nach der Legaldefinition des § 48 Abs. 1 S. 2 VwVfG begründet oder bestätigt ein **begünstigender** Verwaltungsakt ein Recht oder einen rechtlich erheblichen Vorteil (bspw. Erteilung einer Baugenehmigung oder Bewilligung von Ausbildungsförderung). Ein **belastender** Verwaltungsakt liegt dagegen vor, wenn sich die Regelung für den betroffenen Bürger als nachteilig erweist, sei es, weil eine begehrte (grund)rechtlich abgesicherte Begünstigung nicht gewährt, sei es, weil in seine Rechte eingegriffen wird (Entziehung einer Fahrerlaubnis). Für einen Verwaltungsakt, der einen Grundrechtseingriff beinhaltet, bedarf die Behörde stets einer gesetzlichen Ermächtigungsgrundlage (Gesetzesvorbehalt, § 8 Rn. 3 ff.).

42 Ein Verwaltungsakt muss nicht nur ausschließlich belastend oder begünstigend sein. Ein **Verwaltungsakt mit Doppel- oder Mischwirkung** liegt vor, wenn er seinen Adressaten zugleich begünstigt und belastet.[184] Ein solcher Verwaltungsakt ist zB gegeben, wenn die Errichtung einer Windenergieanlage mit der Maßgabe genehmigt wird, dass sie bei einer späteren dauerhaften Aufgabe der Nutzung zurückzubauen ist. Dann stellt zwar die Erteilung der Genehmigung eine Begünstigung dar, die Einschränkung der Baugenehmigung ist hingegen eine Belastung (aus dem Blickwinkel nachträglicher Aufhebbarkeit von Verwaltungsakten vgl. aber § 16 Rn. 7 f.).

43 Zudem kann sich ein Verwaltungsakt auch auf andere Betroffene als nur den Adressaten der Maßnahme rechtlich auswirken. Es handelt sich dann um **Verwaltungsakte mit Drittwirkung**, wobei § 80 Abs. 1 S. 2, § 80a VwGO auch diese Verwaltungsakte als solche mit Doppelwirkung bezeichnen.[185] Ein solcher Verwaltungsakt begünstigt

---

182 Zur Abgrenzung des feststellenden Verwaltungsakts zum bloßen Hinweis auf die Rechtslage bereits Rn. 14. Zur Feststellung der Staatsangehörigkeit nach § 30 StAG BVerwGE 151, 245, 248; zu § 18 BImSchG OVG Münster ZNER 2017, 161.
183 Zur Bescheinigung der Fiktion einer Baugenehmigung OVG Bautzen LKV 2021, 172, 174; OVG Schleswig-Holstein BRS 88 Nr. 98; zur Bescheinigung der Genehmigungsfiktion einer Taxigenehmigung OVG Münster NWVBl. 2020, 473, 474. Zum Streitstand Broscheit DVBl. 2014, 342, 343 mwN. Nach BR-Drs. 171/12, S. 30 kann die Bescheinigung auch VA-Eigenschaft erhalten, wenn die bloße Mitteilung um zusätzliche Regelungen ergänzt wird. Für einen VA bei Ablehnung der Bescheinigung Siegel, Rn. 408.
184 OVG Magdeburg NVwZ-RR 2016, 806; Barczak JuS 2018, 238, 243.
185 Barczak JuS 2018, 238, 243; VGH Mannheim EnWZ 2019, 131, 132. Dafür, dass die Bezeichnung Verwaltungsakt mit Drittwirkung überholt sein soll, Siegel, Rn. 367.

§ 12 Begriff, Funktionen und Arten des Verwaltungsakts

zB seinen Adressaten, belastet aber gleichzeitig einen Dritten. Bekanntes Beispiel ist die Baugenehmigung für den Bauherrn (begünstigend), die den Nachbarn in seinen Rechten einschränkt (belastend).[186] Der umgekehrte Fall ist ebenfalls denkbar: Dem Bauherrn wird die erstrebte Erlaubnis versagt; für ihn stellt sich die Regelung als belastend dar, für den Nachbarn wirkt sie dagegen begünstigend. Nach jüngerer Rspr. des BVerwG handelt es sich auch bei der Ernennung eines Beamten ggü. unterlegenen Mitbewerbern um einen solchen Verwaltungsakt mit Drittwirkung.[187]

3. Einseitige und mitwirkungsbedürftige Verwaltungsakte; einstufige und mehrstufige Verwaltungsakte

Mitwirkungsbedürftige Verwaltungsakte sind im Unterschied zu einseitigen Verwaltungsakten solche, deren materielle Rechtmäßigkeit von der Zustimmung des Betroffenen, regelmäßig in Form eines Antrags, abhängt. Auf diese Weise wird vermieden, dass einem Bürger ein Verwaltungsakt aufgedrängt wird, den er gar nicht haben will.[188] So wird eine Baugenehmigung oder ein Bauvorbescheid nur auf Antrag erteilt.[189] Auch die Gaststättenerlaubnis, die Einbürgerung oder die Ernennung eines Beamten[190] stellen allesamt mitwirkungsbedürftige Verwaltungsakte dar.

44

Während einstufige Verwaltungsakte keine Mitwirkung anderer Behörden erfordern, dürfen **mehrstufige** Verwaltungsakte erst erlassen werden, wenn andere Behörden zuvor beteiligt worden sind, bspw. ihre Zustimmung erklärt haben (zu den mehrstufigen Verwaltungsakten bereits Rn. 30).

4. Behördliche Erklärungen – Zusage/Zusicherung, Vorbescheid, Teilgenehmigung, vorläufiger und vorsorglicher Verwaltungsakt

▶ **FALL 4:** Bauherr B erhält von der zuständigen Baubehörde eine schriftliche Zusicherung, dass ihm die Baugenehmigung für sein Grundstück an einem See erteilt wird, wenn er einen entsprechenden Antrag stellt. Da eine Erteilung der Genehmigung gegen baurechtliche Vorschriften verstoßen hätte, wird sie dann doch versagt. Kann sich B demggü. auf die Zusicherung der Behörde berufen? ◀

Behördliche Erklärungen lassen sich rechtlich nicht immer einfach einordnen. Folgende Formen können unterschieden werden:

45

a) Zusicherung

Unter einer Zusicherung versteht man nach der Legaldefinition in § 38 Abs. 1 S. 1 VwVfG die **Zusage** einer Behörde, **später einen bestimmten Verwaltungsakt zu erlassen bzw. zu unterlassen**. Die Zusicherung enthält also eine **Selbstverpflichtung** zu einem bestimmten verwaltungsaktbezogenen Verhalten in der Zukunft. Im Streitfall ist durch Auslegung der Erklärung der Behörde aus einem objektiven Empfängerhorizont zu entnehmen, ob sie mit ihrer Erklärung eine solche eigenständige rechtsverbindliche Verpflichtung begründen wollte (= dann Zusicherung) oder diese nur unverbindlicher

46

---

186 Zum Planfeststellungsbeschluss BVerwGE 169, 78, 92 Rn. 49.
187 BVerwG DVBl. 2011, 228. Zum Streit, ob die vorherige Auswahlentscheidung und Positivmitteilung auch ein solcher Verwaltungsakt mit Drittwirkung ist, VGH Mannheim NVwZ-RR 2018, 667 f. (iErg wegen einer vorbehördlichen Verfahrenshandlung verneinend); Spitzlei ZTR 2018, 500, 501 f.
188 VG Halle Urt. v. 30.8.2012 – 4 A 244/12, Rn. 24 juris.
189 OVG Saarlouis Urt. v. 2.7.2021 – 2 A 110/20, Rn. 21 juris.
190 BVerwGE 152, 68, 70.

Natur ist.[191] Die praktische Bedeutung der Zusicherung hat in Zeiten schnelllebiger Verwaltungsentscheidungen zugenommen.[192] Beispiele bilden neben der Subventionszusicherung[193] die Erklärung des Dienstherrn, einen Beamten zu einem bestimmten Stichtag zu ernennen, und diejenige der zuständigen Bauaufsichtsbehörde, sie werde den Abriss eines Wochenendhauses verhindern.[194] Die Zusicherung muss, um wirksam zu sein, von der **zuständigen Behörde** erteilt werden.[195] Zuständig ist die Behörde, die befugt ist, den in Aussicht gestellten Verwaltungsakt zu erlassen bzw. diesen zu unterlassen.[196] Weitere Wirksamkeitsvoraussetzung ist die Einhaltung der **Schriftform**, welche einerseits Beweisfunktion hat und andererseits die Verwaltung vor der Abgabe übereilter (gesetzeswidriger) Zusicherungen schützen soll.[197] Eine bloß mündliche Zusicherung ist also unwirksam.[198]

Wegen ihrer Zukunftsbezogenheit steht die Zusicherung gem. § 38 Abs. 3 VwVfG unter dem Vorbehalt gleichbleibender Sach- und Rechtslage (clausula rebus sic stantibus); es handelt sich um eine eigenständige Regelung des **Wegfalls der Geschäftsgrundlage**.[199] Die Bindung der Behörde an die Zusicherung entfällt, wenn sich die Sach- oder Rechtslage nachträglich ändert. Wann eine Änderung der Sach- oder Rechtslage zu bejahen ist, bedarf in Grenzfällen noch abschließender Klärung:[200] Engpässe der Haushaltslage,[201] Neuausrichtung der Subventionspolitik,[202] Änderung der maßgeblichen Verwaltungsvorschriften,[203] Wegfall des im Zusammenhang mit der Zusicherung stehenden Bedarfs an privaten Leistungen.[204] Hinzukommen muss, dass die Behörde ihre Zusicherung bei Kenntnis der nachträglich eingetretenen Änderung nicht gegeben hätte oder diese aus rechtlichen Gründen nicht hätte geben dürfen.

Die Bindungswirkung der Zusicherung entfällt bei § 38 Abs. 3 VwVfG somit kraft Gesetzes; Interessen des Privaten bleiben unberücksichtigt.[205] Eine gesonderte Aufhebungsentscheidung durch die Behörde ist, anders als beim Verwaltungsakt, nicht erforderlich.[206]

---

191 BVerwGE 142, 234, 251 f.; VGH Mannheim Urt. v. 26.10.2021 – 2 S 3348/20, Rn. 56 f. juris; Guckelberger DÖV 2004, 357.
192 Kellner NVwZ 2013, 482.
193 Dazu etwa Kellner NVwZ 2013, 482, 484.
194 Zum Streit, ob auch der intern zuständige Amtswalter gehandelt haben muss, und dies verneinend VGH Mannheim NuR 2020, 415, 418.
195 Guckelberger DÖV 2004, 357, 359 f. S.a. BVerwG NVwZ-RR 2018, 533, 534. Insofern geht § 38 Abs. 1 S. 1 VwVfG über den nach § 38 Abs. 2 VwVfG anwendbaren § 44 VwVfG, nach dem nur Verwaltungsakte, die von der örtlich unzuständigen Behörde erlassen wurden, nichtig und damit unwirksam sind (§ 44 Abs. 2 Nr. 3 VwVfG), hinaus. Zur Nichtigkeit von Verwaltungsakten näher § 15 Rn. 2 ff.
196 Henneke in: Knack/ders., § 38 Rn. 20.
197 Guckelberger DÖV 2004, 357, 360; s.a. BVerwG NVwZ-RR 2018, 533, 535. Dazu, dass eine einfache Email wegen § 3a Abs. 2 VwVfG nicht zur Ersetzung der Schriftform reicht, OVG Berl-Bbg Beschl. v. 2.3.2021 – 4 S 13/21, Rn. 3 juris.
198 VGH Kassel Beschl. v. 10.3.2022 – 4 A 1958/20.Z, Rn. 7 juris.
199 Etwa Kellner NVwZ 2013, 482, 483.
200 Dazu Groh DÖV 2012, 582, 584.
201 Risikosphäre der Verwaltung, vgl. noch nachfolgend im Text.
202 Stelkens in: Stelkens/Bonk/Sachs, § 38 Rn. 102.
203 BVerwGE 104, 220, 223 f.; Groh DÖV 2012, 582, 584 mwN.
204 Sparsamkeit und Wirtschaftlichkeit der Haushaltsführung: Vermeidung überflüssiger Ausgaben, deshalb Änderung iSd § 38 Abs. 3 VwVfG, BVerwG DVBl. 1982, 795, 797; gegenteilig Kloepfer/Lenski NVwZ 2006, 501, 504 f.
205 Etwa Groh DÖV 2012, 582, 583: fehlender Vertrauensschutz rechtspolitisch fragwürdig bei Einbeziehung der Zusicherung in das Instrumentarium des kooperierenden Staates; bereits vorstehend.
206 BVerwGE 97, 323, 330 f.; zu alldem Groh DÖV 2012, 582.

Im Schrifttum wird teilw. die Verwaltungsaktqualität der Zusicherung verneint, weil in § 38 Abs. 2 VwVfG einzelne Regelungen zum Verwaltungsakt (zB über Rücknahme und Widerruf, § 48, § 49 VwVfG) nur für „entsprechend" anwendbar erklärt werden.[207] Laut der Begründung des Gesetzentwurfs zu § 38 VwVfG sollte dadurch aber keine Aussage zum Streit über die Rechtsnatur der Zusicherung getroffen werden.[208] Für die Bejahung der Eigenschaft der Zusicherung als Verwaltungsakt sprechen deren Einordnung innerhalb des Dritten Teils des VwVfG sowie der Umstand, dass sich aus ihr ein eigenes subjektives öffentliches Recht des Empfängers auf Erfüllung des Versprochenen ergibt. Die Zusicherung und der später zu erlassende Verwaltungsakt sind zwei unterschiedliche Entscheidungen. Wie ein Blick auf den vorläufigen Verwaltungsakt oder den Vorbescheid zeigen wird, kann eine behördliche Maßnahme mit einem Bezug zu einem späteren Verwaltungsakt durchaus einen eigenständigen Verwaltungsakt darstellen. Die besseren Argumente sprechen deshalb dafür, in der Zusicherung selbst einen Verwaltungsakt zu sehen, für den zum Teil besondere Grundsätze gelten.[209]

47

b) Zusage

Die – gesetzlich nicht geregelte – Zusage[210] enthält ebenfalls eine einseitige **Selbstverpflichtung** der Verwaltung zu einem Tun oder Unterlassen, welches im Unterschied zur Zusicherung aber **nicht im Erlass bzw. der Unterlassung eines Verwaltungsakts** besteht. Bspw. kann die Verwaltung zusagen, später mit einer Person einen öffentlich-rechtlichen Vertrag zu schließen oder einen Baum zu fällen (Realakt).[211] Der in einer Zusage enthaltende Bindungswille unterscheidet diese von einer unverbindlichen Auskunft, mit der die Behörde nur informieren will.

48

Auch die **Rechtsnatur der Zusage** ist sehr umstritten. Teilw. wird sie als Verwaltungsakt angesehen. Die Zusage verändere Rechtspositionen des Adressaten verbindlich, indem sie eine sichere Anwartschaft begründe, die nicht ohne Weiteres wieder beseitigt werden könne.[212] Nach aA ist die Zusage kein Verwaltungsakt, weil sie nur etwas in Aussicht stelle[213] und lediglich eine Selbstverpflichtung enthalte; ihr selbst fehle deshalb der regelnde Charakter des Verwaltungsakts.[214] Der Meinungsunterschied zeitigt Konsequenzen bei der Frage, ob die Grundsätze prinzipieller Wirksamkeit auch rechtswidriger Verwaltungsakte[215] für die Zusage gelten, maW, ob rechtswidrige Zusagen (insb., wenn ihr Inhalt nur unter Rechtsverstoß erfüllbar ist) verpflichtend sein können. Nach Auffassung des BVerwG sind derartige Zusagen verbindlich, sofern der Empfänger auf ihre Einhaltung vertraut hat und eine Nichteinhaltung zu untragbaren

49

---

[207] So die Position in Erbguth, Allgemeines Verwaltungsrecht, 8. Aufl. 2016; ausführlich Stelkens in: Stelkens/Bonk/Sachs, § 38 Rn. 29 ff.
[208] BT-Drs. 7/910, S. 59.
[209] Guckelberger DÖV 2004, 357, 359 mit Nachweisen zu den zwei Positionen; s.a. Siegel, Rn. 317.
[210] Dazu und zu den nachfolgenden Handlungsvarianten Hebeler/Schäfer Jura 2010, 881; eingehend und zur weiteren Kategorie der „einfachen verwaltungsrechtlichen Willenserklärung" Ernst, Die Verwaltungserklärung, 2008.
[211] BVerwG NVwZ 1998, 1082 f.; BVerwGE 26, 31, 36; Guckelberger DÖV 2004, 357, 364.
[212] Bull/Mehde, Rn. 783; s.a. Siegel, Rn. 318.
[213] Dazu Maurer/Waldhoff, § 9 Rn. 61.
[214] So noch Peine, Allgemeines Verwaltungsrecht, 11. Aufl. 2014, Rn. 876, wobei in Siegel, Rn. 318 die entgegengesetzte Ansicht vertreten wird; eingehend zu den hiermit zusammenhängenden Fragen, insb. zur Akzessorietät der Bindungswirkung der Zusage, Bäcker VerwArch 103 (2012), 558, 573 ff.
[215] Im Einzelnen dazu § 13 Rn. 1 und § 15 Rn. 1. Gleiches gilt für die Zusicherung aufgrund § 38 Abs. 2 VwVfG; dazu insb. die Lösung zu Fall 4, nach Rn. 53.

Verhältnissen für den Betroffenen führen würde, mithin unverhältnismäßig wäre.[216] Danach sind Zusagen in ihrer Wirkung Verwaltungsakten jedenfalls ähnlich.

Fraglich bleibt, ob § 38 VwVfG analog auf Zusagen anzuwenden ist, insb. ob das in Abs. 1 S. 1 der Vorschrift angeordnete Schriftformerfordernis auch hier gilt. Der Wortlaut des § 38 VwVfG, der ausdrücklich nur die Zusicherung weitgehend dem Verwaltungsakt gleichstellt, nicht aber Zusagen generell erfasst, spricht gegen eine entsprechende Anwendung der Vorschrift.[217] Es fehlt an einer **planwidrigen Regelungslücke**. Allgemeine Zusagen müssen daher nach ü.M. nicht schriftlich erklärt werden. Es liegt nahe, dass auf sie weiterhin die vor Erlass des VwVfG entwickelten allgemeinen Grundsätze des Verwaltungsrechts Anwendung finden: Danach sind gesetzeswidrige Zusagen nicht bindend, außer ihre Zusage würde aus Gründen des Vertrauensschutzes zu nahezu untragbaren Verhältnissen führen.[218]

c) Vorbescheid

50 Der **Vorbescheid** eröffnet dem Einzelnen die kostengünstige Gelegenheit, zB vor der Erstellung kostspieliger Unterlagen, eine verbindliche Entscheidung über einzelne Fragen eines genehmigungspflichtigen Vorhabens einzuholen, um Planungssicherheit zu erlangen.[219] Regelungen zum Vorbescheid finden sich in allen Landesbauordnungen (zB § 76 SaarLBO).[220] Nach § 9 Abs. 1 BImSchG soll auf Antrag über einzelne Genehmigungsvoraussetzungen sowie über den Standort der Anlage entschieden werden, sofern die Auswirkungen der Anlage ausreichend beurteilt werden können und ein berechtigtes Interesse an einem Vorbescheid besteht. Mittels Vorbescheid (vgl. bereits vorstehend Rn. 16 aE) wird von der Behörde abschließend und **verbindlich über einzelne Zulässigkeits- oder Genehmigungsvoraussetzungen** größerer Projekte entschieden. Der Vorbescheid beinhaltet einen eigenständigen feststellenden Verwaltungsakt, **ohne** dass damit auch nur eine partielle **Freigabe** der Errichtung verbunden ist.[221] Infolge seiner Verwaltungsakteigenschaft bindet ein nicht nichtiger Vorbescheid die Verwaltung bis zu seiner Aufhebung oder Erledigung, zB durch Zeitablauf (§ 43 Abs. 2 VwVfG).[222] Aufgrund der Bindungswirkung des Vorbescheids darf über den in ihm abschließend entschiedenen Teilaspekt bei der späteren Genehmigungsentscheidung nicht erneut oder anders entschieden werden.

d) Teilgenehmigung

51 Anders als der Vorbescheid enthält die **Teilgenehmigung** eine **Vorhabensfreigabe**, die sich jedoch auf einen **Teil eines Gesamtprojekts** beschränkt.[223] Sie stellt einen

---

216 BVerwG DVBl. 1966, 837, 859; s.a. VGH Kassel Beschl. v. 31.1.2019 – 8 B 225/17, Rn. 40 juris.
217 Guckelberger DÖV 2004, 357, 364 f. Eingehend zu den verschiedenen Ansichten Uechtritz in: Mann/Sennekamp/ders., § 38 Rn. 60 ff.
218 BVerwGE 3, 199, 203; 49, 359, 362; Guckelberger DÖV 2004, 357, 365; Siegel, Rn. 318; für eine generell fehlende Bindungswirkung gesetzeswidriger Zusagen Wolff in: ders./Decker, Studienkommentar, VwVfG § 38 Rn. 28; für eine analoge Anwendung des § 38 Abs. 3 VwVfG OVG Koblenz DVBl. 2020, 961, 963.
219 BVerwGE 169, 39, 46 Rn. 24.
220 Zum bauordnungsrechtlichen Vorbescheid insoweit Erbguth/Mann/Schubert, Rn. 1316.
221 BVerwGE 169, 39, 46 Rn. 23 f.; Maurer/Waldhoff, § 9 Rn. 64; eingehend Siegel, Entscheidungsfindung, S. 163 ff.; zur Rechtsnatur des Vorbescheids BGH NVwZ-RR 2017, 579, 581.
222 Barczak JuS 2018, 238, 240; s.a. BVerwGE 169, 39, 46 Rn. 23 f., wonach auch ein Vorbescheid das Prioritätsprinzip bei Windenergieanlagen auslöst.
223 Dazu näher Siegel, Entscheidungsfindung, S. 163 ff.

bereits endgültigen, wenn auch inhaltlich beschränkten Verwaltungsakt dar,[224] der die Verwirklichung des genehmigten Teils gestattet. So kann im Wege einer Teilbaugenehmigung der Beginn von Bauarbeiten für Bauteile oder -abschnitte (bspw. Kellergeschoss) schon vor Erteilung der (Gesamt-)Baugenehmigung erlaubt werden[225] (vgl. § 74 LBauO M-V; § 75 SaarLBO;[226] ferner § 8 BImSchG). Wegen der aus solchen Teilgenehmigungen folgenden Verfestigungen setzen sie stets ein **vorläufiges positives Gesamturteil** voraus.[227] So darf eine Teilgenehmigung nach § 8 S. 1 Nr. 3 BImSchG nur erteilt werden, wenn eine vorläufige Beurteilung ergibt, dass der Errichtung und dem Betrieb der Gesamtanlage keine unüberwindlichen Hindernisse im Hinblick auf die Genehmigungsvoraussetzungen entgegenstehen.

e) Vorläufiger Verwaltungsakt

Die Besonderheit des vorläufigen Verwaltungsakts ergibt sich aus seinem Inhalt. Weil im Zeitpunkt der behördlichen Anordnung **noch Ungewissheiten bestehen**, sei es, weil für die Prüfung der Rechtslage im Detail noch weitere Zeit benötigt wird oder der Sachverhalt noch nicht endgültig geklärt werden konnte, trifft die Verwaltung **nur eine vorläufige** und keine endgültige Regelung.[228] Der vorläufige Verwaltungsakt bildet bereits den Rechtsgrund für die Gewährung einer Leistung, allerdings nur vorläufig bis zum Erlass des abschließenden Bescheids.[229] Trifft die Behörde ihre endgültige Regelung, ersetzt bzw. erledigt (§ 43 Abs. 2 VwVfG) diese den vorläufigen Verwaltungsakt rückwirkend. Seine gesonderte Aufhebung (durch Rücknahme oder Widerruf) ist nicht mehr erforderlich.[230]

52

Das BVerwG hat einen vorläufigen Verwaltungsakt bspw. für eine Subventionsbewilligung vorbehaltlich der Ergebnisse einer noch ausstehenden Betriebsprüfung angenommen:[231] Im Falle eines negativen Ausgangs der Sachprüfung hätten die Voraussetzungen der Subventionsgewährung von Anfang an nicht vorgelegen. Eine spezialgesetzliche Regelung zum Erlass eines vorläufigen Verwaltungsakts findet sich zB in § 207 TKG, wonach die Bundesnetzagentur bis zur endgültigen Entscheidung vorläufige Anordnungen treffen kann. Nach Maßgabe des § 43 Abs. 1 SGB I können vorläufige Leistungen erbracht werden, wenn zwischen mehreren Leistungsträgern bei Bestehen eines Anspruchs aus Sozialleistung streitig ist, wer zur Leistung verpflichtet ist, außerdem kann der zuständige Leistungsträger unter den Voraussetzungen des § 42 Abs. 1 SGB I einen Vorschuss gewähren.[232]

---

224 Der auch fingiert wirksam werden kann, § 42a VwVfG, vgl. Guckelberger DÖV 2010, 109, 112; zu § 42a VwVfG vgl. § 13 Rn. 1.
225 Barczak JuS 2018, 238, 240; zur (bauordnungsrechtlichen) Teilbaugenehmigung Erbguth/Mann/Schubert, Rn. 1318 f.
226 Vgl. auch Art. 70 BayLBauO; § 76 LBauO NRW; § 70 Abs. 3 NdsBauO.
227 Pünder in: Ehlers/Fehling/ders., § 41 Rn. 63; Siegel, Entscheidungsfindung, S. 164.
228 BVerwGE 135, 238, 242 f.; Barczak JuS 2018, 238, 241; zu Begriff und Zulässigkeit ferner Peine JA 2004, 417, 418 ff.; zum Nachfolgenden auch Schröder Jura 2010, 255.
229 OVG Münster Urt. v. 28.6.2017 – 20 A 1420/14, Rn. 50 juris.
230 Dazu BVerwGE 135, 238, 244; OVG Lüneburg Urt. v. 17.9.2018 – 8 LB 129/17, Rn. 59 f. juris; zur Möglichkeit der Ergänzung der Verwaltungsakte OVG Hamburg DVBl. 2018, 1080, 1081.
231 BVerwGE 67, 99; vgl. auch BVerwGE 135, 238, 242 ff.; s.a. VGH München Urt. v. 10.11.2021 – 4 B 20/1961, juris.
232 Zu den begrenzten Möglichkeiten für vorläufige Verwaltungsakte im Sozialrecht Felix SGB 2022, 12 ff. Weitere spezialgesetzliche Regelungen sind zu heterogen, als dass sie vereinheitlichend als typisierende Regelungen des vorläufigen Verwaltungsakts angesehen werden könnten: § 74 Abs. 3 VwVfG, § 11 GastG, § 20 PBefG, § 8a BImSchG, § 17 WHG; näher Beaucamp JA 2010, 247, 248 mwN; Axer DÖV 2003, 271, 274.

Die Rechtsfigur des vorläufigen Verwaltungsakts wird – außerhalb gesetzlich ausdrücklich geregelter Konstellationen – von Teilen der Literatur kritisiert, weil das Verwaltungsverfahrensgesetz in § 36 Abs. 2 Nrn. 1 und 2, §§ 43 ff. für den Verwaltungsakt ein System der Wirksamkeit und Wirksamkeitsbeendigung geschaffen habe, das als abschließend zu verstehen sei und nicht unterlaufen werden dürfe.[233] Dem ist insoweit zuzustimmen, als mit der Figur des vorläufigen Verwaltungsakts der Verwaltung keine neuen Handlungsspielräume zulasten des Bürgers eröffnet werden dürfen. Deshalb muss ein vorläufiger Verwaltungsakt jedenfalls bei **belastenden Maßnahmen** ohne gesetzliche Ermächtigung ausscheiden.[234] Sie dürfen nicht unter dem Vorbehalt späterer Nachprüfung erlassen werden, weil ein Eingriff in Rechte des Bürgers nur bei Erfüllung aller Tatbestandsvoraussetzungen zulässig ist.[235] Im Bereich der **Leistungsverwaltung** steht hingegen rechtsdogmatisch nichts entgegen, den vorläufigen Verwaltungsakt aus Gründen der Schnelligkeit und Zeitgerechtigkeit als Alternative zur Nichtgewährung einer Leistung Einsatz finden zu lassen (Gedanke der Tatbestandsmäßigkeit, Art. 20 Abs. 3 GG).[236] Ein vorläufiger Verwaltungsakt darf aber nur erlassen werden, wenn keine Entscheidungsreife besteht. Sobald wie möglich hat die Verwaltung die endgültige Regelung zu treffen.[237]

f) Vorsorglicher Verwaltungsakt

53 Der **vorsorgliche Verwaltungsakt**[238] ist eine Wortschöpfung des BVerwG. Im Gegensatz zum vorläufigen Verwaltungsakt enthält er eine **abschließende Regelung,** die aber unter dem **Vorbehalt der Feststellung einer anderen Behörde** steht. Fällt diese aus, wird der vorsorgliche Verwaltungsakt bedeutungslos.[239] Als vorsorglicher Verwaltungsakt wurde die Zustimmung der zuständigen Hauptfürsorgestelle zur Kündigung eines ggf. schwerbehinderten Arbeitnehmers, dessen Eigenschaft als Schwerbehinderter jedoch noch nicht feststand, angesehen.[240] Erfolgte die Feststellung der Schwerbehinderung durch die hierfür zuständige Behörde nicht, wurde die Zustimmung rechtlich irrelevant. Eine über diese besondere Fallkonstellation hinausgehende praktische Relevanz ist dem vorsorglichen Verwaltungsakt bislang nicht zugewachsen.[241] Rechtsdogmatisch stehen der Rechtsfigur Bedenken entgegen; sie weicht unnötig die dem Verwaltungsakt eigene Verbindlichkeit auf, weil dem verfolgten Anliegen durch Nebenbestimmungen (dazu § 18), insb. Bedingungen, Rechnung getragen werden kann, und sollte deshalb aufgegeben werden.[242]

▶ ZU FALL 4: Die Voraussetzungen einer wirksamen Zusicherung sind hier erfüllt. Sie wurde von der zuständigen Behörde unter Wahrung des Schriftformerfordernisses erteilt (§ 38 Abs. 1 S. 1 VwVfG). Eine Ausnahme vom Grundsatz der Verbindlichkeit gem. § 38 Abs. 3 VwVfG liegt nicht vor. Die Erteilung der Baugenehmigung würde jedoch gegen geltendes Recht verstoßen; eine darauf gerichtete Zusicherung ist gleichermaßen rechtswidrig.

---

233 Vgl. Peine JA 2004, 417, 419 f.; krit. zum vorläufigen Verwaltungsakt Eschenbach DVBl. 2002, 1247.
234 Etwa Barczak JuS 2018, 238, 241; Siegel, Entscheidungsfindung, S. 176.
235 Vgl. Henneke in: Knack/ders., § 35 Rn. 191; auch Axer DÖV 2003, 271, 273.
236 Siegel, Entscheidungsfindung, S. 176 f.
237 Dazu Siegel, Entscheidungsfindung, S. 176 f.; BVerwGE 135, 238, 243.
238 Vgl. Sanden DÖV 2006, 811; s.a. Barczak JuS 2018, 238, 241.
239 Ausführlich zum vorsorglichen Verwaltungsakt Sanden DÖV 2006, 811.
240 BVerwGE 81, 84, 94, noch für die Zustimmung der Hauptfürsorgestelle nach § 18 iVm § 12 SchwbG; nunmehr ist gem. § 168 SGB IX die Zustimmung des Integrationsamtes erforderlich.
241 Barczak JuS 2018, 238, 241; Detterbeck, Rn. 535; Maurer/Waldhoff, § 9 Rn. 66.
242 Mit Nachweisen zur Kritik Siegel, Entscheidungsfindung, S. 178.

Fraglich ist, ob die rechtswidrige Zusicherung verbindlich ist. Verwaltungsakte sind grds. unabhängig von ihrer Rechtswidrigkeit wirksam und damit verbindlich, § 43, § 44 VwVfG. Der Sinngehalt dieser Vorschriften ist auf die Zusicherung entsprechend anwendbar, wie die Verweisungsnorm des § 38 Abs. 2 VwVfG klarstellt. B kann sich also zunächst auf die Zusicherung berufen. Der Behörde steht jedoch die Möglichkeit offen, die rechtswidrige Zusicherung zurückzunehmen (§ 48 VwVfG, ggf analog, dazu § 16 Rn. 9 ff.). ◄

5. Differenzierung mit Blick auf die räumliche Reichweite: Transnationale und interföderale Verwaltungsakte

Die Figur des transnationalen Verwaltungsakts erlangt vor allem im europäischen Verwaltungsverbund Bedeutung. Unter diesem Begriff wird erörtert, inwieweit Verwaltungsentscheidungen aus einem EU-Mitgliedstaat in anderen EU-Mitgliedstaaten bzw. Staaten Wirkungen entfalten und daher für deutsche Behörden bindend sind. Demggü. wird unter der Bezeichnung „interföderaler Verwaltungsakt" ua untersucht, inwieweit ein Verwaltungsakt einer Landesbehörde über die Grenzen des jew. Bundeslandes hinaus in anderen Bundesländern Wirkungen entfaltet.

54

a) Transnationaler Verwaltungsakt

Grds. beschränken sich die Rechtswirkungen von Verwaltungsentscheidungen auf das Hoheitsgebiet des jew. erlassenden Staates. Nur ausnahmsweise erstreckt sich ihr Geltungsbereich auch auf andere Staaten, wozu es rechtlicher Grundlagen bedarf, etwa aufgrund völkerrechtlicher Verträge oder supranationaler Vorschriften.[243] Auf diesem Weg soll die Verwirklichung der EU-Grundfreiheiten erleichtert werden, ohne die nationalen Rechtsordnungen im Detail harmonisieren oder angleichen zu müssen.[244] Zutreffend wird darauf hingewiesen, dass der oftmals verwendete Begriff des transnationalen Verwaltungsakts ungenau ist, da Verwaltungsentscheidungen ausländischer Behörden nicht als Verwaltungsakt iSd § 35 VwVfG qualifiziert werden können, da das VwVfG für diese Behörden nicht maßgeblich ist (§ 1 VwVfG).[245] Im Schrifttum haben sich im Wesentlichen zwei Modelle zur Beschreibung eines transnationalen Verwaltungsakts etabliert, der durch eine über das Hoheitsgebiet eines Staates hinausgehende Wirkung gekennzeichnet ist.[246]

55

Echte transnationale Verwaltungsakte/Verwaltungsentscheidungen[247] bzw. **transnationale Verwaltungsakte im engeren Sinne**[248] werden von einem Mitgliedstaat nach dessen Recht erlassen; ihnen kommt jedoch unmittelbar grenzüberschreitende Wirkung zu, ohne in den anderen Mitgliedstaaten noch ein besonderes Anerkennungsverfahren durchlaufen zu müssen.[249] Anders ausgedrückt trifft bei dem sog. **Transnationalitäts-**

56

---

243 OVG Lüneburg MedR 2020, 688, 691; Siegel, § 12 Rn. 403 f.; Sasse VR 2018, 272, 273 sowie 274.
244 Neßler NVwZ 1995, 863, 865; Sasse VR 2018, 272, 273 f. für den transnationalen Verwaltungsakt.
245 Lührs JuS 2022, 721 f. Glaser, Die Entwicklung des Europäischen Verwaltungsrechts, 2013, S. 554 und Stelkens in: Stelkens/Bonk/Sachs, EuR Rn. 179 weisen zu Recht darauf hin, dass es sich bei derartigen EU-weiten Zulassungen anderer Staaten nicht zwangsläufig um solche handeln muss, welche die Kriterien des deutschen § 35 VwVfG erfüllen.
246 Sasse VR 2018, 272, 273.
247 Zum transnationalen Verwaltungsakt eingehend Neßler NVwZ 1995, 863; Ruffert Verw 34 (2001), 453; Peine JA 2004, 417, 422 f.; Sasse VR 2018, 272 ff.; Schwetz, Grenzüberschreitende Verwaltungsakte, 2021, S. 23 ff.; allg. zum Verwaltungsrechtsschutz Schlacke in: Erbguth/Masing, Verfassungs- und Verwaltungsgerichtsbarkeit im Mehrebenensystem, 2008, S. 123.
248 Zur Terminologie Sasse VR 2018, 272, 273.
249 Kahl in: ders./Ludwigs, I, § 30 Rn. 33 ; Lührs JuS 2022, 721, 723.

modell eine Behörde in einem Mitgliedstaat eine Entscheidung für alle anderen.[250] Die grenzüberschreitende Wirkung wird nach Maßgabe des Unionsrechts vermittelt.[251] So bestimmt Art. 26 Verordnung (EU) 952/2013 (Zollkodex), dass die Entscheidungen der mitgliedstaatlichen Zollbehörden grds. im ganzen Zollgebiet der Union gelten.[252] Des Weiteren können die Mitgliedstaaten durch unionsrechtliche Vorgaben in einer Richtlinie dazu verpflichtet werden, eine Tätigkeit, die in einem anderen Mitgliedstaat genehmigt wurde, im eigenen Recht von einer Genehmigungspflicht freizustellen.[253] Auch wenn eine transnationale Verwaltungsentscheidung in anderen EU-Mitgliedstaaten unmittelbar wirkt, richten sich die Anforderungen an seine Rechtmäßigkeit, die Fehlerfolgen sowie die Rechtsschutzanforderungen nach dem Recht des „Herkunftsstaates", der die Verwaltungsentscheidung erlassen hat.[254]

Beim sog. **Referenzentscheidungsmodell** entfaltet die Entscheidung der Behörde des einen Mitgliedstaats keine unmittelbar grenzüberschreitende Wirkung, sondern es bedarf zum Eintritt der grenzüberschreitenden Wirkung noch eines Anerkennungsaktes durch eine Behörde im anderen Mitgliedstaat. Referenzentscheidungen setzen somit die vorherige Durchführung eines Anerkennungsverfahrens mit positivem Ausgang, also mithin eine Anerkennungsentscheidung der Mitgliedstaaten, voraus, durch welche der Verwaltungsentscheidung ihre transnationale Wirkung „vermittelt" wird (= mittelbarer transnationaler Verwaltungsakt bzw. transnationaler Verwaltungsakt im weiteren Sinne).[255] Allerdings reduziert das europäische Sekundärrecht teilw. das Entscheidungsprogramm für die Anerkennung; auch bestehen für die Mitgliedstaaten gewisse Anerkennungspflichten,[256] woraus eine erhebliche Verfahrenserleichterung resultiert. Die Entscheidung des bewilligenden Mitgliedstaats fungiert hier als Grundlage für die Anerkennungsentscheidung in den anderen Mitgliedstaaten.

Eine Reihe von europäischen Richtlinien sieht dann auch ausdrücklich vor, dass nationale Behörden die Verwaltungsentscheidungen anderer Mitgliedstaaten wie eigene anzuerkennen haben, etwa Diplome bzw. Prüfungszeugnisse und behördliche Entscheidungen über die Zulassung von Produkten.[257] Ein praktisch wichtiges Anwendungsbeispiel für eine transnationale Verwaltungsentscheidung bildet das Fahrerlaubnisrecht. Gem. Art. 2 Abs. 1 Führerschein-Richtlinie (EG) 2006/126 werden die von den Mitgliedstaaten ausgestellten Führerscheine gegenseitig anerkannt. Teilweise wird darin wegen der unmittelbaren Wirkung eine echte transnationale Verwaltungsentscheidung erblickt, während andere aufgrund der Prüfungsbefugnis der nationalen

---

250 Sydow DÖV 2006, 66, 69; s.a. Siegel, Europäisierung, Rn. 213.
251 Zur Notwendigkeit einer Rechtsgrundlage Glaser, Die Entwicklung des Europäischen Verwaltungsrechts, 2013, S. 555; Lührs JuS 2022, 721, 723; Siegel, Europäisierung, Rn. 163.
252 Ludwigs in: Kahl/ders., II, § 36 Rn. 28.
253 Stelkens in: Stelkens/Bonk/Sachs, EuR Rn. 180; s.a. Sasse VR 2018, 272, 274.
254 Kahl in: ders./Ludwigs, I, § 30 Rn. 33; Lührs JuS 2022, 721, 723; Ruffert in: Ehlers/Pünder, § 21 Rn. 72; Siegel, Europäisierung, Rn. 164 f.
255 Ludwigs in: Kahl/ders., II, § 36 Rn. 30; Lührs JuS 2022, 721, 723; Sasse VR 2018, 272, 274.
256 Zum Vorstehenden Glaser, Die Entwicklung des Europäischen Verwaltungsrechts, 2013, S. 559 f.; Sasse VR 2018, 272, 274 f.; Schwarz, Grundlinien der Anerkennung im Raum der Freiheit, der Sicherheit und des Rechts, 2016; Siegel, Entscheidungsfindung, S. 331; dazu und zum Nachfolgenden Shirvani EuR 2011, 619, 623.
257 Vgl. die Beispiele bei Neßler NVwZ 1995, 863, 864; Lührs JuS 20222, 721, 723; Zur EU-weiten Geltung des Kfz-Führerscheins Hailbronner/Thoms NJW 2007, 1089.

Behörden hins. des Wohnsitzerfordernisses (Art. 12 Abs. 1), um dem Führerscheintourismus entgegenzuwirken, eher in Richtung Referenzmodell tendieren.[258]

b) Interföderaler Verwaltungsakt

Unter der Bezeichnung **interföderaler Verwaltungsakt** wird erörtert, ob und inwieweit ein von der Verwaltung erlassener Verwaltungsakt (etwa einer saarländischen Behörde) auch **in anderen Bundesländern** Wirkungen zeitigt. Vollziehen Landesbehörden Bundesrecht, verfügen derartige Verwaltungsakte, wie die Fahrerlaubnis oder Einbürgerung, über bundesweite Geltung.[259] Demggü. gelten in Ausführung von Landesrecht erlassene Verwaltungsakte wegen der territorialen Beschränkung der Landesstaatsgewalt zunächst allein dort. Landesgrenzen überschreitende Wirkung können solche Verwaltungsakte nur aufgrund von Erstreckungsmechanismen erhalten, zB durch Anerkennungsverfahren oder der Mitwirkung an ihrer effektiven Umsetzung. Bspw. haben die Länder in § 12 Abs. 3 S. 2 GlüStV vereinbart, dass bei einer Lotterie mit einem einheitlichen länderübergreifenden Spielplan, die nur in einigen Ländern veranstaltet werden soll, das Land, in welchem der Veranstalter seinen Sitz hat, die Erlaubnis auch mit Wirkung für die anderen Länder erteilen darf.[260]

57

IV. WIEDERHOLUNGS- UND VERSTÄNDNISFRAGEN

> Welche Bedeutung kommt Verwaltungsakten zu? (→ Vor Rn. 1)
> Wie ist das Tatbestandsmerkmal „hoheitliche Maßnahme" zu definieren? (→ Rn. 4 f.)
> Handelt es sich bei der Aufrechnung durch die Behörde um einen Verwaltungsakt? (→ Rn. 5, 17)
> Nach welchen Merkmalen ist zu bestimmen, ob eine Einzelfallregelung vorliegt? (→ Rn. 19 ff.)
> Welche Arten der Allgemeinverfügung sind in § 35 S. 2 VwVfG geregelt und wie werden diese definiert? (→ Rn. 22 f.)
> Wonach sind bei Anordnungen im Beamtenverhältnis verwaltungsinterne Maßnahmen von Verwaltungsakten zu unterscheiden? (→ Rn. 26)
> Wann handelt es sich bei Maßnahmen zwischen verschiedenen Verwaltungsträgern um Verwaltungsakte? (→ Rn. 28 f.)
> Was sind die Vor- und Nachteile eines vollständig automatisiert erlassenen Verwaltungsakts und wo ist dieser geregelt? (→ Rn. 32)
> Worin liegt der Regelungsgegenstand einer Zusicherung? Was unterscheidet sie von der Zusage? (→ Rn. 46, 48)

---

258 Mit Einschränkungen EuGH NJW 2015, 3219, 3220; s.a. EuGH DAR 2019, 319, 320 Rn. 27 ff.; eingehend zu dieser Materie Ruffert Verw 48 (2015), 547, 551 ff. Nach EuGH NJW 2021, 1805, 1806 darf ein Staat wegen der in seinem Hoheitsgebiet begangenen Zuwiderhandlungen die Anerkennung des Führerscheins aber beschränkt auf sein Gebiet aberkennen. Dazu, dass die Grenzziehung angesichts der grds. angeordneten Anerkennung zum transnationalen Verwaltungsakt schwierig ist, Ludwigs in: Kahl/ders., II, § 36 Rn. 31; für eine Einstufung als echte transnationale Verwaltungsentscheidung Lührs JuS 2022, 721, 723. Eingehend zur gegenseitigen Anerkennung Kaufhold in: Kahl/Ludwigs, II, § 48.
259 Lührs JuS 2022, 721, 722. Dazu eingehend Starski, Der interföderale Verwaltungsakt, 2014, S. 75 ff., 444, 447 f.
260 Eingehend zu dieser Rechtsfigur, Starski Der interföderale Verwaltungsakt, 2014; zum überregionalen Verwaltungsakt auch Degenhart in: FS für F.-J. Peine, 2016, S. 395 ff.; Lührs JuS 2022, 721, 722.

- Ist eine Behörde an eine von ihr rechtswidrig erteilte Zusage gebunden? (→ Rn. 49)
- Was unterscheidet einen Vorbescheid von einer Teilgenehmigung? (→ Rn. 50 f.)
- Welches sind die rechtlichen Besonderheiten eines transnationalen Verwaltungsakts im engeren Sinne sowie einer Referenzentscheidung? (→ Rn. 55 f.)
- Wodurch unterscheidet sich der interföderale vom transnationalen Verwaltungsakt? (→ Rn. 54, 57)

§ 13 Bekanntgabe und Wirksamkeit von Verwaltungsakten, Rechtsnachfolge

▶ **FALL 5:** L wird die Baugenehmigung für einen Gewerbebetrieb erteilt und per Übergabeeinschreiben zugestellt. Acht Monate später sind die Bauarbeiten abgeschlossen und der Betrieb verursacht erste Lärmstörungen. Nachbar N, der von der Erteilung der Baugenehmigung nicht unterrichtet wurde, aber die Bautätigkeit auf dem Nachbargrundstück stetig verfolgt hat, beschwert sich bei der zuständigen Behörde und erhebt Widerspruch gegen die Baugenehmigung. Die (Widerspruchs-)Behörde lehnt den Widerspruch mit der Begründung, dass er zu spät erhoben wurde, ab. Zu Recht? ◀

Mit der Bekanntgabe[1] verlässt der Verwaltungsakt das Internum der Verwaltung und gelangt an die Öffentlichkeit; ihm kommt rechtliche Existenz zu.[2] Die **Bekanntgabe** ist gem. § 43 Abs. 1 VwVfG Grundvoraussetzung für die Wirksamkeit eines Verwaltungsakts.

1

Anders stellt sich dies nur bei beantragten Genehmigungen dar, wenn eine **Genehmigungsfiktion** eintritt, wie sie nunmehr auch der zur Umsetzung der Dienstleistungsrichtlinie (vgl. § 3 Rn. 1 aE mwN) eingefügte § 42a VwVfG vorsieht.[3] Durch die Rechtsfigur der Genehmigungsfiktion, welche die Verfahrensbeschleunigung zum Ziel hat, soll die Position des Antragstellers ggü. einer untätigen Behörde gestärkt werden.[4] Gem. § 42a Abs. 1 S. 1 VwVfG „gilt" eine beantragte Genehmigung als erteilt, wenn die Behörde keine Entscheidung innerhalb der festgelegten Frist getroffen hat. Es handelt sich dabei um einen fiktiven VA, da die behördliche Untätigkeit keine Regelung beinhaltet, der Einzelne aber kraft Gesetzes so gestellt wird, als hätte ihm die Behörde die Genehmigung erteilt.[5] Voraussetzung dafür ist eine entsprechende **Anordnung im Fachrecht**. Bspw. gilt nach § 6a Abs. 1 GewO eine Erlaubnis als erteilt, wenn eine Behörde nicht innerhalb von drei Monaten über einen Antrag nach § 55 Abs. 2 GewO auf Erteilung einer Reisegewerbekarte entschieden hat. Des Weiteren kommt die Genehmigungsfiktion nur bei einem **hinreichend bestimmten Antrag** in Betracht. Die vorbehaltlich einer abweichenden Regelung drei Monate betragende Frist beginnt erst ab **Eingang der vollständigen Unterlagen** (§ 42a Abs. 2 S. 1, 2 VwVfG).[6] Welche Anforderungen hieran zu stellen sind, richtet sich nach dem jeweiligen Fachrecht.[7] Die Frist kann wegen schwieriger Angelegenheit[8] einmal angemessen[9] verlängert werden (§ 42a Abs. 2 S. 3 VwVfG); Letzteres ist zu begründen und rechtzeitig mitzuteilen (§ 42a Abs. 2 S. 4 VwVfG).[10] Wie die Formulierung „gilt als erteilt" zeigt, unterscheidet sich die bei Vorliegen der entsprechenden Voraus-

---

1 Ausführlich zur Bekanntgabe von Verwaltungsakten Erichsen/Hörster Jura 1997, 659.
2 Siegel, Rn. 437; Detterbeck, Rn. 537; für das Abgabenrecht vgl. § 124 Abs. 1, § 155 Abs. 1 S. 2 AO.
3 Eingehend zur Genehmigungsfiktion sowie zur „überschießenden" Richtlinienumsetzung Knauff VerwArch 109 (2018), 480 ff., insb. 483; s.a. Kluth DVBl 2021, 1467, 1469.
4 VGH Mannheim GewArch 2017, 151, 153.
5 Siegel, Rn. 406.
6 Bzw. bei § 71b Abs. 2 VwVfG am dritten Tag nach dem Eingang bei der einheitlichen Stelle; dazu BT-Drs. 16/10493, S. 16. Nach hM löst entsprechend dem Wortlaut nur die objektive Vollständigkeit der Unterlagen den Fristbeginn aus, etwa Schliesky in: Knack/Henneke, § 42a Rn. 14; nach aA dürfen behördlich nach § 71b Abs. 4, § 25 Abs. 2 VwVfG verursachte Verzögerungen nicht zulasten des Antragstellers gehen, näher Uechtritz DVBl. 2010, 684, 688 f. mwN; zur Vollständigkeit der Antragsunterlagen Broscheit GewArch 2015, 209; OVG Münster Beschl. v. 28.5.2019 – 4 B 672/18, Rn. 11 ff. juris.
7 Knauff VerwArch 109 (2018), 480, 486, 491 f. Zu den verschiedenen Meinungen in Bezug auf das PBefG VGH Mannheim GewArch 2017, 151, 153 f.
8 Gemeint sind atypische Konstellationen; bei typisch schwierigen, etwa regelmäßig komplexen Entscheidungssituationen ist bereits die (Normal-)Frist im jew. (Spezial-)Gesetz entsprechend zuzuschneiden Uechtritz DVBl. 2010, 684, 690.
9 In Relation zur Regelfrist nicht mehr als deren Verdoppelung, etwa Schliesky in: Knack/Henneke, § 42a Rn. 16.
10 Näher zur Frist und Fristverlängerung Guckelberger DÖV 2010, 109, 115 f.; Knauff VerwArch 109 (2018), 480, 487, 493 f.; zur Kürzung der Frist aufgrund der Zugangsfiktion nach § 41 Abs. 2 VwVfG sowie beim Verfahren über eine einheitliche Stelle nach § 71b Abs. 6 S. 1, 2 VwVfG Pünder in: Ehlers/ders., § 14 Rn. 61.

setzungen kraft Gesetzes eintretende Genehmigungsfiktion in keiner Weise von einer „echten" Genehmigung.[11] Weil der Antragsteller jedoch keine Behördenentscheidung vorweisen kann, kann er oder ein von der Genehmigung Betroffener (§ 42a Abs. 3 iVm § 41 Abs. 1 VwVfG) aus Dokumentationsgründen die Ausstellung einer Bescheinigung über die Genehmigungsfiktion verlangen.[12] Da die Bescheinigung nur die sich aus dem Gesetz ergebende Rechtslage wiedergibt, enthält sie regelmäßig keinen feststellenden Verwaltungsakt.[13] Damit in Dreieckskonstellationen Anfechtungsfristen zu laufen beginnen, wird in § 37 Abs. 6 S. 2 VwVfG angeordnet, dass der Bescheinigung eine Rechtsbehelfsbelehrung beizufügen ist.[14] Da die Behörde nicht „sehenden Auges" zulassen darf, dass sich der bei ihr vorsprechende Bürger schädigt, muss sie ihn bei mangelnder Kenntnis der Rechtslage auf den Eintritt der Genehmigungsfiktion hinweisen (sonst Ansprüche aus Amtshaftung).[15] Fingiert wird nur die Existenz der Genehmigung, nicht aber deren Rechtmäßigkeit. Deshalb finden auf die Genehmigungsfiktion die Vorschriften über das Rechtsbehelfsverfahren und die Bestandskraft von Verwaltungsakten „entsprechende" Anwendung (§ 42a Abs. 1 S. 2 VwVfG).[16] Damit der Sinn und Zweck der Genehmigungsfiktion nicht konterkariert wird, indem die Verwaltung die Folgen ihrer Untätigkeit durch spätere Aufhebungen allumfassend beseitigt, ist dieser bei der behördlichen Ausübung des Rücknahmeermessens zu berücksichtigen.[17]

Nur ein wirksamer Verwaltungsakt kann Regelungswirkung entfalten. Die **Wirksamkeit** eines Verwaltungsakts ist zunächst unabhängig davon, ob sein Inhalt rechtmäßig ist oder nicht.[18] **§ 43 Abs. 2 VwVfG** bestimmt, dass ein Verwaltungsakt wirksam bleibt, „solange und soweit er nicht zurückgenommen, widerrufen, anderweitig aufgehoben oder durch Zeitablauf oder auf andere Weise erledigt ist". Die Wirksamkeit eines Verwaltungsakts endet also erst aufgrund eines formalisierten Handelns der Behörde (indem sie durch eine spätere Entscheidung ihre frühere aufhebt) oder durch Zeitablauf, zB einer polizeilichen Wohnungsverweisung für fünf Tage, welche an einen eindeutig bestimmbaren Sachverhalt anknüpft. Der Blick auf diese beiden Varianten zeigt, dass nur in engen Grenzen die Annahme der Erledigung eines Verwaltungsakts „auf andere Weise" in Betracht kommt. Letztere tritt ein, wenn der Verwaltungsakt zur Erzeugung seiner rechtlichen Wirkung nicht mehr geeignet ist oder seine ihm innewohnende Steuerungsfunktion nachträglich entfallen ist.[19] Bspw. enden betriebsbezogene Gebote oder Erlaubnisse mit der endgültigen Einstellung des Betriebs infolge Wegfalls des Regelungsobjekts.[20] Eine anderweitige Erledigung kann sich auch aus dem einseitigen Verzicht auf eine Rechtsposition ergeben.[21] Die Rechtswidrigkeit eines Verwaltungsakts hat dagegen grds. keinen Einfluss auf seine Wirksamkeit; denn § 43 Abs. 2 VwVfG stellt nicht auf rechtmäßige Verwaltungsakte ab, sondern geht unein-

---

11 Schröder, Genehmigungsverwaltungsrecht, 2016, S. 78. Dazu, dass kein Verzicht auf die Genehmigungsfiktion, sondern allenfalls auf die Rechte aus dieser möglich ist, BVerwG NWVBl 2022, 18, 21.
12 BGHZ 214, 360, 374 f.
13 Keine Verwaltungsaktqualität, OVG Koblenz Urt. v. 5.11.2020 – 7 A 10382/20, Rn. 36 juris; Uechtritz in: Mann/Sennekamp/ders., § 42a Rn. 81; auch Kluth JuS 2011, 1078, 1080; zum Streitstand Broscheit DVBl. 2014, 342, 343 mwN in Fn. 16–21; bereits § 12 Rn. 40.
14 BT-Drs. 17/9666, S. 18; Schröder, Genehmigungsverwaltungsrecht, 2016, S. 79.
15 BGHZ 214, 360, 373 f.
16 Knauff VerwArch 109 (2018), 480, 488.
17 Guckelberger DÖV 2010, 109, 116; Schmitz/Prell NVwZ 2009, 1, 7; aA Ernst/Pinkl Jura 2013, 685, 691 ff.; s.a. Knauff VerwArch 109 (2018), 480, 498 f.
18 BVerwG Beschl. v. 22.10.2019 – 6 B 9/19, Rn. 12 juris; Bull/Mehde, Rn. 748. Der Adressat eines rechtswidrigen Verwaltungsakts hat aber die Möglichkeit, diesem seine Wirksamkeit zu nehmen, indem er die Aufhebung des Verwaltungsakts von der Behörde oder vom Gericht verlangt, hierzu Rn. 4 und § 15 Rn. 8 ff.; bereits § 12 Rn. 53 (zu Fall 4).
19 BVerwGE 139, 337, 340 f. Dazu, dass der Verwaltungsakt seine Regelungswirkung, seinen Geltungsanspruch verloren haben muss, und wann dies bei Rechtsänderungen der Fall ist, BVerwGE 161, 224, 231.
20 BVerwG NVwZ-RR 2016, 128, 129; zum Erlöschen einer Spielhallenerlaubnis infolge wesentlicher Veränderung der Nutzfläche OVG Saarlouis KommJur 2019, 19, 22.
21 OVG Lüneburg ZUR 2019, 42.

geschränkt von Verwaltungsakten aus.[22] Grenzziehend wirkt allerdings § 44 VwVfG (Nichtigkeit), § 43 Abs. 3 VwVfG (dazu § 15 Rn. 2 ff.).

I. Wirksamkeit von Verwaltungsakten

Insb. für die Vollziehbarkeit eines Verwaltungsakts ist die Unterscheidung zwischen seiner inneren und äußeren Wirksamkeit von Bedeutung.[23] **Äußere Wirksamkeit** meint, dass der Verwaltungsakt als solcher rechtlich existent ist. Sie tritt mit der (individuellen[24]) Bekanntgabe des Verwaltungsakts an einen Beteiligten ein.[25] Ein Verwaltungsakt erlangt dagegen **innere Wirksamkeit**, wenn seine Regelungen (Rechtsfolgen) ggü. dem Betroffenen Geltung entfalten. Der Eintritt von äußerer und innerer Wirksamkeit deckt sich im Regelfall. Abweichungen ergeben sich dann, wenn der Verwaltungsakt an eine aufschiebende bzw. auflösende Bedingung oder Befristung geknüpft ist.[26] Innere und äußere Wirksamkeit fallen bspw. im folgenden Fall auseinander: A wird auf seinen Antrag eine Gewerbeerlaubnis ausgehändigt, der zufolge er seinen Betrieb nach Ablauf von zwei Wochen eröffnen darf; die rechtliche Existenz und damit die äußere Wirksamkeit des Verwaltungsakts treten mit Aushändigung (Bekanntgabe) der Erlaubnis ein; innere Wirksamkeit, dh Rechtsfolgen ggü. A, entfaltet Letztere hingegen erst zwei Wochen später.[27]

Hins. der Wirkungen eines wirksamen Verwaltungsakts wird unterschieden zwischen:[28]

- **Bindungswirkung**: Damit ist gemeint, dass die **erlassende Behörde** (soweit sie den Verwaltungsakt nicht zurücknimmt oder widerruft) und der **betroffene Bürger** (sofern er den Verwaltungsakt nicht anficht) an die im Verwaltungsakt getroffene Regelung gebunden sind.[29]
- **Tatbestandswirkung**: Sie besagt, dass **alle anderen Behörden bzw. Träger öffentlicher Gewalt und grds. auch die Gerichte** sich bei ihren Entscheidungen an die im Verwaltungsakt getroffenen Regelungen im Tenor (= verfügender Teil) halten müssen; sie dürfen die Rechtmäßigkeit des Verwaltungsakts nicht (über-)prüfen.[30] Bspw. ist das Abschleppen eines Fahrzeuges wegen Verstoßes gegen ein Halteverbot als rechtmäßig zugrunde zu legen, auch wenn die Aufstellung des Verkehrszeichens durch eine andere Behörde gegen Vorschriften der Straßenverkehrsordnung verstieß (dazu auch § 19 Rn. 13).

---

22 BVerwG Beschl. v. 22.10.2019 – 6 B 9/19, Rn. 12 juris; Siegel, Rn. 455.
23 OVG Schleswig Beschl. v. 23.9.2021 – 4 MB 32/21, Rn. 71 juris.
24 Dazu Maurer/Waldhoff, § 9 Rn. 72, die noch zusätzlich zur rechtlichen Existenz als solche unterscheiden.
25 OVG Schleswig Beschl. v. 23.9.2021 – 4 MB 32/21, Rn. 71 juris; VGH München UPR 2019, 220, 225, Rn. 48; Sachs in: Stelkens/Bonk/ders., § 43 Rn. 164 f., 179.
26 OVG Schleswig Beschl. v. 23.9.2021 – 4 MB 32/21, Rn. 71 juris. Zur Bedingung und Befristung von Verwaltungsakten § 18 Rn. 3 f.
27 Dazu, dass infolge der Entlassungsfrist die äußere und innere Wirksamkeit der Entlassung eines Beamten auseinanderfallen, VGH Kassel Beschl. v. 14.6.2017 – 1 B 208/17, Rn. 25 juris.
28 Näher und differenzierter Schroeder DÖV 2009, 217.
29 Detterbeck, Rn. 544.
30 BGHZ 226, 329, 338 f. Rn. 35; VGH Mannheim Urt. v. 20.6.2018 – 9 S 652/16, Rn. 25 juris; Rebler DVBl. 2017, 1279; Sauerland DÖV 2018, 67, 68 ff. Dies gilt natürlich nicht für das mit der Anfechtung des Verwaltungsakts angerufene Gericht. Es ist str., ob die Tatbestandswirkung auch während der Dauer einer aufschiebenden Wirkung angenommen werden kann oder durch den Suspensiveffekt nur die „Umsetzung" der Regelung des Verwaltungsakts untersagt wird, s. BVerwGE 167, 1, 7 Rn. 26 und BGHZ 226, 329, 338 f. Rn. 35.

- **Feststellungswirkung:** In seltenen Fällen erstreckt sich die Bindungswirkung des Verwaltungsakts nicht nur auf seinen Regelungsgehalt (die Entscheidung: „Tenor"), sondern **auch auf die ihn tragenden rechtlichen und tatsächlichen Feststellungen in den Gründen** (Begründung).[31] Eine solche Feststellungswirkung muss ausdrücklich gesetzlich angeordnet sein (etwa § 42 S. 1 AsylG).

4 Zur Erinnerung (vgl. vorstehend Rn. 1): Ein Verwaltungsakt bleibt wirksam, solange er nicht zurückgenommen (§ 48 VwVfG; hierzu § 16 Rn. 9 ff.), widerrufen (§ 49 VwVfG; hierzu § 16 Rn. 24 ff.), anderweitig aufgehoben wurde (zB durch ein hierauf gerichtetes Urteil) oder sich durch Zeitablauf (bei einem befristeten Verwaltungsakt, vgl. auch § 18 Rn. 3) bzw. auf andere Weise (etwa durch Eintritt einer auflösenden Bedingung, vgl. auch § 18 Rn. 4) erledigt hat (§ 43 Abs. 2 VwVfG). Zu beachten ist ferner, dass ein nichtiger Verwaltungsakt keine Wirksamkeit erlangt, § 43 Abs. 3 VwVfG (Rn. 1; zur Nichtigkeit von Verwaltungsakten § 15 Rn. 2 ff.).

Übersicht 9: Wirksamkeit von Verwaltungsakten

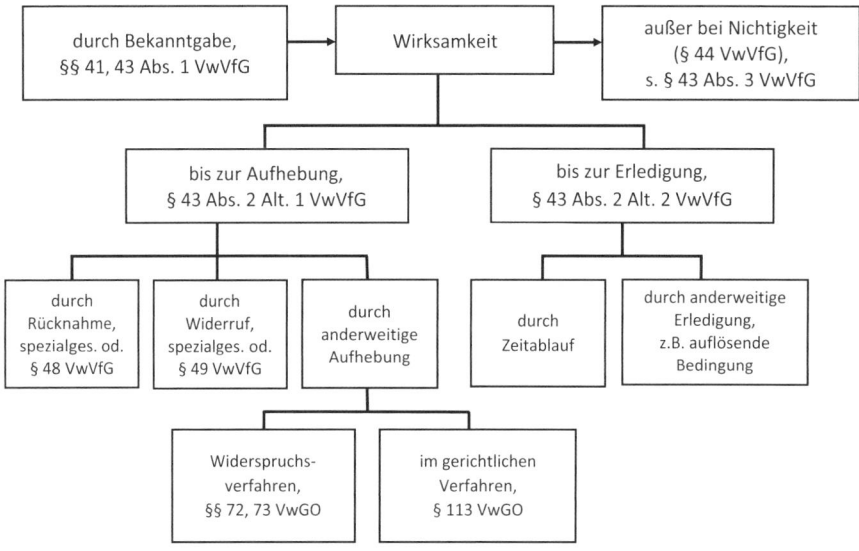

II. Bekanntgabe

5 Wie gesehen, erlangt ein Verwaltungsakt mit seiner Bekanntgabe Wirksamkeit (§ 43 Abs. 1 VwVfG). Die Modalitäten der **Bekanntgabe** finden sich in **§ 41 VwVfG** geregelt, wobei auch die Formvorschriften des § 37 Abs. 2 bis 4 VwVfG zu berücksichtigen sind.

1. Adressat der Bekanntgabe

6 Aus Gründen des Rechtsstaatsprinzips, aber auch zur Ermöglichung gerichtlichen Rechtsschutzes[32] ordnet § 41 Abs. 1 S. 1 VwVfG an, dass ein Verwaltungsakt denjeni-

---

31 Maurer/Waldhoff, § 10 Rn. 21; Rebler DVBl. 2017, 1279, 1280; Sauerland DÖV 2018, 67, 71 f.
32 BVerwGE 168, 103, 108 f. Rn. 20.

gen Beteiligten bekannt zu geben ist, für die er bestimmt ist oder die von ihm betroffen sind (einzelne oder mehrere Personen, schon § 12 Rn. 43). Eine Baugenehmigung muss demzufolge nicht nur dem Bauherrn als Adressaten, sondern auch einem von der Baugenehmigung betroffenen Nachbarn bekannt gegeben werden.[33] Daraus resultiert, dass derselbe Verwaltungsakt ggü. verschiedenen Betroffenen zu unterschiedlichen Zeitpunkten Wirksamkeit entfalten kann oder sogar nur für einen Teil der von ihm Betroffenen wirksam wird.[34] Im letzteren Fall kommt ihm dennoch rechtliche Existenz zu (er entfaltet Wirksamkeit), weil er bereits einem Hauptbeteiligten bekannt gegeben wurde.[35]

2. Voraussetzungen der Bekanntgabe

Die Bekanntgabe und damit die Wirksamkeit eines Verwaltungsakts ist an mehrere Voraussetzungen geknüpft:

Die Bekanntgabe muss von der zuständigen Behörde **in amtlicher Eigenschaft** veranlasst werden.[36] Nicht ausreichend ist es, wenn der dort tätige Beamte die Mitteilung im privaten Kreis weitergibt (zB während eines abendlichen Stammtisches). Der Verwaltungsakt stellt zudem eine empfangsbedürftige Willenserklärung dar;[37] hieraus ergeben sich für die Bekanntgabe zwei weitere Konsequenzen: Zum einen muss die erlassende Behörde in dem Bewusstsein, den Geltungsanspruch des Verwaltungsakts ggü. dem Empfänger zu begründen, mit dem „**Wissen und Wollen**" des für sie zeichnungsbefugten Amtswalters aus ihrem internen Bereich herausgegeben haben[38] (sog. Bekanntgabewille[39]). Daran fehlt es, wenn der Adressat des Verwaltungsakts bloß zufällig von ihm Kenntnis erlangt.[40] Zum anderen hat der Verwaltungsakt dem richtigen **Adressaten** (Empfänger) zuzugehen. Er muss also in den Machtbereich des Empfängers eintreten und dieser muss bei gewöhnlichem Verlauf und normaler Gestaltung der Verhältnisse die Möglichkeit haben, von ihm Kenntnis zu erlangen. Auf eine tatsächliche Kenntnisnahme kommt es somit nicht an.[41]

Fehlt es an einer der vorstehenden Voraussetzungen, ist mangels Bekanntgabe kein Verwaltungsakt ergangen. Der Betroffene wird durch die Maßnahme nicht berechtigt oder verpflichtet.

3. Verwaltungsprozessuale Relevanz der Bekanntgabe

Die Bekanntgabe des Verwaltungsakts ist verwaltungsprozessual für die Berechnung der Widerspruchsfrist nach § 70 Abs. 1 VwGO und – bei Entfallen bzw. Entbehrlichkeit des Vorverfahrens – für die Berechnung der Klagefrist nach § 74 Abs. 1 S. 2,

---

33 Dazu, dass die Betroffenheit am Maßstab des materiellen Rechts zu bestimmen ist, BVerwGE 168, 103, 108 f. Rn. 20.
34 Zur relativen Wirkung der Bekanntgabe Beaucamp JA 2016, 436.
35 Allg. vorstehend Rn. 2; s. Wolff in: ders./Decker, Studienkommentar, VwVfG § 41 Rn. 13.
36 Siegel, Rn. 441.
37 Vgl. Stelkens in: Stelkens/Bonk/Sachs, § 41 Rn. 7.
38 BVerwGE NVwZ 2021, 896, 898 – s.a. dazu, dass es einer wirksamen Bekanntgabe gleichsteht, wenn der Betroffene vom vollständigen Inhalt des Verwaltungsakts Kenntnis hat, nachdem die Behörde ihren Regelungswillen durch eine fehlgeschlagene Bekanntgabe dokumentiert hat, Siegel, Rn. 441.
39 BVerwGE 29, 321, 323: kein Bekanntgabewille, wenn eine unzuständige Behörde eine von der zuständigen Behörde getroffene Entscheidung gegen deren Willen an den Adressaten weitergibt.
40 Beaucamp JA 2016, 436; Siegel, Rn. 441.
41 BVerwG NVwZ 2021, 896, Ls. Bei schriftlichen Verwaltungsakten kann § 130 BGB entsprechend herangezogen werden, vgl. hierzu Erichsen/Hörster Jura 1997, 659, 661. S.a. Beaucamp JA 2016, 436.

Abs. 2 VwGO bedeutsam. Gem. § 70 Abs. 1 S. 1 VwGO muss der Widerspruch innerhalb eines Monats eingelegt werden, nachdem der Verwaltungsakt „dem Beschwerten bekanntgegeben" wurde. Anfechtungs- und Verpflichtungsklage sind innerhalb eines Monats „nach Bekanntgabe des Verwaltungsakts" zu erheben. Wie insb. an der Formulierung des § 70 Abs. 1 S. 1 VwGO gut zu erkennen ist, beginnen die Fristen für jeden Rechtsbehelfsführer gesondert, dh ab Bekanntgabe an ihn, zu laufen.[42]

4. Formen der Bekanntgabe

9   Ist keine besondere Form für die Bekanntgabe vorgeschrieben, kann der Verwaltungsakt mündlich oder in jeder anderen geeigneten Form bekannt gegeben werden – ua schriftlich, elektronisch (per E-Mail oder über ein zB von einer Hochschule betriebenes Internetportal),[43] sog. **formlose Bekanntgabe** (§ 37 Abs. 2 S. 1 VwVfG). Ein mündlicher Verwaltungsakt ist in dem Moment bekannt gegeben, in dem er von dem Adressaten vernommen und als solcher verstanden wird.[44] Erfolgt die Bekanntgabe schriftlicher Verwaltungsakte **durch einfachen Brief per Post oder durch elektronische Übermittlung**, ist die **Fiktion** des § 41 Abs. 2 VwVfG zu berücksichtigen. Danach gilt der Verwaltungsakt im Inland drei Tage nach der Aufgabe bei der Post als bekannt gegeben (§ 41 Abs. 2 S. 1 VwVfG), selbst wenn er tatsächlich früher zugegangen ist.[45] Gleiches ist für die elektronische Übermittlung eines Verwaltungsakts bestimmt, dies auch bei Übermittlung in das Ausland (§ 41 Abs. 2 S. 2 VwVfG). Auf diese Weise nimmt der Gesetzgeber auf die Unwägbarkeiten der postalischen Übermittlung wie derjenigen über das Internet Rücksicht.[46] Die Drei-Tages-Fiktion kommt dann nicht zur Anwendung, wenn der Verwaltungsakt nicht oder zu einem späteren Zeitpunkt zugegangen ist. Für den Zugang ist allerdings – ähnlich wie im Zivilrecht – nicht die tatsächliche Kenntnisnahme entscheidend, sondern, ob der Verwaltungsakt in den Herrschaftsbereich des Adressaten gelangt ist, so dass bei gewöhnlichem Verlauf unter normaler Gestaltung der Verhältnisse mit einer Kenntnisnahme zu rechnen ist (= zumutbare Möglichkeit der Kenntnisnahme).[47]

Fraglich kann sein, ob die Bekanntgabe (und damit der Lauf der Rechtsbehelfsfristen) unter Anwendung der gesetzlichen Fiktion in § 41 Abs. 2 VwVfG auch dann auf den dritten Tag nach Aufgabe zur Post bzw. Übermittlung der E-Mail fällt, wenn dieser Tag ein Samstag, Sonntag oder Feiertag ist. Nach hM findet die Regelung des § 31 Abs. 3 VwVfG iVm § 193 BGB, wonach erst der darauffolgende Werktag als Bekanntgabetag gelten würde, auf die Fiktion des § 41 Abs. 2 VwVfG keine Anwendung, dh die Frist verlängert sich nicht auf den nachfolgenden Werktag.[48]

Zweifel am Zugang eines schriftlichen Verwaltungsakts gehen gem. § 41 Abs. 2 S. 3 Hs. 2 VwVfG zulasten der Behörde. Um unzutreffenden Schutzbehauptungen zuvorzu-

---

42 BVerwGE 44, 294. Fehlt die individuelle Bekanntgabe gänzlich, etwa ggü. dem Nachbarn des genehmigten (Bau-)Vorhabens, laufen für den Nachbarn folglich keinerlei Fristen; aus Gründen von Treu und Glauben kann lediglich eine Verwirkung von Rechtsbehelfen eintreten, vgl. dazu Falllösung zu Fall 5 und § 20 Rn. 9, 30.
43 BVerwG NVwZ 2018, 496, 498.
44 Stelkens in: Stelkens/Bonk/Sachs, § 41 Rn. 96.
45 BVerwG NVwZ 1988, 63; das gilt auch im Abgabenrecht für den Steuerbescheid oÄ, § 122 Abs. 2 Nr. 1 AO.
46 BGH NVwZ-RR 2014, 449, 450.
47 Siegel, Rn. 443; vgl. Rn. 7.
48 So OVG Münster NVwBl. 2001, 429, 430; VGH Mannheim NVwZ 1992, 799; aA Stelkens in: Stelkens/Bonk/Sachs, § 41 Rn. 133 sowie zur Parallelvorschrift in § 122 Abs. 2 Nr. 1 AO BFH NJW 2004, 94. Zur Parallelvorschrift des § 4 VwZG sogleich Rn. 10.

kommen, stellt sich die Praxis oft auf den Standpunkt, dass der Einzelne bei einer Dokumentation des Postausgangs durch die Behörde in geeigneter Weise berechtigte Zweifel an dem Zugang bzw. Zugangszeitpunkt durch schlüssigen Vortrag eines atypischen Geschehensablaufs hervorrufen muss.[49] Da dem Betroffenen jedoch richtigerweise ein substantiierter Vortrag insoweit nicht möglich ist, genügt hins. des (fehlenden oder verspäteten) Zugangs idR eine entsprechende Behauptung. Meist wird die Behörde nicht das Gegenteil beweisen können. Um dem zu entgehen, muss sie von den nachfolgend behandelten förmlichen Zustellungsarten Gebrauch machen.[50]

Im Übrigen wurde mit Wirkung zum 1.1.2017 auf Bundesebene die Möglichkeit geschaffen, dass ein **elektronischer Verwaltungsakt durch Abruf** des Beteiligten oder seines Bevollmächtigten über öffentlich zugängliche Netze bekannt gegeben werden kann. Weil der Adressat des Verwaltungsakts im Unterschied zur herkömmlichen Bekanntgabe selbst aktiv werden muss, macht § 41 Abs. 2a S. 1 VwVfG die Bekanntgabe von der **Einwilligung** des Beteiligten abhängig. In diesem Fall gilt nach der **Fiktion in Satz 3** der Verwaltungsakt am Tag nach seinem Abruf als bekannt gegeben. Wird der Verwaltungsakt nicht innerhalb von zehn Tagen nach Benachrichtigung abgerufen, wird die Bekanntgabe beendet. Die Verwaltung kann dann wählen, ob sie den Verwaltungsakt erneut zum Abruf bereitstellt oder ihn auf andere Weise bekannt gibt.[51]

Im Anwendungsbereich des **Onlinezugangsgesetzes** hält § 9 OZG eine spezielle Vorschrift für die Bekanntgabe von Verwaltungsakten durch Abruf über das Postfach des Nutzerkontos über öffentlich zugängliche Netze bereit. Auch diese Bekanntgabe kommt nur bei Einwilligung des Nutzers in Betracht. Gem. § 9 Abs. 1 S. 3 OZG gilt bei dieser der Verwaltungsakt am dritten Tag nach der Bereitstellung zum Abruf als bekannt gegeben. Im Unterschied zu § 41 Abs. 2a VwVfG setzt die Bekanntgabe nach § 9 Abs. 1 OZG also keinen tatsächlichen Abruf des Verwaltungsakts voraus. Zum Schutz der Nutzer wurde jedoch vorgesehen, dass dieser oder sein Bevollmächtigter spätestens am Tag der Bereitstellung zum Abruf über die Möglichkeit des Abrufs zu informieren ist (§ 9 Abs. 1 S. 5 OZG).[52]

Eine besondere Form der Bekanntgabe stellt die **Zustellung** gem. § 41 Abs. 5 VwVfG iVm dem Verwaltungszustellungsgesetz des Bundes (nachfolgend: VwZG) bzw. den Zustellungsgesetzen der Länder dar. Bei ihr handelt es sich um die Bekanntgabe eines schriftlichen oder elektronischen Dokuments einer Behörde nach der im VwZG dafür vorgesehenen besonderen Form (§ 2 Abs. 1 VwZG), sog. **förmliche Bekanntgabe**. Der Sinn und Zweck der Zustellung besteht darin, dem Adressaten des Verwaltungsakts eine angemessene Gelegenheit zu seiner Kenntnisnahme zu geben, und zugleich den Zeitpunkt der Bekanntgabe zu dokumentieren.[53] Die Bekanntgabe eines Verwaltungsakts durch Zustellung ist vorzunehmen, wenn das Gesetz dies vorschreibt (etwa Widerspruchsbescheid, § 73 Abs. 3 S. 2 VwGO). Die Zustellung kann auch, sofern sie gesetzlich nicht vorgesehen ist, durch die Behörde nach ihrem Ermessen angeordnet

10

---

49 ZB OVG Bautzen NVwZ-RR 2016, 571 f. (zT wird die Substantiierung nur im Falle des verspäteten Zugangs verlangt); OVG Berlin-Bbg Beschl. v. 11.8.2020 – OVG 11 S 70/20, Rn. 7 juris.
50 So aber nur für den fehlenden Zugang OVG Hamburg Beschl. v. 9.8.2021 – 5 Bs 177/21, Rn. 10 ff. juris, wobei jedoch in Ausnahmefällen das einfache Bestreiten unzureichend sein kann. Ausführlich dazu Hebeler DÖV 2006, 112. S.a. Beaucamp JA 2016, 436, 437 f. mwN.
51 S. dazu Braun Binder DÖV 2016, 891, 896; Siegel DVBl. 2017, 24, 27 f. Nicht in allen VwVfG der Länder finden sich vergleichbare Bestimmungen. Nach Art. 6 Abs. 4 S. 3 BayEGovG gilt der Verwaltungsakt am dritten Tag nach Absendung der elektronischen Benachrichtigung zu seinem Abruf als bekannt gegeben.
52 Eingehend zu dieser Sonderregelung Guckelberger/Starosta NVwZ 2021, 1161, 1163 ff.
53 Zu § 189 ZPO BGH MDR 2020, 750 Rn. 25.

werden, vgl. § 1 Abs. 2 VwZG.[54] Die förmliche Zustellung erfolgt einerseits durch die Post mittels Postzustellungsurkunde (§ 3 VwZG)[55] oder eingeschriebenen Briefs[56] (§ 4 VwZG). Wie für die formlose Bekanntgabe durch einfachen Brief gilt bei der förmlichen Zustellung durch eingeschriebenen Brief eine Drei-Tages-Fiktion, vgl. § 4 Abs. 2 VwZG (vgl. Rn. 9). Darüber hinaus kann die Zustellung durch die Behörde selbst gegen Empfangsbekenntnis (§ 5 VwZG), auch elektronisch,[57] vorgenommen werden. § 6 VwZG regelt die Zustellung an gesetzliche Vertreter und § 7 VwZG an Bevollmächtigte.

11 Unter bestimmten Voraussetzungen kann ein Verwaltungsakt öffentlich bekannt gemacht werden, § 41 Abs. 3, 4 VwVfG. Die **öffentliche Bekanntgabe** ist zulässig, wenn **Rechtsvorschriften** dies eröffnen. Entscheidungen in förmlichen Verwaltungsverfahren und Planfeststellungsbeschlüsse, die an mehr als 50 Personen zuzustellen wären, können im Wege öffentlicher Bekanntmachung bekannt gegeben werden, § 69 Abs. 2 S. 3, § 74 Abs. 5 S. 1 VwVfG.[58] Auch eine **Allgemeinverfügung** darf dergestalt bekannt gemacht werden, wenn eine Bekanntgabe an die Beteiligten untunlich ist, § 41 Abs. 3 S. 2 VwVfG. Angesichts dessen, dass nur eine individuelle Bekanntgabe die Gewähr bietet, dass ein Betroffener über eine gesicherte Möglichkeit zur Kenntnisnahme des Verwaltungsaktes samt Überlegungen zur Inanspruchnahme von Rechtsschutz verfügt, ist der unbestimmte Rechtsbegriff der „Untunlichkeit" der Bekanntgabe an die Beteiligten eng auszulegen. Letzteres ist der Fall, wenn bei Erlass des Verwaltungsakts aufgrund seines Regelungsinhalts objektiv nicht feststeht, für welche Personen er Geltung beansprucht wird (zB präventives Versammlungsverbot wegen der Ungewissheiten über die möglichen Versammlungsteilnehmenden) oder wenn sich zwar dieser Personenkreis feststellen ließe, aber die dafür notwendigen Ermittlungen so schwierig und aufwändig wären, dass dadurch der mit dem Verwaltungsakt angestrebte Regelungserfolg vereitelt oder gefährdet würde.[59] Ein mündlicher Verwaltungsakt kann zB per Megaphon öffentlich bekannt gegeben werden. Für die öffentliche Bekanntgabe eines schriftlichen oder elektronischen Verwaltungsakts gibt § 41 Abs. 4 VwVfG die ortsübliche Bekanntmachung seines verfügenden Teils, etwa in einem Amtsblatt oder in der Tageszeitung, vor.[60] Da es von Gesetzes wegen als ausreichend erachtet wird, wenn der verfügende Teil, also der Tenor des Verwaltungsakts, ohne Begründung und Rechtsbehelfsbelehrung ortsüblich bekannt gemacht wird, schreibt § 41 Abs. 4 S. 2 VwVfG vor, dass in der ortsüblichen Bekanntmachung anzugeben ist, wo der Verwaltungsakt und seine Begründung eingesehen werden können. Wird der jeweilige Verwaltungsakt dagegen nicht nur mit seinem verfügenden Teil, sondern auch mit Begründung und Rechtsbehelfsbelehrung öffentlich bekannt gegeben, kann aus teleologischen Erwägungen auf den in § 41 Abs. 4 S. 2 VwVfG vorgesehenen Hinweis verzichtet werden.[61] Gem.

---

54 Rheindorf/Weidemann DVP 2018, 47 f.
55 Zur Ersatzzustellung durch Niederlegung, wenn der Zustellungsadressat den Anschein erweckt, unter der Zustellungsanschrift tatsächlich wohnhaft zu sein, OVG Lüneburg NVwZ-RR 2005, 760.
56 § 4 VwZG erfasst nur das sog. Übergabeeinschreiben, nicht dagegen das Einwurfeinschreiben, BVerwGE 112, 78, 80. Zu den Folgen fehlerhafter Zustellung sogleich Rn. 13.
57 § 5 Abs. 4 ff. VwZG; das beruht auf der Dienstleistungsrichtlinie, zu dieser vorstehend Rn. 1, § 3 Rn. 1; näher Schmitz/Prell NVwZ 2009, 1, 11.
58 Zu den förmlichen Verwaltungsverfahren § 14 Rn. 16. Näher zu dieser Bekanntgabeform VGH Mannheim NVwZ-RR 2019, 713 f. Rn. 7 ff.
59 BVerwG NVwZ 2021, 896, 900 Rn. 36; VGH Mannheim VBlBW 2014, 147.
60 Dazu, dass sich die Ortsüblichkeit nach den dafür maßgeblichen Vorschriften richtet, BVerwG NVwZ 2021, 896, 900 Rn. 39.
61 BVerwG NVwZ 2021, 896, 900 Rn. 40.

§ 41 Abs. 4 S. 3 VwVfG gilt der Verwaltungsakt zwei Wochen nach der ortsüblichen Bekanntmachung als bekannt gegeben. Bei Allgemeinverfügungen kann ein hiervon abweichender, jedoch frühestens der auf die Bekanntmachung folgende Tag bestimmt werden (§ 41 Abs. 4 S. 4 VwVfG).

Neben der Sonderregelung zur Bekanntmachung von Vereinsverboten (§ 3 Abs. 4 S. 2, 3 VereinsG)[62] bildet die Bekanntgabe von **Verkehrsschildern** einen praxisrelevanten Sonderfall, wobei Vorschriftzeichen nach § 41 StVO[63] besondere praktische Bedeutung zukommt. Die Bekanntmachung richtet sich nach speziellen Regelungen der Straßenverkehrsordnung und erfolgt durch Aufstellen der Verkehrszeichen (insb. § 39 Abs. 1, § 45 Abs. 4 StVO).[64] Hins. der Bekanntgabe und damit der Entfaltung der Rechtswirkung des Verkehrsschildes ggü. jedem von dessen Regelung betroffenen Verkehrsteilnehmer soll es nach ü.M. ausreichend sein, wenn ein durchschnittlicher Kraftfahrer bei Einhaltung der nach § 1 StVO erforderlichen Sorgfalt das Schild schon mit einem raschen und beiläufigen Blick erfassen kann, und nicht darauf ankommen, ob das Verkehrszeichen tatsächlich zur Kenntnis genommen wird.[65] Dabei fallen die Anforderungen an die Sichtbarkeit von Verkehrszeichen, die den ruhenden Verkehr betreffen, im Vergleich zu denjenigen, die den fließenden Verkehr regeln, geringer aus.[66] Den Verkehrsteilnehmern gehören nicht nur die am Straßenverkehr aktiv Teilnehmenden an; dazu zählt auch der Halter eines am Straßenrand geparkten Fahrzeugs, solange er Inhaber der tatsächlichen Gewalt über das Fahrzeug ist.[67] Entscheidend für die Bekanntgabe von Verkehrszeichen ist somit,

- dass das Verkehrszeichen sichtbar ist,
- dass die Person davon betroffen ist und
- dass der Betroffene Verkehrsteilnehmer ist.[68]

Lässt sich im Streitfall nicht aufklären, ob das Verkehrszeichen bei Erfüllung der gebotenen Sorgfalts- und Informationspflicht erkannt werden konnte, geht dies zulasten der zuständigen Behörde.[69] Die Frist zur Anfechtung des Verkehrszeichens beginnt für den Verkehrsteilnehmer allerdings aus Rechtsschutzgründen erst dann zu laufen, wenn er erstmalig auf das Verkehrszeichen trifft.[70]

---

62 BVerwG NVwZ 2018, 1485, 1488 f.
63 Verbindliche, bußgeldbewehrte Verkehrsregelungen; bestimmte Verkehrseinrichtungen nach § 43 StVO, etwa Parkuhren, sind ihnen gleichgestellt; dazu Maurer in: FS für W.-R. Schenke, 2011, S. 1013, 1014. Ansonsten gibt es noch Richtzeichen (§ 42 StVO) und Gefahrenzeichen, § 40 StVO; bereits § 12 Rn. 23 aE.
64 Deutlich BVerwG 154, 365, 370. S.a. Kümper JuS 2017, 731, 734 ff.
65 BVerwGE 102, 316; 154, 365, 370; 162, 146, 149 Rn. 15; anders Kersten Verw 46 (2013), 87, 100 f. Unter Rechtsschutzgesichtspunkten auch sogleich im Text.
66 BVerwGE 154, 365, 373.
67 Hendler JZ 1997, 782.
68 Strittig ist, ob eine individuelle Betroffenheit hinzutreten muss, vgl. Gramlich NJ 2010, 130, und anhand der Widerspruchsfrist § 20 Rn. 9; nach der Rspr. ist dies nur für das Auslösen der Klagefrist maßgeblich, vgl. nachfolgend im Text.
69 BVerwGE 154, 365, 373; etwaige Abschleppmaßnahmen wären dann mangels Wirksamkeit der Grundverfügung rechtswidrig; dazu § 19 Rn. 13.
70 BVerwGE 138, 21, 24 Rn. 16; gilt auch bei Schifffahrtszeichen, VGH München ZfW 2013, 43; krit. Anm. (zum BVerwG) Ehlers JZ 2011, 155 f.: Widerspruch zum Charakteristikum als Allgemeinverfügung und als Ausdruck öffentlicher Bekanntgabe; ablehnend auch Kersten Verw 46 (2013), 87, 100 f.: Rechtsschutz wird durch Wiederaufgreifen des Verfahrens, § 51 VwVfG, Genüge getan; auch Weidemann/Barthel JA 2014, 115, 117 f.: Gleichlauf von Bekanntgabe und Beginn der Rechtsbehelfsfrist nötig; Glaser in: Gärditz, § 70 Rn. 3 mwN; Waldhoff JuS 2011, 953, 954; VGH Mannheim VBlBW 2011, 275, unter Aufgabe seiner früheren Rspr.: „innere" Wirksamkeit, vgl. Rn. 2; hierin liegt kein verwaltungsdogmatisches Novum, weil Entsprechendes

13 Misslingt eine Bekanntgabe, etwa weil ein Verwaltungsakt an eine falsche Adresse verschickt wird oder auf dem Postweg verloren geht, wird dieser nicht wirksam.[71] Im Übrigen sind die Meinungen zu den Folgen von Fehlern bei der Bekanntgabe umstritten. Während eine Position generell zur Unwirksamkeit des Verwaltungsakts neigt (Bekanntgabe bezieht sich auf die Wirksamkeit, Informationsfunktion der Bekanntgabe sowie Vermeidung von Abgrenzungsproblemen),[72] ist richtigerweise wie folgt zu differenzieren: Erfolgte die Bekanntgabe unter **Verletzung** der für sie maßgeblichen **Formvorschriften**, ist der Verwaltungsakt gleichwohl wirksam (weil er tatsächlich bekannt gegeben wurde),[73] aber rechtswidrig (weil dies unter Verletzung von Formvorschriften geschehen ist).[74] Dies liegt etwa vor, wenn der Verwaltungsakt mündlich bekannt gegeben wurde, obwohl er schriftlich hätte erlassen werden müssen.[75] Weitergehendes gilt für die Fehlerfolgen, wenn der Verstoß aufgrund § 44 VwVfG die Nichtigkeit des Verwaltungsakts nach sich zieht; dann liegt kein wirksamer Verwaltungsakt vor (zu den Nichtigkeitsgründen des § 44 VwVfG näher § 15 Rn. 2 ff.). In Konstellationen, in denen ein Verwaltungsakt infolge eines solchen Bekanntgabefehlers nicht wirksam wurde, kann die Behörde durch Vornahme einer fehlerfreien Bekanntgabe eine wirksame Regelung herbeiführen.[76] Bei einer fehlerhaften Zustellung von Verwaltungsakten ist die Vorschrift des § 8 VwZG zu beachten: Lässt sich eine formgerechte Zustellung nicht nachweisen oder ist das Schriftstück unter Verletzung zwingender Zustellungsvorschriften zugegangen (zB weil der Verwaltungsakt formlos per einfachem Brief zur Post aufgegeben wurde), so gilt dieser Mangel in dem Zeitpunkt als geheilt, in dem der Empfangsberechtigte den Verwaltungsakt nachweislich erhalten hat.[77]

---

bei Verwaltungsakten ggü. verschiedenen Adressaten gilt, Maurer in: FS für W.-R. Schenke, 2011, S. 1013; auch das Bestandskraftargument (Ehlers, wie vor) ist angesichts der Vorläufigkeit und Variabilität von Verkehrsschildern nicht durchschlagend, Maurer, wie vor, S. 1022 ff.; ferner Schoch Jura 2012, 26, 31; auch § 20 Rn. 9.

71 Beaucamp JA 2016, 436, 438.
72 Beaucamp JA 2016, 436, 438; etwas in eine andere Richtung BVerwGE 140, 245, 248 f.
73 Vgl. auch VGH Mannheim NVwZ-RR 1997, 582. Keine Bekanntgabe soll jedoch anzunehmen sein, wenn der Verwaltungsakt öffentlich bekannt gemacht wurde, obwohl er individuell hätte bekannt gegeben werden müssen, vgl. BVerwG DVBl. 1987, 629.
74 Maurer/Waldhoff mit Beispiel, § 9 Rn. 73; Detterbeck, Rn. 557. AA Erichsen/Hörster Jura 1997, 659, 664. Zur Rechtmäßigkeit von Verwaltungsakten vgl. § 14.
75 Eine formfehlerhafte Bekanntgabe führt überdies dazu, dass der Lauf der Rechtsbehelfsfristen (§ 70, § 74 VwGO) nicht beginnt (allg. Rn. 8); BVerwGE 112, 78, 79 f.; Detterbeck, Rn. 557; damit wird allerdings der wegen Bekanntgabefehlers rechtswidrige schlechter als der „normal" rechtswidrige Verwaltungsakt gestellt. Vgl. § 58 Abs. 2 VwGO, wonach sich die Frist für die Einlegung des Rechtsbehelfs auch in Jahr verlängert, gilt nicht: Die Vorschrift ist nur auf den dort geregelten Fall einer fehlerhaften Rechtsbehelfsbelehrung anwendbar; näher zur Rechtsbehelfsbelehrung § 14 Rn. 24.
76 Siegel, Rn. 452.
77 Dazu Rheindorf/Weidemann DVP 2018, 47, 49. Zur str. Frage, ob der Zugang des zuzustellenden Dokuments erforderlich ist oder eines anderen inhaltsgleichen Dokuments ausreicht, BGH MDR 2020, 750 Rn. 22 ff.; OVG Berlin-Bbg AuAS 2022, 5, 8.

Übersicht 10: Bekanntgabe von Verwaltungsakten

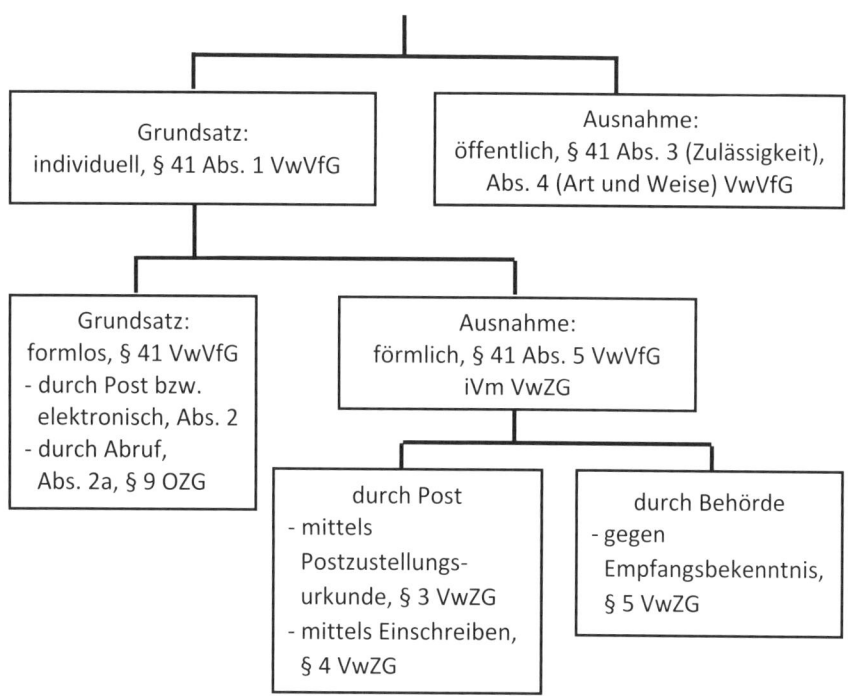

III. Rechtsnachfolge

In engem Zusammenhang zur inneren Wirksamkeit des Verwaltungsakts steht die Frage, ob und inwieweit eine Regelung in einem Verwaltungsakt auf eine andere Person, etwa im Wege des Erbfalls oder bei Veräußerung eines Gegenstands, übergeht. **Ausdrückliche Regelungen** finden sich teilweise im besonderen Verwaltungsrecht. So enthalten die Landesbauordnungen zumeist eine Regelung des Inhalts, dass die Baugenehmigung, aber auch bauaufsichtliche Maßnahmen, wie Beseitigungsanordnungen und Nutzungsuntersagungen, für und gegen die Rechtsnachfolgenden gelten.[78] Vielfach gibt es aber **keine derartige spezialgesetzliche Regelung**. Einigkeit besteht, dass die öffentlich-rechtliche Position überhaupt einer Nachfolge zugänglich sein muss (sog. Nachfolgefähigkeit). Daran fehlt es **bei höchstpersönlichen Verwaltungsakten** (Merke: keine Rechtsnachfolge bei personalen Verwaltungsakten). Als Beispiel dafür seien die Fahrerlaubnis oder eine Zwangsmittelandrohung wegen des Beugecharakters des Zwangsmittels genannt.[79] Ansonsten wird vielfach ein gesetzlicher Nachfolgetatbestand recht großzügig in bestehende Rechtsvorschriften „hineingelesen". Aus reinen

---

[78] ZB Art. 54 Abs. 2 S. 3 BayBO; § 79 Abs. 1 S. 5 NdsBauO; § 57 Abs. 6 SaarLBO; näher Erbguth/Mann/Schubert, Rn. 1346.
[79] Kingreen/Poscher, PolizeiR, § 9 Rn. 54 f.; OVG Saarlouis Beschl. v. 2.3.2021 – 2 B 29/21, Rn. 8 juris. Allg. zur Rechtsnachfolge auch Schenke, Polizei- und Ordnungsrecht, Rn. 364 ff.; s.a. VG Düsseldorf Beschl. v. 21.6.2018 – 17 K 2012/17, Rn. 49 juris mwN; OVG Lüneburg KommJur 2019, 65, 67 (gewerberechtliche Untersagungsverfügung wegen Unzuverlässigkeit).

Praktikabilitätsgründen[80] lassen sich ggf. Grundsätze, wie sie in Rspr. und Literatur zum **Polizei- und Ordnungsrecht** entwickelt worden sind, verallgemeinern. Hiernach findet eine Rechtsnachfolge jedenfalls in Pflichten statt, die sachbezogen sind und vertretbares Handeln fordern[81] – um eine unnötige, weil wiederholende Ermittlung der Umstände bzw. Durchführung des Verwaltungs- und Entscheidungsverfahrens zu vermeiden. So geht nach dem BVerwG die Anordnung ggü. A, eine Sonderabgabe zu zahlen, auf seine(n) Erben über. Denn die Zahlungspflicht bezieht sich auf eine **vertretbare Handlung**, für die es aufgrund der erbrechtlichen Vorschriften zur Gesamtrechtsnachfolge (§ 1922, § 1967 BGB bzw. analog) einen **gesetzlichen Übergangstatbestand** gibt.[82] Bezieht sich die Regelung in einem Verwaltungsakt auf eine Sache, wird ihr Übergang auf einen anderen oftmals mit der **Dinglichkeit** des Verwaltungsakts begründet (zB Anordnung eines Leinen- und Maulkorbzwangs hins. eines bestimmten Hundes, dessen Eigentum auf einen anderen übertragen wird). Nach dem BVerwG müssen die Rechtsnachfolger eines Verwaltungsakts, der an das Eigentum oder den Besitz eines Grundstücks grundstücksbezogene Pflichten knüpft, die durch ihn begründeten Pflichten erfüllen, selbst wenn sie beim Erwerb des Eigentums oder Besitzes keine Kenntnis von dem jeweiligen Verwaltungsakt hatten.[83] Wegen des Bestimmtheitsgebots liegt es jedoch aus Gründen der Rechtsklarheit und Rechtssicherheit nahe, dass eine Polizeipflicht im Falle der Einzelrechtsnachfolge dem Nachfolger durch Verwaltungsakt bekannt gegeben wird und dieser seine Einwände im Rechtsbehelfs- bzw. Vollstreckungsverfahren geltend machen können muss.[84] Diese eher pragmatische Rechtsprechung wird in Teilen des Schrifttums im Hinblick auf den Gesetzesvorbehalt kritisiert.[85] Im Vorfeld einer Konkretisierung der Pflichtenstellung durch Verwaltungsakt wird allerdings auch im Recht der (allgemeinen) Gefahrenabwehr eine Rechtsnachfolge nur in die Verantwortlichkeit für bestimmtes Verhalten[86] und solches lediglich bei Gesamtrechtsnachfolge angenommen. Damit soll verhindert werden, dass sich Unternehmen durch Umgründungen oÄ ihrer Verantwortung entziehen.[87]

▶ **Zu Fall 5:** L wurde die Baugenehmigung durch Übergabeeinschreiben zugestellt, § 41 Abs. 5 VwVfG iVm § 4 VwZG. Dabei handelt es sich um eine besondere Form der Bekanntgabe. Mit der Zustellung hat die Baugenehmigung äußere Wirksamkeit erlangt und ist rechtlich existent geworden, § 43 Abs. 1 S. 1 VwVfG. Ggü. L entfaltet sie auch innere Wirksamkeit. Als Verwaltungsakt mit Drittwirkung muss die Genehmigung jedoch auch ggü.

---

80 Vgl. Kingreen/Poscher, PolizeiR, § 9 Rn. 53 f., 59; s.a. OVG Bautzen BRS 85 Nr. 109.
81 Eine weitergehende Reduzierung auf Fälle der Zustandsverantwortlichkeit Gusy, Polizei- und Ordnungsrecht, 10. Aufl. 2017, Rn. 359, der Gesamtrechtsnachfolge (Würtenberger/Heckmann, Polizeirecht in Baden-Württemberg, 6. Aufl. 2005, Rn. 455) oder der Einzelrechtsnachfolge nur bei grundstücksbezogenen Verwaltungsakten; Götz/Geis, § 13 Rn. 88 legen einseitig den Maßstab der Dinglichkeit an. Pflichtenstellungen im Gefolge von Verwaltungsakten richten sich hingegen immer an Personen; vgl. dazu näher Kingreen/Poscher, PolizeiR, § 9 Rn. 56. Allg. bereits § 12 Rn. 23.
82 BVerwG Beschl. v. 8.12.2016 – 8 B 15/16, Rn. 9 f. juris.
83 BVerwG NVwZ 2021, 896, 901 Rn. 44.
84 OVG Münster NVwZ 1987, 427; BVerwGE 143, 222, 227 f. hielt es nicht für ausgeschlossen, einen an ein erloschenes Rechtssubjekt adressierten Abgabebescheid im Wege der Auslegung als an den Rechtsnachfolger gerichtet zu sehen. Zur Rechtsnachfolge bei dinglichen Verwaltungsakten auch OVG Bautzen BRS 85 Nr. 109; krit. hins. dieser Rechtsfigur Siegel, Rn. 392 f.
85 Guckelberger VerwArch 90 (1999), 499, 510 ff. Zur Frage des Vorbehalts des Gesetzes auch BVerwG Beschl. v. 4.1.2017 – 7 B 4/16, Rn. 6 juris.
86 Verhaltensverantwortlichkeit, also nicht bei Zustandsverantwortlichkeit, vgl. etwa §§ 69 f. SOG M-V, §§ 17 f. OBG NRW. Dazu auch BVerwG Beschl. v. 4.1.2017 – 7 B 4/16, Rn. 6 juris sowie mit Nachweisen zur gegenteiligen Ansicht VG Cottbus Beschl. v. 12.2.2019 – 3 L 680/18, Rn. 24 juris.
87 Kingreen/Poscher, PolizeiR, § 9 Rn. 58 f.

§ 13 Bekanntgabe und Wirksamkeit von Verwaltungsakten, Rechtsnachfolge § 13

dem von ihr betroffenen Nachbarn N – um ihm ggü. (innere) Wirksamkeit entfalten zu können – bekannt gegeben werden. Dies ist nicht geschehen. Für die Bekanntgabe spielt es keine Rolle, ob N auf andere Weise Kenntnis von der Baugenehmigung erhalten hat. Folge der fehlenden Bekanntgabe ggü. N ist, dass für ihn die Rechtsbehelfsfristen nicht in Gang gesetzt werden. Eine analoge Anwendung von § 70 Abs. 2 iVm § 58 Abs. 2 VwGO, wonach sich die Frist bei unterbliebener oder unrichtiger Rechtsbehelfsbelehrung auf ein Jahr verlängert, kommt mangels Bekanntgabe des Verwaltungsakts an N nicht in Betracht.[88]
N muss sich jedoch im Hinblick auf das „nachbarschaftliche Gemeinschaftsverhältnis" als Ausprägung des Grundsatzes von Treu und Glauben so behandeln lassen, als wäre ihm die Baugenehmigung bekannt gegeben worden, wenn er auf andere Weise von der Existenz der Baugenehmigung zuverlässig Kenntnis erlangt. Dem steht es gleich, wenn sich dem Nachbarn das Vorliegen einer Baugenehmigung aufdrängen musste und er sich in zumutbarer Weise, zB durch Nachfragen bei der Bauaufsichtsbehörde, davon Kenntnis hätte verschaffen können. Wann dies der Fall ist, richtet sich letztlich nach den Umständen des Einzelfalls.[89] Vorliegend kann davon ausgegangen werden, dass N wegen der von ihm beobachteten Bautätigkeit auf dem Nachbargrundstück Kenntnis von der Baugenehmigung des L hatte. Seither sind aber erst acht Monate vergangen, so dass N sein Widerspruchsrecht noch nicht verwirkt hat. Insoweit wird eine Parallele zur Jahresfrist des § 58 Abs. 2 VwGO gezogen. Der Widerspruch des N ist daher fälschlicherweise als verfristet abgewiesen worden. ◄

IV. WIEDERHOLUNGS- UND VERSTÄNDNISFRAGEN

> Was ist unter rechtlicher Existenz, äußerer und innerer Wirksamkeit von Verwaltungsakten zu verstehen? (→ Rn. 1 f.)

> Wann gilt ein Verwaltungsakt als bekannt gegeben? (→ Rn. 7)

> Welche Formen der Bekanntgabe gibt es? (→ Rn. 9 ff.)

> Welches sind die Folgen einer formfehlerhaften Bekanntgabe? Gibt es dafür Heilungsvorschriften? (→ Rn. 13)

> Findet eine Rechtsnachfolge in durch Verwaltungsakt begründete Pflichten statt? (→ Rn. 14)

---

88 Vgl. Rn. 8; BVerwG ZfBR 2021, 444.
89 BVerwGE 44, 294; BVerwG ZfBR 2021, 444. Vgl. § 20 Rn. 10, 30. S.a. VGH München Beschl. v. 30.4.2010 – 15 ZB 18.979, Rn. 9 juris, wonach Erwägungen zur prozessualen Verwirkung des nachbarlichen Klagerechts vor Ablauf der Jahresfrist neben einem Zeitmoment ein besonderes Umstandsmoment voraussetzen.

§ 14 Rechtmäßigkeitsvoraussetzungen des Verwaltungsakts

1 Handelt es sich nach dem vorstehend Behandelten begrifflich um einen Verwaltungsakt, der auch wirksam geworden ist, stellt sich die Frage nach seiner Rechtmäßigkeit. Das folgt aus dem schon verschiedentlich angesprochenen Gesetzmäßigkeitsprinzip der Verwaltung (Art. 20 Abs. 3 GG, näher § 8). Verwaltungsakte dürfen demzufolge nicht gegen gesetzliche Bestimmungen verstoßen.[1]

Das gilt gleichermaßen für den fingierten Verwaltungsakt, § 42a VwVfG (dazu § 13 Rn. 1): Fingiert wird die Erteilung der Genehmigung, nicht jedoch ihre Rechtmäßigkeit.[2]

Ein Verwaltungsakt ist rechtmäßig, wenn er allen Maßgaben gerecht wird, die von der Rechtsordnung an ihn gestellt werden. Er ist also schon rechtswidrig, wenn er nur gegen eine der für ihn geltenden Rechtmäßigkeitsanforderungen verstößt. Maßstäbe dergestalt bilden untergesetzliche Normen (Rechtsverordnungen und Satzungen), formelle Gesetze und Verfassungsrecht sowie Unions- und (ggf.) Völkerrecht.[3]

2 Grundsätzliche Voraussetzungen, die Verwaltungsakte zu erfüllen haben, sind,

- dass die dem Handeln zugrunde liegende Norm (Rechtsgrundlage, meist: **Ermächtigungsgrundlage**) wirksam ist,
- dass die zuständige Behörde die Verfahrens- und Formvorschriften einhält (**formelle Rechtmäßigkeit**) und
- dass der Verwaltungsakt dem geltenden Recht inhaltlich nicht entgegensteht (**materielle Rechtmäßigkeit**).[4]

3 Widerspricht der Verwaltungsakt den Vorgaben, die an seine Rechtmäßigkeit gestellt werden (dazu nachfolgend Rn. 4 ff.), führt dies zu seiner Rechtswidrigkeit. Freilich bleibt ein rechtswidriger Verwaltungsakt zunächst wirksam (§ 43 VwVfG, vgl. dazu schon § 13 Rn. 1), es sei denn, er ist nichtig (§ 44, § 43 Abs. 3 VwVfG, dazu § 15 Rn. 2 ff.). Der von einem rechtswidrigen belastenden Verwaltungsakt Betroffene kann sich hiergegen mit der Anfechtungsklage (§ 42 Abs. 1 Alt. 1 VwGO) wehren – mit der Folge, dass der Verwaltungsakt vom Gericht nach Maßgabe des § 113 Abs. 1 S. 1 VwGO aufgehoben wird (vgl. bereits § 11 Rn. 4 und § 15 Rn. 8 ff.). Dabei ist zu berücksichtigen, dass einige Fehler, die zur Rechtswidrigkeit führen, geheilt werden bzw. unbeachtlich sein können (auch hierzu § 15 Rn. 15 ff., 19 f.). Wird eine beantragte Genehmigung rechtswidrig abgelehnt, kann der Betroffene eine Verpflichtungsklage erheben (§ 42 Abs. 1 Alt. 2, § 113 Abs. 5 VwGO).

I. Ermächtigungsgrundlage zum Erlass von Verwaltungsakten

▶ **FALL 6:** K stellt auf einer wenig befahrenen Straße vor seinem Wohnhaus eine gut erhaltene Couch mit dem Hinweis ab, wer sie haben wolle, könne sie mitnehmen. Sein Nachbar N sieht dadurch den ohnehin sehr begrenzt zur Verfügung stehenden Parkraum weiter minimiert und überlegt, ob die zuständige Straßenverkehrsbehörde einen Verwaltungsakt gegen K zur Beseitigung der Couch erlassen darf. ◀

---

1 Instruktiv und zugleich klausurbezogen anhand des Polizeirechts als Referenzgebiet des Rechts der Gefahrenabwehr Poscher/Rusteberg JuS 2011, 888; 984; 1082.
2 Vgl. nur Uechtritz DVBl. 2010, 684, 687.
3 Vgl. § 7 Rn. 2 ff.; komprimierte Darstellung zum Nachfolgenden bei Kramer, Rn. 270 ff.
4 Instruktiv anhand der Umbenennung von Straßen Barczak DÖV 2014, 643, 648 ff.

Der erste Schritt der Rechtmäßigkeitsprüfung besteht regelmäßig darin, herauszufinden, auf welcher Rechtsgrundlage das Handeln der Verwaltung im jeweiligen Fall beruht.

Das kann im Einzelfall Schwierigkeiten bereiten, etwa im Polizei- und Ordnungsrecht angesichts des Spannungsverhältnisses zwischen allgemeinen Befugnisnormen (etwa §§ 13, 16 SOG M-V, § 14 Abs. 1 OBG NRW) und einer Vielzahl von Spezialbefugnissen (etwa zur Platzverweisung, zur Ingewahrsamnahme, zur Durchsuchung, Beschlagnahme und Sicherstellung), die bei Einschlägigkeit den allgemeinen Normen vorgehen.[5]

Die maßgebliche Rechtsgrundlage bestimmt sodann die konkreten Anforderungen formeller und materieller Art,[6] die an den Erlass des Verwaltungsakts zu stellen sind.[7]

1. Erforderlichkeit der Ermächtigungsgrundlage – Vorbehalt des Gesetzes

Die Frage, ob und wann eine gesetzliche Ermächtigungsgrundlage für den Erlass eines Verwaltungsakts erforderlich ist, beantwortet sich anhand des Grundsatzes vom Vorbehalt des Gesetzes: Zwingend bedarf das Verwaltungshandeln einer rechtlichen Grundlage im Bereich der Eingriffsverwaltung, etwa bei einer Abrissverfügung[8] ggü. einem Bauherrn (sog. Lehre vom Eingriffsvorbehalt). Ansonsten gilt die Wesentlichkeitstheorie im Bereich der Leistungsverwaltung, insb. bei der Vergabe von Subventionen (hierzu bereits § 8 Rn. 9 f.).

Wie bereits dargestellt wurde (vgl. § 7 Rn. 17), beginnt die Suche nach der Rechtsgrundlage bei untergesetzlichen Rechtsnormen (Rechtsverordnungen und Satzungen), geht – wenn solche nicht existieren bzw. einschlägig sind – bei formellen Gesetzen weiter und endet schließlich (ausnahmsweise) im Verfassungs- oder Europarecht. Zu beachten ist überdies, dass speziellere Normen vor allgemeinen Vorschriften (wie Generalklauseln) zu prüfen sind.

Fehlt es an einer Ermächtigungsgrundlage, obwohl die im konkreten Fall getroffene Regelung vom Vorbehalt des Gesetzes erfasst wird, ist der Verwaltungsakt rechtswidrig. Die gleiche Folge tritt ein, wenn sich herausstellt, dass die Ermächtigungsgrundlage inhaltlich gegen höherrangiges Recht (etwa Verfassungsrecht) verstößt. Darauf ist allerdings nur einzugehen, wenn Anlass zu diesbzgl. Bedenken besteht. So wird zB gegen die Verfassungsmäßigkeit der polizeirechtlichen Generalklausel in der Gestalt, dass die Polizei bei einer Gefahr für die öffentliche Sicherheit oder Ordnung die notwendigen Maßnahmen treffen darf (zB Art. 11 Abs. 1 BayPAG; § 8 Abs. 1 PolG NRW; § 8 Abs. 1 SaarlPolG), vorgebracht, das Merkmal der „öffentlichen Ordnung" verstoße gegen das aus dem Rechtsstaatsprinzip folgende Bestimmtheitsgebot. Die ü.M. sieht dies zu Recht anders. Dieser unbestimmte Rechtsbegriff verfügt aufgrund seiner jahrzehntelangen Präzisierung durch Rechtsprechung und Lehre über ausreichend klare Konturen.[9] Lässt die Ermächtigungsgrundlage eine Auslegung sowohl dahin gehend zu, dass sie mit dem vorrangigen Recht in Einklang steht, als auch eine solche,

---

5 Näher Kingreen/Poscher, PolizeiR, §§ 11 ff.
6 Gegen die hiermit verbundene rechtssystematisch-kognitive Unterscheidung (vgl. nachfolgend Rn. 8 ff.) Schmidt-Aßmann in: Hoffmann-Riem/ders./Voßkuhle, Bd. 2, § 27 Rn. 65.
7 Zu dieser Art der Rechtmäßigkeitsprüfung und speziell zu Fragen der instabilen Rechtmäßigkeit Kuch Verw 50 (2017), 483 ff.
8 Rechtstechnisch: Beseitigungsverfügung, vgl. etwa § 80 Abs. 1 LBauO M-V, § 82 Abs. 1 SaarLBO.
9 BVerfGE 69, 315, 352 f. Ohne Bedenken ggü. dem Begriff der „besonderen Gefahr" BVerfG NVwZ 2017, 1526, 1528 Rn. 37.

wonach sie hiergegen verstößt, ist erstgenannte Variante zu wählen: Die Norm ist **verfassungs-**[10] bzw. **unionsrechtskonform auszulegen** (vgl. § 3 Rn. 2).

2. Verwaltungsaktbefugnis

6   Fraglich ist, ob der Vorbehalt des Gesetzes nicht nur für den Inhalt der Verwaltungsmaßnahme gilt, sondern auch für deren Form – ob sich also die Verwaltung des Instruments Verwaltungsakt nur bedienen darf, wenn dies gesetzlich gestattet ist, sog. **Verwaltungsaktbefugnis**. Denn Verwaltungsakte stellen insoweit eine **belastende Handlungsform** dar, als sie nach Ablauf der Rechtsbehelfsfrist bestandskräftig werden. Außerdem kann die Verwaltung befehlende Verwaltungsakte selbst vollstrecken. Einige Vorschriften eröffnen der Verwaltung ausdrücklich ein Vorgehen im Wege des Verwaltungsakts, zB § 49a Abs. 1 S. 2 VwVfG. Von einer gesetzlich geregelten Verwaltungsaktbefugnis ist auch dann auszugehen, wenn das Gesetz anordnet, dass die Behörde eine Genehmigung, einen Bescheid, ein Verbot, eine Verfügung usw. erlassen darf.

7   Fehlen solche Regelungen, muss sich nach der wohl hM die Berechtigung zum Handeln durch Verwaltungsakt zwar aus der jeweiligen (materiellen) Ermächtigungsgrundlage ergeben. Es genügt jedoch, wenn sich diese durch Auslegung oder aus dem allgemeinen Regelungs- oder Aufgabenzusammenhang ermitteln lässt;[11] so wird die Befugnis zum Erlass eines Hausverbots (dazu § 5 Rn. 20) aus der Wahrung einer hinreichenden Funktionsfähigkeit der Verwaltung abgeleitet, die jeder Behörde für ihren Bereich obliegt.[12] In Bezug auf den Bürger hält das BVerwG die Behörde „insbesondere dann zum Erlass eines Leistungsbescheids ermächtigt, wenn sie und der Bürger gerade mit Blick auf den von ihr geltend gemachten Anspruch in einem öffentlich-rechtlichen Über- und Unterordnungsverhältnis stehen".[13] Im Näheren gilt:[14]

- Anerkannt ist, dass die Verwaltung **Leistungen aus öffentlich-rechtlichen Verträgen** nicht mittels eines Verwaltungsakts durchsetzen darf, sondern stattdessen zur Durchsetzung ihres Anspruchs (Leistungs-)Klage vor den Verwaltungsgerichten erheben muss.[15] Der Grund liegt darin, dass sich die Verwaltung mit dem Abschluss eines öffentlich-rechtlichen Vertrags auf die Ebene der Gleichordnung begeben hat und hieran auch bei Durchsetzung der daraus entstehenden Ansprüche gebunden ist.[16] ZB muss eine Gemeinde im Gefolge eines öffentlich-rechtlichen Vertrags, in dem sie einen Baudispens[17] gewährt und der Bauherr sich zur Zahlung von 5.000 € verpflichtet, Leistungsklage erheben, wenn der Bauherr die Zahlung verweigert.

---

10 Etwa v. Kielmansegg JuS 2013, 312, 315.
11 BVerwGE 141, 243, 245 f.; 158, 364, 368; 168, 86, 90 Rn. 20; strenger OVG Weimar ThürVBl. 2010, 207 f.: ausdrückliche Ermächtigung erforderlich; eingehend dazu und zum Nachfolgenden Schoch Jura 2010, 670.
12 Maurer/Waldhoff, § 3 Rn. 35.
13 BVerwGE 158, 364, 368; OVG Berl-Bbg Urt. v. 19.3.2021 – OVG 6 B 4/21, Rn. 28 juris; s.a. allg. zur Verwaltungsaktbefugnis BVerwGE 162, 179, 201 f.
14 Zu interadministrativen Verfügungen (allg. § 12 Rn. 28 f.) insoweit Jungkind, Verwaltungsakte zwischen Hoheitsträgern, 2008: gesetzliche Grundlage wegen Art. 20 Abs. 3 GG erforderlich.
15 Anders nur für die (Verwaltungs-)Vollstreckung bei Verträgen mit Unterwerfungsklausel, § 54 S. 2, § 61 VwVfG; dann wird allerdings der Vertrag und kein Verwaltungsakt durchgesetzt, vgl. § 19 Rn. 3, § 24 Rn. 27.
16 BVerwGE 50, 171, 173 ff.; s.a. OVG Weimar ThürVBl. 2018, 235; gegenteilig Payandeh DÖV 2012, 590, der in (verwaltungs-)vertragsrechtlichen Verhältnissen ebenfalls die Verwaltungsaktbefugnis bejaht, sofern die vertraglich eingegangenen Verpflichtungen nicht missachtet, die Wertungen der §§ 54 ff. VwVfG nicht unterlaufen und allg. Grundsätze des Verwaltungsrechts eingehalten werden.
17 Vgl. § 31 Abs. 2 BauGB: Befreiungen von Festsetzungen des Bebauungsplans für ein bauliches Vorhaben.

Sie darf die Zahlung des vereinbarten Geldbetrages nicht durch Verwaltungsakt festsetzen.

- Als problematisch erweist sich, ob gesetzlich normierte **Ansprüche im Beamten- oder Soldatenverhältnis** (zB Anspruch auf Rückerstattung überzahlter Dienstbezüge nach § 12 Abs. 2 BBesG) durch Verwaltungsakt festgesetzt werden dürfen oder nur im Wege einer Leistungsklage durchsetzbar sind. Die Rspr. sieht hier im Verwaltungsakt das geeignete Mittel zur Geltendmachung der Ansprüche und stützt sich dabei auf das subordinationsrechtliche Verhältnis zwischen dem Beamten und seinem Dienstherrn.[18] Dies soll zum einseitigen Handeln durch Verwaltungsakt ermächtigen und eine spezielle Verwaltungsaktbefugnis entbehrlich machen.

- Umstritten ist ferner, wie seitens der Behörde die **Rückzahlung von Subventionen**, die aufgrund eines Verwaltungsakts gewährt worden sind, geltend zu machen ist. Die Rspr. hat in diesem Zusammenhang die sog. **Kehrseitentheorie** entwickelt, derzufolge die Rückabwicklung einer Maßnahme die Rechtsnatur ihrer Vornahme teilt:[19] Wird eine Leistung durch Verwaltungsakt gewährt, kann sie auch durch Verwaltungsakt zurückgefordert werden. Praktische Bedeutung kommt der Theorie heute jedoch kaum noch zu, weil zwischenzeitlich § 49a Abs. 1 S. 2 VwVfG klarstellt, dass die Rückforderung von Leistungen, die aufgrund eines aufgehobenen Verwaltungsakts gewährt worden sind, gleichermaßen durch Verwaltungsakt erfolgt.

Im Grenzbereich zwischen der Geltung des allgemeinen „materiellen" Gesetzesvorbehalts (vgl. dazu Rn. 5; § 8 Rn. 3 ff.) und der hier interessierenden Verwaltungsaktbefugnis bewegt sich die Frage nach dem Erfordernis einer Ermächtigungsgrundlage für eine vom Bürger begehrte **behördliche Feststellung durch Verwaltungsakt**, etwa bei unklaren Sach- oder Rechtsverhältnissen. Stellt man darauf ab, dass der Bürger durch das Ergebnis einer ihm nicht genehmen Feststellung der Behörde belastet wird, greift der allgemeine Vorbehalt des Gesetzes, so dass schon das Handeln der Behörde als solches einer Rechtsgrundlage bedarf.[20] Sieht man richtigerweise die Handlungsform (Verwaltungsakt) und nicht deren Inhalt als hier wesentliche Zulässigkeitsfrage, so geht es allein um die Verwaltungsaktbefugnis – und insoweit erscheint die Annahme vertretbar, dass eine solche nicht erforderlich ist, weil der Betroffene durch seinen Antrag in einen (feststellenden) Verwaltungsakt gerade eingewilligt hat.[21] Ohne einen solchen Antrag wird für den Erlass eines feststellenden Verwaltungsakts eine gesetzliche Grundlage benötigt; ausreichend ist es, wenn sich eine solche Befugnis im Wege der Auslegung einer Rechtsvorschrift entnehmen lässt.[22]

▶ **Zu Fall 6:** Fraglich ist die Berechtigung der Verwaltung, durch Verwaltungsakt anzuordnen, dass K die von ihm auf der Straße abgestellte Couch beseitigen muss. Aus § 32 Abs. 1 StVO ergibt sich zunächst, dass es verboten ist, Gegenstände auf Straßen zu bringen oder dort liegen zu lassen, wenn dadurch der Verkehr gefährdet oder erschwert werden kann. Der für solche verkehrswidrige Zustände Verantwortliche hat sie unverzüglich zu beseitigen. Die Vorschrift enthält jedoch keine Befugnis zum Erlass einer Beseitigungsverfügung;

---

18 Zu § 12 Abs. 2 BBesG vgl. BVerwGE 71, 354, 357; 158, 364, 368; s.a. VGH Kassel ZBR 2021, 61. Kritikwürdig bleibt an jener Sichtweise das Ausblenden der Fürsorgepflicht des Dienstherrn (vgl. etwa § 78 BBG, § 45 BeamtStG).
19 BVerwG NJW 1977, 1838, 1839; OVG Münster NVwZ-RR 2018, 875, 876; krit. Ipsen, Rn. 624. Zur Anwendung dieser auf eine dienstliche Beurteilung, die aber kein Verwaltungsakt ist, BVerwG NVwZ 2016, 1648, 1649.
20 So die hM, BVerwGE 72, 265, 267; 119, 123, 124; BVerwG DVBl. 1991, 959; Sachs in: Stelkens/Bonk/ders., § 44 Rn. 59; Ziekow, VwVfG, § 35 Rn. 15.
21 So mit guten Gründen Jeremias DVBl. 2014, 1047, 1048 f. mwN.
22 BVerwGE 168, 86, 90 Rn. 20; zu § 18 BImSchG OVG Münster NWVBl. 2017, 309 f.; VGH Mannheim NVwZ-RR 2019, 1051, 1052 Rn. 25.

sie stellt lediglich ein straßenverkehrsrechtliches Verbot dar. Verstöße dagegen werden ordnungswidrigkeitsrechtlich sanktioniert (vgl. § 49 Abs. 1 Nr. 27 StVO).²³ Auch § 44 Abs. 1 StVO, der die Straßenverkehrsbehörden zur Ausführung der Straßenverkehrsordnung als bloße Aufgabenzuweisungsnorm für zuständig erklärt, ist keine Ermächtigungsgrundlage für Anordnungen der Straßenverkehrsbehörde. Jedoch ermächtigen die Sicherheits- und Ordnungsgesetze der Länder durch ihre Generalklauseln dazu, Maßnahmen zur Abwehr von Gefahren für die öffentliche Sicherheit oder Ordnung zu ergreifen (zB § 13 SOG M-V; § 8 Abs. 1 SaarlPolG). Weil K gegen § 32 StVO verstoßen hat, liegt eine Gefahr für die öffentliche Sicherheit in Gestalt der Unverletzlichkeit der objektiven Rechtsordnung vor. Die Generalklausel ermächtigt zusammen mit der Zuständigkeitsregelung in § 44 Abs. 1 StVO die Straßenverkehrsbehörde zum Einschreiten. Da das Polizeirecht eines der klassischen Gebiete mit Über-/Unterordnungsverhältnissen ist, lässt sich durch Auslegung der Norm (vgl. etwa § 16 Abs. 1 SOG M-V; § 8 Abs. 1 SaarlPolG) auch die Berechtigung zum Einschreiten durch Verwaltungsakt entnehmen, weshalb die zuständige Behörde die Beseitigung der Couch ggü. K anordnen darf.²⁴ ◄

II. Formelle Rechtmäßigkeit

8   Formell rechtmäßig ist der Verwaltungsakt nur, wenn er von der örtlich, sachlich und instanziell zuständigen Behörde unter Beachtung von Verfahrens- und Formvorschriften erlassen wird²⁵ bzw. Verstöße hiergegen nach § 45 VwVfG geheilt sind. In Fällen der Unbeachtlichkeit formeller Fehler nach § 46 VwVfG bleibt es bei der Rechtswidrigkeit; die Aufhebung des Verwaltungsakts ist indes ausgeschlossen (zu den Regelungen der § 45, § 46 VwVfG vgl. § 15 Rn. 14 ff.).

Mit Blick auf die formelle Rechtmäßigkeit ergibt sich folgende Prüfungsfolge:

- Zuständigkeit
- Verfahren
- Form.

1. Zuständigkeit

▶ **FALL 7:** Am Sonntagnachmittag unterhalten sich die Jugendlichen A und B auf einer Straße, die sich ggü. dem Bahnhofsvorplatz befindet. Auf dem Weg zu seinem Dienst fordert Bundespolizist P die beiden zur Vorlage ihrer Ausweise für die Durchführung eines Datenabgleichs auf. War er hierfür zuständig? ◄

9   Der Verwaltungsakt ist nur rechtmäßig, wenn er von der zuständigen Behörde erlassen wurde. Der Sinn behördlicher Zuständigkeitsregelungen besteht darin, die Tätigkeiten der zahlreichen Behörden zu koordinieren, dadurch Reibungsverluste zu vermeiden

---

23 Vgl. auch Zilsdorf SVR 2020, 251, 254 f.
24 Zur Zuständigkeit der Straßenverkehrsbehörde zum Einschreiten abgestützt auf die polizeirechtliche Generalklausel BVerwGE 153, 140, 143 ff. Sog. unselbständige Verfügungen, vgl. VGH München DÖV 1982, 251: Unter Rückgriff auf die polizeiliche Generalklausel kann auch aus anderen Ge- und Verbotsnormen bei deren Nichtbeachtung eine Eingriffsbefugnis der Verwaltung hergeleitet werden.
25 Voßkuhle/Schemmel JuS 2022, 717. Eingehend zur formellen Rechtswidrigkeit von Verwaltungsakten Sachs VerwArch 97 (2006), 573.

sowie die materielle Verantwortung für die Wahrnehmung einer Aufgabe klar festzulegen.[26] Zu unterscheiden sind hierbei die sachliche und die örtliche Zuständigkeit.[27]

a) Sachliche Zuständigkeit

Die **sachliche Zuständigkeit** betrifft den gegenständlichen (inhaltlichen) Aufgabenbereich der Behörde und regelt, welche Behörde für welche Tätigkeit sachlich zuständig ist, also über Bau-, Wirtschaftsförderungs- oder Schulangelegenheiten uam zu entscheiden hat. Die sachliche Zuständigkeit umfasst die Verbands- und Organ- bzw. Behördenzuständigkeit sowie die instanzielle Zuständigkeit.[28] Die **Verbandskompetenz** klärt die Frage, welche juristische Person des öffentlichen Rechts eine bestimmte Verwaltungsaufgabe wahrzunehmen hat. Das kann zB der Bund, ein Land, eine Gemeinde oder eine Universität sein; ggf. ist die(se) Zuständigkeit auch zwischen mehreren Verwaltungsträgern aufgeteilt.[29] Im Rahmen der **Organ- bzw. Behördenzuständigkeit** wird geprüft, welches Organ oder welche Behörde innerhalb des Verwaltungsträgers zuständig ist, zB in einer Gemeinde die Gemeindevertretung oder der Bürgermeister (zu den Begriffen Verwaltungsorgan und Behörde § 6 Rn. 4 f.). Meistens richten sich die gesetzlichen Aufgabenzuweisungen jedoch direkt an Behörden;[30] dann kommt es auf die Klärung der Verbandskompetenz und die (interne) Organzuständigkeit regelmäßig nicht an.[31] ZB folgt aus § 44 Abs. 1 S. 1 StVO, dass zur Ausführung der Straßenverkehrsordnung sachlich die Straßenverkehrsbehörden zuständig sind.

Die **instanzielle Zuständigkeit** beantwortet die Frage, ob innerhalb des mehrstufigen Verwaltungs- und damit Behördenaufbaus die richtige Instanz gehandelt hat. Grds. sind die unteren Verwaltungsbehörden zuständig. Gegenteiliges, also die Zuständigkeit einer vorgesetzten Stelle, kann aber ausdrücklich gesetzlich bestimmt sein (zB § 44 Abs. 1 S. 2 StVO), etwa wenn die wahrzunehmende Aufgabe besonders komplex und schwierig ist[32] – ggf. auch optional durch Ansichziehen (sog. vertikales Selbsteintrittsrecht).[33]

Handelt es sich um einen Selbsteintritt der Aufsichtsbehörde, wie dies in einigen Polizei- und Ordnungsgesetzen eröffnet ist, wird das teilweise als Ausdruck der sog. **funktionellen Zuständigkeit** verstanden.[34]

b) Örtliche Zuständigkeit

Die örtliche Zuständigkeit orientiert sich am räumlichen Rahmen der behördlichen Aufgaben. Sie ist zumeist in spezialgesetzlichen Vorschriften geregelt (zB ist nach § 49 Abs. 2 Nr. 1 WaffG für Schießerlaubnisse nach § 10 Abs. 5 WaffG grds. diejenige Behörde zuständig, in deren Bezirk geschossen werden soll); wenn solche Spezialnormen fehlen, ist auf § 3 VwVfG zurückzugreifen. Bspw. ist nach § 3 Abs. 1 Nr. 1 VwVfG

---

26 Siegel, Rn. 470.
27 Zur praktisch wenig bedeutsamen funktionalen Zuständigkeit am Beispiel sog. Behördenleitervorbehalte im Polizeirecht Maurer/Waldhoff, § 21 Rn. 50.
28 Hendler, Rn. 203.
29 Dazu eingehend Winkler, Kompetenzverbund, S. 96 ff.
30 Bereits § 6 Rn. 8; im Sozialrecht etwa aufgrund des jew. zweiten Absatzes (des Leistungskatalogs) der §§ 18 bis 29 SGB I, Muckel/Ogorek, § 17 Rn. 7.
31 Maurer/Waldhoff, § 21 Rn. 45.
32 Etwa (auch) § 73 Abs. 1 S. 2 Nr. 1 VwGO: Widerspruchsbehörde; s.a. Siegel, Rn. 473.
33 Ohne gesetzliche Regelung soll dies (nur) bei Gefahr im Verzug zulässig sein oder wenn die originär zuständige Behörde eine Weisung der vorgesetzten Stelle nicht befolgt, Maurer/Waldhoff, § 21 Rn. 49.
34 Kingreen/Poscher, PolizeiR, § 6 Rn. 14.

in Angelegenheiten, die sich ua auf unbewegliches Vermögen beziehen, die Behörde zuständig, in deren Bezirk das Vermögen oder der Ort liegt. Soll bei einem illegalen Bauvorhaben dessen Abriss angeordnet werden, ist dafür zumeist die untere Bauaufsichtsbehörde zuständig. Da es mehrere Bauaufsichtsbehörden innerhalb eines Bundeslandes gibt, darf nur diejenige den Abriss anordnen, in deren Bezirk sich der jew. Schwarzbau befindet. Zu beachten bleibt, dass ein Verstoß gegen § 3 Abs. 1 Nr. 1 VwVfG ausnahmsweise nicht lediglich die formelle Rechtswidrigkeit des Verwaltungsakts nach sich zieht, sondern seine Nichtigkeit gem. § 44 Abs. 2 Nr. 3 VwVfG zur Folge hat (hierzu auch § 15 Rn. 3).

▶ **Zu Fall 7:** Nach § 23 Abs. 1 Nr. 1 BPolG kann die Bundespolizei die Identität einer Person zur Abwehr einer Gefahr der ihr in §§ 1–7 BPolG übertragenen Aufgaben treffen. Nach § 3 Abs. 1 BPolG ist die Bundespolizei zur Abwehr von Gefahren „auf dem Gebiet der Bahnanlagen der Eisenbahnen des Bundes" sachlich zuständig. Davon ist jedoch die ggü. dem Bahnhofsvorplatz gelegene Straße nicht mehr erfasst. Für die Abwehr derartiger außerhalb des Bahngeländes befindlicher Gefahren ist die nach dem Landesrecht zu bestimmende Gefahrenabwehrbehörde zuständig.[35] Somit fehlte dem Bundespolizisten die sachliche Zuständigkeit zur Vornahme der Identitätsfeststellung. Lediglich soweit es das jeweilige Landesrecht vorsieht, dürfen Polizeivollzugsbeamte der Bundespolizei im Zuständigkeitsbereich des Landes tätig werden (§ 65 Abs. 1 BPolG). Von dieser Möglichkeit hat zB das Saarland in § 88 Abs. 3 iVm Abs. 1 SaarlPolG Gebrauch gemacht. Allerdings liegen die hierfür genannten Voraussetzungen, wie ein Handeln auf Aufforderung oder die Abwehr einer gegenwärtigen Gefahr, nicht vor. ◀

2. Verfahren

▶ **Fall 8:** E beantragt eine immissionsschutzrechtliche Genehmigung, welche ihm bei Vorliegen der Voraussetzungen des § 6 Abs. 1 BImSchG zu erteilen ist. Der zuständige Sachbearbeiter S, ein Schwager des E, lehnt den Antrag ab, ohne ihn vorher angehört zu haben. Wie ist die formelle Rechtmäßigkeit der ablehnenden Entscheidung zu beurteilen? ◀

13   Das Verwaltungsverfahrensgesetz[36] enthält neben einer Reihe materiellrechtlicher(!) Anforderungen[37] seiner Bezeichnung entsprechend vornehmlich formelle Vorschriften über einzuhaltende Verfahrensschritte. Als **Verwaltungsverfahren iSd Gesetzes** definiert § 9 Hs. 1 VwVfG die nach außen wirkende Tätigkeit der Behörden, die auf die Prüfung der Voraussetzungen, die Vorbereitung und den Erlass eines Verwaltungsakts oder auf den Abschluss eines öffentlich-rechtlichen Vertrags gerichtet ist (näher zum öffentlich-rechtlichen Vertrag § 24), dh der Begriff des Verwaltungsverfahrens wird hier eng gefasst.[38]

Neben Verwaltungsakten werden also nur Verwaltungsverträge nach §§ 54 ff. VwVfG erfasst, nicht aber sonstiges Verwaltungshandeln, wie solches (verwaltungs)interner[39] und schlicht-hoheitlicher Art (näher § 12 Rn. 4, § 23) oder der Erlass von Rechtsverordnungen (vgl. § 25) und Satzungen (dazu § 26). Möglicherweise lassen sich jedoch einzelne Normen des VwVfG bei Vorliegen einer planwidrigen

---

35   BVerwG NVwZ 2015, 91, 92.
36   Zur Entstehung und Bedeutung des Verwaltungsverfahrensgesetzes eingehend Maurer/Waldhoff, § 5 Rn. 2 ff.; zu seiner Entwicklung und Europäisierung Kahl NVwZ 2011, 449; zur Verbesserung von Transparenz, Bürgerfreundlichkeit und Bürgerbeteiligung im Verwaltungsverfahrensrecht vgl. Burgi/Durner, Modernisierung.
37   Etwa § 37 Abs. 1, § 40, §§ 48 f. VwVfG; auch Maurer/Waldhoff, § 5 Rn. 1.
38   Voßkuhle/Schemmel JuS 2022, 717.
39   Dazu § 12 Rn. 25 ff.; näher Ziekow, VwVfG, § 9 Rn. 5 ff.

§ 14 Rechtmäßigkeitsvoraussetzungen des Verwaltungsakts

Regelungslücke und Vergleichbarkeit im Wege einer analogen Anwendung von Vorschriften oder deren Heranziehung als allgemeine Rechtsgrundsätze (allg. zu diesen § 7 Rn. 11) auf diese übertragen.[40]

a) Verwaltungsverfahren

Über den **Beginn des Verwaltungsverfahrens** entscheidet die Behörde (= Offizialprinzip) nach pflichtgemäßem Ermessen, § 22 S. 1 VwVfG (sog. Opportunitätsprinzip).[41] Denn der Verwaltung obliegt zuvörderst die Wahrung der Belange der Allgemeinheit (man denke nur an das Polizeirecht).[42] Etwas anderes gilt, wenn die Behörde aufgrund von Rechtsvorschriften von Amts wegen (Legalitätsprinzip) tätig werden muss – etwa wenn die Voraussetzungen des § 35 Abs. 1 S. 1 GewO vorliegen, wonach ein Gewerbe zu untersagen „ist" – oder die Behörde auf Antrag handeln muss (sog. Dispositions- oder Verfügungsprinzip),[43] § 22 S. 2 Nr. 1 VwVfG. In aller Regel greift bei Genehmigungen Nr. 2, wonach die Behörde nur auf Antrag tätig werden und ohne Antrag kein Verwaltungsverfahren einleiten darf.[44] Auf diese Weise erhält der Antragsteller eine umfassende Dispositionsbefugnis über das Genehmigungsverfahren, wodurch seinen Grundrechten Rechnung getragen wird.[45] So muss die Behörde ein Verwaltungsverfahren beginnen, wenn ein Antrag auf Baugenehmigung gestellt wird. Dem Antrag kommt zugleich fristauslösende Bedeutung im Falle der Genehmigungsfiktion nach § 42a VwVfG zu, sofern er hinreichend bestimmt ist (weil nur so der Inhalt der lediglich fingierten Genehmigung bestimmt werden kann) und die diesbzgl. Unterlagen vollständig[46] sind, § 42a Abs. 1 S. 1, Abs. 2 S. 2 VwVfG.

Das Verwaltungsverfahren **endet** mit Erlass oder Ablehnung des Verwaltungsakts (oder dem Abschluss eines öffentlich-rechtlichen Vertrags).[47]

aa) Anwendungsbereich des VwVfG

Die Voraussetzungen für die Anwendbarkeit des Verwaltungsverfahrensgesetzes ergeben sich aus §§ 1, 2 und 9 VwVfG.[48]

- Zunächst ist zu klären, ob das (Verwaltungsverfahrens-)Gesetz des Bundes (von dem nachfolgend ausgegangen wird) oder dasjenige des jeweiligen Landes anzuwenden ist. Gem. § 1 Abs. 1 Nr. 1 VwVfG gilt für die öffentlich-rechtliche Tätigkeit der **Behörden des Bundes** dessen Verwaltungsverfahrensgesetz. Will zB die

---

40 Maurer/Waldhoff, § 5 Rn. 24, zu einer Analogie bei einer beamtenrechtlichen Beurteilung OVG Koblenz Beschl. v. 6.8.2018 – 2 B 10761/18, Rn. 6 f. juris. Gegen einen Rekurs auf § 14 Abs. 4 VwVfG bei Erstellung einer dienstlichen Beurteilung ohne unmittelbare Außenwirkung BVerwGE 167, 358, 363 Rn. 23.
41 Voßkuhle/Schemmel JuS 2022, 717, 718.
42 Engel/Pfau in: Mann/Sennekamp/Uechtritz, § 22 Rn. 17 ff.
43 Voßkuhle/Schemmel JuS 2022, 717, 718.
44 Anders zB § 10 Abs. 1 S. 1 HwO, wonach die Eintragung in die Handwerksrolle auf Antrag oder von Amts wegen erfolgt.
45 Schröder, Genehmigung, S. 24.
46 Zum Grund dieser Anforderung vgl. vorstehende Fn.; zur Vollständigkeit der Unterlagen zählt auch die eigenständige Unterschrift oder elektronische Signatur des Antragstellers, weil nur so die personelle Zurechnung und die Endgültigkeit des Antrags sichergestellt ist, Guckelberger DÖV 2010, 109, 114; auch § 13 Rn. 1 mwN.
47 Vgl. vorstehend Rn. 13; zu den verfassungs- und unionsrechtlichen Grundlagen des Verwaltungsverfahrens Pünder JuS 2011, 289; zur notwendigen Re-Integration zunehmend sondergesetzlich geschaffener Verfahrensregelungen in das (Bundes-)VwVfG Peine LKV 2012, 1; noch nachfolgend im Text.
48 Ausführlich zum Anwendungsbereich der VwVfGe Ehlers Jura 2003, 30; zur Fortentwicklung des Verwaltungsverfahrens iSe Sachverständigenmodells näher Häfner, Verantwortungsteilung im Genehmigungsrecht, 2010, anhand des immissionsschutzrechtlichen Genehmigungsverfahrens.

Bundespolizei einen belastenden Verwaltungsakt erlassen, ist sie gem. § 28 Abs. 1 VwVfG Bund zur vorherigen Anhörung des Betroffenen verpflichtet. Vollziehen **Landesbehörden** Landesrecht, ist dagegen stets das VwVfG des Landes maßgeblich. Deshalb folgt für die saarländische Vollzugspolizei, deren Befugnisse sich aus dem SaarlPolG oder SPolDVG ergeben, dass die Betroffenen vor dem Erlass eines belastenden Verwaltungsakts nach § 28 Abs. 1 SaarlVwVfG anzuhören sind. Vollziehen Landesbehörden, wie so oft, Bundesrecht, etwa das BauGB, ist zwar nach § 1 Abs. 1 Nr. 2, Abs. 2 VwVfG Bund dessen VwVfG grds. anwendbar. Allerdings ergibt sich aus § 1 Abs. 3 VwVfG, dass bei der Ausführung von Bundesrecht durch die Länder deren VwVfG gilt, falls sie ein VwVfG für ihre Behörden erlassen haben. Da dies in allen Bundesländern geschehen ist, verfahren die Landesbehörden somit in der Praxis stets nach dem Verwaltungsverfahrensgesetz ihres – jeweiligen – Landes.[49] Somit gilt das Prinzip **„Eine Behörde, ein Verfahrensrecht".**

- Nach dem so bestimmten Verwaltungsverfahrensrecht beurteilt sich nur die **öffentlich-rechtliche** Verwaltungstätigkeit von Behörden (s. das Merkmal „öffentlich-rechtliche" Verwaltungstätigkeit in § 1 Abs. 1–3 VwVfG), nicht ihr privatrechtliches Handeln (die öffentlich-rechtliche Natur des Verwaltungshandelns bestimmt sich nach den für die Abgrenzung von öffentlichem Recht und Privatrecht aufgestellten Grundsätzen; hierzu § 5 Rn. 6 ff.). Letzteres gilt auch im Bereich des Verwaltungsprivatrechts.[50]

- § 2 VwVfG enthält (Bereichs-)**Ausnahmen vom Geltungsbereich** des Verwaltungsverfahrensgesetzes. Insb. fallen Verfahren von Bundes- und Landesfinanzbehörden nach der Abgabenordnung (§ 2 Abs. 2 Nr. 1 VwVfG) und Verfahren nach dem Sozialgesetzbuch (§ 2 Abs. 2 Nr. 4 VwVfG) nicht unter das Gesetz. Die dafür vorgesehenen besonderen Verfahrensvorschriften weisen allerdings durchaus Parallelen zu denen des Verwaltungsverfahrensgesetzes auf.[51]

- Ferner gilt für die Anwendung des Verwaltungsverfahrensgesetzes das Subsidiaritätsprinzip (§ 1 Abs. 1 letzter Hs., Abs. 2 S. 1 letzter Hs. VwVfG): Inhaltsgleiche oder entgegenstehende Vorschriften aus anderen Gesetzen, vornehmlich des besonderen Verwaltungsrechts, gehen ihm vor.[52] ZB werden durch § 25 Abs. 1, 2 BPolG, wonach die Bundespolizei eine Person schriftlich oder mündlich unter Angabe des Grundes vorladen kann, als speziellere Vorschrift § 37 Abs. 2 S. 1 VwVfG und § 39 VwVfG verdrängt.

- Obwohl die VwVfGe von Bund und Ländern einzelne Regelungen für das elektronische Verwaltungshandeln enthalten (zB § 3a VwVfG), ist zu prüfen, ob sich

---

49 Inhaltlich bestehen zwischen den Vorschriften des VwVfG des Bundes und derjenigen der Länder kaum Unterschiede; näher, auch zur Art der Inkorporation der bundesrechtlichen Gehalte (Voll-, Verweisungs-, Integrationsgesetze), Maurer/Waldhoff, § 5 Rn. 17 ff.
50 Dazu bereits § 5 Rn. 13 f., näher § 29 Rn. 2 ff.; dann wirken öffentlich-rechtliche Bindungen materiell-rechtlich auf die Rechtmäßigkeit des Verwaltungshandelns ein, § 29 Rn. 9. Ggf. können die Vorschriften des VwVfG aber analog oder als Ausdruck allg. Rechtsgrundsätze herangezogen werden, Maurer/Waldhoff, § 5 Rn. 24.
51 Im SGB X werden bestimmte Regelungen, etwa zum Behördenbegriff oder zum Verwaltungsakt, wortgleich übernommen, Muckel/Ogorek, § 17 Rn. 1; allerdings sind die Vorschriften des SGB X wiederum subsidiär ggü. verfahrensrechtlichen Bestimmungen der übrigen Bücher des SGB, § 37 S. 1 SGB I, wie vor, Rn. 2. Die VwVfGe der Länder erweitern für ihren Anwendungskreis teilw. die Bereichsausnahmen in den Feldern des Rundfunks und Fernsehens, der Schulen und Hochschulen; bei Kommunalabgaben (Gemeindesteuern, Beiträgen, Gebühren nach KAG) wird überwiegend auf die Abgabenordnung verwiesen, wenn auch nur auf einzelne Teile oder Vorschriften ders.; krit. Maurer/Waldhoff, § 5 Rn. 22 f., auch zum Vorstehenden.
52 Im Anwendungsbereich der LVwVfGe gilt Entsprechendes, Maurer/Waldhoff, § 5 Rn. 16.

nicht in den **E-Government-Gesetzen (EGovG)** von Bund und Ländern vorrangige Regelungen finden. Während die Regelungen in den VwVfGen von Bund und Ländern aufgrund des Prinzips der Simultangesetzgebung inhaltlich weitgehend identisch sind, setzen manche Länder im Bereich ihrer EGovGe durchaus eigenständige Akzente. Das EGovG Bund gilt nach seinem § 1 Abs. 1 für die öffentlich-rechtliche Verwaltungstätigkeit der Behörden des Bundes. Gem. § 1 Abs. 2 EGovG gilt es auch für die öffentlich-rechtliche Verwaltungstätigkeit der Behörden der Länder, Gemeinden und Gemeindeverbände, aber nur wenn sie Bundesrecht ausführen und sich die Normen des EGovG des Bundes nicht auf Bundesbehörden beschränken. Da im EGovG Bund eine dem § 1 Abs. 3 VwVfG vergleichbare Bestimmung fehlt, wird in diesem zukunftsträchtigen Rechtsbereich von dem Prinzip „eine Behörde, ein Verfahrensrecht" abgewichen. Das LandesEGovG ist daher grds. nur beim Vollzug von Landesrecht anzuwenden. In wenigen Bundesländern, etwa in Bayern,[53] findet das LandesEGovG gestützt auf die Abweichungsbefugnis des Art. 84 Abs. 1 S. 2 GG auch bei der Ausführung von Bundesrecht als eigene Angelegenheiten Anwendung. Denn nach Art. 1 Abs. 4 BayDiG ist das EGovG Bund nur beim Vollzug von Bundesrecht im Auftrag des Bundes anzuwenden. Nach § 2 Abs. 1 EGovG Bund ist jede Behörde verpflichtet, auch einen Zugang für die Übermittlung elektronischer Dokumente, auch soweit sie mit einer qualifizierten Signatur versehen sind, zu eröffnen. § 2 Abs. 1 EGovG modifiziert das Freiwilligkeitsprinzip in § 3a Abs. 1 VwVfG für die Behörden des Bundes sowie die Behörden des Landes, wenn sie Bundesrecht (in Bayern: im Auftrag des Bundes, vgl. Art. 1 Abs. 4 BayDigG) ausführen. Durch einen Blick in das LandesEGovG ist zu klären, inwieweit dieses Sonderregelungen für die elektronisch handelnde Verwaltung beim Vollzug von Landesrecht ggü. dem LVwVfG enthält. Die vorrangigen Regelungen in den EGovGen führen zu einer Zersplitterung auch des allgemeinen Verwaltungs(verfahrens)rechts in einem wichtigen Bereich. Langfristig sollte bei der digitalen Verwaltung zu dem Prinzip „eine Behörde, ein Verfahrensrecht" zurückgekehrt und sollten die dortigen verfahrensrechtlichen Regelungen in die VwVfGe integriert werden.[54]

bb) Verfahrensarten

Im Verwaltungsverfahrensgesetz sind verschiedene Verfahrensarten geregelt.[55] Im Regelfall werden Verwaltungsakte im **nichtförmlichen** Verwaltungsverfahren erlassen (§ 10 VwVfG), das einfach, zweckmäßig und zügig durchzuführen und dem Grunde nach an keine besonderen Formen gebunden ist.

16

Das förmliche **Verwaltungsverfahren** (§§ 63 ff. VwVfG) ist ggü. dem nichtförmlichen Verfahren stärker formalisiert und weist gerichtsähnliche Züge auf.[56] Es findet nur dann statt, wenn es gesetzlich angeordnet ist, zB in § 36 BBergG.

Keine weitere Verfahrensart, sondern ein ablauforganisatorischer Modus zur Vereinfachung und Beschleunigung stellt das im Dezember 2008 durch §§ 71a ff. VwVfG eingeführte „**Verfahren über eine einheitliche Stelle**" dar. Es wurde zur Umsetzung

---

53 Ebenso in Hessen, s. § 1 Abs. 3 Nr. 1 HessEGovG.
54 Guckelberger VVDStRL 78 (2019), 235, 280; s.a. dies., Öffentl. Verwaltung, Rn. 720 ff.
55 Eingehend zu alledem die Beiträge von Schmidt-Aßmann, Kaufhold, J.P. Schneider, Kersten, Röhl, Appel in: Voßkuhle/Eifert/Möllers, Bd. 2, §§ 27-31.
56 Schröder, Genehmigung, S. 28; Voßkuhle/Schemmel JuS 2022, 717, 718.

der Dienstleistungsrichtlinie eingeführt, reicht aber in seinem Anwendungsbereich über das nach dem Unionsrecht Erforderliche hinaus (sog. überschießende Umsetzung).[57] Es kommt nur aufgrund fachgesetzlicher Anordnung (zB in § 6b Abs. 1 GewO) zur Anwendung.

<small>Auf Wunsch des Bürgers wird das gesamte Verfahren über diese einheitliche Stelle abgewickelt, gem. § 71e VwVfG auf Verlangen auch in elektronischer Form.</small>

Die Regelungen in §§ 72 ff. VwVfG über das **Planfeststellungsverfahren** finden nur Anwendung, wenn dies „durch Rechtsvorschrift angeordnet" ist (s. § 72 Abs. 1 S. 1 VwVfG). Das Planfeststellungsverfahren dient v.a. der Zulassung groß dimensionierter raumbedeutsamer Vorhaben, zB von Betriebsanlagen der Eisenbahn (§ 18 AEG) oder von Bundesfernstraßen (§ 17 FStrG). Die von Seiten der Verwaltung zu treffende planerische Abwägungsentscheidung[58] erfolgt in einem einheitlichen Verfahren, weil so deren Komplexität besser Rechnung getragen werden kann als in ansonsten parallel durchzuführenden Einzel(genehmigungs)verfahren.[59] Weil die Gerichtskontrolle derartiger Abwägungsentscheidungen reduziert ist, kommt dem Verfahren besondere Bedeutung für die Richtigkeitsgewähr zu, da es – so das BVerfG – für eine rechtsstaatlich nicht zu beanstandende und auch in der Sache vertretbare Planung bürgt.[60] Die nachfolgenden Verfahrensregeln gelten, soweit sie nicht durch spezialgesetzliche Konkretisierungen verdrängt werden.

- Eingeleitet wird das (Planfeststellungs-)Verfahren[61] durch den öffentlichen, ggf. auch privaten Träger des Vorhabens, der den von ihm erstellten **Plan** einreicht, und zwar bei der Anhörungsbehörde (§ 73 Abs. 1 S. 1 VwVfG).[62]

<small>Weil derartige Großvorhaben, wie am Bahnhofsprojekt „Stuttgart 21" deutlich wurde, oft erhebliche Proteste hervorrufen, hat die Behörde gem. § 25 Abs. 3 S. 1 VwVfG darauf hinzuwirken, dass Träger von „Vorhaben, die nicht nur unwesentliche Auswirkungen auf die Belange einer größeren Zahl von Dritten haben können", also gerade solchen, die der Planfeststellung[63] unterfallen, („möglichst") bereits vor dem Eintritt in das Verfahren die betroffene Öffentlichkeit beteiligen (**frühe Öffentlichkeitsbeteiligung**). Dazu soll der Vorhabenträger diese frühzeitig über die Ziele seines Vorhabens, die Mittel zu seiner Verwirklichung samt dessen voraussichtlichen Auswirkungen informieren sowie ihr Gelegenheit zur Äußerung und zur Erörterung geben. Da § 25 Abs. 3 S. 1 VwVfG lediglich die zuständige Behörde verpflichtet, entscheidet der Vorhabenträger, ob er eine frühzeitige Öffentlichkeitsbeteiligung durchführen möchte.[64]</small>

<small>
57 Schröder, Genehmigung, S. 74.
58 Zum Abwägungsgebot zB BVerwG NVwZ 2021, 1145, 1152; zur Zulassungsfunktion samt Koordination raumbedeutsamer Konflikte Schlacke in: Kahl/Ludwigs, I, § 20 Rn. 54.
59 Instruktiv anhand des Planfeststellungsverfahrens für Hochspannungsleitungen BVerwG DVBl. 2010, 1300 mit Anm. Naujoks DVBl. 2010, 1450.
60 BVerfG NVwZ 2016, 524, 525 f.; näher zur Bedeutung des Verfahrensrechts Schlacke in: Kahl/Ludwigs, I, § 20 Rn. 61 ff.; zur reduzierten Gerichtskontrolle Rn. 51.
61 Nachfolgendes auch bei Schlacke, § 5 Rn. 41 ff.; näher Ziekow, VwVfG, § 73 Rn. 5 ff.
62 Näher zum Plan BVerwGE 169, 94, 97 f. Rn. 18.
63 Aber etwa auch förmliche Verfahren nach §§ 63 ff. VwVfG, dazu allg. vorstehend im Text; ferner Stüer DVBl. 2013, 700, 702: auch immissionsschutzrechtliche Genehmigungsverfahren.
64 Vgl. nur Schönenbroicher VBlBW 2012, 445, 447. Eingehend zu § 25a VwVfG Gard, Die frühe Öffentlichkeitsbeteiligung, 2018; Peters, Legitimation durch Öffentlichkeitsbeteiligung?, 2020.
</small>

- Die Anhörungsbehörde[65] muss innerhalb eines Monats die von dem Plan in ihrem Zuständigkeitsbereich berührten Behörden[66] zur **Stellungnahme** auffordern, § 73 Abs. 2 Hs. 1 VwVfG. Die Behörden haben ihre Stellungnahmen gem. § 73 Abs. 3a S. 1 VwVfG innerhalb von maximal drei Monaten abzugeben. Danach eingehende Stellungnahmen werden grds. nicht mehr berücksichtigt, § 73 Abs. 3a S. 2 VwVfG.[67]

- Außerdem veranlasst die Anhörungsbehörde ebenfalls innerhalb eines Monats die öffentliche **Auslegung** des Plans in den Gemeinden, in denen sich das Vorhaben voraussichtlich auswirken wird (§ 73 Abs. 2 Hs. 2 VwVfG).

- Die Gemeinden müssen den Plan innerhalb von drei Wochen nach Zugang für die Dauer eines Monats zur Einsicht auslegen, vgl. § 73 Abs. 3 S. 1 VwVfG. Die Auslegung ist vorher ortsüblich bekanntzumachen (§ 73 Abs. 5 VwVfG).

- Innerhalb der Einwendungsfrist nach § 73 Abs. 4 VwVfG (zwei Wochen nach Ablauf der Auslegungsfrist) kann derjenige, dessen Belange durch das Vorhaben berührt werden, **Einwendungen** gegen das Projekt erheben. Es ist also keine Rechtsbetroffenheit gefordert; vielmehr handelt es sich um eine Interessentenbeteiligung: Einwände können neben rechtlichen auch wirtschaftliche, soziale oder ideelle Belange zum Gegenstand haben. Erhebt ein Betroffener seine Einwendungen nicht innerhalb der Frist, ist er gem. § 73 Abs. 4 S. 3 VwVfG mit seinen Einwendungen ausgeschlossen, sofern sie nicht auf besonderen privatrechtlichen Titeln (zB Verträgen, Dienstbarkeiten) beruhen. Dieser Ausschluss erfasst nicht nur das (weitere) Verwaltungsverfahren, sondern auch ein sich etwaig anschließendes verwaltungsgerichtliches Verfahren (Ausschluss der Klagebefugnis); es handelt sich somit um eine materielle Präklusion,[68] die nach der Rspr. verfassungskonform ist.[69] Anerkannte **Vereinigungen** können nach den vorstehenden Maßgaben ebenfalls Stellungnahmen zum Plan abgeben, § 73 Abs. 4 S. 5, 6 VwVfG.[70]

- Nach Ablauf der Einwendungsfrist wird in einem **Erörterungstermin** das Vorhaben mit dem Projektträger, den beteiligten Behörden und Personen einschließlich den Umweltschutzvereinigungen, die rechtzeitig Einwendungen erhoben haben, behan-

---

65 Die regelmäßig nicht mit der Planfeststellungsbehörde identisch ist, was neutralitätssichernde Zwecke verfolgt, Ziekow, VwVfG, § 73 Rn. 3 ff.; allerdings kaum erreichbar bei nachgeordneten Stellen, vorstehend im Text.
66 Das sind nach hM die Behörden, deren Entscheidung wegen der Konzentrationswirkung der Planfeststellung (vgl. nachfolgend im Text) ersetzt wird, und solche, die an der ersetzten Entscheidung mitwirkungs- oder sonst wie beteiligungsberechtigt gewesen wären, vgl. etwa Neumann/Külpmann in: Stelkens/Bonk/Sachs, § 73 Rn. 33; großzügiger Huck in: ders./Müller, Verwaltungsverfahrensgesetz, 2. Aufl. 2016, § 73 Rn. 29: im Zweifel Beteiligung.
67 Es sei denn, die fraglichen Belange waren der Planfeststellungsbehörde bekannt oder hätten ihr bekannt sein müssen oder sind für die Rechtmäßigkeit der Entscheidung von Bedeutung (§ 73 Abs. 3a S. 2 Hs. 2, 3 VwVfG); eingeschränkte Behördenpräklusion, Stüer DVBl. 2013, 700, 704.
68 Ziekow, VwVfG, § 73 Rn. 26 f. Ebenfalls § 17a Nr. 7 S. 1 FStrG; zur Präklusion von Einwendungen § 9 Rn. 12 f. und Schlacke, § 6 Rn. 5.
69 So zu vergleichbaren Regelungen BVerwGE 140, 149 (§ 17a Nr. 7 S. 2 FStrG); 136, 291 (§ 61 Abs. 3 BNatSchG 2002).
70 Gleichstellung der anerkannten Vereinigungen (Umweltschutzvereinigungen) mit Betroffenen, Stüer DVBl. 2013, 700, 704 mwN. In Umsetzung der Entscheidung des EuGH vom Oktober 2015 zur Unionsrechtswidrigkeit nationaler materieller Präklusionsnormen im Hinblick auf Art. 11 UVP-Richtlinie (EU) 2011/92 und Art. 25 IE-Richtlinie (EU) 2010/75, EuGH NVwZ 2015, 1665, 1669 f. wird nunmehr in § 7 Abs. 4, 6 UmwRG bestimmt, dass in Rechtsbehelfsverfahren gegen Entscheidungen nach § 1 Abs. 1 S. 1 Nrn. 1–2b UmwRG § 73 Abs. 4 S. 3–6 VwVfG nicht angewendet werden darf.

delt (§ 73 Abs. 6 S. 1 VwVfG). Der Erörterungstermin bildet den Höhepunkt bei der Bürgerbeteiligung, weil er ggü. der herkömmlichen Anhörung im Verwaltungsverfahren ein Mehr ist, indem unter der Leitung der Behörde in einem gemeinsamen Gespräch die Argumente für das Vorhaben und die dagegen erhobenen Einwendungen besprochen werden.[71] Die Erörterung ist innerhalb von drei Monaten nach jenem Fristende abzuschließen (§ 73 Abs. 6 S. 7 VwVfG).

- Anhand der im Anhörungsverfahren gewonnenen Ergebnisse fertigt die Anhörungsbehörde eine Stellungnahme an und leitet diese einschließlich des Plans und der nicht erledigten Einwendungen an die Planfeststellungsbehörde weiter (§ 73 Abs. 9 VwVfG).

Das Verfahren findet seinen Abschluss mit dem **Planfeststellungsbeschluss**. Dieser beinhaltet einen Verwaltungsakt, der (ua[72]) Konzentrationswirkung entfaltet, § 74, § 75 Abs. 1 S. 1 Hs. 2 VwVfG. Danach ersetzt die Planfeststellung andere behördliche Entscheidungen, insb. ansonsten parallel einzuholende (öffentlich-rechtliche) Genehmigungen.[73]

Das **Widerspruchsverfahren**, das der Anfechtungs- und Verpflichtungsklage vorgeschaltet ist (s. § 68 VwGO), stellt als **Rechtsbehelfsverfahren** (§§ 79, 80 VwVfG) ein Verfahren im weiteren Sinne dar. Bei ihm wird die Recht- und Zweckmäßigkeit von Verwaltungsakten überprüft. Nach § 79 VwVfG gelten für dieses vorrangig die Vorschriften der §§ 68 ff. VwGO und „im Übrigen" diejenigen des VwVfG. Da §§ 61 ff. VwGO nur die Beteiligten des Gerichtsverfahrens regeln, beurteilt sich die Handlungsfähigkeit im Widerspruchsverfahren nach § 79 Hs. 2 VwVfG iVm § 12 VwVfG. Dem Widerspruchsverfahren kommt mithin eine doppelte Ausrichtung zu: Es ist Verwaltungsverfahren und – zugleich – verwaltungsgerichtliches Vorverfahren (ausführlicher zum Widerspruchsverfahren § 20 Rn. 1 ff.).

Allg. gilt, dass Verstöße gegen das vorstehend umrissene Verfahrensrecht nicht isoliert, sondern Rechtsbehelfe gegen behördliche Verfahrenshandlungen[74] nur zusammen mit solchen gegen die abschließende Sachentscheidung geltend gemacht werden können, § 44a S. 1 VwGO. Dahinter stehen prozessökonomische Erwägungen und man will vermeiden, dass die behördliche Sachentscheidung verzögert wird.[75] Daraus folgt, dass Rechtsschutz zB hins. der Entscheidung über die Gewährung von Akteneinsicht bzw. deren Art und Weise nach § 29 VwVfG erst und nur im Zusammenhang mit einem gerichtlichen Vorgehen gegen den erlassenen Verwaltungsakt erlangt werden kann.[76] Abweichungen hiervon kommen nur in den Fällen des § 44a S. 2 VwGO und darüber hinaus ausnahmsweise aus Gründen des wirksamen Rechtsschutzes gem. Art. 19 Abs. 4 GG in Betracht, wenn mit der Vorbereitung bzw. Unterlassung der

---

71 Guckelberger DÖV 2006, 97, 99 f., auch zu den Funktionen des Erörterungstermins; zu diesem auch Cancik DÖV 2007, 107 ff.; BVerwG Beschl. v. 28.3.2020 – 4 VR 5/19, Rn. 20 juris.
72 Genehmigungswirkung, § 75 Abs. 1 S. 1 Hs. 1 VwVfG; Gestaltungswirkung, § 75 Abs. 1 S. 2 VwVfG; Duldungswirkung, § 75 Abs. 2 VwVfG; s.a. Schlacke in: Kahl/Ludwigs, I, § 20 Rn. 54.
73 Ergeben sich hieraus zwingende Versagungsgründe (etwa immissionsschutzrechtlicher Art), zieht das folglich die Ablehnung des Plans nach sich, führt also zu einem negativen Planfeststellungsbeschluss. Zu den verschiedenen Formen der Konzentrationswirkung Siegel, Entscheidungsfindung, S. 127 ff. und auf S. 133 ff. zur Entscheidungskonzentration.
74 Zum Begriff der Verfahrenshandlung BVerwG NVwZ 2017, 489, 490.
75 BVerwGE 168, 103, 105 Rn. 12; s.a. BVerfG NVwZ 2022, 401. 402 Rn. 18. Dazu, dass man diese Intentionen des Gesetzgebers durchaus hinterfragen kann, vgl. § 9 Rn. 7, 13 allg. § 15 Rn. 14; s. etwa Durner NuR 2012, 369, 372 f.; Franzius in: FS für M. Kloepfer, 2013, 377, 394 ff.; Gärditz NVwZ 2014, 1, 10.
76 BVerwGE 168, 103, 105 Rn. 12.

§ 14 Rechtmäßigkeitsvoraussetzungen des Verwaltungsakts

Verfahrenshandlung ein unzumutbarer Nachteil einhergeht, der sich durch den Rechtsschutz erst gegen die Sachentscheidung nicht mehr (vollständig) beheben lässt.[77]

cc) Allgemeine Verfahrensgrundsätze des nichtförmlichen Verfahrens

Auch wenn die Gestaltung des nichtförmlichen Verfahrens als Standardverfahren grds. im Ermessen der Behörde steht, enthält das VwVfG Vorschriften, die bei seiner Durchführung beachtet werden müssen und (damit) zu den formellen Rechtmäßigkeitsvoraussetzungen für den Erlass eines Verwaltungsakts gehören.

17

- §§ 11, 12 VwVfG regeln abstrakt die **Beteiligungs- und Handlungsfähigkeit**, also wer überhaupt am Verfahren beteiligt sein und in diesem handeln kann. Die Fähigkeit, als Beteiligter, dh als Subjekt, am Verfahren teilzunehmen, setzt nach § 11 VwVfG (Teil-)Rechtsfähigkeit oder Behördeneigenschaft voraus. § 12 VwVfG legt fest, wer in Verwaltungsverfahren fähig ist, Verfahrenshandlungen vorzunehmen. Die(se) Handlungsfähigkeit entspricht der Prozessfähigkeit im gerichtlichen Verfahren (§ 62 VwGO, dazu § 20 Rn. 27); dementsprechend orientiert sie sich an der Geschäftsfähigkeit.

- § 13 VwVfG bestimmt, wer an einem konkreten Verwaltungsverfahren **Beteiligter** ist. Das sind zum einen Beteiligte kraft Gesetzes (Antragsteller, Antragsgegner und mögliche Adressaten des Verwaltungsakts, § 13 Abs. 1 Nr. 1–3 VwVfG). Zum anderen sind es Beteiligte aufgrund Hinzuziehung durch die Behörde, § 13 Abs. 1 Nr. 4, Abs. 2 VwVfG.[78] Da die Hinzuziehung konstitutiv ist, erlangt ein Nichtbeteiligter erst durch sie die Stellung eines Beteiligten.[79] Die Bestimmung der Beteiligteneigenschaft ist wichtig, da den Beteiligten bestimmte Verfahrensrechte, wie das Anhörungsrecht in § 28 Abs. 1 VwVfG, zukommen.[80] § 14 VwVfG dient der Herstellung von Waffengleichheit und ermöglicht es den Beteiligten, sich eines Bevollmächtigten (Abs. 1) oder Beistands (Abs. 4) zu bedienen.[81]

- §§ 20, 21 VwVfG dienen vorrangig der Durchführung eines an rechtsstaatlichen Prinzipien ausgerichteten Verwaltungsverfahrens, indem sie Interessenkonflikten auf Seiten der Behördenmitarbeiter entgegentreten.[82] In den in § 20 VwVfG genannten Fällen darf ein Behördenbediensteter kraft Gesetzes nicht in dem Verwaltungsverfahren tätig werden, etwa wenn er selbst Beteiligter ist (Abs. 1 Nr. 1). Diese Regelung ist Ausdruck des Gebots der **Unbefangenheit von Amtsträgern** und stellt sicher, dass niemand zum Entscheider in eigener Sache wird.[83] Liegt ein Grund vor, der geeignet ist, Misstrauen in die unparteiische Amtsführung hervorzurufen, hat der Amtswalter dies der Behördenleitung mitzuteilen und sich auf deren Anordnung der Mitwirkung im Verfahren zu enthalten (§ 21 VwVfG). Eine solche Befangenheit liegt vor, wenn aufgrund objektiv feststellbarer Tatsachen

---

[77] BVerfG DVBl. 2014, 175, 177; NVwZ 2022, 401, 403 f. Rn. 18 ff. (etwa bei einer Anordnung amtsärztlicher Untersuchung); BVerwG NVwZ 2017, 489, 490; s.a. Guckelberger, Deutsches Verwaltungsprozessrecht, S. 171 ff.
[78] Nach Ermessen von Amts wegen oder auf Antrag, § 13 Abs. 2 S. 1 VwVfG; auf Antrag zwingend, wenn der Verwaltungsakt rechtsgestaltende Wirkung für einen Dritten hat, § 13 Abs. 2 S. 2 VwVfG. S. näher zum Kriterium der rechtsgestaltenden Wirkung BVerwGE 168, 103, 106 Rn. 14.
[79] BVerwGE 168, 103, 105 Rn. 12.
[80] Voßkuhle/Schemmel JuS 2022, 717, 718.
[81] Voßkuhle/Schemmel JuS 2022, 717, 719.
[82] BVerfG NVwZ 2016, 59, 61; zu den sich aus dem Rechtsstaatsgebot ergebenden Prinzipien der Verfahrensgerechtigkeit und des fairen Verfahrens OVG Magdeburg Beschl. v. 13.12.2021 – 1 M 60/21, Rn. 13 juris.
[83] BVerwG ZTR 2016, 348, 349.

bei vernünftiger Würdigung aller Umstände die Besorgnis des Beteiligten nicht auszuschließen ist, ein bestimmter Amtswalter werde nicht unparteiisch, unvoreingenommen oder unbefangen entscheiden,[84] etwa aufgrund eines besonderen persönlichen Näheverhältnisses.[85] Für die Besorgnis der Befangenheit reicht der böse Schein voreingenommenen Verhaltens aus,[86] nicht jedoch die bloß subjektive Besorgnis, für die bei Würdigung der Tatsachen vernünftigerweise kein Grund ersichtlich ist.[87]

- Die Behörde muss den Sachverhalt von Amts wegen ermitteln, § 24 VwVfG (**Untersuchungsgrundsatz**). Im nichtförmlichen Verwaltungsverfahren entscheidet die Behörde grds. unter pflichtgemäßer Ausübung des ihr zukommenden Verfahrensermessens, welche Mittel sie zu einer möglichst umfassenden, den Erfordernissen des jeweiligen Einzelfalls angepassten Sachverhaltsaufklärung verwenden will.[88] § 26 Abs. 1 VwVfG zählt – allerdings nicht abschließend – die der Verwaltung dafür zur Verfügung stehenden Beweismittel auf. V.a. kann die Behörde Auskünfte einholen, Urkunden und Akten beiziehen, Augenschein nehmen, Beteiligte anhören oder Zeugen und Sachverständige vernehmen. Gem. § 26 Abs. 2 VwVfG sollen die an einem Verwaltungsverfahren Beteiligten an der Sachverhaltsaufklärung **mitwirken**. Sanktionen für den Fall der Verweigerung einer angeordneten Mitwirkung sind jedoch nicht vorgesehen. Nach dem Grundsatz des Freibeweises (§ 26 VwVfG) ist der Nachweis von Tatsachen im Verwaltungsverfahren an keine bestimmte Beweisarten gebunden.[89] Außerdem gilt im Verwaltungsverfahren der ungeschriebene Grundsatz freier Beweiswürdigung.[90] Bleibt eine Tatsache trotz behördlicher Ermittlungsbemühungen unaufgeklärt, geht dies zulasten desjenigen, der sich auf diese Tatsache beruft.[91]

- Der Behörde obliegt ggü. den Verfahrensbeteiligten eine **Beratungs- und Auskunftspflicht**, § 25 VwVfG (Stichwort: Amtswalter als „Helfer des Bürgers"). Wird dem nicht entsprochen, können den Betroffenen Amtshaftungsansprüche erwachsen.[92] Es entspricht dem Bild einer guten Verwaltung, dass die Behörde einen Antragsteller, wenn sie nach einer flüchtigen Sichtung seiner Unterlagen deren offensichtliche Unzulänglichkeit bemerkt, diesen grds. darauf hinweist und ihm so die Beseitigung des Fehlers ermöglicht.[93]

---

84 BVerwG NVwZ 2016, 1641, 1643.
85 OVG Lüneburg Beschl. v. 28.6.2021 – 5 ME 50/21, Rn. 32 juris.
86 BAG NZA-RR 2014, 236, 240 Rn. 38; zur Frage des bösen Scheins bei Allgemeinverfügungen und einer möglichen teleologischen Reduktion des § 20 VwVfG Scholz/Schröder NVwZ 2021, 1734, 1736 ff.
87 BVerwG NVwZ 2016, 1641, 1643.
88 BVerwGE 150, 74, 79 f.; dazu und dass es Unterschiede je nach jew. Verfahrensart in Bezug auf die Überzeugungsdichte gibt, Peters VR 2020, 145 f.; zur Beschränkung auf eine Plausibilitätskontrolle im Planfeststellungsverfahren BVerwGE 169, 94, 100 Rn. 25; eingehend Spilker, Behördliche Amtsermittlung, 2015.
89 Voßkuhle/Schemmel JuS 2022, 717, 719.
90 Voßkuhle/Schemmel JuS 2022, 717, 719.
91 Detterbeck, Rn. 949; es handelt sich bei § 26 Abs. 2 VwVfG daher um eine Obliegenheit des Bürgers; Maurer/Waldhoff, § 19 Rn. 39. S.a. BVerwGE 169, 269, 275 Rn. 21.
92 Allg. BVerwGE 30, 46; zum Amtshaftungsanspruch § 37. Eingehend zur behördlichen Beratung und den Konsequenzen von Beratungsfehlern Eichenhofer Die Verw 53 (2020), 501 ff.
93 BVerwG ZNER 2017, 151, 154.

b) Anhörung als besonderes Verfahrenserfordernis

Wichtigstes Element des Verwaltungsverfahrens und ein verfassungsrechtlich fundiertes Recht[94] ist die gem. § 28 Abs. 1 VwVfG erforderliche **Anhörung**. Sie muss im Rahmen der formellen Rechtmäßigkeit eines belastenden Verwaltungsakts immer geprüft werden. Zur Sachverhaltsaufklärung, aber vor allem zur Wahrung der Rechte des Beteiligten, hat die Behörde ihm – in welcher Form auch immer – Gelegenheit zu geben, sich zu den für die Entscheidung erheblichen Tatsachen zu äußern; macht er von dieser Möglichkeit Gebrauch, muss sie das Vorbringen zur Kenntnis nehmen und dieses bei ihrer Entscheidung ernsthaft in Erwägung ziehen.[95]

Die Anhörung richtet sich an einen individualisierten Adressaten. Damit diese ihren Zweck erreichen kann, muss die Behörde den beabsichtigten Verwaltungsakt nach Art und Inhalt so konkret umschreiben, dass die jeweilige Person erkennen kann, weshalb und wozu sie sich äußern soll und mit welcher Entscheidung zu rechnen ist (sog. Informationsfunktion).[96] Die freie Berichterstattung in den Medien über eine beabsichtigte Maßnahme reicht dafür nicht aus (keine Zurechnung der Berichterstattung zur Verwaltung, selbst wenn sich eine Person ggü. den Medien geäußert hat);[97] sodann ist dem Betroffenen behördlicherseits in zeitlich angemessener Weise die Möglichkeit zur Stellungnahme einzuräumen. Auch wenn sich diese nach dem Wortlaut des § 28 Abs. 1 VwVfG auf Tatsachen bezieht, hindert dies den Beteiligten nicht, sich auch in rechtlicher Hinsicht zu äußern.[98]

Die Anhörung hat vor Erlass eines Verwaltungsakts zu erfolgen, der in Rechte eines Beteiligten „eingreift", § 28 Abs. 1 VwVfG. Fraglich ist, ob eine Anhörung auch dann erforderlich ist, wenn ein **begünstigender Verwaltungsakt** abgelehnt werden soll.

- Das BVerwG verneint dies und begründet seine Ablehnung damit, dass lediglich die Versagung einer Begünstigung in Rede steht und daher bloß ein „Mehr an Rechten" nicht gewährt wird.[99]

- Der Ansicht kann jedoch dann nicht gefolgt werden, wenn der Verwaltungsakt eine der Präventivkontrolle dienende Erlaubnis (präventives Verbot mit Erlaubnisvorbehalt) ablehnt, also dem Einzelnen ein gebundener Anspruch auf die Erteilung der Erlaubnis zusteht.[100] Eine solche negative Entscheidung stellt für den Bürger einen Eingriff in seine dem Antrag zugrunde liegenden Freiheitsrechte dar.[101]

- Darüber hinaus wird vertreten, dass ein ablehnender Verwaltungsakt für den Betroffenen oft nicht weniger schwerwiegende Folgen nach sich ziehen kann als ein eingreifender Verwaltungsakt. Nach dem Sinn und Zweck der Anhörung sollen daher auch Begünstigungen versagende Verwaltungsakte sowie begünstigende Ver-

---

94 Vornehmlich Rechtsstaatsprinzip iVm Art. 2 Abs. 1 GG; s.a. Guckelberger JuS 2011, 577 f.; vgl. bereits § 2 Rn. 4. Zu den unterschiedlichen verfassungsrechtlichen Begründungen der Anhörung Maurer/Waldhoff, § 19 Rn. 28.
95 BVerwGE 66, 111; s.a. BVerwG DVBl. 2014, 303, 305. Zu den Funktionen der Anhörung Sasse VR 2019, 197, 198 und zu behördlichen Überlegungen zur Form der Anhörung Guckelberger, Öffentl. Verwaltung, Rn. 690 ff.
96 BVerwGE 168, 63, 65 Rn. 9; BVerwG NVwZ 2018, 268, 269.
97 BVerwG DVBl. 2014, 303, 305.
98 Daher sich für eine Mitteilung der Rechtsgrundlagen durch die Behörde aussprechend Sasse VR 2019, 197, 199.
99 BVerwGE 66, 184, 186; auch Kümper, Risikoverteilung im Staatshaftungsrecht am Beispiel amtshaftungsrechtlicher Gefahrvermeidungspflichten bei fehlerhafter Planung, Genehmigung und Aufsicht, 2011, S. 80 f., aus amtshaftungsrechtlicher Sicht.
100 Hierzu § 12 Rn. 39; s.a. Schoch Jura 2006, 833, 836.
101 So auch OVG Münster NVwZ 1983, 746; Maurer/Waldhoff, § 19 Rn. 28; vgl. § 12 Rn. 39.

waltungsakte mit einer belastenden Nebenbestimmung einer vorherigen Anhörung bedürfen.[102]

In diesem Zusammenhang bleibt freilich zu berücksichtigen, dass der Ablehnung eines begünstigenden Verwaltungsakts häufig ein Antrag vorgeschaltet ist, durch den der Betroffene die Möglichkeit hat(te), in der Sache Stellung zu beziehen. Darin kann eine Anhörung des Betroffenen liegen, wenn den zuvor genannten Anforderungen (vorstehend Rn. 18) Rechnung getragen wird. Auf die Erforderlichkeit der Anhörung kommt es dann letztlich nicht an.

20 § 28 Abs. 2 VwVfG enthält eine **beispielhafte** („insbesondere") Auflistung von Konstellationen, in denen die Verwaltung von einer Anhörung absehen kann. Wegen der rechtsstaatlichen Bedeutung des Rechts auf Anhörung (vgl. § 2 Rn. 4) sind an solche Ausnahmen **strenge Anforderungen** zu stellen.[103] Zunächst ist zu prüfen, ob nach den Umständen des Einzelfalles eine Anhörung nicht geboten ist, wobei auch bei den Regelbeispielen eine **Einzelfallprüfung** anzustellen ist. Ist dies zu bejahen, muss die Behörde auf der Rechtsfolgenseite das ihr eingeräumte **Ermessen** hins. der (Nicht-)Durchführung einer Anhörung unter strikter Bindung an den Verhältnismäßigkeitsgrundsatz pflichtgemäß ausüben.[104] Praktisch und klausurrelevant sind v.a. die von § 28 Abs. 2 Nrn. 1, 4 und 5 VwVfG erfassten Fälle:

- Von der Anhörung kann gem. § 28 Abs. 2 Nr. 1 Alt. 1 VwVfG abgesehen werden, wenn eine sofortige Entscheidung wegen „**Gefahr im Verzug**" notwendig erscheint. Dies ist nur bei solchen Gefahrensituationen zu bejahen, bei denen durch eine vorherige, evtl. sogar mündliche oder telefonische, Anhörung selbst bei Gewährung kürzester Anhörungsfristen ein Zeitverlust einträte, der mit hoher Wahrscheinlichkeit zur Folge hätte, dass der Zweck der zu treffenden Regelung nicht erreicht werden würde.[105] Diese Ausnahme betrifft v.a. Eilentscheidungen auf dem Gebiet des Polizei- und Ordnungsrechts, etwa wenn den Bewohnern eines brennenden Hauses dessen Verlassen aufgegeben wird. Im Zweifel ist die Ausnahme restriktiv anzuwenden.[106] Als Beispiel für einen Fall, in dem eine sofortige Entscheidung „im öffentlichen Interesse" notwendig erscheint (§ 28 Abs. 2 Nr. 1 Alt. 2 VwVfG), sei die Abschiebung eines terroristischen Gefährders genannt.[107]

- Nach Nr. 4 kann eine Behörde ua beim **Erlass einer Allgemeinverfügung**[108] auf die Anhörung verzichten, etwa beim Aufstellen von Verkehrszeichen. Allein der allgemeine Umstand des Vorliegens einer Allgemeinverfügung rechtfertigt für sich nicht das Absehen von einer Anhörung. Angesichts der Einzelfallprüfung der Ausnahmegründe sowie des daran anschließenden Ermessens ist in den Worten des BVerwG insoweit eine „differenzierende Betrachtungsweise geboten". Entschei-

---

102 In diese Richtung Maurer/Waldhoff, § 19 Rn. 28; Sasse VR 2019, 197, 199; Siegel, Rn. 491.
103 BVerwG NVwZ 2022, 978, 980 Rn. 21.
104 BVerwG NVwZ 2022, 978, 980 Rn. 21.
105 OVG Münster NWVBl. 2022, 171, 172 f.; UPR 2017, 390, 393; Guckelberger JuS 2011, 577, 578. Zur Entbehrlichkeit der Anhörung bei einem Vereinsverbot Baudewin NVwZ 2021, 1021.
106 BVerwGE 142, 205, 207 ff.; wenn möglich, Beschränkung auf vorläufige Maßnahmen, OVG Münster UPR 2017, 390, 393.
107 BVerwG NVwZ 2017, 1531, 1533.
108 Ferner bei gleichartig in größerer Zahl oder automatisiert erstellten Verwaltungsakten, was in dieser Pauschalierung angesichts der verfassungsrechtlichen, insb. rechtsstaatlichen Rückbindung der Anhörung (vorstehend im Text) nicht unproblematisch erscheint, s. dazu im Hinblick auf den vollautomatisierten Verwaltungsakt Guckelberger VVDStRL 78 (2019), 235, 273 f.; zu EDV-„gestützten" Verfügungen Maurer/Waldhoff, § 18 Rn. 10. Vgl. § 12 Rn. 22.

dend sei daher, in welchem rechtlichen und tatsächlichen Zusammenhang die jeweilige Allgemeinverfügung stehe. Während bei personen- oder benutzungsbezogenen Allgemeinverfügungen an einen unüberschaubaren Personenkreis oder bei einer straßenrechtlichen Widmung als sachbezogene Allgemeinverfügung ein Verzicht auf eine Anhörung naheliege, gestalte sich die Rechtslage bei einer nur auf ein Grundstück bezogenen Allgemeinverfügung mit einem eng begrenzten Adressatenkreis anders.[109]

- Nr. 5 entbindet zur Sicherstellung der Effektivität der Vollstreckung **Maßnahmen „in" der Verwaltungsvollstreckung** von einer Anhörung. Dazu zählen zB die Festsetzung und Anwendung von Zwangsmitteln,[110] nicht hingegen der Kostenbescheid (hierzu § 19 Rn. 20), weil es sich hierbei um eine Maßnahme nach Abschluss der Vollstreckung handelt.

Wie bereits erwähnt, tritt der Ausschluss der Anhörung bei Vorliegen der Voraussetzungen des § 28 Abs. 2 Nrn. 1–5 VwVfG nicht automatisch ein. Vielmehr steht der Verzicht auf die Anhörung im Ermessen der Behörde; sie muss also eine ermessensfehlerfreie Entscheidung unter Abwägung aller Umstände treffen.[111] Im Unterschied dazu muss nach **§ 28 Abs. 3 VwVfG** eine Anhörung unterbleiben, wenn ihr ein zwingendes öffentliches Interesse entgegensteht.

c) Akteneinsicht

Damit ein Beteiligter ua fundiert von seinem Anhörungsrecht Gebrauch machen oder die Verwaltung kontrollieren kann, wird oftmals Akteneinsicht begehrt. Das in § 29 Abs. 1 VwVfG geregelte Akteneinsichtsrecht kommt nur an einem konkreten Verwaltungsverfahren **beteiligten Personen** (s. § 13 VwVfG) zu. Sie haben ein Recht auf **Einsicht** in die das Verfahren betreffenden **Akten**,[112] soweit deren Kenntnis für die Geltendmachung oder Verteidigung ihrer **eigenen rechtlichen Interessen** erforderlich ist, § 29 Abs. 1 VwVfG.[113] **Ausnahmen** behält § 29 Abs. 2 VwVfG vor. Weitere Grenzen ergeben sich aus § 30 VwVfG (Geheimhaltung, insb. bei Betriebs- und Geschäftsgeheimnissen) und dem Datenschutzrecht. Nach Erlass des Verwaltungsakts ist das Verwaltungsverfahren zunächst abgeschlossen, so dass § 29 VwVfG nach oft vertretener Ansicht keine Anwendung findet.[114] Legt der Betroffene gegen eine (ablehnende) behördliche Entscheidung freilich Widerspruch ein, schließt sich das Rechtsbehelfs- bzw. Widerspruchsverfahren an, auf das gem. § 79 VwVfG die Vorschriften des VwVfG und damit auch § 29 VwVfG, soweit die VwGO keine Sonderregelungen enthält (zum Widerspruchsverfahren näher § 20 Rn. 1 ff.), anwendbar sind – es besteht demnach ein Akteneinsichtsrecht. Zunehmend führen die Behörden ihre Akten elektronisch.[115] Ergänzend zu § 29 Abs. 1, 2 VwVfG finden sich in § 8 EGovG Bund und vergleichbaren

---

109 BVerwG NVwZ 2022, 978, 980 f. Rn. 22.
110 Sasse VR 2019, 197, 200 f. Zu den Maßnahmen der Verwaltungsvollstreckung § 19. Dazu, dass die Abschiebung wegen des Erlöschens des Aufenthaltsrechts keine reine Maßnahme der Vollstreckung und deshalb Nr. 5 unanwendbar ist, BVerwG NVwZ 2017, 1531, 1533.
111 Ramsauer in: Kopp/ders., § 28 Rn. 44; Guckelberger JuS 2011, 577, 578; Sasse VR 2019, 197, 200; zu den rechtlichen Anforderungen an jegliche Ermessensbetätigung Rn. 36 ff.
112 Schlingloff JA 2022, 137, 138.
113 S.a. BVerwG NVwZ 2020, 887, 888.
114 BVerwG NVwZ 2017, 489, 490. Anders Maurer/Waldhoff, § 19 Rn. 29: Fortgeltung zwecks Prüfung etwaiger Rechtsbehelfe.
115 Zur zunehmenden Ablösung der papiergebundenen Aktenführung durch elektronische (Verwaltungs-)Akten und zum elektronischen Akteneinsichtsrecht Guckelberger in: Hill/Schliesky, Auf dem Weg zum digi-

Landesgesetzen Bestimmungen zur Art und Weise der Gewährung der Akteneinsicht bei derartigen E-Akten.

Außerhalb vom konkreten Verwaltungsverfahren gab es lange Zeit keinen solchen Anspruch; vielmehr lag die Gewährung von Akteneinsicht im behördlichen Ermessen (Grundsatz der beschränkten Aktenöffentlichkeit).[116] Inzwischen gewährt der Gesetzgeber oftmals Informationszugangsrechte für jedermann in Gestalt eines gebundenen Anspruchs. In Umsetzung unionsrechtlicher Vorgaben verleiht zwischenzeitlich § 3 Abs. 1 S. 1 UIG Bund (und vergleichbares Landesrecht) ua zur Reduzierung behördlicher Vollzugsdefizite im Umweltrecht jeder natürlichen oder juristischen Person einen Anspruch auf Zugang zu „Umweltinformationen" iSd § 2 Abs. 3 UIG, ohne dass sie ein rechtliches Interesse darlegen muss. Inzwischen gewährt neben einzelnen **Informationsfreiheitsgesetzen** der Länder auch § 1 Abs. 1 S. 1 des Informationsfreiheitsgesetzes des Bundes einen interessenfreien und verfahrensunabhängigen Anspruch auf Zugang zu „amtlichen Informationen" (s. § 2 Nr. 1 IFG), allerdings nur „nach Maßgabe dieses Gesetzes".[117] Bei solchen nicht-akzessorischen Informationsrechten wird oftmals durch Verwaltungsakt über die Gewährung des Informationszugangs entschieden, so dass es sich hierbei um ein eigenständiges, auf Informationszugang gerichtetes Verwaltungsverfahren handelt.[118] Nach ständiger, aber nicht unumstrittener Rspr. folgt für Privatpersonen aus der Informationsfreiheit des Art. 5 Abs. 1 S. 1 Alt. 2 GG kein verfassungsunmittelbarer Anspruch auf Zugang zu amtlichen Informationen, da sich dieses Grundrecht nur auf bereits eröffnete allgemein zugängliche Informationsquellen bezieht bzw. auf Ausgestaltung durch den Gesetzgeber angelegt ist.[119] Da die Landespressegesetze bei entgegenstehender Gesetzgebungskompetenz des Bundes auf Bundesbehörden nicht anwendbar sind, entnimmt die Rspr. bis zu einer Regelung durch den Bund aus Art. 5 Abs. 1 S. 2 GG für die Presse einen verfassungsunmittelbaren Auskunftsanspruch hins. vorhandener Informationen, soweit keine berechtigten schutzwürdigen Interessen Privater oder öffentlicher Stellen an der Vertraulichkeit entgegenstehen; in engen Grenzen kann sich dieser zu einem Akteneinsichtsrecht verengen.[120]

Ferner sei auf **Art. 15 DSGVO** hingewiesen, der betroffenen Personen, die von einer Verarbeitung personenbezogener Daten betroffen sind, ein Recht auf Auskunft über diese personenbezogenen Daten einräumt (Abs. 1). Art. 15 Abs. 3 S. 1 iVm Art. 12 Abs. 5 S. 1 DSGVO verpflichtet den Verantwortlichen zur kostenlosen Bereitstellung einer Kopie der personenbezogenen Daten. In einer extensiven Auslegung dieser Vorschriften gelangte das OVG Münster zu dem Ergebnis, dass sich daraus eine Pflicht

---

talen Staat, 2015, S. 129 ff.; Sydow in: Dreier/Fischer/van Raay/Spiecker, Informationen der öffentlichen Hand, 2016, S. 193 ff.

116 Vgl. BVerwGE 61, 15, 22; zu einem verfassungsunmittelbaren Anspruch aus Art. 12 GG vgl. BVerwGE 118, 270 – was aber neben verfassungsrechtlichen Bedenken schon als Einzelfallentscheidung nicht verallgemeinert werden kann, in diese Richtung Maurer/Waldhoff, § 19 Rn. 34.
117 Dazu näher Fehling DVBl. 2017, 79 ff.; Schoch, IFG, 2. Aufl. 2016; Ziekow/Debus/Musch, Bewährung und Fortentwicklung des Informationsfreiheitsrechts, 2013.
118 Siegel, Rn. 506 f.
119 BVerfGE 119, 309, 318 f.; 145, 346, 354 f.; BVerwG NVwZ 2015, 823, 827 (auch zu Art. 10 EMRK); VGH München BayVBl. 2017, 482, 483; aA zB Scherzberg, Die Öffentlichkeit der Verwaltung, 2000, S. 200 f.
120 BVerwGE 154, 222, 224 ff.; BVerwG K&R 2022, 150, 152 Rn. 27; dazu etwa Germelmann DÖV 2013, 667 ff.; Schnabel NJW 2016, 1692 ff. Zum Vorhaben der einfachgesetzlichen Ausgestaltung dieses Anspruchs v. Lewinski ZGI 2022, 1 f.

zur unentgeltlichen Überlassung analoger oder digitaler Kopien von Prüfungsklausuren nebst Korrekturgutachten ergibt.[121]

▶ **Zu Fall 8:** Die immissionsschutzrechtliche Genehmigung ist ein begünstigender Verwaltungsakt, die dem Antragsteller bei Vorliegen der Voraussetzungen des § 6 Abs. 1 BImSchG zu erteilen ist (= gebundene Entscheidung). Nach der Rspr. des BVerwG ist eine Anhörung bei der Ablehnung begünstigender Verwaltungsakte nicht erforderlich; danach würde eine fehlende Anhörung keine Rechtswidrigkeit der Versagung der Genehmigung nach sich ziehen. Die Gegenauffassung hält die Anhörung jedenfalls dann, wenn es wie hier um eine (grund)rechtlich geschützte Position (Art. 12 Abs. 1 GG) geht, für erforderlich (vgl. Rn. 19). Folgt man dieser Sichtweise, war die Entscheidung der Behörde schon wegen unterbliebener Anhörung formell rechtswidrig (zur Heilung einer fehlenden Anhörung § 15 Rn. 17). Ferner ergibt sich aus § 20 Abs. 1 S. 1 Nr. 2 iVm Abs. 5 S. 1 Nr. 6 VwVfG, dass S als Schwager des E von der Bearbeitung des Falles kraft Gesetzes ausgeschlossen war. Auch dieser Verstoß führt zur formellen Rechtswidrigkeit der Ablehnung (dieser Verstoß kann nicht geheilt werden, vgl. wie vor). ◀

3. Form

Eine besondere Form ist für den Verwaltungsakt grds. nicht vorgeschrieben. Er kann **schriftlich, elektronisch, mündlich**[122] oder in anderer Weise, etwa **konkludent** (Bsp. Handzeichen eines Vollzugspolizisten) erlassen werden (§ 37 Abs. 2 bis 5 VwVfG, Formenwahlfreiheit). An die Stelle einer gesetzlich angeordneten Schriftform darf unter gewissen Voraussetzungen die **elektronische Form** treten, vgl. § 3a Abs. 2, § 37 Abs. 3 S. 2, 3 VwVfG.

22

Voraussetzung für die **elektronische Kommunikation** nach § 3a Abs. 1 VwVfG ist, dass sowohl die Verwaltung als auch ihr Gegenüber jew. über eine entsprechende technische Kommunikationsmöglichkeit verfügen (= objektiv) und der Empfänger diese subjektiv ausdrücklich oder konkludent für die elektronische Kommunikation gewidmet hat.[123] § 2 Abs. 1 EGovG Bund verpflichtet jede Behörde des Bundes, aber auch der Länder, für den Vollzug von Bundesrecht einen solchen Zugang für die Übermittlung elektronischer Dokumente zu eröffnen.[124] Mangels abweichender Bestimmung kann eine durch Rechtsvorschrift angeordnete Schriftform durch die elektronische Form ersetzt werden. Nach § 3a Abs. 2 S. 2 VwVfG genügt der elektronischen Form ein elektronisches Dokument, das **mit einer qualifizierten elektronischen Signatur** versehen ist. Da elektronische Daten auf ihrem Weg durch das offene Netz geändert werden können, hat sich der Gesetzgeber für einen sicheren Rahmen zur elektronischen Authentifizierung des Kommunikationspartners sowie der Überprüfung der Integrität der übermittelten Daten entschieden.[125] Gem. Art. 3 Nr. 12 eIDAS-Verordnung ist eine qualifizierte elektronische Signatur eine fortgeschrittene Signatur, die von einer qualifizierten Sicherstellungseinheit (s. Art. 3 Nr. 23) erstellt wurde und auf einem qualifizierten Zertifikat für elektronische Signaturen (Art. 3 Nr. 15) beruht.[126] Damit ein Widerspruch, der nach § 70 Abs. 1 S. 1 VwGO in elektronischer Form nach § 3a Abs. 2 VwVfG eingelegt werden kann, zulässig ist, müssen also beide Partner einen Zugang für die elektronische Kommunikation eröffnet haben und der Widerspruchsführer muss sich der qualifizierten Signatur

---

121 OVG Münster DVBl. 2022, 358; s.a. Peter ZJS 2019, 252 ff.; allg. Schlinghoff JA 2022, 137, 139; OVG Münster RDV 2021, 277, 283 ff.
122 Zur Effektivität mündlicher Verwaltungsakte Beckmann VR 2011, 145.
123 BVerwG NVwZ 2017, 967, 968 Rn. 18 f.
124 Zur Fortentwicklung der Schriftformäquivalente, insb. elektronischer Art, durch das Gesetz zur Förderung der elektronischen Verwaltung und zur Änderung weiterer Vorschriften v. 25.7.2013, BGBl. I S. 2749, Schulz DÖV 2013, 882.
125 BVerwG Beschl. v. 17.6.2011 – 7 B 79/10, Rn. 24 juris; NVwZ 2017, 967, 969 Rn. 21 betont die Gewähr, dass das Dokument von einer bestimmten Person herrührt und mit ihrem Willen in den Verkehr gebracht wurde.
126 Näher BVerwG Beschl. v. 25.11.2021 – 1 WB 27/21, Rn. 20 juris.

bedienen. Eine einfache E-Mail genügt nicht. Da die qualifizierte Signatur nicht besonders „beliebt" ist, wurden zwischenzeitlich in S. 4, 5 **weitere Möglichkeiten zur Ersetzung der Schriftform** vorgesehen.

Zu beachten sind spezialgesetzliche Formvorschriften, etwa:
- Beamtenernennung durch Aushändigung einer Urkunde (§ 8 Abs. 2 BeamtStG, § 10 Abs. 2 BBG) oder
- Schriftform bei Zusicherungen (§ 38 Abs. 1 S. 1 VwVfG).

23 § 39 Abs. 1 VwVfG bestimmt, dass ein schriftlicher oder elektronischer (bzw. ein entsprechend bestätigter) Verwaltungsakt zu begründen ist. Dadurch kann sich der Adressat des Verwaltungsakts von dessen Richtigkeit überzeugen bzw., falls er diese nicht für gegeben erachtet, zur Einlegung eines Rechtsbehelfs veranlasst sehen (Rechtsschutzfunktion). Daneben fördert die Begründungspflicht die Selbstkontrolle der Verwaltung.[127] **Begründung** bedeutet in diesem Zusammenhang, dem Betroffenen hins. des konkreten Falls die wesentlichen tatsächlichen und rechtlichen Gründe mitzuteilen, welche die Behörde zu ihrer Entscheidung bewogen haben, § 39 Abs. 1 S. 2 VwVfG.[128] Die Begründung von Ermessensentscheidungen (zum behördlichen Ermessen Rn. 36 ff.) soll auch die Erwägungen erkennen lassen, von denen die Behörde bei der Ausübung ihres Ermessens ausgegangen ist (vgl. § 39 Abs. 1 S. 3 VwVfG). Teilt die Behörde dergestalt ihre Gründe und ggf. Erwägungen mit, ist der Verwaltungsakt formell rechtmäßig, unabhängig davon, ob sie mit dem Recht in Einklang stehen.[129] Tut sie dies nicht oder nur lückenhaft, ist die Maßnahme formell rechtswidrig.[130]

In den **Ausnahmefällen des** § 39 Abs. 2 VwVfG ist keine Begründung erforderlich, etwa bei positiver Bescheidung (Nr. 1) oder wenn dem Adressaten die Gegebenheiten bekannt bzw. unschwer erkennbar sind (Nr. 2) oder bei öffentlich bekannt gegebenen Allgemeinverfügungen (Nr. 5).

4. Rechtsbehelfsbelehrung als Formerfordernis der VwGO

24 Zwar schreibt § **37 Abs. 6 S. 1 VwVfG** für schriftliche wie elektronische Verwaltungsakte, die der Anfechtung unterliegen, eine Rechtsbehelfsbelehrung vor (= bei belastenden Verwaltungsakten, auch solchen, mit denen ein Antrag abgelehnt wird, sowie Verwaltungsakten mit Drittwirkung),[131] auch ist der Widerspruchsbescheid gem. § 73 Abs. 3 S. 1 VwGO mit einer Rechtsmittelbelehrung zu versehen. Trotzdem ist die Rechtsbehelfsbelehrung **keine Voraussetzung der formellen Rechtmäßigkeit** eines Verwaltungsakts; vielmehr stellt sie ein besonderes Formerfordernis der VwGO dar, an dessen Fehlen die Rechtswidrigkeit des Verwaltungsakts nicht geknüpft ist. Eine unterbliebene oder unrichtige Rechtsbehelfsbelehrung wirkt sich gem. § **58 Abs. 2 VwGO** vielmehr dahin gehend aus, dass sich die Frist für die Einlegung von Rechtsbehelfen von einem Monat (§ 70, § 74 VwGO) auf ein Jahr verlängert.

---

127 Wolff in: ders./Decker, Studienkommentar, VwVfG § 39 Rn. 4.
128 OVG Münster Beschl. v. 3.3.2022 – 19 B 282/22, Rn. 4 juris. Eingehend zur schriftlichen Begründung von Verwaltungsakten in der vollzugspolizeilichen Praxis Robrecht SächsVBl. 2005, 241. Zum Begründungserfordernis bei Entscheidungen durch Künstliche Intelligenz (KI) Guckelberger, Öffentl. Verwaltung, Rn. 521 ff.; Wischmeyer AöR 143 (2018), 1, 61 ff. und bei vollständig automatisierten Verwaltungsakten Roth-Isigkeit DÖV 2020, 1018 ff.
129 VGH Kassel Beschl. v. 11.4.2018 – 5 A 1906/17, Rn. 4 juris. Tun es nicht, ist der Verwaltungsakt materiell, nicht aber formell rechtswidrig; näher dazu fallbezogen Lindner/Jahr JuS 2013, 673, 675.
130 Es besteht dann die Möglichkeit der Heilung, § 45 Abs. 1 Nr. 2, Abs. 2 VwVfG, vgl. § 15 Rn. 15 f., nicht aber des Nachschiebens von (Ermessens-)Gründen nach § 114 S. 2 VwGO, vgl. § 15 Rn. 18; näher zu alldem Lindner/Jahr JuS 2013, 673, 675 ff.
131 BR-Drs. 171/12, S. 29 f.; s.a. Waldvogel/Schmidt JA 2021, 233, 237.

III. Materielle Rechtmäßigkeit

Die materielle Rechtmäßigkeit bestimmt sich in erster Linie anhand von Vorgaben der **Rechts- bzw. Ermächtigungsgrundlage** (dazu vorstehend Rn. 4 ff.). Dabei gilt es zu unterscheiden: Vorschriften dieser Art enthalten regelmäßig eine Tatbestands- und eine Rechtsfolgenseite.

25

Die **Tatbestandsseite** stellt Voraussetzungen auf, die von der den Verwaltungsakt erlassenden Behörde zu beachten sind. Bspw. kann die Aufsichtsbehörde nach § 13 Abs. 3 Nr. 2 lit. b ArbZG abweichend von § 9 die Beschäftigung von Arbeitnehmern im Handelsgewerbe an bis zu zehn Sonn- und Feiertagen im Jahr bewilligen, an denen besondere Verhältnisse einen erweiterten Geschäftsverkehr erforderlich machen. Wie man an dieser Norm gut erkennen kann, sind die dabei verwendeten Tatbestandsmerkmale mehr oder minder bestimmt. Während die Merkmale „Sonntag" und „bis zu zehn" regelmäßig ohne Probleme zu bestimmen sind, stellt das Erfordernis der „besondere[n] Verhältnisse" einen **unbestimmten Rechtsbegriff** dar, der von der Behörde im Einzelfall ausgelegt werden muss. Zwar verpflichtet das aus dem Rechtsstaatsprinzip zu entnehmende Bestimmtheitsgebot den Gesetzgeber zum Erlass hinreichend bestimmter Regelungen, damit die Verwaltung steuernde und begrenzende Handlungsmaßstäbe vorfindet, die Gerichte ihr Handeln kontrollieren und sich die Einzelnen ua auf belastende Maßnahmen einstellen können.[132] Um der Vielgestaltigkeit des Lebens Rechnung tragen zu können, dürfen jedoch in Rechtsnormen derartige unbestimmte Rechtsbegriffe verwendet werden, sofern sich ihr Inhalt insb. mithilfe der üblichen Auslegungsmethoden (Sinn und Zweck, Systematik, Historie) bestimmen lässt.[133] Ausnahmsweise sind der Verwaltung nach hM bei der Beurteilung solcher Rechtsbegriffe Entscheidungsspielräume eröffnet, sog. **Beurteilungsspielräume** (dazu nachfolgend Rn. 27 ff.), die – wie noch zu zeigen sein wird – nur einer eingeschränkten Gerichtskontrolle unterliegen.

Ähnlich verhält es sich auf der **Rechtsfolgenseite**. Oft ist der Verwaltung die zu treffende Rechtsfolge genau vorgegeben. Nach § 6 Abs. 1 BImSchG „ist" die immissionsschutzrechtliche Genehmigung bei Einhaltung der dortigen Vorschriften zu erteilen. Die Verwaltung muss dann die gesetzlich vorgesehenen Rechtsfolgen aussprechen, wenn die tatbestandlichen Voraussetzungen der Norm vorliegen. Sie trifft mithin eine **gebundene Entscheidung**.[134] Die sog. **Ermessensnormen** (hierzu Rn. 36 ff.) belassen den Behörden dagegen einen (Entscheidungs-)Spielraum hins. der näher anzuordnenden Rechtsfolgen. Als Beispiel sei § 38 BPolG genannt. Danach „kann" die Bundespolizei zur Abwehr einer Gefahr eine Person vorübergehend von einem Ort verweisen. Sie hat also mit Blick auf die besonderen Umstände des Einzelfalls zu entscheiden, ob eine solche Platzverweisung geboten ist oder nicht.

In der Literatur wird diese Differenzierung zwischen Beurteilungsspielräumen auf der Tatbestandsseite und Ermessen auf der Rechtsfolgenseite, insb. mangels einer entsprechenden Differenzierung auf Unionsrechtsebene, teilweise infrage gestellt.[135] Der Ge-

---

132 ZB BVerfGE 150, 1, 98 f. Rn. 196.
133 BVerfGE 150, 1, 101 f.; 153, 310, 341 Rn. 77; BVerfG NJW 2022, 1160, 1161 Rn. 92 ff. Der VGH Mannheim VBlBW 2017, 340, 341 f. hielt den Begriff der „schmalen" Fahrbahn in § 12 Abs. 3 Nr. 3 StVO für zu unbestimmt.
134 Vertiefend Fraenkel/Haeberle DÖV 2005, 808.
135 Schmidt-Aßmann, 4. Kap. Rn. 46, 48; zur fehlenden Differenzierung im Unionsrecht und anderen Mitgliedstaaten s.a. BVerfGE 152, 216, 247 Rn. 80; Geis in: Kahl/Ludwigs, I, § 18 Rn. 48; Ludwigs in: Kahl/ders., I, § 8 Rn. 43. S. zum Unionsrecht Guckelberger, Deutsches Verwaltungsprozessrecht, S. 217 f. Eingehend zur Trennungs- und zur Einheitstheorie Wendel, Verwaltungsermessen als Mehrebenenproblem, 2019, S. 18 ff.

setzgeber folgt aber der herkömmlichen Sichtweise (vgl. § 40 VwVfG, § 114 VwGO). Bestes Beispiel dafür ist § 35a VwVfG. Danach ist der Erlass vollständig automatisierter Verwaltungsakte nur in Bereichen möglich, in denen „weder ein Ermessen noch ein Beurteilungsspielraum" besteht.[136]

Der Verwaltungsakt muss ferner nicht nur die Anforderungen seiner Ermächtigungsgrundlage erfüllen, sondern hat überdies mit **höherrangigem Recht** bzw. allgemeinen Rechtsgrundsätzen in Einklang zu stehen, insb. den **Grundrechten** und **rechtsstaatlichen Grundsätzen**, wie dem Bestimmtheitsgebot (§ 37 Abs. 1 VwVfG) und dem Verhältnismäßigkeitsprinzip zu entsprechen. Dies gilt auch für gesetzesfreie Verwaltungsakte, die ohne rechtliche Grundlage erlassen werden dürfen, gleichwohl nach Art. 20 Abs. 3 GG (natürlich) der Bindung an Recht und Gesetz unterliegen (Vorrang des Gesetzes, zur generellen Geltung des Gesetzesvorrangs vgl. § 8 Rn. 2).

Hins. der materiellen Rechtmäßigkeit ergibt sich danach als allgemeine Prüfungsfolge:

- **Übereinstimmung des Sachverhalts mit den Tatbestandsvoraussetzungen der Rechtsgrundlage** (unbestimmte Rechtsbegriffe müssen ausgelegt werden, bei eingeräumten Beurteilungsspielräumen dürfen keine Beurteilungsfehler vorliegen);
- zulässige **Rechtsfolge** (insb.: keine Ermessensfehler);
- **Übereinstimmung mit sonstigen Rechtsgrundsätzen und höherrangigem Recht** (Verhältnismäßigkeit, kein Verstoß gegen Grundrechte, Bestimmtheit, keine tatsächliche oder rechtliche Unmöglichkeit uam).

1. Unbestimmte Rechtsbegriffe und Beurteilungsspielraum

▶ **FALL 9:** In der mündlichen Prüfung des J zur zweiten juristischen Staatsprüfung ist einiges schiefgelaufen: Sein Aktenvortrag wurde von der Prüfungskommission mit 0 Punkten bewertet, weil die Prüfer eine von J verfolgte Auffassung nicht geteilt haben, obwohl diese im Schrifttum vertreten wird. Darüber hinaus hat der Prüfer im Öffentlichen Recht als Einstieg für den Fall eines Asylbewerbers aus Mali zehn Minuten lang allgemeine Fragen über diesen Staat gestellt und sodann Spezialfragen aus dem Asylrecht zum Gegenstand der Prüfung gemacht. Nach Ende der Prüfung vermochten sich die Prüfer nicht darüber zu einigen, ob die (Gesamt-)Prüfungsleistung des J noch als für das Bestehen ausreichend angesehen werden konnte. Weil sie J nicht leiden können, bewerten sie die Prüfung schließlich als nicht bestanden. Kann J die Aufhebung der Prüfungsentscheidung verlangen? ◀

a) Unbestimmte Rechtsbegriffe

26   Das Gesetz kann nicht alle erdenklichen Lebenssachverhalte in Vorschriften aufnehmen und starr regeln. Vielmehr muss es der Verwaltung möglich sein, Gesetze auch auf atypische, unvorhersehbare Situationen anzuwenden. Dies realisiert der Gesetzgeber in der Weise, dass der Wortlaut von Vorschriften als Grundlage des Verwaltungshandelns in gewissem Umfang offengehalten wird, was allerdings von Norm zu Norm variiert. Es gibt weitgehend klar umrissene Formulierungen, wie Orts- und Zeitangaben, und andere, die zwar aus sich heraus nicht ohne Weiteres bestimmbar sind, jedoch durch Rspr. und (weitere) gesetzliche wie untergesetzliche Maßgaben nähere Konkretisierung

---

136 Dies geht ua auf die unterschiedlichen Zwecke der Entscheidungsfreiräume zurück, s. Mager StuZR 2016, 255, 263 ff. Dazu, dass Algorithmen derzeit nicht zu Wertungen im Einzelfall in der Lage sind, Guckelberger VVDStRL 78 (2019), 235, 263; Siegel DVBl. 2017, 24, 26; s.a. Herold, Demokratische Legitimation, S. 222 f.

erfahren haben, etwa die Begriffe „Sache", „Eigentum" oder „Gewerbe".[137] Daneben enthalten einige Normen generalklauselartige Aussagen, sog. **unbestimmte Rechtsbegriffe**. Hierzu zählen Begriffe wie Unzuverlässigkeit (§ 35 Abs. 1 S. 1 GewO[138]), öffentliche Sicherheit oder (öffentliche) Ordnung[139] (etwa § 14 Abs. 2 S. 1 BPolG, § 15 Abs. 1 VersG[140]), öffentliche Belange (§ 35 Abs. 2 BauGB) und Bedürfnis (§ 4 Abs. 1 Nr. 4 WaffG[141]).

Für die Anwendung auf den konkreten Fall bedarf es eines besonderen Aufwandes bei der Auslegung jener Begriffe. Das Problem des Umgangs mit unbestimmten Rechtsbegriffen ist für den Rechtsanwender also ein solches der **Erkenntnis**.[142] Hilfestellung bieten der Verwaltung insoweit einschlägige Interpretationen der Rspr., ferner solche durch Verwaltungsvorschriften (vgl. dazu näher § 27).

b) Beurteilungsspielraum

Aus **prozessualer Sicht** ist umstritten, ob die Verwaltungsgerichte die behördlich vorgenommene Auslegung, dh die Subsumtion eines konkreten Sachverhalts unter einen (derartigen) unbestimmten Rechtsbegriff, in vollem Umfang kontrollieren dürfen und berechtigt sind, eine von ihnen für unzutreffend gehaltene Anwendung eines unbestimmten Rechtsbegriffs durch eine eigene Entscheidung zu ersetzen – oder ob den Behörden insoweit eine gewisse Einschätzungsprärogative in Gestalt eines **Beurteilungsspielraums** zusteht,[143] es mithin genügt, wenn die Verwaltung eine vertretbare Auslegung eines Gesetzesbegriffs vornimmt.

Im **Schrifttum** wird ein solcher Beurteilungsspielraum mit der Konsequenz einer lediglich beschränkten gerichtlichen Überprüfbarkeit der Auslegung und Anwendung von unbestimmten Rechtsbegriffen teils grds. anerkannt.[144] Danach sind die Gerichte auf die Kontrolle beschränkt, ob sich die Verwaltung an die Grenzen des ihr zustehenden Entscheidungsspielraums gehalten hat. Die zwischenzeitlich vorherrschende Auffassung verlangt jedoch, dass der Gesetzgeber die Verwaltung durch die Verwendung unbestimmter Rechtsbegriffe zu eigenverantwortlichen, gerichtlich nur eingeschränkt überprüfbaren Entscheidungen ermächtigt hat.[145] Auch weil unbestimmte Rechtsbegriffe unterschiedliche Wertungen zuließen, sei es gerechtfertigt, der Verwaltung, die größere Erfahrung und Sachkunde besitze und den konkreten Verwaltungsproblemen

---

137 Maurer/Waldhoff, § 7 Rn. 27.
138 Dazu eingehend Mischner WiVerw 2014, 222.
139 Näher zu den Begriffen Kingreen/Poscher, PolizeiR, § 7 Rn. 2 ff. (öffentliche Sicherheit) und Rn. 42 ff. (öffentliche Ordnung).
140 Anschaulich insoweit zur „öffentlichen Ordnung" BVerwG NVwZ 2014, 883, 884 f. Rn. 15; dazu Hebeler JA 2014, 877.
141 Dazu BVerwG NVwZ-RR 2019, 272, 274.
142 Treffend Maurer/Waldhoff, § 7 Rn. 29.
143 Zur Frage des Beurteilungsspielraums bei der gerichtlichen Kontrolle europäischen Wettbewerbsrechts Gärditz AöR 139 (2014), 329, 372 ff.
144 So die Lehre vom Beurteilungsspielraum, wonach der Behörde ein gerichtlich nicht nachprüfbarer Beurteilungsspielraum zusteht, wenn der Gesetzgeber unbestimmte Rechtsbegriffe verwendet hat, Bachof JZ 1955, 97. Ausführlich dazu Maurer/Waldhoff, § 7 Rn. 31 ff.; vgl. zB auch Ramsauer in: FG 50 Jahre Bundesverwaltungsgericht, 2003, S. 699: (lediglich) nachvollziehende Kontrolle.
145 Normative Ermächtigungslehre, etwa Schmidt-Aßmann, S. 217 ff.; noch nachfolgend im Text.

näher stehe, unter gewissen Voraussetzungen eine Letztentscheidungsbefugnis zuzubilligen.[146]

Die **Rspr.** lehnt dagegen gerichtlich nur beschränkt kontrollierbare behördliche Beurteilungsspielräume prinzipiell ab:[147] Es könne jew. nur eine richtige Entscheidung geben – so diene bspw. etwas entweder dem öffentlichen Interesse oder nicht.[148] Diese Sicht kann auf Art. 19 Abs. 4 GG verweisen. Da **Art. 19 Abs. 4 S. 1 GG** nicht nur den Zugang zu den Gerichten, sondern auch einen **wirksamen Rechtsschutz** gewährleistet, sind die Gerichte zur vollständigen Überprüfung von Verwaltungsakten in rechtlicher und tatsächlicher Hinsicht verpflichtet. Im gewaltenteiligen Staat des Grundgesetzes ist die letztverbindliche Normauslegung sowie die Kontrolle der Rechtsanwendung im Einzelfall den Gerichten vorbehalten.[149]

Allerdings bleibt insoweit beachtlich, dass Art. 19 Abs. 4 GG subjektive Rechte aufgrund anderweitiger Zuordnung voraussetzt, also nicht selbst begründet. Wo eine derartige Zuweisung fehlt, versagt daher die Rechtsschutzgarantie[150] und damit das hierauf gerichtete Argument.

28 Allerdings kann die Gerichtskontrolle immer nur so weit reichen, wie das Verwaltungshandeln rechtlich determiniert ist. Der **Gesetzgeber** kann der Verwaltung behördliche **Letztentscheidungsbefugnisse** einräumen. Dabei ist er jedoch nicht völlig frei, sondern an die **Grundrechte** sowie die Vorgaben aus dem **Rechtsstaats- und Demokratieprinzip** gebunden. Weil den Gerichten nach der Verfassung grds. die letztverbindliche Normauslegung obliegt, bedarf die Einräumung eines solchen Beurteilungsspielraums stets eines hinreichend gewichtigen, am Grundsatz der Effektivität des Rechtsschutzes ausgerichteten Sachgrunds.[151] Nur **ausnahmsweise** kann der Verwaltung nach dem BVerfG sogar **ohne eine solche Ermächtigung** ein Beurteilungsspielraum zukommen, wenn die Gerichte trotz weitestmöglicher Aufklärung des Sachverhalts bei Anwendung der Norm – im Fall ging es konkret um die Feststellung eines signifikant erhöhten Tötungsrisikos für geschützte Tiere (§ 44 Abs. 1 Nr. 1 BNatSchG) – an ihre Grenzen stoßen, weil in den einschlägigen Fachkreisen und in der einschlägigen Wissenschaft allgemein anerkannte Maßstäbe und Methoden für die fachliche Beurteilung fehlen. Ein solches außerrechtliches, tatsächliches Erkenntnisdefizit brauchen die Gerichte nicht aufzulösen. Denn in solchen „außerrechtlichen tatsächlichen Fragen besteht […] zugunsten der Gerichtsbarkeit keine Vermutung, dass sie über mehr Expertise verfügt als die Verwaltung".[152] In solchen Fällen beschränkt sich die Gerichtskontrolle darauf, ob die Behörde unter Verwendung vertretbarer Maßstäbe und Methoden zu einer plausiblen Einschätzung der fachlichen Tatbestandsmerkmale der Norm ge-

---

146 Dazu wie vor; eingehende Herleitung bei BVerfG DVBl. 2010, 250. Zur diesbzgl. literaturinternen Kritik (Zuweisung zum Ermessen/wegen Art. 19 Abs. 4 GG grds. fehlender Spielraum) Maurer/Waldhoff, § 7 Rn. 34 mwN.
147 BVerwGE 94, 307; 100, 221, 225.
148 Die diesbzgl. rechtsphilosophischen Grundannahmen lassen sich durchaus krit. hinterfragen, vgl. Herbst JZ 2012, 891: einzig richtige Entscheidung nur im subjektiven Sinn.
149 BVerfGE 143, 216, 225, Rn. 21; BVerfG Kammerbeschl. v. 20.4.2017 – 2 BvR 1754/14, Rn. 44 f. juris; BVerwGE 170, 273, 277 Rn. 14; Detterbeck, Rn. 359; Siegel, Rn. 196; allg. und deutlich insoweit für die Wahrung des effektiven Rechtsschutzes Maurer/Waldhoff, § 7 Rn. 56 ff.
150 So deutlich (erneut) BVerfGE 103, 142, 156; s.a. BVerfGE 143, 216, 225 Rn. 21.
151 BVerfG DVBl. 2012, 230, 231; BVerfGE 152, 345, 374 Rn. 73; BVerwGE 170, 273, 277 Rn. 14; s.a. Guckelberger, Deutsches Verwaltungsprozessrecht, S. 212 ff.; krit., weil diese verfassungsrechtlichen Hürden nicht besonders hoch sind, Kahl/Burs DVBl. 2016, 1157, 1161, 1163.
152 BVerfGE 149, 407, 415 Rn. 22.

langt ist.¹⁵³ Ein auf solche Gründe zurückgehender Beurteilungsspielraum endet mit der Herausbildung sicherer Unterscheidungsmaßstäbe in den Fachkreisen.¹⁵⁴ Da nicht auszuschließen ist, dass eine solche Gesetzesvorschrift angesichts ihrer Grundrechtsrelevanz aufgrund der ungeklärten fachlichen Zusammenhänge verfassungswidrig wird, sollte der parlamentarische Gesetzgeber Vorgaben zur untergesetzlichen Maßstabsbildung treffen, zB Einsetzung fachkundiger Gremien oder genauere Regelungen für die behördliche Auswahl zwischen mehreren vertretbaren Auffassungen treffen.¹⁵⁵

Bei der Feststellung, ob der Verwaltung ein **Beurteilungsspielraum** zukommt, ist ausgehend von der sog. **normativen Ermächtigungslehre** wie folgt vorzugehen: Unproblematisch lässt sich ein Beurteilungsspielraum feststellen, wenn der Gesetzgeber der Verwaltung **explizit** einen Beurteilungsspielraum eingeräumt hat. Bspw. hat die Bundesnetzagentur gem. § 10 Abs. 1 TKG „im Rahmen des ihr zustehenden Beurteilungsspielraums" unter Berücksichtigung der Ziele und Grundsätze des § 2 und der Grundsätze des allgemeinen Wettbewerbsrechts die sachlich und räumlich relevanten Telekommunikationsmärkte festzulegen (weitere Beispiele sind § 76 Abs. 5 S. 2 GWB, § 5 Abs. 3 S. 2 UVPG). In den anderen Fällen ist **durch Interpretation** der gesetzlich vorgegebenen Entscheidungsstruktur zu klären, ob die Verwaltung über einen Spielraum verfügt, wobei für dessen Annahme ein hinreichend gewichtiger Sachgrund vorliegen muss.¹⁵⁶ Dies ist vereinfacht ausgedrückt v.a. bei solchen Tatbestandsmerkmalen der Fall, bei denen die Gerichte auch unter Hinzuziehung von Sachverständigen zu einer (viel) schlechteren Subsumtion als die Verwaltung in der Lage sind.¹⁵⁷ In den Worten des BVerwG ist an die Einräumung eines Beurteilungsspielraums insb. zu denken, wenn das gesetzliche Entscheidungsprogramm vage und seine fallbezogene Anwendung besonders schwierig und komplex ist, oder sich die Verwaltungsentscheidung nur schwerlich durch ein abstrakt-generelles Regelwerk steuern lässt, weil sie durch individuelle Einschätzungen und Erfahrungen geprägt wird.¹⁵⁸ Inzwischen hat sich zu den **Beurteilungsspielräumen** eine reichhaltige Kasuistik entwickelt, die teils aber nachjustiert wurde.

aa) Prüfungs- und prüfungsähnliche Entscheidungen

Schon aus Eigeninteresse verdient die Rechtsprechung zu Prüfungsentscheidungen besondere Aufmerksamkeit.¹⁵⁹ Prüfungsentscheidungen (Abitur oder Staatsexamen und diesbzgl. Noten) erfüllen regelmäßig die Tatbestandsmerkmale eines Verwaltungsakts (zum Verwaltungsaktcharakter von Prüfungsentscheidungen bzw. Noten § 12 Rn. 16). Die Leistungsanforderungen für ein erfolgreiches Bestehen von Prüfungen werden idR durch unbestimmte Rechtsbegriffe in den Prüfungsordnungen beschrieben (vgl. § 5d DRiG). Für die Zuordnung einer Prüfungsleistung zu einer bestimmten Note bedarf es einer Vielzahl fachlicher und prüfungstechnischer Wertungen und deren komplexer Gewichtung aufgrund der aufgabenbezogenen Bewertungsmaßstäbe des jeweiligen Prüfers.¹⁶⁰ Während das BVerwG in der Anfangszeit den Prüfern generell

---

153 BVerfGE 149, 407, 417 Rn. 28.
154 BVerfGE 149, 407, 415 Rn. 23.
155 BVerfGE 149, 407, 416 Rn. 24.
156 BVerwGE 153, 129, 139; 170, 273, 277 Rn. 14; Kment/Vorwalter JuS 2015, 193, 196 f.
157 Mager StudZR 2016, 255, 259.
158 BVerwGE 170, 273, 281 Rn. 23.
159 S.a. Hufen JuS 2020, 804, 806.
160 BVerwG Beschl. v. 9.12.2020 – 6 B 35/20, Rn. 11 juris.

einen Beurteilungsspielraum bei der Bewertung zugestanden hat, wird seit Entscheidungen des BVerfG aus den 1990er Jahren zwischen fach- und prüfungsspezifischen Bewertungen differenziert.[161] Bei der Bewertung von Prüfungsleistungen **in fachlicher Hinsicht** kommt den Prüfern **kein Beurteilungsspielraum** zu. Fachlich-wissenschaftliche Annahmen lassen sich durch die Gerichtsbarkeit, ggf. durch die Hinzuziehung von Sachverständigen(gutachten), ohne Weiteres überprüfen und eröffnen den Prüfern daher keinen Beurteilungsspielraum. Dies ergibt sich aus der beim Zugang zu Berufen zu beachtenden Schutzfunktion des Art. 12 Abs. 1 GG, aber auch aus Art. 3 Abs. 1, Art. 19 Abs. 4 GG, die besondere Anforderungen an die Beurteilung derartiger Prüfungsteile stellen.[162] Den Fachfragen zuzuordnen sind zB die Fragen, ob die Lösung eines bestimmten Rechtsproblems anhand einer bestimmten Norm geboten, vertretbar oder fernliegend ist, aber auch solche der Methodik sowie zu Art und Umfang der Darstellung.[163] Nachprüfbar muss insb. sein, ob der Prüfling vertretbar argumentiert hat resp. zu vertretbaren Ergebnissen gelangt ist; bspw. darf bei der Bewertung im juristischen Examen eine Meinung nicht als abwegig oder falsch bezeichnet werden, wenn sie im Schrifttum vertreten wird.[164]

30 Demgegenüber sind **prüfungsspezifische Bewertungen** nur beschränkt gerichtlich überprüfbar. Zu den prüfungsspezifischen Bewertungen gehört etwa die Punkte- und Notenvergabe, sofern diese nicht mathematisch determiniert ist, die Einordnung des Schwierigkeitsgrades einer Aufgabenstellung, die Würdigung der Qualität einer Darstellung im Gesamtzusammenhang, die Gewichtung der Stärken und Schwächen in der Bearbeitung oder die Gewichtung der Bedeutung eines Mangels.[165] Diese Beurteilungen beruhen auf pädagogisch-wissenschaftlichen Erfahrungen der prüfenden Personen und sind in erheblichem Maße durch ihre subjektiven Erfahrungen, Einschätzungen und Vorstellungen geprägt.[166] Im nachfolgenden gerichtlichen Verwaltungsstreitverfahren einzelner Prüflinge lassen sie sich nicht ohne Weiteres nachvollziehen und sind daher ihrer Natur nach nicht oder nur sehr beschränkt objektivier- und damit überprüfbar.[167] Der Beurteilungsspielraum ist mit Blick auf die Chancengleichheit der Prüflinge (Art. 3 Abs. 1 GG) geboten. Denn der entscheidende Richter kennt anders als der Prüfer nur einen einzelnen Prüfungsvorgang und nicht die Leistungen aller anderen Prüflinge.[168] Gleiches gilt für prüfungsähnliche Entscheidungen, insb. im Schulbereich (zB Versetzung in die nächsthöhere Klasse), für die den Behörden ebenfalls ein Beurteilungsspielraum eingeräumt wird.[169]

31 Die Anerkennung eines den Prüfern zustehenden Beurteilungsspielraums zieht eine Einschränkung der gerichtlichen Kontrolle von prüfungsspezifischen Bewertungen in

---

161 Vgl. die Grundsatzentscheidungen BVerfGE 84, 34 und 84, 59.
162 BVerfGE 84, 34, 55; s.a. BVerwG Beschl. v. 9.12.2020 – 6 B 35/ 20, Rn. 11 juris.
163 BVerwG Beschl. v. 9.12.2020 – 6 B 35/ 20, Rn. 11 juris.
164 BVerfGE 84, 34, 55; s.a. BVerwG Beschl. v. 9.12.2020 – 6 B 35/ 20, Rn. 11 juris.
165 Grundlegend BVerwGE 12, 359 ff.; BVerwG NJW 2018, 2142, 2143; BVerwG Beschl. v. 9.12.2020 – 6 B 35/ 20, Rn. 13 juris hins. der Frage, ob der Prüfling die durch die Aufgabenstellung aufgeworfenen Fragen vollständig oder lückenhaft erkannt hat. Dazu, dass die Verwendung eines Korrekturschemas nur ein Hilfskriterium bildet und keine Starrheit impliziert, Scheidler DVBl. 2019, 891 f.
166 BVerwG Beschl. v. 9.12.2020 – 6 B 35/ 20, Rn. 12 juris.
167 Ipsen, Rn. 485; Kment/Vorwalter JuS 2015, 193, 198.
168 BVerfGE 84, 34, 50; s.a. BVerwG NJW 2018, 2142, 2143.
169 BVerwGE 8, 272; zur Rspr. im Prüfungsrecht Knecht BayVBl. 2013, 359 ff.

der konkreten (Prüfungs-)Situation[170] nach sich;[171] sie sind nur auf folgende, in einem Gerichtsverfahren leicht feststellbare **Beurteilungsfehler** überprüfbar, nämlich ob

- die Prüfungsbestimmungen bzw. Verfahrensvorschriften (ordnungsgemäße Ladung, Protokollierung einer mündlichen Prüfung, keine unzumutbaren Lärmbelästigungen für die Prüfungskandidaten, bei einheitlicher Bewertung durch zwei Prüfer deren personenidentische Anwesenheit während der gesamten Prüfung)[172] und die rechtsstaatlichen Verfahrensgrundsätze (keine Befangenheit der Prüfer) beachtet worden sind,[173]
- von einem zutreffenden Sachverhalt ausgegangen worden ist,[174]
- der Prüfer die Prüfungsaufgabe und die Prüfungsleistung vollständig und richtig zur Kenntnis genommen hat,[175]
- allg. anerkannte Bewertungsmaßstäbe zugrunde gelegt worden sind,[176]
- der Prüfer bei der Bewertung keine sachfremden Erwägungen angestellt und die Bewertung hinreichend, dh in den ausschlaggebenden Punkten, begründet hat[177] sowie
- kein Verstoß gegen das Fairnessgebot (sachliche und unvoreingenommene Bewertung der Prüfungsleistung) erfolgt ist.[178]

Als gewisse Kompensation für die verbleibende (deutlich) reduzierte gerichtliche Kontrolle bei prüfungsspezifischen Bewertungen ist das sog. **Überdenkungsverfahren** gedacht. Dabei handelt es sich um ein erneutes verwaltungsinternes Kontrollverfahren betreffend die angegriffenen Bewertungen durch die Prüfer. Diese sind gehalten, ihre Bewertungen hinreichend zu begründen, sich mit den Einwänden des Prüflings auseinanderzusetzen sowie jeweils eigenständig und unabhängig darüber zu entscheiden, ob die Bewertung zu korrigieren oder beizubehalten ist; eine gemeinsame Stellungnahme der Prüfer auf der Grundlage eines vom Erstprüfer gefertigten Entwurfs ist unzureichend.[179] Lehnt die Prüfungsbehörde die Durchführung eines solchen verwaltungsinternen Kontrollverfahrens ab oder werden bei einem solchen grundlegende Verfahrensanforderungen verletzt, kann der Prüfling auch insoweit gerichtlichen Rechtsschutz erlangen (beachte aber § 44a VwGO).[180]

---

170 Dies allg. zu Recht betonend BVerfG DVBl. 2010, 250, 251: Letztentscheidungsbefugnis der Verwaltung betrifft lediglich die „konkrete Rechtsanwendung – die Subsumtion".
171 Krit. ggü. dem rechtsprechungsbedingt weiten Bewertungsspielraum des Prüfers in der juristischen (Staats-)Prüfung Zimmerling/Brehm DVBl. 2012, 265.
172 BVerwG Beschl. v. 28.6.2018 – 2 B 57/17, Rn. 7 juris; VGH Mannheim VBlBW 2012, 387, 388. Zu unzumutbaren Lärmbelästigungen BVerwGE 94, 64.
173 Zur Befangenheit von Prüfern VGH Mannheim NVwZ 2002, 235.
174 BVerwGE 70, 143, 145 f.; BVerwG Beschl. v. 28.6.2018 – 2 B 57/17, Rn. 7 juris; BVerwG NVwZ 2004, 1375, 1377.
175 BVerwG Beschl. v. 9.12.2020 – 6 B 35/ 20, Rn. 9, 13 juris.
176 BVerwG Beschl. v. 28.6.2018 – 2 B 57/17, Rn. 7 juris. Das gilt auch mit Blick auf die Notendefinition, gerade im Verhältnis von „mangelhaft" zu „ungenügend", vgl. näher Unger NordÖR 2012, 71, 73, 76 gegen OVG Lüneburg NordÖR 2012, 98, 101.
177 BVerwG Beschl. v. 9.12.2020 – 6 B 35/ 20, Rn. 13 juris. Das ist auch für die (Gesamt-)Abwägung beachtlich, vgl. Unger NordÖR 2012, 71, 74 ff. gegen OVG Lüneburg NordÖR 2012, 98, 100 f.
178 Vgl. BVerwGE 78, 55, 58; s.a. BVerwG NJW 2012, 2054, 2056 f. Rn. 15 ff.: Gebot der Sachlichkeit; BVerwG Beschl. v. 9.12.2020 – 6 B 35/ 20, Rn. 13 juris verlangt eine einheitliche Anwendung der autonomen Bewertungsmaßstäbe.
179 BVerwG NVwZ-RR 2013, 44, 45 f.; vgl. OVG Lüneburg Beschl. v. 5.9.2019 – 2 LA 108/18, Rn. 10, 13 juris; Buchholz 421.0 Prüfungswesen Nr. 427, Seite 113 Rn. 13 f. (auch zu den unterschiedlichen Anforderungen an seine Ausgestaltung hins. schriftlicher und mündlicher Prüfung); zuvor bereits OVG Münster Urt. v. 18.4.2012 – 14 A 2687/09, Rn. 72 ff. juris; dazu auch Barton NVwZ 2013, 555, 558 f. S.a. BVerwG Beschl. v. 15.7.2019 – 6 B 12/19, Rn. 14 juris (kein Überdenken bei Multiple-Choice-Prüfungen).
180 BVerwG NVwZ 2022, 551, 553 f. Rn. 14 f.

bb) Weitere unbestimmte Rechtsbegriffe mit Beurteilungsspielraum

32 **Dienstrechtliche Einstellungsentscheidungen** und **Beurteilungen von Beamten,** aber auch die Entlassung aus dem Beamtenverhältnis aus Probe sind ebenso wie Prüfungsentscheidungen nur begrenzt objektivierbar, so dass auch insoweit ein Beurteilungsspielraum eröffnet ist.[181] Hierzu gehört zB die Beurteilung der Verfassungstreue eines Bewerbers[182] und die vorausschauende Einschätzung seiner Eignung, Befähigung und fachlichen Leistung nach Art. 33 Abs. 2 GG.[183]

Zutreffend hat jedoch das BVerwG von seiner früheren Rspr. der Annahme eines Beurteilungsspielraums hins. der gesundheitlichen Eignung der Bewerber Abstand genommen. Denn diese können die Gerichte ggf. unter Konsultation von Sachverständigen genauso gut beurteilen wie der Dienstherr.[184]

33 Die Übertragung der Zuständigkeit für **wertende Entscheidungen pluralistisch besetzter staatsunabhängiger Gremien** kann ein Indiz für die Einräumung eines Beurteilungsspielraums durch den Gesetzgeber sein.[185]

Paradebeispiel für ein wertendes pluralistisch besetztes staatsunabhängiges Gremium war bislang die Bundesprüfstelle für jugendgefährdende Medien als ein Gremium, das sich ua aus Vertretern der Kunst, der Literatur, des Buchhandels und der Verlegerschaft, der Träger der freien und öffentlichen Medien, der Lehrerschaft und Kirchen zusammensetzt. Während das BVerwG ihr vormals einen weiten Beurteilungsspielraum hins. der Aufnahme von Werken in die Liste jugendgefährdender Medien nach §§ 17 ff. JuSchG zugestand,[186] stellte es sich später unter Berufung auf die BVerfG-Rspr. auf den Standpunkt, dass aus verfassungsrechtlichen Gründen (s. Art. 5 Abs. 3 GG) sowohl der jugendgefährdende Charakter eines Werkes als auch seine Eigenschaft als Kunst voll justiziabel sein müssen. Zwischenzeitlich ist das BVerwG auch von dem zunächst bejahten Beurteilungsspielraum der Prüfstelle hins. der Abwägung der widerstreitenden Belange[187] abgerückt, da sich eine solche Entscheidung für die Verwaltungsgerichte nicht als übermäßig schwierig erweist.[188] Überdies nahm das BVerwG an, dass der Ethikkommission für Präimplantationsdiagnostik kein Beurteilungsspielraum zukommt, da die Anforderungen bei einer Austarierung konfligierender Rechts- und Schutzgüter von Verfassungsrang hins. der Annahme eines sachlichen Grundes für einen solchen Spielraum besonders hoch sind und sich die im Gesetz verwendeten unbestimmten Rechtsbegriffe mit den herkömmlichen juristischen Methoden durch die Gerichte hinreichend sicher auslegen lassen.[189]

34 Vereinzelt wird bei **Prognoseentscheidungen**[190] und **Risikobewertungen** insb. im Umwelt- und Wirtschaftsrecht angesichts ihrer Komplexität ein Beurteilungsspielraum zugebilligt,[191] etwa ob die „erforderliche Vorsorge gegen Schäden" auf dem Gelände

---

181 Grundlegend BVerwGE 12, 29; BVerwG Beschl. v. 19.5.2022 – 2 B 41/21, Rn. 13 juris.
182 Vgl. BVerfG NVwZ 2002, 1368.
183 BVerfG NVwZ 2017, 1133, 1134; BVerwG IÖD 2021, 182, 183 f.; Siegel, Rn. 201.
184 Vgl. BVerwGE 147, 244, 245 Rn. 9.; dazu Rittig DÖV 2014, 1054, 1055 f.
185 BVerwGE 170, 273, 278 Rn. 16.
186 Noch für §§ 1 ff. GjSM BVerwGE 39, 197, 203 f.
187 BVerfGE 83, 130, 148 f. Vgl. aber BVerwGE 91, 211, 215 ff.; 159, 49, 60.
188 BVerwGE 167, 33, 39 f. Rn. 18 ff., s.a. Edenharter jM 2020, 115.
189 BVerwGE 170, 273, 279 Rn. 18 ff.
190 Dazu und zur diesbzgl. gerichtlichen Kontrole näher Schwabenbauer/Kling VerwArch 101 (2010), 231. BVerwGE 170, 273, 281 Rn. 23 spricht von schwer kalkulierbaren Prognosen.
191 ZB für „Stand von Wissenschaft und Technik" iSv § 7 Abs. 2 Nr. 3 AtomG, vgl. BVerwGE 72, 300, 316; für die Beeinträchtigung der öffentlichen Verkehrsinteressen durch Neuzulassung von Taxen, vgl. BVerwGE 82,

eines Kernkraftwerks iSd § 6 Abs. 2 Nr. 2 AtG getroffen ist (s. bessere Eignung der Exekutive für einen dynamischen Grundrechtsschutz).[192] Vergleichbares gilt für die Möglichkeit der Verweigerung von Informationen bei nachteiligen Auswirkungen auf internationale Beziehungen nach § 3 Nr. 1 lit. a IFG[193] oder für die Bewertung eines Soldaten als „Sicherheitsrisiko".[194] Eine einheitliche Linie ist allerdings noch nicht erkennbar.[195] Die prognostischen Elemente des Gefahrenbegriffs in polizeilichen Befugnisnormen rechtfertigen dagegen keine Annahme eines Beurteilungsspielraums,[196] da die vorzunehmende Prognose, etwa der Folgen eines aus einem Zoo entwichenen Löwen, für die polizeilichen Schutzgüter einfach gelagert ist. Wie bereits erwähnt, kann den Behörden bei manchen **naturschutzrechtlichen Bestimmungen** eine Einschätzungsprärogative zustehen.[197]

Über die von der deutschen Rspr. entwickelten Fallgruppen hinaus kann sich auch aus Gründen des Unionsrechts die Notwendigkeit eines Entscheidungsspielraums für die Verwaltung ergeben.[198] Vergleichbar der normativen Ermächtigungslehre ist auch hier als Erstes zu klären, ob das Unionsrecht einen solchen Entscheidungsfreiraum vorgibt. Anschließend sind die Konsequenzen für die gerichtliche Kontrolldichte zu bestimmen, die sich im Falle mangelnder unionsrechtlicher Vorgaben nach dem nationalen Recht – begrenzt durch den Äquivalenz- und Effektivitätsgrundsatz – richten.[199] Je nach Konstellation betont der EuGH, dass bei einem unionsrechtlichen Beurteilungsspielraum die gerichtliche Kontrolle auf die **Prüfung offenkundiger Fehler** sowie die **Wahrung grundlegender Verfahrensgarantien** beschränkt sei. Dazu gehöre insb. die Verpflichtung der Behörden zur sorgfältigen und unparteiischen Untersuchung aller Gesichtspunkte des Einzelfalls sowie zur hinreichenden Begründung ihrer Entscheidung.[200]

In Anlehnung an die für die eingeschränkte gerichtliche Kontrolle von Prüfungsentscheidungen entwickelten Beurteilungsmaßstäbe (vorstehend Rn. 30) ist die gerichtliche Überprüfung in Fällen **sonstiger Beurteilungsspielräume** darauf begrenzt, dass

- von einem zutreffend und vollständig ermittelten Sachverhalt ausgegangen wurde,
- die anzuwendenden Begriffe und der einschlägige gesetzliche Rahmen erkannt worden sind,

35

295, 299 ff.; zT auch dann, wenn die für das Begriffsverständnis maßgeblichen Fachwissenschaften keinen greifbaren Handlungs- und Kontrollmaßstab bieten, Jacob/Lau NVwZ 2015, 241, 247.
192 BVerwGE 142, 159, 167 Rn. 25; s.a. Kment/Vorwalter JuS 2015, 193, 198.
193 BVerwG NVwZ 2010, 321; dazu Waldhoff JuS 2010, 843; mit guten Gründen skeptisch Goldmann JZ 2010, 571, 572: keinerlei nennenswerte Kontrolle. S.a. BVerwGE 166, 303, 309 Rn. 18.
194 BVerwGE 130, 291, 294; BVerwG Beschl. v. 21.03.2019 – 1 WB 6/18, Rn. 28 juris.
195 Dazu und zu weiteren Beispielen Kersten Verw 46 (2013), 87, 94. Kein Beurteilungsspielraum nach BVerwG Urt. v. 14.1.2020 – 1 A 3/19, Rn. 32 juris bei Prognosen gem. § 58a AufenthG. Zum Beurteilungsspielraum beim PBefG BVerwG GewArch 2022, 22, 23 Rn. 13.
196 BVerfGE 140, 160, 197 Rn. 92; s.a. Kahl/Burs DVBl. 2016, 1157, 1160. Kein Beurteilungsspielraum beim Erfordernis „besondere Gefahr", s.a. BVerfG NVwZ 2017, 1526, 1529 Rn. 42.
197 BVerwGE 147, 118, 126 f.; BVerfGE 149, 407, 413; dazu teils krit. Kahl/Burs DVBl. 2016, 1157 ff., 1222 ff.
198 EuGH JZ 2017, 626, 628 f. ZB BVerwG NVwZ 2016, 161, 162 hins. der Prüfung von Visaanträgen nach dem Visakodex; weitere Beispiele bei Guckelberger, Deutsches Verwaltungsprozessrecht, S. 216 ff.
199 Näher dazu Guckelberger, Deutsches Verwaltungsprozessrecht, S. 220 ff. mwN.
200 EuGH JZ 2017, 627, 629; s.a. EuGH InfAuslR 2021, 59, 60. Davon zu unterscheiden ist die Frage, ob der nationale Gesetzgeber angesichts der großzügigeren Gewährung von subjektiven Rechten durch das Unionsrecht und der damit (möglicherweise) verbundenen stärkeren Inanspruchnahme der Verwaltungsgerichte deren Kontrolldichte nicht generell zurückführen sollte. Darauf eingehend Gehring, Kompensation der europarechtlich bedingten Erweiterungen der Initiativberechtigung durch die Senkung der gerichtlichen Kontrolldichte?, 2000, S. 218 ff. Allgemein zu den Unterschieden bei der Kontrolldichte Wendel, Verwaltungsermessen als Mehrebenenproblem, 2019, S. 41 ff. S.a. Guckelberger, Deutsches Verwaltungsprozessrecht, S. 226 ff. mwN.

- die allg. gültigen Beurteilungsmaßstäbe und die Regeln eines ordnungsgemäßen (inneren) Entscheidungsverfahrens beachtet wurden und
- keine sachfremden, gegen Art. 3 Abs. 1 GG verstoßenden Erwägungen zur Entscheidung geführt haben.[201]

▶ **Zu Fall 9:** Grds. steht den Prüfern bei der Bewertung von Examensleistungen ein Beurteilungsspielraum zu; ihre Entscheidungen sind daher nur auf Beurteilungsfehler kontrollierbar (vgl. Rn. 29 f.). Fragen zum Staat Mali zählen nicht zum Prüfungsstoff in der juristischen Staatsprüfung. Insoweit war unzulässiger Stoff Gegenstand der Prüfung, der diese verfahrensfehlerhaft macht.[202] Ebenso dürfen in die Gesamtbewertung der Prüfungsleistung keine sachfremden Erwägungen, wie die Sympathie, einbezogen werden. Auch unter diesem Aspekt ist die Prüfungsentscheidung gerichtlich überprüfbar und aufzuheben. Darüber hinaus ist zu berücksichtigen, dass es sich um eine berufsbezogene Prüfung handelte, weil sie Voraussetzung für die Tätigkeit als Rechtsanwalt, Richter, Notar oder Staatsanwalt ist. Deshalb unterliegen ihre fachwissenschaftlichen Prüfungsteile einer umfassenden Richtigkeitskontrolle durch die Verwaltungsgerichte (vgl. Rn. 31). Daraus folgt, dass eine vertretbare Auffassung im Rahmen des Aktenvortrags nicht als falsch bewertet werden durfte.[203] Die diesbzgl. Vergabe von 0 Punkten war daher ebenfalls fehlerhaft. Im Ergebnis muss die gesamte Prüfungsentscheidung aufgehoben werden. ◀

2. Ermessen

▶ **Fall 10:** Türsteher G betreibt ohne erforderliche Erlaubnis ein Bewachungsgewerbe iSd § 34a GewO. Sachbearbeiter K versagt G die Fortsetzung seines Gewerbes, weil G ihm vergangene Woche den Zutritt zu einer Diskothek verwehrt und ihn vor seiner Freundin blamiert hat. Dabei berücksichtigt K nicht, dass die Voraussetzungen für die Erteilung einer Genehmigung nach § 34a Abs. 1 GewO für G eindeutig und offensichtlich vorlagen. Ist die Verfügung des K rechtmäßig? ◀

a) Begriff

36 Viele Normen sind **konditional** gefasst, dh sie bestehen aus einem Tatbestand sowie einer genau vorgegebenen Rechtsfolge.[204] **Wenn** ein konkreter Sachverhalt die Tatbestandsvoraussetzungen einer Norm erfüllt, **dann** soll die vom Gesetz dafür vorgesehene Rechtsfolge eintreten. Zum Teil knüpft das Gesetz an den Tatbestand nur eine allein mögliche Rechtsfolge; die Behörde muss dann wie angeordnet handeln – sog. **gebundene Verwaltungsentscheidung(en)** (bereits vorstehend Rn. 25). Bspw. „hat" gem. § 3 Abs. 1 S. 1 StVG die Behörde eine Fahrerlaubnis zu entziehen, wenn ihr Inhaber zum Führen von Kraftfahrzeugen ungeeignet ist. In vielen Fällen ordnen Normen die Rechtsfolge indes nicht zwingend an, sondern belassen der Verwaltung die Wahl zwischen mehreren Rechtsfolgen; so „kann" gem. § 15 Abs. 2 S. 1 GewO die Fortsetzung eines Gewerbebetriebs von der zuständigen Behörde verhindert werden, wenn das Gewerbe ohne die erforderliche Zulassung betrieben wird. Die Behörde hat dann bei Vorliegen der Tatbestandsvoraussetzungen die Wahl, besagte Entscheidung zu

---

201 Deutlich BVerfG DVBl. 2010, 250, 251; BVerfGE 143, 216, 236 ff.; BVerwGE 167, 33, 37 f. Rn. 13.
202 BVerwGE 78, 55, 58.
203 BVerfGE 84, 34, 55.
204 Vgl. bereits vorstehend Rn. 25, zugleich zum Nachfolgenden; etwa auch im Telekommunikationsrecht, Franzius DVBl. 2009, 409, 415: Gebot juristischer Rationalität. S.a. Lepsius JuS 2019, 123, 127.

treffen oder nicht. Solche Vorschriften räumen der Verwaltung **Ermessen** ein.[205] Die auf der Rechtsfolgenseite einer Norm enthaltenen Ermessenszuweisungen sind von den unbestimmten Rechtsbegriffen mit Beurteilungsspielräumen, die den Tatbestand einer Norm prägen (können), zu unterscheiden.[206] Schlagwortartig lässt sich das Ermessen als gesetzlich eingeräumter volitiver Handlungsspielraum zur Bestimmung der Rechtsfolge bei bereits festgestelltem Tatbestand charakterisieren.[207]

Verwaltungsermessen muss **durch Rechtsnorm(en)** eröffnet werden. Das geschieht auf unterschiedliche Art und Weise. Teilweise erfolgt eine ausdrückliche Zuweisung. Bspw. trifft die Bundespolizei ihre Maßnahmen gem. § 16 Abs. 1 BPolG „nach pflichtgemäßem Ermessen". Überwiegend wird die Ermessenseinräumung im jeweiligen Gesetz durch Worte wie „kann", „darf", „ist berechtigt", „ist befugt" und dergleichen vermittelt.[208] So „kann" gem. § 31 Abs. 2 BauGB das Bauvorhaben unter bestimmten Voraussetzungen von den Festsetzungen des Bebauungsplanes befreit werden. Demgegenüber weisen die Ausdrücke „muss", „ist zu erteilen", „darf nicht versagt werden" usw auf eine gebundene Entscheidung hin. Das Ermessen kann sich ferner aus dem Vorschriftenzusammenhang oder der Systematik von Gesetzen ergeben. Nach § 48 StVO ist etwa derjenige, der Verkehrsvorschriften nicht beachtet, auf Vorladung der zuständigen Behörde verpflichtet, an einem Verkehrsunterricht teilzunehmen. Ausdrücklich räumt die Vorschrift kein Ermessen ein. Es ist aber anerkannt, dass wegen der Formulierung „auf Vorladung" eine Ermessenszuweisung vorliegt.[209] Die Behörde muss also nicht jeden Verkehrssünder zum Unterricht einbestellen. Zwischen diesen gewöhnlichen Ermessensentscheidungen und den gebundenen Entscheidungen sind die sog. **Soll-Vorschriften** anzusiedeln. Sie verpflichten die Behörde bei Vorliegen der gesetzlichen Voraussetzungen im Normalfall zu einem bestimmten Tätigwerden (Entscheidungsbindung). Abweichungen sind jedoch in atypischen Ausnahmefällen möglich.[210] Nach § 25 Abs. 1 S. 1 VwVfG „soll" die Behörde die Abgabe von Erklärungen oder Stellung von Anträgen anregen, die offensichtlich nur versehentlich oder aus Unkenntnis unterblieben oder unrichtig abgegeben oder gestellt wurden.

Der Gesetzgeber räumt der Verwaltung in seinen Vorschriften oft deshalb ein Ermessen ein, weil er die Vielgestaltigkeit der Lebenssachverhalte nicht bis in alle Einzelheiten voraussehen kann und die Verwaltung dadurch insb. mit Blick auf die betroffenen Grundrechte in die Lage versetzen möchte, die Besonderheiten des jew. Sachverhalts zu berücksichtigen und dabei **eine dem jew. Einzelfall gerecht werdende** sowie verhältnismäßige **Rechtsfolge** zu treffen.[211] In Anbetracht dessen richtet sich die Betätigung des Ermessens der Behörde darauf, unter Einbeziehung der **konkreten Umstände** und der **gesetzlichen Zwecksetzung(en)** im Wege der **Abwägung** eine dem Einzelfall **angemessene** und **sachgerechte Lösung** zu finden.[212]

---

205 Entsprechendes gilt für § 21 Abs. 1 TKG; dafür bedarf es indes keiner neuen Begrifflichkeit „Regulierungsermessen"; so aber Franzius DVBl. 2009, 409, 410 ff.; noch Rn. 50.
206 Vgl. vorstehend Rn. 27 ff.; s.a. BVerfG NVwZ 2017, 1526, 1529.
207 Püttner, Allgemeines Verwaltungsrecht, 7. Aufl. 1995, S. 49 f.
208 Kment/Vorwalter JuS 2015, 193, 198; „kann" räumt der Behörde regelmäßig ein Ermessen auf Rechtsfolgenseite ein, vgl. BVerwG, Urt. v. 13.10.2021 – 2 C 6/20, Rn. 11 juris.
209 BVerwGE 36, 119, 120 f. Vgl. auch Detterbeck, Rn. 318; Maurer/Waldhoff, § 7 Rn. 9.
210 BVerwGE 88, 1, 8.
211 Mager StudZR 2016, 255, 257 mwN; s.a. BVerfG NJW 2022, 1999, 2007 Rn. 147; NVwZ 2017, 1526, 1529.
212 Vgl. Maurer/Waldhoff, § 7 Rn. 13; Ziekow in: Kahl/Ludwigs, I, § 14 Rn. 68, s. zur hinreichenden Berücksichtigung der konkreten Umstände des Einzelfalls BVerfG NVwZ 2020, 711, 712 Rn. 24.

b) Arten von Ermessen

39 Das Ermessen kann sich zum einen darauf beziehen, **ob** die Verwaltung überhaupt tätig wird – dann handelt es sich um sog. **Entschließungsermessen**.[213] Beispiele bilden § 48 Abs. 1, § 49 Abs. 1 VwVfG (zu Rücknahme und Widerruf von Verwaltungsakten nach diesen Vorschriften näher § 16): Sofern die jew. Voraussetzungen gegeben sind, steht es im Ermessen der Behörde, ob der Verwaltungsakt zurückgenommen bzw. widerrufen wird. Zum anderen wird der Verwaltung in einigen Bestimmungen ein Entscheidungsspielraum dergestalt eröffnet, **wie** sie tätig wird, dh welche der von einer Norm zur Verfügung gestellten Maßnahmen – auch welchem Adressaten ggü. – sie ergreift, sog. **Auswahlermessen**.[214] § 48 Abs. 1 VwVfG räumt der Verwaltung die Befugnis ein, zu entscheiden, in welchem Umfang (ganz oder teilweise) und mit welcher zeitlichen Wirkung (für die Zukunft oder die Vergangenheit) ein Verwaltungsakt aufgehoben wird, und weist damit zugleich Auswahlermessen zu. Eine (weitere) Kombination von Entschließungs- und Auswahlermessen enthalten die polizeilichen Generalklauseln (zB §§ 13, 16 SOG M-V). Bei einer Gefahr für die öffentliche Sicherheit hat die zuständige Polizei- oder Ordnungsbehörde zunächst eine Ermessensentscheidung dahin gehend zu treffen, *ob* sie im konkreten Fall einschreitet. Entscheidet sie sich für ein Tätigwerden, steht es sodann in ihrem Ermessen, *welche Maßnahme* sie ergreift bzw. *gegen wen* sie diese richtet.[215] Daher wird die Polizei bei einem verkehrsordnungswidrig abgestellten Kfz als Erstes überlegen, ob der Verkehrsverstoß so gravierend ist, dass dessen Beseitigung geboten ist. In einem zweiten Schritt ist zu klären, ob das Kfz möglicherweise in eine Parklücke in der Nähe versetzt oder zur Dienststelle verbracht wird. Ob eine Norm der Verwaltung nur ein Entschließungs- oder nur ein Auswahlermessen oder gar beides eröffnet, ist durch sorgfältige Lektüre dem jeweiligen Normtext zu entnehmen. Bspw. verpflichtet § 16a Abs. 1 TierSchG, wonach die Behörde die zur Beseitigung festgestellter Verstöße notwendigen Anordnungen trifft, wozu sie insb. die zur Erfüllung der Anforderungen des § 2 TierSchG erforderlichen Maßnahmen anordnen kann, die Verwaltung zum Handeln („trifft" = kein Entschließungsermessen); zugleich wird ihr ein Ermessen hins. des Wie der zu ergreifenden Anordnungen eröffnet (Auswahlermessen).[216]

40 Als weitere Form des Ermessens hat die Rechtsprechung die Rechtsfigur des sog. **intendierten Ermessens** entwickelt.[217] Dieses soll vorliegen, wenn sich durch Auslegung der jeweiligen Gesetzesvorschrift ergibt, dass von Seiten des Gesetzgebers für den Regelfall eine bestimmte Entscheidung gewollt ist und nur ausnahmsweise bei besonderen Gründen davon abgesehen werden soll.[218] In solchen Fällen soll das Erfordernis konkreter Abwägung (s.o.) entfallen – und dementsprechend auch das einer diesbezgl. Begründung der Entscheidung durch die Verwaltung.[219] So wird den Grundsätzen der Wirtschaftlichkeit und Sparsamkeit (§ 7 Abs. 1 BHO bzw. korrespondierende Vorschrift in der LHO) entnommen, dass eine öffentliche Zuwendung bei Verfehlung

---

[213] ZB OVG Lüneburg DVBl. 2013, 529, 530.
[214] ZB OVG Lüneburg DVBl. 2013, 529, 530.
[215] Instruktiv zur Auswahl im Verhältnis von Zustandsverantwortlichen (Eigentümer – Erbbauberechtigter) OVG Münster BeckRS 2012, 53990; Waldhoff JuS 2013, 378.
[216] VG Saarlouis LKRZ 2011, 61, 63; OVG Lüneburg NuR 2019, 778, 779 Rn. 11.
[217] Vgl. BVerwGE 72, 1, 6; 105, 55, 57 f.; dazu Schoch Jura 2010, 358.
[218] OVG Lüneburg DVBl. 2013, 529, 531. BVerwGE 158, 258, 270 spricht von einer Ermessensbetätigung der Behörde, „deren Richtung bereits vom Gesetz vorgezeichnet ist"; BVerwG Urt. v. 24.2.2021 – 8 C 25/19, Rn. 11 juris stellt auf eine bestimmte gesetzliche Wertung ab.
[219] BVerwGE 158, 258, 270.

ihres Zwecks nach § 49 Abs. 3 VwVfG zu widerrufen ist und nur ausnahmsweise, bei Vorliegen eines atypischen Falls, davon abgewichen werden darf.[220] Von der Rspr. ist ein intendiertes Ermessen bspw. bei einer bauordnungsrechtlichen Baueinstellungsverfügung angenommen worden, weil nicht davon ausgegangen werden könne, dass die Bauaufsichtsbehörden bei einem baurechtswidrigen Zustand im Wege einer Abwägung von „Für und Wider" über ihr Einschreiten befinden sollen, sondern Letzteres als Regelfall aus der Natur der Sache geboten sei.[221] Diese Rspr. kann nicht überzeugen.[222] Das charakteristische Element einer Ermessensentscheidung ist gerade die Abwägung, in deren Rahmen auch der Gesetzeszweck und die sonstigen im Gesetz enthaltenen Direktiven berücksichtigt werden. Will der Gesetzgeber ein bestimmtes, als Normalfall gewolltes Ergebnis vorgeben, kann er dies mit „Soll-Vorschriften" (dazu vorstehend Rn. 37) deutlich machen. Der Rechtsfigur des intendierten Ermessens bedarf es dafür nicht.

c) Rechtsbindung des Ermessens

Obwohl mit der Zuweisung von Ermessen Entscheidungsspielräume denknotwendig verbunden sind, ist die Behörde hins. der Wahl ihrer Entscheidung nicht völlig frei; vielmehr muss sie schon aus rechtsstaatlichen Gründen das ihr zustehende Ermessen ordnungsgemäß ausüben. § 40 VwVfG bestimmt in diesem Zusammenhang, dass die Behörde ihr Ermessen entsprechend dem Zweck der Ermächtigung zu betätigen und die gesetzlichen Grenzen des Ermessens einzuhalten hat. Die Behörde muss in dem erkennbaren Bewusstsein, dass eine Ermessensentscheidung zu treffen ist, nach Maßgabe des Gesetzeszwecks das „Für und Wider" ihres Handelns und die betroffenen Interessen sorgfältig gegeneinander abwägen.[223] Hält sich die Behörde nicht an diese rechtlichen Bindungen, handelt sie ermessensfehlerhaft und rechtswidrig (zu den Ermessensfehlern sogleich Rn. 43 ff.). Nicht ermessensfehlerhaft ist es dagegen, wenn die Behörde nur nicht die optimale Handlungsalternative wählt (zB bzgl. Mittel und Adressat), sich aber in den Grenzen des Ermessens bewegt. Dann ist die Entscheidung zwar unzweckmäßig, jedoch ermessensfehlerfrei und rechtmäßig. Weil § 13 Abs. 1 S. 1 Bundes-Klimaschutzgesetz (KSG) die Träger öffentlicher Aufgaben bei ihren Planungen und Entscheidungen zur Berücksichtigung des Zwecks dieses Gesetzes und der zu seiner Erfüllung festgelegten Ziele (§ 3 KSG) verpflichtet, ist ein solches Berücksichtigen v.a. im Rahmen abwägender und Ermessensentscheidungen jedenfalls beim Vollzug von Bundesrecht möglich. Es obliegt infolge dieser Querschnittsklausel somit den Behörden, bei der Ausübung ihres Entschließungs- und/oder Auswahlermessens auch klimaschutzrechtliche Erwägungen anzustellen, ohne dass diesen nach dem Gesetzeswortlaut ein Gewichtungsvorrang ggü. anderen Belangen zukommt.[224]

41

Aus **Gewaltenteilungsgründen** begrenzt **§ 114 S. 1 VwGO** die verwaltungsgerichtliche Überprüfung des ausgeübten Ermessens **in Anlehnung an** § 40 VwVfG darauf, ob die

42

---

[220] OVG Bautzen Urt. v. 29.10.15 – 1 A 348/14, Rn. 29 juris; HambOVG ZMR 2021, 777, 778.
[221] OVG Greifswald NordÖR 2009, 123 mwN; VG Saarlouis Urt. v. 7.12.2011 – 5 K 752/11, Rn. 36 juris; zur Beseitigungsanordnung BVerwG Urt. v. 6.6.2019 – 4 C 10/18, Rn. 28 juris.
[222] Detterbeck, Rn. 323; Korte Jura 2017, 656, 663; Maurer/Waldhoff, § 7 Rn. 12; vgl. hierzu auch Erbguth JuS 2002, 333; Siegel, Rn. 220: „lediglich in besonderen Ausnahmekonstellationen".
[223] Bereits allg. Rn. 38; BVerwGE 162, 153, 165 f. Rn. 39; zur Begründungspflicht der Behörde bei Ermessensentscheidungen vorstehend Rn. 23.
[224] Fellenberg in: ders./Guckelberger, KlimaschutzR, § 13 Rn. 16 ff., 26, wobei str. ist, ob diese Norm beim Vollzug von Landesrecht durch Landesbehörden Relevanz erlangt. Dazu auch BVerwG, Urt. v. 4.2.2022 – 9 A 7.21, juris.

Entscheidung der Verwaltung rechtswidrig ist, weil die gesetzlichen Grenzen des Ermessens überschritten sind oder vom Ermessen in einer dem Zweck der Ermächtigung nicht entsprechenden Weise Gebrauch gemacht worden ist (Möglichkeit zur Ergänzung der Ermessenserwägungen durch die Verwaltung im gerichtlichen Verfahren nach § 114 S. 2 VwGO; dazu § 15 Rn. 18). Die Verwaltungsgerichte dürfen im Rahmen der Rechtmäßigkeitsprüfung eines Verwaltungsakts mithin das von der Behörde ausgeübte Ermessen nur darauf überprüfen, ob **bestimmte Ermessensfehler** unterlaufen sind und sie dürfen die getroffene Verwaltungsentscheidung nur anhand derjenigen Erwägungen prüfen, welche die Behörde tatsächlich angestellt hat. Daraus folgt zum einen, dass die Gerichte keine eigenen Ermessenserwägungen anstelle derjenigen der Behörde setzen dürfen.[225] Eine ermessensfehlerfreie, aber unzweckmäßige Entscheidung kann – zum anderen – nur von der Behörde selbst oder von der Widerspruchsbehörde im Widerspruchsverfahren (§ 68 VwGO, zum Widerspruchsverfahren näher § 20 Rn. 1 ff.) aufgehoben werden.

d) Ermessensfehler

43 Ein Ermessensfehler liegt vor, wenn die Behörde bei ihrer Entscheidung die aus § 40 VwVfG und allgemeinen Grundsätzen folgenden Anforderungen an die Ermessensbetätigung überschritten hat. Hins. der Kategorisierung von Ermessensfehlern besteht weitestgehend Einigkeit, lediglich die Bezeichnungen variieren mitunter.[226]

44 Ein **Ermessensausfall** (bzw. Ermessensnichtgebrauch) liegt vor, wenn die Behörde von dem ihr eingeräumten Ermessen überhaupt keinen Gebrauch gemacht hat – etwa, weil die Behörde das ihr eingeräumte Ermessen übersieht und sich irrig in ihrer Entscheidung für gebunden hielt. Der Ermessensausfall kann sich darauf richten, dass die Behörde keine Erwägungen anstellt, ob sie tätig werden soll (Entschließungsermessen), ferner, ob es zu der von ihr gewählten Maßnahme auch Alternativen gibt (Auswahlermessen).[227] Ein Ermessensausfall liegt auch vor, wenn die Verwaltung die Ausführungen aus einem Anwaltsschreiben ohne eigenständige Prüfung vollständig übernimmt.[228]

45 Um den Fehler der **Ermessensüberschreitung** handelt es sich, wenn die Behörde sich für eine Rechtsfolge entscheidet, die von der Rechtsnorm nicht mehr gedeckt ist,[229] dh entweder eine zusätzliche, vom Gesetz nicht vorgesehene Handlungsvariante ergreift oder den gesetzlich vorgegebenen Rahmen über- bzw. unterschreitet. Wenn § 11 Abs. 3 VwVG ein Zwangsgeld bis zur Höhe von 25 000 € vorsieht, überschreitet die Behörde ihr Ermessen, wenn sie 26 000 € anordnet. Eine Ermessensüberschreitung liegt ferner vor, wenn die Behörde eine Ermessensreduzierung übersieht (zur Ermessenreduzierung sogleich Rn. 48) oder sie ihr Ermessen in einer unverhältnismäßigen, der Bedeutung der betroffenen Grundrechte nicht gerecht werdenden Weise ausübt.[230]

46 Von **Ermessensfehlgebrauch/Ermessensmissbrauch** spricht man, wenn die Behörde weiß, dass ihr Ermessen eingeräumt ist, sie alle Handlungsvarianten erkennt und sich mit der Entscheidung auch innerhalb der durch die Norm vorgegebenen Grenze hält,

---

225 BVerwG NVwZ 2016, 1577, 1578.
226 Näher zu gewissen Unterschieden Wimmer BayVBl. 2019, 145 ff.; s.a. Geis in: Kahl/Ludwigs, I, § 18 Rn. 47.
227 Vgl. BVerwGE 15, 196, 199.
228 OVG Greifswald NordÖR 2009, 125, 127.
229 Siegel, Rn. 215.
230 BVerfG NVwZ 2017, 1526, 1528 f.; BVerwGE 157, 356, 364; Seiler, § 1 Rn. 18; Siegel, Rn. 216.

der Fehler aber bei der Abwägung unterläuft. Die Behörde macht von ihrem Ermessen fehlerhaft Gebrauch, sofern sie

- nicht alle nach Lage der Dinge entscheidungserheblichen Tatsachen ermittelt (zB bei der Ausweisung einer Ausländerin nicht deren Ehe mit einem Deutschen berücksichtigt),[231] von unzutreffenden Tatsachen ausgeht (zB nicht erkennt, dass der Ehepartner und nicht der Adressat des Bescheids einen Verkehrsverstoß begangen hat), dies unzutreffend vorgewichtet (Präjudizien),[232]
- nicht anhand des Zwecks der Ermächtigung abwägt, insb. unsachliche Erwägungen anstellt, etwa solche persönlicher bzw. parteipolitischer Rücksichtnahme. Als Beispiele seien genannt, dass eine Person allein deshalb zum Verkehrsunterricht geladen wird, weil es noch freie Plätze gibt, oder der Abriss eines rechtswidrig errichteten Gebäudes angeordnet wird, weil der Eigentümer seine Hundesteuer nicht regelmäßig bezahlt hat.[233]

Objektive Schranken des Ermessens bilden die Grundrechte[234] und der Grundsatz der Verhältnismäßigkeit.[235] Räumt der Gesetzgeber der Verwaltung ein Ermessen ein, muss diese – so das BVerfG – „ihr Ermessen stets in einer verhältnismäßigen, der Bedeutung betroffener Grundrechte gerecht werdenden Art und Weise ausüben".[236] Ein Verstoß führt zur Ermessensfehlerhaftigkeit der Entscheidung. Insb. muss die Behörde bei ihren Entscheidungen den Gleichheitssatz (Art. 3 Abs. 1 GG) beachten. Sie ist mithin verpflichtet, bei gleich gelagerten Fällen auch gleich zu entscheiden.[237] Eine gleichmäßig geübte Verwaltungspraxis führt zu einer **Selbstbindung der Verwaltung**.[238] Eine Behörde darf ihr Ermessen in vergleichbaren Fällen nicht unterschiedlich, systemwidrig oder planlos ausüben.[239] Die Bauaufsichtsbehörde darf also bei Vorliegen mehrerer Schwarzbauten in vergleichbarer Situation nicht nur willkürlich gegen ein Vorhaben vorgehen. Eine unterschiedliche Behandlung mehrerer Fallgruppen bedarf eines sachlichen Grundes.[240] Dies wäre etwa gegeben, wenn eine Behörde nur gegen nach einem bestimmten Zeitpunkt errichtete illegale Bauten vorgeht, um dadurch eine Verschlechterung der vorgefundenen Situation zu verhindern.[241] Zu beachten ist, dass der Gleichbehandlungsgrundsatz bei bislang ermessensfehlerhafter Verwaltungspraxis

47

---

231 Siegel, Rn. 217; andere sprechen insoweit von Ermessensunterschreitung, s. Geis in: Kahl/Ludwigs, I, § 18 Rn. 47.
232 Dazu, dass es keinen Unterschied macht, ob der Behörde ein Irrtum hins. der Tatsachen oder des rechtlichen Rahmens der Entscheidung unterläuft, BVerwGE 156, 59, 72 Rn. 33.
233 Zum Ganzen Siegel, Rn. 217; zu Ersterem VGH München NVwZ-RR 2010, 830.
234 Etwa Art. 6 GG bei der Entscheidung über die Ausweisung eines Ausländers, der mit einer Deutschen verheiratet ist, BVerwGE 42, 133; 102, 12, 19; BVerfGE 51, 386, 397 f.; zu Art. 8 GG bei einem Versammlungsverbot BVerfG NVwZ 2020, 709, 710 f. Rn. 13; NVwZ 2020, 711, 712 Rn. 24; dazu noch Rn. 48; zum Gleichheitssatz nachfolgend im Text.
235 BVerwGE 157, 356, 364 Rn. 24; BVerwG Urt. v. 3.2.2021 – 2 C 29/20, Rn. 26 juris. Zur Verhältnismäßigkeit sogleich Rn. 53.
236 BVerfG NVwZ 2017, 1526, 1528 f. Rn. 41 unter Betonung der diesbzgl. Kontrolle der Verwaltung und fehlenden Einschätzungsprärogative der Behörden. S.a. BVerfG NJW 2022, 1999, 2007 Rn. 147.
237 BVerwGE 160, 193, 199; BVerwG Urt. v. 13.10.2021 – 2 C 6/20, Rn. 23 juris unter Betonung der Möglichkeit zur Änderung der Maßstäbe für die Zukunft.
238 Die Selbstbindung der Verwaltung wird häufig durch ermessenslenkende Verwaltungsvorschriften ausgelöst, die Vorgaben enthalten, wie das Ermessen zu betätigen ist. Dazu näher Kluckert JuS 2019, 536 ff. sowie § 27 Rn. 2, 7.
239 BVerwG BauR 2014, 1923; BVerwGE 160, 193, 199.
240 BVerwGE 160, 193, 199.
241 BVerwG BauR 2014, 1923.

keinen Anspruch auf Fehlerwiederholung gewährt (keine Gleichheit im Unrecht).[242] Schließlich kann sich aus unionsrechtlichen Vorgaben eine objektive Ermessensschranke ergeben.[243]

e) Ermessensreduzierung auf Null

48 Ausnahmsweise vermag eine **Ermessensreduzierung** auf Null – oder auch Ermessensschrumpfung[244]– einzutreten. Dies ist der Fall, wenn nur eine einzige und keine andere Entscheidung rechtmäßig ist.[245] Auslöser dafür sind meistens die Grundrechte und die in ihnen verkörperte Werteordnung.[246] Die Ermessensreduzierung kann das Entschließungsermessen, aber ggf. auch das Auswahlermessen (zur Unterscheidung zwischen Entschließungs- und Auswahlermessen vgl. Rn. 39) betreffen. Ist nur Ersteres eröffnet (vgl. Rn. 39), führt seine regelmäßig aus höherrangigem Recht folgende Reduktion dazu, dass eingeschritten werden muss bzw. nicht eingeschritten werden darf. Dann ist allein diese eine Entscheidung ermessensfehlerfrei möglich – und die jew. gegenteilige Entschließung fehlerhaft. Ist neben dem Entschließungsermessen auch ein Auswahlermessen gegeben (vgl. Rn. 39), erfasst die Ermessensreduktion regelmäßig das Entschließungsermessen.[247] So wird die Polizei bei einem verkehrswidrig abgestellten Fahrzeug, von dem eine erhebliche Gefahr für hochrangige Rechtsgüter (wie Leben und Gesundheit) anderer Verkehrsteilnehmer ausgeht, einschreiten, obwohl die polizeilichen Generalklauseln Ermessen einräumen.[248] Oft verbleibt ihr aber ein Auswahlermessen, ob sie das Fahrzeug abschleppen oder lediglich in die nächste Parklücke versetzen lässt. Je nach Konstellation kann die Schrumpfung des Entscheidungsspielraums aber zugleich das Auswahlermessen erfassen,[249] wenn besagte Gefahr(en) nicht nur das Einschreiten als solches gebietet, sondern auch, wie eingeschritten werden muss.

f) Anspruch auf ermessensfehlerfreie Entscheidung

49 Ermessensvorschriften können subjektiv-öffentliche Rechte vermitteln (zB die polizeiliche Generalklausel); es gelten die allg. Anforderungen (vgl. § 9 Rn. 3 ff.; zum Ermessen insoweit § 9 Rn. 6 aE). Mit anderen Worten ist also zu prüfen, ob die Ermessensvorschrift nicht nur zur Durchsetzung von Interessen der Allgemeinheit, sondern zumindest auch den Interessen der begünstigten Person zu dienen bestimmt ist.[250] Ist dies zu bejahen, steht dem Einzelnen regelmäßig nur ein Anspruch auf ermessensfehlerfreie Entscheidung, dh auf eine behördliche Entscheidung innerhalb des gesetzlichen Rahmens zu.[251] Zu einem Anspruch auf Vornahme einer bestimmten Handlung kommt

---

242 Vgl. zB VGH München Beschl. v. 12.2.2019 – 15 ZB 18.255, Rn. 13 juris; Battis, S. 146.
243 BVerwGE 157, 356, 364 Rn. 24.
244 VG Berl Beschl. v. 28.1.2011 – 37 L 4/22 V, Rn. 27 juris.
245 BVerwG Buchholz 436.511 § 74 SGB VIII Nr. 8 Rn. 11; Siegel, Rn. 218.
246 OVG Münster Urt. v. 22.6.2021 – 5 A 1386/20, Rn. 82 juris.
247 Anhand des Polizei- und Ordnungsrechts Kingreen/Poscher, PolizeiR, § 10 Rn. 41.
248 BVerwGE 11, 95, 97. S.a. OVG Münster Urt. v. 22.6.2021 – 5 A 1386/20, Rn. 82 juris, wonach eine Ermessensreduzierung auf Null bei außergewöhnlichen Umständen, der Gefährdung eines hohen Rechtsguts oder einer besonderen Intensität der Störung anzunehmen ist.
249 Kingreen/Poscher, PolizeiR, § 10 Rn. 44.
250 BVerwG Urt. v. 13.10.2021 – 2 C 6/20, Rn. 11 juris, eine bloß mittelbar-tatsächliche Begünstigung genügt hingegen nicht.
251 Anhand von Beispielen darlegend Beaucamp JA 2022, 392.

▶ **Zu Fall 10:** Gem. § 15 Abs. 2 S. 1 GewO kann die Fortsetzung des Betriebes von der zuständigen Behörde verhindert werden, wenn ein Gewerbe ohne die dafür erforderliche Zulassung betrieben wird. Für sein Bewachungsgewerbe benötigt G gem. § 34a Abs. 1 GewO eine Erlaubnis, die er nicht besitzt. Der Tatbestand des § 15 Abs. 2 S. 1 GewO ist erfüllt. Der Behörde ist bei der Entscheidung über die Versagung der Fortsetzung des Bewachungsgewerbes Ermessen eingeräumt. Dieses muss gem. § 40 VwVfG ordnungsgemäß ausgeübt werden. K hat insoweit sein persönliches Missfallen ggü. G einfließen lassen und damit der Entscheidung unsachliche Erwägungen zugrunde gelegt. Damit liegt ein Ermessensfehler in Form des Ermessensmissbrauchs vor; die Entscheidung ist materiell rechtswidrig (vgl. Rn. 46 f.). Darüber hinaus könnte sich ein Ermessensfehler aus der Verletzung des Verhältnismäßigkeitsgrundsatzes ergeben (näher zur Verhältnismäßigkeit von Verwaltungsakten Rn. 53). Ggü. der Versagung des Bewachungsgewerbes kommt vorliegend als milderes, gleich zwecktaugliches Mittel die Erlaubniserteilung an G gem. § 34a Abs. 1 GewO in Betracht. Teile in Schrifttum und Rspr. halten die Schließung eines Gewerbes stets für ermessensfehlerhaft, wenn sämtliche Voraussetzungen für die Erteilung der notwendigen Erlaubnis vorliegen. Andere nehmen eine differenzierendere Betrachtung vor. Weil das präventive Erlaubniserfordernis aufgestellt wurde, sollen die Behörden eine sorgfältige Prüfung vornehmen, um Gefahren im Zusammenhang mit dem jew. Gewerbe von vornherein zu vermeiden. Deshalb wird eine Schließungsverfügung auch ohne Blick auf die materiellrechtlichen Genehmigungsvoraussetzungen für möglich gehalten, sofern nicht deren Vorliegen ohne Weiteres offensichtlich und eindeutig ist.[253] Da laut Sachverhalt alle Voraussetzungen für die Erteilung der Erlaubnis eindeutig und offensichtlich vorlagen, ist die Entscheidung des K auch unter diesem Aspekt ermessensfehlerhaft und rechtswidrig. Sie muss vom Gericht aufgehoben werden, § 113 Abs. 1 S. 1, § 114 VwGO. ◀

3. Koppelungsvorschriften

Sog. Koppelungsvorschriften[254] enthalten wie andere Bestimmungen auch (vorstehend Rn. 25 ff.) einen unbestimmten Rechtsbegriff auf Tatbestands- und Ermessen auf Rechtsfolgenseite; teils wird der Begriff der Koppelungsvorschrift aber solchen Konstellationen vorbehalten, in denen sämtliche Abwägungen indes schon bei der Auslegung des unbestimmten Rechtsbegriffs anzustellen sind – v.a. dann, wenn jene Begriffe nicht weiter konkretisiert sind (etwa: „öffentliche Belange", „öffentliche Interessen" oÄ). Bspw. können nach § 35 Abs. 2 BauGB sonstige Vorhaben im Außenbereich (solche, die keine privilegierten Vorhaben iSv § 35 Abs. 1 BauGB sind) zulässig sein, wenn „öffentliche Belange" nicht beeinträchtigt werden. Insoweit sollen schon auf Tatbestandsseite alle denkbaren Belange zu berücksichtigen sein, so dass für die Ermessensentscheidung kein Raum verbleibt.[255] § 35 Abs. 2 BauGB wird demzufolge als

50

---

252 Dazu vorstehend Rn. 48. S.a. BVerwG NVwZ 2018, 590, 592.
253 Zum Meinungsstand VG Darmstadt Beschl. v. 8.10.2013 – 7 L 646/13.DA, Rn. 26 juris; VG Neustadt GewArch 2016, 353, 357. S.a. OVG Lüneburg Beschl. v. 4.4.2018 – 7 ME 15/18, Rn. 13 juris.
254 Vgl. BVerwGE 46, 175, 176 f.; Lepsius JuS 2019, 123, 125; Schmidt § 6 Rn. 141; näher Maurer/Waldhoff, § 7 Rn. 48 ff.
255 Vergleichbares wird bei Befreiungen von Festsetzungen eines Bebauungsplans nach § 31 Abs. 2 BauGB angenommen: „nur wenig Raum" für die Ermessensausübung, BVerwGE 117, 50, 55; zu einem solchen Verständnis von Koppelungsnormen tendierend OVG Bautzen Beschl. v. 31.8.2018 – 2 B 317/18, Rn. 7 juris; OVG Lüneburg BauR 2018, 1848, 1850.

gebundene Entscheidung verstanden, die „Kann"-Regelung mutiert zur „Muss"-Vorschrift.[256] Das ist zwar für den Bauwilligen vorteilhaft: Der unbestimmte Rechtsbegriff bei § 35 Abs. 2 BauGB ist voll überprüfbar, die Begrenzung des § 40 VwVfG bei der Kontrolle auf Ermessensfehler kommt nicht zum Tragen.[257] Der Einordnung des § 35 Abs. 2 BauGB als Koppelungsvorschrift wie auch der Akzeptanz jener Rechtsfigur als solcher widerstreitet jedoch die gesetzgeberische Ermessenszuweisung. Daran kann nur höherrangiges Recht etwas ändern – bei § 35 Abs. 2 BauGB eine verfassungskonforme Auslegung[258] anhand von Art. 14 Abs. 1 S. 2 GG.[259]

Demgegenüber stellte sich zB das Bundessozialgericht auf den Standpunkt, dass sich bei Koppelungsvorschriften je nach Norm an die Auslegung des unbestimmten Rechtsbegriffs ein Folgeermessen anknüpfen kann, bei manchen aber zwischen beiden Elementen eine unlösbare Verbindung besteht, „sodass der unbestimmte Rechtsbegriff in den Ermessensbereich hineinragt und zugleich Inhalt und Grenzen der pflichtgemäßen Ermessensausübung bestimmt".[260] Dieser differenzierende Ansatz ist insoweit zu begrüßen, als die Frage, inwieweit die Gerichte Verwaltungsentscheidungen auf Tatbestands- und Rechtsfolgenseite überprüfen können, von der Ausgestaltung der jeweiligen Norm abhängt.[261] Insgesamt zeigt sich, dass die dogmatische Bedeutung der sog. Koppelungsvorschriften noch nicht ausgereift ist.[262]

Modifiziert werden diese Aspekte bei der staatlichen Regulierung zwischenzeitlich privatisierter Aufgabenwahrnehmung (dazu noch § 29 Rn. 23 ff.), insb. im Energie- und Telekommunikationsbereich. So soll etwa der Bundesnetzagentur als unabhängige Behörde (dazu § 29 Rn. 24 f.) bei der Auferlegung von Regulierungspflichten in sog. **Regulierungsermessen** als Rechtsfolge der Marktanalyse zukommen. Die Behörde verfüge auf der Rechtsfolgenseite über einen umfassenden Auswahl- und Ausgestaltungsspielraum, der untrennbar mit einer Abwägung verbunden ist, die durch zahlreiche unbestimmte Rechtsbegriffe mit in hohem Maße wertenden und prognostischen Elementen gesteuert wird. Deswegen lasse sich die klassische Unterscheidung zwischen der Einräumung von Beurteilungsspielräumen auf der Tatbestandsseite und dem Ermessen auf der Rechtsfolgenseite nicht aufrechterhalten. Anders als bei gewöhnlichen Ermessenserwägungen habe sich dieses an einer Vielzahl von Normzwecken (§ 2 Abs. 2 TKG) auszurichten. Deswegen prüft das Gericht diese Entscheidung nur auf vier Abwägungsfehler hin (Abwägungsausfall, Abwägungsdefizit, Abwägungsfehleinschätzung und -disproportionalität).[263] Wird

---

256 Mitschang/Reidt in: Battis/Krautzberger/Löhr, BauGB, 13. Aufl. 2016, § 35 Rn. 66.
257 BVerwGE 18, 247, 250.
258 Zu deren Maßgaben – und Grenzen – zuletzt BVerfG NVwZ 2015, 510; dazu Sachs JuS 2015, 472, 473.
259 Vgl. nur Erbguth/Schubert, Öffentliches Baurecht, § 8 Rn. 73.
260 BSG GesR 2019, 42, 45; in diese Richtung auch VGH München BayVBl. 2022, 98, 101 Rn. 29; s.a. Schmidt, § 6 Rn. 141.
261 Wie hier auch OVG Münster Beschl. v. 14.3.2019 – 6 A 1576/16, Rn. 67 ff. juris. Dafür, dass bei einer Koppelungsvorschrift Tatbestand und Rechtsfolge wie gewöhnlich zu prüfen sind, OVG Münster Beschl. v. 31.1.2020 – 6 A 1829/16, Rn. 79 juris.
262 S. zu dieser Thematik auch Siegel, Rn. 225 ff.
263 BVerwG NVwZ 2014, 1034, 1035 f.; s.a. BVerwG Urt. v. 21.9.2018 – 6 C 7/17, Rn. 47 f. juris; Ziekow, Wirtschaftsrecht, § 14 Rn. 33; andersartige Einordnung zur Festlegung der relevanten Telekommunikationsmärkte nach § 10 TKG seitens der Bundesnetzagentur wohl durch BVerfG DVBl. 2012, 230: Beurteilungsspielräume bei der Auslegung und Anwendung der unbestimmten Rechtsbegriffe; anders Bergmann, Anm. zu BVerwG Beschl. v. 5.5.2014 – 6 B 46/13, NVwZ 2014, 1037, 1038: Regulierungsermessen. Letzteres angenommen bei § 13 Abs. 1, 3 TKG aF (BVerfG NVwZ 2013, 1352, 1356), bei § 23 Abs. 1 S. 1 TKG a.F. (BVerwG NVwZ 2011, 563, 567) und bei § 30 Abs. 1 S. 1, Abs. 2 TKG aF (BVerwGE 131, 41, 74 f.), aber kein umfassendes Letztentscheidungsrecht bei § 31 TKG (BVerwGE 162, 202, 208). Abgelehnt hingegen bei § 40 Abs. 1 TKG (BVerwG NVwZ 2009, 653, 659 ff. Rn. 51 ff.) und bei § 25 Abs. 5 S. 1 und 2 TKG (BVerwG NVwZ 2014, 1034, 1035 f.: herkömmliches Ermessen, weil keine vielfältige Zweckberücksichtigung); vgl. Waldhoff JuS 2015, 286, 288.

die Abwägung jener Belange in das Ermessen integriert[264] – wodurch sich die (grds. vollständige) Überprüfbarkeit der Rechtsbegriffe auf eine Abwägungskontrolle (dazu Rn. 51) reduziert.[265] Wegen der weiten Zurücknahme der gerichtlichen Kontrolle beim Regulierungsermessen stößt diese Rechtsfigur im Schrifttum auf Kritik.[266] Aufgrund der Einschränkung des gerichtlichen Rechtsschutzes ist in Bezug auf jede Norm sorgfältig zu prüfen, ob sie tatsächlich ein Regulierungsermessen einräumt oder sich nicht den herkömmlichen Kategorien zuordnen lässt.[267]

4. Exkurs: Planerische Abwägung

Besonderheiten gelten für Planungen, genauer: für planerische Entscheidungen.[268] Dazu zählt nach vorherrschender Auffassung auch der Planfeststellungsbeschluss, der als Verwaltungsakt das Planfeststellungsverfahren abschließt.[269] Planfeststellungsentscheidungen werden in aller Regel für Infrastrukturvorhaben vorgesehen, bei denen eine Vielzahl öffentlicher und privater Belange aufeinanderstoßen, die zueinander in Ausgleich zu bringen sind. So bestimmt § 17 Abs. 1 S. 4 FStrG, dass bei der Planfeststellung von Bundesfernstraßen die von dem Vorhaben berührten öffentlichen und privaten Belange einschließlich der Umweltverträglichkeit „im Rahmen der Abwägung" zu berücksichtigen sind. Planerische Entscheidungen beruhen nicht auf strikt konditionalen Entscheidungsstrukturen (Wenn-Dann-Schema), sondern erfolgen angesichts der Komplexität des Interessengeflechts nach Maßgabe eines **Finalprogramms**.[270] Infolgedessen verfügt die Verwaltung beim sog. Planungsermessen über einen größeren Spielraum als bei Ermessensentscheidungen.[271] Im Fokus der Gerichtskontrolle steht daher die Einhaltung der Verfahrensvorschriften.[272] Außerdem prüfen die Gerichte, ob der Verwaltung **bestimmte Abwägungsfehler** unterlaufen sind (sog. **Abwägungsfehlerlehre**).[273] Die Gerichte prüfen,

51

- ob überhaupt eine Abwägung stattgefunden hat (ansonsten: **Abwägungsausfall**),

- ob die entscheidungserheblichen Belange ordnungsgemäß ermittelt und in die Abwägung eingestellt worden sind (ansonsten Abwägungsdefizit oder bei Einstellung eines nicht relevanten Belangs **Abwägungsfehleinstellung**),

---

264 Anders offensichtlich Bergmann, Anm. zu BVerwG Beschl. v. 5.5.2014 – 6 B 46/13, NVwZ 2014, 1037, 1038: Tatbestandsseite.
265 BVerwG NVwZ 2014, 1034, 1035 f.; s.a. BVerwG Urt. v. 21.9.2018 – 6 C 7/17, Rn. 47 f. juris; vgl. auch Ziekow, Wirtschaftsrecht, § 14 Rn. 33. Krit. unter Rechtsschutzgesichtspunkten, und zwar neben Art. 19 Abs. 4 GG auch aus Art. 47 GRCh, Gärditz Verw 46 (2013), 257, 265 ff., 268 ff.: angesichts der ökonomischen Bedeutung zu großer (Kontroll-)Freiraum der Verwaltung. Eingehend Garstecki, Das Regulierungsermessen, 2021, die auf S. 195 ff. stattdessen die Rechtsfigur des Subsumtionsermessens bevorzugt.
266 S. etwa Gärditz DVBl. 2016, 399, 403 f.; Schneider in: Fehling/Ruffert, Regulierungsrecht, 2010, § 22 Rn. 23 ff. kritisiert, dass das Regulierungsverfahrensrecht, das im Gegenzug zu stärken ist, diesen Anforderungen nicht genügt.
267 S. etwa Grüneberg in: FS für Danner, 2019, S. 315, 329; Württemberger GewArch 2016, 6, 9.
268 Bebauungspläne, Landschaftspläne, Raumordnungspläne uam. Auch die (Verwaltungs-) Entscheidung über die Schließung einer von mehreren Schulen soll eine Planungsentscheidung sein, OVG Münster NWVBl. 2013, 456, 457.
269 Dazu differenzierend Burgi JZ 1994, 654.
270 Lepsius JuS 2019, 123, 127.
271 Siegel, Rn. 222.
272 Lepsius JuS 2019, 123, 127.
273 Dazu komprimiert Martini/Finkenzeller JuS 2012, 126; Schlacke in: Kahl/Ludwigs, I, § 20 Rn. 68; unter rechtsstaatlichen Aspekten Erbguth in: ders./Kluth, S. 103. Zur Dogmatik der Abwägung Kment ZUR 2016, 331, 332 ff. S.a. BVerwGE 157, 73, 78 f.; BVerwG Urt. v. 7.10.2021 – 4 A 9/19, Rn. 47 juris sowie zur Verfassungsmäßigkeit eingeschränkter Gerichtskontrolle bei Planungsentscheidungen BVerfG NVwZ 2016, 524, 525 ff.

- ob die einzelnen Belange zutreffend gewichtet worden sind (ansonsten: **Abwägungsfehleinschätzung oder -gewichtung**) und schließlich,
- ob ein ordnungsgemäßer Ausgleich zwischen ihnen erfolgt ist (ansonsten: **Abwägungsdisproportionalität**).

Das VwVfG nimmt auf die planerische Abwägung (anders als § 40 VwVfG beim Ermessen) keinen Bezug, reduziert lediglich die Folgen von Verstößen im Abwägungsvorgang (§ 75 Abs. 1a VwVfG). Das Nähere zur Abwägung, zum Abwägungsgebot und zur Abwägungsfehlerlehre gehört daher in das **besondere Verwaltungsrecht**.[274]

5. Übereinstimmung mit sonstigen Rechtsgrundsätzen und höherrangigem Recht

52 Verwaltungsakte haben nicht nur mit ihrer jew. Rechts- oder Ermächtigungsgrundlage übereinzustimmen. Anforderungen ergeben sich überdies vielfach aus weiteren Bestimmungen des jew. Normwerks, so im Recht der (allgemeinen) Gefahrenabwehr mit Blick auf den für die Gefahr Verantwortlichen („Störer").[275] Ferner können unmittelbar oder analog auf das Verwaltungshandeln anwendbare Vorschriften des Zivilrechts (vgl. allg. § 7 Rn. 4; im Näheren wird hierauf im jew. einschlägigen Zusammenhang eingegangen) für die Rechtmäßigkeit von Verwaltungsakten beachtlich werden. Insb. aber dürfen Verwaltungsakte nicht gegen allgemeine Rechtsgrundsätze[276] und höherrangiges Recht verstoßen (vgl. vorstehend Rn. 25).

a) Verhältnismäßigkeit

▶ **FALL 11:** Weil bei den letzten Fußballspielen des Fußballvereins V unauffällig gekleidete Vereinsfans pyrotechnische Gegenstände ins Stadion geschmuggelt und gezündet haben, entschließt sich die Polizei zu einer härteren Gangart. Sämtliche unauffällige Fans dürfen nur ins Stadion, nachdem sie sich in einer Kabine vor Polizisten ihres Geschlechts einschließlich der Unterwäsche vollständig entkleidet haben. Davon ist auch der friedfertige Fan X betroffen, dessen polizeiliche Durchsuchung ergebnislos blieb. War diese im Ermessen der Polizei stehende Anordnung verhältnismäßig, wenn die Tatbestandsvoraussetzungen für derartige Durchsuchungen vorliegen? ◀

53 Der **Grundsatz der Verhältnismäßigkeit** als Ausdruck des Rechtsstaatsprinzips genießt **Verfassungsrang**.[277] Er gilt für alle staatlichen Maßnahmen und ist insb. bei der Überprüfung belastender Verwaltungsakte auf ihre Rechtmäßigkeit zu beachten. Als Folge des Verhältnismäßigkeitsgrundsatzes darf die Freiheit des Einzelnen nur soweit

---

274 Etwa Erbguth/Mann/Schubert, Rn. 993 ff. mwN; anhand des Rechtsstaatsprinzips Erbguth UPR 2010, 281.
275 Auch hins. der Inanspruchnahme von Nichtstörern, etwa §§ 69 ff. SOG M-V, §§ 17 ff. OBG NRW; §§ 4 ff. SaarlPolG; näher Kingreen/Poscher, PolizeiR, § 9; Guckelberger in: Gröpl/dies./Wohlfarth, Landesrecht Saarland, Studienbuch, 4. Aufl. 2022, § 4 Rn. 59 ff.
276 Für den vorläufigen Verwaltungsakt (§ 12 Rn. 52) gilt bspw., dass eine Plausibilitätsprüfung dafür sprechen muss, dass die spätere (endgültige) Entscheidung ebenfalls zugunsten des Bürgers ergehen wird, und dass ein solcher Verwaltungsakt nicht erlassen werden darf, um der Behörde Aufklärungsaufwand zu ersparen, Beaucamp JA 2010, 247 mwN. Zu den allg. Rechtsgrundsätzen zählen auch solche aus dem Zivilrecht, vgl. § 7 Rn. 11.
277 BVerwGE 162, 146, 147. Zur näheren Herleitung des Verhältnismäßigkeitsprinzips BVerfGE 19, 342, 348 sowie zu seiner europ. Bedeutung BVerfGE 154, 17, 99 Rn. 124; eingehend zur Verhältnismäßigkeit staatlichen Handelns Dumbs DVBl. 2016, 691 ff.; Jestaedt/Lepsius (Hrsg.), Verhältnismäßigkeit, 2015; Petersen in: Kahl/Ludwigs, III, § 73, insb. Rn. 30 ff.; Tischbirek, Die Verhältnismäßigkeitsprüfung, 2017.

eingeschränkt werden, als es im Interesse des Gemeinwohls unabdingbar ist.[278] Die Verhältnismäßigkeit wird wie folgt geprüft: Zunächst ist aufzuzeigen, welcher **Zweck** mit der Maßnahme angestrebt wird und ob damit ein **legitimes Ziel** verfolgt wird. Anschließend ist zu klären, ob der Verwaltungsakt hierfür geeignet, erforderlich und angemessen ist.[279] **Geeignet** ist er, wenn mit seiner Hilfe das angestrebte Ziel gefördert oder (gar) erreicht werden kann. Der Verwaltungsakt erfüllt die Anforderung der **Erforderlichkeit**, wenn es kein milderes Mittel gibt, das den Erfolg mit gleicher Wirksamkeit und vergleichbarem Aufwand herbeiführen würde. **Angemessen** ist er, wenn das mit ihm verfolgte (öffentliche) Ziel in seiner Wertigkeit nicht außer Verhältnis zur Intensität des Eingriffs steht. In einigen Vorschriften ist die Beachtung der Verhältnismäßigkeit einfachgesetzlich geregelt. Nach § 15 Abs. 1 BPolG ist von mehreren möglichen und geeigneten Maßnahmen diejenige zu ergreifen, die den Einzelnen und die Allgemeinheit voraussichtlich am wenigsten beeinträchtigt (= Erforderlichkeit). Der die Angemessenheit betreffende Absatz 2 schreibt vor, dass die Maßnahme nicht zu einem Nachteil führen darf, der zu dem erstrebten Erfolg erkennbar außer Verhältnis steht.

Bei Ermessensentscheidungen lässt sich die Verhältnismäßigkeit bereits als objektive Grenze des Ermessens prüfen (s.o.). Trifft die Verwaltung eine Ermessensentscheidung, die nicht mehr verhältnismäßig ist, werden die Grenzen ihres Ermessens überschritten. Bei gebundenen Entscheidungen ist die Verhältnismäßigkeit der Maßnahme dagegen grds. nicht mehr zusätzlich zu prüfen. Denn der Gesetzgeber hat der Verwaltung die Rechtsfolge klar vorgegeben. Bei solchen gebundenen Entscheidungen, die ihrem Betrachter als unverhältnismäßig erscheinen, stellt sich die Frage nach der Verfassungsmäßigkeit ihrer Rechts-/Ermächtigungsgrundlage – (eben) weil der Verwaltung aufgrund der Bindung keine (verhältnismäßigen) Entscheidungsalternativen offenstanden.[280]

▶ **Zu Fall 11:** Die Maßnahme soll verhindern, dass pyrotechnische Gegenstände ins Stadion gelangen, und bezweckt somit den Schutz von Leib und Leben der Spieler und anderer Fans (Art. 2 Abs. 2 S. 1 GG). Das vollständige Entkleiden aller unauffälligen Fans war zur Erreichung dieses Zwecks geeignet. Als Alternative dazu wäre an das bloße Abtasten der Fans zu denken. Da jedoch nicht auszuschließen ist, dass dabei Gegenstände nicht ertastet werden, ist das Entkleiden das sicherere und wirksamere Mittel. Die Erforderlichkeit ist somit zu bejahen. Das vollständige Entkleiden geht jedoch mit einem schwerwiegenden Eingriff in die Intimsphäre der Betroffenen einher (Art. 2 Abs. 1 iVm Art. 1 Abs. 1 GG). Von der polizeilichen Aktion ist eine Vielzahl harmloser Spielbesucher betroffen, die in keiner Nähe zur abzuwehrenden Gefahr stehen. Aus diesem Grund stellte sich das OVG Saarlouis zu Recht auf den Standpunkt, dass nur ein stufenmäßiges Vorgehen verhältnismäßig gewesen wäre. Ein vollständiges Entkleiden darf nur verlangt werden, wenn und soweit ein Abtasten kein eindeutiges Ergebnis erwarten lässt. Im letzteren Fall darf ein Entkleiden idR allenfalls bis zur Unterwäsche gehen, nur ausnahmsweise unter ganz besonderen Umstän-

---

278 Übermaßverbot; vgl. auch Maurer/Waldhoff, § 10 Rn. 50 f.; zum spiegelbildlichen Untermaßverbot, das sich gegen staatliche Untätigkeit wendet, und zu dessen verfassungsrechtlicher Verankerung eingehend Störring, Das Untermaßverbot in der Diskussion, 2009.
279 Vgl. Kingreen/Poscher, Grundrechte, Rn. 393. S.a. Michaelis JA 2021, 573 ff.
280 Instruktiv Waldhoff JuS 2013, 860, 862. Anders zunehmend die Rspr., die auch bei gebundenen Entscheidungen eine Verhältnismäßigkeitsprüfung vornimmt, etwa bei der Gewerbeuntersagung wegen Unzuverlässigkeit nach § 35 Abs. 1 S. 1 GewO, s. BVerwG GewArch 1993, 323; s.a. BVerwG NJW 2009, 2905, 2906 f.; dagegen eingehend und mwN Barczak VerwArch 105 (2014), 142, 157 ff. Für einen restriktiven Einsatz auch Plappert, Der Verhältnismäßigkeitsgrundsatz bei gebundenen Verwaltungsentscheidungen, 2020.

den darf eine Freilegung des Intimbereichs verlangt werden.[281] Die Polizei hat folglich eine unangemessene und unverhältnismäßige, rechtswidrige Entscheidung getroffen. ◂

b) Bestimmtheit

▶ **FALL 12:** A beantragt die Erlaubnis zum Betreiben einer Kegelbahn. Die Erlaubnis wird ihm schriftlich erteilt. Sie ordnet an, dass durch bauliche Maßnahmen die Einhaltung von Lärmwerten sichergestellt werden muss. Handelt es sich dabei um einen dem Bestimmtheitsgrundsatz entsprechenden Verwaltungsakt? ◂

54 Ebenso wie die Verhältnismäßigkeit ist auch der **Bestimmtheitsgrundsatz** im Rechtsstaatsprinzip verankert.[282] Nach § **37 Abs. 1 VwVfG** muss ein Verwaltungsakt „hinreichend bestimmt" sein. Die Bestimmtheit erfordert, dass aus dem Verwaltungsakt erkennbar wird, wer von wem was verlangt. Die Bestimmtheit bezieht sich demzufolge auf

- die den Verwaltungsakt erlassende Behörde (näher § 37 Abs. 3 und 5 VwVfG),
- den Adressaten, der grds. mit Name und Adresse bezeichnet werden muss,[283] und
- den Regelungsgehalt, damit der Betroffene weiß, was von ihm verlangt wird, und der Bescheid als Grundlage für Maßnahmen zu seiner zwangsweisen Durchsetzung fungieren kann.[284]

Die konkreten Anforderungen an die hinreichende Bestimmtheit des Verwaltungsakts richten sich nach den Besonderheiten des jew. anzuwendenden und umzusetzenden materiellen Rechts.[285] Für die hinreichende Bestimmtheit genügt es, wenn sein Empfänger durch Auslegung nach Treu und Glauben, ggf. unter Berücksichtigung spezieller Fachkunde, die Regelung aus dem gesamten Inhalt des Bescheids, insb. seiner Begründung und weiterer bekannter oder ohne Weiteres erkennbarer Umstände unzweifelhaft entnehmen kann.[286] Lässt ein schriftlicher oder elektronischer Verwaltungsakt die erlassende Behörde nicht erkennen, so ist er nichtig, § 44 Abs. 2 Nr. 1 VwVfG. Sind die übrigen Anforderungen an die Bestimmtheit nicht erfüllt, ist der Verwaltungsakt grds. materiell rechtswidrig, weil meistens die Anforderungen des § 44 Abs. 1, 2 VwVfG nicht vorliegen werden.[287]

▶ **ZU FALL 12:** Die Anordnung, die Einhaltung der genannten Lärmwerte durch bauliche Maßnahmen sicherzustellen, genügt dem Bestimmtheitsgrundsatz nicht. Sie ist hins. ihres Regelungsgehaltes zu unbestimmt: Für den Adressaten der Anordnung ist nicht erkennbar,

---

281 OVG Saarlouis LKRZ 2008, 102 ff.
282 Hierzu Degenhart, Rn. 374 ff.; zur diesbzgl. verfassungsgerichtlichen Rspr. und für eine Herleitung aus dem Gewaltenteilungsprinzip Towfigh JA 2015, 81 mit Ableitung konkreter(er) Kriterien.
283 Dazu auch OVG Saarlouis Beschl. v. 27.4.2017 – 2 A 129/16, Rn. 14 juris. Besonderheiten gelten bei Allgemeinverfügungen, bei denen eine Bezeichnung der Betroffenen nach allg. Merkmalen ausreichend sein kann, zB „alle Hauseigentümer der Straße X"; vgl. auch § 12 Rn. 22 f.
284 Vgl. BVerwGE 31, 15, 18; 160, 193, 196. Zur Verständlichkeit des Verwaltungsakts instruktiv Benrath VerwArch 102 (2011), 547.
285 BVerwGE 160, 193, 196; 169, 142, 146 Rn. 12.
286 BVerwGE 160, 193, 196; 169, 142, 146 Rn. 12.
287 BVerwGE 160, 193, 196; BVerwG NVwZ 2021, 896, 901: Nichtigkeit kommt nur in Betracht, falls die Regelung Widersprüche, gedankliche Brüche oder andere Ungereimtheiten enthält. Allerdings kann die zunächst fehlende Bestimmtheit eines Verwaltungsakts nachträglich (im gerichtlichen Verfahren) herbeigeführt werden, BVerwGE 123, 261, 283; zur Nichtigkeit von Verwaltungsakten wegen fehlender Bestimmtheit § 15 Rn. 5.

§ 14 Rechtmäßigkeitsvoraussetzungen des Verwaltungsakts § 14

durch welche Art baulicher Maßnahmen und in welchem Umfang dies geschehen soll; somit weiß er nicht, was von ihm verlangt wird. ◂

c) Tatsächliche und rechtliche Unmöglichkeit

▸ FALL 13: E ist Eigentümer eines Mehrfamilienhauses, dessen Wohnräume er an verschiedene Familien vermietet hat. Die Behörde fordert den E auf, das Haus sofort zu räumen, andernfalls müsse man zwangsweise vorgehen. Die Einwände des E hins. der bestehenden Mietverträge stoßen bei der Behörde auf taube Ohren. Darf von der Behörde die Räumung verlangt werden? ◂

Rechtmäßig kann ein Verwaltungsakt nur sein, wenn er vom Adressaten nichts tatsächlich oder rechtlich Unmögliches verlangt.[288] Der Verwaltungsakt muss also ausführbar sein. **Tatsächliche Unmöglichkeit** meint, dass seine Rechtsfolge aus tatsächlichen Gründen nicht eintreten kann (objektive Unmöglichkeit iSd Zivilrechts). Ein solcher Verwaltungsakt, den niemand ausführen kann (zB die Verpflichtung zur Herstellung eines technisch nicht realisierbaren Kanalanschlusses), ist nichtig, § 44 Abs. 2 Nr. 4 VwVfG. Ein Verwaltungsakt verlangt etwas **rechtlich Unmögliches**, wenn zwar nicht sein Adressat, aber ein anderer ihn ausführen kann (subjektive Unmöglichkeit iSd Zivilrechts). Derartige Verwaltungsakte sind grds. nicht nichtig, sondern nur rechtswidrig (zu Rechtswidrigkeit und Nichtigkeit von Verwaltungsakten § 15 Rn. 1 ff.). Kann niemand den Verwaltungsakt (rechtlich) ausführen, tritt freilich Nichtigkeit ein (nach § 44 Abs. 1 VwVfG; vgl. § 15 Rn. 5).

55

▸ ZU FALL 13: Die Räumungsanordnung könnte wegen Unmöglichkeit ihrer Ausführbarkeit rechtswidrig sein. Zu denken ist an einen Fall der rechtlichen Unmöglichkeit.
Die Mietverträge räumen den Mietern das Recht zum Wohnen ein. E verstieße daher gegen seine aus dem Mietvertrag resultierende Verpflichtung zur Gebrauchsgewährung (§ 535 BGB), wenn er das Haus räumen (lassen) würde. Damit die Maßnahme der Behörde ausführbar wird, muss sie sich also auch an die Mieter wenden. Solches kann nach hM im Wege des Erlasses einer Verfügung an die Mieter geschehen, die Räumung ihrer Wohnungen zu dulden.[289]
Das betrifft allerdings die Umsetzung, also die Vollstreckung der Räumung, nicht aber die Anordnung der Räumung selbst.[290] Diese (Grund-)Verfügung richtet sich daher noch nicht auf etwas rechtlich Unmögliches. ◂

d) Kein Verstoß gegen die Rechtskraft eines vorherigen Urteils

Rechtswidrig ist es auch, nach rechtskräftiger gerichtlicher Aufhebung eines (Leistungs-) Bescheids wegen seiner materiellen Rechtswidrigkeit diesen **auf anderer Rechts-**

---

[288] Hendler, Rn. 230 f.; Maurer/Waldhoff, § 10 Rn. 53 ff.
[289] BVerwGE 88, 97, 100 f.; OVG Berl Beschl. v. 29.9.2017 – OVG 2 S 14.17, Rn. 5 juris.
[290] Vgl. BVerwGE 40, 101, 103: Fehlen einer Duldungsverfügung führt nicht zur Rechtswidrigkeit der Räumungsverfügung, sondern nur zu einem (Verwaltungs-)Vollstreckungshindernis (Durchsetzung der Räumung); VGH München Beschl. v. 6.11.2020 – 15 C 20.2229, Rn. 33 juris; krit. Michl NVwZ 2014, 1206, 1207 mwN; für eine Nichtigkeit des Verwaltungsakts mit Möglichkeit der Heilung Beckermann/Wenzel DVBl. 2017, 1345 ff.; dazu und zu Zweifeln am Einsatz der Duldungsverfügung vgl. noch § 19 Rn. 22.

grundlage erneut zu erlassen.[291] Wegen der Identität des Lebenssachverhalts[292] würde dies gegen die Rechtskraft der vorgängigen Entscheidung und damit gegen § 121 VwGO verstoßen.[293]

e) Kein Verstoß gegen sonstiges höherrangiges Recht

56 Ferner darf der Verwaltungsakt nicht im Widerspruch zu sonstigem höherrangigen Recht stehen (die Vereinbarkeit mit der Ermächtigungsgrundlage ist früher zu prüfen, vgl. Rn. 25.), insb. nicht gegen Grundrechte[294] oder Unionsrecht (vgl. § 3) verstoßen.

Übersicht 11: Prüfungsschema zur Rechtmäßigkeit eines Verwaltungsakts

> **I. Ermächtigungs-/Rechtsgrundlage für den Erlass des Verwaltungsakts**
> 1. Erfordernis einer Ermächtigungsgrundlage
> 2. Verfassungsmäßigkeit der Ermächtigungsgrundlage
>
> **II. Formelle Rechtmäßigkeit des Verwaltungsakts**
> 1. Zuständigkeit (sachliche und örtliche Zuständigkeit)
> 2. Verfahren (insb. Anhörung gem. § 28 Abs. 1 VwVfG)
> 3. Form gem. § 37 Abs. 2 S. 1, 39 Abs. 1 VwVfG
>
> **III. Materielle Rechtmäßigkeit**
> 1. Vereinbarkeit des Verwaltungsakts mit den Tatbestandsmerkmalen der Ermächtigungsgrundlage (Auslegung unbestimmter Rechtsbegriffe, Beachtung der Grenzen bei Beurteilungsspielräumen)
> 2. Rechtsfolge (bei Ermessenszuweisung: keine Ermessensfehler/bei Planungen: keine Abwägungsfehler)
> 3. Übereinstimmung mit allgemeinen Rechtsgrundsätzen und höherrangigem Recht
>   a. Verhältnismäßigkeit des Verwaltungsakts
>   b. Bestimmtheit des Verwaltungsakts
>   c. Tatsächliche und rechtliche Möglichkeit der Befolgung des Verwaltungsakts
>   d. Kein Verstoß gegen sonstiges höherrangiges Recht

---

291 OVG Koblenz NVwZ 2010, 1109; dazu Hufen JuS 2011, 765. S.a. BVerwG NVwZ 2021, 1630, 1631, s. aber zur Rechtskraft bei einem Ermessensfehler BVerwG NVwZ 2022, 90, 91.
292 Dazu, dass § 121 Nr. 1 VwGO sogar über seinen Wortlaut auch bei unterschiedlichen Streitgegenständen Bindungswirkung erzeugen kann, wenn es zwar nicht um denselben Klageanspruch und Klagegrund, aber nach Sinn und Zweck der Rechtskraft von ders. Sache auszugehen ist, BVerwGE 162, 127, 132.
293 Dazu Hufen JuS 2011, 765, 766 f. Dazu, dass bei einer stattgebenden Anfechtungsklage die Behörde gegen denselben Beteiligten in ders. Sache nicht erneut eine entsprechende Verfügung erlassen darf, BVerwG Beschl. v. 30.10.2018 – 3 B 18/18, Rn. 9 juris (sog. Widerspruchs- und Wiederholungsverbot).
294 Bereits als objektive Schranken der Ermessensbetätigung, vgl. vorstehend Rn. 47. Zu Art. 3 Abs. 1 GG anhand der Ermessensbetätigung im Sicherheits- und Ordnungsrecht instruktiv Waldhoff JuS 2011, 761.

IV. Wiederholungs- und Verständnisfragen

> Welche Anforderungen sind an die formelle Rechtmäßigkeit eines Verwaltungsakts zu stellen? (→ Rn. 8 ff.)
> Welche rechtlichen Konsequenzen hat eine fehlende oder fehlerhafte Rechtsbehelfsbelehrung? (→ Rn. 24)
> Eröffnen unbestimmte Rechtsbegriffe der Verwaltung einen Beurteilungsspielraum? (→ Rn. 27 ff.)
> In welchem Umfang sind Prüfungsentscheidungen gerichtlich überprüfbar? (→ Rn. 30 f.)
> Wann ist der Behörde Ermessen eingeräumt? (→ Rn. 36 f.)
> Was gilt für die gerichtliche Kontrolle von Ermessensentscheidungen? (→ Rn. 42)
> Was besagt die Abwägungsfehlerlehre? (→ Rn. 51)

§ 15 Rechtsfolgen fehlerhafter Verwaltungsakte

▶ **FALL 14:** G hat ohne die erforderliche Genehmigung auf seinem Wochenendgrundstück ein Gartenhaus errichtet. Als die zuständige Bauaufsichtsbehörde dies bemerkt, erlässt sie gegen G, ohne ihn vorher angehört zu haben, eine Abrissverfügung. Hiergegen hat G ordnungsgemäß Widerspruch erhoben, mit dem er geltend macht, auch seine Gartennachbarn hätten kleine Häuser auf ihren Grundstücken errichtet, die von der Behörde schon seit Jahren geduldet würden. Der Widerspruch des G wird als unbegründet zurückgewiesen. Zur Begründung führt die Widerspruchsbehörde ua an, das Haus des G sei mit denen seiner Gartennachbarn nicht vergleichbar. Es habe ein festes Fundament und sei aus Stein gebaut, während die Häuser der Nachbarn lediglich aus Holz errichtet seien. Wäre eine Anfechtungsklage, mit der G die formelle Rechtswidrigkeit der Abrissverfügung geltend machen will, in der Sache erfolgreich?

I. Rechtsunwirksamkeit und Rechtswidrigkeit von Verwaltungsakten

1 Weil den Behördenbediensteten wie allen Menschen Fehler unterlaufen können, stellt sich die Frage, welche Konsequenzen daran im Falle eines Verwaltungsakts anknüpfen. Die Frage der **Rechtswidrigkeit** eines Verwaltungsakts richtet sich nach seiner Vereinbarkeit mit höherrangigem Recht; der Verwaltungsakt ist rechtswidrig, wenn er hiergegen verstößt. Die Rechtswidrigkeit kann dabei sowohl in einem Rechtsverstoß beim Verfahren (formelle Rechtswidrigkeit, vgl. § 14 Rn. 8 ff.) liegen als auch aus einer (rechtlichen) Unzulässigkeit der im Verwaltungsakt getroffenen Sachregelung (materielle Rechtswidrigkeit, dazu § 14 Rn. 25 ff.) folgen. Demgegenüber betrifft die **Rechtswirksamkeit** die Frage, ob die mit dem Verwaltungsakt beabsichtigte Regelung ggü. dem bzw. den Adressaten Geltungskraft erreicht. Voraussetzung der Wirksamkeit ist zunächst, dass überhaupt ein Verwaltungsakt vorliegt – dazu muss dieser bekannt gegeben sein, § 43 Abs. 1 VwVfG (bereits § 13 Rn. 5 ff.). IÜ gilt: Auch ein rechtswidriger Verwaltungsakt ist im Interesse der Rechtssicherheit grds. wirksam (§ 43 Abs. 2 VwVfG); er kann nur durch behördliche bzw. gerichtliche Aufhebung beseitigt werden oder sich erledigen (s. § 13). Dabei ist zu beachten, dass bestimmte formelle Fehler heilbar (§ 45 VwVfG) oder unbeachtlich sind (§ 46 VwVfG, hierzu Rn. 14). Leidet der Verwaltungsakt allerdings an einem besonders schwerwiegenden und offensichtlichen Fehler, so ist er von Anfang an **nichtig** und unwirksam; er kann folglich seine Regelungswirkung nicht entfalten, § 43 Abs. 3, § 44 VwVfG (dazu sogleich Rn. 2 ff.), und muss von seinem Adressaten nicht befolgt werden. Einer Anfechtung resp. Aufhebung bedarf es dann nicht. Aufgrund der hohen Anforderungen für die Nichtigkeit eines Verwaltungsakts wird ein an einem Rechtsfehler leidender Verwaltungsakt meistens nur rechtswidrig und nur in seltenen Fällen nichtig sein.[1]

1. Nichtigkeitsgründe

2 Wann ein Verwaltungsakt im vorstehenden Sinne nichtig ist, also die Rechtssicherheit der materiellen Gerechtigkeit weichen muss,[2] regelt § 44 VwVfG in abschließender Weise.[3] Die Norm enthält eine **Generalklausel** (§ 44 Abs. 1 VwVfG), eine **Positivliste absoluter Nichtigkeitsgründe** (§ 44 Abs. 2 VwVfG), einen **Negativkatalog von Fehlern**,

---

1 BVerwG NVwZ 2021, 896, 901.
2 Vgl. Maurer/Waldhoff, § 10 Rn. 85 f.; s.a. Sasse VR 2018, 272, 276.
3 Überblick mit anschaulichen Beispielen bei Beaucamp JA 2007, 704.

die nicht zur Nichtigkeit des Verwaltungsakts führen (§ 44 Abs. 3 VwVfG), eine Regelung zur Teilnichtigkeit (§ 44 Abs. 4 VwVfG) und eine solche zur Feststellung der Nichtigkeit durch die Behörde (§ 44 Abs. 5 VwVfG). Aus Gründen der Spezialität hat die Prüfung auf Nichtigkeit mit den Gründen des Abs. 2 zu beginnen; danach ist Abs. 3 und erst anschließend die Generalklausel des Abs. 1 zu untersuchen.

§ 44 Abs. 2 VwVfG nennt absolute Nichtigkeitsgründe (**Positivliste**). Der Verwaltungsakt ist hiernach zwingend nichtig, wenn er 3

- **Nr. 1:** schriftlich oder elektronisch erlassen worden ist, aber die erlassende Behörde nicht erkennen lässt (bereits § 14 Rn. 54) – weil der Betroffene in einem solchen Fall nicht weiß, von welcher Behörde der Verwaltungsakt stammt und ihn deshalb nicht angreifen kann,
- **Nr. 2:** nach einer Rechtsvorschrift nur durch die Aushändigung einer Urkunde erlassen werden kann, aber dieser Form nicht genügt wurde, zB eine Person ohne Aushändigung der erforderlichen Urkunde eingebürgert wird, vgl. § 16 StAG,
- **Nr. 3:** bei Angelegenheiten, die sich auf unbewegliches Vermögen oder ein ortsgebundenes Recht bzw. Rechtsverhältnis beziehen, unter Verstoß gegen die örtliche Zuständigkeit der belegenen Sache (§ 3 Abs. 1 Nr. 1 VwVfG) erlassen worden ist[4] und die Behörde dazu nicht ermächtigt war (vgl. auch § 14 Rn. 12), bspw. Erteilung einer Baugenehmigung durch den Landrat für ein Grundstück, das sich in einem anderen Landkreis befindet,
- **Nr. 4:** aus tatsächlichen Gründen nicht ausgeführt werden kann (tatsächliche Unmöglichkeit, vgl. auch § 14 Rn. 55), zB Anordnung eines Leinenzwangs in Bezug auf einen bereits verstorbenen Hund,
- **Nr. 5:** die Begehung einer Straftat oder einer Ordnungswidrigkeit verlangt, etwa Anordnung zum Eindringen in eine Wohnung unter Verletzung des § 123 StGB,[5] oder
- **Nr. 6:** gegen die guten Sitten verstößt, zB ein baurechtlicher Vorbescheid, der von einer kostenlosen Grundstücksabtretung abhängig gemacht wird.[6]

Umgekehrt führen die Rechtsverstöße, die in der **Negativliste** des **§ 44 Abs. 3 VwVfG** 4 aufgezählt sind, generell nicht zur Nichtigkeit eines Verwaltungsakts;[7] das gilt selbst dann, wenn die Fehler schwerwiegend und offenkundig iSd Abs. 1 (dazu sogleich Rn. 5) sind.[8]

Nach der **Generalklausel des § 44 Abs. 1 VwVfG** ist ein Verwaltungsakt nichtig, soweit er an einem besonders schwerwiegenden Fehler leidet und dies bei verständiger 5

---

[4] Also nicht bei sachlicher Unzuständigkeit, VGH Mannheim NVwZ-RR 2007, 82 und nicht bei Rechten, denen der Ortsbezug fehlt, zB einer Genehmigung nach dem Rettungsgesetz, OVG Münster Beschl. v. 27.9.2018 – 13 A 1547/16, Rn. 11 ff. juris; dazu nachfolgend Rn. 5.
[5] Maurer/Waldhoff, § 10 Rn. 88; zur streitigen Frage, ob ein „Gebot" einer rechtswidrigen Tatbegehung erforderlich ist, s. VG Saarlouis Urt. v. 23.5.2018 – 5 K 1418/17, Rn. 103 juris (bejahend), sowie großzügiger iSe Erlaubnis verstehend Gmeiner/Lorenz VR 2017, 371 ff.
[6] Sachs in: Stelkens/Bonk/ders., § 44 Rn. 157.
[7] Bspw. fehlende Mitwirkung einer anderen Behörde, § 44 Abs. 3 Nr. 4 VwVfG, etwa Einvernehmen des Bundeskartellamts beim Erlass einer Regulierungsverfügung, §§ 13, 123 Abs. 1 TKG.
[8] Sachs in: Stelkens/Bonk/ders., § 44 Rn. 158, wobei bei einem willkürlichen Verstoß gegen § 44 Abs. 3 VwVfG dessen Abs. 1 einschlägig sein kann, s. Siegel, Rn. 555.

Würdigung aller in Betracht kommenden Umstände offensichtlich ist. Zunächst ist also festzustellen, dass der Verwaltungsakt einen **Rechtsfehler** aufweist, er mithin rechtswidrig ist. Darüber hinaus muss der zur Rechtswidrigkeit führende Fehler **besonders schwerwiegend** sein. Ein solcher Rechtsverstoß ist nur anzunehmen, wenn der Verwaltungsakt mit tragenden Verfassungsprinzipien unvereinbar ist oder der Rechtsordnung so sehr widerspricht, dass es unerträglich wäre, wenn die mit ihm bezweckten Wertvorstellungen einträten.[9] Zudem muss der schwerwiegende Fehler **offensichtlich**, ihm sozusagen „auf die Stirn" geschrieben sein.[10] Offensichtlichkeit idS liegt vor, wenn die Fehlerhaftigkeit des Verwaltungsakts sowie die besondere Schwere seiner Rechtswidrigkeit von einem aufmerksamen und verständigen Durchschnittsbetrachter, der mit den in Betracht kommenden Umständen vertraut ist, erkannt werden können.[11] Es kommt also weder auf das Erkenntnisvermögen des jew. Betroffenen noch auf die Beurteilungsfähigkeit einer juristisch geschulten Person an. Schwerwiegende und offenkundige Fehler sind zB die absolute Unzuständigkeit der Behörde, etwa bei evidenter Verletzung der sachlichen Zuständigkeit (Handeln des Finanzamts anstelle der Baubehörde)[12] oder ein auf einen (generell) rechtlich unmöglichen Erfolg gerichteter Verwaltungsakt, wie die Versetzung eines Nichtbeamten in den Ruhestand, oder bei einer Selbstbegünstigung in eigener Sache, etwa wenn ein Hochschulpräsident sich selbst besondere Leistungsbezüge in beträchtlicher Höhe gewährt.[13] Auch ein grober Verstoß gegen das Gebot der Bestimmtheit kann zur Nichtigkeit des Verwaltungsakts führen, bspw. wenn die Regelungen an Widersprüchen, gedanklichen Brüchen oder sonstigen Ungereimtheiten leiden.[14] Entsprechendes lässt sich bei einem krassen Verstoß gegen höherrangiges Recht, insb. Verfassungsrecht, annehmen.[15] Abgelehnt worden ist die Nichtigkeit hingegen bei einer unter Verwendung einer anderen Identität erschlichenen Einbürgerung.[16] Auch die Verletzung von Unionsrecht begründet für sich allein noch keinen schweren und offenkundigen Fehler des Verwaltungsakts.[17]

6 **§ 44 Abs. 4 VwVfG** betrifft Fälle, in denen nur ein **Teil des Verwaltungsakts** nichtig ist. Die **Teilnichtigkeit** erfasst hiernach den gesamten Verwaltungsakt, wenn der nichtige Teil so wesentlich ist, dass die Behörde den Verwaltungsakt ohne ihn nicht erlassen hätte. Wesentlich ist der nichtige Teil, wenn der verbleibende Teil keine selbstständige Bedeutung hat. Entsprechendes gilt, wenn der übrige Teil durch die Nichtigkeit einen anderen Sinn erhalten und dadurch den Zweck verfehlen würde, den der Verwaltungsakt insgesamt erfüllen sollte.[18] Anderenfalls ist nach Maßgabe des Behördenwillens

---

9 Vgl. BVerwG DVBl. 1992, 568, 569; NVwZ 2021, 896, 901.
10 OVG Lüneburg Urt. v. 31.1.2019 – 13 LC 211/16, Rn. 81 juris.
11 BVerwG NJW 1971, 578; NZA-RR 2016, 166, 168; BVerwGE 168, 149, 151 Rn. 9; BVerwG NVwZ 2021, 896, 901, stellt darauf ab, ob ein verständiger Betrachter die Unhaltbarkeit des Verwaltungsakts erkennen kann; grds. krit. Haug in: Steinbach, S. 153, 155 f.; Leisner DÖV 2007, 669.
12 VGH Mannheim NVwZ-RR 2007, 82; OVG Münster Beschl. v. 16.2.2012 – 1 A 2219/10, Rn. 13 juris.
13 VGH München Beschl. v. 15.7.2020 – 3 ZB 19.601, Rn. 13 juris.
14 BVerwG NVwZ 2021, 896, 901; OVG Saarlouis NVwZ-RR 2017, 514, 515 Rn. 21.
15 BVerwG NVwZ 2014, 1679, 1680 (iErg verneint); etwa im Fall der Änderung einer nach Art. 80 Abs. 2 GG zustimmungsbedürftigen Rechtsverordnung durch Verwaltungsakt, Kramer/Tyborczyk NVwZ 2014, 1046, 1048.
16 BVerwG NVwZ 2014, 1679, 1680, ua unter Hinweis auf § 48 Abs. 2 S. 3 Nr. 1 VwVfG (lediglich Rücknahme bei arglistiger Täuschung, nicht Nichtigkeit).
17 BVerwGE 138, 322, 326 Rn. 16; VGH Mannheim Beschl. v. 7.3.2022 – 3 S 1907/21, Rn. 30 juris. Auch in Bezug auf das deutsche Recht führt die Nichtigerklärung der gesetzlichen Grundlage eines Verwaltungsakts nicht zu dessen Nichtigkeit, s. Peuker DVBl. 2015, 1233.
18 Ramsauer in: Kopp/ders., § 44 Rn. 62.

von bloßer Teilnichtigkeit auszugehen.[19] Für den behördlichen Willen ist nicht die subjektive Vorstellung der handelnden Behörde bzw. die Meinung des handelnden Behördenbediensteten maßgebend; vielmehr entscheidet sich dies nach objektiven Gesichtspunkten. Es kommt darauf an, wie eine gesetzestreue Behörde gehandelt hätte oder hätte handeln müssen.[20] Der restliche Verwaltungsakt muss zB, ohne dass es auf einen etwaigen entgegenstehenden Willen der Behörde ankommt, aufrechterhalten bleiben, wenn die Behörde bei gebundenen Entscheidungen zum Erlass des verbleibenden rechtmäßigen Teils verpflichtet ist (zB Fortbestand einer Baugenehmigung, der eine zur Beseitigung eines vermeintlichen Genehmigungshindernisses nichtige Auflage beigefügt wurde).[21] Bei Ermessensentscheidungen ist zu fragen, wie die Behörde in Kenntnis der Teilnichtigkeit ihr Ermessen hins. der Restregelung in zulässiger und vernünftiger Weise betätigt hätte.[22]

2. Nichtigkeitsfolgen

Ein nichtiger Verwaltungsakt ist gem. **§ 43 Abs. 3** VwVfG unwirksam – ohne dass dazu ein Feststellungsakt oder eine behördliche bzw. gerichtliche Aufhebung notwendig wäre (vorstehend Rn. 1 aE). Die Behörde darf einen nichtigen Verwaltungsakt nicht zwangsweise durchsetzen (vollstrecken, vgl. § 19 Rn. 13), die Bürger brauchen ihn nicht zu befolgen. Zur Beseitigung des von dem nichtigen Verwaltungsakt ausgehenden Rechtsscheins bleibt es dem Betroffenen jedoch unbenommen, die **Feststellung der Nichtigkeit** des Verwaltungsakts durch die **Behörde** (§ 44 Abs. 5 VwVfG)[23] oder durch das **Verwaltungsgericht** (Feststellungsklage, § 43 Abs. 1 Alt. 2 VwGO, hierzu bereits § 11 Rn. 4; näher § 10 Rn. 9 ff.) zu beantragen. Behördliche und gerichtliche Nichtigkeitsfeststellungen sind unabhängig voneinander zulässig.[24] Stattdessen kann der Betroffene auch eine **Anfechtungsklage** erheben, da für deren Statthaftigkeit aus Gründen des Art. 19 Abs. 4 S. 1 GG der Rechtsschein eines Verwaltungsakts genügt. Dafür spricht auch, dass nach § 43 Abs. 2 S. 2 VwGO die Subsidiaritätsklausel für die Feststellung der Nichtigkeit eines Verwaltungsakts nicht gilt.[25] Weil nicht auszuschließen ist, dass das angerufene Verwaltungsgericht den Verwaltungsakt bloß für rechtswidrig erachtet, empfiehlt sich die Wahl der Anfechtungsklage aus Sicherheitsgründen.[26] Anders als die verwaltungsgerichtliche Feststellungsklage ist die Anfechtungsklage allerdings fristgebunden und setzt oft ein Widerspruchsverfahren voraus (§§ 68, 70, 74 VwGO).[27]

Umstritten ist, ob das Verwaltungsgericht bei der Begründetheit der Anfechtungsklage nur die Nichtigkeit des Verwaltungsakts feststellt oder den nichtigen Verwaltungsakt auch aufhebt. Für Letzteres spricht § 113 Abs. 1 S. 1 VwGO. Dem Kläger ist mit einer Aufhebung des Verwaltungsakts mehr gedient als mit einem bloßen Feststellungsurteil. Andernfalls fiele der Rechtsschutz bei einem Verwaltungsakt

---

19 Ramsauer in: Kopp/ders., § 44 Rn. 60 f.
20 Ramsauer in: Kopp/ders., § 44 Rn. 61; VG Oldenburg DAR 2009, 224, 225.
21 Ramsauer in: Kopp/ders., § 44 Rn. 63.
22 Allg. zum maßgeblichen Behördenwillen und dessen obj. Auslegung Ramsauer in: Kopp/ders., § 44 Rn. 61 sowie konkret zu Ermessensverwaltungsakten BVerwGE 143, 171, 182 mwN.
23 Dazu Schenke JuS 2016, 97 f. Dabei handelt es sich wiederum um einen Verwaltungsakt, der ggf. durch einen Dritten angefochten werden kann, Maurer/Waldhoff, § 10 Rn. 93; allg. zur Anfechtungsklage § 20 Rn. 17 ff.
24 Str., hierzu auch Schenke JuS 2016, 97, 99 (nachträgliche Einführung des § 44 Abs. 5 VwVfG, sonst würde dies die Einführung eines Vorverfahrens bei der Feststellungsklage bedeuten).
25 Schenke JuS 2016, 97, 101; iErg auch VG Saarlouis Urt. v. 13.4.2018 – 3 K 1869/15, Rn. 29 juris.
26 VGH Mannheim NVwZ 1994, 1233; Haug in: Steinbach, S. 153, 157 f.
27 Schenke JuS 2016, 97, 100; s.a. VG Saarlouis Urt. v. 13.4.2018 – 3 K 1869/15, Rn. 29 juris. Näher § 20.

mit einem besonders schwerwiegenden Fehler schwächer als bei einem rechtswidrigen, aber wirksamen Verwaltungsakt aus.[28]

II. Anfechtbarkeit und Aufhebbarkeit

8   Fehlerhafte (rechtswidrige) Verwaltungsakte sind anfechtbar.[29] **Anfechtbarkeit** bedeutet aus der Sicht des (betroffenen) Bürgers, dass Verwaltungsakte mit den zur Verfügung stehenden Rechtsbehelfen (Widerspruch und Anfechtungsklage, dazu § 20) angegriffen und beseitigt werden können. Die **Aufhebbarkeit** eines Verwaltungsakts meint die Befugnis, einen Verwaltungsakt tatsächlich zu beseitigen. Zur Aufhebung befugt sind Behörden und Gerichte. Nicht jede Anfechtung führt zu einer gerichtlichen Aufhebung des Verwaltungsakts (bspw. kann es an der erforderlichen Rechtsverletzung fehlen, etwa weil § 46 VwVfG greift). Umgekehrt kann ein Verwaltungsakt auch außerhalb eines Rechtsbehelfsverfahrens durch die Behörde aufgehoben werden (vgl. §§ 48, 49 VwVfG, hierzu § 16).

1. Anfechtbarkeit

Gegen Verwaltungsakte stehen dem Bürger im Wesentlichen zwei Rechtsbehelfe zur Verfügung: **Widerspruch** gem. §§ 68 ff. VwGO und **Anfechtungsklage** nach § 42 Abs. 1 Alt. 1 VwGO (vgl. näher § 20).

a) Widerspruch und Anfechtungsklage

9   Im Widerspruchsverfahren kommt es zu einer erneuten **behördlichen** Überprüfung des Verwaltungsakts auf seine Rechtmäßigkeit, aber meistens auch dahin gehend, ob sein Erlass bzw. sein Inhalt zweckmäßig erscheinen (§ 68 Abs. 1 S. 1 VwGO). Wird die Rechtswidrigkeit festgestellt, führt dies wegen Art. 20 Abs. 3 GG grds. zur Aufhebung (nachfolgend Rn. 11) des Verwaltungsakts (näher hierzu und zum Nachfolgenden § 20). Wird der Widerspruch hingegen als unzulässig oder unbegründet zurückgewiesen, innerhalb von drei Monaten nicht beschieden (§ 75 VwGO) oder ist ein Widerspruchsverfahren gem. § 68 Abs. 1 S. 2 VwGO nicht erforderlich, kann der Rechtsschutzsuchende vor dem Verwaltungsgericht Anfechtungsklage gegen den Verwaltungsakt erheben, § 42 Abs. 1 Alt. 1 VwGO. Im **verwaltungsgerichtlichen** Verfahren erfolgt eine reine Rechtmäßigkeitskontrolle; einer Überprüfung des Behördenhandelns auf Zweckmäßigkeit steht das rechtsstaatliche Gewaltenteilungsprinzip (vgl. auch § 1 Rn. 3) entgegen. Hält das Gericht die Klage für begründet, hebt es den rechtswidrigen Verwaltungsakt bei Vorliegen einer Rechtsverletzung des Klägers auf, § 113 Abs. 1 S. 1 VwGO.

b) Bestandskraft von Verwaltungsakten

10   Als hoheitliche Regelungen sollen Verwaltungsakte verbindlich und rechtsbeständig sein.[30] Das Institut der Bestandskraft dient dem Rechtsfrieden und der Rechtssicher-

---

28 Schenke JuS 2016, 97, 100 mwN; eine solche Möglichkeit nicht per se verneinend VGH München Beschl. v. 16.3.2021 – 15 CS 21.544, Rn. 44 juris.
29 Vgl. vorstehend im Text; zum „vernichtbaren" Verwaltungsakt Breuer DVBl. 2008, 555.
30 Maurer/Waldhoff, § 10 Rn. 13.

heit.[31] **Formelle Bestandskraft** bedeutet Unanfechtbarkeit.[32] Ein Verwaltungsakt ist unanfechtbar, wenn er wegen Versäumnis der Fristen für die Einlegung von Rechtsbehelfen (etwa Widerspruch und Anfechtungsklage) oder nach Verwirkung[33] von bzw. Verzicht auf Rechtsbehelfe(n) vom Betroffenen nicht mehr gerichtlich angreifbar ist.[34] Das gilt auch für den Fall seiner Rechtswidrigkeit. Infolge der damit verbundenen **materiellen Bestandskraft** sind die Betroffenen an die Regelung(en) in dem Verwaltungsakt gebunden.[35] Die materielle Bestandskraft bezieht sich auf die Bindungs-, Tatbestands- und ggf. auch Feststellungswirkung des Verwaltungsakts.[36] Lediglich der Behörde verbleibt die, allerdings von einschränkenden Voraussetzungen abhängige Möglichkeit, im Wege eines Wiederaufgreifens des Verfahrens (§ 51 VwVfG, dazu § 17) und einer Rücknahme oder eines Widerrufs (§§ 48, 49 VwVfG, dazu § 16) einen bestandskräftig gewordenen Verwaltungsakt zu beseitigen. Die Bestandskraft steht unter dem Vorbehalt behördlicher Aufhebbarkeit (vgl. Rn. 11). Dagegen können nichtige Verwaltungsakte, weil sie unwirksam sind (vgl. Rn. 1 ff.), nicht in Bestandskraft erwachsen.

2. Aufhebbarkeit

Unter Aufhebbarkeit eines Verwaltungsakts wird die Beseitigung seiner Rechtswirksamkeit durch besonderen Spruch einer Behörde oder eines Gerichts verstanden.[37] Sie kann innerhalb eines Rechtsbehelfsverfahrens erfolgen (Widerspruchsverfahren, Anfechtungsklage, vorstehend Rn. 9 ff.), aber auch außerhalb eines solchen (Antrag auf Wiederaufgreifen des Verfahrens, Rücknahme und Widerruf, näher § 17 und § 16; auch Rn. 10) – letzterenfalls unabhängig von einer zwischenzeitlich bereits eingetretenen Unanfechtbarkeit des Verwaltungsakts (bereits Rn. 10).

11

3. Teilrechtswidrigkeit, Teilanfechtbarkeit und Teilaufhebbarkeit

Ebenso wie nur ein Teil eines Verwaltungsakts nichtig sein kann, ist es möglich, dass er lediglich teilweise rechtswidrig ist (Teilrechtswidrigkeit).[38] Es gelten die entsprechenden Grundsätze (vgl. vorstehend Rn. 6 und nachfolgend Rn. 13). Angesichts dessen liegt Teilrechtswidrigkeit bspw. vor, wenn die Bauaufsichtsbehörde den Abriss eines Hauses samt Garage verfügt und die Verfügung nur bezogen auf das Haus rechtswidrig ist. Die Behörde hat iÜ die Möglichkeit, einen rechtswidrigen Verwaltungsakt nur „teilweise" zurückzunehmen (§ 48 Abs. 1 S. 1 VwVfG) oder einen rechtmäßigen Verwaltungsakt „teilweise" zu widerrufen (§ 49 Abs. 1–3 VwVfG). Die Möglichkeit der Teilaufhebung eines rechtswidrigen Verwaltungsakts folgt für die Anfechtungskla-

12

---

31 BVerwGE 170, 311, 317 Rn. 24; OVG Magdeburg Urt. v. 23.8.2017 – 2 L 57/17, Rn. 98 juris; Windoffer Jura 2017, 1274.
32 Vgl. nur BVerwG NVwZ-RR 2017, 430; BVerwG Beschl. v. 22.10.2019 – 6 B 9/19, Rn. 12 juris; Sachs in: Stelkens/Bonk/ders., § 43 Rn. 20 mwN.
33 ZB wenn ein Nachbar, dem die Baugenehmigung des Bauherrn nicht bekannt gegeben wurde, trotz für ihn sichtbarer Bautätigkeit nicht innerhalb eines Jahres Widerspruch gegen diesen Verwaltungsakt erhebt, vgl. § 13 Rn. 14 aE: Lösung zu Fall 5; § 20 Rn. 10, 30.
34 Zur Bestandskraft infolge Erschöpfung des gerichtl. Rechtswegs Windoffer Jura 2017, 1274, 1275; s.a. BVerwG Beschl. v. 13.4.2021 – 1 B 10/21, Rn. 7 juris.
35 BVerwG Beschl. v. 13.4.2021 – 1 B 10/21, Rn. 7 juris.
36 Maurer/Waldhoff, § 10 Rn. 17 ff.; Detterbeck, Rn. 568; Windoffer Jura 2017, 1274, 1275 f. Zur Bindungs-, Tatbestands- und Feststellungswirkung vgl. § 13 Rn. 3.
37 Rn. 8; Jachmann/Drüen, Allgemeines Verwaltungsrecht, 3. Aufl. 2010, Rn. 145.
38 Allg. zur Teilrechtswidrigkeit Sachs in: Stelkens/Bonk/ders., § 44 Rn. 196 ff. S. zur Teilbarkeit von Verwaltungsakten mit Nebenbestimmungen § 18 Rn. 17.

ge aus § 113 Abs. 1 S. 1 VwGO, wonach der angefochtene Verwaltungsakt „soweit" aufgehoben wird, als er rechtswidrig ist und den Kläger in seinen Rechten verletzt. Für den Widerspruch gilt dies entsprechend.[39]

13 Teilrechtswidrigkeit mit der Folge, dass der restliche Teil des Verwaltungsakts rechtmäßig bleibt, liegt unter folgenden, § 44 Abs. 4 VwVfG (vorstehend Rn. 6) nachgebildeten Voraussetzungen vor:

- Der Verwaltungsakt muss **teilbar** sein[40] und zwar dergestalt, dass der nach Abtrennung des rechtswidrigen Teils verbleibende restliche Verwaltungsakt noch eine selbstständige sinnvolle Regelung darstellt. Im vorstehenden Beispiel beseitigt ein Teilabbruch die Gefahrenlage; es verbleibt daher eine sinnvolle Verfügung.
- Der restliche Verwaltungsakt muss rechtmäßig sein.[41]
- Der verbleibende Teil des Verwaltungsakts muss überdies vom mutmaßlichen Willen der Behörde gedeckt sein, was insb. bei Ermessensverwaltungsakten relevant werden kann.[42] Wie im Rahmen der (Teil-)Nichtigkeit ist nicht die subjektive Intention des einzelnen Beamten maßgebend, sondern der objektivierte, ggf. gesetzeskonform gedeutete Wille der Behörde.[43]

III. Folgen von Verfahrens- und Formfehlern

14 Hins. der Fehlerfolgen in Fällen der formellen Rechtswidrigkeit von Verwaltungsakten ergeben sich aus §§ 45, 46 VwVfG Besonderheiten: Bestimmte Verstöße gegen Verfahrens- und Formvorschriften können geheilt werden (§ 45 VwVfG) oder führen nicht zur Aufhebbarkeit des Verwaltungsakts (§ 46 VwVfG).

Verfahrensvorschriften des besonderen Verwaltungsrechts können allerdings wegen ihrer verfassungsrechtlichen Bedeutung eine Anwendung der §§ 45, 46 VwVfG ausschließen: sog. absolute Verfahrensfehler[44] und Aufhebungsgründe.[45] Ein Beispiel bildet das Mitwirkungsrecht der Gemeinde nach § 36 BauGB, weil diesem die (potenzielle) Planungshoheit als Ausdruck der kommunalen Selbstverwaltungsgarantie (Art. 28 Abs. 2 S. 1 GG) zugrunde liegt.[46]

Der Grund für jene Heilungsregelung und Sanktionsfreistellung liegt auf den ersten Blick nahe: Ein Verwaltungsakt kann trotz formeller Rechtswidrigkeit mit dem materiellen Recht in Einklang stehen; er hätte bei Beachtung der formellen Vorschriften inhaltlich die gleiche Regelung enthalten (müssen) bzw. könnte mit demselben Inhalt erneut erlassen werden. Die Verfahrensökonomie lässt es dann als wenig sinnvoll erscheinen, den Verwaltungsakt allein wegen seiner formellen Rechtswidrigkeit aufzuheben, damit ihn die Verwaltung nach Durchführung eines erneuten (korrekten)

---

39 Hufen, § 7 Rn. 4.
40 BVerwG Beschl. v. 1.7.2020 – 3 B 1/20, Rn. 14 juris.
41 OVG Münster Urt. v. 13.5.2015 – 11 D 7/12.AK, Rn. 87 juris. Der verbleibende Teil des Verwaltungsakts muss also (hypothetisch) rechtmäßigerweise erlassen werden können, Maurer/Waldhoff, § 10 Rn. 100.
42 BVerwG Beschl. v. 13.4.2021 – 1 B 10/21, Rn. 7 juris.
43 Maurer/Waldhoff, § 10 Rn. 101 f. Vorstehend Rn. 6. S.a. OVG Münster Urt. v. 13.5.2015 – 11 D 7/12.AK, Rn. 87 juris.
44 Anhand des subjektiv-öffentl. Rechts bereits § 9 Rn. 7 aE mit Beispielen; zum UmwRG insoweit Schmidt-Aßmann/Kaufhold in: Voßkuhle/Eifert/Möllers, Bd. 2, § 27 Rn. 113 f.
45 Sachs in: Hoffmann-Riem/Schmidt-Aßmann/Voßkuhle, Bd. 2, § 31 Rn. 64, 73.
46 Vgl. § 9 Rn. 7 aE.

Verfahrens sogleich wieder erlässt.[47] Das entspricht zugleich dem herkömmlichen Verständnis von der **dienenden Funktion** des Verfahrensrechts für das materielle Recht.[48] Nach dem BVerfG verfügt der Gesetzgeber grds. über einen weiten Spielraum in Bezug auf die Gestaltung des Verwaltungsverfahrens, wozu auch die Entscheidung gehört, die Verletzung bestimmter Verfahrensvorschriften im Hinblick auf die Ergebnisrelevanz sanktionslos zu lassen.

Sichtbar wird diese Haltung auch in einer Äußerung des BVerfG, die sich allerdings auf die Unbeachtlichkeit von Abwägungsfehlern und den Grundsatz der Planerhaltung im Planfeststellungsrecht (§ 14 Rn. 16) bezog: „Gerade bei Planungsverfahren besteht ein erhebliches und berechtigtes öffentliches Interesse daran, dass diese regelmäßig zeit- und ressourcenaufwändigen Verfahren nicht wegen Mängeln aufgehoben und neu durchgeführt werden müssen, die auf das Ergebnis erkennbar keinen Einfluss gehabt haben."[49]

Bei näherer Betrachtung erweisen sich §§ 45, 46 VwVfG indes rechtsdogmatisch wie rechtspolitisch als nicht bedenkenfrei.[50] Sie entwerten Verfahrensrechte, die zumindest in ihrem Kernbestand über eine verfassungsrechtliche Absicherung verfügen.[51] Indem die Vorschriften bspw. Beteiligtenpositionen zu bloßen Formalien abstempeln, vermittelt dies den Eindruck einer gesetzgeberisch gewollten Zweitrangigkeit prozeduraler Bestimmungen, was ihrem Stellenwert im Vollzug abträglich ist bzw. sein könnte.[52] Da durch derartige Regelungen die Rechtsschutzgarantie für die Betroffenen (Art. 19 Abs. 4 S. 1 GG) sowie die Rechtsstaatlichkeit beeinträchtigt werden und je nach Konstellation die Ausgestaltung des Verfahrens zum Schutz der Grundrechte beitragen kann, obliegt es dem Gesetzgeber, diese konfligierenden Güter in einen angemessenen Ausgleich zueinander zu bringen.[53] In den Worten des BVerfG werden die Grenzen zur Unbeachtlichkeit von Verfahrensfehlern erreicht „je mehr eine insofern verfassungsrechtlich fundierte Verfahrensbestimmung dazu geeignet ist, das Ergebnis einer Entscheidung zu beeinflussen und zu prägen, oder je mehr die konkret in Rede stehende Art der Verletzung dieser Verfahrensbestimmung ein Ausmaß erreicht, das von vornherein der Einschätzung entgegensteht, der Fehler sei nicht ergebnisrele-

---

47 Effizienzerwägungen, BSGE 122, 302, 305; Martini, Heilung von Verfahrensfehlern im Verwaltungsverfahren, 2004, S. 254; Guckelberger JuS 2011, 577, 579 mwN; Bull/Mehde, Rn. 774. Zum weiten Spielraum des Gesetzgebers BVerfG NVwZ 2018, 573, 574.
48 Dazu BVerwGE 129, 11, 18; BSGE 122, 302, 305; Pünder Jura 2015, 1307; Schmidt-Aßmann NVwZ 2007, 40, 41; Voßkuhle/Schemmer JuS 2022, 717, 718; Ziekow NVwZ 2005, 263; s.a. Klinsing, Sachrichtigkeit und Verfahrensgerechtigkeit, 2019, S. 125 ff. Weitere Differenzierung in instrumentelle (nur dienende) und nichtinstrumentelle (nicht entscheidungsbezogene) Funktion des Verwaltungsverfahrens bei Burgi DVBl. 2011, 1317, 1318, im Anschluss an Fehling VVDStRL 70 (2011), 277, 280, 321 ff. Zu den verschiedenen Funktionen des Verfahrens Langenbach, Der Anhörungseffekt, 2017, S. 9 ff.
49 BVerfG NVwZ 2016, 524, 525.
50 Vgl. auch (anhand § 46 VwVfG) Maurer/Waldhoff, § 10 Rn. 68 ff., die letztlich aber eine vertretbare Lösung annehmen, aaO, Rn. 71; für eine Verfassungswidrigkeit des § 45 VwVfG Gwiasda NVwZ 2021, 526 ff.; aA Gmeiner NVwZ 2021, 1673 ff: eingehend Gurlit/Fehling VVDStRL 70 (2011), 227, 278; Quabeck, Funktion des Verwaltungsverfahrens und Prozeduralisierung, 2010.
51 Laubinger VerwArch 73 (1982), 60, 75 f.; zum Eigenwert des Verfahrens Klinsing, Sachrichtigkeit und Verfahrensgerechtigkeit, 2019, S. 137 ff.; Stelkens DVBl. 2010, 1078; bereits § 2 Rn. 4. Eingehend zum Eigenwert des (Verwaltungs-)Verfahrens Gurlit/Fehling VVDStRL 70 (2011), 227, 278; eindrucksvoll die Kritik von Winter ZUR 2012, 329, 330 am nationalen Fehlerfolgenregime anhand von Infrastrukturgroßprojekten; s.a. Erbguth DÖV 2012, 821, 824 f.
52 Dem wird nicht wirklich argumentativ mit der Einordnung dieser Sicht als „Binsenweisheit" begegnet – und auch nicht damit, Verfahren erwiesen sich für die Behörde(n) als zu fehleranfällig, so aber Pietzker in: FS für D. H. Scheuing, 2011, S. 374, 378, 386; vielmehr müssen Verfahrensregelungen handhabbar resp. vollziehbar sein und muss ihre Einhaltung sanktioniert sein.
53 BVerfG NVwZ 2018, 573, 575; Pünder Jura 2015, 1307 f.

vant".[54] Sind die vollziehenden Vorschriften vage oder belassen sie der Verwaltung Spielräume, gewinnt das Verfahren an Bedeutung.[55] Auch **unionsrechtlich** befinden sich die deutschen Verfahrensregelungen keineswegs auf der sicheren Seite:[56] Schon allgemein und (rechts)grundsätzlich hat das Verfahren nach dem (französisch und angelsächsisch geprägten) Verständnis des EuGH oftmals einen gewissen Eigenwert; es steht für Richtigkeitsgewähr, sichert mithin eine materiell richtige Entscheidung.[57] Diese ggu. der deutschen Tradition andersartige Bedeutung von Verfahrensfehlern findet in einzelnen sekundärrechtlichen Regelungen[58] Ausdruck. So haben die Mitgliedstaaten nach Art. 11 Abs. 1, 3 UVP-Richtlinie (EU) 2011/92 sicherzustellen, dass die Mitglieder der betroffenen Öffentlichkeit sowie Umweltschutzvereinigungen Zugang zu einem gerichtlichen Überprüfungsverfahren erhalten, um „die materiellrechtliche und verfahrensrechtliche Rechtmäßigkeit" von Entscheidungen überprüfen zu lassen, für welche die Bestimmungen über die Öffentlichkeitsbeteiligungs-Richtlinie gelten. Je nach dem einschlägigen Unionsrecht, das von der deutschen Verwaltung zu vollziehen ist, kann dies zur Konsequenz haben, dass entweder nationale Verfahrensstandards abgeändert oder aber jedenfalls unionsrechtskonform so angewendet werden müssen, dass dadurch die praktische Wirksamkeit des Unionsrechts nicht beeinträchtigt wird (Art. 4 Abs. 3 EUV).[59]

Mit Blick auf die Auswirkungen der Fehlerhaftigkeit legen §§ 45, 46 VwVfG fest, wann ein formeller Mangel ohne Folgen bleibt. Freilich können diese Vorschriften nur zur Anwendung gelangen, wenn der Verwaltungsakt nicht schon nach § 44 VwVfG **nichtig** ist. Die Nichtigkeit eines Verwaltungsakts kann weder geheilt werden noch unbeachtlich sein.

Entsprechendes gilt für die Heilung (etwa bei unterbliebener Anhörung) nach Erledigung des Verwaltungsakts.[60] Gegen eine (ggf. entsprechende) Anwendung auch des § 46 VwVfG auf erledigte Verwaltungsakte spricht, dass es der Vorschrift um Bestandserhaltung geht, der „Bestand" des Verwaltungsakts aber infolge der Erledigung hinfällig ist.[61]

1. Heilung von Verfahrens- und Formfehlern

15 Nach § 45 VwVfG können bestimmte formelle Fehler des Verwaltungsakts durch Nachholen der versäumten Handlung bereinigt werden. Beachtet also die Behörde die in § 45 Abs. 1 VwVfG aufgeführten Verfahrens- und Formvorschriften nicht, ist der Verwaltungsakt zunächst einmal formell rechtswidrig. Holt die Behörde die ent-

---

54 BVerfG NVwZ 2018, 573, 575.
55 Voßkuhle/Schemmel JuS 2022, 717, 718.
56 Es handelt sich insges. um grundlegende Fragen, vgl. am Beispiel des BauGB – etwa Erbguth DVBl. 2004, 802; ferner zur Europäisierung des Verwaltungsverfahrens und der Verfahrensfehlerlehre Alleweldt DÖV 2006, 621; Dolde NVwZ 2006, 857, 859; Lecheler GewArch 2005, 305. Dies gilt naturgemäß vor allem in Bereichen schwacher gesetzlicher Vorprogrammierung der Entscheidung, etwa im Bereich planerischer Abwägung (vgl. dazu § 14 Rn. 51), Burgi DVBl. 2011, 1317, 1319: „Teilkompensation fehlender materieller Vorgaben".
57 Dazu Ludwigs in: Kahl/ders., I, § 8 Rn. 40; Entsprechendes folgt aus US-amerikanischer (Rechts-)Sicht, vgl. Pünder JuS 2011, 289, 296.
58 Zum unionsrechtl. Sekundärrecht allg. § 3 Rn. 1, 3 f., § 7 Rn. 13.
59 Dazu Ludwigs in: Kahl/ders., I, § 8 Rn. 41.
60 Erledigte Verwaltungsakte sind per definitionem unwirksam, § 43 Abs. 2 VwVfG. Zur Erledigung von Verwaltungsakten § 13 Rn. 1, § 20 Rn. 40. Weil die Zwecke einer nachträglichen Anhörung, insb. die Rechtswahrung des Anzuhörenden, nicht mehr erreicht werden können, Guckelberger JuS 2011, 577, 580 mwN; VGH München BayVBl. 2019, 163, 165.
61 Strittig, so Guckelberger JuS 2011, 577, 582 mwN auf den Streitstand; Pünder Jura 2015, 1307, 1309; zur Akteneinsicht Hufen/Siegel, Rn. 393 f.; anders etwa Ramsauer in: Kopp/ders., § 46 Rn. 43.

sprechenden Förmlichkeiten nach, wird der Rechtsverstoß geheilt, dh der Verwaltungsakt ist formell rechtmäßig. Nach hM beseitigt die Heilung den formellen Mangel **ex tunc**, also rückwirkend.[62] Ist es zu einer Heilung gekommen, bleibt ein wegen des Verfahrensfehlers eingelegter Rechtsbehelf erfolglos (außer der Verwaltungsakt leidet zusätzlich an einem Inhaltsfehler).

§ 45 Abs. 1 VwVfG enthält eine Auflistung heilbarer Verfahrensfehler. Im Einzelnen sind nachholbar:

- ein vor Erlass des Verwaltungsakts zu stellender Antrag (Nr. 1),
- die erforderliche Begründung des Verwaltungsakts (Nr. 2),
- die erforderliche Anhörung eines Beteiligten (Nr. 3),
- der Beschluss eines Ausschusses, dessen Mitwirkung für den Erlass des Verwaltungsakts erforderlich ist (Nr. 4), und
- die erforderliche Mitwirkung einer anderen Behörde (Nr. 5).

> Über die ausdrücklich genannten Fälle hinaus wird die Vorschrift **analog** auf andere formelle Mängel insb. des Verfahrens angewandt, etwa hins. der nachträglichen Gewährung von Akteneinsicht.[63] Ergeht ein vollständig automatisierter Verwaltungsakt, ohne dass die nach § 35a VwVfG erforderliche Zulassung in einer Rechtsvorschrift vorliegt, wird nach der Rspr. durch den Erlass eines Widerspruchsbescheids seitens eines menschlichen Amtswalters dieser Fehler geheilt.[64] An einer Heilbarkeit fehlt es allerdings von vornherein, wenn ein Verfahrensakt zwingend vor Erlass des Verwaltungsakts vorgeschrieben ist und ein Nachholen dem Schutzzweck der Norm nicht gerecht werden kann. So lässt sich die aus Gründen des Entlassungsschutzes erforderliche vorherige (!) Anhörung des Personalrates bei fristloser Entlassung eines Beamten auf Probe nicht nachholen.[65]

Voraussetzung für die Heilung ist, dass der Betroffene so gestellt wird, wie er ohne den Fehler stünde, dh sich die Funktion des vorgeschriebenen Verfahrensschritts für den Entscheidungsprozess der Behörde uneingeschränkt erreichen lässt.[66] An einer solchen „**realen Fehlerbehebung**" fehlt es, wenn die Vollzugspolizei eine Person fehlerhaft ohne Anhörung für die nächsten drei Tage ihrer Wohnung verweist und ihr erst nach dem Zeitablauf nachträgliches Gehör gewährt. Da sich die Wohnungsverweisung erledigt hat, fehlt der Behörde die Möglichkeit zur Korrektur ihres Verwaltungsakts im Augenblick der Kenntnisnahme des Vorbringens des Betroffenen.[67] Ansonsten bleibt

---

62 Sachs in: Stelkens/Bonk/ders., § 45 Rn. 21. AA: formeller Fehler wird ex nunc, dh ab dem Zeitpunkt der Nachholung der Verfahrenshandlung, beseitigt; Siegel, Rn. 580; Pünder Jura 2015, 1307, 1311; Schenke NVwZ 2015, 1341 f., zugleich umfassend hins. des Problems des Rechtmäßigwerdens rechtswidriger Verwaltungsakte.

63 Vgl. BVerwGE 131, 352, 359; Buchholz 450.1 § 23a WBO Nr. 8 Rn. 27; Brinktrine Jura 2021, 1036, 1043; auch § 4 Abs. 1b UmwRG. Dafür, dass die Norm grds. nicht auf weitere Verfahrensfehler erstreckt werden sollte, Siegel, Rn. 573.

64 Dabei wird oft auf § 79 Abs. 1 Nr. 1 VwGO rekurriert, wonach sich die Anfechtungsklage gegen den Ausgangsverwaltungsakt in Gestalt des Widerspruchsbescheids richtet. S. VGH Mannheim Beschl. v. 13.11.2020 – 2 S 2134/20, Rn. 16 juris; VGH München Beschl. v. 26.1.2021 – 7 ZB 20.2029, Rn. 14 juris; zu dieser Thematik auch mit Hinweisen zu einer Heilung nach § 45 VwVfG ablehnenden Stimmen Guckelberger DÖV 2021, 566, 572 f.

65 BVerwGE 66, 291. Dazu, dass in anderen Konstellationen eine Beteiligung des Personalrats analog § 45 VwVfG nachholbar ist, BVerwGE 144, 93, 99.

66 BVerwGE 142, 205, 210; BVerwG Urt. v. 22.2.2022 – 4 A 7/20, Rn. 25 juris; OVG Bautzen Beschl. v. 21.9.2021 – 6 B 360/21, Rn. 12 ff. juris; ausführlich dazu in Bezug auf § 45 Abs. 1 Nr. 3 VwVfG OVG Münster IÖD 2018, 230, 233; Pünder Jura 2015, 1307, 1309; s.a. Guckelberger JuS 2011, 577, 580.

67 Guckelberger JuS 2011, 577, 580. Zur fehlenden Heilung, wenn einer Person nur eine geschwärzte und damit für Anhörungszwecke unbrauchbare Fassung bestimmter Informationen mitgeteilt wird, VGH Mannheim Beschl. v. 12.10.2021 – 10 S 3/21, Rn. 11 juris.

die (allerdings großzügige) **zeitliche Grenze** des § 45 Abs. 2 VwVfG zu beachten: Verfahrens- und Formfehler können **bis zum Abschluss der letzten Tatsacheninstanz** des verwaltungsgerichtlichen Verfahrens geheilt werden, also noch im Berufungsverfahren, nicht (mehr) aber in der Revision.[68] Da sich § 45 VwVfG auf das Verwaltungsverfahren bezieht, reicht der bloße Austausch von Schriftsätzen im Gerichtsprozess nicht für die Annahme der Heilung einer unterbliebenen Anhörung aus (str.). Die Schriftsätze dienen vornehmlich der Verteidigung und werden von der Verwaltung nicht als Anlass zum kritischen Überdenken der eigenen Entscheidung aufgefasst. Die Nachholung der Anhörung muss daher in einem gesonderten Schritt außerhalb des Gerichtsverfahrens erfolgen.[69] Wird der Rechtsbehelf des Klägers infolge der Heilung erfolglos, kann der Kläger seine Klage zurücknehmen bzw. der Rechtsstreit für erledigt erklärt werden, die Behörde hat aber für die Kosten des Rechtsstreits aufzukommen (§ 155 Abs. 4 VwGO).[70]

Beim direkten Vollzug des Unionsrechts durch die unionalen Stellen lehnt der EuGH die Möglichkeit einer Heilung von Verfahrensfehlern im Laufe des gerichtlichen Verfahrens grds. ab.[71] Kommt beim indirekten Vollzug des Unionsrechts durch die nationalen Behörden § 45 VwVfG zur Anwendung, darf dadurch die praktische Wirksamkeit des Unionsrechts nicht beeinträchtigt werden. Weil dies je nach in Rede stehender Unionsrechtsvorschrift der Fall sein kann, ist § 45 Abs. 2 VwVfG dann unionsrechtskonform dahin gehend auszulegen, dass die Nachholung der Anhörung nur bis zum Abschluss des behördlichen Verfahrens möglich, im Gerichtsverfahren dagegen ausgeschlossen ist.[72]

17 Besonderes Augenmerk gebührt der Heilung des Fehlers nach § 45 Abs. 1 Nr. 3 VwVfG (fehlende oder fehlerhafte Anhörung eines Beteiligten, § 28 Abs. 1 VwVfG). Hiernach tritt eine Heilung ein, wenn „ihre Funktion" (der Anhörung) „für den Entscheidungsprozess der Behörde uneingeschränkt erreicht wird";[73] das setzt voraus, dass eine vollwertige Gelegenheit zur Stellungnahme gegeben wird[74] und die (Ausgangs- oder Widerspruchs-)Behörde[75] das Vorbringen – unvoreingenommen[76] – in Erwägung zieht und ihre Entscheidung kritisch überdenkt.[77] Sehr streitig ist, ob

---

68 Krit. grds. Erbguth, Deregulierungsgesetzgebung, S. 79 ff.; Pünder Jura 2015, 1307, 1310; für eine Verfassungswidrigkeit plädierend Gwiasda NVwZ 2021, 526; 530 f.; zur ggf. unionsrechtskonformen Rechtsanwendung Ludwigs in: Kahl/ders., I, § 8 Rn. 41.
69 BVerwGE 142, 205, 210; BVerwG NVwZ 2022, 66, 68; Urt. v. 22.2.2022 – 4 A 7/20, Rn. 25 juris; OVG Bautzen Beschl. v. 21.9.2021 – 6 B 360/21, Rn. 15 juris; OVG Münster DVBl. 2021, 1109, 1114; OVG Saarlouis ZfWG 2020, 453, 456 f.; anders teilw. die Oberverwaltungsgerichte, etwa OVG Lüneburg NVwZ-RR 2002, 822; dazu fallbezogen Waldhoff JuS 2012, 671.
70 Pünder Jura 2015, 1307, 1311.
71 ZB EuGH Slg 2001 I - 5281 Rn. 31 f.; Ludwigs in: Kahl/ders., I, § 8 Rn. 41; eingehend Hering, Fehlerfolgen im europäischen Eigenverwaltungsrecht, 2019, S. 45 ff.; Langenbach, Der Anhörungseffekt, 2017, S. 197 ff., auch dazu, dass eine Heilung während des Verwaltungsverfahrens anhand des konkreten Verfahrensverstoßes zu beurteilen ist. Zur Nachholung der Anhörung bei neuen Verfahrensvorschriften ggf. im laufenden Verfahren EuGH NZKart 2017, 592, 594.
72 Erbguth UPR 2000, 81, 92; Kahl VerwArch 95 (2004), 1, 20 f.; Pünder in: Ehlers/ders., § 14 Rn. 83. Dazu, dass unter bestimmten Voraussetzungen im Asylrecht im Hinblick auf das Unionsrecht eine unterbliebene Anhörung durch die Asylbehörde durch eine gerichtliche Anhörung geheilt werden kann, EuGH NVwZ 2020, 1817, 1820 f.
73 VGH Kassel NVwZ-RR 2012, 163.
74 VGH Kassel, wie vor; OVG Münster IÖD 2018, 230, 233.
75 Einengender schon allg. Maurer/Waldhoff, § 10 Rn. 63: nur Ausgangsbehörde; vgl. insoweit noch nachfolgend im Text.
76 Baumeister, Der Beseitigungsanspruch als Fehlerfolge eines rechtswidrigen Verwaltungsakts, 2006, S. 365 mwN.
77 BVerwG DVBl. 1983, 271; NVwZ 2022, 66, 68; Urt. v. 22.2.2022 – 4 A 7/22, Rn. 25 juris; OVG Münster Beschl. v. 27.6.2018 – 6 B 359/18, Rn. 9 juris; s.a. Siegel, Rn. 572. Zu den Voraussetzungen einer ordnungsgemäßen Anhörung § 14 Rn. 18 f.

und inwieweit eine unterbliebene Anhörung dadurch geheilt werden kann, dass der von dem Verwaltungsakt Betroffene Widerspruch einlegt und sein Vorbringen bei der Entscheidung darüber zur Kenntnis genommen wird. Teile des Schrifttums lehnen diese Möglichkeit ab. Sonst würde ein solcher Fehler allein aufgrund des gesetzlich vorgeschriebenen Verfahrens sozusagen automatisch geheilt und könnten die Behörden aufgrund der Unschädlichkeit des Fehlers von einer frühzeitigen Anhörung absehen.[78] Dem lässt sich jedoch entgegenhalten, dass die Behörden gem. Art. 20 Abs. 3 GG zur Beachtung des § 28 Abs. 1 VwVfG verpflichtet sind. Auch wenn es für den Einzelnen frustrierend sein mag, dass durch die Heilung der eingelegte Rechtsbehelf hins. des Verfahrensmangels erfolglos bleibt, wird dadurch eine zunächst eingetretene Rechtsverletzung tatsächlich beseitigt und es müssen im Übrigen dem Widerspruchsführer in dieser Konstellation gem. § 80 Abs. 1 S. 2 VwVfG insoweit die Aufwendungen für das Vorverfahren erstattet werden.[79] Da entscheidend ist, dass der Sinn und Zweck des Anhörungserfordernisses erreicht wird, ist eine Heilung eines solchen Fehlers auch im Widerspruchsverfahren unter folgenden Einschränkungen möglich:[80]

- Eine Heilung der unterbliebenen Anhörung im Widerspruchsverfahren scheidet aus, wenn sich die Behörde im Widerspruchsbescheid auf solche Tatsachen stützt, die dem Bürger nicht bekannt waren und zu denen er sich nicht geäußert hat.[81] Gleiches gilt, wenn die Behörde über den Widerspruch entscheidet, ohne den Vortrag des Widerspruchsführers bei ihrer Entscheidung in Erwägung zu ziehen.
- Bei Ermessensentscheidungen kann die nachträgliche Anhörung durch die Ausgangsbehörde (§ 72 VwGO) und auch durch die Widerspruchsbehörde vorgenommen werden, wenn Letztere den Verwaltungsakt hins. seiner Rechtmäßigkeit und Zweckmäßigkeit überprüft.[82] Ist hingegen die Prüfungskompetenz der Widerspruchsbehörde aufgrund besonderer gesetzlicher Bestimmung auf die Rechtmäßigkeit des Verwaltungsakts beschränkt (zB in Selbstverwaltungsangelegenheiten, wenn Ausgangs- und Widerspruchsbehörde nicht identisch sind, vgl. § 73 Abs. 1 S. 2 Nr. 3 VwGO),[83] kann nur die Ausgangsbehörde die unterbliebene Anhörung nachholen.[84]

Von der Heilung bei Verfahrensfehlern, insb. der Nachholung einer fehlenden Begründung (§ 45 Abs. 1 Nr. 2 VwVfG), ist das **Nachschieben von Gründen** zu unterscheiden.[85] Eine fehlende Begründung kann nachgeholt werden, wenn sie gänzlich unterblieben ist oder nicht den Anforderungen des § 39 Abs. 1 VwVfG entspricht und der Verwaltungsakt deshalb formell rechtswidrig ist. Das Nachschieben von Gründen betrifft demgegenüber den Fall, dass im Verwaltungsprozess die formell ordnungsgemäße, aber sachlich unzureichende Begründung des angefochtenen Verwaltungsakts

18

---

[78] ZB Pünder Jura 2015, 1307, 1310.
[79] Daher für die Verfassungsmäßigkeit der Regelung Gmeiner NVwZ 2021, 1673, 1675.
[80] ZB BVerwG NVwZ 2016, 1648, 1649; s.a. BVerwG NVwZ-RR 2021, 744, 745.
[81] BVerwGE 66, 184, 189 f.; dazu, dass für den Betroffenen alle entscheidungserheblichen Tatsachen iSd § 28 VwVfG erkennbar sein müssen, OVG Münster IÖD 2018, 230, 233.
[82] AA Pünder Jura 2015, 1307, 1310, weil nicht auszuschließen sei, dass die Ausgangsbehörde eine günstigere Entscheidung getroffen hätte.
[83] BVerwGE 66, 111, 115.
[84] Aus Gründen der Unvoreingenommenheit spricht sich Gwiasda NVwZ 2021, 526, 530 dagegen dafür aus, dass keine Identität zwischen Ausgangs- und Widerspruchsbehörde bestehen darf, dem Gmeiner NVwZ 2021, 1673, 1674 argumentativ entgegentritt.
[85] Ausführlich zum Nachschieben von Gründen Brischke DVBl. 2002, 429.

geändert oder ergänzt wird.[86] Dass es ein solches Nachschieben von Gründen im Prozess geben kann, bringt § 114 S. 2 VwGO zum Ausdruck: Ermessenserwägungen können im verwaltungsgerichtlichen Verfahren von der Verwaltungsbehörde **ergänzt** werden.[87] Wie man am Wortlaut des § 114 S. 2 VwGO („ergänzen") erkennen kann, ermöglicht diese Norm aber nicht die erstmalige Betätigung des Ermessens bei einem Ermessensausfall.[88] Da § 114 S. 2 VwGO aber aus Gründen der Gesetzgebungskompetenz des Bundes für das gerichtliche Verfahren (Art. 74 Abs. 1 Nr. 1 GG) nur besagt, dass das Nachholen von Ermessenserwägungen nicht an prozessualen Hindernissen scheitert, richtet sich die Zulässigkeit des Nachschiebens von Gründen im Übrigen nach dem materiellen Recht und dem Verwaltungsverfahrensrecht. Nach dem allgemeinen Verwaltungsverfahrensrecht dürfen neue Gründe für einen Verwaltungsakt nur nachgeschoben werden, wenn (1.) sie bereits im maßgeblichen Beurteilungszeitpunkt vorlagen, (2.) ihn nicht in seinem Wesen verändern und (3.) den Betroffenen nicht in seiner Rechtsverteidigung beeinträchtigen.[89] Unter diesen Voraussetzungen kann zB im Prozess auch die Ermächtigungsgrundlage für einen Verwaltungsakt ausgetauscht werden.[90]

Die Behörde muss aber aufgrund des **Bestimmtheitsgebots** deutlich machen, dass es sich nicht um bloßes Verteidigungsvorbringen handelt, ferner, welches die neuen Erwägungen sind und welche aufrechterhalten bleiben.[91]

Übersicht 12: Voraussetzungen für die Heilung von Verfahrens- und Formfehlern nach § 45 VwVfG

I. Formell rechtswidriger, aber nicht nichtiger Verwaltungsakt

II. Fehler (Rechtswidrigkeitsgrund) ist heilbar, § 45 Abs. 1 Nr. 1–5 VwVfG

III. Fehlende Handlung wird bis zum Abschluss der letzten Tatsacheninstanz des verwaltungsgerichtlichen Verfahrens nachgeholt

2. Unbeachtlichkeit bestimmter formeller Fehler

19 Unter den Voraussetzungen des § 46 VwVfG sind die dort genannten formellen Verstöße unbeachtlich, zeitigen mithin keine Konsequenzen. Liegen die Erfordernisse des § 46 VwVfG vor, bleibt der Verwaltungsakt zwar weiterhin rechtswidrig, jedoch **ohne Sanktion**; in diesem Fall hindert § 46 VwVfG das Gericht an der Aufhebung des fehlerhaften Verwaltungsakts.[92]

20 § 46 VwVfG setzt zunächst voraus, dass der Verwaltungsakt nicht nach § 44 VwVfG nichtig ist. Auch wenn der Verwaltungsakt an einem materiellen Fehler leidet, durch den der Kläger in seinen Rechten verletzt wird, muss das Gericht diesen selbstver-

---

86 BVerwGE 38, 191, 195.
87 Näher Knauff in: Gärditz, § 114 Rn. 39 ff.
88 BVerwG Urt. v. 24.2.2021 – 8 C 25/19, Rn. 13 juris; OVG Münster DVBl. 2018, 527, 529.
89 BVerwG NVwZ-RR 2014, 657, 658; OVG Münster DVBl. 2018, 527, 529; s.a. Pünder Jura 2015, 1307, 1312 f.
90 VGH Koblenz NuR 2022, 262, 264 Rn. 15.
91 BVerwG NVwZ-RR 2014, 657, 658; BVerwG Urt. v. 24.2.2021 – 8 C 25/19, Rn. 14 juris.
92 Vgl. Pünder Jura 2015, 1307, 1313; s.a. Brinktrine Jura 2021, 1036, 1043; Klinsing, Sachrichtigkeit und Verfahrensgerechtigkeit, 2019, S. 254 f.; eine Rücknahme nach § 48 VwVfG (dazu § 16) ist möglich, vgl. nur Sachs in: Hoffmann-Riem/Schmidt-Aßmann/Voßkuhle, Bd. 2, § 31 Rn. 120. Einer Feststellung der Rechtswidrigkeit des Verwaltungsakts in analoger Anwendung des § 113 Abs. 1 S. 4 VwGO (so Hufen DVBl. 1988, 69, 75; Schenke, Rn. 351 mwN) steht die (lückenfüllende) gesetzgeberische Wertung des § 46 VwVfG entgegen: Sanktionsfreistellung.

ständlich aufheben.[93] § 46 VwVfG greift nach seinem Wortlaut nicht bei Verstößen gegen die sachliche Zuständigkeit. Ferner kommt diese Regelung bei absoluten Verfahrensfehlern nicht zur Anwendung, dh wenn die verletzte Verfahrensnorm unabhängig von der materiellen Richtigkeit der Entscheidung Beachtung verlangt,[94] wie dies beim gemeindlichen Einvernehmen nach § 36 BauGB zum Schutz der gemeindlichen Selbstverwaltung der Fall ist.[95]

§ 46 VwVfG erlangt nur bei den dort genannten Verstößen, dh der Verletzung der Vorschriften über das Verfahren, die Form oder die örtliche Zuständigkeit Relevanz. Darüber hinaus darf der formelle Mangel, um im obigen Sinne unbeachtlich zu sein, die Sachentscheidung offensichtlich nicht beeinflusst haben. Besteht nach den Umständen des Falles die konkrete Möglichkeit, dass ohne den formellen Fehler anders in der Sache entschieden worden wäre, scheidet eine Unbeachtlichkeit des Fehlers aus.[96] Eine solche offensichtlich mangelnde Ergebnisrelevanz ist regelmäßig gegeben, wenn das materielle Recht der Verwaltung keinen Entscheidungsspielraum eröffnet,[97] bei **gebundenen** Verwaltungsakten also, wenn ihre materiellen Voraussetzungen vorliegen.[98] Da nach § 3 Abs. 1 S. 1 StVG die Fahrerlaubnisbehörde die Fahrerlaubnis zu entziehen hat, wenn eine Person ungeeignet zum Führen von Kfz ist, ist es nach § 46 VwVfG unerheblich, wenn dies von einer örtlich unzuständigen Behörde angeordnet wurde (denn die örtlich zuständige Behörde hätte genauso entscheiden müssen). Bei **Ermessensentscheidungen** ist eine Unbeachtlichkeit formeller Fehler v.a. dann in Betracht zu ziehen, wenn sich der Ermessensspielraum der Behörde auf Null reduziert hat,[99] also nur eine Entscheidung inhaltlich richtig ist. Anderenfalls besteht bei Normen mit Beurteilungsspielräumen[100] und Ermessensentscheidungen[101] regelmäßig die Möglichkeit, dass die Beachtung der Verfahrensvorschrift(en) Einfluss auf die Behördenentscheidung genommen und die Behörde eine andere Entscheidung getroffen hätte. Weil in einem solchen Fall die Auswirkung des Verfahrensfehlers auf das Ergebnis nicht eindeutig ausgeschlossen werden kann, ist die (gegenteilige) Feststellung der Offensichtlichkeit meistens abzulehnen. Anders mag die Lage bei einem Formfehler

---

93 Pünder Jura 2016, 1307, 1313 unter Verweis auf den Wortlaut „nicht allein".
94 OVG Lüneburg NVwZ-RR 2018, 522, 526; Siegel, Rn. 584; zu der Aufwertung von Verfahrensrechten durch das Unionsrecht auch Rn. 582 ff. S. allg. zu den Anforderungen an ein absolutes Verfahrensrecht BVerwGE 105, 348, 353 f.
95 Ferner bejaht hins. der Wahrung des Grundsatzes der Öffentlichkeit von Gemeinderatssitzungen von VGH Mannheim VBlBW 2019, 114, 116. S.a. OVG Münster Beschl. v. 27.8.2021 – 6 A 2925/20, Rn. 9 juris, wonach die Nichtbeteiligung der Gleichstellungsbeauftragten keinen absoluten Verfahrensfehler bildet.
96 BVerwG NVwZ 2018, 1570, 1572; Beschl. v. 24.2.2022 – 1 WB 40/21, Rn. 30 juris; Pünder Jura 2015, 1307, 1313; näher Guckelberger JuS 2011, 577, 581: fehlender Rechtswidrigkeitszusammenhang.
97 OVG Münster Urt. v. 1.8.2018 – 6 A 1994/16, Rn. 24 juris; s.a. Brinktrine Jura 2021, 1036, 1043.
98 BVerwG NVwZ 2022, 66, 68 f.; VGH Mannheim Urt. v. 2.11.2021 – 1 S 3252/20, Rn. 74 juris.
99 OVG Münster Urt. v. 22.6.2021 – 5 A 1386/20, Rn. 80 juris; VGH Mannheim Urt. v. 2.11.2021 – 1 S 3252/20, Rn. 74 juris; Pünder Jura 2015, 1307, 1313 f. Zur Ermessensreduzierung auf Null vgl. § 14 Rn. 48.
100 Pünder Jura 2015, 1307, 1314. Angenommen in der Sache etwa für den Wechsel von Prüfern in ders. Prüfung, VGH Mannheim VBlBW 2012, 387, 388 f. Die Neufassung des § 46 VwVfG hatte allerdings die Einbeziehung derartiger (nicht gebundener) Entscheidungen verfolgt, vgl. Burgi DVBl. 2011, 1317, 1320.
101 Strittig, wie hier Pünder Jura 2015, 1307, 1314; näher Ramsauer in: Kopp/ders., § 46 Rn. 32 ff. S.a. BVerwG NVwZ 2008, 795 f. Nach BVerwG DVBl. 2014, 303, 306 ist eine hypothetische Prüfung vorzunehmen und zu prüfen, was der Betroffene bei fehlerfreier Anhörung vorgetragen hätte und ob dieser Vortrag objektiv geeignet gewesen wäre, die Sachentscheidung der Behörde zu beeinflussen. Dazu, dass eine kollegial zu treffende Entscheidung anders ausfallen kann, wenn ein nicht zur Mitwirkung berechtigter Amtswalter beteiligt wurde, BVerwG NVwZ 2018, 1570, 1572.

sein, dann trifft aber die Darlegungs- und Beweislast nach zutreffender Ansicht die Verwaltung.[102]

Auch bei § 46 VwVfG ist beim **indirekten Vollzug des Unionsrechts** sorgfältig zu prüfen, ob er nur modifiziert zur Anwendung gelangen kann.[103] Nach Einholung einer Vorabentscheidung des EuGH entschied das BVerwG, dass die Anwendung von § 46 VwVfG nur mit Art. 14 und Art. 34 Richtlinie (EU) 2013/32 vereinbar ist, wenn dem Ausländer in dem asylgerichtlichen Verfahren in einer die grundlegenden Bedingungen und Garantien wahrenden persönlichen Anhörung iSd Art. 15 Gelegenheit zum Vortrag gegeben worden ist und auch unter Berücksichtigung dieses Vorbringens keine andere Entscheidung in der Sache ergehen kann.[104] Wie man an der Formulierung von **Art. 11 Abs. 1 UVP-Richtlinie** (EU) 2011/92 (gerichtliche Anfechtung von Entscheidungen zur Überprüfung ihrer materiell- und verfahrensrechtlichen Rechtmäßigkeit) erkennen kann, unterscheidet diese Richtlinie nicht zwischen materiellen und formellen (Umwelt-)Rechtsverletzungen. Da mit den Verfahrensgarantien in dieser Richtlinie eine bessere Information und Beteiligung der Öffentlichkeit zur Ermittlung erheblicher Umweltauswirkungen öffentlicher und privater Projekte bezweckt wird, kommt – so der EuGH – der Überprüfung der Einhaltung dieser Verfahrensregeln besondere Bedeutung zu. Daher muss grds. jeder Verfahrensfehler einer gerichtlichen Kontrolle zugeführt werden können.[105] Anderseits räumt er aber ein, dass nicht jeder Verfahrensfehler zwangsläufig Folgen für die Sachentscheidung haben muss, so dass ein solcher Fehler ggü. den Rechtsschutzsuchenden auch zu keiner Rechtsverletzung führt. Angesichts des Spielraums der Mitgliedstaaten bei der Bestimmung des verletzten Rechts hält es der EuGH daher für möglich, dass ein Mitgliedstaat einen Verfahrensfehler als unbeachtlich einstuft, „wenn nach den Umständen des konkreten Falles nachweislich die Möglichkeit besteht, dass die angegriffene Entscheidung ohne den geltend gemachten Verfahrensfehler nicht anders ausgefallen wäre".[106] Voraussetzung dafür ist, dass die Beweislast nicht dem Rechtsbehelfsführer aufgebürdet wird. Bei dieser Beurteilung ist weiterhin der Schweregrad des geltend gemachten Fehlers zu berücksichtigen und insb. zu prüfen, ob er der betroffenen Öffentlichkeit eine der gewährleisteten Garantien nimmt, indem er dem Ziel der Beteiligung am Entscheidungsprozess zuwiderläuft.[107] Aus diesem Grund werden nunmehr in § 4 Abs. 1 UmwRG folgende absolute Verfahrensfehler aufgezählt, bei denen eine Behördenentscheidung allein wegen dieses Fehlers aufzuheben ist: Unterlassen einer erforderlichen UVP oder einer Vorprüfung des Einzelfalls, keine Durchführung der Öffentlichkeitsbeteiligung iSv § 18 UVPG oder § 10 BImSchG sowie andere Verfahrensfehler, die den vorgenannten nach Art und Schwere vergleichbar sind und der betroffenen Öffentlichkeit die Möglichkeit der Beteiligung am Entscheidungsprozess genommen haben. Bei anderen, hiervon nicht erfassten relativen Verfahrensfehlern bleibt § 46 VwVfG gem. § 4 Abs. 1a S. 2 UmwRG mit folgender Maßgabe anwendbar: „Lässt sich durch das Gericht nicht aufklären, ob ein Verfahrensfehler nach Satz 1 die Entscheidung in der Sache beeinflusst hat, wird eine Beeinflussung vermutet."[108]

---

102 Pünder Jura 2015, 1307, 1314. S.a. BVerfG NJW 1991, 2005; VGH Mannheim Urt. v. 2.11.2021 – 1 S 3252/20, Rn. 74 juris; näher Guckelberger JuS 2011, 577, 581 f.: immer Einzelfallbetrachtung erforderlich; generell für ein vorrangiges Abstellen auf tatsächliche Alternativlosigkeit Held NVwZ 2012, 461, 466 ff.
103 Näher dazu Pünder Jura 2015, 1307, 1314; s.a. VGH Mannheim InfAuslR 2019, 107, 110.
104 BVerwG NVwZ 2022, 66 ff.; EuGH NVwZ 2020, 1817, 1819.
105 EuGH NVwZ 2014, 49, 52; 2015, 1665, 1668.
106 EuGH NVwZ 2014, 49, 52.
107 EuGH NVwZ 2014, 49, 53; 2015, 1665, 1668.
108 Zur Bedeutung des § 4 Abs. 1 UmwRG BVerwG Beschl. v. 14.11.2018 – 4 B 12/18, Rn. 4 juris.

§ 15 Rechtsfolgen fehlerhafter Verwaltungsakte

Übersicht 13: Voraussetzungen für die Unbeachtlichkeit von Verfahrens- und Formfehlern nach § 46 VwVfG

I. Formell rechtswidriger Verwaltungsakt aufgrund Verletzung von Verfahrens-, Form- oder *örtlichen* Zuständigkeitsvorschriften, der nicht nichtig (§ 44 VwVfG) ist

II. Offensichtlichkeit, dass die Vorschriftenverletzung die Entscheidung in der Sache nicht beeinflusst hat

IV. Umdeutung fehlerhafter Verwaltungsakte

Ein fehlerhafter Verwaltungsakt kann unter den in § 47 VwVfG genannten Voraussetzungen **in einen anderen, rechtmäßigen umgedeutet** werden.[109] Bei der Umdeutung wird ein Verwaltungsakt nicht nur auf eine andere Rechtsgrundlage abgestützt, sondern durch eine andere rechtmäßige Regelung ersetzt.[110] In der Praxis ist die Umdeutung wegen ihrer engen Voraussetzungen von eher geringer Bedeutung. Bspw. wurde eine Umdeutung der fristlosen Entlassung eines Probebeamten in eine fristgemäße[111] oder eines Zinsanspruchs gem. § 49a Abs. 4 VwVfG in einen solchen nach § 49a Abs. 3 VwVfG[112] zugelassen.

21

Da gem. § 47 Abs. 1 VwVfG ein Verwaltungsakt in einen anderen umgedeutet werden „kann", nehmen Teile des Schrifttums angesichts der Ausgestaltung als Ermessensnorm an, dass aus Gewaltenteilungsgründen nur die **Verwaltung** Verwaltungsakte umdeuten darf. Auch nach dem BVerwG beinhaltet § 47 Abs. 1 VwVfG für Behörden eine Ermessensnorm, was bei Zweifeln über das Vorliegen der Voraussetzungen des § 47 VwVfG relevant werden könne. Darüber hinaus könnten aber auch die **Verwaltungsgerichte** Verwaltungsakte umdeuten, die dann nicht in rechtsgestaltender Eigenschaft tätig, sondern einen Akt der Rechtserkenntnis vornehmen würden. Mit § 47 VwVfG habe der Gesetzgeber nur die zuvor maßgebliche Rechtspraxis kodifiziert. Bei Vorliegen der Voraussetzungen des § 47 Abs. 1 VwVfG würde der ursprünglich fehlerhaft erlassene Verwaltungsakt „kraft Gesetzes" als anderer, auf dasselbe Ziel gerichteter rechtmäßiger Verwaltungsakt erlassen.[113]

Zulässig ist eine Umdeutung unter folgenden Voraussetzungen:

22

- Der ursprüngliche Verwaltungsakt muss mit einem Fehler behaftet sein, § 47 Abs. 1 VwVfG.
- Die ursprüngliche und die neue Regelung des Verwaltungsakts müssen die gleiche Zielrichtung verfolgen, § 47 Abs. 1 VwVfG.[114]
- Der neue Regelungsinhalt darf nicht im Widerspruch zum Recht (§ 47 Abs. 1 VwVfG = Einhaltung von Verfahrens- und Formvorgaben sowie Erfüllung der ma-

---

109 Die ü.M. hält eine Umdeutung auch bei nichtigen Verwaltungsakten für möglich, da in § 47 Abs. 1 VwVfG nur von einem fehlerhaften und nicht von einem rechtswidrigen Verwaltungsakt die Rede ist so Maurer/Waldhoff, § 10 Rn. 95; Windoffer Jura 2020, 791, 795; BVerwGE 110, 111, 114 f. AA Peuker in: Knack/Henneke, § 47 Rn. 9.
110 BVerwGE 153, 234, 245; BVerwG InfAuslR 2020, 402, 403; Windoffer Jura 2020, 791, 792: Fortbestehen des ursprünglichen Verwaltungsakts mit einem anderen Regelungsgehalt.
111 BVerwGE 91, 73.
112 BVerwG NVwZ 2016, 1577, 1578.
113 BVerwGE 157, 187, 192 ff. mwN zum gegenteiligen Schrifttum; zur Umdeutung eines Widerrufs in eine Rücknahme OVG Münster Beschl. v. 4.2.2019 – 4 B 1137/18, Rn. 14 juris.
114 Dazu auch Windoffer Jura 2020, 791, 795 f.; Zur Verneinung der Umdeutbarkeit eines Leistungs- in einen Haftungsbescheid OVG Münster Urt. v. 13.3.2018 – 16 A 373/15, Rn. 66 ff. juris.

teriellen Voraussetzungen) und zur erkennbaren Absicht der Behörde (§ 47 Abs. 2 S. 1 VwVfG) stehen.
- Infolge der Umdeutung darf der Bürger nicht ungünstiger stehen als vorher, § 47 Abs. 2 S. 1 VwVfG.
- Der ursprüngliche Verwaltungsakt muss rücknehmbar sein, § 47 Abs. 2 S. 2 VwVfG.[115]
- Bei einer behördlichen Umdeutung muss eine Anhörung des Beteiligten stattfinden. Da § 28 VwVfG nach § 47 Abs. 4 VwVfG nur „entsprechend" anzuwenden ist, weil die Umdeutung einen Erkenntnisakt bildet und die Umdeutung nach § 47 Abs. 2 S. 1 VwVfG nicht ungünstiger sein darf als der fehlerhafte Verwaltungsakt, ist die Anhörung unabhängig von einem Eingriff in Rechte des Beteiligten vorzunehmen.[116]
- Ein gebundener Verwaltungsakt darf – wegen der fehlenden Ermessenserwägungen – nicht in einen Ermessensverwaltungsakt umgedeutet werden, § 47 Abs. 3 VwVfG.[117] Dagegen ist die Umdeutung einer Ermessensentscheidung in eine andere Ermessensentscheidung[118] oder in eine gebundene Entscheidung möglich.[119]

V. Sonstige Fehlerfolgen

23 Nach § 42 S. 1 VwVfG können die Behörden Schreibfehler, Rechenfehler und ähnliche **offenbare Unrichtigkeiten** in einem Verwaltungsakt **jederzeit berichtigen**.[120] Denn dadurch wird nur klargestellt, was schon nach der bestehenden Rechtslage gilt.[121] Bei einer Unrichtigkeit weicht der in der Entscheidung erklärte Wille der Behörde aus Versehen von ihrem wirklichen Willen ab, etwa wenn einem senegalesischen Staatsangehörigen aufgrund einer Unachtsamkeit statt der Abschiebung in den Senegal eine Abschiebung nach Kasachstan angedroht wurde, obwohl er keinerlei persönlichen Bezug zu diesem Staat hat und er in dem Bescheid als senegalesischer Staatsangehöriger bezeichnet wird.[122] „Offenbar" ist eine Unrichtigkeit, wenn sich diese aus dem Sinn und Gesamtzusammenhang des Verwaltungsakts „jedermann aufdrängen muss, der in die Lage des Beteiligten versetzt wird" oder der Irrtum „gewissermaßen ins Auge springt".[123] Der Verwaltungsakt ist dann von Anfang an mit seinem wahren, wenn auch nur unvollkommen zum Ausdruck gelangten Inhalt wirksam. Ist der Behörde

---

115 Windoffer Jura 2020, 791, 798, weil sonst die einschränkenden Voraussetzungen des § 48 VwVfG umgangen werden könnten.
116 Windoffer Jura 2020, 791, 797; Schneider in: Schoch/ders. § 47 VwVfG Rn. 37; aA Siegel, Rn. 589.
117 Zur Möglichkeit einer Umdeutung im Falle einer Ermessensreduzierung Windoffer Jura 2020, 791, 798.
118 BVerwG NVwZ 2016, 1577, 1578; OVG Münster GewArch 2020, 407, 409 Rn. 25; Zur Umdeutung eines Widerrufs- in einen Rücknahmebescheid OVG Greifswald Beschl. v. 17.5.2017 – 3 L 186/14, Rn. 10 juris.
119 BVerwGE 157, 187, 191 f. Rn. 16.
120 Anschaulich zur Berichtigung gem. § 42 VwVfG und § 129 AO anhand von Beispielsfällen Kraus ThürVBl. 2007, 1. Zur Möglichkeit, im Verwaltungsakt einen Berichtigungsvorbehalt aufzunehmen, Axer DÖV 2003, 271.
121 Im Unterschied zur Umdeutung bleibt der Regelungsgehalt des Verwaltungsakts unverändert, Windoffer Jura 2020, 791, 798.
122 OVG Saarlouis Beschl. v. 22.5.2017 – 2 B 402/17, Rn. 6 juris. Zur Berichtigung bei maschinellem Versagen BVerwG Beschl. v. 29.11.2018 – 1 WB 20/18, Rn. 5 juris.
123 OVG Saarlouis Beschl. v. 27.4.2017 – 2 A 129/16, Rn. 13 juris; VGH Mannheim VBlBW 2018, 392, 394. S.a. BVerwG Beschl. v. 29.11.2018 – 1 WB 20/18, Rn. 18 juris; siehe Negativbeispiele (mit Angabe anderer Sichtweisen) bei Ramsauer in: Kopp/ders., § 42 Rn. 12.

§ 15 Rechtsfolgen fehlerhafter Verwaltungsakte

dagegen ein Fehler in der Phase der Willensbildung unterlaufen, greift § 42 VwVfG nicht, da hier subjektiv Gewolltes und objektiv Erklärtes nicht auseinanderfallen.[124]

▶ **Zu Fall 14:** Die Abrissverfügung stellt für G als Beteiligten einen belastenden Verwaltungsakt dar. Gem. § 28 Abs. 1 VwVfG hätte er vor deren Erlass angehört werden müssen. Da dies nicht der Fall war, war die Verfügung formell rechtswidrig. § 45 Abs. 1 Nr. 3 VwVfG ermöglicht jedoch die Heilung einer unterbliebenen Anhörung durch Nachholung. Neben der Ausgangsbehörde ist grds. auch die Widerspruchsbehörde zur Heilung berechtigt, wenn diese wie die Ausgangsbehörde die Recht- und Zweckmäßigkeit des Verwaltungsakts prüft (zur Ausnahme Rn. 17). Voraussetzung ist jedoch, dass dem Betroffenen Gelegenheit gegeben wird, sich zu den für die Entscheidung wesentlichen Tatsachen zu äußern. Überdies muss die Behörde das Vorbringen zur Kenntnis nehmen und bei ihrer Entscheidung in Erwägung ziehen.[125] Das ist hier geschehen. G hat zunächst seine Einwände gegen die Abrissverfügung vorgebracht. So hat er geltend gemacht, dass eine unterschiedliche Behandlung für sein Haus und die Häuser seiner Nachbarn nicht einzusehen sei. Die Auffassung des G hat die Widerspruchsbehörde in ihrer Entscheidung berücksichtigt und zu dieser Frage gesondert Stellung bezogen. Da dem Sinn und Zweck der Anhörung mit der Durchführung des Widerspruchsverfahrens Rechnung getragen wurde, liegt eine ordnungsgemäße Nachholung der Anhörung vor; der formelle Mangel ist beseitigt. Insoweit hat eine Klage des G keine Aussicht auf Erfolg (so die Rspr. und ü.M.; eine aA lehnt die Heilung ab, weil sonst Anhörungsfehler fast immer durch das vorgeschriebene Widerspruchsverfahren geheilt würden). ◀

VI. Wiederholungs- und Verständnisfragen

> Wie verhält es sich mit der Rechtswidrigkeit und Unwirksamkeit von Verwaltungsakten? (→ Rn. 1; bereits → § 13 Rn. 1)

> Wie kann sich ein Betroffener gegen einen rechtswidrigen Verwaltungsakt zur Wehr setzen? (→ Rn. 8)

> Was versteht man unter der Aufhebbarkeit eines Verwaltungsakts? (→ Rn. 11)

> Worin liegt der Unterschied zwischen der Regelung des § 45 VwVfG und derjenigen des § 46 VwVfG? (→ Rn. 14 ff., 19 f.)

---

124 VGH Mannheim VBlBW 2018, 392, 394.
125 BVerwGE 66, 111, 113.

§ 16 Rücknahme und Widerruf von Verwaltungsakten

I. Begriffe: Rücknahme und Widerruf

1 Rücknahme und Widerruf (§§ 48, 49 VwVfG) stellen Instrumente dar, mit denen die Behörde – auf eigene Initiative oder auf Antrag des Bürgers – Verwaltungsakte unabhängig von einem Rechtsbehelfsverfahren[1] aufheben kann. Daher bildet der Begriff der Aufhebung den Oberbegriff. Bezieht sich die behördliche Aufhebung auf einen **rechtswidrigen** Verwaltungsakt, spricht § 48 VwVfG von Rücknahme. Soll demgegenüber von der Behörde ein **rechtmäßiger** Verwaltungsakt beseitigt werden, handelt es sich gem. § 49 VwVfG um einen Widerruf.

Beide Vorschriften gelten auch bei fingierten Genehmigungen. Denn gem. § 42a Abs. 1 S. 2 VwVfG finden die Vorschriften über die Bestandskraft von Verwaltungsakten (= §§ 43 ff. VwVfG) auf fingierte Genehmigungen entsprechende Anwendung (dazu § 13 Rn. 1).

Bedeutsam ist für Rücknahme und Widerruf, dass sie auch nach Eintritt der Bestandskraft eines Verwaltungsakts, dh nach dessen Unanfechtbarkeit,[2] die Aufhebung zulassen.

2 Rücknahme und Widerruf stehen im **Spannungsfeld** von Vertrauensschutz bzw. Rechtssicherheit und dem Prinzip der Gesetzmäßigkeit der Verwaltung (Art. 20 Abs. 3 GG).[3] Die Rücknahme dient der Korrektur rechtswidriger Entscheidungen; der Widerruf ist auf die Anpassung eines Verwaltungsakts an eine veränderte Sach- und Rechtslage gerichtet.[4] Diese Ziele geraten teilweise mit den Interessen des Bürgers in Konflikt: Ihm wird es häufig darum gehen, begünstigende Verwaltungsakte zu behalten, während er gegen die Aufhebung belastender Entscheidungen idR nichts einzuwenden hat. Zum Zweck des Ausgleichs jener öffentlichen und privaten Belange stellt das Gesetz bei der Rücknahme bzw. beim Widerruf nicht nur auf die Rechtswidrigkeit resp. Rechtmäßigkeit des Verwaltungsakts ab, sondern erhebt zusätzlich unterschiedliche Anforderungen für die Aufhebung belastender oder begünstigender Verwaltungsakte.

3 Auf die allgemeinen Vorschriften der §§ 48, 49 VwVfG darf nur zurückgegriffen werden, wenn es keine spezialgesetzlichen Vorschriften für die Rücknahme oder den Widerruf eines Verwaltungsakts gibt. Derartige **Spezialvorschriften** finden sich zB in § 73 AsylG, § 14 BBG, § 35 StAG, § 21 BImSchG und § 18 WHG.

Abschließende Spezialregelungen werden ganz überwiegend auch in den Vorschriften über die Benennung von Straßen, Wegen und Plätzen gesehen (etwa § 5 Abs. 2 S. 1 BerlStrG); auf ihrer Grundlage sind zugleich Umbenennungen vorzunehmen. Eine gesonderte Widerrufs- oder Rücknahmeverfügung der ursprünglichen Bezeichnung nach § 49 bzw. § 48 VwVfG (mit anschließender Neubenennung) scheidet danach aus.[5]

---

[1] Die Möglichkeit besteht daher auch im Rahmen eines laufenden Rechtsbehelfsverfahrens; ggf. entfällt dann der Streitgegenstand (bei gänzlicher Aufhebung des Verwaltungsakts) oder es kommt zu einem neuen Streitgegenstand (so bei einer Änderung des Bescheids).
[2] Dazu § 15 Rn. 10; s.a. VGH Mannheim NVwZ-RR 2019, 669, 671 Rn. 36.
[3] Trotz andersartiger Ausgangspunkte – Entscheidungseigenwert des Verwaltungsakts versus Geltungskraft des Gesetzes – mit grds. kaum abweichenden Folgerungen zu den näheren Maßgaben des § 48 VwVfG Haack AöR 133 (2008), 43.
[4] Vgl. Bull/Mehde, Rn. 789 ff.
[5] OVG Münster NVwZ-RR 2008, 487, 488; VGH München BayVBl. 2010, 599: anders die frühere Rspr., etwa VGH München BayVBl. 1983, 20 f.; näher Barczak DÖV 2014, 843, 846 f. mwN; Schoch Jura 2011, 344, 347.

Übersicht 14: Aufhebung von Verwaltungsakten

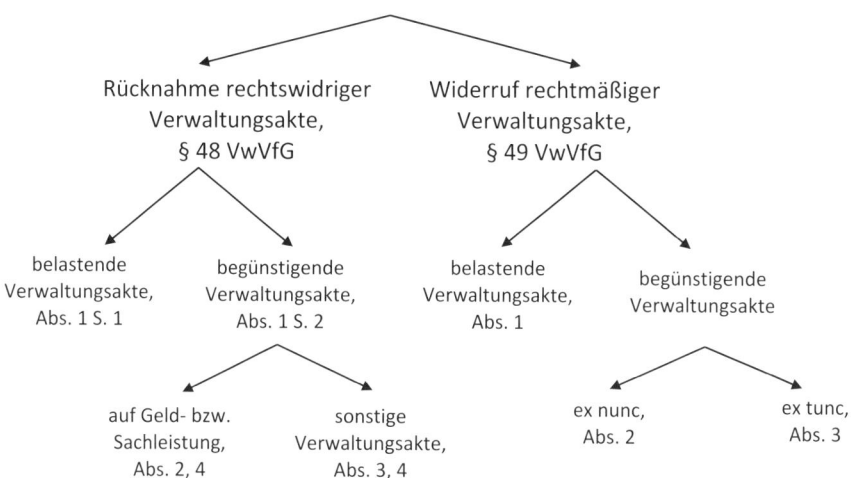

1. Unterscheidung rechtmäßige und rechtswidrige Verwaltungsakte

Für die Frage, ob es um die Aufhebung eines rechtswidrigen oder rechtmäßigen Verwaltungsakts geht, dh ob § 48 VwVfG oder § 49 VwVfG Anwendung findet, ist grds. auf den **Zeitpunkt** des Erlasses des Verwaltungsakts abzustellen.[6] Wie man an § 49 Abs. 2 S. 1 Nr. 3, 4 VwVfG erkennen kann, ist der Widerruf das Instrument, um einen Verwaltungsakt an spätere Änderungen der Rechts- oder Sachlage anzupassen. Für die Richtigkeit dieser Ansicht spricht auch ein vergleichender Blick auf § 44 Abs. 1 S. 1 SGB X, der die Rücknahme eines Verwaltungsakts in Bezug auf Sozialleistungen regelt, soweit sich im Einzelfall ergibt, „dass bei Erlass eines Verwaltungsaktes das Recht unrichtig angewandt oder von einem Sachverhalt ausgegangen worden ist, der sich als unrichtig erweist".

Hierzu hat das BVerwG zwei Modifikationen entwickelt:[7]

- Wirkt eine nach Erlass des Verwaltungsakts eintretende Rechtswidrigkeit aus besonderen Gründen auf den Zeitpunkt des Erlasses zurück, liegt ein ursprünglich rechtswidriger Verwaltungsakt vor, dessen Aufhebung sich nach § 48 VwVfG richtet (zB im Falle einer rückwirkenden Gesetzesänderung).

- Gelegentlich erfahren sog. Dauerverwaltungsakte eine Sonderbehandlung. Als Beispiel dafür sei ein Versorgungsfestsetzungsbescheid hins. laufender Geldleistungen genannt. Er ist nach seinem Inhalt auf dauerhafte Rechtswirkungen gerichtet. Fallen die Voraussetzungen dafür später weg, ist für die Aufhebung dieses Verwaltungsakts ab dem Zeitpunkt des Entfallens ebenfalls § 48 VwVfG einschlägig.[8]

---

6 Sofern kein abweichendes Fachrecht besteht, so BVerwGE 159, 148, 155; BVerwG NVwZ-RR 2021, 744, 745 Rn. 16; s.a. BVerfG NVwZ-RR 2021, 873, 875; Ramsauer in: Kopp/ders., § 48 Rn. 57, für die Rücknahme.
7 BVerwGE 84, 111, 113 f.
8 BVerwGE 143, 230, 233 ff. Dazu, dass ein Beihilfebescheid kein solcher Verwaltungsakt ist, VGH Mannheim Die Justiz 2018, 520, 521 und dazu, dass bei einer nachträglichen Änderung eines Planfeststellungsbeschlusses nicht § 48, sondern § 49 VwVfG einschlägig ist, BVerwGE 155, 81, 87 Rn. 31.

5   Verwaltungsakte, deren formelle Fehler nach § 45 VwVfG geheilt wurden, sind nicht rechtswidrig und demzufolge nicht rücknehmbar (vgl. § 15 Rn. 15 ff.). Eine Rücknahme kommt auch bei Verwaltungsakten, die gem. § 42 VwVfG berichtigt oder nach § 47 VwVfG umgedeutet wurden, nicht in Betracht. Leidet der Verwaltungsakt hingegen an einem iSd § 46 VwVfG unbeachtlichen formellen Fehler, bleibt es bei seiner Rechtswidrigkeit (vgl. § 15 Rn. 19 f.), so dass die Verwaltung nicht gehindert ist, ihn zurückzunehmen.[9]

Nichtige und damit unwirksame Verwaltungsakte (§ 43 Abs. 3 VwVfG) können weder widerrufen noch zurückgenommen werden (str.);[10] hier kommt lediglich die behördliche Feststellung der Nichtigkeit gem. § 44 Abs. 5 VwVfG in Betracht (vgl. § 15 Rn. 7).

2. Unterscheidung belastende und begünstigende Verwaltungsakte

6   Die Unterscheidung zwischen belastenden und begünstigenden Verwaltungsakten wurde bereits angesprochen (vgl. dazu § 12 Rn. 41 ff.). Begünstigend wirkt ein Verwaltungsakt, der ein Recht oder einen rechtlichen Vorteil begründet oder bestätigt, § 48 Abs. 1 S. 2 VwVfG. Dagegen ist ein Verwaltungsakt belastend, wenn sich die Regelung als für den Betroffenen nachteilig darstellt. Ausschlaggebend ist somit die Sicht des Betroffenen bzw. Adressaten des Verwaltungsakts.[11] Im (Regel-)Fall der Rücknahme oder des Widerrufs eines Verwaltungsakts mit Wirkung nur in eine dieser Richtungen ist das unproblematisch feststellbar, zB Zahlungsbescheid: belastend, Abrissverfügung: belastend, Entziehung der Fahrerlaubnis: belastend, Genehmigung: begünstigend, Leistungsbescheid: begünstigend.

7   Auch in folgenden, weniger einfach zu beurteilenden Fallkonstellationen ist auf die Sicht des Betroffenen zur Feststellung einer Begünstigung oder einer Belastung abzustellen:

- **Verschärfung einer Belastung** (etwa Zahlungsbescheid über 100 €, der durch einen solchen über 200 € ersetzt wird): Wird die Belastung des ursprünglichen Verwaltungsakts durch eine Änderung noch verschlimmert, stellt sich das nach einem Teil der Literatur dem Betroffenen ggü. als eine Aufhebung des weniger belastenden und damit eines ihn begünstigenden Verwaltungsakts dar. Die Aufhebung dieses Verwaltungsakts soll demzufolge nach den Regeln über Rücknahme bzw. Widerruf eines begünstigenden Verwaltungsakts zu beurteilen sein.[12] Nach der Rspr. bleibt es in solchen Konstellationen hingegen bei der Einordnung als belastender Verwaltungsakt.[13] Der aufzuhebende Verwaltungsakt enthalte mit der Pflicht zur

---

9 Sachs in: Stelkens/Bonk/ders., § 46 Rn. 12 ff.; aA, wonach die Rücknahme in den Fällen des § 46 VwVfG ausgeschlossen ist, Ramsauer in: Kopp/ders., § 46 Rn. 41.
10 Ebenso Peuker in: Knack/Henneke, § 48 Rn. 47; anders Schenke JuS 2016, 97, 102; für eine analoge Anwendung der §§ 48, 49 VwVfG Siegel, Rn. 603.
11 Detterbeck, Rn. 686; zur Immatrikulation als begünstigendem Verwaltungsakt OVG Bautzen Beschl. v. 24.8.2018 – 5 A 82/17, Rn. 32 juris. Nach BVerwG Beschl. v. 25.2.2021 – 1 WDS-VR 13/20, Rn. 36 juris sind Verwaltungsakte mit Mischwirkung insgesamt als begünstigend zu behandeln, sofern sich begünstigende und belastende Elemente nicht voneinander trennen lassen, wobei es im Zweifel auf die Interessenlage des Betroffenen ankommt.
12 Maurer/Waldhoff, § 11 Rn. 13; nach einer vermittelnden Auffassung soll dies dann gelten, wenn der Bürger den (Ursprungs-)Verwaltungsakt nach Treu und Glauben so verstehen durfte, dass die Behörde auf zusätzliche Belastungen verzichten wollte Ramsauer in: Kopp/ders., § 48 Rn. 69, 71.
13 BVerwGE 67, 129, 134; 79, 163, 169 f.; BVerwG NVwZ 1999, 1218, 1219 f. Vertrauensschutz wird aber im Rahmen der allg. Ermessensentscheidung (vgl. Rn. 9 f.) gewährt – so dass die Sichtweisen im Ergebnis nicht weit auseinanderliegen Leichsenring BayVBl. 2009, 263, 266.

Zahlung von 100 € eine Belastung. „Dass die Festsetzung geringer als nach der objektiven Rechtslage geboten war, machte die Regelungen in den Bescheiden nicht zu begünstigenden Verwaltungsakten. Einem belastenden Verwaltungsakt lässt sich idR nicht entnehmen, dass von dem Betroffenen mehr als das Festgesetzte nicht verlangt werden solle" (außer bei Vorliegen besonderer Umstände).[14]

- **Verbesserung einer Begünstigung:** Für den entgegengesetzten Fall der Verbesserung einer Begünstigung gelten die Regeln über die Aufhebung belastender Verwaltungsakte.[15] Wird bspw. eine Subvention von 600 € monatlich bewilligt, obwohl nach den einschlägigen Bestimmungen ein Anspruch auf 900 € besteht, und ändert die Behörde den Bewilligungsbescheid nach Entdeckung ihres Fehlers dahin gehend, dass nunmehr monatlich 900 € ausgezahlt werden, so richtet sich die Aufhebung des ursprünglichen Bescheids bei Zugrundelegung der Betroffenensicht nach den Bestimmungen über die Rücknahme belastender Verwaltungsakte.

Bei **Verwaltungsakten mit Drittwirkung** ist die Einordnung, ob es sich um einen belastenden oder begünstigenden Verwaltungsakt handelt, ebenfalls **aus Sicht des Adressaten der Aufhebung** zu beurteilen. Bspw. ist eine an A gerichtete Baugenehmigung, bei deren Realisierung seinem Nachbarn N die Aussicht versperrt würde, ein begünstigender Verwaltungsakt für A (mit belastender Drittwirkung).[16] Die Aufhebung der Genehmigung richtet sich nach den Vorschriften über die Rücknahme oder den Widerruf eines begünstigenden Verwaltungsakts. Wird hingegen ein belastender Verwaltungsakt mit begünstigender Drittwirkung erteilt, etwa A ggü. eine Abrissverfügung für seine Garage erlassen, in deren Folge Nachbar N wieder eine schöne Aussicht von seinem Grundstück aus genießen könnte, beurteilt sich ihre Aufhebung nach den Vorschriften über die Rücknahme oder den Widerruf eines belastenden Verwaltungsakts.

8

II. Rücknahme

▶ **FALL 15:** B hat sein Jurastudium mit 11,5 Punkten erfolgreich abgeschlossen und möchte nun promovieren. Zur Finanzierung seiner Promotion bewirbt er sich um ein Stipendium nach dem Landesgraduiertenförderungsgesetz (LGFG). Dabei verschweigt er, dass ihm für sein Promotionsvorhaben bereits 35.000 € von einer privaten Stiftung gewährt worden sind. B weiß, dass die Landesförderung in diesem Fall ausgeschlossen ist (§ 7 Nr. 2 LGFG). Das Stipendium wird ihm am 25.7.2020 per Bescheid gewährt, weil ansonsten alle Voraussetzungen vorliegen. Obwohl der zuständigen Behörde die Förderung durch die private Stiftung schon am 14.8.2020 bekannt wird, entschließt sie sich erst am 3.9.2021, den Bewilligungsbescheid mit Wirkung für die Vergangenheit aufzuheben. Mit Recht? ◀

Die Rücknahme eines rechtswidrigen Verwaltungsakts ist ein Instrument zur Selbstkorrektur behördlicher Entscheidungen und entspringt dem Grundsatz der Gesetzmäßigkeit der Verwaltung (Art. 20 Abs. 3 GG). Soweit sich beim von der Rücknahme Betroffenen ein schutzwürdiges Interesse am Fortbestand des Verwaltungsakts gebildet hat, kann dieses in die Entscheidung über die Rücknahme einzubeziehen sein.[17] Die

9

---

14 OVG Münster Urt. v. 18.6.2015 – 12 A 663/15, Rn. 86 juris.
15 BVerwGE 71, 220, 226; BGH EnWZ 2018, 123; VGH Mannheim, Die Justiz 2018, 520.
16 Zu den Besonderheiten bei Rücknahme und Widerruf von begünstigenden Verwaltungsakten mit belastender Drittwirkung Rn. 31 f.; allg. bereits § 12 Rn. 43. Zur telekommunikationsrechtlichen Entgeltgenehmigung OVG Münster Beschl. v. 1.3.2019 – 13 B 1349/18, Rn. 88 juris.
17 Dazu Rn. 11 ff.; unter rechtsstaatlichen Gesichtspunkten geht es tragend um Rechtssicherheit, Maurer/Waldhoff, § 11 Rn. 22.

Rücknahmeentscheidung ist als actus contrarius ihrerseits ein Verwaltungsakt, der formell und materiell rechtmäßig sein muss.[18]

Hins. der **formellen Rechtmäßigkeit** ist Folgendes zu beachten:

- Sachlich **zuständig** für die Rücknahme ist bei fehlender gesetzlicher Regelung die Behörde, die zum Zeitpunkt der Rücknahmeentscheidung für den Erlass des aufzuhebenden Verwaltungsakts zuständig wäre.[19] Die Bestimmung der örtlichen Zuständigkeit richtet sich nach § 48 Abs. 5 VwVfG, der auf § 3 VwVfG verweist.
- Ansonsten gelten die allgemeinen formellen Rechtmäßigkeitsanforderungen auch für die Rücknahme von Verwaltungsakten (dazu § 14 Rn. 8 ff.). Insb. ist der Betroffene regelmäßig vor der Rücknahme eines begünstigenden Verwaltungsakts (§ 48 Abs. 1 S. 2) gem. § 28 Abs. 1 VwVfG anzuhören.[20]

Die **materiellen Voraussetzungen** für die Rechtmäßigkeit der Rücknahme ergeben sich aus § 48 VwVfG:

- Ein rechtswidriger Verwaltungsakt kann nach der Grundregel des § 48 Abs. 1 S. 1 VwVfG jederzeit zurückgenommen werden. Die Entscheidung über die Rücknahme steht demzufolge nach ü.M. im **Ermessen** der Behörde.[21]

Für den Fall noch anfechtbarer rechtswidriger Verwaltungsakte wird das allerdings teilweise infrage gestellt und ein Aufhebungsanspruch (aufgrund Ermessensreduzierung, dazu allg. § 14 Rn. 36 ff.) angenommen.[22] Zur Begründung wird angeführt, dass die nach hM bestehende Anfechtungsmöglichkeit des rechtswidrigen Verwaltungsakts einen Aufhebungsanspruch impliziere; denn allgemeinen rechtsdogmatischen Grundsätzen zufolge diene das Prozessrecht der Durchsetzung materieller Ansprüche, setze diese also voraus.[23] Dabei wird verkannt, dass die hier fragliche Anfechtungsklage nicht das prozessuale Mittel zur Durchsetzung eines etwaigen Anspruchs ggü. der Behörde auf Rücknahme gem. § 48 VwVfG ist, schon deshalb nicht, weil die Anfechtungsklage gem. § 42 Abs. 1 Alt. 1, § 113 Abs. 1 S. 1 VwGO nicht auf die Durchsetzung eines klägerischen Anspruchs gerichtet ist, sondern auf Rechtswidrigkeit des Verwaltungsakts und Rechtsverletzung des Klägers (zur Anfechtungsklage allg. § 20 Rn. 17, 20 ff., 34). Insb. aber wäre die Verpflichtungsklage gem. § 42 Abs. 1 Alt. 2 VwGO, § 113 Abs. 5 VwGO, statthafte Klageart auf Rücknahme durch die Behörde, die, wie § 113 Abs. 5 S. 2 der Vorschrift zeigt, gerade auch behördliche Ermessensentscheidungen wahrt (zur Verpflichtungsklage allg. § 20 Rn. 18, 20 ff., 37). Dann aber versagt die anspruchsbezogene Argumentation.[24] Allerdings gelten bei einem begünstigenden Verwaltungsakt, der von einem

---

18 BVerwG NVwZ 2016, 1648, 1649. In Anbetracht dessen ist (bei Rechtswidrigkeit) auch die Rücknahme der Rücknahmeentscheidung möglich, nicht aber (bei Rechtmäßigkeit) der Widerruf einer Widerrufsverfügung (weil die Behörde den Ausgangsbescheid erneut erlassen könnte), Maurer/Waldhoff, § 11 Rn. 20; zur Rücknahme und der Entziehung des Doktorgrades wegen Täuschung Schroeder NWVBl. 2010, 176, 178 ff. Zum Nachfolgenden auch Martini JA 2013, 442.
19 BVerwGE 152, 164, 168 Rn. 14; BVerwG NVwZ-RR 2019, 278, 280. Wurde der Verwaltungsakt von einer unzuständigen Behörde erlassen, ist für die Rücknahme nicht die (unzuständige) Erlassbehörde zuständig, sondern die für den Erlass des Verwaltungsakts tatsächlich berufene Stelle, BVerwGE 226, 229 ff.; zur Zuständigkeit der Ausgangsbehörde für die Rücknahme eines Widerspruchsbescheids BVerwG DVBl. 2002, 1045: isoliert nicht, wohl aber Rücknahme des Ausgangsbescheids in der Gestalt des Widerspruchsbescheids.
20 S.a. BVerwG NVwZ-RR 2021, 744, 745 Rn. 14 (auch zur Heilung nach § 45 Abs. 1 Nr. 3 VwVfG). Zur Anhörung § 14 Rn. 18 ff.
21 Hierzu unter dem Aspekt des Eigenwerts der Verwaltungsentscheidung (rechts-)grundsätzlich Haack AöR 133 (2008), 43.
22 Schenke NVwZ 1993, 718, 721 ff.; Baumeister in: FS für W.-R. Schenke, 2011, S. 601, 602, 606 ff.
23 Baumeister, wie vor, S. 609.
24 Dass die Verpflichtungsklage in derartigen Konstellationen durch die Anfechtungsklage verdrängt wird, beruht nicht auf ihrer fehlenden Statthaftigkeit, sondern auf dem fehlenden Rechtsschutzinteresse (dazu allg. § 20 Rn. 29 f.), weil so das Klageziel schneller erreicht werden kann. Deshalb, aber auch ohnehin

§ 16 Rücknahme und Widerruf von Verwaltungsakten

Dritten angefochten worden ist (also einem solchen mit Drittwirkung), für die Aufhebung während des Vorverfahrens bzw. verwaltungsgerichtlichen Verfahrens nicht die Einschränkungen der § 48 Abs. 1 S. 2, Abs. 2–4 und § 49 Abs. 2–4, 6 VwVfG, s. § 50 VwVfG.

- Das Ermessen bezieht sich auf die Entscheidung über das „Ob" der Rücknahme (= Entschließungsermessen), über den Umfang (eine Teilrücknahme ist möglich) und darauf, ab wann ein Verwaltungsakt zurückgenommen werden soll (mit Wirkung für die Zukunft oder für die Vergangenheit, Entschließungs- und Auswahlermessen, vgl. allg. § 14 Rn. 39).

- Bei der näheren Prüfung der Rücknahmevoraussetzungen ist zwischen belastenden und begünstigenden Verwaltungsakten und hins. der Letzteren nochmals zwischen leistungsgewährenden und sonstigen begünstigenden Verfügungen zu unterscheiden.

1. Belastende Verwaltungsakte

Nach § 48 Abs. 1 S. 1 VwVfG „kann" ein rechtswidriger belastender Verwaltungsakt, also regelmäßig ein solcher, der von Anfang an rechtswidrig war,[25] zurückgenommen werden. Wie man an dem Rücknahmeermessen erkennen kann, bildet die **Rechtswidrigkeit des Verwaltungsakts** für sich allein noch keinen ausreichenden Grund für dessen Rücknahme. Der Gesetzgeber geht vielmehr in verfassungsrechtlich nicht zu beanstandender Weise davon aus, dass der Vorrang des Gesetzes (Art. 20 Abs. 3 GG) und die in der Rechtssicherheit wurzelnde Beständigkeit von Verwaltungsakten grds. gleichberechtigt nebeneinanderstehen. Die Verwaltung soll diese widerstreitenden Rechtsgüter bei der Ausübung ihres **Ermessens** gegeneinander abwägen und darüber entscheiden, ob eine Rücknahme des Verwaltungsakts erfolgen soll.[26] Wenn ja, muss sie sich darüber klar werden, ob der rechtswidrige belastende Verwaltungsakt ganz oder teilweise entweder für die Zukunft (ex nunc) oder auch für die Vergangenheit (ex tunc) zurückgenommen werden soll. Angesichts der Ausgestaltung als Ermessensvorschrift besteht grds. **kein Anspruch auf Rücknahme**, weil eine ausnahmslose Pflicht, rechtswidrige belastende Verwaltungsakte auch nach ihrer Unanfechtbarkeit zurückzunehmen, die Rechtsbehelfsfristen praktisch bedeutungslos werden ließe.[27] Insoweit wird der Rechtssicherheit (und Bestandskraft) Rechnung getragen, weil dem Verwaltungsakt durch die Einräumung des (behördlichen) Rücknahmeermessens eine erhöhte Rechtsbeständigkeit verliehen wird.[28]

Entsprechendes gilt vor Ablauf der Rechtsbehelfsfristen: Besagte Rechtssicherheit beruht auf der behördlichen Entscheidung und entfällt nicht wegen der Möglichkeit ihrer prozessualen Angreifbarkeit.[29]

Es besteht daher regelmäßig nur ein **Anspruch auf ermessensfehlerfreie Entscheidung**, sofern sich nicht ausnahmsweise dem anzuwendenden Fachrecht eine andere Wertung

---

nach dem Vorstehenden (im Text) lässt sich hieraus nichts für eine anspruchsimplizierende Wirkung der (Anfechtungs-)Klage ableiten.
25 BVerwGE 140, 221, 240.
26 BVerwG NVwZ 2011, 888, 889; NWVBl. 2019, 62, 65; dazu, dass es sich um kein intendiertes Ermessen handelt, selbst wenn sich der Betroffene nicht auf Vertrauensschutz berufen kann, BVerwG Urt. v. 24.2.2021 – 8 C 25/19, Rn. 11 juris.
27 Für die behördliche Rücknahmeentscheidung kommt jedoch in Ausnahmefällen eine Ermessensreduzierung auf Null in Betracht; dazu nachfolgend im Text und allg. § 14 Rn. 48.
28 Vgl. Hendler, Rn. 309; Entscheidungseigenwert des Verwaltungsakts, Haack AöR 133 (2008), 43, 44 ff.
29 HM, etwa Sachs in: Stelkens/Bonk/ders., § 48 Rn. 48; Müller in: BeckOK VwVfG, § 48 Rn. 42; anders Schenke in: FS für H. Maurer, 2001, S. 723.

entnehmen lässt. Nur in seltenen Fällen wird sich dieser (Entscheidungs-)Freiraum (dazu allg. § 14 Rn. 36 ff.) infolge des Gebots materieller Gerechtigkeit iSe Anspruchs auf Rücknahme eines bestandskräftigen Verwaltungsakts **reduzieren** (zur Ermessensreduzierung auf Null § 14 Rn. 48), wenn dessen Aufrechterhaltung „schlechthin unerträglich" ist.[30] Letzteres ist anhand der Umstände des Einzelfalls und einer Gewichtung der einschlägigen Gesichtspunkte zu beurteilen.[31] An eine solche Verengung ist etwa zu denken, wenn die Verwaltung in vergleichbaren Fällen ihre Rücknahmebefugnis ausgeübt hat (Art. 3 Abs. 1 GG), sog. **Selbstbindung** der Verwaltung, das Berufen auf die Unanfechtbarkeit gegen die guten Sitten bzw. gegen „**Treu und Glauben**" verstößt oder im Fall **offenkundiger Rechtswidrigkeit**.[32] Da selbst vorbehaltlose Grundrechte im Hinblick auf Grundrechte Dritter und andere mit Verfassungsrang ausgestattete Rechtsgüter, etwa aus Gründen der Rechtssicherheit, vom Gesetzgeber eingeschränkt werden können, ergibt sich allein aus dem Umstand, dass ein Verwaltungsakt auf einer verfassungswidrigen Rechtsgrundlage oder verfassungswidrigen Rechtsanwendung beruht, ohne Vorliegen weiterer Umstände keine Reduzierung des Rücknahmeermessens.[33]

Das Vorstehende gilt entsprechend für **unionsrechtswidrige** Verwaltungsakte, soweit sich nicht aus den soeben genannten Gründen oder dem Unionsrecht eine Ermessensreduzierung ergibt.[34]

2. Begünstigende Verwaltungsakte

11 Die Interessenlage bei der Rücknahme rechtswidriger begünstigender Verwaltungsakte stellt sich wie folgt dar: Einerseits ergibt sich aus dem Prinzip der Gesetzmäßigkeit der Verwaltung (Art. 20 Abs. 3 GG) ein öffentliches Interesse an der Aufhebung der rechtswidrigen Verfügung. Der Begünstigte hat andererseits ein Interesse daran, dass der Verwaltungsakt bestehen bleibt. Er wird regelmäßig auf den Bestand des Verwaltungsakts vertraut haben, so dass der **Vertrauensschutz** beachtlich werden kann. Begünstigende Verwaltungsakte dürfen deshalb nur unter bestimmten Einschränkungen zurückgenommen werden, § 48 Abs. 1 S. 2 VwVfG. Innerhalb der Rücknahme von begünstigenden Verwaltungsakten wird zwischen **leistungsgewährenden Verwaltungsakten** (§ 48 Abs. 2 VwVfG) und **sonstigen begünstigenden Verwaltungsakten** (§ 48 Abs. 3 VwVfG) differenziert.[35]

a) Rücknahme leistungsgewährender Verwaltungsakte

12 **§ 48 Abs. 2 VwVfG** enthält eine Sonderregelung für Verwaltungsakte, die eine einmalige oder laufende Geldleistung oder teilbare Sachleistung gewähren oder hierfür Voraussetzung sind, also **leistungsgewährende Verwaltungsakte**, bei denen fiskalische Interessen im Zentrum stehen.[36] Ein Verwaltungsakt gewährt eine Leistung, wenn er eine Anordnung trifft, die das Vermögen des Begünstigten unmittelbar vermehrt. Eine

---

30 BVerwG NVwZ 2011, 888, 889; Buchholz 449 § 56 SG Nr. 9, Rn. 8.
31 BVerwG NWVBl. 2019, 62, 65; Buchholz 449 § 56 SG Nr. 9, Rn. 8.
32 BVerwG Buchholz 449 § 56 SG Nr. 9, Rn. 9.
33 BVerwG NVwZ-RR 2021, 1078 f.; s.a. Waldhoff JuS 2022, 191 f.
34 EuGH NVwZ 2006, 1277, 1279 f.: bei offensichtlicher Rechtswidrigkeit; s.a. BVerwG Buchholz 451.91 Europ. UmweltR Nr. 77, S. 165 Rn. 43; näher nachfolgend Rn. 33; ausführlich Lenze VerwArch 97 (2006), 49.
35 Dazu, dass § 48 Abs. 2 VwVfG strengere Anforderungen an die Rücknahme aufstellt, BVerwG NVwZ 2012, 1546, 1554 Rn. 47.
36 BVerwG NVwZ-RR 2015, 164, 179.

Geldleistung ist bezifferbar, zB die Auszahlung einer Subvention iHv 100.000 €.[37] Eine teilbare Sachleistung kann in der Übereignung eines körperlichen Gegenstandes oder seiner sonstigen Überlassung zum Gebrauch liegen (etwa Lieferung von Gütern – Heizmaterial, Kleidungsstücke – oder Überlassung von Wohnraum).[38] Beispiel für einen Verwaltungsakt, der die Voraussetzung für die Gewährung von Leistungen bildet, ist die Festsetzung des Besoldungsdienstalters als Bemessungsgrundlage für die Zahlung von Beamtenbezügen.[39]

Nach § 48 Abs. 2 S. 1 VwVfG dürfen derartige rechtswidrige Verwaltungsakte **nicht aufgehoben** werden, soweit der Betroffene auf den Bestand des Verwaltungsakts **vertraut hat** und sein Vertrauen unter Abwägung mit dem öffentlichen Interesse an einer Rücknahme[40] schutzwürdig ist. Überwiegt der Vertrauensschutz, erfährt der Verwaltungsakt Bestandsschutz.[41]

Auf derartigen Vertrauensschutz können sich allerdings kommunale Selbstverwaltungsträger und von diesen getragene Anstalten des öffentlichen Rechts als Verwaltungsträger[42] von vornherein nicht berufen.[43]

aa) Vertrauenstatbestand

Wesentliches Element des § 48 Abs. 2 S. 1, insb. aber von S. 2, 3 VwVfG ist somit der Schutz des Vertrauens. **Vertrauen** liegt vor, wenn der Betroffene davon ausging, der Leistungsbescheid würde Bestand haben – was ausgeschlossen ist, wenn die Leistung unter einem Vorbehalt gewährt worden war. Ob dieses Vertrauen auch **schutzwürdig** ist, entscheidet sich anhand einer Abwägung zwischen dem Interesse des Begünstigten an der Aufrechterhaltung des Verwaltungsakts und dem öffentlichen Interesse an seiner Rücknahme. Das Gesetz liefert insoweit sowohl **Regelbeispiele für das Überwiegen des Vertrauensschutzes** (§ 48 Abs. 2 S. 2 VwVfG) als auch **Ausschlussgründe**, die dem Begünstigten ein schutzwürdiges Vertrauen versagen (§ 48 Abs. 2 S. 3 VwVfG).

bb) Schutzwürdigkeit

- Es bietet sich an, zuerst die Ausschlussgründe zu prüfen, unter denen sich der Begünstigte nicht auf den Vertrauensschutz berufen kann. Das ist gem. § 48 Abs. 2 S. 3 VwVfG immer dann der Fall, wenn eine Person

    Nr. 1: den Verwaltungsakt durch **arglistige Täuschung, Drohung oder Bestechung** erwirkt hat. Das Tatbestandsmerkmal der Täuschung ist wie das der Drohung dem Zivilrecht (§ 123 BGB) und das der Bestechung dem Strafrecht (§ 334, aber auch § 332 StGB) entlehnt. Eine arglistige Täuschung liegt vor, wenn eine Person eine Angabe macht, deren Unrichtigkeit

---

37 Siegel, Rn. 610.
38 Teilbarkeit nicht nur in sachlicher, sondern auch in zeitlicher Hinsicht, etwa Zurverfügungstellung einer Wohnung für bestimmte Zeit, Ramsauer in: Kopp/ders., § 48 Rn. 88.
39 Hendler, Rn. 314. Weiteres Beispiel BVerwG NVwZ 2021, 1546, 1547 Rn. 11 Entscheidung über die Anerkennung von Dienstunfallfolgen.
40 Zum öffentlichen Interesse als ausschließlichem Maßstab für die Rücknahme eines rechtswidrigen Vermögenszuordnungsbescheids BVerwG LKV 2006, 558.
41 Dazu Maurer/Waldhoff, § 11 Rn. 28; allg. zum Bestandsschutz § 15 Rn. 10.
42 Dazu allg. § 6 Rn. 15 ff.; in diese Richtung hins. § 48 Abs. 4 S. 1 VwVfG BVerwG Beschl. v. 18.6.2019 – 10 B 18/18, Rn. 8 juris.
43 OVG Lüneburg NVwZ-RR 2013, 584.

ihr bewusst ist oder sie dies für möglich hält, aber billigend in Kauf nimmt, bzw. wenn sie durch Verschweigen wahrer Tatsachen bei einem Behördenbediensteten einen Irrtum hervorruft, um diesen zu einer für sie günstigen Entscheidung zu bestimmen.[44] „Erwirkt" hat der Leistungsempfänger den Verwaltungsakt, wenn sein vorangegangenes Verhalten (zB Antrag oder Vorgespräch) entscheidungserheblich für den Erlass des Verwaltungsakts und kausal für dessen Fehlerhaftigkeit war.[45]

Nr. 2: den Verwaltungsakt durch **Angaben, die in wesentlicher Beziehung unrichtig oder unvollständig** waren, erwirkt hat. Nach dem Gesetzeswortlaut ist dieser Ausschlussgrund verschuldensunabhängig.[46] Deshalb ist es irrelevant, ob dem Begünstigten die Unrichtigkeit oder Unvollständigkeit der Angaben bekannt war, solange der Fehler in seinen Verantwortungsbereich fällt.[47]

Nr. 3: **Kenntnis oder grob fahrlässige Unkenntnis von der Rechtswidrigkeit des Verwaltungsakts** hatte.[48] Der Leistungsempfänger hat Kenntnis von der Rechtswidrigkeit, wenn ihm bewusst ist, dass ihm die gewährte Leistung nicht zusteht. Grob fahrlässig ist seine Unkenntnis, wenn er die erforderliche Sorgfalt in besonders schwerem Maße nicht walten ließ, weil schon einfachste, ganz naheliegende Überlegungen nicht angestellt wurden und das nicht beachtet wurde, was sich im gegebenen Fall jedem geradezu aufdrängen musste, wobei persönliche Kenntnisse und Fähigkeiten des Leistungsempfängers zu berücksichtigen sind.[49]

Liegt einer der genannten Fälle vor, wird der Verwaltungsakt „in der Regel" mit Wirkung für die Vergangenheit widerrufen, § 48 Abs. 2 S. 4 VwVfG. Da die Rücknahme im intendierten Ermessen der Behörde steht, ist sie allerdings ausnahmsweise befugt, unter Darlegung besonderer Gründe den Verwaltungsakt nur mit Wirkung für die Zukunft zurückzunehmen oder ganz von seiner Rücknahme abzusehen.[50]

16 ▪ Ist die Schutzwürdigkeit des Vertrauens nicht nach § 48 Abs. 2 S. 3 VwVfG ausgeschlossen, wird prüfungsrelevant, ob eines der in § 48 **Abs. 2 S. 2 VwVfG** (nicht abschließend) aufgezählten **Regelbeispiele für die Schutzwürdigkeit des Vertrauens** vorliegt, weil der Begünstigte sein Vertrauen sozusagen „ins Werk gesetzt hat",[51] indem er die gewährte Leistung verbraucht oder eine Vermögensdisposition getroffen hat, die er nicht mehr oder nur unter unzumutbaren Nachteilen rückgängig machen kann.

---

44 BVerwG NVwZ-RR 2013, 689, 691; s.a. OVG Weimar Urt. v. 9.11.2018 – 3 KO 722/17, Rn. 38 juris.
45 Strittig, ebenso Ramsauer in: Kopp/ders., § 48 Rn. 113; Martini JA 2016, 830, 831; aA Ossenbühl DÖV 1964, 511, 518.
46 BVerwGE 143, 230, 234; 167, 344, 350 Rn. 26; Martini JA 2016, 830, 831; Siegel, Rn. 616.
47 BVerwGE 74, 357, 364; 78, 139, 142. Dazu, dass eine Mitverantwortung der Behörde grds. nichts am Ausschluss des Vertrauensschutzes ändert, OVG Münster Beschl. v. 27.6.2018 – 10 B 676/18, Rn. 17 juris.
48 Dabei kommt es auf den Zeitpunkt an, in dem sich der Vertrauenstatbestand (Verbrauch der Leistung oder Vermögensdisposition, vgl. dazu Rn. 16) gebildet hat, Battis, S. 183.
49 BVerwG NVwZ-RR 2013, 689, 691; Peuker in: Knack/Henneke, § 48 Rn. 122. Zu den Besonderheiten bei der Rückforderung unionsrechtswidrig gewährter Beihilfen Rn. 34.
50 OVG Bautzen NVwZ-RR 2021, 410, 412 Rn. 36; VGH Mannheim Urt. v. 26.1.2018 – 2 S 1177/17, Rn. 38 juris; Ramsauer in: Kopp/ders., § 48 Rn. 127c; Martini JA 2016, 830, 831.
51 So Martini JA 2016, 830, 832.

Die Leistung ist **verbraucht**, wenn sie ausgegeben worden ist, und zwar ohne damit einhergehende anderweitige Vermögensvermehrung aufseiten des Leistungsempfängers.[52] Der Verbrauch ist im Wesentlichen nach bereicherungsrechtlichen Grundsätzen zu beurteilen (Saldotheorie, § 818 Abs. 3 BGB).[53] Es kommt nicht darauf an, ob die Leistung tatsächlich ausgegeben wurde. Vielmehr gilt es danach zu fragen, ob sie wertmäßig noch im Vermögen des Betroffenen vorhanden ist (dann kein Verbrauch) oder nicht (dann Verbrauch). Ein Verbrauch idS liegt bspw. vor, sofern Geld für die Verbesserung der Lebensführung oder für Geschenke an andere ausgegeben wird. Dagegen ist die Leistung nicht verbraucht, wenn sie gewinnbringend angelegt oder für die Tilgung von Schulden verwendet worden ist, weil sie sich dann noch im Vermögen des Empfängers befindet.[54]

Eine **Vermögensdisposition** ist getroffen worden, wenn der Betroffene über die gewährte Leistung verfügt hat oder eine sein Vermögen berührende Verpflichtung eingegangen ist (etwa im Vertrauen auf den Pensionsfestsetzungsbescheid sein Leben auf einem bestimmten Niveau eingerichtet oder Abzahlungsverpflichtungen übernommen hat).[55]

Da es sich hierbei um Regelbeispiele handelt, ist der Vertrauensschutz in anderen als den genannten Fällen nicht a priori ausgeschlossen. Diese müssen sich aber an den expliziten Beispielen messen lassen.[56]

- Im Gegensatz zu den grds. absolut wirkenden Ausschlussgründen überwiegt das Vertrauen bei Bejahung der Schutzwürdigkeit nach § 48 Abs. 2 S. 2 VwVfG nicht zwingend. Durch den Ausdruck „in der Regel" macht der Gesetzgeber deutlich, dass das öffentliche Interesse trotz Verbrauchs oder Disposition der empfangenen Leistung Vorrang haben kann und eine Rücknahme im Fall des Vorliegens besonderer Gründe möglich ist.[57] Es wird also immer eine die gesetzliche Grundwertung ergänzende **konkrete Abwägung** erforderlich, die als tatbestandlicher Vorgang von der Ermessensentscheidung (allg. zu der Unterscheidung § 14 Rn. 25) nach § 48 Abs. 1 S. 1 VwVfG zu unterscheiden ist.[58] Geht die Abwägung – wie regelmäßig – zugunsten des Bürgers aus, reduziert sich freilich das Ermessen: Nach § 48 Abs. 2 S. 1 VwVfG „darf" dann „nicht zurückgenommen werden".

- Ist das Vertrauen weder nach § 48 Abs. 2 S. 3 VwVfG ausgeschlossen noch nach Abs. 2 S. 2 der Vorschrift als schutzwürdig anzuerkennen, hat für die Rücknahmeentscheidung eine **Abwägung** des öffentlichen Interesses an der Rücknahme mit dem Interesse des Begünstigten am Fortbestand der Begünstigung **gem. § 48 Abs. 2 S. 1 iVm Abs. 1 S. 1 VwVfG** zu erfolgen. Insoweit muss die Behörde eine ermessensfehlerfreie Entscheidung hins. des „Ob" der Rücknahme und ihres Umfangs („Wie") treffen. Eine Teilaufhebung des Verwaltungsakts kommt nur in Betracht, wenn sich der rechtswidrige Teil des Verwaltungsakts vom Rest abtrennen lässt

17

---

[52] Sachs in: Stelkens/Bonk/ders., § 48 Rn. 142.
[53] OVG Münster Urt. v. 19.1.2018 – 1 A 1463/15, Rn. 83 juris; Martini JA 2016, 830, 832.
[54] Vgl. BVerwG DVBl. 1993, 947, 948; s.a. OVG Münster Urt. v. 19.1.2018 – 1 A 1463/15, Rn. 87 juris.
[55] Zur Vermögensdisposition VGH München Beschl. v. 2.2.2021 – 21 ZB 18.1888, Rn. 17 juris.
[56] Sachs in: Stelkens/Bonk/ders., § 48 Rn. 145.
[57] Maurer/Waldhoff, § 11 Rn. 37. Dazu, dass bei der Besoldung von Beamten nicht generell von einem atypischen Fall auszugehen ist, OVG Münster Urt. v. 19.1.2018 – 1 A 1463/15, Rn. 93 ff. juris.
[58] „Tatbestandsabwägung", vgl. Oldiges NVwZ 2001, 626, 628.

und der verbleibende Verwaltungsakt nach seinem Inhalt auf sinnvolle und rechtmäßige Weise fortbestehen kann.[59]

Nach der Rspr., die sich auf die Wertung des § 50 VwVfG berufen kann,[60] tritt eine Ermessensreduzierung iSe Pflicht zur Rücknahme ein, wenn der Widerspruch eines Dritten gegen die Verfügung zulässig und begründet ist.[61]

b) Rücknahme sonstiger begünstigender Verwaltungsakte

18 Im Unterschied zu § 48 Abs. 2 VwVfG enthält der die Rücknahme eines sonstigen begünstigenden Verwaltungsakts (zB Baugenehmigung, Aufenthalts-, Gaststättenerlaubnis, Verleihung der Staatsangehörigkeit) regelnde § 48 Abs. 3 VwVfG keine Rücknahmebeschränkungen. Denn bei der Frage der Aufrechterhaltung dieser Verwaltungsakte stehen auf Seiten des Staates weniger fiskalische Interessen, sondern, wie am Beispiel einer rechtswidrigen Fahrerlaubnis deutlich wird, andere hoheitliche Belange im Fokus.[62] Infolgedessen ist bei diesen Verwaltungsakten nach Maßgabe des § 48 Abs. 1 S. 1 VwVfG eine **Ermessensentscheidung** über die Rücknahme dieser sonstigen Verwaltungsakte zu treffen. **Entschließt sich die Behörde zur Rücknahme**, kommt jedoch die **Entschädigungsklausel in** § 48 Abs. 3 VwVfG zur Anwendung. Das schutzwürdige Vertrauen geht also mit einem Vermögensschutz, jedoch nicht mit einem Bestandsschutz einher.[63]

Umstritten ist, ob die Behörde ein etwaiges (ggf. schützenswertes, vgl. vorstehend Rn. 14) **Vertrauen** des Betroffenen auf den Bestand des Verwaltungsakts im Rahmen ihrer Ermessensausübung nach § 48 Abs. 1 S. 1 VwVfG zu berücksichtigen hat. Einerseits lässt sich als Konsequenz der unterschiedlichen Regelungen in § 48 Abs. 2 und Abs. 3 VwVfG ableiten, dass ein Vertrauen des Betroffenen in die Fortgeltung des Verwaltungsakts nicht dessen Bestand betreffen, sondern allenfalls einen Entschädigungsanspruch auslösen soll.[64] Die Ermessensentscheidung hat dann nicht unter Berücksichtigung des Vertrauensschutzes, sondern unter Abwägung anderer Gesichtspunkte zu erfolgen. Nach gegenteiliger Auffassung sind auch Anforderungen des Vertrauensschutzes in die Ermessensentscheidung mit einzubeziehen.[65] Dies überzeugt jedenfalls dann, wenn eine Geldentschädigung keinen oder keinen ausreichenden Ausgleich für die Rücknahme der Begünstigung gewährt.[66] Auch führt letztere Auffassung nicht dazu, dass schützenswertes Vertrauen in den Bestand des Verwaltungsakts eine Rücknahme idR (näher Rn. 16) hindert. Angesichts dessen ist der nichtvermögensrechtliche Vertrauensschutz als Belang in die Abwägung nach allgemeinen Grundsätzen einzubeziehen; dann kann er einer Rücknahme (nur) entgegenstehen, wenn er ggü. dem öffentlichen Interesse an der Aufhebung des Verwaltungsakts überwiegt.[67]

---

59 OVG Münster Urt. v. 19.1.2018 – 1 A 1463/15, Rn. 124 juris.
60 Zu § 50 VwVfG, der sich unmittelbar nur auf den Vertrauensschutz nach § 48 Abs. 1 S. 2, Abs. 2 bis 4, § 49 Abs. 2 bis 4 und 6 VwVfG bezieht, vgl. näher Rn. 31 f.
61 BVerwG NVwZ 2002, 730, 732 f.; zustimmend Haack AöR 133 (2008), 43, 75.
62 BVerwGE 152, 164, 174 ff.; s.a. Martini JA 2016, 830, 832.
63 Dazu Ipsen, Rn. 736, s.a. die Darstellung zum Vertrauensschaden in Bezug auf § 48 Abs. 2 VwVfG Rn. 732 f.; s.a. BVerwG Beschl. v. 30.11.2017 – 1 WB 35/16, Rn. 38 juris; anders Maurer/Waldhoff, § 11 Rn. 28: nur formell, nicht auch sachlich richtig; am Beispiel der Einbürgerung Engst JuS 2007, 225.
64 BVerwG GewArch 1987, 274; Erichsen/Brügge Jura 1999, 155, 162 mwN.
65 Peuker in: Knack/Henneke, § 48 Rn. 130; s.a. OVG Bautzen Urt. v. 24.4.2018 – 4 A 478/17, Rn. 31 juris.
66 So für die Entscheidung über das „Ob" der Rücknahme BVerwGE 143, 161; OVG Bautzen LKV 2014, 549, 551; s.a. Siegel, Rn. 621.
67 Ähnlich Maurer/Waldhoff, § 11 Rn. 31.

Bei vorgängiger Genehmigungsfiktion nach § 42a VwVfG ist streitig, wie die Schutzwürdigkeit des Interesses des Betroffenen zu gewichten ist. Allein der Umstand, dass die Genehmigung kraft Gesetzes fingiert wird, kann nicht dazu führen, dass der durch sie Berechtigte schlechter als bei einer „gewöhnlichen" Genehmigung steht.[68] Deshalb kann auch bei ihr ein schutzwürdiges Vertrauen in die behördliche Ermessensentscheidung Eingang finden.[69] Umstritten ist, ob das gegenläufige öffentliche Interesse an einer Rücknahme mit Blick auf den Sinn und Zweck der Genehmigung geschmälert werden kann, weil andernfalls die Rechtsfigur der Genehmigungsfiktion leicht ausgehebelt werden könnte.[70] Wie es für Ermessensentscheidungen typisch ist, richtet sich der Ausgang dieser Abwägungsentscheidung nach den Umständen des jew. Einzelfalls.

Ergibt die Ermessensausübung, dass der sonstige rechtswidrige Verwaltungsakt zurückgenommen wird, ist anschließend § 48 Abs. 3 VwVfG zu prüfen. Die **Entschädigung** ist gem. § 48 Abs. 3 S. 1 VwVfG nur zu gewähren, soweit das Vertrauen des Begünstigten auf den Bestand des Verwaltungsakts unter Abwägung mit dem öffentlichen Interesse schutzwürdig ist. Zu beachten ist, dass mit diesem öffentlichen Interesse **nur noch dasjenige auf Vermeidung der Pflicht zum Nachteilsausgleich** gemeint ist (und sich somit von dem Rücknahmeinteresse nach § 48 Abs. 1 S. 1 VwVfG unterscheidet). Der Ausschluss des Vertrauens nach § 48 Abs. 2 S. 3 VwVfG gilt auch hier (S. 2 der Vorschrift). Die Entschädigung wird lediglich auf Antrag gewährt, der innerhalb eines Jahres zu stellen ist, § 48 Abs. 3 S. 1, 5 VwVfG; die Behörde hat auf die Entschädigungsmöglichkeit hinzuweisen.[71] Ausgeglichen wird der Vermögensnachteil, der dem Betroffenen durch sein schutzwürdiges Vertrauen auf den Bestand des Verwaltungsakts entstanden ist, § 48 Abs. 3 S. 1 VwVfG (entsprechend § 122 BGB; vgl. – einengend – auch § 48 Abs. 3 S. 3 VwVfG).

Mitverschulden (§ 254 BGB analog) führt nicht zur teilweisen Entstehung des Ausgleichsanspruchs nach § 48 Abs. 3 VwVfG oder zu dessen partiellem Entfall. Denn die Abwägung in Bezug auf die Schutzwürdigkeit des Interesses kann nur zu einem eindeutigen Ergebnis führen (entweder gar nicht schutzwürdig oder schutzwürdig). Vielmehr ist bei überwiegender Verantwortung der Behörde der Ausgleich in Gänze zu gewähren, umgekehrt entfällt der Anspruch insgesamt.[72]

3. Rücknahmefrist

§ 48 Abs. 4 VwVfG erlangt nur bei der Rücknahme rechtswidriger begünstigender Verwaltungsakte Relevanz (§ 48 Abs. 1 S. 2 VwVfG). Wurde ein solcher Verwaltungsakt durch **arglistige Täuschung, Drohung oder Bestechung** erwirkt, ist jedoch **keine Rücknahmefrist** zu beachten (§ 48 Abs. 4 S. 2 VwVfG). Ohne dazu abschließend Stellung zu nehmen tendiert das BVerwG dazu, dass sich juristische Personen des öffentlichen Rechts wegen ihrer Gesetzesbindung nicht auf den Vertrauensschutz konkretisierenden § 48 Abs. 4 S. 1 VwVfG berufen können.[73] In allen anderen Fällen darf die Behörde, wenn sie von Tatsachen Kenntnis erhält, welche die Rücknahme rechtfertigen, einen begünstigenden Verwaltungsakt nur innerhalb eines Jahres zurücknehmen. Da es sich bei dieser Jahresfrist um eine Ausschlussfrist handelt, kann diese weder verlängert noch eine Wiedereinsetzung in den vorigen Stand (§ 32 VwVfG) gewährt

---

68 So die Position in Erbguth, Allgemeines Verwaltungsrecht, 8. Aufl. 2016, § 16 Rn. 16.
69 Näher dazu Etzel, Die Genehmigungsfiktion gem. § 42a VwVfG, 2014, S. 223 ff.
70 So Guckelberger DÖV 2010, 109, 116.
71 Maurer/Waldhoff, § 11 Rn. 49.
72 BVerwGE 136, 43, 52 f.: Vorrangentscheidung vonnöten.
73 BVerwG Beschl. v. 18.6.2019 – 10 B 18/18, Rn. 8 juris.

werden.[74] Die zutreffende Auslegung des § 48 Abs. 4 S. 1 VwVfG ist trotz einer ständigen BVerwG-Rechtsprechung bis heute umstritten.[75]

21 Mit der Rücknahmefrist wird der **Schutz des Bürgers** und anderer Privatrechtssubjekte bezweckt; sie sollen sich nach Ablauf einer bestimmten Zeit endgültig darauf verlassen können, dass der jew. Verwaltungsakt nicht mehr zurückgenommen (oder widerrufen, vgl. § 49 Abs. 2 S. 2, Abs. 3 S. 2 VwVfG) wird.[76] Aus diesem Grund greift § 48 Abs. 4 VwVfG **nicht nur bei Tatsachen**-, sondern auch bei **Rechtsanwendungsfehlern**, also dann, wenn die Behörde zwar den Sachverhalt zutreffend erfasst, nicht aber im Einklang mit dem Recht gehandelt hat – und dies erst später erkennt.[77]

22 Unterschiedliche Positionen gibt es zum **Zeitpunkt des Fristbeginns**. Ausgehend vom Gesetzeswortlaut stellt sich das BVerwG auf den Standpunkt, dass die Jahresfrist nicht bereits **ab dem Zeitpunkt der Rechtswidrigkeit** des Verwaltungsakts zu laufen beginnt. Das BVerwG nimmt jedoch einen sehr großzügigen Standpunkt ein und geht davon aus, dass § 48 Abs. 4 S. 1 VwVfG eine **Entscheidungsfrist** statuiert. Die Frist beginnt erst bei vollständiger Kenntnis der Behörde der für ihre Rücknahmeentscheidung maßgebenden Sach- und Rechtslage.[78] Dies ist der Fall, wenn sie die Voraussetzungen für die Rücknahme (bzw. den Widerruf), v.a. die im Rahmen des § 48 Abs. 2 VwVfG den Vertrauensschutz begründenden oder ausschließenden und die für die Ermessensausübung wesentlichen Umstände, eruiert hat.[79] Zur Begründung stützt sich das BVerwG auf den Wortlaut, wonach die Frist mit Kenntnis der die Rücknahme rechtfertigenden Tatsachen beginnt. Außerdem wird angeführt, dass die Behörde angesichts der Gefahr des Fristablaufs nicht zur Rücknahme vor Eintritt der Entscheidungsreife gezwungen werden soll und die Entscheidungsreife auch nicht immer allein vom Verhalten der Verwaltung abhänge.[80] Demgegenüber sprechen sich Teile des Schrifttums für eine **Bearbeitungsfrist** ab der behördlichen Kenntnis der Rechtswidrigkeit des Verwaltungsakts aus, weil die Rücknahmefrist dem Schutz des Bürgers dient und die Rücknahme eindeutig limitiert sein soll.[81] Dieser Zweck wird verfehlt, wenn die Behörde es in der Hand hat, durch Aufnahme neuer Ermittlungen die Frist jederzeit wieder in Gang zu setzen.[82] Das BVerwG hält dem entgegen, dass die Behörde rechtsstaatlicher Bindung unterliege; infolge des auch im öffentlichen Recht geltenden Grundsatzes von Treu und Glauben könne eine Behörde ihre Rücknahmebefugnis verwirken, etwa wenn sie den Lauf der Frist durch „konzentriertes Nichtstun" verhindert.[83] In einer Entscheidung von 2019 hat es sich der hier vertretenen Sichtweise weiter angenähert. Nach dieser Entscheidung beginnt die Jahresfrist auch dann zu laufen, wenn die Sache bei Anle-

---

74 BVerwGE 143, 230, 236 f.
75 Näher Suerbaum in: Mann/Sennekamp/Uechtritz, § 48 Rn. 190 ff.
76 Maurer/Waldhoff, § 11 Rn. 44.
77 BVerwGE 70, 356, 362; BVerwG BRS 82 Nr. 174, s.a. den Wortlaut „rechtfertigen"; BVerwGE 164, 237, 246 Rn. 30; Seiler, § 2 Rn. 45.
78 BVerwGE 70, 356, 362 f.; 143, 230, 237; BVerwG GewArch 2020, 66, 68 Rn. 28.
79 BVerwGE 143, 230, 237, also eine nach Aufklärung aller Tatsachen einsetzende Entscheidungsfrist; s.a. BVerwG GewArch 2020, 66, 68 Rn. 28 f.; Maurer/Waldhoff, § 11 Rn. 45.
80 BVerwGE 70, 356, 362 f.; s.a. Sodan/Ziekow, § 82 Rn. 13.
81 Maurer/Waldhoff, § 11 Rn. 44.
82 Vgl. auch Erbguth JuS 2002, 333, 334; Siegel, Rn. 628; umgekehrt kann bereits vor Ablauf der Jahresfrist eine Rücknahme (aus Gründen von Treu und Glauben) wegen Verwirkung ausgeschlossen sein, wenn der Betroffene auf die behördliche Beibehaltung der Verfügung vertrauen durfte, sich darauf auch entsprechend eingerichtet hat und deshalb die Rücknahme einen unzumutbaren Nachteil für ihn nach sich ziehen würde, BVerwGE 110, 226, 236.
83 BVerwG BRS 82 Nr. 174; zur Konstellation der verzögerten Anhörung BVerwGE 164, 237, 247 Rn. 32.

§ 16 Rücknahme und Widerruf von Verwaltungsakten § 16

gung eines objektiven Maßstabs entscheidungsreif ist, selbst wenn die Behörde weitere objektiv nicht mehr erforderliche Schritte ergreift.[84] An eine solche objektiv gegebene Entscheidungsreife ist insb. in Konstellationen einer Ermessensreduzierung oder nach einer mit einer angemessenen Stellungnahmefrist verbundenen Anhörung des Betroffenen zu denken.[85] Die Jahresfrist läuft für jeden Aufhebungsgrund gesondert. Deshalb kann die Verwaltung den Verwaltungsakt aus einem anderen, ihr erst später bekannt gewordenen Grund dennoch aufheben.[86]

Der Fristbeginn knüpft an die **positive Kenntnis** an. Dabei ist streitig, ob damit die Kenntniserlangung der Behörde (Argumente: Wortlaut, Behörde als Einheit) oder des behördenintern zuständigen Amtswalters entscheidend ist. Mit Behörde ist nach Ansicht des BVerwG der **zuständige Sachbearbeiter** gemeint.[87] Auch das ist aufgrund der das Verwaltungshandeln im Außenverhältnis prägenden Ausrichtung auf den Behördenbegriff[88] kritikwürdig. 23

Übersicht 15: Prüfungsschema für die Rücknahme von Verwaltungsakten

    I. **Ermächtigungsgrundlage:** § 48 VwVfG
    II. **Formelle Rechtmäßigkeit:** Zuständigkeit, Verfahren, Form
    III. **Materielle Rechtmäßigkeit**
      1. Rechtswidrigkeit des Verwaltungsakts
      2. Weitere Voraussetzungen:
        a) **Bei belastenden Verwaltungsakten:**
          – Rücknahme ohne weitere Voraussetzung möglich
          – Rechtsfolgenseite: Ermessen, § 48 Abs. 1 S. 1 VwVfG
        b) **Bei leistungsgewährenden Verwaltungsakten:**
          – Liegt ein Verwaltungsakt iSd § 48 Abs. 2 S. 1 VwVfG vor?
          – Wenn der Begünstigte auf den Bestand des Verwaltungsakts vertraut hat: Ist das Vertrauen schutzwürdig (§ 48 Abs. 2 S. 1 VwVfG)?
            – Ausschlusstatbestand des § 48 Abs. 2 S. 3 Nr. 1–3 VwVfG, Rücknahme idR mit Wirkung für die Vergangenheit, § 48 Abs. 2 S. 4 VwVfG
            – Vermutung des § 48 Abs. 2 S. 2 VwVfG, Vertrauen idR schutzwürdig bei Verbrauch oder Vermögensdisposition/dann immer noch konkrete Abwägung
            – Liegen die Voraussetzungen des § 48 Abs. 2 S. 3, 2 VwVfG nicht vor, steht die Rücknahme im Ermessen: Abwägung des öffentlichen und des privaten Interesses, § 48 Abs. 1 S. 1 VwVfG
        c) **Bei sonstigen begünstigenden Verwaltungsakten:**
          – Entscheidung über Rücknahme nach § 48 Abs. 3 S. 1 iVm Abs. 1 S. 1 VwVfG, str., inwieweit bei der Ermessensausübung Berück-

---

[84] BVerwGE 164, 237, 246 Rn. 31.
[85] BVerwGE 164, 237, 246 Rn. 31 f.; BVerwG GewArch 2020, 66, 68 Rn. 30.
[86] BVerwGE 164, 237, 249 Rn. 42.
[87] BVerwGE 70, 356, 364; 143, 161, 165; anders Maurer/Waldhoff, § 11 Rn. 44.
[88] Vgl. § 6 Rn. 5 ff.; krit. auch Siegel, Rn. 629.

sichtigung des Vertrauensschutzes, da Entschädigungsklausel nach § 48 Abs. 3 VwVfG
- Entschädigungspflicht nach § 48 Abs. 3 VwVfG bei schutzwürdigem Vertrauen
3. Rücknahmefrist, § 48 Abs. 4 VwVfG: gilt nur für begünstigende Verwaltungsakte, wenn keine arglistige Täuschung, Drohung oder Bestechung vorliegt

▶ **Zu Fall 15:** Vorliegend geht es um die Rechtmäßigkeit der Aufhebung eines begünstigenden Verwaltungsakts. Die Rücknahme der Gewährung des Stipendiums richtet sich nach § 48 VwVfG. Denn der Verwaltungsakt war von Anfang an wegen Verstoßes gegen § 7 Nr. 2 LGFG rechtswidrig. Bei der Bewilligung des Stipendiums handelt es sich um einen begünstigenden Verwaltungsakt iSd § 48 Abs. 1 S. 2 VwVfG. Da dieser auf eine Geldleistung gerichtet ist, könnte der Rücknahme entgegenstehen, dass B auf den Bestand des Verwaltungsakts vertraut hat und sein Vertrauen unter Abwägung mit dem öffentlichen Interesse an einer Rücknahme schutzwürdig ist, § 48 Abs. 2 S. 1 VwVfG. Ob dies wegen Verbrauchs nach § 48 Abs. 2 S. 2 VwVfG anzunehmen ist, bedarf keines näheren Eingehens. Auf Vertrauen kann sich B von vornherein nicht berufen, weil er das Stipendium durch arglistige Täuschung erwirkt hat (§ 48 Abs. 2 S. 3 Nr. 1 VwVfG).
Dabei ist zwar umstritten, ob die Täuschung (aber auch die Drohung oder Bestechung) für den Erlass des Verwaltungsakts und dessen Fehlerhaftigkeit kausal sein muss (vgl. bereits Rn. 15). Dies bejaht die ü.M.: Aus Sinn und Zweck des § 48 Abs. 2 S. 3 Nr. 1 VwVfG folge, dass es gerade auf das „Erwirken" des rechtswidrigen Verwaltungsakts ankomme.[89] Die Regelung findet demzufolge keine Anwendung, wenn der Fehler des Verwaltungsakts nicht auf Täuschung, Drohung oder Bestechung beruht.[90] B täuscht mit der Nichtangabe seiner weiteren finanziellen Förderung vor, dass er die Voraussetzungen für die Vergabe eines Stipendiums nach dem LGFG erfüllt, woraufhin ihm ein solches bewilligt und ausbezahlt wird. Vornahme und Rechtswidrigkeit der Stipendienvergabe beruhen daher auf einer Täuschung durch B.
In solchen Fällen läuft keine Jahresfrist für die Rücknahme, § 48 Abs. 4 S. 2 VwVfG. Deshalb konnte die Behörde im Rahmen des ihr zustehenden Ermessens den Verwaltungsakt zurücknehmen, obwohl sie erst über ein Jahr nach Kenntnisnahme von der Täuschung durch B tätig geworden ist. Besondere Gesichtspunkte, die hier gegen eine Rücknahme sprechen, sind nicht ersichtlich. Der Verwaltungsakt wird – sofern ein Ausschlussgrund des § 48 Abs. 2 S. 3 VwVfG vorliegt – idR mit Wirkung für die Vergangenheit zurückgenommen, § 48 Abs. 2 S. 4 VwVfG. ◀

III. Widerruf

▶ **Fall 16:** Gastronom G möchte auf dem Bürgersteig einer durch die Stadt S führenden Kreisstraße Tische und Stühle für einen Biergartenbetrieb aufstellen. Die erforderliche Sondernutzungserlaubnis wird ihm unter dem Vorbehalt des jederzeitigen Widerrufs im April 2022 erteilt. Im Mai 2022 widerruft die zuständige Behörde die Erlaubnis ohne nähere Begründung und nur unter Hinweis auf den Widerrufsvorbehalt. Ist der Widerruf rechtmäßig? ◀

---

89 Peuker in: Knack/Henneke, § 48 Rn. 120 f.
90 Vgl. Ramsauer in: Kopp/ders., § 48 Rn. 113.

§ 16 Rücknahme und Widerruf von Verwaltungsakten

Der Widerruf beinhaltet nach dem Wortlaut des § 49 Abs. 1–3 VwVfG die Aufhebung eines **rechtmäßigen Verwaltungsakts** und soll der Verwaltung insb. ermöglichen, auf eine nachträgliche Veränderung der Sach- und Rechtslage zu reagieren.[91] Wie bei der Rücknahme handelt es sich beim Widerruf um einen selbstständigen Verwaltungsakt, der formell und materiell rechtmäßig sein muss. Dafür ist mangels abweichender Regelung im Fachrecht die Behörde sachlich zuständig, welche für den Erlass des aufzuhebenden Verwaltungsakts zuständig wäre.[92] § 49 Abs. 5 VwVfG enthält hins. der örtlichen Zuständigkeit eine § 48 Abs. 5 VwVfG entsprechende Regelung. Die materiellen Voraussetzungen des Widerrufs sind in § 49 Abs. 1–3 VwVfG zu finden. Auch hier muss zwischen belastenden und begünstigenden Verwaltungsakten unterschieden werden.

24

1. Belastende Verwaltungsakte

§ 49 Abs. 1 VwVfG regelt die materiellen Anforderungen an den Widerruf eines **rechtmäßigen „nicht begünstigenden" Verwaltungsakts**, zB einer Wohnsitzauflage.[93] Diese Verwaltungsakte können (Ermessen der Behörde) ganz oder teilweise, mit Wirkung **nur für die Zukunft** widerrufen werden. Eine **Ausnahme** von der Widerrufsmöglichkeit ist für zwei Fälle vorgesehen:

25

- Der Widerruf ist ausgeschlossen, wenn ein Verwaltungsakt gleichen Inhalts erneut erlassen werden müsste, mithin ein rechtlich gebundener Verwaltungsakt vorliegt und die Voraussetzungen für seinen Erlass noch bestehen.[94] Hat eine Behörde bspw. eine Gewerbeausübung gem. § 35 Abs. 1 S. 1 GewO wegen Unzuverlässigkeit des Gewerbetreibenden in rechtmäßiger Weise untersagt, darf dieser Verwaltungsakt nach § 49 Abs. 1 VwVfG nicht widerrufen werden; denn die Behörde müsste sofort wieder eine derartige Verfügung erlassen, weil ein Gewerbe im Falle der Unzuverlässigkeit des Gewerbetreibenden zwingend zu untersagen ist.
- Die Unzulässigkeit des Widerrufs kann sich auch aus anderen Gründen ergeben. Damit sind Konstellationen angesprochen, in denen der Widerruf infolge gesetzlicher Regelungen, allgemeiner Rechtsgrundsätze oder unter Beachtung des Gleichheitssatzes ausgeschlossen ist (etwa wenn die Behörde in vergleichbaren Fällen von einem Widerruf abgesehen hat).[95]

Umgekehrt wird teilweise eine Ermessensreduzierung auf Null iSe Pflicht zum Widerruf bei nachträglicher Änderung der Sach- oder Rechtslage angenommen, der zufolge der Verwaltungsakt jetzt nicht mehr erlassen werden darf.[96]

---

91 Rn. 4; eingehend zum Nachfolgenden Ehlers/Schröder Jura 2010, 503 sowie 824.
92 BVerwG NVwZ-RR 2012, 431 f.
93 Dazu, dass bei der isolierten Aufhebung einer Nebenbestimmung allein auf die Wirkung für den Adressaten abzustellen ist, OVG Lüneburg NdsVBl. 2018, 350, 351. Zur Anwendung auf eine Umnummerierung von Grundstücken, weil sich solche Verwaltungsakte nicht direkt auf die Anlieger beziehen, OVG Münster NVwZ-RR 2012, 541, 542.
94 Sodan/Ziekow, § 82 Rn. 18.
95 Maurer/Waldhoff, § 11 Rn. 76; Siegel, Rn. 632.
96 Insb. bei Grundrechtsbeschränkungen, Maurer/Waldhoff, § 11 Rn. 77. Bezogen auf einen Dauerverwaltungsakt VGH Kassel Beschl. v. 29.12.2015 – 3 A 948/14, Rn. 39 juris.

2. Begünstigende Verwaltungsakte

26 Die Möglichkeit, rechtmäßige begünstigende Verwaltungsakte zu widerrufen, kann nur eingeschränkt eröffnet sein. Die Gesetzmäßigkeit der Verwaltung und der Vertrauensschutzgedanke sprechen für den Bestand derartiger Verfügungen.

§ 49 Abs. 2 VwVfG gestattet den Widerruf „normaler" begünstigender Verwaltungsakte nur **mit Wirkung für die Zukunft**. Voraussetzung dafür ist zunächst das Vorliegen einer der dort genannten **Widerrufsgründe**. Diese stehen selbstständig nebeneinander und tarieren das öffentliche Interesse an einer Aufhebung des begünstigenden Verwaltungsakts mit der jew. unterschiedlichen Schutzbedürftigkeit des Widerrufsadressaten in unterschiedlicher Weise aus:[97]

Nr. 1: wenn der **Widerruf durch Rechtsvorschrift zugelassen**, zB § 18 Abs. 1 WHG, **oder im Verwaltungsakt vorbehalten** ist. Ob eine solche Nebenbestimmung rechtmäßig ist, richtet sich, sofern keine besonderen Vorschriften einschlägig sind, nach § 36 VwVfG. Das zieht die Frage nach sich, ob die Behörde von einem rechtswidrigen, aber (mit dem Verwaltungsakt) unanfechtbar gewordenen Widerrufsvorbehalt (zum Widerrufsvorbehalt als Nebenbestimmung eines Verwaltungsakts vgl. § 18 Rn. 5) Gebrauch machen darf. Nach Auffassung des BVerwG berechtigt auch ein rechtswidriger (jedoch nicht nichtiger) Widerrufsvorbehalt zur Aufhebung.[98] Da der Einzelne den Verwaltungsakt samt Widerrufsvorbehalt bestandskräftig werden ließ, wird teilweise vertreten, dass die Rechtswidrigkeit des Vorbehalts auch nicht im Rahmen der nachfolgenden Ermessensausübung Bedeutung erlangt.[99] Nach zutreffender Ansicht handelt es sich dabei jedoch um einen zu berücksichtigenden Ermessensbelang.[100] Im Übrigen muss der Widerruf unter Bezugnahme auf den Widerrufsvorbehalt durch sachliche Gründe gerechtfertigt sein. Legt die Behörde in ihrer Entscheidung solche Gründe nicht dar, sondern beruft sich allein auf das Bestehen eines Widerrufsvorbehalts, ist der Widerruf wegen Nichtgebrauchs des Ermessens rechtsfehlerhaft.[101] Da die Beifügung eines unbeschränkten Widerrufsvorbehalts jegliches Entstehen von Vertrauen auf Seiten des Adressaten verhindern soll und die Nr. 1 einen selbstständigen Widerrufsgrund bildet, kann die Behörde einen Verwaltungsakt aufgrund dessen auch wegen einer Rechtsänderung widerrufen, ohne dass die einschränkenden Voraussetzungen des Widerrufsgrunds nach Nr. 4 vorliegen müssen.[102]

Nr. 2: wenn der Verwaltungsakt mit einer **Auflage**[103] verbunden ist und der Begünstigte diese nicht oder nicht innerhalb der ihm gesetzten Frist erfüllt hat. Auch hier wird bei Beifügung einer rechtswidrigen, aber bestandskräftigen Auflage angenommen, dass ein Widerruf des Hauptverwaltungsakts zulässig ist, da der

---

97 BVerwG Urt. v. 12.9.2019 – 8 C 11/18, Rn. 18 juris.
98 BVerwG NVwZ 1987, 498, 499; NVwZ 2019, 886, 890.
99 Bezogen auf die Nichterfüllung einer Auflage nach Nr. 2 OVG Bautzen Beschl. v. 24.1.2013 – 1 A 147/10, Rn. 6 juris.
100 BVerwG NVwZ 2019, 886, 890.
101 OVG Magdeburg Urt. v. 7.12.2016 – 2 L 17/14, Rn. 203 juris; s.a. Sachs in Stelkens/Bonk/ders., § 49 Rn. 42; am Beispiel des Widerrufs einer straßenrechtlichen Sondernutzungserlaubnis (§ 31 Rn. 5 f.) auch Scheidler GewArch 2012, 285, 289.
102 BVerwG Urt. v. 12.9.2019 – 8 C 11/18, Rn. 18 juris.
103 Zur Auflage als Nebenbestimmung eines Verwaltungsakts vgl. § 18 Rn. 6; Näheres zum Widerruf wegen Verstoßes gegen Auflagen zur Beachtung des Vergaberechts bei Attendorn NVwZ 2006, 991, 992.

Adressat die Auflage bestandskräftig werden ließ.[104] Allerdings kann dieser Aspekt bei der Ermessensausübung berücksichtigt werden.[105] Aus Gründen der Verhältnismäßigkeit ist überdies zu prüfen, ob nicht zunächst als weniger einschneidendes Mittel (Erforderlichkeit) der Versuch unternommen werden kann, die Auflage (im Wege des Verwaltungszwangs) durchzusetzen (s. zur Verwaltungsvollstreckung § 19).[106]

Nr. 3: wenn die Behörde aufgrund nachträglich eingetretener Tatsachen berechtigt wäre, den Verwaltungsakt **nicht** zu **erlassen**, und wenn ohne den Widerruf das **öffentliche Interesse** gefährdet würde,[107] etwa wenn ein Prüfungsingenieur mit hoheitlichen Aufgaben betraut wurde und nachträglich unzuverlässig geworden ist.[108] Der Widerrufsgrund bedarf einer einschränkenden Auslegung bei Bewertungen von (Prüfungs-)Leistungen; er ist unanwendbar, wenn nach Sinn und Zweck der einschlägigen Regelung die Beurteilung (durch Verwaltungsakt, insb. Abschlussnoten bzw. -zeugnisse, vgl. § 12 Rn. 16) vom Fortbestand der jew. Leistungen unabhängig sein soll.[109] So kommt kein Widerruf des Abiturs oder juristischen Examens mit der Begründung in Betracht, man habe im Fach Mathematik oder im allgemeinen Verwaltungsrecht nicht mehr die erforderlichen Kenntnisse.

Nr. 4: wenn die Behörde aufgrund einer **geänderten Rechtsvorschrift** berechtigt wäre, den Verwaltungsakt **nicht** zu **erlassen**, soweit der Begünstigte von der Vergünstigung noch **keinen Gebrauch** gemacht oder noch **keine Leistungen** aufgrund des Verwaltungsakts empfangen hat, *und* wenn ohne den Widerruf das **öffentliche Interesse** gefährdet würde. Wichtig ist, dass die bloße Änderung der Rechtsprechung zur Auslegung einer Norm keine „geänderte Recht*vorschrift*" ist.

Nr. 5: um **schwere Nachteile** für das **Gemeinwohl** zu verhüten oder zu beseitigen. Diese im Übrigen voraussetzungslose Auffangklausel ist im Hinblick auf die Bestandskraft von Verwaltungsakten eng auszulegen.[110] Daher muss das beeinträchtigte Recht und seine Verletzung von besonderem Gewicht sein.[111] Bei einer Beeinträchtigung eines individuellen Trägers von Rechtsgütern muss dieses einen so hohen Rang haben, dass es zum Gemeinwohlbelang erhoben wird, und seine Verletzung so gravierend sein, dass dies auch und gerade im Interesse der Allgemeinheit nicht hingenommen werden und aufrechterhalten bleiben kann (zB bei einer Gesundheitsgefahr, allerdings handelte es sich bei

---

104 OVG Bautzen Beschl. v. 24.1.2013 – 1 A 147/10, Rn. 6 f. juris.
105 OVG Bautzen Beschl. v. 24.1.2013 – 1 A 147/10, Rn. 6 juris; zum Widerrufsvorbehalt BVerwG NVwZ 2018, 886, 890.
106 Umstritten ist dabei, ob die Auflage vor dem Widerruf zwangsweise, also im Wege der Verwaltungsvollstreckung, durchgesetzt werden muss; hierzu Ramsauer in: Kopp/ders., § 49 Rn. 39.
107 Dazu, dass bei gleichzeitiger Änderung der Rechtslage nicht § 49 Abs. 2 S. 1 Nr. 3, sondern Nr. 4 VwVfG einschlägig ist, VGH Mannheim VBlBW 2018, 507, 509. S.a. BVerfG NVwZ-RR 2021, 873, 875, wonach auch die geänderte Bewertung von Sachverhalten eine Änderung von Tatsachen sein kann und aus der verfassungsrechtlichen Eigentumsgarantie ein Anspruch auf Widerruf bei einer nicht mehr gemeinwohldienlichen Enteignung Planfeststellung resultiert.
108 Dazu BVerwG Urt. v. 16.5.2019 – 3 C 19/17, juris.
109 Ramsauer in: Kopp/ders., § 49 Rn. 42.
110 BVerwGE 155, 81, 90 Rn. 39; s.a. VGH Mannheim VBlBW 2018, 507, 510. Als ultima ratio für Extremfälle, Maurer/Waldhoff, § 11 Rn. 66.
111 BVerwGE 168, 368, 390 Rn. 66.

dem vom BVerwG zu beurteilenden Fluglärm um keine dermaßen gravierende Beeinträchtigung).[112]

Liegt ein Widerrufsgrund iSd § 49 Abs. 2 S. 1 VwVfG vor, **darf** der Verwaltungsakt widerrufen werden. Die Behörde verfügt also über ein Ermessen hins. des Widerrufs und muss zwischen den für und gegen den Widerruf sprechenden Gründen abwägen. Was den Vertrauensschutz des durch den Verwaltungsakt Begünstigten anbetrifft, spielt dieser in den Fällen des § 49 Abs. 2 Nr. 1, 2 VwVfG nach hM grds. keine Rolle, weil aufgrund des Widerrufsvorbehalts oder der Auflage gerade kein schutzwürdiges Vertrauen gebildet werden konnte.[113] Deshalb sieht § 49 Abs. 6 VwVfG eine **Entschädigung** nur **im Falle eines Widerrufs nach § 49 Abs. 2 S. 1 Nr. 3–5 VwVfG** vor, wenn die Person in schutzwürdiger Weise auf den Bestand des Verwaltungsakts vertraut hat; § 48 Abs. 3 S. 3 bis 5 VwVfG gilt entsprechend (§ 49 Abs. 6 S. 1, 2 VwVfG). Bei der Ermessensausübung ist also zu beachten, dass je nach Widerrufsgrund entweder kein schutzwürdiges Vertrauen besteht oder das schutzwürdige Vertrauen über die Entschädigung kompensiert wird. Wie bei § 48 Abs. 3 VwVfG wird deshalb bei der Entscheidung über den Widerruf v.a. der nicht monetäre Vertrauensschutz Bedeutung erlangen. Angesichts dieser Bedingungen wird es deshalb oftmals zu einer Entscheidung der Verwaltung für den Widerruf des jew. Verwaltungsakts kommen.[114] Das Widerrufsermessen kann sich im Einzelfall auf Null reduzieren (§ 14 Rn. 48), etwa bei der Betrauung eines unzuverlässigen Prüfingenieurs angesichts hochrangig geschützter Rechtsgüter.[115] Nach § 49 Abs. 2 S. 2 VwVfG gilt jedoch die Ausschlussfrist des § 48 Abs. 4 VwVfG entsprechend, so dass der Widerruf innerhalb eines Jahres seit Kenntnis der den Widerruf rechtfertigenden Umstände zu erfolgen hat.[116]

27 § 49 Abs. 3 VwVfG erlangt vor allem bei Subventionen Bedeutung. Diese Norm gestattet den Widerruf von **leistungsgewährenden** Verwaltungsakten auf eine einmalige oder laufende Geldleistung oder teilbare Sachleistung „zur Erfüllung eines bestimmten Zwecks" auch **mit Wirkung für die Vergangenheit** und zwar ganz oder teilweise, wenn

Nr. 1: die behördlich erbrachte Leistung nicht, nicht alsbald nach der Erbringung oder nicht mehr **für den im Verwaltungsakt bestimmten Zweck verwendet wird.**[117] Der Zweck einer Subvention ist bspw. nicht erreicht, wenn sie für den Kauf eines Omnibusses zur Beförderung von Schülern vergeben worden ist, ihr Empfänger das Geld jedoch für die Anschaffung eines Reisebuses zur Veranstaltung von Wochenendreisen nutzt. Die Leistung wird „nicht alsbald" für den gesetzlichen Zweck verwendet, wenn dies nicht kurz nach ihrem Erhalt geschehen ist. Im Unterschied zum Erfordernis „unverzüglich" ist bei dem Merkmal „alsbald" das Verschulden des Empfängers unerheblich. Letzte-

---

112 BVerwG NVwZ 2016, 1325, 1327 f. Dazu, dass eine Beeinträchtigung Einzelner in ihren Eigentumsrechten durch einen Planfeststellungsbeschluss nicht genügt, BVerwG NVwZ 2016, 323, 325 f.
113 BVerwG Urt. v. 12.9.2019 – 8 C 11/18, Rn. 18 juris geht dagegen von keinem entstandenen Vertrauen nur bei Nr. 1 aus. Abweichungen nur in Ausnahmefällen, BVerwG BayVBl. 1992, 565, 566; nach gegenteiliger Auffassung müssen Dispositionen der Betroffenen im Vertrauen auf den Bestand des Verwaltungsakts stets im Rahmen der Ermessensbetätigung berücksichtigt werden, Ramsauer in: Kopp/ders., § 49 Rn. 28.
114 Daher für ein intendiertes Ermessen OVG Münster GewArch 2017, 157, 159.
115 BVerwG Urt. v. 16.5.2019 – 3 C 19/17, Rn. 43 juris.
116 Näher zur umstrittenen Auslegung dieser Frist Rn. 22 f.; s. dazu auch BVerwGE 164 237, 246 Rn. 30.
117 Zur Auslegung des Bescheids OVG Bautzen Urt. v. 20.9.2018 – 1 A 43/17, Rn. 64 juris; dazu auch Mayer DÖV 2016, 555, 560 f.

Nr. 2: wenn mit dem Verwaltungsakt eine **Auflage** verbunden ist und der Begünstigte diese **nicht oder nicht innerhalb einer** ihm gesetzten **Frist** erfüllt hat. Ist zB der Bewilligung einer finanziellen Förderung die Anordnung beigefügt, Verwendungsnachweise zu erbringen oder Änderungen zuwendungsrelevanter Umstände mitzuteilen, und wird dem keine Folge geleistet, kann die Zuwendung mit Wirkung für die Vergangenheit widerrufen werden.[119]

Die beiden Widerrufsgründe lassen sich in der Praxis nicht immer trennscharf voneinander abgrenzen. Ist die Zweckbestimmung in einer Auflage enthalten, können bei einem Fehlschlag der Zweckerreichung beide Widerrufsgründe erfüllt sein.[120]

Der leistungsgewährende Verwaltungsakt „**kann**" nach § 49 Abs. 3 VwVfG ganz oder teilweise auch mit Wirkung für die Vergangenheit widerrufen werden. Obwohl der Wortlaut dieser Formulierung auf eine gewöhnliche Ermessensentscheidung hindeutet (s.a. bei § 14 Rn. 36), vertritt die Rechtsprechung den Standpunkt, dass in diesen Konstellationen mit Blick auf die Materialien und v.a. wegen des haushaltsrechtlichen Grundsatzes der Wirtschaftlichkeit und Sparsamkeit (§ 7 Abs. 1 S. 1 BHO) **im Regelfall** die bewilligte Subvention zu widerrufen ist und nur im Ausnahmefall davon abgesehen werden kann (Stichwort: intendiertes Ermessen).[121] Jedenfalls wenn der Geldbetrag nur „nicht alsbald" für den vorgesehenen Zweck verwendet wird, ist jedoch zu beachten, dass § 49a Abs. 4 VwVfG eine Möglichkeit zur Abschöpfung des so entstandenen Vorteils durch die Erhebung von Zwischen- bzw. sog. Vorgriffszinsen vorsieht. Wird das Geld doch noch zweckentsprechend verwendet, kann deshalb aus Gründen der Verhältnismäßigkeit von einem Widerruf des Verwaltungsakts abzusehen sein. Im Übrigen gilt auch für den Widerruf nach § 49 Abs. 3 VwVfG **die Ausschlussfrist des § 48 Abs. 4 VwVfG** entsprechend, s. § 49 Abs. 3 S. 2 VwVfG.[122]

28

Aufgrund eines Erst-Recht-Schlusses können nach hM auch **rechtswidrige** Verwaltungsakte gem. § 49 Abs. 2 und 3 VwVfG **widerrufen** werden:[123] Wenn schon ein rechtmäßiger Verwaltungsakt aus den Gründen des § 49 Abs. 2 und 3 VwVfG aufgehoben werden darf, muss das umso mehr für einen rechtswidrigen Verwaltungsakt gelten. Um in einer Klausur zu zeigen, dass man mit dem Unterschied zwischen der Rücknahme eines rechtswidrigen Verwaltungsakts nach § 48 VwVfG und der regelmäßig erschwerten Aufhebung eines Verwaltungsakts nach § 49 VwVfG vertraut ist, sollte bei einem rechtswidrigen Verwaltungsakt immer erst § 48 VwVfG als lex specialis geprüft werden, bevor man ggf. noch auf § 49 VwVfG rekurriert.

29

Die gegenteilige Auffassung verweist neben dem Wortlaut darauf, dass beim Widerruf § 48 Abs. 2 und 3 VwVfG nicht gilt[124] – was aber der Sache nach nicht zutrifft.[125]

---

118 So zu § 49a Abs. 4 VwVfG BVerwGE 116, 332, 337 f.
119 Zur Mitteilungspflicht von Änderungen OVG Münster NZI 2018, 367 f.
120 BVerwG LKV 2019, 416, 417 Rn. 18. S. zum intendierten Ermessen auch Folnovic/Hellriegel DVBl. 2020, 1571 ff.
121 BVerwG LKV 2019, 416, 418 Rn. 20.
122 Rn. 20 ff.; OVG Münster Beschl. v. 1.8.2018 – 4 A 1329/16, Rn. 19 juris.
123 BVerwG NVwZ-RR 1997, 741; GewArch 2020, 66 Rn. 14.
124 Vgl. etwa Ruffert in: Erichsen/Ehlers, § 49 Rn. 6; auch Erichsen/Brügge Jura 1999, 496, 497.
125 Weil etwa den Vertrauensschutzgrenzen des § 48 Abs. 2 VwVfG die besonderen Widerrufsgründe korrelieren, dazu und zur weiteren Auseinandersetzung Kiefer NVwZ 2013, 1257, 1261.

Übersicht 16: Prüfungsschema für den Widerruf von Verwaltungsakten

I. **Ermächtigungsgrundlage:** § 49 VwVfG

II. **Formelle Rechtmäßigkeit:** Zuständigkeit, Verfahren, Form

III. **Materielle Rechtmäßigkeit**
  1. Rechtmäßigkeit des Verwaltungsakts (auch rechtswidriger Verwaltungsakt: Erst-Recht-Schluss)
  2. Weitere Voraussetzungen
     a. **Bei belastenden Verwaltungsakten** (§ 49 Abs. 1 VwVfG)
        – Widerruf ganz oder teilweise mit Wirkung für die Zukunft möglich, es sei denn, Ausnahmen des § 49 Abs. 1 VwVfG liegen vor
        – Rechtsfolgenseite: Ermessen
     b. **Bei begünstigenden Verwaltungsakten** (§ 49 Abs. 2 VwVfG)
        – Widerruf ganz oder teilweise bei Vorliegen der Widerrufsgründe des § 49 Abs. 2 S. 1 Nr. 1–5 VwVfG, nur mit Wirkung für die Zukunft
        – Rechtsfolgenseite: Ermessen, beachte die Entschädigungsmöglichkeit in § 49 Abs. 6 VwVfG
        – Widerrufsfrist § 49 Abs. 2 S. 2 VwVfG iVm § 48 Abs. 4 VwVfG
     c. **Bei leistungsgewährenden Verwaltungsakten** (§ 49 Abs. 3 VwVfG)
        – Widerruf ganz oder teilweise bei Vorliegen der Voraussetzungen des § 49 Abs. 3 S. 1 Nr. 1, 2 VwVfG, auch mit Wirkung für die Vergangenheit
        – Rechtsfolgenseite: Ermessen, uU intendiert aufgrund Grundsatz Wirtschaftlichkeit und Sparsamkeit
        – Widerrufsfrist, § 49 Abs. 3 S. 2 iVm § 48 Abs. 4 VwVfG

▶ **Zu Fall 16:** Der Widerruf aufgrund des Widerrufsvorbehalts richtet sich nach § 49 Abs. 2 S. 1 Nr. 1 VwVfG. Er steht im Ermessen der Behörde, das sie ordnungsgemäß ausüben muss (§ 40 VwVfG). Aus dem Vorbehalt des Widerrufs folgt nicht, dass der Verwaltungsakt ohne weitere Voraussetzungen widerrufen werden darf. Knüpft der Widerrufsvorbehalt an besondere Gründe an, haben diese vorzuliegen. Sind – wie vorliegend – keine Gründe vorgegeben, muss die Behörde den Widerruf in Betätigung ihres Ermessens mit einem besonderen öffentlichen Interesse rechtfertigen und dies im Widerrufsbescheid darlegen.[126] Daran fehlt es hier; der Widerruf ist daher wegen Nichtgebrauchs des Ermessens rechtswidrig. ◀

IV. Erstattungspflicht

30 Wird ein Verwaltungsakt mit Wirkung für die Vergangenheit zurückgenommen, widerrufen oder ist er infolge des Eintritts einer auflösenden Bedingung unwirksam geworden, **muss** der Begünstigte die Leistungen, die aufgrund des Verwaltungsakts erbracht worden sind, erstatten. § 49a Abs. 1 S. 1 VwVfG enthält eine spezialgesetzliche Regelung des öffentlich-rechtlichen Erstattungsanspruchs (näher zu öffentlich-rechtlichen Erstattungsansprüchen § 42), freilich allein bezogen auf die Anspruchsrichtung der Behörde gegen den Bürger; er darf also nicht mit dem Entschädigungsanspruch des Bürgers gegen die Behörde gem. § 48 Abs. 3 bzw. § 49 Abs. 6 VwVfG verwechselt

---

126 Sachs in: Stelkens/Bonk/ders., § 49 Rn. 42.

werden.¹²⁷ Wie man am Gesetzeswortlaut des § 49a Abs. 1 S. 1 VwVfG gut erkennen kann, handelt es sich um einen gebundenen Erstattungsanspruch. Dabei ist die zu erstattende Leistung **durch schriftlichen Verwaltungsakt** festzusetzen, § 49a Abs. 1 S. 2 VwVfG (= ausdrückliche VA-Befugnis). Dieser ist vorrangig gegen den Begünstigten, also den Zuwendungsempfänger, zu richten, kann aber auch an Dritte adressiert werden, sofern sie die Erstattung schulden.¹²⁸ Es handelt sich um eine selbstständige Verfügung; sie kann allerdings – was praktisch der Regelfall ist – mit der Rücknahme verbunden werden.¹²⁹

Für den **Umfang der Erstattung** gelten die Regelungen der **§§ 812 ff. BGB grds. entsprechend**, § 49a Abs. 2 S. 1 VwVfG; es handelt sich um eine **Rechtsfolgenverweisung**.¹³⁰ Demzufolge entfällt die Erstattungspflicht gem. § 818 Abs. 3 BGB wegen Entreicherung, wenn der Begünstigte die Leistung verbraucht hat und sie sich nicht mehr in seinem Vermögen befindet. Als **Spezialregelung** ist jedoch **§ 49a Abs. 2 S. 2 VwVfG** zu beachten. Danach kann sich der Begünstigte nicht auf den Wegfall der Bereicherung berufen, soweit er die Umstände, die zur Rücknahme, zum Widerruf oder zur Unwirksamkeit des Verwaltungsakts geführt haben, kannte oder – und insoweit über § 819 Abs. 1 BGB hinaus – infolge grober Fahrlässigkeit nicht kannte. Weil dieser öffentlich-rechtliche Erstattungsanspruch strukturell dem bürgerlich-rechtlichen Bereicherungsrecht nachgebildet ist, wendet die Rechtsprechung auf ihn grds. die dreijährige Verjährungsfrist des § 195 BGB entsprechend an.¹³¹

§ 49a Abs. 3 VwVfG regelt die sog. **Erstattungszinsen**, also die Verzinsung des Erstattungsanspruchs, die bei 5 % über dem Basiszinssatz jährlich liegt. Dadurch möchte man der zinsbringenden Anlegung der zugewendeten Beträge entgegenwirken. Angesichts der zwischenzeitlichen langjährigen Niedrigzinsphase sollte der Gesetzgeber unbedingt über die Anpassung dieser auf das Jahr 2003 zurückgehenden Zinsregelung nachdenken.¹³² Nach Satz 2 „kann" von der Geltendmachung des Zinsanspruchs „insbesondere" abgesehen werden, wenn der Begünstigte die zur Aufhebung führenden Umstände nicht zu vertreten hat und er den Erstattungsbetrag fristgerecht zurückzahlt. Aufgrund der Regelungsstruktur des § 49a Abs. 3 VwVfG sowie unter Rekurs auf die Grundsätze der wirtschaftlichen und sparsamen Haushaltsführung darf nach der Rspr. nur ausnahmsweise von dem Zinsanspruch abgesehen werden.¹³³ Bei einer rückwirkenden Aufhebung eines Bewilligungsbescheids entsteht die Zinspflicht auch für die Vergangenheit, nicht jedoch für die Zeit, die vor der Auszahlung des zu erstattenden

---

127 § 49a Abs. 1 S. 1 VwVfG soll allerdings dann nicht einschlägig sein, wenn Grundlage der Leistung nicht der Bewilligungsbescheid war, sondern ein infolge des Bescheids abgeschlossener Darlehensvertrag, (insb.) weil in diesem für den Fall der Unwirksamkeit des Bewilligungsbescheides nur ein Kündigungsrecht des Darlehensgebers vereinbart war: Rückforderung dann lediglich im Wege der zivilgerichtlichen Leistungsklage, BVerwG DVBl. 2006, 119 f.; dazu Seibel JA 2006, 580.
128 Etwa aufgrund Schuldbeitritts, BVerwG DÖV 2011, 892; OVG Münster Beschl. v. 16.4.2021 – 3435/20, Rn. 21 juris; Sachs in: Stelkens/Bonk/ders., § 49a Rn. 30 f.; anders Peuker in: Knack/Henneke, § 49a Rn. 15.
129 Sachs in: Stelkens/Bonk/ders., § 49a Rn. 35; die Regelungsgehalte dürfen aber nicht vermischt werden, vgl. anhand der Rspr. Erbguth JuS 2002, 333. In der Rückforderung der gewährten Geldleistung wird in aller Regel zugleich die Rücknahme des Leistungsbescheides zu sehen sein, BVerwGE 67, 305, 313.
130 Nicht: Rechtsgrundverweisung, Maurer/Waldhoff, § 11 Rn. 48; zu den Begriffen § 21 Rn. 25.
131 BVerwGE 158, 199, 204 Rn. 20 ff.; dazu, dass nicht jeder feststellende Verwaltungsakt die Verjährung hemmt, BVerwG Beschl. v. 14.12.2018 – 10 B 6/18, Rn. 4 juris. Zur Anwendung der vierjährigen Verjährungsfrist des Art. 3 Abs. 1 Verordnung (EG, EURATOM) Nr. 2988/95 BVerwG DVBl. 2021, 1021, 1025 Rn. 25 f.
132 S. zur Verfassungswidrigkeit von § 238 AO BVerfG NVwZ 2021, 1445, 1446 ff. Verfassungsrechtlichen Unzulänglichkeiten kann ggf. durch eine verfassungskonforme Handhabung des § 49a Abs. 3 S. 2 VwVfG sowie bezogen auf Abs. 4 über die Ausgestaltung als Ermessensvorschrift Rechnung getragen werden.
133 BVerwG NVwZ 2016, 1577, 1578.

Betrags liegt.[134] Demgegenüber betrifft § **49a Abs. 4 VwVfG** die sog. **Zwischen- oder Vorgriffszinsen.**[135] Bedeutsam ist insb. S. 1. Für den Fall, dass eine Leistung nicht alsbald für den bestimmten Zweck verwendet wird, kann die Behörde „bis zur zweckentsprechenden Verwendung" Zinsen erheben. Wegen der ggü. Absatz 3 weicheren Formulierung ist die Erhebung von Zinsen nach Absatz 4 von vornherein in das pflichtgemäße Ermessen der Behörde gestellt und kann die Verwaltung daher, nicht anders als bei Abs. 3 S. 2, auch ein fehlendes Verschulden des Leistungsempfängers berücksichtigen.[136]

V. Rücknahme und Widerruf von begünstigenden Verwaltungsakten mit belastender Drittwirkung

31 Eine Sonderregelung für begünstigende Verwaltungsakte mit belastender Wirkung für Dritte enthält § 50 VwVfG.[137] Danach gelten die vertrauensschützenden Begrenzungen der Aufhebbarkeit von Verwaltungsakten nach § 48 Abs. 1 S. 2, Abs. 2–4 VwVfG sowie § 49 Abs. 2–4, 6 VwVfG[138] nicht für die Aufhebung während eines durch den Dritten veranlassten Vorverfahrens (§§ 68 ff. VwGO) oder verwaltungsgerichtlichen Verfahrens (dazu § 20), soweit dadurch dem Widerspruch oder der Klage abgeholfen wird. Wird also der Verwaltungsakt mit Drittwirkung dergestalt vom Dritten angegriffen, darf ihn die Behörde ohne Rücksicht auf das Vertrauen des Begünstigten zurücknehmen oder widerrufen. Dem liegt die Überlegung zugrunde, dass schutzwürdiges Vertrauen beim Begünstigten erst dann zu entstehen vermag, wenn er nicht mehr damit rechnen muss, dass der Verwaltungsakt noch von einem Dritten angefochten werden kann. Wird zB eine Baugenehmigung unter Verletzung der Vorschriften über den Grenzabstand erlassen und geht der Nachbar dagegen vor, kann die Behörde die Baugenehmigung trotz Vertrauens des Bauherrn in die Fortgeltung des Verwaltungsakts zurücknehmen.

32 Nicht unstrittig ist, ob die Vorschrift nur greift, wenn der Dritte den Verwaltungsakt schon mit Widerspruch oder Anfechtungsklage angegriffen hat. Dafür spricht der Wortlaut (vgl.: „angefochten worden ist"/„während des Vorverfahrens oder während des verwaltungsgerichtlichen Verfahrens"/ § 50 VwVfG letzter Hs.). Weitgehende Einigkeit besteht, dass der Widerspruch oder die (Anfechtungs-)Klage zumind. zulässig sein muss, um die Wirkungen des § 50 VwVfG auszulösen.[139] Während teilweise davon ausgegangen wird, § 50 VwVfG setze keine Begründetheit des Rechtsbehelfs voraus, spricht für dieses Erfordernis der Sinn und Zweck der Vorschrift, weil ansonsten die Rechtsposition des Begünstigten in unzulässiger Weise entwertet würde.[140] Eine – zurückhaltende – Parallele zur Bewertung im Rahmen von § 80 Abs. 1, 5 S. 1 iVm

---

134 BVerwG NVwZ-RR 2013, 489, 490.
135 BVerwG NVwZ-RR 2013, 489, 490; eingehend zu § 49a Abs. 4 VwVfG BVerwGE 116, 332 ff.
136 BVerwGE 116, 332, 337 f.; s.a. OVG Magdeburg Beschl. v. 27.12.2021 – 2 L 92/20.Z, Rn. 2 juris.
137 Eingehend zur Dogmatik Remmert VerwArch 91 (2000), 209.
138 Der vollständige Ausschluss des § 49 Abs. 2 VwVfG ist missverständlich; er bezieht sich nach Sinn und Zweck der Vorschrift nur auf die Einschränkungen der Widerrufsmöglichkeit, nicht jedoch auf die Ermächtigungsgrundlage zum Widerruf, Jachmann/Drüen, Allgemeines Verwaltungsrecht, 3. Aufl. 2022, Rn. 155.
139 BVerwG NVwZ 1983, 285; Buchholz 428 § 1 Abs. 6 VermG Nr. 55; Ramsauer in: Kopp/ders., § 50 Rn. 22; jew. mwN; Maurer/Waldhoff, § 11 Rn. 97; Schoch in: ders./Schneider, § 50 VwVfG Rn. 23.
140 HM BVerwG NVwZ 1990, 857; Ramsauer in: Kopp/ders., § 50 Rn. 24 mwN; Sachs in: Stelkens/Bonk/ders., § 50 Rn. 93.

§ 80a VwGO („nicht offensichtlich unzulässig")[141] dürfte jedenfalls ausscheiden, weil es dort nur um vorläufigen Rechtsschutz und mithin keine endgültigen Entscheidungen geht.[142]

VI. Rücknahme und Widerruf unionsrechtswidriger Verwaltungsakte

1. Rücknahme belastender, unionsrechtswidriger Verwaltungsakte

Die **Aufhebung von Verwaltungsakten**, welche in Vollzug des Unionsrechts erlassen wurden, aber unionsrechtswidrig sind, richtet sich, falls vorhanden, nach sekundärrechtlichen Vorschriften. Ansonsten erfolgt deren Aufhebung angesichts der Verfahrensautonomie der Mitgliedstaaten (Art. 291 Abs. 1 AEUV) nach den **Mechanismen der nationalen Rechtsordnung**.[143] Während die Normen über die Aufhebung von Verwaltungsakten zwar in aller Regel diskriminierungsfrei auf Sachverhalte mit und ohne Unionsrechtsbezug angewendet werden, ist vor allem prüfungsrelevant, ob diese die praktische Wirksamkeit des Unionsrechts (s. Art. 4 Abs. 3 EUV) beeinträchtigen.[144] Diese Prüfung hängt neben der Stellung der nationalen Rechtsvorschrift im gesamten Verfahren und Verfahrensablauf[145] auch von der Bedeutung und Tragweite der verletzten Unionsrechtsvorschrift ab. Hins. der Rücknahme **belastender** (bestandskräftiger) Verwaltungsakte, die im Widerspruch zum Unionsrecht stehen, bleibt es im Normalfall bei den Maßgaben des § 48 Abs. 1 S. 1 VwVfG.[146] Auch der EuGH erkennt grds. an, dass das Rechtsinstitut der Bestandskraft zur Rechtssicherheit beiträgt und das Unionsrecht die nationalen Behörden nicht generell zur Aufhebung bestandskräftig gewordener Entscheidungen verpflichtet.[147] Unter besonderen Umständen entnimmt der EuGH jedoch eine Verpflichtung der nationalen Behörden zur Aufhebung eines Verwaltungsakts, „um einen Ausgleich zwischen dem Erfordernis der Rechtssicherheit und dem der Rechtmäßigkeit im Hinblick auf das Unionsrecht zu finden".[148] Eine solche Verpflichtung wird ua angenommen, wenn der Betroffene gegen den rechtswidrigen Verwaltungsakt den (nationalen) Rechtsweg beschritten hat und letztinstanzlich die Unionsrechtswidrigkeit ohne Vorabentscheidungsersuchen an den EuGH verneint wurde, obwohl an sich die Voraussetzungen für dessen Anrufung nach Art. 267 Abs. 3 AEUV gegeben waren. Stellt sich nunmehr der Widerspruch zum Unionsrecht infolge neuer Rspr. des EuGH heraus und wendet sich der Betroffene unmittelbar nach der

33

---

141 Vgl. § 21 Rn. 3, 13; so in Bezug auf die fehlende offensichtliche Unbegründetheit im Rahmen von § 50 VwVfG Siegel, Rn. 658; s.a. BVerwGE 65, 321; zu den unterschiedlichen Meinungen Sachs in: Stelkens/Bonk/ders., § 50 Rn. 99.
142 Vgl. § 21. Ablehnend auch Schoch in: ders./Schneider, § 50 VwVfG Rn. 26.
143 Schröder, Genehmigungsverwaltungsrecht, 2016, S. 60; Siegel, Europäisierung, Rn. 233; s.a. BVerwGE 168, 368, 381 Rn. 50.
144 In Bezug auf die Rechtskraft EuGH EuZW 2016, 57, 59 f.; Schröder, Genehmigungsverwaltungsrecht, 2016, S. 60 f.
145 EuGH NVwZ 2016, 600, 603.
146 EuGH DÖV 2008, 505; EuZW 2019, 379, 383; BVerwGE 168, 368, 376 Rn. 36, 381 Rn. 43. vgl. bereits bei Rn. 10 aE mwN; eingehend zur Entwicklung der diesbzgl. Rspr. Weiß DÖV 2008, 477; zum Nachfolgenden Detterbeck, Rn. 764 f. Überwiegend positiv zur unionsgerichtlichen Rspr. Haack AöR 133 (2008), 43, 73 ff.; auch Britz/Richter JuS 2005, 198.
147 EuGH NVwZ 2013, 273, 277; Urt. v. 18.11.2021 – C-413/20, Rn. 57 juris; s.a. EuGH, Urt. v. 9.9.2021 – C-546/18 Rn. 38 f. unter Betonung des Beitrags auch für die Effizienz der durchgeführten Verfahren; BVerwGE 168, 368, 381 Rn. 45.
148 EuGH NVwZ 2013, 273, 277.

diesbzgl. Kenntniserlangung an die Behörde, erwächst für sie besagte Rücknahmeverpflichtung, sofern keine Rechte Dritter verletzt werden.[149]

2. Rücknahme begünstigender unionsrechtswidriger Verwaltungsakte

34 Besonderheiten gelten seit langem bei der Rücknahme von Beihilfen, also **begünstigenden** Verwaltungsakten, die gegen die unionsrechtlichen Beihilfebestimmungen (**Art. 107 ff. AEUV**) verstoßen.[150] Unter Beihilfen aus dieser europäischen Sicht sind Subventionen und sonstige, einem privaten Unternehmen zugewiesene Vergünstigungen in einem äußerst weitgehenden Sinne zu verstehen.[151] Art. 107 Abs. 1 AEUV erklärt staatliche oder aus staatlichen Mitteln gewährte Beihilfen, die den Wettbewerb verfälschen oder zu verfälschen drohen und den Handel zwischen den Mitgliedstaaten beeinträchtigen, als mit dem Gemeinsamen Markt unvereinbar. Ausnahmen von diesem Grundsatz eröffnen Art. 107 Abs. 2 und 3 AEUV. Die EU-Kommission prüft fortlaufend in Zusammenarbeit mit den Mitgliedstaaten deren bestehende Beihilferegelungen (Art. 108 Abs. 1 AEUV). Die Mitgliedstaaten sind verpflichtet, die Kommission vor jeder beabsichtigten Einführung oder Umgestaltung von Beihilfen rechtzeitig zu unterrichten, sog. **Notifizierungspflicht** (Art. 108 Abs. 3 S. 1 AEUV). Die Subvention darf erst dann vergeben werden, wenn ihre Zulässigkeit von der Kommission festgestellt worden ist (**Durchführungsverbot**, Art. 108 Abs. 3 S. 3 AEUV).[152]

Die Unionsrechtswidrigkeit von Beihilfen kann sich dabei unter zwei Aspekten ergeben:

- Zum einen können sie gegen die Regelung in Art. 107 Abs. 1 AEUV verstoßen (**materiell rechtswidrige Beihilfen**).

- Zum anderen ist eine Nichtbeachtung der Notifizierungspflicht bzw. des Durchführungsverbots des Art. 108 Abs. 3 S. 1, 3 AEUV denkbar (**formell rechtswidrige Beihilfen**).

In beiden Fällen hat die EU-Kommission die Möglichkeit, im Wege des Beschlusses (Art. 288 Abs. 4 AEUV) festzustellen, dass die betreffende Beihilfe unionsrechtswidrig ist. Dann kann sie (bei formeller Rechtswidrigkeit) bzw. muss sie (bei auch materieller Rechtswidrigkeit) den Mitgliedstaat auffordern, die Beihilfe vom Unternehmen zurückzuverlangen[153] und dies beim Verstoß gegen das Durchführungsverbot einstweilig, dh bis zum Abschluss des Notifizierungsverfahrens.[154] Kommt eine Behörde zu

---

149 EuGH NVwZ 2004, 459; Urt. v. 14.5.2020 – C-924/19 PPU ua, Rn. 187 f. juris; s.a. Hecker in: FS für F.-J. Peine, 2016, S. 663, 666 f. Anders, wenn der Bescheid (wegen vermeintlich geklärter Rechtslage) nicht zur Überprüfung in letzter (nationaler) Instanz gestellt worden ist, BFH NVwZ-RR 2012, 585: Überprüfung/Rücknahme steht im Ermessen der Verwaltungsbehörde, keine Rücknahmepflicht.
150 Ausführlich zur Rückabwicklung unionsrechtswidriger Subventionen Günther VR 2021, 262 ff.; s.a. Ludwigs in: Kahl/Ludwigs, I, § 8 Rn. 33; Unger, in: Kahl/Ludwigs, II, § 50 Rn. 30; OVG Berlin-Bbg NVwZ 2006, 104.
151 Bereits EuGH, Slg 1961, 1, 43; s.a. EuGH Urt. v. 16.3.2021 – C-562/19 P, Rn. 30 juris; auch Verschonungssubventionen uÄ: Befreiung oder Reduzierung von Abgaben oder Mietzahlungen, Vorzugslieferungen (bei Gütern), vgl. Maurer/Waldhoff, § 17 Rn. 37. Näher zum Beihilfenrecht Kluth § 11 Rn. 16 ff.: sowie die Beiträge von Koenig/Hellstern und Soltész in: EnzEuR, Bd. 4, 2. Aufl. 2021; §§ 14 f.
152 Näher zum Durchführungsverbot EuGH EuZW 2019, 379, 382 f.; s.a. BVerwG Buchholz 451.55 Subventionsrecht Nr. 122. Anschaulicher Überblick zum Europäischen Beihilferecht bei Hilbert Jura 2017, 1150.
153 S. dazu EuGH Urt. v. 6.11.2018 – C-622/16 P ua, Rn. 77 juris. Strittig ist freilich, ob lediglich formell rechtswidrige Beihilfen zurückgefordert werden können, vgl. hierzu Detterbeck, Rn. 753, 759 ff.; nachfolgend im Text.
154 Dazu, dass die nationalen Gerichte den Einzelnen bis zur Entscheidung der Kommission schützen, VGH Mannheim Urt. v. 10.4.2019 – 9 S 75/17, Rn. 47 juris.

dem Schluss, dass sie eine Beihilfe unionsrechtswidrig gewährt hat, muss sie diese im Hinblick auf Art. 108 Abs. 3 AEUV auch ohne Anordnung der Kommission oder eines nationalen Gerichts zurückfordern.[155]

Da im Unionsrecht Vorschriften über Rücknahme und Rückforderung von (unions-)rechtswidrigen Beihilfen fehlen, gilt insoweit das nationale Recht (Art. 291 Abs. 1 AEUV);[156] die Zuwendungsverfügungen können also, weil sie rechtswidrig sind,[157] gem. § 48 VwVfG zurückgenommen werden.[158] Wegen der Bedeutung der effektiven Durchsetzung des Unionsrechts für einheitliche Wettbewerbsbedingungen innerhalb der Union und angesichts des Interessenkonflikts, dass der Mitgliedstaat regelmäßig kein besonderes Interesse an der Rückforderung der von ihm gewährten Beihilfe hat,[159] zieht der Schutz des Unionsrechts (Äquivalenzgrundsatz und Effektivitätsgrundsatz[160]) freilich deutliche **Erleichterungen** ggü. den bundesdeutschen (Rücknahme-)Beschränkungen (vgl. Rn. 11 ff.) nach sich:

Nach deutschem Recht kann sich der Empfänger einer Subvention nach § 48 Abs. 2 S. 2 VwVfG in aller Regel auf **Vertrauensschutz** berufen, wenn die empfangene Leistung verbraucht wurde, mit der Folge, dass eine Rücknahme des Verwaltungsakts ausscheidet. Nachdem der EuGH in dem grundlegenden Alcan-Urteil entschieden hat, dass ein beihilfebegünstigtes Unternehmen auf die Ordnungsmäßigkeit einer Beihilfe nur vertrauen darf, wenn diese unter Beachtung des vorgesehenen Verfahrens durchgeführt wurde,[161] muss die nationale Regelung unionsrechtskonform so ausgelegt werden, dass die Rücknahme des Verwaltungsakts nicht mehr gesperrt ist. Denkbar ist zum einen, dass die Schutzwürdigkeit des Vertrauens aufgrund des Ausschlussgrunds in § 48 Abs. 2 S. 3 Nr. 3 VwVfG zu verneinen ist, weil der Empfänger der Leistung die Rechtswidrigkeit des Verwaltungsakts grob fahrlässig nicht kannte. Gerade bei einem Unternehmen kann aufgrund seiner großen Geschäftserfahrung möglicherweise ein solcher besonders schwerer Sorgfaltsverstoß anzunehmen sein.[162] Selbst wenn dies nicht der Fall ist, ist jedoch das Vertrauen des Beihilfeempfängers nach § 48 Abs. 2 S. 2 VwVfG bei einem Verbrauch der Leistung oder der Eingehung von Vermögensdispositionen nur „in der Regel" schutzwürdig. Wegen des besonderen Interesses an der Wiederherstellung der Wettbewerbsordnung aus Gründen des Unionsrechts wird deshalb die Schutzwürdigkeit des Vertrauens des Beihilfeempfängers zumind. hiernach regelmäßig zu verneinen sein.[163] Abweichungen aufgrund des auch im Unionsrecht verankerten Grundsatzes des Vertrauensschutzes sind zwar denkbar, wenn die Rechtswidrigkeit des Verwaltungsakts für den Empfänger nicht erkennbar war. Da darüber aber bereits auf der unionsrechtlichen Ebene im Zuge des Rückforderungsbeschlusses der Kommission zu entscheiden war (bzw. die Unionsgerichte hiergegen um Rechtsschutz zu ersuchen sind), sind derartige Abweichungsmöglichkeiten nach Maßgabe

---

155 EuGH EuZW 2019, 379, 382 ff.; s.a. EuGH Urt. v. 29.7.2019 – C-654/17 P, Rn. 139 juris.
156 S. EuGH EuZW 2019, 379, 383.
157 Insoweit zum Anwendungsvorrang des Unionsrechts § 3 Rn. 2; § 7 Rn. 15.
158 BVerwG NVwZ 1995, 703; s.a. Ehlers DVBl. 2014, 1, 8.
159 Streinz in: Steinbach, S. 187 ff.
160 Dazu Ludwigs/Pascher JuS 2022, 497, 498 ff.; Ramsauer in: Kopp/ders., Einführung II, Rn. 28 a f. mwN; bereits § 3 Rn. 2; näher Koenig/Hellstern EuZW 2011, 702, 704 f.
161 S. EuGH EuZW 2019, 379, 383.
162 Siegel, Rn. 652; Günther VR 2021, 262, 264; ablehnend Korte Jura 2017, 656, 662; verneint von BVerwGE 92, 81, 84; in eine andere Richtung unter Bezugnahme auf § 48 Abs. 2 S. 3 Nr. 2 VwVfG BVerwG NVwZ-RR 2015, 21, 22 Rn. 31 ff.; im Ergebnis, aber ohne nähere dogmatische Begründung VGH Mannheim Urt. v. 10.4.2019 – 9 S 75/17, Rn. 62 juris.
163 BVerwGE 92, 81, 84 f.; Ehlers DVBl. 2014, 1, 9; Siegel, Rn. 652.

des nationalen Rechts kaum vorstellbar.[164] Zusammenfassend sind also in die **Interessenabwägung** gem. § 48 Abs. 2 VwVfG die Belange des Unionsrechts einzubeziehen und aufseiten der öffentlichen Interessen zu berücksichtigen. Dabei kommt der Durchsetzung des Unionsrechts durchweg so hohes Gewicht zu, dass das Vertrauen des Begünstigten auf den Bestand des Verwaltungsakts auch bei Verbrauch der gewährten Leistung oder getroffener Vermögensdisposition nicht schutzwürdig ist.[165]

- Überdies bleibt grds. kein Raum für eine Ermessensentscheidung der Behörde. Das **Rücknahmeermessen** verdichtet sich insb. dann zu einer Rechtspflicht, den Verwaltungsakt aufzuheben, wenn die EU-Kommission in einem Beschluss die Rückforderung der Subvention angeordnet hat.[166] Ein solcher Beihilfebescheid muss also aufgehoben werden.

- Damit das Rückforderungsbegehren der Kommission nicht „ins Leere läuft", ist auch die **Rücknahmefrist** des § 48 Abs. 4 VwVfG auf die Rücknahme unionsrechtswidriger Subventionsbewilligungen zur Wahrung der Durchsetzungskraft (effet utile) des Unionsrechts nicht anzuwenden.[167] Damit soll der Gefahr vorgebeugt werden, dass die nationale Behörde jene Frist bewusst verstreichen lässt, um so die Subvention dann doch nicht zurückfordern zu müssen.

- Schließlich verstößt die Rückforderung trotz Mitverantwortung der nationalen Behörde für die unionsrechtswidrige Beihilfe nicht gegen **Treu und Glauben**;[168] ebensowenig steht ihr der Einwand des **Wegfalls der Bereicherung** beim Empfänger der Beihilfe entgegen (s. § 49a Abs. 2 VwVfG), da andernfalls die unionsrechtlich vorgegebene Rückforderung der Beihilfe praktisch unmöglich gemacht würde.[169]

Prozedural darf die Rückforderung der Beihilfe aus Gründen des effet utile nicht ausgesetzt werden, um eine endgültige Entscheidung der Kommission abzuwarten.[170]

3. Widerruf nachträglich unionsrechtswidriger Verwaltungsakte

35 Mangels entsprechender sekundärrechtlicher Vorschriften kann das Unionsrecht auch bei der Frage des Widerrufs eines Verwaltungsakts bedeutsam werden. Wie bei der Rücknahme sind die nationalen Vorschriften zugrunde zu legen, dürfen aber nicht so gehandhabt werden, dass dadurch die praktische Wirksamkeit des Unionsrechts unmöglich gemacht oder übermäßig erschwert wird (effet utile). So kann das Unionsrecht dazu führen, dass sich das behördliche Widerrufsermessen bei einem belastenden Ver-

---

164 Streinz in: Steinbach, S. 187, 193 f.; s. zur Notwendigkeit, mit der Kommission bei einer absoluten Unmöglichkeit der Rückforderung zusammenzuwirken, EuGH Urt. v. 6.11.2018 – C-622/16 P ua, Rn. 90 ff. juris. Instruktiv zum Vertrauensschutz nunmehr EuGH EuZW 2019, 379, 383.
165 EuGH NVwZ 1990, 1161; BVerwG NVwZ-RR 2012, 628, 630. Dies darf jedoch nicht verallgemeinert werden; unter besonderen Umständen ist auch Vertrauensschutz im Unionsrecht und bei dessen Vollzug zu berücksichtigen; hierzu EuGH EuZW 1998, 499 und 603.
166 BVerwGE 92, 81, 84; ggf. einstweilig, vgl. vorstehend im Text; s.a. Günther VR 2021, 262, 265; Siegel, Rn. 654.
167 EuGH NVwZ 1998, 45; BVerwG NVwZ 1995, 703; Siegel, Rn. 654. S.a. Günther EuZW 2019, 379, 384 f.; Günther VR 2021, 262, 264.
168 Näher Koenig/Hellstern EuZW 2011, 702, 705; Korte Jura 2017, 656, 662.
169 EuGH EuZW 1997, 276, 278 f.; Günther VR 2021, 262, 265; Streinz in: Steinbach, S. 187, 194. Zu Formfehlern des Rückforderungsbescheids, die nach europäischem Sekundärrecht nicht zur (Wieder-)Auszahlung bereits zurückgezahlter Beihilfen legitimieren, EuGH EuZW 2010, 585.
170 EuGH EuZW 2010, 585, 587: allenfalls Einzahlung auf ein Sperrkonto; dazu und zu weiteren Fragen Soltész EuZW 2011, 541, 547 f.

waltungsakt nach § 49 Abs. 1 VwVfG auf Null reduziert[171] (oder ein Verwaltungsakt beibehalten werden muss, weil das Unionsrecht eine solche behördliche Entscheidung gebietet). In seiner Papenburg-Entscheidung stellte sich der EuGH auf den Standpunkt, dass eine bereits erteilte Genehmigung zur regelmäßig wiederholten Ausbaggerung eines Flusses der Verträglichkeitsprüfung nach der FFH-Richtlinie bzw. nach § 34 Abs. 1 BNatSchG zu unterziehen ist, wenn der Vorgang geeignet ist, ein nachträglich in die FFH- Schutzliste aufgenommenes Gebiet zu beeinträchtigen.[172] Hierin wird eine Europäisierung des Widerrufs gesehen.[173] Diese könnte sich über den Widerrufsgrund des § 49 Abs. 2 S. 1 Nr. 4 VwVfG implementieren lassen, soweit dessen Voraussetzungen erfüllt sind.[174] Im Übrigen kann über den Widerrufsgrund des § 49 Abs. 2 S. 1 Nr. 5 VwVfG nachträglichen und unabdingbaren Anforderungen des Unionsrechts Rechnung getragen werden.[175] Wie bei § 48 VwVfG stellt sich die Folgefrage nach einer Reduzierung des behördlichen Widerrufsermessens kraft Unionsrechts.

VII. Wiederholungs- und Verständnisfragen

> Auf welchen Zeitpunkt kommt es für die Beurteilung der Rechtmäßigkeit bzw. Rechtswidrigkeit eines Verwaltungsakts an, wenn über die Anwendung von § 48 VwVfG oder § 49 VwVfG zu entscheiden ist? (→ Rn. 4)

> Worin liegt der Unterschied zwischen der Rücknahme leistungsgewährender Verwaltungsakte und sonstiger begünstigender Verwaltungsakte? (→ Rn. 12, 18)

> Ist ein Widerruf auch mit Wirkung für die Vergangenheit zulässig? (→ Rn. 25 ff.)

> Wie bestimmt sich die Frist für Rücknahme und Widerruf? (→ Rn. 20 ff., 28)

> Welche Besonderheiten sind bei der Rücknahme und beim Widerruf unionsrechtswidriger Beihilfen zu beachten? (→ Rn. 34 f.)

---

171 Suerbaum in: Mann/Sennekamp/Uechtritz, § 49 Rn. 29.
172 EuGH DVBl. 2010, 242, 243 f. mit Anm. Stüer, aaO, 244, und Gärditz DVBl. 2010, 247; Kersten Verw 46 (2013), 87, 108 f. Zum europäischen Naturschutzrecht insoweit Schlacke, § 10 Rn. 52 ff.
173 Kahl NVwZ 2011, 449, 453: „Papenburg-Doktrin" für den Widerruf rechtmäßiger begünstigender Verwaltungsakte. Demgegenüber betont Hecker in: FS für F.-J. Peine, 2016, S. 663, 667 ff., die Entscheidung würde sich schwerpunktmäßig mit der unechten Rückwirkung von Unionsrecht befassen.
174 BVerwGE 168, 368, 390 Rn. 66 ff. S.a. Gärditz DVBl. 2010, 247, 249.
175 Suerbaum in: Mann/Sennekamp/Uechtritz, § 49 Rn. 32; s.a. VGH Mannheim VBlBW 2018, 507, 510.

§ 17 Wiederaufgreifen des Verfahrens

▶ **FALL 17:** D hat an einer amerikanischen Hochschule den „Doctor of Chiropractic" (D.C.) erworben. Er beantragt bei der zuständigen Behörde ein Positiv-Attest hins. der Führung dieses Doktortitels, was jedoch von der zuständigen Behörde abgelehnt wird. Zur Begründung hebt sie hervor, es gebe keine hinreichenden Belege dafür, dass es sich bei der amerikanischen Einrichtung um eine wissenschaftliche Hochschule handelt. Der von D angestrebte gerichtliche Rechtsschutz bleibt ohne Erfolg. Nach einigen Jahren stellt D erneut einen Antrag, die Behörde möge seine Berechtigung zur Titelführung in Deutschland feststellen. Zur Begründung verweist er auf neue Stellungnahmen amerikanischer Institutionen und Behörden, welche die Auffassung vertreten, dass die in Rede stehende Bildungseinrichtung eine wissenschaftliche Hochschule sei. Kann D ein Wiederaufgreifen des Verfahrens erreichen? ◀

1 § 51 VwVfG regelt zunächst die **verfahrensrechtliche Frage,** wann und unter welchen Voraussetzungen eine Person von der Behörde verlangen kann, dass ein mit einem unanfechtbaren Verwaltungsakt abgeschlossenes Verfahren erneut aufgerollt wird.[1] Da die Verwaltung in den Fällen des **§ 51 Abs. 1 VwVfG** das Verfahren wiederaufzugreifen „hat", hat die Prüfung mit dem sog. **Wiederaufgreifen ieS** zu beginnen. Andernfalls ist zu überlegen, ob ein **Wiederaufgreifen iwS gem. § 51 Abs. 5 VwVfG** in Betracht kommt.[2] Wird das Verfahren wieder aufgegriffen, folgt eine Entscheidung in der Sache, dh darüber, ob der Verwaltungsakt bestehen bleibt oder aufgehoben wird. Mit Blick auf das Wiederaufgreifen des Verfahrens verfolgt der Betroffene demnach **zwei Begehren:**[3]

- Die Behörde soll zum Wiedereintritt in das Verfahren veranlasst werden und den Verwaltungsakt erneut überprüfen.

- Aufgrund dieser Prüfung soll sie den Verwaltungsakt aufheben.

Dementsprechend muss zunächst der Antrag auf Wiederaufgreifen des Verfahrens zulässig und begründet sein. Nur dann wird die Behörde über die Aufhebung des Verwaltungsakts befinden.

2 Daraus rühren wiederum zwei behördliche Entscheidungsvarianten:[4]

- Die Behörde kann das Wiederaufgreifen des Verfahrens durch eine **wiederholende Verfügung** ablehnen. Wie die Bezeichnung „wiederholende Verfügung" deutlich macht, weist die Behörde bei dieser lediglich auf den Inhalt einer bereits ergangenen (bestandskräftigen) Entscheidung hin oder wiederholt diese, **ohne dass eine erneute Sachentscheidung** ergeht.[5] Eine solche wiederholende Verfügung enthält eine **verfahrensrechtliche Regelung,** indem über den bloßen Verweis auf die bereits bestehende Rechtslage das Wiederaufgreifen des Verfahrens abgelehnt wird. Nur

---

[1] Ausführlich Sasse Jura 2009, 493 ff.; s.a. Siegel, Rn. 660. Eingehend zum Wiederaufgreifen auch im Hinblick auf dessen historische Entwicklung Gatzka, Wiederaufgreifen des Verfahrens, 2022.
[2] BVerwG BayVBl. 2012, 478, 479; zu den zwei Arten des Wiederaufgreifens auch BVerwG NVwZ 2021, 989, 989 ff.
[3] Hendler, Rn. 361; daher auch zweistufiges Vorgehen bei der Entscheidung, BVerwGE 135, 121; 135, 137.
[4] Auch Maurer/Waldhoff, § 11 Rn. 80.
[5] BVerwG Beschl. v. 25.2.2016 – 1 WB 33/15, Rn. 35 juris; VGH München Beschl. v. 16.2.2022 – 8 CS 21.2294, Rn. 16 juris.

§ 17 Wiederaufgreifen des Verfahrens

insoweit kann dieser Verwaltungsakt[6] einer gerichtlichen Überprüfung zugeführt werden.
- Die Behörde greift das Verfahren wieder auf, überprüft den Verwaltungsakt und trifft eine **neue Sachentscheidung in einem Zweitbescheid**.[7] Bei einem (negativen) **Zweitbescheid** lehnt die Verwaltung die Aufhebung bzw. Änderung des Verwaltungsakts aufgrund erneuter Überprüfung ab. Bei einem (positiven) **Zweitbescheid** wird der fragliche Verwaltungsakt aufgrund einer erneuten Prüfung aufgehoben bzw. geändert.

I. Zulässigkeit des Antrags auf Wiederaufgreifen des Verfahrens ieS

Voraussetzungen für die Zulässigkeit des Antrags auf Wiederaufgreifen sind:

- Der Betroffene muss einen **Antrag** auf Wiederaufgreifen des Verfahrens stellen, § 51 Abs. 1 VwVfG. Dabei trifft § 51 Abs. 4 VwVfG eine Aussage zur Zuständigkeit der Behörde.
- Der Verwaltungsakt muss **unanfechtbar** sein, § 51 Abs. 1 VwVfG, regelmäßig wegen Ablaufs der Rechtsbehelfsfristen (§ 70, § 74 VwGO). Die Unanfechtbarkeit des Verwaltungsakts kann auch auf der Rechtskraft eines verwaltungsgerichtlichen Urteils beruhen.[8]
- Der Betroffene muss **schlüssig darlegen**, dass ein **Wiederaufgreifensgrund** gem. § 51 Abs. 1 Nr. 1–3 VwVfG vorliegt.
- Der Betroffene muss **ohne grobes Verschulden außerstande gewesen** sein, den Grund für das Wiederaufgreifen **in dem früheren Verfahren**, v.a. durch Rechtsbehelf (Widerspruch oder Anfechtungsklage), geltend zu machen, § 51 Abs. 2 VwVfG, dh der Antragsteller darf die gebotene Sorgfalt nicht in besonders schwerwiegender Weise außer Acht gelassen haben.[9]
- Der Antrag ist innerhalb einer **Frist von drei Monaten** von dem Tag an, an dem der Betroffene positive **Kenntnis von dem Grund für das Wiederaufgreifen** erhalten hat, zu stellen, § 51 Abs. 3 VwVfG. Die Frist beginnt in dem Moment, in dem der Antragsteller sichere Kenntnis von den Tatsachen zur Ausfüllung des Wiederaufgreifensgrunds hat. Eine rechtliche Einordnung als Wiederaufgreifensgrund ist dafür aber nicht erforderlich.[10]

Liegt eine dieser Voraussetzungen nicht vor, ist der Antrag auf Wiederaufgreifen des Verfahrens ieS unzulässig. Da es sich bei dem in § 51 Abs. 1 VwVfG geregelten Wiederaufgreifen ieS und dem sich aus Absatz 5 ergebenden Wiederaufgreifen iwS nur um unterschiedliche und unterschiedlich weitgehende Anspruchsgrundlagen für ein und dasselbe Begehren handelt, ist der Antrag auf Wiederaufgreifen als einheitliches Begehren zu verstehen und daher anschließend im Hinblick auf § 51 Abs. 5 VwVfG zu würdigen.[11] Lehnt die Behörde das Wiederaufgreifen des Verfahrens aufgrund einer

---
6 Dazu BVerwG NVwZ 2002, 482; BVerwGE 44, 333, 335; allg. § 12 Rn. 13; Siegel, Rn. 663; Ruffert in: Ehlers/Pünder, § 26 Rn. 2.
7 BVerwG Beschl. v. 25.2.2016 – 1 WB 33/15, Rn. 35 juris.
8 BVerwGE 159, 136, 139.
9 BVerwG NVwZ 2011, 629, 632; OVG Koblenz Beschl. v. 1.7.2020 – 13 A 10424/19, Rn. 53 juris.
10 S. VGH Mannheim VBlBW 2017, 251, wonach keine rechtliche Einordnung als Wiederaufgreifensgrund für den Fristbeginn erforderlich ist; ebenso OVG Lüneburg Beschl. v. 13.9.2018 – 2 LA 1087/17, Rn. 13 juris.
11 BVerwG BayVBl. 2012, 478.

wiederholenden Verfügung ab (vgl. bereits Rn. 2), kann der Antragsteller hiergegen mit Widerspruch und Verpflichtungsklage mit dem Ziel des Wiederaufgreifens des Verfahrens und der Aufhebung des Verwaltungsakts vorgehen.[12] Kommt die Behörde dagegen zu dem Ergebnis, dass der Antrag zulässig ist, prüft sie sogleich weiter, ob der Antrag begründet ist und eine neue Sachprüfung erfolgen muss.[13]

II. Begründetheit des Antrags auf Wiederaufgreifen des Verfahrens ieS

5 Die Begründetheit des Antrags hängt davon ab, ob ein Wiederaufgreifensgrund gem. § 51 Abs. 1 Nr. 1–3 VwVfG tatsächlich gegeben ist. Da das Wiederaufgreifen ieS von einem Antrag, der innerhalb einer bestimmten Frist zu stellen ist, abhängig gemacht wurde, beschränkt sich die Prüfung der Begründetheit auf die vom Antragsteller selbst geltend gemachten Gründe für ein Wiederaufgreifen des Verfahrens.[14]

Nr. 1: Ein Wiederaufgreifensgrund liegt vor, wenn sich nach Erlass des Verwaltungsakts die **Sach- oder Rechtslage zugunsten des Betroffenen geändert** hat. Die Änderung muss entscheidungserheblich sein, dh sich gerade auf die für den Verwaltungsakt tatsächlich maßgeblichen Rechtsnormen oder Umstände im früheren Verfahren beziehen.[15] Dieser Wiederaufgreifensgrund wird praktisch v.a. bei Dauerverwaltungsakten relevant.[16] Eine Änderung der Sachlage liegt in der Veränderung von tatsächlichen Umständen, die zum Erlass des ursprünglichen Verwaltungsakts geführt haben (zB Lebensalter, Sprachkenntnisse, Eignung des Betroffenen).[17] Mangels nachträglicher Änderung kann kein Wiederaufgreifen wegen Tatsachen verlangt werden, die erst nachträglich bekannt werden, aber bereits bei Erlass des Verwaltungsakts vorlagen.[18] Die Rechtslage verändert sich durch Aufhebung oder Änderung materieller Rechtsvorschriften, die dem Erlass des Verwaltungsakts zugrunde lagen, also bspw., wenn die gesetzliche Grundlage für ein ggü. dem Betroffenen ausgesprochenes Verbot nachträglich gestrichen wird.[19] Eine Änderung der Rspr., selbst höchstgerichtlicher Art und auch des EuGH,[20] bedeutet hingegen keine Änderung der Rechtslage (Parallele zu § 49 Abs. 2 S. 1 Nr. 4 VwVfG).[21] Gerichtliche Entscheidungen beinhalten lediglich eine rechtliche Würdigung des Sachverhalts am Maßstab der vorgegebenen Rechtsordnung, ohne diese konstitutiv zu ändern.[22]

---

12 Wiederaufgreifen des Verfahrens und Aufhebung des Verwaltungsakts können in einem Verfahren geltend gemacht werden, weil zwischen beiden Entscheidungen ein untrennbarer Zusammenhang besteht, so BVerwG DVBl. 1982, 998, 1000. AA Sachs in: Stelkens/Bonk/ders., § 51 Rn. 71 ff. Dazu auch Windoffer Jura 2017, 1274, 1281.
13 Schoch in: ders./Schneider, VwVfG, § 51 Rn. 84; vgl. auch vorstehende Fn.; zu Verwaltungsakten mit Drittwirkung insoweit Sanden DVBl. 2007, 665.
14 VGH Mannheim VBlBW 2017, 251 mwN. Dazu, dass bei mehreren selbstständig tragenden Ablehnungsgründen in Bezug auf jeden ein Wiederaufnahmegrund vorliegen muss, BVerwG NVwZ 2021, 989, 989.
15 BVerwG NVwZ 2021, 989, 991; EZAR NF 93 Nr. 24, 3 f.
16 VGH Mannheim VBlBW 2017, 251, 252; Windoffer Jura 2017, 1274, 1282.
17 Überblick bei Detterbeck, Rn. 769; s.a. Windoffer Jura 2017, 1274, 1279 f.
18 VGH Mannheim VBlBW 2017, 251.
19 Windoffer Jura 2017, 1274, 1280.
20 BVerwGE 135, 137: es bleibt die Möglichkeit des Wiederaufgreifens nach § 51 Abs. 5 VwVfG.
21 BVerwG NVwZ-RR 1995, 1097; BVerwGE 159, 136, 142; 169, 318, 329 Rn. 41. Sie kann aber im Rahmen von Beurteilungsspielräumen resp. Ermessenserwägungen bei der neuen Sachentscheidung relevant werden; zu deren (rechtlichen) Maßstäben Rn. 6; vgl. auch BVerwG NJW 1981, 2595; NVwZ 1988, 143; s.a. VGH München Beschl. v. 28.3.2018 – 14 ZB 16.2354, Rn. 9 juris.
22 BVerwG EZAR NF 93 Nr. 24, 4.

Nr. 2: Auch wenn **neue Beweismittel** vorliegen, die eine **für den Betroffenen günstigere Entscheidung** herbeigeführt hätten, muss das Verfahren wieder aufgriffen werden. Beweismittel sind die **in § 26 VwVfG genannten Erkenntnismittel** (etwa Auskunft, Urkunden, Augenschein). Sie sind **neu**, wenn sie während der Anhängigkeit des abgeschlossenen Verfahrens noch nicht existierten oder ohne Verschulden des Antragstellers in diesem nicht beigebracht werden konnten,[23] mithin erst nach Abschluss des Verfahrens bekannt geworden sind (Bsp.: ein bislang unbekannter Zeuge meldet sich). Sie müssen sich aber auf Tatsachen beziehen, die schon zur Zeit des Erlasses des Verwaltungsakts vorlagen.[24] Ein neues Sachverständigengutachten, das lediglich zu einer anderen Bewertung der (bereits bekannten) Tatsachen gelangt, erfüllt die Voraussetzungen dieses Wiederaufgreifensgrundes nicht; erforderlich ist vielmehr, dass ein solches Gutachten selbst auf neuen Tatsachen beruht, die zum Zeitpunkt der Erstentscheidung noch nicht bekannt waren.[25] Da der Wiederaufgreifensgrund der Nr. 2 den Konjunktiv verwendet, ist auf Grundlage der den bestandskräftigen Bescheid tragenden Rechtsauffassung zu beurteilen, ob das neue Beweismittel zu einer günstigeren Entscheidung für den Betroffenen führen würde, nicht auf Grundlage der heutigen Rechtsauffassung oder der damaligen objektiven Rechtslage.[26]

Nr. 3: Auch wenn **Wiederaufnahmegründe iSd § 580 ZPO** vorliegen, ist das Verwaltungsverfahren wieder aufzugreifen.

III. Begründetheit des Antrags auf Aufhebung des Verwaltungsakts

Im Falle eines begründeten Antrags tritt die Behörde ohne weitere Verfahrensentscheidung in die nunmehr dritte Prüfungsstufe ein, ob der jew. Verwaltungsakt inhaltlich zu ändern ist. Umstritten ist, auf welcher Rechtsgrundlage die neue Sachentscheidung zu erfolgen hat, ob der Verwaltungsakt aufrechterhalten werden kann oder (partiell) aufgehoben werden muss. Teilweise werden insoweit §§ 48, 49, 50 VwVfG herangezogen.[27] Dann steht die Aufhebung des Verwaltungsakts im Ermessen der Behörde – was angesichts des (zwingenden) Wiederaufgreifensgrundes kaum folgerichtig erscheint. Derartige Widersprüche lassen sich weitestgehend vermeiden, wenn man die Wertungen des § 51 Abs. 1 VwVfG bei der Ermessensausübung nach den zuvor genannten Normen berücksichtigt.[28] Die wohl ü.M. wendet dagegen als Prüfmaßstab das dem jeweiligen Verwaltungsakt zugrunde gelegte materielle Recht an.[29] Dafür spricht, dass das Wiederaufgreifen ieS anders als das in Absatz 5 geregelte Wiederaufgreifen iwS

---

23 BVerwG NVwZ-RR 2015, 357; s.a. Siegel, Rn. 669.
24 Maurer/Waldhoff, § 11 Rn. 85.
25 BVerwG NJW 1981, 2595; s.a. BVerwG Beschl. v. 6.10.2014 – 8 B 13/14, Rn. 5 juris; OVG Lüneburg Beschl. v. 13.9.2018 – 2 LA 1087/17, Rn. 12 juris, da es andernfalls zu einer ständigen „Neuauflage des Verwaltungsverfahrens" kommen würde.
26 BVerwGE 159, 136, 142; BVerwG NVwZ 2021, 989, 992.
27 Ausführlich hierzu Maurer/Waldhoff, § 11 Rn. 87, die jedoch im Vergleich zur Vorauflage aus didaktischen Gründen ihren Ausführungen die herrschende Meinung zugrunde legen und eine Klarstellung durch den Gesetzgeber wünschen; wN bei Sachs in: Stelkens/Bonk/ders., § 51 Rn. 30 f.
28 Maurer/Waldhoff, § 11 Rn. 87.
29 BVerwG DVBl. 1982, 998, 1000; auch BVerwGE 135, 121; 135, 137: Behörde ist nicht auf die Möglichkeiten der §§ 48, 49 beschränkt; Peuker in: Knack/Henneke, § 51 Rn. 22 mwN; Windoffer Jura 2017, 1274, 1282. Gatzka, Wiederaufgreifen des Verwaltungsverfahrens, 2022, S. 139 (eigenständiges Korrekturverfahren unabhängig von §§ 48, 49 VwVfG).

nach seinen Voraussetzungen samt Rechtsfolge deutlich von §§ 48, 49 VwVfG abgekoppelt wurde.[30] In Anlehnung an das gerichtliche Wiederaufnahmeverfahren dient § 51 VwVfG dazu, das (Verwaltungs-)Verfahren in denselben Zustand wie vor der Erstentscheidung zu versetzen, dh die Behörde zu einer neuen Sachentscheidung auf der Grundlage des für den Erlass des Verwaltungsakts geltenden Rechts bzw. im Fall des § 51 Abs. 1 Nr. 1 VwVfG unter Zugrundelegung der neuen Sach- oder Rechtslage zu verpflichten.[31]

Zu beachten bleibt, dass der Zweitbescheid nicht zu einer Verböserung ggü. dem Erstbescheid führen darf. Besonders deutlich wird dies an den Wiederaufgreifensgründen des § 51 Abs. 1 Nr. 1 VwVfG (nachträgliche Änderung der Sach- oder Rechtslage „zugunsten" des Antragstellers) und § 51 Abs. 1 Nr. 2 VwVfG (Beweismittel, die zu einer „günstigere[n]" Entscheidung führen). § 51 VwVfG dient ausschließlich dem Interesse des Antragstellers.[32]

IV. Wiederaufgreifen iwS

7   Darüber hinaus folgt aus **§ 51 Abs. 5 VwVfG iVm § 48 Abs. 1, § 49 Abs. 1** VwVfG für die Behörde jederzeit die Möglichkeit, ein abgeschlossenes Verwaltungsverfahren nach pflichtgemäßem Ermessen wiederaufzugreifen und eine neue Sachentscheidung zu treffen. Üblicherweise wird diese Möglichkeit als **Wiederaufgreifen iwS** bezeichnet.[33] Entsprechend der Gesetzessystematik unterliegen derartige Anträge nicht dem Fristerfordernis des § 51 Abs. 3 VwVfG.[34]

Da die in Bezug genommenen § 48 Abs. 1, § 49 Abs. 1 VwVfG **Ermessensnormen** sind, vermitteln diese Normen dem Betroffenen grds. nur einen Anspruch auf ermessensfehlerfreie Entscheidung.[35] Das betrifft zunächst die Entscheidung, ob wieder aufgegriffen werden soll (**Stufe 1**). Dazu hat die Behörde das Interesse an der Beständigkeit des Verwaltungsakts (= Rechtssicherheit) mit demjenigen an seiner Richtigkeit (= materielle Gerechtigkeit) abzuwägen.[36] Lehnt die Behörde das Wiederaufgreifen aufgrund der Bestandskraft des Verwaltungsakts ab, handelt sie dabei idR nicht ermessensfehlerhaft.[37] Liegen jedoch besondere Umstände vor, die den in § 51 Abs. 1 VwVfG genannten Wiederaufgreifensgründen vergleichbar sind, **verdichtet sich das behördliche Ermessen zu einem Anspruch auf Wiederaufgreifen** des Verfahrens, weil die Aufrechterhaltung des Verwaltungsakts schlechthin unerträglich ist, etwa weil er an einem offensichtlichen Fehler leidet,[38] die Behörde in anderen vergleichbaren Fällen das Verfahren wieder aufgegriffen hat (Art. 3 Abs. 1 GG)[39] oder sich aus dem einschlägigen Fachrecht eine Verdichtung iSe intendierten oder auf Null reduzierten Ermessens ergibt.[40] Auch kann

---

30 Windoffer Jura 2017, 1274, 1281 f.
31 Vgl. auch Siegel, Rn. 671; für eine Klarstellung durch den Gesetzgeber plädierend Ruffert in: Ehlers/Pünder, § 26 Rn. 5.
32 Sachs in: Stelkens/Bonk/ders., § 51 Rn. 44; zur Verböserung im Widerspruchsverfahren vgl. § 20 Rn. 13 ff.
33 BVerwG Buchholz 316 § 51 VwVfG Nr. 61; BVerwG NVwZ 2021, 989, 992 Rn. 33.
34 BVerwGE 135, 121, 130 f.
35 Vgl. BVerwG NVwZ 2021, 989, 992; zur Ermessensreduzierung, wenn die Aufrechterhaltung „schlechthin unerträglich" wäre, vgl. § 16 Rn. 10; s.a. Windoffer Jura 2017, 1274, 1280.
36 BVerwG BayVBl. 2012, 478, 479; NVwZ 2021, 989, 992.
37 OVG Münster Beschl. v. 10.1.2019 – 11 A 2560/16, Rn. 20 juris.
38 BVerwG NVwZ 2007, 709, 711; NVwZ 2021, 989, 992.
39 Windoffer Jura 2017, 1274, 1280; BVerwG NVwZ 2021, 989, 992.
40 Bejaht bei bestandskräftig gewordenen Ruhensbescheiden im Beamtenrecht ua auch im Hinblick auf ihre Eigenschaft als Dauerverwaltungsakt BVerwGE 169, 318, 330 f. Rn. 43 ff.

sich aus dem Unionsrecht eine solche Verpflichtung zu einem Wiederaufgreifen ergeben,[41] nämlich wenn der Einzelne den Rechtsweg beschritten hat, die letztinstanzliche Gerichtsentscheidung auf einer unrichtigen Auslegung des Unionsrechts beruht, die erfolgte, ohne dass der EuGH um Vorabentscheidung ersucht wurde, obwohl die Voraussetzungen des Art. 267 Abs. 3 AEUV vorlagen, und der Antragsteller unmittelbar nach Entscheidung des EuGH in einer anderen Rechtssache zur fraglichen Unionsnorm von den nationalen Behörden das Wiederaufgreifen des Verfahrens verlangt.[42] Im Fall des Wiederaufgreifens ist bei der neuen Sachentscheidung (**Stufe 2**)[43] in das Ermessen vorrangig einzubeziehen, wie groß die Wahrscheinlichkeit einer Rechtsverletzung ist, ferner, ob die Verwaltungsentscheidung bereits weitere bzw. weitergehende Folgen nach sich gezogen hat, etwa weil sie länger zurückliegt oder ihr privatrechtsgestaltende Wirkung (allg. zum privatrechtsgestaltenden Verwaltungsakt § 12 Rn. 8) zukommt.[44] Dergestalt hat die Behörde zu entscheiden, ob der Verwaltungsakt zurückgenommen, geändert oder im Wege eines Zweitbescheides bestätigt werden soll.[45]

V. Exkurs: Wiederaufnahme des verwaltungsgerichtlichen Verfahrens

Nicht zu verwechseln mit dem Wieder*aufgreifen* des (Verwaltungs-)Verfahrens aufgrund § 51 VwVfG ist die verwaltungs**gerichtliche** Wieder*aufnahme* des Verfahrens nach § 153 VwGO. Sie stellt kein klassisches Rechtsmittel (dazu § 22), sondern einen **außerordentlichen Rechtsbehelf** zur Korrektur bereits rechtskräftiger gerichtlicher Entscheidungen dar.[46] Das Verfahren wird gem. § 153 Abs. 1 VwGO durch die entsprechenden Vorschriften der Zivilprozessordnung bestimmt. Da die Rechtskraft von Gerichtsentscheidungen zur Rechtssicherheit und zum Rechtsfrieden beiträgt, kommt eine solche Durchbrechung der Rechtskraft nur ausnahmsweise aus Gründen der materiellen Gerechtigkeit in Betracht, wenn die Gerichtsentscheidung an einem gravierenden Fehler leidet.[47] Das Gesetz unterscheidet zwischen Nichtigkeits- und Restitutionsklage, § 153 Abs. 2 VwGO. Die **Nichtigkeitsklage** dient einer Geltendmachung der in § 579 ZPO genannten **schweren Verfahrensmängel des Gerichtsverfahrens** (zB wenn das Gericht nicht vorschriftsmäßig besetzt war oder ein kraft Gesetzes ausgeschlossener Richter an der Entscheidung mitgewirkt hat), die über den Verweis in § 153 Abs. 1 VwGO auch im Verwaltungsprozess beachtlich sind.[48] Sofern ein solcher Fehler tatsächlich besteht, ist die angegriffene Entscheidung aufzuheben, und zwar **unabhängig davon, ob der Mangel für deren Inhalt in irgendeiner Weise ursächlich** geworden ist. In der Hauptsache muss dann gem. § 153 Abs. 1 VwGO iVm § 590 Abs. 1 ZPO neu entschieden werden. Leidet dagegen die Entscheidungsgrundlage des Gerichts an einem

8

---

41 BVerwGE 135, 121, 132 f.
42 EuGH NVwZ 2004, 459, 460; 2008, 870, 872; EuGRZ 2020, 546, 564 Rn. 188 auch zur Unionsrechtskonformität des Verlangens eines Mitgliedstaates nach einem Antrag auf Überprüfung innerhalb angemessener Frist.
43 Zum Vorstehenden BVerwG NVwZ 2010, 656; dazu Waldhoff JuS 2010, 753; zur hier ebenfalls streitigen Frage der Rechtsgrundlage Siegel, Rn. 675; Windoffer Jura 2017, 1274, 1282; Gesetzestext spricht für Ausrichtung an §§ 48, 49 VwVfG, die Rspr. orientiert sich aber überwiegend nur am materiellen Recht.
44 Näher Britz/Richter JuS 2005, 198, 200; Haack AöR 133 (2008), 43, 59 ff.; die Ermessensausübung kann aber auch auf eine rechtlich allein zulässige Entscheidung beschränkt sein, BVerwGE 95, 86; bereits § 16 Rn. 10 und § 14 Rn. 48 f.
45 Eine Beschränkung auf die in § 48 Abs. 1 S. 1, § 49 Abs. 1 VwVfG festgelegten Möglichkeiten der Aufhebung des Verwaltungsakts ex nunc oder ex tunc besteht nicht, BVerwG NVwZ 2010, 656.
46 Guckelberger in: Sodan/Ziekow, VwGO, § 153 Rn. 2 f.
47 Guckelberger in: Sodan/Ziekow, VwGO, § 153 Rn. 3 mwN.
48 BVerfG NVwZ 2018, 582 f.

besonders schweren Mangel, weil ein in § 580 ZPO aufgeführter Restitutionsgrund vorliegt (etwa aufgrund einer gefälschten Urkunde)[49] und sich dieser auf den Inhalt der Gerichtsentscheidung ausgewirkt hat, also **kausal war**, ermöglicht die **Restitutionsklage** eine Aufhebung dieser Entscheidung und eine Neuentscheidung in der Hauptsache.

▶ **Zu Fall 17:** Das Wiederaufgreifen des Verfahrens gem. § 51 VwVfG setzt voraus, dass ein entsprechender Antrag zulässig und begründet ist. Der Antrag des D bezieht sich auf einen unanfechtbaren Verwaltungsakt (s. den erfolglosen gerichtlichen Rechtsschutz in Bezug auf die Ablehnung des Positiv-Attests). Für ein Wiederaufgreifen ieS muss D schlüssig einen Wiederaufgreifensgrund iSd § 51 Abs. 1 VwVfG dartun. Letzteres erscheint fraglich. In Betracht kommt das Vorliegen neuer Beweismittel, was nach § 51 Abs. 1 Nr. 2 VwVfG zum Wiederaufgreifen verpflichtet. Auch Sachverständigengutachten sind grds. Beweismittel (§ 26 Abs. 1 S. 2 Nr. 2 VwVfG). Zu beachten ist jedoch, dass nachträglich erstellte Sachverständigengutachten mit lediglich anderer Würdigung desselben Sachverhalts kein neues Beweismittel sind. Erforderlich ist vielmehr, dass sie ihrerseits auf neuen Tatsachen beruhen (vgl. Rn. 5). Anderenfalls bestünde die Möglichkeit, allein durch eine neue Stellungnahme das Verfahren wieder aufzurollen. Ein Gutachten als (neues) Beweismittel muss daher zu der sicheren Überzeugung führen (können), dass die Behörde damals von falschen tatsächlichen Voraussetzungen ausgegangen ist und in Kenntnis der wirklichen Verhältnisse zugunsten des Betroffenen entschieden hätte.[50] Vorliegend stellen die neuen Stellungnahmen über die Einordnung als wissenschaftliche Hochschule lediglich eine andere Auffassung dar, als sie der ursprünglichen Entscheidung zugrunde gelegt worden ist. Sie vermitteln keine neuen, damals nicht bekannten Erkenntnisse über den Sachverhalt der Anerkennung. Somit kann D allein aufgrund neuer bzw. anderer Bewertungen zur wissenschaftlichen Anerkennung der Bildungseinrichtung, an der er seinen „Doctor of Chiropractic" (D.C.) erworben hat, kein Wiederaufgreifen des Verfahrens ieS erreichen. Allenfalls wäre an ein Wiederaufgreifen des Verfahrens iwS nach § 51 Abs. 5 iVm § 48 Abs. 1 VwVfG zu denken. Da dieses jedoch im pflichtgemäßen Ermessen der Behörde steht und der fragliche Verwaltungsakt bereits erfolglos Gegenstand eines Gerichtsprozesses war, ist es nicht zu beanstanden, wenn die Verwaltung ein solches Ansinnen unter Verweis auf die Bestandskraft des Verwaltungsakts ablehnt. ◀

VI. Wiederholungs- und Verständnisfragen

> Welche zwei Begehren werden mit dem Antrag auf Wiederaufgreifen des Verfahrens nach § 51 VwVfG verfolgt? Welche Entscheidungsalternativen sind denkbar? (→ Rn. 1 f.)
> Welche Gründe führen zu einem Wiederaufgreifen des Verfahrens? (→ Rn. 5)
> Worin unterscheidet sich das Verfahren nach § 51 VwVfG von einem solchen auf Rücknahme und Widerruf eines Verwaltungsakts? (→ Rn. 3 ff., 7)
> Was versteht man – demgegenüber – unter Wiederaufnahme des verwaltungsgerichtlichen Verfahrens? (→ Rn. 8)

---

49 S. dazu auch BVerfG NVwZ 2018, 582 f.
50 BVerwGE 82, 272, 277.

§ 18 Nebenbestimmungen zum Verwaltungsakt

▶ **FALL 18:** E beantragt eine Baugenehmigung für ein Geschäftshaus im Stadtzentrum. Diese wird ihm unter Gewährung einer Befreiung wegen Überschreitung der zulässigen Geschosszahl mit der Maßgabe erteilt, dass er Einstellplätze für insgesamt 20 Fahrzeuge schafft **(a)**. D, der in diesem Haus eine Diskothek betreiben will, erhält die hierfür erforderliche Genehmigung mit dem Zusatz, dass er maximal 500 Personen in die Disko einlassen darf **(b)**. Um welche Art von Nebenbestimmung handelt es sich jeweils? ◀

Die Verwaltung kann die Hauptregelung, welche jeder Verwaltungsakt definitionsgemäß enthält (zum Regelungsmerkmal des Verwaltungsakts § 12 Rn. 10 ff.), mit Nebenbestimmungen versehen. Davon wird in der Praxis häufig Gebrauch gemacht, etwa um sicherzustellen, „dass die gesetzlichen Voraussetzungen des Verwaltungsaktes erfüllt werden" (sog. sichernde Nebenbestimmungen), s. § 36 Abs. 1 Alt. 2 VwVfG.[1] Wenn zB der Bürger eine Baugenehmigung beantragt, dafür aber (noch) nicht alle rechtlichen Anforderungen vorliegen, könnte die Behörde mit einer Genehmigungsverweigerung reagieren. Sie kann aber auch mit einem „Ja, aber …"[2] antworten, also mit einer Erlaubnis unter einer Nebenbestimmung, bei deren Erfüllung alle Voraussetzungen für die Zulassung eingehalten sind.[3] Ein begünstigender Verwaltungsakt unter Beifügung einer Nebenbestimmung ist „vielfach das mildere Mittel gegenüber einer sonst erforderlichen Ablehnung".[4] Derartige Nebenbestimmungen eröffnen der Verwaltung im Interesse des Betroffenen Flexibilität, da sich so Alles- oder Nichts-Lösungen vermeiden lassen.[5] In Bereichen, in denen die Verwaltung über ein Ermessen verfügt, kann sie durch die Beifügung von Nebenbestimmungen das durch den jew. Verwaltungsakt begründete Rechtsverhältnis näher ausgestalten (sog. gestaltende Nebenbestimmungen).[6] Für diese Konstellation trifft § 36 Abs. 2 VwVfG eine allgemeine Regelung.

Im Fachrecht finden sich vielfach **Spezialvorschriften** zu den Nebenbestimmungen. Hier sei auf § 35 Abs. 5 S. 2 iVm S. 3 BauGB verwiesen, der eine besondere Rechtsgrundlage für den Erlass von Nebenbestimmungen zur Einhaltung der Rückbaupflicht von baulichen Anlagen im Außenbereich enthält,[7] die ua bei Windenergieanlagen relevant wird. Gem. § 69a Abs. 2 GewO kann die Behörde die Festsetzung zB eines Jahr- oder Spezialmarktes mit Auflagen zum Schutz der Veranstaltungsteilnehmer vor Lebens- und Gesundheitsgefahren verbinden. **Allgemein** werden die Nebenbestimmungen in § 36 VwVfG geregelt. Begrifflich setzt eine Nebenbestimmung eine „Hauptregelung" voraus, die selbstständig Bestand haben kann.[8] Umgekehrt ist ein wesentliches Merkmal der Nebenbestimmung ihre **Akzessorietät zur Hauptregelung**.[9] Ohne eine solche ist auch die Nebenbestimmung gegenstandslos.

---

1 Terminologie in Anlehnung an Traub, Nebenbestimmungsfeindliche Verwaltungsakte, S. 58.
2 Maurer/Waldhoff, § 12 Rn. 2.
3 Zu den Einsatzmöglichkeiten von Nebenbestimmungen Heitsch DÖV 2003, 367.
4 BVerwGE 153, 301, 304.
5 Voßkuhle/Kaufhold JuS 2012, 699; s.a. Ruffert in: Ehlers/Pünder, § 23 Rn. 1.
6 Terminologie in Anlehnung an Traub, Nebenbestimmungsfeindliche Verwaltungsakte, S. 58.
7 BVerwGE 144, 341, 345.
8 Vgl. Ipsen, Rn. 552.
9 VGH Mannheim Beschl. v. 7.3.2022 – 3 S 1907/21, Rn. 25 juris.

2 Bei Nebenbestimmungen ergeben sich vornehmlich zwei Problemkreise:
- In materiellrechtlicher Hinsicht fragt sich, unter welchen Voraussetzungen die Behörde einen Verwaltungsakt mit Nebenbestimmungen versehen darf (dazu Rn. 13 f.).
- Bei prozessualer Betrachtung wird klärungsbedürftig, ob bzw. wann ein isoliertes Vorgehen im Klageweg gegen eine Nebenbestimmung statthaft ist (dazu Rn. 15 ff.; ferner, wann Nebenbestimmungen selbstständig vollstreckbar sind; dazu nachfolgend Rn. 8, 10).

Beides setzt nähere Kenntnis der Nebenbestimmungen voraus.

I. Arten von Nebenbestimmungen, Rechtsnatur, Abgrenzung

§ 36 Abs. 2 VwVfG enthält eine nicht abschließende Auflistung besonders praxisrelevanter Arten von Nebenbestimmungen[10] und zugleich Legaldefinitionen für die Befristung, Bedingung, Auflage sowie den Widerrufs- und Auflagenvorbehalt.

1. Befristung

3 Die Befristung (§ 36 Abs. 2 Nr. 1 VwVfG) ist eine Bestimmung, nach der eine Vergünstigung oder Belastung

- zu einem bestimmten Zeitpunkt beginnt (aufschiebende Befristung, Anfangstermin), etwa wenn G im April einen Bescheid erhält, wonach ihm ab dem 1. Juni die Aufstellung einer Werbetafel erlaubt wird,
- zu einem bestimmten Zeitpunkt endet (auflösende Befristung, Endtermin), etwa dass B die nächsten Wochen bis zum 1. Juni das Rathaus nicht betreten darf, oder
- für einen bestimmten Zeitraum gilt (Zeitraumbefristung), etwa dass G vom 1.4. bis 1.10. den Gehweg vor seiner Gaststätte bestuhlen darf.

Die Befristung bezieht sich somit auf den zeitlichen Geltungsbereich der Regelung in dem Verwaltungsakt. Der Eintritt des begrenzenden Ereignisses muss **gewiss** sein, ohne dass der genaue Zeitpunkt notwendig bekannt sein muss. Eine Befristung liegt auch dann vor, wenn der Zeitraum lediglich bestimmbar ist (etwa: „Ostersonntag"/Erteilung einer Aufenthaltserlaubnis für die Dauer des Studiums, § 7 Abs. 1 S. 1 iVm § 16b AufenthG).

2. Bedingung

4 Bei einer Bedingung (§ 36 Abs. 2 Nr. 2 VwVfG) hängt der Eintritt oder der Wegfall einer Vergünstigung oder Belastung dagegen von dem **ungewissen** Eintritt eines zukünftigen Ereignisses ab.[11] Die Ungewissheit kann sich sowohl auf den Zeitpunkt des Eintritts des Umstandes als auch darauf beziehen, ob es überhaupt zu dem Ereignis kommen wird. Soll das Ereignis zur Folge haben, dass die Vergünstigung oder Belastung (erst dann) eintritt, handelt es sich um eine **aufschiebende Bedingung** (etwa Erlaubnis zum Betrieb einer Verbrennungsanlage, sobald ein ganz bestimmter Filter eingebaut ist). Soll hingegen die Begünstigung oder Belastung im Gefolge des Ereignis-

---

10 Terminologie in Anlehnung an Traub, Nebenbestimmungsfeindliche Verwaltungsakte, S. 17 f.
11 S.a. OVG Schleswig Urt. v. 30.11.2021 – 4 MB 32/21, Rn. 72 juris.

ses wegfallen, liegt eine **auflösende Bedingung** vor; Beispiel hierfür ist die Aufenthaltserlaubnis eines Ausländers für die Dauer der Beschäftigung bei einem bestimmten Arbeitgeber (ungewisses, nicht bestimmbares Ereignis).[12] Die Bedingung kann sowohl an Gegebenheiten geknüpft werden, die in der Hand des Betroffenen liegen (zB Nachweis bestimmter Fähigkeiten), als auch an solche, die sich seinem Einwirkungsbereich entziehen (etwa Gewährung einer staatlichen Beihilfe „unter dem Vorbehalt der Genehmigung" durch die EU-Kommission).[13] Weil infolge der Bedingung kraft Gesetzes die Regelung beginnt oder endet, muss das Ereignis aus Gründen der Rechtssicherheit sowie entsprechend dem allgemeinen Sprachgebrauch in einer Handlung, Erklärung oder einem Geschehnis liegen, das in der Außenwelt wahrnehmbar ist. Eine Anknüpfung an Vorstellungen in der Gedankenwelt eines Beteiligten ist nicht möglich.[14] Aus vergleichbaren Erwägungen bildet die rechtliche Neubewertung eines Zuwendungsfalles auch bei gebundenen Entscheidungen kein Ereignis iSd § 36 Abs. 2 Nr. 2 VwVfG.[15]

3. Widerrufsvorbehalt

Mithilfe des Widerrufsvorbehalts (§ 36 Abs. 2 Nr. 3 VwVfG) behält sich die Behörde die Möglichkeit vor, durch eine zukünftige Erklärung die Wirksamkeit eines Verwaltungsakts zu beenden.[16] Sinn und Zweck des Widerrufsvorbehalts ist es, das Entstehen schutzwürdigen Vertrauens zu verhindern (vgl. § 49 Abs. 2 S. 1 Nr. 1 VwVfG),[17] um so die spätere Aufhebung des Verwaltungsakts zu erleichtern. So lässt sich eine Subventionsbewilligung mit dem Vorbehalt des Widerrufs im Fall zweckwidriger Verwendung der Leistung verbinden. Gem. § 49 Abs. 4 VwVfG wird mit Wirksamwerden des Widerrufs der widerrufene Verwaltungsakt unwirksam, soweit die Behörde keinen anderen Zeitpunkt bestimmt hat.

4. Auflage

Die Auflage (§ 36 Abs. 2 Nr. 4 VwVfG) ist eine Bestimmung, durch die dem Adressaten der Hauptregelung ein zusätzliches Tun, Dulden oder Unterlassen vorgeschrieben wird. Sie ist nur bei begünstigenden Verwaltungsakten zulässig. Im Unterschied zur Befristung, Bedingung und zum Widerrufsvorbehalt begründet die Auflage eine eigenständige, zusätzliche Verpflichtung (zur Folge eigenständiger Vollstreckbarkeit nachfolgend Rn. 8, 10). Dennoch bezieht sich die Auflage – wie die anderen Nebenbestimmungen auch – auf den Hauptverwaltungsakt und ist in ihrem Bestand von der Wirksamkeit dieser Regelung abhängig (akzessorisch).[18] Um einen (Haupt-)Verwaltungsakt mit einer derartigen Nebenbestimmung handelt es sich bspw. bei einer Baugenehmigung für ein Wohnhaus mit der Maßgabe, dass der Bauherr den hinteren, unbebauten Teil des Grundstücks begrünt.

---

12 OVG Koblenz DÖV 1966, 209.
13 Näher Koenig/Pickartz NVwZ 2002, 151.
14 BVerwGE 152, 211, 213; s.a. Waldhoff JuS 2016, 187, 188; OVG Münster Urt. v. 17.6.2020 – 4 A 436/17, Rn. 46 juris.
15 BVerwG BayVBl. 2018, 203, 204.
16 Zum „Berichtigungsvorbehalt" als Nebenbestimmung Axer DÖV 2003, 271, 275.
17 BVerwG Urt. v. 12.9.2019 – 8 C 9/18, Rn. 18 juris. Näher § 16 Rn. 26.
18 Vgl. vorstehend Rn. 1; BVerwG Urt. v. 22.11.2018 – 7 C 9/17, Rn. 23 juris.

5. Auflagenvorbehalt

7 Schließlich besteht die Möglichkeit, einen Verwaltungsakt mit einem Auflagenvorbehalt zu versehen (§ 36 Abs. 2 Nr. 5 VwVfG). Im Wege des Auflagenvorbehalts kündigt die Behörde an, dass sie ggf. später durch Aufnahme, Änderung oder Ergänzung einer Auflage auf den Verwaltungsakt Einfluss nehmen wird. In seiner Funktion ähnelt der Auflagenvorbehalt dem Widerrufsvorbehalt und schließt wie jener die Entstehung schutzwürdigen Vertrauens aus. Ein Beispiel für einen Auflagenvorbehalt stellt die Genehmigung einer industriellen Anlage mit der Maßgabe dar, dass der Einbau eines zusätzlichen Filters angeordnet werden kann, falls der Schadstoffausstoß einen bestimmten Grenzwert übersteigen sollte.

6. Rechtsnatur der Nebenbestimmungen

8 Befristung, Bedingung und Widerrufsvorbehalt bestimmen den Beginn oder das Ende der Wirksamkeit eines Verwaltungsakts. Demzufolge fehlt ihnen ein eigenständiger sachlicher Regelungsgehalt; sie begrenzen lediglich die Hauptverfügung.[19] Hingegen enthält die Auflage als Verpflichtung des Begünstigten zu einem Tun, Dulden oder Unterlassen eine **eigene Sachregelung**.[20] Deshalb wird der Auflage überwiegend Verwaltungsaktqualität[21] zugesprochen – mit der Folge isolierter Vollstreckbarkeit.[22] Umstritten ist die Rechtsnatur des Auflagenvorbehalts. Vorzugswürdig erscheint die Einordnung als Verwaltungsakt, weil dem Auflagenvorbehalt ein eigener Regelungsgehalt zukommt, und zwar in der zum Ausdruck gebrachten Befugnis zur nachträglichen Festsetzung selbstständig durchsetzbarer Anordnungen.[23]

7. Abgrenzung

a) Abgrenzung zwischen Auflage und Bedingung

9 Auflage und Bedingung lassen sich mitunter schwer voneinander unterscheiden, v.a. dann, wenn ein begünstigender Verwaltungsakt in Abhängigkeit zu einem Tun, Dulden oder Unterlassen des Adressaten gestellt ist. Weil beide Nebenbestimmungen eine ähnliche Formulierung erfahren können, ist oft zweifelhaft, ob dem Verwaltungsakt eine Bedingung oder Auflage beigefügt ist (etwa, wenn dem Gastwirt G die nach dem einschlägigen Landesrecht notwendige Genehmigung zum Betreiben einer Gaststätte[24] mit der Maßgabe erteilt wird, über die bereits vorhandenen (drei) Toiletten hinaus eine weitere einzurichten). Eine Zuordnung ist geboten: Zum einen deshalb, weil Auflagen und Bedingungen jew. unterschiedliche Rechtsfolgen zeitigen. Zum anderen kann sich die Einordnung auf ihre Durchsetzbarkeit (vgl. bereits Rn. 8), möglicherweise auch auf den Rechtsschutz gegen die Nebenbestimmung (dazu sogleich Rn. 15 ff.) auswirken.

---

19 Maurer/Waldhoff, § 12 Rn. 1, vgl. auch Rn. 8 in Bezug auf die Befristung und Bedingung.
20 Vgl. in diesem Zusammenhang die Formulierung in § 36 Abs. 2 VwVfG: Auflagen und Auflagenvorbehalte werden mit dem Verwaltungsakt „verbunden"; Befristungen, Bedingungen und Widerrufsvorbehalte werden hingegen mit dem Verwaltungsakt „erlassen".
21 Siegel, Rn. 422; anders die ältere Literatur, vgl. Fehn DÖV 1988, 203.
22 Etwa OVG Berl-Bbg Beschl. v. 3.12.2019 – 11 S 75.18, Rn. 12 juris; Stelkens in: Stelkens/Bonk/Sachs, § 36 Rn. 86; zur Verwaltungsvollstreckung näher § 19.
23 Maurer/Waldhoff, § 12 Rn. 13; Siegel, Rn. 423. AA Ipsen, Rn. 578. Zum Tatbestandsmerkmal der Regelung § 12 Rn. 10 ff.
24 Achtung: Inzwischen sind mehrere Bundesländer vom Erfordernis einer Gaststättenerlaubnis zu einem Anzeigeverfahren übergegangen: § 2 Abs. 1 S. 1 BbgGastG; § 2 Abs. 1, 2 HessGastG; § 2 Abs. 1 S. 1 NdsGastG; § 3 Abs. 1 S. 1 SaarlGastG; § 2 Abs. 1 SächsGastG; § 2 Abs. 1 S. 1 GastG LSA; § 2 Abs. 1 S. 1 ThürGastG.

Mit Blick auf die unterschiedlichen **Rechtswirkungen** von Bedingung und Auflage stellt sich die Lage wie folgt dar: Bei einer Verbindung mit einer Auflage ist der Verwaltungsakt zunächst wirksam. Wäre die im obigen Beispiel zusätzlich angeordnete Installation einer Toilette als Auflage zu qualifizieren, könnte G seine Gaststätte aufgrund einer wirksamen Erlaubnis sofort betreiben. Wird die Auflage nicht erfüllt, hat die Behörde nach § 49 Abs. 2 S. 1 Nr. 2 VwVfG die Möglichkeit, den Verwaltungsakt, hier die Gaststättenerlaubnis, zu widerrufen (für leistungsgewährende Verfügungen vgl. § 49 Abs. 3 S. 1 Nr. 2 VwVfG). Es bedarf also einer zusätzlichen behördlichen Entscheidung, um die Wirksamkeit des Verwaltungsakts zu beenden.[25] Alternativ kann die Auflage als selbstständiger Verwaltungsakt im Wege der Verwaltungsvollstreckung durchgesetzt werden (vorstehend Rn. 6, 8; näher zur Verwaltungsvollstreckung § 19). Im Gegensatz dazu würde die unter einer Bedingung erlassene Genehmigung nicht wirksam, solange die mit ihr verbundene Anordnung nicht befolgt wurde. Erfüllt also G die Bedingung (zusätzliche Toilette) nicht und nimmt dennoch den Betrieb seiner Gaststätte auf, so tut er dies unerlaubt, mithin rechtswidrig. Es gilt daher der auf *Savigny* zurückgehende Satz: „Die Bedingung suspendiert, zwingt aber nicht, die Auflage zwingt, suspendiert aber nicht."[26]

Die Abgrenzung zwischen Auflage und aufschiebender Bedingung erfolgt mittels **Auslegung**: Entscheidend kommt es auf den materiellen Gehalt des behördlichen Zusatzes an, der anhand der jew. Umstände nach dem Empfängerhorizont zu ermitteln ist.[27] Die Bezeichnung als Bedingung oder Auflage ist nicht entscheidend; sie stellt nur ein Indiz für das von der Behörde Gewollte dar. Zur Ermittlung des behördlichen Willens sind folgende Kriterien heranzuziehen:[28]

- Wenn die Nebenbestimmung für die Behörde so **wichtig** ist, dass sie davon die Wirksamkeit des Verwaltungsakts abhängig macht, liegt eine Bedingung vor.
- Ist eine Bedingung im konkreten Fall unzulässig, die Auflage aber zulässig, so wird eine Auflage vorliegen, weil davon auszugehen ist, dass die Behörde stets **rechtmäßig** handeln will.
- **Im Zweifel** ist eine **Auflage** anzunehmen, zumal sie für beide Beteiligten günstiger ist: für den Bürger, weil er auch bei Nichterfüllung die Rechte aus dem begünstigenden Verwaltungsakt zunächst behält, für die Behörde wegen der Möglichkeit, die Auflage zu vollstrecken (vgl. vorstehend Rn. 6, 8, 10).

Im Beispiel ergibt sich unter Berücksichtigung des Vorgenannten: Angesichts der vorhandenen Toiletten und weil der Betrieb des Lokals bereits mit dieser Ausstattung (sozial-)hygienische Aspekte berücksichtigt, besitzt die Anordnung für die Behörde nicht die Bedeutung, dass die Gaststättenerlaubnis erst mit der Errichtung einer weiteren Toilette wirksam werden soll. Daher ist eine Auflage anzunehmen. Etwas anderes würde gelten, wenn noch keinerlei Toiletten vorhanden wären. In einem solchen Fall spräche alles für die Annahme einer aufschiebenden Bedingung.

---

25 Traub, Nebenbestimmungsfeindliche Verwaltungsakte, S. 20 f.
26 Auf Savigny, System des heutigen römischen Rechts, Bd. III, 1840, S. 231, zurückgehend. S.a. Stelkens in: Stelkens/Bonk/Sachs, § 36 Rn. 86.
27 Vgl. nur OVG Magdeburg Beschl. v. 10.6.2021 – 2 M 33/21, Rn. 30 juris.
28 VGH Mannheim Beschl. v. 7.3.2022 – 3 S 1907/21, Rn. 7 juris; Maurer/Waldhoff, § 12 Rn. 18; Voßkuhle/Kaufhold JuS 2012, 699, 701. Nach VGH München BayVBl. 2017, 747, 748 bedarf es aber bei der ausdrücklichen Bezeichnung einer Nebenbestimmung gewichtiger Gründe für eine davon abweichende Einordnung.

b) Abgrenzung zwischen Auflage und Inhaltsbestimmung sowie „modifizierender Auflage"

12 Die Auflage ist des Weiteren von der „modifizierenden Auflage" abzugrenzen. Bei Letzterer handelt es sich um eine Rechtsfigur der Rspr.;[29] gemeint ist eine vorhabenbezogene Regelung, welche die eigentlich beantragte Genehmigung inhaltlich verändert, also modifiziert (etwa, wenn der Bauherr eine Baugenehmigung für ein Haus mit Giebeldach begehrt, die Behörde ihm aber ein Haus mit Flachdach genehmigt).[30]

In der Literatur ist der Begriff der modifizierenden Auflage zu Recht durchweg auf Kritik gestoßen. Tatsächlich erscheint der Terminus irreführend; der Rechtsfigur bedarf es überdies nicht.[31] In der Sache wird im Gegensatz zur Auflage iSd § 36 Abs. 2 Nr. 4 VwVfG keine neben dem Grundverwaltungsakt zusätzliche, vollstreckbare Verpflichtung zu einem Tun, Dulden oder Unterlassen begründet, sondern anstelle des Gewünschten ein „aliud" gewährt.[32] Der Inhalt des Verwaltungsakts erfährt im Vergleich zur beantragten Verfügung eine qualitative Veränderung. Es handelt sich daher nicht um eine Nebenbestimmung, sondern um eine Inhaltsbestimmung, also die Regelung des Verwaltungsakts selbst.[33] Das ist auch von der Gerichtsbarkeit so gesehen worden, wenn ein Antrag auf Erteilung einer Genehmigung für das Veranstalten und Betreiben von Online-Casinospielen ohne eine Mindestspielzeitdauer gestellt wird, die Behörde die Genehmigung jedoch nur mit der Maßgabe der Einhaltung der Mindestspieldauer nach der SpielV erteilt. Es handelt sich dabei nicht um eine echte Auflage, deren Einhaltung Bestand und Wirksamkeit der Vergünstigung nicht berühren soll, sondern um eine Inhaltsbestimmung, weil ein „Spiel ohne Spieldauer" nicht denkbar ist.[34]

In der Praxis stellte sich in letzter Zeit vermehrt die Abgrenzungsfrage zwischen dem Vorliegen einer Inhaltsbestimmung und einer Nebenbestimmung iSd § 36 Abs. 2 VwVfG. Wie bereits dargestellt, ist für die Abgrenzung auf den Erklärungswert bei einer objektiven Betrachtung aus der Sicht des Empfängers abzustellen, ohne dass der von der Behörde gewählten Bezeichnung entscheidende Bedeutung zukommt.[35] Bei einer Inhaltsbestimmung handelt es sich um ein Element der Hauptregelung, durch welche das genehmigte Tun oder Verhalten entsprechend dem Antrag oder hiervon abweichend festgelegt wird.[36] Demgegenüber tritt bei der Auflage eine zusätzliche Regelung zum Grundverwaltungsakt hinzu, die selbstständig durchsetzbar ist.[37]

---

29 BVerwG DÖV 1974, 380.
30 Vgl. Ramsauer in: Kopp/ders., § 36 Rn. 74.
31 Peine, Rn. 536; Maurer/Waldhoff, § 12 Rn. 17.
32 S.a. OVG Schleswig Urt. v. 23.3.2017 – 4 LB 2/16, Rn. 26 juris. Strittig bei einer sog. Tekturgenehmigung (nachträglich abändernde Genehmigung, die eine gerichtlich beanstandete Nachbarrechtsverletzung ausräumen soll): lediglich Veränderung im Rahmen der ursprünglichen Genehmigung, VGH München NVwZ-RR 2007, 821; aliud, also neue Baugenehmigung, OVG Münster NVwZ-RR 1997, 447. Auch ansonsten stellen sich die neben dem vorstehenden Beispiel genannten Konstellationen vielfach als solche dar, die als „normale" Auflage(n) eingeordnet werden können: Genehmigung eines Betriebes mit der Maßgabe, einen bestimmten Lärmpegel nicht zu überschreiten/Aufenthaltserlaubnis unter der Auflage, nicht selbstständig gewerblich tätig zu werden; zu den Beispielen Maurer/Waldhoff, § 12 Rn. 16.
33 Ipsen, Rn. 600; Bull/Mehde, Rn. 724; sondergesetzliche Ausprägung etwa in § 13 WHG.
34 OVG Schleswig ZfWG 2017, 295, 296. Dazu, dass die Abgrenzung zwischen Inhalts- und Nebenbestimmung anhand der Auslegung des objektiven Erklärungsgehalts des Bescheids und nicht der Bezeichnung zu erfolgen hat, BVerwG ZfWG 2018, 266, 267.
35 BVerwG ZfWG 2018, 266, 267; BGH NVwZ-RR 2018, 341, 342.
36 BVerwG Urt. v. 22.11.2018 – 7 C 9/17, Rn. 23 juris.
37 BVerwG Beschl. v. 23.1.2018 – 8 B 29/17, Rn. 7 juris sowie Urt. v. 22.11.2018 – 7 C 9/17, Rn. 23 juris; s.a. Traub, Nebenbestimmungsfeindliche Verwaltungsakte, S. 24.

II. Rechtliche Zulässigkeit von Nebenbestimmungen

Es gibt Verwaltungsakte, die der Sache nach „nebenbestimmungsfeindlich" sind, wie Beamtenernennungen, Einbürgerungen und Prüfungsentscheidungen (Staatsexamen, Abitur).[38] In derartigen Konstellationen ergibt sich aus dem Fachrecht oder dessen Auslegung, dass ein Verwaltungsakt nicht mit (bestimmten) Nebenbestimmungen versehen werden darf.[39] Bspw. bestimmt § 15 Abs. 4 PBefG, dass die dort geregelte Genehmigung „nicht vorläufig oder mit einem Vorbehalt des Widerrufs" erteilt werden darf. Ansonsten ergibt sich die Zulässigkeit von Nebenbestimmungen entweder aus spezialgesetzlichen Regelungen (zB § 17 BImSchG, § 15 Abs. 1, Abs. 2 S. 1 VersG) oder, falls solche nicht vorhanden sind, aus § 36 VwVfG.

13

Hins. der Beifügung von Nebenbestimmungen ist sorgfältig zwischen gebundenen Verwaltungsakten (§ 36 Abs. 1 VwVfG) und Ermessensakten (§ 36 Abs. 2 VwVfG) zu unterscheiden. Nach § 36 Abs. 1 VwVfG sind Nebenbestimmungen bei **rechtlich gebundenen Entscheidungen** (also bei solchen, auf die bei Vorliegen der Voraussetzungen ein Anspruch besteht, daher auch wenn das behördliche Ermessen auf Null reduziert ist, vgl. § 14 Rn. 48) zum einen zulässig, wenn – wie häufig – Spezialvorschriften dies eröffnen. Auf diese Weise trägt der Gesetzgeber dem Umstand Rechnung, dass der Inhaber des Anspruchs durch eine solche Nebenbestimmung belastet wird, wenn er die Begünstigung etwa nur unter einer bestimmten Bedingung oder für einen gewissen Zeitraum erhält.[40] Da eine Verwaltungsvorschrift ohne Außenwirkung keinen gesetzlichen Anspruch verkürzen kann, stellt sie keine Rechtsvorschrift iSd § 36 Abs. 1 Alt. 1 VwVfG dar.[41] Zum anderen darf ein solcher gebundener Verwaltungsakt gem. § 36 Abs. 1 Alt. 2 VwVfG mit einer Nebenbestimmung versehen werden, wenn sie sicherstellen soll, dass die gesetzlichen Voraussetzungen des Verwaltungsakts erfüllt *„werden"*. Wie an dieser Formulierung deutlich wird, gestattet Alt. 2 der Verwaltung grds. nicht, einem Verwaltungsakt einen Widerrufsvorbehalt beizufügen, damit die Voraussetzungen des Verwaltungsakts künftig erfüllt *„bleiben"*. Auch der Umkehrschluss zu § 36 Abs. 1 Alt. 1 VwVfG spricht dafür, dass die 2. Alternative gerade nicht auf eine allgemeine Einschränkung fachgesetzlich eingeräumter Rechtspositionen durch die Beifügung von Nebenbestimmungen abzielt. Zudem hätte es die Verwaltung andernfalls in der Hand, die in § 49 Abs. 2 S. 1 VwVfG enthaltenen, aus Gründen des Vertrauensschutzes differenziert ausgestalteten Regelungen für den Widerruf begünstigender Verwaltungsakte durch eine derartige Nebenbestimmung zu unterlaufen.[42] Im Unterschied dazu sind bei **Verwaltungsakten**, deren Erlass im **Ermessen** der Behörde steht, Nebenbestimmungen nach Maßgabe ordnungsgemäßer Ermessensbetätigung zulässig, § 36 Abs. 2 VwVfG. Das liegt auf der Hand: Wenn es im Ermessen der Behörde liegt, ob sie den Verwaltungsakt überhaupt erlässt, muss sie auch berechtigt sein, diesen (ermessensfehlerfrei) unter Nebenbestimmungen zu erteilen.[43]

---

38 Ruffert in: Ehlers/Pünder, § 23 Rn. 13; eingehend dazu Traub, Nebenbestimmungsfeindliche Verwaltungsakte, S. 32 ff.
39 Ausführlich zum methodischen Vorgehen Traub, Nebenbestimmungsfeindliche Verwaltungsakte, S. 288 ff.
40 BVerwGE 153, 301, 304 f.
41 BVerwGE 163, 93, 96 Rn. 14.
42 BVerwGE 153, 301, 305; s.a. Hebeler JA 2016, 799 f.; dazu, dass ausnahmsweise etwas anderes gelten kann Traub, Nebenbestimmungsfeindliche Verwaltungsakte, S. 27 f., wonach bei Verwaltungsakten mit Dauerwirkung und zur Sicherung drittschützender Rechte gewisse Ausnahmen zuzulassen sind.
43 Maurer/Waldhoff, § 12 Rn. 21.

14 Sowohl in den Fällen des § 36 Abs. 1 VwVfG als auch denjenigen des Absatzes 2 hat die Verwaltung nach ihrem Ermessen („darf") über die Beifügung einer oder mehrerer Nebenbestimmungen zu befinden. Dieses muss die Behörde pflichtgemäß ausüben und die sich aus § 40 VwVfG ergebenden Ermessensgrenzen (zum Ermessen allg. § 14 Rn. 36 ff.) beachten. Insb. muss die Nebenbestimmung im Zusammenhang mit dem Zweck der Ermächtigungsgrundlage stehen (allg. § 14 Rn. 41). § 36 Abs. 3 VwVfG präzisiert dies dahin gehend, dass eine Nebenbestimmung dem Zweck des Verwaltungsakts nicht zuwiderlaufen darf (Koppelungsverbot).[44] Angesichts dessen wäre die Rücknahme einer Abrissverfügung unter der Bedingung, dass der Betroffene die seit längerer Zeit fälligen Müllabfuhrgebühren entrichtet, unzulässig. Ferner müssen Nebenbestimmungen die rechtsstaatlichen Prinzipien der Verhältnismäßigkeit und Bestimmtheit wahren.

III. Rechtsschutz gegen Nebenbestimmungen

15 Lange Zeit war streitig, ob und, wenn ja, welche Nebenbestimmungen isoliert angegriffen werden können, oder ob eine Beseitigung von Nebenbestimmungen nur zusammen mit der Hauptregelung möglich ist.[45] Im ersten Fall wäre Anfechtungsklage (§ 42 Abs. 1 Alt. 1 VwGO, näher zur Anfechtungsklage § 20 Rn. 17, 20 ff.) auf Aufhebung der Nebenbestimmung zu erheben. Hat die Klage Erfolg, wird lediglich die rechtswidrige Nebenbestimmung beseitigt; der Hauptverwaltungsakt bleibt hingegen bestehen. Im zweiten Fall müsste die Behörde dagegen zum Erlass eines neuen, nebenbestimmungsfreien Verwaltungsakts verpflichtet werden, sodass die Verpflichtungsklage (§ 42 Abs. 1 Alt. 2 VwGO, näher zur Verpflichtungsklage § 20 Rn. 18 ff.) einschlägig wäre.

1. Meinungsstand

16 Überblicksartig können folgende Grundpositionen unterschieden werden:[46]

- Nach einer Ansicht im Schrifttum ist ein isoliertes Vorgehen gegen Nebenbestimmungen im Wege der Anfechtungsklage ausgeschlossen, weil es dem Kläger der Sache nach um eine Erweiterung seiner Rechtsposition gehe.[47] Deshalb müsse immer **Verpflichtungsklage** auf Erlass eines uneingeschränkten Verwaltungsakts eingelegt werden.

- Teilweise wird nach der **Art der Nebenbestimmung** unterschieden:[48] Befristung, Bedingung und Widerrufsvorbehalt seien untrennbare und damit unselbstständige Teile des Verwaltungsakts. Gegen solche Nebenbestimmungen lasse sich nur Verpflichtungsklage auf Erlass eines nebenbestimmungsfreien Verwaltungsakts erheben. Auflage und Auflagenvorbehalt stellten dagegen selbstständige Verwaltungsakte dar,[49] so dass Anfechtungsklage auf Aufhebung dieser Nebenbestimmungen eingelegt werden könne. Diese Ansicht beruft sich ua auf den Gesetzestext des § 36 Abs. 2 VwVfG, wonach ein Verwaltungsakt mit einer Befristung, Bedingung

---

44 Vgl. Stelkens in: ders./Bonk/Sachs, § 36 Rn. 145; auch § 24 Rn. 14.
45 Zu alldem näher Fricke DÖV 2019, 49 ff.; Weiß in: Mann/Sennekamp/Uechtritz, § 36 Rn. 120 ff.
46 Vgl. zum Rechtsschutz gegen Nebenbestimmungen Schmidt VBlBW 2004, 81; Bickenbach in: Steinbach, S. 196, 197.
47 Stadie DVBl. 1991, 613; krit. Schmidt, § 7 Rn. 155.
48 So insb. die frühere Rspr. des BVerwG, zB BVerwGE 29, 261, 265; krit. Schmidt, § 7 Rn. 155.
49 Zur Auflage insoweit OVG Bautzen UPR 2006, 452; vgl. vorstehend Rn. 6, 8.

oder einem Widerrufsvorbehalt „erlassen", dagegen mit einer Auflage bzw. einem Auflagenvorbehalt „verbunden" wird.

- Eine weitere Auffassung unterscheidet danach, ob es sich bei dem Hauptverwaltungsakt um einen **Ermessensverwaltungsakt** oder einen **rechtlich gebundenen Verwaltungsakt** handelt.[50] Bei einem Ermessensakt sei die separate Aufhebung einer Nebenbestimmung bedenklich, weil der Behörde dann ein Verwaltungsakt aufgezwungen werde, den sie so nicht habe erlassen wollen. Um den Ermessensspielraum der Behörde zu wahren, müsse Verpflichtungsklage erhoben werden. Bei gebundenen Entscheidungen soll hingegen eine isolierte Anfechtung von Nebenbestimmungen möglich sein. Dem lässt sich jedoch entgegenhalten, dass die Verwaltung derartige Verwaltungsakte möglicherweise aufheben kann (s. § 49 VwVfG).[51]

- Nach heute überwiegender, auch in der Rechtsprechung vertretener Meinung ist eine **isolierte Anfechtung aller Nebenbestimmungen** zulässig, sofern sie vom Hauptverwaltungsakt abtrennbar sind.[52]

2. Beurteilung

Der Auffassung, die ausschließlich auf die Erhebung einer Verpflichtungsklage verweist, wird zu Recht entgegengehalten, dass sie die eigenständigen Regelungen von Nebenbestimmungen (insb. die der Auflage), die eine isolierte Angreifbarkeit nahelegen, übersieht. Zudem geht § 113 Abs. 1 S. 1 VwGO („soweit der Verwaltungsakt rechtswidrig ... ist") davon aus, dass ein Verwaltungsakt nur in Teilen aufgehoben werden kann. Die solcherart eröffnete Teilanfechtung bzw. Teilaufhebbarkeit spricht auch dagegen, den Rechtsschutz von der Art der Nebenbestimmung abhängig zu machen und nur bei Auflagen und Auflagenvorbehalten eine Anfechtungsklage gegen die Nebenbestimmung zuzulassen. Rechtswidrige Bestandteile eines Verwaltungsakts sollen aufgrund der Wertung des § 113 Abs. 1 S. 1 VwGO grds. separat angefochten und aufgehoben werden können. Voraussetzung dafür ist eine entsprechende Teilbarkeit des Verwaltungsakts, die bei Nebenbestimmungen in aller Regel anzunehmen sein wird: Ihre zusätzlichen Regelungen bzw. Teilgehalte dürften vom restlichen Verwaltungsakt sachlich trennbar sein; der Hauptverwaltungsakt wird normalerweise auch ohne die jeweilige Nebenbestimmung Sinn ergeben.[53] In Anbetracht dessen folgt aus § 113 Abs. 1 S. 1 VwGO regelmäßig die Möglichkeit einer isolierten Anfechtung sämtlicher Nebenbestimmungen. Eine solche Vorgehensweise steht zugleich im Interesse des Bürgers: Sein Ziel ist durchweg die bloße Beseitigung bzw. Anfechtung der (einschränkenden) Nebenbestimmung bei Aufrechterhaltung des begünstigenden Hauptverwaltungsakts.[54] Mit einer Verpflichtungsklage auf Erlass eines neuen Verwaltungsakts hingegen wäre er uU zur Aufgabe der hauptsächlichen Begünstigung gezwungen. Ansonsten wird die Frage, ob die Teilanfechtung zur isolierten Aufhebung der Nebenbestimmung führt, nach hM erst im Rahmen der **Begründetheitsprüfung** geklärt.[55]

---

50 So die späteren Entscheidungen des BVerwG, vgl. BVerwGE 55, 135, 136 ff.
51 BVerwGE 167, 60, 62 Rn. 14; Schmidt, § 7 Rn. 155; aA Funke, Rn. 154 ff.
52 BVerwGE 65, 139, 142; 144, 341, 342; OVG Bremen NordÖR 2011, 275, 276, anhand einer auflösenden Bedingung zu einer ausländerrechtlichen (Bleibe-)Duldung; krit. Labrenz NVwZ 2007, 161. Zu Fragen vorläufigen Rechtsschutzes insoweit Hellriegel/Malmendier DVBl. 2010, 486.
53 Maurer/Waldhoff, § 12 Rn. 27; Schmidt, § 7 Rn. 155; anders bei „Inhalts- und Nebenbestimmungen" nach § 13 WHG, vgl. Schlacke, § 11 Rn. 50.
54 S.a. Ruffert in: Ehlers/Pünder, § 23 Rn. 18.
55 BVerwGE 112, 221; 144, 341, 342; 167, 60, 62 f. Rn. 13, 15; Hufen, § 14 Rn. 46.

Eine isolierte Anfechtung der Nebenbestimmung ist demzufolge begründet, wenn einerseits die Nebenbestimmung rechtswidrig ist und andererseits der Hauptverwaltungsakt ohne die Nebenbestimmung in sinnvoller und rechtmäßiger Weise bestehen bleiben kann.[56] Ob und in welchem Umfang letzteres der Fall ist, ergibt sich aus dem materiellen Recht.[57] Eine derartige Aufhebung kann insb. dann erfolgen, wenn die Behörde bei gebundenen Entscheidungen zum Erlass des (Rest-)Verwaltungsakts verpflichtet ist.[58] Bei Ermessensentscheidungen ist die Klage begründet, wenn der (Haupt-)Verwaltungsakt erlassen werden durfte und die Behörde bei objektiver Betrachtung auch in Kenntnis der Fehlerhaftigkeit den Verwaltungsakt ohne die fragliche Teilregelung erlassen hätte.[59] Ist das nicht der Fall oder würde der verbleibende Verwaltungsakt nach Beseitigung der Nebenbestimmung rechtswidrig, kommt eine isolierte Aufhebung nicht in Betracht.[60] Dann kann der Kläger nur mit einer Verpflichtungsklage erfolgreich sein, wenn er einen Anspruch auf uneingeschränkte Begünstigung hat. Dergestalt wird zugleich den Bedenken an einer isolierten Aufhebbarkeit von Nebenbestimmungen bei Ermessensverwaltungsakten (vgl. vorstehend Rn. 16 f.) Rechnung getragen. Ggf. hat das Gericht den Kläger nach § 86 Abs. 3 VwGO auf die Folgen der von ihm gestellten Anträge hinzuweisen und auf sachdienliche Anträge hinzuwirken.[61] Scheidet eine isolierte Aufhebbarkeit der Nebenbestimmung offenkundig von vornherein aus, ist eine solche Anfechtungsklage nach der Rspr. unzulässig.[62]

Noch nicht abschließend höchstrichterlich geklärt ist, ob diese Rechtsprechung zur isolierten Anfechtbarkeit von Nebenbestimmungen auch für den Rechtsschutz gegen Inhaltsbestimmungen eines Verwaltungsakts gilt. Weil sich die Inhaltsbestimmung (bzw. „modifizierende Auflage", dazu Rn. 12) nicht vom Restverwaltungsakt trennen lässt, wird – nach allerdings nicht unumstrittener Meinung – in diesen Fällen eine Verpflichtungsklage auf Erteilung der uneingeschränkten resp. beantragten Genehmigung zu erheben sein.[63]

▶ **Zu Fall 18:** Die Zusätze enthalten weder eine zeitliche Beschränkung, mithin keine Befristung, noch einen Widerrufs- bzw. Auflagenvorbehalt. Vielmehr statuieren sie für den jew. Begünstigten eine Pflicht. Daher kann es sich entweder um Auflagen handeln, die dem Begünstigten ein Tun vorschreiben (§ 36 Abs. 2 Nr. 4 VwVfG), oder um aufschiebende Bedingungen, von deren Eintritt die Begünstigung abhängt (§ 36 Abs. 2 Nr. 2 VwVfG). Bei der Abgrenzung von Bedingung und Auflage ist zunächst die Bedeutung der Zusätze für den Gesamtverwaltungsakt zu berücksichtigen. Da E bereits im Wege der Befreiung eine

---

56 BVerwGE 112, 221, 224; 167, 60, 64 Rn. 19.
57 BVerwGE 167, 60, 64 Rn. 19.
58 Dies entspricht den Kriterien, die zur Annahme einer Teilnichtigkeit bzw. -rechtswidrigkeit von Verwaltungsakten führen und die insofern herangezogen werden können; vgl. zur Teilnichtigkeit § 15 Rn. 6; zur Teilrechtswidrigkeit § 15 Rn. 12 f.
59 Henneke in: Knack/ders., § 36 Rn. 85 f.
60 Vgl. BVerwGE 81, 185, 186; 112, 221, 224; OVG Bautzen NVwZ 2013, 989, Ls.; Decker in: Posser/Wolff, § 113 Rn. 36. Nach aA ist die Anfechtungsklage auch für den Fall eines rechtswidrigen Restverwaltungsakts begründet und die Behörde muss diesen gem. §§ 48, 49 VwVfG aufheben, vgl. Hufen/Bickenbach JuS 2004, 966, 967.
61 Vgl. auch Hufen/Bickenbach JuS 2004, 966, 968.
62 S.a. BVerwGE 167, 60, 62 Rn. 13.
63 VG Hamburg Urt. v. 13.9.2016 – 4 K 303/13, Rn. 32 juris; s.a. BVerwG Beschl. v. 23.1.2018 – 8 B 29/17, Rn. 7 juris, wo im Unterschied zu Inhaltsbestimmungen Nebenbestimmungen als isoliert anfechtbar eingeordnet werden. Ausführlich dazu, ob die Einordnung als Inhaltsbestimmung zur Annahme zwingt, dass damit eine isolierte Anfechtbarkeit ausscheidet, Fricke DÖV 2019, 48, 51 f. ua unter Verweis auf die Abgrenzungsprobleme für den Kläger.

§ 18 Nebenbestimmungen zum Verwaltungsakt § 18

über den allgemeinen Rahmen hinausgehende Nutzungsmöglichkeit zugesagt bekommen hat, spricht Überwiegendes dafür, dass diese erweiterte Nutzung nur dann erlaubt sein soll, wenn E die Einstellplätze errichtet hat. Die Befolgung des Zusatzes ist für die Baugenehmigung derart wichtig, dass davon deren Wirksamkeit abhängt. Bei **(a)** ist der Zusatz daher als (aufschiebende) Bedingung zu qualifizieren. Hins. **(b)** ergibt sich, dass D seine Diskothek betreiben darf. Er ist im Rahmen des Betriebes lediglich gehalten, nur eine begrenzte Zahl an Besuchern einzulassen. Die Genehmigung soll daher (gerade) ohne vorherige Erfüllung der Nebenbestimmung wirksam werden; es liegt eine Auflage vor.[64] ◄

IV. Wiederholungs- und Verständnisfragen

> Wie können Bedingungen und Auflagen voneinander unterschieden werden, wenn sie ein Tun, Dulden oder Unterlassen des Begünstigten fordern? (→ Rn. 9 ff.)

> Was versteht man unter einer modifizierenden Auflage? (→ Rn. 12)

> Unter welchen Voraussetzungen können einem Verwaltungsakt Nebenbestimmungen beigefügt werden? (→ Rn. 13)

> Sind Nebenbestimmungen isoliert anfechtbar? (→ Rn. 15 ff.)

---

64 Die Zulässigkeit einer Auflage bei Erteilung einer Gaststättenerlaubnis ist spezialgesetzlich in § 5 Abs. 1 Nr. 1 GastG geregelt. Danach muss sie vor Gefahren für Leben und Gesundheit der Gäste schützen.

§ 19 Vollstreckung von Verwaltungsakten

▶ **FALL 19**: J stellt seinen Pkw auf einer vor seinem Wohnhaus gekennzeichneten, am Straßenrand befindlichen Parkfläche ab und fährt für drei Wochen in den Urlaub. In dieser Zeit werden auf der Straße von der zuständigen Behörde mobile Halteverbotsschilder aufgestellt, weil dort ein Radweg errichtet werden soll. Das Fahrzeug des J behindert den Beginn der Bauarbeiten, woraufhin die Behörde es vom Abschleppunternehmer U vier Tage nach Aufstellen der Verkehrsschilder abschleppen lässt. Zu Recht (exemplarisch anhand §§ 6 ff. VwVG)? ◀

1 Wird der Inhalt eines befehlenden Verwaltungsakts von seinem Adressaten nicht freiwillig befolgt, kann dieser zwangsweise durchgesetzt werden. Unter der Verwaltungsvollstreckung versteht man die **zwangsweise Durchsetzung** von öffentlich-rechtlichen Verpflichtungen, die aufgrund eines Verwaltungsakts begründet werden, durch die Verwaltungsbehörden in einem besonderen Verwaltungsverfahren.[1] Wegen seiner hohen praktischen Bedeutung gehört das Verwaltungsvollstreckungsrecht zum Pflichtfachstoff, zumal diese Materie eine gute Gelegenheit bietet, bestimmte Fallkonstellationen, wie den Verwaltungszwang auch ohne Verwaltungsakt, und die Abgrenzung der einzelnen Zwangsmittel einzuüben.[2]

I. Grundstrukturen der Verwaltungsvollstreckung

1. Begriff und Bedeutung

2 Durch den Erlass von Verwaltungsakten schafft sich die Verwaltung zugleich **Vollstreckungstitel**, die sie bei Nichtbefolgung grds. mithilfe eigener Vollstreckungsorgane aufgrund ihrer Hoheitsgewalt durchsetzen kann (**Grundsatz der Selbstvollstreckung**).[3] In dieser **Selbsttitulierungsbefugnis der Verwaltung** liegt ein wesentlicher Unterschied zur Rechtsposition des Bürgers. Will dieser seine Ansprüche durchsetzen, muss er sich idR zunächst im Wege der Anrufung von Gerichten einen Vollstreckungstitel beschaffen (idR ein Urteil), s. § 704 ZPO, und zu dessen Durchsetzung die staatlichen Vollstreckungsorgane (Gerichtsvollzieher, Vollstreckungsgericht) in Anspruch nehmen.[4]

3 Wegen ihrer Titelfunktion kann die Verwaltung **befehlende** Verwaltungsakte, also die ein Gebot oder Verbot enthalten, etwa ein Gebäude abzureißen oder einen bestimmten Ort nicht zu betreten, im Wege der Verwaltungsvollstreckung durchsetzen (hierzu § 12 Rn. 36). Nicht vollstreckungsfähig sind dagegen ablehnende, aber vor allem gestaltende und feststellende Verwaltungsakte.[5] Ihnen fehlt es an einem vollstreckungsfähigen Inhalt; die Rechtsfolgenanordnung tritt bei gestaltenden und feststellenden Verwaltungsakten bereits mit ihrer Wirksamkeit ein.

Zur Durchsetzung von Ansprüchen aus einem privatrechtlichen Vertrag muss auch die Verwaltung die Gerichte anrufen, um einen vollstreckbaren Titel (Urteil, s.o.) zu

---

1 Vgl. die Definition bei Detterbeck, Rn. 1005. Zur Verwaltungsvollstreckung auch Schenk VBlBW 2018, 5 ff.; klausurbezogen Muckel JA 2012, 272 und 355; näher zum Nachfolgenden auch Waldhoff in: Hoffmann-Riem/Schmidt-Aßmann/Voßkuhle, Bd. 3, § 46 Rn. 104 ff.
2 Bericht des Ausschusses der Konferenz der JustizministerInnen zur Koordinierung der Juristenausbildung, Herbst 2016, S. 48.
3 Sog. Vollstreckungs- bzw. Titelfunktion des Verwaltungsakts; vgl. auch § 12 Rn. 1, 33; zum Grds. der Selbstvollstreckung Albrecht/Braun VR 2018, 73 f.; zur Geschichte auch Voßkuhle/Wischmeyer JuS 2016, 698.
4 S.a. BVerfGE 132, 372, 389; Wißmann/Klomp Ad Legendum 2019, 68.
5 Hierzu § 12 Rn. 37 ff.; Krüger VR 2015, 217, 218; Schenk VBlBW 2018, 5.

erwirken, und die Vollstreckung des Titels durch außerhalb der Verwaltung stehende Vollstreckungsorgane durchführen lassen.[6] Gleiches gilt für Ansprüche aus öffentlich-rechtlichen Verträgen. Eine Ausnahme bilden aber öffentlich-rechtliche Verträge mit Unterwerfungsklausel, § 54 S. 2, § 61 VwVfG (vgl. § 24 Rn. 27); auf sie finden die Vorschriften der Verwaltungsvollstreckung Anwendung (vgl. § 61 Abs. 2 S. 1 Hs. 1 VwVfG).

2. Rechtliche Grundlagen

Das Verwaltungsvollstreckungsrecht enthält die erforderlichen Ermächtigungsgrundlagen für die Durchsetzung der behördlichen Maßnahmen, setzt dabei der Verwaltung aber zum Schutz der Betroffenen zugleich Grenzen.[7] Die Vorschriften zur Verwaltungsvollstreckung im Bund und in den einzelnen Bundesländern unterscheiden sich dabei nach Struktur und Wortlaut, weisen aber in inhaltlicher Hinsicht nur wenige Besonderheiten auf.[8] Wesentliche Vorgaben für die Vollstreckung von Bundesbehörden sind im **Verwaltungsvollstreckungsgesetz des Bundes** (VwVG) und im Gesetz über den unmittelbaren Zwang (UZwG) geregelt. In den Bundesländern gelten regelmäßig die **Landesverwaltungsvollstreckungsgesetze**.[9] Diese allgemeinen Gesetze werden jedoch zuweilen durch **Sonderregelungen** verdrängt,[10] ansonsten ergänzt. So enthalten die §§ 58 ff. AufenthG Spezialvorgaben zur Durchsetzung der Ausreisepflicht. Auf Landesebene finden sich vorrangige Spezialregelungen zur Vollstreckung v.a. in den Polizei- und Ordnungsgesetzen. Das (Bundes-)VwVG und auch die VwVGe der Länder differenzieren zwischen der Vollstreckung von Geldforderungen (sog. Beitreibung, §§ 1 ff. VwVG) und derjenigen zur Erzwingung von Handlungen, Duldungen und Unterlassungen (sog. Verwaltungszwang, §§ 6 ff. VwVG). Die nachfolgenden Ausführungen orientieren sich am Bundesrecht, auch wenn die praktischen Beispiele oft dem Landesrecht entlehnt und daher nach Maßgabe der landesrechtlichen Vorschriften zu vollstrecken sind.

II. Erzwingung von Handlungen, Duldungen und Unterlassungen

1. Überblick über die Zwangsmittel

§ 9 Abs. 1 VwVG listet die **zulässigen Zwangsmittel** abschließend auf. Als solche kommen die Ersatzvornahme (§ 10 VwVG), das Zwangsgeld (§ 11 VwVG) oder der unmittelbare Zwang (§ 12 VwVG) in Betracht. Das jew. Zwangsmittel muss in einem angemessenen Verhältnis zu seinem Zweck stehen und ist möglichst so zu bestimmen, dass der Betroffene und die Allgemeinheit am wenigsten beeinträchtigt werden (§ 9 Abs. 2 VwVG).

---

6 Es sei denn, das Landesrecht enthält Bestimmungen, wonach auch privatrechtliche Forderungen im Wege der Verwaltungsvollstreckung durchgesetzt werden dürfen, zB § 66 HessVwVG, § 319 LVwG SH. S.a. VGH Mannheim NVwZ-RR 2022, 327, 328.
7 Wißmann/Klamp Ad Legendum 2019, 68.
8 Voßkuhle/Wischmeyer JuS 2016, 698; Weber NVwZ 2020, 1313.
9 Wobei es in Mecklenburg-Vorpommern kein LVwVG gibt und sich der Vollzug von Verwaltungsakten dort generell nach den Bestimmungen über das Vollstreckungsverfahren des SOG M-V richtet, vgl. § 110 VwVfG M-V.
10 Etwa durch § 30 WaStrG für den Sofortvollzug, nachfolgend Rn. 17 ff.; dazu BVerwG DÖV 1996, 1046; VGH Mannheim VBlBW 1996, 214.

a) Ersatzvornahme

6 Die **Ersatzvornahme** ist nach § 10 VwVG nur bei **vertretbaren Handlungen** zulässig, nicht jedoch bei höchstpersönlichen Maßnahmen, Unterlassungen und Duldungen.[11] Ordnet zB eine Behörde das Fällen eines den Verkehr behindernden Baumes an und kommt der Adressat dieser Anordnung nicht nach, kann die Vollzugsbehörde nach § 10 VwVG einen anderen, etwa ein privates Gartenbauunternehmen, mit dem Fällen des Baumes beauftragen. Zwischen der Behörde und dem die Ersatzvornahme ausführenden Dritten wird ein zivilrechtlicher Vertrag (idR ein Werkvertrag nach § 631 BGB) geschlossen, aufgrund dessen der private Unternehmer sein Entgelt ggü. der Behörde geltend machen kann. Der Pflichtige muss die Ersatzvornahme durch den privaten Unternehmer dulden. Das Verhältnis zwischen der die Ersatzvornahme anordnenden Behörde und dem Pflichtigen ist öffentlich-rechtlicher Natur. Die entstandenen **Kosten** lässt sich die Behörde vom Pflichtigen erstatten.[12] Der Kostenersatzanspruch wird durch Verwaltungsakt geltend gemacht, der selbst wieder vollstreckt werden kann.

Übersicht 17: Rechtsbeziehungen bei der Ersatzvornahme[13]

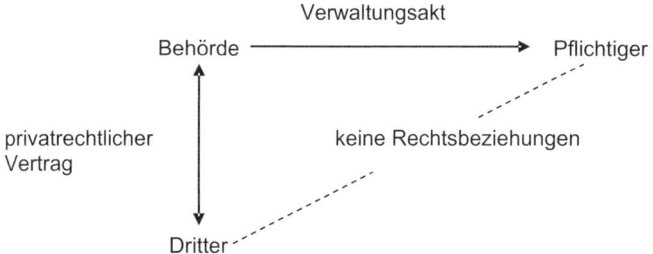

7 Zu beachten ist, dass nach dem VwVG des Bundes nur die behördlicherseits veranlasste **Fremdvornahme** durch einen Dritten eine Ersatzvornahme darstellt. Die meisten Vollstreckungsvorschriften der Länder verstehen darunter weitergehend auch die von der Behörde, genauer: ihren Bediensteten, ausgeführte **Selbstvornahme** (vgl. § 89 Abs. 1 Alt. 1 SOG M-V; § 21 Alt. 1 SaarlVwVG).[14]

b) Zwangsgeld

8 Mit dem Zwangsgeld als **psychologisches Beugemittel** kann ein Pflichtiger nach § 11 Abs. 1 S. 1 VwVG zur Vornahme von **unvertretbaren** Handlungen und nach Abs. 2 zur Duldung oder Unterlassung einer Handlung angehalten werden. Bspw. kann einem Gastwirt, der wiederholt gegen die Sperrzeitregelung verstößt, Zwangsgeld angedroht werden. Das Zwangsgeld eignet sich auch zur Durchsetzung **vertretbarer** Handlungen. Teilweise wird aber ein Vorrang der Ersatzvornahme vor dem Zwangsgeld normiert. So darf nach § 11 Abs. 1 S. 2 VwVG ein Zwangsgeld bei vertretbaren Handlungen

---

11 Albrecht/Braun VR 2018, 73, 74.
12 Zum Wesen der Ersatzvornahme sowohl als Handlungs- als auch Geldleistungspflicht Kjellsson, Ersatzvornahme, S. 58 ff.
13 Übersicht bei Maurer/Waldhoff, § 20 Rn. 13 aE.
14 Zur dann ggf. nötigen Abgrenzung zum unmittelbaren Zwang Rn. 9. Zur Selbstvornahme auch Kjellsson, Ersatzvornahme, S. 162 ff., m255 ff., die auf Widersprüche in Mecklenburg-Vorpommern und Schleswig-Holstein hinweist, weil dort die Selbstvornahme zugleich beim unmittelbaren Zwang vorgesehen ist.

verhängt werden, wenn eine Ersatzvornahme untunlich ist, insb. dann, wenn der Pflichtige nicht imstande ist, die Kosten zu tragen, die aus der Ausführung durch einen anderen entstehen. Abweichend vom Bundesrecht können die Behörden nach dem Landesrecht vielfach frei entscheiden, ob sie eine vertretbare Handlung im Wege der Ersatzvornahme oder durch Zwangsgeld vollstrecken.[15]

Das Zwangsgeld als **Beugemittel** soll den Betroffenen dazu veranlassen, seiner Verpflichtung nachzukommen.[16] Es ist **keine Strafe** für begangenes Unrecht, weshalb das Verschulden bei dieser Zwangsmaßnahme keine Rolle spielt.[17] Deshalb kann Zwangsgeld auch wiederholt und gesteigert angedroht werden (s. § 13 Abs. 6 VwVG). Seine Beitreibung richtet sich nach den Regeln über die Vollstreckung öffentlich-rechtlicher Geldforderungen (Rn. 16, näher Rn. 29).

Die **Höhe** des Zwangsgelds ist von der Behörde nach pflichtgemäßem Ermessen und damit verhältnismäßig (vgl. § 14 Rn. 53) festzulegen, wobei die Verwaltungsvollstreckungsgesetze unterschiedliche Bemessungsrahmen mit Höchstgrenzen vorhalten (vgl. etwa § 11 Abs. 3 VwVG „bis zu 25 000 €"). Maßgebliche Kriterien für die Bestimmung der Höhe des Zwangsgelds sind die Bedeutung der Angelegenheit, die Intensität des zu brechenden Widerstandes sowie die Einkommens- und Vermögensverhältnisse des Pflichtigen.[18] Regelmäßig wird es unverhältnismäßig sein, den Bemessungsrahmen bereits bei der ersten Zwangsgeldfestsetzung voll auszuschöpfen. Abweichendes kann sich aber aufgrund von Besonderheiten des Einzelfalls ergeben (etwa besondere Renitenz des Pflichtigen oder schwerwiegende Folgen eines Verstoßes gegen die in der Grundverfügung auferlegten Pflichten).[19] Konnte mit der ersten Zwangsgeldanordnung der beabsichtigte Erfolg nicht erreicht werden, darf die Behörde beim zweiten Mal ein deutlich erhöhtes Zwangsgeld verhängen.[20]

Bei der *Ersatzzwangshaft* (§ 16 VwVG) handelt es sich um kein primäres, selbstständiges Vollstreckungsmittel, sondern um ein akzessorisches Zwangsmittel.[21] Die Ersatzzwangshaft kommt gem. § 16 Abs. 1 S. 1 VwVG nur in Betracht, wenn das Zwangsgeld uneinbringlich ist und darauf bei Androhung des Zwangsgelds hingewiesen wurde. Ihr Zweck besteht nicht darin, den Betroffenen zur Zahlung des Zwangsgelds zu zwingen, sondern von ihm die Befolgung des Verwaltungsakts zu erreichen.[22] Aufgrund des Richtervorbehalts in Art. 104 Abs. 2 GG hat das Verwaltungsgericht auf Antrag der Vollzugsbehörde und nach Anhörung des Pflichtigen über die Anordnung der Ersatzzwangshaft zu entscheiden. Diese darf mindestens einen Tag und höchstens zwei Wochen betragen. Wegen des schweren Grundrechtseingriffs (Art. 2 Abs. 2, Art. 104 Abs. 1 GG) der Ersatzzwangshaft muss das Gericht sorgfältig ihre Verhältnismäßigkeit prüfen.[23] Muss eine Person ihren Führerschein abgeben und weiß nur sie, wo dieser ist, ist eine moderate Ersatzzwangshaft bei Uneinbringlichkeit des

---

15 Gegen eine Nachrangigkeit des Zwangsgelds OVG Münster NJW 2015, 3528, 3530; OVG Saarlouis Urt. v. 23.5.2016 – 2 A 240/15, Rn. 43 juris. Dazu, dass dann generelle Erwägungen zum Verhältnis dieser Zwangsmittel schwierig sind, Stellhorn JA 2022, 242, 247. Eingehend zu dem Verhältnis zwischen diesen beiden Zwangsmitteln Kjellsson Ersatzvornahme, S. 241 ff.
16 OVG Münster Beschl. v. 5.7.2017 – 14 B 397/17, Rn. 11 juris; Stellhorn JA 2022, 242, 247.
17 BVerwG DVBl. 1965, 768, 769; OVG Lüneburg AUR 2017, 154, 155.
18 Lemke, S. 274 f.
19 Dazu Weber DVBl. 2012, 1130, 1132.
20 OVG Münster Beschl. v. 27.4.2020 – 2 B 422/20, Rn. 12 juris; Stellhorn JA 2022, 242, 248.
21 VGH Kassel InfAuslR 2021, 434; VGH München BayVBl. 2018, 522, 523.
22 VGH Kassel InfAuslR 2021, 434.
23 VGH Kassel InfAuslR 2021, 434; VGH München BayVBl. 2018, 522, 525.

Zwangsgelds idR verhältnismäßig, weil mit der Herausgabe des Führerscheins wichtige Gemeinwohlbelange verfolgt werden und der Betroffene durch Änderung seines Willens jederzeit der Haft entgehen kann.[24]

c) Unmittelbarer Zwang

9   Führen Ersatzvornahme resp. Zwangsgeld nicht zum Ziel oder sind sie untunlich, kann die Vollzugsbehörde den Pflichtigen zur Handlung, Duldung oder Unterlassung zwingen oder die Handlung selbst vornehmen, § 12 VwVG. Nach der in § 2 Abs. 1 UZwG enthaltenen Definition ist unmittelbarer Zwang die Einwirkung auf Personen oder Sachen durch körperliche Gewalt, ihre Hilfsmittel (zB Fesseln, Wasserwerfer, Diensthunde, s. Abs. 3) und durch Waffen. Zur Anwendung unmittelbaren Zwangs zählt bspw. das Aufbrechen einer Wohnungstür oder die Vorführung einer Person zwecks Gesundheitsuntersuchung. Unmittelbarer Zwang als schärfstes Zwangsinstrument darf nur als letztes Mittel (ultima ratio) angewendet werden. Auch bei der Auswahl der Mittel des unmittelbaren Zwangs selbst ist besonderes Augenmerk auf die Wahrung des Verhältnismäßigkeitsgrundsatzes zu legen, § 4 UZwG; so darf es nur in extremen Gefahrensituationen zum Schusswaffengebrauch kommen.[25]

Der Unterschied zur Ersatzvornahme nach dem VwVG Bund besteht darin, dass beim unmittelbaren Zwang die Behörde selbst und nicht ein Dritter tätig wird.[26] Soweit – wie meistens – landesrechtlich die Ersatzvornahme auch die Selbstvornahme umfasst,[27] richtet sich die Abgrenzung zwischen Ersatzvornahme und unmittelbarem Zwang danach, ob die Handlung der Behörde mit derjenigen des Pflichtigen identisch ist (dann Ersatzvornahme) oder nicht (dann unmittelbarer Zwang).[28] Daher handelt es sich um eine Ersatzvornahme, wenn bspw. anstelle des Pflichtigen die Fällung eines auf einem Grundstück befindlichen morschen Baums durch Bedienstete des städtischen Bauhofs[29] vorgenommen wird. Bricht die Behörde dagegen eine Tür auf, die der Verpflichtete mittels eines Schlüssels öffnen würde, handelt es sich um unmittelbaren Zwang.[30]

2. Voraussetzungen

10   Damit die jeweilige Vollstreckungsmaßnahme rechtmäßig ist, müssen ferner die Vollstreckungsvoraussetzungen vorliegen, das Vollstreckungsverfahren ist ordnungsgemäß durchzuführen und es dürfen keine Vollstreckungshindernisse bestehen. Mit Blick auf die Vollstreckungsvoraussetzungen ist das **gestreckte** Vollstreckungsverfahren vom gekürzten Verfahren (Sofortvollzug oder **sofortiger** Vollzug) zu unterscheiden.

---

24   VG Gießen LKRZ 2012, 386, 387.
25   BGH NJW 1999, 2533.
26   Anhand der Rechtslage in Hamburg näher Beaucamp in: ders./Ettemeyer/Rogosch/Stammer, Hamburger Sicherheits- und Ordnungsrecht – SOG/PolDVG –, Erläuterungen zu §§ 18, 18a HmbSOG.
27   Nach dem Recht der Bundesländer bis auf Berlin. Vgl. zB § 89 Abs. 1 SOG M-V: „... die Vollzugsbehörde [kann] die Handlung auf Kosten des Pflichtigen ausführen oder durch einen Beauftragten ausführen lassen (Ersatzvornahme)." Vgl. bereits vorstehend Rn. 7.
28   Krüger VR 2015, 217, 220.
29   Ein städtischer oder gemeindlicher Bauhof ist eine selbstständige Organisationseinheit der kommunalen Verwaltung, jedoch rechtlich nicht selbstständig.
30   VGH München JA 2009, 911 f.

a) Gestrecktes Verfahren

Dem regulären gestreckten Vollstreckungsverfahren zur Erzwingung von Handlungen, Duldungen und Unterlassungen geht ein von der Behörde erlassener **(Grund-)Verwaltungsakt** voraus.[31] Dieser wird in mehreren Schritten vollstreckt. So hat die zuständige Behörde zur zwangsweisen Durchsetzung einer Abrissverfügung dem betreffenden Bauherrn ggü. eine Ersatzvornahme (dh die Vornahme der Beseitigung durch einen anderen) anzudrohen, für den Fall der nicht fristgerechten Erfüllung der Aufforderung das Zwangsmittel festzusetzen und schließlich anzuwenden.

aa) Grundverfügung

Den Verwaltungsakt, der die Grundlage der Verwaltungsvollstreckung bildet, bezeichnet man als **Grundverwaltungsakt** oder **Grundverfügung**. Dieser muss gem. § 6 Abs. 1 VwVG auf die **Herausgabe einer Sache** oder die **Vornahme einer Handlung** oder **auf Duldung oder Unterlassung** gerichtet sein. Weitere Voraussetzung ist, dass der Grundverwaltungsakt **unanfechtbar** *oder* sein **sofortiger Vollzug angeordnet** ist *oder* dem **Rechtsmittel keine aufschiebende Wirkung** zukommt.[32] Der Verwaltungsakt ist unanfechtbar, wenn die Frist für die Erhebung von Widerspruch oder Anfechtungsklage abgelaufen (§§ 70, 74 VwGO) oder das verwaltungsgerichtliche Verfahren rechtskräftig beendet ist.[33] Ein noch anfechtbarer Verwaltungsakt darf vollstreckt werden, wenn er sofort vollziehbar ist. Die sofortige Vollziehung eines Verwaltungsakts kann von der Ausgangs- oder Widerspruchsbehörde gem. § 80 Abs. 2 S. 1 Nr. 4 VwGO im öffentlichen Interesse oder im überwiegenden Interesse eines Beteiligten angeordnet werden. Darüber hinaus entfällt die aufschiebende Wirkung in den Fällen des § 80 Abs. 2 S. 1 Nr. 1–3a VwGO per Gesetz. Von besonderer praktischer Bedeutung ist insoweit § 80 Abs. 2 S. 1 Nr. 2 VwGO: „unaufschiebbare" Anordnungen und Maßnahmen von Polizei*vollzugs*beamten.[34] Aufgrund der vergleichbaren Interessenlage wird § 80 Abs. 2 S. 1 Nr. 2 VwGO bei Verkehrszeichen und Parkuhren analog angewendet.[35]

Voraussetzung für jegliche Verwaltungsvollstreckung ist die **Wirksamkeit** des (Grund-) Verwaltungsakts. Nichtige Verwaltungsakte sind gem. § 43 Abs. 3 VwVfG unwirksam und daher auch nicht vollstreckbar.[36] Eine auf einem nichtigen Verwaltungsakt beruhende Vollstreckung ist somit rechtswidrig. Im Übrigen kommt es für die Rechtmäßigkeit der Vollstreckung grds. nicht darauf an, ob der zu vollstreckende Grundverwaltungsakt rechtmäßig oder rechtswidrig ist. Denn nach dem Wortlaut des § 6 Abs. 1 VwVG wird nur das Vorliegen eines Grundverwaltungsakts auf Herausgabe einer Sache, auf die Vornahme einer Handlung oder auf eine Duldung bzw. Unterlassung, nicht jedoch dessen Rechtmäßigkeit verlangt.[37]

---

31 Zum Vorrang des gestreckten Verfahrens aus Rechtsschutzgründen (Art. 19 Abs. 4 S. 1 GG) Kjellson, Ersatzvornahme, S. 64.
32 Aus den weitgehend identischen landesgesetzlichen Regelungen zB § 110 VwVfG M-V iVm §§ 79, 80 SOG M-V, Art. 19, 29 BayVwZVG, § 55 Abs. 1 VwVG NRW.
33 Schenk VBlBW 2018, 5.
34 Zum Vorstehenden näher § 21 Rn. 4 f.
35 BVerwG NVwZ 1988, 623; Schenk VBlBW 2018, 5, 6.
36 VGH München BayVBl. 2018, 522, 523; zum Nachfolgenden näher Sattler in: FS für V. Götz, 2005, S. 405.
37 BVerfG NVwZ 1999, 290, 292; BayVBl. 1985, 538; BVerwG Beschl. v. 22.2.2016 – 7 B 34/15, Rn. 5 juris; VGH München BayVBl. 2018, 522, 523. Zum Rechtswidrigkeitszusammenhang insoweit Sattler, wie vor; Weiß DÖV 2001, 275, 277. Vgl. zur Unterscheidung Rechtswidrigkeit/Nichtigkeit eines Verwaltungsakts § 15 Rn. 1. Anders sieht es naturgemäß aus, wenn dem Verwaltungsakt die Vollstreckungsfähigkeit fehlt, etwa bei Unbestimmtheit, VGH Mannheim NVwZ-RR 2013, 451: auch wenn dies nicht zur Nichtigkeit führt.

Dies gilt unstreitig, wenn die Grundverfügung unanfechtbar ist.[38] Der Vollzug eines solchen Verwaltungsakts ist – sofern die weiteren Vollstreckungsvoraussetzungen erfüllt sind – rechtmäßig, dh die Rechtswidrigkeit des Grundverwaltungsakts kann mit Rechtsbehelfen im Vollstreckungsverfahren nicht mehr geltend gemacht werden. Andernfalls würde die Bestandskraft des Verwaltungsakts ausgehebelt.[39] Dem liegt eine in Einklang mit § 6 Abs. 1 VwVG stehende Verrechtlichung des Konflikts zwischen der Verwaltung und dem Betroffenen durch Entkoppelung der (materiellrechtlichen) Entscheidung und Vollstreckung zugrunde, für die erstere als Grundverfügung lediglich Titelfunktion hat.[40]

Nach zutreffender hM[41] hat auch die Rechtswidrigkeit eines Verwaltungsakts, der noch nicht unanfechtbar, aber sofort vollziehbar ist, keinen Einfluss auf die Rechtmäßigkeit der Vollstreckung. Denn § 6 Abs. 1 VwVG verlangt nach seinem Wortlaut keinen rechtmäßigen Verwaltungsakt für die Vollstreckung und lässt für diese dessen Vollziehbarkeit ausreichen. Die Fehlerhaftigkeit der Grundverfügung infiziert demzufolge nicht das Vollstreckungsverfahren, sondern muss gegen den Verwaltungsakt selbst geltend gemacht werden.[42] Aus der Bindungswirkung eines befehlenden Verwaltungsakts folgt für den Adressaten, dass er bereits vor Unanfechtbarkeit verpflichtet ist, das ausgesprochene Gebot oder Verbot unabhängig von seiner Rechtmäßigkeit zu befolgen (vgl. § 43 Abs. 2 VwVfG[43]: Verrechtlichung durch **Entkoppelung von materieller Rechtslage und Vollstreckung**).[44] Aus verfassungsrechtlicher Sicht wird ferner mit dem Grundsatz einer effektiven Durchsetzung von Gesetzen bzw. Gefahrenabwehrmaßnahmen argumentiert, welcher eine Einschränkung anderer Grundrechte und Verfassungsvorgaben (Art. 20 Abs. 3 GG) rechtfertige.[45]

Widersprüchlich erscheint es hingegen, im Fall der sofortigen Vollziehbarkeit zwar eine vorläufige Befolgungspflicht des Adressaten anzunehmen, nicht aber eine Rechtmäßigkeit der Vollstreckungsmaßnahme bei Rechtswidrigkeit der Grundverfügung.[46] Das steht nicht in Einklang mit der durch § 6 Abs. 1 VwVG verfolgten Entkoppelung von Entscheidung und (deren) Vollstreckung, für die es lediglich auf die Wirksamkeit der Grundverfügung (im Zeitpunkt der Vollstreckung) ankommt, nicht aber auf ihre Rechtmäßigkeit.[47] Da die Vollstreckung der Grundverfügung vor oder während des **Rechtsschutzverfahrens** nicht zu ihrer Erledigung führt, sondern die Grundlage für die Vollstreckung ebenso wie einen entsprechenden Kostenbescheid bildet, kann der Betroffene aufgrund der fehlenden Erledigung regelmäßig noch Rechtsschutz gegen den Grundverwaltungsakt erlangen.[48] Auf diese Weise kann er den Eintritt der Bestandskraft der Grundverfügung verhindern und mit seinen Einwendungen gegen diese gehört werden. Ist sie rechtswidrig und verletzt den Kläger in seinen Rechten, hebt das Gericht den Grundverwaltungsakt auf. Wurde dieser schon vollzogen, kann das Gericht nach § 113 Abs. 1 S. 2 VwGO auf Antrag auch aussprechen, dass und wie die Verwaltungsbehörde die Vollziehung rückgängig zu machen

---

38 VGH Mannheim NVwZ-RR 2016, 557, 558, der eine analoge Anwendung von § 767 ZPO im Vollstreckungsverfahren offenließ.
39 Ebenso Koch/Rubel/Heselhaus, § 7 Rn. 33; s.a. Voßkuhle/Wischmeyer JuS 2016, 698, 700.
40 Näher Poscher in: FS für R. Stürner, 2013, S. 1941, 1944 ff.
41 S. etwa VGH Mannheim VBlBW 2022, 16, 17; OVG Magdeburg Beschl. v. 10.2.2022 - M151/21, Rn. 15 juris; Hebeler JA 2021, 85, 86; Stellhorn JA 2022, 242, 244.
42 BVerwG BayVBl. 2009, 184, 185; s.a. BVerfG NVwZ 1999, 290, 292; VGH Mannheim VBlBW 2022, 16, 19; Werner JA 2000, 902, 903 mwN; anders Enders NVwZ 2009, 958, 960 ff.
43 Vgl. zur Bindungswirkung von Verwaltungsakten § 13 Rn. 3.
44 Vgl. vorstehend im Text zur Bestandskraft der Grundverfügung; Poscher in: FS für R. Stürner, 2013, S. 1941, 1945.
45 Enders NVwZ 2000, 1232, 1237; Weiß DÖV 2001, 277, 279. Zum Rechtsschutz in der Verwaltungsvollstreckung Rn. 24 ff.
46 ZB OVG Bremen NVwZ 2020, 1374, 1375; krit. Hebeler JA 2021, 85 ff.
47 Vgl. vorstehend im Text und Rn. 28; anders die 8. Aufl. Erbguth/Guckelberger (am selben Ort).
48 VGH Mannheim VBlBW 2022, 16, 19 f.; Beschl. v. 27.3.2022 – 3 S 1907/21, Rn. 37 juris; Hyckel LKV 2015, 342, 346 ff.; Voßkuhle/Wischmeyer JuS 2016, 698, 700.

hat.⁴⁹ Nach der aA ist die Grundverfügung dagegen aus Gründen des effektiven Rechtsschutzes (Art. 19 Abs. 4 S. 1 GG) Gegenstand der Überprüfung bei einer Klage gegen die Vollstreckungsmaßnahme oder gegen den Kostenbescheid.⁵⁰

bb) Androhung des Zwangsmittels

Das Vollstreckungsverfahren beginnt damit, dass das Zwangsmittel, das nicht sofort angewendet werden kann (§ 6 Abs. 2 VwVG), gem. § 13 Abs. 1 S. 1 VwVG schriftlich anzudrohen ist. Die **Androhung** ist eine ernste Warnung an den Verantwortlichen. Sie zeigt ihm auf, mit welchen Folgen er bei Nichterfüllung seiner Pflicht zu rechnen hat.⁵¹ Hierbei ist ihm für die Erfüllung seiner Verpflichtung eine Frist zu bestimmen, innerhalb derer ihm diese billigerweise zugemutet werden kann, § 13 Abs. 1 S. 2 VwVG.⁵² So erfährt er, ab wann mit der zwangsweisen Durchsetzung zu rechnen ist, und kann über die Einholung gerichtlichen Rechtsschutzes reflektieren.⁵³ Die Androhung dient hauptsächlich dem Schutz des Pflichtigen, daneben der Ressourcenschonung der Verwaltung.⁵⁴ Kommt einem gegen den Grundverwaltungsakt eingelegten Rechtsmittel keine aufschiebende Wirkung zu, zB wenn sein sofortiger Vollzug angeordnet wurde, „soll" die Androhung mit dem Grundverwaltungsakt verbunden werden, § 13 Abs. 2 S. 2 VwVG.⁵⁵ In den anderen Fällen steht die Verbindung der Androhung mit dem Grundverwaltungsakt im pflichtgemäßen Ermessen („kann") der Behörde, § 13 Abs. 2 S. 1 VwVG. Die Androhung muss sich auf ein **„bestimmtes" Zwangsmittel** beziehen. Dafür muss das Zwangsmittel zwar nicht explizit iSd Terminologie des § 9 Abs. 1 VwVG bezeichnet, aber dem Pflichtigen die in seinem Fall konkret zu erwartenden Folgen hinreichend klar umschrieben werden. Während § 13 Abs. 3 S. 2 VwVG die gleichzeitige Androhung mehrerer Zwangsmittel oder eine Androhung, in der sich die Vollzugsbehörde die Wahl zwischen mehreren Zwangsmitteln vorbehält, verbietet, wird in einigen Landesgesetzen die Benennung mehrerer Zwangsmittel allerdings unter Angabe ihrer Reihenfolge gestattet.⁵⁶ Eine neue Androhung ist erst möglich, wenn das zunächst angedrohte Zwangsmittel erfolglos geblieben ist, es also nicht zu der gebotenen Handlung, Duldung oder Unterlassung geführt hat (§ 13 Abs. 6 S. 2 VwVG).⁵⁷ Wird ein Zwangsgeld angedroht, muss zugleich seine Höhe festgelegt werden, § 13 Abs. 5 VwVG. Da die Angabe einer „bestimmten Höhe" verlangt wird, wäre die Androhung eines Rahmenbetrags (von 500 bis 1000 €) oder eines Höchstbetrags („bis zu x €") rechtswidrig.⁵⁸

Bei mehreren Pflichten ist die Zwangsmittelandrohung „pflichtenscharf" auszugestalten.⁵⁹ Aufgrund des Bestimmtheitsgebots (§ 37 Abs. 1 VwVfG) muss der Betroffene erkennen können, welcher Verstoß

14

---

49 VGH Mannheim VBlBW 2022, 16, 20; Voßkuhle/Wischmeyer JuS 2016, 698, 700.
50 Näher idS Pietzcker in: FS für W.-R. Schenke, 2011, S. 1045, 1052 ff.; so auch noch der 8. Aufl. Erbguth/Guckelberger (am selben Ort); zum Rechtsschutz Rn. 24 ff.
51 OVG Saarlouis Beschl. v. 22.4.2016 – 2 B 73/16, Rn. 2 juris; OVG Münster GewArch 2019, 77, 78; Stellhorn JA 2022, 242, 245.
52 OVG Münster GewArch 2019, 77, 78. Zur hinreichenden Bestimmtheit und Angemessenheit der Frist Stellhorn JA 2022, 242, 245.
53 Stellhorn JA 2022, 242, 243.
54 Waldhoff JuS 2015, 862, 863; s.a. Stellhorn JA 2022, 242, 243.
55 Zu diesbzgl. Problemen hins. der Frist Weber NVwZ 2020, 1313 ff.
56 ZB § 87 Abs. 4 S. 2 SOG M-V; § 63 Abs. 3 S. 2 VwVG NRW; Stellhorn JA 2022, 242, 245.
57 Anders kann es auf Landesebene aussehen, vgl. OVG Schleswig NVwZ 2000, 608: mit Festsetzung des Zwangsgelds kann bereits ein weiteres Zwangsgeld angedroht werden. S.a. OVG Münster GewArch 2015, 399 f.
58 Stellhorn JA 2022, 242, 245 f.
59 Stellhorn JA 2022, 242, 246.

gegen welche Pflicht ein Zwangsgeld in welcher Höhe nach sich zieht (also keine Ausweisung eines einheitlichen Zwangsgelds).[60]

Bei der Ersatzvornahme hat die Androhung gem. § 13 Abs. 4 VwVG einen vorläufigen Kostenvoranschlag zu umfassen. Da die Kosten der Ersatzvornahme idR höher als bei der Eigenerfüllung sind, liegt darin ein Anreiz zur Vermeidung zusätzlicher Lasten.[61] Sollte die Ersatzvornahme einen höheren Kostenaufwand verursachen, lässt der Kostenvoranschlag das Recht zur Nachforderung unberührt. Als Androhung des Schusswaffengebrauches gilt die Abgabe eines Warnschusses, § 13 Abs. 1 S. 2 UZwG.

Die **Androhung** ist **selbst ein Verwaltungsakt**, weil sie über die Art des Zwangsmittels und den Zwangsmitteleinsatz in regelnder Weise entscheidet.[62] Sie beinhaltet die verbindliche Ankündigung, dass die Behörde bei Nichtbefolgung des Grundverwaltungsakts ein bestimmtes Zwangsmittel ergreifen wird.[63] Da es sich bei ihr um eine Maßnahme „in der Verwaltungsvollstreckung" handelt, kann die Behörde gem. § 28 Abs. 2 Nr. 5 VwVfG unter Ausübung ihres pflichtgemäßen Ermessens im Einzelfall von einer vorherigen Anhörung des Betroffenen, etwa wegen Vereitelungsgefahr, absehen. Die Androhung des Zwangsmittels ist gem. § 13 Abs. 7 VwZG zuzustellen.

cc) Festsetzung des Zwangsmittels

15 Befolgt der Pflichtige den Verwaltungsakt nicht innerhalb der in der Androhung genannten Frist, so setzt die Vollzugsbehörde nach § 14 Abs. 1 S. 1 VwVG das Zwangsmittel förmlich fest.[64] In den meisten Bundesländern wird der Verfahrensschritt der Festsetzung dagegen nur für das Zwangsmittel des Zwangsgelds verbindlich vorgegeben.[65]

Die Festsetzung kann ausnahmsweise **entbehrlich** sein, wenn sich der Adressat ernstlich und endgültig weigert, seinen Pflichten aus der Grundverfügung nachzukommen; denn dann lassen sich die mit der Festsetzung normativ verfolgten Zwecke (Individualschutz und Rechtssicherheit) ohnehin nicht erreichen.[66]

Bei der **Festsetzung** handelt es sich um einen **selbstständigen Verwaltungsakt**. In ihr wird verbindlich geregelt, dass die Voraussetzungen für die alsbaldige Anwendung des Zwangsmittels vorliegen.[67] Auch bei ihr „kann" die Behörde im Einzelfall gem. § 28 Abs. 2 Nr. 5 VwVfG von einer vorherigen Anhörung des Pflichtigen absehen. Wegen der eigenständigen Bedeutung der Festsetzung des Zwangsmittels bleiben bei ihr die Rechtmäßigkeit der Grundverfügung und der Androhung grds. außer Betracht, wenn diese unanfechtbar sind oder ein Rechtsmittel keine aufschiebende Wirkung hat. Androhung und Festsetzung müssen sich inhaltlich entsprechen; weichen sie voneinander ab, ist die Festsetzung rechtswidrig.

---

60 BVerwG Beschl. v. 22.2.2022 – 4 A 8/21, Rn. 6 juris; Stellhorn JA 2022, 242, 246.
61 Wißmann/Klomp Ad Legendum 2019, 68, 69.
62 BVerwG NVwZ-RR 1998, 393; Schenk VBlBW 2018, 5, 8; Stellhorn JA 2022, 242, 243. Vgl. auch § 18 Abs. 1 VwVG.
63 OVG Saarlouis Beschl. v. 22.4.2016 – 2 B 73/16, Rn. 2 juris.
64 Ebenso gestaltet sich die Rechtslage in Berlin (§ 14 S. 1 VwVG Berlin) und NRW (§ 64 S. 1 VwVG NRW).
65 ZB § 88 Abs. 2 SOG M-V; Art. 31 Abs. 3 S. 2, Art. 23 Abs. 1 BayVwZVG verlangen nicht einmal beim Zwangsgeld eine Festsetzung. Dazu, dass die Behörde hier dennoch nach ihrem Ermessen eine Festsetzung vornehmen können soll, Schenk VBlBW 2018, 5, 8.
66 Zum Vorstehenden BVerwG DÖV 1996, 1046.
67 BVerwG NVwZ 1997, 381, 382; s.a. Waldhoff JuS 2015, 862, 863; Siegel, Rn. 703.

dd) Anwendung des Zwangsmittels

Im letzten Schritt des gestreckten Verfahrens wird das Zwangsmittel angewendet, § 15 VwVG.[68] Das Zwangsmittel muss entsprechend der Festsetzung angewendet werden[69] und insb. dem Grundsatz der Verhältnismäßigkeit genügen, § 9 Abs. 2 VwVG. Widerstand des Pflichtigen kann mit Gewalt gebrochen werden, § 15 Abs. 2 S. 1 VwVG. Die Anwendung des Zwangsmittels ist einzustellen, sobald sein Zweck erreicht worden ist, § 15 Abs. 3 VwVG.

Teilweise wird in der Anwendung des Zwangsmittels ein Verwaltungsakt erblickt, weil der Betroffene zu dessen Duldung verpflichtet werde.[70] Richtigerweise sind die **Ersatzvornahme** und der **unmittelbare Zwang** als Realakte zu qualifizieren, weil hierin Ausübung von Zwang in tatsächlicher Hinsicht und keine weitere Regelung liegt.[71]

Zwangsgeld wird beigetrieben (vgl. bereits Rn. 8 aE), und zwar auch dann, wenn wegen Erfolglosigkeit seines Einsatzes eine neue Verwaltungsvollstreckung (etwa durch neue Zwangsgeldandrohung) eingeleitet worden ist. Die Rechtsnatur beurteilt sich daher anhand der Umsetzung nach Beitreibungsgrundsätzen (dazu Rn. 29 f.).

b) Sofortiger Vollzug

Ausnahmsweise ist eine **Verwaltungsvollstreckung ohne Grundverwaltungsakt** möglich. Man denke etwa daran, dass die Behörden ein Gartenbauunternehmen mit dem Fällen eines vermutlich in wenigen Minuten auf die Fahrbahn stürzenden Baumes beauftragen. Nach § 6 Abs. 2 VwVG kann Verwaltungszwang ohne vorausgehenden Verwaltungsakt eingesetzt werden, wenn folgende zwei Voraussetzungen vorliegen: Zum einen muss der sofortige Vollzug **zur Verhinderung einer rechtswidrigen Tat, die einen Straf- oder Bußgeldtatbestand** verwirklicht, oder zur **Abwendung einer drohenden Gefahr „notwendig"** sein. Die Verwirklichung eines Straf- oder Bußgeldtatbestands ist anhand der einschlägigen Normen zu prüfen, wobei nach dem Gesetzeswortlaut eine Zwangsausübung nach Tatbeendigung ausscheidet.[72] Bei einer drohenden Gefahr für die öffentliche Sicherheit oder Ordnung hat das schädigende Ereignis entweder schon begonnen oder steht mit an Sicherheit grenzender Wahrscheinlichkeit unmittelbar bevor.[73] Im oben genannten Beispiel ist ein schnelles Handeln geboten, da nur so verhindert werden kann, dass der Baum unkontrolliert auf die Fahrbahn stürzt und so Leib und Leben anderer gefährdet. Der sofortige Vollzug ist notwendig, wenn die mit einem Einschreiten im gewöhnlichen gestreckten Verfahren verbundenen Verzögerungen die Wirksamkeit gefahrenabwehrender Maßnahmen aufheben oder wesentlich beeinträchtigen würden, dh der Gefahr allein durch den sofortigen Vollzug wirksam begegnet werden kann, etwa weil der Eigentümer und Bewohner des Grundstücks momentan nicht vor Ort und somit zum Fällen des Baums nicht imstande ist. Zweite Voraussetzung für den sofortigen Vollzug ist, dass die **Behörde innerhalb ihrer Befug-**

---

68 Nach Bundesrecht entsprechend der Festsetzung, § 15 Abs. 1 VwVG; vgl. zum Landesrecht aber vorstehend Rn. 15.
69 Dazu Waldhoff JuS 2015, 862.
70 VGH München BayVBl. 2016, 341, 342, der aber letztlich die Rechtsnatur offenließ.
71 Hyckel LKV 2015, 342, 348; Maurer/Waldhoff, § 20 Rn. 24; Siegel, Rn. 704; aA BVerwGE 26, 161, 164. Zu Realakten § 23.
72 Albrecht/Braun VR 2018, 109, 110.
73 Albrecht/Braun VR 2018, 109, 110.

nisse handelt.[74] An dieser Stelle ist inzident die Rechtmäßigkeit eines fiktiven Grundverwaltungsakts zu prüfen, im Beispiel also, ob die handelnde Behörde dem Grundstückseigentümer unter Heranziehung ihrer Befugnisnormen das Fällen des Baums aufgeben könnte. Da die Verwaltung im Beispiel einen anderen mit der Vornahme einer vertretbaren Handlung beauftragt, handelt es sich um eine Ersatzvornahme im sofortigen Vollzug.

Sowohl § 6 Abs. 1 als auch § 6 Abs. 2 VwVG gebrauchen die Formulierung „sofortiger Vollzug", verstehen darunter indes jeweils etwas anderes: In Abs. 1 geht es um die sofortige Vollziehung eines Grundverwaltungsakts iSd § 80 Abs. 2 S. 1 Nr. 4 VwGO, in Abs. 2 um Verwaltungszwang, ohne dass vorher ein zu vollziehender Verwaltungsakt erlassen wurde.

Im **fehlenden Erlass einer Grundverfügung** liegt der Unterschied zum gestreckten Verfahren. Während es bei Letzterem nur auf das Vorhandensein eines Grundverwaltungsakts und seine Vollstreckbarkeit (= Unanfechtbarkeit oder Vollziehbarkeit gem. § 80 Abs. 2 VwGO), nicht jedoch seine Rechtmäßigkeit ankommt (bereits Rn. 12 f.), hängt die Rechtmäßigkeit des sofortigen Vollzugs von derjenigen des (hypothetischen) Grundverwaltungsakts ab.[75] Die Behörde darf also im Wege des sofortigen Vollzugs nur vollstrecken, was sie nach der materiellen Rechtslage durch eine **rechtmäßige Verfügung** hätte anordnen dürfen, maW: Der fiktiv gedachte Verwaltungsakt muss rechtens sein. Dieser Unterschied zum gestreckten Verfahren beruht darauf, dass beim Sofortvollzug die Pflicht des Betroffenen gerade nicht vorher in einem Verwaltungsakt konkretisiert wird. Demzufolge muss die Behörde nach § 6 Abs. 2 VwVG beim Sofortvollzug „innerhalb ihrer gesetzlichen Befugnisse", insb. auch verhältnismäßig (allg. dazu § 14 Rn. 53) handeln.

18 Das für die sofortige Vollziehung eingesetzte Zwangsmittel wird nicht angedroht, § 13 Abs. 1 S. 1 Hs. 2 VwVG. Gleichermaßen entfällt – soweit überhaupt vorgesehen (vgl. vorstehend Rn. 15) – die Festsetzung des Zwangsmittels, § 14 S. 2 VwVG. Indem sich diese Variante der Verwaltungsvollstreckung auf die Anwendung des Zwangsmittels beschränkt, wird sie als einaktiges oder abgekürztes Vollstreckungsverfahren, mancherorts anschaulich auch als „Schnellverfahren",[76] bezeichnet. Zwangsmittel des sofortigen Vollzugs können lediglich die Ersatzvornahme und der unmittelbare Zwang, nicht jedoch das Zwangsgeld sein.[77]

19 Nach seinem Wortlaut betrifft § 6 Abs. 2 VwVG nur die Konstellation, dass die Behörde überhaupt keinen Verwaltungsakt erlassen hat. Die Vorschrift muss aber auch dann – erst recht – anwendbar sein, wenn ein (rechtmäßiger) Grundverwaltungsakt vorhanden ist, das gestreckte Vollstreckungsverfahren aber aus einem anderen Grund ausscheidet, etwa weil das Zwangsmittel wegen Eilbedürftigkeit nicht angedroht und festgesetzt werden kann: Wenn die Behörde schon ohne Verwaltungsakt vollstrecken darf, dann erst recht unter denselben Voraussetzungen auch bei einem vorhandenen Verwaltungsakt.[78]

---

74 Vgl. an entsprechenden landesgesetzlichen Regelungen zB § 81 Abs. 1 SOG M-V, § 55 Abs. 2 VwVG NRW, § 18 Abs. 2 SaarlVwVG, Art. 53 Abs. 2 BayPAG. Jedoch ist die Bezeichnung nicht einheitlich. In einigen Ländern gibt es neben dem sofortigen Vollzug die unmittelbare Ausführung. Dazu Rn. 20.
75 Horn Jura 2004, 597, 598 f.
76 OVG Saarlouis NVwZ-RR 2018, 595, 597.
77 OVG Münster OVGE 7, 27, 31.
78 OVG Münster Urt. v. 6.10.2020 – 5 A 3821/18, Rn. 31 juris; OVG Saarlouis NVwZ-RR 2018, 595, 597; Sadler/Tillmanns in: dies., VwVG § 6 Rn. 278; zweifelhaft erscheint lediglich die daraus folgende Prüfung der Recht-

§ 19 Vollstreckung von Verwaltungsakten §19

Neben dem Sofortvollzug in § 6 Abs. 2 VwVG findet sich im Polizei- und Ordnungsrecht einiger Bundesländer die **unmittelbare Ausführung**.[79] Gem. § 19 S. 1 BPolG kann die Bundespolizei eine Maßnahme selbst oder durch einen Beauftragten „unmittelbar ausführen", wenn der Zweck der Maßnahme durch eine Inanspruchnahme der Verantwortlichen nach § 17 bzw. § 18 BPolG nicht oder nicht rechtzeitig erreicht werden kann. Bei einer solchen unmittelbaren Ausführung handelt es sich um eine Gefahrenabwehr mit den eigenen Mitteln der Polizei durch Realakt, die **im tatsächlichen oder vermuteten Einverständnis des Pflichtigen** geschieht. Unmittelbare Ausführung stellt mithin keine Maßnahme des Verwaltungszwangs dar, mit dem, wie beim sofortigen Vollzug, ein entgegenstehender (tatsächlicher oder vermuteter) Wille des Pflichtigen gebrochen werden soll.[80] Rettet die Bundespolizei Kite-Surfer, die in Not geraten sind, vor dem Ertrinken, liegt eine unmittelbare Ausführung und kein Verwaltungszwang vor, da die Handlung im vermuteten Einverständnis der in Seenot geratenen Personen erfolgt.[81] Keine unmittelbare Ausführung liegt dagegen vor, wenn ein Lkw mit hoher Geschwindigkeit auf eine Grenze zufährt, um sich der Kontrolle zu entziehen, ein Beamter das Fahrzeug durch einen Schuss in den Reifen zum Stehen bringt und den Fahrer damit zum Halten zwingt. Hierbei handelt es sich um einen (sofortigen) Vollzug durch Ausübung unmittelbaren Zwangs, indem der entgegenstehende Wille des Lkw-Fahrers gebrochen wird.[82]

20

Die **Rechtsnatur** des Sofortvollzugs und der unmittelbaren Ausführung ist umstritten. Nach einer sich im Vordringen befindlichen, zutreffenden Meinung sind sie als reine Tathandlungen den Realakten zuzuordnen.[83]

21

3. Keine Vollstreckungshindernisse

Dem Vollzug durch die Verwaltung dürfen **keine Vollstreckungshindernisse** entgegenstehen. Die Voraussetzungen für die Verwaltungsvollstreckung sind nicht gegeben, wenn die Behörde von dem Betroffenen etwas objektiv oder subjektiv Unmögliches verlangen würde. Beispiel für eine rechtliche Unmöglichkeit ist der Fall einer gegen den Eigentümer ergangenen Beseitigungsverfügung für sein Wohnhaus, die nicht durchgesetzt werden kann, solange nicht ggü. dem Mieter eine Duldungsverfügung erlassen worden ist.[84] Zu Vollstreckungshindernissen gehören ferner nachträgliche materielle Einwände gegen die Grundverfügung (wie Erfüllung). Ohnehin ist die Vollstreckung

22

---

mäßigkeit der Grundverfügung („innerhalb ihrer gesetzlichen Befugnisse"), weil wegen Vorhandenseins und Angreifbarkeit des (Grund-)Verwaltungsakts hierfür kein Bedürfnis besteht; vgl. Rn. 17.
79 ZB § 70a SOG M-V, Art. 9 BayPAG, § 15 ASOG Bln, § 8 HSOG, § 9 SOG LSA, § 9 ThürPAG; im Verhältnis zu den polizeirechtlichen Standardmaßnahmen vgl. Heintzen DVBl. 2005, 1038, 1041 f.
80 OVG Schleswig Urt. v. 3.9.2015 – 4 LB 13/14, Rn. 37 juris.
81 OVG Schleswig Urt. v. 3.9.2015 – 4 LB 13/14, Rn. 37 juris. Wonach sich die Rechtmäßigkeit der näheren Durchführung bemisst, wird unterschiedlich beurteilt; teilw. werden die Vorschriften über den (Sofort-)Vollzug (entsprechend) herangezogen, vgl. Sadler DVBl. 2009, 292, 296 ff. Zutreffend(er) dürfte es indes sein, den Vorschriften über die unmittelbare Ausführung als Spezialregelungen auch (allein) die Anforderungen der Rechtmäßigkeit zu entnehmen.
82 In Ländern, die nur die unmittelbare Ausführung oder den Sofortvollzug regeln, ist auf beide Fallgestaltungen die jeweils normierte Sofortmaßnahme anwendbar.
83 OVG Schleswig Urt. v. 3.9.2015 – 4 LB 13/14, Rn. 37 juris; Hyckel LKV 2015, 342, 348; Maurer/Waldhoff, § 20 Rn. 26.
84 BVerwG NVwZ-RR 1999, 147, 148. Vgl. hierzu bereits § 14 Rn. 55 (zu Fall 13); OVG Greifswald NordÖR 2005, 28; anders, wenn der Dritte ersichtlich gegen die Vollstreckung keine Einwände erheben wird, OVG Münster DÖV 2014, 719; OVG Lüneburg ZUR 2016, 293, 296. Eingehend zu prozessualen Fragen beim Einsatz von Duldungsverfügungen anhand der Rspr. Schübel-Pfister JuS 2013, 417, 420 f. Krit. ggü. der Notwendigkeit einer Duldungsverfügung Michl NVwZ 2014, 1206, 1207 ff. mwN.

als (bloßes) Beugemittel einzustellen, sobald ihr Zweck erreicht ist, § 15 Abs. 3 VwVG – etwa wenn der Pflichtige die Unterlassungspflicht nach Zwangsgeldfestsetzung erfüllt.[85]

4. Keine Vollstreckung gegen Behörden

23 Selbst wenn Behörden ausnahmsweise Adressat eines Verwaltungsakts sein können, sind gem. § 17 VwVG Zwangsmittel gegen Behörden und juristische Personen des öffentlichen Rechts unzulässig, „soweit nicht etwas anderes bestimmt ist". Da der Wortlaut des § 17 VwVG uneingeschränkt ist, kommt dieses Verbot auch dann zum Tragen, wenn die Behörde oder juristische Person ein Grundstück nur fiskalisch bewirtschaftet und nicht zur Erfüllung öffentlich-rechtlicher Aufgaben verwendet und ihrer Pflicht zur Beseitigung von Müll auf dem Grundstück nicht nachkommt.[86]

5. Rechtsschutzeröffnung

24 Rechtsschutz im Zusammenhang mit der Verwaltungsvollstreckung kann sich gegen den Grundverwaltungsakt, auf Einstellung der Vollstreckung, gegen einzelne Vollstreckungsmaßnahmen oder gegen den Vollstreckungskostenbescheid richten (allg. zum verwaltungsgerichtlichen Rechtsschutz, soweit nachfolgend einschlägig, vgl. § 10 Rn. 9 ff., § 20, § 21, § 23 Rn. 8 ff.).

a) Gegen die Grundverfügung

25 Zunächst besteht die Möglichkeit, gegen die **Grundverfügung** Widerspruch (§ 68 Abs. 1 S. 1 VwGO, soweit nicht nach S. 2 eine Ausnahme vom Erfordernis des Vorverfahrens greift) und Anfechtungsklage (§ 42 Abs. 1 Alt. 1 VwGO, dazu § 20) zu erheben. Widerspruch und Anfechtungsklage haben grds. aufschiebende Wirkung – mit der Folge, dass die Vollziehung des Verwaltungsakts gehemmt wird und er nicht vollstreckt werden darf, § 80 Abs. 1 S. 1 VwGO.[87] Wird der Verwaltungsakt im Anfechtungsprozess aufgehoben, ist damit die Vollstreckungsgrundlage entfallen. Nachfolgende Vollstreckungsmaßnahmen wären rechtswidrig. Hat die Behörde einen angefochtenen, aber sofort vollziehbaren Verwaltungsakt tatsächlich vollstreckt, führt dies regelmäßig nicht zu dessen Erledigung (mit der Konsequenz der Statthaftigkeit der Fortsetzungsfeststellungsklage). Denn der Grundverwaltungsakt entfaltet weiterhin rechtliche Wirkungen, wenn für die Vollstreckungsmaßnahme Kosten erhoben werden können. Erweist sich dieser in der gerichtlichen Überprüfung als rechtswidrig, kann der betroffene Bürger über § 113 Abs. 1 S. 2 VwGO die Rückgängigmachung der Vollzugsfolgen verlangen.[88]

In den in § 80 Abs. 2 VwGO genannten Fällen entfällt die aufschiebende Wirkung von Widerspruch und Anfechtungsklage. Ist der Verwaltungsakt aufgrund behördlicher

---

85 OVG Weimar LKV 2012, 523. Entsprechendes gilt aus Gründen der Verhältnismäßigkeit, wenn die in der Vollstreckung befindliche Forderung absehbar erlassen wird und ihre Beitreibung für den Pflichtigen unzumutbar wäre, OVG Lüneburg DVBl. 2011, 717; dazu Weber DVBl. 2012, 1130, 1133. Zur Beitreibung Rn. 28.
86 VGH Kassel DÖV 2014, 715 f.
87 Die Rechtsfolge der aufschiebenden Wirkung ist umstritten. ZT wird angenommen, sie hemme die Wirksamkeit des Verwaltungsakts. Nach hM bewirkt die aufschiebende Wirkung lediglich die Hemmung des Vollzugs. Hierzu bereits Rn. 12; näher § 21 Rn. 2.
88 Sog. Vollzugsfolgenbeseitigungsanspruch, vgl. § 20 Rn. 35, § 21 Rn. 16, § 41 Rn. 2; s.a. VGH Mannheim VBlBW 2022, 16, 20.

Anordnung für sofort vollziehbar erklärt worden (§ 80 Abs. 2 S. 1 Nr. 4 VwGO) oder entfällt seine aufschiebende Wirkung kraft Gesetzes (§ 80 Abs. 2 S. 1 Nr. 1–3a VwGO), kann der Betroffene neben der Einlegung von Widerspruch und Anfechtungsklage bei Gericht gem. § 80 Abs. 5 S. 1 VwGO (allg. näher § 21) einen Antrag auf Anordnung (in den Fällen des § 80 Abs. 2 S. 1 Nr. 1–3a VwGO) bzw. Wiederherstellung (bei § 80 Abs. 2 S. 1 Nr. 4 VwGO) der aufschiebenden Wirkung stellen. In diesem Verfahren prüft das Gericht summarisch, ob das Interesse des Bürgers an der Anordnung bzw. Wiederherstellung der aufschiebenden Wirkung ggü. dem öffentlichen Interesse an der sofortigen Vollziehung des Verwaltungsakts überwiegt. Dabei hat das Gericht vorrangig die Erfolgsaussichten des Hauptsacheverfahrens, also der Anfechtungsklage gegen den Verwaltungsakt, zu berücksichtigen. Bei offensichtlicher Erfolgsaussicht überwiegt das Aussetzungsinteresse.[89] Ab dem Moment der Anordnung bzw. Wiederherstellung der aufschiebenden Wirkung entfällt die Vollstreckbarkeit des Verwaltungsakts nach § 6 Abs. 1 VwVG.

Umstritten ist, ab welchem **Zeitpunkt** die aufschiebende Wirkung nach § 80 Abs. 5 VwGO wirkt: ex tunc, dh auf den Zeitpunkt des Beginns der Vollstreckung mit der Konsequenz, dass etwaigen Vollstreckungsmaßnahmen der Rechtsgrund fehlt und sie rechtswidrig sind,[90] oder ex nunc, also erst ab dem Zeitpunkt der gerichtlichen Entscheidung, so dass die bis zur Entscheidung getroffenen Maßnahmen rechtmäßig bleiben.[91] Vorzugswürdig ist die Annahme einer ex tunc-Wirkung. Denn § 80 Abs. 5 S. 1 VwGO nimmt seiner Zielrichtung nach Bezug auf den in § 80 Abs. 1 S. 1 VwGO enthaltenen Grundsatz der aufschiebenden Wirkung und zwar auch in (deren) zeitlicher Hinsicht (dazu § 21 Rn. 2); nur so wird die „Waffengleichheit" zwischen Behörde und Bürger wiederhergestellt.[92] Dem Gericht verbleibt freilich im Rahmen seiner Ermessensausübung nach § 80 Abs. 5 S. 1 VwGO die Möglichkeit, die aufschiebende Wirkung lediglich teilweise, also (ausdrücklich) nur für die Zukunft, anzuordnen bzw. wiederherzustellen.[93] Macht es von dieser Möglichkeit keinen Gebrauch und ist der Verwaltungsakt im Zeitpunkt seiner Entscheidung schon vollzogen, kann es gem. § 80 Abs. 5 S. 3 VwGO die Aufhebung der Vollziehung anordnen.

b) Auf Einstellung der Vollstreckung

Unter Berufung auf Vollstreckungshindernisse uÄ kann der Betroffene in mehreren Bundesländern aufgrund einer ausdrücklichen Regelung zur Einstellung der Vollstreckung[94] von der Behörde verlangen, die Vollstreckung für unzulässig zu erklären, und dieses Begehren ggf. mit der **Verpflichtungsklage** (dazu allg. § 20 Rn. 18, 20 ff., 37; im einstweiligen Rechtsschutz nach § 123 VwGO, allg. dazu § 21 Rn. 29) verfolgen. In den übrigen Ländern lässt sich der prozessual entsprechend durchsetzbare Anspruch

---

89 Windthorst in: Gärditz, § 80 Rn. 220 ff.; für das Baurecht etwa Erbguth/Schubert, Öffentliches Baurecht, § 15 Rn. 118; näher zu alldem § 21.
90 Vgl. Dünchheim VR 1994, 123, 125 mwN.
91 So Löwer DVBl. 1966, 251, 253.
92 BVerwG NVwZ 2016, 1333, 1334; Dünchheim VR 1994, 123, 125 mwN in Fn. 12.
93 BVerwG NVwZ 2016, 1333, 1334.
94 Art. 22 BayVwZVG; § 13 Abs. 1 Alt. 1 BbgVwVG; § 28 Abs. 1 Alt. 1 HmbVwVG; § 3 Abs. 1 HessVwVG; § 23 Abs. 1 Alt. 1 NVwVG; § 6a Abs. 1 Alt. 1 VwVG NRW; § 14 Abs. 1 Alt. 1 VwVG RP; § 10 Abs. 1 Alt. 1 SaarlVwVG; § 2a Abs. 1 Alt. 1 SächsVwVG; § 23 Abs. 1 Alt. 1 VwVG LSA; § 241 LVwVG SH; § 29 Abs. 1 Alt. 1 ThürVwZG.

mangels spezialgesetzlicher Anordnung auf das allgemeine Verwaltungsverfahrensrecht gründen.[95]

c) Gegen Vollstreckungsmaßnahmen

27 Aufgrund der Rechtsschutzgarantie aus Art. 19 Abs. 4 S. 1 GG müssen die Betroffenen auch Rechtsschutz gegen Maßnahmen in der Verwaltungsvollstreckung erlangen können (der vom Rechtsschutz gegen die Grundverfügung streng zu unterscheiden ist). Soweit sich die Vollzugsmaßnahmen als Verwaltungsakte darstellen (vorstehend Rn. 14 ff.), kommen als Rechtsbehelfe gegen sie Widerspruch und Anfechtungsklage in Betracht. Zu beachten ist, dass die Länder oft aufgrund § 80 Abs. 2 S. 1 Nr. 3, S. 2 VwGO bestimmt haben, dass Rechtsbehelfe, die sich gegen Maßnahmen in der Verwaltungsvollstreckung richten, keine aufschiebende Wirkung haben (zB § 20 Saarl-AGVwGO). Im vorläufigen Rechtsschutz müsste daher gem. § 80 Abs. 5 S. 1 Alt. 1 VwGO die Anordnung der aufschiebenden Wirkung beantragt werden.[96] Wie gesehen, beinhaltet die Festsetzung des Zwangsmittels einen Verwaltungsakt.[97] Auf Bundesebene hält § 18 Abs. 1 VwVG eine besondere **Rechtsschutzregelung für die Androhung** bereit. Gegen diese sind dieselben Rechtsmittel wie gegen den Grundverwaltungsakt gegeben, § 18 Abs. 1 S. 1 VwVG, dh die Anfechtungsklage nach § 42 Abs. 1 Alt. 1 VwGO. Ist die Androhung des Zwangsmittels mit dem zugrunde liegenden, noch nicht unanfechtbaren Grundverwaltungsakt verbunden, erstreckt sich das Rechtsmittel zugleich auf die Grundverfügung, soweit sie nicht bereits Gegenstand eines Rechtsbehelfsverfahrens ist, § 18 Abs. 1 S. 2 VwVG. Ist die Androhung separat vom zu vollstreckenden Grundverwaltungsakt erfolgt und dieser unanfechtbar geworden, kann die Androhung nur insoweit angegriffen werden, als eine Rechtsverletzung durch die Androhung selbst verfolgt wird, § 18 Abs. 1 S. 3 VwVG. Die Vorschrift trägt der mit Unanfechtbarkeit eintretenden Bestandskraft von Verwaltungsakten Rechnung und verhindert eine Umgehung der durch die VwGO für Widerspruch und Anfechtungsklage normierten Fristen (§§ 70, 74 Abs. 1 VwGO).[98]

Da die Anwendung des Zwangsmittels (etwa bei Ersatzvornahme oder unmittelbarem Zwang) nach zutreffender Ansicht einen Realakt darstellt (oben Rn. 16), ist sie mit der (allgemeinen) Leistungs- oder Feststellungsklage anzugreifen. Ggü. der Leistungsklage ist Letztere nicht nach § 43 Abs. 2 S. 1 VwGO subsidiär.[99] Beim Rechtsschutz gegen den Sofortvollzug nach Bundesrecht (§ 6 Abs. 2 VwVG) ist eine Besonderheit zu beachten: Obwohl dieser als Realakt einzustufen ist,[100] sind gegen ihn die Rechtsmittel zulässig, die gegen Verwaltungsakte gegeben sind, § 18 Abs. 2 VwVG,[101] also Widerspruch und Anfechtungsklage.

---

95 Dazu Weber DVBl. 2012, 1130, 1133. So auch im Fall von Einwendungen, die nach Bestandskraft der Grundverfügung (hier: baurechtliche Beseitigungsverfügung) entstanden sind, OVG Koblenz NVwZ-RR 2012, 15, 16. Es werden aber auch, ähnlich wie im Rahmen der Beitreibung (vgl. Rn. 28 f.), andere Rechtsschutzmöglichkeiten vertreten: Feststellungsklage, vorbeugende Unterlassungsklage, Vollstreckungsgegenklage entsprechend § 767 ZPO, vgl. Weber, wie vor, mwN.
96 Stellhorn JA 2022, 242, 248.
97 Maßgeblicher Zeitpunkt für deren rechtliche Beurteilung soll beim prozessualen Vorgehen der Zeitpunkt der mündlichen Verhandlung vor Gericht sein, im Fall der bereits vorher erfolgten Vollstreckung der Zwangsgeldfestsetzung (Rn. 8, 29 ff.) hingegen jener (Vollstreckungs-)Zeitpunkt, OVG Bautzen LKV 2013, 369.
98 Auch BVerwG VBlBW 2009, 55.
99 So die Rspr.; anders W.-R. Schenke in: Kopp/ders., § 43 Rn. 28 mwN; näher bereits § 10 Rn. 12.
100 So zu Recht allg. Maurer/Waldhoff, § 20 Rn. 26.
101 In den Bundesländern fehlt eine vergleichbare Regelung. Zur Gültigkeit dieser Norm Lemke, S. 437.

§ 19 Vollstreckung von Verwaltungsakten

d) Gegen den Kostenbescheid

Die bei Vollstreckungsmaßnahmen anfallenden Auslagen und Aufwendungen kann die Behörde bei Vorhandensein entsprechender Kostenerhebungsregelungen, zB § 19 Abs. 1 S. 1 VwVG iVm § 337 Abs. 1 S. 2 AO, vom Bürger ersetzt verlangen. Da die Ersatzvornahme auf Kosten des Pflichtigen erfolgt, kann ihn die Verwaltung folglich für die dadurch entstandenen Kosten in Anspruch nehmen. Die Aufwendungen werden mittels eines Kostenbescheids, der ein selbstständiger Verwaltungsakt ist und ebenfalls vollstreckt werden kann (Beitreibung[102]), festgesetzt. Bei Maßnahmen auf dem Gebiet der Gefahrenabwehr regeln die Landesgesetze (Verwaltungskostengesetze, ggf. mit Durchführungsverordnungen) die Befugnis, einen Kostenbescheid zu erlassen. Dieser muss formell und materiell rechtmäßig sein. Hins. der formellen Rechtmäßigkeit ist zu beachten, dass vor Erlass des Kostenbescheids der Kostenschuldner anzuhören ist. § 28 Abs. 2 Nr. 5 VwVfG ist nicht einschlägig, da die Festsetzung der Kosten keine Maßnahme „in", sondern außerhalb der Verwaltungsvollstreckung ist.[103] Materiellrechtlich muss die jeweilige Zwangsmaßnahme ordnungsgemäß gewesen sein. Die Verwaltung darf eine Erstattung nur für rechtmäßige Vollstreckungsmaßnahmen verlangen.[104] Allerdings ist es nach hM konsequenterweise unerheblich, ob die Grundverfügung rechtmäßig war:[105] Rechtmäßigkeitsvoraussetzung für eine ordnungsgemäße Vollstreckung ist mit Blick auf den Grundbescheid nur dessen Wirksamkeit im Zeitpunkt der Vollstreckung, nicht seine Rechtmäßigkeit (vgl. Rn. 13). Die Kostenforderung muss ferner nach Art und Höhe gerechtfertigt sein. Gegen den Kostenbescheid kann sich der Betroffene mit der Anfechtungsklage wehren.[106]

Der Kostenbescheid kann daher nicht wegen (lediglich) rechtswidriger Grundverfügung erfolgreich angegriffen werden.[107] Vielmehr muss gegen die Grundverfügung selbst vorgegangen werden – dann kann über § 113 Abs. 1 S. 2 VwGO ein Vollzugsfolgenbeseitigungsanspruch (dazu allg. § 20 Rn. 35, § 41 Rn. 2) auf Aufhebung des Kostenbescheids durchgesetzt werden.[108]

Abweichendes gilt, wenn man mit der gegenteiligen Auffassung davon ausgeht, dass die angefochtene Grundverfügung rückwirkend aufgehoben wird und damit die Voraussetzungen der Vollstreckung rückwirkend entfallen und daher inzident die Rechtmäßigkeit der Grundverfügung innerhalb der Klage gegen den Kostenbescheid zu prüfen ist.[109]

---

102 Vgl. Rn. 29; strittig ist, ob die Vollstreckung schon vor Unanfechtbarkeit des Kostenbescheids und ohne Anordnung seines Sofortvollzugs möglich ist, dazu Weber DVBl. 2012, 1130, 1133.
103 OVG Münster Urt. v. 6.10.2020 – 5 A 3821/18, Rn. 22 juris.
104 BVerwG NJW 1984, 2591, 2592; es gilt also Ähnliches wie beim Sofortvollzug, vgl. vorstehend Rn. 17.
105 BVerwG NVwZ 2009, 122; VGH Mannheim VBlBW 2022, 16, 17; vgl. Rn. 13; krit. Enders NVwZ 2009, 958, 960 ff.
106 Ausführlich zum Rechtsschutz gegen den Vollstreckungskostenbescheid Enders NVwZ 2000, 1232. Hins. der aufschiebenden Wirkung ist § 80 Abs. 2 S. 1 Nr. 1 VwGO zu beachten.
107 Auch nicht wegen der deshalb eingetretenen Ermessensreduzierung auf Null bei der Kostenentscheidung, so aber Enders NVwZ 2009, 958, 960; krit. demgegenüber Poscher in: FS für R. Stürner, 2013, S. 1941, 1950 f.: konstruktive Krücke.
108 Näher Poscher in: FS für R. Stürner, 2013, S. 1941, 1953, 1955 f.; VGH Mannheim VBlBW 2022, 16, 20 zu gewissen Fristerleichterungen für das Vorgehen gegen die Grundverfügung aus Rechtsschutzgründen; insoweit ebenfalls Labrenz NVwZ 2010, 22.
109 OVG Bremen NVwZ 2020, 1374, 1375; krit. Hebeler JA 2021, 85 ff.

Übersicht 18: Materielle Rechtmäßigkeit des Verwaltungszwangs

Gestrecktes Verfahren (§ 6 Abs. 1 VwVG)	Sofortvollzug ohne Grundverfügung (§ 6 Abs. 2 VwVG)	Sofortvollzug mit Grundverfügung (§ 6 Abs. 2 VwVG analog)
1. Vollstreckungsvoraussetzungen		
■ Grundverfügung auf Handlung, Duldung oder Unterlassung ist ■ wirksam und ■ unanfechtbar oder sofort vollziehbar (§ 80 Abs. 2 VwGO)	■ Grundverfügung nicht erforderlich ■ Rechtmäßigkeit der hypothetischen Grundverfügung („innerhalb ihrer gesetzlichen Befugnisse") ■ zur Abwendung einer drohenden Gefahr oder Verhinderung einer rechtswidrigen Tat notwendig	■ Rechtmäßigkeit der Grundverfügung (fraglich, → Rn. 19) ■ zur Abwendung einer drohenden Gefahr oder Verhinderung einer rechtswidrigen Tat notwendig
2. Vollstreckungsverfahren		
■ richtiges Zwangsmittel (Ersatzvornahme, Zwangsgeld, unmittelbarer Zwang), s. § 9 VwVG ■ Androhung (§ 13 VwVG) ■ (ggf.) Festsetzung (§ 14 VwVG) ■ ordnungsgemäße Anwendung (§ 15 VwVG), insb. Verhältnismäßigkeit	■ richtiges Zwangsmittel (Ersatzvornahme, unmittelbarer Zwang) ■ Androhung entbehrlich (§ 13 Abs. 1 S. 1 VwVG) ■ Festsetzung entfällt (§ 14 S. 2 VwVG) ■ ordnungsgemäße Anwendung (§ 15 VwVG), insb. Verhältnismäßigkeit	■ richtiges Zwangsmittel (Ersatzvornahme, unmittelbarer Zwang) ■ Androhung entbehrlich (§ 13 Abs. 1 S. 1 VwVG analog) ■ Festsetzung entfällt (§ 14 S. 2 VwVG analog) ■ ordnungsgemäße Anwendung (§ 15 VwVG), insb. Verhältnismäßigkeit
3. Keine Vollstreckungshindernisse		

III. Vollstreckung wegen Geldforderungen

1. Ablauf des Vollstreckungsverfahrens

29 Die Vollstreckung wegen öffentlich-rechtlicher Geldforderungen, wie Steuern (sog. Beitreibung), wird durch die **Vollstreckungsanordnung** eingeleitet, § 3 Abs. 1 VwVG. Die Voraussetzungen ergeben sich aus § 3 Abs. 2 VwVG.[110] Der Schuldner ist zunächst durch **Leistungsbescheid** zur Zahlung aufzufordern. Darüber hinaus muss die Leistung **fällig** und zwischen der Bekanntgabe des Leistungsbescheids bzw. dem Eintritt der Fälligkeit der Leistung und der Einleitung der Vollstreckung die **Frist von einer Woche** abgelaufen sein. Ferner „soll" der Schuldner eine weitere Mahnung mit Zahlungsfrist von einer Woche erhalten, § 3 Abs. 3 VwVG.[111] Weil die Behörde aufgrund dieser

---

110 Hierauf und auf die nachfolgenden Bestimmungen des Bundes verweisen die Vorschriften der Länder vielfach für den Fall der Vollstreckung von Geldforderungen des jeweiligen Bundeslandes, vgl. etwa § 111 VwVfG M-V. Davon zu unterscheiden ist die (öffentlich-rechtliche) Selbsttitulierung und Vollstreckung privatrechtlicher (!) Forderungen durch die öffentliche Hand nach dem Recht einzelner Bundesländer; zur diesbzgl. Verfassungswidrigkeit anhand der Rspr. des BVerfG Waldhoff NordÖR 2013, 229.

111 Dazu, dass die Mahnung erst nach Nichteinhaltung des Fälligkeitstermins ergehen darf, OVG Saarlouis ZKF 2018, 215, 216.

Aufforderungen die Befriedigung der Forderung vor Eintritt der formellen Bestandskraft zügig vorantreiben kann, führt dies de facto zu einer Vorleistungspflicht des Schuldners.[112]

Die **Vollstreckungsanordnung** ist eine **verwaltungsinterne Maßnahme**, die dem Vollstreckungsschuldner ggü. keine unmittelbaren Rechtsfolgen setzt.[113] Vielmehr bekundet die Behörde, die den Zahlungsanspruch geltend macht, hiermit ggü. der Vollstreckungsbehörde (§ 4 VwVG), dass die Vollstreckung zulässig ist und erfolgen soll.

Das **Vollstreckungsverfahren** richtet sich grds. nach den Vorschriften der Abgabenordnung (§ 5 Abs. 1 VwVG), die wiederum teilweise auf die Zivilprozessordnung verweisen. Vollstreckungsmittel sind die Vollstreckung in das bewegliche Vermögen (in Sachen oder Forderungen und andere Rechte) oder in das unbewegliche Vermögen (durch Zwangsversteigerung, Eintragung einer Sicherungshypothek, Zwangsverwaltung).

2. Rechtsschutz

Es ist ebenfalls (vgl. vorstehend Rn. 24 ff.; allg. zum hier einschlägigen verwaltungsgerichtlichen Rechtsschutz §§ 20, 21) zwischen dem Rechtsschutz gegen den Leistungsbescheid und demjenigen gegen die Vollstreckungsmaßnahme zu unterscheiden: Der **Leistungsbescheid** ist ein Verwaltungsakt, der mit Widerspruch und Anfechtungsklage (näher § 20 Rn. 17, 20 ff., 34) angegriffen werden kann (Rn. 24 ff.). Im Fall der Vollstreckung wegen Geldforderungen wird die Regelung des **§ 80 Abs. 2 S. 1 Nr. 1 VwGO** relevant. Nach dieser Vorschrift kommt Rechtsbehelfen gegen die Anforderung **öffentlicher Abgaben und Kosten** keine aufschiebende Wirkung zu. Sie sind sofort vollziehbar, dh der Bürger muss zahlen. Freilich kann auch hier ein Antrag nach § 80 Abs. 5 S. 1 Alt. 1 VwGO (vgl. Rn. 25 und näher § 21) gestellt werden, dem jedoch gem. § 80 Abs. 6 VwGO grds. ein Antrag auf Aussetzung der Vollziehung bei der Behörde nach § 80 Abs. 4 VwGO vorausgegangen sein muss.

Abgaben sind öffentlich-rechtliche Geldforderungen zur Deckung des Finanzbedarfs des Staates oder anderer juristischer Personen des öffentlichen Rechts (Steuern, Beiträge und Gebühren). Bei den Kosten handelt es sich um Gebühren und Auslagen, die wegen der Durchführung eines Verwaltungsverfahrens auferlegt werden.[114]

Die Art des Rechtsschutzes gegen die **Vollstreckungsmaßnahme** selbst ist wiederum von deren Rechtscharakter abhängig. Soweit sie sich als Verwaltungsakt darstellt, wie die Sachpfändung,[115] kann sie mit Widerspruch und Anfechtungsklage angegriffen werden. Gegen Vollstreckungsmaßnahmen, die von einem ordentlichen Gericht oder einem Gerichtsvollzieher verhängt werden, stehen im ordentlichen Rechtsweg die Rechtsbehelfe der Zivilprozessordnung zur Verfügung (insb. die Erinnerung gem. § 766 ZPO).[116]

---

112 Wißmann/Klomp Ad Legendum 2019, 68, 69.
113 Sadler/Kremer in: Sadler/Tillmanns, VwVG § 3 Rn. 1 f.
114 Dazu Gröpl in: ders./Guckelberger/Wohlfarth, Landesrecht Saarland, § 2 Rn. 85; VGH Kassel NVwZ-RR 2020, 759, 760.
115 BVerwGE 54, 314, 316.
116 Zur Maßgeblichkeit der ZPO und des Zwangsversteigerungsgesetzes bei einer Verwaltungsvollstreckung in das unbewegliche Vermögen BGH MDR 2021, 1551 ff.

31 Fraglich ist, auf welche Rechtsbehelfe sich der Schuldner einer öffentlich-rechtlichen Geldforderung berufen kann, um nach Eintritt der **Unanfechtbarkeit des Leistungsbescheides** gegen die darin erhobene Forderung **Einwendungen** (etwa Erfüllung oder Aufrechnung) zu erheben (zur Parallele bei der Vollstreckung zur Erzwingung von Handlungen, Duldungen und Unterlassungen vgl. Rn. 26). Dass in einem solchen Fall Rechtsschutz gewährt werden muss, gebietet Art. 19 Abs. 4 GG. Die Meinungen über das richtige prozessuale Mittel gehen indes auseinander. Teilweise wird die Vollstreckungsgegenklage entsprechend § 767 ZPO über § 173 S. 1 VwGO auch vor den Verwaltungsgerichten für zulässig erachtet.[117] Nach vorherrschender Sichtweise soll jedoch ein Rückgriff auf die Zivilprozessordnung in verwaltungsgerichtlichen Verfahren ausgeschlossen sein, weil den Klagearten der VwGO Vorrang zukomme. Die insoweit vertretenen Auffassungen reichen über die Möglichkeit einer Klage auf Feststellung (§ 43 VwGO), dass die Vollstreckung aus dem Leistungsbescheid unzulässig ist oder die mit dem Leistungsbescheid geltend gemachte Forderung nicht mehr besteht, bis hin zu der Ansicht, dass eine Verpflichtungsklage (§ 42 Abs. 1 Alt. 2 VwGO) auf behördliche Unzulässigkeitserklärung der Vollstreckung zu erheben ist.[118]

Übersicht 19: Rechtmäßigkeit der Beitreibung von Geldforderungen

I. **Vollstreckungsvoraussetzungen**
- Leistungsbescheid, § 3 Abs. 2 lit. a VwVG
- grds. Fälligkeit der Leistung, § 3 Abs. 2 lit. b VwVG
- Wartefrist: eine Woche seit Bekanntgabe oder Fälligkeit des Leistungsbescheids, § 3 Abs. 2 lit. c VwVG
- idR weitere Mahnung mit Zahlungsfrist, § 3 Abs. 3 VwVG

II. **Vollstreckungsverfahren**
- Vollstreckungsanordnung, § 3 Abs. 1 VwVG

III. **Keine Vollstreckungshindernisse** (zB Erfüllung, Aufrechnung)

▶ **Zu Fall 19:** Fraglich ist, ob es sich bei der Abschleppmaßnahme um eine rechtmäßige Ersatzvornahme nach § 10 VwVG handelt. Im Entfernen des Pkw[119] liegt eine vertretbare Handlung, weil sie auch durch einen anderen als den Adressaten vorgenommen werden kann; insofern kommt eine Ersatzvornahme als Zwangsmittel in Betracht. Sie könnte im gestreckten Vollstreckungsverfahren gem. § 6 Abs. 1 VwVG angewendet worden sein. Dann müsste zunächst ein wirksamer Grundverwaltungsakt vorliegen. Verkehrszeichen sind Verwaltungsakte in Form einer Allgemeinverfügung (§ 35 S. 2 Var. 3 VwVfG).[120] Dieser Verwaltungsakt enthält nicht nur ein Verbot, an der gekennzeichneten Stelle zu parken, sondern zugleich ein Wegfahrgebot für dort unerlaubt parkende Fahrzeuge.[121] Die Wirksamkeit

---

117 So OVG Berlin NVwZ-RR 1989, 510. Zu Besonderheiten der Vollstreckungsabwehrklage im Verwaltungsprozessrecht Guckelberger NVwZ 2004, 662.
118 Übersicht zu den prozessualen Möglichkeiten bei Detterbeck, Rn. 1027; Siegel, Rn. 688; die Feststellungsklage favorisiert (auf Feststellung, dass der titulierte Anspruch nicht mehr besteht) Maurer/Waldhoff, § 20 Rn. 11.
119 Entsprechendes gilt für das Entfernen von Motorrädern, Motorrollern und Zweirädern aus Fußgängerzonen, VG Mainz NVwZ-RR 2012, 887.
120 Hierzu bereits § 12 Rn. 23; BVerwG NJW 2018, 2910.
121 BVerwG NJW 2018, 2910.

eines Verwaltungsakts setzt seine Bekanntgabe ggü. demjenigen, für den er bestimmt oder der von ihm betroffen ist, voraus, §§ 41, 43 Abs. 1 VwVfG. Die Bekanntgabe erfolgt nach den Vorschriften der Straßenverkehrsordnung durch Aufstellung des Verkehrsschildes. Sind Verkehrszeichen so aufgestellt und angebracht, dass sie ein durchschnittlicher Kraftfahrer bei Einhaltung der nach § 1 StVO erforderlichen Sorgfalt mit einem raschen und beiläufigen Blick erfassen kann, äußern sie ihre Rechtswirkung ggü. jedem von der Regelung betroffenen Verkehrsteilnehmer, gleichgültig, ob er das Verkehrszeichen tatsächlich wahrnimmt oder nicht.[122] Verkehrsteilnehmer und somit Adressat der durch das Verkehrszeichen getroffenen Anordnung ist auch der Halter eines am Straßenrand geparkten Fahrzeugs, solange er Inhaber der tatsächlichen Gewalt über das Fahrzeug ist.[123]

Der (wirksame) Verwaltungsakt müsste ferner unanfechtbar oder sofort vollziehbar sein. Da die Fristen für die Einlegung von Rechtsbehelfen bei nur kurzzeitig aufgestellten mobilen Halteverbotsschildern idR nicht abgelaufen sind, kommt allein die sofortige Vollziehbarkeit in Betracht. Sie ergibt sich für den vorliegenden Fall aus § 80 Abs. 2 S. 1 Nr. 2 VwGO. Dessen Wortlaut betrifft zwar lediglich unaufschiebbare Maßnahmen von Polizeivollzugsbeamten; die Vorschrift ist aber wegen der bestehenden Funktionsäquivalenz analog auf das Aufstellen von Verkehrsschildern mit Gebots- bzw. Verbotscharakter anwendbar.[124] Androhung (§ 13 VwVG) und Festsetzung (§ 14 VwVG) des Zwangsmittels sind unterblieben. Darauf kann aber, auch im Fall eines vollstreckbaren Grundverwaltungsakts, in (analoger) Anwendung des § 6 Abs. 2 VwVG verzichtet werden, wenn der sofortige Vollzug zur Verhinderung einer rechtswidrigen Tat erforderlich ist.[125] Im verkehrswidrigen Parken liegt ein Verstoß gegen die Straßenverkehrsordnung, bei dem es sich um eine Ordnungswidrigkeit und damit eine rechtswidrige Tat, die einen Bußgeldtatbestand verwirklicht, handelt (vgl. § 49 Abs. 3 Nr. 4 StVO, § 41 Abs. 1 iVm Nr. 62 der Anlage zu § 41 Abs. 1 StVO, § 24 StVG). Somit liegt ein Fall des § 6 Abs. 2 VwVG vor. Soweit die Notwendigkeit zu bejahen ist, „kann" die Behörde Verwaltungszwang anwenden. Sie muss das ihr zustehende Ermessen pflichtgemäß ausüben.

Zu prüfen bleibt, ob die Ersatzvornahme verhältnismäßig war (§ 9 Abs. 2 VwVG). Das BVerwG sieht keinen Verstoß gegen das Verhältnismäßigkeitsprinzip, wenn ein zunächst ordnungsgemäß geparkter Pkw vier Tage nach dem Aufstellen eines Halteverbotszeichens abgeschleppt und der Fahrzeughalter wegen der Abschleppkosten in Anspruch genommen wird:[126] Dieser muss mit Situationen rechnen, die kurzfristig eine Änderung bestehender Verkehrsregelungen verlangen.[127] Sofern es – wie in aller Regel – plausible Gründe für die Beauftragung eines Abschleppunternehmers anstelle eines Abschleppens durch die Behörde selbst gibt,[128] ist die Vollstreckungsmaßnahme rechtmäßig. ◄

---

122 BVerwG NJW 2018, 2910 f.; bereits § 13 Rn. 12 aE.
123 Zum Vorstehenden BVerwGE 102, 316; § 13 Rn. 12; Abweichendes gilt dann, wenn man die neuere Rspr. zur individuellen Bekanntgabe von Verkehrsschildern (§ 13 Rn. 12 aE) nicht nur für den Rechtsschutz (Fristberechnung) zugrunde legt, sondern auch für die „innere" Wirksamkeit des Verkehrszeichens. Dann ist ggü. J noch keine Grundverfügung ergangen (so Maurer in: FS für W.-R. Schenke, 2011, S. 1013, 1025), so dass sich die Rechtmäßigkeit der Vollstreckung nach den Grundsätzen des sofortigen Vollzugs bemisst, vgl. Rn. 17 ff.
124 Windthorst in: Gärditz, § 80 Rn. 134 f.; vgl. § 21 Rn. 4, bereits Rn. 12 aE.
125 Zum (fraglichen) Erfordernis der Rechtmäßigkeit der Grundverfügung vgl. Rn. 19.
126 Eine solche Frist gilt noch nicht einmal beim unberechtigten Abstellen an einem Taxistand (absolutes Halteverbot, Verkehrszeichen 229 zu § 41 StVO), BVerwG DVBl. 2014, 1139, 1140 ff.: keine Wartezeit, es sei denn, konkrete Anhaltspunkte weisen darauf hin, dass der Fahrer kurzfristig zum Fahrzeug zurückkehren und es unverzüglich entfernen wird; dazu Hebeler JA 2015, 317.
127 BVerwGE 102, 316; BVerwG NJW 2018, 2910, 2911; näher VGH München BayVBl. 2009, 21.
128 Dazu VGH Mannheim Urt. v. 24.2.2022 – 1 S 2283/20, Rn. 46 ff. juris.

IV. Wiederholungs- und Verständnisfragen

> Welche Zwangsmittel gibt es? (→ Rn. 5 ff.)
> Darf ein rechtswidriger Verwaltungsakt vollstreckt werden? (→ Rn. 13)
> Welche Anforderungen sind beim Verwaltungszwang an das Vollstreckungsverfahren zu stellen? (→ Rn. 10 ff.)
> Worin unterscheidet sich das gestreckte Vollstreckungsverfahren vom sofortigen Vollzug? (→ Rn. 11, 17 f.)
> Wonach richtet sich die Vollstreckung von Geldforderungen und was ist dabei zu beachten? (→ Rn. 29 ff.)

§ 20 Rechtsschutz im Widerspruchs- und Klageverfahren bei Verwaltungsakten

▶ **FALL 20:** Die zuständige Behörde untersagt Tierliebhaber T gestützt auf § 100 Abs. 1 S. 2 WHG die Aussetzung eines Teils seiner Enten im Dorfteich, weil dies für die Gewässerqualität des Teichs schädlich ist. T hat Zweifel, weil dies genau der richtige Lebensort für die Tiere ist. Sein ordnungsgemäß erhobener Widerspruch bleibt erfolglos, der Widerspruchsbescheid ergeht ohne Rechtsbehelfsbelehrung. Wäre eine verwaltungsgerichtliche Klage gegen den Bescheid zulässig? ◀

▶ **FALL 21:** B besitzt in der kreisangehörigen Stadt P ein Grundstück in bester Lage, das er mit einem Hotel bebauen möchte. Als er auf seinen bei der zuständigen Behörde gestellten Bauantrag trotz wiederholter Nachfragen nach sechs Monaten noch immer keine Reaktion erhalten hat, will B die Baugenehmigung vor dem Verwaltungsgericht einklagen. Wäre eine solche Klage zulässig, sofern es sich um ein Bauvorhaben handelt, das keiner Genehmigungsfiktion unterliegt? ◀

▶ **FALL 22:** C ist bereits Betreiber eines Hotels, aber auch er hat Ärger mit der Bauaufsicht. Diese hat nämlich wegen angeblicher baulicher Mängel eine sofort vollziehbare Nutzungsuntersagung für sein Hotel erlassen. Zwei Wochen, nachdem C vor dem Verwaltungsgericht Klage gegen die im Widerspruchsverfahren bestätigte Nutzungsuntersagung erhoben hat, wird das in Wirklichkeit mangelfreie Hotel infolge einer verheerenden Explosion, die durch eine neben der zum Hotel führenden Gasleitung detonierende Fliegerbombe aus dem Zweiten Weltkrieg ausgelöst wurde, völlig zerstört. C will dennoch an der Klage festhalten, um anschließend seinen Verdienstausfall vor den Zivilgerichten einzuklagen. Ist sein Klagebegehren zulässig? ◀

Entsprechend der großen praktischen Bedeutung der Handlungsform des Verwaltungsaktes, spielt auch der hiergegen gerichtete Rechtsschutz eine große Rolle.

Dabei sind grds. zwei Konstellationen zu unterscheiden: Die Anfechtungssituation, in der die Aufhebung eines Verwaltungsakts angestrebt wird, etwa einer Gewerbeuntersagung, und die Verpflichtungssituation, in der es um den Erlass eines bestimmten Verwaltungsakts geht, etwa einer Baugenehmigung. Zur Verfolgung dieser Ziele stellt die VwGO dem Rechtsschutzsuchenden an Rechtsbehelfen einerseits die **Anfechtungsklage** und andererseits die **Verpflichtungsklage** zur Verfügung (§ 42 Abs. 1 VwGO), denen oftmals ein **Widerspruchs**(bzw. Vor)**verfahren** (§§ 68 ff. VwGO) vorgeschaltet ist. Auch erledigte Verwaltungsakte können unter bestimmten Voraussetzungen mithilfe der **Fortsetzungsfeststellungsklage** (§ 113 Abs. 1 S. 4 VwGO) einer gerichtlichen Kontrolle zugeführt werden. Schließlich gibt es Möglichkeiten des **Eilrechtsschutzes** vor Gericht, nämlich nach §§ 80, 80a VwGO in der Anfechtungs- und gem. § 123 VwGO (ua) in der Verpflichtungssituation; diese werden gesondert dargestellt.[1]

---

[1] Vgl. § 21, ferner § 23 Rn. 28 ff.; s. zur Entwicklung der Verwaltungsgerichtsbarkeit das Grundlagenwerk Sommermann/Schaffarzik, Handbuch der Geschichte der Verwaltungsgerichtsbarkeit in Deutschland und Europa, 2019.

I. Widerspruchsverfahren

Im Widerspruchsverfahren (§§ 68 ff. VwGO) kommt es zu einer **erneuten behördlichen Überprüfung** des Verwaltungsakts auf seine Recht- und ggf. Zweckmäßigkeit.[2]

2 Hiermit werden va drei Ziele verfolgt:[3]

- **Selbstkontrolle der Verwaltung:** Im Rahmen des Widerspruchsverfahrens wird die angegriffene Verwaltungsentscheidung in rechtlicher wie tatsächlicher Hinsicht vollumfänglich überprüft. Letzteres ermöglicht es der Verwaltung, etwa bislang fehlende Ermessenserwägungen nachzuholen oder sonstige Ermessensfehler (zu den Ermessensfehlern § 14 Rn. 43 ff.) zu bereinigen.

- **Rechtsschutz des Bürgers:** Durch das Widerspruchsverfahren wird dem Betroffenen eine zusätzliche sowie kostengünstige Rechtsschutzmöglichkeit eröffnet. Während die Verwaltungsgerichte Ermessensentscheidungen nur auf das Vorliegen von Ermessensfehlern überprüfen können (§ 114 S. 1 VwGO), dürfen diese im Widerspruchsverfahren nochmals insgesamt auf den Prüfstand gestellt werden (zu den Einschränkungen bei der Zweckmäßigkeitskontrolle Rn. 12).

- **Entlastung der Gerichte:** Das Vorverfahren kann auch zur Entlastung der Gerichte beitragen, indem sich einerseits die Streitigkeiten schon aufgrund der erneuten Überprüfung im Verwaltungsbereich erledigen oder der Widerspruchsbescheid so überzeugend begründet ist, dass der Einzelne von der Inanspruchnahme gerichtlichen Rechtsschutzes absieht, oder anderseits der Streitstoff den Gerichten bereits in tatsächlicher und rechtlicher Hinsicht aufbereitet wird.

Heute wird die Sinnhaftigkeit des Widerspruchsverfahrens **in den einzelnen Bundesländern unterschiedlich** beurteilt.[4] Es gibt Bundesländer, die dieses aufgrund von § 68 Abs. 1 S. 2 VwGO (keine solche Nachprüfung, „wenn ein Gesetz dies bestimmt") weitestgehend abgeschafft haben,[5] zB § 110 JustG NRW,[6] § 80 Abs. 1, 2 NJG. Andere Bundesländer haben das Widerspruchsverfahren in Teilbereichen abgeschafft[7] oder dieses für den Betroffenen fakultativ gestellt (Art. 12 Abs. 1 BayAGVwGO).[8] In Niedersachsen können die Behörden nunmehr bei den in § 80 Abs. 3 NdsJG genannten Verwaltungsakten deren vorherige Überprüfung in einem Vorverfahren anordnen (sog. Behördenoptionsmodell).[9] Rein rechtlich soll eine (gänzliche) Abschaffung des Widerspruchsverfahrens aus Sicht der Rspr. zulässig sein.[10] Rechtspolitisch wird hierfür

---

2 Zum Nachfolgenden näher Ziekow in: Kahl/Ludwigs, I, § 14 Rn. 60 ff.; s.a. BVerwG Beschl. v. 10.5.2017 – 2 B 44/16, Rn. 7 juris.
3 BVerwGE 150, 190, 193 Rn. 13; BVerwG NVwZ 2018, 1229, 1230.
4 Zum Reformdruck beim Widerspruchsverfahren Biermann DÖV 2008, 395; Beaucamp/Ringermuth DVBl. 2008, 426; Härtel VerwArch 98 (2007), 54; grundlegend Cancik Verw 43 (2010), 467. Zu den landesrechtlichen Ausgestaltungen Knauff/Schulz VR 2020, 73, 75 ff.
5 § 16a HessAGVwGO; § 8a AGVwGO LSA; Geiger BayVBl. 2008, 161; zu den Folgen für eine reformatio in peius, nachfolgend Rn. 13 f., (dann) im gerichtlichen Verfahren Leichsenring BayVBl. 2009, 283.
6 Zur Rechtslage in NRW Wienbracke NWVBl. 2015, 248 ff.; s.a. Schwander/Weidemann NWVBl. 2017, 241 ff.
7 § 63 Abs. 2 JustG Bln (hins. Teilen des Ausländerrechts usw); vgl. auch § 6 Abs. 2 HambAGVwGO; §§ 8a ff. ThürAGVwGO.
8 Dazu Zagajewski, Das fakultative Widerspruchsverfahren, 2013. Kein Verstoß gegen die Bayerische Verfassung, BayVerfGH BayVBl. 2009, 109.
9 Beckermann NVwZ 2017, 1431 ff. äußert angesichts des darin liegenden Eingeständnisses fehlerhafter Arbeit Bedenken am intendierten praktischen Nutzen dieser Neuerung. IÜ kann die Verwaltung dadurch über die „Verzögerung" gewisser Angelegenheiten entscheiden.
10 BVerwGE 70, 4, 9 f.; und (deshalb) auch eine gesetzgeberische Beschränkung der Prüfungs- und Entscheidungskompetenz der Widerspruchsbehörde, BVerwGE 140, 245, 254; BVerwG BayVBl. 2010, 672: Teilweiser

angeführt, das verwaltungsrechtliche Vorverfahren stelle eine kosten- und zeitaufwendige Hürde auf dem Weg zum Prozess dar, es habe eine geringe Erfolgsquote und sei deshalb ohne wirklichen Nutzen für den Bürger. Kritiker jener Reformen sehen hingegen im Widerspruchsverfahren eine Möglichkeit, einfach, schnell und bürgerfreundlich subjektive Rechte geltend zu machen, und damit die Gewährleistung eines wirksamen und kostengünstigen Rechtsschutzes des Bürgers bei nachhaltiger Entlastung der Verwaltungsgerichte.[11] Jedenfalls bei vollständig automatisierten Verwaltungsakten (§ 35a VwVfG), die ohne Prüfung des Einzelfalls durch einen menschlichen Amtswalter ergehen, sollte vor Inanspruchnahme gerichtlichen Rechtsschutzes ein von einem menschlichen Amtswalter durchzuführendes Vorverfahren vorgesehen sein.[12] Einige Bundesländer halten weiterhin am grundsätzlichen Erfordernis des Widerspruchsverfahrens fest. Zu diesen gehören ua Rheinland-Pfalz und das Saarland, wobei in diesen beiden Ländern abweichend von den übrigen Bundesländern oftmals sog. Rechtsausschüsse[13] (ein Vorsitzender mit zwei ehrenamtlichen Beisitzern in Unabhängigkeit) und nicht nur ein Bediensteter der Widerspruchsbehörde über den Widerspruch entscheiden. Weil die Rechtslage zum Widerspruchsverfahren in den einzelnen Bundesländern unterschiedlich ausgestaltet ist, bedarf es stets eines ergänzenden Blicks in das Landesrecht, um sich die Rechtslage zu erschließen.[14]

Als Zulässigkeitsvoraussetzung für die Anfechtungs- und Verpflichtungsklage konnte der Bundesgesetzgeber aufgrund seiner Gesetzgebungsbefugnis aus Art. 74 Abs. 1 Nr. 1 4. Fall GG die §§ 68 ff. VwGO erlassen. Weil die Verwaltung über den Widerspruch befindet, handelt es sich dabei aber um ein Verwaltungsverfahren (sog. Janusköpfigkeit des Widerspruchsverfahrens). Deshalb ordnet § 79 Hs. 2 (L)VwVfG die *ergänzende* Anwendung der VwVfG-Vorschriften an. In gewissem Umfang können auch sonstige Vorschriften der VwGO entsprechend herangezogen werden.[15]

Überwiegend gleichen Aufbau sowie Prüfungsreihenfolge des Widerspruchs(verfahrens), denen der Anfechtungs- und Verpflichtungsklage(verfahren). Da Letztere im Anschluss näher betrachtet werden (nachfolgend Rn. 17 ff.), beschränkt sich die Darstellung des Widerspruchsverfahrens auf allg. Hinweise zu seinem Verständnis und seinen Spezifika.

1. Ablauf des Widerspruchsverfahrens

Das Vorverfahren beginnt mit der **Erhebung des Widerspruchs**, § 69 VwGO. Dem Widerspruch kommt nach § 80 Abs. 1 VwGO grds. **aufschiebende Wirkung** zu.[16] Dies bedeutet nach hM,[17] dass der Verwaltungsakt nicht vollziehbar ist, dh die Behörde keine Maßnahmen zur Verwirklichung der im Verwaltungsakt ausgesprochenen

3

Wegfall des Widerspruchsverfahrens in einigen Bundesländern begegnet keinen verfassungsrechtlichen Bedenken. Dafür, dass § 78 Abs. 1 S. 2 Alt. 1 VwGO nur zu einer bereichsspezifischen Ausnahmeregelung ermächtigt und das Widerspruchsverfahren weiterhin die Regel bilden soll, Koehl DVP 2017, 372, 373.

11 Weitere Aspekte bei Vaagt ZRP 2011, 211, 213 f.; Guckelberger, Öffentl. Verwaltung, Rn. 556.
12 Dazu Beckermann NVwZ 2017, 1431, 1433 f.; zur Zulässigkeit eines vollautomatisierten Widerspruchsverfahrens nach geltendem Recht sowie zu den verfassungsrechtlichen Grenzen Martini/Nink DVBl. 2018, 1128, 1131 ff.
13 §§ 6 ff. AGVwGO RP; §§ 7 ff. SaarlAGVwGO. Näher zur Rechtslage im Saarland Guckelberger/Heimpel LKRZ 2012, 6 ff.; Gröpl in: ders./Guckelberger/Wohlfarth, Landesrecht Saarland, § 2 Rn. 155 ff.
14 Ein Schnellüberblick zu den Landesnormen findet sich bei W.-R. Schenke in: Kopp/Schenke, § 68 Rn. 17a.
15 W.-R. Schenke in: Kopp/Schenke, Vorb § 68 Rn. 4.
16 Entsprechendes gilt für die Anfechtungsklage in Fällen des § 68 Abs. 1 S. 2 VwGO.
17 Vollziehbarkeits- oder Vollzugstheorie; s. BVerwG NVwZ 2016, 1333, 1334; zum Streit näher § 21 Rn. 2.

Rechtsfolgen treffen, ihn also zunächst nicht mit Zwangsmitteln oÄ durchsetzen darf (Suspensiveffekt, zur zwangsweisen Durchsetzung von Verwaltungsakten § 19). Legt bspw. der Bauherr gegen eine an ihn adressierte Abrissverfügung der Bauaufsichtsbehörde Widerspruch ein, darf die Behörde nicht vor Erlass des Widerspruchsbescheids den Abriss des Hauses veranlassen.

§ 80 Abs. 2 VwGO enthält **Ausnahmen** von der aufschiebenden Wirkung (etwa § 80 Abs. 2 S. 1 Nr. 3 VwGO iVm § 212a Abs. 1 BauGB: keine aufschiebende Wirkung des Nachbarwiderspruchs gegen die bauaufsichtliche Vorhabenzulassung; § 16 Abs. 8 IfSG: keine aufschiebende Wirkung von bestimmten Maßnahmen zur Abwendung übertragbarer Krankheiten; Achtung: § 16 Abs. 8 IfSG gilt gem. § 28 Abs. 3 IfSG für Maßnahmen nach § 28 Abs. 1, 2 IfSG entsprechend, näher § 21 Rn. 4 f.).

4   Hins. des (weiteren) behördlichen Verfahrens ist zu unterscheiden:

- Zunächst wird der Verwaltungsakt, gegen den der Betroffene Widerspruch erhoben hat, durch die Behörde, die ihn erlassen hat (Ausgangsbehörde), erneut überprüft. Hält sie den Widerspruch für (zulässig und) begründet, muss sie ihm abhelfen. Das geschieht in der Anfechtungssituation durch Aufhebung oder Abänderung der Verfügung, in der Verpflichtungssituation durch Erlass der begehrten Verfügung, beides ggf. teilweise (**Abhilfeentscheidung**, § 72 VwGO).[18]

- Hilft die Ausgangsbehörde dem Widerspruch dagegen nicht ab, leitet sie diesen idR an die nächsthöhere Behörde (Widerspruchsbehörde, hierzu Rn. 5) zur Entscheidung weiter, sog. Devolutiveffekt. Die Behörde ist nicht zur Mitteilung an den Widerspruchsführer verpflichtet, dass sie die Angelegenheit der Widerspruchsbehörde vorlegt. Entscheidet sie sich dennoch für eine Abgabenachricht, liegt darin eine unselbstständige Verfahrenshandlung und kein eigenständig angreifbarer Verwaltungsakt.[19]

- Die Widerspruchsbehörde erlässt den **Widerspruchsbescheid**: Hält diese den Widerspruch für zulässig und begründet, hebt sie den Verwaltungsakt auf oder ändert ihn ab.[20] Kommt sie hingegen zu dem Ergebnis, dass der Widerspruch unzulässig und/oder unbegründet ist, wird dieser durch Widerspruchsbescheid zurückgewiesen und der Verwaltungsakt bestätigt. Möglich sind zudem Zwischenformen und neue Belastungen (Näheres zur Teilaufhebung § 15 Rn. 12 f.; zur reformatio in peius (Verböserung) sogleich Rn. 13 ff.). Der Widerspruchsbescheid ist zu begründen, mit einer Rechtsbehelfsbelehrung zu versehen und nach dem VwZG des Bundes zuzustellen (§ 73 Abs. 3 VwGO).

---

18 Stattdessen kann die Ausgangsbehörde auch nach § 48 VwVfG außerhalb des Widerspruchsverfahrens den Verwaltungsakt zurücknehmen (vgl. etwa Detterbeck, Rn. 1369), jedoch nicht, um dem Kostenanspruch des Widerspruchsführers nach § 72 VwGO aus dem Weg zu gehen, BVerwG NJW 2009, 2968.
19 BVerwG DVBl. 2012, 49; § 12 Rn. 13.
20 Anstelle dessen kann sie in der Anfechtungssituation die Ausgangsbehörde auch anweisen, den Verwaltungsakt nach § 48 VwVfG zurückzunehmen, aber nur, wenn sie zugleich Aufsichtsbehörde der Ausgangsbehörde ist; Detterbeck, Rn. 1369, 714; vgl. – zur „rip" – insoweit Rn. 13 ff. In der Verpflichtungssituation lässt die hM auch die Aufhebung der Ablehnung verbunden mit der Verpflichtung der Ausgangsbehörde zu, erneut über den Antrag zu entscheiden, sog. Bescheidungswiderspruchsbescheid (zur gesetzlich anerkannten Parallele des Bescheidungsurteils, § 113 Abs. 5 S. 2 VwGO, vgl. Rn. 18, 37); BVerwGE 37, 47, 52 f.; Erichsen Jura 1992, 653. Vorzugswürdig erscheint es indessen, einen solchen (Widerspruchs-)Bescheid nur dann zuzulassen, wenn die Ausgangsbehörde über Entscheidungsspielräume verfügt, die seitens der Widerspruchsbehörde nur eingeschränkt kontrolliert werden dürfen, etwa im Prüfungsrecht; Detterbeck, Rn. 1385.

§ 20 Rechtsschutz im Widerspruchs- und Klageverfahren bei Verwaltungsakten § 20

2. Zuständige Widerspruchsbehörde

Aus § 73 VwGO ergibt sich, welche Behörde für die Entscheidung über den Widerspruch zuständig ist. Ergeht kein Abhilfebescheid (s.o.), entscheidet, soweit nicht durch Gesetz etwas anderes bestimmt wird, die **nächsthöhere Behörde** (§ 73 Abs. 1 S. 2 Nr. 1 VwGO); diese wiederum ergibt sich jew. aus den organisationsrechtlichen Bestimmungen des Bundes- und Landesrechts über den Behördenaufbau.[21]

5

Bei (Verwaltungsakten von) Beliehenen ist das nach ü.M. die Aufsichtsbehörde.[22]

Ist die nächsthöhere Behörde jedoch eine oberste Bundes- bzw. Landesbehörde (§ 73 Abs. 1 S. 2 Nr. 2 VwGO)[23] oder erging der Verwaltungsakt in Selbstverwaltungs-, dh weisungsfreien Angelegenheiten des eigenen Wirkungskreises (§ 73 Abs. 1 S. 2 Nr. 3 VwGO, insb. im kommunalen Selbstverwaltungsbereich nach Art. 28 Abs. 2 S. 1 GG; allg. § 6 Rn. 18), dann fungiert die Ausgangsbehörde zugleich als Widerspruchsbehörde.[24] Wird der Widerspruch bei der Widerspruchsbehörde eingelegt (§ 70 Abs. 1 S. 2 VwGO) und ist diese nach vorstehenden Maßstäben unzuständig, hat sie den Widerspruch an die hierfür zuständige Behörde weiterzuleiten.[25]

3. Zulässigkeitsvoraussetzungen des Widerspruchs

Der Widerspruch hat wie jeglicher Rechtsbehelf Erfolg, wenn er zulässig und begründet ist. Die zunächst anzusprechenden Zulässigkeitsvoraussetzungen finden sich in §§ 68 ff. VwGO.

a) Eröffnung des Verwaltungsrechtswegs (§ 68 iVm § 40 Abs. 1 VwGO analog)

Das Widerspruchsverfahren ist gem. § 68 VwGO der Anfechtungs- und Verpflichtungsklage (dazu Rn. 17 ff.) vorgeschaltet; deshalb muss bereits im (behördlichen) Vorverfahren untersucht werden, ob für die eventuell anschließend zu erhebende Klage der Verwaltungsrechtsweg eröffnet wäre; es gilt also das insoweit Behandelte (zur Eröffnung des Verwaltungsrechtswegs vgl. § 5 Rn. 21 ff.). Stellt sich eine allein zivilrechtliche Rechtswegeröffnung heraus, ist der Widerspruch unzulässig.[26]

6

b) Statthaftigkeit des Widerspruchs (§ 68 iVm § 42 Abs. 1 VwGO analog)

In seltenen Fällen ergibt sich die Statthaftigkeit aus **speziellen Regelungen**. Für Beamte iSd § 1 BeamtStG folgt aus § 54 Abs. 2 BeamtStG, dass, sofern im Landesrecht nicht anderes bestimmt ist, bei allen Klagen aus dem Beamtenverhältnis ein Vorverfahren durchzuführen ist, also auch vor Erhebung der allgemeinen Leistungs- oder Feststel-

7

---

21 Koehl DVP 2017, 323, 326. Vgl. zur Verwaltungsorganisation § 6.
22 VG Berl Urt. v. 12.6.2014 – 3 K 424.13, Rn. 25 juris; Koehl DVP 2017, 323, 326. Anders Maurer/Waldhoff, § 23 Rn. 60, die für eine entsprechende Anwendung des § 73 Abs. 1 S. 2 Nr. 3 VwGO plädieren; zu dieser Vorschrift nachfolgend im Text. Allg. zum Beliehenen § 6 Rn. 22.
23 Die Vorschrift betrifft v.a. Länder mit zweistufigem Verwaltungsaufbau (M-V, SH, Bbg, Saarl, Hmb, Bln, Brem); sie bezweckt, die obersten Verwaltungsbehörden zu entlasten und von Einzelfallentscheidungen freizuhalten. Selbst entscheiden müssen diese hingegen, wenn sie Verwaltungsakte erlassen und abweichend von § 68 Abs. 1 S. 2 Nr. 1 VwGO ein Widerspruchsverfahren vorgeschrieben ist, etwa nach § 126 Abs. 2 BBG bzw. § 54 Abs. 2 BeamtStG.
24 In Selbstverwaltungsangelegenheiten kann dies nur bei ausdrücklich abweichenden organisationsrechtlichen Bestimmungen anders sein, vgl. Porsch in: Schoch/Schneider, VwGO § 73 Rn. 15.
25 Zu den Folgen W.-R. Schenke in: Kopp/Schenke, § 70 Rn. 16.
26 Eine Verweisung nach § 17a Abs. 2 GVG (dazu § 5 Rn. 22, 27) scheidet im Vorverfahren aus, Hufen, § 6 Rn. 2.

335

lungsklage.[27] Eine vergleichbare Bestimmung findet sich in § 126 Abs. 2 BBG für Bundesbeamte. Ansonsten folgt aus § 68 Abs. 1 S. 1 VwGO, dass ein Vorverfahren *vor* Erhebung der Anfechtungsklage (§ 42 Abs. 1 Alt. 1 VwGO) durchzuführen ist. Gleiches gilt gem. § 68 Abs. 2 VwGO bei der Verpflichtungsklage (§ 42 Abs. 1 Alt. 2 VwGO), aber nur, wenn ein Antrag auf Vornahme eines Verwaltungsakts abgelehnt worden ist. Schon begrifflich setzt ein Vorverfahren eine vorherige Entscheidung der Behörde voraus, welcher der Rechtsbehelfsführer „widerspricht".[28] Ist das Vorverfahren Zulässigkeitsvoraussetzung einer Anfechtungs- bzw. Verpflichtungsklage, muss Gegenstand des Widerspruchs ein **Verwaltungsakt** sein; es gelten also die begrifflichen Voraussetzungen für die Annahme eines Verwaltungsakts, § 35 VwVfG (dazu § 12 Rn. 3 ff.). In Anlehnung an die entsprechenden Klagearten wird begrifflich zwischen **Anfechtungs-** und **Verpflichtungswiderspruch** unterschieden.

Nach allgemeinen Grundsätzen ist also bereits bei der Statthaftigkeit des Widerspruchs und damit innerhalb der Zulässigkeit über das Vorliegen eines Verwaltungsakts zu befinden. Der Frage nach seiner Rechtmäßigkeit ist dagegen innerhalb der Begründetheitsprüfung des Widerspruchs nachzugehen.[29]

In den Konstellationen des § 68 Abs. 1 S. 2 VwGO bedarf es **keines Widerspruchsverfahrens**. Es fehlt ihm somit die Statthaftigkeit. So liegen die Dinge, wenn der **Verwaltungsakt von einer obersten Bundes- oder Landesbehörde** erlassen worden ist (§ 68 Abs. 1 S. 2 Nr. 1 VwGO)[30] oder der **Abhilfe- bzw. Widerspruchsbescheid** (vgl. oben Rn. 4) **erstmalig eine Beschwer** enthält (Nr. 2). Wird etwa auf den Widerspruch des Nachbarn eine Baugenehmigung aufgehoben (= erstmalige Beschwer des Bauherrn) oder enthält der Widerspruchsbescheid eine für den Widerspruchsführer nachteilige Kostenentscheidung, folgt aus § 68 Abs. 1 S. 2 Nr. 2 VwGO, dass ein erneuter Widerspruch unzulässig ist. Nur so wird der Gefahr einer „Endlosschleife" von Vorverfahren in derselben Angelegenheit begegnet. In derartigen Fällen wird mit dem Abhilfe- bzw. Widerspruchsbescheid das Verwaltungsverfahren abgeschlossen, da die Funktionen des Vorverfahrens erfüllt sind; ggf. ist gerichtlicher Rechtsschutz in Anspruch zu nehmen (s.a. § 79 Abs. 1 Nr. 2, Abs. 2 VwGO).[31] Nach § 68 Abs. 1 S. 2 Hs. 1 VwGO erfolgt keine Prüfung in einem Vorverfahren, wenn ein **Gesetz dies bestimmt**. So bestimmt zB § 20 Abs. 6 BDSG, dass bei Streitigkeiten zwischen einer natürlichen bzw. juristischen Person und einer Aufsichtsbehörde kein Vorverfahren stattfindet. Die Klausel in § 68 Abs. 1 S. 2 Hs. 1 VwGO eröffnet – wie bereits erwähnt – den Bundesländern die Möglichkeit, eigene Regelungen zur Erforderlichkeit des Vorverfahrens zu treffen, wovon zunehmend und variantenreich Gebrauch gemacht wird. Hat der jew. Landesgesetzgeber von der Möglichkeit, unter bestimmten Umständen ein Wahlrecht des Adressaten eines Verwaltungsakts zwischen Widerspruch und Klage einzuführen (sog. fakultatives Vorverfahren), keinen Gebrauch gemacht, sondern das Entfallen des Widerspruchsverfahrens angeordnet, folgt trotz der unscharfen Formulierung in § 68 Abs. 1 S. 2 VwGO („bedarf es nicht"), dass in diesem Fall ein Widerspruch unstatthaft ist.[32] Im Übrigen sollte man sich merken, dass die Landesgesetzgeber nur in Konstellationen, in denen

---

27 BVerwGE 168, 220, 223 Rn. 41. S.a. Lenk Jura 2022, 284, 286, dies auch bei einer Fortsetzungsfeststellungsklage bejahend.
28 BVerwGE 168, 220, 223 Rn. 41.
29 BVerwGE 140, 245, 248.
30 Es sei denn, das Vorverfahren ist, wie zB in § 6 Abs. 2 UIG, spezialgesetzlich vorgeschrieben. Zu § 9 Abs. 4 S. 2 IFG BVerwG NVwZ 2018, 1229.
31 BVerwGE 150, 190, 194.
32 BVerwG Beschl. v. 25.4.2016 – 4 B 10/16, Rn. 6 juris.

sich aus § 68 Abs. 1 S. 1, Abs. 2 VwGO die Pflicht zur Durchführung eines Vorverfahrens ergibt, hiervon abweichende landesrechtliche Regelungen treffen dürfen, nicht jedoch, wenn sich die Pflicht zur Durchführung eines Vorverfahrens aus spezialgesetzlichen Vorschriften ergibt.[33]

Das BVerwG nimmt entgegen kritischer Stimmen in der Literatur[34] ferner in folgenden, **gesetzlich nicht geregelten** Fällen eine Entbehrlichkeit des Widerspruchsverfahrens an, „wenn die Zwecke eines Vorverfahrens schon auf andere Weise erreicht worden sind oder nicht mehr erreicht werden können"[35], es mithin überflüssig und funktionslos ist: Wenn die zuständige Behörde bereits im Vorfeld zu erkennen gegeben hat, dass sie den Widerspruch ablehnen wird,[36] oder wenn sie sich ohne Rüge des fehlenden Vorverfahrens auf die Klage sachlich eingelassen hat[37] oder sich der Einzelne im Zusammenhang mit einem anderen an ihn gerichteten Widerspruchsbescheid sicher sein kann, dass die Verwaltung ein weiteres Begehren von ihm mit im Wesentlichen gleichen Erwägungen bescheiden wird,[38] bedarf es keines Vorverfahrens. Des Weiteren wird ein Widerspruchsverfahren für entbehrlich gehalten, wenn die Ausgangsbehörde zugleich Widerspruchsbehörde ist und den Bescheid aufgrund bindender Weisung der Aufsichtsbehörde erlassen hat.[39] Diese Haltung der Rspr. ist jedenfalls in Bezug auf diejenigen Ausnahmen kritisch zu sehen, in denen der Verwaltung allein durch ihr Verhalten die Möglichkeit geschaffen wird, über das Vorverfahren zu disponieren.

c) **Widerspruchsbefugnis (§ 68 iVm § 42 Abs. 2 VwGO analog)**

In entsprechender Anwendung des § 42 Abs. 2 VwGO ist der Widerspruch nur zulässig, wenn der Widerspruchsführer geltend machen kann, durch den Verwaltungsakt bzw. dessen Ablehnung in seinen Rechten verletzt zu sein. Maßgeblich wird damit das zur **Klagebefugnis** Dargestellte (§ 9 Rn. 10 ff.). Da im Rahmen des Widerspruchsverfahrens zugleich eine Zweckmäßigkeitskontrolle (s.o.) durchgeführt wird, lässt sich die Widerspruchsbefugnis auch aus der Unzweckmäßigkeit der ursprünglichen (Ermessens-)Entscheidung ableiten, wenn dadurch rechtlich geschützte Interessen beeinträchtigt werden können.[40]

d) **Form und Frist des Widerspruchs (§ 70 VwGO)**

Nach § 70 Abs. 1 S. 1 VwGO ist der Widerspruch innerhalb **eines Monats** nach Bekanntgabe des Verwaltungsakts **schriftlich, in elektronischer Form** nach § 3a Abs. 2 VwVfG oder **zur Niederschrift** bei der Behörde zu erheben, die den Verwaltungsakt erlassen hat. Für die schriftliche Widerspruchseinlegung bedarf es grds. der eigenhändigen Unterschrift. Aus Gründen des effektiven Rechtsschutzes lässt es jedoch die Rspr. genügen, wenn sich aus anderen Umständen ergibt, dass nicht nur ein Entwurf,

---

33 BVerwG GewArch 2021, 460, 461 Rn. 11.
34 Etwa Dolde/Porsch in: Schoch/Schneider, VwGO § 68 Rn. 32.
35 BVerwGE 138, 1, 8 f.; BVerwG NVwZ 2018, 1229, 1230.
36 BVerwG Beschl. v. 23.1.2017 – 6 B 43/16, Rn. 7 juris.
37 BVerwG NVwZ 1995, 76, 77; 2009, 924, 925; s.a. BVerwG NVwZ 2018, 1229, 1230; GewArch 2021, 460, 461 Rn. 12; VGH Mannheim Urt. v. 3.6.2022 – 5 S 427/21, Rn. 30 f. juris; krit. zu Recht Dolde/Porsch in: Schoch/Schneider, VwGO § 68 Rn. 29: keine diesbzgl. behördliche Dispositionsbefugnis.
38 BVerwG Beschl. v. 17.11.2016 – 6 A 1 /15, Rn. 12 juris.
39 BVerwGE 138, 1, 6 Rn. 26; dazu Anm. Schoch NVwZ 2011, 505, mit berechtigter Kritik an Gesetzesauslegung und Rechtsanwendung, aaO, 506 f.; krit. zur Rspr. auch Hufen JuS 2012, 276, 277 f.
40 W.-R. Schenke in: Kopp/Schenke, Vorb § 68 Rn. 12, § 69 Rn. 6; in der Klausur wird das aber regelmäßig nicht zum Tragen kommen.

sondern eine gewollte Erklärung vorliegt, die von einer bestimmten Person herrührt, welche die Verantwortung für den Inhalt der Erklärung übernimmt.[41] Um einen fälschungssicheren elektronischen Rechtsverkehr zu gewährleisten, stellt § 3a Abs. 2 S. 2, 4 VwVfG einengende Anforderungen an die Ersetzung der Schriftform. Ua soll das Erfordernis der qualifizierten elektronischen Signatur sicherstellen, dass die betreffende E-Mail vollständig und richtig von dem Widerspruchsführer herrührt und mit dessen Willen in den Verkehr gebracht wurde.[42] Ein nur per einfacher E-Mail erfolgter Widerspruch ist nicht formgerecht.[43] Dagegen werden die besonderen Sicherheitsmerkmale des § 3a Abs. 2 S. 2 VwVfG auch erreicht, wenn ein Widerspruchsschreiben in ein elektronisches Dokument in pdf-Format umgewandelt, mit einer elektronischen Signatur versehen und als Anlage mittels einfacher E-Mail an die zuständige Behörde übermittelt wurde.[44] Eine Bezeichnung als „Widerspruch" ist nicht erforderlich; es genügt, wenn der Absender den Willen zu erkennen gibt, dass er sich durch einen bestimmten Verwaltungsakt beschwert fühlt und dessen Nachprüfung begehrt (§§ 133, 157 BGB analog).[45]

Ist die **Rechtsbehelfsbelehrung unterblieben oder unrichtig**, läuft die **Jahresfrist des § 58 Abs. 2 S. 1 VwGO**, vgl. § 70 Abs. 2 VwGO. Insoweit gilt also Entsprechendes wie bei der Klagefrist (vgl. nachfolgend Rn. 22), mit der Besonderheit, dass der Bundesgesetzgeber nach Ansicht des BVerwG anders als bei den VwGO-Vorgaben zur Klageschrift in § 70 Abs. 1 S. 1 Var. 2 VwGO eine **selbstständige elektronische Form** geschaffen hat, so dass – sofern in der Rechtsbehelfsbelehrung **überobligatorisch auf diese eingegangen** wird – auch die elektronische Form zu erwähnen ist, um nicht unrichtig oder irreführend zu sein.[46] Die einmonatige bzw. einjährige Frist wird auch durch Einlegung bei der Widerspruchsbehörde gewahrt, § 70 Abs. 1 S. 2 VwGO. Die **Widerspruchsfrist** läuft ab Bekanntgabe (näher dazu § 13 Rn. 5 ff.) des Verwaltungsakts ggü. dem Beschwerten. Lediglich bei der Bekanntmachung von Verkehrsschildern (durch Aufstellen, vgl. § 13 Rn. 12) ist umstritten, ob erst die erstmalige individuelle Betroffenheit des Widerspruchsführers fristauslösend wirkt;[47] die Rspr. bejaht dies inzwischen aus Rechtsschutzgesichtspunkten.[48] Allg. gilt, dass die Frist durch zufälliges Bekanntwerden oder Bekanntgabe an Dritte dem Beschwerten ggü. nicht zu laufen beginnt (bereits § 13 Rn. 7).

Die Berechnung der Frist erfolgt über die Verweisung der § 79 Hs. 2, § 31 VwVfG (nach aA über § 57 Abs. 2 VwGO iVm § 222 ZPO[49]) nach §§ 187 ff. BGB. Es handelt sich um eine Ereignisfrist iSd § 187 Abs. 1 BGB; der Tag der Bekanntgabe des Verwaltungsakts zählt folglich bei der Berechnung nicht mit. Insoweit kann man sich

---

41 VGH Mannheim, Justiz 2021, 251, 252, der die Schriftlichkeit auch bei einem über das Kundenportal des Landes versandte Nachricht bejahte, was jedoch im Hinblick auf § 70 Abs. 1 S. 1 Var. 2 VwGO nicht unproblematisch ist.
42 BVerwG NVwZ 2017, 967, 969 Rn. 21; BVerwGE 169, 112, 116 Rn. 16.
43 BayVGH Beschl. v. 3.6.2022 – 3 ZB 21-2849, Rn. 3 juris.
44 BVerwG NVwZ 2017, 967, 969 Rn. 22.
45 OVG Berl-Bbg Urt. v. 24.10.2019 – OVG 10 B 2.15, Rn. 40 juris.
46 BVerwG NVwZ 2021, 1061, 1065 Rn. 41. Dazu, dass keine Belehrung hins. der Form notwendig ist, BayVGH Beschl. v. 3.6.2022 – 3 ZB 21.2849, Rn. 21 juris.
47 Dafür etwa Bitter/Goos JZ 2009, 740; Glaser in: Gärditz, § 70 Rn. 3; Hüttenbrink in: Posser/Wolff, § 70 Rn. 2c; anders, dh Fristbeginn „gegen alle" mit Aufstellen, Ramsauer in: Kopp/ders., § 35 Rn. 174; VGH Mannheim JuS 2010, 91.
48 Vgl. BVerwG NJW 2011, 246; dazu Waldhoff JuS 2011, 953, 954 f.; bereits § 13 Rn. 12 mwN.
49 Dem steht allerdings der fehlende Verweis auf § 57 VwGO in § 70 Abs. 2 VwGO entgegen, zu alldem Geis in: Sodan/Ziekow, VwGO, § 70 Rn. 24.

allerdings nur als Faustregel merken, dass die Widerspruchsfrist am Tag nach der Bekanntgabe des Verwaltungsakts beginnt und an demselben Tag des Folgemonats, welcher dem Bekanntgabetag entspricht, abläuft (also bei Bekanntgabe am 21.4., Fristbeginn am 22.4, Fristende am 21.5. um 24.00 Uhr, soweit kein Samstag, Sonn- oder Feiertag).[50]

Fehlt es an der Bekanntgabe, laufen **keinerlei Fristen**. Grenzziehend kann aber für den Nachbarwiderspruch eine Frist von einem Jahr gelten: So ist im öffentlichen Baurecht aufgrund des sog. nachbarschaftlichen Gemeinschaftsverhältnisses seit langem anerkannt, dass der Nachbar gegen eine Baugenehmigung, sofern nicht eine Verwirkung durch positives Verhalten eingetreten ist, infolge reinen Zeitablaufs nach dem **Grundsatz von Treu und Glauben** in Anlehnung an § 70 iVm § 58 Abs. 2 VwGO nicht mehr vorgehen kann, wenn er binnen Jahresfrist ab sichtbarem Baubeginn und der hiermit verbundenen Erkennbarkeit auf ihn zukommender Beeinträchtigungen keinen Widerspruch bzw. keine (Anfechtungs-)Klage erhebt.[51]

Sehr streitig ist, ob ein verfristeter Widerspruch durch **Einlassung und Bescheidung** in der Sache seitens der Widerspruchsbehörde geheilt werden kann. Die Rspr. bejaht dies in zweipoligen Rechtsverhältnissen.[52] Abweichendes wird nur in Konstellationen angenommen, in denen Dritte durch den Fristablauf eine bestandskräftige, mithin also schützenswerte Rechtsposition erlangt haben (etwa der Nachbarn bei einem verfristeten Widerspruch des Bauherrn gegen eine Abrissverfügung, dann nur Vorgehen über §§ 48 f. VwVfG, vgl. dazu allg. § 16). Die Heilungsmöglichkeit wird damit begründet, dass die Widerspruchsfrist die Verwaltung schützt, die auf diesen Schutz verzichten kann, und eine solche Sachentscheidung auch bürgerfreundlich ist. Die Widerspruchsbehörde ist „Herrin des Vorverfahrens". Die Verwaltung kann auch einen bereits unanfechtbaren Verwaltungsakt nach §§ 48 f. VwVfG aufheben und damit das Verfahren erneut in Gang setzen. Die Gegenmeinung[53] beruft sich darauf, dass mit der Bestandskraft des Verwaltungsakts die behördliche Zugriffsmöglichkeit verloren gegangen sei, durch §§ 48 f. VwVfG keine Zuständigkeit der Widerspruchs-, sondern allein der Ausgangsbehörde begründet werde und § 70 Abs. 2 VwGO in derartigen Konstellationen nur auf die Möglichkeit der Wiedereinsetzung verweise (dazu sogleich). Dem dürfte im Ergebnis zuzustimmen sein. Bei § 70 Abs. 1 VwGO handelt es sich um eine gesetzliche Frist, welche der Rechtssicherheit sowie der Entlastung der Gerichtsbarkeit dient und durch behördliches Handeln nicht beiseitegeschoben werden darf.[54]

Im Fall der **unverschuldeten Fristversäumnis** kann dem Widerspruchsführer auf Antrag **Wiedereinsetzung in den vorigen Stand** gewährt werden (§ 70 Abs. 2 iVm § 60 Abs. 1–4 VwGO); dadurch wird die Zulässigkeit des Rechtsbehelfs wiederhergestellt – mit der Folge, dass auch die bereits eingetretene Bestandskraft (bereits § 15 Rn. 10) des Verwaltungsakts nachträglich entfällt. Vorausgesetzt ist freilich, dass innerhalb von zwei Wochen nach dem Wegfall des Hindernisses – spätestens aber innerhalb

---

50 Koehl DVP 2017, 372, 376.
51 BVerwGE 44, 294; BVerwG ZfBR 2021, 444, 445; dazu, dass die Verwirkung durch positives Verhalten vor allem vor Ablauf der Jahresfrist Bedeutung erlangt, VGH München BeckRS 2019, 8839; BVerwG NJW 2019, 383, 384.
52 Etwa BVerwG DVBl. 1992, 1097.
53 Näher Geis in: Sodan/Ziekow, VwGO, § 68 Rn. 43 f. mwN.
54 Geis wie vor, Rn. 43; anders trotz dogmatischer Bedenken Maurer/Waldhoff, § 10 Rn. 79.

eines Jahres[55] – die versäumte Rechtshandlung (Einlegung des Widerspruchs) nachgeholt wird. Außerdem sind die Tatsachen zur Begründung des Antrags glaubhaft zu machen (§ 60 Abs. 2 VwGO). In der Praxis ist das Merkmal „ohne Verschulden" oft ausschlaggebend dafür, ob einer Person Wiedereinsetzung gewährt werden kann. Daran fehlt es, wenn der Widerspruchsführer nicht die Sorgfalt hat walten lassen, die für einen gewissenhaften, seine Rechte und Pflichten sachgerecht wahrnehmenden Beteiligten geboten und den Umständen nach zumutbar ist.[56] Bei einer Krankheit wird ein mangelndes Verschulden nur angenommen, wenn sie so schwer ist, dass der Betroffene nicht selbst handeln kann und auch außerstande ist, eine andere Person zur Wahrnehmung seiner Interessen zu bevollmächtigen.[57]

e) Widerspruchs- bzw. Sachbescheidungsinteresse

10   Am (allgemeinen) Rechtsschutz- bzw. Sachbescheidungsinteresse fehlt es, wenn die Entscheidung dem Widerspruchsführer keine nennenswerten Vorteile bringen kann[58] oder es einfachere und effektivere Möglichkeiten der Rechtsverfolgung gibt. Kein Sachbescheidungsinteresse besteht ferner, wenn der Widerspruch nach objektiven Gesichtspunkten offensichtlich rechtsmissbräuchlich ist oder nur den Zweck hat, dem Gegner zu schaden.[59] Entsprechendes zieht beim Widerspruch eines Dritten die Konstellationen der **Verwirkung** nach sich, wie sie vorstehend (vgl. Rn. 9) und im Zusammenhang mit der Anfechtungs- und Verpflichtungsklage dargestellt sind (nachfolgend Rn. 30). Im Falle einer **Zurücknahme des Widerspruchs** wird das Verfahren eingestellt und nur noch über die Kosten entschieden. Aus Gründen der Rechtssicherheit kann eine solche Erklärung nicht unter einer außerprozessualen Bedingung erfolgen oder angefochten werden.[60]

f) Sonstige Zulässigkeitsvoraussetzungen

11   Die Beteiligungs- und Handlungsfähigkeit sowie die etwaige Legitimation eines Bevollmächtigten als weitere Zulässigkeitsvoraussetzungen im Widerspruchsverfahren ergeben sich nicht aus der VwGO, sondern richten sich nach **§ 79 Hs. 1 iVm §§ 11, 12, 14 VwVfG**. Zudem darf in derselben Sache noch kein Widerspruchsbescheid ergangen sein.[61]

4. Begründetheit des Widerspruchs

12   Der **Anfechtungswiderspruch** ist begründet, wenn der umstrittene Verwaltungsakt entweder rechtswidrig (zu den Rechtmäßigkeitsvoraussetzungen des Verwaltungsakts vgl. § 14) oder zwar rechtmäßig, aber nicht zweckmäßig ist (vgl. § 68 Abs. 1 VwGO, § 113 Abs. 1 S. 1 VwGO analog) und den Widerspruchsführer in seinen Rechten ver-

---

55   § 70 Abs. 2 iVm § 60 Abs. 3 VwGO. S. zur Auslegung des Wegfalls des Hindernisses BVerwG NVwZ-RR 2020, 949, 950.
56   BVerwG Beschl. v. 28.8.2008 – 6 B 22/08, Rn. 13 juris; VGH Mannheim Beschl. v. 4.9.2020 – 11 S 1715/20, Rn. 7 juris.
57   BVerwGE 163, 26, 35 f. Rn. 34.
58   ZB Widerspruch gegen die Ablehnung eines Baugenehmigungsantrags bei ersichtlich fehlender Berechtigung zum Bauen, BVerwGE 61, 128, 130; Widerspruch gegen die Ablehnung einer nicht erforderlichen Ausnahmebewilligung, BVerwGE 61, 145, 150.
59   Vgl. mwN W.-R. Schenke in: Kopp/Schenke, Vorb § 40 Rn. 52.
60   BVerwG DVBl. 1996, 105 f.
61   Vgl. die Aufstellung der Zulässigkeitsvoraussetzungen bei W.-R. Schenke in: Kopp/Schenke, Vorb § 68 Rn. 12.

letzt.⁶² Für **Zweckmäßigkeitserwägungen** ist freilich nur bei **Ermessensentscheidungen** Raum; bei der Überprüfung gebundener Verwaltungsakte ist dies ausgeschlossen. Letzteres gilt auch im Fall einer Ermessensreduzierung auf Null (hierzu § 14 Rn. 48). Darüber hinaus kann eine Zweckmäßigkeitskontrolle kraft gesetzlicher Sonderregelung in Selbstverwaltungsangelegenheiten entfallen.⁶³ ZB bestimmen Art. 118 Nr. 1 BayGO und § 8 Abs. 2 SaarlAGVwGO, dass in kommunalen Selbstverwaltungsangelegenheiten die Zweckmäßigkeit des Verwaltungsakts von der Widerspruchsbehörde nicht geprüft werden darf.

Der **Verpflichtungswiderspruch** ist begründet, soweit die Ablehnung des begehrten Verwaltungsakts rechtswidrig und der Widerspruchsführer dadurch in seinen Rechten verletzt ist (§ 68 Abs. 2 iVm Abs. 1 S. 1 iVm § 113 Abs. 5 S. 1 VwGO analog, nachfolgend Rn. 37). Rechtswidrig ist die Ablehnung bei einer gebundenen Entscheidung oder einer Ermessensreduzierung, sofern der Widerspruchsführer einen **Anspruch** auf den Erlass des beantragten Verwaltungsakts hat, ansonsten wenn ihm ein Anspruch auf ermessensfehlerfreie Entscheidung zusteht. Im letzten Fall ist der Widerspruch auch begründet, sofern die Ausgangsbehörde den Verwaltungsakt in zweckwidriger Weise versagt hat.

5. Reformatio in peius

Eine Reformatio in peius (kurz: „rip"), also **Verböserung** bzw. Verschlechterung, im Widerspruchsverfahren liegt vor, wenn auf den Widerspruch des Adressaten eines Verwaltungsakts dieser in seiner belastenden Wirkung durch den Widerspruchsbescheid zu seinen Lasten verstärkt wird.⁶⁴

Beispiel: Der Betroffene legt gegen einen Gebührenbescheid über 50 € Widerspruch ein. Im Rahmen der Überprüfung bemerkt die zuständige (Widerspruchs-)Behörde, dass sich die Gebührenschuld eigentlich auf 100 € beläuft. Daraufhin weist sie durch Widerspruchsbescheid den Widerspruch als unbegründet ab und erhöht den Betrag entsprechend.

Folglich liegt **keine Verböserung** vor, wenn der Tenor des Verwaltungsakts gleich bleibt und lediglich seine Entscheidungsgründe ausgewechselt werden⁶⁵ oder die Behörde den Verwaltungsakt nicht abändert, sondern im Rahmen des Widerspruchsverfahrens („bei Gelegenheit" – und schon deshalb unzulässig) einen gänzlich neuen Verwaltungsakt erlässt.⁶⁶ Um keine „rip" handelt es sich, wenn auf den Widerspruch des Dritten der Verwaltungsakt zulasten seines Adressaten abgeändert wird, da sich die Verböserung auf den Rechtsbehelfsführer beziehen muss.⁶⁷

13

---

62 Zur grds. umfassenden Kontrollbefugnis der Widerspruchsbehörde BVerwG Beschl. v. 10.5.2017 – 2 B 44/16, Rn. 7 juris. Vgl. § 15 Rn. 9; die Voraussetzungen für die Begründetheit der Anfechtungsklage gelten also im Widerspruchsverfahren entsprechend, nachfolgend Rn. 34; es kann daher auch eine nur teilw. Aufhebung des Verwaltungsakts verfolgt und ausgesprochen werden, dazu ebenfalls Rn. 34, ferner § 18 Rn. 17.
63 BVerwG BRS 77 Nr. 68. Diese Problematik kommt jedoch meistens keine Relevanz zu, weil gem. § 73 Abs. 1 S. 2 Nr. 3 VwGO in Selbstverwaltungsangelegenheiten Ausgangs- und Widerspruchsbehörde regelmäßig identisch sind; vgl. Rn. 5.
64 Kahl/Hilbert Jura 2011, 660; s.a. Ecker VerwArch 113 (2022), 24 (27 f.). Eine nachteilige Abänderung des Verwaltungsakts durch die Ausgangsbehörde ist ausgeschlossen, weil sie nur eine Abhilfeentscheidung treffen darf, vgl. Rn. 4.
65 Hufen, § 9 Rn. 15; aA Kahl/Hilbert Jura 2011, 660, 661.
66 Dazu, dass sich die „rip" im Rahmen des Verfahrensgegenstands bewegen muss Kahl/Hilbert Jura 2011, 660 f.
67 Kahl/Hilbert Jura 2011, 660.

14 Jenseits der Fälle, in denen eine „rip" **spezialgesetzlich** vorgesehen ist (etwa § 367 Abs. 2 S. 2 AO, § 3 Abs. 5 S. 2 KAG RP), ist ihre Zulässigkeit **umstritten**.[68] Ablehnende Stimmen argumentieren zum einen mit der Rechtsschutzfunktion des Widerspruchsverfahrens, weil bei einer Zulässigkeit der Verböserung Betroffene von der Einlegung eines Widerspruchs abgehalten werden könnten. Weder die VwGO noch das VwVfG würden eine allgemeine Verschlechterungsmöglichkeit dieser Art vorsehen.[69] Letzterem wird entgegengehalten, dass immerhin § 71, § 79 Abs. 1 Nr. 2, Abs. 2 VwGO den Fall einer erstmaligen Beschwer durch den Widerspruchsbescheid kennen, ohne deren Voraussetzungen näher zu regeln. Aufgrund ihrer Bindung an das Gesetz (Art. 20 Abs. 3 GG) muss die Widerspruchsbehörde rechtswidrige Verwaltungsakte korrigieren können. Darüber hinaus dient das Widerspruchsverfahren in Abweichung zum gerichtlichen Verfahren zugleich der behördlichen Selbstkontrolle; Konsequenz davon ist die sich aus § 68 Abs. 1 S. 1 VwGO ergebende umfassende Nachprüfungskompetenz der Widerspruchsbehörde, was ebenfalls auf die Zulässigkeit der „rip" schließen lässt – zumal für einen Vorrang der Rechtsschutzfunktion ggü. derjenigen der Selbstkontrolle keine gesetzlichen Anhaltspunkte ersichtlich sind. Auch hat der Widerspruchsführer das Eintreten der Bestandskraft durch die Rechtsbehelfseinlegung selbst verhindert. Schließlich muss angesichts §§ 48 f. VwVfG, wonach der Behörde eine (teilweise) Aufhebung von Verwaltungsakten sogar nach Eintritt der Bestandskraft eröffnet ist, eine für den Betroffenen nachteilige Abänderung der Entscheidung im Rahmen des Widerspruchsverfahrens ebenso zulässig sein.[70]

15 Was bleibt, ist die Frage nach den **rechtlichen Maßstäben und Grenzen** für eine derartige Verböserung. Die Befugnis dazu kann sich nur aus dem materiellen Bundes- oder Landesrecht einschl. Zuständigkeitsvorschriften ergeben:[71]

- In **formeller** Hinsicht muss die Widerspruchsbehörde zuständig sein. Das ist der Fall, wenn sie **zugleich die Ausgangsbehörde** ist, über ein **speziell zugewiesenes Selbsteintrittsrecht** verfügt oder die **Ausgangsbehörde zum Erlass der Verschlechterung anweisen** könnte (etwa als Fachaufsichtsbehörde[72]); allein der Devolutiveffekt des § 73 Abs. 1 S. 2 Nr. 1 VwGO wirkt jedoch nicht zuständigkeitsbegründend.[73] Ferner ist der Widerspruchsführer regelmäßig vor der „rip" nach § 71 VwGO **anzuhören**, der § 28 VwVfG verdrängt.[74] Des Weiteren folgt aus § 73 Abs. 3 VwGO die Notwendigkeit der Begründung des Widerspruchsbescheids (= lex specialis zu

---

68 Das gilt für das Widerspruchsverfahren; im verwaltungsgerichtlichen Verfahren ist hingegen wegen § 88 VwGO eine Verböserung grds. ausgeschlossen (vgl. aber § 22 Rn. 2 mit Fn. 7), dazu Lindner DVBl. 2009, 224, 225 f.; näher zu alldem Meister JA 2002, 567.
69 Hufen, § 9 Rn. 17.
70 Argumente für die Zulässigkeit der „rip" zB bei Ecker VerwArch 113 (2022), 24, 32 ff.; Kahl/Hilbert Jura 2011, 660, 661 f. und weitere Beispiele bei Detterbeck, Rn. 1373; s.a. VG Saarlouis Urt. v. 17.6.2020 – 6 K 1147/18, Rn. 45 juris.
71 VGH München Urt. v. 3.5.2016 – 3 B 13.1069, Rn. 58 juris. Eingehende Streitdarstellung bei Schenke, Rn. 751 ff.
72 VGH München Urt. v. 3.5.2016 – 3 B 13.1069, Rn. 58 juris; krit. wegen des Unterlaufens der Sachkompetenzen Kahl/Hilbert Jura 2011, 660, 663; zum Selbsteintritt Koehl DVP 2017, 323, 325; zur Fachaufsicht allg. § 6 Rn. 25 ff. Nach OVG Koblenz Beschl. v. 3.11.2014 – 8 B 10813/14, Rn. 15 juris fehlt den unabhängigen, nicht in die Behördenhierarchie eingegliederten Widerspruchsausschüssen die Zuständigkeit zur Verböserung, weil sie nur eine Rechtsbehelfsfunktion haben; krit. dazu Heimpel/Guckelberger LKRZ 2009, 246, 248.
73 Zum Vorstehenden Detterbeck, Rn. 1374 mwN; Kahl/Hilbert Jura 2011, 660, 662.
74 OVG Berl-Bbg Beschl. v. 3.7.2019 – 11 S 21.19, Rn. 13 juris; zu Letzterem Kahl/Hilbert Jura 2011, 660, 664. Dazu, dass in Fällen ohne erstmalige Beschwer über § 79 VwVfG auf § 28 VwVfG rekurriert werden kann, Koehl DVP 2017, 323, 324.

§ 39 VwVfG), der Beifügung einer Rechtsmittelbelehrung sowie der Zustellung nach dem VwZG des Bundes.[75]

- **Materiellrechtlich** muss sich die Verböserung an den rechtlichen Grundlagen für den Erlass des Ausgangsverwaltungsakts messen lassen. Die Ersetzung des ursprünglichen Verwaltungsakts durch den (noch) stärker belastenden Widerspruchsbescheid stellt sich für den Adressaten als Aufhebung eines begünstigenden Verwaltungsakts dar.[76] Deshalb beurteilt sich die materielle Rechtmäßigkeit der „rip" in aller Regel anhand § 48 Abs. 1 S. 2 VwVfG analog (aA Rechtsgrundlagen des Ausgangsverwaltungsakts),[77] wobei ggf. die Verböserung zusätzlich auf das für die Ausgangsbehörde geltende materielle Recht abzustützen ist.[78] Nach Maßgabe des Einzelfalls können Gesichtspunkte des Vertrauensschutzes in entsprechender Anwendung des § 48 Abs. 1 S. 2, Abs. 2, 3 VwVfG zugunsten des Bürgers berücksichtigungsbedürftig werden.[79]

Übersicht 20: Prüfungsschema für das Widerspruchsverfahren

A. Zuständige Widerspruchsbehörde, § 73 Abs. 1 VwGO   16
B. Zulässigkeit
    I. Eröffnung des Verwaltungsrechtswegs
       1. § 68 VwGO iVm aufdrängender Sonderzuweisung, zB § 54 Abs. 1 BeamtStG, § 126 Abs. 1 BBG analog; ansonsten:
       2. § 68 iVm § 40 Abs. 1 VwGO analog (Generalklausel)
    II. Statthaftigkeit, § 68 iVm § 42 Abs. 1 VwGO analog
      – Anfechtungswiderspruch: Widerspruchsführer muss die Aufhebung eines Verwaltungsakts begehren, § 42 Abs. 1 Alt. 1 VwGO analog bzw.
      – Verpflichtungswiderspruch: Widerspruchsführer begehrt Erlass eines abgelehnten Verwaltungsakts, § 42 Abs. 1 Alt. 2 VwGO analog
      – Kein Ausschluss nach § 68 Abs. 1 S. 2 VwGO; str., ob weitere Fälle der Entbehrlichkeit
    III. Widerspruchsbefugnis, § 68 iVm § 42 Abs. 2 VwGO analog: Möglichkeit der Verletzung eigener Rechte des Widerspruchsführers oder eigener Interessen bei Unzweckmäßigkeit eines ErmessensVA

---

75 Kahl/Hilbert Jura 2011, 660, 664.
76 Vgl. § 16 Rn. 7. Dass deshalb nicht allein auf das materielle Recht für die Ausgangsbehörde rekurriert werden kann, Kahl/Hilbert Jura 2011, 660, 665.
77 Rechtswidrigkeit der Ausgangsverfügung unterstellt; zur analogen Anwendung des § 48 Abs. 1 S. 2 VwGO Detterbeck, Rn. 1374 mwN. Anders Meister JA 2002, 567 unter Hinweis auf § 43 Abs. 2 VwVfG: Aufhebung in sonstiger Weise neben §§ 48 f. VwVfG; gegenteilig wiederum Lindner DVBl. 2009, 224, 225.
78 Kahl/Hilbert Jura 2011, 660, 665.
79 Kramer, Rn. 151. Nimmt der Widerspruchsführer seinen Widerspruch nach Hinweis der Behörde auf eine mögliche „rip" im Widerspruchsverfahren zurück, darf die Widerspruchsbehörde keinen entsprechenden Bescheid mehr erlassen – allerdings kann sie die Ausgangsbehörde anweisen, idS tätig zu werden, Detterbeck, Rn. 1374.

IV. Ordnungsgemäße Widerspruchserhebung, § 70 VwGO
1. Form: schriftlich, in elektronischer Form nach § 3a Abs. 2 VwVfG oder zur Niederschrift, § 70 Abs. 1 S. 1 VwGO
2. Frist: § 70 Abs. 1 VwGO – ein Monat; § 70 Abs. 2 iVm 58 Abs. 2 VwGO – ein Jahr

V. Beteiligungsfähigkeit, Handlungsfähigkeit § 79 VwVfG iVm §§ 11 ff. VwVfG

VI. Sachbescheidungsinteresse: durch Widerspruchsbefugnis indiziert, nur bei Anlass prüfen.

C. Begründetheit

I. Anfechtungswiderspruch

Der Anfechtungswiderspruch ist begründet, soweit
– der erlassene Verwaltungsakt rechtswidrig oder zweckwidrig ist und
– der Widerspruchsführer dadurch in seinen Rechten verletzt ist (§ 68 Abs. 1 S. 1 iVm § 113 Abs. 1 S. 1 VwGO analog)

II. Verpflichtungswiderspruch

Der Verpflichtungswiderspruch ist begründet, soweit
– die Ablehnung des beantragten Verwaltungsakts rechtswidrig oder zweckwidrig ist und
– der Widerspruchsführer dadurch in seinen Rechten verletzt ist (§ 68 Abs. 2 iVm § 113 Abs. 5 VwGO analog).

II. Anfechtungs- und Verpflichtungsklage

Sowohl die Anfechtungs- als auch die Verpflichtungsklage werden in § 42 Abs. 1 VwGO geregelt und beziehen sich auf Verwaltungsakte. Während der Kläger bei einer Anfechtungsklage die Beseitigung eines bereits bestehenden Verwaltungsakts begehrt, will er mit der Verpflichtungsklage die Verurteilung zum Erlass eines begehrten Verwaltungsakts erreichen.[80]

1. Statthaftigkeit

a) Anfechtungsklage[81]

17 Die **Anfechtungsklage** ist nach **§ 42 Abs. 1 Alt. 1 VwGO** statthaft, wenn der Kläger mit seinem Begehren (§ 88 VwGO) die **Aufhebung eines Verwaltungsakts** durch das Gericht erreichen will.[82] Das ist etwa beim Vorgehen des Bauherrn gegen eine ihn belastende Abrissverfügung der Bauaufsichtsbehörde oder eines Gewerbetreibenden gegen die ihn betreffende Gewerbeuntersagung der Fall.

Ob das angegriffene Verwaltungshandeln einen Verwaltungsakt darstellt, beurteilt sich anhand der **begrifflichen Merkmale** des § 35 VwVfG, wie sie bereits dargestellt worden sind (vgl. § 12 Rn. 3 ff.). Aus Gründen des effektiven Rechtsschutzes (Art. 19

---

80 Dazu Pietzcker/Marsch in: Schoch/Schneider, VwGO § 42 Abs. 1 Rn. 5.
81 Eingehend zum Nachfolgenden Ehlers in: ders./Schoch, § 27.
82 Dazu, dass deren Gestaltungsurteil auch einen feststellenden Teil enthält, BVerwG PharmR 2019, 64, 65.

Abs. 4 S. 1 GG) reicht es aber für die Statthaftigkeit der Anfechtungsklage auch aus, wenn eine Maßnahme ihrer äußeren Form nach in die Gestalt eines Verwaltungsakts gekleidet wurde, sog. formeller Verwaltungsakt (dazu bereits § 12 Rn. 9, zB bei einem mit der Überschrift „Bescheid" und einer entsprechenden Rechtsbehelfsbelehrung versehenen Schreiben). Der prozessuale Begriff des Verwaltungsakts geht über denjenigen des § 35 VwVfG hinaus. Wurde eine unzutreffende Form gewählt – etwa anstelle der gebotenen privatrechtlichen Kündigung eines Dauerschuldverhältnisses ein Verwaltungsakt erlassen –, ist somit die Anfechtungsklage statthaft und erst innerhalb der Begründetheit der Klage zu prüfen, ob das Handeln der Behörde durch Verwaltungsakt rechtmäßig war.[83]

In Fällen der „rip" (vorstehend Rn. 13 ff.) kann sich die Anfechtungsklage gem. § 79 Abs. 1 Nr. 1 VwGO gegen den ursprünglichen Verwaltungsakt „in der Gestalt des Widerspruchsbescheids" (sog. Einheitsklage – die auch ansonsten der Regelfall ist) oder allein gegen den Widerspruchsbescheid wegen besonderer Beschwer nach § 79 Abs. 2 S. 1 VwGO (als isolierte Anfechtungsklage) richten.[84] Dabei sind Gestaltgebung (§ 79 Abs. 1 S. 1 VwGO) und zusätzliche Beschwer (§ 79 Abs. 2 S. 1 VwGO) weit zu verstehen.[85] Während teilweise ein Nebeneinander beider Klagen für möglich gehalten wird, stehen diese richtigerweise im Hinblick auf den Einwand anderweitiger Rechtshängigkeit (§ 17 Abs. 1 S. 2 GVG) in einem Entweder-Oder-Verhältnis.[86]

b) Verpflichtungsklage

Will der Rechtsschutzsuchende den Erlass eines **abgelehnten** oder **unterlassenen Verwaltungsakts** klageweise erreichen, ist die **Verpflichtungsklage**[87] statthaft, § 42 Abs. 1 Alt. 2 VwGO. Die letzte Variante der Verpflichtungsklage, bei der die Behörde über einen beantragten Verwaltungsakt nicht entscheidet, sog. **Untätigkeitsklage**, weist im Hinblick auf die Klagefrist und das Vorverfahren Unterschiede zur sog. **Versagungsgegenklage** auf.[88] Für letztere ist kennzeichnend, dass die Behörde zum Erlass eines Verwaltungsakts verurteilt werden soll, den sie abgelehnt hat. Illustrierende Beispiele dafür sind die Klage auf Erteilung einer abgelehnten Baugenehmigung oder Bewilligung. Die Verpflichtungsklage ist auch einschlägig, wenn der Kläger den Erlass eines an einen Dritten gerichteten Verwaltungsakts begehrt, zB den Erlass einer Nutzungsuntersagung ggü. seinem Nachbarn.[89] Dann kann das Vorliegen eines subjektiv-öffentlichen Rechts (dazu im Einzelnen § 9) und damit die Klagebefugnis nach § 42 Abs. 2 Hs. 2 VwGO (dazu näher § 9 Rn. 10; nachfolgend Rn. 20) problematisch werden. Für die Statthaftigkeit der Verpflichtungsklage hingegen ist allein ausschlaggebend, dass es um den Erlass eines Verwaltungsakts iSd § 35 VwVfG geht, nicht jedoch, wer sein Adressat sein soll. Geht einem tatsächlichen Handeln der Verwaltung, wie der

---

83 VGH Mannheim VBlBW 2017, 197, 199; Würtenberger/Heckmann, Rn. 321; allg. bereits § 5 Rn. 24.
84 Kahl in: FS für W.-R. Schenke, 2011, S. 901, 907 ff.; anders (beide Klagen nebeneinander) VGH Mannheim NVwZ 1990, 1085 f.; dazu Kahl, wie vor, S. 907 f. mwN in Fn. 36. Zu § 79 Abs. 1 Nr. 1 VwGO auch BVerwG Beschl. v. 10.5.2017 – 2 B 44/16, Rn. 7 juris.
85 „Gestaltgebung" auch im Fall von Verfahrensfehlern im Widerspruchsverfahren bei formell fehlerfreiem Ausgangsverfahren, vgl. Kahl in: FS für W.-R. Schenke, 2011, S. 901, 903 f.; anders Happ in: Eyermann, VwGO, § 79 Rn. 5, 9: keine Relevanz von Verfahrensfehlern bei der Einheitsklage, sondern nur bei derjenigen nach § 79 Abs. 2 S. 1 VwGO. Dazu, dass die Rspr. eine Gestaltänderung annimmt, wenn die ursprüngliche Entscheidung gar kein VA war, sondern erst durch nachträgliche Widerspruchsentscheidung zu einem solchen wurde, VGH Mannheim Beschl. v. 13.11.2020 – 2 S 2134/20, Rn. 17 juris.
86 MwN Kahl/Hilbert Jura 2011, 660, 667 f.
87 Überblick anhand von Fällen bei Ehlers Jura 2004, 310; auch Frenz JA 2011, 917.
88 Wolff in: ders./Decker, Studienkommentar, VwGO § 42 Rn. 60.
89 Vgl. Ehlers Jura 2004, 310, 311; R. P. Schenke in: Kopp/Schenke, § 42 Rn. 10.

Berichtigung eines Melderegisters, eine Entscheidung in Gestalt eines Verwaltungsakts voraus, die aufgrund eines gesetzlichen Prüfprogramms unter Beachtung besonderer verfahrensrechtlicher Vorkehrungen zu treffen ist, ist diese Entscheidung ebenfalls mittels der Verpflichtungsklage zu erstreiten.[90]

Möchte der Betroffene gegen die Ablehnung eines begünstigenden Verwaltungsakts, etwa einer Baugenehmigung, gerichtlichen Rechtsschutz in Anspruch nehmen, ist nicht die Ablehnung der Genehmigung anzufechten. Da das Gericht bei der Anfechtungsklage nur den angefochtenen Verwaltungsakt aufheben kann, aber die Verwaltung nicht zum Erlass der Genehmigung verurteilt wird, ist die Verpflichtungsklage (Versagungsgegenklage) als rechtsschutzintensivere Klageart statthaft.[91] Eine sog. **isolierte Anfechtungsklage**, die sich auf die Aufhebung des ablehnenden Bescheids beschränkt, ist nur in seltenen Ausnahmefällen zulässig, wenn die Aufhebung des Versagungsbescheids ein ggü. der Verpflichtungsklage vorteilhafteres Rechtsschutzziel ist, etwa weil der Kläger zur Ansicht gelangt ist, dass er für sein Vorhaben gar keine Genehmigung benötigt oder wenn zwischenzeitlich für die begehrte Entscheidung eine andere Behörde zuständig ist.[92]

Ist die Sache **spruchreif**, erlässt das Verwaltungsgericht ein **Verpflichtungsurteil** (§ 113 Abs. 5 S. 1 VwGO). Wie dieser Begriff verdeutlicht, wird der begehrte Verwaltungsakt nicht etwa durch das (Verwaltungs-)Gericht erlassen oder ersetzt; aus Gründen der Gewaltenteilung gibt es vielmehr der beklagten Verwaltung lediglich den Erlass der Verfügung auf. Das Urteil wirkt mithin nicht unmittelbar rechtsgestaltend, sondern ist auf ein Tätigwerden gerichtet. Die Verpflichtungsklage in Gestalt der Vornahmeklage stellt deshalb eine spezielle, nämlich eine auf den Erlass eines Verwaltungsakts bezogene Leistungsklage dar.[93] Bei **fehlender Spruchreife** kann das Verwaltungsgericht nur ein **Bescheidungsurteil** erlassen. In diesem wird die Behörde dazu verpflichtet, den Kläger unter Beachtung der Rechtsauffassung des Gerichts „zu bescheiden", § 113 Abs. 5 S. 2 VwGO. Fehlende Spruchreife liegt vor, wenn der Verwaltung beim Erlass des Verwaltungsakts Entscheidungs-, insb. Ermessensspielräume[94] zustehen, die sich auch nicht im Einzelfall auf Null reduziert haben (dazu § 14 Rn. 48). Bei Ansprüchen auf Erlass gebundener Verwaltungsakte besteht nach der Rspr. nur selten ein Rechtsschutzbedürfnis für eine Beschränkung auf einen Bescheidungsantrag, etwa wenn die Auflösung einer gleichheitswidrigen Ungleichbehandlung nicht abgesehen werden kann.[95] Da das Verwaltungsgericht im Falle eines Spielraums der Verwaltung eine auf die Verurteilung zum Erlass eines bestimmten Verwaltungsakts gerichtete Vornahmeklage als teilweise unbegründet abweisen müsste, sollte der Kläger zur Vermeidung der negativen Kostenfolge seinen Klageantrag von vornherein auf die (Neu-)Bescheidung durch die Behörde iSd § 113 Abs. 5 S. 2 VwGO beschränken (sog. **Bescheidungsantrag**). Möglicherweise

---

90 BVerwG NVwZ 2022, 1205, 1206.
91 Hufen Ad Legendum 2017, 96, 99; dazu auch Schaks/Friedrich JuS 2018, 860, 861.
92 BVerwGE 127, 161, 166 f.; VGH München Beschl. v. 1.2.2021 – 15 ZB 20.747, Rn. 44 juris.
93 Siehe zur Subsidiarität auch § 10 Rn. 12; s.a. Hilbert DVBl. 2021, 1213 f.
94 BVerwG NJW 2012, 2901, 2903; NVwZ 2018, 1875, 1877 f.; dazu, dass das Bescheidungsurteil unter dem Vorbehalt gleichbleibender Rechtslage steht, BVerwG BRS 71 Nr. 156. S.a. Hilbert DVBl. 2021, 1213, 1214, 1217; Vgl. näher § 14 Rn. 36 ff.
95 BVerwG Beschl. v. 27.11.2019 – 8 B 32/19, Rn. 3 juris; dagegen für eine großzügige Handhabung der Ausnahmen und ein generelles Wahlrecht des Klägers in Bezug auf die Bescheidungsklage im Hinblick auf den Eigenwert des Verwaltungsverfahrens Hilbert DVBl. 2021, 1213, 1216 ff.

lässt sich der Klageantrag in diesem Sinne auslegen, ggf. müsste der vorsitzende Richter auf das Stellen eines entsprechenden Antrags hinwirken (§ 86 Abs. 3 VwGO).[96]

Exkurs: In Abhängigkeit vom Klagebegehren kann sich die Verpflichtungsklage ggf. als **Konkurrentenklage** darstellen. Diese Begrifflichkeit bezeichnet keine besondere Klageart, sondern eine bestimmte verfahrensrechtliche Situation. Diese wird v.a. im Wirtschaftsverwaltungsrecht relevant, wenn es mehr Bewerber als Plätze, zB für die Zulassung zu Standplätzen auf einer Veranstaltung (etwa nach § 69, § 70 GewO), gibt (Verteilungsstreit). Insoweit können folgende Konstellationen unterschieden werden:

Will sich der Kläger gegen die Zulassung oder Begünstigung eines Konkurrenten zur Wehr setzen, ohne jedoch eine eigene Begünstigung zu verfolgen, spricht man von einer **negativen Konkurrenten- oder Konkurrentenabwehrklage**.[97] Da der Kläger in diesen Fällen ein ihn belastendes Verwaltungshandeln beseitigt sehen will, handelt es sich idR um eine Anfechtungsklage (§ 42 Abs. 1 Alt. 1 VwGO) gegen die dem Dritten durch Verfügung gewährte Begünstigung (Beispiel: Taxiunternehmer U wehrt sich gegen die dem Konkurrenten K erteilte Konzession).[98]

Begehrt der Kläger dagegen seine eigene Begünstigung, so handelt es sich um eine **positive Konkurrentenklage**.[99] Dabei kann es zum einen darum gehen, dass der Kläger (nur) die Gleichstellung mit dem Konkurrenten erstrebt, sog. **Konkurrentengleichstellungsklage** (Beispiel: Er will auch einen Stellplatz auf dem Jahrmarkt, wenn noch freie Plätze zur Verfügung stehen):[100] Soweit die angestrebte Vergünstigung durch Verwaltungsakt erfolgt, lässt sich diese prozessual im Wege der Verpflichtungsklage (§ 42 Abs. 1 Alt. 2 VwGO) durchsetzen. Nur wenn die begehrte Vergünstigung nicht die Kriterien eines Verwaltungsakts erfüllt (etwa bei einer wirtschaftlichen Betätigung einer Gemeinde), ist dieses Begehren mit der allgemeinen Leistungsklage zu verfolgen.

Für den sog. **positiven Konkurrentenverdrängungsstreit** ist dagegen eine Knappheitssituation kennzeichnend: Werden ein oder mehrere Bewerber zugelassen, der Antrag des Klägers aber abgelehnt, muss der unterlegene Bewerber eine Verpflichtungsklage auf Zulassung erheben (§ 42 Abs. 1 Alt. 2 VwGO). Diese allein bringt ihm aber wenig, wenn es faktisch keine zu verteilenden Plätze mehr gibt, weil die zu vergebenden Kapazitäten erschöpft sind und die Behörde ihrer gerichtlichen Verpflichtung zunächst nicht nachkommen kann.[101] Dann muss der Kläger eigentlich die Zulassung eines oder mehrerer/aller zugelassenen Mitbewerber anfechten, um mit seinem Verpflichtungsantrag überhaupt Erfolg haben zu können: Verpflichtungsklage auf eigene Begünstigung (§ 42 Abs. 1 Alt. 2 VwGO) bei gleichzeitiger Anfechtungsklage gegen die Begünstigung des/der Dritten (§ 42 Abs. 1 Alt. 1 VwGO).[102] Weil die Zahl der zugelassenen Bewer-

---

96 Renck BayVBl 1992, 123; Redeker/von Oertzen, § 88 Rn. 3. Zur Bescheidungsklage als Minus zur Vornahmeklage s. Schenke, Rn. 288. Zur richterlichen Hinweispflicht auch OVG Münster Beschl. v. 5.2.2021 – 10 A 477/20. Zur Auslegung von Anträgen und krit. ggü. einer Erwähnung des § 86 Abs. 3 VwGO bei der Statthaftigkeit Seibert JuS 2017, 122 ff.
97 Lindner GewArch 2016, 135; Schenke in: FS für F. E. Schnapp, 2008, S. 655.
98 Dazu Ziekow, Wirtschaftsrecht, § 6 Rn. 129; im Fall der Subventionsgewährung durch öffentl.-rechtl. Vertrag: Feststellungsklage (allg. § 10 Rn. 9 ff.), unter einengenden Voraussetzungen auch vorbeugende Unterlassungsklage (allg. § 23 Rn. 9, 13), Ziekow, aaO.
99 Würtenberger/Heckmann, Rn. 344, 393.
100 Die verwandten Begrifflichkeiten variieren, vgl. Hufen JuS 2009, 1140. S.a. Fehling JuS 2014, 1057, 1063; Lindner GewArch 2016, 135.
101 Dazu Lindner GewArch 2016, 135, 136.
102 So ausdrücklich für die Vergabe von Frequenzen im Medienbereich OVG Münster DÖV 2010, 45; Fehling JuS 2014, 1057, 1063.

ber jedoch sehr groß sein kann oder dem abgewiesenen Bewerber gar nicht bekannt ist, müsste er uU eine ganze Reihe von Anfechtungsklagen erheben, deren Erfolg ungewiss ist. Sind bspw. 50 Konkurrenten zu einem Weihnachtsmarkt zugelassen und ist Schausteller S als 51. Bewerber abgelehnt worden, so müsste S entweder die Begünstigung aller anderen Bewerber anfechten; da nicht sämtliche Zulassungsentscheidungen rechtswidrig sein werden, wird S mit einem (Groß-)Teil seiner Klagen unterliegen. Oder S sucht sich einige Zulassungen heraus mit dem Risiko, dass sich diese im Ergebnis doch als rechtmäßig erweisen und nur andere (nicht angefochtene) Entscheidungen möglicherweise rechtswidrig sind. Im Hinblick auf dieses Prozess- und Kostenrisiko geht die Rspr. davon aus, dass es ab Erreichen einer (allerdings teils unterschiedlich hoch angesetzten) Unzumutbarkeitsgrenze hins. der Anfechtungsklagen ggü. anderen Bewerbern ausreicht, wenn der Kläger lediglich eine auf ein Bescheidungsurteil ausgerichtete Verpflichtungsklage erhebt.[103] Zur Begründung wird auf die Möglichkeit verwiesen, dass die Behörde im Fall einer vom Gericht für rechtswidrig gehaltenen Verteilungsregelung ihre Entscheidung von sich aus korrigieren muss (§ 48 VwVfG).[104] Der Kläger kann sich daher auf eine (Bescheidungs-)Verpflichtungsklage beschränken, ohne die Zulassung eines anderen/anderer Konkurrenten anfechten zu müssen. Nach einer Entscheidung des VGH München kann sich eine zusätzliche Drittanfechtungsklage aus quantitativen Gründen (Hunderte von Konzessionen, möglicherweise aber auch schon bei 17 Konkurrenten), aber auch aus qualitativen Gründen, etwa wenn die Verwaltung ihre Auswahlentscheidung so schlecht dokumentiert hat, dass der Kläger die Erfolgsaussichten einzelner Drittanfechtungsklagen nicht zuverlässig abschätzen kann, erübrigen.[105] Demgegenüber halten Teile der Literatur aus Gründen des effektiven Rechtsschutzes (Art. 19 Abs. 4 S. 1 GG) eine „flankierende" Anfechtungsklage nicht erst ab Überschreiten einer Unzumutbarkeitsschwelle, sondern generell für entbehrlich. Die Verwaltung habe durch Rücknahme der Zulassungsentscheidung eines anderen für Platz für den Kläger zu sorgen.[106]

19d Besonderheiten weist die **beamtenrechtliche Konkurrentenklage** auf.[107] Hier erledigt sich nach bislang hM das Verpflichtungsbegehren,[108] gegründet auf den Bewerbungs(verfahrens)anspruch[109] des unterlegenen Bewerbers, sobald der Konkurrent wirksam ernannt worden ist. Zur Begründung wird auf den Vertrauensschutz sowie darauf rekurriert, dass die Ernennung aufgrund des abschließenden Charakters der beamtenrechtlichen (Rücknahme-)Vorschriften nicht mehr rückgängig gemacht werden kann. Da ein Amt nur zusammen mit der Einweisung in eine freie Planstelle besetzt werden darf (§ 49 Abs. 1 BHO),

---

103 Weitergehend Schenke, Rn. 298: auch bei uneingeschränktem Verpflichtungsantrag; ähnlich Hufen JuS 2009, 1140, 1141: „einheitliche" Verpflichtungsklage; anders, dh für zusätzliche Anfechtungslast, Windoffer GewArch 2013, 264, 269: Obliegenheit des Klägers/bei Nichtkenntnis des oder der Begünstigten: Auskunftsanspruch gegen Behörde.
104 Der Kläger trägt allerdings das Risiko, dass die Behörde die Zulassungsentscheidung wirklich rückgängig macht, OVG Lüneburg DÖV 2010, 193.
105 VGH München NVwZ-RR 2016, 39, 40 f.
106 Ennuschat in: ders./Wank/Winkler, GewO, 9. Aufl. 2020, § 70 Rn. 78; s.a. Hilderscheid GewArch 2014, 11, 15; Korte in: Schmidt/Wollenschläger § 9 Rn. 136; aA Lindner GewArch 2016, 135, 136, weil die Behörde ihr Rücknahmeermessen auszuüben hat und sich Probleme auftun, wenn der von der Rücknahme Betroffene seinerseits um (vorläufigen) Rechtsschutz ersucht.
107 Zum Nachfolgenden Brinktrine Jura 2015, 1192 ff.; Uerpmann-Wittzack/Edenharter JA 2013, 561, 564 f.
108 BVerwGE 80, 123, 127 f.; Munding DVBl. 2011, 1512, 1513.
109 Zu den verfahrensrechtl. Anforderungen bereits § 9 Rn. 7. Zur materiell-rechtl. Seite des Anspruchs: Heranziehung sachgerechter Auswahlkriterien und ihre willkürfreie Anwendung, VGH München, wie vor; BVerwGE 80, 123; 19, 252; bereits BVerfGE 1, 167, 184; näher zum „beamtenrechtlichen Bewerbungsanspruch" Lindner ZBR 2012, 181.

steht die nunmehr besetzte Planstelle nicht mehr zur Verfügung (Grundsatz der Ämterstabilität).[110] Hervorgehobene Bedeutung kommt daher vorbeugendem (dazu § 23 Rn. 9, 13) und einstweiligem Rechtsschutz (§ 123 VwGO)[111] zu. Da der einstweilige Rechtsschutz in diesem Fall die Funktionen des Hauptsacheverfahrens übernimmt, muss das Gericht aus Gründen effektiven Rechtsschutzes (Art. 19 Abs. 4 GG) die Auswahlentscheidung im einstweiligen Rechtsschutz genauso intensiv prüfen, wie bei einem Hauptsacheantrag, es sei denn, es stehen ausnahmsweise gewichtige Gründe entgegen.[112] Gegenteilige Stimmen in der Literatur halten hingegen eine Anfechtungsklage des Unterlegenen gegen die Ernennung für eröffnet, weil er durch diese belastet werde.[113] Begründet wird dies damit, dass die Annahme einer Ämterstabilität rein richterrechtlich fundiert sein soll, über keinerlei Absicherung als hergebrachter Grundsatz des Berufsbeamtentums iSd Art. 33 Abs. 5 GG verfüge[114] – und zudem für die Sicherung der Verwaltungstätigkeit nicht von essentieller Bedeutung ist.[115] Das BVerwG hat sich dieser Sicht nunmehr angenähert: Unter Rechtsschutzgesichtspunkten (Art. 33 Abs. 2, Art. 19 Abs. 4 GG) lässt es mangels Untergangs des Bewerberverfahrensanspruchs eine Anfechtungsklage zu, wenn der unterlegene Bewerber seine vorbeugenden Rechtsschutzmöglichkeiten (§ 123 VwGO) vor Ernennung des Konkurrenten nicht ausschöpfen konnte, etwa weil er über die bevorstehende Ernennung nicht unter Einhaltung einer angemessenen Wartefrist für den Eilrechtsschutz informiert wurde oder weil die Ernennung des ausgewählten Bewerbers vor Abschluss des einstweiligen Rechtsschutzverfahrens stattfand.[116] In Anlehnung an die Wertung in § 58 Abs. 2 S. 1 VwGO wird jedoch ein derartiges Vorgehen idR nach einem Jahr seit der Ernennung nach dem Grundsatz von Treu und Glauben nicht mehr möglich sein.[117]

2. Besondere Zulässigkeitsvoraussetzungen der Anfechtungs- und Verpflichtungsklage

Für die Anfechtungsklage wie die Verpflichtungsklage gelten die in § 42 Abs. 2, §§ 68 ff. VwGO geregelten besonderen Zulässigkeitsvoraussetzungen.

a) Klagebefugnis

Gem. § 42 Abs. 2 VwGO sind Anfechtungs- und Verpflichtungsklage – vorbehaltlich einer abweichenden gesetzlichen Anordnung – nur zulässig, wenn der Kläger durch den angegriffenen oder abgelehnten resp. unterlassenen Verwaltungsakt möglicherweise in seinen Rechten verletzt ist. Prüfungsrelevant wird hier die Frage nach der Möglichkeit der Verletzung in einem subjektiven öffentlichen Recht (vgl. § 9 Rn. 10 ff.). Zu beachten ist, dass bei der Verpflichtungsklage nicht auf die Adressatentheorie rekurriert werden kann. Andernfalls könnte eine Person allein durch die Stellung eines aussichtslosen Antrags ihre Klagebefugnis herbeiführen.[118] Bei der Verpflichtungsklage richtet sich die Klagebefugnis nach ü.M. spiegelbildlich danach, ob ein Anspruch des Klägers auf den begehrten Verwaltungsakt nicht ausgeschlossen werden kann; aus-

---

110 Vgl. BVerwG NVwZ 2017, 489, 491; 1989, 158; VGH München GewArch 2013, 410, 411 mwN; Beschl. v. 12.9.2017 – 6 ZB 17.587, Rn. 7 juris; näher zum Grundsatz der Ämterstabilität Kawik/Pflüger ZBR 2021, 145 ff.
111 Nachfolgend § 23 Rn. 13 mwN; allg. § 21 Rn. 29 f.; § 23 Rn. 24 ff.
112 BVerfG ZBR 2020, 305, 307 Rn. 25; BVerwGE 172, 8, 11 Rn. 7; s.a. Wolff in: ders./Decker, Studienkommentar, VwGO § 42 Rn. 18; krit. Bamberger ZfBR 2019, 192, 195.
113 Etwa R. P. Schenke in: Kopp/Schenke, § 42 Rn. 49; insgesamt Bamberger ZBR 2019, 192, 195 f.
114 Laubinger ZBR 2010, 289, 293 f. mwN; Schenke DVBl. 2015, 137, 138 ff.
115 Näher und überzeugend Gärditz Verw 46 (2013), 257, 278 ff.
116 BVerwG DVBl. 2011, 228, 230 f.; OVG Magdeburg Beschl. v. 6.9.2021 – 1 M 58/21, Rn. 4 juris; s.a. Eckstein ZBR 2016, 217, 223; eher zurückhaltend BVerwG NVwZ 2017, 489, 490 f.; für eine Ausweitung der Rspr. aus Gründen der Rechtssicherheit Schenke DVBl. 2015, 137; ähnlich bereits mit Blick auf die Verfassungsbeschwerde BVerfG NVwZ 2007, 1178; eingehend hierzu und zu den Konsequenzen Özfirat-Skubinn, Rechtswidrige Beamtenernennungen, bei denen der Rechtsschutz eines Mitbewerbers vereitelt wird – Wege zur Kompensation, 2011.
117 BVerwG NVwZ 2018, 1866, 1868.
118 S. Rozej Jura 2021, 30, 34.

reichend ist (Bescheidungsantrag![119]) ein Anspruch auf ermessensfehlerfreie Entscheidung, wenn hiervon subjektiv-öffentliche Rechte des Klägers betroffen sein können (allg. § 9; näher bereits § 14 Rn. 49).

Hins. der Klagebefugnis von Umweltverbänden ist bei Eröffnung des Anwendungsbereichs des § 1 UmwRG zu beachten, dass nach § 3 UmwRG anerkannte Vereinigungen grds. klagebefugt sind, „ohne eine Verletzung in eigenen Rechten" geltend machen zu müssen (§ 2 Abs. 1 S. 1 UmwRG). Bei Rechtsbehelfen gegen eine Entscheidung iSd § 1 Abs. 1 S. 1 Nr. 2a–6 UmwRG muss die Vereinigung jedoch gem. § 2 Abs. 1 S. 2 UmwRG „die Verletzung umweltbezogener Vorschriften geltend machen" (s. die Legaldefinition in § 1 Abs. 4 UmwRG).

b) Widerspruchsverfahren

21 Die Zulässigkeit einer Anfechtungsklage setzt regelmäßig die vorherige Durchführung eines Widerspruchsverfahrens voraus, in dem Rechtmäßigkeit und Zweckmäßigkeit des Verwaltungsakts überprüft werden, § 68 Abs. 1 S. 1 VwGO (zum Widerspruchsverfahren näher Rn. 2 ff.). Nach § 68 Abs. 2 VwGO gilt dies auch für die Verpflichtungsklage, wenn der Antrag auf Vornahme des Verwaltungsakts abgelehnt worden ist.

§ 68 Abs. 1 S. 2 VwGO benennt **Ausnahmen** von dem Erfordernis des Widerspruchsverfahrens (vgl. bereits Rn. 7):

- Wenn dies **gesetzlich** angeordnet wird, nämlich durch das VwVfG selbst (etwa § 74 Abs. 6 S. 3 VwVfG (Plangenehmigung)), durch besonderes Bundes(verwaltungs)recht (bspw. § 11 AsylG, § 25 Abs. 4 S. 2 JuSchG), aber auch durch Landesgesetz (zum Ausschluss des Widerspruchsverfahrens kraft Landesrechts bereits Rn. 7, § 68 Abs. 1 S. 2 Hs. 1 VwGO), was inzwischen häufig der Fall ist.

- Einen (weiteren) quasi gesetzesinternen Fall des § 68 Abs. 1 S. 2 Hs. 1 VwGO stellt § 75 S. 1 VwGO dar: Danach ist eine Klage direkt zulässig, wenn über einen Widerspruch oder über einen Antrag auf Vornahme eines Verwaltungsakts ohne zureichenden Grund in angemessener Frist sachlich nicht entschieden worden ist. Diese sog. **Untätigkeitsklage** beinhaltet keine eigene Klageart.[120] Sie stellt ein auf der Garantie effektiven Rechtsschutzes beruhendes Korrektiv dar und verhindert, dass eine Behörde allein durch ihre Untätigkeit den Rechtsweg zu Gericht versperren kann.[121] Gem. § 75 S. 2 VwGO gilt für diese Klage grds. eine Sperrfrist von drei Monaten, außer wenn besondere gesetzliche Fristvorgaben[122] oder besondere Umstände eine kürzere Frist gebieten, etwa weil dem Kläger bei einem Beharren auf der Dreimonatsfrist schwere und unverhältnismäßige Nachteile entstehen würden.[123]

---

[119] Vorstehend Rn. 18; vgl. Sodan/Ziekow, § 99 Rn. 5.
[120] Wittmann DVBl. 2020, 977, 980.
[121] VGH Kassel DVBl. 2020, 1148, 1150.
[122] BVerwG NVwZ 2018, 1229; So müssen bei Ablauf von gesetzlichen Fristen für die Genehmigungserteilung die drei Monate nicht abgewartet werden. Dazu, dass es ausreicht, wenn die Dreimonatsfrist im Zeitpunkt der mündlichen Verhandlung des Gerichts bzw. der gerichtlichen Entscheidung vorliegt und somit eine zunächst unzulässige Untätigkeitsklage im Laufe des Prozesses zulässig werden kann, VGH München Beschl. v. 4.12.2019 – 7 B 18.1945, Rn. 25 juris.
[123] BVerwG NVwZ 2018, 1229. Liegt für die Verzögerung ein zureichender Grund vor, setzt das Gericht das Verfahren bis zum Ablauf einer von ihm bestimmten Frist aus, § 75 S. 3 VwGO. Wird innerhalb dieser Frist der beantragte Verwaltungsakt oder ein Abhilfebescheid erlassen, erklärt das Gericht gem. § 75 S. 4 VwGO die Hauptsache für erledigt. Weiterführend Leisner VerwArch 91 (2000), 227.

§ 20 Rechtsschutz im Widerspruchs- und Klageverfahren bei Verwaltungsakten   § 20

Bis zum Ablauf einer von ihm gesetzten Frist setzt das Gericht nach § 75 S. 3 VwGO das Verfahren aus, wenn ein zureichender Grund dafür vorliegt, dass der beantragte Verwaltungsakt noch nicht erlassen worden ist (zB wenn eine besonders schwierige Sachlage umfangreiche Prüfungen erfordert).[124] Dadurch können die Verwaltungsgerichte flexibel auf die heterogenen Anforderungen des jew. Verwaltungsverfahrens reagieren.[125] Bei der Beurteilung des Vorliegens eines solchen **zureichenden Grundes**, der im Einklang mit der Rechtsordnung und den Wertentscheidungen des Grundgesetzes zu stehen hat, haben die Gerichte neben den vielfältigen Umständen für eine Rechtfertigung der Verzögerung der Behördenentscheidung auch eine besondere Dringlichkeit der Angelegenheit für den Kläger einzubeziehen.[126] Ein solcher Grund liegt freilich nicht vor, wenn bei einer Ermessensentscheidung die behördliche Untätigkeit darauf gestützt wird, dass die diesbzgl. Verwaltungspraxis nicht rechtmäßig gewesen sei und man auf eine neue Richtlinien für die Ermessensausübung gewartet habe.[127] Auch eine andauernde Arbeitsüberlastung der Behörde bildet keinen zureichenden Grund.[128] Wird innerhalb der vom Gericht gesetzten Frist der beantragte Verwaltungsakt oder ein Abhilfebescheid erlassen, erklärt das Gericht gem. § 75 S. 4 VwGO die Hauptsache für erledigt.[129]

- Wenn der in Rede stehende Verwaltungsakt von einer **obersten Bundes-** oder **Landesbehörde** erlassen worden ist, § 68 Abs. 1 S. 2 Nr. 1 VwGO (soweit keine abweichende Regelung, zB § 6 Abs. 2 UIG).

- Entsprechendes gilt, wenn der Abhilfe- bzw. der Widerspruchsbescheid **erstmalig** eine **Beschwer** enthält, § 68 Abs. 1 S. 2 Nr. 2 VwGO; das ist bspw. der Fall, wenn ein Nachbar gegen die dem Bauherrn erteilte Baugenehmigung erfolgreich Widerspruch eingelegt hat (zum Verwaltungsakt mit Drittwirkung § 12 Rn. 43). Dann kann der Bauherr direkt (Verpflichtungs-)Klage beim Verwaltungsgericht erheben. Ein weiteres Beispiel bildet die „rip" (dazu vorstehend Rn. 13 ff.).

- Auf **gesetzlich nicht geregelte** Fälle der Entbehrlichkeit des Widerspruchsverfahrens, wie sie von der Rspr. im Gegensatz zum Schrifttum angenommen werden, ist bereits hingewiesen worden (Rn. 7 aE).

c) Klagefrist

Die **Anfechtungsklage** muss nach **§ 74 Abs. 1 VwGO** innerhalb **eines Monats** nach Zustellung des Widerspruchsbescheids oder – bei dessen Entbehrlichkeit – einen Monat nach Bekanntgabe des Verwaltungsakts beim Verwaltungsgericht erhoben werden. Für die Fristberechnung verweist § 57 Abs. 2 VwGO auf § 222 Abs. 1 ZPO, der seinerseits die einschlägigen Vorschriften des BGB, nämlich §§ 187 ff. BGB, für anwendbar erklärt. Wurde eine Anfechtungsklage verspätet erhoben, stellt sich die Frage, ob dem Kläger gem. § 60 VwGO Wiedereinsetzung in den vorigen Stand gewährt werden kann (dazu näher Rn. 9).

22

Die Klagefrist in § 74 Abs. 1 VwGO sorgt für **Rechtssicherheit und Rechtsfrieden** und dient der Bestandskraft staatlicher Entscheidungen. Auf diese Weise werden die Interessen der Betroffenen an der gerichtlichen Kontrolle des Verwaltungsakts mit dem

---

124 Decker in: Wolff/Decker, Studienkommentar, VwGO § 75 Rn. 8.
125 Reimer DVBl. 2017, 333, 339.
126 BVerwG NVwZ 2018, 1875; s.a. BVerfG NVwZ-RR 2017, 393, 394.
127 Insb. bei bewusster Verzögerung, um die Voraussetzungen für eine Ablehnung des klägerischen Begehrens zu schaffen, OVG Lüneburg NVwZ-RR 2014, 670, 671. Dazu, dass eine vorübergehende Antragsflut infolge einer Gesetzesänderung noch als zureichender Grund angesehen werden kann, BVerfG NVwZ-RR 2017, 393, 394.
128 VG München Beschl. v. 22.2.2017 – M 17 K 16.32918, Rn. 22 juris; Decker in: Wolff/Decker, Studienkommentar, VwGO § 75 Rn. 9.
129 Weiterführend Leisner VerwArch 91 (2000), 227.

351

öffentlichen und in mehrpoligen Rechtsverhältnissen auch privaten Interesse an seinem Bestand ausgeglichen. Da die Klagefrist nicht disponibel ist, ist sie grds. auch dann zu beachten, wenn eine weitere Regelung im Wege einer nach § 91 VwGO zulässigen Klageänderung in den Prozess einbezogen wird. Dadurch wird vermieden, dass die Gerichte eine Sachentscheidung über einen nachträglich in das laufende Verfahren einbezogenen Streitgegenstand trotz verfristeter Klage in Bezug auf diesen treffen müssen. Nur ausnahmsweise ist nach dem BVerwG die Klagefrist nicht einzuhalten, „wenn die nach der Änderung oder Ersetzung verbleibenden Bestandteile des ursprünglich und fristgerecht angefochtenen Bescheides und die Regelungsbestandteile des Änderungs- oder Ersetzungsbescheids nach materiellem Recht unteilbar sind".[130]

Die einmonatige Klagefrist gilt nur im Falle einer ordnungsgemäß erteilten Rechtsbehelfsbelehrung, vgl. § 58 Abs. 1 VwGO. Ist die **Belehrung unterblieben oder unrichtig erteilt,** weil entweder nach § 58 Abs. 1 VwGO zwingend erforderliche Angaben fehlen oder unrichtig wiedergegeben werden (zB 4-wöchige Klagefrist), beträgt die Frist aufgrund **§ 58 Abs. 2 VwGO ein Jahr.**[131] Die Rechtsmittelbelehrung darf weitere, über die Anforderungen des § 58 Abs. 1 VwGO hinausgehende Hinweise auf Modalitäten der Rechtsmitteleinlegung enthalten. Diese dürfen jedoch nicht unrichtig oder irreführend sein.[132] Ist Letzteres der Fall, beträgt die Klagefrist ebenfalls ein Jahr. Unterschiedliche Meinungen gibt es dazu, welche Folgen eine Rechtsbehelfsbelehrung **ohne Hinweis auf die elektronische Form** hat. Ausgehend vom Wortlaut des § 58 Abs. 1 VwGO ist nur über die Frist, aber nicht über den Fristbeginn[133] und auch nicht über die Form des Rechtsbehelfs zu belehren.[134] Das BVerwG hält es für ausreichend, wenn in der Rechtsbehelfsbelehrung der Sitz des Gerichts bloß mit dessen Ort angegeben wird. Postleitzahl, Straße und Hausnummer müssen ebenso wenig genannt werden wie der Staat (Bundesrepublik Deutschland), in welchem das Gericht seinen Sitz hat.[135] Weist die Rechtsbehelfsbelehrung jedoch überobligatorisch auf die schriftliche Einlegung der Klage oder zu Protokoll des Urkundsbeamten des Gerichts hin, ohne die elektronische Form zu erwähnen, könnte diese Rechtsbehelfsbelehrung irreführend sein.

Während teilweise ein unterlassener Hinweis auf die elektronische Form wegen deren geringer Verbreitung, der technischen Komplexität dieser Form, wegen der „Aufblähung" der Rechtsmittelbelehrung sowie dem fehlenden Belehrungsbedürfnis elektronisch versierter Personen als nicht rechtserheblich eingestuft wird, meinen andere, dass die elektronische Form durchaus eine Erleichterung sein kann, sie nach dem Willen des Gesetzgebers den anderen Formen gleichwertig sowie der Inhalt der Rechtsbehelfsbelehrung unabhängig von der Person des Einzelnen sein soll.[136] Das BVerwG hat nunmehr entschieden, dass § 55a VwGO über die elektronische Dokumentenübermitt-

---

130 BVerwGE 170, 311, 314, 317 f. Rn. 17, 24 f.
131 BVerwG NVwZ 2021, 1061, 1062 f.; dazu und zum Nachfolgenden anhand der Widerspruchsfrist bereits Rn. 9.
132 BVerwG NVwZ 2021, 1061, 1062.
133 BVerwG NVwZ 2021, 1061, 1062 f., das überdies darauf verweist, dass nach dem Sinn und Zweck der Belehrung der Belehrte bereits durch Erwähnung der Frist auf den drohenden Fristablauf aufmerksam gemacht wird, und ihm die konkrete Fristberechnung überlassen bleiben kann, zumal eine solche Belehrung angesichts diverser Bekanntgabe- und Zustellmöglichkeiten kaum durchführbar und fehleranfällig wäre. S.a. BVerwGE 165, 299, 301 f.
134 BVerwGE 50, 248, 252 f.; 163, 26, 29 Rn. 13; W.-R. Schenke in: Kopp/Schenke, § 58 Rn. 11; Redeker/Von Oertzen, § 58 Rn. 9.
135 BVerwG NVwZ 2021, 1061, 1063.
136 Mit Nachweisen zu den divergierenden Gerichtsmeinungen OVG Münster NVwZ-RR 2016, 930, 931 f.; eingehend Beckermann NVwZ 2017, 745 ff.

lung keine eigenständige elektronische Form der Klageerhebung beinhaltet, sondern als Unterfall der in § 81 Abs. 1 S. 1 VwGO erwähnten schriftlichen Klageerhebung anzusehen ist. Als „schriftlich" iSd Vorschrift ließen sich auch elektronisch übermittelte Dokumente verstehen. Untermauern lässt sich dies mit der Gesetzessystematik, da gem. § 81 Abs. 2 VwGO nur noch „vorbehaltlich des § 55a Abs. 2 Satz 2 [VwGO]" der Klage Abschriften für die übrigen Beteiligten beigefügt werden sollen. Da nach dem allgemeinen Sprachgebrauch durchaus auch elektronische Dokumente als schriftlich angesehen würden, im Zeitalter der Digitalisierung auch die elektronische Kommunikation mit den Gerichten nahe liege und der mündige Bürger sich hins. der Details informieren könne, sei eine Rechtsbehelfsbelehrung ohne Erwähnung der Möglichkeit der Übermittlung der Klage als elektronisches Dokument weder als unrichtig noch irreführend anzusehen.[137]

Voraussetzung für jeglichen Beginn des Fristlaufs, also nach § 74 VwGO wie auch für § 58 VwGO, ist freilich die Zustellung des Widerspruchsbescheids bzw. die Bekanntgabe des Verwaltungsakts (zur Bekanntgabe und Zustellung insoweit s. § 13 Rn. 5 ff., 13 mwN). Sofern es daran fehlt und der Dritte sich nicht infolge der sicheren Kenntnis von dem Vorhaben wie bei einer solchen Bekanntgabe behandeln lassen muss, kann die Klage allenfalls wegen Verwirkung[138] unzulässig sein.

Eine **Frist**, innerhalb derer die Klage zu **begründen** ist, findet sich in der VwGO nicht, hindert den Gesetzgeber jedoch nicht am Erlass spezialgesetzlicher Regelungen. Nach dem mit der Überschrift „Klagebegründungsfrist" versehenen § 6 S. 1 UmwRG muss eine Person oder eine Vereinigung iSd § 4 Abs. 3 S. 1 UmwRG **innerhalb einer Frist von zehn Wochen ab Klageerhebung** die zur Begründung ihrer Klage dienenden Tatsachen und Beweismittel angeben. Richtigerweise normiert diese Vorschrift aber keine Zulässigkeitsvoraussetzung, sondern eine prozessuale Obliegenheit für den Kläger. Bei Nichteinhaltung der Frist wird der Kläger mit späterem Vortrag im Prozess ausgeschlossen, was zur Unbegründetheit (!) der Klage führen kann. Mithin beinhaltet § 6 S. 2 UmwRG eine innerprozessuale Präklusion.[139] Im nunmehr vorgelegten **Referentenentwurf eines Gesetzes zur Beschleunigung von verwaltungsgerichtlichen Verfahren im Infrastrukturbereich** vom 18.8.2022 ist ua angedacht, eine Klagebegründungsfrist mit verschärften Regelungen für einen verspäteten Klagevortrag in § 43e Abs. 3 EnWG einzuführen sowie allgemein für derartige Vorhaben eine innerprozessuale Präklusion unter verschärften Anforderungen in § 87b Abs. 4 VwGO vorzusehen.

Ist ein Antrag auf Erlass eines Verwaltungsakts abgelehnt worden, gilt das Vorstehende nach § 74 Abs. 2 VwGO auch für die Verpflichtungsklage.[140] Wurde dagegen über einen Antrag auf Vornahme des Verwaltungsakts oder über einen Widerspruch ohne zureichenden Grund in angemessener Frist sachlich nicht entschieden (§ 75 S. 1 VwGO), wird keinerlei (Ablauf-)Frist für die Zulässigkeit der Klage in Gang gesetzt.

d) Klagegegner

Nach § 78 Abs. 1 Nr. 1 Hs. 1 VwGO ist richtiger Klagegegner der Bund, das Land oder die Körperschaft, deren Behörde den angegriffenen Verwaltungsakt erlassen bzw. den beantragten Verwaltungsakt unterlassen hat, sog. **Rechtsträgerprinzip**. Da sich der zu verklagende Rechtsträger aber insb. aus Klägersicht nicht immer einfach bestimmen

---

137 BVerwG NVwZ 2021, 1061, 1063 ff.; s.a. Schübel-Pfister JuS 2021, 1033, 1034 ff.; auf die abweichende Rspr. des BSG zu § 65a SGG verweisend und für ein Mehr an Vereinheitlichung Stuttmann NVwZ 2021, 1067 f.
138 BVerwG NVwZ 2019, 245, 246 f. Zur Verwirkung vgl. Rn. 30; bereits Rn. 9 f.
139 VGH München BayVBl. 2021, 556, 558 Rn. 20.
140 Zur Verwirkung des Klagerechts vgl. VGH München BayVBl. 2012, 181.

lässt, lässt der Gesetzgeber nach Hs. 2 auch die Angabe der Behörde zur Bezeichnung des Beklagten genügen.[141]

Eine Ausnahme vom Rechtsträgerprinzip statuiert **§ 78 Abs. 1 Nr. 2 VwGO**.[142] Hiernach ist die Klage in der Anfechtungs- oder Verpflichtungssituation[143] gegen die erlassende Behörde selbst zu richten, sog. **Behördenprinzip**, sofern das Landesrecht dies bestimmt.[144] Davon haben Brandenburg (§ 8 Abs. 2 BbgVwGG), Mecklenburg-Vorpommern (§ 14 Abs. 2 GerStrukGAG), Niedersachsen (§ 79 Abs. 2 NJG), das Saarland (§ 19 Abs. 2 SaarlAGVwGO), Sachsen-Anhalt (§ 8 S. 2 AGVwGO LSA) und Schleswig-Holstein (§ 69 Abs. 2 LJG SH), wenn auch mit unterschiedlicher Reichweite, Gebrauch gemacht. Meistens wird eine uneingeschränkte Öffnung iSd § 78 Abs. 1 Nr. 2 VwGO vorgenommen, bspw. in § 14 Abs. 2 GerStrukGAG M-V oder § 19 Abs. 2 SaarlAGVwGO.[145]

Streitig ist allerdings, ob es sich insoweit überhaupt um eine Zulässigkeitsvoraussetzung oder nicht vielmehr um eine in der Begründetheit der Klage zu klärende Frage handelt. Nach ü.M. in der Literatur regelt § 78 VwGO die **passive Prozessführungsbefugnis** aufseiten des Beklagten; darunter ist die Befugnis des tatsächlich Beklagten zu verstehen, den Prozess im eigenen Namen zu führen. Es handelt sich hiernach um eine Zulässigkeitsvoraussetzung der Anfechtungs- wie Verpflichtungsklage.[146] Rspr. und Teile des Schrifttums ordnen hingegen § 78 VwGO der **Passivlegitimation** zu,[147] womit die Stellung als richtiger Beklagter und Inhaber des Rechts gemeint ist.[148] Die hierauf gerichtete Prüfung gehört dann nicht in die Zulässigkeit, sondern zur Begründetheit der Klage.

Sowohl der Wortlaut des § 78 VwGO („Die Klage ist zu richten …") als auch die Gesetzessystematik – die Vorschrift steht im 8. Abschnitt der VwGO, der ansonsten ausschließlich die besonderen Zulässigkeitsvoraussetzungen von Anfechtungs- und Verpflichtungsklagen zum Gegenstand hat – sprechen dafür, dass es sich bei § 78 VwGO um ein Zulässigkeitskriterium handelt.[149] Dies lässt sich zudem aus § 78 Abs. 1 Nr. 2 VwGO ableiten, wonach bei entsprechender landesgesetzlicher Regelung auch Behörden Klagegegner sind. Da Behörden nicht Träger von Rechten bzw. Pflichten sein können (sondern nur die Verwaltungsträger selbst, vgl. § 6 Rn. 3 f.), kann § 78 Abs. 1 Nr. 2 VwGO keine die Passivlegitimation betreffende Regelung, sondern nur eine solche der passiven Prozessführungsbefugnis sein.[150] Wenn Abs. 1 Nr. 2 des § 78 VwGO

---

141 BVerwG, Beschl. v. 18.7.2019 – 6 B 18/19, Rn. 19 juris. Dazu, dass bei einer nicht eindeutigen Bezeichnung im Zweifel auf den richtigen Beklagten abzustellen ist, BVerwG, Beschl. v. 8.8.2019 – 3 B 41/18, Rn. 5 juris. S. zu § 78 VwGO auch Koehl LKV 2018, 150 ff.
142 Im Wege der Prozessstandschaft, Detterbeck, Rn. 1335, 1339.
143 Erfasst werden neben der Anfechtungs- und Verpflichtungsklage auch Klageverfahren, die einen Verwaltungsaktsbezug iwS aufweisen (Fortsetzungsfeststellungsklage, § 113 Abs. 1 S. 4 VwGO, vgl. nachfolgend Rn. 39 ff., und Nichtigkeitsfeststellungsklage, dazu § 10 Rn. 10 f.) sowie die Verfahren vorläufigen Rechtsschutzes zur Anfechtungs-/Verpflichtungsklage (§§ 80, 80a und § 123 VwGO); vgl. nur Detterbeck, Rn. 1342.
144 Ausführlich zum sog. Behördenprinzip Klenke NWVBl. 2004, 85; aus Sicht der (Rechts-)Praxis Desens NVwZ 2013, 471.
145 Vgl. auch Art. 16 S. 1 BayAGVwGO. Im Fall der Verpflichtungsklage der Unterzeichner eines Bürgerbegehrens gegen dessen Unzulässigkeitserklärung durch den Gemeinderat (vgl. dazu § 23 Rn. 18) ist Letzterer richtiger Beklagter, Burgi, Kommunalrecht, § 11 Rn. 48.
146 Hufen, § 12 Rn. 29 f. mwN; Sauer, S. 47 Rn. 75; dazu schon Freitag VerwArch 67 (1976), 26.
147 BVerwG NVwZ-RR 1990, 44; zum vorstehenden „Verwirrspiel" Rozek JuS 2007, 601.
148 Hufen, § 12 Rn. 29.
149 ZB Peine/Siegel, Klausurenkurs, Rn. 66.
150 Gersdorf, Rn. 44.

nun aber eine Ausnahmevorschrift zu § 78 Abs. 1 Nr. 1 VwGO (Rechtsträgerprinzip) ist, dann muss auch die Regelung des § 78 Abs. 1 Nr. 1 VwGO und damit § 78 VwGO insgesamt als passive Prozessführungsbefugnis und dergestalt als Zulässigkeitsvoraussetzung eingeordnet werden (str.).[151]

3. Allgemeine Zulässigkeitsvoraussetzungen der Anfechtungs- und Verpflichtungsklage

Die für alle verwaltungsgerichtlichen Verfahren geltenden **allgemeinen Zulässigkeitserfordernisse** (dazu bereits § 5 Rn. 4 ff., 21 ff., § 10 Rn. 17) haben auch bei der Anfechtungs- und Verpflichtungsklage vorzuliegen. Sie bergen mit Ausnahme der Eröffnung des Verwaltungsrechtswegs in aller Regel keinen größeren Problemstoff und sollten daher knapp abgehandelt werden. Nachfolgend werden ihre wesentlichen Ausprägungen aufgeführt.

25

Im Einzelfall können weitere Anforderungen dieser Art (prüfungs-)relevant werden, etwa das **Schriftformerfordernis des § 81 Abs. 1 S. 1 VwGO**. Um sicherzustellen, dass die Klageschrift von einer bestimmten Person mit ihrem Wissen und Wollen dem Gericht zugeleitet wurde, muss die Klage handschriftlich unterschrieben sein.[152] Dem Schriftformerfordernis wird auch bei Klageerhebung durch Fax Genüge getan, wenn das Original vom Kläger zuvor eigenhändig unterschrieben worden ist.[153] Da das Fax allein der Übermittlung eines vorhandenen Dokuments dient, das beim Empfänger erneut in schriftlicher Form vorliegen soll, ist eine solche Klage nach der Rspr. rechtzeitig erhoben, wenn sie vor Ablauf der Frist vom Telefaxgerät des Gerichts vollständig empfangen (gespeichert) wurde.[154] Von einer schriftlichen Klage lässt sich nach dem BGH auch dann sprechen, wenn ein im Original unterzeichneter Schriftsatz in eine PDF-Datei eingescannt wurde, diese nach vorheriger Rücksprache mit der Geschäftsstelle per E-Mail an das Gericht versendet wurde und – was aber nur im Falle einer zu wahrenden Klagefrist Bedeutung erlangt – dort vor Ablauf der Frist (!) ausgedruckt wurde.[155] Das BVerwG ließ bislang offen, ob es dieser Ansicht uneingeschränkt folgen wird.[156] Aus § 55a Abs. 1 VwGO folgt, dass Anträge nach Maßgabe der Absätze 2–6 elektronisch bei Gericht eingereicht werden können. Nach § 55a Abs. 3 VwGO muss das elektronische Dokument mit einer **qualifizierten elektronischen Signatur** der verantwortenden Person versehen sein *oder* „signiert und auf einem sicheren Übermittlungsweg" eingereicht werden. Da es sich hierbei um zwei eigenständige Formen der elektronischen Dokumentenübermittlung handelt, bedarf es bei der Wahl eines sicheren Übermittlungswegs keiner qualifizierten elektronischen Signatur.[157] Als derartige sichere Übermittlungswege werden in Absatz 4 die De-Mail (Nr. 1), das besondere elektronische Anwaltspostfach (Nr. 2, beA) oder das besondere elektronische Behördenpostfach (Nr. 3, beBPo), ein nach Durchführung eines Identifizierungsverfahrens eingerichtetes elektronisches Postfach einer natürlichen oder juristischen Person oder einer sonstigen Vereinigung (Nr. 4) sowie ein Nutzerkonto nach § 2 Abs. 5 OZG (Nr. 5) genannt. **Seit 2022** müssen (!) **Rechtsanwälte, Behörden und juristische Personen des öffentlichen Rechts** mit der Verwaltungsgerichtsbarkeit **elektronisch kommunizieren** (§ 55d VwGO). Wird ein nicht qualifiziert signiertes elektronisches Dokument über beA eingereicht, verlangt das BVerwG für dessen sichere Übermittlung, dass dieses gerade durch den den Text verantwortenden Anwalt versendet wird, da Anwälte weder die qualifizierte elektronische Signatur noch Versendung einfach signierter Schriftsätze übertragen dürfen, mithin der beA-Zugang ausschließlich für ein bestimmtes Mitglied der Rechtsanwaltskammer eingerichtet wird.[158] Lediglich wenn die Übermittlung vorübergehend aus technischen Gründen nicht möglich ist, bleibt nach

---

151 AA zB Decker in: Wolff/Decker, Studienkommentar, VwGO § 78 Rn. 3.
152 BVerwG Beschl. v. 2.1.2017 – 5 B 8/16, Rn. 2 f. juris.
153 BVerwG NVwZ 1985, 34; für die Prozessvollmacht soll das hingegen nicht gelten, BFH NJW 1996, 871.
154 BGH NJW 2019, 2096, 2097 Rn. 14.
155 So BGH NJW 2019, 2096, 2097 Rn. 12 f.
156 BVerwGE 169, 228, 230 f. 12 f.
157 BVerwG Buchholz 310 § 55a VwGO Nr. 4 Rn. 5.
158 BVerwG BayVBl 2022, 175, 176 f. Anders gestaltet sich die Lage beim bePO, dessen Inhaber eine Behörde oder juristische Person des öffentl. Rechts ist.

§ 55d S. 3 VwGO die Übermittlung nach den allgemeinen Vorschriften zulässig, was nach Satz 4 bei der Ersatzeinreichung oder (!) unverzüglich danach glaubhaft zu machen ist.

a) Eröffnung des Verwaltungsrechtswegs

Es gilt das zu § 40 VwGO Behandelte (vgl. § 5 Rn. 4 ff., 21 ff.).

b) Beteiligungsfähigkeit

26 § 61 VwGO regelt die **Beteiligungsfähigkeit**, dh wer als Subjekt eines Prozessrechtsverhältnisses vor einem Gericht der allgemeinen Verwaltungsgerichtsbarkeit teilnehmen kann.[159] Diese rechtliche (!) Beteiligungsfähigkeit darf nicht mit der – in § 63 VwGO beschriebenen – tatsächlichen Beteiligung am Verfahren, der Beteiligungseigenschaft,[160] verwechselt werden.

Beteiligungsfähig sind gem. § 61 VwGO

- natürliche und juristische Personen (Nr. 1),
- Vereinigungen, soweit ihnen ein Recht zustehen kann (Nr. 2), und
- Behörden, wenn das Landesrecht dies bestimmt (Nr. 3).

Wie man an Nr. 1 erkennen kann, richtet sich die Beteiligungsfähigkeit **grds. nach der Rechtsfähigkeit**.[161] Die Beteiligungsfähigkeit natürlicher und juristischer Personen wirft meistens keine besonderen Probleme auf; sie kann (und sollte) daher in aller Kürze festgestellt werden. Eine durch Eingemeindungsvertrag untergegangene Gemeinde ist aus Rechtsschutzgründen in einem Prozess, in dem sie Rechte aus diesem Vertrag geltend macht, als fortbestehend und nach § 61 Nr. 1 Alt. 2 VwGO beteiligungsfähig anzusehen.[162] Mit Nr. 2 des § 61 VwGO sind solche Vereinigungen gemeint, die zwar nicht rechtsfähig, aber Zuordnungssubjekte von einzelnen Rechten und/oder Pflichten sind, also einen Bezug zum konkreten Rechtsstreit aufweisen,[163] was bspw. bei einer Gemeinderatsfraktion insb. hins. der sich für sie aus dem Kommunalrecht ergebenden Rechte[164] und bei einem nicht rechtsfähigen Verein[165] im Hinblick auf die (Grund-)Rechte der Versammlungs-[166] und Vereinsfreiheit vorliegt.

Ein Beispiel für **landesrechtliche Regelungen**, die aufgrund § 61 Nr. 3 VwGO **Behörden** die Beteiligungsfähigkeit verleihen, bilden § 14 Abs. 1 GerStrukGAG M-V, § 69 Abs. 1 LJG S-H oder § 19 Abs. 1 SaarlAGVwGO.[167] Fehlt es an einer solchen landesrechtlichen Bestimmung, ist stattdessen auf den Rechtsträger der Behörde, eben den Verwaltungsträger, zu rekurrieren, der als juristische Person nach § 61 Nr. 1 Alt. 2 VwGO beteiligungsfähig ist.

---

159 Decker in: Wolff/Decker, Studienkommentar, VwGO § 61 Rn. 3.
160 Schenke, Rn. 476.
161 BVerwG ZStV 2015, 59, 60.
162 VGH Mannheim NVwZ 2016, 1269, 1270.
163 Hufen, § 12 Rn. 21; im Gefolge der Rspr. des BGH (NJW 2001, 1056, 1060) zur Rechtsfähigkeit einer (Außen-)Gesellschaft bürgerlichen Rechts ist eine solche nach § 61 Nr. 2 VwGO beteiligungsfähig und nach § 62 Abs. 3 VwGO prozessfähig.
164 OVG Magdeburg LKV 2021, 230.
165 Etwa: Orts- oder Kreisverband einer Partei; dazu Detterbeck, Rn. 1345.
166 BVerwGE 56, 56, 57.
167 Ferner (vgl. vorstehend Rn. 24): § 8 Abs. 1 BbgVwGG; § 8 S. 1 AGVwGO LSA; § 69 Abs. 1 LJG SH.

Sofern die Handlung einer Behörde im Streit steht, ist jedoch zu beachten, dass Behörden nur nach Maßgabe des § 78 Abs. 1 Nr. 2 VwGO und damit nur in der hier freilich interessierenden Anfechtungs- oder Verpflichtungssituation Klage- resp. Antragsgegner sein können. Für die übrigen (gerichtlichen) Verfahrensarten gilt das **Rechtsträgerprinzip** (dazu Rn. 24 ff.). Dann ist auch im Rahmen der Beteiligungsfähigkeit auf den Rechtsträger (der als juristische Person nach § 61 Nr. 1 Alt. 2 VwGO beteiligungsfähig ist) und nicht etwa auf die handelnde Behörde abzustellen:[168] „§ 78 Abs. 1 Nr. 1 VwGO bricht § 61 Nr. 3 VwGO."

c) Prozess- und Postulationsfähigkeit

Die **Prozessfähigkeit** (**§ 62 VwGO**) regelt die Fähigkeit zur Vornahme von Verfahrenshandlungen vor Gericht, also Anträge zu stellen oder Erklärungen abzugeben. Sie orientiert sich **grds. an der Geschäftsfähigkeit** (s. §§ 104 ff. BGB).[169] Partiell prozessfähig sind nach bürgerlichem Recht Geschäftsfähige (Abs. 1 Nr. 1) und beschränkt Geschäftsfähige, soweit ihre durch Vorschriften des bürgerlichen oder öffentlichen Rechts (etwa §§ 112 f. BGB; § 5 KErzG zur Religionserziehung) verliehene Geschäftsfähigkeit reicht (Abs. 1 Nr. 2). Geschäftsunfähige und beschränkt Geschäftsfähige außerhalb ihrer Geschäftsführungsbefugnis bedürfen zur Vornahme von Prozesshandlungen (zB Klageerhebung, Antragstellung) einer **gesetzlichen Vertretung** (vgl. § 1629 BGB). Gleichermaßen handeln für Vereinigungen und **Behörden** die gesetzlichen Vertreter bzw. Vorstände oder besonders Beauftragte, § 62 Abs. 3 VwGO; das gilt auch für Bund, Länder und Gemeinden als juristische Personen.[170]

27

Verfahrenshandlungen Prozessunfähiger können durch nachträgliche Genehmigung ihres gesetzlichen Vertreters geheilt werden. Fehlt die Prozessfähigkeit im Zeitpunkt der gerichtlichen Entscheidung, weist das Gericht die Klage als unzulässig ab.[171]

§ 67 VwGO betrifft die **Prozessbevollmächtigung und Beistände**. Nach § 67 Abs. 1 VwGO können die Beteiligten einen Rechtsstreit **vor dem VG** selbst führen. Eine Vertretung ist durch eine vertretungsbefugte Person gem. § 67 Abs. 2 VwGO unter Einhaltung der formellen Anforderungen des § 67 Abs. 6 VwGO möglich (schriftliche Vorlage der Vollmacht). Zur Vermeidung einer bloßen Förmelei kann neben der schriftlichen Form auch die elektronische sowie die Erklärung zu Protokoll des Gerichts ausreichen. Nach § 67 Abs. 6 S. 2 VwGO führt die nachgereichte Vollmacht zur Genehmigung, aber nur, solange kein Prozessurteil vorliegt.[172] Außer bei PKH-Verfahren müssen sich die Beteiligten **vor dem OVG und BVerwG** nach § 67 Abs. 4 S. 1

28

---

168 Auch Detterbeck, Rn. 1346; zu den Folgen fehlender Beteiligungsfähigkeit, deren Fehlen bis zum Abschluss der mündlichen Verhandlung rückwirkend geheilt werden kann, Decker in Wolff/Decker, Studienkommentar, VwGO § 61 Rn. 11 ff.
169 Instruktiv zu einem Fall fehlender Prozessfähigkeit aufgrund einer „querulatorischen Persönlichkeitsstörung" BVerwG Beschl. v. 11.12.2017 – 5 A 4/17, Rn. 5, 12 juris.
170 Detterbeck, Rn. 1348; aA im Hinblick auf die organschaftliche Vertretungsmacht Peine/Siegel, Klausurenkurs, Rn. 69.
171 Kintz in: Posser/Wolff, § 62 Rn. 4; s. § 62 Abs. 4 VwGO; BVerwG Beschl. v. 11.12.2017 – 5 A 4/17, Rn. 15 juris.
172 BVerwG Beschl. v. 2.1.2017 – 5 B 8/16, Rn. 5 juris; zur ausnahmsweise auch noch im Berufungsverfahren möglichen Heilung im atypischen Fall, OVG Koblenz Urt. v. 30.11.2020 - 13 A 11421/19, Rn. 37 f. juris. Nach § 67 Abs. 6 S. 2 VwGO hat das Gericht den Mangel der Vollmacht von Amts wegen zu prüfen, sofern nicht ein Bevollmächtigter auftritt. Zu den erhöhten Anforderungen an die gerichtliche Überprüfung der Vollmacht eines Anwalts und offen lassend, ob eine Frist von einer Woche zur Nachreichung der Vollmacht gem. § 67 Abs. 6 S. 2 Hs. 2 VwGO der Rechtsschutzgarantie des Art. 19 Abs. 4 GG genügt, BVerfG NJW 2022, 1441 ff.

VwGO durch Prozessbevollmächtigte (v.a. Anwälte, s. § 67 Abs. 4 S. 3 iVm Abs. 2 S. 1 VwGO) vertreten lassen. Behörden und juristische Personen des öffentlichen Rechts können sich durch Beschäftigte mit Befähigung zum Richteramt vertreten lassen, § 67 Abs. 4 S. 3 VwGO, sog. Behördenprivileg.[173]

d) Rechtsschutzbedürfnis

29 Das **allgemeine Rechtsschutzbedürfnis**[174] ist eine ungeschriebene, aber anerkannte Zulässigkeitsvoraussetzung,[175] das aus dem auch im Prozessrecht geltenden Grundsatz von Treu und Glauben, dem Missbrauchsverbot prozessualer Rechte sowie dem auch für die Gerichte geltenden Grundsatz der Effizienz staatlichen Handelns entnommen wird.[176] Nur derjenige soll die Gerichte in Anspruch nehmen können, der ihrer Hilfe zur Durchsetzung seiner Rechte wirklich bedarf.[177] Bei Vorliegen der Klagebefugnis wird das Rechtsschutzbedürfnis grds. indiziert (ähnlich bereits zum Widerspruch, vgl. vorstehend Rn. 10, und zur Feststellungsklage, vgl. § 10 Rn. 17; zur Klagebefugnis s. § 9 Rn. 10 ff.). Eine Prüfung ist nur ausnahmsweise bei besonderen Anhaltspunkten erforderlich. Dies ist der Fall, wenn

- der Kläger bei der Verpflichtungsklage den erstrebten Verwaltungsakt nicht in einem vorherigen Verwaltungsverfahren erfolglos beantragt hat: Dies lässt sich aus § 68 Abs. 2, § 75 S. 1 VwGO („Antrag auf Vornahme") sowie Gewaltenteilungsgründen entnehmen, außer das einschlägige Verfahrensrecht würde eine abweichende Regelung treffen,[178]
- ein einfacherer und schnellerer Weg zur Erreichung des Klageziels offensteht (zB bei Klage der Verwaltung, obwohl für die Durchsetzung ihres Anspruchs gegen den Bürger die Verwaltungsaktbefugnis angeordnet ist, vgl. § 49a Abs. 1 S. 2 VwVfG),[179]
- der Kläger seine Rechtsstellung nicht (mehr) verbessern kann (zB bei Klage auf Erteilung der Genehmigung eines Stegs an einem Fließgewässer, das in Kürze umgeleitet wird) oder
- die Inanspruchnahme des Gerichts missbräuchlich ist (weil etwa der Kläger offensichtlich allein eine Schädigung des Beklagten beabsichtigt).[180]

Im **beamtenrechtlichen Konkurrentenstreit** fehlt einer Anfechtung der Ernennung durch den erfolglosen Mitbewerber nach der Rspr. das Rechtsschutzbedürfnis, wenn dieser nicht zuvor die ihm zumutbaren vorläufigen Rechtsschutzmöglichkeiten gegen die Ernennung genutzt hat (dazu näher Rn. 19 aE).
Isolierte Anfechtungsklagen gegen den **Widerspruchsbescheid** wegen einer ggü. dem Ausgangsverwaltungsakt zusätzlichen selbstständigen Beschwer (§ 79 Abs. 2 S. 1 VwGO) werden in § 79 Abs. 2 S. 2 VwGO bei Verletzung einer wesentlichen Verfahrensvorschrift, etwa des rechtlichen Gehörs, davon abhängig gemacht, dass der Widerspruchsbescheid auf dieser Verletzung beruht. Daran fehlt es idR bei gebundenen, der vollen gerichtlichen Überprüfung unterliegenden Entscheidungen. V.a.

---

173 Dazu BVerwG HFR 2005, 707.
174 Zur Relevanz bei der Feststellungsklage § 10 Rn. 17; zum Widerspruch insoweit Rn. 10.
175 Vgl. nur Hufen, § 23 Rn. 10 f.; vertiefend Christonakis, Das verwaltungsprozessuale Rechtsschutzinteresse, 2004.
176 BVerfG Kammerbeschl. v. 10.6.2020 – 2 BvR 297/20, Rn. 13 juris.
177 Schenke, Rn. 606; BVerwG NVwZ-RR 2009, 980 (Verbesserung der Rechtsstellung durch die Klage).
178 BVerwGE 170, 345, 355 f. Rn. 36.
179 BVerwG NVwZ 2018, 1875, 1876. Dazu § 16 Rn. 30.
180 Hufen, § 23 Rn. 11; BVerwGE 162, 331, 337 Rn. 24.

die Rspr. verneint in diesen Fällen das Rechtsschutzbedürfnis, wenn ein solches Beruhenkönnen auf dem Verfahrensfehler offensichtlich ausgeschlossen erscheint.[181] Teile des Schrifttums überzeugt dies nicht, weil auch bei gebundenen Entscheidungen eine Anhörung nach § 71 VwGO den Widerspruchsführer zur Rücknahme seines Widerspruchs hätte veranlassen können.[182]

Auch unter dem Aspekt der **Verwirkung** kann das Rechtsschutzbedürfnis entfallen. Das wird überwiegend mit dem allgemeinen Rechtsgedanken des § 242 BGB („Treu und Glauben") begründet.[183] Der Kläger kann dergestalt die Durchsetzung seines Rechts verwirken, wenn er eine ihm bekannte, formal nicht verfristete Rechtsschutzmöglichkeit so lange Zeit nicht nutzt, dass mit der Geltendmachung seines Rechts vernünftigerweise nicht mehr gerechnet werden muss. Eine starre Frist, nach deren Ablauf die Verwirkung eintritt, gibt es nicht, weil die Umstände des Einzelfalles von entscheidender Bedeutung sind. Sinnvoll ist, zunächst danach zu fragen, ob neben dem **Zeitmoment** infolge eines **bestimmten Verhaltens** der Berechtigte bei der anderen Seite das tatsächliche und schutzwürdige Vertrauen hervorgerufen hat, dass er nicht mehr klagen werde (= Umstandsmoment bzw. Vertrauensgrundlage), und diese ferner darauf vertraut hat, dass das Recht nicht mehr ausgeübt werde (Vertrauenstatbestand).[184] Darüber hinaus wird in der Rspr. angenommen, dass insb. im **nachbarschaftlichen Gemeinschaftsverhältnis** allein der lange Zeitablauf unter dem Gesichtspunkt von Rechtssicherheit und Rechtsfrieden zu einem treuwidrigen Verhalten führen kann.[185] Wie beim Widerspruchsverfahren dargestellt (vgl. Rn. 9), geht man im öffentlichen Baurecht von einer verspäteten Geltendmachung des Rechtsbehelfs in Anlehnung an die Frist des § 58 Abs. 2 VwGO[186] aus, wenn der Nachbar, dem die Baugenehmigung nicht bekannt gegeben wurde, nicht binnen eines Jahres ab sichtbarem Baubeginn und damit erkennbaren nachbarlichen Beeinträchtigungen (Widerspruch bzw.) Anfechtungsklage erhebt.[187] Jedoch kann es im Einzelfall auch schon vor Ablauf dieser Frist zu einer Verwirkung der Positionen des Nachbarn gekommen sein.[188]

e) Zuständigkeit des Gerichts

Für Klagen ist grds. das **Verwaltungsgericht** nach § 45 VwGO **sachlich zuständig**. Das OVG ist für die Rechtsmittel (dazu § 22) der Berufung und Beschwerde gegen Urteile bzw. andere Entscheidungen des Verwaltungsgerichts als zweite Instanz zuständig, § 46 VwGO, und als erste Instanz im Normenkontrollverfahren, § 47 Abs. 1 VwGO (Näheres bei § 28, außerdem sei auf § 7 Abs. 2 UmwRG hingewiesen). Ferner entscheidet das OVG in erster Instanz über sämtliche in § 48 VwGO aufgeführte Streitigkeiten. Die sachliche (und instanzielle) Zuständigkeit des **BVerwG** richtet sich nach §§ 49 f. VwGO.

---

181 BVerwGE 78, 93, 94 ff.; VG Neustadt Urt. v. 6.10.2016 – 4 K 651/16.NW, Rn. 23 ff. juris.
182 Schenke JZ 1996, 998, 1011; Kahl in: FS für W.-R. Schenke, 2011, S. 901, 906 f.; s.a. BVerwG NVwZ 1999, 1218, 1219 allerdings unter Betonung, dass dann die Aufhebung des VA (§ 48 VwVfG) für die Verwaltung unabweisbar gewesen wäre.
183 Würtenberger/Heckmann, Rn. 311; BVerwG Beschl. v. 13.3.2020 – 8 B 2/20, Rn. 18 juris; krit. Hufen, § 23 Rn. 16.
184 Dazu BVerwG NVwZ-RR 2017, 430, 431 f. Rn. 14 (Verhalten) und Rn. 16 (reiner Zeitablauf); s.a. BVerwG NVwZ 2019, 245, 247.
185 BVerwG NVwZ 1991, 1182; s.a. Hufen, § 23 Rn. 17.
186 Grds. verfahrensrechtlich, ggf. auch materiell-rechtlich, VGH Mannheim VBlBW. 2012, 431, 433 unter Hinweis auf BVerwG NVwZ 1991, 1182.
187 Vgl. BVerwG NVwZ 2019, 245, 246; ZfBR 2021, 444, 445; Troidl NVwZ 2004, 315; Erbguth/Mann/Schubert, Rn. 1382.
188 BVerwG NVwZ 2019, 245, 247.

Zur schnelleren Verwirklichung von Infrastrukturvorhaben sieht der Gesetzgeber zunehmend vor, dass über diese das BVerwG – das eigentlich ein Revisionsgericht ist – in erster und letzter Instanz zu entscheiden hat. Nach dem Referentenentwurf eines Gesetzes zur Beschleunigung gerichtlicher Verfahren vom 18.8.2022 soll die schon bestehende erst- und letztinstanzliche Zuständigkeit des BVerwG nach § 12 des Gesetzes zur Beschleunigung des Einsatzes verflüssigten Erdgases (LNGG) auch in § 50 Abs. 1 Nr. 6 VwGO aufgegriffen werden.

Die **örtliche Zuständigkeit** bestimmt § 52 VwGO in Abhängigkeit vom Streitgegenstand: So ist bei Streitigkeiten über **unbewegliches Vermögen oder sonstige ortsgebundene Rechte** das Gericht zuständig, in dessen Bezirk das Vermögen oder der Ort liegt, § 52 Nr. 1 VwGO. Zu den ortsgebundenen Rechten gehören insb. die an ein bestimmtes Grundstück geknüpften Rechte.[189] Relevant wird diese Vorschrift zB bei einer Verpflichtungsklage auf Erteilung einer Baugenehmigung. Allein die Anknüpfung der Rundfunkbeitragspflicht an eine Wohnung macht aus dem Rundfunkbeitrag jedoch kein Realrecht iSd § 52 Nr. 1 VwGO.[190] Ansonsten gelten spezielle Gerichtsstände nach § 52 Nr. 2–4 VwGO. § 52 Nr. 2 VwGO betrifft Anfechtungs- und Verpflichtungsklagen bei Verwaltungsakten einer Bundesbehörde, einer bundesunmittelbaren Körperschaft, Anstalt oder Stiftung des öffentlichen Rechts, Nr. 3 alle anderen Anfechtungs- und Verpflichtungsklagen (zB VA einer Landesbehörde) und Nr. 4 Klagen aus dem Beamtenverhältnis. Lediglich wenn sich keiner der Gerichtsstände nach Nr. 1 bis 4 der Vorschrift als einschlägig erweist, muss die Klage bei dem (sachlich zuständigen) Gericht eingelegt werden, in dessen Bezirk der Beklagte seinen Sitz, Wohnsitz oder Aufenthalt hat, § 52 Nr. 5 VwGO.

Gem. § 83 S. 1 VwGO gelten für die sachliche und örtliche Zuständigkeit die §§ 17–17b GVG entsprechend. Aus § 83 S. 1 VwGO iVm § 17 Abs. 1 S. 1 GVG ergibt sich, dass eine nach Rechtshängigkeit eintretende Veränderung, etwa ein Wechsel des Wohnsitzes, die Zuständigkeit des Gerichts nicht mehr entfallen lässt. Dieser Grundsatz der **perpetuatio fori** soll im Hinblick auf die Prozessökonomie die Verzögerung und Verteuerung gerichtlicher Verfahren vermeiden.[191] Zum klausurrelevanten Grundwissen gehört auch, dass die wirksame Klageerhebung zur **Rechtshängigkeit** der Streitsache (§ 90 S. 1 iVm § 81 Abs. 1 S. 1 VwGO) führt und die Klagefrist auch dann wahrt, wenn das angegangene Gericht sachlich oder örtlich unzuständig ist und der Rechtsstreit an das zuständige Gericht verwiesen wird.[192]

f) Klagehäufung

32 Klagen können additiv im Wege der Klagehäufung verbunden werden. Unter **subjektiver Klagehäufung** ist die Streitgenossenschaft auf Kläger- und/oder Beklagtenseite zu verstehen (= mehrere Kläger oder Beklagte). Die einschlägigen Vorschriften finden sich in § 64 VwGO iVm §§ 59 ff. ZPO. Geht es dagegen um sachlich verschiedene Anträge gegen denselben Beklagten, handelt es sich um eine **objektive Klagehäufung**, zB wenn der Kläger gegen die Rücknahme eines Verwaltungsakts (§ 48 VwVfG) und das Rückforderungsbegehren nach § 49a VwVfG gerichtlich vorgeht. Nach § 44 VwGO können mehrere Klagebegehren zusammen verfolgt werden, wenn sie sich (1.) **gegen denselben Beklagten** richten, (2.) rechtlich oder tatsächlich **im Zusammenhang stehen** und (3.)

---

189 BVerwG NVwZ-RR 2017, 713, 713 f. Rn. 6 ff.; NVwZ-RR 2020, 553, 554 Rn. 5.
190 BVerwG NVwZ-RR 2020, 553, 554 Rn. 5.
191 BVerwG Beschl. v. 9.1.2020 – 3 AV 1/19, Rn. 7 juris.
192 BVerwGE 167, 245, 249 f. Rn. 15.

dasselbe Gericht zuständig (vgl. Rn. 31) ist. Nicht verlangt werden identische Klagearten.[193] Die Anträge können **kumulativ**, dh nebeneinander und zugleich, oder **eventualiter** in Form eines Haupt- und Hilfsantrags formuliert werden. Letzteres meint, dass erst im Falle der Unzulässigkeit bzw. Unbegründetheit des Hauptantrages der Hilfsantrag zur Geltung – und Entscheidung – gelangt. Eine **alternative** Klagehäufung („entweder – oder") ist hingegen mangels Bestimmtheit der Anträge unzulässig, vgl. § 82 Abs. 1 S. 2 VwGO.[194]

g) Exkurs: Beiladung[195]

Das Gericht kann durch Beschluss Dritte zu allen Arten von Gerichtsverfahren beiladen, § 65 Abs. 4 VwGO (auch im vorläufigen Rechtsschutz; s. § 47 Abs. 2 S. 4 VwGO zur Normenkontrolle). Nach § 65 Abs. 1 VwGO „kann" das Gericht nach seinem Ermessen Dritte von Amts wegen oder auf Antrag beiladen, deren „rechtliche" Interessen durch die Gerichtsentscheidung berührt werden (**einfache Beiladung**). Kann die Entscheidung auch ggü. dem Dritten nur einheitlich ergehen, ist nach § 65 Abs. 2 VwGO eine Beiladung vorzunehmen (**notwendige Beiladung**). Der Beigeladene wird aufgrund gerichtlichen Beiladungsbeschlusses Beteiligter am Verfahren, § 63 Nr. 3 VwGO. Solcherart stellt sich das Rechtsinstitut als einfachgesetzliche Ausprägung des rechtlichen Gehörs dar. Die Beiladung ermöglicht es betroffenen Dritten, ihre Rechte im Verfahren zu wahren, bezweckt aber nicht die Stärkung der Rechtsposition anderer Beteiligter.[196] Überdies beruht sie auf prozessökonomischen Erwägungen:[197] Da die Beteiligten, folglich auch die Beigeladenen, gem. § 121 Nr. 1 VwGO an rechtskräftige Gerichtsentscheidungen gebunden sind, können größere Streitkomplexe in einem einzigen Verfahren bewältigt und widersprüchliche Gerichtsentscheidungen verhindert werden.[198] Da **nur Dritte**, die nicht auf Kläger- oder Beklagtenseite stehen, beigeladen werden können, sollte unbedingt der gern gemachte Klausurfehler vermieden werden, dass bei einer Klage gegen das Land, die Landesbehörde, deren Maßnahme zu prüfen ist, zum Rechtsstreit beizuladen ist. Weil die Landesbehörde zum Land gehört, kann sie nicht Dritte sein.[199]

33

Nach § **65 Abs. 1 VwGO** hängt die (fakultative) Beiladung davon ab, dass andere in ihren **rechtlichen Interessen** durch die Entscheidung berührt werden. Für die Beiladung genügt folglich nicht jedes berechtigte ideelle, soziale, kulturelle oder wirtschaftliche Interesse.[200] Erforderlich ist vielmehr, dass der beizuladende Dritte durch die jew. Gerichtsentscheidung in seiner vom öffentlichen oder privaten Recht geschützten Rechts- oder Interessensphäre tangiert wird; Letzteres liegt vor, wenn sich seine Position infolge der Gerichtsentscheidung jedenfalls faktisch verbessern oder verschlechtern kann.[201]

---

193 Sofern eine Feststellungsklage mit einer Anfechtungsklage verbunden wird, wäre hins. Letzterer gem. § 78 Abs. 1 Nr. 2 VwGO iVm entsprechendem Landesrecht die handelnde Behörde (bspw. der Landrat) zu verklagen, im Rahmen der Feststellungsklage indes nach der Wertung des § 78 Abs. 1 Nr. 1 VwGO der Hoheitsträger, für den die Behörde handelt (etwa der Landkreis), vgl. dazu Rn. 24. Auch in dieser Konstellation ist eine objektive Klagehäufung eröffnet, weil der Sache nach auf Beklagtenseite keine Parteiverschiedenheit vorliegt.
194 W.-R. Schenke in: Kopp/Schenke, § 44 Rn. 1.
195 Zur Beiladung im Verwaltungsprozess näher Guckelberger JuS 2007, 436.
196 BVerwG ZOV 2018, 61, 63 f.; Beschl. v. 6.10.2020 – 4 B 10/20, Rn. 12 juris.
197 Vgl. Guckelberger JuS 2007, 436, 437; OVG Saarlouis Beschl. v. 19.9.2017 – 2 E 426/17, Rn. 4 juris.
198 S.a. VGH München BayVBl. 2018, 491, 492.
199 OVG Magdeburg Beschl. v. 10.5.2021 – 2 O 20/21, Rn. 10 juris.
200 VGH München Beschl. v. 11.9.2019 – 8 C 19.1522, Rn. 3 juris; s.a. Guckelberger JuS 2007, 436, 438.
201 Etwa VGH München Beschl. v. 11.9.2019 – 8 C 19.1522, Rn. 3 juris; Guckelberger JuS 2007, 436, 438.

BEISPIELE:

- Beiladung des Nachbarn bei der Verpflichtungsklage des Bauherrn auf Erteilung einer Baugenehmigung,
- Beiladung eines Dritten zu einem Verfahren, das sein Nachbar gegen eine bauaufsichtliche Ordnungsverfügung führt, die auf eine Initiative des Dritten zurückgeht und bei der es auch um die Beseitigung von Rechtsverstößen zu seinen Lasten geht,[202]
- Beiladung der Gemeinde im Rechtsstreit auf Erteilung der Baugenehmigung, wenn die Gültigkeit eines Bebauungsplanes der Gemeinde infrage steht.

Eine für die notwendige Beiladung nach **§ 65 Abs. 2 VwGO** (zwingend) einheitliche Entscheidung (vgl. vorstehend im Text) liegt vor, wenn durch die Sachentscheidung unmittelbar Rechtspositionen des Beigeladenen gestaltet, bestätigt, festgestellt, verändert oder aufgehoben werden – oder anders ausgedrückt: wenn die Gerichtsentscheidung unmittelbar Rechte oder Rechtsbeziehungen Dritter gestalten soll, dies aber ohne deren Beteiligung nicht wirksam kann.[203]

BEISPIELE: Beiladung des Bauherrn bei der Anfechtung der ihm erteilten Baugenehmigung durch den Nachbarn, da das Gericht im Falle des Obsiegens des Nachbarn die dem Bauherrn erteilte Baugenehmigung aufhebt,

Beiladung der mitwirkungsberechtigten Behörde beim sog. mehrstufigen VA, wie dies bei dem für eine Baugenehmigung nach § 36 BauGB benötigten gemeindlichen Einvernehmen der Fall ist,

Beiladung, wenn der Kläger den Erlass eines VA begehrt, der gegen den Dritten gerichtet sein und diesen belasten soll, oder wenn der erstrebte VA den Kläger begünstigt und den Dritten belastet, weil die rechtsgestaltende Wirkung den Dritten als Adressat des angestrebten VA unmittelbar in dessen Rechtsposition betrifft.[204]

Zu beachten bleibt, dass die Beiladung **keine Zulässigkeitsvoraussetzung** ist. Eine unterbliebene Beiladung hat nur Auswirkungen auf die Rechtswirkungen des Urteils, nicht aber auf die Zulässigkeit der Klage. Deshalb sollte die Beiladung in der Klausur entweder unter einem eigenständigen Gliederungspunkt zwischen Zulässigkeit und Begründetheit oder hilfsgutachtlich geprüft werden.[205]

4. Begründetheit von Anfechtungs- und Verpflichtungsklage

a) Anfechtungsklage

34 Die Anfechtungsklage ist begründet, soweit der angegriffene Verwaltungsakt rechtswidrig und der Kläger dadurch in seinen Rechten verletzt ist, **§ 113 Abs. 1 S. 1 VwGO**.[206] Es reicht also nicht die Rechtswidrigkeit des Verwaltungshandelns;[207] vielmehr muss zugleich die subjektive Schutzrichtung der einschlägigen Vorschriften bzw.

---

202 OVG Münster NVwZ-RR 2013, 295; weitere Beispiele bei Guckelberger JuS 2007, 436, 439.
203 BVerwG Beschl. v. 19.3.2021 – 6 C 8/20, Rn. 5 juris.
204 S. hierzu BVerwG Beschl. v. 19.3.2021 – 6 C 8/20, Rn. 5 juris.
205 Dazu Decker in: Wolff/Decker, Studienkommentar, VwGO § 66 Rn. 3; Guckelberger JuS 2007, 436, 441; Sauer, S. 57 Rn. 98.
206 Dazu anschaulich v. Kielmansegg JuS 2013, 312.
207 Bloße Zweckwidrigkeit – anders als im Widerspruchsverfahren (Rn. 12) – erst recht nicht, wohl aber eine Zweckwidrigkeit, die zugleich einen Rechtsfehler bedingt, etwa einen Ermessensfehler oder die Unverhältnismäßigkeit der Maßnahme; dazu Detterbeck, Rn. 1372. Zu den Rechtmäßigkeitsanforderungen vgl. § 14.

allgemeiner Rechtspositionen betroffen sein: spezifischer **Rechtswidrigkeitszusammenhang**.[208] Hieraus folgt ein zweistufiger Prüfungsaufbau:

- Zunächst geht es um die **Rechtmäßigkeit** des Verwaltungsakts in formeller wie materieller Hinsicht,[209]
- anschließend um die Verletzung des subjektiv-öffentlichen Rechts. Etwas anderes gilt ausnahmsweise bei (Verbands-)Klagen iSd § 42 Abs. 2 Hs. 1 VwGO, die unabhängig von einer subjektiven Rechtsverletzung sind. Falls keine spezialgesetzliche Regelung zur Begründetheitsprüfung besteht (s. § 2 Abs. 4 UmwRG), erfolgt eine teleologische Reduktion des § 113 Abs. 1 S. 1 VwGO.[210]

Sind **formelle Mängel des Verwaltungsakts** nach § 45 VwVfG geheilt worden (zur Heilung (verfahrens-)fehlerhafter Verwaltungsakte vgl. § 15 Rn. 15 ff.), beseitigt das schon seine Rechtswidrigkeit; liegt ein nach § 46 VwVfG unbeachtlicher Verfahrensfehler (zur Unbeachtlichkeit formeller Fehler des Verwaltungsakts s. § 15 Rn. 19 f.) vor, fehlt es am Aufhebungsanspruch vor Gericht.[211]

Hiervon zu unterscheiden ist wiederum das **Nachschieben von (Ermessens-)Gründen**. § 114 S. 2 VwGO regelt dieses nur in prozessrechtlicher Hinsicht.[212] Deshalb ist stets zu prüfen, unter welchen Voraussetzungen die Verwaltung die ursprünglich rechtswidrige Verfügung durch ein solches Nachbessern sachlich, also materiell, rechtmäßig machen kann. Dies setzt nach der Rspr.[213] voraus,

- dass die Behörde zuständig für das Nachbessern ist,[214]
- dass die nachträglich eingebrachten (Ermessens-)Gesichtspunkte bereits zu dem für den Verwaltungsakt maßgeblichen Beurteilungszeitpunkt vorlagen,[215]
- der Betroffene nicht in seiner Rechtsverteidigung beeinträchtigt wird[216] und
- dass die neuen (Ermessens-)Gründe den Verwaltungsakt nicht in seinem Wesen verändern.[217]

Letzteres liegt hingegen vor, wenn es durch das Nachschieben zu einer völlig neuen Ermessensentscheidung kommt.[218] Die Rspr. fordert insoweit, dass die Behörde im laufenden Prozess unmissverständlich deutlich machen muss, welche Ausführungen lediglich zur Verteidigung vorgebracht werden und welche neuen Erwägungen zur Begründung der inhaltlichen Entscheidung beitragen

---

208 Schmidt-Aßmann, 4. Kap. Rn. 60.
209 Zur Rechtmäßigkeit des Verwaltungsakts s. §§ 14 f.; zur Rechtmäßigkeit und (isolierten) Anfechtbarkeit von Nebenbestimmungen vgl. § 18.
210 Eingehend zur Spiegelbildlichkeit zwischen Klagebefugnis und Begründetheitsprüfung Guckelberger, Deutsches Verwaltungsprozessrecht, S. 207 ff.
211 Zuzugeben ist allerdings, dass der fehlende Aufhebungsanspruch diese Konstellation in die Nähe einer fehlenden Rechtsverletzung (oben im Text) rückt.
212 Dazu § 15 Rn. 18; VGH Mannheim Urt. v. 21.4.2021 – 5 S 1996/19, Rn. 55 juris.
213 BVerwGE 105, 55, 59; die sich insoweit auf allg. Grundsätze beruft, vgl. Uerpmann-Wittzack/Edenharter JA 2013, 561, 567. S.a. OVG Münster DVBl. 2018, 527, 529.
214 Was nicht der Fall ist, wenn die Ausgangsbehörde Klagegegnerin ist, die Ermessensentscheidung aber nach § 79 Abs. 1 Nr. 1 VwGO von der Widerspruchsbehörde getroffen worden ist, Uerpmann-Wittzack/Edenharter JA 2013, 561, 567.
215 BVerwG NVwZ-RR 2014, 657, 658; VGH Mannheim Urt. v. 21.4.2021 – 5 S 1996/19, Rn. 55 juris, auch zur etwas anderen Lage bei Dauerverwaltungsakten.
216 BVerwG NVwZ-RR 2014, 657, 658; VGH Mannheim Urt. v. 21.4.2021 – 5 S 1996/19, Rn. 55 juris.
217 BVerwGE 106, 351, 363; BVerwG NVwZ-RR 2014, 657, 658; dazu Uerpmann-Wittzack/Edenharter JA 2013, 561, 567.
218 VGH München Beschl. v. 9.11.2021 – 8 CS 21.2166, Rn. 47 juris; Uerpmann-Wittzack/Edenharter JA 2013, 561, 567.

sollen sowie welche der bisherigen Erwägungen weiterhin aufrechterhalten und welche infolge neuer Erwägungen gegenstandslos werden.[219] Nach § 113 Abs. 1 S. 1 VwGO kommt auch eine **teilweise Aufhebung** des Verwaltungsakts („soweit") in Betracht. Das setzt seine Teilbarkeit voraus. Dies ist anhand der materiell-rechtlichen Vorschriften zu bestimmen.[220] Nach der Rspr. ist die Teilbarkeit zu bejahen, wenn der als rechtmäßig verbleibende (Regelungs-)Teil eine eigenständige, in sich schlüssige Anordnung trifft. Es gelten die Maßstäbe zur Frage der Teilrechtmäßigkeit oder -nichtigkeit von Verwaltungsakten.[221] Diese Frage erlangt zB bei einem Verwaltungsakt, der rechtswidrig mit einer Nebenbestimmung versehen wurde, Relevanz (vgl. § 18 Rn. 16 f.).

Strittig ist, ob in Fällen der „rip" (vorstehend Rn. 13) im Rahmen der Einheitsklage (§ 79 Abs. 1 S. 1 VwGO, vgl. vorstehend Rn. 17) eine teilweise Aufhebung (nur des „verbösernden" Widerspruchsbescheids) erfolgen kann. Die besseren Gründe sprechen für eine solche Möglichkeit, weil die Einheitlichkeit des Klagegegenstands keineswegs zwingend eine einheitliche Aufhebungsentscheidung nach sich zieht.[222]

Da sich Sach- wie Rechtslage zwischen dem Erlass des Verwaltungsakts und der gerichtlichen Entscheidung ändern können, kommt dem **Zeitpunkt**, auf den für die Beurteilung seiner Rechtmäßigkeit abgestellt wird, ggf. entscheidende Bedeutung zu. Richtigerweise ist **anhand des materiellen Rechts** zu beantworten, zu welchem Zeitpunkt die (tatbestandlichen) Voraussetzungen einer Ermächtigungsgrundlage erfüllt sein müssen.[223] Es bleibt also nichts anderes übrig, als die Frage der Auswirkungen nachträglicher Änderung einzelfallbezogen mit Blick auf das materielle Recht zu bestimmen.[224] Bei der **Anfechtungsklage** kommt es mangels abweichender Regelung regelmäßig auf die Sach- und Rechtslage im Zeitpunkt der letzten Behördenentscheidung an,[225] also bei Durchführung eines Vorverfahrens diejenige bei Erlass des Widerspruchsbescheids (vgl. § 79 Abs. 1 VwGO).[226] Begründen lässt sich dies mit einem Blick auf § 49 Abs. 2 S. 1 Nr. 3, 4 und § 51 Abs. 1 Nr. 1 VwVfG.[227] So beurteilt sich ein Vereinsverbot nach § 3 VereinsG nach der Sach- und Rechtslage im Zeitpunkt seines Erlasses, wobei – wie auch sonst im Gefahrenabwehrrecht – dabei zurückliegende Umstände berücksichtigt werden können, wenn sie noch aussagekräftig sind.[228] Je nach Art des infrage stehenden Dauerverwaltungsakts, der sich – wie schon an seiner Bezeichnung deutlich wird – über einen längeren Zeitraum erstreckt (wie der Anordnung eines Anschluss- und Benutzungszwangs an die Wasserversorgung), soll hingegen die Sach- und Rechtslage

---

219 BVerwGE 141, 253, 261 Rn. 18; dazu Schübel-Pfister JuS 2012, 994 f.; VGH Mannheim Urt. v. 21.4.2021 – 5 S 1996/19, Rn. 57 juris.
220 BVerwG Beschl. v. 1.7.2020 – 3 B 1/20, Rn. 14 juris.
221 Vgl. § 15 Rn. 6, 13; s.a. BVerwGE 167, 60, 64 f. Rn. 19 f. Zur Teilbarkeit von Allgemeinverfügungen s. Herold DVBl. 2021, 778 ff.
222 Näher Kahl in: FS für W.-R. Schenke, 2011, S. 901, 913 f.; dort auch, aaO, zu teilw. eingebrachten einengenden Voraussetzungen, deren Ableitung aber wenig überzeugend erscheint.
223 BVerwGE 120, 246, 250; 156, 1, 3; BVerwG NJW 2018, 3194, 3195. Erklären lässt sich dies mit Erwägungen zur Verteilung der Gesetzgebungskompetenz, Steinkühler in: Steinbach, S. 253, 256 f.
224 Steinkühler in: Steinbach, S. 253, 256 f.
225 BVerwG NVwZ-RR 2021, 897, 898.
226 Gärditz/Orth Jura 2013, 1100, 1106; s.a. BVerwGE 168, 270, 273 Rn. 16.
227 Gärditz/Orth Jura 2013, 1100, 1106.
228 BVerwG Urt. v. 4.11.2016 – 1 A 6/15, Rn. 11 juris; bei Klage einer Gemeinde unter Ersetzung ihres Einvernehmens bei einem Bauvorbescheid BVerwG DVBl. 2016, 1543, 1544.

im Zeitpunkt der letzten mündlichen Verhandlung maßgeblich sein;[229] in diesen Fällen sei es der Verwaltung zuzumuten, die Rechtmäßigkeit des Verwaltungsakts ständig zu kontrollieren.[230]

Strittig ist der maßgebliche Zeitpunkt bei Beseitigungsverfügungen hins. illegaler Baulichkeiten nach dem Bauordnungsrecht (einerseits Befürwortung der Berücksichtigung späterer Änderungen zugunsten des Bauherrn aus Gründen der Verhältnismäßigkeit, andererseits Verweis auf § 51 Abs. 1 Nr. 1 VwVfG).[231]

Über die Aufhebung des Verwaltungsakts hinaus kann die Beseitigung seiner Vollzugsfolgen vom Rechtsschutzinteresse des Klägers erfasst sein. Dazu bedarf es eines hierauf gerichteten Annexantrags nach **§ 113 Abs. 1 S. 2 VwGO**. Die Vorschrift hat rein prozessualen Gehalt: Der Annexantrag dient der vereinfachten Durchsetzung des (materiellrechtlichen) **Vollzugsfolgenbeseitigungsanspruchs**[232] vor Gericht – vereinfacht deshalb, weil für den Antrag nach § 113 Abs. 1 S. 2 VwGO wegen seiner Verbindung mit dem Haupt(anfechtungs)begehren keine gesonderten Zulässigkeitsvoraussetzungen bestehen. Der Antrag geht auf (schlichte) Leistung oder auf Verpflichtung, je nachdem, ob sich die Rückgängigmachung auf einen Vollzug durch lediglich schlicht-hoheitliches Verwaltungshandeln (vgl. allg. § 12 Rn. 12, § 23) oder durch einen Verwaltungsakt richtet:

35

- Ersteres ist bspw. der Fall, wenn die Rückzahlung bereits entrichteter Abgaben, etwa aufgrund eines Erschließungsbeitragsbescheids, verfolgt wird;
- Letzteres liegt vor beim Antrag des Hauseigentümers auf Ausweisung eines Obdachlosen aus dem Gebäude im Gefolge der Anfechtungsklage gegen dessen vorherige Einweisung.[233]

Handelt es sich um einen Anspruch auf Bereinigung von Folgen, die auf keinem Vollzug des Verwaltungsakts im vorstehenden Sinne beruhen, kommt nicht der Annexantrag nach § 113 Abs. 1 S. 2 VwGO, wohl aber ein solcher gem. **§ 113 Abs. 4 VwGO** in Betracht (etwa im Wege der Verbindung des Anfechtungsantrags gegen die fristlose Entlassung aus dem Beamtenverhältnis mit einem Antrag auf Gehaltsnachzahlung).

---

229 Wolff in: ders./Decker, Studienkommentar, VwGO § 113 Rn. 40; s.a. VGH Mannheim Urt. v. 21.4.2021 – 5 S 1996/16, Rn. 55 juris; dann bezieht sich die gerichtliche Aufhebung auf den Zeitpunkt des Eintritts der Rechtswidrigkeit, BVerwGE 59, 148, 160.
230 Zu Dauerverwaltungsakten Wehr BayVBl. 2007, 385; wird ferner für die Klage gegen eine Ausweisung angenommen, BVerwGE 130, 20; BVerwG NVwZ 2010, 1369. Krit. Gärditz/Orth Jura 2013, 1100, 1106.
231 Etwa BVerwGE 74, 15; s.a. BVerwG NVwZ 2014, 455, 456; OVG Berl-Bbg Beschl. v. 13.2.2014 – OVG 10 N 111.11, Rn. 8 f. juris.
232 Dessen Voraussetzungen also im Rahmen der Begründetheit zu prüfen sind; zum Vollzugsfolgenbeseitigungsanspruch vgl. § 41 Rn. 2; näher Brosius-Gersdorf JA 2010, 41.
233 Dazu, dass die Vollzugsbeseitigung auch im Erlass eines begünstigenden Verwaltungsakts bestehen kann, sofern dieser nicht auf die Herstellung eines rechtswidrigen Zustands gerichtet ist (Eintragung des Doktorgrades in einen neuen Personalausweis aus rechtlichen Gründen nicht mehr möglich), BVerwG NVwZ-RR 2016, 225.

Übersicht 21: Prüfungsschema für die Anfechtungsklage

36 A. **Zulässigkeit**
   I. Eröffnung des Verwaltungsrechtswegs
      1. Aufdrängende Sonderzuweisung, zB § 54 Abs. 1 BeamtStG, § 126 Abs. 1 BBG; ansonsten:
      2. § 40 Abs. 1 VwGO (Generalklausel): öffentlich-rechtliche Streitigkeit, nichtverfassungsrechtlicher Art, keine abdrängende Sonderzuweisung, zB Art. 14 Abs. 3 S. 4, Art. 34 S. 3 GG, § 40 Abs. 2 S. 1 Hs. 1 VwGO
   II. Statthaftigkeit, § 42 Abs. 1 Alt. 1 VwGO
      – Aufhebung eines Verwaltungsakts als Klageziel
   III. Klagebefugnis, § 42 Abs. 2 Hs. 2 VwGO
      – Möglichkeit der Verletzung eigener Rechte des Klägers: Adressatentheorie; wenn Anfechtung eines Verwaltungsakts durch einen Dritten, muss sich dieser auf die mögliche Verletzung einer drittschützenden Vorschrift berufen
      – § 42 Abs. 2 Hs. 1 VwGO bei Gebrauch Öffnungsklausel unabhängig von einer Rechtsverletzung
   IV. Widerspruchsverfahren, § 68 Abs. 1 VwGO
      – Ggf. gem. § 68 Abs. 1 S. 2, § 75 VwGO entbehrlich
      – Frist: § 70 Abs. 1 VwGO – ein Monat, nach § 70 Abs. 2 iVm § 58 Abs. 2 VwGO – ein Jahr; Wiedereinsetzung bei unverschuldeter Fristversäumnis (§ 70 Abs. 2 iVm § 60 Abs. 1–4 VwGO), Heilung infolge Sachentscheidung über verfristeten Widerspruch?
   V. Klagefrist, § 74 Abs. 1 VwGO ein Monat, im Fall des § 58 Abs. 2 VwGO ein Jahr
   VI. Klagegegner, § 78 VwGO
      – § 78 Abs. 1 Nr. 1 VwGO – Rechtsträgerprinzip
      – § 78 Abs. 1 Nr. 2 VwGO iVm landesrechtlicher Regelung – Behördenprinzip
   VII. Beteiligungsfähigkeit, § 61 VwGO
   VIII. Prozessfähigkeit, § 62 VwGO
   IX. Allgemeines Rechtsschutzbedürfnis:
      – Durch Klagebefugnis indiziert, nur bei Anlass prüfen
   X. Ordnungsgemäße Klageerhebung, §§ 81 f. VwGO
   XI. Zuständigkeit des Gerichts
      – sachlich: §§ 45 ff. VwGO
      – örtlich: § 52 VwGO
B. **Ggf. Klagehäufung, § 44 VwGO und Beiladung, § 65 VwGO**

C. Begründetheit

Die Anfechtungsklage ist begründet, soweit der Verwaltungsakt rechtswidrig und der Kläger dadurch in seinen Rechten verletzt ist, § 113 Abs. 1 S. 1 VwGO.

    I. Rechtswidrigkeit des Verwaltungsakts

    II. Rechtsverletzung beim Kläger durch den Verwaltungsakt (Ausnahme bei Verbandsklagen)

    III. Ggf. Anspruch auf Vollzugsfolgenbeseitigung, § 113 Abs. 1 S. 2 VwGO

b) Verpflichtungsklage

Die Anforderungen an die Begründetheit der Verpflichtungsklage ergeben sich aus § 113 Abs. 5 VwGO:[234]

- Zunächst muss die Ablehnung oder Unterlassung des Verwaltungsakts rechtswidrig und der Kläger dadurch in seinen Rechten verletzt sein. Das ist der Fall, wenn der Kläger einen **Anspruch** auf Erlass des begehrten Verwaltungsakts hat.[235]
- Ist die Sache des Weiteren **spruchreif**, verpflichtet das Gericht den Beklagten zum Erlass des vom Kläger beantragten Verwaltungsakts, § 113 Abs. 5 S. 1 VwGO. Spruchreife setzt voraus, dass das Gericht nach Klärung der Sach- und Rechtslage eine abschließende Entscheidung über das Klagebegehren treffen kann.[236]
- Hieran fehlt es insb., wenn der Verwaltung ein gerichtlich nicht voll überprüfbarer Beurteilungs- oder Ermessensspielraum eingeräumt und dieser (im Einzelfall) nicht auf Null reduziert ist (zum Beurteilungsspielraum s. § 14 Rn. 27 ff.; zum Ermessen vgl. § 14 Rn. 36 ff.). Dann wird der Beklagte gem. § 113 Abs. 5 S. 2 VwGO lediglich zu einer **Neubescheidung** unter Beachtung der Rechtsauffassung des Gerichts verurteilt („Bescheidungsurteil").[237]
- Auch bei der Verpflichtungsklage richtet sich im Falle einer zwischenzeitlichen Änderung der **Sach- und Rechtslage** der für die rechtliche Beurteilung maßgebliche Zeitpunkt nach dem materiellen Recht. In aller Regel müssen die Voraussetzungen des Anspruchs im **Zeitpunkt der letzten mündlichen Verhandlung** gegeben sein.[238]

Übersicht 22: Prüfungsschema für die Verpflichtungsklage

A. Zulässigkeit

    I. Eröffnung des Verwaltungsrechtswegs

        1. Aufdrängende Sonderzuweisung, zB § 54 Abs. 1 BeamtStG,

---

234 S.a. BVerwG Beschl. v. 13.11.2019 – 6 B 164/18, Rn. 38 juris.
235 Hufen, § 26 Rn. 3 ff. Zur Vorzugswürdigkeit des Anspruchsaufbaus, der in der Klausur nicht begründet werden muss, Stein DVP 2013, 90, 91.
236 Würtenberger/Heckmann, Rn. 403.
237 Auch vorstehend Rn. 18; anschaulich anhand des Antrags auf Erteilung einer Sondernutzungserlaubnis VG Karlsruhe Urt. v. 20.2.2014 – 3 K 2095/13, Rn. 20, 36 ff. juris.
238 BVerwG NVwZ-RR 2021, 777; Gärditz/Orth Jura 2013, 1100, 1107 f., auch zu Ausnahmen von dieser Regel.

§ 126 Abs. 1 BBG; ansonsten:
2. § 40 Abs. 1 VwGO (Generalklausel): öffentlich-rechtliche Streitigkeit, nichtverfassungsrechtlicher Art, keine abdrängende Sonderzuweisung, zB Art. 14 Abs. 3 S. 4, Art. 34 S. 3 GG, § 40 Abs. 2 S. 1 Hs. 1 VwGO

II. Statthaftigkeit, § 42 Abs. 1 Alt. 2 VwGO
- Kläger muss den Erlass eines Verwaltungsakts begehren: bei abgelehntem Verwaltungsakt „Versagungsgegenklage", bei unterlassenem Verwaltungsakt „Untätigkeitsklage"

III. Klagebefugnis, § 42 Abs. 2 Hs. 2 VwGO
- Möglichkeit der Verletzung eigener Rechte des Klägers: **Keine** Adressatentheorie, mögliche Anspruchsnorm benennen
- § 42 Abs. 2 Hs. 1 VwGO bei Gebrauch Öffnungsklausel unabhängig von einer Rechtsverletzung

IV. Widerspruchsverfahren, § 68 Abs. 2 iVm Abs. 1 VwGO
- Ggf. gem. § 68 Abs. 1 S. 2, § 75 VwGO entbehrlich
- Frist: § 70 Abs. 1 VwGO – ein Monat, nach § 70 Abs. 2 iVm § 58 Abs. 2 VwGO – ein Jahr; Wiedereinsetzung bei unverschuldeter Fristversäumnis (§ 70 Abs. 2 iVm § 60 Abs. 1–4 VwGO), Heilung infolge Sachentscheidung über verfristeten Widerspruch?

V. Klagefrist, § 74 Abs. 2 iVm Abs. 1 VwGO ein Monat, gem. § 58 Abs. 2 VwGO ein Jahr

VI. Klagegegner, § 78 VwGO
- § 78 Abs. 1 Nr. 1 VwGO – Rechtsträgerprinzip
- § 78 Abs. 1 Nr. 2 VwGO iVm landesrechtlicher Regelung – Behördenprinzip

VII. Beteiligungsfähigkeit, § 61 VwGO

VIII. Prozessfähigkeit, § 62 VwGO

IX. Allgemeines Rechtsschutzbedürfnis
- Durch Klagebefugnis indiziert, nur bei Anlass prüfen; grds. vorheriger Antrag bei Behörde.

X. Ordnungsgemäße Klageerhebung, §§ 81 f. VwGO

XI. Zuständigkeit des Gerichts
- sachlich: §§ 45 ff. VwGO
- örtlich: § 52 VwGO

B. **Ggf. Klagehäufung, § 44 VwGO, und Beiladung, § 65 VwGO**

C. **Begründetheit**
Die Verpflichtungsklage ist begründet, soweit die Ablehnung oder Unterlassung des Verwaltungsakts rechtswidrig und der Kläger dadurch in seinen Rechten verletzt ist sowie die Sache spruchreif ist, vgl. § 113 Abs. 5 S. 1 VwGO. Das ist der Fall, wenn dem Kläger ein Anspruch auf Erlass des begehrten Verwaltungsaktes oder auf Bescheidung zusteht.

I. Rechtswidrigkeit der Ablehnung bzw. Unterlassung des Verwaltungsakts

II. Rechtsverletzung beim Kläger durch die Ablehnung bzw. Unterlassung
- Regelmäßig umkehren: Anspruch des Klägers auf Erlass des Verwaltungsakts

III. Spruchreife, § 113 Abs. 5 S. 1 VwGO, bei Fehlen Bescheidungsurteil, § 113 Abs. 5 S. 2 VwGO

III. Fortsetzungsfeststellungsklage

1. Statthaftigkeit

Strebt der Kläger die gerichtliche Überprüfung eines bereits **erledigten Verwaltungsakts** an (etwa wenn die Polizei dem Kläger für die nächsten drei Monate den Aufenthalt an einem bestimmten Ort verbietet und die Drei-Monats-Frist vor Ergehen der gerichtlichen Entscheidung abläuft), scheidet die auf Beseitigung des Verwaltungsakts gerichtete Anfechtungsklage als Rechtsbehelf aus. Begründet wird dies damit, dass der Wegfall des Regelungsgehalts eine Aufhebung des Verwaltungsakts ausschließe;[239] andere sehen die Anfechtungsklage dagegen nicht als unstatthaft, sondern wegen fehlenden Rechtsschutzinteresses als unzulässig an.[240] Jedenfalls kommt anstelle der Anfechtungsklage in derartigen Konstellationen die Fortsetzungsfeststellungsklage[241] in Betracht. Die Fortsetzungsfeststellungsklage ist als solche in der VwGO nicht ausdrücklich erwähnt, findet jedoch in **§ 113 Abs. 1 S. 4 VwGO** ihre Grundlage. Danach stellt das Gericht auf Antrag die Rechtswidrigkeit des erledigten Verwaltungsakts durch Urteil fest, wenn der Kläger ein berechtigtes Interesse an dieser Feststellung hat.[242] Bei der Fortsetzungsfeststellungsklage ist das **gerichtliche Prüfprogramm** mithin **vergangenheitsbezogen** und soll neben der Vorfrage, ob überhaupt ein Verwaltungsakt vorgelegen hat, dessen formelle und materielle Rechtmäßigkeit gerichtlich geklärt werden.[243]

39

Ein Verwaltungsakt ist **erledigt**, wenn er keine Rechtswirkungen mehr entfaltet, mithin seine Beschwer entfallen ist.[244] Dies kann gem. § 43 Abs. 2 VwVfG durch seine Rücknahme oder seinen Widerruf (zur Rücknahme von Verwaltungsakten s. § 16 Rn. 1 ff., 9 ff., zum Widerruf vgl. § 16 Rn. 1 ff., 24 ff.), anderweitige Aufhebung (zB Erlass eines Zweitbescheids, Eintritt einer auflösenden Bedingung) sowie durch Zeitablauf und auf sonstige Weise (etwa Tod des Adressaten, Abbrennen des abzureißenden Hauses infolge Blitzeinschlags) eintreten.[245]

40

---

239 Hufen, § 18 Rn. 36, 40.
240 Schenke, Rn. 267, 335.
241 Zur Fortsetzungsfeststellungsklage auch Bühler/Brönnecke Jura 2017, 34; Decker JA 2016, 241; Ehlers Jura 2001, 415; Ogorek JA 2002, 222.
242 Überblick zum Anwendungsbereich der Fortsetzungsfeststellungsklage bei Heinze/Sahan JA 2007, 805; vertieft hierzu und zum Nachfolgenden Ehlers in: ders./Schoch, § 31.
243 BVerwG NVwZ-RR 2021, 952, 954.
244 BVerwGE 66, 75, 77; wenn die ursprüngliche Steuerungsfunktion nachträglich entfallen ist, BVerwG BayVBl. 2009, 184, 185; BVerwGE 151, 36, 38; Wegfall der beschwerenden Regelung; Bühler/Brönnecke Jura 2017, 34.
245 Ausführlich dazu Schenke, Rn. 336 ff.

Ein Vollzug des Verwaltungsakts (zum Vollzug im Wege der Verwaltungsvollstreckung vgl. § 19), etwa im Wege der Ersatzvornahme,[246] führt nach allerdings umstrittener Meinung[247] nicht zu seiner Erledigung, weil er die Grundlage für den Kostenbescheid[248] oder ähnliche Folgemaßnahmen bildet – allgemeiner: weil seine Titelfunktion erhalten bleibt.[249]

Überweist eine Person aufgrund eines von ihr für rechtswidrig gehaltenen Leistungsbescheids Geld an den Staat, bildet dieser Verwaltungsakt den Rechtsgrund für das Behalten des Geldes. Mangels Erledigung des Verwaltungsakts ist also die Anfechtungsklage (§ 42 Abs. 1 Alt. 1 VwGO) verbunden mit einem Vollzugsfolgenbeseitigungsantrag nach § 113 Abs. 1 S. 2 VwGO statthaft.[250] Abweichendes soll gelten, wenn ein Anspruch auf Beseitigung der Vollzugsfolgen ausscheidet.[251] Denn der Vollzugsfolgenbeseitigungsanspruch setzt die Aufhebung des Verwaltungsakts als Ergebnis der Anfechtungsklage voraus (vgl. § 113 Abs. 1 S. 2 VwGO). Ferner fallen nach teilweise vertretener Auffassung Vollzug und Erledigung dann ausnahmsweise zusammen, wenn sich die rechtliche Wirkung des Verwaltungsakts im Vollzug erschöpft oder der Vollzug irreversible Tatsachen nach sich zieht[252] (Tötung eines tollwütigen Hundes).

41 § 113 Abs. 1 S. 4 VwGO bezieht sich nach seiner systematischen Stellung unmittelbar nur auf eine **Anfechtungsklage**, die unzulässig wurde, weil sich der angefochtene Verwaltungsakt **nach Erhebung der Klage** erledigt hat.[253] In einem solchen Fall kann der Anfechtungskläger zur Vermeidung der Kostentragung von der Anfechtungs- zur Fortsetzungsfeststellungsklage übergehen, ohne dass die Voraussetzungen für eine Klageänderung (§ 91 VwGO) gegeben sein müssen.[254] Bereits **vor Erhebung der Anfechtungsklage** erledigte Verwaltungsakte sind von der Regelung nicht erfasst. Teilweise wird vertreten, dass in dieser Konstellation die in § 43 VwGO geregelte Feststellungsklage statthaft sei.[255] Dagegen spricht jedoch, dass in § 43 Abs. 1 Alt. 2 VwGO zwar die Feststellung der Nichtigkeit eines Verwaltungsakts, nicht aber seiner Rechtswidrig-

---

246 Dazu BVerwG NVwZ 2009, 122; allg. § 19 Rn. 6, 11 ff.
247 Vgl. Poscher in: FS für R. Stürner, 2013, S. 1941, 1948 ff.; auch Pietzcker in: FS für W.-R. Schenke, 2011, S. 1045, 1046 f., 1051, 1054; anders und mwN Jäckel NVwZ 2014, 1625, 1627; bereits § 19 Rn. 28 aE.
248 BVerwG NVwZ 2009, 122. Als Titel für die Verwaltungsvollstreckung, mithin wegen seiner notwendigen Wirksamkeit im Zeitpunkt der Vollstreckungsmaßnahme(n), nicht aber aus Gründen seiner (bloßen) Rechtmäßigkeit, vgl. § 19 Rn. 13, 28 (zum Kostenbescheid).
249 „Erweiterte" Titelfunktion des Grundverwaltungsakts, die nicht lediglich die Vollstreckung („einfache" Titelfunktion), sondern auch die Kostenerhebung erfasst, BVerwG NVwZ 2009, 122; VGH Mannheim VBlBW 2018, 338, 339; Poscher in: FS für R. Stürner, 2013, S. 1941, 1951 f., 1955; Rechtsschutz gegen die Rechtswidrigkeit der Grundverfügung allein im Wege der(en) Anfechtung, wobei ihre Rechtsbehelfsbelehrung aus Rechtsschutzgründen einen entsprechenden Hinweis enthalten muss, Poscher, wie vor, S. 1955; iErg ebenso unter Betonung des klägerischen Rechtsschutzinteresses Reimer Verw 48 (2015), 259, 270 f. Anders Enders NVwZ 2008, 958, 960 ff.: Überdehnung der Titelfunktion; hieran anschließend Jäckel NVwZ 2014, 1625, 1626 ff.: nur strikte Titelfunktion der Grundverwaltungsakte, Kostenerhebung im Wege des Vollstreckungskostenbescheids setzt die Rechtmäßigkeit des (erledigten) Grundverwaltungsakts voraus, Rechtsschutz insoweit (nur) durch Anfechtungsklage gegen den (Vollstreckungs-)Kostenbescheid. Vgl. bereits § 19 Rn. 28 aE.
250 Bühler/Brönnecke Jura 2017, 34.
251 Hufen, § 18 Rn. 40.
252 Rozek JuS 1995, 414, 418; Würtenberger/Heckmann, Rn. 726; anders BVerwG BayVBl. 2009, 184, 185; Schenke JZ 1996, 998, 1011; abweichend auch für den Fall des Abrisses eines illegal errichteten Gebäudes im Wege der Ersatzvornahme mit anschließendem Kostenbescheid Detterbeck, Rn. 1422.
253 BVerwGE 151, 36, 37; s.a. Kramer in: Steinbach, S. 258, 260 wegen Anknüpfung an einen „Kläger".
254 BVerwG NVwZ-RR 2017, 381, 382 verweist auf § 173 S. 1 VwGO iVm § 264 Nr. 2 ZPO; Bühler/Brönnecke Jura 2017, 34, 35 argumentieren mit der fehlenden Veränderung des Streitgegenstands.
255 S. BVerwGE 109, 203; Ehlers Jura 2001, 415; Weber BayVBl. 2003, 488; Finger VR 2004, 145.

keit erwähnt wird.²⁵⁶ Außerdem ist ein sachlich rechtfertigender Grund für eine andere Klageart bei vorprozessualer Erledigung des Verwaltungsakts nicht ersichtlich.²⁵⁷ Da Gründe effektiven Rechtsschutzes (Art. 19 Abs. 4 Satz 1 GG) auch in derartigen Konstellationen Rechtsschutz gebieten, liegt eine planwidrige Regelungslücke vor. Für das Klägerinteresse an einer Feststellung der Rechtswidrigkeit des erledigten Verwaltungsakts ist es irrelevant, ob dessen Erledigung vor oder nach Erhebung der Klage eingetreten ist; dies umso mehr, als der Zeitpunkt der Erledigung häufig vom Zufall abhängt.²⁵⁸ Aufgrund planwidriger Regelungslücke und vergleichbarer Interessenlage gilt daher § 113 Abs. 1 S. 4 VwGO analog bei bereits vor Erhebung einer Anfechtungsklage erledigten Verwaltungsakten.²⁵⁹

Entsprechende Erwägungen führen zum Einsatz der Fortsetzungsfeststellungsklage in der **Verpflichtungssituation**. Bei Erledigung des beantragten, aber abgelehnten Verwaltungsakts **nach Erhebung der Verpflichtungsklage** wird § 113 Abs. 1 S. 4 VwGO daher einfach, bei Erledigung **vor Klageerhebung** doppelt analog angewendet.²⁶⁰ Aufgrund der von der Anfechtungsklage abweichenden Zielrichtung folgt die Erledigung bei der Verpflichtungssituation daraus, dass der Kläger sein Rechtsschutzziel aus nicht in seiner Einflusssphäre liegenden Gründen nicht mehr erreichen kann, zB weil eine nachträgliche Änderung der Rechtslage zum Erlöschen seines Anspruchs geführt hat.²⁶¹

42

BEISPIELE: Ablehnung einer Sondernutzungserlaubnis ggü. einem Restaurantbetreiber zur Außenbewirtschaftung „für die Saison 2022", nach Klageerhebung und vor der gerichtlichen Entscheidung ist der Zeitraum abgelaufen,²⁶² FFK analog § 113 Abs. 1 S. 4 VwGO.

Der Antrag auf Zulassung zu einer öffentlichen Einrichtung wird einen Tag vor dem anvisierten Termin abgelehnt und erst danach Klage erhoben, FFK doppelt analog § 113 Abs. 1 S. 4 VwGO.

Nicht statthaft ist die Fortsetzungsfeststellungsklage dagegen in Fällen **erledigter Realakte**, also schlicht-hoheitlichen Handelns. Dafür steht mit der allgemeinen Feststellungsklage nach § 43 VwGO ein Rechtsbehelf zur Verfügung (§ 10 Rn. 9 ff.; zum Rechtsschutz gegen Realakte s. § 23 Rn. 8 ff.); es fehlt mithin an der für eine analoge Anwendung erforderlichen Regelungslücke.²⁶³ Soll das Gericht keine vergangenheitsbezogene Prüfung eines erledigten Verwaltungsakts vornehmen, sondern zukunftsbezogen klären, etwa dass für die Aufnahme einer Erwerbstätigkeit kein Aufenthaltstitel notwendig ist, ist dieses Rechtsschutzanliegen im Wege der (negativen) Feststellungsklage zu verfolgen.²⁶⁴

---

256 Knauff in: Gärditz, § 113 Rn. 41; s.a. Bühler/Brönnecke Jura 2017, 34, 36, die darauf hinweisen, dass die Fortsetzungsfeststellungsklage gerade für erledigte Verwaltungsakte konzipiert ist.
257 Knauff in: Gärditz, § 113 Rn. 41; Kramer in Steinbach, S. 258, 262 f.; s.a. Bühler/Brönnecke Jura 2017, 34, 36.
258 Gersdorf, Rn. 86.
259 BVerwGE 12, 87, 90; BVerwG NJW 1991, 581; Bühler/Brönnecke Jura 2017, 34, 36. S. zur Begründung der Analogie auch Funke/Stocker JuS 2019, 979, 981.
260 BVerwG NVwZ 1992, 1092; BVerwG NVwZ 1998, 1295; BVerwG Beschl. v. 21.1.2015 – 4 B 42/14, Rn. 8 juris (allerdings nur, wenn der Streitgegenstand nicht ausgewechselt oder erweitert wird); einfache Analogie bei Erledigung nach Klageerhebung BVerwG 158, 301, 312 f. Rn. 28; Bühler/Brönnecke Jura 2017, 34, 36 f.
261 BVerwG NVwZ 2012, 51; Decker JA 2016, 241, 244.
262 VGH Mannheim NVwZ 2014, 539, 540.
263 OVG Bautzen Urt. v. 17.8.2016 – 3 A 64/14, Rn. 26 f. juris; Bühler/Brönnecke Jura 2017, 34, 37; aA VGH München NVwZ-RR 1991, 519.
264 Hierzu und auch zu den Unterschieden in Bezug auf die maßgebliche Sach- und Rechtslage BVerwG NVwZ-RR 2021, 952, 954; dazu, dass die Feststellungsklage manchmal die rechtsschutzintensivere Klageart sein kann, BVerwG Beschl. v. 17.7.2019 – 7 B 27/18, Rn. 13 f. juris.

2. Besondere Zulässigkeitsvoraussetzungen

Aufgrund des Umstands, dass die Fortsetzungsfeststellungsklage an die Stelle der ursprünglich statthaften Anfechtungs- bzw. Verpflichtungsklage tritt, unterliegt sie grds. deren Zulässigkeitsvoraussetzungen.

a) Klagebefugnis

43 So gilt das Erfordernis der Klagebefugnis und damit § 42 Abs. 2 VwGO (im Falle der Erledigung vor Klageerhebung entsprechend) für die Fortsetzungsfeststellungsklage.[265]

b) Widerspruchsverfahren

44 Zunächst ist zu klären, ob hins. des erledigten Verwaltungsakts überhaupt die vorherige Durchführung eines Vorverfahrens vorgeschrieben ist. Wenn ja, besteht im Ausgangspunkt Einigkeit dahingehend, dass die Fortsetzungsfeststellungsklage nicht an die Stelle einer unzulässigen Anfechtungs- oder Verpflichtungsklage treten darf.[266] Hat(te) also der Verwaltungsakt wegen Verstreichenlassens der Widerspruchsfrist des § 70 VwGO vor seiner Erledigung **Bestandskraft** erlangt, ist eine gerichtliche Überprüfung auch im Wege der Fortsetzungsfeststellungsklage ausgeschlossen. Dergestalt zeitigt § 68 VwGO Wirkung für die Fortsetzungsfeststellungsklage und zwar unabhängig davon, ob sich die Verfügung vor oder nach Klageerhebung erledigt hat.[267]

45 Ob im Falle der Erledigung des Verwaltungsakts vor Ablauf der Widerspruchsfrist und damit **vor Eintritt der Bestandskraft** ein Vorverfahren durchzuführen ist, ist **umstritten**. Die hM hält die Durchführung eines Widerspruchsverfahrens für unstatthaft,[268] während nach aA ein Vorverfahren durchaus notwendig und sinnvoll ist.[269] Die zuletzt genannte Ansicht beruft sich zum einen auf den engen Zusammenhang zwischen Anfechtungs- und Fortsetzungsfeststellungsklage; zum anderen soll dem Widerspruchsverfahren auch nach Erledigung des Verwaltungsakts Rechtsschutzfunktion zukommen, weil in diesem Rahmen ebenfalls die Rechtswidrigkeit des Verwaltungsakts und eine daraus resultierende Rechtsverletzung des Klägers festgestellt werden können[270] (vgl. auch § 44 Abs. 5 VwVfG). Dem wird allerdings zu Recht entgegengehalten, dass nach dem Wortlaut des § 68 VwGO ein vorheriges Widerspruchsverfahren nur für die Anfechtungs- bzw. Verpflichtungsklage vorgesehen ist, das auf die Aufhebung (bzw. den Erlass) eines Verwaltungsakts zielt und darauf zugleich beschränkt ist. Wird dies aufgrund der Erledigung des Verwaltungsakts unmöglich, verliert das Widerspruchsverfahren seinen Gegenstand.[271] Die behördliche Feststellung der Rechtswidrigkeit eines Verwaltungsakts ist nicht in der VwGO und anders als die behördliche Feststellung der Nichtigkeit (§ 44 Abs. 5 VwVfG) auch nicht im VwVfG vorgesehen[272] und für den Betroffenen weniger vorteilhaft, da nur eine Gerichtsentscheidung Rechtskraftwirkung

---

265 BVerwG NZA-RR 2021, 290, 291. Zur Klagebefugnis vgl. § 9 Rn. 10 ff.; dabei ist auf die Ausgangssituation abzustellen (Anfechtungs- bzw. Verpflichtungsklage), nicht aber auf die Erledigungssituation und damit (Fortsetzungs-)Feststellungsklage); vgl. dazu auch Detterbeck, Rn. 1425; auf Letztere richtet sich das Erfordernis eines spezifischen Feststellungsinteresses, vgl. Rn. 48.
266 Hufen, § 18 Rn. 56; Detterbeck, Rn. 1428; s.a. Funke/Stocker JuS 2019, 979, 981 f.
267 Schenke, Rn. 718.
268 BVerwGE 26, 161, 165 ff.; 81, 226, 229; Hufen, § 18 Rn. 55.
269 Schenke, Rn. 719 mwN.
270 Schenke, wie vor.
271 Bühler/Brönnecke Jura 2017, 34, 40; Hufen, § 18 Rn. 55.
272 Bühler/Brönnecke Jura 2017, 34, 40; Detterbeck, Rn. 1431.

entfaltet (§ 121 VwGO).²⁷³ Daher ist ein Fortsetzungsfeststellungswiderspruch gegen einen nicht bestandskräftigen, aber erledigten Verwaltungsakt unstatthaft (und ein etwaig eingeleitetes Widerspruchsverfahren einzustellen),²⁷⁴ sofern nichts Abweichendes geregelt ist.²⁷⁵

c) Klagefrist

Im Fall der Erledigung **nach Klageerhebung** gilt nach einhelliger Auffassung das Fristerfordernis des § 74 VwGO – eine verfristete Anfechtungs- oder Verpflichtungsklage darf durch Umwandlung in eine Fortsetzungsfeststellungsklage nicht zulässig werden.²⁷⁶

46

Bei Erledigung des (noch nicht bestandskräftigen) Verwaltungsakts **vor Klageerhebung** besteht nach zutreffender hM keine Fristbindung. Abgesehen davon, dass § 74 VwGO nach seinem eindeutigen Wortlaut nicht für Feststellungsklagen gilt, wird der mit § 74 VwGO verfolgte Zweck, die Bestandskraft des Verwaltungsakts zu sichern, mit Erledigung des Verwaltungsakts hinfällig.²⁷⁷ Auch wenn nach dieser Ansicht keine Klagefrist gilt, kann der Kläger in extremen Fällen bei einer sehr spät erhobenen Fortsetzungsfeststellungsklage sein Klagerecht möglicherweise verwirkt haben.²⁷⁸ Die Gegenauffassung befürwortet eine analoge Anwendbarkeit des § 74 VwGO. Da der Eintritt der Erledigung häufig allein vom Zufall abhänge, sei eine unterschiedliche Behandlung der Klagen anhand dieses Ereignisses mit Art. 3 Abs. 1 GG nicht zu vereinbaren.²⁷⁹ Der Streit zeitigt allerdings oft keine Konsequenzen für das Ergebnis, wenn sich die dem Verwaltungsakt beigefügte Rechtsbehelfsbelehrung auf die Möglichkeit des Widerspruchs richtet, nicht jedoch auf die Erhebung der Fortsetzungsfeststellungsklage bei Erledigung des Verwaltungsakts. Mit Eintritt der Erledigung ist sie daher fehlerhaft; dann gilt aber statt der Monatsfrist des § 74 VwGO die Jahresfrist nach § 58 Abs. 2 VwGO.²⁸⁰

d) Klagegegner

Der Gegner der Fortsetzungsfeststellungsklage wird in **analoger Anwendung des § 78 VwGO** bestimmt; bei entsprechender landesrechtlicher Öffnung gilt also Abs. 1 Nr. 2 der Vorschrift.²⁸¹

47

e) Fortsetzungsfeststellungsinteresse

Die Fortsetzungsfeststellungsklage nach § 113 Abs. 1 S. 4 VwGO in ggf. (doppelt) analoger Anwendung ist nur zulässig, wenn der Kläger ein „berechtigtes Interesse" an der Feststellung der Rechtswidrigkeit des Verwaltungsakts hat, sog. Fortsetzungsfeststellungsinteresse. Dieses Erfordernis leitet sich daraus ab, dass mit der Erledigung

48

---

273 BVerwGE 26, 161, 167; Seidl/Starnecker VR 2013, 347, 350.
274 BVerwG NVwZ-RR 2018, 961, 962; OVG Berl Urt. v. 31.3.2017 – OVG 6 B 9.16, Rn. 19 juris.
275 Dies bei beamtenrechtlichen Streitigkeiten wegen § 54 Abs. 2 S. 1 BeamtStG, § 126 Abs. 2 S. 1 BBG bejahend, Lenk Jura 2022, 284, 288 (str.), aber bei Klagen des Dienstherrn gegen den Beamten verneinend.
276 Bühler/Brönnecke Jura 2017, 34, 40; Ehlers Jura 2001, 415, 417.
277 BVerwGE 109, 203, 207; BVerwG NVwZ 2022, 1197, 1198; Ehlers Jura 2001, 415, 422; s.a. Funke/Stocker JuS 2019, 979, 982.
278 BVerwGE 109, 203, 208; Bühler/Brönnecke Jura 2017, 34, 40.
279 Auch Schenke, Rn. 762.
280 Würtenberger/Heckmann, Rn. 743; anhand der Widerspruchsfrist Detterbeck, Rn. 1429 mit Fn. 31.
281 Etwa Detterbeck, Rn. 1342; zur Bestimmung des Klagegegners nach § 78 VwGO näher Rn. 24.

des Verwaltungsakts das ansonsten vermutete allgemeine Rechtsschutzinteresse (zum allg. Rechtsschutzinteresse vgl. Rn. 29 f.) regelmäßig entfällt.[282] Ausschlaggebend für die Bejahung des **Fortsetzungsfeststellungsinteresses**, das **rechtlicher, wirtschaftlicher oder auch ideeller Natur** sein kann, ist, dass die Gerichtsentscheidung zu einer Verbesserung der Position des Klägers in den genannten Bereichen führen kann.[283] Da der Bezugspunkt des Fortsetzungsfeststellungsinteresses der jew. Verwaltungsakt oder ein selbstständig anfechtbarer Teil von diesem ist, kann es sich nicht auf bloß einzelne seiner Begründungselemente und somit rechtliche Vorfragen beziehen.[284] Es wird in folgenden, nicht abschließend zu verstehenden[285] und lediglich der Orientierung dienenden[286] Fallgruppen als gegeben angesehen:[287]

- **Wiederholungsgefahr:** Die Gefahr der Wiederholung besteht, wenn es nicht nur theoretisch, sondern auch konkret möglich erscheint, dass ein vergleichbarer Verwaltungsakt ggü. dem Kläger unter im Wesentlichen unveränderten tatsächlichen und rechtlichen Umständen in absehbarer Zeit erneut erlassen wird[288] (Beispiele: wiederum ausgesprochenes Demonstrationsverbot, zu erwartende erneute Ablehnung der Sondernutzungserlaubnis für die Außenbewirtschaftung eines Restaurants in der kommenden Saison[289]). Hat sich die Wiederholungsgefahr durch Erlass eines nachfolgenden Verwaltungsakts realisiert, ist gegen diesen gerichtlich vorzugehen und es entfällt insoweit das Fortsetzungsfeststellungsinteresse. Anders gestaltet sich die Rechtslage nur, sofern mit dem Erlass weiterer, gleichartiger Verwaltungsakte zu rechnen ist.[290]

- **Rehabilitationsinteresse:** Geht von der angegriffenen Maßnahme eine anhaltende diskriminierende Wirkung aus, besteht aufseiten des Klägers ein regelmäßig aus dem allgemeinen Persönlichkeitsrecht des Art. 2 Abs. 1 iVm Art. 1 Abs. 1 GG abzuleitendes Rehabilitationsinteresse.[291] Dass sich der Kläger bloß subjektiv diskriminiert fühlt, reicht nicht aus. Aus der Maßnahme muss sich im jew. Einzelfall eine Stigmatisierung ergeben, die zur Herabsetzung seines Ansehens in der Öffentlichkeit oder in seinem sozialen Umfeld geeignet ist, und deren Außenwirkung noch andauert[292] (etwa wenn eine Person vor den Augen der Nachbarn von der Polizei aus ihrer Wohnung verwiesen wird).[293]

---

282 BVerwGE 146, 303, 310 f.; Würtenberger/Heckmann, Rn. 736.
283 BVerwGE 170, 319, 322 Rn. 13; BVerwG NVwZ-RR 2017, 381, 382.
284 BVerwGE 167, 189, 191 f. Rn. 15.
285 BVerwG NVwZ-RR 2020, 331, 331 f.; Lindner NVwZ 2014, 180, 181 unter Hinweis auf BVerwG BeckRS 2013, 54298 Rn. 66.
286 Nicht schematisch, sondern anhand der jeweiligen Fallgestaltung zu verstehen, instruktiv Hebeler JuS 2014, 239, 240.
287 Vgl. etwa (und näher) Redeker/von Oertzen, § 113 Rn. 45 ff.
288 BVerwGE 146, 303, 307; BVerwG NVwZ-RR 2021, 529; OVG Münster Beschl. v. 7.12.2021 – 5 A 2000/20, Rn. 28 juris; Bühler/Brönnecke Jura 2017, 34, 38; Hufen, § 18 Rn. 48.
289 VGH Mannheim NVwZ 2014, 539, 540.
290 BVerwG NVwZ-RR 2020, 331, 332.
291 Ohne Bezug auf Art. 1 Abs. 1 GG bei juristischen Personen BVerwGE 146, 303, 308; Bühler/Brönnecke Jura 2017, 34, 38.
292 BVerwGE 146, 303, 309; BVerwG Beschl. v. 25.6.2019 – 6 B 154/18 ua, Rn. 5 juris. Kein Rehabilitationsinteresse, wenn die Behörde die Rechtswidrigkeit ihrer Maßnahme anerkannt und deren stigmatisierende Wirkung durch Gegenmaßnahmen beseitigt hat, BVerwG NVwZ 2015, 600, 602.
293 Daran fehlt es bei der bloßen Aufforderung, ein medizinisch-psychologisches Gutachten nach Entzug der Fahrerlaubnis wegen Trunkenheitsfahrt beizubringen, BVerwG BeckRS 2013, 50053: keine Gefahr der Herabsetzung des Betroffenen in der Öffentlichkeit; dazu Schübel-Pfister JuS 2013, 990, 995 f.; zur Rechtsnatur derartiger Aufforderungen vgl. § 12 Rn. 17 und dort Falllösung nach Rn. 17.

- **Präjudizinteresse:** Aus prozessökonomischen Gründen wird ein berechtigtes Feststellungsinteresse bejaht, wenn die verwaltungsgerichtliche Entscheidung präjudizielle Wirkung für einen Amtshaftungs- oder Entschädigungsprozess vor den Zivilgerichten hat. Denn das verwaltungsgerichtliche Fortsetzungsfeststellungsurteil nach § 113 Abs. 1 S. 4 VwGO ist für Letztere hins. der Rechtmäßigkeit des behördlichen Handelns gem. § 121 VwGO bindend.[294] Hat sich der Verwaltungsakt **nach Klageerhebung** erledigt, soll der Kläger nicht um etwaige „Früchte seiner bisherigen Prozessführung gebracht" werden. Es wird ihm daher nicht zugemutet, vor den Zivilgerichten gänzlich von vorn anzufangen.[295] Das Feststellungsinteresse wird jedoch nur bejaht, sofern der Schadensersatzprozess nicht offensichtlich aussichtslos ist. Daran fehlt es, wenn ein solcher Anspruch unter keinem denkbaren Gesichtspunkt bestehen kann, und sich dies ohne eine ins Einzelne gehende Würdigung aufdrängt.[296]

Anders liegen die Dinge, wenn der Kläger im Zeitpunkt der Klageerhebung bereits einen gerichtlichen Schadensersatzprozess vor den Verwaltungsgerichten betreibt, weil sich dann diese Fragen gleichermaßen in dem anderen, bereits betriebenen Verfahren stellen und geklärt werden können.[297]

Das Präjudizinteresse wird von der Rspr. mangels eines Anspruchs auf den sachnäheren Richter bei bereits **vor Klageerhebung** erledigten Verwaltungsakten verneint. Da die ordentlichen Gerichte zur Klärung der öffentlich-rechtlichen Fragen nicht auf die Verwaltungsgerichte angewiesen sind, ist aus Gründen der Prozessökonomie sogleich der Zivilrechtsweg zu beschreiten.[298]

- **Schwerwiegender Grundrechtseingriff:** Schließlich soll ein besonderes Feststellungsinteresse auch dann vorliegen, wenn die streitbefangene Maßnahme einen tiefgreifenden Grundrechtseingriff enthielt.[299] Letzteres wird bei Grundrechtseingriffen angenommen, die einem Richtervorbehalt unterstehen, oder besonders sensible Rechtsgüter wie die Religionsfreiheit im Falle eines Kopftuchverbots[300] oder Art. 2 Abs. 2 S. 1, 2 GG betreffen, woran es nach dem VGH München bei der polizeilichen Durchsuchung eines PKW fehlen soll.[301] Dem widerstreitet, dass das in Art. 19 Abs. 4 GG enthaltene Gebot effektiven Rechtsschutzes nicht auf schwerwiegende Eingriffe beschränkt ist.[302] Jedenfalls aber fehlen klare Kriterien, anhand derer die Schwere eines Eingriffs eindeutig zu bestimmen wäre. Entsprechendes gilt ggü. der Annahme eines Feststellungsinteresses wegen gewichtiger Beschränkung der **Grundfreiheiten** des AEUV.[303] In Anbetracht dessen erscheint es vorzugswürdig, das Vorliegen eines Grundrechtseingriffs bzw. eines solchen in unionsrechtliche Grundfreiheiten nicht als eigenständige Fallgruppe, sondern nur als zusätzliches Indiz für ein aus den zuvor genannten Gründen rührendes Feststellungsinteresse

---

294 BVerwG NVwZ 2015, 600, 602; NVwZ 2021, 638, 639.
295 BVerwG NVwZ-RR 2017, 381, 382; Hufen, § 18 Rn. 51; zutreffend herausstellend, dass das Feststellungsinteresse auch bejaht wird, wenn die Prozessführung noch keine Früchte erbracht hat, Decker JA 2016, 241, 244. S. bezogen auf die Wiederholungsgefahr BVerwG NVwZ-RR 2020, 331, 332.
296 BVerwG NVwZ-RR 2016, 362, 364; NVwZ 2021, 638, 639.
297 BVerwG NVwZ-RR 2017, 381, 382.
298 BVerwGE 81, 226, 227; VG Köln NZWehr 2013, 37, 40; Bühler/Brönnecke Jura 2017, 34, 39; Schenke, Rn. 632.
299 BVerfGE 96, 27, 39; BVerwG NVwZ 2018, 739, 740; Würtenberger/Heckmann, Rn. 739.
300 BVerwGE 170, 319, 322 f. Rn. 13 ff.
301 VGH München NJW 2017, 2779, 2780.
302 Gersdorf, Rn. 95; krit. auch Bühler/Brönnecke Jura 2017, 34, 38; iErg ebenso allerdings hins. § 43 VwGO BVerwGE 159, 327, 330.
303 Vgl. VGH München BeckRS 2012, 52516; dazu Schübel-Pfister JuS 2012, 993, 995 f.

heranzuziehen.[304] Die jüngere Rspr. nähert sich dem an.[305] So bejahte das BVerwG aus Rechtsschutzgründen ein Fortsetzungsfeststellungsinteresse bei schwerwiegenden Hoheitsakten, die sich auf eine Zeitspanne beschränken, in der kaum eine gerichtliche Entscheidung zu erlangen ist, was v.a. bei polizeilichen Maßnahmen auch ohne diskriminierende Wirkung der Fall sein könne.[306]

3. Allgemeine Zulässigkeitsvoraussetzungen

49 Auch die Fortsetzungsfeststellungsklage unterliegt den zuvor behandelten allgemeinen Zulässigkeitsvoraussetzungen (vorstehend Rn. 25 ff.). Lediglich das allgemeine Rechtsschutzbedürfnis wird durch das speziellere Erfordernis des Fortsetzungsfeststellungsinteresses (dazu Rn. 48) aus § 113 Abs. 1 S. 4 VwGO verdrängt.

4. Begründetheit der Fortsetzungsfeststellungsklage

50 Die Begründetheit der Fortsetzungsfeststellungsklage setzt neben der Rechtswidrigkeit des angegriffenen Verwaltungsakts bzw. der Versagung des beantragten Verwaltungsakts eine Rechtsverletzung beim Kläger voraus. Zwar ist in § 113 Abs. 1 S. 4 VwGO nur die Feststellung der Rechtswidrigkeit erwähnt; das Erfordernis einer Verletzung in eigenen Rechten ergibt sich jedoch aus der Anbindung der Fortsetzungsfeststellungsklage an die Anfechtungs- bzw. Verpflichtungssituation, die hierin ihre „Verlängerung" findet. Hins. der Begründetheitsprüfung kann daher auf das zur Anfechtungs- und Verpflichtungsklage Dargestellte (vorstehend Rn. 34 ff.) verwiesen werden. Allerdings scheidet eine Heilung von Verfahrensverstößen (etwa fehlende Anhörung) nach Eintritt der Erledigung aus. (§ 45 VwVfG) erledigungsbedingt aus (vgl. § 15 Rn. 14 aE).

Nach der Rspr. dürfte aber § **46 VwVfG** gelten;[307] gegen eine direkte Anwendung dieser Norm spricht, dass eine Aufhebung eines erledigten Verwaltungsakts nicht möglich ist. Teilweise wird eine sinngemäße Anwendung befürwortet, wobei jedoch die Bestandserhaltung eines erledigten Verwaltungsakts fraglich ist.[308]

Der maßgebliche Zeitpunkt für die Beurteilung der Sach- und Rechtslage wird regelmäßig derjenige unmittelbar vor Eintritt der Erledigung des Verwaltungsakts sein.[309]

Übersicht 23: Prüfungsschema für die Fortsetzungsfeststellungsklage

51 A. **Zulässigkeit**
    I. Eröffnung des Verwaltungsrechtswegs
        1. Aufdrängende Sonderzuweisung, zB § 54 Abs. 1 BeamtStG,

---

304 So Hufen, § 18 Rn. 52; etwa Art. 8 GG zur Begründung resp. Verstärkung eines Rehabilitationsinteresses, dazu Schnellenbach DVBl. 1990, 140, 145.
305 Vgl. BVerwG NVwZ 2013, 1481 mit Anm. Huber; zu Parallelentscheidungen Lindner NVwZ 2014, 180 mwN in Fn. 4. Zur Rspr. Thiele DVBl. 2015, 954.
306 BVerwG Beschl. v. 25.6.2019 – 6 B 154/18 ua, Rn. 5 juris.
307 BVerwGE 142, 205, 210 Rn. 19; dazu Kersten Verw 46 (2013), 87, 92; zu § 46 VwVfG vgl. § 15 Rn. 19 f.
308 Guckelberger JuS 2011, 577, 582; Schenke DÖV 1986, 305, 307 ff.
309 So letztlich BVerwGE 72, 38, 43; BVerwG Beschl. v. 21.1.2015 – 4 B 42/14, Rn. 8 juris; Gärditz/Orth Jura 2013, 1100, 1108; es wird aber auch auf den Zeitpunkt des Erlasses des Verwaltungsakts, die letzte behördliche oder auf die letzte mündliche Verhandlung abgestellt, näher Schenke, Rn. 935, 937; Rozek JuS 1995, 700.

§ 126 Abs. 1 BBG; ansonsten:
2. § 40 Abs. 1 VwGO (Generalklausel): öffentlich-rechtliche Streitigkeit, nichtverfassungsrechtlicher Art, keine abdrängende Sonderzuweisung, zB Art. 14 Abs. 3 S. 4, Art. 34 S. 3 GG, § 40 Abs. 2 S. 1 Hs. 1 VwGO

II. Statthaftigkeit, § 113 Abs. 1 S. 4 VwGO
1. Anfechtungssituation: Klage auf Feststellung der Rechtswidrigkeit eines nach Klageerhebung erledigten Verwaltungsakts, § 113 Abs. 1 S. 4 VwGO; bei Erledigung vor Klageerhebung § 113 Abs. 1 S. 4 VwGO analog
2. Verpflichtungssituation: Klage auf Feststellung der Rechtswidrigkeit der Ablehnung des begehrten Verwaltungsakts: bei Erledigung nach Klageerhebung § 113 Abs. 1 S. 4 VwGO analog, bei Erledigung vor Klageerhebung § 113 Abs. 1 S. 4 VwGO doppelt analog

III. Klagebefugnis, § 42 Abs. 2 VwGO analog
  – Möglichkeit der Verletzung eigener Rechte des Klägers

IV. Fortsetzungsfeststellungsinteresse, § 113 Abs. 1 S. 4 VwGO, gegeben bei
  – Wiederholungsgefahr
  – Rehabilitationsinteresse
  – Vorbereitung eines Schadensersatzprozesses vor den Zivilgerichten (nur bei Erledigung nach Klageerhebung)
  – Tiefgreifender bzw. schwerwiegender Grundrechtseingriff (str.)

V. Widerspruchsverfahren, falls keine abweichende Regelung
  – Erledigung nach Eintritt der Bestandskraft – § 68 Abs. 1, 2 VwGO analog anwendbar
  – Erledigung vor Eintritt der Bestandskraft – Anwendbarkeit des § 68 Abs. 1 VwGO strittig

VI. Klagefrist, § 74 VwGO analog
  – Erledigung nach Klageerhebung – § 74 VwGO analog anwendbar
  – Erledigung vor Klageerhebung – Anwendbarkeit des § 74 VwGO strittig

VII. Klagegegner, § 78 VwGO analog
  – § 78 Abs. 1 Nr. 1 VwGO – Rechtsträger
  – § 78 Abs. 1 Nr. 2 VwGO iVm landesrechtlicher Regelung – Behörde

VIII. Beteiligungsfähigkeit, § 61 VwGO

IX. Prozessfähigkeit, § 62 VwGO

X. Ordnungsgemäße Klageerhebung

XI. Zuständigkeit des Gerichts
  – sachlich: §§ 45 ff. VwGO
  – örtlich: § 52 VwGO

B. Begründetheit

Die Klage ist gem. § 113 Abs. 1 S. 4 VwGO (ggf. analog) begründet, soweit (1) der ursprüngliche Verwaltungsakt rechtswidrig (!) war und (2) den Kläger in seinen Rechten verletzte.

▶ **Zu Fall 20:** Fraglich ist die Zulässigkeit der Klage gegen die Untersagungsanordnung.

1. Der Verwaltungsrechtsweg ist mangels einer auf- und abdrängenden Sonderzuweisung nach § 40 Abs. 1 VwGO eröffnet. Da sich die Befugnisnorm in § 100 Abs. 1 S. 2 WHG als Sonderrecht nur an die staatlichen Stellen richtet, liegt eine öffentlich-rechtliche Streitigkeit vor. Diese ist auch nichtverfassungsrechtlicher Art, da T und die Behörde keine Verfassungsorgane sind und über einfaches Gesetzesrecht streiten.

2. Statthaftigkeit: Die statthafte Klageart bestimmt sich gem. § 88 VwGO anhand des Klagebegehrens. Vorliegend könnte die Anfechtungsklage die richtige Klageart sein. Dann müsste der Kläger T die Aufhebung eines Verwaltungsakts begehren, § 42 Abs. 1 Alt. 1 VwGO. T strebt die Aufhebung des Untersagungsbescheids an, der einen Verwaltungsakt iSd § 35 S. 1 VwVfG darstellt. Somit ist die Anfechtungsklage statthaft.

3. Klagebefugnis: Die Anfechtungsklage kann zulässigerweise nur erheben, wer nach § 42 Abs. 2 Hs. 2 VwGO klagebefugt ist, also die mögliche Verletzung eigener Rechte geltend macht. Eine derartige Möglichkeit ist schon gegeben, wenn nicht von vornherein unter allen denkbaren Gesichtspunkten eine Rechtsverletzung ausgeschlossen werden kann. Da T Adressat eines belastenden Verwaltungsakts ist, der ihm die Aussetzung der Enten verbietet, kann zumindest eine Verletzung des Grundrechts seiner allgemeinen Handlungsfreiheit aus Art. 2 Abs. 1 GG nicht ausgeschlossen werden. A ist somit klagebefugt.

4. Vorverfahren: Auch das gem. § 68 Abs. 1 S. 1 VwGO vor Erhebung der Anfechtungsklage erforderliche Widerspruchsverfahren hat T erfolglos durchgeführt.

5. Klagefrist: Da der Widerspruchsbescheid ohne die erforderliche Rechtsbehelfsbelehrung ergangen ist, gilt anstelle der Monatsfrist des § 74 Abs. 1 VwGO die Jahresfrist des § 58 Abs. 2 VwGO. T muss also innerhalb eines Jahres nach Zustellung des Widerspruchsbescheids Klage erheben.

6. Klagegegner: Nach § 78 Abs. 1 Nr. 1 VwGO ist die Klage gegen den Rechtsträger der handelnden Behörde zu richten, aufgrund § 78 Abs. 1 Nr. 2 VwGO indes gegen die Behörde selbst, sofern das Landesrecht dies bestimmt. Eine solche landesrechtliche Bestimmung stellt bspw. § 14 Abs. 2 GerStrukGAG M-V oder § 19 Abs. 2 SaarlAGVwGO dar. Dann ist die Klage gegen die Behörde zu richten.

7. Beteiligungsfähigkeit: Die Beteiligungsfähigkeit ergibt sich aus § 61 VwGO. T ist als natürliche Person nach § 61 Nr. 1 Alt. 1 VwGO, die Behörde ist bei landesrechtlicher Bestimmung gem. § 61 Nr. 3 VwGO iVm (etwa) § 14 Abs. 1 GerStrukGAG M-V bzw. § 19 Abs. 1 SaarlAGVwGO beteiligungsfähig (in Ländern mit dem Rechtsträgerprinzip ist dagegen auf § 61 Nr. 1 Alt. 2 VwGO zu rekurrieren).

8. Prozessfähigkeit: T ist mangels entgegenstehender Anhaltspunkte geschäftsfähig und damit nach § 62 Abs. 1 Nr. 1 VwGO prozessfähig; für die Behörde handelt gem. § 62 Abs. 3 VwGO der gesetzliche Vertreter, also die das Amt bekleidende natürliche Person.

9. Allgemeines Rechtsschutzbedürfnis: Das allgemeine Rechtsschutzbedürfnis ist durch die Klagebefugnis des A indiziert; gegenteilige Anhaltspunkte sind nicht ersichtlich.

10. Ergebnis: A könnte somit zulässigerweise Anfechtungsklage gegen die Untersagungsanordnung erheben. ◄

▶ Zu Fall 21:

1. Eröffnung des Verwaltungsrechtswegs: In Ermangelung einer aufdrängenden Sonderzuweisung kommt die Eröffnung des Verwaltungsrechtsweges nach § 40 Abs. 1 VwGO in Betracht. Danach ist der Verwaltungsrechtsweg in allen öffentlich-rechtlichen Streitigkeiten nichtverfassungsrechtlicher Art gegeben, sofern keine anderweitige Zuweisung vorgeht. Öffentlich-rechtlich ist eine Streitigkeit, die sich nach Normen des öffentlichen Rechts beurteilt. Die für die Baugenehmigung des A maßgeblichen Normen (§ 73 Abs. 1 S. 1 Hs. 1 SaarLBO iVm §§ 29 ff. BauGB) sind solche des öffentlichen Baurechts, da sie Sonderrecht für die staatlichen Stellen sind. Weil vorliegend nicht zwei am Verfassungsleben ieS beteiligte Parteien um die Anwendung und Auslegung von Verfassungsrecht streiten, fehlt es an der für eine verfassungsrechtliche Streitigkeit geforderten doppelten Verfassungsunmittelbarkeit. Eine abdrängende Sonderzuweisung ist nicht ersichtlich, der Verwaltungsrechtsweg nach § 40 Abs. 1 VwGO mithin eröffnet.

2. Statthafte Klageart: Die statthafte Klageart bestimmt sich nach dem Klagebegehren, § 88 VwGO. Gem. § 42 Abs. 1 Alt. 2 VwGO ist die Verpflichtungsklage richtige Klageart, wenn der Kläger den Erlass eines abgelehnten oder unterlassenen Verwaltungsakts begehrt. B verlangt die Verurteilung der Behörde zur Erteilung der bislang unterbliebenen Baugenehmigung. Dabei handelt es sich um einen Verwaltungsakt iSd § 35 S. 1 VwVfG. Daher ist die Verpflichtungsklage statthaft.

3. Klagebefugnis: Der Kläger müsste nach § 42 Abs. 2 Hs. 2 VwGO klagebefugt sein. Das ist der Fall, wenn dem Kläger ein Anspruch auf den begehrten Verwaltungsakt möglicherweise zustehen kann (Möglichkeitstheorie). Die Bauordnungen der Länder sehen durchweg (aufgrund Art. 14 Abs. 1 S. 2 GG) einen Anspruch auf Erteilung einer Baugenehmigung vor, wenn das Vorhaben den öffentlich-rechtlichen Vorschriften entspricht (zB § 73 Abs. 1 S. 1 Hs. 1 SaarLBO). Die unterlassene Erteilung der Baugenehmigung verletzt damit möglicherweise den B in seinem Recht auf Erteilung der Baugenehmigung. Die Klagebefugnis ist gegeben.

4. Widerspruchsverfahren: Nach § 68 Abs. 2 iVm Abs. 1 VwGO ist vor Erhebung der Verpflichtungsklage ein Widerspruchsverfahren durchzuführen, wenn der Antrag auf Vornahme des Verwaltungsakts abgelehnt worden ist. Vorliegend ist der Antrag des B auf Erteilung der Baugenehmigung nicht abgelehnt worden; er blieb vielmehr seitens der Behörde unbeschieden. § 75 S. 1 Alt. 2 VwGO sieht für den Fall, dass über einen Antrag auf Vornahme eines Verwaltungsakts ohne zureichenden Grund in angemessener Frist sachlich nicht entschieden worden ist, die Entbehrlichkeit des Widerspruchsverfahrens vor. Die Klage kann in diesem Fall grds. erst drei Monate nach Antragstellung erhoben werden, § 75 S. 2 Alt. 1 VwGO. So liegen die Dinge hier. Ohne ersichtlichen Grund wurde über die von B beantragte Baugenehmigung seit nunmehr sechs Monaten nicht entschieden. Demzufolge ist für die Verpflichtungsklage des B als Untätigkeitsklage eine vorherige Durchführung des Widerspruchsverfahrens nicht erforderlich.

5. Klagefrist: Im Fall der Untätigkeitsklage ist keine Klagefrist einzuhalten.
6. Klagegegner: Nach § 78 Abs. 1 Nr. 1 VwGO ist die Klage gegen den Rechtsträger der handelnden bzw. untätigen Behörde zu richten, nach § 78 Abs. 1 Nr. 2 VwGO gegen die Behörde selbst, sofern das Landesrecht dies bestimmt. Eine solche landesrechtliche Bestimmung findet sich zB in § 14 Abs. 2 GerStrukGAG M-V oder § 19 Abs. 2 SaarlAGVwGO.[310] Die Klage ist dann gegen den (untätigen) Landrat als untere Bauaufsichtsbehörde zu richten.
7. Beteiligungs- und Prozessfähigkeit: B ist als natürliche Person gem. § 61 Nr. 1 Alt. 1 VwGO beteiligungsfähig und als geschäftsfähige Person nach § 62 Abs. 1 Nr. 1 VwGO prozessfähig. Die Beteiligungsfähigkeit des Landrats ergibt sich ggf. aus § 61 Nr. 3 VwGO iVm Landesrecht (etwa § 14 Abs. 1 GerStrukGAG M-V[311], § 19 Abs. 1 SaarlAGVwGO), die Prozessfähigkeit aus § 62 Abs. 3 VwGO.
8. Allgemeines Rechtsschutzbedürfnis: Das allgemeine Rechtsschutzbedürfnis ist indiziert.
9. Ergebnis: B kann eine zulässige Verpflichtungsklage auf Erteilung der Baugenehmigung erheben. ◄

▶ Zu Fall 22: Maßgeblich für die Statthaftigkeit der Klage ist das Begehren des Klägers bei verständiger Würdigung der Sach- und Rechtslage, § 88 VwGO. Ursprünglich hat C die Aufhebung der Nutzungsuntersagung angestrebt. Diese stellt einen Verwaltungsakt iSd § 35 S. 1 VwVfG dar, so dass hiergegen die Anfechtungsklage gem. § 42 Abs. 1 Alt. 1 VwGO statthaft ist. Die Nutzungsuntersagung ist jedoch wegen der völligen Zerstörung des Hotels gegenstandslos geworden und hat sich somit nach § 43 Abs. 2 VwVfG auf sonstige Weise erledigt. Da eine Aufhebung der Nutzungsuntersagung durch das Gericht nicht mehr in Betracht kommt, könnte die Fortsetzungsfeststellungsklage nach § 113 Abs. 1 S. 4 VwGO die richtige Klageart sein. Da sich vorliegend der Verwaltungsakt, dessen Aufhebung C erreichen wollte, nach Klageerhebung erledigt hat, ist die Fortsetzungsfeststellungsklage gem. § 113 Abs. 1 S. 4 VwGO statthaft. Deren Zulässigkeit setzt nach § 113 Abs. 1 S. 4 VwGO ein berechtigtes Interesse des Klägers an der Feststellung der Rechtswidrigkeit der Nutzungsuntersagung voraus. Vorliegend ergibt sich ein solches aus dem Präjudizinteresse für einen späteren, nicht offensichtlich aussichtslosen Schadensersatzprozess. Ggf. auf einen entsprechenden richterlichen Hinweis hin (§ 86 Abs. 3 VwGO) muss C seinen auf eine Anfechtungsklage bezogenen Klageantrag auf eine Fortsetzungsfeststellungsklage umstellen (§ 173 S. 1 VwGO iVm § 264 Nr. 2 ZPO; kein Fall des § 91 VwGO). Die weiteren Zulässigkeitsvoraussetzungen wie Klagebefugnis nach § 42 Abs. 2 Hs. 1 VwGO (Adressatentheorie) sowie die sich aus der ursprünglichen Statthaftigkeit einer Anfechtungsklage ergebenden Erfordernisse der ordnungsgemäßen Durchführung eines Vorverfahrens (§§ 68 ff. VwGO) und Einhaltung der Klagefrist (§ 74 Abs. 1 VwGO) liegen vor. ◄

IV. Verfahrensgrundsätze im Verwaltungsprozess

52 Der Ablauf des verwaltungsgerichtlichen Verfahrens folgt bestimmten Verfahrensgrundsätzen, die teilweise einen verfassungsrechtlichen Ursprung haben (Anspruch auf rechtliches Gehör nach Art. 103 Abs. 1 GG, Rechtsschutzgarantie des Art. 19

---

310 Vgl. dazu die vorstehende Falllösung.
311 Vgl. dazu die vorstehende Falllösung.

Abs. 4 S. 1 GG sowie Rechtsstaatsprinzip, Art. 20 Abs. 3 GG),[312] und deren Kenntnis zum Pflichtfachstoff gehört. Wie im Zivilprozess gilt auch im Verwaltungsprozess der **Dispositionsgrundsatz** (auch Verfügungsgrundsatz genannt). Danach bestimmen die Beteiligten über den Beginn, den Gegenstand und das Ende des gerichtlichen Verfahrens.[313] Die Verwaltungsgerichte werden regelmäßig nur nach Klageerhebung oder auf Antrag tätig (§ 42 Abs. 1, § 47 Abs. 1, § 80 Abs. 5, § 123 VwGO). § 88 Hs. 1 VwGO verbietet es dem Gericht, über das Klagebegehren hinauszugehen (ne ultra petita). Im Unterschied zum Widerspruchsverfahren besteht im gerichtlichen Verfahren ein Verbot der reformatio in peius.[314] Nach § 88 Hs. 2 VwGO ist das Gericht jedoch nicht an die Fassung der Anträge gebunden, dh es darf einen gestellten Antrag so auslegen bzw. umdeuten, dass dadurch den Interessen des Rechtsschutzsuchenden bestmöglich Rechnung getragen wird.[315] Gem. § 86 Abs. 3 VwGO hat der Richter auf die Beseitigung von Formfehlern, die Erläuterung unklarer oder die Stellung sachdienlicher Anträge hinzuwirken.[316] Als Ausprägung des Dispositionsgrundsatzes können die Beteiligten das gerichtliche Verfahren durch einen Prozessvergleich beenden (s. dazu § 24 Rn. 12). Unter den Voraussetzungen des § 92 VwGO kann eine Klage zurückgenommen und nach Maßgabe des § 91 VwGO geändert werden.[317]

Zur schnelleren Realisierung von Infrastrukturvorhaben sieht der Referentenentwurf eines Gesetzes zur Beschleunigung von verwaltungsgerichtlichen Verfahren im Infrastrukturbereich vom 18.8.2022 eine vorrangige und beschleunigte Durchführung derartiger Verfahren mit alsbaldiger Auslotung einer gütlichen Beilegung des Rechtsstreits und, falls eine solche ausscheidet, der Festlegung eines Verfahrensfahrplans (§ 87c VwGO-E) sowie die Bildung besonderer Planungskammern und -senate (§ 188b VwGO-E) vor.

Im Unterschied zum Zivilprozess gilt im Verwaltungsprozess der **Untersuchungsgrundsatz**. Nach § 86 Abs. 1 VwGO erforscht das Gericht den Sachverhalt von Amts wegen und ist weder an das Vorbringen noch an die Beweisanträge der Beteiligten gebunden. Auf diese Weise möchte man einerseits dem besonderen öffentlichen Interesse an richtigen staatlichen Entscheidungen und andererseits der teilweise anzutreffenden besonderen Schutzbedürftigkeit der Rechtsschutzsuchenden Rechnung tragen, weil die Bürger oftmals ggü. der rechtlich versierten Verwaltung unterlegen sind (Stichwort: Waffengleichheit).[318] Anders ausgedrückt entscheidet das Gericht darüber, ob und in welchem Umfang und mit welchen Mitteln der Sachverhalt aufzuklären ist.[319] Dazu kann es sich förmlicher Beweismittel (SAPUZ: Sachverständige, Augenschein, Parteivernehmung, Urkunds- und Zeugenbeweis, vgl. § 96 Abs. 1 S. 2, § 98 VwGO) und –

---

312 Nolte, Die Eigenart des verwaltungsgerichtlichen Rechtsschutzes, 2015, S. 143. Zum rechtlichen Gehör Hufen, § 35 Rn. 3 ff.
313 Nolte, Die Eigenart des verwaltungsgerichtlichen Rechtsschutzes, 2015, S. 143.
314 Hufen, § 35 Rn. 25.
315 Dazu, dass der geäußerte Wille des Beteiligten, wie er sich aus der prozessualen Erklärung, dem gesamten Vorbringen, insb. der Begründung der Klage, und den sonstigen Umständen ergibt, entscheidend und eine Auslegung selbst bei anwaltlicher Vertretung möglich ist, BVerwG Beschl. v. 12.5.2020 – 6 B 53/19 ua, Rn. 3 juris; zu den Grenzen der Auslegung BVerwG Beschl. v. 17.8.2021 – 7 B 16/20, Rn. 7 juris.
316 S. dazu OVG Berl-Bbg Beschl. v. 31.8.2021 – OVG 10 N 66.18, Rn. 18 f. juris.
317 ZB Nolte, Die Eigenart des verwaltungsgerichtlichen Rechtsschutzes, 2015, S. 148 ff.
318 Näher dazu Guckelberger, Deutsches Verwaltungsprozessrecht, S. 176 ff. Dazu, dass richterliche Hinweise und Anregungen grds. keine Befangenheitsablehnung rechtfertigen, sich ein Gericht aber nicht durch Empfehlungen zur Fehlerbehebung zum Berater der Behörde machen darf, BVerwG UPR 2018, 66 f.
319 Koehl JA 2017, 541 ff.; zum diesbzgl. Ermessen des Verwaltungsgerichts Guckelberger VerwArch 108 (2017), 1, 19 ff.

was in der Praxis sehr häufig ist – formloser Aufklärungsmittel bedienen.[320] Für das Verwaltungsgericht stellen die Behördenakten sowie die Heranziehung der Beteiligten, die aufgrund ihrer Sachnähe oft am besten über den Sachverhalt Bescheid wissen, zentrale Informationsquellen dar.[321]

Im Verwaltungsprozess gilt der **Amtsbetrieb**, dh die Zustellung von Anordnungen und Entscheidungen sowie Terminbestimmungen und Ladungen werden durch das Gericht und nicht durch die Parteien vorgenommen (§ 56 Abs. 2, § 102, § 116 Abs. 1 S. 2 VwGO).[322] Nach der sog. **Konzentrationsmaxime** ist das Verfahren zügig durchzuführen und möglichst in einer mündlichen Verhandlung abzuschließen (s. die Ausprägungen zB in § 87 VwGO [vorbereitendes Verfahren], § 87a VwGO [Entscheidungen im vorbereitenden Verfahren], § 87b VwGO [Fristsetzung und Fristversäumnis]).[323] Grds. entscheidet das Gericht aufgrund mündlicher Verhandlung, sog. **Mündlichkeitsgrundsatz** (s. § 101 Abs. 1 VwGO, s. zum Ablauf der mündlichen Verhandlung § 103 VwGO und § 104 VwGO zur richterlichen Erörterungs- und Fragepflicht). Gem. § 101 Abs. 2 VwGO „kann" das Gericht nach seinem Ermessen mit Einverständnis der Beteiligten ohne mündliche Verhandlung entscheiden. Gleiches gilt mangels anderer Bestimmungen für Entscheidungen des Gerichts, die keine Urteile sind, s. § 101 Abs. 3 VwGO (insb. beim Gerichtsbescheid, § 84 Abs. 1 VwGO, sowie bei den im vorläufigen Rechtsschutz ergehenden Beschlüssen, s. § 80 Abs. 7 S. 1, § 123 Abs. 4 VwGO). Im Kontext mit dem Mündlichkeitsgrundsatz steht der sog. **Unmittelbarkeitsgrundsatz**. Nach § 96 Abs. 1 VwGO erhebt das Gericht unmittelbar in der mündlichen Verhandlung Beweis (beachte aber die Ausnahmen in Absatz 2); gem. § 112 VwGO kann das Urteil nur von denjenigen Richtern gefällt werden, die an der mündlichen Verhandlung teilgenommen haben.[324] Das Gericht trifft seine Entscheidung nach **seiner freien**, aus dem Gesamtergebnis des Verfahrens gewonnenen **Überzeugung** (§ 108 Abs. 1 S. 1 VwGO). Grds. sind die Gerichtsverhandlungen öffentlich, sog. **Öffentlichkeitsgrundsatz** (§ 55 VwGO iVm § 169 GVG). Der im Rechtsstaatsprinzip und ggf. Art. 6 Abs. 1 EMRK zu verortende Öffentlichkeitsgrundsatz soll zur Einhaltung des materiellen und formellen Rechts und somit auch zur Gewährleistung von Verfahrensgerechtigkeit beitragen.[325] Ton- und Fernseh-Rundfunkaufnahmen von der Verhandlung zum Zweck der öffentlichen Vorführung oder Veröffentlichung ihres Inhalts sind unzulässig. Nach dem über § 55 VwGO entsprechend anwendbaren § 169 Abs. 3 GVG kann lediglich das BVerwG für die Verkündung von Entscheidungen in besonderen Fällen derartige Aufnahmen zulassen.

V. Wiederholungs- und Verständnisfragen

> Erklären Sie die Funktionen des Widerspruchsverfahrens! (→ Rn. 2)
> Wie läuft das Widerspruchsverfahren ab? (→ Rn. 3 f.)
> Wonach bestimmt sich die Zuständigkeit der Widerspruchsbehörde? (→ Rn. 5)
> Was ist bei der Begründetheitsprüfung eines Widerspruchs zu beachten? (→ Rn. 12)

---

320 Guckelberger VerwArch 108 (2017), 1, 22 f.
321 Näher dazu Guckelberger VerwArch 108 (2017), 1, 22 ff.; zur Bedeutung der Anhörung der Beteiligten BVerfG NJW 2016, 2559.
322 Hufen, § 35 Rn. 26; Martini, S. 215.
323 Hufen, § 35 Rn. 26; Martini, S. 215; s.a. BVerwG UPR 2018, 66.
324 Hufen, § 35 Rn. 28; Martini, S. 215.
325 BVerfG, NJW 2022, 2677, 2679 Rn. 44.

§ 20 Rechtsschutz im Widerspruchs- und Klageverfahren bei Verwaltungsakten

> Was bedeutet reformatio in peius und ist eine solche zulässig? (→ Rn. 13 f.)
> Wonach bestimmt sich die Statthaftigkeit einer Klage? (→ Rn. 17)
> Welches Ziel kann mit der Anfechtungsklage, welches mit der Verpflichtungsklage verfolgt werden? (→ Rn. 17 f.)
> Was versteht man unter einer Untätigkeitsklage? (→ Rn. 21)
> Wie wirkt sich eine fehlende bzw. fehlerhafte Rechtsbehelfsbelehrung aus? (→ Rn. 22)
> Was ist Gegenstand der Begründetheitsprüfung einer Anfechtungsklage? (→ Rn. 34 f.)
> Was versteht man unter Spruchreife? (→ Rn. 37)
> Unter welchen Voraussetzungen ist ein Fortsetzungsfeststellungsinteresse anzuerkennen? (→ Rn. 48)
> Welche Verfahrensgrundsätze gelten im Verwaltungsprozess? (→ Rn. 52)

§ 21 Vorläufiger Rechtsschutz bei Verwaltungsakten

▶ **FALL 23:** Bei der Polizei geht ein Anruf ein, dass in der Wohngemeinschaft AB Hilfeschreie einer Person zu hören seien. Vollzugspolizist V begibt sich auf den Weg. Als er Haus und Wohnung betritt, stellt er fest, dass A seinem Mitbewohner B mehrere blaue Flecken über Arme und Gesicht verteilt zugefügt hat. Da V in der Vergangenheit schon ein paar Mal von den Nachbarn wegen Gewalttätigkeiten herbeigerufen wurde und er daher annimmt, dass von A eine Gefahr für Leib und Leben seines Mitbewohners ausgeht, spricht er ggü. diesem eine Wohnungsverweisung mit Rückkehrverbot für die nächsten zehn Tage aus. A möchte aber weiterhin in seiner Wohnung leben und nicht in ein Hotel ziehen. In welchem Verfahren kann er sein Anliegen vor Gericht verfolgen? ◀

I. Funktion und Arten vorläufigen Rechtsschutzes

1 Neben den verwaltungsgerichtlichen Klagearten (bspw. Anfechtungs- und Verpflichtungsklage, § 20 Rn. 17 ff.), die der abschließenden Klärung rechtlicher Streitigkeiten dienen („Hauptsacheverfahren"), stellt die VwGO Instrumente bereit, die bis zur Herbeiführung einer endgültigen Entscheidung vorläufigen Rechtsschutz gegen oder gerichtet auf den Erlass behördlicher Maßnahmen bieten. Vorläufiger Rechtsschutz ist aus Gründen **effektiven, dh rechtzeitigen Rechtsschutzes** (**Art. 19 Abs. 4 GG**) unerlässlich; nur auf diesem Weg lässt sich vielfach der Eintritt irreversibler Folgen vor der gerichtlichen Entscheidung im Klageverfahren, das uU mehrere Jahre in Anspruch nehmen kann, verhindern.[1]

Die einfachgesetzlichen Regelungen zum vorläufigen Rechtsschutz finden sich in §§ 80, 80a, 80b VwGO einerseits, § 123 VwGO andererseits sowie in § 47 Abs. 6 VwGO. Letzterer wird später im Zusammenhang mit dem Normenkontrollverfahren behandelt (vgl. § 28 Rn. 18 ff.). Von besonderer praktischer wie rechtsdogmatischer Bedeutung sind der in §§ 80 ff. VwGO geregelte vorläufige Rechtsschutz gegen Verwaltungsakte (durch Anordnung oder Wiederherstellung der aufschiebenden Wirkung von Widerspruch und Anfechtungsklage) und die in allen übrigen (Klage-)Fällen mögliche einstweilige Anordnung nach § 123 VwGO (dazu Rn. 29 ff. für die Verpflichtungssituation und § 23 Rn. 24 ff.). An dieser Stelle sind zunächst die Regelungen der §§ 80 ff. VwGO von Interesse.

II. Aufschiebende Wirkung und Aussetzungsverfahren[2]

1. Begriff und Rechtsfolgen

2 Gem. § 80 Abs. 1 S. 1 VwGO kommt Widerspruch und Anfechtungsklage aufschiebende Wirkung zu (**Suspensiveffekt**, zum Widerspruch bereits § 20 Rn. 3). Dem unterliegen nach § 80 Abs. 1 S. 2 VwGO auch rechtsgestaltende (dazu § 12 Rn. 37) und feststellende Verwaltungsakte (allg. § 12 Rn. 40) sowie solche mit Doppelwirkung (dazu noch nachfolgend; bereits § 12 Rn. 42 f.). Was die(se) Rechtsfolge des § 80 Abs. 1 S. 1 VwGO anbelangt, besteht Einigkeit dahin gehend, dass ein suspendierter

---

[1] Vgl. BVerfG NVwZ 2017, 149, 150; eingehend Windthorst, Der verwaltungsgerichtliche einstweilige Rechtsschutz, 2009. Überblick zu den verfassungsrechtl. und unionsrechtl. Rahmenbedingungen bei Hummel JuS 2011, 704; Koehl JA 2016, 610. Zur dogmatisch wenig geklärten Rechtsfigur der behördl. Schutzschrift, mit der einstweiliger Rechtsschutz verhindert werden soll, Bäumerich DVBl. 2015, 352.

[2] Komprimiert Uerpmann-Wittzack, Examens-Repetitorium, Rn. 294 ff.

Verwaltungsakt vom Adressaten nicht befolgt werden muss und umgekehrt weder vom Adressaten noch von der Behörde verwirklicht werden darf. Die Behörde muss alle Maßnahmen unterlassen, die in einem weit verstandenen Sinne als Vollziehung des Verwaltungsakts anzusehen sind, dh der Verwirklichung seiner Rechtsfolgen und der sich daraus ergebenden weiteren Nebenfolgen dienen.[3]

Im Fall der isolierten Anfechtung einer Nebenbestimmung kann deshalb von der Hauptverfügung, etwa einer Genehmigung, zunächst uneingeschränkt Gebrauch gemacht werden.[4]

Ebenfalls unstreitig kommt der Suspendierung Rückwirkung zu, und zwar auf den Zeitpunkt, in dem der Verwaltungsakt erlassen worden ist.[5] Soweit der Verwaltungsakt vor der Einlegung des Rechtsbehelfs bereits vollzogen wurde, ist dies zu revidieren, freilich nach Maßgabe der Verhältnismäßigkeit.[6] Jenseits dessen finden sich aber Unterschiede im rechtlichen Verständnis des § 80 Abs. 1 S. 1 VwGO.

So führt der Suspensiveffekt nach der **strengen Wirksamkeitstheorie** zur Unwirksamkeit des Verwaltungsakts bis zur endgültigen Entscheidung über den Rechtsbehelf. Wird der Rechtsbehelf abgewiesen, soll der Verwaltungsakt erst von diesem Zeitpunkt an, also ex nunc, wirksam werden.[7] Demgegenüber geht die (herrschende) **Vollziehbarkeitstheorie** davon aus, dass die Wirksamkeit des Verwaltungsakts von Widerspruch und Anfechtungsklage nicht tangiert wird, sondern lediglich seine Vollziehbarkeit rückwirkend[8] gehemmt ist.[9] Dem kommt die Theorie von der **eingeschränkten Wirksamkeit** recht nahe; hiernach ist der suspendierte Verwaltungsakt zunächst schwebend unwirksam – und wird mit Eintritt seiner Bestandskraft oder rechtskräftigen Bestätigung rückwirkend wirksam.[10]

Für die Vollziehbarkeitstheorie spricht zunächst der Wortlaut des § 80 Abs. 2 S. 1 Nr. 4, Abs. 3 sowie § 80a Abs. 1 Nr. 1 VwGO, wonach die „sofortige Vollziehung" der Gegenbegriff zur aufschiebenden Wirkung ist. Darüber hinaus ist § 43 Abs. 2, 3 und § 44 VwVfG zu entnehmen, dass ein Verwaltungsakt, der nicht nichtig ist, seine Wirksamkeit nur durch Aufhebung, Zeitablauf oder andere Erledigung einbüßt. Die Suspendierung unterfällt dem nicht und ist folglich ohne Einfluss auf die Wirksamkeit des Verwaltungsakts. Der Sinn und Zweck der aufschiebenden Wirkung besteht darin, die Schaffung endgültiger Tatsachen vor der endgültigen Entscheidung über den Verwaltungsakt zu verhindern und dem Betroffenen verwaltungsgerichtlichen Rechtsschutz zu ermöglichen. Auch aus kompetenzrechtlichen Erwägungen – der Bund kann zwar nach Art. 74 Abs. 1 Nr. 1 GG das gerichtliche Verfahren, aufgrund der anderen

---

3   BVerwGE 154, 68, 70f.; VGH Mannheim NVwZ-RR 2010, 463f.; s.a. Voßkuhle/Wischmeyer JuS 2016, 1079, 1081.
4   Einzelheiten sind strittig, näher Hellriegel/Malmendier DVBl. 2010, 486, 489 f.; die Behörde kann aber unter den Voraussetzungen des § 80 Abs. 2 S. 1 Nr. 4 VwGO die sofortige Vollziehung einer Auflage anordnen, Fricke JuS 2020, 647, 649; dazu allg. Rn. 5 ff.
5   Detterbeck, Rn. 1479; auch § 19 Rn. 25.
6   Insb. zugunsten des Inhabers der Genehmigung in Fällen der Drittanfechtung (dazu § 9 Rn. 12), wenn dieser von der Genehmigung schon zT Gebrauch gemacht, etwa mit dem Bau begonnen hat, näher Detterbeck, Rn. 1479.
7   Erichsen/Klenke DÖV 1976, 833; Schoch NVwZ 1991, 1121, 1122.
8   Das gilt nach zutreffender Auffassung auch für die (Rück-)Wirkung der Anordnung bzw. Wiederherstellung der aufschiebenden Wirkung nach § 80 Abs. 5 S. 1 VwGO.
9   BVerwGE 13, 1, 4; 154, 68, 71; VGH Mannheim NJW 2020, 701, 703 Rn. 19; Brühl JuS 1995, 627; Hufen, § 32 Rn. 3 f.
10 OVG Berl-Bbg. Beschl. v. 13.4.2021 - OVG 9 N 51/20, Rn. 12 juris; Schenke, Rn. 1023; vgl. auch § 80b VwGO.

einschlägigen Kompetenztitel das allgemeine Verwaltungsverfahrensrecht jedoch gerade nicht umfassend regeln – sollte der Vollziehbarkeitstheorie gefolgt werden.[11]

Relevant wird der Streit grds. allerdings nur, wenn der eingelegte Rechtsbehelf ohne Erfolg bleibt, also abgewiesen wird. Sind Widerspruch oder Anfechtungsklage dagegen erfolgreich, wird der Verwaltungsakt ohnehin in aller Regel rückwirkend aufgehoben.[12] Deshalb erübrigen sich idR Ausführungen in der Klausur zu diesem Meinungsstreit.[13]

2. Voraussetzungen der aufschiebenden Wirkung

3   Gem. § 80 Abs. 1 S. 1 VwGO haben **Widerspruch** und **Anfechtungsklage** aufschiebende Wirkung. Der Suspensiveffekt wird somit nur bei einem **Verwaltungsakt** zugunsten der Person ausgelöst, die gegen diesen tatsächlich einen solchen Rechtsbehelf eingelegt hat.[14] Der Verwaltungsakt muss gem. § 41 VwVfG bekannt gegeben worden sein und darf nicht bereits bestandskräftig sein, weil die aufschiebende Wirkung ua mit Eintritt der Unanfechtbarkeit endet, § 80b Abs. 1 S. 1 Hs. 1 VwGO.[15] Ausgeschlossen ist der Suspensiveffekt auch bei erledigten Verwaltungsakten – was bereits erledigt ist, kann nicht mehr aufgeschoben werden.[16] Demgegenüber steht die Nichtigkeit eines Verwaltungsakts (§ 44 VwVfG) dem Eintritt der aufschiebenden Wirkung nicht entgegen.[17]

Die aufschiebende Wirkung tritt ferner **unabhängig von der Begründetheit** des eingelegten Rechtsbehelfs ein; selbst evident unbegründete Widersprüche bzw. Anfechtungsklagen haben aufschiebende Wirkung. Streitig ist hingegen, ob der Rechtsbehelf zulässig sein muss. Während eine Mindermeinung dies verlangt,[18] soll nach ü.M. nur die **offensichtliche Unzulässigkeit** des Rechtsbehelfs,[19] nach aA hingegen das (auch nicht evidente) Fehlen bestimmter wesentlicher Zulässigkeitsvoraussetzungen[20] den Suspensiveffekt ausschließen.[21] § 80 Abs. 1 S. 1 VwGO ist indes keine Beschränkung auf zulässige oder partiell zulässige Widersprüche bzw. Anfechtungsklagen zu entnehmen; überdies bietet eine Abhängigkeit der aufschiebenden Wirkung von nicht einfach zu beurteilenden Zulässigkeitsvoraussetzungen keine ausreichende Rechtssicherheit. Demzufolge ist der Eintritt des Suspensiveffekts lediglich bei offensichtlich unzulässigen

---

11 Gmeiner NVwZ 2020, 204, 205 f.; Koehl JA 2016, 610, 611.
12 S. zur Bedeutung der aufschiebenden Wirkung hins. des Aufhebungsbescheids einer Genehmigung, resp. der Frage nach deren „Wiederaufleben" und dies verneinend, Gmeiner NVwZ 2020, 204 ff.
13 Spitzlei Jura 2019, 600, 601.
14 Koehl JA 2016, 610, 611, dh kein Suspensiveffekt aufgrund der bloßen Möglichkeit eines solchen Rechtsbehelfs.
15 Die aufschiebende Wirkung endet außerdem dann, wenn die Anfechtungsklage im ersten Rechtszug abgewiesen worden ist, und zwar drei Monate nach Ablauf der gesetzlichen Begründungsfrist des gegen die abweisende Entscheidung gegebenen Rechtsmittels, § 80b Abs. 1 S. 1 Hs. 2 VwGO. Dazu, dass sich die Frist auf den Antrag auf Zulassung der Berufung bezieht, falls das VG diese nicht zugelassen hat, BVerwGE 156, 9, 13 f.
16 Detterbeck, Rn. 1480.
17 Aus Rechtsschutzgesichtspunkten, weil die Nichtigkeit zweifelhaft sein kann – und wegen der Wertung des § 43 Abs. 2 S. 2 VwGO (dazu allg. § 10 Rn. 12); W.-R. Schenke in: Kopp/ders., § 80 Rn. 5, 16.
18 Huba JuS 1990, 382, 385; Schmaltz DVBl. 1992, 231.
19 Detterbeck, Rn. 1481; Koehl JA 2016, 610, 612; Würtenberger/Heckmann, Rn. 575; jeweils mwN.
20 Dazu zählen nach Schenke, Rn. 1030 ff.: die Zuständigkeit der deutschen Gerichtsbarkeit, die Eröffnung des Verwaltungsrechtswegs, das Vorliegen eines Verwaltungsakts, die Klage- bzw. Widerspruchsbefugnis und die Einhaltung der Rechtsbehelfsfrist.
21 BVerwG DVBl. 1993, 256.

Rechtsbehelfen ausgeschlossen, zB wenn der Rechtsbehelfsführer eindeutig nicht klagebefugt sein kann.[22]

3. Ausnahmetatbestände

Aus Gründen überwiegender öffentlicher Belange kann der Gesetzgeber den Rechtsschutzanspruch des Grundrechtsträgers zurückstellen.[23] § 80 Abs. 2 VwGO regelt, wann Widerspruch und Anfechtungsklage in Abweichung vom Regelfall des § 80 Abs. 1 VwGO keine aufschiebende Wirkung haben. Zu unterscheiden sind Ausnahmen kraft Gesetzes (§ 80 Abs. 2 S. 1 Nr. 1–3a, S. 2 VwGO) von solchen aufgrund behördlicher Anordnung (§ 80 Abs. 2 S. 1 Nr. 4 VwGO).[24]

3a

a) Ausnahmen kraft gesetzlicher Regelung

- Zur Sicherstellung der fortlaufenden Deckung des öffentlichen Finanzbedarfs entfällt nach **§ 80 Abs. 2 S. 1 Nr. 1 VwGO** die aufschiebende Wirkung bei Verwaltungsakten, welche die Anforderung von öffentlichen Abgaben und Kosten zum Gegenstand haben. **Abgaben** iSd Vorschrift sind Steuern,[25] Gebühren,[26] öffentlich-rechtliche Beiträge[27] sowie sonstige Sonderabgaben zur Aufwandsdeckung des Abgabengläubigers.[28] Unter **Kosten** versteht man solche, die in einem Verwaltungsverfahren für die öffentlich-rechtliche Tätigkeit einer Behörde entstehen, die normativ bestimmt bzw. bestimmbar sind und regelmäßig zur Abgeltung eines behördlichen Aufwandes anfallen, also die Gebühren und Auslagen des Verwaltungsverfahrens.[29] Umstritten ist in Rspr. und Schrifttum, ob sich die Regelung nur auf selbstständige Kostenforderungen oder auch auf solche bezieht, die lediglich neben oder im Zusammenhang mit der Sachentscheidung geltend gemacht werden. Letzteres ist im Hinblick auf ihre Finanzierungsfunktion zu bejahen. Teilweise wird

4

---

22 Würtenberger/Heckmann, Rn. 575; Koehl JA 2016, 610, 612; OVG Koblenz BauR 2021, 1102; VGH Mannheim VBlBW 2017, 203 (offensichtlich verfristeter Widerspruch).
23 BVerfG NVwZ 2017, 149, 150; s.a. BVerfG NVwZ 2020, 1187, 1188 f.
24 Eingehend Schoch Jura 2001, 671.
25 BVerwGE 154, 49, 51. Die Legaldefinition des Steuerbegriffs findet sich in § 3 Abs. 1 AO. Steuern sind danach Geldleistungen, die nicht eine Gegenleistung für eine besondere Leistung darstellen und die von einem öffentlich-rechtlichen Gemeinwesen zur Erzielung von Einnahmen allen auferlegt werden, bei denen der Tatbestand zutrifft, an den das Gesetz die Leistungspflicht knüpft; die Erzielung von Einnahmen kann Nebenzweck sein. Erfasst werden allerdings von § 80 Abs. 2 S. 1 Nr. 1 VwGO im Wesentlichen nur die kommunalen Verbrauch- und Aufwandsteuern (etwa Getränkesteuer, Hundesteuer) und Realsteuern, die den Gemeinden zustehen (bspw. Gewerbesteuer), vgl. nur Puttler in: Sodan/Ziekow, VwGO, § 80 Rn. 56. Ansonsten gilt die AO und damit die Zuständigkeit der Finanzämter (für das Erlass- und Einspruchsverfahren) sowie der Finanzgerichte; dort gibt es ebenfalls keine aufschiebende Wirkung, vgl. auch § 361 Abs. 1 AO.
26 BVerwGE 154, 49, 51. Gebühren sind zur (zumind. anteilsmäßigen) Kostendeckung bestimmte öffentlich-rechtliche Gegenleistungen in Geld für individuell zurechenbare öffentl. Leistungen, vgl. Schenke, Rn. 1037; dazu zählen bspw. Rundfunkgebühren und Straßenreinigungsgebühren.
27 BVerwGE 154, 49, 51. Unter Beiträgen versteht man Geldleistungen, die zur (zumind. anteilsmäßigen) Deckung des Aufwands einer öffentlichen Einrichtung von denjenigen zu zahlen sind, denen die Einrichtung (potenzielle) Vorteile gewährt, vgl. Schenke, Rn. 1038; Beispiele sind Erschließungsbeiträge, die nach §§ 127 ff. BauGB etwa zur Kostendeckung für die Herstellung der Straßen in einem Neubaugebiet von den Anliegern erhoben werden, und Ausbaubeiträge nach den Kommunalabgabengesetzen der Länder, hins. derer Entsprechendes bei Verbesserungsmaßnahmen an Straßen gilt.
28 Strittig, wie hier W.-R. Schenke in: Kopp/ders., § 80 Rn. 57; offen Puttler in: Sodan/Ziekow, VwGO, § 80 Rn. 57 f. Anders, dh § 80 Abs. 2 S. 1 Nr. 1 VwGO gilt nicht, etwa Schoch, Vorläufiger Rechtsschutz, S. 1208 ff. Für eine weite Auslegung des Abgabenbegriffs auch hins. Säumniszuschlägen OVG Münster KStZ 2021, 32, 35.
29 OVG Greifswald NVwZ-RR 2017, 123, 124; VGH Kassel NVwZ-RR 2020, 759, 760 und dies hins. eines Nutzungsentgelts für eine Nebentätigkeit verneinend; Gersdorf, Rn. 143.

Abweichendes im Falle eines Rechtsbehelfs gegen die Hauptsache vertreten, da dieser regelmäßig auch die Kostenentscheidung umfasse. Zunehmend wird hiervon jedoch abgewichen, weil sonst bestimmte Kostenschuldner im Vergleich zu anderen Klagearten ungerechtfertigt privilegiert würden (außer die Erstreckungswirkung lasse sich dem einschlägigen Kostenrecht entnehmen).[30] Keine Kosten iSd § 80 Abs. 2 S. 1 Nr. 1 VwGO sind dagegen solche, die weder nach festen Sätzen erhoben werden noch ihrer Höhe nach planbarer Gegenstand der Haushaltsplanung sind, wie die Kosten der Ersatzvornahme im Rahmen der Verwaltungsvollstreckung.[31]

- Keine aufschiebende Wirkung kommt auch Widerspruch und Anfechtungsklage gegen **unaufschiebbare** Anordnungen und Maßnahmen von **Polizeivollzugsbeamten** zu, § 80 Abs. 2 S. 1 Nr. 2 VwGO. Die Regelung dient der effektiven Gefahrenabwehr. Angesichts dessen wird sie auf Verkehrszeichen, die Ge- bzw. Verbote enthalten (auch abgelaufene Parkuhren)[32] und dergestalt funktional vergleichbare polizeiliche Maßnahmen, analog angewendet.[33]

- Nach **§ 80 Abs. 2 S. 1 Nr. 3 VwGO** können durch Bundesgesetz[34] oder (für Landesrecht) durch Landesgesetz weitere Ausnahmen vom Grundsatz der aufschiebenden Wirkung vorgesehen werden, insb. für Widersprüche und Klagen Dritter gegen Verwaltungsakte, die **Investitionen** oder die Schaffung von Arbeitsplätzen betreffen. Ein praxisrelevantes Beispiel für eine solche Regelung ist § 212a BauGB, der Widersprüche und Anfechtungsklagen Dritter gegen bauaufsichtliche Zulassungen (Baugenehmigungen,[35] mangels „Zulassung" aber nicht bei den bloß feststellenden Bauvorbescheiden)[36] vom Suspensiveffekt des § 80 Abs. 1 S. 1 VwGO ausnimmt.[37] Des Weiteren entfällt die aufschiebende Wirkung bei den in § 75 Abs. 2 AsylG, § 84 Abs. 1 AufenthG genannten Rechtsbehelfen, im Falle der § 5 Abs. 4 S. 7, § 20 Abs. 12 S. 7, § 36 Abs. 5 S. 5 IfSG oder zB bei Anfechtungsklagen gegen einen Planfeststellungsbeschluss oder eine Plangenehmigung für den Bau oder die Änderung einer Bundesfernstraße, für die ein vordringlicher Bedarf festgestellt wurde (§ 17e Abs. 2 S. 1 FStrG). Gleiches gilt für Widerspruch und Anfechtungsklagen gegen Zulassungsentscheidungen über die in § 2 des Gesetzes zur Beschleunigung des Einsatzes verflüssigten Erdgases (LNGG) genannten Vorhaben (§ 11 Abs. 1 S. 1 LNGG).

- Durch das Gesetz zur Beschleunigung von Investitionen v. 3.12.2020[38] wurde **§ 80 Abs. 2 S. 1 Nr. 3a VwGO** eingefügt. Danach haben Widersprüche und Klagen Dritter gegen Verwaltungsakte, die die Zulassung von Bundesverkehrswegen und

---

30 Mit Nachweisen OVG Magdeburg NVwZ-RR 2017, 347, 348 f.; OVG Bautzen Beschl. v. 3.11.2016 – 1 B 240/16, Rn. 3 juris; aA Koehl JA 2016, 610, 613 (Kostenentscheidung teilt hins. Vollziehbarkeit Schicksal der Hauptsacheentscheidung).
31 Vgl. OVG Greifswald NVwZ-RR 2017, 123, 124; VGH Mannheim NJW 2020, 701, 702 Rn. 14 ff. (Wortlaut: kein Bezug auf alle öffentlich-rechtlichen Geldleistungen; enge Auslegung von Ausnahmen); allg. zur Verwaltungsvollstreckung § 19, dort zur Ersatzvornahme Rn. 6 f.
32 BVerwG NVwZ 1988, 623, 624; BayVGH, Beschl. v. 21.3.2022 – 11 CS 22.57, Rn. 19 juris Koehl JA 2016, 610, 613.
33 Würtenberger/Heckmann, Rn. 591.
34 So haben Widerspruch und Anfechtungsklage gegen beamtenrechtliche Abordnungen oder Versetzungen keine aufschiebende Wirkung, § 54 Abs. 4 BeamtStG, § 126 Abs. 4 BBG.
35 Dazu Gronemeyer BauR 1998, 413.
36 VGH München BayVBl 2019, 204 Rn. 3; OVG Saarlouis BauR 2019, 655, 656; aA Otto NJ 2000, 666.
37 Allg. verfassungsrechtlich gerechtfertigt, vgl. BVerfG NVwZ 2009, 240, 241 f.: Art. 19 Abs. 4 GG gebietet bei drittbelastenden Verwaltungsakten keine automatisch aufschiebende Wirkung des Widerspruchs des Dritten, weil es ansonsten zu einer Privilegierung ggü. dem Genehmigungsempfänger käme.
38 BGBl. 2020 I 2694. S. zum Inhalt BT-Drs. 19/22139, S. 18.

§ 21 Vorläufiger Rechtsschutz bei Verwaltungsakten   § 21

Mobilfunknetzen zum Gegenstand haben und die nicht unter Nr. 3 fallen, keine aufschiebende Wirkung. Da derartige Zulassungsentscheidungen nicht zum Pflichtfachstoff gehören, ist diese Ausnahme zwar praxis-, aber wenig prüfungsrelevant.

- Schließlich gibt es nach Maßgabe des § 80 Abs. 2 S. 2 VwGO weitere landesgesetzliche Ausschlussmöglichkeiten.

b) Ausnahme kraft behördlicher Anordnung

Die aufschiebende Wirkung von Widerspruch und Anfechtungsklage entfällt auch dann, wenn die **Ausgangs- oder Widerspruchsbehörde** im öffentlichen Interesse oder im überwiegenden Interesse eines Beteiligten die **sofortige Vollziehung des Verwaltungsakts anordnet**, § 80 Abs. 2 S. 1 Nr. 4 VwGO. Das kann von Amts wegen wie auf Antrag (bspw. nach § 80a Abs. 1 Nr. 1 oder Abs. 2 VwGO) geschehen.[39] Die Anordnung der sofortigen Vollziehung stellt nach zutreffender Auffassung keinen eigenständigen Verwaltungsakt dar; vielmehr ist sie **nur eine verfahrensrechtliche Nebenentscheidung** (unselbstständiger Annex) mit einer Aussage zu dessen Vollziehbarkeit.[40] Zum einen dürfte es bei der Anordnung sofortiger Vollziehung anders als bei einem Verwaltungsakt kaum zum Eintritt formeller Bestandskraft kommen; jedenfalls aber kann sie nicht selbstständig vollzogen werden. Zum anderen sind als Rechtsschutzmöglichkeiten gegen die Anordnung nach § 80 Abs. 2 S. 1 Nr. 4 VwGO nicht Widerspruch und Anfechtungsklage gesetzlich vorgesehen, sondern ausschließlich die in § 80 Abs. 4 und 5 sowie § 80a VwGO geregelten Verfahren.[41] Auch als Bestandteil bzw. Nebenentscheidung des Verwaltungsakts muss die Vollziehungsanordnung **rechtmäßig** sein[42] und zwar in formeller wie materieller Hinsicht:[43]

5

aa) Formelle Rechtmäßigkeit der Vollziehungsanordnung

In formeller Hinsicht bedarf es zunächst eines Handelns der **zuständigen Behörde**. Das ist gem. § 80 Abs. 2 S. 1 Nr. 4 VwGO die Ausgangs- oder die Widerspruchsbehörde. Die Zuständigkeit der **Widerspruchsbehörde** beginnt nach vorzugswürdiger Auffassung allerdings erst mit der Einlegung des Widerspruchs und endet mit dem Abschluss des Widerspruchsverfahrens. Die hM hält demgegenüber die Widerspruchsbehörde auch außerhalb des Widerspruchsverfahrens für zuständig; begründet wird dies mit dem Wortlaut des § 80 Abs. 2 S. 1 Nr. 4, Abs. 3 VwGO,[44] ferner mit § 80 Abs. 4 S. 1 VwGO.[45] Tatsächlich enthalten die Vorschriften keine explizite Beschränkung der Widerspruchsbehörde auf das Vorverfahren; sie schließen Derartiges aber auch nicht aus. Zur Vermeidung sich überschneidender Zuständigkeiten von Ausgangs- und Widerspruchsbehörde begründet sich daher aus teleologischer Sicht die Zuständigkeit

6

---

39 Schenke, Rn. 1045.
40 OVG Bautzen Beschl. v. 12.1.2017 – 3 B 295/16, Rn. 7 juris; VGH Mannheim Beschl. v. 25.2.2021 – 13 S 3272/20, Rn. 11 juris; Detterbeck, Rn. 1482; Koehl JA 2016, 610, 614; Schenke, Rn. 1046 mwN zur Gegenansicht; bereits § 12 Rn. 13.
41 S.a. VGH Mannheim Beschl. v. 25.2.2021 – 13 S 3272/20, Rn. 11 juris.
42 Eingehend Schenke VerwArch 91 (2000), 587; Schoch Jura 2001, 671; Weidemann/Barthel DVP 2003, 165.
43 Etwa VG Hamburg GewArch 2012, 455, 456; anders Schübel-Pfister JuS 2009, 517, 518: nur in formeller Hinsicht.
44 Vgl. nur Hufen, § 32 Rn. 15 mwN.
45 Schoch in: ders./Schneider, § 80 VwGO Rn. 239.

der Widerspruchsbehörde während der Anhängigkeit des Widerspruchsverfahrens bei ihr.[46]

Umstritten ist weiter, ob der Vollziehungsanordnung eine **Anhörung** nach § 28 Abs. 1 VwVfG vorangehen muss. Da die Anordnung – wie festgestellt (vorstehend Rn. 5) – kein Verwaltungsakt ist, kommt allenfalls eine analoge Anwendung des § 28 Abs. 1 VwVfG in Betracht. Dafür fehlt es aber nach zutreffender Ansicht an einer planwidrigen Regelungslücke, weil der Gesetzgeber in § 80 Abs. 3 VwGO zwar für diese ein Begründungs-, aber kein Anhörungserfordernis wegen des vom Regelfall des § 28 VwVfG abweichenden Eilcharakters der Vollziehungsanordnung aufgestellt hat.[47] Selbst wenn man dieser Ansicht nicht folgt und wie der VGH Mannheim bei einer isolierten Anordnung der sofortigen Vollziehung, die erst später als der Grundverwaltungsakt ergeht, eine Anhörung für notwendig erachtet, könnte ein solcher Anhörungsmangel analog § 45 Abs. 1 Nr. 3 VwVfG durch Nachholung der Anhörung geheilt werden.[48]

Da die sofortige Vollziehung unter den Voraussetzungen des § 80 Abs. 2 S. 1 Nr. 4 VwGO **besonders angeordnet** wird, bedarf es einer eigens auf die sofortige Vollziehung gerichteten Willensentschließung.[49] Soweit nicht die Behörde wegen Gefahr im Verzug eine als solche bezeichnete Notmaßnahme trifft, muss das besondere Interesse an der sofortigen Vollziehung des jeweiligen Verwaltungsakts **schriftlich begründet** werden (§ 80 Abs. 3 VwGO). In Bezug auf die Behörde erfüllt dieses Formerfordernis eine Warn-, für den Betroffenen eine Informations- und für die Verwaltungsgerichte eine Kontrollfunktion.[50] Bei der Begründung ist nicht auf das allgemeine Interesse am Erlass des Verwaltungsakts, sondern auf das besondere Interesse an der sofortigen Vollziehung abzustellen.[51] Formelhafte Wendungen oder bloße Wiederholungen des Gesetzeswortlauts sind keine ausreichende Begründung.[52] Vielmehr muss die Begründung erkennen lassen, dass die Abwägung im Regel-Ausnahme-Verhältnis von aufschiebender Wirkung und Vollziehung ein Überwiegen des Vollziehungsinteresses ergibt.[53] Bei wiederholt und ähnlich auftretenden Konstellationen muss dies nicht in concreto erfolgen; insoweit kann es ausreichen, die typische Interessenlage (etwa Fahruntüchtigkeit wegen Alkoholgenusses) zwecks Rechtfertigung der Vollziehungsanordnung zu benennen. Damit einhergehend muss allerdings belegt werden, dass der Einzelfall dem ent-

---

46 Koehl JA 2016, 610, 614. Zum Vorstehenden, aber für die hM Detterbeck, Rn. 1483, unter zusätzlichem Hinweis auf die Entwicklung des § 80 Abs. 4 S. 1 VwGO.
47 Hamann DVBl. 1989, 969, 971; Koehl JA 2016, 610, 615; Voßkuhle/Wischmeyer JuS 2016, 1079, 1081; anders wohl Renck DVBl. 1990, 1038.
48 VGH Mannheim VBlBW 2018, 467; s.a. OVG Bautzen Beschl. v. 12.1.2017 – 3 B 295/16, Rn. 7 juris.
49 VGH Mannheim Beschl. v. 25.2.2021 – 13 S 3272/20, Rn. 15 juris.
50 OVG Bautzen LKV 2019, 80, 81; OVG Münster NWVBl. 2021, 427; OVG Saarlouis Beschl. v. 2.9.2021 – 1 B 196/21, Rn. 37 juris; Spitzlei Jura 2019, 601, 603.
51 OVG Münster Beschl. v. 23.7.2019 – 1 B 719/19, Rn. 31 juris. S. zur (Teil-)Identität zwischen den Gründen für den Erlass des Verwaltungsakts sowie denjenigen zur Anordnung des Sofortvollzugs VGH München Beschl. v. 27.2.2019 – 10 CS 19.180, Rn. 11 juris.
52 OVG Berl-Bbg LKV 2021, 470, 474; OVG Bautzen LKV 2019, 80, 81.
53 OVG Weimar ThürVBl 2012, 197, 198; OVG Schleswig Beschl. v. 23.1.2017 – 4 MB 2/17, Rn. 3 juris; angesichts dessen spricht allerdings einiges dafür, diese Maßgabe als solche der materiellen Rechtmäßigkeit der Vollziehungsanordnung einzuordnen, dazu Rn. 7. Dazu, dass sich das besondere Interesse für die Anordnung des Sofortvollzugs einer tierschutzrechtlichen Anordnung bei einer konkreten Gefährdung der Tiere mit demjenigen der Grundverfügung decken kann, VGH München Beschl. v. 31.1.2017 – 9 C 16.2022, Rn. 10 juris.

spricht. Gänzlich ausfallen darf mithin die Begründung auch bei solcher Typik nicht.[54] Da es sich bei § 80 Abs. 3 S. 1 VwGO nur um eine formelle Anforderung handelt, ist dagegen unerheblich, ob die für das besondere Vollziehungsinteresse angeführten Gründe materiell auch überzeugen oder inhaltlich richtig sind.[55]

Mangelt es an einer ordnungsgemäßen formellen Begründung, führt dies zur Rechtswidrigkeit der Vollziehungsanordnung, nicht zu ihrer Nichtigkeit. Eine Heilung der Rechtswidrigkeit durch Nachholung der Begründung[56] – etwa (auch) durch behördliche Stellungnahme im gerichtlichen Verfahren – scheidet nach überwiegender, zutreffender Ansicht aus, weil die Heilungsvorschrift des § 45 VwVfG wie auch das (allerdings materiell wirkende) Nachschieben von Gründen nach § 114 S. 2 VwGO allein auf Verwaltungsakte anwendbar sind.[57] Einer entsprechenden Heranziehung der Bestimmungen stehen schon der Ausnahmefall einer behördlichen Vollziehungsanordnung und die Warnfunktion des besonderen Begründungserfordernisses entgegen. Ohnehin dürfte es an der erforderlichen Regelungslücke fehlen: Das Gesetz verzichtet nach § 80 Abs. 3 S. 2 VwGO auf die Begründung nur für als solche bezeichnete Notstandsmaßnahmen, die bei Gefahr im Verzug im öffentlichen Interesse getroffen werden.[58]

bb) Materielle Rechtmäßigkeit der Vollziehungsanordnung

Die Anordnung der sofortigen Vollziehung ist materiell rechtmäßig, wenn sie **im öffentlichen Interesse** oder **im überwiegenden Interesse eines Beteiligten** (bspw. des durch den Verwaltungsakt Begünstigten) getroffen wird, § 80 Abs. 2 S. 1 Nr. 4 VwGO. Dem liegt der Gedanke zugrunde, dass die aufschiebende Wirkung eines Rechtsbehelfs die Regel darstellt, die Vollziehungsanordnung als Ausnahme von dieser Regel mithin einer **besonderen Rechtfertigung** bedarf.[59] Das Interesse an sofortiger Vollziehung ist folglich nicht mit dem den Erlass des Verwaltungsakts rechtfertigenden Interesse gleichzusetzen; es muss grds. darüber hinausgehen.[60] Es kann sich aber daraus ergeben, dass der Verwaltungsakt den Schutz bedeutender Rechtsgüter wie Leben und Gesundheit bezweckt und damit von der (gleichsam überschießenden) Begründung des Verwaltungsakts mitgetragen wird.

7

Eine Rechtfertigung iSd § 80 Abs. 2 S. 1 Nr. 4 VwGO wird teilweise bei isolierter Anfechtung einer Nebenbestimmung (dazu § 18 Rn. 16 f.) angenommen, weil der Adressat dadurch, nämlich infolge der

---

54 OVG Magdeburg NVwZ-RR 2022, 622, 627; OVG Saarlouis Beschl. v. 2.9.2021 – 1 B 196/21, Rn. 38 juris; zur Zulässigkeit einer textbausteinartigen Begründung beim Massenphänomen des Einbaus illegaler Abschalteinrichtungen in Kfz VGH Mannheim NJW-RR 2020, 411, 413.
55 OVG Berl-Bbg LKV 2021, 470, 474; s.a. OVG Saarlouis Beschl. v. 2.9.2021 – 1 B 196/21, Rn. 37 juris.
56 Natürlich kann eine gänzlich neue Vollziehungsanordnung mit der gebotenen Begründung ergehen, vgl. nur Schübel-Pfister JuS 2012, 993, 997.
57 VGH München NVwZ-RR 2002, 646; VGH Mannheim BeckRS 2011, 55095; W.-R. Schenke in: Kopp/ders., § 80 Rn. 87. AA aus Gründen der Prozessökonomie Tietje DVBl. 1998, 124, 127 ff.; OVG Berl-Bbg NVwZ-RR 2008, 727; Nachholen auch noch im gerichtlichen Aussetzungsverfahren; OVG Lüneburg NdsVBl 2014, 286, 287.
58 S.a. Koehl JA 2016, 610, 614.
59 BVerfGE 35, 382, 402; 69, 233, 244; OVG Magdeburg LKV 2021, 520, 523 f.; Würtenberger/Heckmann, Rn. 597.
60 BVerfGE 35, 382, 402; OVG Magdeburg LKV 2021, 520, 523 f.; Schenke, Rn. 1058; dies lässt sich bereits dem Formerfordernis entnehmen, vgl. vorstehend Rn. 6; nur ausnahmsweise, etwa bei detailliert normierten Eingriffsvorschriften im Recht der Gefahrenabwehr, kann das öffentliche Interesse am Erlass der Verfügung zugleich ein besonderes Vollziehungsinteresse darstellen, vgl. nachfolgend im Text; ausführlich zu alledem W.-R. Schenke in: Kopp/ders., § 80 Rn. 92.

aufschiebenden Wirkung nach § 80 Abs. 1 VwGO, eine sofort wirksame Begünstigung ohne Beschränkung erhält.[61]

In Betracht kommen auch rein fiskalische Interessen (vgl. § 80 Abs. 2 S. 1 Nr. 1 VwGO), wenn sie nur gewichtig genug sind.[62] Insofern ist der Grad der dem zu schützenden Rechtsgut drohenden Gefahr mit zu berücksichtigen. **Unionsrecht** vermag ebenfalls das besondere Vollziehungsinteresse zu begründen. So kann sein gleichmäßiger Vollzug eine Anordnung erforderlich machen; § 80 Abs. 2 S. 1 Nr. 4 VwGO eröffnet hierfür den notwendigen Regelungsspielraum.[63]

Zwingend kann die Anordnung der sofortigen Vollziehung allenfalls bei einer entsprechenden unionsrechtlichen Pflicht zur sofortigen Vollziehung des einschlägigen Unionsrechts werden; Gleiches gilt im Fall eines hierauf gerichteten bestandskräftigen Kommissionsbeschlusses[64] (Art. 288 Abs. 4 AEUV).

Der Rechtmäßigkeit des Verwaltungsakts kommt für die materielle Rechtmäßigkeit der Vollziehungsanordnung eher untergeordnete Bedeutung zu. Lediglich die offensichtliche Rechtswidrigkeit des Verwaltungsakts lässt das Interesse an der sofortigen Vollziehung entfallen.[65] Umgekehrt stellt selbst die offensichtliche Rechtmäßigkeit des Verwaltungsakts keinen ausreichenden Grund für die Vollziehungsanordnung dar, sondern kann allenfalls die an das (rechtfertigende) Interesse zu stellenden Anforderungen reduzieren.[66] Insb. wenn die Vollziehung des Verwaltungsakts Unabänderliches bewirken würde, ist der Rechtsschutzanspruch des Einzelnen mit hohem Gewicht in die Abwägung der konkurrierenden Interessen einzustellen.[67]

Aufbautechnisch wird Letzteres vielfach der allgemeinen Begründetheitsprüfung vorangestellt, wie sie nachfolgend abgehandelt wird (vgl. Rn. 14). Dann folgt bei (offensichtlicher) Rechtmäßigkeit der Verfügung die weitere Feststellung, dass dies allein die sofortige Vollziehung nicht rechtfertigt, es hierfür vielmehr eines besonderen (Rechtfertigungs-)Grunds bedarf. Die vorstehende Prüfung der materiellen Rechtmäßigkeit der Vollziehungsanordnung wird nach jener Sicht also in die Frage nach der allgemeinen Begründetheit des Antrags gem. § 80 Abs. 5 VwGO verlagert. In der Sache selbst, also mit Blick auf die materiellrechtlichen Anforderungen an das besondere Interesse, ändert sich dadurch nichts.

Die Anordnung der sofortigen Vollziehung steht im pflichtgemäßen **Ermessen** (vgl. § 14 Rn. 36 ff.) der Behörde. Sofern die Vollziehungsanordnung im Interesse eines Beteiligten ergeht, kann das Gebot effektiven Rechtsschutzes (Art. 19 Abs. 4 GG) eine Ermessensreduzierung auf Null (dazu § 14 Rn. 48) nach sich ziehen.[68]

4. § 80 Abs. 1, 2 VwGO und Unionsrecht

8   Da im **Unionsrecht** die aufschiebende Wirkung von Rechtsbehelfen nicht dermaßen ausgeprägt ist, wie im deutschen Recht,[69] bedarf es der Vergewisserung, wie sich § 80 Abs. 1, 2 VwGO zum supranationalen Recht verhalten. Der kraft Gesetzes eintretende Suspensiveffekt des § 80 Abs. 1 VwGO bereitet keinerlei Probleme, wenn dieser der

---

61 Maurer/Waldhoff, § 12 Rn. 28; dort auch zu den in jener Konstellation ggü. der (Haupt-)Verfügung potenziell eröffneten Möglichkeiten des Widerrufs resp. der Rücknahme und der Drittanfechtung.
62 Vgl. Schenke, Rn. 1058.
63 EuGH, Slg 1990, 2879, 2908; Schenke, Rn. 1058; Würtenberger/Heckmann, Rn. 85; Schoch Jura 2001, 671, 672.
64 EuGH EuZW 2007, 56.
65 Detterbeck, Rn. 1487; ernsthafte Zweifeln äußernd, VG Hamburg GewArch 2012, 455, 456.
66 BVerfG NVwZ 1996, 58, 59; Schenke, Rn. 1058; vgl. W.-R. Schenke in: Kopp/ders., § 80 Rn. 159 mwN.
67 OVG Magdeburg LKV 2021, 520, 524.
68 Vgl. Würtenberger/Heckmann, Rn. 598 mwN.
69 Dazu Knickmeier, Europäisierung des Verwaltungsprozessrecht, S. 30 ff.

Durchsetzung unionsrechtlicher Vorgaben dient. Gebietet dagegen die Effektivität des Unionsrechts dessen Vollziehung, kann dem entweder durch gesetzliche Anordnung des Entfallens der aufschiebenden Wirkung nach § 80 Abs. 2 S. 1 Nr. 3 VwGO oder – wie meistens – mangels einer solchen durch Anordnung der sofortigen Vollziehung des Verwaltungsakts im jeweiligen Einzelfall nach § 80 Abs. 2 S. 1 Nr. 4 VwGO unter Verweis auf das besondere öffentliche Vollzugsinteresse zur effektiven Durchsetzung des Unionsrechts Rechnung getragen werden.[70]

5. Antrag auf Anordnung oder Wiederherstellung der aufschiebenden Wirkung allgemein

Auf Antrag kann das **Gericht** gem. § 80 Abs. 5 S. 1 VwGO in den Fällen des § 80 Abs. 2 S. 1 Nr. 1–3 VwGO[71] die **aufschiebende Wirkung „anordnen"**, bei § 80 Abs. 2 S. 1 Nr. 4 **„wiederherstellen"** (dh mit Rückwirkung, vgl. § 19 Rn. 25, anhand der Verwaltungsvollstreckung), und zwar in beiderlei Hinsicht ganz oder teilweise. In der Klausur ist darauf zu achten, die statthafte Antragsart präzise als **Antrag auf Anordnung oder Wiederherstellung der aufschiebenden Wirkung** zu bezeichnen.[72]

Richtet sich der Antrag gegen die Anforderung von **Abgaben oder Kosten iSd § 80 Abs. 2 S. 1 Nr. 1 VwGO**, muss zuvor ein **Antrag auf Aussetzung der Vollziehung bei der Behörde**, § 80 Abs. 4 VwGO, (erfolglos) verfolgt worden sein, § 80 Abs. 6 S. 1 VwGO.[73]

Dabei handelt es sich nach hM um eine Gerichtszugangsvoraussetzung, nicht aber um eine Sachentscheidungs- bzw. Zulässigkeitsvoraussetzung; begründet wird dies mit dem Wortlaut des § 80 Abs. 6 S. 1 VwGO („abgelehnt hat") und dessen Sinn und Zweck (Vorrang der verwaltungsinternen Kontrolle sowie Entlastung der Gerichte). Deshalb muss die Maßgabe bereits bei Stellung des Antrags nach § 80 Abs. 5 S. 1 VwGO erfüllt sein und kann im gerichtlichen Verfahren nicht nachgeholt werden.[74] S. aber Satz 2 zu den Ausnahmen von Satz 1.

Die Erfolgsaussichten des Antrags nach § 80 Abs. 5 VwGO stehen – wie bei der verwaltungsgerichtlichen Klage – in Abhängigkeit von seiner Zulässigkeit und Begründetheit:[75]

a) Zulässigkeit des Antrags

aa) Statthaftigkeit

Der **Antrag** nach § 80 Abs. 5 S. 1 VwGO ist statthaft, wenn der Antragsteller vorläufigen Rechtsschutz in Bezug auf einen **Verwaltungsakt** begehrt, bei dem Widerspruch und Anfechtungsklage gem. § 80 Abs. 2 VwGO **keine aufschiebende Wirkung** entfalten. Dementsprechend muss in der Hauptsache die Anfechtungsklage die statthafte

---

70 Dazu Ludwigs/Pascher JuS 2022, 501 ff.; Schoch in: ders./Schneider, § 80 VwGO Rn. 71 f., OVG Berl-Bbg Beschl. v. 30.11.2020 – OVG 12 S 34/20, Rn. 10 juris. S. dazu auch Huber in: Kahl/Ludwigs, II, § 54 Rn. 61.
71 Analog auch im Fall des § 80 Abs. 2 S. 2 VwGO, weil es dort ebenfalls um einen gesetzlich eintretenden Ausschluss der aufschiebenden Wirkung geht.
72 Spitzlei Jura 2019, 600, 601.
73 Dazu, dass ein solcher Antrag nicht unter Verweis auf seine offensichtliche Aussichtslosigkeit entbehrlich ist, OVG Münster UPR 2017, 265, 270.
74 Etwa OVG Lüneburg Beschl. v. 30.11.2021 – 9 ME 257/21, Rn. 6 juris; VGH München Beschl. v. 22.9.2021 – 6 CS 21.2257, Rn. 7 juris; Koehl JA 2016, 610, 615; anders VGH München BayVBl 2009, 116: reiner Formalismus; dagegen wiederum mit guten Gründen Pesch NWVBl 2011, 303; Széchényi BayVBl 2013, 9, 11 f., unter Hinweis auf Art. 19 Abs. 4 GG.
75 Dazu instruktiv Schoch Jura 2002, 37.

Klageart sein (s.a. § 123 Abs. 5 VwGO).[76] Untersuchungsbedürftig wird folglich, ob ein **Verwaltungsakt** iSd § 35 VwVfG vorliegt, der weder bestandskräftig noch erledigt ist (vgl. Rn. 3); auch ein fingierter, dh aufgrund bloßen Zeitablaufs gesetzlich als ergangen unterstellter Verwaltungsakt reicht aus.[77]

11 Nach § 80 Abs. 5 S. 2 VwGO kann der Antrag **schon vor Erhebung der Anfechtungsklage** gestellt werden. Umstritten ist jedoch, ob der Antragsteller vor einem Antrag nach § 80 Abs. 5 VwGO Widerspruch eingelegt haben muss, wenn vor Erhebung der Anfechtungsklage ein Vorverfahren durchzuführen ist. Als Argumente für dieses Erfordernis werden genannt, dass man bei Erlass des § 80 Abs. 5 S. 2 VwGO vom Normalfall des vor Erhebung der Anfechtungsklage zu durchlaufenden Widerspruchsverfahrens ausgegangen sei.[78] Auch für denjenigen, der vorläufigen Rechtsschutz begehrt, wird eine kurzfristige Einlegung des entsprechenden Rechtsbehelfs (grds.) für zumutbar und naheliegend erachtet.[79] Schließlich sei die gesetzlich vorgesehene Anordnung bzw. Wiederherstellung der aufschiebenden Wirkung eines Rechtsbehelfs ausgeschlossen, wenn es keinen Widerspruch als Rechtsbehelf gibt.[80] Diese Ansicht ist jedoch nicht überzeugend. Aus Gründen effektiven Rechtsschutzes soll auch der gegen eine ihn belastende Entscheidung Eilrechtsschutz Begehrende die ihm zustehenden Widerspruchsfristen voll ausschöpfen können.[81] Auch leuchtet es nicht ein, dass in Konstellationen, in denen kein Widerspruchsverfahren vorgesehen ist, der Antrag sofort gestellt werden kann, bei Erforderlichkeit der Durchführung eines Widerspruchsverfahrens dies jedoch nicht möglich sein soll.[82] Die Verwaltungsgerichte können auch die aufschiebende Wirkung eines noch zu erhebenden Widerspruchs anordnen, aus § 80 Abs. 1 S. 1 VwGO folgt lediglich, dass der Suspensiveffekt dann eben erst mit dessen Erhebung eintritt.[83]

12 Strittig ist, welcher Rechtsbehelf statthaft ist, wenn eine Behörde einen Verwaltungsakt trotz Suspensiveffekts vollziehen möchte und der Rechtsbehelfsführer die **Feststellung der aufschiebenden Wirkung** begehrt. Während Teile im Schrifttum für eine Anwendung des § 123 Abs. 1 VwGO eintreten, weil diese Rechtsschutzmöglichkeit vom Wortlaut des § 80 Abs. 5 S. 1 VwGO nicht vorgesehen sei, wendet die vorzugswürdige Meinung dagegen § 80 Abs. 5 S. 1 VwGO unter Heranziehung des a maiore ad minus Gedankens analog an.[84] Zwar ist eine entsprechende (feststellende) Entscheidung des Gerichts nicht vollstreckbar; die Behörde kann aber mit einem Annexantrag nach § 80 Abs. 5 S. 3 VwGO (ebenfalls analog) zur Unterlassung der weiteren Vollziehung verpflichtet werden.[85] Im Regelfall dient der Annexantrag nach § 80 Abs. 5 S. 3 VwGO

---

76 Detterbeck, Rn. 1497.
77 Detterbeck, Rn. 1497; bspw. Vorgehen des Nachbarn gegen eine nach § 63 Abs. 2 S. 2 LBauO M-V oder § 64 Abs. 3 S. 5 SaarLBO fingierte Baugenehmigung des Bauherrn. Allg. zum fingierten (auch fiktiven) Verwaltungsakt Peine JA 2004, 417 f.; zu § 42a VwVfG vgl. § 13 Rn. 1.
78 Detterbeck, Rn. 1498.
79 Detterbeck, Rn. 1498; Koehl JA 2016, 610, 616.
80 Würtenberger/Heckmann, Rn. 607; dazu, dass es ausreicht, wenn ein solcher Antrag bis zur gerichtlichen Entscheidung vorliegt, Koehl JA 2016, 610, 616.
81 OVG Münster KStZ 2021, 32 f.; Martini, S. 193; Schenke, Rn. 1069.
82 Puttler in: Sodan/Ziekow, VwGO, § 80 Rn. 129; W.-R. Schenke in: Kopp/ders., § 80 Rn. 139.
83 OVG Münster KStZ 2021, 32, 33.
84 VGH München NVwZ-RR 2020, 619, 619 f., auch für Fälle eines drohenden faktischen Vollzugs; Spilker Ad Legendum 2017, 104, 105.
85 Schenke, Rn. 1095.

allerdings der Vollzugsfolgenbeseitigung.[86] Er wird – wie der entsprechende Antrag im Rahmen der Anfechtungsklage (§ 113 Abs. 1 S. 2 VwGO, dazu § 20 Rn. 35) – zusätzlich zum Antrag nach § 80 Abs. 5 S. 1 VwGO gestellt. Besondere Zulässigkeitsvoraussetzungen bestehen dafür (auch hier) nicht.

bb) Weitere Zulässigkeitsvoraussetzungen

Die **besonderen** Zulässigkeitsvoraussetzungen für einen Antrag nach § 80 Abs. 5 S. 1 VwGO entsprechen weitestgehend denen der Anfechtungsklage. Um Popularanträge auszuschließen, ist die **Antragsbefugnis** des Antragstellers analog § 42 Abs. 2 Hs. 2 VwGO zu prüfen. Dieser muss also eine Verletzung eigener Rechte geltend machen.[87] Der **Antragsgegner** bestimmt sich in entsprechender Anwendung des § 78 VwGO; es gilt also bei landesgesetzlicher Öffnung auch Abs. 1 Nr. 2 der Vorschrift (zur Bestimmung des Klagegegners nach § 78 VwGO vgl. § 20 Rn. 24). Die Durchführung eines **Vorverfahrens** ist dagegen keine Voraussetzung für einen Antrag auf Anordnung bzw. Wiederherstellung der aufschiebenden Wirkung. Je nachdem, welche Position man bevorzugt, muss jedoch vor der Antragstellung, wie behandelt (dazu Rn. 11), zumindest ein Widerspruch als Rechtsbehelf eingelegt werden – aber eben nur dieses. Die Einhaltung der **Antragsfrist** bedarf grds. keiner gesonderten Prüfung; hierum geht es bereits im Rahmen der Statthaftigkeit des Antrags unter dem Aspekt der Bestandskraft (vgl. Rn. 10). Anders ist dies nur, wenn spezialgesetzlich eine Antragsfrist statuiert wird (zB § 34a Abs. 2 S. 1 AsylG, § 58a Abs. 4 S. 2 AufenthG oder § 11 Abs. 1 S. 2 LNGG zum beschleunigten Einsatz verflüssigten Erdgases). Die **allgemeinen** Zulässigkeitsvoraussetzungen gelten auch im Rahmen des vorläufigen Rechtsschutzes; es ergeben sich – mit Ausnahme von Sonderkonstellationen[88] und des Rechtsschutzbedürfnisses, auf das sogleich eingegangen wird – keine Besonderheiten; insoweit kann deshalb verwiesen werden (zu den allg. Zulässigkeitsvoraussetzungen s. § 20 Rn. 25 ff., § 5 Rn. 4 ff., 21 ff.).

Für das allgemeine **Rechtsschutzbedürfnis** gelten bei einem Antrag nach § 80 Abs. 5 S. 1 VwGO zunächst die bereits dargestellten Anforderungen (dazu § 20 Rn. 29 f.). Bei Erfüllung aller anderen Zulässigkeitsvoraussetzungen fehlt dieses nur ausnahmsweise, soweit die Anordnung oder Wiederherstellung der aufschiebenden Wirkung zu keiner Verbesserung der Rechtsstellung des Antragstellers führen könnte oder auch ohne gerichtliche Entscheidung eine Vollziehung des Verwaltungsakts ausgeschlossen ist.[89] Darüber hinaus wird verlangt, dass der **eingelegte Rechtsbehelf**, dessen Suspensiveffekt anzuordnen bzw. wiederherzustellen ist, **nicht offensichtlich unzulässig** ist, weil ein solcher Rechtsbehelf keine aufschiebende Wirkung (vorstehend Rn. 2 f.) zu entfalten vermag.[90] Keine generelle Voraussetzung für die Bejahung des allgemeinen Rechtsschutzinteresses ist dagegen ein vorheriger Antrag auf Anordnung bzw. Wiederherstellung des Suspensiveffekts bei der Behörde. Ein solcher **vorheriger Antrag nach § 80 Abs. 4**

---

86 Näher Brosius-Gersdorf JA 2010, 41, 43 ff.; dort auch, aaO, 45 f., zur Vollzugsfolgenbeseitigung im Dreiecksverhältnis: § 80a Abs. 3 iVm § 80a Abs. 1 Nr. 2 Alt. 2 VwGO; zum einstweiligen Rechtsschutz bei Verwaltungsakten mit Drittwirkung nach § 80a VwGO vgl. Rn. 19 ff.
87 BVerwG NVwZ 2018, 1485, 1486 f.; Koehl JA 2016, 610, 616 f. Näher zur Klagebefugnis unter § 9 Rn. 10 ff.
88 Richtiger Antragsgegner ist die Widerspruchsbehörde (bzw. deren Rechtsträger), wenn diese und nicht die Ausgangsbehörde die sofortige Vollziehung angeordnet hat, und zwar auch dann, wenn sie einem anderen Rechtsträger angehört als die Ausgangsbehörde, OVG Münster NJW 1995, 2242; Hufen, § 32 Rn. 37; anders (Ausgangsbehörde/deren Rechtsträger) VGH Mannheim NVwZ 1995, 1221.
89 BVerfG InfAuslR 2020, 397, 398 Rn. 14.
90 Detterbeck, Rn. 1499.

VwGO ist nach dem Wortlaut des § 80 Abs. 6 VwGO nur in den Fällen des § 80 Abs. 2 S. 1 Nr. 1 VwGO erforderlich, also bei Anträgen, welche die Anordnung der aufschiebenden Wirkung eines Rechtsbehelfs gegen Verwaltungsakte zur Anforderung öffentlicher **Abgaben** und **Kosten** zum Gegenstand haben.[91]

b) Begründetheit des Antrags

15 Bei der Prüfung der Begründetheit ist zwischen dem Antrag auf Anordnung der aufschiebenden Wirkung und jenem auf Wiederherstellung der aufschiebenden Wirkung zu unterscheiden.

- Der **Antrag auf Anordnung der aufschiebenden Wirkung** nach § 80 Abs. 5 S. 1 Alt. 1 VwGO ist begründet, wenn das Aussetzungsinteresse (des Antragstellers) das Interesse an der Vollziehung des Verwaltungsakts überwiegt. Das richtet sich in erster Linie nach den **Erfolgsaussichten** im Hauptsacheverfahren, die nur dann bestehen, wenn der zu vollziehende Verwaltungsakt rechtswidrig und der Antragsteller dadurch in seinen Rechten verletzt ist;[92] dabei sind etwaige Bedenken an der Unionsrechtskonformität der zugrunde gelegten Norm zu berücksichtigen.[93] Wird es im späteren Hauptsacheverfahren voraussichtlich zu einer Vorlage des dann letztinstanzlich entscheidenden Gerichts an den EuGH kommen, wird in diesen Konstellationen regelmäßig nicht von einer offensichtlichen Rechtmäßigkeit des Verwaltungsakts ausgegangen werden können.[94] Angesichts der Kürze der zur Verfügung stehenden Zeit nehmen die Gerichte im vorläufigen Rechtsschutz **grds. nur eine summarische Prüfung** der Erfolgsaussichten vor. Droht dem Antragsteller jedoch eine erhebliche Verletzung seiner Grundrechte, die sich durch eine spätere, seiner Klage stattgebende Entscheidung nicht mehr beseitigen lässt, ist das Gericht von Verfassungs wegen zu einer eingehenden tatsächlichen und rechtlichen Prüfung gehalten, außer es würden überwiegende, besondere Gründe entgegenstehen.[95] In einer Klausur oder Hausarbeit sollte kurz auf den Prüfungsmaßstab des Gerichts im vorläufigen Rechtsschutz hingewiesen, dann aber die Erfolgsaussichten umfassend untersucht und abschließend beurteilt werden (zur Rechtmäßigkeit von Verwaltungsakten s. §§ 14 f.). Insoweit und hins. der Rechtsverletzung gilt das zur Anfechtungsklage Ausgeführte (vgl. § 20 Rn. 34).
Bei offener resp. kurzfristig nicht aufklärbarer Rechtslage nimmt das Gericht eine eigenständige **Abwägung** anhand des Gewichts besagter Interessen vor.[96]
In den Fällen des § 80 Abs. 2 S. 1 Nr. 1–3a VwGO dürfen die Gerichte bei ihrer Entscheidung berücksichtigen, dass der Gesetzgeber sich grds. für die sofortige Vollziehung entschieden hat. Deshalb sind die Gerichte nach dem BVerfG neben

---

91 Koehl JA 2016, 610, 617. Näher Schenke, Rn. 1075, mit überzeugender Ablehnung einer diesbzgl. Unterscheidung zwischen direkt belastenden und drittbelastenden Verwaltungsakten.
92 Vgl. Würtenberger/Heckmann, Rn. 613.
93 Vgl. BVerfG DVBl. 2018, 370, 371 f. Allerdings bindet der EuGH NJW 1996, 1333, 1334 f. die Anordnung der aufschiebenden Wirkung an folgende Voraussetzungen: erhebliche Zweifel an der Gültigkeit des Unionsrechtsakts, Vorlage an den EuGH, unerlässlich für die Abwendung schwerer und nicht wiedergutzumachender Nachteile, angemessene Berücksichtigung der Interessen der Union; s.a. Ludwigs/Pascher JuS 2022, 497, 502.
94 BVerfG DVBl. 2018, 370, 371 f.
95 BVerfG NVwZ 2017, 149, 150; ZBR 2020, 305, 307 Rn. 25 (wenn das einstweilige Rechtsschutzverfahren vollständig die Bedeutung des Hauptsacheverfahrens übernimmt); dazu auch Voßkuhle/Wischmeyer JuS 2016, 1079, 1081.
96 BVerwG Beschl. v. 19.12.2014 – 7 VR 5/14, Rn. 9 juris. S.a. BVerfG NvwZ 2019, 1827, 1828 Rn. 26.

einer Prüfung der Erfolgsaussichten in der Hauptsache „zu einer Einzelfallbetrachtung grds. nur im Hinblick auf solche Umstände angehalten, die von den Beteiligten vorgetragen werden und die Annahme rechtfertigen können, dass im konkreten Fall von der gesetzgeberischen Grundentscheidung ausnahmsweise abzuweichen ist".[97] Hat ein Gericht bei einem von Gesetzes wegen sofort vollziehbaren Verwaltungsakt keine ernsthaften Zweifel an dessen Rechtmäßigkeit bzw. hält diesen sogar für offensichtlich rechtmäßig, kann es den Antrag nach § 80 Abs. 5 S. 1 Alt. 1 VwGO ohne Weiteres ablehnen.[98]

- Im Unterschied zur Begründetheitsprüfung von Anträgen nach § 80 Abs. 5 S. 1 Alt. 1 VwGO auf Anordnung der aufschiebenden Wirkung ist die Begründetheitsprüfung eines Antrags auf **Wiederherstellung der aufschiebenden Wirkung** zweistufig. Der Antrag auf Wiederherstellung der aufschiebenden Wirkung gem. § 80 Abs. 5 S. 1 Alt. 2 VwGO ist begründet, wenn entweder die **Vollzugsanordnung formell rechtswidrig** ist (Verstoß gegen Zuständigkeit, Verfahren, Form) und/oder das **Suspensivinteresse des Antragstellers das öffentliche Vollziehungsinteresse in der Abwägung überwiegt**.[99] Für Letzteres ist wiederum auf die Erfolgsaussichten in der Hauptsache abzustellen, die vom Verwaltungsgericht grds. nur summarisch, in der Klausur dagegen eingehend zu prüfen sind.[100] Das Aussetzungsinteresse des Antragstellers überwiegt, wenn der Verwaltungsakt **rechtswidrig** und er dadurch in seinen **Rechten verletzt** ist (das Gebot einer Interessenabwägung bei offener Rechtslage gilt ebenfalls; dazu Rn. 15). Es kann kein legitimes öffentliches Interesse an der Vollziehung eines rechtswidrigen Verwaltungsakts bestehen. Umstritten ist, ob bei Vorliegen eines offensichtlich rechtmäßigen Verwaltungsakts noch das Vorliegen eines besonderen Vollzugsinteresses geprüft werden muss. Während einige meinen, bei Vorliegen eines rechtmäßigen Verwaltungsakts könne der Antragsteller kein schutzwürdiges Aussetzungsinteresse haben,[101] verlangt ua das BVerfG das Vorliegen eines besonderen Vollzugsinteresses, das über jenes Interesse, das den Verwaltungsakt selbst rechtfertigt, hinausgeht. Es sei durch eine Abwägung der involvierten Interessen im Einzelfall zu prüfen, ob der Rechtsschutzanspruch des Einzelnen ausnahmsweise hinter den Vollzugsbelangen zurückzutreten hat.[102] Dies stützt auch die Grundregel in § 80 Abs. 1 VwGO, die das Aussetzungsinteresse des Rechtsbehelfsführers für den Regelfall über das Vollzugsinteresse des Staates stellt.

- Umstritten ist, wie das Gericht bei Vorliegen einer **formell rechtswidrigen Anordnung der sofortigen Vollziehung** zu entscheiden hat. Während einige sich auf den Standpunkt stellen, dass das Gericht, wie in § 80 Abs. 5 S. 1 Alt. 2 VwGO genannt, die aufschiebende Wirkung des Widerspruchs **wiederherstellt**, vertreten andere, bei allein formell rechtswidriger Vollziehungsanordnung dürfe lediglich deren **Aufhebung** angeordnet werden, weil anderenfalls die Behörde am Erlass einer neuen, rechtmäßigen Vollziehungsanordnung gehindert sei.[103] Dieser Beschränkung bedarf es jedoch nicht, weil die gerichtliche Wiederherstellung des Suspensiveffekts nur

16

---

97 BVerfG NVwZ 2004, 93, 94.
98 BVerfG NVwZ 2017, 470, 471.
99 Spilker Ad Legendum 2017, 104, 106 f.; Voßkuhle/Wischmeyer JuS 2016, 1079, 1081.
100 Voßkuhle/Wischmeyer JuS 2016, 1079, 1081.
101 BVerwG NJW 1974, 1294, 1295.
102 BVerfG NVwZ 2009, 240, 242; Voßkuhle/Wischmeyer JuS 2016, 1079, 1082.
103 OVG Schleswig NVwZ-RR 1996, 149; OVG Münster NWVBl 1994, 425; OVG Weimar DÖV 1994, 1014; VG Gera LKV 2015, 190, 192; dazu auch Spitzlei Jura 2019, 601, 603.

dem Erlass einer **unveränderten** behördlichen (Vollziehungs-)Anordnung entgegensteht.[104] Zu dieser Streitfrage braucht nicht Stellung genommen werden, wenn die weitere Prüfung ergibt, dass der Verwaltungsakt rechtswidrig ist und aufgrund dessen eine Anordnung des Sofortvollzugs unter Vermeidung des Begründungsmangels ausscheidet.[105]

- In Konstellationen, in denen eine Behörde einen Verwaltungsakt trotz aufschiebender Wirkung des Widerspruchs bzw. der Anfechtungsklage **faktisch vollzieht**, stellt das Gericht analog § 80 Abs. 5 S. 1 VwGO die aufschiebende Wirkung des Rechtsbehelfs fest. In diesem Verfahren nimmt das Gericht keine Interessenabwägung aufgrund einer nur summarischen Prüfung vor, sondern hat abschließend und vollständig darüber zu befinden, ob dem eingelegten Rechtsbehelf aufschiebende Wirkung zukommt.[106]

- Wurde neben einem Antrag auf Anordnung bzw. Wiederherstellung der suspendierenden Wirkung noch ein Annexantrag auf Vollzugsfolgenbeseitigung gem. **§ 80 Abs. 5 S. 3 VwGO** gestellt, ist – sofern der Hauptantrag begründet ist – das Vorliegen eines **Vollzugsfolgenbeseitigungsanspruchs** (dazu § 41 Rn. 2 ff.) zu untersuchen. Entgegen der Formulierung „kann" in § 80 Abs. 5 S. 3 VwGO besteht eine prinzipielle Pflicht zur gerichtlichen Anordnung der Rückgängigmachung des Vollzuges (str.).[107] Auch insoweit stimmt die Regelung mit § 113 Abs. 1 S. 2 VwGO (dazu § 20 Rn. 35) überein. Einer gerichtlichen Anordnung nach § 80 Abs. 5 S. 3 VwGO kann allerdings der Verhältnismäßigkeitsgrundsatz entgegenstehen (bei begünstigten Dritten). Zwar wirkt die gerichtliche Entscheidung nach § 80 Abs. 5 S. 1 Alt. 1 oder Alt. 2 VwGO grds. auf den Zeitpunkt des Erlasses des Verwaltungsakts zurück. Wegen der Kann-Formulierung des § 80 Abs. 5 S. 1 VwGO kann das Gericht jedoch ausnahmsweise diese von § 80 Abs. 1 VwGO vorgegebene Regelwirkung in zeitlicher Hinsicht einschränken, etwa wenn eine Person bis zur Antragstellung bei Gericht eine unangemessene Zeit verstreichen lassen hat und bereits erfolgte Vollziehungsmaßnahmen ebenfalls beseitigt wissen will.[108]

c) Berücksichtigung des Unionsrechts

17 Erlässt die nationale Behörde in Vollzug des Unionsrechts einen Verwaltungsakt, müssen die Gerichte bei ihren Entscheidungen nach § 80 Abs. 5 S. 1 VwGO die unionsrechtlichen Rechtsschutzanforderungen einbeziehen (s. Rn. 8). Dabei sind Besonderheiten zu berücksichtigen, wenn der Verwaltungsakt auf dem **Vollzug einer EU-Verordnung** beruht und **nach Auffassung des Gerichts** infolge der **Nichtigkeit dieses EU-Sekundärrechts** rechtswidrig ist.[109] In einer solchen Konstellation würde eine dem vorläufigen Rechtsschutzantrag stattgebende Entscheidung dessen einheitlichen

---

104 VGH München BayVBl 1988, 182; VG Aachen Beschl. v. 2.3.2016 – 7 L 1017/15, Rn. 21 juris; W.-R. Schenke in: Kopp/ders., § 80 Rn. 148 mwN.
105 Decker in: Wolff/ders., Studienkommentar, VwGO § 80 Rn. 37; ähnlich VGH München BayVBl 1987, 756, 757; aA wohl Erichsen Jura 1984, 478, 488 f.
106 VGH Mannheim VBlBW 2017, 203; Koehl JA 2016, 610, 618.
107 In diese Richtung Würtenberger/Heckmann, Rn. 603; aA W.-R. Schenke in: Kopp/ders., § 80 Rn. 176, 151: Ermessen des Gerichts. Zu den verschiedenen Positionen VGH Mannheim Beschl. v. 20.5.2022 – 1 S 388/22, Rn. 44 juris.
108 BVerwGE 154, 68, 71 f.
109 Entsprechendes gilt im Fall des Vollzugs eines Gesetzes, das eine (EU-)Richtlinie umsetzt, von deren Rechtswidrigkeit und (damit) Nichtigkeit das Gericht ausgeht, Detterbeck, Rn. 1514.

Vollzug gefährden, denn die Wirkungen des Unionsrechts werden mit der Gewährung vorläufigen Rechtsschutzes aufgeschoben. Dennoch und trotz des Verwerfungsmonopols des EuGH (Art. 267 AEUV) ist das nationale Gericht grds. nicht gehindert, vorläufigen Rechtsschutz sicherzustellen.[110] Dem EuGH zufolge steht dies allerdings unter dem Vorbehalt von **Kriterien**, die er gem. Art. 278 S. 2 AEUV für die Gewährung vorläufigen Rechtsschutzes im unionseigenen Rechtsschutzsystem entwickelt hat.[111] Demzufolge setzt eine positive Entscheidung nach § 80 Abs. 5 S. 1 VwGO voraus, dass

- das mitgliedstaatliche Gericht erhebliche Zweifel an der Gültigkeit der unionsrechtlichen Norm hat,
- das angerufene Gericht die Frage der Gültigkeit, sofern der EuGH mit ihr noch nicht befasst ist, diesem selbst vorlegt (Art. 267 Abs. 1 lit. b AEUV),[112]
- die Entscheidung dringlich ist sowie dem Antragsteller ein schwerer und nicht wiedergutzumachender Schaden droht, schließlich
- das mitgliedstaatliche Gericht dem Interesse der Union, europäisches Recht nicht vorschnell außer Anwendung zu lassen, angemessen Rechnung trägt.[113]

Übersicht 24: Prüfungsschema für den Antrag auf Anordnung/Wiederherstellung der aufschiebenden Wirkung gem. § 80 Abs. 5 S. 1 VwGO

A. Zulässigkeit
   I. Eröffnung des Verwaltungsrechtswegs
      1. Aufdrängende Sonderzuweisung, zB § 54 Abs. 1 BeamtStG, § 126 Abs. 1 BBG; ansonsten:
      2. § 40 Abs. 1 VwGO (Generalklausel): öffentlich-rechtliche Streitigkeit, nichtverfassungsrechtlicher Art, keine abdrängende Sonderzuweisung, zB Art. 14 Abs. 3 S. 4, Art. 34 S. 3 GG, § 40 Abs. 2 S. 1 Hs. 1 VwGO
   II. Statthaftigkeit, § 80 Abs. 5 S. 1 VwGO
       Antragsteller muss Suspensiveffekt von Widerspruch bzw. Anfechtungsklage begehren
   III. Antragsbefugnis, § 42 Abs. 2 VwGO analog
        Möglichkeit der Verletzung eigener Rechte des Antragstellers
   IV. Antragsgegner, § 78 VwGO analog (Nr. 1 – Rechtsträger, Nr. 2 iVm landesrechtlicher Regelung – Behörde)

---

110 Huber BayVBl 2001, 577, 582 ff.; vor dem Hintergrund der fehlenden aufschiebenden Wirkung der Nichtigkeitsklage Dörr DVBl. 2008, 1401, 1404.
111 EuGH, Slg 1991 I-415, I-542; Slg 1995 I-3761, I-3790 ff. Dazu und zur Kritik Schoch Jura 2007, 837; Siegel, Europäisierung, Rn. 467 (mangels Kompetenz ausbrechender Rechtsakt). Neben der Aussetzung der Vollziehung eines Hoheitsaktes nach Art. 278 S. 2 AEUV kann der EuGH auch gem. Art. 299 Abs. 4 S. 1 AEUV die Zwangsvollstreckung aussetzen. Ferner ist der Erlass einstweiliger Anordnungen gem. Art. 279 AEUV möglich. Anders sieht es im Fall einer bestandskräftigen Kommissionsentscheidung (Art. 288 Abs. 4 AEUV) aus: Dann muss einerseits die nationale Behörde den zur sofortigen Durchsetzung der Entscheidung erlassenen Verwaltungsakt iSd § 80 Abs. 2 S. 1 Nr. 4 VwGO für sofort vollziehbar erklären; andererseits darf das Verwaltungsgericht einem nach § 80 Abs. 5 VwGO gestellten Antrag auf Anordnung der aufschiebenden Wirkung nicht stattgeben, EuGH EuZW 2007, 56; Detterbeck, Rn. 1514.
112 Auch wenn das Gericht nicht in letzter Instanz entscheidet, vgl. Art. 267 Abs. 3 AEUV; Detterbeck, Rn. 1512.

V. Beteiligungsfähigkeit, § 61 VwGO

VI. Prozessfähigkeit, § 62 VwGO

VII. Allgemeines Rechtsschutzbedürfnis
Durch Antragsbefugnis indiziert, nur bei Anlass prüfen. Hauptsache darf nicht offensichtlich unzulässig sein. Bei öffentlichen Abgaben und Kosten vorheriger erfolgloser Antrag auf Aussetzung der Vollziehung bei der Behörde, § 80 Abs. 6 S. 1 VwGO.

VIII. Ordnungsgemäßer Antrag, §§ 81, 82 VwGO analog

IX. Zuständigkeit des Gerichts, § 80 Abs. 5 S. 1 VwGO „Gericht der Hauptsache", dh sachlich: §§ 45 ff. VwGO, örtlich: § 52 VwGO

B. Begründetheit

I. Aussetzungsinteresse überwiegt Vollziehungsinteresse, wenn
1. ernstliche Zweifel an der Rechtmäßigkeit des Verwaltungsakts bestehen und dadurch der Antragsteller in seinen Rechten verletzt ist
2. und/oder ernstliche Zweifel an der Rechtmäßigkeit der Vollziehungsanordnung bestehen (nur beim Antrag auf Wiederherstellung der aufschiebenden Wirkung nach § 80 Abs. 5 S. 1 Alt. 2 VwGO)

II. Ggf. Anspruch auf Vollzugsfolgenbeseitigung gem. § 80 Abs. 5 S. 3 VwGO

▶ **Zu Fall 23:** Ein kurzfristiges Vorgehen gegen die Wohnungsverweisung ist ggf. im Rahmen vorläufigen Rechtsschutzes möglich. In Betracht kommt ein Antrag auf Anordnung bzw. Wiederherstellung der aufschiebenden Wirkung gem. § 80 Abs. 5 S. 1 VwGO. Für dessen Statthaftigkeit ist zunächst Voraussetzung, dass A die Suspendierung eines Verwaltungsakts begehrt. A möchte weiterhin in seiner Wohnung leben, mithin die polizeiliche Wohnungsverweisung nicht befolgen. Jene Maßnahme erfüllt mit dem Verbot, die Wohnung zu verlassen und in den nächsten zehn Tagen nicht dorthin zurückzukehren, nicht nur die Voraussetzung der Regelung(swirkung), sondern auch die übrigen Merkmale des Verwaltungsakts nach § 35 S. 1 VwVfG. Die mit der Bekanntgabe an ihn wirksam gewordene Maßnahme ist bei einer sofortigen Anrufung des Verwaltungsgerichts um vorläufigen Rechtsschutz mangels Ablaufs der Zehntagesfrist noch nicht erledigt. Da die Wohnungsverweisung einen belastenden Verwaltungsakt für A darstellt, kann er dagegen Widerspruch einlegen (§ 68 Abs. 1 VwGO iVm 70 Abs. 1 VwGO). Schließlich muss die aufschiebende Wirkung des Widerspruchs gegen die Wohnungsverweisung ausscheiden. Diese enthält eine unaufschiebbare Maßnahme eines Polizeivollzugsbeamten iSd § 80 Abs. 2 S. 1 Nr. 2 VwGO, so dass hiernach einem Widerspruch kein Suspensiveffekt zukommt. Demzufolge kann A sein Begehren dem Grunde nach im Verfahren des § 80 Abs. 5 S. 1 Alt. 1 VwGO verfolgen und einen Antrag auf „Anordnung" der aufschiebenden Wirkung stellen. ◀

6. Vorläufiger gerichtlicher Rechtsschutz bei Verwaltungsakten mit Drittwirkung

19 Wird durch Verwaltungsakt ein Rechtsverhältnis begründet, an dem nicht nur die Behörde und der Adressat beteiligt sind, sondern darüber hinaus mindestens noch ein

---

113 EuGH, Slg 1990, I-2879, I-2906; Slg 1991, I-415, I-542 f.; Slg 1995, I-3671, I-3790; Slg 1997, I-4517, 4555; ausführlich Gellermann in: Rengeling/Middeke/ders., § 37 Rn. 59 ff.; Dörr/Lenz, Rn. 584; Ludwigs/Pascher JuS 2022, 49, 52; Voßkuhle/Schemmel JuS 2019, 347, 349.

Dritter (**Dreiecks- oder multipolares Rechtsverhältnis**, bei mehreren derartigen Dritten: mehrpolare Rechtsverhältnisse; bereits § 12 Rn. 43, § 10 Rn. 3), bestehen hins. der Vollziehung des Verwaltungsakts regelmäßig gegenläufige Interessen. So wird im Falle der Erteilung einer **Baugenehmigung** deren Inhaber bauen, der vom Vorhaben betroffene Nachbar hingegen ebendieses verhindern wollen. Umgekehrt geht es dem durch eine **Abrissverfügung** betroffenen Bauherrn um deren Aufhebung, dem durch die Beseitigung der Baulichkeit begünstigten Nachbarn vice versa um die Beibehaltung sowie Umsetzung des Verwaltungsakts, während die Behörde hiermit ein Gemeininteresse, nämlich dasjenige der Gefahrenabwehr, verfolgen wird. Dem Ausgleich dieser Interessen in der Konstellation des vorläufigen Rechtsschutzes nach § 80 VwGO dienen die Regelungen des § 80a VwGO.[114] Ein Blick auf die Systematik des § 80a VwGO trägt zu dessen besserem Verständnis bei. **§ 80a Abs. 1 und 2 VwGO** regelt, wie die **Behörde** bei Einlegung eines Rechtsbehelfs in Bezug auf die Vollziehung des Verwaltungsakts reagieren kann. **Absatz 1** bezieht sich auf die Konstellation, dass sich **ein Dritter mit einem Rechtsbehelf gegen einen an einen anderen gerichteten, diesen begünstigenden Verwaltungsakt** wendet (zB Dritter gegen eine behördliche Erlaubnis an einen anderen). Bei **Absatz 2** geht dagegen der **Betroffene mit einem Rechtsbehelf gegen einen an ihn gerichteten belastenden Verwaltungsakt** vor, der einen Dritten begünstigt (zB Abrissverfügung, die dem Nachbar zugutekommt). Da § 80a Abs. 1, 2 VwGO davon ausgeht, dass der in Rede stehende Verwaltungsakt entweder den Adressaten begünstigt und den Dritten belastet oder umgekehrt, passt diese Regelung nicht unmittelbar für etwa im Gewerberecht anzutreffende Verwaltungsakte, die sowohl den Adressaten als auch den Dritten belasten.[115] Im Unterschied zu den auf die Verwaltung bezogenen Absätzen 1 und 2 regelt § 80a **Abs. 3** VwGO den **vorläufigen Rechtsschutz durch das Verwaltungsgericht**.

a) Behördlicher Rechtsschutz

aa) § 80a Abs. 1 Nr. 1 VwGO

Wenn der Dritte gegen den an einen anderen gerichteten, diesen begünstigenden Verwaltungsakt einen Rechtsbehelf einlegt, der gem. § 80 Abs. 1 VwGO aufschiebende Wirkung hat, kann die Behörde auf **Antrag des Begünstigten** (des Adressaten der Verfügung) die sofortige Vollziehung nach § 80 Abs. 2 S. 1 Nr. 4 VwGO anordnen, § 80a Abs. 1 Nr. 1 VwGO.

Beispiel: Die Behörde erteilt U eine wasserrechtliche Bewilligung, gegen die F zur Wahrung seines Fischereirechts Widerspruch einlegt. Diesem Widerspruch kommt gem. § 80 Abs. 1 S. 1, 2 VwGO aufschiebende Wirkung zu. Zur Beseitigung dieses Suspensiveffekts kann U gem. § 80a Abs. 1 Nr. 1 iVm § 80 Abs. 2 S. 1 Nr. 4 VwGO einen Antrag auf Anordnung der sofortigen Vollziehung durch die Behörde stellen.

bb) § 80a Abs. 1 Nr. 2 VwGO

Legt ein Dritter einen Rechtsbehelf gegen einen den Adressaten begünstigenden Verwaltungsakt ein, dem **keine aufschiebende Wirkung zukommt**, dann kann die Behörde auf **Antrag des Dritten** die **Vollziehung des Verwaltungsakts** nach § 80 Abs. 4 VwGO

---

114 Komprimiert Uerpmann-Wittzack, Examens-Repetitorium, Rn. 307 ff. Zu alldem näher anhand des öffentlichen Baurechts Erbguth/Mann/Schubert, Rn. 1389 ff.
115 Dazu Sollmann DÖV 2021, 204 ff., der daher die allein auf § 80 Abs. 4, 5 VwGO abgestützten Anträge für statthaft erachtet.

aussetzen (§ 80a Abs. 1 Nr. 2 Alt. 1 VwGO). Kommt dem Rechtsbehelf hingegen aufschiebende Wirkung zu, ist § 80a Abs. 1 Nr. 2 Alt. 1 VwGO analog anwendbar, wenn der Adressat den Suspensiveffekt ignoriert und den Verwaltungsakt faktisch vollzieht; der Antrag ist dann auf Feststellung der aufschiebenden Wirkung des eingelegten Rechtsbehelfs gerichtet.[116] Darüber hinaus kann der Dritte einstweilige Maßnahmen zur Sicherung seiner Rechte beantragen, § 80a Abs. 1 Nr. 2 Alt. 2 VwGO.

Beispiel: Der Bauherr erhält die erforderliche Baugenehmigung für sein Vorhaben. Der von seinem Nachbarn eingelegte Widerspruch hat gem. § 80 Abs. 2 S. 1 Nr. 3 VwGO iVm § 212a Abs. 1 BauGB keine aufschiebende Wirkung. Der Nachbar kann nach § 80a Abs. 1 Nr. 2 Alt. 1 VwGO die behördliche Aussetzung der Vollziehung und zur Verhinderung weiterer Bauarbeiten die Versiegelung der Baustelle gem. § 80a Abs. 1 Nr. 2 Alt. 2 VwGO beantragen.

cc) § 80a Abs. 2 VwGO

22 Ist dagegen der Adressat des Verwaltungsakts durch diesen belastet (Abrissverfügung, s.o.) und legt er deswegen einen Rechtsbehelf mit aufschiebender Wirkung ein, so kann **der begünstigte Dritte** bei der Behörde die sofortige Vollziehung des Verwaltungsakts beantragen, § 80a Abs. 2 VwGO.

Beispiel: Auf einen Hinweis der Nachbarn untersagt die zuständige Bauaufsichtsbehörde einem Grundstückseigentümer die Nutzung seines Hauses als Diskothek. Er legt Widerspruch ein. Gegen die damit eingetretene aufschiebende Wirkung kann der Nachbar gem. § 80a Abs. 2 VwGO vorgehen und die Behörde auf seinen Antrag hin die sofortige Vollziehung der Nutzungsuntersagung nach § 80 Abs. 2 S. 1 Nr. 4 VwGO anordnen.

b) Gerichtlicher Rechtsschutz

aa) Statthaftigkeit

23 Ein Antrag nach § 80 Abs. 3 VwGO ist nur statthaft, wenn ein nicht bestandskräftiger und nicht erledigter **VA mit Drittwirkung** vorliegt und der Antragsteller entweder die sofortige Vollziehung des VA oder die Suspendierung des VA ggf. mit weiteren Sicherungsmaßnahmen erreichen möchte.[117] Das Gericht ist nach **§ 80a Abs. 3 S. 1 VwGO** auf Antrag berechtigt, die soeben dargestellten Maßnahmen nach Abs. 1 und 2 der Vorschrift zu ändern, aufzuheben oder zu treffen.[118] Außerdem erklärt **§ 80a Abs. 3 S. 2 VwGO** § 80 Abs. 5–8 VwGO für entsprechend anwendbar. In Anbetracht dessen gehen die Möglichkeiten vorläufigen Rechtsschutzes bei Verwaltungsakten mit Drittwirkung vor Gericht über diejenigen bei der Behörde hinaus.

§ 80a Abs. 3 VwGO ist angesichts der eröffneten Entscheidungsmöglichkeiten nicht einfach zu handhaben. Welcher Antrag zu stellen ist, hängt von der jew. Fallkonstellation ab. In der Examensklausur sollten die Prüflinge keinesfalls unsauber nur von einem Antrag nach § 80a Abs. 3 VwGO sprechen. Stattdessen ist nach einer Vergewisserung über die Beziehungen der Beteiligten vielmehr der Antrag näher zu konkretisieren. Aus Platzgründen können hier nicht alle in Betracht kommenden An-

---

116 Vgl. dazu vorstehend Rn. 12; fallbezogen auch Niedzwicki JuS 2010, 695; zu einer solchen gerichtlichen Entscheidung in entsprechender Anwendung des § 80a Abs. 3 S. 1 iVm § 80a Abs. 1 Nr. 2 VwGO VGH München Beschl. v. 9.6.2021 – 1 CS 21.1029, Rn. 14 juris.
117 Gersdorf Jura 2019, 1149, 1150 f.
118 Dazu näher Detterbeck, Rn. 1520 f.; zu den verschiedenen Antragsvarianten nach § 80a Abs. 3 S. 1 VwGO Weinberg in: Eisentraut, Verwaltungsrecht, § 9 Rn. 19 ff.

träge behandelt werden.[119] Zentral ist jedoch zunächst die Unterscheidung, ob die Anträge das Ziel verfolgen, **behördliche Maßnahmen nach § 80a Abs. 1, 2 VwGO** gerichtlich abzuändern, aufzuheben oder anzuordnen (**§ 80a Abs. 3 S. 1 VwGO**) oder aufgrund der Verweisung in **§ 80a Abs. 3 S. 2 VwGO** auf § 80 Abs. 5–8 VwGO zu rekurrieren.[120]

Hat etwa U die Anordnung der sofortigen Vollziehung seiner wasserrechtlichen Bewilligung durch die Behörde nach § 80a Abs. 1 Nr. 1 VwGO beantragt, die aber von dieser abgelehnt wurde, kann das Gericht auf seinen Antrag die sofortige Vollziehung nach § 80a Abs. 3 S. 1 iVm Abs. 1 Nr. 1 VwGO anordnen. Hätte die Behörde dagegen seinem Antrag entsprochen und die sofortige Vollziehung angeordnet, stellt sich aus Sicht des F, der ja Widerspruch eingelegt hat, die Frage, wie er dessen aufschiebende Wirkung herbeiführen kann. In dieser Konstellation ist die rechtliche Anknüpfung eines von ihm zu stellenden Antrags umstritten. Zum einen wird ein Antrag auf Wiederherstellung der aufschiebenden Wirkung seines Widerspruchs nach § 80a Abs. 3 S. 2 iVm § 80 Abs. 5 S. 1 Alt. 2 VwGO und zum anderen aufgrund von § 80a Abs. 3 S. 1 VwGO iVm § 80a Abs. 1 Nr. 2 VwGO in Erwägung gezogen. Für die zuerst genannte Meinung wird genannt, dass es keinen sachlichen Grund für eine unterschiedliche Behandlung von Verwaltungsakten mit oder ohne Drittwirkung gäbe.[121] Andere verweisen demgegenüber darauf, dass § 80a Abs. 3 S. 1 VwGO aus systematischen Gründen vorrangig sei und bereits über diese Norm eine Herbeiführung der aufschiebenden Wirkung des Rechtsbehelfs von F ermöglicht werde.[122] In einer Klausur sind beide Positionen vertretbar. Wichtig ist nur, dass von den Prüflingen erläutert wird, warum der von ihnen gewählte Antrag statthaft ist.

bb) Weitere Zulässigkeitsvoraussetzungen

Die weiteren Zulässigkeitsvoraussetzungen der Anträge nach § 80a Abs. 3 VwGO sind mit denen des Antrags nach § 80 Abs. 5 S. 1 VwGO identisch (dazu vorstehend Rn. 10 ff.). Bei der Antragsbefugnis ist wie allgemein beim Drittrechtsschutz mit Sorgfalt die **Antragsbefugnis analog § 42 Abs. 2 Hs. 2 VwGO** zu prüfen, also ob der Antragsteller in **einem eigenen subjektiven öffentlichen Recht verletzt sein kann**. Außerdem ist an die notwendige Beiladung nach § 65 Abs. 2 VwGO zu denken, wenn sich die angestrebte Entscheidung des Gerichts zu Lasten des Dritten auswirken würde.[123]

24

Lediglich im Rahmen des allgemeinen Rechtsschutzbedürfnisses wirft das Verfahren nach § 80a VwGO neben den auch bei § 80 Abs. 5 VwGO zu beachtenden Besonderheiten eine spezifische Frage auf, und zwar im Zusammenhang mit der Verweisung in **§ 80a Abs. 3 S. 2 VwGO** auf § 80 Abs. 6 VwGO („§ 80 Abs. 5 bis 8 gilt entsprechend"). § 80 **Abs. 6 S. 1** VwGO sieht vor, dass der Antrag nach § 80 Abs. 5 VwGO nur zulässig ist, wenn zuvor ein entsprechender Antrag bei der Behörde gestellt und dieser abgelehnt bzw. in sachlich angemessener Zeit nicht beschieden wurde. Allerdings beschränkt sich die Vorschrift ihrem Wortlaut nach auf Verwaltungsakte zur Anforderung öffentlicher Abgaben und Kosten (§ 80 Abs. 6 S. 1 iVm Abs. 2 S. 1 Nr. 1 VwGO). Bei § 80a Abs. 3 S. 2 VwGO ist streitig, ob er eine **Rechtsfolgenverwei-**

---

119 Eingehende Ausführungen etwa bei Gersdorf Jura 2019, 1149 ff. sowie Weinberg in: Eisentraut, § 9 Rn. 16 ff.
120 So kann man überlegen, ob § 80a Abs. 3 S. 2 VwGO bei adressaten- und drittbelastenden Verwaltungsakten (s. § 12 Rn. 43) eine eigenständige Bedeutung erlangt, dies ablehnend und einen direkten Rekurs auf § 80 Abs. 5 VwGO favorisierend Sollmann DÖV 2021, 204, 211 f.
121 Schenke, Verwaltungsprozessrecht, Rn. 989.
122 Gersdorf Jura 2019, 1149, 1152. Dabei ist str. ob dann das Gericht bei dieser Konstellation ebenfalls die aufschiebende Wirkung wiederherstellt oder angelehnt an den Wortlaut des § 80a Abs. 1 Nr. 2 VwGO die Vollziehung aussetzt, s. Bostedt in: Fehling/Kastner/Störmer § 80a VwGO Rn. 21 mwN.
123 Groscurth Rn. 789.

sung[124] enthält und damit die in § 80 Abs. 6 VwGO vorgesehene Begrenzung des Anwendungsbereichs öffentliche Abgaben oÄ keine Wirkung entfaltet.[125] Dann wäre vor jedem Verfahren nach § 80a Abs. 3 VwGO ein entsprechender Antrag bei der Behörde zu stellen (Stichwort: Subsidiarität des Antrags nach § 80a Abs. 3 VwGO). Dafür spricht neben dem einschränkungslosen Wortlaut des § 80a Abs. 3 S. 2 VwGO der Umstand, dass dies zu einer Entlastung der Verwaltungsgerichte führen kann. Außerdem wird argumentiert, dass die Verweisung sonst kaum einen Anwendungsbereich hätte.[126] Gleichwohl handelt es sich nach hM[127] um eine **Rechtsgrundverweisung**, womit die in § 80 Abs. 6 S. 1 VwGO vorgesehene Beschränkung auf Verfahren, die Verwaltungsakte zur Anforderung öffentlicher Abgaben und Kosten betreffen, auch für Anträge nach § 80a Abs. 3 VwGO gilt.[128] Es gibt durchaus im Bereich des Abgabenrechts einzelne Verwaltungsakte mit Drittwirkung.[129] Hätte der Gesetzgeber eine obligatorische Befassung der Verwaltungsbehörde vor Anrufung der Verwaltungsgerichtsbarkeit einführen wollen, hätte es angesichts der Tragweite eines solchen Schritts nahegelegen, die Reihung der Verweisungsnorm anders zu fassen oder dieses Erfordernis explizit zu betonen.[130] Tatsächlich wäre eine unterschiedliche Ausgestaltung des Rechtsschutzes bei Verwaltungsakten mit und ohne Drittwirkung, wie sie sich als Konsequenz einer Rechtsfolgenverweisung ergeben würde, sachlich nicht zu rechtfertigen.[131]

Meist liegen die Auffassungen im Ergebnis nicht weit auseinander. Denn die erstgenannte Auffassung legt § 80 Abs. 6 S. 2 Nr. 2 VwGO großzügig aus: Beabsichtigt der Adressat des Verwaltungsakts, unmittelbar von seiner Begünstigung Gebrauch zu machen, wird dies als „drohende Vollstreckung" iSd Vorschrift gewertet.[132] Ein vorheriger Antrag bei der Behörde ist dann von Gesetzes wegen nicht erforderlich.

cc) Begründetheit

24a Je nach Antragsform variiert der Maßstab der Begründetheitsprüfung.[133]

(1) Antrag auf Anordnung oder Wiederherstellung bzw. Feststellung der aufschiebenden Wirkung

25 Wird die **Anordnung oder Wiederherstellung der aufschiebenden Wirkung** eines Rechtsbehelfs angestrebt, ist der Antrag begründet, wenn das Suspensivinteresse des Antragstellers das Interesse an der Vollziehung des Verwaltungsakts überwiegt. Im Unterschied zu den Verwaltungsakten ohne Drittwirkung ist bei Vorliegen eines solchen mit Drittwirkung zu beachten, dass bei diesen neben das Vollziehungsinteresse der

---

124 Bei einer Rechtsfolgenverweisung werden, wie die Bezeichnung verdeutlicht, nur die Rechtsfolgen einer Norm angewendet, ohne dass die sonst erforderlichen Tatbestandsvoraussetzungen vorliegen müssen.
125 OVG Lüneburg BauR 2004, 1596; NuR 2020, 556, 558; Heberlein BayVBl 1993, 743, 745; Heydemann NVwZ 1993, 419, 420.
126 OVG Lüneburg NVwZ-RR 2005, 69, 70; eingehend Gersdorf Jura 2019, 1149, 1155; Will/Gabler, VerwArch 110 (2019), 1, 5 ff.
127 OVG Bremen NVwZ 1993, 592, 593; OVG Koblenz NVwZ 1993, 591; Decker in: Wolff/ders., Studienkommentar, VwGO § 80a Rn. 15; Groscurth, Rn. 790.
128 Liegt ein Rechtsgrundverweis vor, tritt die Rechtsfolge der in Bezug genommenen Norm nur bei Vorliegen aller ihrer Tatbestandsvoraussetzungen ein.
129 OVG Hamburg NordÖR 2017, 356, 357 Rn. 9.
130 OVG Hamburg NordÖR 2017, 356, 357 ff. Rn. 12 ff.
131 Vgl. nur Schenke, Rn. 1075.
132 Dazu Gersdorf Jura 2019, 1149, 1155.
133 Gersdorf Jura 2019, 1149, 1156.

Behörde in erster Linie dasjenige des privaten Dritten tritt.[134] Das Aufschubinteresse überwiegt, wenn ernsthafte Zweifel an der **Rechtmäßigkeit** des Verwaltungsakts bestehen und der Antragsteller dadurch in seinen Rechten **verletzt** wird.[135] Dadurch wird das gerichtliche Prüfprogramm erheblich eingeschränkt.[136] Geht es um die Wiederherstellung der aufschiebenden Wirkung, ist der Antrag auch (und schon) dann begründet, wenn die Anordnung der sofortigen Vollziehung (§ 80 Abs. 2 S. 1 Nr. 4, Abs. 3 VwGO) formell rechtswidrig ist (zur Rechtmäßigkeit einer behördlichen Vollziehungsanordnung vorstehend Rn. 6 f.). Die Begründetheitsprüfung stimmt folglich mit der eines Antrags nach § 80 Abs. 5 S. 1 VwGO grds. überein. Die diesbzgl. Erläuterungen können daher herangezogen werden (vgl. Rn. 15 f.); das gilt auch für Änderungen von solchen Beschlüssen wegen nachträglichen Wandels der Sach- und Rechtslage gem. § 80 Abs. 7 VwGO.[137] Soll hingegen die aufschiebende Wirkung lediglich festgestellt werden, richtet sich die Prüfung darauf, ob dem Rechtsbehelf gegen den Verwaltungsakt tatsächlich aufschiebende Wirkung zukommt.[138]

(2) Antrag auf Anordnung der sofortigen Vollziehung

Ein Antrag auf Anordnung der sofortigen Vollziehung ist demgegenüber begründet, wenn das Interesse an der Vollziehung des Verwaltungsakts das Aussetzungsinteresse überwiegt. Entscheidend ist hier also der Vorrang des Vollzugs- gegenüber dem Aussetzungsinteresse.[139] Das wiederum ist der Fall, wenn keine ernsthaften Zweifel an der **Rechtmäßigkeit** des Verwaltungsakts bestehen. Dieser ist mithin auf seine Vereinbarkeit mit höherrangigem Recht zu prüfen, und zwar in der Klausur (oder Hausarbeit) abweichend von der Rechtspraxis nicht nur überschlägig, sondern umfassend und abschließend (bereits Rn. 15). Das gilt für den Antrag auf Anordnung der sofortigen Vollziehung des begünstigten Adressaten (§ 80a Abs. 3 S. 1, Abs. 1 Nr. 1 VwGO) und des begünstigten Dritten (§ 80a Abs. 3 S. 1, Abs. 2 VwGO).[140] Geht es um einen Verwaltungsakt mit Drittwirkung, wird vom Verwaltungsgericht bei Rechtmäßigkeit des Verwaltungsakts abweichend von den zweipoligen Rechtsverhältnissen kein besonderes öffentliches Vollzugsinteresse geprüft, da sich in dieser Konstellation konkrete Rechtspositionen Privater gegenüberstehen, die grds. gleichrangig sind.[141]

26

---

134 Gersdorf Jura 2019, 1149, 1156.
135 Zum (summarischen) Abstellen auf die Erfolgsaussichten bzw. ggf. vorzunehmende Folgenabwägung OVG Bautzen Beschl. v. 2.10.2020 – 6 B 318/20, Rn. 6 juris.
136 Groscurth, Rn. 791.
137 Dabei muss zugleich eine Entscheidung über den ursprünglichen Antrag (nach § 80 Abs. 5 VwGO) herbeigeführt werden, vgl. W.-R. Schenke in: Kopp/ders., § 80 Rn. 202; es handelt sich im Verhältnis zur Entscheidung nach § 80 Abs. 5 VwGO um kein Rechtsmittelverfahren (zu den Rechtsmitteln vgl. § 22), sondern um ein selbstständiges Verfahren, vgl. OVG Greifswald NVwZ-RR 2011, 959 mwN. Zu alldem Schübel-Pfister JuS 2008, 329, 331; zur Dogmatik des Abänderungsverfahrens nach § 80 Abs. 7 VwGO vgl. Reimer DÖV 2010, 688.
138 Gersdorf Jura 2019, 1149, 1158. Zu den Voraussetzungen des Suspensiveffekts und den Ausnahmen vorstehend Rn. 3 ff.
139 Gersdorf Jura 2019, 1149, 1158.
140 Zu demselben Maßstab beim Antrag auf Aufhebung der behördlichen Aussetzung der Vollziehung Weinberg in: Eisentraut, § 9 Rn. 50.
141 BVerfG NVwZ 2009, 240, 242; VGH Mannheim ZNER 2021, 671, 672 Rn. 5; Weinberg in: Eisentraut, § 9 Rn. 50.

(3) Antrag auf Vornahme von Sicherungsmaßnahmen und Antrag auf Vollzugsfolgenbeseitigung

27 Die Begründetheit eines Antrags nach § 80a Abs. 3 S. 1, Abs. 1 Nr. 2 Alt. 2 VwGO setzt zunächst voraus, dass der Antrag auf Anordnung bzw. Wiederherstellung der aufschiebenden Wirkung begründet ist. Wenn nämlich der Verwaltungsakt rechtmäßig ist und deshalb vollzogen werden darf, kommt eine Rechtsbeeinträchtigung des Antragstellers nicht in Betracht – und ebenso wenig ein Bedarf zur Sicherung seiner Rechte. Des Weiteren muss der Antragsteller einen Anspruch auf den Erlass derartiger Sicherungsmaßnahmen haben. Ein solcher Anspruch kann sich aus § 80a Abs. 1 Nr. 2 Alt. 2, Abs. 3 S. 1 VwGO ergeben, der eine eigenständige Ermächtigungsgrundlage für den Erlass vorläufiger Sicherungsmaßnahmen enthält.[142]

Auf die Begründetheit des (**Annex-**)**Antrags** auf Beseitigung der unmittelbaren Folgen eines bereits vollzogenen Verwaltungsakts nach § 80a Abs. 3 S. 2 iVm § 80 Abs. 5 S. 3 VwGO ist ebenfalls nur einzugehen, wenn zuvor diejenige des Antrags auf Anordnung bzw. Wiederherstellung des Suspensiveffekts bejaht werden konnte (zum Vollzugsfolgenbeseitigungsanspruch § 41 Rn. 2 ff.).

(4) Mögliche Änderung in Bezug auf Infrastrukturvorhaben

28 Zur schnelleren Realisierung bestimmter Infrastrukturvorhaben sieht der **Referentenentwurf eines Gesetzes zur Beschleunigung gerichtlicher Verfahren vom 18.8.2022** die Einführung eines § 80c VwGO vor, wonach für die in Absatz 1 aufgezählten Vorhaben für die Anordnung oder Wiederherstellung der aufschiebenden Wirkung nach §§ 80, 80a ergänzend § 80c Abs. 2–4 VwGO gelten. Nach § 80c Abs. 2 VwGO-E soll das Gericht einen Mangel des angefochtenen Verwaltungsakts (Verfahrens- oder Formfehler, Abwägungsfehler) außer Acht lassen, wenn offensichtlich ist, dass dieser in absehbarer Zeit behoben wird. Nach Abs. 3 S. 1 soll das Gericht im Rahmen einer Vollzugsfolgenabwägung die Anordnung oder Wiederherstellung der aufschiebenden Wirkung in der Regel auf diejenigen Maßnahmen des angefochtenen Verwaltungsaktes beschränken, die zur Wahrung der Rechte des Antragstellers, insb. zur Verhinderung andernfalls drohender irreversibler Nachteile erforderlich sind. Außerdem hat das Gericht nach Abs. 4 im Rahmen der Vollzugsfolgenabwägung die Bedeutung von Infrastrukturmaßnahmen besonders zu berücksichtigen, wenn ein Bundesgesetz feststellt, dass diese im überragenden öffentlichen Interesse liegen. ZB wird in § 3 S. 2 LNGG bestimmt, dass die in § 2 Abs. 2 LNGG genannten Vorhaben dem zentralen Interesse an einer sicheren und diversifizierten Gasversorgung in Deutschland dienen und aus Gründen eines überragenden öffentlichen Interesses erforderlich sind.

---

142 Gersdorf Jura 2019, 1149, 1158.

§ 21 Vorläufiger Rechtsschutz bei Verwaltungsakten

Übersicht 25: Prüfungsschema für Anträge gem. § 80a Abs. 3 VwGO

A. Zulässigkeit

   I. Eröffnung des Verwaltungsrechtswegs:
      1. Aufdrängende Sonderzuweisung, zB § 54 Abs. 1 BeamtStG, § 126 Abs. 1 BBG; ansonsten:
      2. § 40 Abs. 1 VwGO (Generalklausel): öffentlich-rechtliche Streitigkeit, nichtverfassungsrechtlicher Art, keine abdrängende Sonderzuweisung, zB Art. 14 Abs. 3 S. 4, Art. 34 S. 3 GG, § 40 Abs. 2 S. 1 Hs. 1 VwGO

   II. Statthaftigkeit

   Antragsteller muss die Suspendierung oder die sofortige Vollziehung eines Verwaltungsakts begehren, der ein tripolares Rechtsverhältnis begründet

   III. Antragsbefugnis, § 42 Abs. 2 VwGO analog

   Möglichkeit der Verletzung eigener Rechte des Antragstellers

   IV. Antragsgegner, § 78 VwGO analog: Nr. 1 – Rechtsträger; Nr. 2 iVm landesrechtlicher Regelung – Behörde

   V. Beteiligungsfähigkeit, § 61 VwGO

   VI. Prozessfähigkeit, § 62 VwGO

   VII. Allgemeines Rechtsschutzbedürfnis

   Durch Antragsbefugnis indiziert, nur bei Anlass prüfen. Str., ob § 80 Abs. 6 VwGO im Falle des § 80a Abs. 3 S. 2 VwGO als Rechtsgrund- oder Rechtsfolgenverweis zu verstehen ist.

   VIII. Ordnungsgemäßer Antrag, §§ 81, 82 VwGO analog

   IX. Zuständigkeit des Gerichts: § 80a Abs. 3 S. 2 iVm § 80 Abs. 5 S. 1 VwGO „Gericht der Hauptsache": sachlich: §§ 45 ff. VwGO, örtlich: § 52 VwGO

B. Begründetheit

   I. Antrag auf Anordnung/Wiederherstellung der aufschiebenden Wirkung gem. § 80a Abs. 3 S. 1, Abs. 1 Nr. 2 Alt. 1 VwGO/§ 80a Abs. 3 S. 2, § 80 Abs. 5 VwGO ist begründet, wenn das Aussetzungsinteresse das Vollziehungsinteresse überwiegt, wenn also
      1. ernstliche Zweifel an der Rechtmäßigkeit des Verwaltungsakts bestehen und dadurch der Antragsteller in seinen Rechten verletzt ist,
      2. und/oder die Vollziehungsanordnung rechtswidrig ist (nur bei Antrag auf Wiederherstellung der aufschiebenden Wirkung).

   II. Antrag auf Anordnung der sofortigen Vollziehung gem. § 80a Abs. 3 S. 1, Abs. 1 Nr. 1/§ 80a Abs. 3 S. 1, Abs. 2 VwGO ist begründet, wenn das Vollziehungsinteresse das Aussetzungsinteresse überwiegt, also keine ernstlichen Zweifel an der Rechtmäßigkeit des Verwaltungsakts bestehen.

   III. Antrag auf Feststellung der aufschiebenden Wirkung gem. § 80a Abs. 3 S. 1, Abs. 1 Nr. 2 Alt. 1 VwGO analog ist bei drohendem faktischen Vollzug begründet, wenn dem Rechtsbehelf aufschiebende Wirkung zukommt.

IV. Antrag auf Aufhebung einer behördlich angeordneten Aussetzung der Vollziehung gem. § 80a Abs. 3 S. 1, Abs. 1 Nr. 2 Alt. 1 VwGO ist begründet, wenn das Vollziehungsinteresse das Aussetzungsinteresse überwiegt, also keine ernstlichen Zweifel an der Rechtmäßigkeit des Verwaltungsakts bestehen.

V. Ggf. Anspruch auf Maßnahmen zur Sicherung der Rechte des Dritten bzw. Aufhebung behördlich angeordneter Sicherungsmaßnahmen gem. § 80a Abs. 3 S. 1, Abs. 1 Nr. 2 Alt. 2 VwGO.

VI. Ggf. Anspruch auf Vollzugsfolgenbeseitigung gem. § 80a Abs. 3 S. 2, § 80 Abs. 5 S. 3 VwGO.

III. Einstweiliger gerichtlicher Rechtsschutz in der Verpflichtungssituation

30 Strebt der Antragsteller eine einstweilige Anordnung mit Blick auf den **Erlass eines Verwaltungsakts** an, ist ihm mit den Anträgen nach §§ 80 und 80a VwGO nicht gedient, weil diese ausschließlich die Suspendierung bzw. die sofortige Vollziehung eines bereits erlassenen Verwaltungsakts zum Gegenstand haben. Rechtsschutz ist dann nur im Wege der einstweiligen Anordnung nach § 123 Abs. 1 VwGO zu erreichen (vgl. auch § 123 Abs. 5 VwGO).[143] In Abhängigkeit vom Inhalt der angestrebten Maßnahme ist entweder eine **Sicherungsanordnung** gem. § 123 Abs. 1 S. 1 VwGO oder eine **Regelungsanordnung** nach § 123 Abs. 1 S. 2 VwGO statthaft. Die näheren Zulässigkeitsvoraussetzungen des Antrags folgen weitgehend denen der Verpflichtungsklage (vgl. § 20 Rn. 18 ff.); insb. bestimmt sich der Klagegegner nach § 78 VwGO analog, also ggf. auch nach Abs. 1 Nr. 2 der Vorschrift (dazu § 20 Rn. 24). Lediglich das Erfordernis eines ordnungsgemäß durchgeführten Vorverfahrens besteht im Rahmen eines Antrags nach § 123 Abs. 1 VwGO nicht.[144] Hins. der Begründetheit des auf eine einstweilige Anordnung gerichteten Antrags, der einen entsprechenden **Anordnungsanspruch** sowie einen **Anordnungsgrund** voraussetzt, bestehen keine Besonderheiten ggü. Anträgen, die auf schlicht-hoheitliches Handeln abzielen.[145] Die nähere Darstellung des Verfahrens nach § 123 Abs. 1 VwGO findet sich daher in jenem Zusammenhang (vgl. § 23 Rn. 24 ff.).

31 Besonderheiten ergeben sich beim **Vollzug von Unionsrecht**: Der EuGH spricht den nationalen Verwaltungsgerichten die Befugnis ab, beim Vollzug von Unionsrecht durch mitgliedstaatliche Behörden einstweilige (Regelungs-)Anordnungen zu treffen, soweit die Regelungskompetenz bei der Kommission (vgl. Art. 17 Abs. 1 EUV) liegt.[146] Ferner bestehen Einschränkungen für den Erlass einer einstweiligen Anordnung, wenn diese zur Folge hat, dass ein Unionsrechtsakt vorläufig unangewendet bleibt.[147] Da eine positive Anordnung des nationalen Gerichts dem abschließenden Charakter der unionsrechtlichen Regelung zuwiderläuft und damit ihre effektive Durchsetzung (vorläu-

---

143 Vertieft Schoch in: Ehlers/ders., § 35.
144 Vgl. § 23 Rn. 27; W.-R. Schenke in: Kopp/ders., § 123 Rn. 22.
145 Spezifika ergeben sich insoweit im besonderen Verwaltungsrecht, etwa mit Blick auf die eher großzügigen Anforderungen an den Anordnungsanspruch des Nachbarn ggü. einem nach der jeweiligen Bauordnung genehmigungsfreien Bauen, näher Mehde/Hansen NVwZ 2010, 14, 18 f.
146 Zur Vorgängervorschrift EuGH JZ 1997, 458; Sandner DVBl. 1998, 262, 266; zweifelnd, ob dies mit Art. 19 Abs. 4 GG in Einklang steht, Koenig/Zeiss JZ 1997, 461; Jannasch VBlBW 1997, 361, 364.
147 EuGH, Slg 1995, I-3761 Rn. 28, 33; Slg 2000, I-665 Rn. 68 f.

fig) verhindert, ist die Anordnung nur unter den bereits genannten Einschränkungen zulässig.[148]

IV. Wiederholungs- und Verständnisfragen

> Welche Rechtsbehelfe können aufschiebende Wirkung entfalten? (→ Rn. 2)
> Unter welchen Voraussetzungen tritt die aufschiebende Wirkung ein? (→ Rn. 3)
> Wann ist ein Antrag auf Wiederherstellung der aufschiebenden Wirkung begründet? Gilt dies auch für den Antrag auf Anordnung der aufschiebenden Wirkung? (→ Rn. 15 f., 25)
> Was setzt die Begründetheit eines Antrags auf Anordnung der sofortigen Vollziehung voraus? (→ Rn. 26)
> Ist vor einem Antrag bei Gericht auf Anordnung der aufschiebenden Wirkung gem. § 80a Abs. 3 S. 2 VwGO ein entsprechender Antrag an die zuständige Behörde zu richten? (→ Rn. 24)
> Sind unionsrechtliche Vorgaben bei der Gewährung vorläufigen Rechtsschutzes beachtlich? (→ Rn. 17, 31)

---

[148] Vgl. Rn. 17; Dörr/Lenz, Rn. 586.

§ 22 Rechtsmittel

1 **Förmliche Rechtsbehelfe**, mit denen noch **nicht rechtskräftige gerichtliche Entscheidungen** einer Überprüfung durch eine übergeordnete gerichtliche Instanz zugeführt werden können, bezeichnet man als Rechtsmittel. Zur Entlastung der Rechtsmittelgerichte und zum sinnvollen Einsatz der Ressource Justizgewähr müssen die einzulegenden Rechtmittel besonderen Anforderungen genügen.[1]

Nicht zu den Rechtsmitteln zählt hingegen, weil vorstehende Voraussetzungen nicht erfüllt werden, die Klage wegen **überlanger Verfahrensdauer** nach § 173 S. 2 VwGO iVm §§ 198 ff. GVG.[2] Es handelt sich dabei um einen verschuldensunabhängigen, den immateriellen Schaden einschließenden Entschädigungsanspruch (Gesetzesmaterialien: staatshaftungsrechtlicher Anspruch sui generis; BVerwG und Teile der Lit. sehen darin eine spezielle Ausprägung des Aufopferungsgedankens) bei einem überlangen Gerichtsverfahren, der mit einer Verzögerungsrüge kombiniert wird.[3]

In den wenigen Fällen, in denen das BVerwG zugleich im ersten und letzten Rechtszug entscheidet, stehen keine förmlichen Rechtsmittel zur Verfügung.[4]

2 **Berufung** kann ausschließlich gegen Urteile des Verwaltungsgerichts eingelegt werden; die Zuständigkeit liegt beim Oberverwaltungsgericht (bzw. Verwaltungsgerichtshof). Die Berufung bedarf gem. § 124 Abs. 1 VwGO der Zulassung durch das Verwaltungsgericht (§ 124a Abs. 1 S. 1 VwGO) und ist nur bei Vorliegen der in § 124 Abs. 2 VwGO aufgeführten Gründe eröffnet. Wird die Berufung nicht im Urteil des Verwaltungsgerichts zugelassen, ist diese nach § 124a Abs. 4 VwGO innerhalb eines Monats beim Oberverwaltungsgericht zu beantragen. Binnen zwei Monaten nach Zustellung des vollständigen Urteils sind die Zulassungsgründe darzulegen. Erst wenn dieser Antrag auf Zulassung der Berufung erfolgreich ist, kann in einem zweiten Schritt Berufung eingelegt werden.[5] Das Rechtmittel der Berufung dient vornehmlich der Richtigkeitsgewähr der Gerichtsentscheidungen im Einzelfall.[6] Im Berufungsverfahren wird daher die angegriffene Entscheidung sowohl unter **tatsächlichen** als auch **rechtlichen** Gesichtspunkten umfassend kontrolliert.[7]

3 Im Gegensatz zur Berufung ist die **Revision** gegen Urteile des Verwaltungsgerichts nur ausnahmsweise zulässig, und zwar als **Sprungrevision** nach § 134 VwGO, wenn der Kläger und Beklagte schriftliche zustimmen und wenn sie von dem Verwaltungsgericht durch Beschluss zugelassen wird[8] (vgl. aber auch § 135 VwGO). Ansonsten ist der Anwendungsbereich der Revision gem. § 132 Abs. 1 VwGO grds. auf Urteile des Ober-

---

1 Näher zur Rechtsmittelbeschränkung Rennert DVBl. 2017, 857, 860 ff.
2 So zu Recht Michl DVBl. 2014, 999, 1000.
3 Guckelberger DÖV 2012, 289 ff.; insb. zur dogmatischen Erklärung des Anspruchs Schenke DVBl. 2016, 745 ff.
4 Vgl. § 50 VwGO und spezialgesetzliche Anordnungen; dies ist verfassungsrechtlich unbedenklich, da Art. 19 Abs. 4 S. 1 GG keinen mehrstufigen Rechtsweg gebietet, s. W.-R. Schenke in: Kopp/ders., VwGO, § 50 Rn. 1.
5 BVerwG NWVBl. 2018, 282 f. Die Anforderungen an die Begründung eines Zulassungsantrags dürfen wegen der Rechtsschutzgarantie aus Art. 19 Abs. 4 GG nicht überspannt werden, so überzeugend BVerfG NVwZ 2022, 789, 790 Rn. 22 f., wonach der Berufungsgrund der ernstlichen Zweifel an der Richtigkeit des Urteils (§ 124 Abs. 2 Nr. 1 VwGO) bereits dann vorliegt, wenn ein einzelner tragender Rechtssatz oder eine erhebliche Tatsachenfeststellung mit schlüssigen Gründen in Frage gestellt wird und an die Darlegung des Grundes keine solchen hohen Anforderungen wie an die nachfolgende Berufungsbegründung gestellt werden dürfen. Zur Auslegung der Vorschriften im Lichte des Verfassungsrechts auch Conrad NVwZ 2021, 369, 370 ff.
6 Rennert DVBl. 2017, 857, 859.
7 Zur Anschlussberufung nach § 127 VwGO, welche eine reformatio in peius zulasten des Berufungsklägers eröffnet, die ansonsten durch § 129 VwGO ausgeschlossen ist, BVerwG NVwZ-RR 2008, 214; BVerwGE 100, 104; Schübel-Pfister JuS 2008, 874, 877.
8 Dazu und zur Rechtsmittelbelehrung BVerwG Beschl. v. 22.6.2022 – 2 C 12.21, juris.

verwaltungsgerichts und (dessen) Beschlüsse im Normenkontrollverfahren beschränkt; für die Revision ist das BVerwG zuständig. Wie die Berufung bedarf die Revision der Zulassung, und zwar nach § 132 Abs. 1 Alt. 1 VwGO regelmäßig (Ausnahme: Sprungrevision) durch das Oberverwaltungsgericht. Dafür ist wiederum das Vorliegen bestimmter Gründe Voraussetzung, § 132 Abs. 2 VwGO. Wird die Revision nicht zugelassen, besteht nach § 133 VwGO die Möglichkeit, Beschwerde zum BVerwG zu erheben und auf diesem Wege die Zulassung nach § 132 Abs. 1 Alt. 2 VwGO zu erreichen. Im Rahmen der Revision wird die zu überprüfende Entscheidung allein in (bundes-)**rechtlicher**, nicht dagegen in tatsächlicher Hinsicht kontrolliert. Dieses Rechtsmittel soll vor allem die Vereinheitlichung und Fortentwicklung der Rechtsprechung fördern.[9]

Das Rechtsmittel der **Beschwerde** ist gegen solche Entscheidungen des Verwaltungsgerichts, des Vorsitzenden oder des Berichterstatters statthaft, die nicht Urteile oder Gerichtsbescheide sind, vgl. § 146 Abs. 1 VwGO. Die Entscheidungen des Oberverwaltungsgerichts sind dagegen gem. § 152 Abs. 1 VwGO prinzipiell nicht beschwerdefähig. Form und Frist der Beschwerde werden in § 147 VwGO geregelt. Allerdings ist zu beachten, dass Beschwerden gegen Beschlüsse in Verfahren des besonderen Rechtsschutzes (§§ 80, 80a, 123 VwGO) und nur diese innerhalb eines Monats nach Bekanntgabe der Entscheidung zu begründen sind und die Begründung, sofern sie nicht bereits mit der Beschwerde vorgelegt wurde, beim Oberverwaltungsgericht einzureichen ist (§ 146 Abs. 4 S. 1 VwGO). Sofern es sich nicht um solche begründungsbedürftigen Beschwerden handelt (s. § 146 Abs. 4 S. 5 Hs. 2 VwGO), kann das Verwaltungsgericht dieser selbst abhelfen; anderenfalls muss es sie unverzüglich dem Oberverwaltungsgericht zuleiten, § 148 Abs. 1 VwGO. Ist die Beschwerde zulässig, wird die angegriffene Entscheidung unter tatsächlichen und rechtlichen Gesichtspunkten überprüft. Bei der überaus praxisrelevanten Beschwerde gegen Beschlüsse in Verfahren des vorläufigen Rechtsschutzes prüft das Oberverwaltungsgericht dagegen gem. § 146 Abs. 4 S. 6 VwGO nur „die dargelegten Gründe".[10]

4

Eine Sonderrolle nimmt die **Anhörungsrüge** nach § 152a VwGO ein. Sie ist kein Rechtsmittel, sondern ein subsidiärer außerordentlicher Rechtsbehelf zur Selbstkontrolle des Gerichts wegen eines ihm unterlaufenen Verfahrensfehlers. Hiermit kann der von einer gerichtlichen Entscheidung beschwerte Beteiligte einen (entscheidungserheblichen) Verstoß gegen den Anspruch auf rechtliches Gehör (Art. 103 Abs. 1 GG) rügen,[11] wenn ein Rechtsmittel oder ein anderer Rechtsbehelf gegen die Entscheidung nicht gegeben ist, § 152a Abs. 1 VwGO. Für den Fall der Unzulässigkeit verwirft das (Ausgangs-)Gericht die Rüge bzw. weist sie im Fall der Unbegründetheit durch unanfechtbaren Beschluss zurück, § 152a Abs. 4 VwGO. Ist die Rüge hingegen begründet, gibt das Gericht ihr dadurch statt, dass es das Verfahren im Stadium vor Schluss der mündlichen Verhandlung fortführt, § 152a Abs. 5 S. 1, 2 VwGO.[12]

5

---

9 Rennert DVBl. 2017, 857, 859, 862.
10 Zu den diesbzgl. Problemen Berkemann DVBl. 2021, 559 ff.
11 Dazu etwa BVerwG Beschl. v. 2.3.2021 – 1 WB 1/21, Rn. 8 ff. juris, wonach Art. 103 Abs. 1 GG dem Einzelnen keinen Anspruch darauf verleiht, dass das Gericht seiner Rechtsauffassung folgt, und das Gericht den Einzelnen grds. nicht auf seine Rechtsauffassung vor der Gerichtsentscheidung hinweisen muss (Ausn.: Überraschungsentscheidung).
12 Näher zur Anhörungsrüge etwa Guckelberger in: Sodan/Ziekow, VwGO, § 152a.

Teil 4
Weitere Handlungsformen der Verwaltung

Neben dem Verwaltungsakt stehen der Verwaltung weitere Handlungsformen zur Verfügung, derer sie sich zwecks Erfüllung öffentlicher Aufgaben bedienen kann. Ihre praktische und rechtliche Bedeutung, insb. diejenige des öffentlich-rechtlichen Vertrags, nimmt ständig zu.

§ 23 Realakte

▶ **Fall 1:** Im Sommer 1985 haben Lebensmittelüberwachungsbehörden festgestellt, dass bestimmte in der Bundesrepublik verkaufte Weine Diethylenglykol (DEG) enthielten, welches als Frostschutzmittel und Lösungsmittel verwendet wird. Nach dem damaligen Erkenntnisstand handelte es sich bei DEG um eine gesundheitsgefährdende Substanz. Der Bundesminister für Jugend, Familie und Gesundheit gab daraufhin eine Liste DEG-haltiger Weine heraus, die ua das Herkunftsland, die Lagebezeichnung, den Jahrgang und die Bezeichnung des Produkts sowie den Namen der Abfüller enthielten. War er dazu befugt?
Abwandlung: Aufgrund der Veröffentlichung dieser Liste durch den Bundesminister haben wichtige Lieferanten und Abnehmer des dort aufgeführten Abfüllers A die mit ihm bestehenden Geschäftsbeziehungen abgebrochen. A ist nach eigenen Untersuchungen der von ihm abgefüllten Weine sicher, dass diese kein DEG enthalten, und vermutet daher, dass sein Eintrag in der Liste auf einer Namensverwechslung mit dem Abfüller B beruht. Da A sich in seiner wirtschaftlichen Existenz bedroht sieht, möchte er eine Gegendarstellung des Bundesministers erreichen. Im Ministerium lehnt man die entsprechende Anfrage des A jedoch ab. Mit welcher Klageart könnte A sein Anliegen verfolgen? ◀

Die als schlichtes bzw. tatsächliches Verwaltungshandeln[1] oder als Realakt (vgl. bereits § 12 Rn. 12 ff.) bezeichnete Handlungsform der Verwaltung bildet eine Sammelkategorie für öffentlich-rechtliche Verwaltungstätigkeiten, bei denen eine Voraussetzung für die Annahme eines Verwaltungsakts fehlt, insb. das Merkmal der Regelungswirkung nicht erfüllt ist.[2]

I. Begriff

Die meisten Realakte richten sich auf einen **tatsächlichen Erfolg**. Darin besteht der Unterschied zu dem eine unmittelbare Rechtsfolge intendierenden Verwaltungsakt. Das ihnen **fehlende Element der Regelung** grenzt Realakte auch von Rechtsnormen und Verwaltungsverträgen ab. Häufig werden Realakte in Wissenserklärungen und tatsächliche Ausführungen unterteilt; rechtliche Unterschiede ergeben sich aus jener Differenzierung jedoch nicht. Zu den **Wissenserklärungen** gehören zB Auskünfte oder Mitteilungen von Behörden. Zunehmend setzt der Staat auf Informationen als „weiches" Steuerungsmittel, um den Bürgern bessere Entscheidungsgrundlagen zu verschaf-

---

1 Vgl. Hermes in: Voßkuhle/Eifert/Möllers, Bd. 2, § 38, dort eingehend auch zum Nachfolgenden; zur unterschiedlichen Terminologie Buhr VR 2017, 78 f.
2 Dazu näher Buhr VR 2017, 78, 79 f.; s.a. Glaser, Die Entwicklung des Europäischen Verwaltungsrechts, 2013, S. 84; Remmert in: Ehlers/Pünder, § 36 Rn. 1.

fen. Erhebliche praktische Bedeutung haben Warnungen durch staatliche Stellen (zB vor gesundheitsgefährdenden Produkten oder vor Jugendsekten), die vermehrt auch über das Internet erfolgen, und deren Rechtmäßigkeit oft zweifelhaft erscheint.[3] Solche Informationen, etwa über das Ergebnis von Lebensmittelkontrollen in Gaststätten, enthalten keine „Regelung" iSd § 35 VwVfG; die Information trifft keine verbindliche Aussage ggü. den Gastwirten, wie sie sich in Zukunft zu verhalten haben. Auch bleibt es dem Publikum unbenommen, welche Konsequenzen es aus der zur Verfügung gestellten Information zieht.[4]

Zu den Wissenserklärungen lassen sich auch Fiktionsbescheinigungen nach § 42a Abs. 3 VwVfG rechnen. Denn die für die Annahme eines Verwaltungsakts notwendige Regelung ist bereits in der kraft Gesetzes fingierten Genehmigung (zu § 42a VwVfG vgl. § 13 Rn. 1) enthalten.[5]

Tatsächliche Verrichtungen können die Auszahlung eines Geldbetrages, die Aushändigung einer Genehmigungsurkunde,[6] störende Einwirkungen durch Einrichtungen des Staates (zB Geruchsimmissionen von einer gemeindlich betriebenen Kläranlage), die Fahrt mit einem Dienstfahrzeug oder der Bau eines Verwaltungsgebäudes sein. Zu den Verwaltungsrealakten zählt die beobachtende und observierende Tätigkeit der Polizei, wie die Anfertigung von Bildaufnahmen im Straßenverkehr, die Kfz-Kennzeichenerfassung oder auch die Videoüberwachung des öffentlichen Raums.[7] Auch der Überflug eines Kampfflugzeugs über ein Demonstranten-Camp ist tatsächlicher Natur.[8]

Verfahrenshandlungen, die nur den Erlass eines Verwaltungsakts vorbereiten, sind bei fehlendem eigenständigen Regelungsgehalt Realakte.[9]

3 Realakte können aber auch Maßnahmen sein, bei denen eine der anderen Voraussetzungen des Verwaltungsakts nicht erfüllt ist. So stufte das BVerwG die Anordnung ggü. einem Beamten, sich zur Feststellung seiner Dienstfähigkeit untersuchen zu lassen, mangels unmittelbarer Außenwirkung als Realakt ein.[10] Zur Abgrenzung von (öffentlich-rechtlichen) Realakten ggü. privatrechtlichen Maßnahmen der Verwaltung können die zur Unterscheidung zwischen öffentlichem und privatem Recht entwickelten Kriterien herangezogen werden (vgl. § 5 Rn. 6 ff.): Ist das tatsächliche Handeln auf eine öffentlich-rechtliche Rechtsgrundlage zurückführbar, hat es öffentlich-rechtlichen Charakter (wie die Anwendung unmittelbaren Zwangs, vgl. § 12, § 15 VwVG, vgl. § 19 Rn. 9, 16). Beruht es nicht auf einer gesetzlichen Regelung, ist für die Zuordnung zum öffentlichen Recht der Zusammenhang mit der Erfüllung einer öffentlichen Aufgabe entscheidend; das gilt etwa in Fällen staatlicher Warnungen vor Sekten oÄ.[11]

4 Obwohl Realakte in vielen Fällen primär auf die Herbeiführung eines tatsächlichen Erfolgs gerichtet sind, können sie weitere „mittelbare" Rechtsfolgen auslösen, zB

---

3 Ausführlich Zott, Aktive Informationen des Staates im Internet, 2016; s.a. Guckelberger in: Hill/Schliesky, Die Vermessung des virtuellen Raums, 2012, S. 73 ff.
4 Mancher bleibt weiterhin seiner Stammkneipe treu, andere wechseln zu Gaststätten mit besseren Ergebnissen. Guckelberger in: Hill/Schliesky, Die Vermessung des virtuellen Raums, 2012, S. 73, 83 f.
5 S. § 12 Rn. 12; OVG Koblenz Urt. v. 5.11.2020 – 7 A 10382/20, Rn. 36 juris.
6 BVerwG VRS 135 (2018), 104, 106.
7 BVerwGE 141, 329, 332.
8 BVerwGE 160, 169, 174.
9 BVerwG NVwZ 2017, 489, 490; NVwZ 2022, 551, 553.
10 BVerwGE 165, 65, 68 Rn. 20. Ferner zählte es dienstliche Beurteilungen zu den Realakten, BVerwG NVwZ 2022, 737, ebenso dienstliche Weisungen BVerwG KommJur 2021, 196, 198.
11 Vgl. nachfolgend zu Fall 1, nach Rn. 17; bereits § 5 Rn. 16 ff.; zum Auskunftsanspruch der Presse ggü. Unternehmen der öffentlichen Hand Köhler NJW 2005, 2337.

§ 23 Realakte

Haftungsansprüche im Falle von unrichtigen Auskünften oder unrichtigen staatlichen Warnungen.[12]

II. Rechtmäßigkeitsvoraussetzungen von Realakten

Aufgrund der Vielgestaltigkeit von Realakten gibt es dafür bis heute keine allgemeine Regelung im VwVfG. Für einzelne dieser Maßnahmen finden sich Regelungen im **Fachrecht**. So wird zB wegen des Eingriffs in das Recht auf informationelle Selbstbestimmung (Art. 2 Abs. 1 iVm Art. 1 Abs. 1 GG) der Einsatz von mobilen Bild- und Tonaufzeichnungsgeräten oder die anlassbezogene automatische Kennzeichenerfassung durch die Bundespolizei in § 27a, § 27b BPolG geregelt. § 6 Abs. 1 S. 3 Hs. 1 VIG enthält eine Regelung über die Verbreitung von Verbraucherinformationen über das Internet oder in sonstiger öffentlich zugänglicher Weise, § 40 LFGB über die Information der Öffentlichkeit, etwa wenn ein nicht gesundheitsschädliches, aber zum Verzehr ungeeignetes Lebensmittel in den Verkehr gelangt ist.[13]

Auch wenn es oft keine gesetzlichen Regelungen für bestimmte Realakte gibt, bewegen sich die staatlichen Stellen dabei keineswegs im rechtsfreien Raum. Gewisse allgemeine Zulässigkeits- bzw. Rechtmäßigkeitsgrundsätze, die für Verwaltungsakte gelten (dazu § 14), sind auch bei Realakten zu beachten. Dazu zählen die Einhaltung der Zuständigkeitsordnung, die Grundsätze vom Vorrang und, sofern einschlägig (vgl. § 8 Rn. 7 ff.), vom Vorbehalt des Gesetzes sowie neben dem Verhältnismäßigkeitsprinzip das Willkürverbot:[14]

- Wegen des **Gesetzesvorrangs** (**Art. 20 Abs. 3 GG**) müssen Realakte vorhandenen Gesetzen entsprechen (hierzu bereits § 8 Rn. 2); daran fehlt es, wenn ein Gesundheitsministerium vor dem Handel mit und dem Verkauf von E-Zigaretten warnt, weil diese den arzneimittel- und medizinproduktrechtlichen Bestimmungen unterfallen würden, dies aber nicht der geltenden Rechtslage entspricht.[15] Je nach Realakt ist auch auf dessen Übereinstimmung mit der EMRK und dem Unionsrecht zu achten.

  So hat zB der EGMR die Warnung deutscher staatlicher Stellen vor einer religiösen Bewegung am Maßstab des Art. 9 EMRK geprüft und im Ergebnis nicht beanstandet.[16] Art. 10 Verordnung (EG) Nr. 178/2002 entfaltet keine Sperrwirkung zur Verbreitung weitergehender Informationen nach dem LFGB, wobei die Vorgaben aus Art. 7 Verordnung (EG) 882/2004[17] bzw. aus dem seit Ende 2019 maßgeblichen Art. 8 Abs. 3–5 Verordnung (EU) 2017/625 zu beachten sind.

- Aus dem Grundsatz des **Vorbehalts des Gesetzes** folgt, dass für Realakte eine Ermächtigungsgrundlage erforderlich ist, wenn sie zu Grundrechtseingriffen führen.[18]

---

12 Glaser, Die Entwicklung des Europäischen Verwaltungsrechts, 2013, S. 84.
13 S. dazu BVerfGE 148, 40 ff.
14 Vgl. Battis, S. 255.
15 BVerwG NVwZ-RR 2015, 425, 426 ff.
16 EGMR NVwZ 2010, 177 ff.
17 BVerwGE 166, 233, 250 Rn. 54.
18 Das BVerfG misst unter gewissen Voraussetzungen Informationen nicht an Art. 12 Abs. 1 GG, anders jedoch, wenn sie ein funktionales Äquivalent eines Eingriffs sind, BVerfGE 148, 40, 29 f. Zur diesbzgl. Zurückhaltung des BVerwG, jedenfalls bei Warnungen der Bundesregierung, vgl. indes die Lösung zu Fall 1, nach Rn. 17; aber auch – anhand von Subventionen – § 8 Rn. 9 aE. Anders deutlich aus transnationaler Sicht Kment in: Calliess (Hrsg.), Transnationales Recht – Stand und Perspektiven, 2014, S. 331, 337, aaO, zugleich zur Normbestimmtheit und -klarheit. Allg. zu Grundrechtseingriffen durch schlicht-hoheitliches Handeln vgl. Kingreen/Poscher, PolizeiR, § 2 Rn. 45 f., und nachfolgend im Text. Zur weiterreichenden Geltung des Gesetzesvorbehalts § 8 Rn. 3 ff.

- Nach dem **Verhältnismäßigkeitsprinzip** muss das schlicht-hoheitliche Handeln der Verwaltung einem legitimen Zweck dienen und zu dessen Erreichung geeignet, erforderlich und angemessen[19] sein.[20]
- Aus dem **Willkürverbot** folgt bei amtlichen Äußerungen, dass Werturteile nicht auf sachfremden Erwägungen beruhen dürfen und den sachlich gebotenen Rahmen einzuhalten haben (**Sachlichkeitsgebot**);[21] rechtliche Wertungen müssen vertretbar sein, was vorher zu überprüfen ist.[22] Äußerst umstritten ist, inwieweit die Regierung und ihre Mitglieder auch außerhalb des Wahlkampfs bei ihren Äußerungen den **Grundsatz der Chancengleichheit der Parteien (Art. 21 Abs. 1 S. 1 GG)** und das daraus folgende Neutralitätsgebot bei ihren Äußerungen zu beachten haben. Während in einem Sondervotum vom 15.6.2022 die Meinung vertreten wurde, dass sich die Selbstdarstellung der Regierung von der exekutiven sachbezogenen Öffentlichkeitsarbeit unterscheide und das politische Regierungshandeln unter Berücksichtigung der Erwartungshaltung der Bevölkerung gerade nicht neutral sein müsse, setzte das BVerfG – wenn auch mit knapper Mehrheit – seine bisherige Rechtsprechung zu den Äußerungsbefugnissen von Regierungsmitgliedern bei Wahrnehmung ihres Amts fort. Zum Schutz der Offenheit des Prozesses politischer Willensbildung gelte das Neutralitätsgebot auch außerhalb der Wahlkampfzeiten.[23] Zwar darf sich die Bundesregierung mit kritischen Einwänden einer Partei an getroffenen oder zukünftigen Maßnahmen auseinandersetzen. Sie verfügt aber über kein „Recht zum Gegenschlag", wonach sie auf unsachliche oder diffamierende Angriffe in gleicher Weise reagieren darf.[24] Im Übrigen können Eingriffe in die chancengleiche Teilhabe von Parteien ausnahmsweise aus durch die Verfassung legitimierten, ausreichend gewichtigen Gründen, wie den Schutz der Handlungsfähigkeit und Stabilität der Bundesregierung oder die Wahrung der Verlässlichkeit der Bundesrepublik in der Staatengemeinschaft, gerechtfertigt werden.[25] Daher dürfen die staatlichen Funktionsträger angesichts der Neutralitätspflicht keine negativen Bewertungen in amtlicher Eigenschaft abgeben, um Personen an der Teilnahme einer Demonstration der Partei abzuhalten.[26] Anders gestaltet sich dagegen die Rechtslage, wenn sich die Regierungsmitglieder außerhalb ihrer amtlichen Funktion am politischen Meinungskampf beteiligen.[27]

---

19 Dazu bereits § 14 Rn. 53; s.a. BVerfGE 148, 40, 52 ff.
20 Skeptisch zur Einhaltung des Vorstehenden anhand staatlicher Informationstätigkeit Ossenbühl NVwZ 2011, 1357.
21 BVerfGE 105, 252, 268 ff.; 148, 11, 30; 154, 320, 338; BVerwGE 151, 228, 240 f.; zu Äußerungen von Hoheitsträgern auch Milker JA 2017, 647 f.
22 So weitgehend wörtlich OVG Münster GewArch 2012, 257.
23 BVerfG Urt. v. 15.6.2022 – 2 BvE 4/20, 2 BvE 5/20, Rn. 69 ff. juris; aA das diesbzgl. Sondervotum der Richterin Wallrabenstein.
24 BVerfGE 148, 30 ff.; BVerfGE 154, 320, 338 Rn. 52. Besonderheiten gelten beim Bundespräsidenten, dessen Äußerungen nur bei evidenter Vernachlässigung seiner Integrationsaufgabe und willkürlicher Parteiergreifung beanstandet werden, BVerfGE 138, 102, 112 f. Dazu, dass sich die Maßstäbe in Bezug auf den Bundespräsidenten nicht auf den Bundeskanzler übertragen lassen, BVerfG Urt. v. 15.6.2022 – 2 BvE 4/20, 2 BvE 5/20, Rn. 86 ff. juris.
25 BVerfG Urt. v. 15.6.2022 – 2 BvE 4/20, 2 BvE 5/20, Rn. 92 ff. juris.
26 BVerfGE 148, 11, 25 ff.; zu Äußerungen eines Bürgermeisters BVerwG NWVBl. 2018, 101, 103.
27 BVerfG Urt. v. 15.6.2022 – 2 BvE 4/20, 2 BvE 5/20, Rn. 76 juris; dazu, dass man zwischen der Betätigung eines Regierungsmitglieds in amtlicher Funktion und außerhalb dieser differenzieren muss. Dazu auch Spitzlei JuS 2018, 856 ff.; Voßkuhle/Kaiser JuS 2018, 343 f.

- Aus dem **Rechtsstaatsprinzip** folgt, dass die vom Staat verbreiteten Informationen **richtig** sein müssen. Lassen sich Unsicherheiten hins. der Richtigkeit der Information nicht beseitigen, darf eine solche Information zur Abwehr wichtiger Gefahren dennoch verbreitet werden, allerdings muss die bestehende Unsicherheit in der Äußerung deutlich werden.[28] Auch für zunächst zutreffende Informationen über Rechtsverstöße kann der Gesetzgeber zur Begrenzung des Grundrechtseingriffs zur Einführung einer zeitlichen Grenze für die Veröffentlichung im Internet verpflichtet sein, weil sich aus dem Verstoß in der Vergangenheit immer weniger auf die aktuelle Situation des betroffenen Unternehmens schließen lässt.[29]

Stellen hoheitliche Äußerungen oder Warnungen mit ihren faktischen Wirkungen **funktionale Äquivalente eines klassischen Grundrechtseingriffs** mittels hoheitlicher Regelung, insb. eines Verwaltungsakts dar, haben sie darüber hinaus den Anforderungen von **Grundrechtseingriffen** zu genügen; sie können daher nicht auf die Befugnis der Regierung zur Informations- und Öffentlichkeitsarbeit abgestützt werden, sondern benötigen eine besondere gesetzliche Ermächtigung.[30]

III. Informelles Verwaltungshandeln

Zunehmende Bedeutung in der Verwaltungspraxis gewinnen „**informelle**" (oder informale) **Absprachen** bzw. formlose Verständigungen oder „Gentlemen's Agreements".[31] Damit werden Absprachen oder sonstige Kontakte zwischen Behörden und Privaten bezeichnet, die bspw. wesentliche Fragen des Sachverhalts und der für die Zulässigkeit eines Vorhabens geltenden Rechtslage abklären und abstimmen.[32] Zu ihnen kommt es häufig im Vorfeld von behördlichen Entscheidungen, um einvernehmliche Lösungen zu finden und Konflikte zu vermeiden bzw. zu beseitigen. Informalien dieser Art können – müssen aber nicht – in eine förmliche Entscheidung der Verwaltung (Verwaltungsakt, Vertrag) münden oder eine solche ersetzen. Vielfach dienen sie auch dazu, ein festgefahrenes Verwaltungsverfahren mit einem Kompromiss zwischen den Beteiligten zu beenden.

Beispiele: Absprachen über die freiwillige Beseitigung rechtswidriger Zustände zur Vermeidung staatlicher Eingriffsmaßnahmen (zB zur Verhinderung einer Abrissverfügung bei einer rechtswidrig errichteten baulichen Anlage), ferner Absprachen zwischen der Polizei und dem Veranstalter einer Großdemonstration; im Umweltbereich sind (Vor-)Verhandlungen zwischen einem Vorhabenträger und der Behörde, durch welche die Erfüllung der Genehmigungsvoraussetzungen und die Abfassung des Genehmigungsbescheids abgestimmt werden (zB Errichtung einer genehmigungsbedürftigen immissionsschutzrechtlichen Anlage, vgl. auch § 15 Abs. 1 UVPG: Scoping), keine Seltenheit.[33]

Charakteristisches Merkmal informeller Absprachen ist ihre **rechtliche Unverbindlichkeit** bzw. der fehlende Rechtsbindungswille der Beteiligten. Darin besteht der wesent-

---

28 Damit die Adressaten selbst über den Umgang mit der Ungewissheit entscheiden können, BVerfGE 105, 252, 268 ff. S.a. Guckelberger in: Hill/Schliesky, Die Vermessung des virtuellen Raums, 2012, S. 73, 103 f.
29 BVerfGE 148, 40, 52.
30 BVerfGE 148, 40, 49; BVerwG NVwZ-RR 2015, 425, 426; BVerwGE 166, 233, 245 f. Rn. 44; Ossenbühl NVwZ 2011, 1357, 1360. Ein solches Äquivalent bei einer Äußerung eines Bürgermeisters zur Abschaltung des Lichts samt Empfehlung der Teilnahme an einer Gegendemonstration verneinend BVerwG NWVBl. 2018, 101, 103.
31 Vgl. zu rechtsstaatlichen Vorgaben für konsensuales informelles Verwaltungshandeln Brohm DVBl. 1994, 133, 136 ff.; näher zu alldem Kluth in: Ehlers/Fehling/Pünder, Bd. I, § 12 Rn. 56.
32 Maurer/Waldhoff, § 15 Rn. 14; Bonk/Neumann/Siegel in: Stelkens/Bonk/Sachs, § 54 Rn. 36 f.
33 Zu den Umweltabsprachen Schlacke, § 5 Rn. 110 ff.

liche Unterschied zu öffentlich-rechtlichen Verträgen,[34] deren Vertragsinhalt die Vertragsparteien rechtlich bindet. Dies belegt zugleich, dass informelles Verwaltungshandeln prinzipiell zum Kreis der **Realakte** gehört.

Angesichts potenzieller **Gefahren** im Zusammenhang mit informellen Handlungsweisen der Verwaltung (Umgehung gesetzlicher Vorgaben, Vernachlässigung von Allgemein- und Drittinteressen, Erschwerung der gerichtlichen Kontrolle) wird ihre rechtliche Zulässigkeit problematisiert.[35] Unter Berücksichtigung der Vorteile (effizientere Ausgestaltung bzw. Entlastung der Verwaltungsverfahren, Akzeptanz, Vermeidung gerichtlicher Auseinandersetzungen) werden sie allerdings überwiegend als zulässig erachtet.[36] Grenzen informellen Handelns folgen freilich aus der Gesetzesbindung der Verwaltung. Über deren bereits angesprochenen allgemeinen Maßgaben hinaus richtet sich dies im Besonderen auf die Wahrung von (Verfahrens-)Rechten anderer Beteiligter, des Gleichheitssatzes und des Koppelungsverbots (vgl. Rn. 6. Zum Koppelungsverbot § 18 Rn. 14; § 24 Rn. 14).

Im Jahr 2011 hatte das BVerwG mangels entsprechender gesetzlicher Regelung keine Bedenken daran, dass einem Planfeststellungsverfahren ein informelles Verfahren zwischen Vorhabenträger sowie Vertretern von Bund, Land und Gemeinden mit dem Ziel der Erarbeitung einer Empfehlung für eine Planung vorgeschaltet wird, damit diese auf breite Akzeptanz in der Öffentlichkeit stoßen kann. Zur Vermeidung jeglicher Art von Vorfestlegung der von der Planfeststellungsbehörde vorzunehmenden Abwägung hielt es jedoch eine klare Trennung der beiden Verfahren für geboten. Auch sei darauf zu achten, dass durch derartige informelle Vorgänge die notwendige Distanz und Neutralität der federführenden Behörde nicht infrage gestellt wird.[37] Kooperative Formen der Entscheidungsvorbereitung haben teilweise Eingang in das Verwaltungsverfahrensrecht gefunden: Nach **§ 25 Abs. 2 S. 1 VwVfG** erörtert die Behörde, soweit erforderlich, vor Stellung eines Antrags mit dem künftigen Antragsteller, welche Nachweise und Unterlagen von ihm zu erbringen sind und in welcher Weise das Verfahren beschleunigt werden kann.

IV. Rechtsschutz bei Realakten: allgemeine Leistungsklage und einstweiliger Rechtsschutz

8   Da Realakte mangels Regelung keine Verwaltungsakte sind, scheiden die in **§ 42 Abs. 1 VwGO** genannten Rechtsschutzmöglichkeiten aus. In Betracht kommt aber die **allgemeine Leistungsklage**. Mit ihr kann der Bürger im Wege der **Abwehrklage** gegen Belastungen vorgehen (etwa Rückbau rechtswidrig in Anspruch genommener Straßenflächen; vgl. § 41) bzw. lässt sich auf Unterlassung eines Realaktes klagen.[38] Umgekehrt kann im Wege der Leistungsklage ein begehrtes, meist begünstigendes schlicht-hoheitliches Verwaltungshandeln eingeklagt werden (auf Auskunft, Hinweis, Geldzahlung, Fortsetzung eines beamtenrechtlichen Auswahlverfahrens): **Vornahmeklage**.[39] Des Weiteren stellen sich Fragen des **einstweiligen Rechtsschutzes** nach § 123 VwGO.

---

34   Vgl. § 24; Schmidt, § 18 Rn. 251.
35   Erichsen in: ders./Ehlers, Allgemeines Verwaltungsrecht, 12. Aufl. 2002, § 32 Rn. 4 f.
36   Bull/Mehde, Rn. 155 f.; Maurer/Waldhoff, § 15 Rn. 19 ff.
37   BVerwGE 139, 150, 155.
38   ZB auf Unterlassung einer polizeilichen Videoüberwachung BVerwGE 141, 329, 330. Hierzu § 41 Rn. 17 ff.
39   Zu alldem vertieft Ehlers in: ders./Schoch, § 29. Zur Geltendmachung des presserechtlichen Auskunftsanspruchs mit der allgemeinen Leistungsklage BVerwGE 146, 56, 57.

1. Allgemeine Leistungsklage
a) Statthaftigkeit

Die allgemeine Leistungsklage wird in der VwGO nicht explizit geregelt, jedoch in einigen ihrer Vorschriften erwähnt (§ 43 Abs. 2 S. 1, § 111 S. 1, § 113 Abs. 4 VwGO) – und damit als Klageart vorausgesetzt.[40] Die allgemeine Leistungsklage bildet die statthafte Klageart **zur Durchsetzung öffentlich-rechtlicher Ansprüche, die nicht auf einen Verwaltungsakt gerichtet** sind. Häufig wird das begehrte Verhalten in der **Vornahme** einer Handlung, also positivem Tun, bestehen. Dazu zählen Ansprüche auf Realakte im engeren Sinne[41] wie die Herausgabe von Sachen oder Löschung von Daten,[42] nach umstrittener Auffassung auch auf Normerlass untergesetzlicher Rechtsvorschriften.[43] Sollte allerdings die angestrebte Handlung der vorherigen Entscheidung durch Verwaltungsakt bedürfen (bspw. Bewilligungsbescheid vor Auszahlung der Subvention), ist zunächst ein Antrag auf Erlass des entsprechenden Bescheids zu stellen;[44] bei behördlicher Ablehnung ist dann die Verpflichtungsklage (§ 42 Abs. 1 Alt. 2 VwGO) als besondere Leistungsklage statthaft.[45] Mit der allgemeinen Leistungsklage können auch Erfüllungsansprüche aus einem öffentlich-rechtlichen Vertrag durchgesetzt (anders, wenn der Anspruch auf den Erlass eines Verwaltungsakts gerichtet ist; hins. des behördlichen Vorgehens bereits § 14 Rn. 7) sowie Ansprüche auf Abgabe von Wissenserklärungen (wie Auskünfte, etwa zur Durchsetzung des verfassungsunmittelbaren Anspruchs der Presse ggü. Bundesbehörden aus Art. 5 Abs. 1 S. 2 GG,[46]) und öffentlich-rechtlichen Willenserklärungen (zB auf Abschluss eines Vertrags) verfolgt werden.[47] Hierher gehören ferner Klagen auf Beseitigung der Folgen schlicht-hoheitlichen Handelns (zum Folgenbeseitigungsanspruch § 41), etwa auf Widerruf und Richtigstellung von Äußerungen in einem Bericht des Bundesrechnungshofs,[48] nicht jedoch der Folgen, die der Vollzug eines Verwaltungsakts zeitigt – diesen ist mit einer Anfechtungsklage iVm einem Antrag auf Vollzugsfolgenbeseitigung nach § 113 Abs. 1 S. 2 VwGO (zum Vollzugsfolgenbeseitigungsanspruch vgl. § 41 Rn. 2 ff.; zu seiner Durchsetzung im Zusammenhang mit der Anfechtungsklage § 20 Rn. 35) zu begegnen.

Der Kläger kann zum anderen **Abwehr-** bzw. **Unterlassungsansprüche** (zum öffentlich-rechtlichen Unterlassungsanspruch § 41 Rn. 17 ff.) im Wege der allgemeinen Leistungsklage geltend machen. Denn auch das Unterlassen einer hoheitlichen Maßnahme, zB einer Kfz-Kennzeichenerfassung oder von Lärm durch eine gemeindliche Einrichtung, ist eine Leistung, die durch Klage abgewehrt werden kann. Wegen des Verwaltungs-

---

40 Dazu anhand von Grundfällen Geis/Meier JuS 2013, 28; kompakte Darstellung bei Kramer, Rn. 73 ff.
41 Würtenberger/Heckmann, Rn. 441.
42 BVerwGE 151, 228, 234 f.
43 Als Verpflichtung zum Erlass der Norm (echte Normerlassklage) oder zur Änderung/Ergänzung einer bereits vorhandenen Norm (unechte Normerlassklage), Becker in: Steinbach, S. 285, 287 f.; Geis/Meier JuS 2013, 28, 31 mwN. Die Rspr. favorisiert aus Gründen der Gewaltenteilung die Feststellungsklage, BVerwG NVwZ 2002, 1505; BVerwGE 166, 368, 373 f. Rn. 25; Hufen JuS 2003, 505; vgl. bereits § 10 Rn. 10 mit Fn. 41. Dazu Hufen, § 20 Rn. 7 mwN. Hiervon ist die Angreifbarkeit von Rechtsverordnungen des Bundes mittels Feststellungsklage zu unterscheiden, dazu § 25 Rn. 10.
44 Allg. Hufen, § 17 Rn. 11.
45 BVerwG NVwZ 2022, 1205, 1206. Verpflichtungsklage, wenn die Behörde vor der tatsächlichen Handlung (hier Anspruch auf Berichtigung des Melderegisters eine Entscheidung auf Grundlage eines gesetzlichen Prüfprogramms unter Beachtung besonderer verfahrensrechtlicher Vorkehrungen trifft. Zum Verhältnis von Leistungs- und Verpflichtungsklage Steiner JuS 1984, 853, 855.
46 BVerwGE 166, 303, 304 Rn. 9.
47 Hufen, § 17 Rn. 7; Würtenberger/Heckmann, Rn. 445.
48 BVerwGE 164, 368, 373 f. Rn. 14.

handelns ohne Verwaltungsaktqualität kann dies auch nicht zur Umgehung der Zulässigkeitsvoraussetzungen der Anfechtungsklage führen.[49] Für die **allgemeine Unterlassungsklage** ist kennzeichnend, dass gegen eine bereits eingetretene und andauernde Beeinträchtigung (bspw. durch Immissionen öffentlich-rechtlicher Einrichtungen) vorgegangen wird. Bei der sog. **vorbeugenden Unterlassungsklage** will der Bürger dagegen ein Behördenhandeln abwehren, das ihm mit mehr oder minder großer Gewissheit erst in der Zukunft droht,[50] etwa wenn im Moment noch keine Kfz Kennzeichenerfassung betrieben wird, der Bürger aber eine solche von vornherein unterlassen haben möchte. Voraussetzung für die Statthaftigkeit einer vorbeugenden Unterlassungsklage ist, dass sich die abzuwehrende Maßnahme hinreichend konkret abzeichnet und insb. die nötige Bestimmtheit für die gerichtliche Prüfung der Rechtmäßigkeit aufweist.[51] Außerdem ist für vorbeugende Unterlassungsklagen im Unterschied zur allgemeinen Unterlassungsklage ein „qualifiziertes Rechtsschutzbedürfnis" notwendig.[52]

b) Besondere Zulässigkeitsvoraussetzungen

aa) Klagebefugnis

10 Nach überwiegender und zutreffender Auffassung gilt **§ 42 Abs. 2 VwGO analog** auch für die allgemeine Leistungsklage.[53] Diese Vorschrift konkretisiert die Rechtsschutzgarantie in Art. 19 Abs. 4 S. 1 GG, wonach der Verwaltungsrechtsschutz primär Individualrechtsschutz ist. Eine Übertragung des § 42 Abs. 2 Hs. 2 VwGO zugrunde liegenden Rechtsgedankens auf die Leistungsklage, einer Überlastung der Gerichte durch Ausschluss von Popularklagen zu begegnen, ist im Interesse einer funktionsfähigen Verwaltungsgerichtsbarkeit geboten.[54] Auch wenn sich Art. 19 Abs. 4 GG und seine einfachgesetzliche Konkretisierung vornehmlich auf grundrechtsberechtigte Personen beziehen, wird für eine allgemeine Leistungsklage des Staates teils eine (doppelt) analoge Anwendung des § 42 Abs. 2 Hs. 2 VwGO befürwortet (Gesetzeswortlaut: „Kläger").[55] Die Gegenauffassung verneint zwar das Erfordernis der Klagebefugnis, stellt aber entsprechende Erwägungen bei der Prüfung der Prozessführungsbefugnis bzw. des allgemeinen Rechtsschutzinteresses an.[56] Für die Klagebefugnis muss der Kläger geltend machen, durch das Verwaltungshandeln oder dessen Unterlassung in einem seiner Rechte verletzt zu sein (sog. **Möglichkeitstheorie**).[57] Als Beispiele für solche möglichen subjektiv-öffentlichen Rechte seien der öffentlich-rechtliche Erstattungsanspruch, der Folgenbeseitigungsanspruch sowie der öffentlich-rechtliche Unterlassungsanspruch genannt. IÜ kann zu Einzelheiten der Klagebefugnis auf bereits Behandeltes verwiesen werden (vgl. § 9 Rn. 10 ff.). Auch im Bereich der allgemeinen Leistungsklage kann

---

49 BVerwG NVwZ 2015, 906; Urt. v. 6.8.2018 – 7 B 4/18, Rn. 9 juris.
50 Teilw. wird (ausschl. oder ergänzend) die vorbeugende Feststellungsklage insoweit als eröffnet angesehen, etwa BVerwGE 40, 323, 326; anders Detterbeck, Rn. 1445: § 43 Abs. 2 S. 1 VwGO steht entgegen.
51 BVerwG NVwZ 2018, 731.
52 BVerwG NVwZ 2015, 906; s.a. unter Rn. 13.
53 BVerwGE 147, 312, 315 Rn. 15; 170, 345, 349 f. Rn. 24; Schenke, Rn. 390, 516.
54 BVerwGE 147, 312, 323; 154, 328, 332 f. Vgl. Hufen, § 16 Rn. 12.
55 Näher dazu Hartwig/Himstedt/Eisentraut DÖV 2018, 901, 903 ff.
56 Etwa Achterberg DVBl. 1981, 278, 279; Erichsen Jura 1992, 384, 386. Nur auf Letzteres lässt sich überdies bei Leistungsklagen der Verwaltung gegen den Bürger abstellen, nicht aber auf § 42 Abs. 2 VwGO, wie es die ü.M. tut; etwa Würtenberger/Heckmann, Rn. 454. Denn die subjektiven Rechtspositionen nach jener Vorschrift sind Abwehrrechte gegen den Staat, nicht aber Rechtspositionen für diesen; allg. § 9 Rn. 10 ff.
57 BVerwGE 164, 368, 373 f. Rn. 14; 170, 345, 349 f. Rn. 24; Wolff in: ders./Decker, Studienkommentar, VwGO Anh. § 43 Rn. 18 f.

die Öffnungsklausel des § 42 Abs. 2 Hs. 1 VwGO zum Tragen kommen. Allerdings wurde von dieser von einer subjektiven Rechtsverletzung unabhängigen, eine objektive Rechtskontrolle ermöglichenden objektiven Klagebefugnis im nationalen Recht nur in eng begrenzten Bereichen Gebrauch gemacht (zB UmwRG).[58]

bb) Widerspruchsverfahren und Klagefrist

Das vorherige (erfolglose) Durchlaufen eines Widerspruchsverfahrens (§§ 68 ff. VwGO) ist für die allgemeine Leistungsklage nicht vorgeschrieben. Dessen bedarf es nur bei sondergesetzlicher Anordnung, wie bei Leistungsklagen im Bereich des Beamtenrechts (§ 54 Abs. 2 BeamtStG, § 126 Abs. 2 BBG).[59]

Ebenso wenig ist die allgemeine Leistungsklage fristgebunden;[60] eine Ausnahme gilt wiederum für beamtenrechtliche Streitigkeiten (§ 54 Abs. 2 BeamtStG, § 126 Abs. 2 BBG). Ansonsten kann die allgemeine Leistungsklage wegen Zeitablaufs allenfalls unter dem Gesichtspunkt der Verwirkung (zur Verwirkung § 20 Rn. 30) unzulässig sein.[61]

cc) Klagegegner

Der Gegner der allgemeinen Leistungsklage wird nach dem **Rechtsträgerprinzip** ermittelt – und nicht in (analoger) Anwendung des § 78 Abs. 1 Nr. 2 VwGO. Die allgemeine Leistungsklage ist somit nicht gegen die Behörde, sondern den Verwaltungsträger zu richten, der nach dem materiellen Recht zur Erfüllung des geltend gemachten Anspruchs verpflichtet ist.[62]

dd) Qualifiziertes Rechtsschutzbedürfnis

Besonderheiten gelten im Fall der **vorbeugenden Unterlassungsklage**[63] (etwa des Schweinemastbetreibers im Außenbereich gegen die drohende Zulassung von Wohngebäuden in der näheren Umgebung). Aufgrund der Abweichung von dem das Verwaltungsprozessrecht prägenden System nachträglichen (repressiven) Rechtsschutzes bzw. aufgrund des Eingriffs in den verfassungsrechtlich verankerten Gewaltenteilungsgrundsatz bedarf die vorbeugende Unterlassungsklage einer besonderen Rechtfertigung. Derartige Klagen sind „nur zulässig, wenn ein **besonders schützenswertes Interesse gerade an der Inanspruchnahme vorbeugenden Rechtsschutzes** besteht, wenn mit anderen Worten der Verweis auf den nachgängigen Rechtsschutz – einschließlich des einstweiligen Rechtsschutzes – mit für den Kläger unzumutbaren Nachteilen verbunden wäre".[64]

Bei den näheren Anforderungen an das **qualifizierte Rechtsschutzbedürfnis** bei der vorbeugenden Unterlassungsklage wird häufig danach unterschieden, ob sich diese

---

58 BVerwGE 167, 147, 148 Rn. 12.
59 Würtenberger/Heckmann, Rn. 455. Dabei wird zum Teil davon ausgegangen, dass mangels Bekanntgabe eines Verwaltungsakts iSd § 70 Abs. 1 VwGO keine Widerspruchsfrist läuft, während andere eine Fristgebundenheit unter Hinweis auf das Vorliegen einer Rechtsfolgenverweisung bejahen, dazu Witt ZfBR 2022, 239 ff.
60 BVerwGE 164, 368, 373 Rn. 14.
61 Würtenberger/Heckmann, Rn. 456.
62 BVerwGE 145, 315, 316. Zur Anwendung des § 78 VwGO vgl. § 20 Rn. 24.
63 Vgl. vorstehend Rn. 9.
64 BVerwG NVwZ 2015, 906; s.a. BVerwG NVwZ 2018, 731, 732.

gegen ein bevorstehendes **schlicht-hoheitliches Handeln** oder einen erwarteten **Verwaltungsakt** richtet. Während bei zu unterlassenden Realakten das Vorliegen einer Wiederholungsgefahr (zur Wiederholungsgefahr § 20 Rn. 48) oder einer vergleichbar konkreten Erstbegehungsgefahr ausreicht (= dann ist das Abwarten der geltend gemachten Rechtsverletzung nicht zumutbar),[65] ist eine vorbeugende Leistungsklage gegen den Erlass eines Verwaltungsakts prinzipiell unzulässig.[66] Eine Ausnahme von dem Grundsatz nachgängigen Rechtsschutzes kommt nur in Betracht, wenn die Verweisung auf nachträglichen (auch vorläufigen, dazu § 21) Rechtsschutz für den Kläger unzumutbar erscheint. Ein qualifiziertes Rechtsschutzbedürfnis wird nur in engen Grenzen angenommen, zB wenn der Verwaltungsakt straf- bzw. bußgeldbewehrt ist,[67] bei einer absehbaren Vielzahl gleichartiger oder sich kurzfristig erledigender Verwaltungsakte[68] oder bei Rechtsakten, deren Erlass zu vollendeten oder nur schwer rückgängig zu machenden Tatsachen zulasten des Rechtsschutzsuchenden führt.[69] Der Grund für diese restriktive Handhabung vorbeugenden Rechtsschutzes liegt darin, dass mit der Anfechtungsklage sowie den in §§ 80 f. VwGO geregelten Möglichkeiten vorläufigen (behördlichen sowie gerichtlichen) Rechtsschutzes ein effektives Instrumentarium zum Schutz vor rechtswidrigen Verwaltungsakten und ihren Folgen zur Verfügung steht, dessen Zulässigkeitsvoraussetzungen (insb. die Durchführung des Widerspruchsverfahrens) durch Einsatz der vorbeugenden Leistungsklage nicht umgangen werden sollen.[70]

Ob mit einer vorbeugenden Unterlassungsklage auch gegen den (drohenden) Erlass von **Rechtsnormen** vorgegangen werden kann, ist umstritten. Formelle Gesetze jedenfalls lassen sich auf diesem Wege schon deshalb nicht verhindern, weil es sich hierauf gerichtet um eine verfassungsrechtliche Streitigkeit handelt (bereits § 5 Rn. 25). Angesichts § 47 Abs. 1 VwGO, der eine prinzipale Normenkontrolle nur gegen bestimmte Rechtsvorschriften (ansonsten vorbehaltlich des Landesrechts, vgl. § 28 Rn. 3 f.) und zudem nur nachträglich eröffnet und sie den Oberverwaltungsgerichten vorbehält, wäre es systemwidrig, eine vorbeugende Unterlassungsklage gegen jedwede untergesetzliche Rechtsnorm vor den Verwaltungsgerichten zuzulassen. Derartiges ließe sich auch mit dem Grundsatz der Gewaltenteilung nicht in Einklang bringen.[71] Eine „vorbeugende Feststellung" der Unvereinbarkeit noch nicht bestehenden Rechts mit höherrangigem Recht ist unzulässig, solange die gesetzgebende Körperschaft ihren Beratungsprozess noch nicht abgeschlossen und die Norm mit Geltungsanspruch nach außen bekannt gemacht hat.[72] All dies belegt zugleich die Annahme, dass die vorbeugende Unterlassungsklage als (allgemeine) Leistungsklage allein auf bzw. gegen Einzelentscheidungen gerichtet ist.[73]

---

65 Detterbeck, Rn. 1450; auch BVerwGE 34, 67, 73; 77, 207, 212; großzügiger Schenke, Rn. 379: drohendes Verwaltungshandeln reicht; teilw. wird zusätzlich die Unzumutbarkeit der Verweisung auf den repressiven Rechtsschutz gefordert (so Detterbeck, Rn. 1450), was aber bereits Ausdruck der vorstehenden Maßgaben ist, wie sich auch darin erweist, dass bei Wiederholungsgefahr durchgängig von besagter Unzumutbarkeit ausgegangen wird, BVerwGE 34, 69, 73; 64, 298, 300.
66 Vgl. Stollenwerk VR 1995, 493, 494.
67 BVerwG NVwZ-RR 2016, 907, 908. Näher Schenke, Rn. 386.
68 BVerwG NVwZ 1997, 276; VGH München Beschl. v. 24.1.2017 – 4 CE 15.237, Rn. 16 juris.
69 VGH München Beschl. v. 12.8.2016 – 10 ZB 16.791, Rn. 8 f. juris; verallgemeinernd: wenn im Wege der Anfechtungsklage Rechtsschutz nicht wirklich (mehr) erreicht werden kann, Geis/Meier JuS 2013, 28, 31.
70 Hufen, § 16 Rn. 17.
71 Ziekow in: Sodan/ders., VwGO, § 47 Rn. 68.
72 OVG Lüneburg NordÖR 2015, 456 (das allerdings darauf verweist, dass das BVerwG aus Rücksicht auf grundrechtlich geschützte Positionen bei planungsrechtlichen Normen einen großzügigeren Standpunkt eingenommen hat); Schenke, Rn. 1175 ff.
73 Daran scheitert zugleich der Einsatz der Leistungsklage als Normerlassklage; Sodan in: ders./Ziekow, VwGO, § 42 Rn. 49; aA Detterbeck, Rn. 1442, 1444; bereits Rn. 9; zur Feststellungsklage als Normerlassklage vgl. § 10 Rn. 10 mit Fn. 38.

c) Allgemeine Zulässigkeitsvoraussetzungen

aa) Beteiligungs- und Prozessfähigkeit

Beteiligungs- und Prozessfähigkeit weisen bei der allgemeinen Leistungsklage keine Besonderheiten auf (vgl. dazu § 20 Rn. 25 ff.).

14

bb) Allgemeines Rechtsschutzbedürfnis

Am allgemeinen **Rechtsschutzbedürfnis** für die allgemeine Leistungsklage fehlt es, wenn der Kläger unter keinem denkbaren Gesichtspunkt ein rechtlich anerkennenswertes Interesse an der begehrten gerichtlichen Entscheidung haben kann.[74] Bei einer vorbeugenden Unterlassungsklage braucht das allgemeine Rechtsschutzinteresse wegen des zu prüfenden qualifizierten Rechtsschutzbedürfnisses nicht mehr thematisiert zu werden. Ansonsten, dh in Fällen der „normalen" Leistungsklage, lässt sich die Frage aufwerfen, ob dem Kläger das Rechtsschutzinteresse fehlt, weil er zuvor keinen entsprechenden **Antrag bei der zuständigen Behörde** gestellt hat.[75] Die Rspr. ist zur Übertragung ihrer Maßstäbe für die Verpflichtungsklage auch auf die allgemeine Leistungsklage geneigt. Besteht jedoch kein gesetzlich geregeltes Verfahren zur Prüfung des geltend gemachten Anspruchs durch die zuständige Behörde, soll aus prozessökonomischen Gründen eine Leistungsklage auch ohne vorherige Antragstellung zulässig sein, insb. wenn die Verwaltung die fehlende Vorbefassung im Gerichtsverfahren nicht spezifisch rügt.[76] Klagt – umgekehrt – der **Staat gegen den Bürger**, fehlt es am Rechtsschutzinteresse, wenn die Durchsetzung des Anspruchs im Wege des Erlasses eines Verwaltungsakts möglich, ggf. auch nötig ist (§ 49a Abs. 1 S. 2 VwVfG), sog. Primat administrativer Rechtsdurchsetzung.[77] Auch ist bei Klagen, bei denen beide Prozessbeteiligte Verwaltungsträger bzw. dessen Organe oder Organteile sind, zu beachten, dass die Möglichkeit der Involvierung der Aufsichtsbehörden das Rechtsschutzbedürfnis entfallen lassen kann.[78] Des Weiteren gilt das bereits Behandelte (vgl. § 20 Rn. 29 f.).

15

d) Begründetheit

Die allgemeine Leistungsklage ist begründet, wenn der Kläger einen Anspruch auf Vornahme des begehrten schlicht-hoheitlichen Handelns[79] resp. einen öffentlich-rechtlichen (Abwehr- bzw.) Unterlassungsanspruch[80] hat.[81] Daraus folgt zugleich die Rechtsverletzung. Hat das Gericht einen behördlichen Entscheidungsspielraum zu wahren,

16

---

74 BVerwGE 151, 228, 234.
75 Für Erfordernis der Antragstellung Hufen, § 17 Rn. 11 mwN; anders Detterbeck, Rn. 1393.
76 BVerwGE 170, 345, 355 f. Rn. 36. Nach aA soll das Rechtsschutzbedürfnis generell nicht fehlen, weil dem Kläger gem. § 156 VwGO die Prozesskosten zur Last fallen, wenn der Beklagte keine Veranlassung zur Klageerhebung gegeben und den Anspruch sofort anerkannt hat, s. BVerwGE 137, 325, 329 Rn. 9; Schenke, Rn. 390.
77 Eine Ausnahme von diesem Grundsatz soll möglich sein, wenn ohnehin von einer Klage gegen den entsprechenden Leistungsbescheid ausgegangen werden muss; Würtenberger/Heckmann, Rn. 453; vgl. BVerwGE 80, 164, 165 f.; BVerwG Beschl. v. 29.8.2008 – 6 B 49/08, Rn. 4 juris; anders Ehlers Jura 2006, 357; Hartwig/Himstedt/Eisentraut DÖV 2018, 901, 908 f.
78 Dafür Hartwig/Himstedt/Eisentraut DÖV 2018, 901, 909 f.
79 ZB Folgenbeseitigungsanspruch (dazu § 41), Herausgabeanspruch aus öffentlich-rechtlicher Verwahrung (dazu § 43 Rn. 18).
80 Vgl. § 41 Rn. 17 ff.
81 Dezidiert zum Aufbau der Begründetheitsprüfung Proppe JA 1999, 58.

gilt § 113 Abs. 5 S. 2 VwGO analog.[82] Um eine Klageabweisung als im Übrigen unbegründet zu vermeiden, sollte daher geprüft werden, ob nicht sinnvollerweise ein Bescheidungs- anstelle eines Vornahmeantrags zu stellen ist.[83]

Übersicht 26: Prüfungsschema für die allgemeine Leistungsklage

17 A. **Zulässigkeit**
    I. Eröffnung des Verwaltungsrechtswegs
      1. Aufdrängende Sonderzuweisung, zB § 54 Abs. 1 BeamtStG, § 126 Abs. 1 BBG; ansonsten:
      2. § 40 Abs. 1 VwGO (Generalklausel): öffentlich-rechtliche Streitigkeit, nichtverfassungsrechtlicher Art, keine abdrängende Sonderzuweisung

    II. Statthaftigkeit
    Leistungsklage wird von VwGO vorausgesetzt
    (vgl. § 43 Abs. 2 S. 1, § 111 S. 1, § 113 Abs. 4 VwGO)
    gerichtet auf ein Tun bzw. Unterlassen, das kein Verwaltungsakt ist; vorbeugende Unterlassungsklage zur Abwehr eines drohenden Verwaltungshandelns

    III. Klagebefugnis, § 42 Abs. 2 VwGO analog
    Möglichkeit der Verletzung eigener Rechte des Klägers

    IV. Grds. kein Vorverfahren und keine Klagefrist (Ausn.: § 126 Abs. 2 BBG, § 54 Abs. 2 BeamtStG)

    V. Klagegegner
    wird nach dem Rechtsträgerprinzip ermittelt

    VI. Beteiligungsfähigkeit, § 61 VwGO

    VII. Prozessfähigkeit, § 62 VwGO

    VIII. Allgemeines/qualifiziertes Rechtsschutzbedürfnis
      1. Vorbeugende Unterlassungsklage – qualifiziertes Rechtsschutzbedürfnis = nur, wenn das Abwarten nachträglichen Rechtsschutzes unzumutbar
      2. Sonstige Leistungsklagen – allgemeines Rechtsschutzbedürfnis

    IX. Ordnungsgemäße Klageerhebung, §§ 81 f. VwGO

    X. Zuständigkeit des Gerichts: sachlich: §§ 45 ff. VwGO; örtlich: § 52 VwGO (oft Nr. 5)

B. **Begründetheit**
    I. Anspruchsberechtigung
      1. Die auf eine bestimmte Handlung gerichtete allgemeine Leistungsklage ist begründet, wenn der Kläger einen Anspruch auf die begehrte Leistung hat.

---

[82] BVerwG Beschl. v. 13.1.2021 – 2 B 21/20, Rn. 10 juris; Detterbeck, Rn. 1394; zu § 113 Abs. 5 S. 2 VwGO vgl. § 20 Rn. 37.
[83] Detterbeck, Rn. 1394.

2. Die auf Abwehr bzw. Unterlassung einer bestimmten Handlung gerichtete allgemeine Leistungsklage ist begründet, wenn der Kläger einen Abwehr- bzw. Unterlassungsanspruch hat.

II. Rechtsverletzung beim Kläger durch die Ablehnung bzw. Unterlassung

III. (Ggf.) Spruchreife

▶ **Zu Fall 1:** Problematisch ist zunächst die Zuständigkeit (des Bundesministers bzw.) der Bundesregierung für derartige öffentliche Warnungen. Sie besitzt keine polizei- und ordnungsrechtliche Kompetenz, weil die allgemeine Gefahrenabwehr in die Regelungskompetenz der Länder und damit in die Zuständigkeit von Landesbehörden fällt. Trotzdem haben BVerfG und BVerwG der Bundesregierung eine Befugnis zur Information und Aufklärung zugesprochen. Die Informations- und Öffentlichkeitsarbeit sei integraler Bestandteil der Befugnis der Bundesregierung bzw. ihrer Minister zur Staatsleitung (Art. 65 S. 2 GG). Diese umfasse nicht nur die Darlegung und Erläuterung der Politik der Regierung, sondern auch sachgerechte, objektiv gehaltene Informationen zu unmittelbar die Bevölkerung betreffenden Fragen und wichtigen Vorgängen außerhalb oder weit im Vorfeld der eigenen gestaltenden politischen Angelegenheiten.[84] In Abgrenzung zu den Bundesländern sei die Bundesregierung mit Blick auf die Effektivität der Problembewältigung insb. bei Vorgängen mit Auslandsbezug oder länderübergreifender Bedeutung bzw. überregionalem Charakter informationsbefugt.[85]

Darüber hinaus bedarf das Handeln der staatlichen Stellen einer formell-gesetzlichen Grundlage, wenn es in Grundrechte eingreift. Warnungen vor bestimmten gesundheitsgefährdenden Produkten haben idR zur Folge, dass Verbraucher diese Produkte nicht mehr kaufen. Sie könnten deshalb einen Eingriff in die Berufsfreiheit (Art. 12 Abs. 1 GG) darstellen. Zwar bewirken Warnungen keinen unmittelbaren, klassischen Eingriff in Gestalt eines direkten Verbots der betreffenden Produkte. Ihre tatsächliche Auswirkung für den Hersteller in Form der Meidung des Produkts durch die Käufer und des Imageverlustes ist jedoch mit der eines Warenverbots vergleichbar, kann teilweise sogar belastender sein.[86] Diese Wirkung ist überdies intendiert. Es handelt sich mithin um einen sog. faktisch-mittelbaren (Grundrechts-)Eingriff.[87] Die Rspr. verneint jedoch einen solchen Eingriff, da Art. 12 Abs. 1 GG nicht vor der Verbreitung inhaltlich zutreffender und unter Beachtung des Gebots der Sachlichkeit sowie mit angemessener Zurückhaltung formulierter Informationen durch einen Träger der Staatsgewalt schütze (anderes gilt aber jedenfalls in den Fällen, in denen die Information unrichtig bzw. unsachlich ist oder wenn die Warnung als Ersatz einer grundrechtseingreifenden Maßnahme fungiert, etwa bei amtlichen Informationen über Verstöße gegen lebensmittel- und futterrechtliche Vorschriften).[88] In einer weiteren, allerdings die Warnung vor Jugendsekten betreffenden Entscheidung hielt das BVerfG „[a]ngesichts der zwangsläufig weiten und unbestimmten Fassung einer einfachgesetzlichen Er-

---

84 BVerfGE 148, 11, 28; BVerfG Urt. v. 15.6.2022 – 2 BvE 4/20, 2 BvE 5/20, Rn. 112 juris.
85 BVerfGE 105, 252; s.a. BVerfGE 138, 102, 114; BVerfG Urt. v. 15.6.2022 – 2 BvE 4/20, 2 BvE 5/20, Rn. 113; BVerwGE 87, 37; krit. dazu etwa Rossi in: Steinbach, S. 210, 215 f.; Schoch DVBl. 1991, 667; instruktiv Waldhoff JuS 2012, 575.
86 So deutlich anhand einer ministeriellen Warnung vor dem Verkauf von E-Zigaretten OVG Münster DVBl. 2013, 1462, 1463; auch wegen abschreckender Wirkung ggü. anderen Produkten des Herstellers, Maurer/Waldhoff, § 15 Rn. 10.
87 BVerwGE 82, 76, 79; 87, 37, 42; BVerfGE 105, 252; 105, 297; dazu näher Voßkuhle/Kaiser JuS 2018, 343, 344.
88 BVerfGE 105, 252, 272; 148, 40, 51 Rn. 28; BVerwGE 151, 228, 240 f.; zur Bejahung eines Eingriffs bei der Warnung vor E-Zigaretten BVerwG NVwZ-RR 2015, 425, 426. Mittlerweile sind im Bundesrecht (vgl. § 40 LFGB) und im Landesrecht spezielle Ermächtigungsgrundlagen für Warnungen eingeführt worden.

mächtigung zum Informationshandeln der Regierung" eine solche für nicht sachdienlich.[89] Folgt man dieser im Schrifttum zu Recht kritisierten[90] Rechtsprechung, so sind dem Staat bei negativen Äußerungen jedenfalls Grenzen durch die Grundrechte und den Grundsatz der Verhältnismäßigkeit gesetzt (Art. 1 Abs. 3 und Art. 20 Abs. 3 GG).[91] Es hat insb. eine sorgfältige Abwägung zwischen der Gefährlichkeit des Produkts und den Folgen der Warnung für die betroffenen Hersteller zu erfolgen. Hier war zu berücksichtigen, dass DEG eine gesundheitsgefährdende Substanz ist. In der Bevölkerung musste deshalb große Unsicherheit darüber herrschen, in welchem Umfang Weine mit dieser Substanz versetzt waren und welches Ausmaß an gesundheitlicher Gefährdung der Genuss eines solchen Weins haben konnte. Aufgrund der verfassungsrechtlich verankerten Pflicht des Staates zum Schutz der körperlichen Unversehrtheit (Art. 2 Abs. 2 S. 1 GG) ist daher die Aufnahme der DEG-haltigen Weine in eine Liste zur Information der Bürger als angemessen angesehen worden.[92]

Zur Abwandlung: Die statthafte Klage beurteilt sich anhand des Klagebegehrens, § 88 VwGO. A möchte eine Gegendarstellung des Bundesministers für Jugend, Familie und Gesundheit durchsetzen. Eine solche Gegendarstellung ist mangels Regelungsgehalts kein Verwaltungsakt; eine Verpflichtungsklage kommt daher nicht in Betracht. Es handelt sich vielmehr um einen Realakt, der durch den Bundesminister in Ausübung seines Amtes vorgenommen werden soll, mithin hoheitlichen Charakter besitzt. Die für die Erzwingung einer schlicht-hoheitlichen Maßnahme und damit für das Begehren des A statthafte Klageart ist die von der VwGO vorausgesetzte (vgl. § 43 Abs. 2 S. 1, § 111 S. 1, auch § 113 Abs. 4 VwGO) allgemeine Leistungsklage.[93] ◄

2. Sonderfall: Kommunalverfassungsstreit

18   Der **Kommunalverfassungsstreit** bildet den Hauptanwendungsfall für die verwaltungsgerichtlichen **Organstreitverfahren** oder auch **Innenrechtsstreitigkeiten**.[94] Es handelt sich dabei um Rechtsschutzersuchen von Organen oder Organteilen einer kommunalen Selbstverwaltungskörperschaft wegen der Wahrnehmung oder Verletzung der ihnen als Organ(teil) zustehenden Kompetenzen bzw. Befugnisse, also solcher Rechtspositionen, die den **staatlichen Bereich** betreffen und mangels Individualbezugs nicht als klassische subjektive-öffentliche Rechte eingestuft werden:[95] Stimmrechte, sonstige Mitwirkungsrechte in Ausschüssen oder anderen kommunalen Gremien, Wahrnehmungspositionen der Gemeindevertretung ggü. dem Hauptverwaltungsbeamten usw.

Werden keine organschaftlichen, sondern persönliche, also subjektiv-öffentliche Rechte geltend gemacht, scheidet der Kommunalverfassungsstreit zugunsten der „normalen" Klage- und Antragsverfahren[96] aus. Die Abgrenzung kann im Einzelfall Schwie-

---

89 BVerfGE 105, 279, 305; s.a. BVerfGE 148, 11, 27; Voßkuhle/Kaiser JuS 2018, 343, 344.
90 Martini/Kühl Jura 2014, 1221, 1226; Rossi in: Steinbach, S. 210, 216.
91 BVerfGE 138, 102, 114. S.a. Gröpl/Zembruski Jura 2016, 268, 274 ff.; Milker JA 2017, 647 ff. Zur Notwendigkeit der Verhältnismäßigkeit allerdings der einfachgesetzlichen Vorschriften zu amtlichen Informationen über Verstöße gegen lebensmittel- und futtermittelrechtliche Vorschriften BVerfGE 148, 40, 52 ff.
92 BVerwGE 87, 37, 48 f.
93 Gegendarstellung bzw. Widerruf kann allerdings nur bei unwahren Tatsachenbehauptungen – wie hier – erreicht werden, nicht aber, wenn die staatliche Äußerung rechtliche Bewertungen betraf – weil diese keinem Wahrheitsbeweis und auch keiner Widerlegung zugänglich sind, OVG Münster GewArch 2012, 256, 258 unter Hinweis auf BVerwG NJW 2010, 186.
94 Dazu etwa Kramer, Rn. 97 ff.; eingehend zum Organstreitverfahren aus rechtsdogmatisch-materiellem Blickwinkel Rottenwallner VerwArch 105 (2014), 212.
95 BVerwG NVwZ 2012, 1117, 1118; s. a. VGH Mannheim VBlBW 2020, 376, 377. Zur Begriffsbestimmung W.-R. Schenke in: Kopp/ders., Vorb § 40 Rn. 6; Schoch Jura 2008, 826, 829.
96 Dazu vorstehend Rn. 8 ff., § 20, § 28.

rigkeiten bereiten.⁹⁷ Ausschlaggebend ist, ob der Organwalter als Teil der kommunalen Einrichtung oder als natürliche Person betroffen ist.⁹⁸

Beispiele (aus der Rspr.): Kommunalverfassungsstreit bei Klage des Bürgermeisters gegen die Ungültigkeitserklärung seiner Wahl durch die Gemeindevertretung,⁹⁹ Kommunalverfassungsstreit bei Weigerung des Bürgermeisters, auf Antrag einer Gemeinderatsfraktion oder einer bestimmten Zahl von Gemeinderäten den Gemeinderat einzuberufen oder einen Verhandlungsgegenstand auf die nächste Tagesordnung aufzunehmen,¹⁰⁰ Kommunalverfassungsstreit über den Ausschluss eines Gemeinderats wegen Störung der Gemeinderatssitzung.¹⁰¹ Wird einem Gemeinderat dagegen ein Ordnungsgeld wegen der Verletzung von Pflichten aus der Gemeindeordnung auferlegt, entfaltet diese Maßnahme ihm ggü. Außenwirkung. Daher muss er gegen diese mit der Anfechtungsklage vorgehen.¹⁰²

Erteilt der Bürgermeister dagegen ggü. einer Person, die sich nur die Gemeinderatssitzung ansehen möchte, wegen Störung der Sitzung ein Hausverbot, handelt es sich dabei um keine Innen-, sondern eine Außenrechtsstreitigkeit.

Je nach Bundesland variieren die Ansichten über die Einordnung des Vorgehens der Unterzeichner eines **Bürgerbegehrens** gegen dessen **Unzulässigkeitserklärung** durch die Gemeindevertretung. Vielfach wird das Vorliegen eines Kommunalverfassungsstreits abgelehnt, weil sich Gemeinde und Bürger in einem normalen Außenverhältnis gegenüberstehen, nur Bürgermeister und Gemeindevertretung Organe der Gemeinde seien.¹⁰³ Soweit gesetzliche Regelungen existieren, ist von diesen auszugehen (zB § 41 Abs. 2 KomWG BW: Verpflichtungsklage gegen die Zurückweisung eines Bürgerbegehrens, Art. 18a Abs. 8 S. 2 BayGO: gegen die Entscheidung kann ohne Vorverfahren Klage erhoben werden).¹⁰⁴ Mangels solcher Regelungen zum Rechtsschutz stellt sich das OVG Saarlouis dagegen auf den Standpunkt, dass das Bürgerbegehren zwar seinen Ausgangspunkt im gesellschaftlichen Bereich nimmt, aber mit der Bestellung seiner Vertreter und Einreichung bei der Gemeinde in die Stellung eines gemeindlichen Quasi-Organs einrücke. Da das Begehren auf einen Beschluss der Gemeindebürger anstelle des Gemeinderats abziele, handle es sich um einen Kommunalverfassungsstreit.¹⁰⁵ Auf dieser Linie liegt auch die Entscheidung des BVerfG, wonach Vertrauenspersonen die dem Bürgerbegehren zugewiesene Rechte zur kommunalen Willensbildung zustehen. Da diese im Falle eines zugelassenen Bürgerbegehrens im Kontext der politischen Willensbildung der Gemeinde und damit in organschaftlicher Funktion tätig werden, können sie sich nicht auf die Rechtsschutzgarantie des Art. 19 Abs. 4 GG berufen.¹⁰⁶

Organschaftliche Innenstreitigkeiten gibt es ferner bei anderen Trägern mit Selbstverwaltungsrechten (**Hochschulen**,¹⁰⁷ **Rundfunkanstalten**,¹⁰⁸ Trägern der **funktionalen Selbstverwaltung**, also Anwaltskammern uÄ).¹⁰⁹ Am Beispiel des praktisch bedeutsa-

---

97 Dazu und zum Folgenden Lange in: FS für W.-R. Schenke, 2011, S. 959.
98 Allg. § 12 Rn. 25 ff.
99 BVerwG NVwZ-RR 1990, 94; auch OVG Schleswig NVwZ-RR 2010, 409; anders mit guten Gründen Lange in: FS für W.-R. Schenke, 2011, S. 959, 960 f.: Wahl betrifft natürliche Person.
100 ZB VG Karlsruhe Urt. v. 9.2.2017 – 9 K 933/16, Rn. 19 juris.
101 ZB VG Neustadt Urt. v. 10.11.2015 – 3 K 1019/14.NW, Rn. 38 ff. juris.
102 VGH Mannheim VBlBW 2018, 71, 72 und für vergleichbare Realakte.
103 ZB VGH Kassel NVwZ-RR 2009, 440, 441; Hilgers/Müller DÖV 2021, 1016, 1017 ff. (Bejahung von Außenwirkung und Behördeneigenschaft); Laubinger in: Seok/Ziekow, Die Einbeziehung Privater in die Erfüllung öffentlicher Aufgaben, 2008, S. 173, 192 f.
104 Aber nur bei Annahme einer Regelungsbefugnis des Landesgesetzgebers, dazu Hilgers/Müller DÖV 2021, 1016, 1020 f.
105 OVG Saarlouis Urt. v. 12.06.2008 – 1 A 3/08, Rn. 77 juris; Burgi, Kommunalrecht, § 11 Rn. 46; hierzu auch, aber krit. Hilgers/Müller DÖV 2021, 1016, 1018 ff.
106 BVerfG NVwZ 2019, 642, 643.
107 BVerwG NZWehrr 2012, 33, 34; eingehend Wendelin, Der Hochschulverfassungsstreit, 2010.
108 BVerwG NZWehrr 2012, 33, 34.
109 Etwa Detterbeck, Rn. 1453 ff.; auch Maurer/Waldhoff, § 21 Rn. 28 f.: verwaltungsgerichtliche Organstreitigkeiten.

men **Kommunalverfassungsstreits** lassen sich folgende zwei Konstellationen unterscheiden:

- **Inter**organstreitigkeiten, dh zwischen verschiedenen Organen/Organteilen der Gemeinde (etwa Gemeindevertretung/Gemeindevertreter versus Bürgermeister[110])

und

- **Intra**organstreitigkeiten, also zwischen einem Organ und einem Teil desselben (bspw. Mitglied der Gemeindevertretung gegen diese).[111]

Für die Eröffnung des Verwaltungsrechtswegs gem. § 40 Abs. 1 S. 1 VwGO war lange umstritten, ob Auseinandersetzungen innerhalb einer staatlichen Institution überhaupt Gegenstand eines Verwaltungsprozesses sein können, ob es sich dabei um öffentlich-**rechtliche** Streitigkeiten handelt. Nach der früher vertretenen Impermeabilitätstheorie endete der Wirkungskreis des Rechts gleichsam an der Außenwand des Verwaltungsträgers – die den Binnenraum ausgestaltenden Vorschriften wurden nicht als Recht qualifiziert. Heute herrscht jedoch auch aufgrund eines Blicks auf die verfassungsrechtlichen Organstreitigkeiten (Art. 93 Abs. 1 Nr. 1 GG) Einigkeit, dass die den Binnenbereich betreffenden Regeln Rechtsqualität aufweisen (können).[112] Die Befugnisse von Gemeinderat und Bürgermeister werden in der Gemeindeordnung durch Rechtsvorschriften ausgestaltet, welche ausschließlich Organ(-teile) eines Trägers hoheitlicher Gewalt berechtigen bzw. verpflichten. Kommunalverfassungsrechtliche Streitigkeiten sind trotz ihrer irreführenden Bezeichnung nichtverfassungsrechtlicher Art. Die kommunalen Organe bzw. Organteile sind keine Verfassungsorgane und streiten über Rechte aus der Gemeindeordnung oder anderen Kommunalgesetzen.[113]

An einer **öffentlich-rechtlichen Streitigkeit** kann es aus allgemeinen Gründen[114] ausnahmsweise fehlen, wenn die angegriffene Handlung keinen inneren Zusammenhang mit der organschaftlichen Tätigkeit aufweist, etwa im Falle einer ehrverletzenden Äußerung lediglich „bei Gelegenheit" einer Sitzung der Gemeindevertretung.[115]

a) Statthaftigkeit

19   Früher wurde oft eine „Klage sui generis" angenommen, da die Rechtsbehelfe der VwGO auf das Staat-Bürger-Verhältnis zugeschnitten seien. Aufgrund der damit verbundenen Rechtsunsicherheiten sowie der ausreichenden Flexibilität der VwGO-Klagearten herrscht heute jedoch Konsens über deren Anwendbarkeit,[116] die – soweit erforderlich – aus Rechtsschutzgründen erweiternd auszulegen sind. Die streitgegenständlichen Maßnahmen betreffen in aller Regel den organschaftlichen Funktionsablauf innerhalb des (Selbst-)Verwaltungsträgers. Es fehlt ihnen daher regelmäßig an der Gerichtetheit auf unmittelbare Außenwirkung, so dass die Anfechtungs- und Ver-

---

110 Mitglied der Gemeindevertretung gegen Bürgermeister wegen dessen Kritik an der Arbeitsweise des Gemeindevertreters, VGH Kassel DVBl. 2012, 1176.
111 Vgl. nur Lange in: FS für W.-R. Schenke, 2011, S. 959; für den Hochschulbereich entsprechend Wendelin, Der Hochschulverfassungsstreit, 2010, S. 71.
112 Statt vieler Geis, § 25 Rn. 3, unter Verweis auf die Rechtsschutzgewährleistung des Art. 19 Abs. 4 GG.
113 Vgl. § 5 Rn. 25.
114 Vgl. § 5 Rn. 18 ff.
115 Hufen, § 21 Rn. 4.
116 Otto ZJS 2015, 381, 382.

pflichtungsklage mangels Verwaltungsaktqualität ausscheiden.[117] Dann bleibt es – in Abhängigkeit vom Klägerbegehren – im Wesentlichen bei zwei Klagearten:

- **allgemeine Leistungsklage**,[118] wenn der Kläger die Vornahme oder Rückgängigmachung einer (Organ-)Handlung verfolgt (etwa Gewährung von Akteneinsicht[119]), oder
- **Feststellungsklage** (§ 43 VwGO),[120] wenn er die Feststellung des Bestehens resp. Nichtbestehens eines (auch in der Vergangenheit liegenden und ggf. erledigten Innen-)Rechtsverhältnisses begehrt,[121] bspw. betreffend die Mitwirkung in einem bestimmten Ausschuss. Darüber hinaus soll sich die Feststellungsklage – aus Gründen effektiven Rechtsschutzes, gerade auch im Vergleich zu normalen Klageverfahren – direkt gegen organschaftliche Beschlüsse und sonstige Maßnahmen, dh auf Feststellung ihrer Unwirksamkeit, richten (können).[122] Folgt man der Rspr., ist die Feststellungsklage nicht ggü. der allgemeinen Leistungsklage subsidiär, da aufgrund Art. 20 Abs. 3 GG die freiwillige Befolgung der gerichtlichen Entscheidung zu erwarten ist, und im Übrigen durch eine bloß gerichtliche Feststellung der Eingriff in die inneren Angelegenheiten der Gemeinde so gering wie möglich gehalten wird.[123]

Vorläufiger Rechtsschutz ist prinzipiell nach § 123 Abs. 1 VwGO[124] eröffnet.

Daneben, dh jenseits des Kommunalverfassungsstreits, kommt der Normenkontrolle nach § 47 Abs. 1 Nr. 2 VwGO iVm dem einschlägigen Landesrecht[125] wachsende Bedeutung als Rechtsschutzform v.a. in Bezug auf Geschäftsordnungen von (Gemeinde-)Rat und Kreistag zu.[126] Ist in der Hauptsache ein Normenkontrollantrag statthaft, bestimmt sich der vorläufige Rechtsschutz nach § 47 Abs. 6 VwGO.[127]

---

117 OVG Bautzen Urt. v. 3.3.2015 – 4 A 584/13, Rn. 16 juris. Vgl. Katz VBlBW 2019, 97, 99; anders, wenn man Organrechte als subjektiven Rechten weitgehend äquivalent ansieht, Lange in: FS für W.-R. Schenke, 2011, S. 959, 966 f., jedenfalls hins. der Anfechtungsklage bzw. Gestaltungsklage sui generis; Hufen, § 21 Rn. 10; Detterbeck, Rn. 1461; auch W.-R. Schenke in: Kopp/ders., Anhang zu § 42 Rn. 87 f.: Wenn dadurch unmittelbar Individualrechte betroffen werden, etwa Verhängung eines Ordnungsgeldes oder dauerhafter Ausschluss eines Gemeinderatsmitglieds aus einem Gremium; Sodan in: ders./Ziekow, VwGO, § 42 Rn. 231; weiterführend Müller NVwZ 1994, 120; zur Abgrenzung von Außenrechtsstreitigkeiten mit Fällen Schoch Jura 2008, 826, 829 f. Eine hiervon zu unterscheidende Konstellation stellt es dar, wenn (kommunale) Organe Aufsichtsmaßnahmen ggü. der Gemeinde angreifen wollen. Dann hat zwar die (Aufsichts-)Maßnahme ggü. der Gemeinde Außenwirkung; fraglich ist aber, ob Organen insoweit (Außen-)Rechte zustehen können; dazu § 12 Rn. 28 aE.
118 Otto ZJS 2015, 381, 382. Dazu bereits Rn. 9 ff.
119 Burgi, Kommunalrecht, § 14 Rn. 11; Otto ZJS 2015, 381, 382.
120 Bereits § 10 Rn. 9 ff.
121 BVerwG NVwZ 2022, 1067. Vereinzelt wird insoweit eine analoge Anwendung des § 113 Abs. 1 S. 4 VwGO (Fortsetzungsfeststellungsklage, dazu § 20 Rn. 39 ff.) vertreten; etwa Ehlers NVwZ 1990, 105, 107. Eine Analogie ist jedoch mangels Rechtsschutzlücke abzulehnen, vgl. Erichsen/Biermann Jura 1997, 157, 162.
122 Würtenberger/Heckmann, Rn. 760 ff.; Lange in: FS für W.-R. Schenke, 2011, S. 959, 968 ff.: Rechtsfortbildung; zur Ablehnung einer allgemeinen Gestaltungsklage, da rechtswidrige Gemeinderatsbeschlüsse mangels VA-Qualität unwirksam sind und nicht aufgehoben werden müssen, OVG Münster NVwZ-RR 2021, 223, 223 f. Zur Unwirksamkeit von Gemeinderatsbeschlüssen s. Spitzlei, DÖV 2022, 659 ff.
123 OVG Bautzen Beschl. v. 7.2.2020 – 4 A 428/19, Rn. 7 juris; Katz VBlBW 2019, 97, 100.
124 Vgl. Rn. 24 ff.; Katz VBlBW 2019, 97, 100.
125 Übersicht bei Hufen, § 19 Rn. 16; vgl. auch § 28.
126 Dazu Fall 12 bei Schoch Jura 2008, 826, 835; BVerwG NVwZ 1988, 1119; OVG Saarlouis Urt. v. 17.9.2015 – 2 C 29/15, Rn. 37 juris; auch § 28 Rn. 3.
127 Meister JA 2004, 414, 415; allg. dazu § 28 Rn. 18 ff.

b) Klagebefugnis

20 Während bei der Feststellungsklage und der allgemeinen Leistungsklage die analoge Anwendbarkeit des § 42 Abs. 2 VwGO begründungsbedürftig bzw. umstritten ist,[128] wird die Vorschrift im Kommunalverfassungsstreitverfahren nach ü.M. entsprechend herangezogen (Kommunalverfassungsstreit als kontradiktorisches Parteienstreit- und nicht als objektives Verfahren).[129] Obwohl derartige Aufgabenzuweisungen und Zuständigkeiten **keine Individualrechte iSd Art. 19 Abs. 4 S. 1 GG** sind, können sie durchaus als Rechte iSd § 42 Abs. 2 VwGO angesehen werden, sofern die Rechtsordnung einzelnen Rechtsträgern oder deren Organen verselbständigte Rechtspositionen im „organschaftlichen Rechtskreis" einräumt, um sie im Konfliktfall ggü. dem anderen Organ/-teil durchsetzen zu können.[130] Mit anderen Worten muss das klagende Organ bzw. der klagende Organteil die Verletzung eines **organschaftlichen Mitwirkungs-** resp. **Wahrnehmungsrechts** geltend machen, das ihm als „Kontrastorgan" zur eigenständigen Wahrnehmung übertragen wurde.[131] Ob eine innerorganisatorische Norm ein solches organschaftliches Recht beinhaltet, ist ggf. durch Auslegung zu ermitteln.[132] Dazu zählt bei Mitgliedern der Gemeindevertretungen das Recht auf Teilnahme an Sitzungen, Teilhabe an deren Abstimmungen und Beratungen oder auf Abwehr von Störungen des Sitzungsablaufs. Strittig ist, ob sie die Öffentlichkeit der Sitzungen der Gemeindevertretung einfordern können. Teils wird dies im Hinblick auf die freie Mandatsausübung bejaht, da sich so die Öffentlichkeit einen Eindruck vom Wirken des einzelnen Gemeinderats verschaffen kann, was für die Wiederwahl wichtig ist.[133] Andere Gerichte argumentieren dagegen, dass die Vorschrift über die Öffentlichkeit der Gemeinderatssitzung nur der Öffentlichkeit dient.[134] Da die Gemeindeordnungen weder für das einzelne Ratsmitglied noch die Fraktionen ein allgemeines Recht zur Kontrolle der Ratsbeschlüsse auf ihre objektive Rechtmäßigkeit kennen, fehlt ihnen die Klagebefugnis, um die unberechtigte Mitwirkung eines wegen Befangenheit auszuschließenden Ratsmitglieds im Wege des Kommunalverfassungsstreits einer Klärung zuzuführen.[135] In aller Regel werden sich die in amtlicher Eigenschaft tätigen Organ(teil)e nicht auf Grundrechte berufen können, weil die staatlichen Stellen durch diese verpflichtet werden (Konfusionsargument).[136] Ausnahmsweise kann es jedoch Konstellationen geben, in denen eine Maßnahme an den Betroffenen in seiner Eigenschaft als Organ(teil) adressiert ist, aber dennoch in seine Grundrechte eingreift.[137]

---

128 Dazu § 10 Rn. 14 sowie § 23 Rn. 10.
129 OVG Koblenz AS RP-SL 37, 228, 229. Etwa Hufen, § 21 Rn. 15 mwN, allerdings ohne Hinweis auf die nur analoge Heranziehung; grds. aA Erichsen/Biermann Jura 1997, 157, 162, die eine allgemeine Prozessführungsbefugnis genügen lassen wollen, letztlich aber zum selben Ergebnis gelangen.
130 BVerwG ZUR 2019, 87, 88 f.; zur Unanwendbarkeit des Art. 19 Abs. 4 GG BVerfG NVwZ 2019, 642, 643.
131 BVerwG NVwZ-RR 2016, 344, 345; VGH München BayVBl. 2012, 340; s.a. BVerwG NWVBl 2022, 104. Im Wege großzügiger Rechtsfortbildung, Lange in: FS für W.-R. Schenke, 2011, S. 959, 965 ff.; dazu auch Detterbeck, Rn. 1468.
132 VGH Mannheim VBlBW 2020, 376, 378.
133 VGH Kassel NVwZ-RR 2009, 531, 532; NVwZ-RR 2019, 875, 875 f.; OVG Münster Beschl. v. 22.6.2020 – 15 B 894/20, Rn. 8 juris; s.a. BVerwG NVwZ 2022, 1067; allgemein zur Bedeutung der Sitzungsöffentlichkeit BVerwG NWVBl 2022, 104, 105 f.
134 OVG Koblenz NVwZ-RR 1996, 685, 686; VGH Mannheim NVwZ-RR 1992, 373.
135 OVG Münster Beschl. v. 22.6.2020 – 15 B 894/20, Rn. 13 ff. juris; s.a. OVG Saarlouis Beschl. v. 28.7.2021 – 2 B 162/21, Rn. 13 juris; Katz VBlBW 2019, 97, 99 f.
136 OVG Saarlouis NVwZ-RR 2021, 118.
137 OVG Bautzen NVwZ-RR 2009, 774, 775; Hufen, § 21 Rn. 20, ua anhand eines Rauchverbots für Sitzungen gemeindlicher Organe und des Verbots ggü. einem weiblichen Mitglied der Gemeindevertretung, das muslimische Kopftuch zu tragen; s.a. Wolff in: ders./Decker, Studienkommentar, VwGO Anh. § 43 Rn. 49.

§ 23 Realakte

c) Allgemeines und besonderes Feststellungsinteresse

Bei der Feststellungsklage kann im Fall einer aktuellen Störung der organ(teil)schaftlichen Kompetenzausübung das allgemeine **Feststellungsinteresse**[138] stets angenommen werden. Richtet sich die Klage hingegen auf Feststellung eines in der Vergangenheit liegenden Rechtsverhältnisses (früheres Mitwirkungsverbot im Ausschuss), muss ein besonderes Feststellungsinteresse hinzukommen. Erforderlich ist, dass aus der Störung ein fortwirkendes rechtliches, dem Organ bzw. Organteil selbst zugeordnetes Interesse folgt, etwa wegen konkreter Wiederholungsgefahr.[139] In einzelnen Fällen bejahte die Rspr. dieses auch bei diskriminierenden Maßnahmen, sofern der Kläger ein schutzwürdiges Rehabilitationsinteresse besitzt,[140] oder infolge kurzfristiger Erledigung der Maßnahme sonst kein Rechtsschutz erlangt werden könnte (str.).[141]

21

d) Sonstige Zulässigkeitsvoraussetzungen

- Hins. des (richtigen) **Klagegegners** führt das eigentlich Geltung beanspruchende Rechtsträgerprinzip[142] insofern zu Schwierigkeiten, als es in der Sache um einen Streit zwischen den Organen eines Rechtsträgers oder auch innerhalb eines Organs geht. Deswegen ist nach zutreffender hM die Klage abweichend hiervon nach dem sog. **Funktionsträgerprinzip** gegen das Organ bzw. den Organteil zu richten, dem ggü. die mit der Organklage verfolgte Innenrechtsposition bestehen soll (also bspw. den Vorsitzenden der Gemeindevertretung im Falle der Klage eines Mandatsträgers wegen vorenthaltenen Rederechts).[143]

22

- Umstritten ist ferner, wonach sich im Rahmen des § 61 VwGO die **Beteiligungsfähigkeit** bemisst. Einigkeit besteht dahin gehend, dass Nr. 3 der Vorschrift von vornherein ausscheidet, weil sie mit „Behörden" nur außengerichtet handelnde Verwaltungsstellen erfasst.[144] Klagt ein Gemeinderatsmitglied oder der Bürgermeister, so tut er dies nach hM ferner nicht als natürliche Person iSd § 61 Nr. 1 VwGO; denn im Kommunalverfassungsstreit geht es nicht um Individualrechte einer natürlichen Person, sondern um innerorganisatorische Wahrnehmungszuständigkeiten des Organ(teil)s.[145] Überwiegend wird die Beteiligungsfähigkeit auf § 61 Nr. 2 VwGO gestützt, und zwar unmittelbar bzw. entsprechend (bei Kollegialorganen)[146] bzw.

Dazu, dass sich ein Amtsträger nicht auf Art. 5 Abs. 1 GG berufen kann, OVG Saarlouis Urt. v. 4.4.2019 – 2 A 244/18, Rn. 66 juris.
138 Vgl. dazu § 10 Rn. 13.
139 Vgl. ähnlich zur Feststellungsklage allg. § 10 Rn. 13; Katz VBlBW 2019, 97, 102.
140 Zur Verweigerung eines Handschlags eines NPD Gemeinderatsmitglieds OVG Weimar Urt. v. 3.5.2019 – 3 KO 620/18, Rn. 22 juris.
141 OVG Koblenz NVwZ-RR 2021, 498, 500. Zur letztgenannten Fallgruppe s. VG Schwerin Gerichtsbescheid v. 15.2.2021 – 1 A 770/20 SN, Rn. 40 ff. juris; OVG Münster NVwZ-RR 2021, 223, 228 Rn. 97.
142 Allg. § 10 Rn. 16; § 23 Rn. 12.
143 BVerwG NVwZ 2012, 1117, 1118; OVG Bremen Urt. v. 24.8.2021 – 1 LC 174/20, Rn. 50 juris; VG Stade Beschl. v. 6.5.2021 – 1 B 569/21, Rn. 36 juris. Das gilt auch in der Konstellation der verwaltungsgerichtlichen Normenkontrolle: § 47 Abs. 2 S. 2 VwGO ist daher unanwendbar; Detterbeck, Rn. 1471; zum Rekurs auf das Rechtsträgerprinzip in Bayern Wolff in: ders./Decker, Studienkommentar, VwGO Anh. § 43 Rn. 54.
144 Schoch Jura 2008, 826, 832.
145 Hufen, § 21 Rn. 6; Schoch Jura 2008, 826, 832; jeweils mwN.
146 Ob die Norm unmittelbar oder analog angewendet wird, hängt davon ab, ob man ihren primären Inhalt auf Außenrechtsverhältnisse beschränkt. Rausch JZ 1994, 696, 699; krit. Schoch Jura 2008, 826, 832. Zur Beteiligtenfähigkeit einer Gemeinderatsfraktion auch noch nach Ablauf der Wahlperiode OVG Koblenz NVwZ-RR 2021, 498, 499 f.

(doppelt) entsprechend (bei Einzelorganen).[147] Stattdessen wird bei Einzelorganen auch eine Analogie zu § 61 Nr. 1 Alt. 1 VwGO in Erwägung gezogen.[148] Letztlich erübrigt sich ein Streitentscheid, da alle Meinungen aus Rechtsschutzgründen zur Beteiligungsfähigkeit des Organs bzw. Organteils gelangen.

- Die **Prozessfähigkeit** beurteilt sich nach hM entsprechend § 62 Abs. 3 VwGO, weil nicht um Individualrechtspositionen im Außenverhältnis gestritten wird.[149] Prozessfähig ist danach der Organwalter[150] des beteiligten Organs oder seines Teils.

- Neuerdings wird betont, dass auch im Verhältnis der kommunalen Organe und Organteile der im verfassungsrechtlichen Gebot der gegenseitigen Rücksichtnahme sowie Treu und Glauben zu verortende **Grundsatz der Organtreue** gilt. Infolgedessen kann das Rechtsschutzbedürfnis für den eingelegten Rechtsbehelf fehlen, etwa wenn ein Ratsmitglied seine rechtlichen Bedenken ggü. Maßnahmen anderer Organ(teile) nicht rechtzeitig rügt.[151]

e) Begründetheit

23 Bzgl. der Begründetheit kann auf die Darstellungen zur allgemeinen Leistungsklage und zur Feststellungsklage sowie zu § 123 Abs. 1 VwGO verwiesen werden (vgl. § 10 Rn. 18; nachfolgend Rn. 28 ff.). Hins. der Kosten sollte man sich merken, dass bei körperschaftsinternen Rechtsstreitigkeiten ein Anspruch auf Kostenerstattung gegen die Rechtsträgerin der Organe gewährt wird. Mit diesem Anspruch wird dem Umstand Rechnung getragen, dass die von dem Organ(teil) geltend gemachten Rechte nicht zur Wahrnehmung eigener Interessen, sondern ausschließlich im Interesse der Gemeinde zugewiesen sind. Eine Kostenerstattung wird jedoch verneint, sofern das gerichtliche Verfahren mutwillig aus sachfremden Gründen angestrengt wurde.[152]

3. Einstweilige Anordnung nach § 123 VwGO

24 Effektiver Rechtsschutz auch gegen schlicht-hoheitliche Verwaltungsmaßnahmen ist oftmals nur möglich, wenn er innerhalb kurzer Zeit erreicht werden kann. Angesichts der Rechtsschutzgarantie in Art. 19 Abs. 4 S. 1 GG stellt die VwGO daher die **einstweilige Anordnung in § 123 VwGO** als eine Form des vorläufigen Rechtsschutzes bereit.[153]

---

147 Burgi, Kommunalrecht, § 14 Rn. 12; Rennert JuS 2008, 119, 124; zB Bürgermeister, Landrat, einzelnes Gemeinderatsmitglied.
148 Detterbeck, Rn. 1472; Franz Jura 2005, 156, 160.
149 Detterbeck, Rn. 1473; § 62 Abs. 1 Nr. 1 VwGO hingegen analog bei monokratischen Organen Detterbeck, wie vor.
150 Etwa der Rats-, Kreistags- oder Fraktionsvorsitzende; bei Einzelorganen der jeweilige Amts-/Mandatsträger (Bürgermeister, Landrat, Fraktionsmitglied).
151 OVG Münster Urt. v. 12.5.2021 – 15 A 2079/19, Rn. 56 ff. juris; s.a. Katz VBlBW 2019, 79, 99, 102.
152 OVG Saarlouis Beschl. v. 28.7.2021 – 2 B 162/21, Rn. 12 juris; VGH Mannheim VBlBW 2018, 71, 73.
153 Eingehend Schoch in: Ehlers/ders., § 35; auch Voßkuhle/Wischmeyer JuS 2016, 1079 ff. Zur praktischen Bedeutung des vorläufigen Rechtsschutzes Buchheister DVBl. 2017, 610 ff. Zum Rechtsschutz nach §§ 80 f. VwGO vgl. § 21, zum Verfahren nach § 47 Abs. 6 VwGO s. § 28 Rn. 18 ff.

a) Statthaftigkeit

Die einstweilige Anordnung gem. § 123 Abs. 1 VwGO[154] ist nach **§ 123 Abs. 5 VwGO** ggü. einem Antrag nach § 80 bzw. § 80a VwGO (dazu § 21) subsidiär. Als **Faustformel** kann man sich einprägen, dass die einstweilige Anordnung v.a. solche Begehren erfasst, bei denen **in der Hauptsache die Verpflichtungs-, allgemeine Leistungs- oder Feststellungsklage** statthaft sind.[155] Im Verhältnis zu einem Antrag auf vorläufigen Rechtsschutz gegen eine untergesetzliche landesrechtliche Norm, § 47 Abs. 6 VwGO, verfolgt § 123 VwGO ein anderes Rechtsschutzziel.[156]

Zu unterscheiden ist zwischen der Sicherungsanordnung (§ 123 Abs. 1 S. 1 VwGO) und der Regelungsanordnung (§ 123 Abs. 1 S. 2 VwGO). Die **Sicherungsanordnung** ist statthaft, wenn der Antragsteller einer „Veränderung des bestehenden Zustands" entgegenwirken, mithin seine Rechte durch Beibehaltung eines bestehenden Zustands wahren will (= Erhalt des Status quo).[157] Sie ist folglich defensiver Natur (Beispiel: Antragsteller möchte eine einstweilige Nichtveröffentlichung einer behördlichen Pressemitteilung erreichen, durch die er sich in seinem allgemeinen Persönlichkeitsrecht aus Art. 2 Abs. 1 iVm Art. 1 Abs. 1 GG verletzt fühlt). Dagegen hat die **Regelungsanordnung** offensiven Charakter. Sie ist einschlägig, wenn der Antragsteller seinen Rechtskreis erweitern, also seine Rechtsposition verbessern möchte,[158] etwa wenn eine Person von einer staatlichen Stelle eine Auskunft erhalten möchte. Eine eindeutige Abgrenzung beider Anordnungsarten ist indes nicht immer möglich und wird in der Rechtspraxis häufig offengelassen. In der juristischen Klausur oder Hausarbeit sollte hingegen eine Entscheidung unter Auslegung des Begehrens (§ 122 Abs. 1 VwGO iVm § 88 VwGO) getroffen werden.[159] Die Gewährung einstweiligen Rechtsschutzes nach § 123 VwGO setzt trotz des fehlenden Verweises in § 122 Abs. 1 VwGO auf § 82 Abs. 1 S. 2 VwGO aus Gründen der Absteckung der gerichtlichen Prüf- und Entscheidungsbefugnis, der präzisen Verteidigung des Antragsgegners sowie im Hinblick auf die Vollstreckbarkeit einer stattgebenden Entscheidung einen **bestimmten Antrag** voraus.[160] Da das Verwaltungsgericht gem. § 122 Abs. 1 iVm § 88 VwGO nicht an die wörtliche Antragsformulierung gebunden ist, kann ein Rechtsschutzbegehren etwa auf Erlass einer Sicherungsanordnung iSe Antrags auf Erlass einer Regelungsanordnung verstanden werden.[161]

---

154 Zu § 123 Abs. 1 VwGO näher Mückl JA 2000, 329; Schoch Jura 2002, 318.
155 Dazu und zu etwaigen Ausnahmen von dieser Formel Voßkuhle/Wischmeyer JuS 2016, 1079, 1082. Zur Unzulässigkeit einer einstweiligen Anordnung bei einem Fortsetzungsfeststellungsantrag analog § 113 Abs. 1 S. 4 VwGO VGH München Beschl. v. 8.4.2019 – 10 CE 19.444, Rn. 8 juris.
156 Zu § 47 Abs. 6 VwGO vgl. § 28 Rn. 18 ff. Im Fall der Eröffnung einer Normenkontrolle nach § 47 Abs. 1 Nr. 2 VwGO ist str., ob neben § 47 Abs. 6 VwGO eine einstweilige Anordnung im Hinblick auf eine Feststellungsklage mit Bezug zu einer selbstvollziehenden Norm statthaft wäre; ablehnend OVG Saarlouis Beschl. v. 15.1.2021 – 2 B 354/20, Rn. 10 juris; aA OVG Hamburg NVwZ 2021, 815 (mit verschärften Anforderungen an die Begründetheit).
157 Schenke, Rn. 1107; Schoch Jura 2002, 318, 321.
158 Detterbeck, Rn. 1528.
159 Dazu, dass mit dieser Unterscheidung im Rahmen der Zulässigkeit keine unmittelbaren Rechtsfolgen verknüpft sind, Voßkuhle/Wischmeyer JuS 2016, 1079, 1082.
160 BVerwG NVwZ 2020, 151, 152 Rn. 18.
161 Zur Auslegung eines Antrags nach § 80 Abs. 5 VwGO iSe solchen nach § 123 Abs. 1 S. 2 VwGO VG Berlin NVwZ-RR 2020, 696 ff.

b) Weitere Zulässigkeitsvoraussetzungen

27 Die übrigen Zulässigkeitsvoraussetzungen eines Antrags nach § 123 Abs. 1 VwGO gleichen denen, die an das jew. statthafte Hauptsacheverfahren, hier also an die allgemeine Leistungsklage (s.o.), zu stellen wären.[162] Da für den Antrag gem. § 123 Abs. 2 S. 1 VwGO das **Gericht der Hauptsache** zuständig ist, muss der Verwaltungsrechtsweg eröffnet sein. Soweit die VwGO-Normen nicht ohnehin für alle verwaltungsgerichtlichen Verfahren Anwendung finden, wie bspw. die §§ 61 f. VwGO, sind sie auf das Verfahren der einstweiligen Anordnung analog anzuwenden (zu den Zulässigkeitsvoraussetzungen bei Rn. 10 ff.). Nach dem Wortlaut der § 123 Abs. 1 S. 1 VwGO kann der Antrag „auch **schon vor Klageerhebung**" gestellt werden. Ist in der Hauptsache eine Verpflichtungsklage nach § 42 Abs. 1 Alt. 2 VwGO statthaft, kann der Antrag aus Gründen effektiven Rechtsschutzes auch dann gestellt werden, wenn ein Vorverfahren vorgeschrieben ist und noch kein Widerspruch eingelegt wurde (dann ist aber besonderes Augenmerk auf das Rechtsschutzbedürfnis zu legen, das insb. bei bestandkräftigen Verwaltungsakten fehlt).[163]

- Die **Antragsbefugnis** analog § 42 Abs. 2 VwGO bedingt, dass der Antragsteller neben einem **Anordnungsanspruch** das Vorliegen eines **Anordnungsgrundes** geltend zu machen hat. Für den **Anordnungsanspruch** reicht es aus, wenn bei Ausbleiben der beantragten Maßnahme eine Verletzung der Rechte des Antragstellers möglich erscheint;[164] die insoweit anzustellenden Erwägungen entsprechen denen, die auch sonst im Rahmen der Klage- bzw. Antragsbefugnis relevant sind.[165] Der **Anordnungsgrund** verlangt dagegen die Eilbedürftigkeit der gerichtlichen Entscheidung. Ist der Antrag auf eine Sicherungsanordnung gerichtet, muss zumindest die Möglichkeit bestehen, dass bei weiterem Zuwarten die Durchsetzung der zu sichernden Rechte vereitelt oder wesentlich erschwert wird. Eine Regelungsanordnung setzt dagegen die Möglichkeit voraus, dass ohne sie wesentliche Nachteile für den Antragsteller eintreten.[166] Unabhängig von der Anordnungsart liegt ein Anordnungsgrund immer dann vor, wenn der zu verwirklichende Anordnungsanspruch durch Zeitablauf verloren gehen oder irreparabel beeinträchtigt werden kann (etwa aufgrund Verstreichens des anstehenden Termins der beantragten Demonstration).[167]

- Am **Rechtsschutzbedürfnis** für eine einstweilige Anordnung fehlt es regelmäßig, wenn sich der Antragsteller in der Sache nicht zuvor an die zuständige Behörde gewandt hat.[168] Abweichendes gilt, sofern eine positive Entscheidung der Behörde von vornherein ausgeschlossen ist (etwa aufgrund vorheriger eindeutiger Äußerung des zuständigen Beamten bzw. ständiger Verwaltungspraxis) und ein entsprechender Antrag deshalb reine Förmelei bedeuten würde, oder wenn ein solcher Antrag bei der Behörde aufgrund der Eilbedürftigkeit nicht mehr möglich war.[169] Begehrt

---

162 Zur einstweiligen Anordnung in der Verpflichtungssituation vgl. § 21 Rn. 29 f.
163 Schoch in: ders./Schneider, VwGO, § 123 Rn. 106.
164 Zur Glaubhaftmachung nach § 123 Abs. 3 VwGO iVm § 920 Abs. 2 ZPO vgl. VGH München NVwZ-RR 2013, 946: überwiegende Wahrscheinlichkeit erforderlich.
165 Schenke, Rn. 1114; zur Klage- bzw. Antragsbefugnis § 9 Rn. 10 ff.
166 Schenke, Rn. 1107.
167 Vgl. Detterbeck, Rn. 1531.
168 Etwa OVG Bremen AuAS 2020, 207, 208; Hummel JuS 2011, 317, 320 mwN; Spitzlei Jura 2019, 601, 605 f. Darin liegt ein gewisser Widerspruch ggü. dem Hauptverfahren im Fall der Leistungsklage, vgl. Rn. 15; anders zu Recht Detterbeck, Rn. 1533. Entschärfend wirken allerdings die Ausnahmen vom Erfordernis vorheriger Antragstellung, vgl. sogleich im Text.
169 Vgl. Würtenberger/Heckmann, Rn. 625; s.a. OVG Bremen AuAS 2020, 207, 208.

der Antragsteller Rechtsschutz gegen ein zukünftiges Verwaltungshandeln, muss für diesen vorbeugenden Rechtsschutz ein qualifiziertes Rechtsschutzbedürfnis vorliegen.[170]

- Schließlich gelten die der Rechtslage bei § 80 Abs. 5 VwGO entsprechenden Einschränkungen für einstweilige Anordnungen ggü. Maßnahmen zum Vollzug von **Unionsrecht**.[171]

c) Begründetheit

Zur Begründetheit muss der Antragsteller das Bestehen von **Anordnungsanspruch** und **Anordnungsgrund** gem. § 123 Abs. 3 VwGO iVm § 920 Abs. 2, § 294 ZPO **glaubhaft machen**.[172] Tatsachen sind glaubhaft gemacht, wenn ihr Vorliegen nach richterlicher Entscheidung wahrscheinlicher ist als ihr Nichtvorliegen,[173] wobei § 294 Abs. 1 ZPO als Mittel der Glaubhaftmachung auch die Versicherung an Eides statt zulässt. Grds. ist es verfassungsrechtlich unbedenklich, wenn sich die Fachgerichte an den Erfolgsaussichten des Hauptsacheverfahrens orientieren und im Rahmen des Anordnungsanspruchs lediglich eine **summarische**, dh überschlägige Prüfung der Sach- und Rechtslage vornehmen.[174] Jedoch betont das BVerfG immer wieder, dass sich die gerichtliche Prüfungsintensität aus verfassungsrechtlichen Gründen im einstweiligen Rechtsschutz unter besonderen Umständen so verengen kann, dass das Verwaltungsgericht eine abschließende Prüfung der Sach- und Rechtslage vorzunehmen hat, insb. bei der Schaffung vollendeter Tatsachen, die sich nicht mehr rückgängig machen lassen (zB bei einer polizeilichen Rundumüberwachung einer Person).[175] Im Gegensatz zur Rechtspraxis sollte in einer juristischen Klausur/Hausarbeit auf die grds. summarische Prüfung hingewiesen werden, die weitere Prüfung dann aber ohne die Einschränkung der Überschlägigkeit erfolgen.

- Ob der **Anordnungsanspruch** gegeben ist, richtet sich nach materiellem Recht. Die Prüfung entspricht also derjenigen im Hauptsacheverfahren.[176]

- Was den **Anordnungsgrund** anbelangt, muss eine Gefahr iSd § 123 Abs. 1 S. 1 oder S. 2 VwGO bestehen. So darf dem Antragsteller ein Abwarten der Entscheidung in der Hauptsache nach **Abwägung** seiner Interessen mit den entgegenstehenden öffentlichen Belangen und etwaigen Interessen Dritter nicht zuzumuten sein.[177] Das subjektive Recht des Antragstellers muss mehr als nur unerheblich beeinträchtigt

28

---

170 OVG Münster Beschl. v. 19.1.2017 – 13 B 1163/16, Rn. 6 ff. juris.
171 Vgl. bereits § 21 Rn. 30.
172 BVerwG ZBR 2021, 378 Rn. 10; vgl. nur Waldhoff JuS 2013, 860, 861. Zur Glaubhaftmachung eines Anordnungsanspruchs am Beispiel einer beamtenrechtlichen Auswahlentscheidung Sattler JA 2003, 370.
173 Mayer in: BeckOK ZPO, § 920 Rn. 20.
174 BVerfG Nichtannahmebeschl. v. 23.7.2020 – 2 BvR 939/20, Rn. 17 juris; Schenke, Rn. 1114.
175 BVerfG DVBl. 2013, 169, 170 f.; s.a. BVerfG NJW 2014, 3711; Zur Einschränkung aufgrund ausnahmsweise entgegenstehender überwiegender, besonders gewichtiger Gründe BVerfG NVwZ 2020, 1187, 1187 f. Zur Prüfungsintensität im Eilverfahren auch Guckelberger VerwArch 108 (2017), 1, 18 f., 30 ff.; s.a. Heinemann NVwZ 2019, 517 ff.
176 Weitergehend Hufen, § 33 Rn. 16: einstweilige Anordnung, wenn Klage offensichtlich zulässig und begründet, umgekehrt keine Anordnung.
177 OVG Münster Beschl. v. 2.7.2021 – 1 B 444/21, Rn. 14 juris. Vgl. Würtenberger/Heckmann, Rn. 628 ff.; die(se) Interessenabwägung gehöre lediglich zum Anordnungsgrund, nicht zugleich zum Anordnungsanspruch, so Detterbeck, Rn. 1534; anders wohl Hufen, § 33 Rn. 16; zur Abgrenzung von der Interessenabwägung nach § 80 VwGO vgl. Redeker/von Oertzen, § 123 Rn. 30.

sein.[178] IÜ gilt das zur Antragsbefugnis Beschriebene,[179] freilich mit der Maßgabe, dass im Rahmen der Begründetheit Umstände, welche die Eilbedürftigkeit auslösen, nicht nur möglicherweise, sondern tatsächlich bestehen und glaubhaft gemacht sein müssen.

- Liegen danach Anordnungsanspruch und Anordnungsgrund vor, **hat** das Gericht aus Gründen effektiven Rechtsschutzes (insb. Art. 19 Abs. 4 S. 1 GG) eine einstweilige Anordnung **zu erlassen**; die Formulierung „kann" in § 123 Abs. 1 S. 1 VwGO ist insofern irreführend, als sie darauf hindeutet, dass der Erlass der Anordnung im Ermessen des Gerichts steht.[180] Solches ist dem Gericht lediglich mit Blick auf die Ausgestaltung (das Wie) der zu treffenden Anordnung eingeräumt.[181]

29 Schließlich bleiben Grenzen jeder einstweiligen Anordnung zu beachten. Aus dem Wesen der „einstweiligen" Anordnung folgt, dass diese die Entscheidung in der Hauptsache grds. **nicht vorwegnehmen** darf[182] – auch nicht vorläufig (bis zur Entscheidung im Klageverfahren).[183] Das gilt freilich vorbehaltlich der Gewährung effektiven Rechtsschutzes: Zöge ein Abwarten der Hauptsache(entscheidung) für den Antragsteller unzumutbare, nachträglich nicht mehr zu beseitigende Rechtsfolgen nach sich, ist eine Vorwegnahme der Hauptsache im Einzelfall notwendig und damit zulässig, wenn ein hoher Grad an Wahrscheinlichkeit dafür spricht, dass der mit der Hauptsache verfolgte Anspruch begründet ist.[184]

BEISPIELE: So lässt sich der Gefahr, dass eine Entscheidung des Gerichts in der Hauptsache aus gesundheitlichen Gründen wegen einer lebensbedrohlichen oder regelmäßig tödlichen Krankheit zu spät käme, mit dem Instrument des einstweiligen Rechtsschutzes begegnen, auch wenn hiermit ggf. eine Vorwegnahme der Hauptsache einhergeht.[185] Gleiches gilt für ein Auskunftsverlangen eines Journalisten ggü. einer staatlichen Behörde in Bezug auf Vorgänge, die unabweisbar einer sofortigen, keinen Aufschub duldenden journalistischen Aufklärung bedürfen (zB manifeste Hinweise auf aktuelle schwere Rechtsbrüche staatlicher Stellen).[186]

Ferner darf mit einer Anordnung nach § 123 Abs. 1 VwGO **nicht mehr gewährt** werden, **als in der Hauptsache** erreicht werden kann.[187] Auch insoweit können sich jedoch Ausnahmen aus Gründen der Effektivität des Rechtsschutzes ergeben.[188]

---

178 BVerfG NVwZ 2014, 1572, 1573.
179 Vorstehend Rn. 27.
180 VGH Mannheim NVwZ-RR 1995, 490, 491; Huba JuS 1990, 988, 989; W.-R. Schenke in: Kopp/ders., § 123 Rn. 23, 28.
181 VGH München BayVBl. 1989, 660; W.-R. Schenke in: Kopp/ders., § 123 Rn. 28; s.a. BVerfG NVwZ 2021, 1773, 1775.
182 VGH Mannheim VBlBW 2018, 39 Rn. 2; eingehend Schrader JuS 2005, 37; am Beispiel der Beantragung einer Baugenehmigung Maaß NVwZ 2004, 572; differenzierend Hummel JuS 2011, 502, 505. Nach BVerfG Nichtannahmebeschl. v. 2.6.2021 – 2 BvR 899/20, Rn. 29 juris liegt eine Vorwegnahme der Hauptsache vor, wenn der vorläufige Entscheidung faktisch der endgültigen gleichkommt.
183 Etwa OVG Münster IÖD 2008, 146 Rn. 4; dagegen und zu weiteren Entscheidungen mit guten Gründen Hong NVwZ 2012, 468.
184 BVerfG NJW 2011, 3706; OVG Bremen DVBl. 2020, 517, 520; VGH Mannheim VBlBW 2018, 39 Rn. 2. Dem kommt Bedeutung etwa ggü. der restriktiven Rspr. im Nachbarstreit um genehmigungsfreies Bauen zu, Mehde/Hansen NVwZ 2010, 14, 17 f.
185 BVerfG NJW 2017, 545, 547 (vorläufige Umänderung des Status in einer Warteliste von (noch) „nicht transplantabel" in „transplantabel").
186 BVerwG NVwZ-RR 2014, 558, 559.
187 Schenke, Rn. 1120.
188 Maaß NVwZ 2004, 572, 573; Schrader JuS 2005, 37, 39 f.

Beispiel: In der Hauptsache wäre aufgrund behördlichen Ermessensspielraums nur ein Bescheidungsurteil möglich; schließt nun die Eilbedürftigkeit der Sache eine solche Neubescheidung aus, kann das Gericht direkt eine Verpflichtung aussprechen,[189] etwa in Fällen der Standplatzvergabe bei unmittelbar bevorstehendem Stadtfest.[190]

Übersicht 27: Prüfungsschema für den Antrag auf einstweilige Anordnung gem. § 123 Abs. 1 VwGO

A. Zulässigkeit
   I. Eröffnung des Verwaltungsrechtswegs
      1. Aufdrängende Sonderzuweisung, zB § 54 Abs. 1 BeamtStG, § 126 Abs. 1 BBG; ansonsten:
      2. § 40 Abs. 1 VwGO (Generalklausel): öffentlich-rechtliche Streitigkeit, nichtverfassungsrechtlicher Art, keine abdrängende Sonderzuweisung, zB Art. 14 Abs. 3 S. 4, Art. 34 S. 3 GG, § 40 Abs. 2 S. 1 Hs. 1 VwGO
   II. Statthaftigkeit, § 123 Abs. 1 VwGO
      1. Kein Fall des § 80 Abs. 5 S. 1, § 80a Abs. 3 VwGO, da einstweilige Anordnung gem. § 123 Abs. 5 VwGO subsidiär
      2. Sicherungs- oder Regelungsanordnung
         – wird die Beibehaltung eines bestehenden Zustandes angestrebt, ist die Sicherungsanordnung einschlägig, § 123 Abs. 1 S. 1 VwGO
         – möchte der Antragsteller seinen Rechtskreis erweitern, ist die Regelungsanordnung statthaft, § 123 Abs. 1 S. 2 VwGO
   III. Antragsbefugnis
      1. Anordnungsanspruch – Möglichkeit der Verletzung eigener Rechte des Klägers, § 42 Abs. 2 VwGO analog
      2. Anordnungsgrund – (mögliche) Eilbedürftigkeit
   IV. Antragsgegner
      – abhängig vom statthaften Hauptsacheverfahren:
        bei Verpflichtungsklage – § 78 VwGO analog/
        in allen übrigen Fällen – Rechtsträgerprinzip
   V. Beteiligungsfähigkeit, § 61 VwGO
   VI. Prozessfähigkeit, § 62 VwGO
   VII. Allgemeines Rechtsschutzbedürfnis
        Durch Antragsbefugnis indiziert, nur bei Anlass prüfen.

---

189 Auch nicht nur „vorläufig", weil wegen des Verstreichens des Stadtfestes angesichts der Dauer des gerichtlichen Hauptsacheverfahrens die Verpflichtung zur Standplatzvergabe de facto immer eine endgültige ist; Detterbeck, Rn. 1536. S. aber OVG Bremen DVBl. 2020, 517, 520, wonach bei zu knapper Zeit für eine Neubescheidung die Verpflichtung zur vorläufigen Zulassung ausgesprochen werden kann. Dazu, dass in bestimmten Konstellationen auch eine Verpflichtung zur Neubescheidung im Wege einer einstweiligen Anordnung in Betracht kommt, OVG Münster Beschl. v. 28.1.2019 – 15 B 624/18, Rn. 66 ff. juris; s.a. OVG Bautzen Beschl. v. 25.7.2022 – 6 B 16/22, Rn. 28 juris.
190 OVG Lüneburg DÖV 2010, 193, anhand des vergleichbaren Falls einer Marktzulassung; Windoffer GewArch 2013, 264, 269.

VIII. Ordnungsgemäßer Antrag, §§ 81 f. VwGO analog

IX. Zuständigkeit des Gerichts, § 123 Abs. 2 VwGO; iÜ sachlich: §§ 45 ff. VwGO, örtlich: § 52 VwGO

B. **Begründetheit**

Der Antrag nach § 123 VwGO ist begründet, wenn der Antragsteller einen Anordnungsanspruch und Anordnungsgrund glaubhaft gemacht hat.

Grenzen der einstweiligen Anordnung:
1. keine Vorwegnahme der Hauptsache
2. Anordnung darf nicht mehr gewähren, als in der Hauptsache möglich

(in beiden Fällen Ausnahmen aus Gründen effektiven Rechtsschutzes, Art. 19 Abs. 4 S. 1 GG)

V. WIEDERHOLUNGS- UND VERSTÄNDNISFRAGEN

> Wie sind Realakte von Verwaltungsakten und Rechtsnormen abzugrenzen? (→ Rn. 2)
> Welchen Rechtmäßigkeitsanforderungen unterliegt das schlicht-hoheitliche Handeln der Verwaltung? (→ Rn. 5 f.)
> Was ist unter informellem Verwaltungshandeln zu verstehen? (→ Rn. 7)
> Auf welchem Weg kann Rechtsschutz im Hauptsacheverfahren und im einstweiligen Verfahren gegen oder auf Realakte erlangt werden? (→ Rn. 8)
> An welcher Stelle der VwGO ist die Leistungsklage erwähnt? (→ Rn. 9)
> Wie wird der Klagegegner einer Leistungsklage bestimmt? (→ Rn. 12)
> Wann ist die allgemeine, wann die vorbeugende Unterlassungsklage zulässig? (→ Rn. 9, 13)
> Warum ist eine vorbeugende Unterlassungsklage gegen den Erlass eines Verwaltungsakts nur ausnahmsweise zulässig? (→ Rn. 13)
> Was muss der Antragsteller glaubhaft machen, damit der Antrag nach § 123 Abs. 1 begründet ist? (→ Rn. 28)
> Welche unterschiedlichen Antragsarten sind in § 123 Abs. 1 VwGO geregelt und welchen Voraussetzungen unterliegen sie? (→ Rn. 26)
> Was muss das Gericht beachten, wenn es aufgrund der vom Antragsteller glaubhaft gemachten Tatsachen eine einstweilige Anordnung erlassen will? (→ Rn. 29)
> Was versteht man unter einem Inter-, was unter einem Intraorganstreit? (→ Rn. 18)
> Unter welchen Voraussetzungen ist der Kommunalverfassungsstreit statthaft und welche weiteren Zulässigkeitskriterien müssen erfüllt sein? (→ Rn. 19 ff.)

§ 24 Öffentlich-rechtliche Verträge

▶ **FALL 2:** Das klamme Bundesland N schließt mit A einen schriftlichen Arbeitsvertrag über ein Angestelltenverhältnis. In diesem wird vereinbart, A nach Ablauf von vier Jahren in ein Beamtenverhältnis zu berufen. A verpflichtet sich dafür zu einer Gegenleistung iHv 200 € monatlich, die mit seinen laufenden Vergütungsansprüchen verrechnet wird. Kann A aufgrund dieses Vertrags seine Ernennung zum Beamten verlangen? ◀

Nach **§ 54 S. 1 VwVfG** können Rechtsverhältnisse auf dem Gebiet des öffentlichen Rechts auch durch Vertrag begründet, geändert oder aufgehoben werden. Im Gegensatz zum einseitig verbindlichen hoheitlichen Handeln durch Verwaltungsakt zielen öffentlich-rechtliche Verträge auf **Konsens und Kooperation** mit Bürgern und Unternehmen ab.[1] Für die Regelung atypischer Fälle stellen sie der Verwaltung ein flexibles Handlungsinstrument zur Verfügung.[2] Derartige Verträge sind in besonderem Maße geeignet, den Rechtsfrieden zu wahren und eine Akzeptanz der Regelungsinhalte unter den Vertragspartnern zu erzielen; kann man sich einvernehmlich auf derartige (flexiblere) vertragliche Regelungen verständigen, lassen sich dadurch im Unterschied zu anderem einseitigen hoheitlichen Handeln oftmals gerichtliche Streitigkeiten vermeiden.[3] Ihr **Einsatzgebiet** ist vielfältig, bspw. im Wirtschaftsverwaltungsrecht (zB Subventionsverträge, Eingehung von Public-Private- bzw. Public-Public-Partnerships).[4] Besondere Bedeutung erlangen die öffentlich-rechtlichen Verträge im Baurecht, das **spezialgesetzliche Vorschriften** etwa zum städtebaulichen Vertrag (§ 11 BauGB)[5] bereithält. Derartige Spezialvorschriften gehen den allgemeinen Vertragsregelungen des Verwaltungsverfahrensgesetzes in §§ 54 ff. VwVfG vor, die freilich subsidiär anwendbar bleiben.[6]

I. Anwendungsbereich

Weil auch für öffentlich-rechtliche Verträge der in §§ 1, 2 VwVfG festgelegte Anwendungsbereich des Verwaltungsverfahrensgesetzes gilt, unterfallen den Regelungen in §§ 54 ff. VwVfG[7] nur solche Verträge, welche die öffentlich-rechtliche Verwaltungstätigkeit von Behörden betreffen (vgl. § 1 Abs. 4 VwVfG; dazu bereits § 6 Rn. 5). Insofern wird der öffentlich-rechtliche Vertrag auch als „Verwaltungsvertrag" oder „verwaltungsrechtlicher Vertrag" bezeichnet.[8]

---

1 Wobei die Unterschiede im Fall „ausgehandelter" Verwaltungsakte oder (umgekehrt) beim „unfreiwilligen" Vertrag, zu dessen Abschluss dem Bürger keine echte Wahl bleibt, rückläufig sein sollen, Maurer/Waldhoff, § 14 Rn. 27.
2 Zur Entwicklung und Bedeutung des Vertrags zwischen Staat und Bürger näher Maurer/Waldhoff, § 14 Rn. 24 ff.; Leisner-Egensperger Verw 51 (2018), 467, 483; zu Flexibilitätsdefiziten des Vertrags Schaefer, Die Umgestaltung des Verwaltungsrechts, 2016, S. 260 f.
3 Bonk/Neumann/Siegel in: Stelkens/Bonk/Sachs, § 54 Rn. 2; eingehend Bauer in: Hoffmann-Riem/Schmidt-Aßmann/Voßkuhle, Bd. 2, § 36; s.a. Gurlit in: Ehlers/Pünder, § 29 Rn. 3; Leisner-Egensperger Verw 51 (2018), 467, 484.
4 Näher dazu Siegel/Eisentraut VerwArch 109 (2018), 454 ff.
5 Dazu etwa Drechsler Jura 2017, 413 ff. sowie Bonk/Neumann/Siegel in: Stelkens/Bonk/Sachs, § 54 Rn. 125 ff.
6 Bonk/Neumann/Siegel in: Stelkens/Bonk/Sachs, § 54 Rn. 15.
7 Zu einer Reform der §§ 54 ff. VwVfG (Kooperationsvertrag als neuer Vertragstyp/Abbau von „Nichtigkeitsfallen") Stelkens NWVBl. 2006, 1; zum öffentlich-privaten Kooperationsvertrag auch Gas Verw 45 (2012), 43; zur Reformdebatte auch Leisner-Egensperger Verw 51 (2018), 467, 470 ff.
8 Maurer/Waldhoff, § 14 Rn. 1; ausführlich zu verwaltungsrechtlichen Verträgen Höfling/Krings JuS 2000, 625, 627; zu Entwicklung und Perspektiven des Rechts des öffentlich-rechtlichen Vertrags Bonk/Neumann/Siegel in: Stelkens/Bonk/Sachs, § 54 Rn. 7 ff.

Nicht zu den Verträgen nach §§ 54 ff. VwVfG gehören demzufolge völkerrechtliche, staatsrechtliche und kirchenrechtliche Verträge. **Völkerrechtliche Verträge** werden zwischen Rechtssubjekten des Völkerrechts abgeschlossen; hierauf richtet sich Art. 59 GG.[9] **Staats- oder verfassungsrechtliche Verträge** betreffen Gegenstände des Verfassungsrechts (bspw. Einigungsvertrag);[10] über Streitigkeiten entscheidet insoweit das BVerfG (etwa Art. 93 Abs. 1 Nr. 1 GG).[11] Ebenso wenig sind **Verwaltungsabkommen zu Fragen der Regierungstätigkeit** zwischen verschiedenen oder allen Bundesländern oder zwischen Bund und Ländern Verträge iSd §§ 54 ff. VwVfG.[12] Regelungen von Angelegenheiten aus dem ausschließlichen Regierungsbereich betreffen gerade kein verwaltungsrechtliches Handeln (bereits § 1 Rn. 3). **Staatskirchenrechtliche Verträge** bestimmen die rechtlichen Beziehungen zwischen dem Staat und Religionsgemeinschaften; auf sie finden §§ 54 ff. VwVfG ebenfalls keine Anwendung.[13]

II. Merkmale des öffentlich-rechtlichen Vertrags

3   Aus §§ 54 ff. VwVfG folgt die grds. Zulässigkeit der Handlungsform des öffentlich-rechtlichen Vertrags.[14] Aus § 54 S. 1 VwVfG ergeben sich drei zentrale Merkmale für die Annahme eines öffentlich-rechtlichen Vertrags:

- Vertrag,
- mit dem Inhalt, ein Rechtsverhältnis zu begründen, zu ändern oder aufzuheben,
- auf dem Gebiet des öffentlichen Rechts.

1. Vertrag

4   Parallel zu den zivilrechtlichen Verträgen kommt der öffentlich-rechtliche Vertrag durch übereinstimmende Willenserklärungen (Angebot und Annahme) verschiedener Rechtssubjekte zustande, § 62 S. 2 VwVfG, §§ 145 ff. BGB. Kennzeichnendes Element eines Vertrags ist die **Einigung** über die Herbeiführung eines bestimmten Rechtserfolges.[15] Darin unterscheidet sich der öffentlich-rechtliche Vertrag von einem Verwaltungsakt, der eine einseitige hoheitliche Regelung enthält. Allerdings kann die **Abgrenzung** öffentlich-rechtlicher Verträge von mitwirkungsbedürftigen Verwaltungsakten (hierzu § 12 Rn. 44) Schwierigkeiten bereiten. Entscheidend für die Klassifizierung ist, ob sich die Beteiligten durch übereinstimmende Willenserklärung rechtsgeschäftlich binden wollen bzw. können oder die Maßnahme eine einseitige behördliche Regelung beinhaltet, auch wenn diese dem Willen des Antragstellers ganz oder teilweise entspricht.[16] Als Indiz lässt sich das Maß der Einflussnahme des Bürgers auf den Inhalt der Regelung heranziehen: Konnte er die Ausgestaltung dessen, was gelten soll, mitbestimmen, wird ein Vertrag vorliegen.

Von öffentlich-rechtlichen Verträgen ist des Weiteren das informelle Verwaltungshandeln abzugrenzen; ausschlaggebend ist in diesem Zusammenhang, ob sich die Parteien

---

9   Bspw. das Seerechtsübereinkommen der UN, BGBl. 1994 II S. 1798.
10 BVerfGE 98, 297; Bonk/Neumann/Siegel in: Stelkens/Bonk/Sachs, § 54 Rn. 49; zu Länderstaatsverträgen Gundel DÖV 2017, 15 ff.
11 Wie die sog. Eingliederungsverträge Coburg/Bayern, Pyrmont/Preußen, vgl. BVerfGE 22, 221 und 229.
12 Etwa der norddeutschen Länder über die Errichtung des NDR, BVerwGE 60, 162, 173; näher zum Begriff des Verwaltungsabkommens Bonk/Neumann/Siegel in: Stelkens/Bonk/Sachs, § 54 Rn. 50.
13 Eingehend zur Rechtsnatur der verschiedenen kirchenrechtlichen Verträge Bonk/Neumann/Siegel in: Stelkens/Bonk/Sachs, § 54 Rn. 48.
14 Bonk/Neumann/Siegel in: Stelkens/Bonk/Sachs, § 54 Rn. 1; BGH NVwZ-RR 2022, 579, 580.
15 S.a. OVG Bremen DVBl. 2020, 1607, 1608; Hüther/Blänsdorf/Lepej Jura 2022, 304, 309.
16 Bonk/Neumann/Siegel in: Stelkens/Bonk/Sachs, § 54 Rn. 35.

rechtlich binden wollten (dann öffentlich-rechtlicher Vertrag, vgl. § 23 Rn. 7), was ebenfalls durch Auslegung zu ermitteln ist.

2. Vertragsinhalt

Regelungsinhalt eines öffentlich-rechtlichen Vertrags muss die Begründung, Änderung oder Aufhebung eines öffentlich-rechtlichen Rechtsverhältnisses sein. Unter einem Rechtsverhältnis iSd § 54 S. 1 VwVfG versteht man die sich aus einem konkreten Sachverhalt ergebende rechtliche Beziehung eines Rechtssubjektes zu einem anderen oder zu einer Sache.[17] Das Rechtsverhältnis muss sich auf die Regelung konkreter Einzelfälle beziehen; insoweit gilt Entsprechendes wie beim Verwaltungsakt.[18] Beispiele für solche einzelfallbezogenen Regelungen sind Verträge, in denen sich Hoheitsträger verpflichten, eine Beihilfe zu gewähren (Subventionsvertrag), Verträge über die Benutzung einer öffentlichen Einrichtung[19] oder über straßenrechtliche Sondernutzungen (öffentlich-rechtlicher Art).[20]

Der nähere Inhalt des Vertrags erschließt sich im Wege der Auslegung. Es gelten allgemeine Grundsätze (§ 62 S. 2 VwVfG iVm § 133, § 157 BGB: objektiver Empfängerhorizont).[21] Das setzt freilich eine Interpretationsoffenheit des Vereinbarten voraus.

3. Auf dem Gebiet des öffentlichen Rechts

§§ 54 ff. VwVfG gelten nach dem Wortlaut des § 54 S. 1 VwVfG nur für Verträge „auf dem Gebiet des öffentlichen Rechts". Diese Formulierung, die sich auch beim Verwaltungsakt in § 35 S. 1 VwVfG findet, dient der Ausgrenzung privatrechtlichen Handelns und damit der Unterscheidung von privatrechtlichen Verträgen; denn Hoheitsträger sind auch befugt, privatrechtlich tätig zu werden.[22] Die Klärung der Frage, ob ein Vertrag dem öffentlichen Recht oder dem Zivilrecht unterfällt, erlangt insofern Bedeutung, als sich danach entscheidet, welches Vertragsrecht (Verwaltungsverfahrensgesetz oder Bürgerliches Gesetzbuch) zur Anwendung kommt und welcher Rechtsweg (Verwaltungs- oder Zivilgerichtsbarkeit) im Falle von Streitigkeiten eröffnet ist.[23]

Die **Abgrenzung** erfolgt anhand **objektiver Kriterien**. Allein aus dem Umstand, dass eine Behörde Vertragspartner ist, kann angesichts der Formenwahlfreiheit der Verwaltung nicht auf das Vorliegen eines öffentlich-rechtlichen Vertrags geschlossen werden (man denke nur an den Einkauf von Büromaterialien durch eine Behörde).[24] Nach hM liegt ein öffentlich-rechtlicher Vertrag vor, wenn sein Gegenstand dem öffentlichen Recht zuzuordnen ist.[25] Den **Vertragsgegenstand** bildet der geregelte Sachverhalt. Ent-

---

17 BVerwGE 14, 235, 236. Die Definition der Verwaltungsrechtsverhältnisse iSd § 43 Abs. 1 VwGO gilt auch hier; dazu § 10 Rn. 1.
18 Vgl. § 12 Rn. 18 ff.; zur weiten Auslegung des Rechtsverhältnisses Bonk/Neumann/Siegel in: Stelkens/Bonk/Sachs, § 54 Rn. 68.
19 Dazu § 33 Rn. 1, 4.
20 Zu diesen § 31 Rn. 5 ff.
21 Dazu mwN Bonk/Neumann/Siegel in: Stelkens/Bonk/Sachs, § 54 Rn. 28 ff.; Kersten Verw 46 (2013), 87, 118.
22 Bereits § 5 Rn. 5; näher § 29.
23 Bonk/Neumann/Siegel in: Stelkens/Bonk/Sachs, § 54 Rn. 51.
24 Privatrechtliche Verträge gibt es auch zwischen Hoheitsträgern, insb. bei fiskalischen Hilfsgeschäften, ferner öffentlich-rechtliche Verträge ggf. zwischen Privaten, vgl. anschaulich Waldhoff JuS 2013, 1055; zur Fiskalverwaltung § 5 Rn. 13, § 29 Rn. 10 ff.
25 BVerwG NVwZ-RR 2010, 682, 683; NVwZ 2019, 1685, 1687; BVerwGE 161, 255, 261: wenn sich sein Gegenstand auf von der gesetzlichen Ordnung öffentlich-rechtlich geregelte Sachverhalte bzw. in Ermangelung einer Regelung nach seinem Zweck in enger, unlösbarer Beziehung zur Erfüllung öffentlicher Aufgaben steht;

scheiding ist, dass die inhaltlich wichtigsten Regelungen in Gestalt der festgelegten Rechte oder Pflichten, die den Vertrag aus Sicht eines verständigen Betrachters „prägen", öffentlich-rechtlicher Natur sind.[26] Solche Vereinbarungen sind bspw. (neben den oben genannten Regelungen) Verträge über eine baurechtlich festgelegte Pflicht zur Bereitstellung von Abstellplätzen für Fahrzeuge, städtebauliche Verträge über Sanierungspflichten (etwa Modernisierungs- und Instandsetzungsarbeiten)[27] oder ein Schuldanerkenntnis, um eine Einbürgerung zu ermöglichen, – ferner Beleihungsverträge.[28] Dagegen hat das BVerwG einen Bürgschaftsvertrag trotz Sicherung einer öffentlich-rechtlichen Forderung als privatrechtlich eingestuft.[29]

7 Enthält ein Vertrag öffentlich- und privatrechtliche Bestandteile, ist zu klären, welche Konsequenzen sich daraus für die Zuordnung ergeben. Sofern die (unterschiedlichen Rechtsgebieten zuzuordnenden) Leistungspflichten nicht derart aufeinander bezogen sind, dass sie in Abhängigkeit voneinander stehen, der Vertrag sich vielmehr in zwei selbstständige Vereinbarungen, die lediglich in einer Vertragsurkunde zusammengefasst sind, aufteilen lässt, liegt ein **zusammengesetzter Vertrag** vor. In diesem Fall mehrerer, nur in ein und demselben Vertrag zusammengefasster Abreden ist jede von ihnen rechtlich gesondert zu bewerten.[30] Der nach Privatrecht zu beurteilende Vertragsteil unterfällt dann dem Bürgerlichen Gesetzbuch; für den Rechtsschutz ist der Zivilrechtsweg eröffnet (Beispiel: Kombination eines privatrechtlichen Grundstückskaufvertrags mit einem öffentlich-rechtlichen Vertrag über die Erschließung, dh die Herstellung von Strom-, Gas- und Wasserleitungen usw, in einer notariellen Urkunde).[31] Kommt jedoch – wie bei den meisten Vereinbarungen – keine solche Aufspaltung in Betracht und gehören die Regelungen zusammen bzw. stehen diese in engem inneren Zusammenhang, ist nach zutreffender Ansicht eine einheitliche Beurteilung des Vertrags vorzunehmen.[32] Entscheidend für die Zuordnung zum öffentlichen oder privaten Recht ist dann der Gesamtcharakter des Vertrags. Demzufolge können auch **gemischte Verträge oder Mischverträge**, die privatrechtliche und öffentlich-rechtliche Elemente in einem Vertragswerk enthalten, öffentlich-rechtliche Verträge sein, wenn die öffentlich-rechtlichen Vertragsinhalte den **Schwerpunkt der Vereinbarung** ausmachen, diesen also wesentlich prägen.[33] Als öffentlich-rechtlich sind insb. solche Verträge einzustufen, in denen sich die Verwaltung zu einer Leistung verpflichtet, die ein Privater so nicht erbringen könnte, zB die Erteilung einer Genehmigung.[34] Ein öffentlich-rechtlicher Vertrag liegt vor,

---

genauer: dem Verwaltungsrecht, vgl. Rn. 2; Bonk/Neumann/Siegel in: Stelkens/Bonk/Sachs, § 54 Rn. 56; Hüther/Blänsdorf/Lepej Jura 2022, 304, 311.
26 Bonk/Neumann/Siegel in: Stelkens/Bonk/Sachs, § 54 Rn. 56.
27 Auch wenn sich der private Vertragspartner auf einen Eingriff in die Wettbewerbsfreiheit beruft, OVG Koblenz NVwZ-RR 2013, 942; zu städtebaulichen Verträgen allg. bereits Rn. 1; näher Erbguth/Mann/Schubert, Rn. 1042 ff.
28 Vgl. § 6 Rn. 22, § 29 Rn. 19.
29 BVerwGE 161, 255, 261 f.
30 VGH München BayVBl. 2017, 685; Bonk/Neumann/Siegel in: Stelkens/Bonk/Sachs, § 54 Rn. 60.
31 BVerwGE 84, 183, 185 f.
32 Bonk/Neumann/Siegel in: Stelkens/Bonk/Sachs, § 54 Rn. 61; s.a. OVG Münster Beschl. v. 14.3.2013 – 2 E 182/13, Rn. 16 juris.
33 BVerwGE 143, 335, 346; VGH München BayVBl. 2017, 685 f.; BGHZ 228, 373, 387 Rn. 41; Siegel, Rn. 735; Hüther/Blänsdorf/Lepej Jura 2022, 304, 311; abgelehnt für einen Grundstückskaufvertrag zwischen zwei Verwaltungsträgern durch BGH NJW 2012, 3654: rein fiskalischer Beschaffungsvorgang, daher zivilrechtlicher Vertrag.
34 Bonk/Neumann/Siegel in: Stelkens/Bonk/Sachs, § 54 Rn. 57.

wenn die Behörde für eine Geldzahlung des Bürgers eine Amtshandlung vornehmen soll.[35]

Soweit die Verwaltung ein Wahlrecht besitzt, entweder in öffentlich-rechtlicher oder privatrechtlicher Handlungsform tätig zu werden, ist anhand einer Betrachtung der Regelungen zu bestimmen, für welche Vertragsform sich die Verwaltung entschieden hat (privatrechtlicher Vertrag bei Verwendung von AGB oder Regelungen über das „Entgelt").[36] So kann sich die Verwaltung bspw. entscheiden, eine bestimmte Nutzung der Stadtbibliothek in einem öffentlich-rechtlichen oder privatrechtlichen Vertrag auszugestalten.[37]

III. Arten öffentlich-rechtlicher Verträge

Einen abschließenden Katalog aller möglichen Vertragsarten und -inhalte gibt es nicht.[38] Verwaltungsverfahrensrechtlich wird lediglich zwischen koordinations- und subordinationsrechtlichen Verträgen unterschieden. Zwei Arten subordinationsrechtlicher öffentlich-rechtlicher Verträge, der Vergleichs- und der Austauschvertrag, sind ausdrücklich in § 55, § 56 VwVfG geregelt.

1. Koordinations- und subordinationsrechtliche öffentlich-rechtliche Verträge

Der Unterscheidung zwischen koordinations- und subordinationsrechtlichen Verträgen kommt rechtliche Bedeutung zu, denn einige Regelungen über öffentlich-rechtliche Verträge gelten nur für subordinationsrechtliche Verträge iSd § 54 S. 2 VwVfG, wie der Wortlaut von § 55, § 56, § 58 Abs. 2, § 59 Abs. 2 und § 61 VwVfG zeigt. Kennzeichnendes Merkmal **koordinationsrechtlicher Verträge** ist, dass deren Vertragspartner **gleichgeordnet** sind.[39] Es handelt sich v.a. um Verträge zwischen Hoheitsträgern, wie die Einigung zweier Gemeinden über den Tausch kleinerer Flächen des Gemeindegebiets (Grenzänderungsvertrag) oder die Renaturierung eines an der Gemeindegrenze gelegenen Gewässers.[40]

Als (ungenaue) Abkürzung für Verträge iSd § 54 S. 2 VwVfG zwischen Behörden und Privatrechtssubjekten wird die Bezeichnung „**subordinationsrechtlicher Vertrag**" verwendet.[41] Den §§ 54 ff. VwVfG liegt die Wertung zugrunde, dass der private Vertragspartner der Behörde in Fällen eines **Über-/Unterordnungsverhältnisses**, in denen die Behörde auch einen Verwaltungsakt erlassen könnte, besonders schutzwürdig ist.[42] Beispiel ist die vertragliche Vereinbarung zwischen der Gewerbeaufsicht und dem Gastwirt zur Abwendung eines Einschreitens der Behörde wegen Beeinträchtigung der Nachtruhe durch die Gastwirtschaft. Über den lediglich exemplarisch zu verste-

---

35 Vgl. Maurer/Waldhoff, § 14 Rn. 13.
36 Zum eingeschränkten Wahlrecht Bonk/Neumann/Siegel in: Stelkens/Bonk/Sachs, § 54 Rn. 55; Fehling in: ders./Kastner/Störmer, VwVfG § 54 Rn. 38; Tegethoff in: Kopp/Ramsauer, § 54 Rn. 49.
37 Auch § 5 Rn. 13; § 29 Rn. 3.
38 Bonk/Neumann/Siegel in: Stelkens/Bonk/Sachs, § 54 Rn. 106.
39 OVG Lüneburg Urt. v. 9.6.2021 – 13 LC 534/18, Rn. 46 juris; VGH Mannheim Urt. v. 19.10.2021 – 1 S 2579/21, Rn. 104 juris; vgl. auch Hüther/Blänsdorf/Lepej Jura 2022, 304, 306.
40 Vgl. VGH München BayVBl. 2006, 766; ferner BVerwG DÖV 1976, 319: Aufgabenwahrnehmung Bund/Land; BVerwG DÖV 1975, 855: Straßenbaulastübertragung Bund/Gemeinde. Dazu, dass koordinationsrechtliche Verwaltungsverträge nicht nur zwischen mehreren Verwaltungsträgern möglich sind, BVerwGE 161, 255, 261.
41 Bonk/Neumann/Siegel in: Stelkens/Bonk/Sachs, § 54 Rn. 109.
42 Bonk/Neumann/Siegel in: Stelkens/Bonk/Sachs, § 54 Rn. 109.

henden Wortlaut des § 54 S. 2 VwVfG hinaus muss der Vertrag nicht zwingend an die Stelle eines ansonsten zu erlassenden Verwaltungsakts treten. Die Vorschrift will nur den Einsatzbereich des subordinationsrechtlichen Vertrags umreißen.[43] Ein subordinationsrechtlicher Vertrag muss daher nicht zwangsläufig einen sonst ergehenden Verwaltungsakt ersetzen, sondern kann sich auf andere einseitige öffentlich-rechtliche Maßnahmen, zB einen Realakt, beziehen.[44] Überwiegend wird angenommen, dass sämtliche Verträge im Verhältnis zwischen Staat und Bürger subordinationsrechtliche Verträge sind.[45] Dagegen lässt sich jedoch einwenden, dass es durchaus Vertragskonstellationen geben kann, in denen ein Privatrechtssubjekt der Verwaltung auf Augenhöhe begegnet, etwa wenn es um die Eingehung einer öffentlich-privaten Partnerschaft geht.[46] Ein lediglich allgemeines, also nicht dergestalt fallbezogen geprägtes hierarchisches Verhältnis reicht somit für die Annahme eines subordinationsrechtlichen Vertrags nicht aus,[47] weil man sich dadurch zu sehr vom Vertragsgegenstand entfernt.[48]

2. Besondere Vertragstypen

11 Als allgemeine, in der Praxis besonders häufig vorkommende Vertragsarten werden im VwVfG bislang nur der **Vergleichsvertrag** (§ 55 VwVfG) und der **Austauschvertrag** (§ 56 VwVfG) geregelt. Allerdings erfassen diese Vorschriften nach ihrem Wortlaut nur Verträge subordinationsrechtlicher Art. Der Kooperationsvertrag[49] als weiterer Vertragstyp ist bislang über Entwurfsfassungen zu einer entsprechenden Ergänzung des § 54 VwVfG nicht hinausgekommen; er soll einem näheren Austarieren der rechtlichen Beziehungen in Public-Private-Partnerships,[50] insb. im Zusammenhang mit der funktionellen Privatisierung[51], dienen.

a) Vergleichsvertrag

12 § 55 VwVfG gilt nach seinem Wortlaut nur für Verträge iSd § 54 S. 2 VwVfG, also subordinationsrechtliche Verträge. Darin enthaltene Elemente lassen sich jedoch als Ausdruck eines allgemeinen Rechtsgrundsatzes auch auf koordinationsrechtliche Verträge übertragen.[52] Der (subordinationsrechtliche) Vergleichsvertrag richtet sich darauf, eine bei verständiger Würdigung des Sachverhalts oder der Rechtslage bestehende Ungewissheit durch gegenseitiges Nachgeben zu beseitigen. Eine **Ungewissheit in tatsächlicher Hinsicht** liegt vor, wenn Tatsachen unbekannt und die Ergebnisse weiterer Tatsachenermittlungen offen sind. Aufgrund der Amtsermittlungspflicht der Verwaltung (§ 24 Abs. 1 VwVfG) liegt eine Ungewissheit iSd § 55 VwVfG lediglich im Falle eines unverhältnismäßigen Aufklärungsaufwands vor.[53] Eine iSd § 55 VwVfG

---

43 Bonk/Neumann/Siegel in: Stelkens/Bonk/Sachs, § 54 Rn. 110; Maurer/Waldhoff, § 14 Rn. 15.
44 VGH Mannheim Urt. v. 19.10.2021 – 1 S 2579/21, Rn. 104 juris.
45 BVerwGE 111, 162, 165; krit. dazu Tegethoff in: Kopp/Ramsauer § 54 Rn. 92; Fehling in: ders./Kastner/Störmer, VwVfG § 54 Rn. 58.
46 Bonk/Neumann/Siegel in: Stelkens/Bonk/Sachs, § 54 Rn. 110.
47 So Detterbeck, Rn. 792 ff.
48 Ebenfalls auf die Über-/Unterordnung in Bezug auf den Vertragsgegenstand abstellend VGH Mannheim Urt. v. 19.10.2021 – 1 S 2579/21, Rn. 104 juris.
49 Näher dazu Bonk/Neumann/Siegel in: Stelkens/Bonk/Sachs, § 54 Rn. 8 f.; Abromeit, Vertragsgestaltung bei komplexen Verträgen des Staates mit Privaten, 2021, S. 29 ff.
50 Dazu § 29 Rn. 22; zum Kooperationsvertrag auch Siegel/Eisentraut VerwArch 109 (2018), 454, 466 f.
51 Vgl. § 29 Rn. 19.
52 Bonk/Neumann/Siegel in: Stelkens/Bonk/Sachs, § 55 Rn. 9.
53 VGH Mannheim Urt. v. 29.6.2015 – 9 S 280/14, Rn. 135 juris; Bonk/Neumann/Siegel in: Stelkens/Bonk/Sachs, § 55 Rn. 25.

relevante Ungewissheit über die Rechtslage ist nur gegeben, wenn die Anwendung oder Auslegung entscheidungserheblicher Normen zweifelhaft ist und es dazu (noch) keine eindeutige höchstrichterliche Rechtsprechung gibt.[54] Angesichts der Gesetzesbindung der Verwaltung (Art. 20 Abs. 3 GG) ist eine solche rechtliche Ungewissheit nur in Ausnahmefällen anzunehmen.[55] Alle Beteiligten müssen den Willen haben, durch den Vertrag die Ungewissheit aus der Welt zu schaffen, indem sie sich durch **gegenseitiges Nachgeben**, dh beidseitig werden Zugeständnisse gemacht, auf einen Kompromiss verständigen.[56] Die Behörde kann den Vertrag zur Beseitigung solcher Ungewissheit(en) abschließen, wenn sie einen Vergleich nach pflichtgemäßem Ermessen für zweckmäßig hält.

In einem Verwaltungsgerichtsverfahren kann ein **Prozessvergleich** (§ 106 VwGO) geschlossen werden. Der Prozessvergleich hat eine Doppelnatur: Er ist Prozesshandlung, die sich nach den prozessualen Vorgaben richtet und zur Beendigung des Prozesses führt. Zugleich ist er ein materiellrechtlicher Vertrag, für den die §§ 54 ff. VwVfG gelten und der den Konflikt in der Sache beilegt.[57] Leidet der Prozessvergleich an einem prozessualen Mangel, zieht dies nicht ohne Weiteres die Ungültigkeit des materiellrechtlichen Vergleichs nach sich.[58] Dagegen geht mit einem unwirksamen materiellen Vergleichsvertrag zugleich die Unwirksamkeit des Prozessvergleichs einher.[59]

b) Austauschvertrag

Soweit keine spezialgesetzlichen Vorgaben greifen (zB § 11 Abs. 2 BauGB), regelt § 56 VwVfG den **subordinationsrechtlichen Austauschvertrag**.[60] Laut der Umschreibung in § 56 Abs. 1 S. 1 VwVfG verpflichtet sich der Vertragspartner der Behörde in einem solchen zu einer Gegenleistung. Diese Norm gilt für jeden vertraglich vereinbarten spezifischen Leistungsaustausch und somit nicht nur für gegenseitige Verträge, bei denen Leistung und Gegenleistung in einem Synallagma stehen.[61] § 56 VwVfG findet bei einem **hinkenden Austauschvertrag** nach seiner Zielrichtung zumindest entsprechende Anwendung. Damit sind solche Verträge gemeint, in denen nur die Gegenleistung des Vertragspartners der Behörde vereinbart wird, die von der Behörde zu erbringende Leistung jedoch, ohne im Vertrag ausgestaltet zu werden, stillschweigend Bedingung oder Geschäftsgrundlage des Vertragsschlusses ist.[62]

13

---

54 VGH Mannheim Urt. v. 29.6.2015 – 9 S 280/14, Rn. 135 juris; Bonk/Neumann/Siegel in: Stelkens/Bonk/Sachs, § 55 Rn. 26.
55 Bonk/Neumann/Siegel in: Stelkens/Bonk/Sachs, § 55 Rn. 26; eingehend zum Vergleichsvertrag bei Rechtszweifeln Wolff VerwArch 108 (2017), 197 ff.
56 Ungewissheit und Nachgeben müssen sich auf denselben Punkt beziehen, BVerwGE 84, 157, 165; vgl. auch BVerwG DÖV 1977, 206; Erfmeyer DVBl. 1998, 753. S.a. VGH Mannheim Urt. v. 29.6.2015 – 9 S 280/14, Rn. 135 juris; Bonk/Neumann/Siegel in: Stelkens/Bonk/Sachs, § 55 Rn. 30.
57 Vgl. BVerwGE 143, 335, 344 f.; VGH Kassel Urt. v. 21.6.2018 – 3 A 2410/16, Rn. 30 f. juris.
58 Bonk/Neumann/Siegel in: Stelkens/Bonk/Sachs, § 55 Rn. 4; VGH Kassel Urt. v. 21.6.2018 – 3 A 2410/16, Rn. 30 juris.
59 VGH Kassel Urt. v. 21.6.2018 – 3 A 2410/16, Rn. 30 juris; Bonk/Neumann/Siegel in: Stelkens/Bonk/Sachs, § 54 Rn. 5.
60 Zu dessen Unanwendbarkeit bei einem koordinationsrechtlichen Vertrag OVG Lüneburg Urt. v. 9.6.2021 – 13 LC 534/18, Rn. 46 juris.
61 Bonk/Neumann/Siegel in: Stelkens/Bonk/Sachs, § 56 Rn. 10; VGH Kassel Urt. v. 21.6.2018 – 3 A 2410/16, Rn. 55 juris; Hüther/Blänsdorf/Lepej Jura 2022, 304, 306 f.
62 OVG Münster Beschl. v. 31.8.2016 – 2 A 1503/15, Rn. 15 juris; Bonk/Neumann/Siegel in: Stelkens/Bonk/Sachs, § 56 Rn. 14; das ist vielfach wegen des Verbots in § 1 Abs. 3 S. 2 BauGB bei städtebaulichen Verträgen der Fall, vgl. insoweit zur Zulässigkeit abwägungsdirigierender Verträge Spannowsky ZfBR 2010, 429; Erbguth VerwArch 89 (1998), 189.

14 Austauschverträge sind nur unter engen Voraussetzungen zulässig. § 56 Abs. 1 VwVfG schreibt im Einzelnen vor, dass die Gegenleistung

- für einen **bestimmten Zweck** „im Vertrag" vereinbart wird,
- der **Behörde zur Erfüllung ihrer öffentlichen Aufgaben**, also nicht bloß fiskalischen oder rein erwerbswirtschaftlichen Zwecken dient,[63]
- den **gesamten Umständen nach angemessen** ist,
- im **sachlichen Zusammenhang mit der vertraglichen Leistung der Behörde** steht.

Die **Angemessenheit der Gegenleistung** lässt sich nur mit Blick auf den jew. Einzelfall feststellen. Zu prüfen ist, ob bei einer wirtschaftlichen Betrachtung des Gesamtvorgangs die vom Vertragspartner zu erbringende Gegenleistung nicht außer Verhältnis zu dem wirtschaftlichen Wert der von der Verwaltung zu erbringenden Gegenleistung steht und auch sonst keine Anhaltspunkte für eine unzumutbare Belastung des Privatrechtssubjekts bestehen.[64] Das in § 56 Abs. 1 S. 2 VwVfG enthaltene **Koppelungsverbot** hat eine zweifache Bedeutung: Es besagt zum einen, dass nur etwas miteinander verknüpft (verkoppelt) werden darf, was ohnehin in innerem Zusammenhang zueinander steht.[65] An dem erforderlichen **sachlichen Zusammenhang** fehlt es zB, wenn die Erteilung eines Baudispenses von der Nachzahlung der Hundesteuer durch den Bauherrn abhängig gemacht wird.[66] Darüber hinaus soll es einen „**Ausverkauf von Hoheitsrechten**" verhindern. Ohne entsprechende gesetzliche Ermächtigung darf die Verwaltung ihre Entscheidungen nicht von einer wirtschaftlichen Gegenleistung abhängig machen, außer dadurch würde ein der Entscheidung entgegenstehendes rechtliches Hindernis ausgeräumt.[67] Dementsprechend bestimmt § 56 Abs. 2 VwVfG, dass in Fällen, in denen dem Einzelnen ein Anspruch auf eine behördliche Leistung zusteht, nur eine Gegenleistung dafür vereinbart werden darf, wenn diese im Falle einer Entscheidung durch Verwaltungsakt Inhalt einer Nebenbestimmung nach § 36 VwVfG sein könnte. Da ein Bauherr bei Vorliegen der einschlägigen landesrechtlichen Bestimmungen einen gebundenen Anspruch auf Erteilung der Baugenehmigung hat (s. § 73 Abs. 1 S. 1 Hs. 1 SaarLBO), darf deren Erteilung – sieht man von entsprechenden Gebührenregelungen ab – nicht darüber hinaus von der Zahlung einer wirtschaftlichen Gegenleistung oder dem Verzicht auf weitere rechtmäßige Baumaßnahmen abhängig gemacht werden.[68]

Zulässig ist zB ein Austauschvertrag, in dem A, der ein Geschäftshaus in der Innenstadt errichten möchte, von der gesetzlich vorgeschriebenen Pflicht zur Bereitstellung von Kraftfahrzeug-Stellplätzen (vgl. etwa § 49 Abs. 2 LBauO M-V; § 47 Abs. 3 SaarLBO) befreit wird, und er sich im Gegenzug dazu verpflichtet, eine bestimmte Summe für den Bau eines städtischen Parkhauses zu bezahlen. Der innere Zusammenhang zwischen Leistung und Gegenleistung besteht, weil infolge der Vereinbarung die von den

---

63 Bonk/Neumann/Siegel in: Stelkens/Bonk/Sachs, § 56 Rn. 29; dazu, dass es genügt, wenn sich im Vertrag ein Anhaltspunkt für die Ermittlung des Zwecks durch Auslegung ergibt, VGH Mannheim Urt. v. 31.3.2015 – 3 S 2016/14, Rn. 51 juris.
64 BVerwG BRS 79 Nr. 225; Bonk/Neumann/Siegel in: Stelkens/Bonk/Sachs, § 56 Rn. 36.
65 BVerwGE 111, 162, 169; Bonk/Neumann/Siegel in: Stelkens/Bonk/Sachs, § 56 Rn. 33. Hierzu auch Hüther/Blänsdorf/Lepej Jura 2022, 553, 558.
66 BVerwG NJW 1980, 1294; zu weiteren Einzelfällen Bonk/Neumann/Siegel in: Stelkens/Bonk/Sachs, § 56 Rn. 34.
67 BVerwGE 111, 162, 169; VGH Mannheim Urt. v. 31.3.2015 – 3 S 2016/14, Rn. 50 juris; dazu, dass das Koppelungsverbot in Europa keine Selbstverständlichkeit ist, Leisner-Egensperger Verw 51 (2018), 467, 486.
68 Näher dazu Bonk/Neumann/Siegel in: Stelkens/Bonk/Sachs, § 56 Rn. 45.

fehlenden Parkplätzen des Geschäftshauses des A ausgehenden Einwirkungen auf die Sicherheit und Leichtigkeit des Verkehrs verringert werden.[69] Anders stünde es, wenn A sich zur Zahlung des Geldbetrages für ein städtisches Jugendzentrum verpflichtet hätte; denn diese Unterstützung steht nicht in sachlichem Kontext mit den durch das Vorhaben hervorgerufenen verkehrlichen Belastungen. Eine solche Vereinbarung führt zur Nichtigkeit, vgl. § 59 Abs. 2 Nr. 4 VwVfG (dazu Rn. 22 f.). Oftmals finden sich in den Landesbauordnungen Spezialregelungen zu derartigen Stellplatzablösungsverträgen.

IV. Ordnungsgemäßes Zustandekommen öffentlich-rechtlicher Verträge

Für alle öffentlich-rechtlichen Verträge statuiert § 54 S. 1 VwVfG die Pflicht, dass sie nicht gegen Rechtsvorschriften verstoßen dürfen. Die Begrenzung erfasst zweierlei: zum einen die Zulässigkeit des Verwaltungsvertrags als Handlungsform und zum anderen dessen Ausgestaltung.[70]

1. Zulässigkeit des Handelns durch Vertrag

Nach § 54 S. 1 VwVfG darf die Verwaltung grds. durch öffentlich-rechtlichen Vertrag handeln, „soweit Rechtsvorschriften nicht entgegenstehen". Dies ist zum einen der Fall, wenn ein Handeln durch Vertrag oder ein bestimmter Vertragsinhalt **ausdrücklich ausgeschlossen** wird, zum anderen aber auch, wenn sich ein **Vertragsformverbot** insb. aus dem Sinn und Zweck oder der Systematik des Gesetzes **durch Auslegung** ergibt.[71] ZB bestimmt § 1 Abs. 3 S. 2 BauGB, dass auf die Aufstellung von Bauleitplänen und städtebaulichen Satzungen kein Anspruch durch Vertrag begründet werden kann. Auch hat die Ernennung von Beamten nach § 8 BeamtStG, § 10 BBG sowie den entsprechenden landesgesetzlichen Vorschriften ebenso wie die Einbürgerung einer Person zwingend durch Verwaltungsakt zu erfolgen.[72] Des Weiteren wird davon ausgegangen, dass Verträge im Abgabenrecht wegen der strikten Bindung der Verwaltung an Gesetz und Recht unzulässig sind, sofern nicht das Gesetz ausnahmsweise Vereinbarungen gestattet. Denn der Grundsatz, dass Abgaben nur nach Maßgabe der Gesetze erhoben werden dürfen, ist für einen Rechtsstaat von fundamentaler Bedeutung.[73] Zu beachten sind ferner Grenzziehungen des Verwaltungsverfahrensgesetzes selbst, insb. diejenige in § 2 Abs. 3 Nr. 2 VwVfG, wonach die Vorschriften des öffentlich-rechtlichen Vertrags für behördliches Handeln „bei" Leistungs-, Eignungs- und ähnlichen Prüfungen keine Anwendung finden.[74] Wird ein Vertrag geschlossen, obwohl entweder die Handlungsform des Vertrags oder der jeweilige Vertragsinhalt durch Rechtsvorschrift

---

[69] BVerwG NJW 1980, 1294; exemplarisch § 49 Abs. 2 LBauO M-V; § 47 Abs. 3 SaarLBO. Weiteres Beispiel: Verneinung eines Verstoßes gegen das Koppelungsverbot bei einem öffentlich-rechtlichen Stipendienvertrag, die den Stipendiennehmer bei Nichtannahme eines Einstellungsangebots des Stipendiengebers zur Zurückzahlung des Stipendiums verpflichtet, OVG Lüneburg, Beschl. v. 2.4.2019 – 4 LA 235/18, Rn. 12 juris.
[70] Siegel, Rn. 748.
[71] BGH NVwZ-RR 2022, 579, 580 (Unzulässigkeit der Freistellung einer Gasverbindungsleitung von der Regulierung durch Vertrag kraft Auslegung); Bonk/Neumann/Siegel in: Stelkens/Bonk/Sachs, § 54 Rn. 97; Maurer/Waldhoff, § 14 Rn. 29.
[72] BVerwG DVBl. 1993, 558, 559.
[73] BVerwG NVwZ 2013, 218, 222; OVG Münster Beschl. v. 1.7.2020 – 9 A 870/17, Rn. 20 juris; vgl. auch Hüther/Blänsdorf/Lepej Jura 2022, 304, 313; Maurer/Waldhoff, § 14 Rn. 4, dort auch, aaO, zu zunehmend akzeptierten Durchbrechungen, insb. bei Kommunalabgaben: Vergleichsverträge.
[74] Bonk/Neumann/Siegel in: Stelkens/Bonk/Sachs, § 54 Rn. 101, wonach im Hinblick auf das Wort „bei" nur Verträge in inneren Prüfungsangelegenheiten mit unmittelbarem Bezug auf die Leistungsbewertung ausgeschlossen sind.

verboten ist, ist dieser **nichtig**.⁷⁵ Gibt es keine entgegenstehenden Rechtsvorschriften, hat die Verwaltung nach ihrem pflichtgemäßen Ermessen (s. § 54 S. 1 VwVfG „kann") zu entscheiden, ob sie einen öffentlich-rechtlichen Vertrag abschließen will.⁷⁶

2. Formelle Rechtmäßigkeit

a) Zuständigkeit

17 Die Behörde, die den öffentlich-rechtlichen Vertrag abschließt, muss dafür die örtliche und sachliche Zuständigkeit besitzen. Sie ist zuständig, wenn sie im Vollzug des Rechts, auf welches die Willenserklärung gerichtet ist, tätig werden darf.⁷⁷ In Fällen, in denen der öffentlich-rechtliche Vertrag den Erlass eines Verwaltungsakts ersetzen soll, muss die für den Verwaltungsakt geltende Zuständigkeitsordnung auch beim Abschluss des Vertrags eingehalten werden.

b) Schriftform

18 Nach § 57 VwVfG ist ein öffentlich-rechtlicher Vertrag **schriftlich** zu schließen (Zwecke: Abschluss- und Inhaltsklarheit, Warnfunktion: keine Übereilung, Beweis- und Kontrollfunktion).⁷⁸ Gem. § 62 S. 2 VwVfG iVm § 126 Abs. 1 BGB muss der Vertrag am Ende der Urkunde eigenhändig durch Namensunterschrift unterzeichnet werden.⁷⁹ Die Schriftform kann nur unter den Voraussetzungen des § 3a Abs. 2 VwVfG durch die elektronische Form ersetzt werden. Streitig ist, ob der in § 126 Abs. 2 S. 1 BGB enthaltene Grundsatz der Urkundeneinheit gem. § 62 S. 2 VwVfG auch bei öffentlich-rechtlichen Verträgen gilt. Nach der Verwaltungsrechtsprechung reicht ein Schriftwechsel aus, wenn die Zusammengehörigkeit der beiden Erklärungen nach den Umständen klar ist,⁸⁰ bzw. wird es bei einem einseitig den Bürger verpflichtenden öffentlich-rechtlichen Vertrag für genügend angesehen, wenn seinem schriftlichen Vertragsangebot eine unmissverständliche schriftliche Annahmeerklärung der Verwaltung gegenübersteht.⁸¹ Denn dadurch wird der Warn- und Beweisfunktion der Schriftform hinreichend Rechnung getragen.⁸² Die in § 57 Hs. 1 VwVfG angeordnete Schriftform greift nur, „soweit nicht durch Rechtsvorschrift eine andere Form vorgeschrieben ist". Dergestalt müssen Verträge, die eine Verpflichtung zur Übertragung eines Grundstücks beinhalten, gem. § 62 S. 2 VwVfG in entsprechender Anwendung des § 311b Abs. 1 BGB notariell beurkundet werden.⁸³ Umstritten ist, ob durch Rechtsvorschrift Formerleichterungen zugelassen werden können.⁸⁴ Im geltenden Recht sind derartige

---

75 Vgl. Tegethoff in: Kopp/Ramsauer, § 59 Rn. 11. Überwiegend wird dies aus § 59 Abs. 1 VwVfG iVm § 134 BGB oder § 125 BGB abgeleitet, während die Gegenmeinung auf (den Wortlaut des) § 54 VwVfG verweist. Für erstere Auffassung spricht, dass § 59 VwVfG eine abschließende Regelung der Nichtigkeit von Verwaltungsverträgen darstellt; näher zu alldem Maurer/Waldhoff, § 14 Rn. 44. Zur Nichtigkeit sogleich Rn. 22 ff.
76 Bonk/Neumann/Siegel in: Stelkens/Bonk/Sachs, § 54 Rn. 93; Leisner-Egensperger Verw 51 (2018), 467, 485. S.a. § 14 Rn. 36.
77 Siegel, Rn. 754; vgl. Hüther/Blänsdorf/Lepej Jura 2022, 304, 314.
78 Bonk/Neumann/Siegel in: Stelkens/Bonk/Sachs, § 57 Rn. 2; Leisner-Egensperger Verw 51 (2018), 467, 487.
79 Bonk/Neumann/Siegel in: Stelkens/Bonk/Sachs, § 57 Rn. 17.
80 BVerwG NVwZ 2005, 1083, 1084; s.a. Bonk/Neumann/Siegel in: Stelkens/Bonk/Sachs, § 57 Rn. 19.
81 BVerwGE 96, 326, 333 f.; s.a. Bonk/Neumann/Siegel in: Stelkens/Bonk/Sachs, § 57 Rn. 19.
82 Näher zu den Meinungen in der Literatur Bonk/Neumann/Siegel in: Stelkens/Bonk/Sachs, § 57 Rn. 19.
83 Dazu auch BGHZ 228, 338, 346 Rn. 20 f.
84 Ablehnend Gurlit in: Ehlers/Pünder, § 32 Rn. 14; näher dazu Bonk/Neumann/Siegel in: Stelkens/Bonk/Sachs, § 57 Rn. 26.

explizite Regelungen kaum anzutreffen.[85] Insb. bei Massenverträgen wird ein solcher öffentlich-rechtlicher Vertrag nicht schriftlich abgeschlossen; so erfolgt der Abschluss von Verträgen über die Benutzung einer öffentlichen Einrichtung oft durch den Kauf von Eintrittskarten.[86] An dieser Stelle kann man allenfalls überlegen, derartige Erleichterungen aus teleologischen Gründen zuzulassen[87] und möglicherweise aus der Benutzungsordnung einen solchen Verzicht auf die Schriftform abzuleiten. Ein öffentlich-rechtlicher Vertrag, der die erforderliche Schriftform nicht beachtet, etwa weil er nur auf einfachen Emails beruht,[88] ist gem. § 59 Abs. 1 VwVfG, § 125 BGB nichtig.

c) Zustimmung von Dritten und Behörden

Öffentlich-rechtliche Verträge, die in Rechte eines **Dritten** eingreifen, werden erst wirksam, wenn der Dritte schriftlich zustimmt, § 58 Abs. 1 VwVfG. Die Regelung entspricht dem Grundsatz, dass Verträge zulasten Dritter unwirksam sind. Der „Eingriff in Rechte Dritter" meint jede Beeinträchtigung subjektiver öffentlicher Rechte,[89] etwa wenn eine Behörde in einem Vertrag von Baurechtsnormen dispensiert, die den Nachbarn schützen.[90] Angesichts von Sinn und Zweck des § 58 Abs. 1 VwVfG besteht das Zustimmungserfordernis auch bei Verpflichtungsverträgen (etwa wenn sich die Behörde in dem Vertrag zur Erteilung einer baurechtlichen Befreiung verpflichtet), obwohl der eigentliche Eingriff in die Rechtsposition des Dritten erst von der späteren Verfügung (= Erteilung der Befreiung) ausgeht (str.).[91]

19

Könnte die Behörde anstelle des Vertrags einen Verwaltungsakt erlassen, für den die Zustimmung, Genehmigung oder das Einvernehmen einer anderen **Behörde** erforderlich ist (Achtung: nicht bei bloßer Anhörung oder Stellungnahme einer anderen Behörde!), so wird der Vertrag erst wirksam, nachdem die andere Behörde in der vorgeschriebenen Form mitgewirkt hat, § 58 Abs. 2 VwVfG. Die Vorschrift soll die öffentliche Kompetenzordnung wahren. Die Mitwirkung muss durch Rechtsvorschrift zwingend vorgeschrieben sein (Gesetz oder Rechtsverordnung).[92]

Ein **ohne die erforderliche Zustimmung** nach § 58 Abs. 1, 2 VwVfG geschlossener Vertrag ist **schwebend**[93] und nach Versagung der Zustimmung endgültig **unwirksam**.[94]

3. Materielle Rechtmäßigkeit

Aus § 54 S. 1 Hs. 2 VwVfG ergibt sich weiter, dass der öffentlich-rechtliche Vertrag inhaltlich mit dem geltenden Recht in Einklang stehen muss. Denn danach dürfen ihm Rechtsvorschriften nicht entgegenstehen: Konkretisierung des Grundsatzes vom **Vorrang des Gesetzes** (auch § 8 Rn. 2). Die Verwaltung darf sich wegen Art. 20 Abs. 3 GG

20

---

85 Näher dazu Bonk/Neumann/Siegel in: Stelkens/Bonk/Sachs, § 57 Rn. 26.
86 Vgl. Tegethoff in: Kopp/Ramsauer, § 57 Rn. 4.
87 Allg. dazu Leisner-Egensperger Verw 51 (2018), 467, 487; s.a. Siegel, Rn. 759.
88 Dazu OVG Bremen DVBl. 2020, 1607, 1608.
89 OVG Berlin NVwZ-RR 2016, 325, 326; VGH Kassel Urt. v. 21.6.2018 – 3 A 2410/16, Rn. 35 juris (eine Beeinträchtigung schlichter Rechtsreflexe oder Interessen genügt dagegen nicht); Hüther/Blänsdorf/Lepej Jura 2022, 304, 315. Zur Problematik im Bau- und Umweltrecht Hellriegel DVBl. 2007, 1211.
90 Bonk/Neumann/Siegel in: Stelkens/Bonk/Sachs, § 58 Rn. 13.
91 VGH Kassel Urt. v. 21.6.2018 – 3 A 2410/16, Rn. 35 juris; Gurlit in: Ehlers/Pünder, § 32 Rn. 1; Tegethoff in: Kopp/Ramsauer, § 58 Rn. 7; aA Bonk/Neumann/Siegel in: Stelkens/Bonk/Sachs, § 58 Rn. 15; Siegel, Rn. 762.
92 Näher dazu Bonk/Neumann/Siegel in: Stelkens/Bonk/Sachs, § 58 Rn. 26 ff.
93 Näher dazu Bonk/Neumann/Siegel in: Stelkens/Bonk/Sachs, § 58 Rn. 29 f.
94 Maurer/Waldhoff, § 14 Rn. 41; s.a. Bonk/Neumann/Siegel in: Stelkens/Bonk/Sachs, § 58 Rn. 32.

in einem öffentlich-rechtlichen Vertrag nicht zu etwas verpflichten, was dem Gesetz widerspricht. Weil nach § 2 Abs. 3 BBesG ein Beamter auf die ihm gesetzlich zustehende Besoldung weder ganz noch teilweise verzichten kann, darf die Verwaltung sich in einem Vertrag mit einem Beamten nicht auf einen solchen Verzicht verständigen. Flexibilität besteht ua im Bereich von Ermessensnormen, bei denen sie zwischen verschiedenen möglichen Rechtsfolgen wählen kann.[95] Aus § 54 VwVfG folgt die generelle Ermächtigung zum Abschluss öffentlich-rechtlicher Verträge; allg. ist damit dem Grundsatz vom **Vorbehalt des Gesetzes** entsprochen – soweit dieser hier überhaupt für anwendbar gehalten wird.[96] Wegen des einvernehmlichen Zusammenwirkens der am Vertrag Beteiligten soll es iÜ nicht zu Grundrechtseingriffen kommen, so dass es nach hM keiner besonderen Ermächtigung bedarf.[97] Bei Vergleichs- und Austauschverträgen sind überdies die Voraussetzungen der §§ 55, 56 VwVfG zu beachten (vgl. oben Rn. 11 ff.).

4. Der fehlerhafte öffentlich-rechtliche Vertrag[98]

a) Rechtswidrigkeit und Rechtsunwirksamkeit

21 § 59 VwVfG regelt abschließend, welche Fehler zur Nichtigkeit und damit Unwirksamkeit eines öffentlich-rechtlichen Vertrags führen. Unter den dort aufgeführten Voraussetzungen ist der Vertrag nichtig – ansonsten eben wirksam („pacta sunt servanda").[99] Liegt ein Rechtsverstoß vor, der nicht zur Nichtigkeit führt, ist der schlicht rechtswidrige öffentlich-rechtliche Vertrag wirksam und rechtsverbindlich und daher Grundlage für Vertragsansprüche.[100] Nur ein nichtiger Vertrag ist rechtsunwirksam. Er entfaltet keine Rechtswirkungen: Ein Verpflichtungsvertrag begründet dann keine Leistungspflicht, ein Verfügungsvertrag führt keine Rechtsänderung herbei.

Der **Unterschied zu Verwaltungsakten** liegt darin, dass für den Fall der Rechtswidrigkeit öffentlich-rechtlicher Verträge **keine Aufhebbarkeit** geregelt ist.[101] Der rechtswidrige Vertrag löst kein Kündigungs-, Anfechtungs- oder Rücktrittsrecht aus. Bisweilen wurde deshalb die Verfassungsmäßigkeit der Regelung in § 59 VwVfG bezweifelt.[102] Die Bedenken werden von der hM indes nicht geteilt:[103] Während der Verwaltungsakt einseitig eine verbindliche Rechtsfolge herbeiführt und aus Rechtsschutzgesichtspunkten die Möglichkeit, sich dagegen zu wehren, gegeben sein muss, ist die Interessenlage bei einem öffentlich-rechtlichen Vertrag eine andere. Er beinhaltet eine freiwillige Vereinbarung. Die der Regelung des § 59 VwVfG zugrunde liegende Trennung zwischen Nichtigkeit und Rechtswidrigkeit stellt das Ergebnis einer sachgerechten Abwägung

---

95 § 14 Rn. 36 ff. Dazu, dass die Spielräume fachgesetzlich zu ermitteln sind, Gurlit in: Ehlers/Pünder, § 32 Rn. 7.
96 Dazu Tegethoff in: Kopp/Ramsauer, § 54 Rn. 4, 8.
97 BVerwGE 42, 331, 335; Maurer DVBl. 1989, 798, 805; ausführlich zum Streit Höfling/Krings JuS 2000, 625, 630; zu städtebaulichen Verträgen insoweit und krit. Erbguth VerwArch 89 (1998), 189; auch Maurer/Waldhoff, § 14 Rn. 28: Hauptprobleme des Verwaltungsvertrags betreffen die rechtsstaatsbedingte Gesetzmäßigkeit der Verwaltung. Näher zu den verfassungsrechtlichen Rahmenbedingungen Schlette, Die Verwaltung als Vertragspartner, 2001, S. 11 ff.; allg. zum Gesetzesvorbehalt § 8 Rn. 3 ff.
98 Näher zum Nachfolgenden Werner, Allgemeine Fehlerfolgenlehre für den Verwaltungsvertrag, 2008.
99 S.a. OVG Lüneburg Beschl. v. 20.5.2020 – 9 LC 138/17, Rn. 176 f. juris; Hüther/Blänsdorf/Lepej Jura 2022, 563.
100 OVG Lüneburg Beschl. v. 20.5.2020 – 9 LC 138/17, Rn. 177 juris. Gewisse Modifizierungen ergeben sich lediglich im Anwendungsbereich des § 58 VwVfG (vgl. Rn. 19) und des § 60 VwVfG (dazu Rn. 28); s.a. Hüther/Blänsdorf/Lepej Jura 2022, 553.
101 Siegel, Rn. 782.
102 Dazu Maurer in: Hill, Zustand und Perspektiven der Gesetzgebung, 1989, S. 247 f.
103 Krit. zur Fehlerregelung des § 59 VwVfG Maurer/Waldhoff, § 14 Rn. 52 ff.

b) Nichtigkeit

§ 59 VwVfG enthält Nichtigkeitsgründe für den Verwaltungsvertrag. **Absatz 1** gilt für **alle** öffentlich-rechtlichen Verträge, **Absatz 2** enthält **besondere Nichtigkeitsgründe** für **subordinationsrechtliche Verträge**. Da § 59 Abs. 2 VwVfG dezidierte Aussagen zur Nichtigkeit trifft, ist bei einem subordinationsrechtlichen Vertrag zunächst zu prüfen, ob einer der speziellen Nichtigkeitstatbestände des § 59 Abs. 2 VwVfG vorliegt; erst danach kann die allgemeine Nichtigkeitsvorschrift des § 59 Abs. 1 VwVfG herangezogen werden.[105] Durchweg gilt, dass bei mehreren Auslegungsmöglichkeiten der Vertrag so auszulegen ist, dass er nicht nichtig ist (Grundsatz der vertragserhaltenden Auslegung).[106]

aa) Besondere Nichtigkeitsgründe

§ 59 Abs. 2 VwVfG enthält einen Katalog spezieller Nichtigkeitsgründe für **subordinationsrechtliche Verträge**.[107] Letztere sind nichtig, wenn auch ein Verwaltungsakt mit entsprechendem Inhalt nichtig wäre (**Nr. 1**). Insofern wird auf die Nichtigkeitsgründe des § 44 VwVfG verwiesen. Wäre ein gleichlautender Verwaltungsakt nicht nur wegen eines Verfahrens- oder Formfehlers iSd § 46 VwVfG rechtswidrig und war dies den Vertragschließenden bekannt, so ist der öffentlich-rechtliche Vertrag ebenfalls nichtig (**Nr. 2**). Damit soll ua kollusives, dh bewusstes und gewolltes Zusammenwirken der (Vertrags-)Parteien zur Umgehung gesetzlicher Vorschriften verhindert werden.[108] § 59 Abs. 2 Nr. 2 VwVfG greift nach seinem Wortlaut nur, wenn alle Vertragsparteien positive Kenntnis von der Rechtswidrigkeit des Vertrags haben.[109] Über die Nichtigkeitsgründe in **Nr. 3** und **Nr. 4** wird eine Missachtung der besonderen Voraussetzungen des Vergleichs- und Austauschvertrags in §§ 55, 56 VwVfG sanktioniert;[110] damit führt v.a. ein Verstoß gegen das Koppelungsverbot (vgl. Rn. 14) zur Nichtigkeit des Vertrags.

---

104 So etwa Bonk/Neumann/Siegel in: Stelkens/Bonk/Sachs, § 59 Rn. 5; Wolff/Bachof/Stober/Kluth, Bd. 1, § 54 Rn. 86; zweifelnd Maurer/Waldhoff, § 14 Rn. 55; krit. anhand Art. 19 Abs. 4 GG Knauff NVwZ 2007, 546; Rn. 26, s. dazu auch Leisner-Egensperger Verw 51 (2018), 467, 488 mit Hinweis zu neuerdings in Erwägung gezogenen Verhandlungslösungen.
105 Dazu auch Bonk/Neumann/Siegel in: Stelkens/Bonk/Sachs, § 59 Rn. 7; Hüther/Blänsdorf/Lepej Jura 2022, 563.
106 Dazu etwa OVG Frankfurt/Oder LKV 2004, 330.
107 Diese darstellend Hüther/Blänsdorf/Lepej Jura 2022, 553, 554 ff. Dazu, dass einzelne Nichtigkeitsgründe auf koordinationsrechtliche Verträge analog angewendet werden sollen, Bonk/Neumann/Siegel in: Stelkens/Bonk/Sachs, § 59 Rn. 27; aA OVG Lüneburg Beschl. v. 20.5.2020 – 9 LC 138/17, Rn. 170 juris.
108 Dazu, dass dieser Grund nicht nur bei kollusivem Handeln greift, Gurlit in: Ehlers/Pünder, § 32 Rn. 21; Hüther/Blänsdorf/Lepej Jura 2022, 553, 554.
109 Dazu Bonk/Neumann/Siegel in: Stelkens/Bonk/Sachs, § 59 Rn. 37 ff.; dass sich dies in der Praxis kaum nachweisen lässt Scheske DVP 2015, 448, 451.
110 Zu den unterschiedlichen Lesarten des § 59 Abs. 2 Nr. 3 VwVfG und dazu, dass bei Nr. 4 jeder Verstoß zur Nichtigkeit führt, Hüther/Blänsdorf/Lepej Jura 2022, 553, 555 f.

bb) Allgemeine Nichtigkeitsvorschrift

24   Die allgemeine Nichtigkeitsvorschrift des § 59 Abs. 1 VwVfG gilt sowohl für **subordinationsrechtliche** als auch für **koordinationsrechtliche** (öffentlich-rechtliche) Verträge. Sie sind nichtig, wenn sich die Nichtigkeit aus der entsprechenden Anwendung von Vorschriften des Bürgerlichen Gesetzbuchs ergibt. Daraus folgt, dass Verstöße gegen die erforderliche Form zur Unwirksamkeit führen (§ 125 BGB).[111] Die Nichtigkeit eines öffentlich-rechtlichen Vertrags kann ferner aus fehlender Geschäftsfähigkeit eines Vertragspartners (§ 105 BGB), aus der erfolgten Anfechtung des Vertrags wegen Irrtums, arglistiger Täuschung resp. widerrechtlicher Drohung (§§ 119, 120, 123, 142 BGB) oder aus Sittenwidrigkeit (§ 138 BGB) resultieren.[112]

25   Klärungsbedürftig bleibt, ob Nichtigkeit auch bei Verstoß gegen ein gesetzliches Verbot eintritt, **§ 134 BGB**. Eine uneingeschränkte Anwendung des § 59 Abs. 1 VwVfG (iVm § 134 BGB) führte zu dem Ergebnis, dass alle rechtswidrigen Verträge nichtig wären: Die Verwaltung ist zu rechtmäßigem Tätigwerden verpflichtet (Gesetzesvorrang, Art. 20 Abs. 3 GG).[113] Dass eine solche durchgängige Nichtigkeitsfolge bei Rechtswidrigkeit von Verwaltungsverträgen gesetzgeberisch nicht gewollt sein kann, zeigt die Regelung der speziellen Nichtigkeitsgründe in § 59 Abs. 2 VwVfG, die ansonsten überflüssig wäre. Deshalb zieht nicht jeder, sondern nur ein **qualifizierter, besonders schwerwiegender Rechtsverstoß** die Nichtigkeit des Vertrags nach sich.[114] Eine derartige Rechtsverletzung mit Nichtigkeitsfolge liegt vor, wenn eine zwingende Rechtsnorm[115] den Inhalt des Vertrags sowie seinen Erfolg verbietet und der Normzweck die Nichtigkeit im öffentlichen Interesse verlangt.[116] So wurde eine Vereinbarung als nichtig angesehen, mit der sich der Vertragspartner verpflichtet hatte, mehr als 90 % der Erschließungskosten zu tragen, obwohl nach der zwingenden Vorschrift des § 129 Abs. 1 S. 3 BauGB die Gemeinde mindestens 10 % des beitragsfähigen Erschließungsaufwands zu übernehmen hat,[117] oder bei einer Abmachung über eine von Art. 104a Abs. 1 GG abweichende Kostenbeteiligung.[118] Entsprechendes gilt für die pauschale Einräumung einer Sondernutzungserlaubnis (Aufstellung von Werbeträgern im Straßenraum), obwohl das Straßen- und Wegerecht hierfür zwingend eine Würdigung der konkreten Umstände des Einzelfalls verlangt.[119] Auch der Verstoß gegen ein Vertragsformverbot kann nach ü.M. unter § 134 BGB gefasst werden.[120]

---

111 Rn. 18; VGH Mannheim Urt. v. 19.10.2021 – 1 S 2579/21, Rn. 72 juris.
112 Zu § 138 BGB OVG Lüneburg Urt. v. 9.6.2021 – 13 LC 534/18, Rn. 48 ff. juris und in Rn. 54 ff. offen lassend, ob über § 62 S. 2 VwVfG die §§ 305 ff. BGB anwendbar sind oder für öffentlich-rechtliche Verträge Treu und Glauben heranzuziehen sind.
113 Hüther/Blänsdorf/Lepej Jura 2022, 553, 561, die auch die einschränkenden Voraussetzungen darstellen.
114 BVerwGE 98, 58, 63; VGH Mannheim Urt. v. 29.6.2015 – 9 S 280/14, Rn. 151 juris; Hüther/Bläher/Lepej Jura 2022, 553, 561 f; dazu weiter iSe Fehlerfolgenlehre des Verwaltungsvertrags mit wertender Unterscheidung zwischen Individualinteressen und solchen der Allgemeinheit Werner, Allgemeine Fehlerfolgenlehre für den Verwaltungsvertrag, 2008. Dazu, dass sich bislang keine abstrakten Kriterien zur Präzisierung entwickelt haben, Leisner-Egensperger Verw 51 (2018), 467, 488.
115 Das Verbot kann sich auch aus Unionsrecht ergeben (vgl. nachfolgend im Text), nicht aber aus Verwaltungsvorschriften, vgl. Bonk/Neumann/Siegel in: Stelkens/Bonk/Sachs, § 59 Rn. 10.
116 Vgl. Bonk/Neumann/Siegel in: Stelkens/Bonk/Sachs, § 59 Rn. 13; s.a. VGH Mannheim Urt. v. 19.10.2021 – 1 S 2579/21, Rn. 100 juris.
117 BVerwGE 89, 7, 10; vgl. auch BGHZ 65, 368, 370.
118 BVerwGE 155, 230, 233 Rn. 16.
119 VGH München BayVBl. 2009, 661, 664 f.
120 Näher Rn. 16; ungeklärt ist, ob bzw. in welchem Umfang auch Verfahrensverstöße die Rechtsfolge des § 134 BGB iVm § 59 Abs. 1 VwVfG auslösen können; dafür prinzipiell Maurer/Waldhoff, § 14 Rn. 47.

Das ist gleichermaßen für den Fall eines qualifizierten Verstoßes vertraglich zugesicherter Leistungen des Staates gegen das europäische Beihilferecht (Art. 107 ff. AEUV) jedenfalls dann anzunehmen, wenn dies nach Art. 108 Abs. 2 iVm Art. 107 Abs. 1 AEUV von der Kommission festgestellt worden ist.[121] Schwierig ist die Rechtslage bei Verträgen, die unter Verstoß gegen die Notifizierungspflicht des Art. 108 Abs. 3 AEUV geschlossen wurden. Hier geht es nur um die Absicherung des Vorabprüfungsrechts der Kommission, aber nicht um die Verhinderung einer binnenmarktkonformen Beihilfe.[122] Der EuGH hat inzwischen entschieden, dass sich die Frage, ob ein Vertrag wegen eines solchen Verstoßes nichtig ist, allein nach nationalem Recht richtet, solange andere vom nationalen Recht vorgesehene Fehlerfolgen eine Subventionsrückabwicklung nicht ausschließen.[123] Auch sieht er einen solchen Verstoß durch eine nachfolgende „Positiventscheidung" der Kommission als heilbar an.[124] Bejaht man einen qualifizierten Rechtsverstoß, ist der Vertrag nur bis zu einer solchen Positiventscheidung schwebend unwirksam.[125]

cc) Folgen der Nichtigkeit

Ein **nichtiger Vertrag** entfaltet **keine Rechtswirkungen**. Betrifft die Nichtigkeit nur einen **Teil** des Vertrags, ist er gem. § 59 Abs. 3 VwVfG insgesamt nichtig, es sei denn, der Vertrag wäre auch ohne den nichtigen Teil geschlossen worden. Teilnichtigkeit setzt also voraus, dass der Vertrag aufteilbar ist und eine objektive Bewertung ergibt, dass die Vertragsparteien den Vertrag auch ohne den unwirksamen Teil vernünftigerweise abgeschlossen hätten.[126] Hat eine Behörde aufgrund eines nichtigen öffentlich-rechtlichen Vertrags einen Verwaltungsakt erlassen, ist diese in Erfüllung des Vertrags getroffene Maßnahme nicht aus diesem Grund automatisch unwirksam. Da sich die Nichtigkeit eines Verwaltungsakts nach § 44 VwVfG richtet, dessen Voraussetzungen regelmäßig nicht vorliegen, kann ein solcher Verwaltungsakt nur nach Maßgabe der dafür einschlägigen Rechtsvorschriften (oftmals § 48 VwVfG) aufgehoben werden.[127]

26

Wurden Leistungen aufgrund eines nichtigen öffentlich-rechtlichen Vertrags und damit ohne Rechtsgrund erbracht, stellt sich die Frage nach der **Rückabwicklung des nichtigen öffentlich-rechtlichen Vertrags**. Während teilweise mangels Regelungslücke über § 62 S. 2 VwVfG die §§ 812 ff. BGB zur Anwendung gebracht werden, rekurriert die ü.M. auf den öffentlich-rechtlichen Erstattungsanspruch, der spezifisch für das öffentliche Recht entwickelt wurde.[128] Zwar findet die Pflicht zur Rückabwicklung eines Vertrags im Gebot von Treu und Glauben eine Grenze. Allein der Umstand, dass die staatliche Leistung aus rechtlichen oder tatsächlichen Gründen nicht mehr rückgängig gemacht werden kann – etwa weil eine Person zum Beamten ernannt wurde –, führt jedenfalls in den Fällen des § 59 Abs. 2 Nr. 4 VwVfG nicht zum Ausschluss der Rück-

---

121 BVerwGE 70, 41, 44 f.; Ludwigs in: Kahl/ders., I, § 8 Rn. 36; für den Fall eines Verstoßes gegen Art. 108 Abs. 3 S. 3 AEUV OVG Berl EuZW 2018, 323, 324; Ehlers DVBl. 1991, 613; Bungenberg/Motzkus WiVerw 2013/73, 115; Korte Jura 2017, 656, 664 f.
122 Korte Jura 2017, 656, 664 f.
123 EuGH EuZW 2012, 106, 107; Bonk/Neumann/Siegel in: Stelkens/Bonk/Sachs, § 59 Rn. 74.
124 EuGH EuZW 2008, 145, 146 f.; Bonk/Neumann/Siegel in: Stelkens/Bonk/Sachs, § 59 Rn. 74.
125 Korte Jura 2017, 656, 664 f.; Ludwigs in: Kahl/ders., I, § 8 Rn. 36; zur dogmatischen Erklärung dieser Lösung Siegel/Eisentraut VerwArch 109 (2018), 454, 469 f.
126 BVerwG Beschl. v. 25.8.2021 – 4 B 3/21, Rn. 8 f. juris; Bonk/Neumann/Siegel in: Stelkens/Bonk/Sachs, § 59 Rn. 46 ff.
127 Bonk/Neumann/Siegel in: Stelkens/Bonk/Sachs, § 59 Rn. 49; zur Aufhebung von Verwaltungsakten § 16.
128 Hierzu § 42; Bonk/Neumann/Siegel in: Stelkens/Bonk/Sachs, § 59 Rn. 54.

abwicklung. Dafür müssen vielmehr besondere, in der Person oder im Verhalten des Erstattung Begehrenden liegende Umstände hinzukommen, die sein Rückforderungsbegehren treuwidrig erscheinen lassen.[129]

V. Abwicklung wirksamer öffentlich-rechtlicher Verträge

1. Durchsetzung

27 Für die Abwicklung wirksamer öffentlich-rechtlicher Verträge gelten die Vorschriften des Bürgerlichen Gesetzbuchs entsprechend, § 62 S. 2 VwVfG, insb. über Leistungsstörungen (Unmöglichkeit, Verzug, positive Vertragsverletzung, cic, §§ 280 ff. BGB).[130] Die Behörde darf ihre Ansprüche nicht durch Verwaltungsakt durchsetzen; die bei der vertraglichen Abmachung eingegangene Gleichordnung wirkt auf die Durchsetzung der Ansprüche fort.[131] Deshalb muss die Behörde vor dem Verwaltungsgericht auf Erfüllung aus dem Vertrag klagen (allgemeine Leistungsklage). Das der Klage stattgebende Urteil dient als Titel für die Vollstreckung. Ansprüche aus öffentlich-rechtlichem Vertrag dürfen auch nicht im Wege der Verwaltungsvollstreckung zwangsweise durchgesetzt werden.[132] Letzteres ist ausnahmsweise bei subordinationsrechtlichen Verträgen anders, wenn sich der Vertragspartner der Behörde nach § 61 Abs. 1 S. 1 VwVfG der sofortigen Vollstreckung aus dem öffentlich-rechtlichen Vertrag unterworfen hat.[133] Dann richtet sich die zwangsweise Durchsetzung nach dem jeweiligen Verwaltungsvollstreckungsrecht (für den Bund näher § 61 Abs. 2 VwVfG; auf Landesebene bspw. § 61 Abs. 2 VwVfG M-V, § 4 S. 1 NdsVwVfG und Art. 61 Abs. 2 BayVwVfG; zur Verwaltungsvollstreckung § 19).

Für Ansprüche auf Erfüllung und Schadensersatz aus öffentlich-rechtlichen Verträgen steht der Rechtsweg zu den Verwaltungsgerichten offen, § 40 Abs. 1, Abs. 2 S. 1, Hs. 1 Alt. 3 VwGO.[134]

Äußerst umstr. ist die Rechtswegfrage bei der Geltendmachung von Ansprüchen aus Pflichtverletzungen bei der Anbahnung oder beim Abschluss von Verträgen (§ 280 Abs. 1, § 311 Abs. 2 BGB: cic). Nach dem BVerwG sind die ordentlichen Gerichte für derartige Ansprüche zuständig, die typischerweise auch Gegenstand eines in deren Zuständigkeit fallenden Amtshaftungsanspruchs sein können (unabhängig davon, ob ein solcher im Einzelfall geltend gemacht wird). Soweit der Anspruch aus culpa in contrahendo dagegen neben Ansprüchen aus dem Vertrag geltend gemacht wird, bejahen die Verwaltungsgerichte dagegen ihre Zuständigkeit kraft Sachzusammenhangs.[135]

---

129 BVerwGE 111, 162; näher § 42 Rn. 9. Zum Einwand von Treu und Glauben bei einem Formverstoß VGH Mannheim Urt. v. 19.10.2021 – 1 S 2579/21, Rn. 73 ff. juris.
130 Dazu Birk in: FS für G. Püttner, 2006, S. 91; s.a. § 43.
131 BVerwGE 52, 171; 139, 125, 130; auch § 14 Rn. 7.
132 VGH Mannheim NVwZ-RR 2022, 327, 328 Rn. 24; vgl. auch § 19 Rn. 3.
133 Das ist gleichfalls seitens der Behörde möglich, vgl. § 61 Abs. 1 S. 1 VwVfG, insb. die Einschränkungen in S. 2 der Vorschrift. Der Bürger kann dann seine Forderung nach Maßgabe der Vollstreckung verwaltungsgerichtlicher Urteile durchsetzen, Maurer/Waldhoff, § 14 Rn. 60.
134 Vgl. nur Ruthig in: Kopp/Schenke, § 40 Rn. 23 ff.
135 BVerwG DVBl. 2002, 1555; BGH DVBl. 1986, 409; ausführlich zu den verschiedenen Meinungen und den Verwaltungsrechtsweg wegen eines gesetzlichen Schuldverhältnisses bejahend Sodan in: ders./Ziekow, VwGO, § 40 Rn. 566 ff.

2. Anpassung oder Kündigung

§ 60 VwVfG enthält eine besondere Regelung des Wegfalls der Geschäftsgrundlage bei öffentlich-rechtlichen Verträgen, welche § 313 BGB verdrängt.[136] § 60 Abs. 1 S. 1 VwVfG wird relevant, wenn sich die **Verhältnisse**, die für die Festsetzung des Vertragsinhalts maßgebend gewesen sind, seit Abschluss des Vertrags so **wesentlich geändert** haben (= erhebliche Erschütterung der Vertragsgrundlage), dass einer Vertragspartei das Festhalten an der ursprünglichen vertraglichen Regelung **nicht zuzumuten** ist (= subjektives Element). Letzteres ist zB bei einem gegenseitigen Vertrag bei einem eklatanten Missverhältnis zwischen Leistung und Gegenleistung aufgrund der nachträglichen Entwicklung anzunehmen.[137] Über ihren Wortlaut hinaus wird die Norm auch in Konstellationen angewendet, in denen die von den Beteiligten angenommene, zum Vertragsschluss führende subjektive Geschäftsgrundlage von Anfang an gefehlt hat.[138] Unter solchen Gegebenheiten kann der betroffene Vertragspartner die **Anpassung des Vertragsinhalts** an die geänderten Verhältnisse verlangen, die ggf. mit einer hierauf gerichteten allgemeinen Leistungsklage geltend zu machen ist, oder, sofern das nicht möglich oder einer Vertragspartei nicht zumutbar ist, dh als ultima ratio, den Vertrag **kündigen**.[139]

28

Die Vorschrift wird auch bei Verfassungswidrigkeit der dem Vertrag zugrundliegenden gesetzlichen Regelung heranzuziehen sein; eine analoge Anwendung von § 79 Abs. 2 BVerfGG scheitert angesichts dessen am Vorliegen einer Regelungslücke.[140]

§ 60 Abs. 1 S. 2 VwVfG sieht darüber hinaus für die Behörde ein (Sonder-)Kündigungsrecht vor, „um schwere Nachteile für das Gemeinwohl zu verhüten oder zu beseitigen". Dergestalt wird die zivilrechtliche clausula rebus sic stantibus (Bestimmung gleichbleibender Umstände) aus Gemeinwohlgründen erweitert.

---

136 VGH Mannheim Urt. v. 6.10.2020 – 5 S 1039/18, Rn. 53 juris; Bonk/Neumann/Siegel in: Stelkens/Bonk/Sachs, § 60 Rn. 2; s. zur Kündigung auch OVG Bautzen Urt. v. 25.2.2020 – 4 A 439/20, Rn. 27 f. juris.
137 BVerwGE 143, 335, 354; 151, 171, 178 f.; Bonk/Neumann/Siegel in: Stelkens/Bonk/Sachs, § 60 Rn. 22 ff. s.a. BFH NVwZ-RR 2017, 933 ff.
138 BFH NVwZ-RR 2017, 933, 934 f.; Siegel, Rn. 804.
139 VGH Mannheim Urt. v. 6.10.2020 – 5 S 1039/18, Rn. 52 ff. juris. Zur allg. Leistungsklage BVerwGE 143, 335, 343 ff. Zu formellen Anforderungen § 60 Abs. 2 VwVfG.
140 So überzeugend Moench/Ruttloff DVBl. 2014, 1223, 1225 ff.; s.a. Bonk/Neumann/Siegel in: Stelkens/Bonk/Sachs, § 60 Rn. 20.

Übersicht 28: Vorliegen, Rechtmäßigkeit und Wirksamkeit eines öffentlich-rechtlichen Vertrags

I. Vorliegen eines öffentlich-rechtlichen Vertrags
1. Vertragliche Regelung: übereinstimmende Willenserklärungen
   (§ 62 S. 2 VwVfG iVm §§ 145 ff. BGB)
2. Verwaltungsrechtlicher Regelungsgegenstand
   (nach dem Gesamtcharakter des Vertrags, § 54 S. 1 VwVfG)

II. Formelle Rechtmäßigkeit
1. Zuständigkeit der handelnden Behörde
2. Einhaltung der Verfahrensvorschriften, insb. Zustimmung Dritter
   (§ 58 VwVfG)
3. Wahrung der Formvorschriften (§ 57 VwVfG)

III. Materielle Rechtmäßigkeit
1. Zulässigkeit der Handlungsform
   (§ 54 S. 1 Hs. 2 VwVfG, kein Vertragsformverbot)
2. Wirksamkeitsvoraussetzungen
   a. Keine Nichtigkeit nach § 59 Abs. 2 Nr. 1–4 VwVfG beim subordinationsrechtlichen Vertrag
   b. Keine Nichtigkeit nach § 59 Abs. 1 VwVfG iVm BGB-Vorschriften
      (ua Beachtung des materiellen Rechts, § 59 Abs. 1 VwVfG iVm § 134 BGB: nur bei schwerem, qualifiziertem Rechtsverstoß)

▶ **Zu Fall 2:** A steht möglicherweise gegen das Land N ein solcher Anspruch zu, sofern der zwischen ihnen geschlossene Vertrag wirksam zustande gekommen ist. Sofern es sich bei diesem um einen öffentlich-rechtlichen Vertrag handelt, ist er anhand §§ 54 ff. VwVfG zu beurteilen. A und das Land haben sich durch übereinstimmende Willenserklärungen auf bestimmte Rechtsfolgen geeinigt. Da nur die Verwaltung Beamte einstellen kann, ist unter Zugrundelegung der modifizierten Subjektstheorie (Stichwort: Sonderrecht) der maßgebliche Vertragsgegenstand dem öffentlichen Recht zuzuordnen, auch wenn die Gegenleistung des A (Zahlung von Geld) „neutraler" Natur ist.[141] Die Beteiligten haben einen subordinationsrechtlichen Vertrag iSd § 54 S. 2 VwVfG geschlossen, weil zwischen A und dem Land ein Über-/Unterordnungsverhältnis besteht.[142] Für derartige Verträge sieht § 59 Abs. 2 VwVfG mehrere besondere Nichtigkeitsgründe vor. In Betracht kommt insb. eine Nichtigkeit nach § 59 Abs. 2 Nr. 4 VwVfG, weil sich die Behörde eine nach § 56 VwVfG unzulässige Gegenleistung hat versprechen lassen. Vorliegend steht das Versprechen der Behörde (Übernahme des A in ein Beamtenverhältnis) aufgrund der vierjährigen Zahlung von 200 € monatlich in einem Austauschverhältnis. Nach § 56 Abs. 1 S. 2 VwVfG muss die Gegenleistung des A den gesamten Umständen nach angemessen sein und in sachlichem Zusammenhang mit der Leistung der Behörde stehen. Dieses sog. Koppelungsverbot verbietet einen „Verkauf von Hoheitsrechten", dh hoheitliche Entscheidungen dürfen mangels entsprechender gesetzlicher Ermächtigung nicht von einer wirtschaftlichen Gegenleistung abhängig gemacht werden. Nach Art. 33 Abs. 2 GG hat jeder nach seiner Eignung, Befähigung und fachlichen Leistung gleichen Zugang zu jedem öffentlichen Amt. Dieser Grundsatz der Bestenauswahl, welcher der bestmöglichen Besetzung der Stellen des öffentlichen Dienstes dient, gilt unbe-

---

141 BVerwG NVwZ-RR 2003, 874.
142 BVerwG NVwZ-RR 2003, 874, 875.

§ 24 Öffentlich-rechtliche Verträge

schränkt und vorbehaltlos. Demgegenüber macht die vertragliche Regelung die Übernahme in ein Beamtenverhältnis von einem leistungs- und eignungsfremden Aspekt abhängig und verstößt gegen den Leistungsgrundsatz des Art. 33 Abs. 2 GG.[143] Der Nichtigkeitsgrund des § 59 Abs. 2 Nr. 2 VwVfG wird oftmals daran scheitern, dass beide Parteien Kenntnis von der Rechtswidrigkeit eines Verwaltungsakts mit entsprechendem Inhalt haben müssen. Da sich Nr. 2 nur auf Fehler bezieht, welche zur Rechtswidrigkeit im Falle eines Verwaltungsakts führen würden, ist der Nichtigkeitsgrund des § 59 Abs. 2 Nr. 1 VwVfG (Nichtigkeit eines Verwaltungsakts mit entsprechendem Inhalt gem. § 44 Abs. 1 VwVfG)[144] passender sowie – subsidiär – § 59 Abs. 1 VwVfG iVm § 134 BGB aufgrund eines qualifizierten Gesetzesverstoßes in Betracht zu ziehen. ◄

VI. Wiederholungs- und Verständnisfragen

> Wie kommt ein öffentlich-rechtlicher Vertrag zustande? (→ Rn. 4 ff.)
> Welche Arten öffentlich-rechtlicher Verträge gibt es? (→ Rn. 9 ff.)
> Welche Folgen zeitigt ein rechtswidriger öffentlich-rechtlicher Vertrag? (→ Rn. 21)
> Auf welchem Weg kann die Behörde Ansprüche aus öffentlich-rechtlichen Verträgen, die vom Bürger nicht erfüllt werden, durchsetzen? (→ Rn. 27)

---

143 BVerwG NVwZ-RR 2003, 874, 875; s.a. OVG Lüneburg NdsVBl. 2002, 160, 161; s. zu Art. 33 Abs. 2 GG BVerwG NVwZ 2017, 475, 477 ff.
144 So OVG Lüneburg NdsVBl. 2002, 160, 161.

§ 25 Rechtsverordnungen

▶ **FALL 3:** Der Oberbürgermeister der Landeshauptstadt Saarbrücken möchte dem im Saarland florierenden Prostitutionsgewerbe ein Ende setzen. Er bittet Sie um Prüfung, ob er aufgrund von Art. 297 EGStGB eine Sperrgebietsverordnung mit einem Prostitutionsverbot für das gesamte Gebiet der Landeshauptstadt erlassen könnte.

Art. 297 EGStGB

(1) Die Landesregierung kann zum Schutz der Jugend oder des öffentlichen Anstandes
1. für das ganze Gebiet einer Gemeinde bis zu fünfzigtausend Einwohnern,
2. für Teile des Gebiets einer Gemeinde über zwanzigtausend Einwohner oder eines gemeindefreien Gebiets,
3. unabhängig von der Zahl der Einwohner für öffentliche Straßen, Wege, Plätze, Anlagen und für sonstige Orte, die von dort aus eingesehen werden können, im ganzen Gebiet oder in Teilen des Gebiets einer Gemeinde oder eines gemeindefreien Gebiets

durch Rechtsverordnung verbieten, der Prostitution nachzugehen. Sie kann das Verbot nach Satz 1 Nr. 3 auch auf bestimmte Tageszeiten beschränken.

(2) Die Landesregierung kann diese Ermächtigung durch Rechtsverordnung auf eine oberste Landesbehörde oder andere Behörden übertragen.

§ 3 ProstVerbV SL 2018
Gemeinden über 30.000 Einwohner werden ermächtigt, zum Schutz der Jugend und des öffentlichen Anstands für Teile ihres Gebiets durch Verordnung zu verbieten, der Prostitution nachzugehen. ◀

1 Rechtsverordnungen sind „das typische Mittel der Normsetzung" der vollziehenden Gewalt.[1] Sie enthalten untergesetzliche, allgemeinverbindliche Rechtssätze, die von der Exekutive auf der Grundlage einer parlamentsgesetzlichen Delegation der Rechtsetzungsbefugnis erlassen werden.[2] Sie unterscheiden sich von Verwaltungsakten dadurch, dass sie als Rechtsnormen abstrakt-generelle Regelungen enthalten. Im Gegensatz zu ebenfalls abstrakt-generellen formellen Gesetzen stellen sie ein Handlungsinstrument der Exekutive und nicht der Legislative dar.[3] Von besonderer praktischer Bedeutung sind neben Verordnungen im technischen Sicherheitsrecht, etwa im Immissionsschutzrecht,[4] die Polizeiverordnungen zur Gefahrenabwehr[5] auf der Grundlage des Polizei- und Ordnungsrechts.[6] Zwar werden sowohl Verwaltungsvorschriften als auch Rechtsverordnungen von der Exekutive erlassen. Im Unterschied zu den regelmäßig verwaltungsintern ausgerichteten Verwaltungsvorschriften[7] kommt Rechtsverordnungen jedoch unmittelbare und uneingeschränkte Außenwirkung zu. Sie sind für Exekutive, Bürger und Gerichte verbindlich.[8]

---

1 BVerwGE 157, 54, 58.
2 Uhle in: Kluth/Krings, Gesetzgebung, 2014, § 24 Rn. 1; Meßerschmidt Jura 2016, 747, 748.
3 Bereits § 7 Rn. 6; Martini in: Voßkuhle/Eifert/Möllers, Bd. 2, § 33 Rn. 27 ff.; Voßkuhle/Wischmeyer JuS 2015, 311.
4 Vgl. die Vielzahl der Durchführungsverordnungen zum Bundes-Immissionsschutzgesetz; etwa Schlacke, § 9 Rn. 10, 53 ff.
5 Abwehr von Gefahren für die öffentliche Sicherheit und Ordnung; zu den Begriffen etwa Kingreen/Poscher, PolizeiR § 7 f.
6 Dazu etwa Götz/Geis, § 19; zu deren Inhalten, aaO, § 19 Rn. 21 ff.
7 Vgl. § 27 und bereits § 7 Rn. 8.
8 Gröpl, Staatsrecht I, Rn. 1186.

I. Begriff

Weil Rechtsverordnungen aufgrund einer gesetzlichen Ermächtigung erlassen werden, handelt es sich bei ihrem Erlass um eine **delegierte** bzw. **abgeleitete Rechtsetzung**.[9] Infolgedessen darf der Verordnungsgeber die Sachmaterien, in denen er Recht setzt, sowie dessen Inhalte nicht autonom bestimmen und darf gesetzliche Regelungen nicht allein deshalb, weil er einen Handlungsbedarf sieht, autonom ergänzen oder erweitern.[10] In der Verordnung konkretisiert das jeweilige Exekutivorgan den Willen des parlamentarischen Gesetzgebers auf einer weiteren Stufe.[11] So kann sich der Parlamentsgesetzgeber auf die Vorgabe der wesentlichen Regelungen beschränken und deren Konkretisierung, etwa Vorgaben in Bezug auf den Lärm von Rasenmähern, aufgrund deren geringerer politischer Bedeutung der Verwaltung überlassen. Außerdem kann der Verordnungsgeber seine Regelungen rascher und einfacher aktualisieren.[12] Denn für den Erlass von Rechtsverordnungen gilt nicht das Gesetzgebungsverfahren nach Art. 76 ff. GG, dafür aber Art. 80 GG.

2

II. Rechtmäßigkeitsvoraussetzungen der Rechtsverordnung

Wie im Bereich formeller Gesetze gibt es auch bei Rechtsverordnungen solche des Bundes und der Länder. Als Beispiele für **Rechtsverordnungen des Bundes** seien die Baunutzungsverordnung (BauNVO) oder die Straßenverkehrsordnung (StVO) genannt; ferner wurde abgestützt auf Ermächtigungen aus dem Energiesicherheitsgesetz die Kurzfristenergieversorgungssicherungsmaßnahmenverordnung (EnSikuMaV) von der Bundesregierung erlassen, die im Hinblick auf die Reduzierung von Gasimportmengen aus Russland Energiesparmaßnahmen für Wohnraumverhältnisse, private Pools, öffentliche Nichtwohngebäude und Denkmäler sowie Unternehmen regelt. Zu den **Rechtsverordnungen auf Landesebene** zählen etwa diejenigen der Gefahrenabwehr bei der Haltung und Führung gefährlicher Hunde.[13] In jüngster Vergangenheit haben die Landesregierungen von der Ermächtigung in § 32 S. 1 IfSG zum Erlass von Ge- und Verboten zur Bekämpfung übertragbarer Krankheiten in Gestalt der Corona-Verordnungen rege Gebrauch gemacht.

3

Die Voraussetzungen für den Erlass von Rechtsverordnungen auf Bundesebene ergeben sich aus **Art. 80 GG**. Eine für die Bundesländer entsprechende Regelung ist in den meisten **Landesverfassungen** zu finden, zB in Art. 55 Nr. 2 S. 3 BayVerf, Art. 57 LVerf M-V, Art. 70 LVerf NRW, Art. 43 NdsVerf, Art. 104 SaarlVerf.[14] Nachfolgend wird im Wesentlichen Art. 80 GG zugrunde gelegt.[15]

---

9 BVerwGE 157, 54, 61; BayVerfGH NVwZ-RR 2011, 100.
10 BVerwGE 168, 178, 193 Rn. 49.
11 BayVerfGH NVwZ-RR 2011, 100.
12 S. BVerfGE 143, 38, 61 Rn. 57; 153, 310, 355 Rn. 103; zu den Vorteilen von Rechtsverordnungen Meßerschmidt Jura 2016, 747, 750 f.
13 Soweit die Länder dies nicht im Gefolge von BVerwGE 116, 347 in Gesetzesform verankert haben, vgl. dazu Götz/Geis, § 19 Rn. 28 ff.
14 Ansonsten gelten die Grundsätze des Art. 80 GG als Ausdruck des Demokratie- und Rechtsstaatsprinzips iVm Art. 28 Abs. 1 GG, BVerfGE 41, 251, 266; 102, 197, 222.
15 Wegen Art. 28 Abs. 1 S. 1 GG gilt die Vorschrift für den landesrechtlichen Verordnungserlass auch dann, wenn landesverfassungsrechtlich keine entsprechenden Vorschriften vorhanden sind, Kingreen/Poscher, PolizeiR, § 23 Rn. 2, unter Hinweis auf BVerfGE 55, 207, 226; 73, 388, 400. Zur Kommunalisierung des Verordnungserlasses auf Gemeinde- und Kreisebene Götz/Geis, PolizeiR, § 19 Rn. 35.

1. Ermächtigungsgrundlage

4 Aus Gründen der Gewaltenteilung, aber auch des Rechtsstaats- und Demokratieprinzips (Stichwort: Wesentlichkeitstheorie) darf die Exekutive nicht kraft eigenen Rechts Rechtsverordnungen erlassen, sondern **nur aufgrund einer Ermächtigung** in einem formellen Gesetz.[16] ZB enthält § 9a BauGB, wonach das Bundesministerium des Innern, für Bau und Heimat (nach der Neubildung der Regierung nun: Bundesministerium für Wohnen, Stadtentwicklung und Bauwesen) durch Rechtsverordnung ua Vorschriften über Darstellungen und Festsetzungen in den Bauleitplänen über die Art und das Maß der baulichen Nutzung sowie die Bauweise erlassen darf, die Ermächtigungsgrundlage für den Erlass der BauNVO. Auf diese Weise wird verhindert, dass sich die gesetzgebende Körperschaft der ihr zugewiesenen Verantwortung entäußert.[17] Durch die Notwendigkeit einer gesetzlichen Ermächtigungsgrundlage sowie das dauerhaft bestehende legislative Rückholrecht behält der parlamentarische Gesetzgeber die Kontrolle über den Inhalt der Rechtsverordnungen.[18]

Damit das Parlament seine Verantwortung als gesetzgebende Körperschaft nicht im Übermaß auf die Exekutive überträgt,[19] müssen sich gem. Art. 80 Abs. 1 S. 2 GG Inhalt, Zweck und Ausmaß der Ermächtigung zum Erlass einer Rechtsverordnung aus einem formellen Gesetz ergeben,[20] das selbstverständlich seinerseits verfassungsgemäß zu sein hat. Art. 80 Abs. 1 S. 2 GG beinhaltet einen sog. **Selbstentscheidungsvorbehalt.** Denn der Gesetzgeber muss neben den Vorgaben des Ziels der Regelungsbefugnis Grenzen für die Exekutive festlegen. Darüber hinaus ergibt sich daraus eine sog. **Programmfestsetzungspflicht**, dh der Exekutive muss durch die gesetzliche Regelung ein „Programm" zur Verwirklichung der Ermächtigung an die Hand gegeben werden. Da die Normunterworfenen aufgrund der Ermächtigung erkennen können sollen, wann mit welcher Tendenz und mit welchem Inhalt von der Ermächtigung Gebrauch gemacht wird, folgt aus Art. 80 Abs. 1 S. 2 GG zudem ein **Vorhersehbarkeitsgebot**.[21] Diesem Bestimmtheitserfordernis des Art. 80 Abs. 1 S. 2 GG ist dem BVerfG zufolge Genüge getan, wenn sich die Reichweite der Ermächtigung aus den gesetzlichen Vorgaben mithilfe der allgemeinen Auslegungsgrundsätze aus ihrem Sinnzusammenhang mit anderen Vorschriften des Gesetzes und aus dem von der gesetzlichen Regelung insgesamt verfolgten Ziel unter Heranziehung der Entstehungsgeschichte des Gesetzes ermitteln lässt.[22]

Die Anforderungen an die erforderliche **Bestimmtheit der Ermächtigungsnorm** entziehen sich einer Verallgemeinerung. Sie variieren je nach Intensität der Auswirkungen der Regelung für die Betroffenen sowie je nach Eigenart des zu regelnden Sachverhalts, insb. inwieweit sich der zu regelnde Sachbereich begrifflich umschreiben lässt.[23] In der Ermächtigung zum Erlass einer Rechtsverordnung darf auch auf andere Rechtsakte, etwa der Europäischen Union, Bezug genommen werden. Aus rechtsstaatlichen Gründen müssen die Betroffenen jedoch erkennen können, welche der in Bezug genommenen Vorschriften im Einzelnen gelten sollen, zudem müssen diese für die Einzelnen aufgrund einer früheren ordnungsgemäßen Veröffentlichung zugänglich sein. Eine dynamische Verweisung auf den Inhalt eines anderen

---

16 BVerfGE 150, 1, 99 f. Rn. 199; BVerwGE 157, 54, 61.
17 BVerfGE 150, 1, 99 f. Rn. 199; 153, 310, 353 f. Rn. 100.
18 BVerwGE 157, 54, 61; Guckelberger/Gluding in: Schenke/Seok Probleme der Rechtsetzung in Korea und Deutschland, 2019, S. 21, 27.
19 BVerfGE 143, 38, 60 Rn. 54; Gröpl, Staatsrecht I, Rn. 1201.
20 Dazu, dass sich die Begriffe nicht klar auseinanderhalten lassen, BVerfGE 150, 1, 100 Rn. 201.
21 BVerfGE 150, 1, 101 Rn. 202.
22 BVerfGE 26, 16, 27; 153, 310, 354 Rn. 101.
23 BVerfGE 143, 38, 61 Rn. 57; 150, 1, 102 Rn. 204; s.a. Wolff/Zimmermann Jura 2022, 18, 23 f.

Normsetzers ist zur Vermeidung einer versteckten Verlagerung der Gesetzgebungsbefugnis nur in den engen Grenzen zulässig, die den Prinzipien der Rechtsstaatlichkeit, Demokratie und Bundesstaatlichkeit zu entnehmen sind.[24] Auch ist die Annahme, eine gleichzeitige Bekanntmachung bzw. Verkündung von gesetzlicher Ermächtigung und daraus abgeleiteter Rechtsverordnung der Exekutive sei zulässig,[25] grds. bedenklich.[26] Denn die Verordnung setzt eine wirksame Ermächtigung voraus. Etwas anderes gilt jedoch ausnahmsweise, wenn der Parlamentsgesetzgeber auf einmal sowohl die Verordnungsermächtigung als auch die Verordnung selbst ändert.[27]

ISd Voraussehbarkeit enthält § 6 StVG bspw. eine Ermächtigung an den Bundesverkehrsminister, Rechtsverordnungen zu erlassen, gebunden an einen detaillierten Katalog von Vorgaben für die Regelungsinhalte der Verordnungen. Soweit der Katalog nicht abschließend ist („insbesondere": Nr. 1, 2, 14 des § 6 Abs. 1 StVG), widerstreitet dies nicht den Bestimmtheitsanforderungen des Art. 80 Abs. 1 S. 2 GG, weil sich aus dem Kontext mit den konkret bestimmten Verordnungsinhalten ergibt, dass die nicht näher benannten Gegenstände von gleicher Qualität sein müssen.[28] Dem Bestimmtheitsgebot genügen auch die landesrechtlichen polizeilichen Generalklauseln,[29] die Ermächtigungen für den Erlass von Rechtsverordnungen zur Abwehr sog. abstrakter Gefahren[30] enthalten. Sofern diese an die Abwehr einer abstrakten Gefahr auch für die „öffentliche Ordnung" anknüpfen, ist deren normativer Gehalt durch Rspr. und Literatur hinreichend präzisiert worden.[31]

Grenzziehend bleibt in diesem Zusammenhang der **Parlamentsvorbehalt** bzw. die **Wesentlichkeitsrechtsprechung** des BVerfG zu beachten, wie es bereits behandelt worden ist.[32] Der Gesetzgeber muss die für den Freiheits- und Gleichheitsbereich der Personen wesentlichen Regelungen selbst festlegen. Denn nur in dem formellen Gesetzgebungsverfahren ist die Beteiligung der Opposition gewährleistet und hat die Öffentlichkeit infolge der Transparenz Gelegenheit zur Ausbildung eigener Auffassungen.[33] Angesichts dessen, dass die aus Gründen des Klimaschutzes durch Art. 20a GG gebotene Reduzierung von Treibhausgasemissionen mit tiefgreifenden Folgen für eine Vielzahl von Aktivitäten einhergehen wird, entschied das BVerfG, dass entweder der Gesetzgeber selbst die Höhe der weiteren Jahresemissionsmengen ab 2030 zu bestimmen oder dem Verordnungsgeber wesentliche Kriterien für die Bemessung der dann durch sie zu konkretisierenden jährlichen Emissionsmengen vorzugeben hat.[34] Bezogen auf die Coronapandemie stellte das BVerfG keine allzu hohen Anforderungen an die Bestimmtheit zum Erlass bestimmter Rechtsverordnungen. Nur so könne mit den ständig

---

24 BVerfGE 143, 38, 62 Rn. 59; s. a. BVerfGE 153, 310, 355 Rn. 104 f.
25 So Lindner BayVBl. 2011, 193.
26 Eingehend dazu Guckelberger, Vorwirkung von Gesetzen im Tätigkeitsbereich der Verwaltung, 1997, S. 196 ff.
27 BVerwGE 157, 54, 61.
28 Etwa anhand der Rechtsverordnung zur Erprobung von Riesenlastern („Gigalinern") BVerfGE 136, 69, 98 Rn. 64.
29 ZB § 17 SOG M-V, § 59 Abs. 1 SaarlPolG.
30 Abstrakt, weil prognostisch von einer unbestimmten Vielzahl derartiger künftiger Konstellationen auszugehen ist, vgl. § 2 Nr. 2 NdsSOG, § 54 Nr. 3 lit. e ThürOBG, Götz/Geis, § 19 Rn. 43, unter Hinweis auf BVerwGE 116, 347, 352.
31 BVerfGE 54, 143, 144; BVerwGE 116, 347, 350. S. a. Thiel, Polizei- und Ordnungsrecht, 4. Aufl. 2020, § 8 Rn. 74, § 17 Rn. 5.
32 Vgl. § 8 Rn. 6. S. a. Wolff/Zimmermann Jura 2022, 18, 19 ff.
33 BVerfGE 157, 30, 172 Rn. 260.
34 BVerfGE 157, 30, 175 Rn. 264.

neuen Entwicklungen und Erkenntnissen Schritt gehalten werden, ein Beharren auf starre gesetzliche Regelungen sei dem dynamischen Grundrechtsschutz abträglich.[35]

Jedoch ist die an das Vorliegen einer abstrakten Gefahr gebundene Generalermächtigung des allgemeinen Polizei- und Ordnungsrechts für den Verordnungserlass[36] unzureichend für den Erlass von Vorschriften, die im Vorfeld einer solchen Gefahr angesiedelt sind, etwa für die Einordnung von Hunden bestimmter Rassen in die Kategorie der gefährlichen Hunde.[37] Deshalb haben die Länder inzwischen spezielle Ermächtigungen zum Erlass von Vorschriften „zur Vorsorge gegen die von Hunden ausgehenden Gefahren" durch Polizeiverordnungen erlassen (s. auch § 71a HSOG; § 59a SPolG).[38]

2. Formelle Rechtmäßigkeit

a) Zuständigkeit

5 **Zuständige Organe** für den Erlass von Rechtsverordnungen sind gem. Art. 80 Abs. 1 GG die Bundesregierung, ein Bundesminister oder die Landesregierungen. Auf Landesebene ist eine solche Einschränkung der Zuständigkeit auf oberste Stellen nicht zu finden. Hier sind sowohl oberste Landesbehörden, zB Ministerien, als auch nachgeordnete Behörden, wie der Bürgermeister als Ortspolizeibehörde, für den Erlass von Rechtsverordnungen zuständig.

Unter gewissen Voraussetzungen sind die auf Bundesebene zuständigen Organe ihrerseits zur Delegation des Verordnungserlasses auf andere Stellen berechtigt, jedoch nur unter den besonderen Anforderungen des Art. 80 Abs. 1 S. 4 GG: Die Weiterermächtigung an nachgeordnete Behörden muss sich aus dem ermächtigenden formellen Gesetz ausdrücklich oder sonst hinreichend deutlich entnehmen lassen; zur Übertragung der Befugnis zum Erlass der Rechtsverordnung bedarf es wiederum einer Rechtsverordnung (Stichwort: „Übertragungsverordnung") an die Behörden des nachgeordneten Bereichs.[39]

b) Verfahren

6 Rechtsverordnungen, welche die in Art. 80 Abs. 2 GG bezeichneten Inhalte zum Regelungsgegenstand haben, bedürfen (vorbehaltlich anderweitiger bundesgesetzlicher Regelung) der Zustimmung durch den Bundesrat.[40] Der Bundesrat kann ferner der Bundesregierung Vorlagen für den Erlass von Rechtsverordnungen zuleiten, die seiner Zustimmung bedürfen, Art. 80 Abs. 3 GG; insoweit steht dem Bundesrat ein Verordnungsinitiativrecht zu. Auch können in der Ermächtigungsgrundlage zum Verordnungserlass Mitwirkungsvorbehalte insb. für das Parlament (zB Kenntnisgabe-, Anhörungs-, Zustimmungs- oder Vetovorbehalte, wie zB die erforderliche Zustimmung des Bundestags und Bundesrates für den Erlass von Rechtsverordnung gem. § 28c S. 3 IfSG)[41] oder eine Anhörung nichtstaatlicher Sachverständiger oder Gremien vorge-

---

35 BVerfG NVwZ 2022, 950, 956.
36 Vgl. vorstehend im Text.
37 BVerwGE 116, 347; krit. Götz/Geis, § 19 Rn. 28 ff. sowie Möstl Jura 2005, 48; auch Schoch Jura 2005, 600, 604.
38 Götz/Geis, § 19 Rn. 28 ff.
39 BVerfGE 150, 1, 103 Rn. 207 ff.; Gröpl, Staatsrecht I, Rn. 1197; Beispiel hierfür ist bislang § 18 Abs. 1 S. 3 GastG: Landesregierungen/Möglichkeit der Weiterdelegation durch Rechtsverordnung auf Behörden des Landes.
40 Dazu, dass für eine anderweitige bundesgesetzliche Regelung keine besondere Rechtfertigungsbedürftigkeit erforderlich ist, BVerfGE 136, 69, 102 ff.; s. a. BVerfG NJW 2022, 167, 176.
41 Hollo Jura 2022, 42, 48 f.; Uhle in: Kluth/Krings, § 24 Rn. 84 ff.

sehen sein (etwa § 51 BImSchG: Anhörung der beteiligten Kreise). Die Verfahrensanforderungen gelten auch bei Änderungen einer Rechtsverordnung.[42]

c) Form

In der Rechtsverordnung ist die Rechtsgrundlage anzugeben, Art. 80 Abs. 1 S. 3 GG. Mit diesem **Zitiergebot** werden die Zwecke rechtsstaatlicher Normklarheit, der Selbstkontrolle des Verordnungsgebers sowie der externen Richtigkeitskontrolle verfolgt.[43] Wie das BVerfG entschieden hat, folgt aus Art. 80 Abs. 1 S. 3 GG die Verpflichtung zur Angabe der einzelnen Vorschrift des die Ermächtigung enthaltenden Gesetzes. Um die Rechtsetzungsbefugnis vollständig nachzuweisen, muss eine auf mehreren Ermächtigungsgrundlagen beruhende Verordnung diese vollständig zitieren und bei inhaltlicher Überschneidung mehrerer Ermächtigungsgrundlagen diese gemeinsam zitieren.[44] Bei der Delegation des Erlasses einer Verordnung nach Art. 80 Abs. 1 S. 4 GG reicht es nach dem BVerfG aus, wenn in der subdelegierten Verordnung die Übertragungsverordnung als unmittelbare Ermächtigungsgrundlage angegeben wird, die ihrerseits die gesetzliche Verordnungsermächtigung samt der gesetzlichen Ermächtigung zur Subdelegation nennt.[45] Das Zitiergebot steht dem Rechtsstaat nach dem BVerwG zwar gut zu Gesicht, ist für diesen aber nicht unerlässlich. Weil es nicht dem Homogenitätsgebot des Art. 28 Abs. 1 S. 1 GG unterliegt, besteht für den Landesverfassungsgeber die Möglichkeit zu dessen Aufhebung oder Einschränkung.[46] Nach bislang vorherrschender Meinung müssen Rechtsverordnungen nicht begründet werden, kann aber der Gesetzgeber ein solches Erfordernis vorsehen.[47] Zum Schutz vor übermäßigen Grundrechtseinschränkungen wurde in § 28a Abs. 5 S. 1 Hs. 1 IfSG bestimmt, dass nach § 32 iVm § 28 Abs. 1, § 28a Abs. 1 IfSG erlassene Corona-Verordnungen mit einer allgemeinen Begründung zu versehen sind.[48] Außerdem müssen Rechtsverordnungen wie jede Rechtsnorm aus Gründen der Rechtssicherheit und -klarheit **ausgefertigt** und öffentlich bekannt gegeben werden. Die **Verkündung** erfolgt regelmäßig im Bundesgesetzblatt (Art. 82 Abs. 1 S. 2 GG). Entsprechende Regelungen gelten auf Landesebene.[49]

7

3. Materielle Rechtmäßigkeit

In materiellrechtlicher Hinsicht gilt Folgendes:

- Zunächst muss sich die Rechtsverordnung inhaltlich in dem durch ihre Ermächtigungsgrundlage vorgegebenen Rahmen bewegen.[50]

8

---

42 Deshalb ist die Änderung einer zustimmungspflichtigen Rechtsverordnung durch bloßen Verwaltungsakt unzulässig, Kramer/Tyborczyk NVwZ 2014, 1046.
43 BVerfGE 151, 173, 179 Rn. 17; Gröpl, Staatsrecht I, Rn. 1212; BVerwGE 157, 54, 61. Dazu, dass das Zitiergebot sich nicht auf unionsrechtliche Vorgaben erstreckt, BVerwG EuGH-Vorlage v. 28.6.2018 – 3 C 17/16, Rn. 13 juris.
44 BVerfGE 136, 69, 113; 151, 173, 179 f. Rn. 17.
45 BVerfGE 151, 173, 179 ff. Rn. 16 ff.; teils krit. Drechsler NVwZ 2020, 210 ff.
46 BVerwGE 157, 54, 66 f. Rn. 30.
47 Für eine Begründungspflicht von Polizeiverordnungen aus Rechtsschutzgründen Groß NordÖR 2015, 467 ff.
48 Unter Verweis auf den Grundrechtsschutz durch Verfahren BT-Drs. 19/24334, S. 74; Kießling in: ders. IfSG, 2. Aufl. 2021, § 28a Rn. 164.
49 Zu den Gefahrenabwehrverordnungen des Polizei- und Ordnungsrechts insoweit anhand des (einfach-gesetzlichen) Landesrechts Götz/Geis, § 19 Rn. 40. Allg. zur Veröffentlichung von Rechtsnormen unter veränderten Rahmenbedingungen (elektronische Informationssysteme) Oldenburg, Die Öffentlichkeit von Rechtsnormen, 2009.
50 BVerfGE 150, 1, 103 Rn. 209.

Ermächtigt der Gesetzgeber die Exekutive, Grundsätze für dienstliche Beurteilungen oder für Beurteilungsverfahren durch Rechtsverordnung zu erlassen, schließt dies eine pauschale Weiterleitung der Ermächtigung in der Rechtsverordnung auf die Ebene bloßer Verwaltungsvorschriften aus.[51] Im Jahr 2020 beanstandete das BVerwG eine Entgeltgenehmigung für Standardbriefe, weil die Bundesregierung als Verordnungsgeber von den Vorgaben in der Ermächtigung im PostG abgewichen war. Eine nicht von einer gesetzlichen Ermächtigung gedeckte bzw. dem Vorrang des Gesetzes nicht genügende Rechtsverordnung ist unwirksam.[52]

- Durch die Verwendung unbestimmter Rechtsbegriffe oder die Einräumung von Ermessen kann der Gesetzgeber der Verwaltung (politische) Gestaltungsspielräume hins. der zu erlassenden Verordnung einräumen.[53] Mithin verfügt der Verordnungsgeber nach Maßgabe der delegierten Rechtsetzungsbefugnis beim Erlass seiner Regelungen über eine eigene Gestaltungsfreiheit.[54] Weil der Verordnungserlass regelmäßig im Ermessen der ermächtigten Stelle steht, darf ihr dabei kein Ermessensfehler unterlaufen sein.[55] Abweichendes gilt, wenn sich aus der Ermächtigung oder dem gesetzlichen Gesamtzusammenhang eine Pflicht zur Verordnungsgebung ergibt.[56]

- Darüber hinaus sind selbstredend sonstige gesetzliche und verfassungsrechtliche Vorgaben (kein Verstoß gegen höherrangiges Recht – auch nicht gegen Verordnung(en) einer höheren Behörde[57] –, Vereinbarkeit von landesrechtlichen Vorschriften mit Bundesrecht,[58] Bestimmtheit der Vorschriften in der Verordnung,[59] Verhältnismäßigkeit[60]) zu beachten.

Beispiele für zu unbestimmte Verordnungen im Recht der Gefahrenabwehr (Polizei- und Ordnungsrecht): „Ventilatoren geräuscharm zu betreiben"/„sich nach Art eines Land- oder Stadtstreichers herumzutreiben"[61]/„Tiere so zu halten, dass sie keine Gefährdung für andere darstellen".

III. Rechtswidrigkeit von Rechtsverordnungen und Rechtsschutz

9 Werden die beschriebenen Voraussetzungen für die Rechtmäßigkeit der Rechtsverordnung nicht eingehalten, ist sie rechtswidrig und damit grds. nichtig, entfaltet also keine Wirkung (**Nichtigkeitsdogma**).[62] Handelt es sich um einen Verfahrensverstoß, differenziert das BVerfG jedoch danach, ob das Normsetzungsverfahren an einem

---

51 BVerwG NVwZ 2021, 1608, 1611 Rn. 36; s. zur Abänderbarkeit von Rechtsverordnungen durch Verwaltungsvorschrift auch Guckelberger DVBl 2020, 1441 ff.
52 BVerwGE 168, 178, 193 Rn. 49.
53 BVerfGE 150, 1, 102 Rn. 205; BGH Urt. v. 22.6.2022 – VIII ZR 356/20, Rn. 27 juris.
54 BayVerfGH NVwZ-RR 2011, 100.
55 Zur diesbzgl. typisierenden Ermessensbetätigung Maurer/Waldhoff, § 13 Rn. 15; zu den Anforderungen an eine ordnungsgemäße Ermessensbetätigung im Einzelfall vgl. § 14 Rn. 41 ff.
56 Näher v. Danwitz, Gestaltungsfreiheit S. 161 ff.
57 Kingreen/Poscher, PolizeiR, § 23 Rn. 13, anhand der Gefahrenabwehrverordnungen des Polizei- und Ordnungsrechts.
58 BGH Urt. v. 22.6.2022 – VIII ZR 356/20, Rn. 21 juris.
59 Es gilt das allg. rechtsstaatliche Bestimmtheitsgebot (vgl. § 14 Rn. 54), zum Verbot widersprüchlicher Regelungen in der Verordnung BVerfGE 136, 69, 118; ggü. Tatbeständen der Ordnungswidrigkeit gilt der strengere strafrechtliche Bestimmtheitsgrundsatz des Art. 103 Abs. 2 GG, vgl. nur Kingreen/Poscher, PolizeiR, § 23 Rn. 23, anhand der Gefahrenabwehrverordnungen nach dem Polizei- und Ordnungsrecht.
60 Dazu zählt bei Gefahrenabwehrverordnungen auch, dass sie nicht nur den Zweck haben dürfen, den Behörden die Gefahrenabwehr(aufgabe) zu erleichtern, vgl. Kingreen/Poscher, PolizeiR, § 23 Rn. 20, unter Hinweis auf die einschlägigen Landesregelungen, aaO, in Fn. 29.
61 VGH Mannheim DVBl 1983, 1070.
62 Bzw. „ipso iure-Nichtigkeit ex tunc", Sachs in: Hoffmann-Riem/Schmidt-Aßmann/Voßkuhle, Bd. 2, § 31 Rn. 76. S. a. ders. in: FS Battis, 2014, S. 161, 174 f. zur Relativierung des Nichtigkeitsdogmas.

wesentlichen oder einem unwesentlichen Mangel leidet. Hat der Gesetzgeber etwa die vorherige Anhörung einer Tierschutzkommission vorgegeben, führt ein Verstoß hiergegen vorbehaltlich ausdrücklicher rechtsfolgenausschließender oder -beschränkender gesetzlicher Regelung wegen der Bedeutung des Anhörungserfordernisses für die sachrichtige Normierung regelmäßig zur Ungültigkeit der Rechtsverordnung.[63] Auch der Verstoß gegen das verfassungsrechtlich vorgegebene Zitiergebot bei der 54. StVO-Änderung im Jahre 2020 führte zur Unwirksamkeit der neuen Regelungen.[64]

Prozessual kann der Bürger gegen Rechtsverordnungen mit der **Individualverfassungsbeschwerde** vorgehen, die jedoch nur zu einer Prüfung der Verletzung spezifischen Verfassungsrechts führt. In der Praxis scheitern direkt gegen Rechtsverordnungen eingelegte Verfassungsbeschwerden aber zumeist an deren besonderen Voraussetzungen, v.a. der Geltendmachung einer unmittelbaren Betroffenheit und der vorherigen Rechtswegerschöpfung (vgl. Art. 93 Abs. 1 Nr. 4a GG, § 13 Nr. 8a, §§ 90, 92 ff. BVerfGG).[65] Infolge des in § 90 Abs. 2 BVerfGG zum Ausdruck kommenden Grundsatzes der Subsidiarität der Verfassungsbeschwerde ist daher zu prüfen, ob dem Betroffenen nicht eine vorherige Inanspruchnahme fachgerichtlichen Rechtsschutzes zugemutet werden kann.[66] Hins. der **verwaltungsgerichtlichen Rechtsschutzmöglichkeiten** ist wie folgt zu differenzieren: Zum einen besteht die Möglichkeit einer **Inzidentprüfung** der Verordnung bspw. im Wege der verwaltungsgerichtlichen (Anfechtungs-)Klage gegen einzelne Vollzugsmaßnahmen.[67] Die Gerichte müssen dabei entscheidungserhebliche Rechtsverordnungen auf ihre Vereinbarkeit mit höherrangigem Recht überprüfen und dagegen verstoßende Vorschriften unangewendet lassen.[68] Eine solche Entscheidung bezieht sich aber nur auf das konkrete Verfahren und wirkt lediglich inter partes, also allein im Verhältnis der Prozessparteien.

Zum anderen besteht die Möglichkeit einer abstrakten Normenkontrolle, bei der die Rechtsverordnung den unmittelbaren Prüfungsgegenstand bildet. Gegen **Rechtsverordnungen der Länder auf dem Gebiet des BauGB** ist ein solcher prinzipaler Rechtsschutz nach § 47 Abs. 1 Nr. 1 Hs. 2 VwGO iVm § 246 Abs. 2 BauGB eröffnet. Nach **§ 47 Abs. 1 Nr. 2 VwGO** entscheiden die OVG/VGH über die Gültigkeit von anderen im Rang unter dem Landesgesetz stehenden Rechtsvorschriften, also auch von Rechtsverordnungen, allerdings nur „sofern das Landesrecht dies bestimmt". Von dieser Möglichkeit haben inzwischen alle Bundesländer mit Ausnahme von Hamburg – allerdings in unterschiedlicher Reichweite – Gebrauch gemacht (zB Art. 5 S. 1 BayAGVwGO, § 4 AGVwGO BW, § 18 SaarlAGVwGO).[69] Kommt das OVG zu der Überzeugung, dass die fragliche Rechtsverordnung ungültig ist, erklärt es diese mit allgemein verbindlicher Wirkung für unwirksam (§ 47 Abs. 5 S. 2 VwGO).

---

63 BVerfGE 127, 293, 331 ff.
64 Und nach OLG Zweibrücken BeckRS 2020, 32801 Rn. 11 f. zur Fortgeltung der vorherigen Rechtslage.
65 Dazu etwa Meßerschmidt Jura 2016, 747, 757.
66 BVerfG NJW 2022, 139, 141.
67 S. auch BVerwG NVwZ 2018, 1883, 1884; NVwZ-RR 2020, 236, 237 f.
68 Art. 100 Abs. 1 GG, nach dem die Verwaltungsgerichte bei Zweifeln an der Verfassungsmäßigkeit nachkonstitutioneller formeller Gesetze das Verfahren aussetzen und diese Frage dem BVerfG zur Entscheidung vorlegen müssen, findet für Rechtsverordnungen keine Anwendung, vgl. nur BGH Urt. v. 22.6.2022 – VIII ZR 356/20, Rn. 21 juris (Verwerfungskompetenz); Detterbeck in: Sachs, Art. 100 Rn. 7.
69 Ferner: § 4 Abs. 1 BbgVwGG; Art. 7 Abs. 1 BremAGVwGO; § 15 HessAGVwGO; § 13 GerStrukGAG MV; § 75 NJG; § 4 Abs. 1 AGVwGO RP (mit Einschränkung); § 24 Abs. 1 SächsJG; § 10 AG VwGO LSA; § 67 LJG SH; § 4 ThürAGVwGO.

Rechtsverordnungen stellen auch dann solche des Landesrechts dar, wenn sie aufgrund einer bundesgesetzlichen Ermächtigung von Landesorganen erlassen worden sind,[70] wie dies etwa bei den Corona-Verordnungen auf Grundlage des § 32 IfSG der Fall ist.

In Ländern, welche keine solche Bestimmung iSd § 47 Abs. 1 Nr. 2 VwGO getroffen haben (Hamburg und nicht hins. ministerieller Rechtsverordnungen in Rheinland-Pfalz), gibt es keine abstrakte Normenkontrollmöglichkeit. Auch bei Rechtsverordnungen des Bundes scheidet die verwaltungsgerichtliche Normenkontrolle aus, da sie keine im Rang unter dem Landesgesetz stehenden Rechtsvorschriften iSd § 47 Abs. 1 Nr. 2 VwGO sind; fachgerichtlicher Rechtsschutz kann bei diesen jedoch nach jüngerer Rspr. im Wege der (allgemeinen) Feststellungsklage (§ 43 VwGO)[71] verfolgt werden.[72] Hierin liegt dann keine „heimliche"[73] oder „atypische" Normenkontrolle (§ 47 VwGO), wenn der Streitgegenstand wie bei jeglicher Feststellungsklage das (Nicht-)Bestehen eines konkreten Rechtsverhältnisses betrifft. Unter einem solchen konkreten Rechtsverhältnis versteht man die Beziehung zwischen einer Person und einer anderen Person oder Sache, die in Anwendung einer öffentlich-rechtlichen Rechtsnorm auf einen bestimmten, bereits überschaubaren Sachverhalt streitig ist.[74] Wird zB die Feststellung begehrt, dass wegen der Ungültigkeit der Rechtsverordnung kein Rechtsverhältnis zu anderen Beteiligten besteht,[75] befindet das Gericht in der Sache über ein (konkretes) Rechtsverhältnis in Anwendung der Norm,[76] deren Rechtswirksamkeit lediglich eine, wenn auch die entscheidende,[77] Vorfrage ist.[78] In aller Regel besteht dieses Rechtsverhältnis zwischen dem Adressaten der Norm und dem Normanwender. Nur ausnahmsweise, bei den sog. selbstvollziehenden Normen, die unmittelbar Rechte und Pflichten begründen, kann es zu einer gegen den Normgeber gerichteten Feststellungsklage kommen, wenn keine Konkretisierung oder Individualisierung der Rechtsverordnung durch Verwaltungsvollzug vorgesehen oder möglich ist.[79] Im Unterschied zur Unwirksamkeitserklärung einer

---

70 Entscheidend ist das verordnungsgebende Organ, BVerfGE 18, 407; Maurer/Waldhoff, § 4 Rn. 47 mwN.
71 Allg. zur Feststellungsklage § 10 Rn. 9 ff.
72 Etwa BVerfG NJW 2022, 139, 147; BVerwGE 160, 157, 159; BVerwG NVwZ-RR 2020, 236, 238; zur Entwicklung dieser Rspr. Geis in: FS für W.-R. Schenke, 2011, S. 709, 710 ff.: „Rechtsfortbildung in Ping-Pong-Verfahren"; insgesamt zum Rechtsschutz gegen materielle Rechtsnormen Krumm DVBl. 2011, 1008. Die Konstruktion richtet sich darauf, das BVerfG insoweit vor einer unmittelbaren Inanspruchnahme zu schützen, weil die prinzipale Normenkontrolle (Verfassungsbeschwerde) dergestalt von einer vorherigen inzidenten (verwaltungsgerichtlichen) Nachprüfung im Wege der Feststellungsklage (vgl. auch nachfolgend im Text) abhängig gemacht wird.
73 Hufen, § 18 Rn. 8.
74 BVerwGE 136, 54, 57 ff.; ähnlich BVerwGE 160, 157, 159.
75 BVerfG NJW 2022, 139, 147.
76 Bereits § 10 Rn. 10; Schwierigkeiten bei dieser Differenzierung (dies betonend Hufen in: FS für W.-R. Schenke, 2011, S. 803, 804, 806) ergeben sich nur dann, wenn man das Rechtsverhältnis auf den Normgeber bezieht und dann – ähnlich wie bei der Antragsbefugnis für die Verfassungsbeschwerde (Hufen, wie vor, S. 806) – zum Kriterium einer eigenen und unmittelbaren Rechtsbetroffenheit des Klägers greifen muss, so etwa BVerwGE 136, 54. Die damit einhergehenden Unschärfen ggü. der allg. Gesetzesbindung und -unterworfenheit bedingen die Gefahr einer Umgehung der prinzipalen Normenkontrolle. Das Rechtsverhältnis muss sich deshalb aus dem (Verordnungs-)Vollzug ableiten, vgl. nachfolgend im Text mwN.
77 BVerfGE 115, 81, 95.
78 Dazu, dass sich die Rechtskraft der Entscheidung nicht auf diese Vorfrage erstreckt, BVerwGE 160, 157, 159. Auch bei negativem Feststellungsantrag, also wenn es darum geht, dass aus der Rechtsnorm kein Rechtsverhältnis zu dem anderen Beteiligten besteht, vgl. § 10 Rn. 10; Geis/Schmidt JuS 2012, 599, 603.
79 BVerwGE 136, 54, 59 f.; 160, 157, 159.

Rechtsnorm gem. § 47 Abs. 5 S. 2 Hs. 2 VwGO gelten gerichtliche Entscheidungen über Feststellungsklagen nur inter partes, dh zwischen den Parteien.[80]

Übersicht 29: Rechtmäßigkeit der Rechtsverordnung

I. Vorhandensein einer ausreichenden Ermächtigungsgrundlage
1. Formelle Verfassungsmäßigkeit der EGL (Gesetzgebungskompetenz, Gesetzgebungsverfahren)
2. Materielle Verfassungsmäßigkeit der EGL (Bestimmtheitsgebot, Vereinbarkeit mit den Grundrechten, Verhältnismäßigkeit)

II. Formelle Rechtmäßigkeit der Rechtsverordnung
1. Zuständigkeit des Verordnungsgebers
2. Verfahren (Art. 80 Abs. 2 GG); weitere Erfordernisse nach Maßgabe der EGL
3. Form (Zitiergebot, Art. 80 Abs. 1 S. 3 GG; Ausfertigung, Verkündung, Art. 82 Abs. 1 S. 2 GG)

III. Materielle Rechtmäßigkeit der Rechtsverordnung
1. Einhaltung der Ermächtigungsgrundlage
2. Bei Zuweisung von normativem Ermessen: kein Ermessensfehler
3. Kein Verstoß gegen höherrangiges Recht (zB Vereinbarkeit mit Grundrechten, Verhältnismäßigkeit, Bestimmtheitsgebot)

▶ Zu Fall 3: Die Ermächtigungsgrundlage für den Erlass der Sperrgebietsverordnung ergibt sich aus Art. 297 Abs. 1 EGStGB. Danach kann die Landesregierung zum Schutz der Jugend oder des öffentlichen Anstandes, für das ganze Gebiet einer Gemeinde bis zu fünfzigtausend Einwohnern, für Teile des Gebiets einer Gemeinde über zwanzigtausend Einwohnern sowie unabhängig von der Einwohnerzahl für öffentliche Straßen, Wege, Plätze, Anlagen und sonstige Orte, die von dort aus eingesehen werden können, im ganzen Gebiet oder in Teilen des Gebiets einer Gemeinde durch Rechtsverordnung ein Prostitutionsverbot verhängen. BVerfG und BVerwG gehen davon aus, dass diese Ermächtigungsgrundlage verfassungskonform ist. In formeller Hinsicht ist problematisch, ob der Oberbürgermeister die Rechtsverordnung erlassen darf. Nach Art. 297 Abs. 2 EGStGB kann die Landesregierung (wiederum) durch Rechtsverordnung die Ermächtigung auf andere Behörden übertragen. Das Saarland hat in § 3 ProstVerbV die Ermächtigung zum Erlass derartiger Verordnungen für Gemeinden mit mehr als 30 000 Einwohnern auf die jew. Gemeinden übertragen. Als Auftragsangelegenheit ist für den Erlass einer solchen Rechtsverordnung innerhalb der Gemeinde der/die Oberbürgermeister/in zuständig, § 59 Abs. 4, § 29 Abs. 3 KSVG. Da die Landeshauptstadt mehr als 50 000 Einwohner hat, kommt als Ermächtigung für eine derartige Sperrgebietsverordnung nur Art. 297 Abs. 1 Nr. 3 EGStGB iVm § 3 ProstVerbV in Betracht. § 3 ProstVerbV ermächtigt die Gemeinden, zum Schutz der Jugend und des öffentlichen Anstands für Teile ihres Gebietes durch Verordnung zu verbieten, der Prostitution nachzugehen. In materiellrechtlicher Hinsicht muss die Rechtsverordnung mit höher-

---

[80] BVerwG NVwZ-RR 2015, 69, 70; dazu, dass sich bei atypischen Feststellungsklagen aus den Grundrechten ein Anspruch gegen den Normgeber ergeben kann, generell die Nichtigkeit seiner Norm zu verdeutlichen, Schenke NVwZ 2016, 720 ff.

rangigem Recht vereinbar sein. Die Betätigung von Deutschen im Prostitutionsgewerbe wird durch Art. 12 Abs. 1 GG geschützt. Wegen des Eingriffs in die Berufsfreiheit muss die Sperrgebietsverordnung dem Verhältnismäßigkeitsgrundsatz genügen. Als Erstes muss der/die Oberbürgermeister/in prüfen, ob die von ihm erwogene Sperrgebietsverordnung dem Schutz der Jugend und des öffentlichen Anstands dient. Weiterhin ist § 3 ProstVerbV von vorneherein tatbestandlich auf Teile des Gemeindegebietes beschränkt, ein Verbot in der gesamten Landeshauptstadt durch die Gemeinde trägt die Ermächtigung nicht.[81] Darüber hinaus entzieht sich die Frage der Verhältnismäßigkeit ieS, dh die Gewichtung des öffentlichen Anstands auf der einen Seite und die Berufsausübungsfreiheit der Prostituierten auf der anderen Seite, einer verallgemeinerungsfähigen Würdigung. Vielmehr ist diese mit Blick auf das betroffene Gebiet festzustellen.[82] Das OVG des Saarlandes gab dem Normenkontrollantrag eines Bordellbetreibers statt, weil nach den vorgelegten Unterlagen nicht für alle Bereiche des weit gefassten, die gesamte Innenstadt der Landeshauptstadt erfassenden Sperrbezirks die nach der einschlägigen Ermächtigung notwendige Erforderlichkeit zum Schutz der Jugend und des „öffentlichen Anstands" festgestellt werden konnte.[83] ◀

IV. Wiederholungs- und Verständnisfragen

> Woraus ergeben sich formelle und materielle Anforderungen an Rechtsverordnungen des Bundes? (→ Rn. 3, vertiefend → Rn. 5 ff.)

> Welche Rechtsschutzmöglichkeiten stehen den Bürgern gegen Rechtsverordnungen des Bundes und der Länder offen? (→ Rn. 10)

---

81 OVG Saarlouis Urt. v. 30.6.2020 – 2 C 252/19, Rn. 27 juris.
82 BVerwG GewArch 2016, 383, 384.
83 OVG Saarlouis Urt. v. 30.6.2020 – 2 C 252/19, juris.

§ 26 Satzungen

▶ **FALL 4:** Das Gesetz über die Kammern und die Berufsgerichtsbarkeit für Heilberufe des Bundeslandes X (Heilberufegesetz) enthält eine Ermächtigung für die Landesärztekammern, durch Satzung nähere Bestimmungen über Berufspflichten der Ärzte zu treffen. Insb. kann die Einschränkung der Werbung durch Ärzte geregelt werden. Daraufhin hat die Zahnärztekammer des Landes X eine Berufsordnung erlassen, die Zahnärzten Werbung gänzlich untersagt. Dr. Z, der eine Zahnklinik betreibt, hält diese Bestimmung der Berufsordnung für rechtswidrig. Trifft seine Auffassung zu? ◀

I. Begriff

Öffentlich-rechtliche Satzungen sind Rechtsvorschriften, die in aller Regel von einer **juristischen Person des öffentlichen Rechts**[1] im Rahmen der ihr gesetzlich verliehenen **Autonomie** zur Regelung ihrer Angelegenheiten mit Wirkung für die ihr angehörenden Personen erlassen werden.[2] Als solche mit Satzungsgewalt ausgestattete juristische Personen kommen insb. die kommunalen Gebietskörperschaften (Städte, Gemeinden, Landkreise), die berufsständischen Selbstverwaltungskörperschaften (zB Rechtsanwalts-, Handwerks-, Industrie- und Handelskammern), die Universitäten und Fakultäten – man denke etwa an die Studien- und Prüfungsordnungen – oder Rundfunkanstalten in Betracht.[3] Satzungen sind regelmäßig materielle Gesetze, weil ihre Regelungen Außenwirkung entfalten. Sie sind keine formellen Gesetze, da sie nicht im förmlichen Gesetzgebungsverfahren durch das Parlament beschlossen werden; ihr Erlass erfolgt in aller Regel durch das dafür vorgesehene, kollegial besetzte Beschlussorgan der jew. juristischen Person, etwa den Gemeinderat.[4]

II. Rechtmäßigkeitsvoraussetzungen der Satzung

1. Ermächtigungsgrundlage

Das Recht zum Erlass von Satzungen ist Ausfluss des **Selbstverwaltungsrechts**, das zwingend gesetzlich verliehen sein muss (für Gemeinden in Art. 28 Abs. 2 S. 1 GG).[5] Auf diese Weise wird der Gesetzgeber entlastet und werden die gesellschaftlichen Kräfte zur Regelung ihrer Angelegenheiten aktiviert, die sie am sachkundigsten beurteilen können.[6] Satzungen unterscheiden sich von Rechtsverordnungen dadurch, dass sie aus einer vom Staat eingeräumten Rechtsetzungsgewalt (**Satzungsautonomie**) hervorgehen, während Rechtsverordnungen auf delegierter staatlicher Rechtsetzungsbefugnis

---

1 Näheres zu den juristischen Personen des öffentlichen Rechts § 6 Rn. 14 ff.
2 BVerfGE 10, 20, 49 f.; Ellerbrok ZJS 2022, 319 f.; Siegel, Rn. 849; bereits § 7 Rn. 7. Näher Martini in: Voßkuhle/Eifert/Möllers, Bd. 2, § 33 Rn. 53; eingehend zu den Satzungen, auch den mit ihnen verfolgten verschiedenen Funktionen, Ellerbrok, Die öffentlich-rechtliche Satzung, 2020, s.a. die Zusammenfassung zu den Funktionen auf S. 116 f.
3 Gröpl, Staatsrecht I, Rn. 1223.
4 Gröpl, Staatsrecht I, Rn. 1226, 1228; s. auch Siegel, Rn. 71.
5 Vgl. Ipsen, Rn. 301 f.; Gröpl, Staatsrecht I, Rn. 1229; Burgi, Kommunalrecht, § 15 Rn. 7; einfachgesetzlich bei Kreisen, Art. 28 Abs. 2 S. 2 GG; bereits § 6 Rn. 18 mwN. Im übertragenen Aufgabenbereich (dazu § 6 Rn. 18) können Gemeinden/Kreise folglich nur Rechtsverordnungen erlassen, soweit die Landesgesetzgeber keine abweichende Regelung treffen, s. § 12 Abs. 1 S. 2 SaarlKSVG.
6 BVerfGE 33, 125, 156 f.: 111, 191, 215 f.; Schenke in: Kahl/Ludwigs, I, § 7 Rn. 51; dazu und zu weiteren Motiven Ellerbrok ZJS 2022, 319, 320 f.

beruhen.[7] Deshalb findet der für den Erlass von Rechtsverordnungen geltende Art. 80 Abs. 1 GG bei der Aufstellung von Satzungen keine, auch keine entsprechende Anwendung.[8] Da für satzungsbedingte Eingriffe in (Grund-)Rechtspositionen der **Vorbehalt des Gesetzes**[9] gilt, können diese nicht auf die bloß allgemeine Ermächtigung, etwa der Kommunen zum Satzungserlass, abgestützt werden.[10] Zwar lässt sich Art. 12 Abs. 1 GG nicht entnehmen, dass Einschränkungen der Berufsfreiheit nur unmittelbar durch den staatlichen Gesetzgeber oder durch Rechtsverordnung erfolgen dürfen. Solche Regelungen sind auch aufgrund einer Satzung möglich, bedürfen aber wegen des Grundrechtseingriffs einer hinreichenden, vom parlamentarischen Gesetzgeber geschaffenen Ermächtigung für einen solchen Grundrechtseingriff.[11] Zum anderen ist die **Wesentlichkeitstheorie**[12] bei der Satzungsgebung zu beachten: Wenn Satzungen grundrechtsrelevante Angelegenheiten regeln, ist eine hinreichend bestimmte formell-gesetzliche Ermächtigungsnorm erforderlich. So muss der unmittelbar demokratisch legitimierte Gesetzgeber die Art der Auswahlgrundlage für die Verteilung der knappen Studienplätze im Fach Medizin selbst bestimmen und darf diese nicht der Satzungsbefugnis der Hochschulen anheimstellen.[13] Aus dem soeben dargelegten Grund sehen die Gemeindeordnungen bzw. Kommunalverfassungen spezielle Regelungen zur Einführung eines Anschluss- und Benutzungszwangs der Grundstücke, etwa hins. Einrichtungen zur Versorgung mit Fernwärme und ähnlichen der Volksgesundheit dienenden Einrichtungen, vor.[14] Nach alldem kann eine Gemeinde aufgrund ihrer allgemeinen Satzungsautonomie wegen des Eingriffs in die durch Art. 12 Abs. 1 GG geschützte Berufsausübungsfreiheit kein kommunales Wildtierverbot für Zirkusbetriebe erlassen, sondern bedürfte dafür einer besonderen parlamentsgesetzlichen Ermächtigung.[15]

2. Formelle Rechtmäßigkeitsvoraussetzungen

3   Auch für Satzungen gelten, wie für jegliche Handlungsform der Verwaltung, die formellen Rechtmäßigkeitsanforderungen von Zuständigkeit, Verfahren und Form. Sie ergeben sich regelmäßig aus dem Fachrecht.[16] Mangels einer solchen spezialgesetzlichen Regelung ergibt sich aus dem Rechtsstaatsprinzip, dass die Satzung auszufertigen und zu verkünden ist. Aufgrund der Verlautbarungsfunktion der Verkündung muss in der Bekanntmachung zum Ausdruck gebracht werden, dass sich die Publikation

---

7   Anders im Ansatz Maurer/Waldhoff, § 4 Rn. 26, der bei Satzungen ebenfalls einen Fall staatlicher Delegation annimmt, sich der ü.M. aber dadurch wieder annähert, dass er insoweit eine stillschweigende Ermächtigung ausreichen lässt (vgl. auch nachfolgend im Text).
8   BVerfGE 33, 125, 156 ff.; 97, 332, 343; Ellerbrok ZJS 2022, 319, 321; Siegel, Rn. 851.
9   Allg. dazu § 8 Rn. 3 ff.
10 Etwa beim Erlass von Satzungen zur Abgabenerhebung (bspw. betreffend Straßenbaubeiträge, § 8 Abs. 1 S. 2 KAG NRW; § 8 Abs. 1 S. 1 KAG M-V); insoweit instruktiv BVerwGE 148, 133: Eingriff in die Berufsfreiheit von Steinmetzen durch eine kommunale Friedhofssatzung; dazu Waldhoff JuS 2014, 958, 960.
11 BVerwGE 148, 133, 140 ff. dazu, dass kommunale Informationsfreiheitssatzungen wegen der möglichen Eingriffe in Grundrechte Dritter einer besonderen Ermächtigung bedürfen, VGH München BayVBl. 2017, 482, 484.
12 Dazu § 8 Rn. 6.
13 S. BVerfGE 147, 253, 310 f.; s.a. OVG Münster Urt. v. 28.10.2021 – 13 A 1641/20, juris; zur Entziehung des Doktorgrades wegen Fehlverhaltens BVerfG WissR 2020, 385 ff.
14 ZB Art. 24 Abs. 1 Nr. 2, 3 BayGO; § 15 KV M-V; § 13 NdsKomVG; § 9 GO NRW; § 22 SaarlKSVG.
15 OVG Lüneburg NVwZ 2017, 728, 729 f.; VG Meiningen LKV 2018, 573, 574 f.; aA Penz KommJur 2017, 241, 244.
16 Siegel, Rn. 852. Zur Maßgeblichkeit der Bekanntmachungsvorschriften des Landes- und Kommunalrechts BVerwG NVwZ 2019, 415. Zu den kommunalrechtlichen Vorgaben für den Erlass von Satzungen vgl. Erbguth/Mann/Schubert, Rn. 217 ff.; Burgi, Kommunalrecht, § 15.

auf eine Rechtsnorm bezieht. Außerdem muss sie als amtliche Verlautbarung iSe zum Rechtsetzungsverfahren gehörigen Formalakts erkennbar sein.[17]

Bebauungspläne werden gem. § 10 Abs. 1 BauGB als Satzungen beschlossen. Gem. § 2 Abs. 1 S. 1 BauGB liegt die Verbandskompetenz dafür bei der Gemeinde. Die Organkompetenz ist den Gemeindeordnungen bzw. Kommunalverfassungen zu entnehmen (innerhalb der Gemeinde: Gemeindevertretung, also Gemeinderat, Bürgerschaft, vgl. Kommunalrecht).[18] Neben diversen Verfahrensvorgaben aus §§ 2 ff. BauGB ergeben sich Anforderungen für das Beschlussverfahren aus den Gemeindeordnungen bzw. Kommunalverfassungen.[19] Unter den besonderen Voraussetzungen des § 10 Abs. 2 BauGB besteht ein Genehmigungserfordernis. Hins. der Form folgt aus § 9 Abs. 8 BauGB, dass dem Bebauungsplan eine Begründung[20] beizufügen ist. Soweit dies nicht explizit geregelt ist, ergibt sich aus dem Rechtsstaatsprinzip die Notwendigkeit der Ausfertigung des Bebauungsplans.[21] Schließlich ist die Erteilung der Genehmigung bzw. der Beschluss des Bebauungsplans gem. § 10 Abs. 3 BauGB ortsüblich bekannt zu machen sowie darauf hinzuweisen, wo der Bebauungsplan eingesehen werden kann (sog. Ersatzverkündung).[22]

3. Materielle Rechtmäßigkeitsvoraussetzungen

Inhaltlich muss sich die Satzung im Rahmen der verliehenen Autonomie bewegen (sog. Korrespondenzgebot).[23] Sofern eine Ermächtigungsgrundlage erforderlich ist, hat die Satzung mit dieser in Einklang zu stehen – und darf keine darüber hinausgehenden Regelungen treffen. Schließlich müssen Satzungen wegen des Vorrangs des Gesetzes **mit dem höherrangigen Recht vereinbar** sein. Die Anordnung eines Wildtierverbots für Zirkusbetriebe aus tierschutzrechtlichen Gründen in einer kommunalen Satzung muss deshalb unterbleiben, weil der Bund diese Materie aufgrund seiner Gesetzgebungskompetenz in Art. 74 Abs. 1 Nr. 20 GG für den Tierschutz in § 11 TierSchG abschließend geregelt hat.[24] Aufgrund des Rechtsstaatsprinzips müssen die Regelungen in Satzungen **inhaltlich hinreichend bestimmt** sein. So müssen die verpflichteten Personen mit ausreichender Bestimmtheit entnehmen können, was von ihnen verlangt wird.[25] Satzungen dürfen insb. nicht den Vorgaben des Verfassungsrechts (etwa den Grundrechten, Art. 12, Art. 14, Art. 3 Abs. 1 GG usw.),[26] aber auch sonstigen höherrangigen Gesetzesvorschriften (wie Unions- oder Fachrecht) widersprechen. Ggf. ist zu überlegen, ob Satzungsregelungen aus Respekt vor dem höherrangigen Recht unions-, verfassungsbzw. gesetzeskonform ausgelegt werden können.[27]

Einfachgesetzliche Anforderungen folgen bspw. für den **Bebauungsplan** v.a. aus § 1 Abs. 3–7, § 9 Abs. 1, § 8 Abs. 2 BauGB.[28]

---

17 BVerwG Beschl. v. 22.6.2012 – 8 BN 1/12, Rn. 6 juris. Zur Ausfertigung von Satzungen BVerwG ZfBR 2018, 796.
18 BVerwGE 138, 226, 236 Rn. 49.
19 ZB Art. 49 BayGO; §§ 24 ff. KV M-V; § 41 NdsKomVG; § 43 iVm § 31 GO NRW; §§ 40 ff. SaarlKSVG.
20 Mit den Angaben nach § 2a BauGB (Umweltbericht).
21 BVerwG ZfBR 2018, 796; s.a. BVerwG Beschl. v. 4.3.2021 – 4 B 40/20, Rn. 3 juris.
22 Zur Einsichtnahmemöglichkeit BVerwG UPR 2011, 24 f.
23 Sofern nicht ausnahmsweise Abweichendes geregelt wurde Ellerbrok ZJS 2022, 319, 323.
24 OVG Lüneburg NVwZ 2017, 728, 729; VG Meiningen LKV 2018, 573, 574.
25 BVerwGE 148, 133, 140 Rn. 21.
26 Etwa Burgi, Kommunalrecht, § 15 Rn. 35; BVerwG Urt. v. 27.4.2022 – 6 C 3/21 ua, Rn. 39 ff. juris, wonach bei unionsrechtlicher Determinierung zu prüfen ist, ob die nationalen Grundrechte überhaupt anwendbar sind.
27 BVerwG Beschl. v. 24.1.2019 – 10 BN 2/18, Rn. 4 juris; zu den Grenzen verfassungskonformer Auslegung BVerfG NVwZ 2022, 1129, 1130 f. (allerdings bezogen auf eine Gesetzesvorschrift).
28 Vgl. hierzu Brinktrine Jura 2021, 1036, 1045.

III. Rechtswidrigkeit der Satzung und Rechtsschutz

5   Rechtswidrige Satzungen sind **grds. nichtig**.[29] Sind einzelne Regelungen in einer Satzung unwirksam, schlägt dieses Manko nach dem Rechtsgedanken des § 139 BGB auf die gesamte Satzung durch, wenn der fehlerbehaftete Teil mit dem übrigen Normengefüge dermaßen verflochten ist, dass der Rest ohne den nichtigen Teil nicht sinnvoll fortbestehen kann. Im Vergleich zu den Rechtsverordnungen hat der Gesetzgeber das Nichtigkeitsdogma bei Satzungen stärker zurückgeführt.[30] So finden sich für alle Satzungen nach dem BauGB Vorschriften über die Unbeachtlichkeit und Heilung von Fehlern in § 214 f. BauGB. Außerdem enthalten die Gemeindeordnungen Vorschriften zur Unbeachtlichkeit bestimmter Verfahrensfehler.[31]

Hins. des **Rechtsschutzes gegen Satzungen** kann auf die Ausführungen zu den Rechtsverordnungen verwiesen werden[32] – mit der Ausnahme, dass bei Satzungen nach dem BauGB das Normenkontrollverfahren von vornherein bundesweit eröffnet ist (vgl. § 47 Abs. 1 Nr. 1 VwGO).

Übersicht 30: Rechtmäßigkeit der Satzung

> **I. Formelle Rechtmäßigkeit**
> 1. Zuständigkeit
> 2. Verfahren
> 3. Form
>
> **II. Materielle Rechtmäßigkeit**
> 1. Sofern keine spezielle Ermächtigungsgrundlage erforderlich ist: Einhaltung der verliehenen Satzungsautonomie
> 2. Sofern eine spezielle Ermächtigungsgrundlage erforderlich ist: Wahrung der in ihr enthaltenen Vorgabe(n)
> 3. IÜ kein Verstoß gegen höherrangiges Recht

▶ **Zu Fall 4:** Eine spezielle formell-gesetzliche Ermächtigung zum Erlass einer Berufsordnung für Zahnärzte als Satzung (Satzungsautonomie) folgt aus dem Heilberufegesetz des Bundeslandes X.[33] Die Zuständigkeit und weitere formelle Anforderungen sind erfüllt. Der Inhalt der Berufsordnung widerspricht jedoch den Vorgaben der Ermächtigungsgrundlage. Dort ist festgehalten, dass die Ärztekammern Einschränkungen der Werbung für Ärzte erlassen können. Sie sind folglich nicht befugt, sie gänzlich zu verbieten. Die Werbung als Außendarstellung betrifft iÜ die Berufsausübung und wird von Art. 12 Abs. 1 GG geschützt. Ein durchgängiges Werbeverbot stellt eine unverhältnismäßige Beschränkung der Berufs(ausübungs)freiheit dar. Die Bestimmung ist mithin materiell rechtswidrig und, weil keine Unbeachtlichkeits- oder ähnliche Vorschriften ersichtlich sind, nichtig. ◀

---

29 Nichtigkeitsdogma (bei Rechtsnormen), vgl. zur Rechtsverordnung § 25 Rn. 9. S.a. Sachs in: FS für U. Battis, 2014, S. 161, 174 f. Zum Mitwirkungsverbot von Gemeindevertretern beim (Satzungs-)Beschluss über einen Bebauungsplan OVG Greifswald LKV 2006, 222, 223.
30 Siegel, Rn. 853.
31 § 12 Abs. 6 SaarlKSVG; § 24 Abs. 4 S. 2 KV M-V; § 30 Abs. 1 S. 2 KV M-V; § 7 Abs. 6 GO NRW. Zu §§ 214 f. BauGB Brinktrine Jura 2021, 1036, 1046 ff.
32 § 25 Rn. 10.
33 Das Erfordernis einer speziellen Ermächtigungsgrundlage ergibt sich aus dem Regelungsinhalt der Berufsordnung, der eine Einschränkung der Berufsausübungsfreiheit (Art. 12 Abs. 1 GG) bedeutet. Vgl. BVerfG NJW 2000, 2734; bereits Rn. 2.

§ 26 Satzungen

IV. Wiederholungs- und Verständnisfragen

> Worin unterscheiden sich Satzungen von Rechtsverordnungen? (→ Rn. 2)
> Welche Voraussetzungen sind an die formelle und materielle Rechtmäßigkeit von Satzungen zu stellen? (→ Rn. 3 f.)
> Welches sind die Rechtsfolgen im Fall der Rechtswidrigkeit einer Satzung? (→ Rn. 5)

§ 27 Verwaltungsvorschriften

▶ **FALL 5:** Nach § 5 Abs. 2 Nr. 5 WaffG fehlt einer Person die erforderliche Zuverlässigkeit für den Erwerb und Besitz einer Waffe, wenn sie wiederholt gegen bestimmte Gesetze verstoßen hat. Gem. Nr. 5.4 WaffVwV reicht eine einmalige Wiederholung aus, so dass schon der zweite Verstoß die Zuverlässigkeit des Antragstellers ernsthaft in Frage stellt. Wie hat Sachbearbeiter B zu entscheiden, wenn eine Person eine waffenrechtliche Erlaubnis beantragt, die zweimal gegen die Gesetze verstoßen hat? Ist im Falle eines Gerichtsprozesses das Gericht an Nr. 5.4 WaffVwV gebunden? ◀

I. Begriff

1 **Verwaltungsvorschriften** sind nach ihrer herkömmlichen Konzeption allgemeine Anordnungen (Gegenbegriff: Einzelfallweisung) von der „höheren Verwaltung" ggü. untergeordneten Verwaltungsstellen. Sie enthalten abstrakt-generelle Regelungen von übergeordneten Verwaltungsstellen an nachgeordnete Behörden oder Bedienstete.[1] Sie dienen dazu, die Organisation bzw. das Verhalten der Verwaltung zu steuern.[2] Von ebenfalls durch die Exekutive zu erlassenden abstrakt-generellen Rechtsverordnungen und Satzungen unterscheiden sich Verwaltungsvorschriften dadurch, dass sie grds. nicht auf Wirkung nach außen (den Bürgern ggü.) zielen, sondern im **Innenbereich der Verwaltung** wirken.[3] Die **Nomenklatur** für derartige Vorschriften ist nicht einheitlich; sie werden auch Richtlinien, Erlasse, Rundverfügungen, zentrale Dienstvorschriften oder innerdienstliche Anleitungen genannt. Ggf. ist deshalb zu prüfen, ob diese die Definitionsmerkmale einer Verwaltungsvorschrift erfüllen.

Vielfach wird vertreten, dass **Algorithmen** bzw. Computerprogramme der Verwaltung Verwaltungsvorschriften sind bzw. wie diese zu behandeln sind.[4] Soweit diese in Verwaltungsvorschriften inkorporiert sind, die sich an die Programmierer richten, teilen sie deren Rechtsnatur (s. etwa § 39b Abs. 6 EStG). Oftmals werden den IT-Entwicklern nur Vorgaben zur Auslegung einzelner Begriffe, aber keinesfalls für das gesamte Programm gemacht. Gegen eine generelle Gleichsetzung von Computerprogrammen mit Verwaltungsvorschriften spricht, dass die Fähigkeiten von menschlichen Amtswaltern und Computern divergieren. Anders als Behördenbedienstete können IT-Systeme – jedenfalls momentan – die Richtigkeit ihrer Programmierung nicht hinterfragen und wegen Bedenken an ihrer Korrektheit beim Dienstvorgesetzten remonstrieren.[5] Computerprogramme richten sich nicht an Beamte, sondern an IT-Systeme und bedienen sich nicht der natürlichen Sprache. Da auf künstlicher Intelligenz beruhende IT-Systeme sich ständig selbst ändern, können sie keine Verwaltungsvorschriften sein.[6]

II. Arten von Verwaltungsvorschriften

2 Es gibt vielfältige Arten von Verwaltungsvorschriften:[7]

- **Organisations- und Dienstvorschriften** schaffen die Voraussetzungen für die Aufgabenwahrnehmung. Sie regeln neben der internen Organisation der Behörde deren

---

1 Ausführlich zu Verwaltungsvorschriften Martini in: Voßkuhle/Eifert/Möllers, Bd. 2, § 33 Rn. 78; Schenke in: Kahl/Ludwigs, I § 7 Rn. 52 ff.; s.a. BayVerfGH BayVBl. 2020, 412, 412 Rn. 12.
2 BayVerfGH BayVBl. 2020, 412 Rn. 12.
3 BVerwG NJW 2017, 1691; NVwZ-RR 2021, 259, 263. Zu den Abgrenzungsschwierigkeiten zwischen Rechtsverordnungen und Verwaltungsvorschriften Voßkuhle/Kaufhold JuS 2016, 314, 315. Zur Normenkontrollfähigkeit Rn. 8.
4 ZB Stelkens in: Stelkens/Bonk/Sachs, § 35a Rn. 19.
5 Dazu Rn. 5; s.a. Siegel Jura 2020, 920, 931.
6 Guckelberger VVDStRl 78 (2019), 235, 270 f.; eingehend dies., Öffentl. Verwaltung, Rn. 469 ff.
7 Vgl. die Aufzählung bei Detterbeck, Rn. 855 ff.

Dienstabläufe, also die innere Aufgaben- und Geschäftsverteilung, die Bearbeitung der Akten, die Dienstzeit uÄ.[8]

- **Verhaltenslenkende Verwaltungsvorschriften** betreffen den Inhalt konkreter Verwaltungsentscheidungen. Sie lassen sich einerseits in die **gesetzesakzessorischen** norminterpretierenden, ermessenslenkenden und normkonkretisierenden Verwaltungsvorschriften und andererseits in **gesetzesvertretende** Verwaltungsvorschriften unterteilen.

- **Norminterpretierende Verwaltungsvorschriften** (Auslegungsrichtlinien) betreffen die Auslegung und Anwendung von Rechtsnormen, und zwar vornehmlich der in ihnen enthaltenen unbestimmten Rechtsbegriffe.[9] Sie bilden Interpretationshilfen für nachgeordnete Behörden und stellen zugleich die Einheitlichkeit der Gesetzesanwendung sicher.[10]
  In diesem Zusammenhang hat sich eine weitere Gruppe von Verwaltungsvorschriften herausgebildet, die sog. **normkonkretisierenden Verwaltungsvorschriften**.[11] Sie sollen „offene" Gesetzestatbestände in einem Konkretisierungsprozess mit erheblichen dezisionistischen Anteilen standardisieren, wo dies gesetzgeberisch nicht oder nur schwer möglich ist. Bekannte Beispiele dafür sind die Technischen Anleitungen (TA) Lärm oder Luft.[12]

- **Ermessenslenkende Verwaltungsvorschriften** (Ermessensrichtlinien) schreiben nachgeordneten (Verwaltungs-)Stellen vor, wie sie ihr gesetzlich zugewiesenes Ermessen betätigen sollen.[13] Ziel ist die Gleichmäßigkeit der Ermessensausübung der Behördenbediensteten, etwa hins. der Versagung von Sondernutzungserlaubnissen für die Aufstellung von Altkleidercontainern auf öffentlichen Straßen.[14]

- **Gesetzesvertretende Verwaltungsvorschriften** dienen der Einheitlichkeit des Verwaltungshandelns in gesetzlich nicht oder wenig durchnormierten Bereichen, v.a. im Subventionsrecht. Bei Subventionsrichtlinien handelt es sich um Verwaltungsvorschriften, die Kriterien für die Vergabe von in Haushaltsplänen eingestellten Fördermitteln enthalten.[15]

- **Verhaltenslenkende Verwaltungsvorschriften** haben eine große Praxisrelevanz. Sie tragen zu einem einheitlichen Gesetzesvollzug bei,[16] führen zu einer Arbeitserleichterung für die Behördenbediensteten und ggf. schnelleren Behördenentscheidungen. Sie arbeiten „gewichtige und große Schritte auf dem langen Weg von den allgemeinen Gesetzesbegriffen zu den konkreten Entscheidungen im Einzelfall ab."[17]

---

8 Maurer/Waldhoff, § 24 Rn. 7; Schenke in: Kahl/Ludwigs VerwR-HdB, I, § 7 Rn. 54.
9 Hierzu auch § 14 Rn. 26.
10 Vgl. insoweit die Einordnung der „Sportanlagen-Nutzungsvorschriften" auf der Grundlage von § 14 Abs. 5 S. 1 Sportförderungsgesetz Berl durch OVG Berl-Bbg NVwZ-RR 2014, 948.
11 Etwa Erbguth DVBl. 1989, 473; Schenke in: Kahl/Ludwigs, I, § 7 Rn. 54.
12 Näher nachfolgend Rn. 8.
13 Maurer/Waldhoff, § 24 Rn. 13.
14 VGH Mannheim VBlBW 2022, 127,129.
15 Hierzu schon § 8 Rn. 9 f.
16 Zu dienstlichen Beurteilungen BVerfG NVwZ 2017, 1133, 1134 f.
17 Wahl in: Festgabe 50 Jahre BVerwG, 2003, S. 571 f.

III. Allgemeine rechtliche Anforderungen an Verwaltungsvorschriften

3   **Intrasubjektive Verwaltungsvorschriften** ergehen innerhalb desselben Trägers der öffentlichen Verwaltung. Die Kompetenz zum Erlass solcher Verwaltungsvorschriften beruht auf der inhärenten Befugnis der Behörden zur Organisation und Leitung ihres Geschäftsbereichs; eine spezielle gesetzliche Ermächtigungsgrundlage ist dafür nicht erforderlich.[18] Demgegenüber bedürfen **intersubjektive Verwaltungsvorschriften** im Verhältnis zwischen verschiedenen Trägern der öffentlichen Verwaltung einer besonderen gesetzlichen Ermächtigung, um Bindungswirkung ggü. Behörden anderer Verwaltungsträger entfalten zu können.[19] Besondere Ermächtigungen für den Erlass von Verwaltungsvorschriften sind in Art. 84 Abs. 2 und Art. 85 Abs. 2 S. 1 GG zu finden. Danach ist die Bundesregierung befugt, Verwaltungsvorschriften ggü. den Ländern zu erlassen, wenn sie Bundesgesetze als eigene Angelegenheit oder im Auftrag des Bundes ausführen. So hat die Bundesregierung die von ihr erlassene „Allgemeine Verwaltungsvorschrift zum Waffengesetz (WaffVwV)" aufgrund von Art. 84 Abs. 2 GG erlassen. Auch § 48 BImSchG enthält eine besondere Ermächtigung für die Bundesregierung, in (allgemeinen) Verwaltungsvorschriften ua Immissions- und Emissionswerte sowie das Verfahren zur Ermittlung der Emissionen und Immissionen festzulegen.

4   Verwaltungsvorschriften können **formlos**, also ohne Einhaltung eines besonderen Verfahrens erlassen werden, soweit sich nicht aus gesetzlichen Vorschriften etwas anderes ergibt.[20] Sie müssen den Behörden, für die sie gelten, bekannt gegeben werden.[21] Wegen dieser Flexibilität stellen Verwaltungsvorschriften ein beliebtes Steuerungsinstrument für das Handeln der Verwaltung dar.[22] Sie können aus sachlichen Gründen jederzeit mit Wirkung für die Zukunft geändert werden.[23]

5   Da Regelungen über das zulässige Ausmaß von Tätowierungen bei Beamten in deren Grundrechte (Art. 2 Abs. 1, 2 GG) eingreifen und nicht von den Bekleidungsvorschriften abgedeckt sind, ist dafür eine hinreichend bestimmte gesetzliche Ermächtigung notwendig (**Vorbehalt des Gesetzes**). Infolgedessen können sie nicht allein auf eine exekutive Verwaltungsvorschrift abgestützt werden.[24] Aus Gründen des Demokratie- und Rechtsstaatsprinzips müssen die wesentlichen Kriterien für dienstliche Beurteilungen von Amtswaltern, wie etwa das Beurteilungssystem und Vorgaben zur Bildung des abschließenden Gesamturteils unter Würdigung aller Einzelmerkmale, in einem Gesetz und nicht allein in einer Verwaltungsvorschrift vorgesehen sein.[25] Ausnahmsweise sollen Verwaltungsvorschriften jedoch für eine Übergangsphase genügen, sofern dadurch verfassungsferneren Zuständen entgegengewirkt wird.[26] Wie für jedes Verwaltungshandeln gilt auch für Verwaltungsvorschriften der **Vorrang des Gesetzes** nach Art. 20 Abs. 3 GG.[27] Verstoßen sie gegen Gesetze oder gar die Verfassung, sind sie rechtswidrig und damit unwirksam bzw. nichtig. Fraglich ist, ob ein Beamter eine in seinen Augen rechtswidrige Verwaltungsvorschrift anwenden muss. Die Antwort hier-

---

18 BVerfGE 26, 338, 396; 67, 222, 229; BVerwG Beschl. v. 26.1.2017 – 7 B 3/16, Rn. 17 juris; allg. § 6 Rn. 1.
19 Schenke in: Kahl/Ludwigs, I, § 7 Rn. 52.
20 Zu den Besonderheiten normkonkretisierender Verwaltungsvorschriften nachfolgend Rn. 8.
21 BVerwGE 104, 220, 227.
22 Voßkuhle/Kaufhold JuS 2016, 314; s.a. Ehlers in: ders./Pünder, § 2 Rn. 73.
23 Dazu BVerfG Beschl. v. 10.6.2020 – 2 BvR 297/20, Rn. 16 juris; darüber hinaus zur Beachtung des Vertrauensschutzes bei rückwirkenden Änderungen BVerwG Urt. v. 13.10.2021 – 2 C 6/20, Rn. 23 juris.
24 BVerwGE 160, 370, 378 ff.; s.a. BVerwG NVwZ 2018, 1140, 1142.
25 BVerwG NVwZ 2021, 1608, 1611 Rn. 34; ZTR 2022, 60, 61 Rn. 14.
26 BVerwG NVwZ-RR 2017, 693, 695 f.
27 Vgl. § 8 Rn. 2. VGH München BayVBl. 2018, 379, 382. S.a. BVerwGE 166, 205, 212 Rn. 20.

auf liefern § 63 Abs. 2 BBG und § 36 Abs. 2 BeamtStG: Sofern der Beamte Bedenken hins. der Rechtmäßigkeit einer dienstlichen Anordnung hat, ist dies dem Vorgesetzten ggü. anzuzeigen (sog. **Remonstration**). Verpflichtet der Vorgesetzte ihn zur Beachtung der Verwaltungsvorschrift, hat er dieser Anweisung Folge zu leisten.[28]

IV. Rechtsnatur

Die in der Verwaltung Tätigen müssen die Verwaltungsvorschriften im Rahmen ihrer Gehorsamspflicht und Weisungsgebundenheit beachten.[29] Verwaltungsvorschriften gehören zum **Innenrecht** der Verwaltung.[30] Die Reichweite der Innenwirkung richtet sich vornehmlich nach dem Inhalt der jew. Verwaltungsvorschrift. **Norminterpretierende** Verwaltungsvorschriften sind für die Bediensteten strikt verbindlich (nur eine „richtige" Auslegung des Tatbestandsmerkmals einer Norm). Nach zutreffender Ansicht dürfen die Bediensteten von **ermessenslenkenden** Verwaltungsvorschriften in atypischen Situationen abweichen. Denn derartige, aus der übergeordneten Perspektive erlassene Verwaltungsvorschriften können das Verwaltungshandeln nur abstrakt-generell steuern. Ermessen wird von dem Gesetzgeber jedoch aus Gründen der Einzelfallgerechtigkeit eingeräumt.

Seit langem ist streitig, inwieweit sich Bürger auf Verwaltungsvorschriften berufen können und Gerichte an Verwaltungsvorschriften gebunden sind. Indem die Verwaltung den Gesetzesvollzug erleichternde Verwaltungsvorschriften anwendet, entfalten diese faktische Außenwirkung. Was die **rechtliche Außenwirkung der Verwaltungsvorschriften** betrifft, stehen sich im Wesentlichen zwei Meinungen gegenüber. Nicht durchsetzen konnte sich die **Lehre vom originären Administrativrecht**, wonach die Exekutive in ihrem Funktionsbereich außenwirksame Verwaltungsvorschriften erlassen darf.[31] Die bislang **ü.M. verneint eine unmittelbare Außenwirkung** von Verwaltungsvorschriften. Begründen lässt sich dies mit einem Umkehrschluss zu Art. 80 Abs. 1 GG; außerdem werden die Verwaltungsvorschriften in Art. 84 Abs. 2, Art. 85 Abs. 2 GG außerhalb des Abschnitts „Die Gesetzgebung" erwähnt. Verwaltungsvorschriften fehlt somit die Rechtsnormen (formelle Gesetze, Rechtsverordnungen, Satzungen) kennzeichnende Außenwirkung.[32] Bürgern ggü. leiten sich aus Verwaltungsvorschriften indes keine unmittelbar geltenden Rechte und Pflichten ab; Verwaltungsvorschriften wirken (eben) nicht im (Außen-)Verhältnis Bürger – Verwaltung.[33] Auch für Gerichte bilden sie grds. keine unmittelbare Entscheidungsgrundlage; eine behördliche Entscheidung ist gerichtlich nicht daraufhin überprüfbar, ob sie gegen eine Verwaltungsvorschrift verstößt.[34] In den Worten des BVerfG ist die Befugnis zur verbindli-

---

28 Zum Remonstrationsverfahren auch VGH München Beschl. v. 9.4.2019 – 16b DZ 17.1053, juris; OLG Bremen Urt. v. 23.1.2019 – 1 U 25/18, Rn. 49 juris. Zum Problem der Anwendung für rechtswidrig erachteter Gesetze § 7 Rn. 19 f.
29 Reimer Jura 2014, 678, 679 f.
30 BVerwG NVwZ-RR 2021, 259, 263 Rn. 39; NVwZ 2022, 555, 560 Rn. 48; Zum rechtstheoretischen und dogmatischen Rechtsnormbegriff Reimer Jura 2014, 678, 680 ff., sowie 687.
31 ZB Hill NVwZ 1989, 401, 402 ff.; Mehde VVDStRL 71 (2011), 418, 428 f.
32 ZB Schenke in: Kahl/Ludwigs, I, § 7 Rn. 54. Zur Abgrenzung zwischen Rechtsverordnung und Verwaltungsvorschrift in Zweifelsfällen vgl. Maurer/Waldhoff, § 24 Rn. 17 ff.
33 ZB BayVerfGH BayVBl. 2020, 412 Rn. 13. Gleichwohl finden sich im Schrifttum Bestrebungen, Verwaltungsvorschriften generell einer unmittelbaren Rechtsgeltung sowie einer erweiterten bzw. umfassenden Bindungswirkung zuzuführen; krit. Erörterung bei Saurer VerwArch 97 (2006), 249.
34 Vgl. BVerfGE 78, 214, 227.

chen Auslegung von Gesetzen nach dem Grundgesetz der rechtsprechenden Gewalt vorbehalten.[35]

7   Zu berücksichtigen bleibt allerdings, dass Behörden im Bereich der gesetzesfreien Verwaltung und bei der Betätigung von Beurteilungsspielräumen und Ermessensentscheidungen einen von den Gerichten **nur eingeschränkt überprüfbaren Entscheidungsspielraum** besitzen. Wird dieser mithilfe von Verwaltungsvorschriften ausgefüllt (gesetzesvertretende und beurteilungs- bzw. ermessenslenkende Verwaltungsvorschriften), bildet sich unter Anwendung der Verwaltungsvorschriften eine **Verwaltungspraxis**, durch die **sich die Verwaltung selbst bindet**.[36] Das gilt etwa bei der Vergabe von Subventionen nach Maßgabe von (Subventions-)Richtlinien.[37] Gleichgelagerte Fälle, in denen jene Verwaltungsvorschriften zur Anwendung kommen, dürfen dann nicht ohne sachlichen Grund unterschiedlich behandelt werden. Andernfalls kommt es zu einem Verstoß gegen den Gleichheitssatz des **Art. 3 Abs. 1 GG**.[38] Aufgrund dieses Gleichheitsgrundsatzes und des im Rechtsstaatsprinzip zu verortenden Vertrauensschutzes ergibt sich eine anspruchsbegründende Wirkung im Außenverhältnis[39], insb. zum Bürger. Da Grundrechte zum Außenrecht gehören, entfalten diese Verwaltungsvorschriften somit über die Umschaltnorm des Art. 3 Abs. 1 GG eine **mittelbare Außenwirkung**.[40] Dies gilt jedoch nur, soweit die Verwaltungsvorschrift(en) und die hierauf fußende Verwaltungspraxis rechtmäßig sind; ein Anspruch auf Gleichbehandlung im Unrecht besteht nicht.[41] Problematisch sind diejenigen Konstellationen, in denen eine Verwaltungsvorschrift erst erlassen wurde und es **bislang noch keinen Vergleichsfall** gibt. Während manche deshalb einen Rekurs auf Art. 3 Abs. 1 GG verneinen,[42] tritt richtigerweise eine Selbstbindung der Verwaltung ein. Sie ist Voraussetzung für die Geltung des Art. 3 Abs. 1 GG und entsteht als sog. **antizipierte Verwaltungspraxis** schon dann, wenn die Verwaltungsvorschrift noch nicht angewandt worden ist, auf ihrer Grundlage vielmehr zum ersten Mal entschieden werden soll: Der Gleichbehandlungsanspruch aus Art. 3 Abs. 1 GG richtet sich darauf, dass der Behördenmitarbeiter aufgrund seiner Bindung an die Verwaltungsvorschrift im ersten Fall so entscheidet, wie er in allen zukünftigen Fällen entscheiden muss.[43]

Bei **norminterpretierenden Verwaltungsvorschriften**, die Anleitungen zum Umgang mit unbestimmten Rechtsbegriffen ohne Beurteilungsspielraum geben, kann es mangels administrativen Entscheidungsspielraums zu **keiner Selbstbindung** und damit Verwaltungspraxis mit den vorstehend geschilderten Konsequenzen kommen;[44] maßgeblich für die gerichtliche Kontrolle ist allein die gesetzliche Regelung.[45] Der (norminterpre-

---

35 BVerfGE 157, 177, 213 Rn. 78; s.a. BVerwGE 168, 392, 396 f. Rn. 18.
36 Vgl. nur Maurer/Waldhoff, § 24 Rn. 27; insb. bei mehrdeutigem Wortlaut der Verwaltungsvorschrift ist aber die tatsächliche Verwaltungspraxis der Bezugspunkt der Selbstbindung, s. BVerwG Urt. v. 13.10.2021 – 2 C 6/20, Rn. 23 juris; s.a. BVerwG Beschl. v. 25.2.2021 – 1 WB 25/20, Rn. 35 juris auch dann, wenn die Praxis vom Wortlaut abweicht. Zur antizipierten Verwaltungspraxis nachfolgend im Text.
37 Ziekow, Wirtschaftsrecht, § 6 Rn. 55; Kluckert JuS 2019, 536 ff.
38 BVerwGE 143, 50, 59; BVerwG NVwZ 2020, 382, 383. Entsprechende Annahme auf EU-Ebene mit Blick auf „Verhaltensnormen" der Kommission für die von ihr vorzunehmende Beurteilung von Regionalbeihilfen, EuG EuZW 2012, 666.
39 BVerwG Urt. v. 6.4.2022 – 8 C 9/21, Rn. 10 juris.
40 BVerwG NVwZ 2019, 80; Detterbeck, Rn. 870 f.
41 Bereits § 14 Rn. 47. S.a. OVG Saarlouis NVwZ-RR 2019, 219, 220 Rn. 11.
42 ZB Maurer/Waldhoff, § 24 Rn. 28: wie Einzelweisung zu verstehen.
43 BVerwGE 52, 193, 199; s.a. BVerwG Beschl. v. 17.1.2019 – 6 B 138/18, Rn. 11 juris.
44 BVerwGE 45, 197, 200; iErg auch BVerwG Urt. v. 29.3.2018 – 5 C 14/17, Rn. 38 juris.
45 Vgl. Erichsen/Klüsche Jura 2000, 541, 547; instruktiv OVG Berl NVwZ-RR 2014, 948.

§ 27 Verwaltungsvorschriften

tierenden) Verwaltungsvorschrift kommt allenfalls Indizfunktion für eine mögliche Auslegung unbestimmter Rechtsbegriffe zu, ohne dass insoweit eine Bindung des Gerichts eintritt.[46]

Eine Sonderstellung nehmen nach Auffassung des BVerwG **normkonkretisierende Verwaltungsvorschriften** im Umwelt- und technischen Sicherheitsrecht ein,[47] deren bekannteste Beispiele die Technischen Anleitungen zur Festsetzung von Grenzwerten für Immissionen und Emissionen (TA Luft[48] und TA Lärm[49]) sind. Zunächst wurde deren unmittelbare Außenwirkung auch für die Gerichte damit begründet, dass die Vorgaben ein antizipiertes Sachverständigengutachten enthalten. Weil die dortigen Festlegungen jedoch auch politische Elemente umfassen, begründet man die Außenwirkung der TAen heute anders: Gem. § 48 BImSchG werden in diesen von der Bundesregierung ua Immissionsgrenzwerte festgelegt, um den in zahlreichen Vorschriften des Bundes-Immissionsschutzgesetzes (zB in §§ 3, 5, 17, 22 BImSchG) vorfindlichen unbestimmten Rechtsbegriff „schädliche Umwelteinwirkungen" näher zu bestimmen. Diese Verwaltungsvorschriften werden in einem formalisierten Verfahren unter Beteiligung von Vertretern aus der Wissenschaft, der Betroffenen, der beteiligten Wirtschaft, des beteiligten Verkehrswesens sowie der obersten Landesbehörden für den Immissionsschutz erlassen (s. § 51 BImSchG). Wegen dieses auf einer normativen Ermächtigung beruhenden besonderen Verfahrens zur Richtigkeitsgewähr sowie der besseren Eignung der Exekutive zur Grenzwertfestlegung ggü. dem einzelnen Richter wird diesen normkonkretisierenden Verwaltungsvorschriften eine **unmittelbare Außenwirkung** zuerkannt.[50] Freilich gelten einengende Anforderungen für diese Außenwirkung. Die Bindung der Gerichte an sie entfällt, wenn die Verwaltungsvorschrift durch Erkenntnisfortschritte in Wissenschaft und Technik inhaltlich überholt ist oder eine atypische Situation vorliegt.[51]

Derartige normkonkretisierende Verwaltungsvorschriften sind nach dem BVerfG allenfalls in engen Grenzen zulässig. Der Gesetzgeber darf der Verwaltung eine solche Standardisierungsbefugnis nur unter Beachtung der Grundrechte, des Rechtsstaats- und Demokratieprinzips verleihen. Wegen der Freistellung der Rechtsanwendung von der gerichtlichen Kontrolle bedarf es hierfür eines hinreichend gewichtigen Sachgrundes, etwa des dynamischen Grundrechtsschutzes.[52] Darüber hinaus bedürfen derartige Verwaltungsvorschriften mit unmittelbarer Außenwirkung aus Rechtsschutzgründen und wegen des Rechtsstaatsprinzips der Bekanntgabe; die davon Betroffenen müssen ihren Inhalt zur Kenntnis nehmen können.[53] Auch sind sie – anders als „normales"

---

[46] Vgl. BVerwG NVwZ-RR 2021, 259, 263 Rn. 39; Guckelberger Die Verw. 35 (2002), 61, 79 f.; Maurer/Waldhoff, § 24 Rn. 31.
[47] BVerwGE 72, 300, 320 f.; 107, 338, 341; 110, 216, 218; Schlacke, § 6 Rn. 18.
[48] V. 18.8.2021, GMBl. 2021, 1050.
[49] V. 26.8.1998, GMBl. 1998, 503 idF BGBl. 2013 I 274 geändert durch Banz AT v. 8.6.2017, B 5; vgl. BVerwGE 129, 209; dazu Murswiek JuS 2008, 1022; zum Vorstehenden bereits Rn. 2.
[50] BVerwGE 145, 145, 148 ff.; BVerwG NVwZ 2021, 1295, 1297; Schenke in: Kahl/Ludwigs, I, § 7 Rn. 54; anders Maurer/Waldhoff, § 24 Rn. 32: nur Reduzierung der richterlichen Kontrolle, keine allg. Außenwirkung.
[51] BVerwGE 107, 338, 341; VGH München UPR 2019, 220, 223 Rn. 36. Vgl. auch die anfängliche Rspr. des BVerwG, nach der solche Verwaltungsvorschriften als antizipierte Sachverständigengutachten galten, BVerwGE 55, 250, 255 ff.
[52] BVerfGE 129, 1, 21 f.
[53] Etwa Maurer/Waldhoff, § 24 Rn. 53. S.a. BVerwG Urt. v. 25.11.2004 – 5 CN 2/03, Rn. 20 juris.

Verwaltungsinnenrecht[54] – als Rechtsvorschriften iSd § 47 Abs. 1 Nr. 2 VwGO im Normenkontrollverfahren überprüfbar.[55]

9 Aus **unionsrechtlicher** Sicht ist von Bedeutung, dass sich nach der Rspr. des EuGH Verwaltungsvorschriften, auch solche normkonkretisierender Art, nicht zur Umsetzung von EU-Richtlinien eignen, weil bei ihnen mangels eindeutiger Außenwirkung und Publizität und aufgrund fehlender gesetzesgleicher Wirkung die Gefahr einer Beeinträchtigung der Wirksamkeit des Unionsrechts besteht.[56]

▶ **Zu Fall 5:** Nr. 5.4 WaffVwV gibt den Behördenbediensteten vor, wie sie den in § 5 Abs. 2 Nr. 5 WaffG enthaltenen unbestimmten Rechtsbegriff „wiederholt" auszulegen haben. Es handelt sich um eine norminterpretierende Verwaltungsvorschrift, mit der ein gleichmäßiger Vollzug von § 5 Abs. 2 Nr. 5 WaffG durch alle Behördenbedienstete bezweckt wird. Diese norminterpretierende Verwaltungsvorschrift ist für Sachbearbeiter B aufgrund seiner Weisungsgebundenheit (Beamtenrecht bzw. Tarif-/Arbeitsvertragsrecht iVm Organisationsvorschriften) und weil es nur eine einzige „richtige" Auslegung des Tatbestandsmerkmals „wiederholt" gibt, strikt verbindlich. Er hat sie seiner Entscheidung zugrunde zu legen. Verwaltungsvorschriften gehören zum Innenrecht. Nach ü.M. haben sie weder für die Bürger noch die Gerichte unmittelbare Außenwirkung. Da es sich bei dem „wiederholten" Verstoß in § 5 Abs. 2 Nr. 5 WaffG um einen unbestimmten Rechtsbegriff ohne Beurteilungsspielraum handelt, sind die Gerichte gem. Art. 19 Abs. 4 S. 1 GG zur vollständigen Kontrolle der Verwaltungsentscheidung verpflichtet. Nach dem Gewaltenteilungsprinzip obliegt ihnen die letztverbindliche Auslegung. Da die Gerichte gem. Art. 20 Abs. 3 GG an Gesetz und Recht, nicht jedoch an die nur für die Verwaltung bestimmten Verwaltungsvorschriften gebunden sind, sind diese grds. Gegenstand, nicht jedoch Maßstab der gerichtlichen Kontrolle.[57] Das Gericht hat zu entscheiden, ob das Merkmal „wiederholt" in § 5 Abs. 2 Nr. 5 WaffG in einem engen oder weiten Sinn zu verstehen ist. Je nachdem, welche Position es für richtig hält, kann es sich der Sicht der Verwaltung anschließen oder die aus seiner Sicht maßgebliche Auslegung bestimmen. Die Verwaltungsvorschrift hat für die Gerichte die Bedeutung eines „Auslegungsvorschlags", ohne dass sie an diesen gebunden sind. Norminterpretierenden Verwaltungsvorschriften kommt im Außenverhältnis keine Bindungswirkung zu. ◀

V. Wiederholungs- und Verständnisfragen

> Worin unterscheiden sich Verwaltungsvorschriften von anderen Rechtsnormen (formelle Gesetze, Rechtsverordnungen, Satzungen)? (→ Rn. 1)
> Welche Arten von Verwaltungsvorschriften gibt es? (→ Rn. 2)
> Können Verwaltungsvorschriften ggü. dem Bürger Außenwirkung entfalten? (→ Rn. 7 f.)

---

54 Vorstehend Rn. 6.
55 BVerwG DÖV 2005, 605, 607 mwN; BVerwG Beschl. v. 25.9.2012 – 3 BN 1/12, Rn. 2 juris; zur Neuausrichtung der höchstrichterlichen Rspr. vgl. Saurer DÖV 2005, 587; s.a. § 28 Rn. 3. Dagegen geht BVerwG NVwZ 2020, 382, 383 f. davon aus, dass ermessenslenkende Verwaltungsvorschriften zur Gewährleistung der unionsrechtskonformen Durchführung von Kontrollen zur Identitätsfeststellung im Grenzgebiet auch nach der EuGH-Rspr. zulässig sind.
56 Für die TA Luft EuGH Slg. 1991, I-2567; dazu Doerfert JA 1999, 949; Ludwigs in: Kahl/ders., I, § 8 Rn. 31.
57 BVerfGE 129, 1, 21 f.

§ 28 Normenkontrolle, § 47 VwGO

▶ **FALL 6:** Gemeinde G im Saarland beschließt im Juli 2020 in einer Satzung, dass kommunale Flächen nur für Zirkusbetriebe zur Verfügung gestellt werden, die keine Wildtiere wie „Zebras, Lamas und Kängurus" mit sich führen. Zirkusunternehmer Z, der einen Zirkus mit solchen Tieren betreibt, möchte im Januar 2021 in der Gemeinde G seine Vorstellung geben. Weil er in der Satzung ein Hindernis für sein Vorhaben sieht, stellt er sofort nach Bekanntmachung der Satzung einen Normenkontrollantrag beim OVG Saarlouis. Ist dieser zulässig? ◀

I. Begriff und Funktion

Als Normenkontrolle wird die gerichtliche Überprüfung von Rechtssätzen auf ihre Vereinbarkeit mit höherrangigem Recht bezeichnet. Erfolgt diese Prüfung losgelöst von einem konkreten Rechtsstreit um deren Anwendung, handelt es sich um eine abstrakte oder **prinzipale Normenkontrolle**. Dergestalt hat § 47 VwGO wie Art. 93 Abs. 1 Nr. 2 GG ein abstraktes Normenkontrollverfahren zum Gegenstand.[1] Wegen ihrer hervorgehobenen Bedeutung sind für die prinzipale Normenkontrolle die **Oberverwaltungsgerichte** (**OVG**) (bzw. in Baden-Württemberg, Bayern und Hessen: die Verwaltungsgerichtshöfe, § 184 VwGO) zuständig. Sie können gem. **§ 47 Abs. 5 S. 2 VwGO** in einer **allgemein verbindlichen Entscheidung** die Unwirksamkeit einer Rechtsvorschrift feststellen (sog. Bündelungsfunktion). Aus prozessökonomischen Gründen eröffnet die Normenkontrolle die Möglichkeit, durch eine einzige Entscheidung eine Mehrzahl von Streitigkeiten mit möglicherweise divergierenden Standpunkten der Verwaltungsgerichte zu vermeiden und diese Gerichte zu entlasten.[2] Angesichts dieser Zielrichtung wird die in § 47 Abs. 1 VwGO enthaltene Klausel, wonach das OVG „**im Rahmen seiner Gerichtsbarkeit**" über die Gültigkeit von Rechtsvorschriften entscheidet, eng ausgelegt. Die sachliche Zuständigkeit des OVG ist nur gegeben, wenn sich aus der zur Überprüfung gestellten Norm im Einzelfall verwaltungsgerichtliche Streitigkeiten ergeben können, in denen die Verwaltungsgerichte die angegriffene Norm inzident zu prüfen haben.[3] Wird zB in einer Polizeiverordnung eine Leinenpflicht für Hunde einschließlich Bußgeldbewehrung eingeführt, befasst sich das OVG im Rahmen der Normenkontrolle zwar mit der Leinenpflicht. Denn bei Verstößen einzelner Hundehalter können die Polizeibehörden ihnen ggü. Einzelfallanordnungen durch Verwaltungsakte treffen, über welche im Streitfall die Verwaltungsgerichte zu befinden haben. Das OVG prüft dagegen nicht die Bußgeldvorschrift. Denn für die Kontrolle der Bußgeldbescheide aufgrund dieser Vorschrift sind nach § 68 OWiG allein die ordentlichen Gerichte zuständig.[4]

Die prinzipale Normenkontrolle nach § 47 VwGO stellt, sofern sie von einer Behörde beantragt wird, ein Verfahren rein **objektiver Beanstandung** zur Kontrolle der Einhaltung der Bindung an Recht und Gesetz (Art. 20 Abs. 3 GG), nicht aber zum Schutz individueller Rechtspositionen dar. Ist Antragsteller hingegen eine natürliche oder ju-

1

2

---

1 Dazu eingehend Ehlers in: ders./Schoch, § 32. S. zu den seit dem 1.1.2019 in Nordrhein-Westfalen geltenden erweiterten Rechtsschutzmöglichkeiten im Rahmen des § 47 VwGO Wedel/Klenke/Hollands NVwZ 2019, 125 ff.
2 S.a. BVerwGE 119, 217, 220; 146, 217, 220; BVerwG Urt. v. 30.11.2017 – 6 BN 1/17, Rn. 7 juris; Eibenstein JuS 2021, 218.
3 BVerwGE 146, 217, 220 f.; BVerwG NVwZ-RR 2015, 69, 70; Eibenstein JuS 2021, 218.
4 BVerwG NVwZ 2005, 695, 696.

ristische Person (ggf. auch Selbstverwaltungsträger, vgl. Art. 28 Abs. 2 S. 1 GG), so handelt es sich zugleich um ein **Rechtsschutzverfahren** zur Abwehr der Verletzung subjektiver Rechte durch normatives Unrecht.[5] Allerdings wird ein solches subjektives Recht nur bei der Zulässigkeit der Normenkontrolle (s. die Ausgestaltung der Antragsbefugnis in § 47 Abs. 2 S. 1 Alt. 1 VwGO), jedoch nicht mehr bei ihrer Begründetheit prüfungsrelevant.[6] Denn bei der Normenkontrolle fehlt eine § 113 Abs. 1 S. 1 VwGO vergleichbare Regelung und wird wegen der Allgemeinverbindlichkeit der Unwirksamkeitserklärung einer Rechtsvorschrift nach § 47 Abs. 5 S. 2 VwGO bei der Begründetheit das Vorliegen einer individuellen Rechtsverletzung des Antragstellers nicht geprüft.[7]

Im Näheren gelten für die Zulässigkeit des Verfahrens neben den allgemeinen (zu den allg. Sachentscheidungsvoraussetzungen anhand der Anfechtungs- und Verpflichtungsklage vgl. § 20 Rn. 25 ff.) die nachfolgend behandelten besonderen Zulässigkeitsvoraussetzungen.

II. Statthaftigkeit

3   Nach **§ 47 Abs. 1 Nr. 1 VwGO** ist die Normenkontrolle **bundesweit** die statthafte Verfahrensart, wenn der Antragsteller die Überprüfung der Gültigkeit von **Satzungen**, die nach den Vorschriften des **Baugesetzbuchs** erlassen worden sind,[8] oder **von Rechtsverordnungen aufgrund des** § 246 Abs. 2 BauGB begehrt. Nach dem Baugesetzbuch erlassene Satzungen sind insb. **Bebauungspläne** (vgl. § 10 Abs. 1 BauGB). Als weitere Beispiele sind die Veränderungssperre (§ 16 Abs. 1 BauGB) oder Satzungen nach § 34 Abs. 4–6 und § 35 Abs. 6 BauGB zu nennen.

In **Berlin** werden Bebauungspläne gem. § 246 Abs. 2 BauGB iVm § 6 Abs. 3 S. 1 AGBauGB als Rechtsverordnung beschlossen. Sie sind als satzungsersetzende Rechtsverordnungen nach § 47 Abs. 1 Nr. 1 Alt. 2 VwGO normenkontrollfähig.[9] Ähnlich gestaltet sich die Rechtslage in **Hamburg**, wo Bebauungspläne nach § 3 Abs. 1 S. 1 BauleitplG Hmb durch Rechtsverordnung des Senats festgestellt werden. Wird der Bebauungsplan dagegen durch Gesetz erlassen (§ 3 Abs. 2 BauleitplG Hmb), kann man über die Zulässigkeit der Normenkontrolle nach § 246 Abs. 1 Nr. 1 Alt. 2 VwGO streiten, da dort von „Rechtsverordnungen" iSd § 246 Abs. 2 BauGB die Rede ist. Weil der in Bezug genommene § 246 Abs. 2 BauGB nur eine technische Regelung zur Anpassung an die Besonderheiten der Stadtstaaten ist und sich die Wahl der Gesetzesform für die Bürger als eher zufällig darstellt, sollen derartige satzungsvertretende Gesetze dennoch tauglicher Prüfungsgegenstand der Normenkontrolle sein.[10]

Im **Flächennutzungsplan** werden gem. § 5 Abs. 1 S. 1 BauGB die *Grundzüge* der städtebaulichen Entwicklung für das gesamte Gemeindegebiet dargestellt. Er ist ein vorbereitender Bauleitplan, da aus ihm später einzelne Bebauungspläne zu entwickeln sind (§ 8 Abs. 2 S. 1 BauGB). Als nur vorbereitendem Bauleitplan kommt ihm im Verhältnis zu den Bürgern keine rechtsnormmäßige Verbindlichkeit zu.[11] Da der Flächen-

---

5   Einzelheiten sind streitig, vgl. etwa Schenke, Rn. 946; Ziekow in: Sodan/ders., VwGO, § 47 Rn. 31 ff.
6   Anders als bspw. bei der Anfechtungs- und Verpflichtungsklage, vgl. § 20 Rn. 34 ff.
7   BVerwG NVwZ-RR 2019, 1027, 1028; Eibenstein JuS 2021, 218, 223; Mann/Lang Jura 2022, 693.
8   Vor der Bekanntmachung ist das Verfahren nicht eröffnet, OVG Lüneburg BauR 2008, 1867; aber auch (zu planreifen Bebauungsplänen) Erbguth/Schubert, Öffentliches Baurecht, § 15 Rn. 14a. Dazu, dass erst in der Begründetheit die Prüfung der Vereinbarkeit der Norm mit dem BauGB zu erfolgen hat, Mann/Lang Jura 2022, 693, 695.
9   Siegel in: ders./Waldhoff, Öffentliches Recht in Berlin, 3. Aufl. 2020, § 4 Rn. 106.
10 Eingehend zum Streitstand Ziekow in: Sodan/ders., VwGO, § 47 Rn. 81 ff.
11 VGH Mannheim NuR 2014, 221, 222; Guckelberger in: Gröpl/dies./Wohlfarth, Landesrecht Saarland, § 5 Rn. 14 iE.

nutzungsplan im Unterschied zum Bebauungsplan (s. § 10 Abs. 1 BauGB) keine Satzung ist, lehnte die bislang hM seine Normenkontrollfähigkeit nach § 47 Abs. 1 Nr. 1 VwGO ab. Als hoheitliche Maßnahme sui generis enthält der Flächennutzungsplan nur grobmaschige Vorgaben („Grundzüge") und es fehlt ihm die Außenwirkung.[12] Tatsächlich erschöpft sich seine Wirkung regelmäßig darin, Vorgaben für Bebauungspläne oder (abgeschwächt) für Fachplanungen zu liefern (§ 8 Abs. 2 S. 1, § 7 BauGB). Allerdings hat der Gesetzgeber vor geraumer Zeit Folgendes eingeführt: Werden in einem Flächennutzungsplan Konzentrationszonen für bestimmte Außenbereichsvorhaben, zB Windenergieanlagen, dargestellt, folgt daraus, dass derartige Anlagen außerhalb dieses Bereichs „in der Regel" unzulässig sind. Weil der Gesetzgeber den Flächennutzungsplan durch derartige Ausweisungen nachträglich aufgewertet hat, der VwGO-Gesetzgeber dies aber nicht vorhersehen konnte, sind **Konzentrationsflächen allerdings nur mit den Wirkungen des § 35 Abs. 3 S. 3 BauGB** (also ohne die Positivflächen) analog § 47 Abs. 1 Nr. 1 VwGO normenkontrollfähig, weil sie eine den Feststellungen eines Bebauungsplans vergleichbare Wirkung entfalten und nur bei einem Rekurs auf § 47 Abs. 1 Nr. 1 VwGO bundesweit normenkontrollfähig sind.[13]

Für Flächennutzungspläne, für die eine Pflicht zur Durchführung einer Strategischen Umweltprüfung bestehen kann, bestimmt nunmehr § 7 Abs. 2 UmwRG, dass über derartige Rechtsbehelfe im ersten Rechtszug das OVG entscheidet, auch wenn kein Fall des § 47 Abs. 1 Nr. 1, 2 VwGO vorliegt. Lediglich wenn keine Gestaltungs- oder Leistungsklage oder kein Antrag nach § 47 Abs. 1 VwGO statthaft ist, findet § 47 VwGO entsprechende Anwendung. Infolgedessen kann ein Flächennutzungsplan, der keine Festsetzungen iSd § 35 Abs. 3 S. 3 BauGB enthält, dennoch durch eine Umweltvereinigung einer Normenkontrolle hins. einer Verletzung umweltbezogener Vorschriften zugeführt werden.[14]

Des Weiteren kann sich das Normenkontrollgericht nach **§ 47 Abs. 1 Nr. 2 VwGO** mit der Gültigkeit anderer im Rang unter dem Landesgesetz stehender Rechtsvorschriften befassen, jedoch nur, sofern das Landesrecht dies bestimmt. Inzwischen haben alle Bundesländer mit Ausnahme von Hamburg von dieser Öffnungsmöglichkeit Gebrauch gemacht,[15] allerdings mit unterschiedlicher Reichweite.[16] In vielen Bundesländern wird die Normenkontrolle nach Nr. 2 umfassend eröffnet. Bspw. hat der saarländische Gesetzgeber in § 18 SaarlAGVwGO geregelt, dass das OVG untergesetzliche Landesvorschriften prüft. Durch die Beschränkung auf „im Rang unter dem Landesgesetz" stehende Rechtsvorschriften wird deutlich, dass formelle Landesgesetze nicht normenkontrollfähig sind. Zu den untergesetzlichen Rechtsnormen des Landesrechts gehören insb. Satzungen, etwa zur Einführung eines Anschluss- oder Benutzungszwangs in einer Gemeinde oder eine gemeindliche Baumschutzsatzung, sowie Rechtsverordnungen, etwa Corona- oder Polizeiverordnungen (zu diesen § 7 Rn. 6 f., §§ 25 f.). Im benachbarten Rheinland-Pfalz sind dagegen ministerielle Rechtsverordnungen iSd

---

12 BVerwG NVwZ 1991, 262; Schenke, Rn. 951 mwN.
13 Vgl. OVG Koblenz NVwZ 2006, 1442, 1442 f.; BVerwGE 128, 382, 384 f. Rn. 11 ff.; 146, 40, 42 ff. Rn. 13 ff., 23 ff., anhand von Höhenbegrenzungen von Windenergieanlagen: Bedeutung nur als öffentlicher Belang nach § 35 Abs. 3 S. 1 Nr. 1 BauGB, nicht rechtsverbindlich nach § 35 Abs. 3 S. 3 BauGB; dazu mwN Schübel-Pfister JuS 2013, 990, 991 f. Ebenso BVerwG NVwZ 2019, 491, 493. Teils wurde in der Lit. eine Normenkontrolle nach § 47 Abs. 1 Nr. 2 VwGO in Erwägung gezogen, da der Flächennutzungsplan zwar keine Satzung, aber eine untergesetzliche Rechtsvorschrift sein könnte.
14 Schlacke NVwZ 2017, 905, 911; krit. ggü. diesem Sonderprozessrecht Guckelberger, Deutsches Verwaltungsprozessrecht, S. 39 ff.
15 Erst kürzlich hat NRW das Normenkontrollverfahren eingeführt (§ 109a JustG NRW, s. dazu Wedel/Muders NVwZ 2021, 1826 ff.), seit 1.7.2022 gilt es ebenso in Berlin (§ 62a JustG Berlin).
16 Detterbeck, Rn. 1408. Dazu, dass die Nr. 2 keine Normenkontrolle untergesetzlicher Rechtsvorschriften eines anderen Bundeslandes ermöglicht, BVerwGE 154, 247, 249 ff.

Art. 130 LVerf RP gem. § 4 Abs. 1 S. 2 AGVwGO RP nicht normenkontrollfähig. Art. 19 Abs. 4 S. 1 GG verpflichtet nicht zur Einführung einer prinzipalen Normenkontrolle. Indem die Betroffenen derartige Rechtsvorschriften inzident etwa bei der Überprüfung einer Verwaltungsentscheidung innerhalb einer Anfechtungs- oder Verpflichtungsklage oder über die allgemeine Feststellungsklage einer gerichtlichen Prüfung zuführen können, steht ihnen ein hinreichend effektiver Rechtsschutz zur Verfügung.[17]

Angesichts der Zielsetzung der Normenkontrolle wird der in § 47 Abs. 1 Nr. 2 VwGO enthaltene Begriff der Rechtsvorschrift großzügig aufgefasst. Darunter werden auch Vorschriften gefasst, welche unabhängig von ihrem materiellen Gehalt durch Satzung oder Rechtsverordnung für verbindlich erklärt wurden, sowie all diejenigen Regelungen, die unmittelbare rechtliche Außenwirkung haben.[18] Letzteres ist nach dem BVerwG anzunehmen, wenn die Regelung Bindungswirkung auch ggü. Bürgern oder anderen Rechtssubjekten entfaltet, indem sie gleichsam als „Schlussstein" eine Konkretisierung der gesetzlichen Vorschriften bewirkt.[19] Zu Rechtsvorschriften nach § 47 Abs. 1 Nr. 2 VwGO werden auch gezählt:

- trotz ihres binnenrechtlichen Charakters **Geschäftsordnungen** kommunaler Vertretungsorgane, sofern sie aufgrund ihres abstrakt-generellen Charakters geeignet sind, zu einer Vielzahl von Streitigkeiten zu führen (wegen der Festlegung kompetenzieller bzw. organschaftlicher Wahrnehmungsrechte der Mandatsträger),[20] ferner

- **normkonkretisierende Verwaltungsvorschriften** wegen ihrer unmittelbaren Außenwirkung. Die Mehrzahl der Verwaltungsvorschriften ist dagegen wegen ihrer bloßen (Verwaltungs-)Innenwirkung der prinzipalen Normenkontrolle entzogen.[21]

5 **Ausgenommen** vom Anwendungsbereich des § 47 VwGO sind vor diesem Hintergrund Rechtsvorschriften des Bundes, und zwar jeden Ranges (zur Feststellungsklage insoweit vgl. Exkurs, Rn. 6), sowie formelle Landesgesetze. Abweichendes soll nach verbreiteter Auffassung bei Landesgesetzen gelten, die eine Rechtsverordnung ändern und zugleich die vorgenommenen Änderungen ihrerseits der Modifikation durch Rechtsverordnung zugänglich machen.[22]

6 **Exkurs**: Neben bzw. anstelle der Normenkontrolle kann aber die **allgemeine Feststellungsklage** (§ 43 VwGO, dazu § 10 Rn. 9 ff.) statthaft sein, und zwar (gerade) auch bei Bundesrechtsverordnungen, deren Kontrolle nach **§ 47 VwGO** nicht möglich ist.[23] Eine **Sperrwirkung** geht von letzterem Verfahren dann **nicht** aus, wenn es bei der Feststellungsklage voraussetzungsgemäß (vgl. § 10 Rn. 10) um eine inzidente Kontrolle der Norm im Rahmen eines auf einen konkreten Sachverhalt bezogenen Rechtsverhält-

---

[17] BVerwG NVwZ-RR 2020, 236 ff. (auch Art. 13 EMRK gebietet keinen solchen Rechtsbehelf); s.a. BVerwG Beschl. v. 28.7.2021 – 3 BN 4/21, Rn. 8 juris.
[18] BVerwG Beschl. v. 25.9.2012 – 3 BN 1/12, Rn. 4 juris; s.a. Beschl. v. 30.11.2017 – 6 BN 1/17, Rn. 7 juris.
[19] BVerwG Beschl. v. 30.11.2017 – 6 BN 1/17, Rn. 7 juris.
[20] BVerwG NVwZ 1988, 1119; OVG Bautzen Urt. v. 13.10.2020 – 4 C 20/19, Rn. 15 juris; Mann/Lang Jura 2022, 693, 697; zur Frist des § 47 Abs. 2 S. 1 VwGO VGH Mannheim Beschl. v. 18.3.2019 – 1 S 1023/18, Rn. 29 f. juris.
[21] BVerwG Beschl. v. 25.9.2012 – 3 BN 1/12, Rn. 4 juris; s.a. VGH Mannheim, Urt. v. 7.10.2020 – 8 S 2959/18, Rn. 32 ff. juris; Mann/Lang Jura 2022, 693, 696; Detterbeck, Rn. 1410; dazu § 27 Rn. 6 ff.
[22] S.a. BVerfGE 114, 196, 238 f.; BVerwGE 117, 313, 317 ff.; 157, 54, 59 ff.
[23] Vgl. vorstehend Rn. 5 und bereits § 25 Rn. 10 mwN. S.a. BVerfG NVwZ-RR 2016, 1, 2; zum Rechtsschutz gegen materielle Rechtsnormen insgesamt Krumm DVBl. 2011, 1008.

nisses geht, also als Grundlage der konkre(tisier)ten Rechte und Pflichten dient;[24] nicht hingegen kann sich der Feststellungsantrag auf die hiervon unabhängige – eben prinzipale – Normüberprüfung richten, wie sie § 47 VwGO vorbehalten ist.

Der entscheidende Unterschied liegt darin, dass es sich bei der Normenkontrolle um ein Verfahren unmittelbarer Überprüfung von Rechtsnormen handelt, während sich die Feststellungsklage in solchen Konstellationen gegen konkrete Auswirkungen von derartigen Vorschriften im Einzelfall richtet (vgl. § 10 Rn. 10): Nicht die Rechtsvorschrift ist Streitgegenstand, sondern das auf ihrer Grundlage konkretisierte Rechtsverhältnis. Mit der Anforderung des Rechtsverhältnisses ist hier mithin ebenso ernst zu machen wie bei der Feststellungsklage gegen Rechtsverordnungen des Bundes (vgl. vorstehend Rn. 7), um zu verhindern, dass im Gewand der Feststellungsklage eine allgemeine Überprüfung der Norm verfolgt wird bzw. erfolgt. Die Problematik betrifft daher weniger die Frage der Subsidiarität als vielmehr jene einer etwaigen Umgehung des § 47 VwGO.

Die **angegriffene Norm** muss bereits **erlassen worden** sein. Eine auf den Erlass einer Rechtsvorschrift gerichtete Normenkontrolle ist unzulässig. Ähnlich verhält es sich für Begehren, die auf die Ergänzung einer bestehenden Rechtsvorschrift gerichtet sind. Denn die Normenkontrolle eröffnet dem OVG gem. § 47 Abs. 5 S. 2 VwGO nur die Möglichkeit, eine erlassene Norm für unwirksam zu erklären.[25] Will der Antragsteller den Erlass oder die Ergänzung einer Rechtsvorschrift erreichen, muss er sich hierfür der allgemeinen Feststellungsklage nach § 43 VwGO (vgl. aber auch mit § 10 Rn. 10) bedienen.[26] Abweichendes gilt lediglich in Fällen sog. relativen Unterlassens der Normsetzung unter Verletzung des Gleichheitssatzes.[27]

III. Antragsbefugnis

Die Zulässigkeit des Normenkontrollantrags einer **natürlichen oder juristischen Person** setzt weiter voraus, dass diese **eine (mögliche) Verletzung eigener Rechte** durch die zu überprüfende Rechtsvorschrift oder deren Anwendung[28] geltend machen kann, § 47 Abs. 2 S. 1 Alt. 1 VwGO (Antragsbefugnis,[29] zur Normerlassklage insoweit bereits § 10 Rn. 10 mit Fn. 37, § 23 Rn. 9). Das beurteilt sich prinzipiell anhand derselben Anforderungen, wie sie zur Klagebefugnis gem. § 42 Abs. 2 VwGO behandelt worden sind, so dass hierauf verwiesen werden kann.[30] Für die Antragsbefugnis muss der Antragsteller hinreichend substantiiert Tatsachen vortragen, die seine Verletzung durch den zu prüfenden Rechtssatz in einem ihm zustehenden subjektiven Recht als möglich erscheinen lassen. In Anbetracht dessen ist die Antragsbefugnis eines Beherbergungsgastes ggü. einer Übernachtungssteuer, die den Beherbergungsbetrieben durch Satzung auferlegt wurde, abgelehnt worden: Mangels Abwälzungszwangs auf die Gäste können deren Rechte unter keiner Betrachtungsweise verletzt sein.[31] Über die Klagebefugnis

---

24 Deutlich zur fehlenden Sperrwirkung des § 47 VwGO BVerwG NVwZ 2007, 1311 ff.; BVerwGE 166, 265, 270 f. Rn. 23; zu den verschiedenen dogmatischen Konstruktionsweisen Schenke DVBl. 2021, 994 ff.
25 S. nur BVerwGE 152, 55, 56 f. Zu den diesbzgl. Problemen Schenke NJW 2017, 1062, 1063 ff.
26 BVerwG NVwZ-RR 2010, 578; BVerwGE 152, 55, 58; andere bevorzugen dagegen die allg. Leistungsklage, zB Pietzcker/Marsch in: Schoch/Schneider, VwGO, § 42 Abs. 1 Rn. 160 mwN.
27 Wenn die Norm dergestalt einen wesentlichen Teil des (geregelten) Lebensbereichs ungeregelt gelassen hat und die Feststellung der Unanwendbarkeit der unvollständigen Norm begehrt wird, VGH Mannheim DVBl. 2014, 119: dann Normenkontrolle nach § 47 VwGO.
28 Regelmäßig: Vollzug der Norm, vgl. nur Detterbeck, Rn. 1411.
29 Anhand des Baurechts näher Erbguth/Schubert, Öffentliches Baurecht, § 15 Rn. 23 ff.
30 BVerwG ZfBR 2016, 263; NVwZ 2021, 1794, 1795. Zur Klagebefugnis § 9 Rn. 10.
31 BVerwG BayVBl. 2014, 539, 540. Dazu, dass zwischen der angegriffenen Rechtsvorschrift und der behaupteten Rechtsverletzung ein Zurechnungszusammenhang bestehen muss, BVerwG NVwZ 2021, 1794, 1795.

hinaus genügt es für die Antragsbefugnis nach § 47 Abs. 2 S. 1 Hs. 1 VwGO, wenn der Antragsteller *in absehbarer Zeit betroffen* sein wird, also die Einwirkung noch nicht erfolgt, aber in nächster Zeit zu erwarten ist.[32]

Nach ständiger Rspr. vermittelt **§ 1 Abs. 7 BauGB**, wonach die öffentlichen und *privaten* Belange bei der Bauleitplanung gerecht abzuwägen sind, Privatpersonen ein subjektives Recht auf ordnungsgemäße Abarbeitung ihrer privaten Belange in der **bauplanungsrechtlichen Abwägung** entsprechend ihrem Gewicht.[33] Das setzt freilich voraus, dass die vorgebrachten eigenen Belange abwägungsrelevant waren – was anzunehmen ist, wenn sie städtebaulichen Bezug aufweisen, bei Aufstellung des Bebauungsplans für die Gemeinde erkennbar waren und nicht nur geringwertige, zudem schutzwürdige Interessen des Antragstellers darstellen.[34] Ist ein Bebauungsplan Gegenstand der Normenkontrolle und der betroffene Antragsteller nicht Eigentümer eines Grundstücks im Plangebiet, kann sich seine Antragsbefugnis insb. aus dem eben erwähnten Recht auf gerechte Abwägung der eigenen Belange ergeben.[35] In aller Regel bildet jedoch das bloße private Interesse einer Person, ins Grüne anstelle auf Baulichkeiten zu blicken, noch keinen abwägungsbeachtlichen Belang (anders im Falle einer besonderen Qualität der Aussicht).[36] Gem. **§ 47 Abs. 2 S. 1 Alt. 2 VwGO** sind **Behörden** antragsbefugt, ohne dass sie eine Verletzung eigener Rechte geltend machen müssen. Dazu wären sie auch nicht in der Lage, weil Behörden keine Träger von subjektiven Rechten sein können.[37] Anstelle einer möglichen Rechtsverletzung haben Behörden ein **objektives Kontrollinteresse** nachzuweisen. Ein solches wird angenommen, wenn sie die streitgegenständliche Norm vollziehen müssen; ausreichend ist aber schon, dass die jew. Behörde jene Vorschrift bei Ausübung zB ihrer kommunalen Aufgaben[38] zu beachten hat.[39] Da die Antragsbefugnis nach § 47 Abs. 2 S. 1 Alt. 2 VwGO eine normative Bindung der antragstellenden Behörde an die angegriffene Rechtsvorschrift voraussetzt, kann eine Studierendenschaft, der gesetzlich nur die Aufgabe der Studienberatung zugewiesen ist, nicht als Behörde gegen Vorschriften einer hochschulrechtlichen Prüfungsordnung vorgehen.[40]

10 Antragsbefugt können auch (inländische und ausländische) **Vereinigungen** sein, sofern sie sich gegen eine Entscheidung iSd § 1 S. 1 UmwRG wenden, die normenkontrollfähig ist (s. § 7 Abs. 2 UmwRG). Die Vereinigung muss keine Verletzung in eigenen Rechten, jedoch bei Rechtsbehelfen gegen Entscheidungen nach § 1 S. 1 Nr. 2a–6 UmwRG eine Verletzung umweltbezogener Rechtsvorschriften (s. § 1 Abs. 4 UmwRG) geltend machen, s. § 2 Abs. 4 S. 1 Nr. 2 UmwRG. Voraussetzung ist aber, dass die Vereinigung in ihrem satzungsmäßigen Aufgabenbereich der Förderung von Umweltschutzzielen berührt ist. Außerdem ist die materielle Präklusion in § 7 Abs. 3 UmwRG zu beachten. Hat die Vereinigung

---

32 Eibenstein JuS 2021, 218, 219; Schenke, Rn. 963; eingehend Herr, Die „neue" Antragsbefugnis im Normenkontrollverfahren nach § 47 II VwGO, 2002.
33 BVerwG NVwZ 2021, 331, 333; Würtenberger/Heckmann, Rn. 520.
34 BVerwG ZfBR 2016, 263; NVwZ 2021, 331, 333. Dazu, dass dem Interesse der Ausübung eines Gewerbes frei von Konkurrenz in aller Regel der notwendige städtebauliche Bezug fehlt, BVerwG BauR 2020, 1767, 1768.
35 BVerwG BRS 83 Nr. 170; Beschl. v. 28.10.2020 – 4 BN 44/20, Rn. 7 juris.
36 BVerwG Beschl. v. 28.10.2020 – 4 BN 44/20, Rn. 16 juris.
37 Vgl. § 20 Rn. 24; § 6 Rn. 5; s.a. BVerwG Beschl. v. 15.12.2020 – 4 BN 65/20, Rn. 5 juris.
38 Nicht notwendig Selbstverwaltungsaufgaben, auch etwa solche des übertragenen Wirkungskreises (dazu § 6 Rn. 18), OVG Magdeburg LKV 2010, 418, 419.
39 BVerwG NVwZ 2016, 609 f.; Beschl. v. 15.12.2020 – 4 BN 65/20, Rn. 5 juris; Schenke, Rn. 964; enger Hufen, § 19 Rn. 33: nur Behörden, die mit dem Vollzug der Rechtsvorschrift betraut sind. Wenn, um „Behörden-Popularklagen" zu verhindern, zusätzlich verlangt wird, die Rechtsvorschrift müsse möglicherweise rechtswidrig sein (Detterbeck, Rn. 1412, unter Hinweis auf BVerwGE 81, 307, 310), so hat das als Maßstab objektiver Rechtskontrolle mit der verfolgten Individualisierung der Antragsbefugnis nichts zu tun.
40 BVerwG NVwZ-RR 2017, 331, 332; Hebeler JA 2017, 640.

in einem Verfahren nach § 1 Abs. 1 S. 1 Nr. 4 UmwRG Gelegenheit zur Äußerung gehabt, ist sie im Gerichtsverfahren mit allen Einwendungen ausgeschlossen, die sie nicht (rechtzeitig) geltend gemacht hat, obwohl ihr dies möglich gewesen wäre. Ausweislich § 7 Abs. 3 S. 2 UmwRG findet die materielle Präklusion bei Bebauungsplänen keine Anwendung. Wie das BVerwG zwischenzeitlich entschieden hat, ist bei Normenkontrollanträgen gegen Bebauungspläne § 6 UmwRG nicht zu beachten, da eine Normenkontrolle als Antragsverfahren keine Klage iSd VwGO ist und ihr als auch objektives Rechtsbeanstandungsverfahren im System des verwaltungsgerichtlichen Rechtsschutzes eine Sonderstellung zukommt.[41]

IV. Antragsfrist

Der Antrag ist **innerhalb eines Jahres** nach Bekanntmachung der angegriffenen Rechtsvorschrift zu stellen, § 47 Abs. 2 S. 1 VwGO.[42] Weil der VwGO-Gesetzgeber die Ausgestaltung der Modalitäten der Bekanntmachung dem Bundes- oder Landesrecht überlassen hat, kann eine solche auch in ausschließlich elektronischer Form erfolgen, soweit diese Form der Verkündung für unter dem Landesgesetz stehende Rechtsvorschriften vorgesehen ist. Da nach dem Sinn und Zweck der Normenkontrolle erst im Rahmen der Begründetheit die ordnungsgemäße Bekanntmachung der Rechtsvorschriften geprüft werden soll, genügt für die Annahme einer Bekanntmachung iSd § 47 Abs. 2 S. 1 VwGO die Veröffentlichung der Vorschrift mit formellem Geltungsanspruch, also das Vorliegen einer Handlung des Normgebers, so dass sich die potenziell Antragsbefugten von ihrem Erlass und Inhalt in verlässlicher und zumutbarer Weise Kenntnis verschaffen können.[43] Im Hinblick darauf, dass durch die Bekanntmachung der Rechtsetzungsprozess abgeschlossen wird, muss die Veröffentlichung der Rechtsvorschrift in einem der Verkündung dienenden elektronischen Medium erfolgen. Deshalb ist das bloße Einstellen von untergesetzlichen Rechtsvorschriften in öffentlichen Datenbanken zu Informationszwecken (s. etwa § 27a VwVfG) oder in privaten Datenbanken für die Auslösung der Antragsfrist des § 47 Abs. 2 S. 1 VwGO irrelevant.[44]

11

Die Antragsfrist gilt nach dem BVerwG im Anwendungsbereich des § 47 Abs. 1 Nr. 2 VwGO auch dann, wenn die Norm erst nach Ablauf jener Frist rechtswidrig geworden ist. Begründet wird dies mit dem Gesetzeswortlaut, da die Frist nicht von der Art der geltend gemachten Unwirksamkeitsgründe abhängig gemacht wurde. Der Rechtsschutz werde nicht vereitelt, da die Verwaltungsgerichte nach Ablauf der Jahresfrist die Wirksamkeit einer Rechtsvorschrift bei den anderen Klagearten inzident prüfen können.[45] Für Bebauungspläne, die nachträglich funktionslos geworden sind,[46] wird wegen des hierfür zu veranschlagenden Zeitraums von weit über einem Jahr[47] der (prinzipale) Rechtsschutz insoweit gänzlich ausgeschlossen.[48]

---

41 BVerwG NVwZ 2021, 331, 332; s.a. Külpmann DVBl. 2021, 1289, 1291 f.
42 Auch dann, wenn vom Antragsteller geltend gemacht wird, die Vorschrift sei erst nach ihrer Bekanntmachung wegen einer Änderung der tatsächlichen oder rechtlichen Verhältnisse rechtswidrig geworden, VGH München NVwZ-RR 2015, 11. Zur Unionsrechtskonformität des Fristerfordernisses BVerwG ZfBR 2015, 379 f.
43 Eibenstein JuS 2021, 218, 220.
44 BVerwG NVwZ 2020, 1123, 1124; dazu Külpmann DVBl. 2021, 1289 f.
45 BVerwG NVwZ 2013, 1547; NVwZ 2015, 1542 f.; dazu Külpmann DVBl. 2021, 1289, 1290.
46 Ausschluss der Verwirklichung auf unabsehbare Zeit wegen tatsächlicher Entwicklung (Zeitmoment) und fehlenden schutzwürdigen Vertrauens in Fortgeltung der Satzung aufgrund Offensichtlichkeit jener Tatsache (Umstandsmoment), OVG Berl-Bbg NVwZ-RR 2017, 273, 274; Schübel-Pfister JuS 2014, 412, 416 mwN; dazu näher Jarass/Kment, § 1 Rn. 93 ff. S.a. BVerwG NVwZ 2016, 1481 f.
47 Vgl. nur Erbguth/Mann/Schubert, Rn. 1075 f.
48 So zu Recht Schenke NVwZ 2014, 341, 345; anders zur Funktionslosigkeit von Bebauungsplänen die obergerichtliche Rspr., etwa VGH München Urt. v. 24.5.2012 – 2 N 10.2781, juris: zeitliche Grenze nur Verwirkung.

In aller Regel ist für die Antragsfrist des § 47 Abs. 2 S. 1 VwGO die **erstmalige Bekanntmachung** der zur Prüfung gestellten Rechtsvorschrift maßgeblich.[49] Wird jedoch ein Bebauungsplan wegen eines Ausfertigungsmangels im ergänzenden Verfahren ein weiteres Mal bekannt gemacht, wird dadurch die Antragsfrist des § 47 Abs. 2 S. 1 VwGO erneut ausgelöst.[50] Im Übrigen gilt: Wird eine Rechtsvorschrift geändert und das Regelwerk komplett neu bekannt gemacht, wird dadurch wegen des Zusammenhangs zwischen Antragsbefugnis und Frist der Fristenlauf hins. der nicht geänderten Teile nicht erneut ausgelöst. Anders ist dies nur, wenn eine unverändert gebliebene Rechtsnorm durch die anderen Änderungen eine zusätzliche Belastungswirkung erfährt.[51]

Bei der Antragsfrist des § 47 Abs. 2 S. 1 VwGO, welche die zügige Herbeiführung von Rechtssicherheit bezweckt, handelt es sich nach hM um eine **Ausschlussfrist**, die keiner Wiedereinsetzung in den vorigen Stand (§ 60 VwGO) zugänglich ist.[52] Scheitert jedoch ein rechtzeitiger Antrag auf Normenkontrolle daran, dass eine Person, die aus wirtschaftlichen Gründen für ihre anwaltliche Vertretung der Prozesskostenhilfebewilligung bedarf, diese jedoch erst nach Fristablauf bewilligt bekommt, ist ihr aufgrund der Rechtsschutzgarantie des Art. 19 Abs. 4 S. 1 GG Wiedereinsetzung in den vorigen Stand zu gewähren.[53]

V. Beteiligungsfähigkeit, Prozessfähigkeit, Postulationsfähigkeit, Antragsgegner, Antragsform

12 **Antragsgegner** ist die Körperschaft, Anstalt oder Stiftung, welche die Rechtsvorschrift erlassen hat, § 47 Abs. 2 S. 2 VwGO; es gilt also das Rechtsträgerprinzip.[54] Die **Beteiligungsfähigkeit** im Rahmen des Normenkontrollverfahrens richtet sich nicht nach § 61 VwGO; § 47 Abs. 2 S. 1 VwGO enthält eine spezielle Regelung. Danach sind neben natürlichen und juristischen Personen als Antragsteller auch Behörden beteiligungsfähig.[55] Die **Prozessfähigkeit** beurteilt sich mangels besonderer Bestimmung hingegen nach § 62 VwGO (dazu § 20 Rn. 27). Bei der Normenkontrolle ist auf die **Postulationsfähigkeit** zu achten. Vor dem OVG/VGH müssen sich die Beteiligten durch Prozessbevollmächtigte vertreten lassen. Behörden und juristische Personen des öffentlichen Rechts können sich auch durch Beschäftigte mit Befähigung zum Richteramt vertreten lassen, s. das sog. Behördenprivileg in § 67 Abs. 4 S. 4 VwGO. Seit dem 1.1.2022 müssen Schriftsätze von professionellen Rechtsanwendern (Rechtsanwälte, Behörden, juristische Personen) gem. **§ 55d S. 1 VwGO in elektronischer Form** an das OVG bzw. an den VGH übermittelt werden (s. zu den Ausnahmen § 55d S. 3, 4 VwGO).

---

49 BVerwGE 151, 192, 193.
50 BVerwGE 152, 379, 380 f.; dazu Külpmann DVBl. 2021, 1289, 1290.
51 BVerwGE 151, 192, 193; BVerwG NVwZ 2022, 70, 71 f.; OVG Lüneburg DVBl. 2021, 1184, 1186.
52 VGH München BayVBl. 2010, 439, 441 mwN; BVerwG NVwZ-RR 2013, 387, 388 f. Rn. 8 f.; Eibenstein JuS 2021, 218, 220.
53 Insb. wenn über den Prozesskostenhilfeantrag gerichtlicherseits erst nach Ablauf der Jahresfrist entschieden wird, so zu Recht BVerwG NVwZ-RR 2013, 387: in der Sphäre des Gerichts liegendes unabwendbares Ereignis; dazu Schübel-Pfister JuS 2013, 990, 992 f.
54 Vgl. zu § 78 Abs. 1 Nr. 1 VwGO § 20 Rn. 24; s.a. Mann/Lang Jura 2022, 693, 699.
55 Eibenstein JuS 2021, 218, 221.

VI. Rechtsschutzbedürfnis

Das Rechtsschutzbedürfnis wird regelmäßig durch das Vorliegen der Antragsbefugnis (s.o.) indiziert. Bei nach § 47 Abs. 2 S. 1 Alt. 2 VwGO antragsbefugten Behörden ist das Rechtschutzbedürfnis für einen Normenkontrollantrag zu bejahen, wenn sie über die zu prüfende Rechtsvorschrift nicht selbst verfügen, diese also weder ändern noch aufheben können (str.).[56] Aufseiten natürlicher und juristischer Personen muss die Feststellung der Unwirksamkeit der Norm die Rechtsstellung des Antragstellers verbessern können.[57] Ob dies der Fall ist, hängt von den jew. Umständen des Falles ab. Selbst wenn sich die zu kontrollierende **Norm zwischenzeitlich erledigt** hat (Rechtsverordnung hins. der Ladenöffnung an einem einzigen, bestimmten Sonntag), kann zB bei Wiederholungsgefahr dennoch das Rechtsschutzbedürfnis zu bejahen sein.[58] Am Rechtsschutzbedürfnis kann es – ausnahmsweise – fehlen, sofern der Antragsteller unabhängig vom Ausgang des Normenkontrollverfahrens keine reale Chance hat, die von ihm geltend gemachte Beeinträchtigung abzuwehren.[59] Das ist bspw. der Fall, wenn er sich gegen einen Bebauungsplan wendet, der durch eine genehmigte oder genehmigungsfreie Maßnahme vollständig verwirklicht wurde,[60] oder wenn er ein im Bebauungsplan vorgesehenes Vorhaben verhindern will, das auch bei Ungültigkeit des Plans ohne Weiteres zu genehmigen wäre (nämlich nach § 34 oder § 35 BauGB).[61] Hingegen fehlt das Rechtsschutzinteresse nicht allein deshalb, weil die angegriffene Norm im Wesentlichen umgesetzt worden ist, etwa die Aufhebung von bestimmten Studiengängen an einer Universität weitgehend abgewickelt worden ist. Solange sich die Vorschrift noch auf die Frage der Rechtmäßigkeit eines hierauf gestützten Verhaltens auswirken kann, bleibt der Antrag vielmehr zulässig.[62]

Auch wird das Rechtsschutzinteresse nicht dadurch ausgeschlossen, dass aufgrund der angegriffenen Rechtsvorschrift bereits selbstständig gerichtlich überprüfbare (Vollzugs-)Akte ergangen sind, etwa Baugenehmigungen aufgrund des durch die Normenkontrolle angegriffenen Bebauungsplans. Denn eine gerichtliche Anfechtung des Vollzugsaktes lässt die Wirksamkeit der Norm unberührt, während bei Obsiegen im Normenkontrollverfahren nach § 47 Abs. 5 S. 2 Hs. 1 VwGO die Vorschrift allgemeinverbindlich für unwirksam erklärt wird. Die Normenkontrolle dient damit gerade auch in solchen Konstellationen der Prozessökonomie.[63]

VII. Begründetheit

Der Normenkontrollantrag ist begründet, wenn die Rechtsvorschrift mit höherrangigem Recht unvereinbar und **unwirksam** ist. Da die Normenkontrolle ein objektives

---

56 BVerwG Beschl. v. 15.12.2020 – 4 BN 65/20, Rn. 5 juris; kritisch Panzer in: Schoch/Schneider, § 47 VwGO Rn. 79.
57 BVerwG NVwZ-RR 2017, 2, 3; s.a. Würtenberger/Heckmann, Rn. 529. Selbstverständlich fehlt das Rechtsschutzinteresse, wenn die den Antrag stellende Verwaltung die Norm selbst aufheben kann (Detterbeck, Rn. 1416), etwa die Gemeinde ihren Bebauungsplan.
58 BVerwGE 153, 183, 186 f.
59 BVerwG ZfBR 2004, 272, 276.
60 BVerwG NVwZ-RR 2016, 86 f.; BVerwGE 169, 29, 32 Rn. 19.
61 BVerwG BauR 2008, 2031; bei teilbaren Bebauungsplänen soll das Rechtsschutzinteresse auch hins. des nicht beeinträchtigenden (Plan-)Teils fehlen, BVerwG DVBl. 2008, 859.
62 OVG Lüneburg NVwZ-RR 2000, 504.
63 Schenke, Rn. 975; Erbguth/Schubert, Öffentliches Baurecht, § 15 Rn. 30; auch VGH München BayVBl. 2013, 406 f.; deshalb kommt es auch regelmäßig zu einer Aussetzung von auf oder gegen Baugenehmigungen gerichteten Klageverfahren zugunsten eines parallel geführten Normenkontrollverfahrens gegen den zugrundeliegenden Bebauungsplan, vgl. VGH München NVwZ-RR 2014, 942 f.; dazu Schübel-Pfister JuS 2014, 993, 997 sowie BVerwG NVwZ-RR 2017, 2 f.

Beanstandungsverfahren ist, ist – anders als bei der Anfechtungsklage nach § 113 Abs. 1 S. 1 VwGO – nicht zu prüfen, ob die Rechtsvorschrift dem Antragsteller ein subjektives Recht einräumt (im Falle behördlichen Vorgehens sogar insgesamt, vgl. vorstehend Rn. 2).

Für Rechtsbehelfe von Umweltschutzvereinigungen nach dem **UmwRG** enthält § 2 Abs. 4 UmwRG eine Ausnahmeregelung zur Begründetheit der Rechtsbehelfe. So muss in den Fällen des § 1 Abs. 1 S. 1 Nr. 2a–6 UmwRG ein Verstoß gegen umweltbezogene Vorschriften vorliegen.

Allgemeiner **Maßstab** der gerichtlichen Überprüfung ist neben dem Bundesverfassungsrecht das gesamte sonstige Bundesrecht, Landesrecht einschließlich des Landesverfassungsrechts und Unionsrecht.[64] Zu beachten bleibt jedoch § 47 Abs. 3 VwGO; danach scheidet Landesrecht als Prüfungsmaßstab aus, wenn die Rechtsvorschrift infolge gesetzlicher Bestimmung ausschließlich von dem jew. Landesverfassungsgericht überprüfbar ist.[65]

15 Liegt ein Verstoß gegen höherrangiges Recht vor, stellt das Gericht die **Unwirksamkeit** der überprüften Rechtsnorm **allgemeinverbindlich** fest, § 47 Abs. 5 S. 2 VwGO. Sofern es sich bei dem Verstoß um einen beachtlichen, aber heilbaren Fehler handelt (vgl. § 214 Abs. 4 BauGB: durch ergänzendes Verfahren), ist die Norm bis zum Eintritt der Heilung schwebend unwirksam.[66]

16 Ein Verstoß gegen **unionsrechtliche** Vorschriften führt nicht zur Unwirksamkeit der Norm, sondern lediglich zu ihrer Unanwendbarkeit (Anwendungsvorrang zugunsten des Unionsrechts).[67] Entsprechendes gilt, wenn die Ungültigkeit der Norm zu einer noch gravierenderen Beeinträchtigung höherrangigen Rechts führen würde (bspw. im Fall eines gleichheitswidrigen Ausschlusses von einer Begünstigung durch Rechtsverordnung, weil sonst die Besserstellung insgesamt entfiele).[68] Dann kommt es (ersterenfalls) zu einer **Nichtanwendungserklärung** oder (in der zweiten Konstellation) zu einer Rechtswidrigkeitsfeststellung (analog § 47 Abs. 5 S. 2 VwGO).[69] Für ein Absehen von der in § 47 Abs. 5 S. 2 VwGO vorgesehenen Feststellung der Unwirksamkeit reichen aber keinesfalls Gründe der Verwaltungspraktikabilität oder private Interessen.[70]

Übersicht 31: Prüfungsschema für den Normenkontrollantrag gem. § 47 Abs. 1 VwGO

17 A. **Zulässigkeit**
   I. Eröffnung des Verwaltungsrechtswegs
      1. Aufdrängende Sonderzuweisung, zB § 54 Abs. 1 BeamtStG, § 126 Abs. 1 BBG; ansonsten:
      2. „im Rahmen seiner Gerichtsbarkeit" = beim Vollzug der Norm muss der Verwaltungsrechtsweg nach der Generalklausel des § 40 Abs. 1 VwGO eröffnet sein; dh öffentlich-rechtliche Streitigkeit, nichtverfas-

---

64 Detterbeck, Rn. 1417; eingehend zum Unionsrecht Jeremias NVwZ 2014, 495 ff.
65 Zum Streit um die diesbzgl. konkrete bzw. abstrakte Betrachtungsweise etwa Schenke, Rn. 994 f.; zum Streit um Art. 98 S. 4 BayVerf insoweit Detterbeck, Rn. 1419.
66 Näher dazu Erbguth/Schubert, Öffentliches Baurecht, § 15 Rn. 97, § 5 Rn. 49 ff.
67 Vgl. allg. § 3 Rn. 2; Schenke, Rn. 992.
68 S. dazu auch BVerwGE 137, 123, 137 f.
69 Zum Vorstehenden Detterbeck, Rn. 1418; Würtenberger/Heckmann, Rn. 536.
70 BVerwG Buchholz 401.9 Nr. 64.

§ 28 Normenkontrolle, § 47 VwGO

sungsrechtlicher Art, keine abdrängende Sonderzuweisung, zB Art. 14 Abs. 3 S. 4, Art. 34 S. 3 GG, § 40 Abs. 2 S. 1 Hs. 1 VwGO, § 68 OWiG

II. Statthaftigkeit, § 47 Abs. 1 VwGO
1. § 47 Abs. 1 Nr. 1 VwGO: zur Überprüfung von nach BauGB erlassenen Satzungen oder aufgrund § 246 Abs. 2 BauGB erlassenen Rechtsverordnungen; analog bei Ausschlusswirkung Flächennutzungsplan
2. § 47 Abs. 1 Nr. 2 VwGO: wenn Überprüfung untergesetzlicher landesrechtlicher Vorschriften begehrt wird, die dieser Prüfung nach Landesrecht zugänglich sind
3. Beachte nunmehr § 7 Abs. 2 UmwRG

III. Antragsbefugnis, § 47 Abs. 2 S. 1 VwGO
– erforderlich, wenn der Antragsteller eine natürliche oder juristische Person ist;
– wenn der Antragsteller eine Behörde ist lediglich objektives Kontrollinteresse; s. zu Umweltschutzvereinigungen § 2 Abs. 1 UmwRG

IV. Antragsfrist, § 47 Abs. 2 S. 1 VwGO

Antrag ist innerhalb eines Jahres nach Bekanntmachung der Norm zu stellen

V. Antragsgegner, § 47 Abs. 2 S. 2 VwGO

Antragsgegner ist die erlassende Körperschaft, Anstalt oder Stiftung.

VI. Beteiligungsfähigkeit, § 47 Abs. 2 S. 1, 2 VwGO
1. als Antragsteller: natürliche und juristische Personen sowie Behörden
2. als Antragsgegner: die erlassende Körperschaft, Anstalt oder Stiftung

VII. Prozessfähigkeit, § 62 VwGO

VIII. Postulationsfähigkeit: Beachte § 67 Abs. 4 VwGO!

IX. Rechtsschutzbedürfnis

X. Ordnungsgemäßer Antrag, §§ 81 f. VwGO analog, beachte § 55d VwGO bei professionellen Rechtsanwendern

XI. Zuständigkeit des Gerichts
1. sachlich: § 47 Abs. 1 VwGO – OVG/VGH
2. örtlich: § 52 VwGO

B. Begründetheit

wenn die zu untersuchende Rechtsvorschrift wegen Unvereinbarkeit mit höherrangigem Recht unwirksam oder unanwendbar ist

VIII. Einstweilige Anordnung nach § 47 Abs. 6 VwGO[71]

Da viele Maßnahmen zur Eindämmung der Corona-Pandemie in Gestalt von Rechtsverordnungen getroffen werden, haben gerichtliche Eilentscheidungen nach § 47

18

---
71 Anhand des Baurechts Erbguth/Schubert, Öffentliches Baurecht, § 15 Rn. 123 f.

Abs. 6 VwGO eine enorme Bedeutung erlangt.[72] Bei diesen richtet sich der einstweilige Rechtsschutz **direkt und allein gegen die Rechtsnorm**, also nicht gegen Vollzugsakte auf ihrer Grundlage; insoweit bleiben daneben die Möglichkeiten einstweiligen Rechtsschutzes nach § 123 oder § 80 Abs. 5, § 80a VwGO grds. eröffnet (str.).[73] Das Gericht kann gem. § 47 Abs. 6 VwGO den vorläufigen Nichtvollzug oder, wenn die Rechtsverordnung gegen höherrangiges Recht, etwa die Grundrechte verstößt, die vorläufige Nichtanwendung der Rechtsvorschrift anordnen.[74]

1. Statthaftigkeit

19 Der Antrag nach § 47 Abs. 6 VwGO ist statthaft, wenn der Antragsteller vorläufigen Rechtsschutz gegen **untergesetzliche Normen nach Abs. 1 Nr. 1** der Vorschrift bzw. **nach Maßgabe des jew. Landesrechts gegen im Rang unter dem Landesgesetz stehende Rechtsvorschriften** (s. § 47 Abs. 1 Nr. 2 VwGO) begehrt. Insofern bestehen keine Unterschiede ggü. der Normenkontrolle im Hauptsacheverfahren.[75] Sollten die regelmäßig nur für eine kurze Dauer erlassenen Rechtsvorschriften in einer Corona-Verordnung bis zur gerichtlichen Entscheidung außer Kraft getreten sein, kommt insoweit eine Antragsänderung (analog § 91 VwGO) hins. der Rechtsvorschrift in der aktuell gültigen Corona-Verordnung in Betracht.[76] Ein Antrag gem. § 47 Abs. 6 VwGO setzt nicht voraus, dass zuvor ein Normenkontrollantrag nach § 47 Abs. 1 VwGO gestellt worden ist.[77]

2. Weitere Zulässigkeitsvoraussetzungen

20 Die Zulässigkeitsvoraussetzungen des Antrags nach § 47 Abs. 6 VwGO entsprechen größtenteils denen des verwaltungsgerichtlichen Normenkontrollverfahrens (s.o.); dessen Vorschriften finden dem Grunde nach analoge Anwendung.[78] So können in einer Corona-Verordnung enthaltene Bußgeldvorschriften (s. § 73 Abs. 1a Nr. 24 IfSG) aufgrund der abdrängenden Sonderzuweisung in § 68 Abs. 1 OWiG nicht von den OVG geprüft werden.[79] Umstritten ist, ob neben der in Analogie zu § 47 Abs. 2 S. 1 VwGO zu bestimmenden Antragsbefugnis[80] zusätzlich die Möglichkeit bestehen muss, dass ohne den Erlass der Anordnung **schwere Nachteile** eintreten oder wichtige Belange beeinträchtigt werden (vgl. § 47 Abs. 6 VwGO). Dafür könnte eine Parallele zur einst-

---

72 Dazu Hensel DÖV 2020, 1120 ff.; Lenk JA 2021, 388 ff.; Wüstenberg DVBl. 2020, 1115 ff.
73 Etwa VGH München BayVBl. 2013, 406; unter Rechtsschutzgesichtspunkten anhand des Normenkontrollverfahrens vgl. Rn. 13; VGH München Beschl. v. 12.3.2019 – 1 NE 19.85, Rn. 9 juris; im Kontext der Corona-Pandemie OVG Hamburg NVwZ 2021, 815, 816 (stellt im Hinblick auf den anderen Prüfungsmaßstab bei § 47 Abs. 6 VwGO auch erhöhte Voraussetzungen der Erfolgsaussichten im Hauptsacheverfahren bei der einstweiligen Anordnung nach § 123 VwGO); aA OVG Saarlouis Beschl. v. 15.1.2021 – 2 B 354/20, Rn. 12 juris. Zum Verhältnis der Rechtsbehelfe Lenk JA 2021, 388, 391.
74 Wüstenberg DVBl. 2020, 1115.
75 Dazu vorstehend Rn. 3; Lenk JA 2021, 388, 389.
76 Lenk JA 2021, 388, 390; anstatt einer Antragsänderung eine sachdienliche Auslegung vorziehend VGH Mannheim Beschl. v. 13.5.2020 – 1 S 1314/20, Rn. 12 juris.
77 Detterbeck, Rn. 1544; Schenke, Rn. 1127; OVG Münster UPR 2019, 355, 356, Rn. 9.
78 Etwa § 47 Abs. 2 S. 2 VwGO hins. des richtigen Antragsgegners, Detterbeck, Rn. 1543, dagegen VGH Mannheim NJW 1977, 1212.
79 Lenk JA 2021, 388, 389.
80 Lenk JA 2021, 388, 391.

weiligen Anordnung nach § 123 Abs. 1 VwGO sprechen.[81] Wohl auch im Hinblick auf die besondere Eigenart der prinzipalen Normenkontrolle als im Kern objektives Beanstandungsverfahren verzichtet die wohl überwiegende Rspr. auf die Prüfung eines möglichen Anordnungsgrundes im Rahmen der Antragsbefugnis.[82] Das allgemeine **Rechtsschutzbedürfnis** wird durch die Möglichkeit, gegen einen die Rechtsvorschrift vollziehenden Einzelakt mittels Antrags nach §§ 80 f. bzw. § 123 Abs. 1 VwGO vorzugehen, entgegen aA[83] nicht ausgeschlossen.[84] Der BayVGH verneinte das Rechtsschutzinteresse eines Antragstellers an der Außervollzugsetzung einer Corona-Verordnung, wenn sich das zu überprüfende Verbot zwischenzeitlich aus einem Bundesgesetz ergibt.[85]

3. Begründetheit

Der Antrag nach § 47 Abs. 6 VwGO ist begründet, wenn die einstweilige Anordnung zur Abwehr **schwerer Nachteile** oder aus anderen **wichtigen Gründen dringend geboten ist**.[86]

21

Eine Verletzung subjektiver Rechte des Antragstellers wird nicht geprüft, weil das Verfahren nach § 47 Abs. 6 VwGO wie dasjenige gem. § 47 Abs. 1 VwGO in der Begründetheit ein solches rein objektiver Beanstandung darstellt (vorstehend Rn. 2, 14).

Für die Beurteilung, ob die einstweilige Anordnung zur Abwehr schwerer Nachteile oder aus anderen wichtigen Gründen dringend geboten ist, ist zunächst auf die **Erfolgsaussichten eines Normenkontrollantrags** abzustellen, soweit sich diese in der Kürze der zur Verfügung stehenden Zeit beurteilen lassen. Wird ein Normenkontrollantrag voraussichtlich unzulässig oder unbegründet sein, kommt der Erlass einer einstweiligen Anordnung nicht in Betracht.[87] Im Falle eines voraussichtlich zulässigen und begründeten Normenkontrollantrags erlässt das Gericht eine einstweilige Anordnung, wenn der Vollzug der angegriffenen Rechtsvorschrift vor der Entscheidung in der Hauptsache Nachteile befürchten lässt, die unter Berücksichtigung der Belange des Antragstellers, betroffener Dritter und/oder der Allgemeinheit so gewichtig sind, dass der Erlass einer vorläufigen Regelung unaufschiebbar ist.[88] Lassen sich die Erfolgsaussichten dagegen nicht hinreichend abschätzen, ist eine **Folgenabwägung** vorzunehmen, für die nach hM der **strenge Maßstab des § 32 BVerfGG** entsprechend gilt.[89] Dazu müssen die Folgen, die im Falle einer Ablehnung der einstweiligen Anordnung bei späterem Erfolg der Normenkontrolle einträten, mit den Nachteilen verglichen werden, die entstehen

---

81 Dazu § 23 Rn. 28; s.a. Mann/Lang Jura 2022, 693, 703; OVG Saarlouis Beschl. v. 27.12.2021 – 2 B 282/21, Rn. 25 juris, wonach die einstweilige Anordnung nach § 47 Abs. 6 VwGO aufgrund des Merkmals „schwere Nachteile" vor allem dem (effektiven) Individualrechtsschutz dient.
82 Lenk JA 2021, 388, 392.
83 OVG Münster DVBl. 1981, 687; Hufen, § 34 Rn. 8; anders aber, wenn der Einzelakt (etwa die Baugenehmigung im Gefolge des angegriffenen Bebauungsplans) noch nicht bestandskräftig ist, VGH München Beschl. v. 14.8.2008 – 1 NE 08.1074, juris: Aus der Entscheidung nach § 47 Abs. 6 VwGO können sich ggf. Gesichtspunkte für ein Abänderungsverfahren nach § 80 Abs. 7 VwGO ergeben.
84 VGH München BayVBl. 2013, 406; s.a. Mann/Lang Jura 2022, 693, 703 (keine Subsidiarität der Normenkontrolle).
85 VGH München Beschl. v. 3.5.2021 – 20 NE 21.1026, Rn. 3 ff. juris.
86 Zum Streit, ob wie nachfolgend primär auf die Erfolgsaussichten abzustellen ist oder nicht von vornherein eine Parallele zu § 32 BVerfGG zu ziehen ist, Wüstenberg DVBl. 2020, 1115 ff.; zu den Problemen bei der Überprüfung der Corona-Verordnungen Hensel DÖV 2020, 1120, 1121 ff.
87 Lenk JA 2021, 388, 393; hins. eines Bebauungsplans BVerwG BRS 83 Nr. 190. Diesen Prüfungsmaßstab begrüßend und gegen eine Folgenabwägung Schoch NVwZ 2022, 1 ff.
88 Lenk JA 2021, 388, 393; hins. eines Bebauungsplans BVerwG BRS 83 Nr. 190.
89 Etwa Schübel-Pfister JuS 2013, 417, 422.

würden, wenn die begehrte einstweilige Anordnung ergeht, die Normenkontrolle aber später keinen Erfolg hat. In Anbetracht dessen müssen die für eine vorläufige Regelung sprechenden Gründe so schwer wiegen, dass sie ihren Erlass als unabweisbar erscheinen lassen, mithin die gegenläufigen Interessen deutlich überwiegen.[90]

In der juristischen Klausur oder Hausarbeit ist eine derartige Abwägung in tatsächlicher Hinsicht kaum zu leisten. Abgesehen davon wird im Unterschied zur gerichtlichen Vorgehensweise eine umfassende Prüfung der Rechtmäßigkeit der Norm erwartet. Daher ist in der Prüfungsarbeit auf den Prüfungsmaßstab der Praxis hinzuweisen, dann aber eine normale Rechtmäßigkeitsprüfung vorzunehmen. Die Begründetheit des Antrags ist gegeben, wenn die Norm **rechtswidrig** ist und dem Antragsteller ohne den Erlass der einstweiligen Anordnung ein **schwerer Nachteil** droht, wovon insb. bei ansonsten irreversiblen oder nur schwer revidierbaren Folgen auszugehen ist;[91] das gilt auch für die Annahme anderer **wichtiger Gründe**.[92] Die einstweilige Anordnung muss zudem „**dringend geboten**" sein. Das ist der Fall, wenn dem Antragsteller weitreichende Folgen drohen, sollte die Norm, etwa der Bebauungsplan oder die sonstige städtebauliche Satzung, nicht vorläufig außer Kraft gesetzt werden;[93] allein wirtschaftliche Nachteile reichen nicht aus.[94]

Ist ein Bebauungsplan durch einstweilige Anordnung vorläufig außer Vollzug gesetzt worden, kann die Gemeinde nach Durchführung eines ergänzenden Verfahrens (§ 214 Abs. 4 BauGB, vgl. vorstehend Rn. 15) den mit Rückwirkung neu in Kraft gesetzten Bebauungsplan nicht einfach verwirklichen; vielmehr muss sie zuvor einen (erfolgreichen) Abänderungsantrag nach § 80 Abs. 7 S. 2 VwGO analog stellen.[95]

Übersicht 32: Prüfungsschema für den Antrag auf einstweiligen Rechtsschutz gem. § 47 Abs. 6 VwGO

22 A. **Zulässigkeit**
   I. Eröffnung des Verwaltungsrechtswegs
      1. Aufdrängende Sonderzuweisung, zB § 54 Abs. 1 BeamtStG, § 126 Abs. 1 BBG; ansonsten:
      2. § 40 Abs. 1 VwGO (Generalklausel): öffentlich-rechtliche Streitigkeit, nichtverfassungsrechtlicher Art, keine abdrängende Sonderzuweisung, zB § 68 OWiG

---

90 BVerwG BRS 83 Nr. 190; BayVerfGHE 31, 33, 40; für den einstweiligen Rechtsschutz gegen Bebauungspläne OVG Saarlouis NVwZ-RR 2013, 15: wegen der demokratischen Legitimation des Normgebers; allg. BVerfGE 43, 198, 200.
91 So auch VGH München BayVBl. 2013, 406. Dazu, dass der Vollzug eines Bebauungsplanes noch keinen schweren Nachteil darstellt, sondern noch eine schwere Beeinträchtigung in rechtlicher oder tatsächlicher Hinsicht erforderlich ist, OVG Münster Beschl. v. 9.4.2019 – 7 B 1489/18.NE, Rn. 4 juris.
92 Ähnlich VGH München BayVBl. 2013, 406, 407 f.; anhand des Baurechts näher Erbguth/Mann/Schubert, Rn. 1110. Einzelheiten sind umstritten, vgl. W.-R. Schenke/R. P. Schenke in: Kopp/Schenke, § 47 Rn. 164 f.
93 Etwa zu Satzungen VGH Kassel NVwZ-RR 2000, 655; ähnlich OVG Münster ZfBR 2007, 574.
94 Näher am Beispiel von Bebauungsplänen Erbguth/Schubert, Öffentliches Baurecht, § 15 Rn. 123a mwN.
95 So überzeugend VGH München NVwZ-RR 2012, 883: Es geht um Identität des alten (angegriffenen) Bebauungsplans, das neues Plans/Waffengleichheit, weil die Gemeinde durch Erteilung von Baugenehmigungen ansonsten vollendete Tatsachen schaffen könnte; Parallele zum einstweiligen Nachbarschutz gegen eine Baugenehmigung (vgl. allg. § 21 Rn. 26). Dazu Schübel-Pfister JuS 2013, 417, 422; Jäde ZfBR 2012, 528.

II. Statthaftigkeit, § 47 Abs. 6 VwGO

Antragsteller muss vorläufigen Rechtsschutz gegen eine nach § 47 Abs. 1 VwGO normenkontrollfähige Rechtsvorschrift begehren

III. Antragsbefugnis, § 47 Abs. 2 S. 1 VwGO analog
– Wie bei Normenkontrolle (vgl. Rn. 9), nach ü.M. ist Möglichkeit eines Anordnungsgrundes nicht zu prüfen

IV. Antragsfrist, § 47 Abs. 2 S. 1 VwGO analog

innerhalb eines Jahres nach Bekanntgabe der Norm

V. Antragsgegner, § 47 Abs. 2 S. 2 VwGO analog

erlassende Körperschaft, Anstalt oder Stiftung

VI. Beteiligungsfähigkeit, § 47 Abs. 2 S. 1, 2 VwGO analog
1. als Antragsteller: natürliche und juristische Personen sowie Behörden
2. als Antragsgegner: die erlassende Körperschaft, Anstalt oder Stiftung

VII. Prozessfähigkeit, § 62 VwGO

VIII. Postulationsfähigkeit, § 67 Abs. 4 VwGO

IX. Rechtsschutzbedürfnis

X. Ordnungsgemäßer Antrag, §§ 81 f. VwGO analog, beachte § 55d VwGO

XI. Zuständigkeit des Gerichts
1. sachlich: § 47 Abs. 1 VwGO – OVG/VGH
2. örtlich: § 52 VwGO

B. Begründetheit

wenn
1. die zu untersuchende Rechtsvorschrift wegen Unvereinbarkeit mit höherrangigem Recht unwirksam oder unanwendbar ist,
2. dem Antragsteller dadurch schwere Nachteile uÄ drohen und
3. die Anordnung dringend geboten ist

▶ ZU FALL 6: Das OVG Saarlouis ist sachlich für den Normenkontrollantrag zuständig. Da die Entscheidung der Gemeinde G über das „Ob" des Zugangs zu den kommunalen Flächen nach Maßgabe der Zwei-Stufen-Theorie zu öffentlich-rechtlichen Streitigkeiten führt, für welche der Verwaltungsrechtsweg nach § 40 Abs. 1 S. 1 VwGO eröffnet ist, entscheidet das OVG „im Rahmen seiner Gerichtsbarkeit". Bei der bereits erlassenen Satzung der Gemeinde handelt es sich um eine im Rang unter dem Landesgesetz stehende Vorschrift. Diese ist gem. § 47 Abs. 1 Nr. 2 VwGO normenkontrollfähig, da das Saarland in § 18 SaarlAGVwGO für derartige Rechtsvorschriften die Normenkontrolle eröffnet hat. Für die Antragsbefugnis muss Z als natürliche Person gem. § 47 Abs. 2 S. 1 Alt. 1 VwGO geltend machen, durch die Rechtsvorschrift oder deren Anwendung (in absehbarer Zeit) in seinen Rechten verletzt zu sein. Da erst die Einschränkung in der Satzung der Gemeinde G dazu führt, dass Z mit seinem Zirkus nicht mehr in der Gemeinde G gastieren kann, ist seine Antragsbefugnis zu bejahen. Da er sofort nach der Bekanntmachung den Normenkontrollantrag gestellt hat, wurde der Normenkontrollantrag innerhalb der einjährigen Antragsfrist erhoben. Der Antrag ist gem. § 47 Abs. 2 S. 2 VwGO gegen die Gemeinde G zu erheben. Z und G sind, wie sich aus § 47 Abs. 2 VwGO ergibt, beide beteiligungsfähig. Die Prozessfähigkeit des Z ergibt sich aus § 62 Nr. 1 VwGO, die Gemeinde G wird durch den Bürgermeister vertreten (§ 62 Abs. 3 VwGO). Z muss sich vor dem OVG gem. § 67 Abs. 4 S. 1 VwGO durch einen Prozessbevollmächtigten vertreten lassen. Gleiches gilt für die Gemeinde, für die aber Satz 4 ein Behördenprivileg vorsieht. Da der Antrag noch im Jahre 2020 gestellt wurde, greift die erst seit 1.1.2022 geltende Regelung des § 55d VwGO zur Einreichung der Dokumente in elektronischer Form nicht. Das Rechtsschutzbedürfnis des Z wird durch die Antragsbefugnis indiziert. Dass er ggf. auch eine Verpflichtungsklage auf Gewährung des Zugangs zu der kommunalen Fläche erheben kann, führt nicht zum Entfallen des Rechtsschutzbedürfnisses in Bezug auf seinen Normenkontrollantrag. Nur bei der Normenkontrolle kann die Satzung allgemeinverbindlich für unwirksam erklärt werden (§ 47 Abs. 5 S. 2 VwGO). Der Normenkontrollantrag ist zulässig. Im Rahmen der Begründetheit prüft das OVG, ob die Satzung mit höherrangigem Recht, insb. dem TierSchG, vereinbar ist. ◀

IX. Wiederholungs- und Verständnisfragen

> Was versteht man unter einer prinzipalen, was unter einer inzidenten Normenkontrolle? (→ Rn. 1)

> Was muss eine Behörde, die ein Normenkontrollverfahren anstrengt, anstelle der Antragsbefugnis nachweisen? (→ Rn. 9)

> Wer kann Beteiligter, wer kann Antragsgegner einer verwaltungsgerichtlichen Normenkontrolle sein? (→ Rn. 12)

> Warum findet beim Normenkontrollverfahren nach § 47 Abs. 1 VwGO das Zulässigkeitserfordernis der Antragsbefugnis keine Entsprechung in der Begründetheit? (→ Rn. 14)

> Inwieweit unterscheiden sich Antragsbefugnis und Begründetheit nach § 47 Abs. 6 VwGO vom Hauptsacheverfahren nach § 47 Abs. 1 VwGO? (→ Rn. 20 f.)

§ 29 Privatrechtliches Handeln der Verwaltung und Privatisierung[1]

▶ **Fall 7:** Die Verkehrsbetriebe AG, deren Anteile überwiegend der Stadt V gehören, vergibt ermäßigte Schüler-Karten. Ausgenommen sind jedoch Schüler von Privatschulen; sie müssen den vollen Preis bezahlen. In der lokalen Presse wird diese Art der Tarifgestaltung als Verstoß gegen Art. 3 Abs. 1 GG kritisiert. Die Verkehrsbetriebe AG erwidert darauf, dass sie als Privatrechtsträger mit den Benutzern des öffentlichen Nahverkehrs privatrechtliche Verträge schließe und somit keiner Grundrechtsbindung unterliege. Ist ihre Auffassung zutreffend? ◀

I. Privatrechtliches Handeln

Wie bereits erwähnt wurde, kann die Verwaltung auch in Form und mit den Mitteln des Privatrechts handeln, insoweit stellt sich aber die Frage, ob bzw. inwieweit derartigem privatrechtlichem Verwaltungshandeln Grenzen gesetzt sind.[2]

1. Wahrnehmung von Verwaltungsaufgaben in Form des Privatrechts: Verwaltungsprivatrecht

Öffentliche Aufgaben können in der Form des Privatrechts wahrgenommen werden – freilich nicht unbegrenzt. **Grenzen** können sich **ua aus dem Verfassungsrecht** ergeben, insb. Art. 33 Abs. 4 GG.[3] Wo der Staat auf die ihm zur Verfügung stehenden Zwangsmittel angewiesen ist, wie im Polizei- oder Abgabenrecht, kann er auf die(se) hoheitlichen Befugnisse nicht verzichten.[4] Die Möglichkeit, in zivilrechtlicher Form zu handeln, entfällt ferner, wenn öffentlich-rechtliches Handeln gesetzlich vorgeschrieben ist (zB im Schulrecht, bei der Gewährung von Sozialleistungen, im Strafvollzug oder wenn ausdrücklich durch Verwaltungsakt gehandelt werden muss).[5]

a) Wahlfreiheit

Das Wahlrecht kommt der Verwaltung v.a. im Bereich der **Leistungsverwaltung** zu.[6] Anwendungsfeld ist vornehmlich das Gebiet der Daseinsvorsorge (Verkehrs-, Wasser-, Energieversorgung ua, bereits § 5 Rn. 13), ferner die Zulassung zur Benutzung öffentlicher (v.a. kommunaler) Einrichtungen oder die Vergabe von Subventionen. Das Wahlrecht richtet sich auf zweierlei: zum einen auf die **Wahl der Organisationsform**; bei einer Entscheidung für eine privatrechtliche, also regelmäßig gesellschaftsrechtliche Organisation, liegt zugleich ein Fall der sog. formellen Privatisierung vor.[7] Zum ande-

---

1 Auch Detterbeck, Rn. 895 ff.
2 Näher Wollenschläger in: Kahl/Ludwigs, I, § 15 Rn. 19 ff.
3 Zu den Grenzen etwa BVerfG NJW-Spezial 2012, 88 f.; zu Art. 33 Abs. 4 GG als Privatisierungsschranke Thiele Der Staat 49 (2010), 274.
4 Anhand der Staatsaufgabenlehre näher Wallerath, § 2 Rn. 4 ff., 22; OLG Frankfurt aM NJW 2020, 696, 698 Rn. 19 ff.
5 BGHZ 228, 373, 378 Rn. 18.
6 BVerwGE 92, 56, 61 ff.; vgl. auch BGHZ 228, 373, 387 Rn. 18; bereits § 5 Rn. 13; eingehend Stelkens, Verwaltungsprivatrecht, 2005.
7 Dazu Rn. 18; zur diesbzgl. win-win-Situation des Staates (Umgehung der für eine Beleihung geltenden öffentlich-rechtlichen Grenzziehungen, Art. 33 Abs. 4 GG, vgl. Rn. 19) – Haftungsbegrenzung auf das Gesellschaftsvermögen/Ausfallbürgschaft des Steuerzahlers/günstige Kreditkonditionen/Vorteile des Zivilprozessrechts, Schaefer Der Staat 51 (2012), 251, 253 mit Fn. 14. Zu den damit einhergehenden Schwierigkeiten einer Zusammenführung von Verwaltungsrecht und Zivil-/Gesellschaftsrecht sowie zu insoweit divergierenden Sichtweisen pro domo zwischen BVerwG und BGH ders., wie vor, 260 f.

497

ren betrifft es die Ausgestaltung des **Leistungsverhältnisses** (Handlungsform);[8] darum geht es hier (allg. bereits § 5 Rn. 13 f.).

BEISPIEL: Kommunen können die Wasserversorgung in eigener Regie betreiben (durch einen Eigenbetrieb)[9] oder mit dieser Aufgabe eine ihr gehörende AG oder GmbH betrauen (Eigengesellschaft).[10] Im ersten Fall haben die Gemeinden ihr Wahlrecht zugunsten der öffentlich-rechtlichen Organisationsform ausgeübt. Dann steht ihnen ein weiteres Wahlrecht hins. der Ausgestaltung des Versorgungsverhältnisses ggü. den Bürgern zu. Dieses kann also öffentlich-rechtlicher (wenn etwa eine Benutzungssatzung gilt) oder privatrechtlicher Natur (wenn ein zivilrechtlicher Wasserlieferungsvertrag geschlossen wird) sein. Bei der Entscheidung für eine privatrechtliche Organisationsform (AG oder GmbH) verbleibt für die Gestaltung der Leistungsbeziehungen zwischen dem Privatrechtssubjekt und den zu versorgenden Bürgern allerdings nur die Möglichkeit zivilrechtlichen Handelns.[11]

b) Zwei-Stufen-Theorie

4   Zur Bestimmung der Rechtsnatur von Maßnahmen im Bereich der Leistungsverwaltung, insb. bei einem Gemisch aus öffentlich-rechtlichen und privatrechtlichen Elementen, kann die Zwei-Stufen-Theorie herangezogen werden. Sie ist für das Subventionsrecht entwickelt worden,[12] um solche ursprünglich rein privatrechtlich vorgenommenen Kreditvergaben öffentlich-rechtlichen Bindungen zu unterwerfen, und ist später auf weitere Rechtsbeziehungen ausgedehnt worden.[13]

aa) Gewährung von Subventionen

5   Bei **Subventionen** handelt es sich um vermögenswerte Zuwendungen eines Trägers öffentlicher Verwaltung an Privatpersonen ohne marktmäßige Gegenleistung.[14] Die Zwei-Stufen-Theorie knüpft daran an, dass sich die Vergabe von derartigen Subventionen oft in zwei Verfahrensabschnitte einteilen lässt: In einem **ersten Schritt** wird entschieden, **ob** eine Subvention gewährt wird (wer eine Leistung erhält); der **zweite Schritt** betrifft die Frage der Abwicklung des Subventionsverhältnisses (Auszahlung, Zinsen, Rückzahlungsmodalitäten), mithin dessen **Wie**. Während die Entscheidung der Behörde über das Ob der Subvention öffentlich-rechtlichen Charakter hat, woraus entsprechende Bindungen folgen (idR Zuwendungs- oder Bewilligungsbescheid),[15]

---

8   Maurer/Waldhoff, § 3 Rn. 25; bereits § 5 Rn. 13.
9   Etwa § 68 Abs. 4 S. 1 Nr. 1 KV M-V iVm EigVO M-V oder auch § 109 Abs. 1 S. 1 SaarlKSVG iVm SaarlEigVO. Zur wirtschaftlichen Betätigung von Gemeinden Brüning NVwZ 2015, 689 ff.; Geis/Madeja JA 2013, 248, 249 ff.; Ipsen NdsVBl. 2015, 121 ff.; Pünder/Dittmar Jura 2005, 760.
10 Vgl. ua § 69 KV M-V; § 108 GO NRW; Art. 92 GO Bay; § 137 NdsKomVG; § 110 SaarlKSVG. Werden sie gemeinsam mit Privaten betrieben, spricht man von gemischtwirtschaftlichen Unternehmen; dazu noch Rn. 8. Im Vordringen befindet sich zudem die rechtsfähige Anstalt des öffentlichen Rechts, die kraft spezialgesetzlicher Anordnung im Kommunalrecht öffentlich-rechtliche Steuerungsmöglichkeiten mit der unternehmerischen Flexibilität, wie sie Kapitalgesellschaften zu eigen ist, verbinden soll, vgl. näher Erbguth/Mann/Schubert, Rn. 308; Geis/Madeja JA 2013, 248, 252, 256. Allg. zur Anstalt des öffentlichen Rechts § 6 Rn. 19 f.
11 Vgl. die Beispiele bei Maurer/Waldhoff, § 3 Rn. 25.
12 Begründet von H.P. Ipsen, Öffentliche Subventionierung Privater, 1956, S. 62 ff. S. zum Subventionsrecht zB Ebeling/Tellenbröker JuS 2014, 217 ff.
13 Siegel, Entscheidungsfindung, S. 158 f.
14 Siegel, Rn. 883. Vornehmlich Darlehen, Bürgschaften uÄ, Realförderungen (bspw. Einheimischen-Modell: Vermittlung preisgünstiger Baugrundstücke an Gemeindeeinwohner durch die Kommune); OVG Münster NJW 2001, 698; zu den sog. verlorenen Zuschüssen Rn. 7, aE; zu alledem Maurer/Waldhoff, § 17 Rn. 5 ff. Eingehend zum Subventionsrecht Ehlers DVBl. 2014, 1.
15 BVerwG NJW 2006, 536, 537. Damit werden Grundrechtsschutz (insb. Art. 3 Abs. 1 GG) und gerichtliche Kontrolle sichergestellt, Maurer/Waldhoff, § 17 Rn. 15.

ist in Bezug auf die zweite Stufe sehr sorgfältig zu prüfen, ob man sich für eine öffentlich- oder privatrechtliche Ausgestaltung des Subventionsverhältnisses entschieden hat. Meistens ist dieses privatrechtlicher Natur; vielfach wird ein Darlehens- oder Bürgschaftsvertrag (§ 488, § 765 BGB) zwischen dem Bürger und der Behörde oder einer von ihr beauftragten Privatbank abgeschlossen.[16] Für Streitigkeiten im Zusammenhang mit Subventionen können deshalb – je nachdem, welcher Bereich Gegenstand des Streites ist – entweder die Verwaltungsgerichte oder die Zivilgerichte zuständig sein.

In Teilen der Literatur stoßen die Zwei-Stufen-Theorie und die ihr zugrundeliegende Aufspaltung des (Subventions-)Vorgangs in zwei Rechtsverhältnisse auf **Kritik**. Die Annahme einer Zweistufigkeit habe oft fiktiven Charakter, es komme zu einer Aufspaltung eines einheitlichen Lebensverhältnisses samt damit verbundener Abgrenzungsprobleme.[17] Die aus der Differenzierung resultierende Zweispurigkeit des Rechtswegs (Verwaltungsgerichte/Zivilgerichte) widerspreche dem Grundsatz der Prozessökonomie.[18] Da die Verwaltung – wie noch zu zeigen sein wird – auch bei privatrechtlichem Handeln an die Grundrechte gebunden ist und Zivilgerichte ebenso effektiven Rechtsschutz vermitteln, bedürfe es heute nicht mehr des Rekurses auf die Zwei-Stufen-Theorie.[19]

6

Deswegen wird vorgeschlagen, die Vergabe von Subventionen einem einstufigen Rechtsverhältnis zuzuordnen, wofür verschiedene Handlungsformen bereitstünden: ein Verwaltungsakt, der mit Bedingungen oder Auflagen hins. der Geldleistung ein Dauerrechtsverhältnis begründet, ein öffentlich-rechtlicher oder ein privatrechtlicher Vertrag.[20]

Für die Zwei-Stufen-Theorie spricht aus verwaltungspraktischer Sicht die damit einhergehende Abschichtungsleistung. So wird etwa das privatrechtliche Rechtsverhältnis auf der zweiten Stufe aufgrund der Bestandskraft und Tatbestandswirkung des vorgelagerten Verwaltungsakts zugleich ggü. Fehlern auf der ersten Stufe immunisiert.[21] Richtigerweise darf die **Zweistufigkeit** nicht fingiert, sondern nur aufgrund **konkreter Anhaltspunkte** für eine solche Verfahrensgestaltung angenommen werden.[22] **Zweistufigkeit** liegt jedenfalls dann vor, wenn die Gewährung der Leistung unter Einschaltung eines privaten Dritten (einer Bank) erfolgt, der die einzelnen Konditionen der Darlehensgewährung mit dem Bürger aushandelt. Zunächst entscheidet die Behörde über die Bewilligung (1. Stufe, „Ob"). Mit dem privaten Dritten wird sodann (2. Stufe, „Wie") ein zivilrechtlicher (Darlehens-)Vertrag abgeschlossen.[23] Auch Bürgschaften des Staates, durch die sich eine Behörde mittels Verwaltungsakts ggü. dem Subventi-

7

---

16 BVerwG NJW 2006, 536, 537. Auch Rennert EuZW 2011, 577, 579.
17 Weitere Nachweise dazu in: Kahl/Ludwigs, I, § 15 Rn. 12.
18 Sendler WiVerw 1976, 2, 22; unter Rekurs auf die Probleme bei der niederschwelligen Vergabe Siegel, Entscheidungsfindung, S. 160 f.
19 S.a. Ehlers in: ders./Pünder, § 3 Rn. 42; Maurer/Waldhoff, § 17 Rn. 16 ff.; Wollenschläger in: Kahl/Ludwigs, I, § 15 Rn. 12.
20 Vgl. etwa Menger VerwArch 69 (1978), 93; Siegel, Entscheidungsfindung, S. 162; instruktiv Kramer/Bayer/Fiebig/Freudenreich JA 2011, 810, 816 ff. Die Abgrenzung zwischen privatrechtlichem und öffentlich-rechtlichem Vertrag wird danach vorgenommen, was die Behörde wollte, vgl. § 24 Rn. 8; iErg für Verwaltungsakt bei breit gestreuten Subventionen und für Verwaltungsvertrag bei komplexe(re)n Sachverhalten Maurer/Waldhoff, § 17 Rn. 29. Mit guten Gründen gegen die Konstruktion als Verwaltungsvertrag Frotscher/Kramer, Rn. 729: regelmäßig kein Aushandeln, sondern staatliche Vorgabe; vgl. allg. § 24 Rn. 4.
21 Wollenschläger in: Kahl/Ludwigs, I, § 15 Rn. 12.
22 Wollenschläger in: Kahl/Ludwigs, I, § 15 Rn. 12.
23 Sog. Bankenverfahren, s.a. Siegel, Rn. 885; Ziekow, Wirtschaftsrecht, § 6 Rn. 69.

onsempfänger bereit erklärt, für dessen Verpflichtungen als Bürge einzustehen, und daraufhin mit dem Gläubiger des Subventionsempfängers einen entsprechenden privatrechtlichen Vertrag schließt, setzen sich aus zwei Stufen zusammen, die unterschiedlichen Rechtsgebieten angehören.[24]

Angesichts der Möglichkeit, dass die Behörde bei der Gewährung von Leistungen einstufig oder zweistufig verfahren kann (von deren Zulässigkeit auch § 48 Abs. 2 S. 1 VwVfG ausgeht), ist daher jew. sorgfältig zu prüfen, ob die Verwaltung eine ein- oder zweistufige Ausgestaltung gewählt hat.[25] Ein **einstufiges** Rechtsverhältnis ist oft bei sog. **verlorenen Zuschüssen** anzunehmen. Dabei handelt es sich um nicht zurückzuzahlende Subventionen (etwa Förderprämien des Staates im kulturellen Bereich). Derartige Subventionsverhältnisse sind häufig öffentlich-rechtlich ausgestaltet. Die Subvention wird meistens durch Verwaltungsakt bewilligt und daraufhin ausgezahlt.[26] Möglich ist auch der Abschluss eines öffentlich-rechtlichen Vertrags, unter Umständen auch eines solchen privatrechtlicher Art.[27] Jedenfalls handelt es sich um keinen zweistufigen Entscheidungsprozess, da die Auszahlung die Erfüllung der Bewilligung bildet.[28]

bb) Zugang zu kommunalen öffentlichen Einrichtungen

8 Praxisrelevanz erlangt die Zwei-Stufen-Theorie auch beim Zugang zu und der Benutzung von kommunalen Einrichtungen. Unter öffentlichen Einrichtungen versteht man alle Verwaltungsressourcen (Personal- und Sachmittel), die von der Gemeinde im öffentlichen Interesse durch Widmungsakt der allgemeinen Benutzung durch die Einwohner zur Verfügung gestellt werden einschließl. ihrer Unterhaltung.[29] Dazu gehören insb. Schwimmbäder, Museen, Theater und Bibliotheken. Bei Streitigkeiten um die Benutzung solcher öffentlichen Einrichtungen lassen sich zwei Ebenen unterscheiden:

- Auf der ersten Stufe geht es um die Entscheidung über die Benutzung als solche. Die(se) Frage, **ob** überhaupt ein Zulassungsanspruch zu einer öffentlichen Einrichtung besteht, ist stets **öffentlich-rechtlicher Natur**. So bestimmt sich der Zugang zu kommunalen Einrichtungen nach den Vorschriften der Gemeindeordnungen (bspw. § 14 Abs. 2 KV M-V, § 19 Abs. 1 SaarlKSVG), die Sonder- und nicht Jedermannsrecht sind.[30]

---

24 Gilt auch für sog. Hermes-Bürgschaften der Bundesrepublik (Ausfuhrbürgschaften zugunsten deutscher exportierender Unternehmen), BGH ZIP 1996, 2124, 2125; anders im Fall der Zusage (einstufig/öffentlich-rechtlich) oder eines Bürgschaftsvertrags (einstufig/zivilrechtlich, §§ 765 ff. BGB), letztlich kommt es also auf das Vorgehen im Einzelfall an, Ziekow, Wirtschaftsrecht, § 6 Rn. 70.
25 So auch Ziekow, Wirtschaftsrecht, § 6 Rn. 67.
26 BVerwGE 139, 125, 126; OVG Lüneburg Beschl. v. 15.4.2011 – 8 OB 32/11, Rn. 10 juris; Siegel, Rn. 884.
27 Ziekow, Wirtschaftsrecht, § 6 Rn. 127. Zum Baukindergeld OVG Lüneburg Beschl. v. 11.2.2022 – 10 OB 99/21, Rn. 7 juris.
28 Realakt, Frotscher/Kramer, Rn. 728. Subventionen in Form verlorener Zuschüsse sind auch dann einstufig öffentlich-rechtlich geregelt, wenn die Auszahlung durch ein Kreditinstitut bewirkt wird, hierzu BGH NVwZ 1985, 517; anders bei Einschaltung einer Förderbank BVerwG NJW 2006, 2568. An die Stelle des Bewilligungsbescheids kann allerdings ein Verwaltungsvertrag treten, Maurer/Waldhoff, § 17 Rn. 31; vorstehend im Text.
29 VGH München Beschl. v. 30.9.2020 – 4 B 20.1116, Rn. 24 juris. S.a. OVG Münster Beschl. v. 29.4.2022 – 4 B 996/21, Rn. 45 juris; Spitzlei JA 2020, 372 ff. Dazu § 33 Rn. 1. Zur Eigenschaft von Häfen als öffentliche Einrichtung BVerfG DVBl. 2022, 296, 299 Rn. 87.
30 Vgl. auch Art. 21 Abs. 1 S. 1 GO Bay; § 8 Abs. 2 GO NRW; § 30 Abs. 1 NdsKomVG. OVG Lüneburg NordÖR 2018, 429, 430; OVG Saarland Beschl. v. 28.3.2018 – 2 E 120/18, Rn. 4 juris. S.a. Schoch NVwZ 2016, 257, 265. Zum Zulassungsanspruch beim privatrechtlichen Betrieb von Einrichtungen nachfolgend im Text und § 33 nach Rn. 4 (zu Fall 3).

- Die zweite Stufe betrifft hingegen Streitigkeiten über das Benutzungsverhältnis, das **„Wie"** der Benutzung (zB Dauer, Entgelt für die Benutzung). Hier steht der Gemeinde ein Wahlrecht zu; sie kann das Benutzungsverhältnis privatrechtlich oder öffentlich-rechtlich ausgestalten. Maßgeblich ist also der Wille der Verwaltung. Anhaltspunkte für eine öffentlich-rechtliche Ausgestaltung des Benutzungsverhältnisses sind die Geltung einer Satzung als Benutzungsordnung und das Erheben von Benutzungsgebühren. Ein privatrechtliches Benutzungsverhältnis ist dagegen anzunehmen, wenn ein zivilrechtlicher Vertrag über die Nutzung abgeschlossen wird, allgemeine Benutzungsbedingungen (AGB iSd §§ 305 ff. BGB) gelten und ein privatrechtliches Nutzungsentgelt anfällt.[31]

Die Übertragung der Zwei-Stufen-Theorie auf die Nutzung öffentlicher Einrichtungen ist – wie schon ihre Heranziehung im Subventionsbereich (vgl. Rn. 4 ff.) – nicht ohne **Kritik** geblieben. Allerdings hat sich diese bislang nicht durchsetzen können.[32] Eine gewisse Modifizierung lässt sich in bestimmten Konstellationen aus der jüngeren Rspr. des BVerfG ableiten, nach der nicht nur allein vom Staat in Privatrechtsform geführte Betriebe,[33] sondern auch sog. **gemischtwirtschaftliche Unternehmen**,[34] also vom Staat (lediglich) beherrschte juristische Personen des Privatrechts, bei der Wahrnehmung öffentlicher Interessen (Verkehrsflughafen, Personennahverkehr) **an die Grundrechte gebunden** sind.[35] Das Benutzungsverhältnis solcher Organisationen unterliegt einer derartigen Grundrechtsbindung, so dass sich aus Art. 3 Abs. 1 GG ein Anspruch auf Abschluss eines Benutzungsvertrags unmittelbar gegen das Unternehmen ableiten lässt. Hins. der kommunalrechtlichen Zugangsansprüche (zB § 19 Abs. 1 SaarlKSVG) wird jedoch angenommen, dass bei Leistungserbringung in privatrechtlicher Organisation der öffentliche Träger hins. des Zugangs („Ob") anspruchsverpflichtet bleibt, und sich der Anspruch lediglich in einen **Verschaffungsanspruch** wandelt, den die Gemeinde durch Einwirken auf das privatrechtliche Unternehmen zu erfüllen hat.[36] Wegen der Bindung der kommunalen Gebietskörperschaft an die Verfassung und das Gesetz muss sie für die Rechtmäßigkeit des Handelns des Unternehmens einstehen und gewährleisten, dass dieses keine Rechte anderer verletzt.[37]

---

31 Bereits vorstehend Rn. 3; s.a. OVG Saarland Beschl. v. 28.3.2018 – 2 E 120/18, Rn. 4 juris; Haurand DVP 2017, 381, 386. Zum Verhältnis der beiden Stufen VGH München Urt. v. 30.9.2020 – 4 B 20.1116, Rn. 30 ff juris.
32 Dazu Kramer/Bayer/Fiebig/Freudenreich JA 2011, 810, 815 f.
33 Dazu mwN Kramer/Bayer/Fiebig/Freudenreich JA 2011, 810, 817.
34 Zum Begriff Schaefer Der Staat 51 (2012), 252 mit Fn. 1.
35 BVerfGE 128, 226 (Fraport); dazu Muckel JA 2011, 557; BVerfG NJW 2016, 3153, 3154; näher Schaefer Der Staat 51 (2012), 251, 255 ff.; bereits BVerwG NVwZ 1998, 1083, 1084; was letztlich zugleich eine unmittelbare (Dritt-)Grundrechtsbindung der am Unternehmen beteiligten Privaten nach sich zieht, so mit guten Gründen Schaefer, wie vor, 258 ff.; auch Rn. 9.
36 Vgl. BVerwGE 159, 337, 342 Rn. 28; BVerwG Urt. v. 20.1.2022 – 8 C 35/20, Rn. 14 juris; ; VGH München BayVBl. 2019, 50, 51 f.; Siegel, Rn. 882; Windoffer GewArch 2013, 265, 268; demokratiedogmatisch konnte diese Konstruktion angesichts der gesellschaftsrechtlichen insb. bei Aktiengesellschaften gerade vorausgesetzten Trennung zwischen Geschäftsführungsbefugnis und Verfügungsbefugnis (Inhaberschaft) nur über Mehrstimmrechte der öffentlichen Hand gehalten werden; Letzterem steht allerdings die Rspr. des EuGH zu Art. 63 AEUV (EuGH EuZW 2003, 536) und § 12 Abs. 2 AktG entgegen, Schaefer Der Staat 51 (2012), 251, 264; auch mit dem (nationalen) Gesellschaftsrecht sind derartige kommunale Einwirkungsmöglichkeiten nur schwer vereinbar, Geis/Madeja JuS 2013, 248, 254.
37 BVerwGE 159, 337, 342 Rn. 28.

Ein solcher Einwirkungsanspruch wird teils für entbehrlich erachtet, da der Anspruch aus dem Gleichheitsgrundrecht direkt gegen die juristische Person des Privatrechts gerichtet und durchgesetzt werden kann.[38]

c) Geltung der Grundrechte

9   Die Verwaltung darf sich bei der Erfüllung öffentlicher Aufgaben durch die Wahl privatrechtlicher Rechtsformen nicht bestehenden öffentlich-rechtlichen Bindungen entziehen. Eine „**Flucht ins Privatrecht**" ist **unzulässig**. Deshalb finden die Grundrechte, an welche die vollziehende Gewalt gem. Art. 1 Abs. 3 GG ohne Einschränkung gebunden ist, in vollem Umfang Anwendung;[39] das gilt auch ggü. gemischtwirtschaftlichen Unternehmen, die vom Staat, etwa durch Anteilsmehrheit, beherrscht werden.[40] Im Vordergrund steht dabei das Willkürverbot des Art. 3 Abs. 1 GG.[41] Darüber hinaus gelten substanzielle Grundsätze des Verwaltungsrechts (insb. das Verhältnismäßigkeitsprinzip).[42] Die Bezeichnung **Verwaltungsprivatrecht** bringt zum Ausdruck, dass in diesen Konstellationen „die Privatrechtsordnung lediglich in einzelnen Punkten durch öffentlich-rechtliche Bindungen ergänzt, modifiziert und überlagert [wird], ohne dass darum das Verwaltungshandeln selbst dem öffentlichen Recht zuzuordnen wäre".[43]

2. Fiskalverwaltung

10 Kennzeichnendes Element der **Fiskalverwaltung** ist, dass die Verwaltung in diesem Bereich **nicht unmittelbar öffentliche Aufgaben erfüllt**, sondern sich erst die dafür erforderlichen Gegenstände, Finanzmittel und Dienstleistungen beschafft, also nur mittelbar zur Erfüllung öffentlicher Aufgaben tätig wird.[44]

a) Geschäfte zur Bedarfsdeckung/fiskalische Hilfsgeschäfte (Staat als Kunde)

11 Die Beschaffung der für die Verwaltung erforderlichen Sachgüter wie Büromaterial, Dienstsiegel, Fahrzeuge oder Grundstücke einerseits sowie die Einstellung des Personals andererseits (Ausnahme: Beamte) erfolgt durch privatrechtliche Verträge (Kauf-

---

38 Zur Grundrechtsbindung von juristischen Personen BVerfGE 128, 226, 245; krit. Schaefer Der Staat 51 (2012), 251, 265 f.: unzureichende parlamentarische Kontrolle der Organisationsprivatisierung wird durch gerichtliche Kontrolle (unzulässig) kompensiert. Dafür, dass man einen funktional-teleologischen Einrichtungsbegriff mit Eröffnung des Verwaltungsrechtswegs in Betracht ziehen kann, Schoch NVwZ 2016, 257, 265.
39 BVerfG NJW 2016, 3153, 3154 f. Eingehend zur Grundrechtsbindung der privatrechtsförmigen Verwaltung Ehlers in: Kahl/Ludwigs, III, § 69.
40 BVerfGE 128, 226, 246 f.; BVerfG NJW 2016, 3153, 3154; Nichtannahmebeschl. v. 21.2.2019 – 2 BvR 2456/18, Rn. 8 juris; bereits Rn. 8 und nachfolgend Lösung zu Fall 7.
41 Die Freiheitsrechte erweisen sich regelmäßig als weniger relevant, weil im privatrechtlichen Verhältnis vonseiten der Verwaltung nicht einseitig befehlend vorgegangen werden kann, Maurer/Waldhoff, § 3 Rn. 29; anders sieht es aus, wenn Marktmacht ausgespielt wird, vgl. dazu Rn. 15, oder es um die Versammlungsfreiheit des Art. 8 GG geht.
42 BGH MDR 2019, 344 Rn. 13; OVG Lüneburg NordÖR 2018, 429, 431. Für die Geltung grundlegender Prinzipien der öffentlichen Finanzwirtschaft: BGHZ 91, 84, 96 f.; der staatlichen Kompetenzordnung: BVerfGE 12, 206; des Verbots sachwidriger Koppelung von Leistungen der Verwaltung mit Gegenleistungen des Bürgers: BVerwGE 92, 56, 65.
43 BVerwGE 129, 9, 15 f. Rn. 9; näher Wollenschläger in: Kahl/Ludwigs, I, § 15 Rn. 31 ff., auch dazu, dass sich die erforderlichen Konkretisierungsleistungen abträglich auf Transparenz und Rechtssicherheit auswirken sowie die öffentlich-rechtlichen Bindungen in die zivilrechtlichen Strukturen einzupassen sind. Zum Begriff des Verwaltungsprivatrechts BGH NJW 2019, 2016, 2017 f. Rn. 20; Scholz, Verwaltungszivilprozessrecht, 2013, S. 50 ff.; Stelkens, Verwaltungsprivatrecht, 2005.
44 Hendler, Rn. 493; auch § 5 Rn. 13; die Abgrenzung zum Verwaltungsprivatrecht verschwimmt zunehmend, vgl. Knauff NVwZ 2007, 546.

vertrag, Mietvertrag, Anstellungsvertrag).⁴⁵ Derartige Rechtsgeschäfte werden auch als **fiskalische Hilfsgeschäfte** bezeichnet.⁴⁶ Die Verwaltung tritt bei ihnen wie ein Privater auf; dem Staat stehen in diesem Bereich keine Hoheitsbefugnisse zu. Die sich aus den Verträgen ergebenden Streitigkeiten sind daher vor den Zivilgerichten zu klären.

Früher wurde teilweise angenommen, dass die Verwaltung bei den fiskalischen Hilfsgeschäften nicht direkt an die Grundrechte gebunden sei, weil diese nur mittelbar der Erledigung von Verwaltungsaufgaben dienten,⁴⁷ und stattdessen die für das Zivilrecht geltende mittelbare Drittwirkung der Grundrechte befürwortet, denen zB bei der Auslegung und Anwendung von bürgerlich-rechtlichen Generalklauseln uÄ (wie § 242 BGB) Rechnung zu tragen ist.⁴⁸ Wie das BVerfG jedoch zutreffend aufgezeigt hat, ordnet **Art. 1 Abs. 3 GG** eine **umfassende Bindung** aller staatlichen Gewalt an die Grundrechte an, mithin gelten diese nicht nur für bestimmte Bereiche, Funktionen oder Handlungsformen staatlicher Aufgabenwahrnehmung. Wenn der Staat und andere Träger öffentlicher Gewalt im Rahmen ihrer Zuständigkeiten am Privatrechtsverkehr teilnehmen, „handeln [sie] dabei jedoch stets in Wahrnehmung ihres dem Gemeinwohl verpflichteten Auftrags".⁴⁹ Diese Grundrechtsbindung des Staates besteht unabhängig von der gewählten Handlungsform und dem Zweck seines Tätigwerdens. Da den staatlichen Stellen eine Flucht aus der Grundrechtsbindung in das Privatrecht verwehrt ist, sind der Staat und andere Träger der öffentlichen Gewalt stets unmittelbar an die Grundrechte gebunden.⁵⁰ Umgekehrt folgt daraus, dass sich der Staat und andere Träger der öffentlichen Gewalt grds. nicht auf die Grundrechte berufen können (anders zB Kirchen, Hochschulen, Rundfunkanstalten).⁵¹

Exkurs: Das Vergaberecht regelt die Beschaffung von Waren, Bau- und Dienstleistungen sowie die Vergabe von Konzessionen durch staatliche oder vom Staat beeinflusste Auftraggeber, die rein tatsächlich bis zu 20 % des Bruttoinlandsprodukts in Deutschland und Europa ausmachen.⁵² Öffentliche Aufträge und Konzessionen, die einen bestimmten (finanziellen) Schwellenwert überschreiten, unterliegen besonderen materiell- und verfahrensrechtlichen Anforderungen aufgrund unionsrechtlicher Vorgaben, die sich ua aus dem Anwendungsbereich des Gesetzes gegen Wettbewerbsbeschränkungen (§§ 97 ff. GWB) und der Vergabeverordnung⁵³ ergeben. Dadurch sollen die öffentlichen Auftraggeber ihre benötigten Sach- und Personalmittel zu den günstigsten und besten Konditionen bekommen. Außerdem soll die Vergabe in einem chancengleichen und transparenten Wettbewerb Korruption entgegenwirken.⁵⁴ Die anstehende Vergabeentscheidung unterliegt der Nachprüfung durch Vergabekammern, § 155 f. GWB, bei denen es sich um Verwaltungsbehörden und nicht um Gerichte handelt.⁵⁵ Gegen Entscheidungen der Vergabekammern, die in Form eines Verwaltungsakts (§ 168 Abs. 3 S. 1 GWB) ergehen, kann sofortige Beschwerde zum Oberlandesgericht erhoben werden, § 171 Abs. 1 S. 1, Abs. 3 GWB. Der (zivil)gerichtliche Rechtsschutz nach §§ 171 ff. GWB betrifft sowohl d(ies)en primären Rechtsschutz, etwa auf Feststellung der Unwirksamkeit einer Zuschlagserteilung, als auch den nach § 181 GWB eben-

---

45 Bull/Mehde, Rn. 31.
46 BVerwG Beschl. v. 10.11.2016 – 4 B 27/16, Rn. 8 juris: „fiskalisches" Handeln.
47 BGHZ 36, 91, 95.
48 Zur mittelbaren Drittwirkung der Grundrechte, insb. dass sich aus Art. 3 Abs. 1 GG für spezifische Konstellationen zwischen Privaten gleichheitsrechtliche Anforderungen ergeben können, BVerfGE 148, 267.
49 BVerfG NJW 2016, 3153, 3154; Nichtannahmebeschl. v. 21.2.2019 – 2 BvR 2456/18, Rn. 8 juris; s.a. Wollenschläger in: Kahl/Ludwigs, I, § 15 Rn. 15.
50 BVerfG NJW 2016, 3153, 3154 f.; BVerwG Beschl. v. 10.11.2016 – 4 B 27/16, Rn. 8 juris; s.a. Cremer DÖV 2003, 921, 923 f. mwN in Fn. 25.
51 BVerfG NJW 2016, 3153, 3154; BVerwG Beschl. v. 10.11.2016 – 4 B 27/16, Rn. 8 juris.
52 S. dazu näher Pünder/Buchholtz Jura 2016, 1246 ff., 1358 ff. Aktuelle Angaben jew. bei statista, Öffentliche Aufträge.
53 Aufgrund der Ermächtigung in § 113, § 114 Abs. 2 S. 4 GWB erlassene Verordnung.
54 Ziekow, Wirtschaftsrecht, § 9 Rn. 1.
55 Pünder/Buchholtz Jura 2016, 1358, 1369 f.

falls eröffneten sekundären Rechtsschutz (nach Erteilung des Zuschlags), nämlich auf Schadensersatz (Vertrauensschaden) wegen Verstoßes gegen (bieterschützende, s.o.) Vergabegrundsätze.[56]

Bei der sog. **„unterschwelligen"** Vergabe öffentlicher Aufträge ist die Rechtswegfrage mangels Einschlägigkeit des GWB nicht so einfach zu entscheiden. Entgegen mancher Stimmen und Judikate[57] hat das BVerwG mangels Mehrphasigkeit des Vergabevorgangs die Anwendbarkeit der Zwei-Stufen-Theorie abgelehnt.[58] Weil der Staat im Vergabebereich trotz öffentlich-rechtlicher Verpflichtungen als Nachfrager im privaten Wirtschaftsmarkt auftritt,[59] ist nach seiner Meinung auch in Vergabestreitigkeiten unterhalb der Schwellenwerte grds. allein der Zivilrechtsweg eröffnet.[60]

b) Erwerbswirtschaftliche Geschäfte (Staat als Unternehmer)

14 Darüber hinaus beteiligt sich der Staat mit eigenen unternehmerischen Tätigkeiten oder über Handelsgesellschaften (insb. Aktiengesellschaften), die ganz oder teilweise in staatlicher Hand sind, am Wirtschaftsleben.[61] Beispiele bilden landwirtschaftliche Güter- und Industriebetriebe (Anteilseignerschaft des Landes Niedersachsen an der Volkswagen AG), aber auch wirtschaftliche Unternehmungen von Universitäten.[62] In diesen Fällen **erwerbswirtschaftlicher Betätigung** handelt der Staat wie ein privater Unternehmer nach wirtschaftlichen Grundsätzen.[63] Er unterliegt deshalb der Zivilrechtsordnung.

15 Gleichwohl ist die erwerbswirtschaftliche Betätigung angesichts ihrer staatlichen Trägerschaft nicht unbeschränkt zulässig. Auf gesetzlicher Ebene stellen die jeweiligen Gemeindeordnungen (Selbst-)Verwaltungszwecke als Grenzen der wirtschaftlichen Betätigung von Kommunen auf (sog. **Schrankentrias**: Erforderlichkeit durch einen öffentlichen Zweck, Relationsklausel = angemessenes Verhältnis zur Verwaltungs- und Finanzkraft und zum voraussichtlichen Bedarf, echte bzw. unechte Subsidiarität in

---

56 Pünder/Buchholtz Jura 2016, 1358, 1371 ff.
57 So teilweise die oberverwaltungsgerichtliche Rspr., etwa OVG Koblenz DVBl. 2005, 988; zu dieser Sicht Ehlers/Schneider in: Schoch/Schneider, VwGO, § 40 Rn. 307 ff. mwN; auch Maurer/Waldhoff, § 3 Rn. 23: jedenfalls bei gewichtigen Vergaben mit Auswahlentscheidung. Zu diesbzgl. unionsrechtlichen Einwirkungen Harms, Unionsrechtliche Vorgaben für den Rechtsschutz im Vergabeverfahren unterhalb der EU-Schwellenwerte, 2013. Eingehend zu alldem Dietlein/Fandrey in: Byok/Jaeger, Kommentar zum Vergaberecht, 3. Aufl. 2011, Einl. Rn. 91 ff.
58 BVerwGE 129, 9.
59 Detterbeck, Rn. 939, unter Hinweis auf BVerwGE 116, 135, 149 f. und mwN in Fn. 57; dem lassen sich allerdings die bei der „unterschwelligen" Vergabe im Vordergrund stehenden haushaltsrechtlichen Prinzipien der Sparsamkeit und Wirtschaftlichkeit entgegensetzen, dazu Maurer/Waldhoff, § 17 Rn. 34.
60 BVerwG DVBl. 2007, 969; zustimmend Ziekow, Wirtschaftsrecht, § 9 Rn. 98 f.; krit. Pünder/Buchholtz Jura 2016, 1358, 1372; eingrenzend Maurer/Waldhoff, § 3 Rn. 23: bei Alltagsgeschäften der Vergabe; zur regelmäßigen Reduzierung auf Schadensersatzansprüche und damit auf Sekundärrechtsschutz vgl. dies., § 17 Rn. 36; BVerfGE 116, 135, 153 ff.
61 Zur wirtschaftlichen Betätigung kommunaler Unternehmen Brüning NVwZ 2015, 689 ff.; Krämer LKV 2016, 348 ff. Zu sog. gemischtwirtschaftlichen Unternehmen Rn. 8 f., 18, 22.
62 Zu letzterem, bislang kaum rechtswissenschaftlich durchleuchteten Bereich nunmehr eingehend Gräf, Die wirtschaftliche Betätigung von Universitäten, 2013.
63 Allerdings gelten im Kommunalrecht zT bestimmte Tätigkeiten per Gesetz nicht als wirtschaftlich: gesetzliche Pflichtaufgaben, Einrichtungen des Unterrichts-, Erziehungs- und Bildungswesens, des Umweltschutzes (etwa Abwasserbeseitigung), des Gesundheits- und Sozialwesens, Hilfsbetriebe zur Deckung des kommunalen Eigenbedarfs, vgl. § 102 Abs. 4 GemO BW; § 136 Abs. 3 NdsKomVG; § 107 Abs. 2 GO NRW; § 108 Abs. 2 SaarlKSVG; näher und mit Beispielen Erbguth/Mann/Schubert, Rn. 296; dazu, dass die Veranstaltung traditioneller Wochenmärkte nicht als wirtschaftliche Betätigung zu qualifizieren ist, OVG Münster Beschl. v. 29.4.2022 – 4 B 996/21, Rn. 53 ff. juris; anders § 68 Abs. 1 S. 2, Abs. 3 KV M-V: stellen (auch) wirtschaftliche Betätigung dar; Geis/Madeja JA 2013, 248, 249 f.

Bezug auf Dritte);[64] die Rspr. verfährt freilich bei der Annahme solch öffentlicher Zwecke recht großzügig.[65]

Zu klären bleibt, ob auch die **Grundrechte** ggü. staatlichen oder staatlich beeinflussten Unternehmen Anwendung finden. Zwar schützen Art. 12 Abs. 1 und Art. 14 Abs. 1 GG nicht vor Konkurrenz durch die öffentliche Hand; sie sollen vielmehr einen freien Wettbewerb gewährleisten. Die Grenze wirtschaftlicher Betätigung durch die Verwaltung wird aber dort gezogen, wo sie ihre Machtstellung missbraucht, etwa weil ihr eine Monopolstellung zukommt oder ein von ihr ausgehender Verdrängungswettbewerb stattfindet.[66] Früher lehnte eine wohl überwiegende Auffassung eine unmittelbare Verpflichtung der Gemeinden und gemeindlichen Unternehmen bei der erwerbswirtschaftlichen Betätigung durch die Grundrechte[67] zugunsten der Rechtsfigur der bloß mittelbaren Drittwirkung (vgl. Rn. 12) ab.[68] Richtigerweise hat das BVerfG jedoch angesichts der umfassenden und uneingeschränkten Ausgestaltung des Art. 1 Abs. 3 GG klargestellt, dass die öffentliche Hand und öffentliche Unternehmen bei der erwerbswirtschaftlichen Betätigung unmittelbar grundrechtsgebunden sind.[69] Da derartige Unternehmen nicht gleichzeitig Adressaten und Träger von Grundrechten sein können, können sie sich hins. getroffener Investitionsentscheidungen nicht auf den Schutz gem. Art. 19 Abs. 3 iVm Art. 14 Abs. 1 GG berufen.[70]

c) **Verwaltung von Vermögensgegenständen (Staat als Eigentümer)**

Der Staat ist ferner Eigentümer von **Vermögensgegenständen**.[71] Die Verwaltung bzw. Nutzung dieser Gegenstände erfolgt privatrechtlich; ein Beispiel bildet die Vermietung von Werbeflächen auf Außenwänden von Bussen, die einer Gemeinde gehören. Zur Bindung an die Grundrechte im Rahmen der Verwaltung von Vermögensgegenständen gilt das zu den erwerbswirtschaftlichen Geschäften Dargestellte entsprechend.

16

---

64 ZB § 68 Abs. 2; § 69 Abs. 1 KV M-V; § 102 Abs. 1 GemO BW; § 108 Abs. 1 SaarlKSVG; soweit dort scheinbar weitergehend auf „öffentliche Zwecke" abgestellt wird, bedürfen diese wegen Art. 28 Abs. 2 S. 1 GG gleichwohl der örtlichen Radizierung – auch dann, wenn kommunalrechtlich eine wirtschaftliche Betätigung über die Gemeindegrenzen hinaus eröffnet ist, näher Erbguth/Mann/Schubert, Rn. 302 f.; anders Shirvani NVwZ 2014, 1185, 1187 f. Die Vorschriften fordern des Weiteren eine hinreichende Leistungsfähigkeit der jeweiligen Gemeinde und dass besagter Zweck nicht besser und wirtschaftlicher (§ 107 Abs. 1 S. 1 Nr. 3 GO NRW: außerhalb bestimmter Wirtschaftssektoren, § 136 Abs. 1 S. 2 Nr. 3, S. 3 NdsKomVG: außerhalb bestimmter Wirtschaftssektoren; § 94a Abs. 1 S. 1 Nr. 3 SächsGO; § 101 Abs. 1 Nr. 3 GO SH) oder ebenso gut und wirtschaftlich (§ 102 Abs. 1 GemO BW: außerhalb der kommunalen Daseinsvorsorge; Art. 87 Abs. 1 S. 1 Nr. 4 BayGO; § 121 Abs. 1 S. 1 Nr. 3 HessGO; § 68 Abs. 2 S. 1 Nr. 3 KV M-V; § 85 Abs. 1 S. 1 Nr. 3 GemO Rlp: außerhalb bestimmter Wirtschaftssektoren; § 108 Abs. 1 S. 1 Nr. 3 SaarlKSVG; § 71 Abs. 2 Nr. 4 ThürKO: außerhalb der kommunalen Daseinsvorsorge) durch einen anderen, insb. einen privaten Dritten (Unternehmen/Betrieb) oder auf andere Weise erfüllt werden kann (kommunalwirtschaftliche Subsidiaritätsklausel), etwa Erbguth/Mann/Schubert, Rn. 288; Geis/Madeja JA 2013, 248, 250.
65 BVerwGE 39, 329; BVerwG DÖV 1978, 851; bereits OVG Münster NVwZ 1986, 1045.
66 BVerfGE 21, 245, 248; BVerwGE 132, 64, 74; Cremer DÖV 2003, 921; dazu auch Erbguth/Schlacke NWVBl. 2002, 258; zur Einschlägigkeit der Grundrechtspositionen – Gleichheitsrecht und Freiheitsrechte – in den hier fraglichen Bereichen vgl. Rn. 9 mwN.
67 Dazu Geis/Madela JA 2013, 248, 253.
68 Hendler, Rn. 491.
69 BVerfG NJW 2016, 3153, 3155; s.a. BVerwG Beschl. v. 10.11.2016 – 4 B 27/16, Rn. 8 juris. Vgl. Rn. 8 f. zur unmittelbaren Grundrechtsbindung. Deutlich(er) Maurer/Waldhoff, § 3 Rn. 24: Bereich des Verwaltungsprivatrechts; auch dies., wie vor, § 3 Rn. 29.
70 BVerwG Beschl. v. 10.11.2016 – 4 B 27/16, Rn. 8 juris.
71 Andere Zuordnung (erwerbswirtschaftliche Betätigung) bei Detterbeck, Rn. 908.

▶ **Zu Fall 7:** Die Verkehrsbetriebe AG nimmt öffentliche Aufgaben aus dem Bereich der Daseinsvorsorge wahr. Auch als AG und damit juristische Person des Privatrechts, die von der Stadt V beherrscht wird, ist sie gem. Art. 1 Abs. 3 GG unmittelbar an die Grundrechte gebunden (dazu vorstehend Rn. 8 f.). Ohne Bedeutung ist in diesem Zusammenhang ferner, dass die Verkehrsbetriebe AG mit den Nutzern ihrer Verkehrsmittel privatrechtliche Beförderungsverträge abschließt. Es gilt Verwaltungsprivatrecht, dh die Verkehrsbetriebe AG muss bei der Gestaltung ihrer Tarife (ua) den Gleichheitssatz des Art. 3 Abs. 1 GG beachten.[72] Ihre Auffassung, sie sei nicht an die Grundrechte gebunden, ist daher unzutreffend. ◀

II. Privatisierung

17   Entscheidet sich der Staat, die Erfüllung von (öffentlichen) Aufgaben (ganz oder teilweise) auf Private zu übertragen, spricht man von **Privatisierung**.[73] Die **Motive** für derartige Privatisierungen sind vielfältig (s.a. § 7 Abs. 1 S. 2 BHO). Angesichts knapper Kassen können damit die öffentlichen Haushalte entlastet werden. Weitere Argumente für Privatisierungen sind Entbürokratisierungserwägungen, Flexibilitäts- und Effektivitätssteigerungen, die Stärkung der Eigenverantwortung von Wirtschaft und Bürgern, bis hin zu steuerrechtlichen Überlegungen oder das Aufgreifen unionsrechtlicher Impulse zur Öffnung von Märkten für ausländische Dienstleistungen.[74] Die Verwaltung macht sich so privaten Sachverstand zu Nutzen. Damit verbindet sich die Vorstellung, die jew. Aufgabe könne von Privaten besser, schneller und wirtschaftlicher ausgeführt werden. Darüber hinaus haben die unionsrechtlichen Vorgaben, insb. die Grundfreiheiten und das Wettbewerbsrecht, zusätzliche Privatisierungsimpulse ausgelöst.[75] So wird in Art. 87e Abs. 3 S. 1 GG bestimmt, dass die Eisenbahnen des Bundes als „Wirtschaftsunternehmen in privatrechtlicher Form" geführt werden; Post- und Telekommunikationsdienstleistungen werden gem. Art. 87f Abs. 2 S. 1 GG als „privatwirtschaftliche Tätigkeiten" durch die aus dem Sondervermögen Deutsche Bundespost hervorgegangenen Unternehmen und durch andere private Anbieter erbracht.

Im kommunalen Bereich erweisen sich jedoch die zwischenzeitlich gemachten Erfahrungen teils als ernüchternd;[76] deshalb ist die Privatisierung von Verwaltungsaufgaben dort inzwischen auch wieder rückläufig, sog. **Trend zur Rekommunalisierung**.[77] Aufgrund der Neuordnung der Finanzbeziehungen zwischen Bund und Ländern wird nunmehr in Art. 90 Abs. 2 GG vorgesehen, dass die **Verwaltung der Bundesautobahnen** in Bundesverwaltung geführt wird, wobei sich der Bund zur Erledigung seiner Aufgaben einer „Gesellschaft privaten Rechts" bedienen kann. Das Nähere regelt gem. Art. 90 Abs. 2 S. 6 GG ein Bundesgesetz. Aufgrund des § 5 Abs. 1 S. 2 Infrastrukturgesellschaftserrichtungsgesetz (InfrGG).[78] wurde der „Autobahn GmbH des Bundes" ua die Planung, der Bau, Betrieb und die Erhaltung der Bundesautobahnen ab 2021 übertragen.[79] Eine unmittelbare oder mittelbare Beteiligung Dritter an dieser Gesellschaft oder ihren Tochtergesellschaften wird ausgeschlossen, eine Beteiligung im Rahmen von Öffentlich-Privaten Partnerschaften ist ausgeschlossen für Streckennetze, die das gesamte Bundesautobahnnetz oder das gesamte Netz sonstiger Bundesfernstraßen in einem Land oder wesentliche Teile davon umfassen. Begründet wurde diese GG-Änderung damit, dass bislang die Zuständigkeiten des Bundesfernstraßenbaus unübersichtlich seien, die Mittelverwendung oft ineffizient und die Bundesverkehrswegeplanung zu einer „Wahlkreisbeglückungsmaschine" verkommen sei. Dem soll durch die

---

72   Vgl. hierzu BGHZ 52, 325.
73   Zur Privatisierung der öffentlichen Verwaltung näher Ziekow, Wirtschaftsrecht, § 8.
74   Kahl/Weißenberger Jura 2009, 194, 195; s.a. Becker in: Stern/Sodan/Möstl, Bd. 1, 2. Aufl. 2022, § 25 Rn. 153; Wollenschläger in: Kirchhof/Korte/Magen, Öffentliches Wettbewerbsrecht, § 6 Rn. 21.
75   Kahl/Weißenberger Jura 2009, 194, 195.
76   Entsprechendes gilt für das hiermit eng zusammenhängende „Neue Steuerungsmodell", das insb. auf angloamerikanischen Einfluss zurückgeht, Battis BRJ 2011, 41, 43. Bereits § 1 Rn. 4.
77   Eingehend Guckelberger VerwArch 104 (2013), 161; Schmidt DÖV 2014, 357 ff.; zum Ende der Privatisierungseuphorie Huber in: Kahl/Ludwigs, II, § 54 Rn. 65.
78   BGBl. 2017 I S. 3141.
79   Näher dazu Roth VerwArch 2022 iE.

Gründung einer Infrastrukturgesellschaft entgegengewirkt, aber zugleich einer vollständigen Privatisierung des Autobahnnetzes Grenzen gezogen werden.[80]

Für die Privatisierung und ihre verschiedenen Erscheinungsformen gibt es bislang keine allgemeingültige Definition.[81] Verallgemeinernd ausgedrückt bedeutet Privatisierung, dass ein bisher in staatlicher Alleinverantwortung befindlicher Tätigkeitsbereich für private Dritte geöffnet wird.[82] Anerkannt ist, dass ein generelles **Privatisierungsverbot nicht** besteht,[83] sich allerdings aus der Verfassung, zB aus Art. 33 Abs. 4, Art. 90 Abs. 2 S. 3–5 GG, sowie aus einfachgesetzlichen Vorschriften (etwa im Kommunalrecht, s. § 110 SaarlKSVG) durchaus Privatisierungsgrenzen ergeben können.[84] Insb. die Leistungsverwaltung (vgl. Rn. 3) steht Privatisierungen prinzipiell offen.[85] Anders sieht es in Bereichen aus, deren Aufgaben ausschließlich durch die öffentliche Verwaltung zu erfüllen sind.[86]

1. Formelle Privatisierung

Bei der sog. **formellen** oder **Organisationsprivatisierung** als schwächste Form der Privatisierung[87] erfüllt der Staat weiterhin eine öffentliche Aufgabe, aber bedient sich zu diesem Zweck einer privatrechtlichen Organisationsform (meistens AG, GmbH),[88] deren Anteile/Beteiligungen nach umstr. Ansicht ganz in öffentlicher Hand verbleiben (Eigengesellschaften).[89] Zu den rein formprivatisierten Staatsgesellschaften gehört etwa die nach Art. 90 Abs. 2 S. 2, 3 GG unveräußerliche „Autobahn GmbH des Bundes".[90] Viele Kommunen betreiben seit Längerem und inzwischen verstärkt diese Art der Privatisierung zur Erfüllung ihrer öffentlichen Aufgaben, insb. im Bereich der **Daseinsvorsorge** (Stadtwerke AG, Straßenbahn GmbH).[91] Wegen des bloßen Wechsels der Organisationsform bleibt es bei der Erfüllung einer öffentlichen Aufgabe – und deshalb auch bei der Aufgabenverantwortung des staatlichen bzw. kommunalen Trä-

18

---

80 BT-Drs. 18/12588, S. 33. Zu dieser Thematik Faßbender DVBl. 2018, 1585 ff.; Reidt/Zwanziger UPR 2019, 41 ff.
81 Ackermann, Verwaltungshilfe zwischen Werkzeugtheorie und funktionaler Privatisierung, 2016, S. 41 ff.; s.a. Kämmerer in: Ehlers/Fehling/Pünder, Bd. 1, § 13 Rn. 4 ff.
82 Kahl/Weißenberger Jura 2009, 194, 195; Ruthig/Storr, Öffentliches Wirtschaftsrecht, Rn. 604 ff.; ähnlich Kämmerer in: Ehlers/Fehling/Pünder, Bd. 1, § 13 Rn. 9.
83 Zur verfassungsrechtlichen Ableitung eines generellen Privatisierungs*gebots* Sproll, Allgemeines Verwaltungsrecht I, 1997, § 2 Rn. 88, der ein Privatisierungs*verbot* nur annimmt, wenn die Verfassung positiv vorgibt, dass eine Aufgabe durch die öffentliche Verwaltung zu erfüllen ist, § 2 Rn. 89.
84 BVerfG NJW-Spezial 2012, 88 f.; Ziekow, Wirtschaftsrecht, § 8 Rn. 11.
85 Zu verfassungsrechtlichen und einfachgesetzlichen Bindungen Ziekow, Wirtschaftsrecht, § 8 Rn. 14 ff., und nachfolgend im Text.
86 Es gelten im Wesentlichen die vorstehend bei Rn. 2 aufgeführten Grundsätze; resümierend insoweit auch Wiegand DVBl. 2012, 1134 f.
87 Siegel, Rn. 890.
88 Battis, S. 58; Kahl/Weißenberger Jura 2009, 194, 195.
89 Wie hier BVerwG NVwZ 2009, 1305, 1307; Kahl/Weißenberger Jura 2009, 194, 195; Ziekow, Wirtschaftsrecht, § 8 Rn. 3, 5 ff.: nur 100% von der öffentlichen Hand getragene Gesellschaften des Privatrechts, bei gemischtwirtschaftlichen Unternehmen handelt es sich als Erscheinungsform des Public-Private-Partnership (dazu Rn. 22) um einen Fall der funktionalen Privatisierung (zu dieser Rn. 19). Der Sache nach geht es um ein hybrides Gebilde: Die überwiegende staatliche Anteilseignerschaft spricht für eine formelle, die private Anteilseignerschaft für eine funktionelle Privatisierung. Die Verantwortung wird sich daher im Zwischenbereich von Erfüllungs- und Gewährleistungsverantwortlichkeit bewegen. Für eine Einbeziehung gemischtwirtschaftlicher Unternehmen Ackermann, Verwaltungshilfe zwischen Werkzeugtheorie und funktionaler Privatisierung, 2016, S. 45.
90 Durner in: Kahl/Ludwigs, I, § 21 Rn. 31.
91 Vgl. VGH Mannheim DVBl. 2015, 843, 845 f. Vgl. auch Fall 7; Beispiele bei Rn. 3 und bei Detterbeck, Rn. 895.

gers:⁹² sog. **Erfüllungsverantwortung**.⁹³ Infolge der organisatorischen Verselbstständigung bzw. des demokratiebedingten Gebots hinreichender sachlich-inhaltlicher Legitimation wird diese vornehmlich durch **Aufsichtsmittel** wahrgenommen, wie sie das Haushaltsrecht und im gemeindlichen Bereich das Kommunalverfassungsrecht vorhalten.⁹⁴

2. Funktionale Privatisierung

19 Bei der **funktionalen Privatisierung** werden Private in die Leistungserbringung durch die öffentliche Hand eingebunden.⁹⁵ Dies kann auf vielfältige Weise geschehen, von der einzelfallbezogenen Heranziehung eines Privaten als Verwaltungshelfer bis hin zur selbstständigen Aufgabenerfüllung durch einen privaten Dritten im Rahmen von Betreiber- und Betriebsführungsmodellen.⁹⁶ Streitig ist, ob eine funktionale Privatisierung nur in den Fällen vorliegt, in denen der Vollzug, dh die Durchführung einer Aufgabe, auf ein Privatrechtssubjekt übertragen wird, an dem die Verwaltung nicht beteiligt ist, oder dies auch für sog. Öffentlich-Private Partnerschaften (Public-Private-Partnership) gilt, bei denen der Staat die Mehrheit der Anteile an einem Unternehmen hält (näher unter Rn. 22). Für Letzteres spricht, dass nicht nur ein Wechsel in der Organisationsform vorgenommen wird, sondern zugleich die Privaten bei der Aufgabenerfüllung herangezogen werden.⁹⁷ Wegen Art. 33 Abs. 4 GG⁹⁸ bedürfen ständige Übertragungen hoheitsrechtlicher Tätigkeiten auf Private eines sachlichen Grundes.⁹⁹

Typische Erscheinungsform dieser Privatisierung stellt die Verwaltungshilfe dar. **Verwaltungshelfer** sind Hilfsorgane der Verwaltung, die ihr sozusagen als verlängerter Arm bei der Erledigung von Verwaltungsaufgaben Unterstützung leisten (etwa § 4b BauGB, bereits § 6 Rn. 23). Möglich ist auch die Einschaltung eines selbstständigen Unternehmers (allg. dazu § 6 Rn. 23). So bedienen sich zB Polizeibehörden im Rahmen des ihnen obliegenden Vollzugs des Straßenverkehrs- und Ordnungsrechts privater Abschleppunternehmer.¹⁰⁰ Entsprechendes gilt für das sog. Outsourcing, dh die Vergabe bestimmter Dienste an Private.¹⁰¹

Bei alldem behält der staatliche Träger – wie im Fall der formellen Privatisierung (dazu Rn. 18) – die Verantwortung für die Aufgabenerledigung. Da der Staat die Aufgabe nicht (mehr) selbst erfüllt,¹⁰² kann er dem nur durch Aufsicht über die private Stelle uÄ (noch Rn. 20 ff.) nachkommen:¹⁰³ die sog. **Gewährleistungs- und Überwa-**

---

92 Etwa Schaefer Der Staat 51 (2012), 251, 253 f.
93 Vgl. nur Ziekow, Wirtschaftsrecht, § 8 Rn. 3; auch Schaefer Der Staat 51 (2012), 251, 258, anhand BVerfGE 128, 226, 245 ff.: Gewährleistungsverantwortung im Wege gesellschaftsrechtlicher Einwirkung der Kapitaleigner auf die Betriebsführung unzureichend; zu den Konsequenzen insoweit bereits Rn. 8.
94 Ziekow, Wirtschaftsrecht, § 8 Rn. 15, § 7 Rn. 36, 50.
95 VG Karlsruhe Urt. v. 29.8.2017 – 11 K 2695/15, Rn. 41 juris. Eingehend zu diesem ebenfalls schillernden Begriff Ackermann, Verwaltungshilfe zwischen Werkzeugtheorie und funktionaler Privatisierung, 2016, S. 47 ff.
96 Kahl/Weißenberger Jura 2009, 194, 196; s.a. BVerwGE 170, 33, 79 Rn. 247; zu den verschiedenen Modellen Ruthig/Storr, Öffentliches Wirtschaftsrecht, Rn. 608 ff.
97 Kahl/Weißenberger Jura 2009, 194, 196; iErg auch Ruthig/Storr, Öffentliches Wirtschaftsrecht, Rn. 608.
98 Wahrung des Regel-/Ausnahme-Verhältnisses von staatlicher Aufgabenerledigung und solcher in Privatrechtsform, vgl. Ziekow, Wirtschaftsrecht, § 8 Rn. 12.
99 Ziekow, Wirtschaftsrecht, § 8 Rn. 12, unter Hinweis auf BVerwG DÖV 2006, 651.
100 Vgl. § 6 Rn. 23; näher Geis/Madeja JA 2013, 248, 254 f.: Betreiber-, Betriebsführungs- und Beratermodelle.
101 Etwa Vergabe von Reinigungsdiensten, Ziekow, Wirtschaftsrecht, § 8 Rn. 5.
102 Keine Erfüllungsverantwortung, Ziekow, Wirtschaftsrecht, § 13 Rn. 9.
103 Vgl. Bull/Mehde, Rn. 368.

chungsverantwortung.[104] Besonders gut lässt sich dies anhand Art. 87f GG illustrieren. Danach „gewährleistet" der Bund im Bereich des Postwesens und der Telekommunikation flächendeckend angemessene und ausreichende Dienstleistungen.

Als besondere Form der funktionalen Privatisierung wird vielfach die **Beleihung** angesehen.[105] Allerdings handeln beliehene Privatrechtssubjekte, anders als die vorstehenden Erscheinungsformen funktionaler Privatisierung, nicht zivilrechtlich oder im Namen staatlicher Träger; vielmehr nehmen sie selbst hoheitliche Befugnisse in Anspruch und werden damit im eigenen Namen öffentlich-rechtlich tätig (vgl. bereits § 6 Rn. 22).

Auch insoweit gelten die Maßgaben des Art. 33 Abs. 4 GG, so dass eine Beleihung nur ausnahmsweise eröffnet ist.[106] Im **Maßregelvollzug** soll eine derartige Privatisierung auf gesetzlicher Grundlage[107] mit jenen Anforderungen zu vereinbaren sein, weil die dabei verfolgte Verbundlösung mit psychiatrischen Krankenhausdiensten als sachlicher Grund für eine Ausnahme vom Primat des Berufsbeamtentums anzusehen sei und deren Grenzen ua durch den Beleihungsvertrag (vgl. § 6 Rn. 22), der Vorgaben für den ordnungsgemäßen Vollzug enthält, abgesichert würden.[108]

3. Materielle Privatisierung

Sog. **materielle** oder **Aufgabenprivatisierungen**, in denen die Verwaltung eine bislang von ihr wahrgenommene Aufgabe ganz an Private abgibt, sind eher selten.[109] Es handelt sich dabei um die intensivste Form der Privatisierung, da sie zu einer Verringerung des Aufgabenbestandes der Verwaltung führt.[110]

Dies kann aber nur solche Aufgaben betreffen, zu deren Erfüllung der Staat nicht verpflichtet ist.[111] So folgt aus Art. 90 Abs. 2 S. 1 GG ein Aufgabenprivatisierungsverbot.[112] Dem Staat obliegen zwingend – und damit einer materiellen Privatisierung entzogen – Aufgaben, die Ausfluss des staatlichen Gewaltmonopols sind; das sind neben den staatlichen Kernaufgaben (innere und äußere Sicherheit, Landesverteidigung, staatliche Außenvertretung, Strafvollzug uÄ)[113] solche der klassisch hoheitlichen Ein-

---

104 Becker in: Stern/Sodan/Möstl, Bd. 1, 2. Aufl. 2022, § 25 Rn. 155 der auch noch die Reserveverantwortung nennt; Ziekow, Wirtschaftsrecht, § 8 Rn. 5, § 13 Rn. 9 f., jeweils mwN; allg. Hatje in: FS für D. H. Scheuing, 2011, S. 323, 328 f.: wesentlich unionsrechtlich bedingt.
105 Ziekow, Wirtschaftsrecht, § 8 Rn. 5, 12; hierfür spricht, dass bei der Beleihung – anders als im Fall der formellen Privatisierung – nicht der Staat in privatrechtlicher Organisationsform handelt (dazu Rn. 18), sondern ein dritter Privater. Vgl. aber auch Schoch Jura 2008, 672, 677. Allg. zur Beleihung § 6 Rn. 22.
106 BVerwGE 57, 55, 59; nicht in ständiger Weise oder in größerem Umfang, Ziekow, Wirtschaftsrecht, § 8 Rn. 12.
107 Am Funktionsvorbehalt des Art. 33 Abs. 4 GG orientierte gesetzliche Grundlage, VGH München DVBl. 2013, 174, 175; positive Anm. Klüver DVBl. 2013, 532; BVerfGE 130, 76.
108 Näher BVerfGE 130, 76; krit. dazu Wiegand DVBl. 2012, 1134: Betonung hoher Hürden des Art. 33 Abs. 4 GG, aber großzügige Subsumtion in concreto durch das BVerfG.
109 VG Karlsruhe Urt. v. 29.8.2017 – 11 K 2695/15, Rn. 41 juris; Huber in: Kahl/Ludwigs, II, § 54 Rn. 64; Kahl/Weißenberger Jura 2009, 194, 196. Vertieft Ackermann, Verwaltungshilfe zwischen Werkzeugtheorie und funktionaler Privatisierung, 2016, S. 43 f.
110 Siegel, Rn. 890.
111 Deshalb Privatisierungsverbot bei kommunalen Pflichtaufgaben, Geis/Madeja JA 2013, 248, 255. Vorstehend Rn. 2; s.a. VG Düsseldorf Beschl. v. 27.11.2018 – 3 L 2854/18, Rn. 7 juris.
112 Gröpl in: ders./Windthorst/von Coelln, Studienkommentar GG, Art. 90 Rn. 8.
113 Ziekow, Wirtschaftsrecht, § 8 Rn. 11; s.a. OLG Frankfurt NVwZ 2020, 573, 574 f. Rn. 8, 25.

griffsverwaltung.[114] Im Gegensatz dazu ist die sog. Daseinsvorsorge grds. einer materiellen Privatisierung zugänglich.[115]

Mit der Ausgliederung aus den Verwaltungsaufgaben entfällt auch die Bindung an Grundrechte; es liegt kein Verwaltungsprivatrecht vor. Regelmäßig trifft den Staat – trotz der Entscheidung für eine materielle Privatisierung – allerdings eine Reserveverantwortung, sog. **Auffangverantwortung,** und zwar iSe (staatlichen) Nachsteuerung, wenn der mit der Privatisierung bezweckte Erfolg ausbleibt.[116]

Das BVerwG entschied, dass die materielle Privatisierung eines kulturell, sozial und traditionsmäßig bedeutsamen Weihnachtsmarktes einer Kommune mit Art. 28 Abs. 2 S. 1 GG unvereinbar ist, da sich diese im Interesse einer wirksamen Wahrnehmung der Angelegenheiten der örtlichen Gemeinschaft nicht ihrer gemeinwohlorientierten Handlungsspielräume entledigen darf. Auch wenn der Entscheidung insoweit zuzustimmen ist, als eine Gemeinde gänzlich ohne Selbstverwaltung Art. 28 Abs. 2 S. 1 GG widerspricht, wird diese Entscheidung in der Literatur zu Recht kritisiert, da sie zu einer Versteinerung der gemeindlichen Aufgaben und letztlich einer Beschneidung der Gestaltungsmöglichkeiten hochverschuldeter Gemeinden im Interesse der Selbstverwaltung führt.[117]

4. Vermögensprivatisierung

21 Von **Vermögensprivatisierung** spricht man schließlich, wenn der Staat seine erwerbswirtschaftlichen Beteiligungen an Wirtschaftsunternehmen (Aktien, GmbH-Anteile aus formeller Privatisierung) oder Grundstücke an private Rechtsträger veräußert.[118] Beispiele für Vermögensprivatisierungen des Bundes bilden die Veräußerungen der Industriekonzerne VEBA (Vereinigte Elektrizitäts- und Bergwerks AG, aufgegangen in der E.ON SE), VIAG (Vereinigte Industrieunternehmungen AG, aufgegangen in der E.ON SE) oder Volkswagen. Art. 90 Abs. 1 GG, wonach der Bund Eigentümer der Bundesautobahnen und sonstigen Bundesfernstraßen bleibt, und dieses Eigentum unveräußerlich ist, steht ebenso wie das auf die Infrastrukturgesellschaft bezogene Veräußerungsverbot in Abs. 2 S. 3 einer diesbzgl. Vermögensprivatisierung entgegen.[119]

5. Public-Private-Partnership

22 In der Praxis werden die zuvor dargestellten Privatisierungsmodelle mitunter variiert und miteinander vermischt. Folge solcher Mischformen ist, dass Kooperationen zwischen öffentlicher Hand und Privaten entstehen, die unter dem Oberbegriff **Public-Private-Partnership** oder auch **Öffentlich-Private Partnerschaften** zusammengefasst wer-

---

114 Wegen Art. 33 Abs. 4 GG, Ziekow, wie vor. Zur Eingriffsverwaltung § 5 Rn. 13.
115 Mayen DÖV 2001, 110, 112; allg. iS gestufter staatlicher Verantwortung Wallerath, § 2 Rn. 17 ff. Dazu, dass es keinen Anspruch auf kostenlose Toilettennutzung an Autobahnraststätten gibt, OVG Koblenz NVwZ-RR 2018, 769 ff.
116 Näher Ziekow, Wirtschaftsrecht, § 8 Rn. 10, § 13 Rn. 8 ff.; zum kommunalen Privatisierungsfolgenrecht Burgi NVwZ 2001, 601.
117 BVerwG NVwZ 2009, 1305; VG Düsseldorf Beschl. v. 27.11.2018 – 3 L 2854/18, Rn. 7 ff. juris betont die Notwendigkeit der Wahrnehmung eigener Angelegenheiten iSd Art. 28 Abs. 2 S. 1 GG, von der die rein wirtschaftliche Betätigung abzugrenzen ist; mit guten Gründen gegenteilig Ziekow, Wirtschaftsrecht, § 8 Rn. 18: unzulässige „Versteinerung" des vorhandenen kommunalen Aufgabenbestandes; krit. auch Schoch DVBl. 2009, 1533, 1534; vgl. zudem Katz NVwZ 2010, 405. Dazu, dass sich aus der BVerwG-Rechtsprechung keine Pflicht zur Entprivatisierung eines privaten Weihnachtsmarkts entnehmen lässt, OVG Saarland KommJur 2019, 27 f.
118 Maurer/Waldhoff, § 23 Rn. 66.
119 Gröpl in: ders./Windthorst/von Coelln, Studienkommentar GG, Art. 90 Rn. 8.

den.[120] Dazu gehören ua gemischtwirtschaftliche Unternehmen im kommunalen Sektor, an denen Kommunen und Private beteiligt sind (dazu Rn. 8) (etwa Entsorgungs-GmbH).[121] Der Begriff der Öffentlich-Privaten Partnerschaften wird nunmehr bei der Bundesautobahnverwaltung in Art. 90 Abs. 2 S. 5 GG explizit verwendet, welcher zugleich derartige Möglichkeiten der Zusammenarbeit von Verfassungs wegen begrenzt.

6. Regulierung

Das Regulierungsrecht ist Spiegelbild des mit der Privatisierung einhergehenden Wechsels von der (staatlichen) Erfüllungsverantwortung zur Gewährleistungsverantwortung – und betrifft von daher die funktionale und die materielle Privatisierung: Der Staat trägt im Bereich der funktionellen Privatisierung entweder per definitionem oder von Gesetzes wegen zwar die Verantwortung für die Rechtmäßigkeit des Handelns derjenigen Privaten, derer er sich zur Aufgabenerfüllung bedient. Er hat sich aber aus der (früheren) ausschließlich alleinigen Aufgabenerfüllung zurückgezogen.[122] Angesichts dessen trifft ihn keine Erfüllungsverantwortung mehr, wohl aber besagte **Gewährleistungsverantwortung**;[123] diese ist auf staatliche Steuerung durch Rahmenvorgaben, strukturelle Maßgaben und Spielregeln gerichtet.[124] In den Fällen materieller Privatisierung mit ihrem Aufgabentransfer in den privaten Bereich (vgl. vorstehend Rn. 20) bleibt es bei der beschriebenen **Auffangverantwortung**, die ein Nachsteuern gebietet, wenn die (nunmehr rein private) Aufgabenerfüllung nicht mehr gesichert erscheint.[125] Ob beiderlei Verantwortungsmodi wirklich trennscharf unterscheidbar sind, lässt sich allerdings bezweifeln.

23

Jedenfalls soll sich vor diesem Hintergrund, nämlich gleichsam als Kehrseite des staatlichen Rückzugs, die Notwendigkeit der **Regulierung** ergeben haben, um den Wettbewerb sicherzustellen und die Unterversorgung bestimmter Gebiete sowie (Preis-)Absprachen zu verhindern.[126] Dergestalt wird Regulierung allg. als hoheitliche Regelung der Voraussetzungen für die Wirtschaftstätigkeit in bestimmten Sektoren verstanden, in denen der Wettbewerb alleine die ausreichende Gemeinwohlsicherung nicht garantiert.[127] Für die Netzwirtschaft (Post, Telekommunikation, Bahn, Energieunternehmen)

24

---

120 Geis/Madeja JA 2013, 248, 254; Knauff in: Schmidt/Wollenschläger § 6 Rn. 106 ff. Zu Unklarheiten hins. des Begriffs Abromeit, Vertragsgestaltung bei komplexen Verträgen des States mit Privaten, 2021, S. 69 ff.; vielfältigen Erscheinungs-, aber auch Grundformen Ziekow, Wirtschaftsrecht, § 8 Rn. 7. Zu Möglichkeiten und Grenzen Mann in: FS für G. Püttner, 2006, S. 109; Wolff/Bachof/Stober/Kluth, Bd. 2, § 93; Sellmann NVwZ 2008, 817; bereits Rn. 22. Zur Einbindung Privater bei Public-Private-Partnership-Vorhaben vgl. Kment VerwArch 103 (2012), 63. Engere Zuordnung bei Ziekow, Wirtschaftsrecht, § 8 Rn. 5 ff.: Erscheinungsform der funktionalen Privatisierung.
121 Zur weiteren Typisierung von Public-Private-Partnership Wolff/Bachof/Stober/Kluth, Bd. 2, § 93 Rn. 1 ff.; auch Schoch Jura 2008, 672, 677; bereits Rn. 8 f., 18.
122 Anders bei der formellen Privatisierung (Rn. 18): kein Rückzug des Staates aus der Aufgabenerfüllung, sondern Wahrnehmung in lediglich anderer, nämlich privatrechtlicher Organisationsform.
123 Dazu Schoch NVwZ 2008, 241 ff. S.a. Ruthig in: Kahl/Ludwigs, I, § 22.
124 Ziekow, Wirtschaftsrecht, § 13 Rn. 9.
125 Zum Vorstehenden Ziekow, Wirtschaftsrecht, § 13 Rn. 9 f.: Konzept gestufter Verantwortung.
126 Allerdings auch zum Infrastrukturausbau als Regulierungsaufgabe J.-P. Schneider in: Fehling/Grewlich, Struktur und Wandel des Verwaltungsrechts, 2011, S. 69 ff.; zu alledem mit guten Gründen krit. Winkler DVBl. 2013, 156, 159 f.: unzulässiger Abbau gerichtlicher Kontrolle, rechtspolitisch begründet auf den Einsatz diffuser Schlagworte.
127 Dazu etwa v. Danwitz DÖV 2004, 977; Ruthig in: Kahl/Ludwigs, I, § 22 Rn. 2; auf verfassungsrechtlicher Ebene etwa Art. 87e Abs. 4, 87f Abs. 1 GG.

ist zu diesem Zweck die **Bundesnetzagentur** geschaffen worden,[128] deren Handeln jedenfalls außerhalb des energiewirtschaftlichen Bereichs (EnWG)[129] verwaltungsrechtlich geprägt ist.[130] Letzteres zeigt sich ua daran, dass die Agentur durch ihre Beschlusskammern in einem Verfahren, für das subsidiär die Bestimmungen des allgemeinen Verwaltungsverfahrensrechts gelten,[131] **Verwaltungsakte** (allg. zu den begrifflichen Voraussetzungen § 12, zu den Rechtmäßigkeitsvoraussetzungen § 14) iSv Regulierungsverfügungen erlässt, und zwar über den Netzzugang für Netzbetreiber bzw. Antragsteller, ferner in Form der Genehmigung von (Zugangs-)Entgelten, der Vergabe von Frequenzen und schließlich über Sanktionen. Dementsprechend wird, wenn keine abdrängende Sonderzuweisung besteht, Rechtsschutz durch die Verwaltungsgerichte (zum gerichtlichen Rechtsschutz allg. § 20, § 21) gewährt.

25 Bis heute gibt es unterschiedliche Ansichten über den Begriff des „Regulierungsrechts". Sinnvoll erscheint der Ansatz, wonach unter „Regulierung" das hoheitliche Handeln der Verwaltung verstanden wird, mit dem sie auf wirtschaftlich geprägte Lebensbereiche einwirkt, um so Bedingungen für den Wettbewerb zu schaffen oder aufrechtzuerhalten und dadurch das Gemeinwohl anstelle einer staatlichen Eigenvornahme zu sichern.[132] In seiner näheren Ausprägung und Entwicklung betrifft das **Regulierungsverwaltungsrecht** als Referenzgebiet vornehmlich das (öffentliche) Wirtschaftsrecht[133] – und hier das Recht der sog. großen Netzwirtschaften (Telekommunikation, Post, Energie, Bahn, s.o.), in einem weiteren Sinn aber auch der Medien, der Finanzmärkte und des Gesundheitswesens.[134] Insgesamt zeigt sich, dass das Regulierungsrecht stark unionsrechtlich determiniert[135] und ggü. dem traditionellen Wirtschaftsaufsichtsrecht viel intensiver durch ökonomische Überlegungen geprägt wird.[136] Außerdem werden die Verwaltungsaufgaben auf eine zentrale Behörde übertragen, deren Unabhängigkeit – wie bei der BNetzA im Anwendungsbereich der Strom- und Gasrichtlinien – teils vom Unionsrecht vorgeschrieben wird, um Einflussnahmen der aktuellen Tagespolitik einen Riegel vorzuschieben.[137]

---

128 Insb. durch das Gesetz über die Bundesnetzagentur; näher Ziekow, Wirtschaftsrecht, § 13 Rn. 12 ff.; dort auch, aaO, Rn. 22, zu Ansätzen für einen europäischen Regulierungsverbund.
129 Der eine wettbewerbsrechtliche und damit stark zivilrechtliche Orientierung aufweist, vgl. nachfolgende Fn.
130 Dazu Frenzel JA 2008, 868, 870 f., auch zum Nachfolgenden; zur Betätigung des Regulierungsermessens durch die Bundesnetzagentur bereits § 14 Rn. 50 aE, 51.
131 VwVfG anwendbar, soweit keine spezielleren Vorschriften, Ziekow, Wirtschaftsrecht, § 13 Rn. 21.
132 So Kirchhof in ders./Korte/Magen, Öffentliches Wettbewerbsrecht, § 1 Rn. 4 ff. auch unter Stellungnahme zu den verschiedenen Umschreibungen; dazu auch Franzius ZUR 2018, 11, 12.
133 Vgl. etwa Ruthig/Storr, Öffentliches Wirtschaftsrecht, § 6; Ziekow, Wirtschaftsrecht, § 13. S.a. Schmidt-Preuß/Körber, Regulierung und Gemeinwohl, 2016.
134 Vgl. Möstl GewArch 2011, 265; näher anhand des Telekommunikationsrechts und des Krankenhausrechts ders., wie vor, 266 ff., 269 ff.; ggü. der damit einhergehenden Konturenunschärfe dennoch zuversichtlich ders., wie vor, 272 f. Standort zwischen leistungsverwaltungsrechtlicher Eigenerfüllung und rein gewerberechtlicher Wirtschaftsaufsicht, Wißmann in: Arnauld/Musil, Strukturfragen des Sozialverfassungsrechts, 2009, S. 139, 141; dem folgend Möstl, wie vor. Zur Netzregulierung und Finanzmarktaufsicht als Referenzgebiete Ruthig in: Kahl/Ludwigs, I, § 22 Rn. 18 f.
135 Ruthig in: Kahl/Ludwigs, I, § 22 Rn. 6, sodass den Mitgliedstaaten kaum noch Spielräume verbleiben.
136 Ruthig in: Kahl/Ludwigs, I, § 22 Rn. 36.
137 Näher dazu Ruthig in: Kahl/Ludwigs, I, § 22 Rn. 20 ff.; zur unzulänglichen Umsetzung der Unabhängigkeit der BNetzA in Deutschland s. EuGH EuZW 2021, 893, 898 ff. mit Anm. Scholtka.

III. Wiederholungs- und Verständnisfragen

> Welche Arten privatrechtlicher Betätigung der Verwaltung können unterschieden werden? (→ Rn. 1 ff.)
> Inwiefern ist die Verwaltung in diesen Bereichen der Bindung an Grundrechte unterworfen? (→ Rn. 9, 12, 15 f.)
> Was ist unter Privatisierung zu verstehen und welche Formen der Privatisierung gibt es? (→ Rn. 17 ff.)
> Besteht für Formen der Privatisierung die Notwendigkeit zur rechtlichen Ausgestaltung? (→ Rn. 23 f.)

Teil 5
Recht der öffentlichen Sachen

Sachen, die von der öffentlichen Verwaltung für die Erfüllung ihrer Aufgaben benötigt oder von ihr der Allgemeinheit zur Nutzung bereitgestellt werden, dienen dem Gemeinwohl. Dazu zählen Büroräume und Schreibmaterialien der Verwaltung, aber auch Straßen, Wasserwege uam. Für sie gilt weitgehend eine verwaltungsrechtliche Sonderordnung – das Recht der öffentlichen Sachen.[1]

§ 30 Begriff, Begründung und Einteilung der öffentlichen Sachen

▶ **Fall 1:** A ist Eigentümer eines Grundstücks, B Eigentümer des Nachbargrundstücks. Nachdem B auf seinem Grundstück ein Einfamilienhaus errichtet hat, stellt er auf der über sein Grundstück führenden Straße fünf rot-weiße Pfähle auf und macht damit die Durchfahrt zum Grundstück des A, die seit langer Zeit allgemein offen stand, unmöglich. Zu Recht? ◀

I. Begriff der öffentlichen Sachen

Öffentliche Sachen entsprechen nach hM **nicht dem Sachbegriff des Privatrechts** (§§ 90 ff. BGB).[2] Sie unterscheiden sich insofern von zivilrechtlichen Sachen, als sie keine nach § 90 BGB geforderte Körperlichkeit aufweisen müssen.[3] So fallen auch „unkörperliche Objekte" wie der Luftraum, das offene Meer und der elektrische Strom unter den öffentlich-rechtlichen Sachbegriff.[4] Ferner besteht Einigkeit dahin gehend, dass die Vorschriften über Sachzusammenhänge (§ 93 - § 95 BGB) und der zivilrechtliche Zubehörbegriff (§ 97 BGB) zur näheren Bestimmung öffentlicher Sachen keine Anwendung finden.[5] Wesentliche Bestandteile einer Sache können entgegen § 93 BGB als öffentliche Sachen einen eigenständigen Status haben (bspw. das auf einem Privatgrundstück aufgestellte Verkehrsschild). Umgekehrt ist es möglich, dass mehrere nach Privatrecht selbstständige Sachen oder Sachgesamtheiten im öffentlichen Recht eine einzige öffentliche Sache bilden (etwa ein über mehrere Privatgrundstücke führender öffentlicher Weg, Bücher einer Bibliothek).[6]

1

---

1 Näher hierzu und zum Nachfolgenden Wolff/Bachof/Stober/Kluth, Bd. 2, §§ 74 ff. Anschaulich dazu Kment/Weber JA 2013, 119. Gegen die Einordnung des Rechts der öffentlichen Sachen als eigenständiges Rechtsgebiet Axer, Die Widmung als Schlüsselbegriff des Rechts der öffentlichen Sachen, 1994, S. 218; einschränkend auch Stelkens Verw 46 (2013), 493, zusammenfassend 535 f.: allenfalls denkbar beim Immobiliarsachenrecht als allg. Teil eines Infrastrukturverwaltungsrechts – und dieses wiederum als Referenzgebiet für das allg. Verwaltungsrecht. Überblick zu Gesetzgebung und Rspr. im Recht der öffentlichen Sachen (ab 1995) bei Peine JZ 2006, 593; allg. Erbguth Jura 2008, 193.
2 Mager/Sokol Jura 2012, 913; Wolff/Bachof/Stober/Kluth, Bd. 2, § 74 Rn. 4.
3 Mager/Sokol Jura 2012, 913; Siegel, Rn. 1062; aA Papier, S. 2.
4 Strittig; wie hier Häde JuS 1993, 113; anders Papier, S. 2.
5 Detterbeck, Rn. 962.
6 Wolff/Bachof/Stober/Kluth, Bd. 2, § 74 Rn. 4.

II. Statusbegründung bei öffentlichen Sachen

2 Gegenstände werden dem öffentlichen Sachenrecht zugeordnet, wenn sie
- unmittelbar einem öffentlichen Zweck dienen (Gemeinwohlfunktion),
- durch besonderen Rechtsakt einen öffentlich-rechtlichen Status erhalten haben, mit dem die Sachherrschaft eines Hoheitsträgers verbunden ist (Widmung),
- und tatsächlich in Dienst gestellt worden sind (Indienststellung).

3 Sachen, die zwar eine dem Gemeinwohl dienende Funktion besitzen, für die aber **kein öffentlich-rechtlicher Status** begründet worden ist, sondern privatrechtliche Herrschaftsverhältnisse weitergelten, sind keine öffentlichen Sachen. Dazu zählen sog. tatsächlich öffentliche Sachen und Gegenstände des Finanzvermögens.[7] **Tatsächlich öffentliche Sachen** stehen im Privateigentum einer Person und werden von dieser der Öffentlichkeit zugänglich gemacht (Beispiel: private Krankenhäuser, Ausstellung von Kunst durch einen Privatmann oder Mäzen[8]). **Sachen des Finanzvermögens** (etwa erwerbswirtschaftliche Unternehmen der öffentlichen Hand, vgl. § 29 Rn. 14 f.) werden primär erwerbswirtschaftlich genutzt und dienen dem öffentlichen Gemeinwesen nur mittelbar über ihre Erträge. In beiden Fällen fehlt der über eine Widmung begründete öffentlich-rechtliche Status; die Sachen sind dem bürgerlich-rechtlichen Rechtsregime und -verkehr unterstellt.

1. Gemeinwohlfunktion

4 Öffentliche Sachen werden durch ihre **Gemeinwohlausrichtung** gekennzeichnet. Sie sollen unmittelbar einem öffentlichen Zweck dienen. Wegen dieser Funktion ist es notwendig, die grds. freie Verfügungsbefugnis des Eigentümers (§ 903 BGB) derart einzuschränken, dass die Möglichkeit einer zweckwidrigen, nicht dem Gemeinwohl entsprechenden Nutzung ausgeschlossen wird. Das bewirkt das Recht der öffentlichen Sachen.

2. Begründung eines öffentlich-rechtlichen Status

5 Zwecks Begründung des öffentlich-rechtlichen Status einer Sache und der damit einhergehenden Einschränkung bzw. Ausschaltung der privatrechtlichen Verfügungsmacht sind rechtsdogmatisch zwei Vorgehensweisen denkbar:
- entweder die generelle Aufhebung des privatrechtlichen Eigentums und die Begründung öffentlich-rechtlichen Eigentums durch Gesetz oder aufgrund Gesetzes
- oder die Überlagerung des privaten Verfügungsrechts durch öffentliches Recht, soweit es zur Sicherung des öffentlichen Zwecks erforderlich ist.[9]

a) Rechtsnatur der öffentlichen Sachen

6 Gem. Art. 70 Abs. 1 GG sind die Länder für den Erlass von Vorschriften über ihr öffentliches Eigentum bzw. das öffentliche Sachenrecht gesetzgebungsbefugt.[10] Die Einführung **öffentlichen Eigentums** unter vollständiger Ausschaltung des Privateigentums hat kaum praktische Bedeutung. Im Straßenrecht

---

7 Kment/Weber JA 2013, 119, 121.
8 Zu letzterem Kilian DÖV 2020, 1, 11.
9 Siegel, Rn. 1065 f.
10 BVerfG NVwZ 2022, 704, 710 Rn. 86 ff.

sieht zB § 4 Abs. 1 S. 1 hamburgisches Wegegesetz vor, dass an allen öffentlichen Wegen, Straßen und Plätzen, die der Stadt gehören, öffentliches Eigentum besteht.[11] Gegen die Rechtsfigur des öffentlichen Eigentums wird zu Recht eingewendet, dass es wenig Sinn macht, einerseits einen völlig neuen Begriff einzuführen, wenn er andererseits nicht gleichzeitig mit weiterem Regelungsgehalt ausgefüllt werde. Da bspw. in Hamburg gerade eine entsprechende Anwendung der sachenrechtlichen Vorschriften des Zivilrechts ausgeschlossen wird (§ 4 Abs. 1 S. 6 HmbWG),[12] fehlt es an einem eigenständigen Normwerk zur Ausgestaltung von Inhalt und Ausmaß der öffentlich-rechtlichen Eigentumsposition über den reinen Begriff hinweg.

Nach hM unterliegen dagegen auch öffentliche Sachen den BGB-Vorschriften über das Eigentum, sind jedoch mit einer **beschränkten Dienstbarkeit des öffentlichen Rechts** belastet. Soweit diese Dienstbarkeit reicht, tritt an die Stelle des privaten Eigentums eine öffentlich-rechtliche Sachherrschaft, an die Stelle des privaten Eigentümers tritt der öffentlich-rechtliche Sachherr.[13] An öffentlichen Sachen besteht also Privateigentum; gleichzeitig unterliegen sie aber öffentlich-rechtlichen Sonderregelungen (Nutzungs- und Duldungsansprüchen sowie Unterhaltungspflichten). Verfügungen, die sich auf die Nutzung des Privateigentums stützen, sind unwirksam, soweit sie die widmungsgemäße öffentliche Zweckbestimmung beeinträchtigen würden.[14] Die verbleibende Restherrschaft des Eigentümers beginnt erst dort, wo die eigentumsbeschränkende Wirkung der öffentlich-rechtlichen Dienstbarkeit endet.[15] Freilich bedarf letztere wegen Art. 14 Abs. 1 S. 2 GG (hierzu § 39 Rn. 6 ff., 23 ff.) bzw. aufgrund des Gesetzesvorbehalts[16] einer gesetzlichen Grundlage.[17]

Während die Straßen- und Wegegesetze derartige Normen vorhalten (vgl. nachfolgend Rn. 8 und § 31), fehlen sie vielfach in den übrigen Regelungsbereichen des öffentlichen Sachenrechts. Da auch eine gewohnheitsrechtliche Begründung der öffentlich-rechtlichen Dienstbarkeit[18] am höherrangigen Art. 14 Abs. 1 S. 2 GG und dessen Gesetzesbegriff („durch die Gesetze") resp. am Vorbehalt des Gesetzes zu messen ist, wird zT die Annahme einer solchen Rechtsfigur außerhalb des Straßen- und Wegerechts abgelehnt und allein die Widmung als maßgeblich für Zweck und Nutzung der (übrigen) öffentlichen Sachen angesehen.[19]

Bedingt durch die(se) **dualistische Betrachtungsweise**,[20] die auch als **Theorie des modifizierten Privateigentums** bezeichnet wird, gibt es bei der Entstehung öffentlicher Sachen häufig zwei Beteiligte: den privaten Eigentümer und den öffentlich-rechtlichen

7

---

11 Vgl. Detterbeck, Rn. 972; zu Ausnahmen Loos NordÖR 2007, 102, 106 f. Entsprechendes gilt nach dem baden-württembergischen Wassergesetz, § 6 WG BW, vgl. Axer DÖV 2013, 165, 166. Zu Gewässern als öffentliche Sachen auch Breuer/Gärditz, Wasserrecht, Rn. 283.
12 Zur (dann doch) zivilrechtlichen Einstufung der Vermietung von Werbeflächen mit nicht unproblematischer Begründung OLG Hamburg NordÖR 2012, 40, 42.
13 BVerfGE 42, 20, 34; Kment/Weber JA 2013, 119, 120; s.a. BVerfGK 15, 340, 349.
14 So ist es einem Privaten nicht möglich, lastenfreies Eigentum an einer öffentlichen Sache gutgläubig zu erwerben; grundlegend hierzu OVG Münster NJW 1993, 2635 (Hamburger Stadtsiegel); Ehlers NWVBl. 1993, 327, 329.
15 Siegel, Rn. 1066. Streitig ist, ob zur verbleibenden Rechtsstellung die Befugnis des privaten Eigentümers gehört, sich gegen nicht widmungsgerechte Nutzungen der Sache zu wehren, Stelkens Verw 46 (2013), 493, 514 f.; ablehnend OVG Saarlouis Beschl. v. 9.9.2010 – 1 A 81/10, Rn. 10 juris.
16 Dazu § 8 Rn. 3 ff.; Axer DÖV 2013, 165, 167.
17 BVerfGK 15, 340, 348 f.; Ehlers NWVBl. 1993, 327, 328 f.; Hintergrund ist der Hamburger Stadtsiegelfall, BGH NJW 1990, 899; OVG Münster NJW 1993, 2635; BVerwG NJW 1994, 144; dazu näher Axer DÖV 2013, 165, 166 f.
18 Dazu Axer DÖV 2013, 165, 167.
19 Dazu mwN Axer DÖV 2013, 165, 167 f.: mit Ausnahme kirchlicher Friedhöfe („res sacrae") wegen der Kirchengutsgarantie des Art. 140 GG iVm Art. 138 Abs. 2 WRV.
20 VGH Kassel NVwZ-RR 2019, 306, 307; Siegel, Rn. 1066. Zur rechtsdogmatischen Parallele beim Verwaltungsprivatrecht vgl. § 29 Rn. 9.

Sachherrn. In diesem Dualismus liegt der Vorteil ggü. der Annahme rein öffentlich-rechtlichen Eigentums: Er vermag auch die Fälle in angemessener Weise zu lösen, in denen Eigentumsträgerschaft und öffentlich-rechtliche Sachherrschaft auseinanderfallen (wenn öffentliche Sachen im Eigentum von Privaten stehen).[21]

8 Um die Zweckbestimmung zu gewährleisten, entstehen öffentlich-rechtliche Unterhaltungspflichten im Straßenrecht etwa dahingehend, eine Straße in einem bestimmten Sinne herzustellen und in einem gebrauchsfähigen Zustand zu erhalten. Diese vom Privateigentum unabhängige, öffentlich-rechtliche Aufgabe obliegt dem **Träger der Straßenbaulast**. Die Funktion des Trägers der Straßenbaulast kommt zumeist dem öffentlich-rechtlichen Sachherrn zu, es kann aber auch eine von ihm verschiedene Behörde sein; wer dies im Einzelnen ist, richtet sich nach den einschlägigen Straßengesetzen (zB § 5 FStrG, §§ 12 ff. StrWG M-V).[22] Die Vorschriften sind darauf gerichtet, Eigentum, Sachherrschaft und Unterhaltungspflicht in der Hand eines Trägers öffentlicher Verwaltung zusammenzuführen; bspw. normiert § 6 Abs. 1 FStrG für Bundesstraßen den gesetzlichen Eigentumsübergang beim Wechsel der Straßenbaulast.[23]

b) Widmung

9 Der hoheitliche Status in Form einer öffentlich-rechtlichen Dienstbarkeit an der Sache, der das Privateigentum zwar nicht verdrängt, jedoch einschränkt, entsteht durch **Widmung**.[24] Diese hat drei Funktionen: „Sie begründet die öffentlich-rechtliche Sachherrschaft, bestimmt den öffentlichen Zweck, dem die Sache dienen soll, und regelt damit den Umfang ihrer möglichen Nutzung."[25]

Das wird teilweise für öffentliche Sachen im Anstaltsgebrauch (zu diesen § 33) bestritten; bei diesen soll die Überlagerung der privaten Eigentümerbefugnisse keine dingliche sein, sondern aus den Vertragsbeziehungen zwischen dem Privaten und dem öffentlichen Sachherrn folgen.[26]

Besondere Bedeutung hat die Widmung von Straßen.[27] Mit ihr erhalten diese ihren öffentlich-rechtlichen Status und dürfen von der Allgemeinheit bzw. von den Straßenverkehrsteilnehmern genutzt werden (zu Straßen als öffentlich-rechtliche Sachen im Gemeingebrauch vgl. § 31). Die Widmung trifft ferner Aussagen darüber, welche Personen in welchem Umfang die Straße benutzen dürfen (Straßentypus, zB Fahrradweg, Fußgängerzone, Fernstraße).[28]

---

21 Papier, S. 11 f.
22 Art. 41 ff. BayStrWG; §§ 9 a f. BbgStrG; §§ 7 f. BerlStrG; § 11 BremLStrG; §§ 43 ff. StrG BW; §§ 41 ff. HessStrG; § 12 HmbStrG; §§ 43 ff. NdsStrG; §§ 43 ff. StrWG NRW; §§ 12 ff. LStrG RP; § 42 f. StrG LSA; §§ 46 ff. SaarlStrG; §§ 44 f. SächsStrG; §§ 11 ff. StrWG SH; §§ 43 ff. ThürStrG.
23 An landesrechtlichen Bestimmungen etwa Art. 11 Abs. 4 BayStrWG; § 11 Abs. 1 BbgStrG; § 10 Abs. 1 StrG BW; § 11 Abs. 1 HessStrG; § 18 Abs. 1 StrWG M-V; § 11 Abs. 1 NdsStrG; § 10 Abs. 1 StrWG NRW; § 31 Abs. 1 LStrG RP; § 10 Abs. 4 SaarlStrG; § 11 Abs. 1 StrG LSA; § 11 Abs. 1 SächsStrG; § 17 Abs. 1 StrWG SH; § 11 Abs. 1 ThürStrG.
24 Ausführlich zur Widmung Axer, Die Widmung als Schlüsselbegriff des Rechts der öffentlichen Sachen, 1994, S. 17 ff.; krit. ggü. der Annahme einer nicht gesetzlich geregelten Widmung von Flughäfen Cloppenburg DVBl. 2005, 1293. Zur Widmung als Allgemeinverfügung nach § 35 S. 2 VwVfG vgl. § 12 Rn. 23.
25 Wolff/Bachof/Stober/Kluth, Bd. 2, § 75 Rn. 1; s.a. BVerfG NVwZ 2022, 704, 710 Rn. 86; BGH NJW 2019, 757, 762; OVG Schleswig-Holstein DÖV 2017, 203, 206.
26 Dazu Stelkens Verw 46 (2013), 393, 529 f. mwN.; für die Heranziehung der Widmung auch VGH Mannheim Urt. v. 17.8.2021 – 2 S 2909/20, Rn. 61 juris.
27 Zum Straßenrecht Papier/Durner, in: Ehlers/Fehling/Pünder, Bd. 2, § 43.
28 Ua dazu Philipp SächsVBl. 2013, 262 anhand des SächsStrG.

aa) Voraussetzungen der Widmung

Der widmende Verwaltungsträger (öffentlich-rechtlicher Sachherr) muss die privatrechtliche Verfügungsmacht über die Sache besitzen. Wenn er Eigentümer der Sache ist oder zur Nutzung dinglich Berechtigter, ergeben sich in dieser Hinsicht keine Probleme. Ist das nicht der Fall, benötigt er die Zustimmung des Eigentümers;[29] gegen dessen Willen kann eine Widmung nicht ausgesprochen werden.[30] Da mit der Widmung zugleich auch öffentlich-rechtliche Unterhaltungspflichten entstehen, ist ferner die Zustimmung des Unterhaltungspflichtigen erforderlich, falls er nicht mit der widmenden Behörde identisch ist.[31]

Die Zustimmung ist jeweils Rechtmäßigkeitsvoraussetzung für die Widmung. Fehlt sie, ist die Widmung rechtswidrig, aber regelmäßig wirksam; sie kann (bzw. muss) angefochten werden.[32]

bb) Formen der Widmung

Die Widmung stellt einen öffentlich-rechtlichen Rechtsakt dar.[33] Die Widmung kann in verschiedenen Formen geschehen, etwa durch ein **(Bundes-)Gesetz** (zB § 25 WHG),[34] eine **Rechtsverordnung** oder **Satzung** (zB einer Schwimmbadsatzung, die den Zugang zum Schwimmbad eröffnet und dessen Benutzung regelt) und auch durch **Gewohnheitsrecht** (zB Meeresstrand als Sache im Gemeingebrauch).[35] Primär richtet sich die Widmung nach den einschlägigen Bestimmungen.[36] Soweit nichts Abweichendes geregelt ist, kann eine Widmung, etwa bei öffentlichen Einrichtungen von Gemeinden, auch in einem konkludenten Handeln der dafür zuständigen Organe zum Ausdruck kommen.[37] Zumeist erfolgt die Widmung öffentlicher Sachen (insb. öffentlicher Straßen) durch **Verwaltungsakt** (§ 2 Abs. 1 FStrG: Widmung von Bundesfernstraßen). Mit dieser Verfügung wird die Straße zugleich einer Straßenklasse zugeordnet (sog. Einstufung, zB als Landesstraße, Kreisstraße oder Gemeindestraße, vgl. § 3 StrWG M-V).[38]

Bei bereits vor Inkrafttreten des jew. Landesstraßen-/-wegerechts vorhandenen Straßen (uÄ) beurteilt sich deren Widmung nach den im Zeitpunkt ihrer Herstellung geltenden einschlägigen Vorschriften. So entstand auf der Grundlage des preußischen Wegerechts eine öffentliche Straße durch ausdrückliche oder konkludente Zustimmung der drei maßgeblichen Rechtsbeteiligten, nämlich des Wegeeigentümers, des Wegebaulastträgers und der Wegepolizeibehörde.[39] Die Widmung konnte sich aber auch aus ent-

---

29 Mager/Sokol Jura 2012, 913, 916. S. dazu auch OVG Münster Beschl. v. 18.9.2018 – 11 A 2467/16, Rn. 20 ff. juris.
30 Näher Papier, S. 52. Hinzuweisen ist auf die Möglichkeit der öffentlichen Hand, sich im Wege eines Enteignungsverfahrens (Art. 14 Abs. 3 GG, § 19 FStrG) das Eigentum an einer von ihr benötigten Sache zu verschaffen; zur Enteignung § 39 Rn. 5 ff.
31 Papier, S. 53.
32 Mager/Sokol Jura 2012, 913, 916.
33 Vgl. Ehlers NWVBl. 1993, 327, 330, der einen außenwirksamen Rechtsakt für erforderlich hält, weil Sachenrechte als absolute, auf den Außenrechtskreis bezogene Rechtspositionen nur so zur Entstehung gebracht werden können; vgl. auch Rn. 6 aE.
34 Dazu Nisipeanu NuR 2020, 6, 9 f.
35 OVG Schleswig-Holstein DÖV 2017, 203, 205.
36 Zur Möglichkeit von Vorgaben des Landesgesetzgebers an die Widmung bei Häfen BVerfG NVwZ 2022, 704, 710 Rn. 88.
37 OVG Lüneburg Beschl. v. 27.5.2022 – 10 ME 71/22, Rn. 14 juris; zu Häfen s. auch BVerfG NVwZ 2022, 704, 710 Rn. 86.
38 Mit teilweise divergierenden Bezeichnungen Art. 3 BayStrWG; § 3 BbgStrG; § 3 StrG BW; § 3 HessStrG; § 3 NdsStrG; § 3 StrWG NRW; § 3 LStrG RP; § 3 SaarlStrG; § 3 StrG LSA; § 3 SächsStrG; § 3 StrWG SH; § 3 ThürStrG; ähnlich § 3 BremLStrG.
39 Sog. Widmungstheorie des Preußischen Oberverwaltungsgerichts PrOVGE 27, 399, 401; dazu OVG Münster NVwZ-RR 2014, 793, 794 mwN; Urt. v. 1.10.2020 – 11 A 3626/19, Rn. 47 juris.

sprechenden Festlegungen in Fluchtlinienplänen[40] ergeben – oder aufgrund stillschweigender Duldung bei einer entsprechend deutlichen Zurverfügungstellung durch die zuständige Gemeinde.[41]

Keine Widmung stellt die sog. **unvordenkliche Verjährung** dar.[42] Als *Rechtsvermutung* belegt sie das Vorliegen öffentlicher Straßen, wenn hierfür (etwa wegen deren Alter) eine Widmung in äußerer Form nicht nachgewiesen werden kann. Vorausgesetzt ist, dass die Sache seit jeher von jedermann frei und ungehindert als öffentlicher Weg genutzt worden ist, und zwar in der Annahme seiner Bestimmung für den öffentlichen Verkehr. Dafür muss die(se) Nutzung seit mindestens 40 Jahren erfolgt sein und weitere 40 Jahre vorher keine Erinnerung an einen anderen Zustand „seit Menschengedenken" bestanden haben.[43] Der Nachweis erfolgt regelmäßig durch Zeugenaussage(n), kann aber auch mit urkundlichen Beweismitteln verbunden werden.[44] Die Vermutung unvordenklicher Verjährung ist (regelmäßig durch den Grundstückseigentümer) widerlegbar. Seit 1949 soll sie nach hM an einer Unvereinbarkeit mit Art. 14 (Abs. 1 S. 2) GG scheitern.[45]

12 Bei der Widmung in Form eines Verwaltungsakts handelt es sich um eine Allgemeinverfügung iSv § 35 S. 2 Alt. 2 und/oder Alt. 3 VwVfG.[46] Die Widmung ist öffentlich bekannt zu machen. Für Bundesfernstraßen ergibt sich das aus § 2 Abs. 6 S. 6 FStrG, für andere Straßen aus den Landesstraßengesetzen (zB § 7 Abs. 2 StrWG M-V).[47] Da sie ein (beschränkt) dingliches Recht an einer Sache begründet, wird sie auch als dinglicher Verwaltungsakt bezeichnet (aber auch § 12 Rn. 23).

c) Änderung der Widmung

13 Durch eine **Um- oder Änderungswidmung** wird die öffentliche Zweckbestimmung der öffentlichen Sache geändert. Jedenfalls wenn nach dem Gesetz für die Widmung eine bestimmte Rechtsform vorgeschrieben ist, erfolgt die Umwidmung in derselben Form wie die Widmung. Bei öffentlichen Straßen wird auf diesem Weg deren Einstufung geändert (Umstufung);[48] sie ist als Ab- oder Aufstufung der Straßenklasse möglich, zB § 8 StrWG M-V.[49]

---

40 Nach § 1 des Gesetzes betreffend die Anlegung und Veränderung von Straßen und Plätzen in Städten und ländlichen Ortschaften v. 2.7.1875, PrGBl. S. 561.
41 Ein nur duldendes Verhalten des privaten Eigentümers soll allein nicht ausreichen, OVG Münster NVwZ-RR 2014, 793, 794. Ab dem Jahr 1949 wird allerdings nach vorherrschender Auffassung ggü. einer konkludenten Widmung Art. 14 Abs. 1 S. 2 GG beachtlich, vgl. nachfolgend im Text.
42 Dazu und zum Nachfolgenden etwa Pützenbacher/Potstada NVwZ 2016, 1615 ff.; vgl. aus landesrechtlicher Sicht aber auch Philipp SächsVBl. 2010, 760: konkludente Widmung.
43 BGHZ 16, 238; OVG Münster Urt. v. 1.10.2020 – 11 A 3629/19, Rn. 60 ff. juris. Zum Abstellen auf die Unvordenklichkeit bei Häfen BVerfG NVwZ 2022, 704, 711 Rn. 93.
44 BVerfGK 15, 340 349 f.
45 Kirchberg/Löbbecke VBlBW 2007, 401; vgl. allg. Rn. 6; § 39 Rn. 23 ff.
46 Mager/Sokol Jura 2012, 913, 916; Siegel, Rn. 1070. Vgl. § 12 Rn. 23.
47 Art. 6 Abs. 6 S. 2 BayStrWG; § 6 Abs. 1 S. 2 BbgStrG; § 3 Abs. 4 S. 1 BerlStrG; § 5 Abs. 3 BremLStrG; § 5 Abs. 4 S. 1 StrG BW; § 4 Abs. 3 S. 1 HessStrG; § 6 Abs. 1 S. 3 HmbWG; § 6 Abs. 3 NdsStrG; § 6 Abs. 1 S. 2 StrWG NRW; § 36 Abs. 3 LStrG RP; § 6 Abs. 4 SaarlStrG; § 6 Abs. 1 S. 2 StrG LSA; § 6 Abs. 1 S. 4 SächsStrG; § 6 Abs. 1 S. 2 ThürStrG.
48 Zur Einstufung und Umstufung bei nicht mehr verkehrsrelevanten Bundesstraßen näher Wittig DVBl. 2010, 408; auch Philipp SächsVBl. 2013, 262, anhand des SächsStrG.
49 Art. 7 BayStrWG; § 7 BbgStrG; § 6 BremLStrG; § 6 StrG BW; § 5 HessStrG; § 7 NdsStrG; § 8 StrWG NRW; § 38 LStrG RP; § 7 SaarlStrG; § 7 StrG LSA; § 7 SächsStrG; § 7 StrWG SH; § 7 ThürStrG.

d) Aufhebung der Widmung

Mit der sog. **Entwidmung** verliert eine öffentliche Sache ihren öffentlich-rechtlichen Status. Bei öffentlichen Straßen wird dieser Vorgang **Einziehung** genannt.[50] Hins. ihrer Rechtsnatur folgt sie bei rechtlicher Vorgabe einer bestimmten Widmungsform derjenigen der Widmung: Bei förmlicher Widmung bedarf die Entwidmung gleichermaßen eines förmlichen Rechtsakts. Denkbar ist auch, dass eine Entwidmung durch Gesetz vorgenommen wird.[51] Oft wird vertreten, dass in Konstellationen, in denen für die Widmung keine besondere Form vorgeschrieben ist, dann auch die Entwidmung als actus contrarius in beliebiger Form erfolgen könne.[52] Aus Gründen der Rechtssicherheit empfiehlt es sich jedoch, den Gegenakt in der für die Widmung gewählten Form vorzunehmen.[53]

3. Indienststellung

Die tatsächliche Grundlage für das Wirksamwerden der Widmung bildet die Indienststellung der öffentlichen Sache, bei einer Straße also deren Freigabe für den Verkehr. Dabei handelt es sich um einen Realakt.[54]

Denkbar ist, dass in der von einem erkennbaren Widmungswillen getragenen Indienststellung einer öffentlichen Sache eine konkludente Widmung liegt.[55] Für das Entstehen einer öffentlichen Straße kann nach den straßenrechtlichen Bestimmungen einiger Länder auf eine ausdrückliche Widmung verzichtet werden, wenn der Bau bzw. die Veränderung einer Straße im Rahmen eines Planfeststellungsverfahrens erfolgt; als (fiktive) Widmung gilt dann die Indienststellung der Straße.[56]

III. Einteilung der öffentlichen Sachen

Die öffentlichen Sachen werden nach dem hoheitlichen Zweck, dem sie dienen, in vier Kategorien eingeteilt. Zu den **öffentlichen Sachen im (externen) Zivilgebrauch**, dh die der Nutzung durch Zivilpersonen offenstehen, gehören die öffentliche Sachen im **Gemeingebrauch**, **Sondergebrauch** und **Anstaltsgebrauch**.[57] Die **öffentlichen Sachen im Verwaltungsgebrauch** dienen der öffentlichen Verwaltung unmittelbar zur Erfüllung ihrer Aufgaben, stehen aber nur für den verwaltungsinternen Gebrauch zur Verfügung.

---

50 Dazu anhand § 8 SächsStrG Scheidler SächsVBl. 2011, 25. Zur Entwidmung einer öffentlichen Einrichtung VGH München NVwZ-RR 2013, 494.
51 Zur Teilentwidmung durch den Landesgesetzgeber bei Häfen BVerfG NVwZ 2022, 704, 710 Rn. 88 ff.
52 S. etwa VG Aachen Beschl. v. 9.5.2017 – 4 L 599/17, Rn. 33 juris.
53 Etwa bei öffentlichen Einrichtungen, vgl. § 33 Rn. 1 und Hebeler JA 2014, 879.
54 Siegel, Rn. 1074.
55 BVerfG NVwZ 2022, 704, 710 Rn. 86.
56 Nicht in Bremen und Hamburg, iÜ Art. 6 Abs. 6 BayStrWG; § 6 Abs. 5 f. BbgStrG; § 3 Abs. 5 BerlStrG; § 5 Abs. 6 StrG BW; § 6a HessStrG; § 7 Abs. 4 StrWG M-V; § 6 Abs. 5 NdsStrG; § 6 Abs. 7 StrWG NRW; § 36 Abs. 4 LStrG RP; § 6 Abs. 6 SaarlStrG; § 6 Abs. 4 StrG LSA; § 6 Abs. 4 SächsStrG; § 6 Abs. 4 StrWG SH; § 6 Abs. 4 ThürStrG.
57 Siegel Rn. 1082; VGH Mannheim Urt. v. 17.8.2021 – 2 S 2909/20, Rn. 61 juris.

Übersicht 33: Einteilung der öffentlichen Sachen

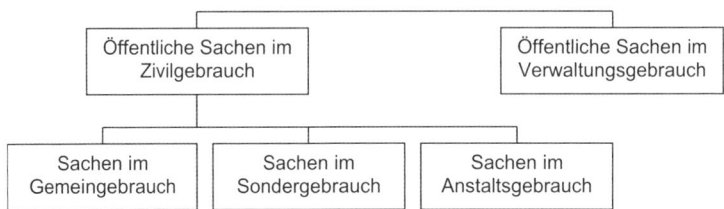

▶ **Zu Fall 1:** Entscheidend dafür, ob B die Pfähle aufstellen durfte, ist die Beantwortung der Frage, ob die Straße eine öffentliche Sache ist. Dann wäre das Privateigentum des B durch den öffentlich-rechtlichen Charakter der Straße beschränkt und er müsste ihre Benutzung gestatten. Eine Sache bzw. Straße erhält ihre öffentlich-rechtliche Eigenschaft durch Widmung. Formal ist eine solche nach dem Sachverhalt offensichtlich unterblieben. Wurde allerdings eine Straße schon lange Zeit ohne Widerspruch durch die Öffentlichkeit genutzt, ersetzt die unvordenkliche Verjährung den Nachweis der Widmung, sofern das Rechtsinstitut nicht (nach 1949) an Art. 14 Abs. 1 S. 2 GG scheitert.[58] Hiernach ist grds. eine widerspruchslose, andauernde Rechtsausübung von 80 Jahren erforderlich.[59] Eine Straße ist also auch dann öffentlich, wenn sie über einen langen Zeitraum unter stillschweigender Duldung des Eigentümers in der Überzeugung, sie sei ein öffentlicher Weg, genutzt worden ist. Ob Letzteres hier gegeben ist, erscheint nach dem Sachverhalt naheliegend, bedarf aber der weiteren Aufklärung. Je nachdem durfte B die Pfähle aufstellen oder nicht. ◀

---

58 OVG Münster NJW 1964, 1335, 1336.
59 Näher BGHZ 16, 238.

§ 31 Öffentliche Sachen im Gemeingebrauch

▶ **FALL 2:** K betreibt neben dem Parkplatz einer Bundesautobahn einen Imbiss. Dieser ist durch einen festen Wildschutzzaun klar von dem Parkplatz abgetrennt. K verkauft durch den Zaun Waren an Verkehrsteilnehmer. Benötigt K dafür eine Sondernutzungserlaubnis? ◀

Entsprechend den beiden Komponenten „Gemein" und „-gebrauch" geht es bei diesem um Nutzungsrechte an Sachen.[1] **Öffentliche Sachen im Gemeingebrauch** sind solche, deren Benutzung jedermann oder zumind. einem nicht individualisierten Personenkreis **ohne besondere Zulassung** offensteht.[2] Öffentliche Sachen im Gemeingebrauch sind v.a. Straßen und Wege (s. § 7 FStrG), Grünanlagen bzw. Parks, des Weiteren Gewässer (§ 6 WaStrG, § 25 WHG). Sachen im Gemeingebrauch können ferner einer über den Gemeingebrauch hinausgehenden **Sondernutzung** unterliegen, die jedoch regelmäßig nur aufgrund besonderer Erlaubnis bzw. Gestattung zulässig ist.[3]

I. Straßenrechtlicher Gemeingebrauch

Gemeingebrauch ist Ausfluss der **auf dem Eigentum lastenden öffentlich-rechtlichen Dienstbarkeit** und diesbzgl. Sachherrschaft des öffentlich-rechtlichen Sachherrn; der Eigentümer der Sache hat mithin jede dem Gemeingebrauch entsprechende Sachnutzung zu dulden.[4]

In allen Landesstraßengesetzen[5] sowie im Bundesfernstraßengesetz (FStrG) finden sich Regelungen zum Gemeingebrauch. Nach § 7 Abs. 1 S. 1 FStrG ist der Gebrauch der Bundesfernstraßen „jedermann im Rahmen der Widmung und der verkehrsbehördlichen Vorschriften zum Verkehr gestattet (Gemeingebrauch)". Daraus ergeben sich für die Bestimmung des Gemeingebrauchs zwei Maßgaben: Der Gemeingebrauch ist zum einen an den Inhalt der **Widmung** (dh die öffentliche Zweckbestimmung) gebunden; er orientiert sich v.a. am festgelegten Straßentypus (Gemeingebrauch an einer Fußgängerstraße bedeutet Beschränkung auf die Inanspruchnahme durch fußläufigen Verkehr, wozu aber auch Skaten und Joggen gehören, bereits § 30 Rn. 9). Bei der Widmung handelt es sich um einen hoheitlichen Rechtsakt, wonach eine Sache einem bestimmten öffentlichen Zweck dienen soll und der Benutzung durch die Allgemeinheit zur Verfügung steht. Durch sie wird die öffentliche Sachherrschaft begründet sowie Art und Umfang der zulässigen Nutzung geregelt.[6] Abweichend von dem allgemeinen Grundsatz, dass die Widmung durch unterschiedliche Rechtsakte (Gesetz, Rechtsverordnung, Satzung, öffentlich-rechtliche Vereinbarung oder Verwaltungsakt) geschehen kann,[7]

---

1   Mager/Sokol Jura 2012, 913; eingehend zum Gemeingebrauch Wolff/Bachof/Stober/Kluth, Bd. 2, § 77; s.a. Kment/Weber JA 2013, 119 ff.; Stelkens Verw 46 (2013), 493 ff.
2   BVerwG Beschl. v. 16.12.2019 – 8 B 38/18, Rn. 9 juris; VGH Mannheim Urt. v. 17.8.2021 – 2 S 2909/20, Rn. 61 juris.
3   Detterbeck, Rn. 976 ff. Zur Abgrenzung Gemeingebrauch und Sondernutzung Stuchlik GewArch 2004, 143; Siems Jura 2003, 587; Rn. 4 ff.
4   Kment/Weber JA 2013, 119, 120; Stelkens Verw 46 (2013), 493, 511.
5   § 21 Abs. 1 S. 1 StrWG M-V: „Der Gebrauch der öffentlichen Straßen ist jedermann im Rahmen der Widmung und der Straßenverkehrsvorschriften zum Verkehr gestattet"; ähnlich: Art. 14 Abs. 1 S. 1 BayStrWG; § 14 Abs. 1 S. 1 BbgStrG; § 10 Abs. 2 S. 1 BerlStrG; § 15 Abs. 1 BremLStrG; § 13 Abs. 1 S. 1 StrG BW; § 14 Satz 1 HStrG; § 16 Abs. 1 S. 1, 2 HWG; § 14 Abs. 1 S. 1 NStrG; § 14 Abs. 1 S. 1 StrWG NRW; § 34 Abs. 1 S. 1 LStrG RP; § 14 Abs. 1 S. 1 SaarlStrG; § 14 Abs. 1 S. 1 StrG LSA; § 14 Abs. 1 S. 1 SächsStrG; § 20 Abs. 1 S. 1 StrWG SH; § 14 Abs. 1 ThürStrG.
6   Kment/Weber JA 2013, 119, 120; s.a. BVerfG NVwZ 2022, 704, 710 Rn. 86.
7   OVG Schleswig NordÖR 2016, 330, 334.

enthält das Straßenrecht aus Gründen der Rechtssicherheit besondere Vorschriften zur Widmung (s. § 2 FStrG zur Widmung, Umstufung und Einziehung). In aller Regel erfolgt diese durch eine Allgemeinverfügung iSd § 35 S. 2 Var. 2 VwVfG, welche die öffentlich-rechtliche Eigenschaft einer Sache regelt.[8] Zum anderen ist der Gemeingebrauch auf den **Verkehrszweck**, dh auf Ortsveränderung,[9] beschränkt.

Der (weitere) gesetzliche Hinweis auf die **Verkehrsvorschriften** bedeutet, dass sich die Benutzung der Straße in den vom **Straßenverkehrsrecht** gesetzten Grenzen zu halten hat. Aufgrund seiner konkurrierenden Gesetzgebungskompetenz für den Straßenverkehr (Art. 74 Abs. 1 Nr. 22 GG) hat der Bund Regelungen zur Teilnahme am Straßenverkehr (StVG, StVO) zur Sicherstellung von dessen Sicherheit und Leichtigkeit erlassen. Seine Regelungen dienen der Abwehr von Gefahren, die typischerweise vom Straßenverkehr ausgehen oder die diesem von außen oder durch Verkehrsteilnehmer erwachsen.[10] Das **Straßenrecht** befasst sich demggü. mit dem allgemeinen Status der öffentlichen Sachen, v.a. ihrer Entstehung, Ein- und Umstufung sowie der Abgrenzung von Gemein- und Sondergebrauch.[11] Straßenrecht und Straßenverkehrsrecht bilden somit zwei Rechtsmaterien mit unterschiedlichen Regelungszwecken, die aber in einem sachlichen Zusammenhang zueinanderstehen.[12] Denn das Straßenverkehrsrecht setzt eine straßenrechtlich gewidmete Straße voraus (sog. **Vorbehalt des Straßenrechts**).[13] Die Widmung obliegt den für das Straßenrecht zuständigen Behörden. Andererseits wird, wie man der Formulierung in § 7 Abs 1. S. 1 FStrG entnehmen kann, der Gemeingebrauch durch die verkehrsrechtlichen Vorschriften sozusagen mitbestimmt, woraus auch der Grundsatz des **Vorrangs des Straßenverkehrsrechts** entnommen wird.[14] Zum Verkehr und damit zum **Gemeingebrauch** zählt **grds.** auch der **ruhende Verkehr**. Das gilt selbst für das Dauerparken, wenn das Fahrzeug zugelassen, betriebsbereit und zum Zweck späterer Inbetriebnahme abgestellt worden ist.[15] Straßen*verkehrs*rechtliche Erlaubnisse können die sich aus der straßenrechtlichen Widmung ergebenden Grenzen nicht überwinden.[16]

II. Straßenrechtliche Sondernutzung

4   Die öffentlich-rechtliche Dienstbarkeit erstreckt sich nicht nur auf die Eröffnung des Gemeingebrauchs, sondern bezieht sich auch auf Straßennutzungen, die den zuvor

---

8   Mager/Sokol Jura 2012, 913, 916. Nach § 6 Abs. 1 SaarlStrG ist die Widmung „die Verfügung", durch die eine Straße die Eigenschaft einer öffentlichen Straße enthält.
9   HM BVerwGE 35, 326, 329. Vgl. auch Papier, S. 86 f. Insofern wird durch straßenrechtliche Regelungen die widmungsbedingte Zweckbestimmung vorgezeichnet.
10 OVG Hamburg NVwZ-RR 2017, 436, 438 Rn. 21; OVG Magdeburg Urt. v. 25.11.2021 – 2 L 80/19, Rn. 40 juris; Siems Jura 2003, 587, 588.
11 OVG Hamburg NVwZ-RR 2017, 436, 438 Rn. 21; OVG Magdeburg Urt. v. 25.11.2021 – 2 L 80/19, Rn. 40 juris; Stuchlik GewArch 2004, 143 f.
12 BVerwGE 34, 241, 243; 40, 371, 378; OVG Hamburg NVwZ-RR 2017, 436, 438 Rn. 21; OVG Magdeburg Urt. v. 25.11.2021 – 2 L 80/19, Rn. 40 juris. Zum Zusammenspiel straßenrechtlicher und straßenverkehrsrechtlicher Erlaubnisse Sauthoff VerwArch 106 (2015), 322 ff., s.a. Siegel, Rn. 1101 f.
13 OVG Magdeburg Urt. v. 25.11.2021 – 2 L 80/19, Rn. 40 juris.
14 OVG Magdeburg Urt. v. 25.11.2021 – 2 L 80/19, Rn. 40 juris; OVG Hamburg NVwZ-RR 2017, 436, 438 Rn. 21. In Einzelfällen kann jedoch ein Verstoß gegen das Straßenverkehrsrecht zugleich den Gemeingebrauch überschreiten (zB Aufstellen eines Verkaufsstandes auf der Straße: Verstoß gegen § 32 StVO und gegen die gemeingebräuchlichen Befugnisse). Dazu auch OVG Münster NWVBl. 2018, 62, 63.
15 BVerwGE 34, 320; OVG Greifswald NordÖR 2015, 33 f.; s.a. BVerwGE 162, 146, 151 Rn. 22.
16 Mager/Sokol Jura 2012, 913, 917.

dargestellten Gemeingebrauch überschreiten.[17] Dabei sind zwei Arten derartiger Sondernutzungen zu unterscheiden:

1. Öffentlich-rechtliche Sondernutzung

Wird eine Straße **über den Gemeingebrauch hinaus** benutzt, handelt es sich um eine **Sondernutzung** (s. § 8 Abs. 1 S. 1 FStrG). Dafür wird die Einholung einer **Sondernutzungserlaubnis** in den Landesstraßengesetzen und in § 8 Abs. 1 S. 2 FStrG vorgeschrieben. Die Abgrenzung zwischen Gemeingebrauch und Sondernutzung ist anhand des **Inhalts der Widmung** der Straße und ihrer Zweckbestimmung zum Verkehr vorzunehmen. Wegen Überschreitung der widmungsbedingten Beschränkung auf fußläufigen Verkehr stellt zB Autofahren in einer Fußgängerzone eine Sondernutzung dar. Da öffentliche Straßen für die Fortbewegung und je nach Straßentyp auch für den kommunikativen Verkehr bestimmt sind, ist zB das Abstellen von Altkleidercontainern auf einer öffentlichen Straße nicht mehr von ihrem Widmungszweck gedeckt und bedarf wegen der Beeinträchtigung des Gemeingebrauchs anderer einer Sondernutzungserlaubnis.[18] Insb. **gewerbliche Nutzungen** der Straße, wie der Handverkauf von Presseerzeugnissen,[19] der Verkauf von (Eis-)Waren über einen in einem Gebäude befindlichen Ausgabeschalter an Kunden auf der Straße[20] oder Werbeaktionen[21] stellen wegen Überschreitens der Widmung Sondernutzungen dar. 5

Die Entscheidung über die solcherart erforderliche Sondernutzungserlaubnis steht im pflichtgemäßen **Ermessen** der zuständigen Behörde, bei dem diese die Interessen des Antragstellers mit anderen gegenläufigen Interessen der verschiedenen Straßenbenutzer gegeneinander abzuwägen hat.[22] Die Ermessensbetätigung muss aus allgemeinen Gründen (§ 40 VwVfG)[23] straßenrechtlichen Bezug haben,[24] wobei dies insb. in der Rspr. weit verstanden wird.[25] Zu diesen Gründen gehöre etwa der einwandfreie Straßenzustand, die Sicherheit und Leichtigkeit des Verkehrs, der Ausgleich zeitlich und örtlich gegenläufiger Interessen verschiedener Straßenbenutzer und Straßenanlieger oder Belange des Stadt- und

---

17 S. dazu auch Burgi NVwZ 2017, 257 ff.
18 Zu Letzterem VGH Mannheim NVwZ-RR 2021, 1024 Rn. 29; OVG Saarlouis Urt. v. 3.2.2021 – 1 A 308/19, Rn. 48 juris (eine Sondernutzung bejahend, wenn der Container im öffentlichen Straßenraum oder unmittelbar an diesen angrenzend aufgestellt wird); Mager/Sokol Jura 2012, 913, 917.
19 Mager/Sokol Jura 2012, 913, 917. Vgl. auch BVerfGK 11, 21, 23 ff.: Eingriff in die Pressefreiheit, Art. 5 Abs. 1 S. 2 GG, allein wegen des Erfordernisses einer Sondernutzungserlaubnis für den Straßenverkauf von Zeitungen/Rechtfertigung nur im Wege grundrechtskonformer Auslegung der einschlägigen straßenrechtlichen Vorschrift; zum Fragenkreis noch Rn. 9. Nach § 18 Abs. 2 S. 1 BremLStrG stellt die nichtgewerbliche Werbung durch das Tragen von Plakaten, das Verteilen von Handzetteln und durch den Handverkauf von Zeitungen keine Sondernutzung dar. Da der kommunikative Verkehr von einer straßenrechtlichen Widmung umfasst sein kann, stellt das OVG Hamburg DVBl. 2012, 504, 505 f. zur Abgrenzung beim Ansprechen von Passanten auf das äußere Erscheinungsbild ab.
20 Zu Letzterem OVG Münster NVwZ-RR 2021, 817, 818 Rn. 24 ff.
21 OVG Schleswig Beschl. v. 27.9.2021 – 5 MB 26/21, Rn. 5 juris.
22 OVG Greifswald NVwZ-RR 2017, 318; OVG Saarlouis KommJur 2017, 177, 178.
23 Dahinter stehen Grenzziehungen durch (Gesetzgebungs-)Kompetenzen, vgl. sogleich im Text. Anders Hebeler JA 2012, 879.
24 So deutlich anhand Entscheidungen des BayVerfGH und des VGH München Scheidler GewArch 2012, 285, 287 ff.; s.a. VGH Mannheim NVwZ-RR 2021, 1024, 1025 Rn. 32.
25 Nämlich unzulässig überdehnt als bloßer „Bezug zur Straße", so dass dem Belange des Ausgleichs kollidierender Nutzungsinteressen unabhängig von straßen(verkehrs)rechtlichen Gründen unterfallen sollen, sofern sie nur überhaupt einen Bezug zum Bestand und zur Nutzung der Straße haben (VGH Mannheim NVwZ-RR 2014, 539, 541), ferner Belange des Straßenbildes, also konzeptionell-baugestalterische oder -städtebauliche Vorstellungen zur Gestaltung der Straße (etwa Vermeidung der „Übermöblierung" des öffentlichen Verkehrsraums), OVG Münster NVwZ-RR 2014, 710; NVwZ-RR 2014, 796, 799; OVG Lüneburg NVwZ-RR 2014, 670, 671. Zumind. wird ein konkretes gemeindliches Gestaltungskonzept mit Schutzrichtung zugunsten eines bestimmten Straßen- und Platzbildes zu fordern sein, vgl. VGH Mannheim NVwZ-RR 2010, 164, wobei aber keine hohen Anforderungen gestellt werden; OVG Koblenz NVwZ-RR 2015, 281.

Straßenbilds mit Straßenbezug.[26] Mangels straßenrechtlichen Bezugs wäre deshalb die Ausrichtung des Ermessens über die Erteilung einer Sondernutzung an dem aus dem Marktrecht bekannten Grundsatz „bekannt und bewährt" einer Person ermessensfehlerhaft; vielmehr ist das Sondernutzungsrecht grds. wirtschafts- und wettbewerbsneutral.[27] So darf keine aktive Wirtschaftsförderung betrieben werden, indem die Sondernutzungserlaubnis im Interesse nicht überlebensfähiger Betriebe oder einzelner Gewerbebetriebe an Gewinnmaximierung erteilt wird.[28] Schwierig gestaltet sich die Abgrenzung, wenn es um die Vermeidung von Straßenverschmutzungen geht, etwa bei einer Sondernutzungserlaubnis für eine Außengastronomie unter der Nebenbestimmung (zu Nebenbestimmungen vgl. allg. § 18), nur Mehrweggeschirr und -bestecke zu verwenden.[29] Oftmals werden **Ermessensrichtlinien** zur Steuerung der Ermessensausübung über Sondernutzungsentscheidung getroffen, für welche auf Gemeindeebene die Gemeindevertretung zuständig ist.[30] Von diesen Richtlinien darf in atypischen Situationen abgewichen werden.[31] Ggf. kann sich das **Ermessen** der Behörde aufgrund der Grundrechte **auf Null reduzieren**, zB wenn in vergleichbaren Fällen eine Sondernutzungserlaubnis erteilt wurde (Art. 3 Abs. 1 GG).[32] IdR kommt eine solche Ermessensreduzierung nur in Betracht, wenn ein grundrechtlich geschütztes Sondernutzungsinteresse weder eine Beeinträchtigung der im Kern durch Art. 2 Abs. 1, Art. 3 Abs. 1 GG geschützten Rechte anderer Verkehrsteilnehmer noch des über Art. 14 Abs. 1 GG geschützten Anliegergebrauchs mit sich bringt.[33]

Die Erlaubnis wird durch **Verwaltungsakt** oder **öffentlich-rechtlichen Vertrag** gewährt. Für diese darf eine **Gebühr** erhoben werden. Bspw. können nach § 8 Abs. 3 S. 1 FStrG für Sondernutzungen Gebühren erhoben werden.[34] So lässt sich der Vorteil abschöpfen, welcher dem Erlaubnisinhaber durch die über den Gemeingebrauch hinausgehende Straßennutzung entsteht. Die Höhe der Gebühr darf nicht unverhältnismäßig sein. Sie ist an der Beeinträchtigung des Gemeingebrauchs auszurichten und darf bei einer Verfolgung wirtschaftlicher Interessen durch den Erlaubnisnehmer auch diesen Aspekt berücksichtigen.[35] Derartige Gebühren müssen sich wegen des Vorbehalts des Gesetzes stets auf eine parlamentsgesetzliche Grundlage zurückführen lassen, für die das Abgaben- und speziell das Gebührenverfassungsrecht materielle Maßstäbe aufstellt (insb. das Kostendeckungs- und Äquivalenzprinzip).[36]

Wird eine Straßenfläche ohne die erforderliche Sondernutzungserlaubnis genutzt, kann die für deren Erteilung zuständige Behörde dagegen entsprechend vorgehen. Gem. § 8 Abs. 7a S. 1 FStrG und vergleichbaren Landesregelungen kann (= Ermessen)[37] die für die Erteilung der Erlaubnis zuständige Behör-

---

26 OVG Münster Urt. v. 18.6.2020 – 11 A 4178/18, Rn. 62 juris; s.a. VGH Mannheim NVwZ-RR 2021, 1024, 1025 Rn. 32.
27 OVG Münster Urt. v. 3.12.2021 – 11 A 1958/20, Rn. 50 juris.
28 Die Rspr. entnimmt dies dem aus dem straßenrechtlichen Bezug abgeleiteten Grundsatz der Wirtschafts- und Wettbewerbsneutralität des Sondernutzungserlaubnisrechts, OVG Münster NVwZ 2014, 710, 711.
29 Abfallvermeidungszweck, daher allein nach Abfallrecht des Bundes, BVerwG BayVBl. 1997, 666; zur Unzulässigkeit kommunaler Verpackungssteuern im Hinblick auf das Bundesrecht VGH Mannheim KlimR 2022, 162 ff.; zu Recht anders Scheidler GewArch 2012, 285, 289: Bezug zum Straßenumfeld auch bei Vermeidung von Straßenverschmutzungen. Für die Möglichkeit der Versagung von Altkleidercontainern auf öffentlichen Straßen zur Vermeidung von Verschmutzungen des Straßenraums VGH Mannheim NVwZ-RR 2021, 1024, 1027.
30 VGH Mannheim NVwZ-RR 2021, 1024, 1026; OVG Saarlouis Urt. v. 3.2.2021 – 1 A 308/19, Rn. 64 juris.
31 OVG Münster Urt. v. 3.12.2021 – 11 A 1958/20, Rn. 56 juris; gegen eine Verengung zu einer gebundenen Entscheidung OVG Münster NWVBl 2022, 178, 179.
32 Zu Wahlplakaten in der „heißen" Wahlkampfphase OVG Saarlouis LKRZ 2009, 313 ff.
33 OVG Lüneburg Beschl. v. 11.8.2021 – 7 LB 16/21, Rn. 31 juris.
34 Dazu und zu deren Berechnung BVerwG VBlBW 2009, 56; VGH Kassel NVwZ-RR 2017, 466 f.
35 BVerwG Beschl. v. 4.3.2019 – 9 B 1/19, Rn. 4 juris; s. zu den Sondernutzungsgebühren auch Rheindorf/Weidemann DVP 2017, 370.
36 Dazu, dass der Wert gezogener Früchte bzw. ersparter Aufwendungen berücksichtigungsfähig, aber nicht zwingend berücksichtigungspflichtig ist, OVG Lüneburg Beschl. v. 5.1.22 – 7 LA 51/21, Rn. 10 juris.
37 Für die Annahme eines intendierten Ermessens OVG Bautzen Beschl. v. 22.8.2018 – 3 B 191/18, Rn. 12 juris.

de die **erforderlichen Maßnahmen zur Beendigung der Benutzung** anordnen,[38] etwa die Entfernung der Werbeanlage oder die Beseitigung eines Altkleidercontainers. Zu den erforderlichen Maßnahmen bei Wiederholungsgefahr auch die Untersagung der weiteren bzw. künftigen (Sonder-)Nutzung, wenn durch jew. konkrete Einzelmaßnahmen keine effektive Bereinigung des rechtswidrigen Zustands erreichbar erscheint.[39]

2. Privatrechtliche Sondernutzung

Sondernutzungen, die zu **keiner Beeinträchtigung des Gemeingebrauchs** führen (zB Verlegung und dauerhafter Verbleib eines Stolpersteins in Gestalt einer Messingplatte zum Gedenken an die Opfer des Holocausts[40] oder eigenmächtige Niveauangleichung einer Ortsstraße an eine Grundstückszufahrt[41]), unterliegen nicht der öffentlich-rechtlichen Erlaubnispflicht samt Duldungspflicht des Privateigentümers, sondern betreffen das fortbestehende Privateigentum an der Sache. Derartige Nutzungen kann der Eigentümer (Privater oder Verwaltungsträger) daher im Wege eines privatrechtlichen Vertrags oder der Einräumung eines dinglichen Nutzungsrechts (eventuell gegen Entgelt) gestatten (**privatrechtliche Gestattung**).

6

III. Abgrenzung Gemeingebrauch und öffentlich-rechtliche Sondernutzung

Die **Abgrenzung zwischen Gemeingebrauch** und **öffentlich-rechtlicher Sondernutzung** bereitet insb. dann Schwierigkeiten, wenn ein bestimmtes Verhalten objektiv, dh nach außen erkennbar, dem fließenden oder ruhenden Verkehr zugeordnet werden kann, die Nutzung der Straße aber subjektiv nicht Zwecken der Fortbewegung resp. Ortsveränderung dient.

7

BEISPIELE: Zahlreiche E-Scooter und E-Bikes werden zur Vermietung an viel frequentierten Orten aufgestellt und nach der Benutzung vom Betreiber wieder dorthin zurückgebracht. Ein Bierbike, ausgestattet mit einer Theke und einer Musikanlage, wird von einem nüchternen Fahrer durch die Straßen gelenkt. Umhergehen von Personen mit sog. Moving-Boards.[42]

Die Frage, auf welche der beiden Komponenten im Falle eines Divergierens abgestellt werden muss, ist in Rspr. und Literatur nicht abschließend geklärt. Einigkeit besteht allerdings darüber, dass kein Gemeingebrauch, sondern eine Sondernutzung vorliegt, wenn es schon nach außen hin an einem Verkehrsverhalten fehlt (zB bei Errichtung von Verkaufsständen).[43] Liegt umgekehrt ein objektiv auf Fortbewegung (oder straßentypische Kommunikation, vgl. Rn. 9) gerichtetes Verhalten vor, dem aber ein subjektiver Verkehrszweck fehlt, so kann jedenfalls dann keine gemeingebräuchliche Benutzung mehr angenommen werden, wenn der Verkehrszweck völlig zurücktritt.[44] Das gilt für vorstehende Beispiele (Bierbike bzw. Moving-Boards[45]) oder im Fall der

---

38 Dafür ist grds. ausreichend, dass es an der erforderlichen Erlaubnis fehlt (formelle Illegalität); anders sieht es lediglich aus, wenn ersichtlich ein Anspruch auf Erteilung der Sondernutzungserlaubnis besteht, VGH Mannheim NVwZ-RR 2014, 507.
39 VGH Mannheim NVwZ-RR 2014, 507 f.
40 VGH München NVwZ 2018, 511, 513.
41 VGH München Beschl. v. 3.2.2022 – 8 ZB 21.1286, Rn. 24 ff. juris.
42 Werbeträger in der Art eines Rucksacks, OVG Münster NVwZ-RR 2014, 800, Ls.
43 Papier, S. 87.
44 Nur innerlich abweichender Zweck soll irrelevant sein, vgl. BVerwG NVwZ 2012, 1623, 1624.
45 Anders für Letzteres OVG Münster NVwZ 2014, 800, Ls.: bereits vom äußeren Erscheinungsbild kein straßenrechtlich-kommunikativer Gemeingebrauch.

Verteilung von Werbeprospekten durch einen sich fortbewegenden Fußgänger.[46] Wird ein Fahrzeug an einem bestimmten Ort gut sichtbar mit auffälliger Werbung über längere Zeit abgestellt, ist von einer Sondernutzung auszugehen, wenn das Kfz objektiv die Funktion einer Werbeanlage erfüllt.[47] Während beim Aufstellen von E-Scootern und E-Bikes auf Gehwegen zur Vermietung teilweise davon ausgegangen wird, dass diese wie beim straßenverkehrsrechtlich zulässigen Parken derartiger Fahrzeuge von Privatpersonen zum ruhenden Verkehr und zum Gemeingebrauch gehören,[48] erblickt die wohl ü.M. darin im Hinblick auf die ggü. der Verkehrsfunktion überwiegende gewerbliche Nutzung der Fahrzeuge (sie beinhalten Angebote zum Abschluss von Mietverträgen),[49] deren hohe Zulassungszahl in den Städten[50] und ihr bewusstes Aufstellen und das Zurückbringen an viel frequentierte Orte, durch die Straßennutzungen anderer durchaus behindert werden könne,[51] eine Sondernutzung. Zu beobachten bleibt, ob das jew. Landesrecht, wie jüngst in § 11a BerlStrG geschehen, besondere Vorschriften zur Sondernutzung für das gewerbliche Anbieten von Mietfahrzeugen vorsieht.[52]

Von vorstehenden Regeln hat die Rspr. Ausnahmen (v.a.) für grundrechtlich besonders legitimierte Straßennutzungen entwickelt:

1. Anliegergebrauch

8 Eigentümer von Grundstücken oder Gewerbetreibende sind in gesteigertem Maße auf eine Nutzung der anliegenden Straßenfläche in einer Weise angewiesen, die uU über den zuvor dargestellten Gemeingebrauch hinausgeht. Soweit die **angemessene Nutzung** eines Anliegergrundstücks eine solche stärkere Inanspruchnahme der Straße erfordert, ist diese Nutzung vom sog. **Anliegergebrauch** umfasst. Diese soll den notwendigen „Kontakt nach außen" ermöglichen.[53] Während die Rspr. den zulassungsfreien Anliegergebrauch früher direkt aus Art. 14 Abs. 1 GG abgeleitet hat, stellt sie sich heute auf den Standpunkt, dieser müsse vom Gesetzgeber gem. Art. 14 Abs. 1 S. 2 GG einfachgesetzlich ausgestaltet werden.[54] Die Straßengesetze als Inhalts- und Schrankenbestimmungen des Eigentums müssen dann diesen zulassungsfreien Anliegergebrauch (bzw. gesteigerten Gemeingebrauch[55]) sicherstellen. Oft lauten die Vorschriften dahingehend, dass Eigentümer und Besitzer von Grundstücken diese über den Gemeingebrauch hi-

---

46 BVerwGE 35, 329; zu Recht ablehnend zum „Bierbike" OVG Münster NWVBl. 2012, 195: keine Ortsveränderung zum Personentransport bezweckt; so auch BVerwG NVwZ 2012, 1623, 1624 mit Anm. Lund; anders Kümper/Milstein GewArch 2012, 180; krit. auch Siegel NVwZ 2013, 479, 480, mit Vergleich zum „Party-Bus"; fallbezogen Meyer JA 2013, 137. Sondernutzung ebenfalls der Betrieb, nicht aber der Ortswechsel eines „Coffee-Bikes", so überzeugend VG Karlsruhe Urt. v. 20.2.2014 – 3 K 2095/13, Rn. 21 juris.
47 Eingehend dazu unter Betonung der Prüfung des jeweiligen Einzelfalls OVG Münster Beschl. v. 17.1.2020 – 11 B 1643/19, Rn. 8 ff juris; VGH München Beschl. v. 12.3.2020 – 8 ZB 19.78, Rn. 14 juris.
48 ZB Koschmieder/Huß DÖV 2020, 81, 84 f.; Linke NZV 2021, 347, 350 ff.; wohl in diese Richtung tendierend VG Berlin Urt. v. 1.8.2022 – 1 L 193/22, Rn. 19 ff. juris und einen Gemeingebrauch beim stationsungebundenen Carsharing bejahend.
49 OVG Münster NJW 2020, 3797, 3799.
50 Johannisbauer NJW 2019, 3614, 3616; dazu, dass die Gemeinden so die Verteilung steuern können, Roth NVwZ 2021, 258, 260.
51 Johannisbauer NJW 2019, 3614, 3616.
52 Dies wegen verfassungsrechtlicher Bedenken kritisierend Hellriegel/Heß NZV 2021, 557 ff.
53 Zu den Rechten des Straßenanlieger Art. 17 BayStrWG; § 15 StrG BW; § 14 Abs. 4, § 22 BbgStrG; § 10 Abs. 3 BerlStrG; §§ 4, 8 BremLStrG; § 22 HStrG; § 17 HmbWG; § 20 NdsStrG; § 14a StrWG NRW; § 39 LStrG RP; § 17 SaarlStrG; § 14 Abs. 4, § 22 StrG LSA; § 14 Abs. 4, § 22 ThürStrG.
54 BVerwG NVwZ 1999, 1341 f.; VGH München NVwZ-RR 2022, 15, 18 Rn. 49, 53; s. Mager/Sokol Jura 2012, 913, 919 und eingehend Axer DÖV 2014, 323.
55 Oder – bei Fernstraßen/Ortsdurchfahrten –: Anliegergemeingebrauch, BVerwG NVwZ 1990, 259.

naus nutzen dürfen, soweit dies für die Benutzung des Grundstücks erforderlich ist und der Gemeingebrauch nicht ausgeschlossen oder erheblich beeinträchtigt wird (§ 10 Abs. 3 BerlStrG; § 14 Abs. 4 BbgStrG; § 14a Abs. 1 StrG NRW).[56] Ansonsten wird der Anliegergebrauch im Wege historischer und teleologischer Auslegung als ungeschriebener Bestandteil jener Regelungen verstanden.[57] Zur dergestalt „angemessenen" Nutzung des Anliegergrundstücks zählen zB das Be- und Entladen vor einem Geschäft,[58] das vorübergehende Ablagern von Baumaterialien oder das vorübergehende Aufstellen von Mülltonnen für die Müllabfuhr.[59] Sie umschließt auch das Recht auf Zugänglichkeit des Grundstücks zum öffentlichen Straßennetz.[60] Liegt ein Grundstück in einer Fußgängerzone in einem städtischen Ballungsgebiet, lässt sich daraus für Anlieger als Privatpersonen nicht die Notwendigkeit einer uneingeschränkten Anfahrmöglichkeit bis „unmittelbar vor die eigene Haustür" entnehmen.[61] Aus dem Anliegergebrauch lässt sich kein Recht auf Fortbestand einer Straße oder deren bestmöglichen Zugang entnehmen, was einige Straßengesetze explizit so normieren.[62] Der Anliegergebrauch schützt nach hM nicht vor Einschränkungen und Erschwernissen der Zufahrtsmöglichkeiten infolge innerörtlicher Straßenausbaumaßnahmen.[63] Ihm unterfällt ebensowenig das Anbringen von Fremdreklame, das Aufstellen von Stühlen und Tischen vor einem Lokal[64] oder die Installation von Heizstrahlern an der Außenfassade einer Gaststätte, die in den öffentlichen Straßenraum hineinragen,[65] weil diese nicht mehr zur „üblichen" bzw. angemessenen Anliegernutzung gehören.

2. Weitere grundrechtsrelevante Abgrenzungen zwischen Gemeingebrauch und Sondernutzung

■ Ferner ist das **Verteilen politischer Flugblätter** im Straßenraum und das damit in Zusammenhang stehende Ansprechen von Passanten wegen der besonderen Be-

---

56 BVerwGE 30, 238.
57 BVerwG GewArch 1999, 374; VGH Mannheim VBlBW 2016, 382; zur Erreichbarkeit von Gewerbebetrieben in der Fußgängerzone Mager/Sokol Jura 2012, 913, 919.
58 Dazu, dass nur eine zumutbare Erreichbarkeit des Ladens, nicht aber die Anlieferung unmittelbar bis zum Laden umfasst ist, VGH München NVwZ-RR 2022, 15, 18 Rn. 50.
59 OVG Bautzen SächsVBl. 2013, 214, 217 f.: unabhängig von einer Pflicht zur Nutzung der Abfallbehälter; das dauerhafte Aufstellen von Mülltonnen fällt nicht unter den Anliegergebrauch VGH Kassel NVwZ-RR 2019, 306, 308; s.a. OVG Münster Beschl. v. 13.5.2022 – 11 A 17/22, Rn. 6 juris.
60 Ausreichend ist aber grds. eine einzige Straße als „Verkehrsmittler", VGH München BayVBl. 2010, 84; weitere Zufahrten für dasselbe Grundstück allenfalls nach Maßgabe der Erforderlichkeit anhand der Umstände des Einzelfalls, OVG Münster NVwZ 2014, 796, 798; OVG Schleswig Beschl. v. 27.10.2021 – 5 MB 35/21, Rn. 1 juris: keine Gewährleistung von Bequemlichkeit und Leichtigkeit des Zu- und Abgangs; s.a. OVG Bautzen Urt. v. 25.11.2021 – 2 L 80/19, Rn. 60 juris.
61 OVG Saarlouis LKRZ 2014, 297, 298; s.a. BVerwG GewArch 2018, 353, 356.
62 ZB Art. 17 Abs. 1 BayStrWG; § 15 Abs. 1 StrG BW; § 14 Abs. 5 BbgStrG; § 22 Abs. 1 HStrG; § 14a Abs. 2 StrG NRW; § 17 Abs. 1 SaarlStrG; vgl. Mager/Sokol Jura 2012, 913, 919. S.a. VG Dresden Beschl. v. 29.3.2019 – 12 L 218/19, Rn. 24 f. juris.
63 OVG Bautzen Beschl. v. 26.5.2020 – 4 B 169/19, Rn. 7 juris; OVG Greifswald NordÖR 2012, 42, 43; entsprechend bei Eingriffen in den Straßenkörper (Absenkung des Bordsteins/Verstärkung des Aufbaus der Gehwegplatten) zwecks Schaffung einer Zufahrt, OVG Münster NVwZ-RR 2014, 796, 799: erlaubnispflichtige Sondernutzung. Diesbzgl. zum enteignenden Eingriff vgl. § 39 Rn. 44.
64 Erlaubnispflichtige Sondernutzung; näher Hermanns apf 2008, 298; Seiler, § 1 Rn. 68. Dazu, dass das Aufstellen von Warenautomaten idR nicht vom Gemeingebrauch gedeckt ist, OVG Greifswald NVwZ-RR 2017, 977, 978.
65 Nach § 17 S. 1 iVm § 3 Abs. 1 HWG scheiterte dies allerdings schon daran, dass der Gaststättenbetreiber kein Eigentümer oÄ des Gebäudes war, vgl. VG Hamburg GewArch 2012, 455, 457: auch keine analoge Anwendung mangels planwidriger Regelungslücke.

deutung der Meinungsfreiheit (Art. 5 Abs. 1 GG) sowie der politischen Willensbildung und -betätigung durch das Volk (Art. 28 Abs. 1 S. 2, Art. 38 Abs. 1, Art. 21 GG) in verfassungskonformer Weise unter den Gemeingebrauch, etwa in Fußgängerzonen, zu fassen.[66] Insb. könne der den Gemeingebrauch kennzeichnende Verkehrszweck nicht auf Fortbewegung begrenzt werden, sondern umfasse gerade im innerörtlichen Bereich auch Kontaktaufnahmen und Kommunikation mit anderen Verkehrsteilnehmern.[67] Die Grenze zur Sondernutzung ist jedoch erreicht, wenn ein verkehrsmäßiges Verhalten objektiv nicht mehr vorliegt (bei gegenständlicher Inanspruchnahme der Straße wie beim Aufstellen von Infoständen oder Plakatständern). Bei der dann erforderlichen Sondernutzungserlaubnis kann sich aus verfassungsrechtlichen Gründen das Ermessen der Behörde reduzieren (wobei die Gemeinden berechtigt sind, die Zahl der Werbeplakate zu beschränken und gewisse Standorte etwa aus Gründen der Verkehrssicherheit auszunehmen).[68]

- Die vorgenannten Grundsätze gelten für unter den Schutz von Art. 4 GG fallende (vergleichbare) **religiöse** oder **weltanschauliche Betätigungen** im Straßenraum entsprechend.[69]

- Die Benutzung öffentlicher Straßen und Wege für **Versammlungen** unterfällt wegen ihrer grundrechtlichen Absicherung (Art. 8 GG) grds. dem erlaubnisfreien Gemeingebrauch.[70] Das gilt auch für die infrastrukturelle Einrichtung eines als Versammlung zu beurteilenden Protestcamps.[71] Weil die Regelungen in den Versammlungsgesetzen jedoch vorrangig sind, ist nach zutreffender Ansicht insoweit das Straßenrecht gar nicht mehr zu prüfen.[72]

- Demggü. wird **Straßenkunst** trotz vorbehaltloser Gewährleistung der Kunstfreiheit (Art. 5 Abs. 3 GG) vom BVerwG als Sondernutzung angesehen.[73] Die Begründung richtet sich darauf, dass die gegenständliche Inanspruchnahme, wie sie die meisten Kunstformen prägt (Bemalen der Straße, Aufstellen von Kunstgegenständen), nicht zum Zwecke des Verkehrs erfolgt und damit schon objektiv kein gemeingebräuchliches Verhalten darstellt.[74] IÜ sei das Verfahren zur Erteilung der Sondernutzungserlaubnis in besonderem Maße geeignet, die verschiedenen grundrechtlich geschützten Belange der Straßenbenutzer in Einklang zu bringen und entspreche deshalb dem Grundsatz der Verhältnismäßigkeit; das behördliche Ermessen bei

---

66 BVerfG NVwZ 1992, 53; OVG Münster NJW 2014, 2892; VGH München Beschl. v. 10.1.2020 – 10 B 19.2363, Rn. 26 juris; zur politischen Wahlwerbung im öffentlichen Straßenraum eingehend Hagmann DÖV 2006, 323.
67 Das gilt nach jüngerer Rspr. des BVerfG nicht nur bei öffentlichen Sachen im Gemeingebrauch, sondern auch bei allen der Öffentlichkeit allg. zugänglichen Orten, Schaefer Der Staat 51 (2012), 251, 269 f.: Staat als Akteur im „public forum"; vgl. BVerfGE 128, 226 ff. (Fraport); dazu § 29 Rn. 8.
68 OVG Greifswald NordÖR 2012, 34, 35; Seiler, § 3 Rn. 68.
69 BVerwG NJW 1997, 406, 407; zu kirchlichen Veranstaltungen nach neuerer Sicht aber noch nachfolgend im Text.
70 Zur Sondernutzung bei einer Fahrraddemonstration auf einer Autobahn OVG Lüneburg Beschl. v. 1.9.2021 – 11 ME 275/21, Rn. 12 ff. juris.
71 So BVerwG NVwZ 2022, 1197, 1199 ff.; aA VGH Kassel NVwZ-RR 2012, 805; VG Frankfurt aM NVwZ 2012, 806, 807; VG Berlin Urt. v. 11.3.2016 – 1 K 59.14, Rn. 21 f. juris.
72 Für eine Spezialität Axer in: Schoch, Besonderes Verwaltungsrecht, 2018, Kap. 6 Rn. 112; Dürig-Friedl in: dies./Enders, Versammlungsrecht, 2016, Einl. Rn. 70; Lembke in: Rider/Breitbach/Deisenroth, Versammlungsrecht, 2. Aufl. 2020, § 14 Rn. 70.
73 BVerwGE 84, 71, 75 f.; auch VGH Mannheim NVwZ-RR 2003, 240; eingehend zu den verschiedenen Ansichten Füßer SächsVBl. 2015, 153, 157 ff. Zur Sondernutzungserlaubnis bei Straßenkunst auch OVG Münster NJW 2018, 803, 804.
74 BVerwG DÖV 1981, 342; vorstehend im Text; s.a. VGH Mannheim NJW 2019, 2876, 2877.

der Bewilligung einer Sondernutzung kann sich indes wegen der Bedeutung des Art. 5 Abs. 3 GG auf die Erteilung der Sondernutzungserlaubnis reduzieren.[75] Weil es jedoch einzelne künstlerische Aktionen gibt, die sich durchaus noch unter den kommunikativen Verkehr fassen lassen und den Gemeingebrauch anderer nicht mehr als unerheblich beeinträchtigen, ist der Rspr. nur insoweit beizupflichten, als nach genauer Prüfung das Übersteigen der Grenzen des Gemeingebrauchs festgestellt wurde.[76] Entsprechende Grundsätze werden mit Blick auf **kirchliche Veranstaltungen** und damit hins. der Religionsfreiheit, Art. 4 Abs. 1 GG, herangezogen.[77]

- Bei der Beurteilung des **Bettelns** oder **Niederlassens zum Alkoholgenuss** ist einerseits zu berücksichtigen, dass sich die Zweckbestimmung öffentlicher Straßen und Plätze, v.a. im Innenstadtbereich, nicht auf verkehrsbezogene Zwecke ieS beschränkt, sondern auch eine kommunikative Seite (s.o.) mit der Möglichkeit zum Aufenthalt hat. Die Rspr. ordnet das stille Betteln und das (zeitweilige) Niederlassen zum Alkoholgenuss überwiegend dem Gemeingebrauch zu.[78] Auch der VGH München, der das Niederlassen zum Alkoholgenuss im öffentlichen Straßenraum grds. als Sondernutzung versteht,[79] hat klargestellt, dass ein zeitlich begrenzter Aufenthalt dafür nicht ausreicht, sondern ein „Bleiben und Verharren" vor Ort notwendig ist.[80] Letzteres wird bspw. von dem bei Jugendlichen verbreiteten „Vorglühen", nämlich dem Trinken alkoholischer Getränke auf dem Weg zur Gaststätte oder zur Diskothek, nicht erfüllt.[81] Das Nächtigen auf der Straße ist demggü. a priori eine Sondernutzung.[82]

▶ **ZU FALL 2:** Nach § 8 Abs. 1 S. 1 FStrG ist die Benutzung der Bundesfernstraße über den Gemeingebrauch hinaus eine Sondernutzung, welche nach Satz 2 der Erlaubnis bedarf. Zwar steht K mit ihrem Imbiss hinter dem Parkplatz, der Teil der Bundesautobahn ist. Ihre Kunden befinden sich jedoch beim Bestellen und Entgegennehmen der Speisen zu einem wesentlichen Teil im öffentlichen Straßenraum. MaW wird das Verkehrsgeschäft zu einem wesentlichen Teil über den öffentlichen Straßenraum abgewickelt. Da der Parkplatz aber nur für Verkehrszwecke gewidmet ist, wird seine Nutzung quasi als Verkaufsraum für gewerbliche Zwecke nicht mehr vom Widmungszweck gedeckt. Die Tätigkeit der K wird somit nicht mehr vom erlaubnisfreien Gemeingebrauch umfasst. Auch wenn § 8 Abs. 1 S. 2 FStrG nicht explizit als Kann-Norm ausgestaltet wurde, folgt aus seinem Sinn und Zweck, dass es sich hierbei um eine Ermessensvorschrift handelt. Stellt K einen entsprechenden Antrag, hat die zuständige Behörde ihr Ermessen unter Abwägung der Belange der verschiedenen Straßenbenutzer pflichtgemäß auszuüben (§ 40 VwVfG). Dieses Ermessen würde sie fehler-

---

75 BVerwGE 84, 71, 72; s.a. VGH Mannheim NJW 2019, 2876, 2877, wonach Tarotkartenlegen keine Kunst ist; allg. zur Ermessensreduzierung § 14 Rn. 48.
76 So auch Mager/Sokol Jura 2012, 913, 914; s.a. VGH Mannheim NJW 2019, 2876, 2877. Dazu, dass möglicherweise „Spontankunst" erlaubnisfrei sein könnte, OVG Münster NJW 2018, 803, 804.
77 Vgl. VGH München BayVBl. 2014, 342.
78 VGH Mannheim NVwZ 1999, 406. Das gilt grds. auch für das sog. Rucksacktrinken (Mitbringen hochprozentiger alkoholischer Getränke, um diese auf öffentlichen Festen zu konsumieren), vgl. näher Siegel NVwZ 2013, 479, 480. Anders bei Belästigungen von Passanten als Folge des Alkoholgenusses; diese Folgen müssen aber nachweisbar bzw. hinreichend bestimmt geregelt sein, VGH Mannheim VBlBW 2010, 33. Zu alledem differenzierend Winkelmüller/Misera LKV 2010, 259.
79 VGH München Beschl. v. 27.10.1982 – 8 N 82 A.277; skeptisch dazu Weißenberger BayVBl. 2014, 488, 491.
80 VGH München Beschl. v. 27.10.1982 – 8 N 82 A.277.
81 Weißenberger BayVBl. 2014, 488, 491; dort auch, aaO, 489 ff., zu anderen rechtlichen Optionen für die Bekämpfung öffentlichen Alkoholkonsums im öffentlichen Raum: gaststättenrechtliche, ladenschlussrechtliche, jugendschutzrechtliche und – neue – sicherheitsrechtliche Optionen, anhand der Rechtslage in Bayern.
82 Fahl DÖV 1996, 956, 957.

haft gebrauchen, wenn sie allein zum Schutz anderer Konkurrenzbetriebe an der Autobahn die Sondernutzungserlaubnis versagen würde. Für die Entscheidung über die Erteilung der Erlaubnis muss sich die Behörde von straßenrechtlichen, nicht jedoch Konkurrenzschutzerwägungen leiten lassen. Wird eine Straßenbenutzung ohne Sondernutzungserlaubnis ausgeübt, „kann" die Behörde nach § 8 Abs. 7a S. 1 FStrG die erforderlichen Maßnahmen zur Beendigung der Benutzung treffen.[83] ◄

---

[83] VG Gera Urt. v. 3.5.2016 – 3 K 649/14 Ge, Rn. 30 juris. Für ein intendiertes Ermessen OVG Bautzen Beschl. v. 22.8.2018 – 3 B 191/18, Rn. 12 juris.

§ 32 Öffentliche Sachen im Sondergebrauch

Gewässer sind nur in begrenztem Umfang vorhanden und nicht beliebig vermehrbar. Aus diesem Grund ist das Wasser eines fließenden oberirdischen Gewässers und das Grundwasser nicht eigentumsfähig (§ 4 Abs. 2 WHG). Das Grundeigentum berechtigt weder zu einer zulassungspflichtigen Gewässerbenutzung noch zum Ausbau eines Gewässers (§ 4 Abs. 3 WHG).[1] Da Gewässer einer öffentlichen Bewirtschaftung unterliegen, bedarf ihre Benutzung in der Regel einer besonderen Zulassung oder Genehmigung in Gestalt eines repressiven Verbots mit Befreiungsvorbehalt.[2] Dies gilt v.a. für solche Vorgänge, durch welche die verfügbare Wassermenge vermindert oder die vorhandene Wassergüte beeinträchtigt werden kann.[3] Zur Kennzeichnung des umgekehrten Regel-Ausnahme-Verhältnisses zwischen Gemeingebrauch und darüber hinausgehender Nutzung bei Gewässern bezeichnet man diese als öffentliche Sachen **im Sondergebrauch**.[4]

Mit **Sondergebrauch** ist insb. das Entnehmen und Ableiten von Wasser, das Aufstauen und Absenken von Gewässern sowie das Einleiten von Stoffen in Gewässer gemeint (§ 9 Abs. 1 WHG). Nach § 8 Abs. 1 WHG bedarf die Nutzung der Gewässer zu wasserwirtschaftlichen Zwecken grds. einer behördlichen Zulassung (Erlaubnis oder Bewilligung nach §§ 8 ff. WHG, wobei die Bewilligung dem Inhaber die stärkere Rechtsposition vermittelt[5]). Der Gemeingebrauch, bei dem es um die zulassungsfreie Inanspruchnahme öffentlicher Sachen geht, ist nur ausnahmsweise und mit Beschränkung auf einzelne untergeordnete wasserwirtschaftliche Nutzungsarten eröffnet; § 25 S. 1 WHG weist die Festlegung des Gemeingebrauchs für oberirdische Gewässer den Landesgesetzen zu.[6] So unterfallen ihm etwa nach § 21 LWaG M-V[7] Tätigkeiten wie Baden, Eissport, Viehtränken oder Befahren mit Fahrzeugen ohne Motorkraft. § 26 WHG regelt den Eigentümer- und Anliegergebrauch. Für sämtliche bedeutsame wasserwirtschaftliche Nutzungsarten bedarf es hingegen eines besonderen behördlichen Zulassungsaktes (deshalb: Sachen im Sondergebrauch).[8]

---

1 Mager/Sokol Jura 2012, 913, 920; Siegel Rn. 1087; s.a. Breuer/Gärditz, Wasserrecht, Rn. 284; Kment/Weber JA 2013, 119, 123. S. dazu auch BVerfG NVwZ 2021, 56, 57.
2 VG München Urt. v. 14.12.2021 – M 2 K 20.3647, Rn. 38 juris.
3 BVerfGE 15, 1, 15.
4 VG München Urt. v. 14.12.2021 – M 2 K 20.3647, Rn. 38 juris; s.a. VGH Mannheim Urt. v. 17.8.2021 – 2 S 2909/20, Rn. 61 juris.
5 Zwischen Erlaubnis und Bewilligung ist die gehobene Erlaubnis (§ 15 WHG) angesiedelt: Einerseits können, wie bei der Bewilligung, Dritte nicht die Einstellung der Wassergewinnung verlangen, andererseits ist sie wie eine einfache Erlaubnis und damit leichter als die Bewilligung seitens der Zulassungsbehörde widerrufbar, VG Wiesbaden ZfW 2014, 174, 175 f. S.a. Guckelberger VerwArch 101 (2010), 139 ff.
6 Dazu, dass die allg. Schifffahrt nicht zum wasserrechtlichen Gemeingebrauch gehört, BVerwG NVwZ 2019, 86, 88. Zur Frage des Gemeingebrauchs für gewerblich organisierte Floßfahrten Nisipeanu NuR 2020, 6 ff.
7 S.a. Art. 18 BayWaG; § 43 BbgWaG; § 20 WaG BW; § 9 HmbWaG; § 19 HessWG; § 32 NdsWG; § 19 LWG NRW; § 36 LWG RP; § 22 SaarlWG; § 29 WaG LSA; § 37 ThürWaG.
8 Näher zum Vorstehenden Schlacke, § 11 Rn. 39 ff.

§ 33 Öffentliche Sachen im Anstaltsgebrauch

▶ **FALL 3:** Die Stadt R veranstaltet jedes Jahr im Dezember einen Weihnachtsmarkt mit Buden, Karussells und Verkaufsständen, der auf einem in ihrem Zentrum gelegenen, dafür gewidmeten öffentlichen Parkplatz stattfindet. Mit dem Betrieb des Weihnachtsmarktes ist die Weihnachtsmarkt GmbH betraut, deren Anteile R zu 100 % hält. Der in R wohnende N möchte dort an einem Verkaufsstand von ihm selbst gefertigte Kunstgewerbeartikel verkaufen. Die Weihnachtsmarkt GmbH lehnt seine Anfrage, einen Verkaufsstand mieten zu dürfen, ab. Zur Begründung führt sie aus, dass sie die Anträge auf Zuteilung eines Verkaufsstandes in der Reihenfolge ihres Eingangs beschieden habe. Zum Zeitpunkt der Anfrage des N seien bereits sämtliche Stände an andere Bewerber vermietet gewesen. Könnte R durch ein Vorgehen gegen die Stadt R seine Rechtsstellung verbessern? ◀

1   Sachen im Anstaltsgebrauch[1] sind dadurch gekennzeichnet, dass sie der Öffentlichkeit oder bestimmten Kreisen von Personen nur nach besonderer Zulassung zur Verfügung stehen.[2] Im **durchgängigen Zulassungserfordernis** liegt der Unterschied zu den Sachen im Gemeingebrauch[3] und zu jenen im Sondergebrauch, bei denen nicht jede Inanspruchnahme einer Zulassung bedarf.[4]

Öffentliche Sachen im Anstaltsgebrauch können Anstalten des öffentlichen Rechts selbst sein,[5] ferner sonstige „öffentliche Einrichtungen",[6] insb. des kommunalen Bereichs.[7] Darunter fallen alle Verwaltungsressourcen (Personal- und Sachmittel), die für bestimmte öffentliche Zwecke gewidmet sind und deren Benutzung durch einen in der Zweckbestimmung festgelegten Personenkreis einer besonderen (auch stillschweigenden) Zulassung bedarf, wie Schwimmbäder, Museen, Theater oder Friedhöfe.[8]

---

1   S. etwa BVerwG Beschl. v. 16.12.2019 – 8 B 38/18, Rn. 9 juris; VGH Mannheim Urt. v. 17.8.2021 – 2 S 2909/20, Rn. 61 juris; Durner in: Kahl/Ludwigs, l, § 21 Rn. 57. Gegen diese begriffliche Qualifizierung Axer DÖV 2013, 165, 170, weil damit organisations- und nutzungsrechtliche Fragen vermischt würden (vgl. aber noch nachfolgend im Text): besser „Einrichtungsgebrauch".
2   Kment/Weber JA 2013, 119, 123; Siegel, Rn. 1092. Zum öffentlichen Anstaltsrecht eingehend Wolff/Bachof/Stober/Kluth, Bd. 2, § 86.
3   Siegel, Rn. 1092. Vgl. § 31 Rn. 1; gegen ein striktes Entweder-Oder-Verhältnis Schoch NVwZ 2016, 257, 258 f.
4   Siegel, Rn. 1092. Vgl. § 32 Rn. 1.
5   Anders Burgi, Kommunalrecht, § 16 Rn. 9, wonach „Anstalten" als Ausdruck des Verwaltungsorganisationsrechts (vgl. dazu § 6 Rn. 19 f.) nicht benutzt werden können, sondern nur ihrerseits öffentliche Einrichtungen betreiben (können), die dann benutzbar sind – so dass nicht von Sachen im Anstaltsgebrauch, sondern von solchen „im Einrichtungsgebrauch" die Rede sein sollte (auch in Fn. 1); dem widerspricht allerdings im Ansatz der nutzungsbezogene Leistungszweck der Anstalt(en), vgl. § 6 Rn. 19.
6   Zur Unterscheidung rechtsfähiger und nicht rechtsfähiger Anstalten vgl. § 6 Rn. 20.
7   Dazu näher Erbguth/Mann/Schubert, Rn. 237 ff.; Schoch NVwZ 2016, 257, 259 ff.; s.a. Haurand DVP 2017, 381 ff.; Helbich JuS 2017, 507 ff.
8   Wohl auch Siegel, Rn. 1092; insoweit krit. Ehlers NWVBl. 1993, 327, 330, der eine besondere Verlautbarung in Form einer öffentlichen Bekanntgabe unter Hinweis auf das sachenrechtliche Publizitätsgebot für notwendig hält. Eingehend zum Begriff der öffentlichen Einrichtung Becker/Meyer Jura 2021, 1450, 1451 ff. Grds. gegen die widmungsbedingte Überlagerung des Privateigentums bei Sachen im Anstaltsgebrauch Stelkens Verw 46 (2013), 493, 529 f.; bereits § 30 Rn. 9.

§ 33 Öffentliche Sachen im Anstaltsgebrauch

I. Sachenrechtliche Widmung

Ohne abweichende Regelung kann die **Widmung** in unterschiedlichen Formen, etwa durch Satzung, Verwaltungsakt oder konkludent[9] erfolgen;[10] durch sie wird die öffentlich-rechtliche Sachherrschaft begründet[11] sowie der Einrichtungszweck bzw. der Umfang der Nutzung festgelegt.[12] Die Widmung muss sich innerhalb der Vorgaben des Verfassungsrechts bewegen. Daher würde eine Beschränkung des Widmungsumfangs einer kommunalen öffentlichen Einrichtung, die deren Nutzung allein aufgrund der Befassung mit einem bestimmten Thema, etwa der BDS-Kampagne ausschließt, aufgrund der fehlenden Meinungsneutralität gegen das Grundrecht der Meinungsfreiheit (Art. 5 Abs. 1 S. 1 Alt. 1 GG) verstoßen.[13] Schließlich muss die Einrichtung entsprechend ihrem Widmungszweck tatsächlich in Dienst gestellt werden.[14]

II. Nutzung von Sachen im Anstaltsgebrauch

Was die Art der Nutzung öffentlicher Sachen im Anstaltsgebrauch anbelangt, ist die ordentliche Benutzung von der Sonderbenutzung zu unterscheiden.

- Eine **ordentliche Benutzung** liegt vor, wenn sich die Nutzung der Sache nach Art, Umfang und Benutzerkreis im Rahmen der durch die Widmung festgelegten Zweckbestimmung hält.[15] Das gilt bei Friedhöfen etwa für die Grabpflege und das Gedenken an die dort Beerdigten.[16]

  Die nähere Zweckbestimmung ergibt sich regelmäßig aus der Benutzungsordnung, sofern die Benutzung öffentlich-rechtlich geregelt ist.[17] Im Fall kommunaler Einrichtungen erfolgt dies meistens im Satzungswege auf der Grundlage des Kommunalrechts, letztlich auf derjenigen des kommunalen Selbstverwaltungsrechts (Art. 28 Abs. 2 S. 1 GG).[18] Die Rspr. lehnt zu Recht umfassende Nutzungsregelungen durch (kommunale) Polizeiverordnungen ab, weil diese nur zum Zweck der Abwehr von Gefahren, hier im Zusammenhang mit der Nutzung von öffentlichen Einrichtungen, nach dem Polizei- und Ordnungsrecht der Länder erlassen werden dürfen.[19] Bei staatlichen Anstalten oder Einrichtungen beruht der Erlass von Benutzungsordnungen, sofern es keine hierauf gerichtete ausdrückliche Ermächtigung gibt, auf deren Organisationsgewalt (dazu § 6 Rn. 1).

- **Sonderbenutzung** ist jede Inanspruchnahme von Einrichtungsgegenständen, die über die Widmung hinausgeht.[20] Dies ist zunächst der Fall, wenn sich die Art der

---

9 OVG Lüneburg Beschl. v. 27.5.2022 – 10 ME 71/22, Rn. 14 juris; VGH Mannheim Urt. v. 17.8.2021 – 2 S 2909/20, Rn. 61 juris; VGH München BayVBl. 2019, 50, 51. S.a. Becker/Meyer Jura 2021, 1450, 1452 f. Zur Änderung einer konkludenten Widmung durch eine nachfolgend abweichende Vergabepraxis instruktiv VGH München NVwZ-RR 2014, 110, 111. Allg. § 30 Rn. 13.
10 Schoch NVwZ 2016, 257, 260; anhand von Friedhöfen Axer DÖV 2013, 165, 168 f.
11 Erbguth/Mann/Schubert, Rn. 238; krit. Papier, S. 12 ff., der in der Widmung eine unzulässige Fiktion erblickt; gegen die Annahme einer Begründung von öffentlich-rechtlicher Sachherrschaft bei Friedhöfen Axer DÖV 2013, 165, 166 ff.: keine gesetzliche Regelung vorhanden; dazu bereits § 30 Rn. 6.
12 VGH München BayVBl. 2019, 50, 51; BGH NJW 2019, 757, 762.
13 BVerwG Urt. v. 20.1.2022 – 8 C 35/20, Rn. 16 ff. juris.
14 VGH Mannheim Urt. v. 17.8.2021 – 2 S 2909/20, Rn. 61 juris.
15 S.a. Siegel, Rn. 1094.
16 Axer DÖV 2013, 165, 171.
17 Zum diesbzgl. Wahlrecht § 5 Rn. 14, § 29 Rn. 3, 8. S.a. OVG Lüneburg Beschl. v. 27.5.2022 – 10 ME 71/22, Rn. 14 juris.
18 Dazu, dass die Widmung aber auch durch Allgemeinverfügung oder konkludent erfolgen kann, VGH München BayVBl. 2019, 50, 51.
19 VGH Mannheim NVwZ-RR 2012, 939; Waldhoff JuS 2013, 287; anders Berger NVwZ 2013, 1593, 1594 ff.
20 Papier/Durner in: Ehlers/Pünder, § 39 Rn. 41 ff.; Siegel, Rn. 1096; zu den Grenzen der Benutzung öffentlicher Einrichtungen auch VG Gießen DVBl. 2013, 800.

Nutzung außerhalb der öffentlichen Zweckbestimmung bewegt, zB Filmaufnahmen in einem Schwimmbad oder Theateraufführungen auf einem Friedhof.[21] Sich innerhalb der Zweckbestimmung haltende Gebrauchsformen stellen aber ebenfalls Sonderbenutzungen dar, wenn der Nutzungsinteressierte nicht zum vorgesehenen Benutzerkreis gehört – etwa für den Fall, dass eine Gemeinde die Zweckbestimmung ihrer Turnhalle auf die Benutzung durch örtliche Vereine zur sportlichen Betätigung beschränkt hat und ein Verein des Nachbarorts in der Turnhalle seine Vereinsmeisterschaften austragen möchte.[22] Eine Sonderbenutzung ist ferner anzunehmen, wenn die Einrichtung gesteigert in Anspruch genommen und/oder die Gemeinnutzung anderer beeinträchtigt wird, bspw. wenn ein örtlicher Turnverein in der Turnhalle während einer vollen Woche regionale Meisterschaften in verschiedenen Disziplinen austragen möchte.[23]

4 Über die Zulassung beiderlei Nutzungsarten entscheidet die zuständige Behörde nach folgenden Maßgaben:[24]

- Bei einer ordentlichen, sich im Rahmen der Widmung bewegenden Benutzung öffentlicher Sachen im Anstaltsgebrauch hängt es von den einschlägigen Regelungen ab, ob der Benutzer einen Anspruch auf Zulassung (bei gebundener Ausgestaltung) oder nur auf ermessensfehlerfreie Entscheidung (bei Ermessensnorm) hat.[25] Nach den kommunalrechtlichen Bestimmungen steht den Einwohnern und den ihnen gleichgestellten Personen (zB Gewerbetreibende und juristische Personen) auf die Benutzung öffentlicher Einrichtungen ein subjektives Recht auf Zulassung zu (zB § 14 Abs. 2 KV M-V, § 19 Abs. 1 Hs. 1, Abs. 3 SaarlKSVG).[26] Es handelt sich dabei um eine **gebundene** Entscheidung.[27] Das gilt allerdings nur, soweit die Kapazität der öffentlichen Einrichtung reicht. Ist diese überschritten, wandelt sich der Anspruch in einen solchen auf ermessensfehlerfreie Entscheidung um (vgl. nachfolgend zu Fall 3).

- Auf die Zulassung einer **Sonderbenutzung** besteht grds. **kein Anspruch**, teilweise wird auch ein solcher auf fehlerfreie Betätigung des Ermessens verneint.[28] Jedoch kann die zuständige Stelle aufgrund ihrer Bindung an den **allgemeinen Gleichheitsgrundsatz** (Art. 1 Abs. 3 iVm Art. 3 Abs. 1 GG) und der Verwaltungspraxis iVm den jew. Freiheitsgrundrechten zur Zulassung verpflichtet sein (derivativer Teilhabeanspruch).[29] Wie das BVerfG nunmehr klargestellt hat, darf eine Gemeinde ihre Einwohner im Vergleich zu Nichteinwohnern beim Zugang zu einer öffentlichen Einrichtung durchaus bevorzugen, sofern sich diese Ungleichbehandlung durch

---

21 Axer DÖV 2013, 165, 171.
22 Hendler, Rn. 643. S. zu den gebietsfremden Personen auch Becker/Meyer Jura 2021, 1450, 1455 f.
23 Beispiel bei Hendler, Rn. 643; vgl. auch Papier, S. 33.
24 Vgl. anhand von Friedhöfen Axer DÖV 2013, 165, 171.
25 Vgl. hierzu OVG Berlin NVwZ-RR 2014, 948, 949; auch OVG Greifswald NVwZ 2001, 446, 447.
26 Auch Art. 21 Abs. 1 S. 1, 3 GO Bay; § 10 Abs. 2, 3 GemO BW; § 20 Abs. 1 Hs. 1, Abs. 2 HessGO; § 30 Abs. 1 Hs 1, Abs. 2 S. 1 NdsKomVG; § 8 Abs. 2 Hs. 2, Abs. 3 Hs. 1 GO NRW; § 14 Abs. 2 Hs. 1, Abs. 3 GO RP; § 24 Abs. 1 Hs. 1, Abs. 2 S. 1 KVG LSA; § 10 Abs. 2 Hs. 1, Abs. 3 Hs. 1 SächsGemO; § 18 Abs. 1 S. 1, Abs. 2 S. 1 GO SH; § 14 Abs. 1 Hs 1 Abs. 2 ThürKO; umfassend dagegen Brandenburg, wonach sich der Anspruch auf jedermann bezieht; s.a. BVerwG Urt. v. 20.1.2022 – 8 C 35/20, Rn. 14 juris.
27 Zum Zugang zu öffentlichen Einrichtungen auch § 29 Rn. 8; zum Anspruch einer Partei vgl. fallbezogen Bader Jura 2009, 940.
28 BVerwGE 39, 235; Siegel, Rn. 1096; zur Ermessensbetätigung bei der Entscheidung über Sonderbenutzungen von Friedhöfen Axer DÖV 2013, 165, 171.
29 Becker/Meyer Jura 2021, 1450, 1453.

mit dem Wohnort untrennbar zusammenhängende Gründe sachlich rechtfertigen lässt: „Verfolgt eine Gemeinde durch die Privilegierung Einheimischer das Ziel, knappe Ressourcen auf den eigenen Aufgabenbereich (Art. 28 Abs. 2 S. 1 GG) zu beschränken, Gemeindeangehörigen einen Ausgleich für besondere Belastungen zu gewähren oder Auswärtige für einen erhöhten Aufwand in Anspruch zu nehmen, oder sollen die kulturellen und sozialen Belange der örtlichen Gemeinschaft dadurch gefördert und der kommunale Zusammenhalt dadurch gestärkt werden, dass Einheimischen besondere Vorteile gewährt werden, kann dies daher mit Art. 3 Abs. 1 GG vereinbar sein."[30] Ist jedoch das Vermarktungskonzept der jew. Einrichtung, zB eines Spaßbades, auf Überregionalität angelegt, um auswärtige Besucher anzuziehen, und verfolgt die Gemeinde ein Benutzungskonzept ohne besonderen Bezug zur örtlichen Gemeinschaft, müssen die Nichteinwohner aufgrund Art. 3 Abs. 1 GG nach denselben Maßstäben wie die Gemeindeeinwohner Zugang zum Bad erhalten. Denn für sich allein genommen bildet der Wohnsitz keinen sachlich legitimierten Grund für die Bevorzugung bestimmter Personen.[31]

▶ **Zu Fall 3:** Nach der Fallfrage ist allein zu beantworten, welche Möglichkeiten dem N in Bezug auf die Stadt R, nicht jedoch ggü. der privatrechtlich betriebenen Weihnachtsmarkt GmbH zustehen. In Betracht kommt ein Anspruch gegen die Stadt R auf Verschaffung des Zugangs[32] zum Weihnachtsmarkt, zB gem. § 14 Abs. 2 KV M-V[33] oder § 19 Abs. 1 SaarlKSVG, wonach die Einwohner der Gemeinde im Rahmen der bestehenden Vorschriften berechtigt sind, die öffentlichen Einrichtungen der Gemeinde zu benutzen. Wird eine öffentliche Einrichtung von einer Gemeinde in privatrechtlicher Form betrieben, folgt aus dieser Norm die Pflicht der Gemeinde, auf ihre Eigengesellschaft einzuwirken, damit sie dem Antragsteller den Zugang zur öffentlichen Einrichtung gewährt.[34]
N wohnt in der Gemeinde und ist somit als Gemeindeeinwohner anspruchsberechtigt. Eine „öffentliche Einrichtung" wird von einer Gemeinde im öffentlichen Interesse unterhalten und durch einen öffentlichen Widmungsakt für die Benutzung durch die Gemeindeangehörigen zur Verfügung gestellt. Eine öffentliche Einrichtung ist auch dann anzunehmen, wenn die Kommune diese verselbstständigt durch eine juristische Person des Privatrechts betreibt, sofern die Gemeinde dazu in der Lage ist, die Zweckbindung der Einrichtung durch Ausübung von Mitwirkungs- und Weisungsrechten durchzusetzen.[35] Weil es der Stadt R aufgrund der Formenwahlfreiheit unbenommen ist, die öffentliche Einrichtung durch eine gemeindeeigene Kapitalgesellschaft zu betreiben, und sie alle Anteile der GmbH hält, handelt es sich bei dem Weihnachtsmarkt um eine öffentliche Einrichtung, mit der die Stadt Aufgaben der Daseinsvorsorge erfüllt.[36] Der Parkplatz ist entsprechend gewidmet und wird allen Interessenten nach Zulassung zur Verfügung gestellt.
Der diesbzgl. Anspruch besteht allerdings nur im Rahmen der Widmung und vorhandener Kapazitäten. Der Weihnachtsmarkt ist zwar dem Betrieb von Verkaufsständen und Karussells gewidmet. Hier sind jedoch die vorhandenen Kapazitäten begrenzt. Bei einem

---

30 BVerfG NJW 2016, 3153, 3155.
31 BVerfG NJW 2016, 3153, 3155 f.
32 Vgl. zu dieser Problematik näher § 29 Rn. 8 mwN, S.a. BVerwG Urt. v. 20.1.2022 – 8 C 35/20, Rn. 14 juris.
33 Dieser wäre im Wege der allgemeinen Leistungsklage (dazu allg. § 23 Rn. 8 ff.) durchzusetzen, VGH Mannheim BWGZ 2003, 804, 805.
34 BVerwG NVwZ 1991, 59; VGH München BayVBl. 2019, 50, 51 f.; Papier/Durner in: Ehlers/Pünder, § 39 Rn. 36.
35 OVG Lüneburg Beschl. v. 27.5.2022 – 10 ME 71/22, Rn. 15 juris; s.a. Becker/Meyer Jura 2021, 1450, 1452.
36 Zu den unterschiedlichen Formen, in denen traditionelle Märkte durch Kommunen durchgeführt werden können (nach Straßen-, Gewerbe- oder Kommunalrecht) und zur Überlagerung des Kommunalrechts durch das Gewerberecht Kniesel GewArch 2013, 270, 271 ff., 276.

Nachfrageüberhang haben auch Einwohner wie N keinen Anspruch auf Erweiterung der Kapazität, um ihnen den Zugang zur öffentlichen Einrichtung zu ermöglichen.

Wenn nicht allen Bewerbern Zugang gewährt werden kann, hat die Kommune die knappen Kapazitäten ihrer Einrichtung ermessensfehlerfrei unter Beachtung des allgemeinen Gleichheitssatzes (Art. 3 Abs. 1 GG) zu verteilen.[37] Insoweit müssen sowohl die herangezogenen Kriterien als auch die Modalitäten des konkreten Auswahlvorgangs transparent und nachvollziehbar sein.[38] Allein hierauf bezieht – und reduziert – sich damit der Zulassungsanspruch des N (zu Fragen des einstweiligen Rechtsschutzes insoweit § 21 Rn. 29 ff., § 23 Rn. 24 ff.; zur diesbzgl. Konkurrentenklage § 20 Rn. 19). Bei der Auswahl können insoweit formelle Kriterien wie Priorität, Rotation oder Losverfahren oder materielle Kriterien wie Wirtschaftlichkeit/Attraktivität des Bewerbers, das Prinzip „bekannt und bewährt" (allerdings nur bei Gewährleistung einer Zugangsmöglichkeit neuer Bewerber) herangezogen werden.[39] Zur Begründung ihrer Entscheidung hat sich die Stadt, der das Verhalten „ihrer" GmbH zuzurechnen ist (dazu § 29 Rn. 8), darauf berufen, dass sie Verkaufsstände auf dem Weihnachtsmarkt nach Maßgabe zeitlicher Priorität der Anträge vergeben habe und N zu spät gekommen sei. Diese Vorgehensweise der Behörde dürfte bei kurzzeitiger Vermietung von Verkaufsständen (noch) sachgerecht sein und mit Art. 3 Abs. 1 GG in Einklang stehen.[40] Folgt man dem, hat N keinen Anspruch auf Zuteilung eines Standplatzes auf dem Weihnachtsmarkt. ◂

---

37 Becker/Meyer Jura 2021, 1450, 1458.
38 VGH München GewArch 2013, 445, 447 mwN; Becker/Meyer Jura 2021, 1450, 1458; Spitzlei JA 2020, 372, 373.
39 Vgl. die Falllösung bei Pinski DVP 2002, 513; näher zur Bandbreite der Kriterien und zu ihrer Zulässigkeit Becker/Meyer Jura 2021, 1450, 1458 f.; Spitzlei JA 2020, 372, 373 ff. Windoffer GewArch 2013, 265, 266 ff.
40 Zur Möglichkeit des Abstellens auf die Priorität VG München Beschl. v. 17.3.2021 – M 7 E 21.1055, Rn. 21 juris.

§ 34 Öffentliche Sachen im Verwaltungsgebrauch

Sachen **im Verwaltungsgebrauch** dienen der öffentlichen Verwaltung unmittelbar zur Erfüllung der Aufgaben und werden von ihren Bediensteten selbst benutzt (Verwaltungsgebäude, Rathaus, Büroeinrichtungen, IT-Systeme, Dienstwagen).[1] Ihre Zweckbestimmung (Widmung) richtet sich mithin ausschließlich auf verwaltungs**interne** Nutzungen; Privaten kommen keine sachenrechtlichen Gebrauchsrechte an Sachen im Verwaltungsgebrauch zu.[2] Zwar stehen Verwaltungsgebäude idR dem Publikumsverkehr offen und können von Zivilpersonen genutzt werden. Das beruht indes nicht auf originären Nutzungsrechten oder Zutrittsansprüchen der Bürger. Zugang wird vielmehr nur zur Erledigung von Verwaltungsangelegenheiten gewährt. Das Zutrittsrecht ist ein abgeleiteter (derivativer) Anspruch, ein Annex zum Recht, Verwaltungsangelegenheiten zu verfolgen und zu erledigen.[3]

Andere meinen, ein solches – subjektiv-öffentliches – (Be-)Nutzungsrecht folge aus Art. 3 Abs. 1 GG iVm den Grundsätzen der verwaltungsbehördlichen Selbstbindung.[4]

Betritt zB eine Studentin das universitäre Verwaltungsgebäude, um sich für das kommende Semester einzuschreiben, besitzt sie ein solches vermitteltes Recht. Für einen Obdachlosen, der sich im Verwaltungsgebäude aufwärmen will, gilt das nicht.

Nach allg. Auffassung darf der Hoheitsträger, dem bestimmte Aufgaben zugewiesen werden, zur Wahrung der Zweckbestimmung der im Verwaltungsgebrauch stehenden Gebäude und Räume sowie Gewährleistung des ungestörten Dienstbetriebs Personen vom Betreten ausschließen oder ihren Aufenthalt reglementieren.[5] Wird in diesem Zusammenhang ein **Hausverbot** ausgesprochen, stellt sich die Frage nach dessen Rechtsnatur.[6] In öffentlich-rechtlicher Form handelte es sich um die hoheitliche Regelung eines Einzelfalls mit Außenwirkung und wäre daher als Verwaltungsakt zu qualifizieren. Aus der kraft öffentlichen Rechts bestehenden Aufgabenwahrnehmung einer jeden Behörde folgt zugleich die Befugnis, für einen störungsfreien Dienstbetrieb innerhalb ihres räumlichen Verwaltungsbereichs zu sorgen. Das Hausrecht ist als „Annex zur Sachkompetenz"[7] daher öffentlich-rechtlich.

---

1 Papier/Durner in: Ehlers/Pünder, § 39 Rn. 48; Wolff/Bachof/Stober/Kluth, Bd. 2, § 74 Rn. 11.
2 Battis, S. 274. S.a. Papier/Durner in: Ehlers/Pünder, § 39 Rn. 49.
3 Papier, S. 34; Siegel, Rn. 1098.
4 Stelkens Verw 46 (2013), 393, 515; anders mit guten Gründen Brüning DÖV 2003, 389, 396 ff. Zur Selbstbindung der Verwaltung anhand von Verwaltungsvorschriften vgl. § 27 Rn. 7.
5 Etwa VerfGH Stuttgart Urt. v. 4.4.2022 – 1 GR 69/21, Rn. 108 juris.
6 Ausführlich zur Zuordnung eines ausgesprochenen Hausverbotes zum öffentlichen oder privaten Recht Ipsen/Koch JuS 1992, 808, insb. 813 ff.
7 Näher zum Hausverbot § 5 Rn. 20; Maurer/Waldhoff, § 3 Rn. 35.

§ 35 Wiederholungs- und Verständnisfragen

> Wie gestaltet sich das Verhältnis zwischen privatem und öffentlichem Recht bei öffentlichen Sachen? (→ § 30 Rn. 1, 5 ff.)
> Durch welchen Rechtsakt entstehen öffentliche Sachen und in welchen Formen kann dieser erfolgen? (→ § 30 Rn. 9, 11 f.)
> Wie ist der straßenrechtliche Gemeingebrauch zu definieren? (→ § 31 Rn. 2 f.)
> Welche Arten der Sondernutzung können unterschieden werden? (→ § 31 Rn. 5 f.)
> Was sind öffentliche Sachen im Sondergebrauch? (§ 32)
> Worin unterscheiden sich öffentliche Sachen im Anstaltsgebrauch von solchen im Gemein- und Sondergebrauch? (→ § 33 Rn. 1)
> Was ist bei öffentlichen Sachen im Anstaltsgebrauch unter ordentlicher Benutzung und Sonderbenutzung zu verstehen? (→ § 33 Rn. 3)
> Wie werden öffentliche Sachen im Verwaltungsgebrauch definiert? (→ § 34 Rn. 1)

Teil 6
Haftung für Verwaltungshandeln

§ 36 Einführung in das Staatshaftungsrecht

Das **Staatshaftungsrecht** befasst sich vornehmlich damit, welche Wiederherstellungs- oder Ausgleichsansprüche einem Bürger zustehen, wenn er durch rechtswidriges Verhalten oder zumindest durch die Folgen des Verhaltens eines Trägers öffentlicher Gewalt geschädigt wurde.[1] Es betrifft den **Sekundärrechtsschutz**, der den Bürgern offensteht, wenn der primäre Rechtsschutz versagt oder nicht ausreicht. Während der Primärrechtsschutz[2] auf die Abwehr rechtswidrigen Verwaltungshandelns gerichtet ist, betrifft der Sekundärrechtsschutz den Ausgleich der Schäden, die durch Verwaltungshandeln entstehen.[3]

Das Staatshaftungsrecht erweist sich als eine **Ausprägung des Legalitätsprinzips** (Art. 20 Abs. 3 GG). Erst neuerdings wurde in einem als „kopernikanischer Wendepunkt"[4] bezeichneten Kammerbeschluss des BVerfG judiziert, dass es ferner eine Ausprägung des Schutzes der **Grundrechte** darstellt, denn die staatshaftungsrechtlichen Sekundäransprüche wirken unverhältnismäßigen Verkürzungen des Grundrechtsschutzes und der Sanktionslosigkeit von Grundrechtsverletzungen entgegen.[5] Darüber hinaus entspricht eine solche verfassungsrechtliche Rückbindung der staatlichen Unrechtshaftung den **allgemeinen Rechtsgrundsätzen im europäischen Rechtsraum** sowie dem in Art. 41 EMRK sichtbar werdenden Grundgedanken, dass bei Verletzung eines Konventionsrechts eine Entschädigung zu gewähren ist, wenn dies notwendig ist.[6] In den Worten des BVerfG darf der Gesetzgeber zwar Voraussetzungen und Umfang von Amtshaftungs- und Entschädigungsansprüchen etwa durch die Normierung von Subsidiaritätserfordernissen oder Privilegieren ausgestalten.[7] „Über die Existenz von Amtshaftungs- und Entschädigungsansprüchen bei Grundrechtsverletzungen verfügen kann er jedoch nicht."[8] Da es dem deutschen Gesetzgeber bislang nicht gelungen ist,

---

1 Darstellung aus Studierendenperspektive bei Kratzlmeier Jura 2018, 1239 ff.; Lege JA 2016, 81 ff.; Michl/Joseph Ad Legendum 2019, 101 ff.; Sauer JuS 2012, 695 ff., 800 ff.; krit. ggü. dem Begriff des Staatshaftungsrechts Sauer, Reaktionsrecht, S. 15 f. Zur Präventionswirkung des Staatshaftungsrechts, bei welcher der Blick vom Geschädigten zum Verhalten des potenziellen Schädigers gewendet und danach gefragt wird, inwieweit dadurch die staatlichen Stellen zu rechtmäßigem Verhalten veranlasst werden, Ellerbrok Die Verw 54 (2021), 189 ff.
2 BVerfG NVwZ 2021, 398, 401 Rn. 29. Zum verwaltungsgerichtlichen Primärrechtsschutz § 10 Rn. 9 ff., § 20, § 21, § 23 Rn. 8 ff., § 28.
3 BVerfG NVwZ 2021, 398, 401 Rn. 29. Näher zum Primär- und Sekundärrechtsschutz die Berichte von Höfling, Streinz, Epiney und Erbguth VVDStRL 61 (2002), 260, 300, 362, 221; eingehend insoweit auch Ruffert in: Erbguth/Masing/Nowacki, Kontrolle des Verwaltungshandelns, 2010, S. 105; zur Diskussion um den dogmatischen Stellenwert des Sekundärrechtsschutzes Kümper, Risikoverteilung im Staatshaftungsrecht am Beispiel amtshaftungsrechtlicher Gefahrvermeidungspflichten bei fehlerhafter Planung, Genehmigung und Aufsicht, 2011, S. 165 ff.
4 Grzeszick JZ 2021, 146, 147.
5 BVerfG NVwZ 2021, 398, 400 Rn. 24 f.; s.a. BVerfG Beschl. v. 30.6.2022 – 2 BvR 737/20, Rn. 85 f. juris; krit. wegen der dogmatischen Probleme der Umwandlung eines Unterlassungs- in einen Beseitigungs- und dann Kompensationsanspruch Sauer DÖV 2021, 483, 486 ff.
6 BVerfG NVwZ 2021, 398, 400 Rn. 26 f.
7 BVerfG NVwZ 2021, 398, 401 Rn. 30.
8 BVerfG NVwZ 2021, 398, 401 Rn. 30; s.a. BVerfG Beschl. v. 30.6.2022 – 2 BvR 737/20, Rn. 85 ff. juris.

ein modernes Staatshaftungsgesetz zu erlassen, müssen insb. die Fachgerichte diesen verfassungsrechtlichen Vorgaben bei der Rechtsauslegung und -anwendung Rechnung tragen.[9] Nach einer Entscheidung des BVerfG v. 30.6.2022 lassen sich aus der grundgesetzlichen Gewährleistung von Kompensationsansprüchen aber **keine verfassungsunmittelbaren Sekundäransprüche** ableiten, sondern deren Ausgestaltung und Konkretisierung obliegt dem Gesetzgeber. Diesem kommt jedoch bei der Abwägung zwischen dem Ausgleichsinteresse und anderen Verfassungsbelangen, wie der Rechtssicherheit und dem Rechtsfrieden, dem wirksamen Grundrechtsschutz Dritter sowie der Funktionsfähigkeit staatlicher Einrichtungen ein Einschätzungs-, Wertungs- und Gestaltungsspielraum zu. Da der Gesetzgeber nach dem Verfassungsrecht nicht zur rückwirkenden Beseitigung sämtlicher Folgen verfassungswidriger Eingriffe verpflichtet sei, hielt das BVerfG diesen nicht zur Normierung eines Zinsanspruchs aufgrund der Nichtigerklärung des KernbrStG für verpflichtet.[10] Diese Einschränkungsmöglichkeiten des Sekundärrechtsschutzes erlangen ua bei der Haftung für legislatives Unrecht Relevanz.

Bis dato bildet das Staatshaftungsrecht in Deutschland **kein in sich geschlossenes System**; es entstammt historisch unterschiedlichen Quellen und verfügt über variierende Haftungsinstitute.[11] Sie sind nur zum geringen Teil gesetzlich geregelt. Überwiegend besteht es aus gewohnheitsrechtlich anerkannten oder richterrechtlich geprägten Grundsätzen.[12] Das Staatshaftungsrecht ist ein wichtiges und auch praxisrelevantes Themengebiet mit einem hohen verfassungsrechtlichen Bezug. Außerdem lässt sich an ihm das Verhältnis zwischen primärem und sekundärem Rechtsschutz gut aufzeigen.[13]

2   Um das Staatshaftungsrecht zu vereinheitlichen, ist 1981 ein Staatshaftungsgesetz des Bundes[14] erlassen worden. Das Gesetz wurde jedoch 1982 vom BVerfG mangels diesbzgl. Gesetzgebungskompetenz des Bundes für verfassungswidrig erklärt.[15] Mit Art. 74 Abs. 1 Nr. 25 GG ist die Staatshaftung dann durch die Grundgesetzänderung von 1994 Gegenstand der konkurrierenden Gesetzgebung des Bundes geworden.[16] Allerdings wurde von dieser Gesetzgebungskompetenz angesichts der Zustimmungspflicht des Bundesrates nach Art. 74 Abs. 2 GG sowie den Anforderungen des Art. 72 Abs. 2 GG bislang kein Gebrauch gemacht.

3   Unter dem Begriff des Staatshaftungsrechts werden im Wesentlichen folgende Bereiche zusammengefasst:[17]

---

9   BVerfG NVwZ 2021, 398, 401 Rn. 30.
10 s.a. BVerfG Beschl. v. 30.6.2022 – 2 BvR 737/20, Rn. 85 ff. juris.
11 Sauer DÖV 2021, 483, 485 f. In Anbetracht dessen findet verbreitet auch die Bezeichnung „Recht der öffentlichen Ersatzleistungen" Verwendung, etwa Siegel, Rn. 892; Wallerath, § 16; Maurer/Waldhoff, § 25 Rn. 1 verwenden nunmehr die Bezeichnung „Recht der staatlichen Einstandspflichten"; Höfling in: Hoffmann-Riem/Schmidt-Aßmann/Voßkuhle, Bd. 3, § 51 spricht von „staatliche[n] Einstandspflichten". Rechtsvergleichend insoweit Dörr, Staatshaftung in Europa. Nationales und Unionsrecht, 2014.
12 Zur Vereinheitlichung des Staatshaftungsrechts anhand des Unionsrechts (vgl. § 38) und ökonomischer Effizienzerwägungen Hartmann, Öffentliches Haftungsrecht. Ökonomisierung – Europäisierung – Dogmatisierung, 2013.
13 Bericht des Ausschusses der Konferenz der JustizministerInnen zur Koordinierung der Juristenausbildung, Herbst 2016, S. 47 f.
14 BGBl. 1981 I S. 553.
15 Vgl. BVerfGE 61, 149.
16 Zu Reformbestrebungen vgl. den Bericht von Krings/Hentsch ZG 2010, 205 sowie Grzeszick ZRP 2015, 162. Zur Notwendigkeit von Reformen unter dem Aspekt automatisierter Verwaltungsentscheidungen Martini/Ruschemeyer/Hain VerwArch 2021, 1 ff.; Roth-Isigkeit AöR 145 (2020), 321 ff.
17 Eingehend Wolff/Bachof/Stober/Kluth, Bd. 2, § 66. Zum Umgang mit diesen Haftungsinstituten in der Fallbearbeitung Sauer JuS 2012, 695 und 800.

- Haftung des Staates wegen Unrecht
  - Amtshaftungsansprüche wegen schuldhafter Pflichtverletzungen
  - Folgenbeseitigungs- und Wiederherstellungsansprüche
  - Ansprüche aus verwaltungsrechtlichen Schuldverhältnissen, ua
  - Ansprüche aus öffentlich-rechtlicher Geschäftsführung ohne Auftrag,
  - öffentlich-rechtliche Erstattungsansprüche zur Rückgängigmachung rechtsgrundlos erfolgter Vermögensverschiebungen
- Haftung wegen übermäßiger Inanspruchnahme
  - Enteignungsentschädigung
  - ausgleichspflichtige Inhalts- und Schrankenbestimmung
  - Ansprüche wegen enteignungsgleicher oder enteignender Eingriffe
  - Aufopferungsansprüche.

Für zentrale Ansprüche des Staatshaftungsrechts ist kraft Sonderzuweisung[18] der Zivilrechtsweg eröffnet (Art. 14 Abs. 3 S. 4, Art. 34 S. 3 GG). Das beruht auf der historischen Entwicklung jener (Haftungs-)Institute[19] und wirkt angesichts ihrer öffentlich-rechtlichen Charakteristika anachronistisch.[20]

---

[18] Dazu allg. § 5 Rn. 26.
[19] Vgl. etwa § 37 Rn. 1f.
[20] Zur erforderlichen Bereinigung der Rechtswegzuständigkeiten vgl. BDVR NVwZ 2008, 756; zur Entwicklung und zu den Hintergründen dieser immer noch ausstehenden Reform eingehend Unterreitmeier BayVBl. 2009, 289. S.a. Kahl, Entmachtung, S. 42 ff.

§ 37 Amtshaftungsansprüche

▶ **FALL 1:** F wendet sich frühzeitig an den zuständigen Träger der öffentlichen Jugendhilfe wegen eines Betreuungsplatzes für ihre gerade eben geborene Tochter T in einer Tageseinrichtung oder in der Kindertagespflege ab Vollendung des ersten Lebensjahres. Da der zuständige Bearbeiter B den Antrag verlegt hat, kann T zum anvisierten Zeitpunkt kein Betreuungsplatz zur Verfügung gestellt werden. Weil F bis zur Abhilfe ihre Tochter weiterhin zu Hause betreuen muss und nicht zur Arbeit gehen kann, macht sie einen Amtshaftungsanspruch geltend. Sachbearbeiter B weiß zwar um sein Missgeschick, sieht sich aber auf der sicheren Seite. Denn die Regelung des § 24 Abs. 2 SGB VIII, wonach ein Kind ab Vollendung des ersten Lebensjahres einen Anspruch auf Förderung in Tageseinrichtungen und in Kindertagespflege habe, bezwecke nur den Schutz des Kindes. Hat er Recht oder kann F den Ersatz ihres Verdienstausfalls verlangen? ◀

I. Charakterisierung des Amtshaftungsanspruchs

1 Der Amtshaftungsanspruch ist in **§ 839 BGB iVm Art. 34 GG** verankert.[1] Gem. § 839 Abs. 1 S. 1 BGB hat ein Beamter dem Bürger Schadensersatz zu leisten, wenn er vorsätzlich oder fahrlässig eine ggü. bestehende Amtspflicht verletzt. Nach dessen Wortlaut handelt es sich um eine Eigenhaftung bzw. Beamtenhaftung. Art. 34 S. 1 GG bestimmt demggü., dass „die Verantwortlichkeit" grds. den Staat trifft, wenn jemand für ihn gehandelt und dabei in Ausübung eines öffentlichen Amtes die einem Dritten ggü. obliegende Amtspflicht verletzt hat.

Aus der Zusammenschau dieser beiden Vorschriften ergibt sich eine **mittelbare Staatshaftung**.[2] Die Haftung trifft zunächst den Beamten persönlich, sie wird aber vom Staat übernommen. Anstelle des Beamten hat der Staat Schadensersatz zu leisten; der Beamte kann nicht persönlich in Anspruch genommen werden. Seine Haftung wird mit befreiender Wirkung für ihn auf den Staat übergeleitet.[3] Systematisch ist § 839 BGB also die haftungsbegründende und Art. 34 GG die haftungsverlagernde Vorschrift.[4] Intern besteht freilich ein Rückgriffsvorbehalt des Staates bei vorsätzlichem oder grob fahrlässigem Verhalten des Beamten, Art. 34 S. 2 GG.[5]

2 Die Kombination einer Vorschrift aus dem Bürgerlichen Gesetzbuch mit einer Regelung aus dem Grundgesetz lässt sich **historisch** wie folgt erklären.[6] Der Entstehung des § 839 BGB lag die im 18. und 19. Jahrhundert hM zugrunde, der Staat sei unrechtsunfähig. Ein Staatsdiener, der einen Bürger rechtswidrig schädigte, haftete deshalb persönlich aufgrund der privatrechtlichen Haftungsvorschriften. Dies stieß auf Kritik, da sich der Anspruch des Geschädigten möglicherweise gegen einen wenig solventen Beamten richtete und die Ansprüche des Geschädigten unter Umständen leerliefen.[7]

---

1 Im Überblick dazu Hartmann/Tieben JA 2014, 401; ausführlich Shirvani Verw 50 (2017), 571 ff.; Grundfälle zum Staatshaftungsrecht bei Durner JuS 2005, 90 und 793.
2 BVerfG Beschl. v. 30.6.2022 – 2 BvR 737/20, Rn. 91 juris; Ossenbühl/Cornils, S. 12; eingehend hierzu und zum Nachfolgenden Wolff/Bachof/Stober/Kluth, Bd. 2, § 67.
3 Vgl. nur BGH NVwZ-RR 2019, 830 Rn. 10; Dörr BayVBl. 2013, 613. Dazu, dass es sich bei dem Schadensersatzanspruch aus Art. 82 Abs. 1 DSGVO deshalb um keinen Amtshaftungsanspruch handelt, BFH Beschl. v. 28.6.2022 – II B 92/21, Rn. 16 f. juris.
4 BVerfG NVwZ 2016, 606, 608; BFH Beschl. v. 28.6.2022 – II B 92/21, Rn. 17 juris; Voßkuhle/Kaiser JuS 2015, 1076.
5 IVm näherer gesetzlicher Regelung, etwa § 75 BBG, § 48 BeamtStG.
6 Ausführlich zur geschichtlichen Entwicklung des Amtshaftungsanspruchs Ossenbühl/Cornils, S. 7 ff.
7 Lege JA 2016, 81, 82; zur historischen Entwicklung Rohlfing Ad Legendum 2019, 123 ff.

Während das BGB zunächst den Einzelstaaten die Entscheidung über die Einführung einer Staatshaftung überließ (Art. 77 EGBGB), wurde mit Art. 131 WRV das von den meisten Einzelstaaten bevorzugte Modell eines Einstehenmüssens des Staates für das Fehlverhalten seiner Beamten übernommen.[8] Der Haftungstatbestand des § 839 BGB blieb erhalten, bei Vorliegen seiner Voraussetzungen sollte aber die den Beamten treffende Haftung auf den Staat übergehen. Dieser Konstruktion entspricht Art. 34 GG. Wie das BVerfG im Juni 2022 entschieden hat, folgt aus **Art. 34 GG ungeachtet seiner Mindestanforderungen** an die Amtshaftung **keine Verdichtung der mittelbaren Staathaftung zu einem lückenlosen Prinzip**, sondern lasse auch diese Vorschrift Raum für Regelungen, welche den Umfang der Haftungsübernahme modifizieren.[9]

II. Anspruchsvoraussetzungen

Überwiegend wird § 839 BGB als haftungsbegründende und Art. 34 GG als „daran angesielte" haftungsverlagernde Norm verstanden.[10] Einigkeit besteht insoweit, als § 839 BGB und Art. 34 GG eine einheitliche Anspruchsgrundlage bilden und zusammen geprüft werden müssen.

1. Handeln in Ausübung eines öffentlichen Amtes

a) Öffentliches Amt

Der Wortlaut von § 839 Abs. 1 S. 1 BGB spricht ausdrücklich davon, dass ein „Beamter" eine Amtspflicht verletzt haben muss. Damit kann nur jemand gemeint sein, der auch förmlich zum Beamten ernannt worden ist. § 839 BGB liegt der sog. **statusrechtliche** Beamtenbegriff zugrunde.[11] Demggü. verlangt Art. 34 S. 1 GG lediglich, dass „jemand in Ausübung eines ihm anvertrauten öffentlichen Amtes" gehandelt hat. Die Verfassungsnorm geht mithin inhaltlich weiter und verdrängt hins. dieser Voraussetzung § 839 Abs. 1 S. 1 BGB.[12] Das öffentliche Amt ist hiernach **funktionell** als hoheitlicher bzw. öffentlich-rechtlicher Tätigkeitsbereich zu verstehen; Rechtsstellung bzw. persönlicher Status des Handelnden sind nicht entscheidend.[13] Es kommt allein darauf an, dass das **schadensersatzbegründende Verhalten des Amtswalters dem öffentlichen Recht** und nicht dem Privatrecht zuzuordnen ist.[14] § 839 BGB geht iVm Art. 34 GG daher vom **haftungsrechtlichen** Begriff des Beamten aus. Zu diesem gehören neben den formell ernannten Beamten (etwa Polizeibeamte) bspw. Angestellte und Arbeiter des öffentlichen Dienstes, Richter, Regierungsmitglieder, Parlamentsabgeordnete oder Gemeinderatsmitglieder, wenn sie öffentlich-rechtliche Tätigkeiten erledigen.[15]

Auch Privatpersonen können in Ausübung eines öffentlichen Amtes handeln. Dazu zählen v.a. **Beliehene**, denen durch Gesetz oder aufgrund eines Gesetzes einzelne ho-

---

8 BVerfG NVwZ 2016, 606, 608; Rohlfing Ad Legendum 2019, 123, 125 f.; Voßkuhle/Kaiser JuS 2015, 1076.
9 BVerfG Beschl. v. 30.6.2022 – 2 BvR 737/22, Rn. 91 juris.
10 BVerfG NVwZ 2016, 606, 608. Vgl. zu den unterschiedlichen Ansichten BVerfGE 61, 149, 198; Ossenbühl/Cornils, S. 12 f. mwN. Dazu, dass in der Klausur das Zusammenspiel regelmäßig nicht näher erläutert werden muss, Wittreck/Wagner Jura 2013, 1213, 1214.
11 Sprau in: Grüneberg, § 839 Rn. 13 ff.
12 Bzw. beeinflusst die Auslegung des § 839 Abs. 1 S. 1 BGB, so Voßkuhle/Kaiser JuS 2015, 1076.
13 BGHZ 215, 344, 350; BGH NJW-RR 2020, 790, 791; Wienhues in: Baldus/Grzeszick/ders., Rn. 102; Shirvani Verw 50 (2017), 571, 574 f.
14 BGH NJW 2017, 1745, 1746. Vgl. hierzu § 5 Rn. 6 ff., insb. 17.
15 Voßkuhle/Kaiser JuS 2015, 1076. Zum Begriff des Beamten Pestalozza in: FS für P. Raue, 2006, S. 269.

heitliche Aufgaben zur Wahrnehmung im eigenen Namen übertragen worden sind und die in diesem Rahmen tätig werden.[16]

Auch das Handeln von **Verwaltungshelfern**[17] und anderen privaten Dritten **im Auftrag der Verwaltung** kann einen Amtshaftungsanspruch auslösen. Nach der ursprünglich vertretenen **Werkzeugtheorie** mussten Letztere aber in so weitgehendem Maße den Weisungen der Verwaltung unterliegen, dass sie als deren Werkzeug und damit als „verlängerter Arm der staatlichen Gewalt" erschienen.[18] Inzwischen ist dies hins. der Einschaltung selbstständiger Privatpersonen abgemildert und zugleich konkretisiert worden.[19] Danach muss die Tätigkeit des Privaten bzw. privaten Unternehmens so maßgeblich in das Verwaltungshandeln eingeschaltet sein, dass sie als Bestandteil des hoheitlichen Handelns der Behörde erscheint.[20] Ob eine Person ein öffentliches Amt ausübt, bestimmt sich nach dem BGH danach, „ob die eigentliche Zielsetzung, in deren Sinn der Betreffende tätig wurde, hoheitlicher Tätigkeit zuzurechnen ist und ob zwischen dieser Zielsetzung und der schädigenden Handlung ein so **enger äußerer und innerer Zusammenhang** besteht, dass die Handlung ebenfalls noch als dem Bereich hoheitlicher Betätigung angehörend angesehen werden muss".[21] „Je stärker der hoheitliche Charakter der Aufgabe in den Vordergrund tritt, je enger die Verbindung zwischen der übertragenen Tätigkeit und der von der öffentlichen Hand zu erfüllenden hoheitlichen Aufgabe und je begrenzter der Entscheidungsspielraum des Privaten ist", desto näher liegt es nach dem BGH, den eingeschalteten Privaten als Beamten im haftungsrechtlichen Sinne anzusehen.[22] So bejahte er ein Handeln in Ausübung eines öffentlichen Amtes, wenn ein privater Abschleppunternehmer im Auftrag der Polizei ein verkehrswidrig parkendes Fahrzeug abschleppt und dieses dabei beschädigt. Er wird im Bereich der Eingriffsverwaltung tätig. Hätte die Polizei das Fahrzeug beim Abschleppen selbst beschädigt, wäre die Amtshaftung wegen hoheitlichen Tätigwerdens gegeben. Der Staat kann sich nicht durch Zwischenschaltung eines Dritten im Bereich der Eingriffsverwaltung der Amtshaftung entziehen.[23] Ohne dazu Stellung zu nehmen, ob die Rechtsfigur des Verwaltungshelfers im gesamten Bereich der Daseinsvorsorge anwendbar ist, stellt sich der BGH auf den Standpunkt, dass Mitarbeiter eines privaten Unternehmens, wenn sie ein Verkehrsschild zur Ausführung einer ver-

---

16 BGH NVwZ-RR 2019, 830, 831; Wienhues in: Baldus/Grzeszick/ders., Rn. 103 ff.; bereits § 6 Rn. 22; nicht aber gilt die Rückgriffsbeschränkung des Art. 34 S. 2 GG, BVerwG DVBl. 2010, 1434, 1436: kann nach Sinn und Zweck nicht auf private Amtsträger erstreckt werden; (erweiterte) Rückgriffsregelung ist der gesetzgeberischen Entscheidung bei der Beleihung vorbehalten, aaO, 1437; zustimmend Kiefer NVwZ 2011, 1300, 1302, lediglich für eine andersartige rechtsdogmatische Herleitung: teleologische Reduktion des Art. 34 S. 2 GG (wie BGH NJW 2005, 286); auch Waldhoff JuS 2011, 191. S.a. § 44 Abs. 3 S. 4 BHO.
17 Vgl. § 6 Rn. 23. S.a. BGH NVwZ-RR 2019, 830, 831. Zur Amtshaftung bei Schädigungen durch Verwaltungshelfer Stelkens JZ 2004, 656; Remmert WM 2020, 1453 ff.
18 BGHZ 48, 98, 103; BGH NVwZ-RR 2019, 830, 831 ff.; zu Recht krit. Maurer/Waldhoff, § 26 Rn. 14; ebenfalls Petersen Jura 2006, 411.
19 Vgl. dazu Dörr BayVBl. 2013, 613, 614 mwN; Shirvani Verw 50 (2017), 571, 581 f. unter Betonung, dass sich der BGH in anderen Konstellationen noch nicht von der Werkzeugtheorie verabschiedet habe. S.a. BGH NVwZ-RR 2019, 830, 832: Bei Heranziehung selbstständiger privater Unternehmer „auf eine breitere Grundlage gestellt".
20 BGHZ 181, 65; BGH NJW 2014, 2577; Waldhoff JuS 2015, 92, 93.
21 BGH NJW 2017, 1745, 1746; NVwZ-RR 2019, 830, 831; s.a. BGHZ 215, 344, 350.
22 BGH NVwZ-RR 2019, 830, 831.
23 „Keine Flucht ins Privatrecht", vgl. bereits § 29 Rn. 9; BGHZ 121, 161, 165 f.; Kiefer NVwZ 2011, 1300, 1302; auch BGH NJW 2014, 2577: hoheitliches Handeln; Waldhoff JuS 2015, 92. S.a. Wittreck/Wagner Jura 2013, 1213, 1216. Anders für mit dem Winterdienst von den Kommunen beauftragten Privatunternehmen, vgl. Caliskan LKV 2010, 489, 492 f. Zur Frage, welcher Hoheitsträger haftet, vgl. Rn. 31; näher Stelkens JZ 2004, 656; allg. § 6 Rn. 23.

kehrsbeschränkenden Anordnung der Straßenbaubehörde und des der Anordnung beigefügten Verkehrszeichenplans anbringen, Beamte im haftungsrechtlichen Sinne sind, da ihnen dabei kein eigener Entscheidungs- und Ermessensspielraum zukommt und die Aufstellung des Verkehrsschildes sehr eng mit der Verkehrsregelung als Maßnahme der Eingriffsverwaltung verbunden ist.[24] Ärzte nehmen regelmäßig kein öffentliches Amt wahr, außer sie erledigen eine Aufgabe eines Hoheitsträgers, die ihnen anvertraut wurde (zB Blutabnahme zur Feststellung des Blutalkoholgehalts, s. § 81a StPO, Durchgangsarzt, sofern er bestimmte Aufgaben für die Berufsgenossenschaft wahrnimmt).[25]

Sehr umstritten ist, ob die Bundesrepublik Deutschland für **Schäden ausländischer Bürger im Zusammenhang mit einem bewaffneten Auslandseinsatz deutscher Streitkräfte** aus Amtshaftung einzustehen hat. Während dies in Teilen von Literatur und Rspr. im Hinblick auf den Wortlaut von § 839 BGB und Art. 34 GG sowie die Wertungen des Grundgesetzes (Menschenwürde, Rechtsstaatsprinzip, Art. 23 ff. GG) bejaht wurde, vertrat der BGH den gegenteiligen Standpunkt unter Berufung auf den nie geänderten Wortlaut von § 839 BGB und Art. 34 GG (bei deren Erlass sich derartige Fragen nicht stellten), die Spezialität völkerrechtlicher Haftungsregelungen und die Tatsache, dass sich aus dem Völkerrecht bislang keine individuellen Schadensersatzansprüche ableiten ließen und sich dem Grundgesetz keine Notwendigkeit entnehmen lasse, für jede Grundrechtsverletzung einen individuellen Schadensersatzanspruch zu schaffen.[26] Nachdem das **BVerfG** nunmehr aber die **grundrechtliche Fundierung der Amtshaftung** ebenso wie die Bindung der deutschen Staatsgewalt bei Handlungen im Ausland an die Grundrechte bejaht hat, beanstandete es, dass der BGH zu wenig die daraus resultierenden Konsequenzen für die Verpflichtung zum Schadensersatz aus Amtshaftung ggf. mit Abweichungen von Ansprüchen bei innerstaatlichen Grundrechtsverletzungen geprüft habe, dies aber letztlich mangels einer Amtspflichtverletzung des Amtswalters dahinstehen könne.[27]

Bei einem **privatrechtlichen Handeln der Verwaltung** scheidet ein Amtshaftungsanspruch gem. § 839 BGB iVm Art. 34 GG aus. In einem solchen Fall haftet ein Beamter (im beamtenrechtlichen Sinn, vgl. vorstehend Rn. 4) nach § 839 BGB und ein sonstiger Bediensteter gem. §§ 823 ff. BGB.[28] Eine Haftungsübernahme durch den Staat entsprechend Art. 34 GG findet nicht statt. Der Staat kann insoweit für etwaiges Fehlverhalten seiner Bediensteten nur nach den allgemeinen deliktischen Regelungen der §§ 823 ff., § 831 BGB in Anspruch genommen werden, sofern ihm deren Handeln zuzurechnen ist (§ 31, § 89 BGB).[29]

6

Das gilt nach der Rspr. etwa für die Verletzung der **allgemeinen Verkehrssicherungspflicht**, die darauf gerichtet ist, öffentlich zugängliche Verkehrseinrichtungen in einem sicheren Zustand zu halten.[30] Die demggü. insb. mit Blick auf die **straßenrechtliche Verkehrssicherungspflicht**[31] im Schrifttum geübte Kritik, die hierin eine von vornherein hoheitliche Amtspflicht sieht, hat an Brisanz verloren, weil fast alle (Landesstra-

---

24 BGH NVwZ-RR 2019, 830, 831 f.
25 Zur ärztlichen Haftung BGH NJW 2017, 1742 ff.; NJW-RR 2020, 790, 791 ff.; näher dazu Shirvani Verw 50 (2017), 571, 575 ff.
26 Eingehend mit Nachweisen zu den Ansichten BGH NJW 2016, 3656, 3658 ff. Zur Kritik an dieser Entscheidung, aber diese im Ergebnis als vertretbar einstufend Shirvani Verw 50 (2017), 571, 572 ff.
27 BVerfG NVwZ 2021, 398, 399 ff.; s.a. Grezszick JZ 2021, 146 ff.; Payandeh JuS 2021, 382 ff.; Sauer DÖV 2021, 483 ff.
28 OLG Saarbrücken Urt. v. 30.11.2017 – 4 U 19/17, Rn. 33 juris.
29 Zur Haftung für öffentliche Bedienstete im privatrechtlichen Bereich näher Maurer/Waldhoff, § 26 Rn. 58 ff.
30 OLG Saarbrücken NJW 2017, 2689. Anders die öffentlich-rechtlich einzuordnende Verkehrsregelungspflicht der Straßenverkehrsbehörden zur Sicherung des Verkehrs durch Ampeln, Verkehrszeichen usw, etwa BGH NVwZ 1990, 898.
31 Insoweit BGHZ 60, 54; 66, 398; 112, 74; 123, 102; BGH DVBl. 2004, 513. Sie umfasst auch Sicherungsmaßnahmen gegen Gefahren, die von außerhalb auf den Verkehr einwirken, OLG Naumburg NVwZ-RR 2014, 88: am Straßenrand stehende Bäume.

ßen-)Gesetzgeber jene Aufgabe ausdrücklich als öffentlich-rechtliche eingeordnet haben;[32] das gilt etwa für Räum- und Streupflichten bei Schneefall und Glättebildung.[33] Eine Gemeinde kann daher aus Amtshaftung wegen Verletzung ihrer öffentlich-rechtlichen Verkehrssicherungspflicht in Anspruch genommen werden, wenn sie durch eine leicht zu übersehende Drahtabsperrung eine Gefahrenquelle für Fußgänger und Radfahrer schafft.[34]

Öffentliche Parkplätze unterfallen hingegen der Verkehrssicherungspflicht, auch hins. des Schutzes vor Gefahren durch Bäume. Das gilt aber nur bei einer konkreten Gefährdung, etwa wenn Bäume nicht mehr standsicher sind. Weder fordert die Verkehrssicherungspflicht eine gänzliche Entfernung von Bäumen aus dem Bereich öffentlicher Straßen- und Parkflächen noch eine solche sog. Gefahrenbäume (Weichhölzer, wie Pappeln), bei denen ein erhöhtes Risiko besteht, dass auch im gesunden Zustand Äste etc. abbrechen.[35]

b) In Ausübung

7   Das schädigende Verhalten muss **in Ausübung** eines öffentlichen Amtes und nicht nur bei Gelegenheit oder anlässlich einer hoheitlichen Tätigkeit erfolgt sein.[36] Zwischen der schädigenden Handlung und der öffentlich-rechtlichen Tätigkeit muss folglich ein äußerer und innerer Zusammenhang bestehen.[37] Der **äußere Zusammenhang** erfordert, dass die Schädigung in räumlich-zeitlicher Beziehung zur hoheitlichen Betätigung erfolgt und dass die Handlung selbst vom objektiven, äußeren Geschehensvorgang her noch als dem Bereich hoheitlicher Betätigung zugehörend angesehen werden kann.[38] Dies wird regelmäßig vorliegen. Abweichendes gilt etwa dann, wenn ein Beamter außerhalb seiner Dienstzeit im Dienstgebäude eine private Verabredung hat, bei der er jemanden verletzt. Nimmt ein Polizeibeamter dagegen seine Dienstwaffe mit Billigung seines Dienstherrn nach Dienstschluss mit nach Hause, liegt regelmäßig in Bezug auf die zu verwahrende Waffe ein Zusammenhang zum öffentlichen Amt vor. Auf diese Weise sollen die jederzeitige Einsatzbereitschaft des Beamten und der nächste Dienstantritt erleichtert werden.[39] **Innerer Zusammenhang** meint, dass schädigende Handlung und Aufgabenerfüllung als einheitlicher, vom hoheitlichen Aufgabencharakter geprägter Lebenssachverhalt erscheinen.[40] Hieran fehlt es, wenn die Handlung losgelöst von der dienstlichen Tätigkeit stattfindet und die einzige Verbindung darin besteht, dass sie während des Dienstes vorgenommen wird. Mit dieser Formel versucht die Rechtsprechung, in Parallele zu § 831 BGB die Haftung der öffentlichen Hand einzugrenzen: Die Amtshaftung soll nicht dazu bestimmt sein, private Racheakte von Beamten und andere persönlich gefärbte Taten abzudecken. So handelt bspw. ein

---

32 Art. 69 BayStrWG; § 10 Abs. 1 BbgStrG; § 59 StrG BW; § 7 Abs. 6 BerlStrG; § 9 BremLStrG; § 5 S. 2 HmbWG; § 10 Abs. 1 StrWG M-V; § 10 Abs. 1 NdsStrG; § 9a Abs. 1 StrWG NRW; § 48 Abs. 2 LStrG RP; § 9 Abs. 3a SaarlStrG; § 10 Abs. 1 SächsStrG; § 10 Abs. 1 StrG LSA; § 10 Abs. 4 StrWG SH; § 10 Abs. 1 ThürStrG; dazu BGH NVwZ-RR 2014, 252, 253; OLG Saarbrücken NJW 2017, 2689.
33 Dazu anhand des Mitverschuldens des unfallbedingt Geschädigten anschaulich BGH NVwZ-RR 2013, 909.
34 BGH NJW 2020, 3106, 3108.
35 Allg. Lebensrisiko bei „natürlichem Astbruch", für den vorher keine Anzeichen bestanden, BGH BayVBl. 2014, 480, 481 mwN; Hebeler JA 2015, 239; aA OLG Saarbrücken VersR 2011, 926, 927.
36 Ossenbühl/Cornils, S. 28; Voßkuhle/Kaiser JuS 2015, 1076; Wittreck/Wagner Jura 2013, 1213, 1216.
37 BGH NJW-RR 2020, 790, 791.
38 Windhorst JuS 1995, 791, 795.
39 BGH NVwZ 2000, 467.
40 BGH NJW 1992, 1227, 1228; vgl. auch BGH NJW 2002, 3172, wonach beim Mobbing durch einen Vorgesetzten unabhängig von Absichten und Beweggründen die Amtshaftung greift.

§ 37 Amtshaftungsansprüche

Polizeibeamter, der aus rein persönlichen Motiven während seines Dienstes auf einen Dritten schießt, nur bei Gelegenheit; eine innere Beziehung zur Amtsausübung fehlt.[41]

2. Verletzung der einem Dritten gegenüber obliegenden Amtspflicht

Sowohl § 839 BGB als auch Art. 34 S. 1 GG setzen voraus, dass der Amtsträger die ihm einem Dritten ggü. obliegende Amtspflicht verletzt hat.

8

a) Amtspflicht

Unter **Amtspflichten** versteht man alle **Verhaltenspflichten** des Amtswalters bei seiner Amtsführung **im Verhältnis zu seinem Dienstherrn**.[42] Amtspflichten können sich aus sämtlichen Rechtsquellen ergeben (formelle Gesetze, Rechtsverordnungen, Satzungen). Da sie, wie ihre Bezeichnung verdeutlicht, ggü. dem Dienstherrn bestehen, können sie auch auf bindendem Innenrecht beruhen,[43] zB einer Verwaltungsvorschrift oder einer dienstlichen Weisung an Polizeibeamte, die anvertraute Dienstwaffe geschützt vor Missbrauch und Zugriffen Dritter sicher aufzubewahren. Die wichtigste Amtspflicht ist die **Pflicht zu rechtmäßigem Handeln**.[44] Denn der Amtswalter ist aufgrund der verfassungsrechtlichen Gesetzesbindung des Exekutivbereichs (Art. 20 Abs. 3 GG) bzw. der einschlägigen beamtenrechtlichen und arbeitsrechtlichen Regelungen verpflichtet, bei Erfüllung hoheitlicher Aufgaben Recht und Gesetz zu wahren.[45] Wesentliche Ausprägungen der Amtspflicht zum rechtmäßigen Handeln sind:

9

- zuständigkeits- und verfahrensgemäßes Handeln,[46]
- konsequentes Verhalten,[47]
- Erteilung richtiger Auskünfte und Genehmigungen,[48]
- Verbot, „sehenden Auges" zuzulassen, dass der vorsprechende, aber unkundige Bürger Schäden erleidet, zB durch Hinweise auf den Eintritt einer Genehmigungsfiktion oder besondere Beratungsangebote,[49]
- Verbot, unerlaubte Handlungen zu begehen,[50]
- Treffen ermessensfehlerfreier Entscheidungen,[51]

---

41 BGHZ 11, 181, 185 ff.; anders wiederum, wenn der Beamte die von ihm vorgenommene Handlung gerade qua Amtes zu unterlassen hat, etwa die Schwarzfahrt mit dem Dienstwagen (BGHZ 124, 15, 19). Entsprechendes gilt für streikähnliche Maßnahmen von Beamten, BGHZ 69, 128, 132 f.; zu alldem Maurer/Waldhoff, § 26 Rn. 15.
42 Detterbeck, Rn. 1065; ähnlich Shirvani Verw 50 (2017), 571, 582.
43 Michl/Joseph Ad Legendum 2019, 101, 102.
44 Windthorst JuS 1995, 892; Aufzählung der wichtigsten Amtspflichten bei Ossenbühl/Cornils, S. 45 ff.; s. zur Vielzahl auch Shirvani Verw 50 (2017), 571, 582 f. Bei der Übertragung von Amtspflichten auf Privatunternehmen verbleibt die Aufsicht als (Rest-)Amtspflicht (zu rechtmäßigem Handeln) beim Hoheitsträger; dazu am Beispiel des (kommunalen) Winterdienstes Caliskan LKV 2010, 489, 491 f.
45 Vgl. Siegel, Rn. 950.
46 BGHZ 65, 182, 187 f.
47 Folgt aus dem Grundsatz von Treu und Glauben und aus dem Rechtsstaatsprinzip (Vorhersehbarkeit staatlichen Handelns), BVerfGE 59, 128, 167; näher Kellner NVwZ 2013, 482, 483.
48 BGHZ 117, 83, 85 f.; 121, 65, 69 ff.; BGH NJW 2019, 68.
49 BGH NVwZ-RR 2017, 608, 611; NJW 2019, 68, 69.
50 BGH NJW 1992, 1310; auch Rn. 12; dazu, dass bei Mäharbeiten am Grünstreifen einer Bundesstraße Vorkehrungen zum Schutz vor hochgeschleuderten Steinen zu treffen sind, BGH DÖV 2014, 48; zur Amtshaftung wegen menschenunwürdiger Haftbedingungen BGH DÖV 2014, 48, Ls.
51 BGHZ 74, 144, 155 f.

- Verbot, Entscheidungen grundlos hinauszuzögern.[52]

b) Verletzung

10 Die Amtshaftung setzt **amtspflichtwidriges Verhalten** des Amtswalters voraus, er muss also die ihm obliegende Amtspflicht (s.o.) verletzt, dh ihr zuwidergehandelt haben. Die Verletzung kann in einem **positiven Tun** (zB Erteilung einer falschen Auskunft) oder bei einer öffentlich-rechtlichen Pflicht zu einem Handeln auch in einem **Unterlassen** liegen, zB wenn die Polizei es trotz Hinweises auf eine sich in einem Garten befindliche Mine unterlässt, diese zu entfernen.[53]

Dabei stellt sich angesichts des (auch) in § 839 Abs. 3 BGB hervorgehobenen Primärrechtsschutzes (zur Begrifflichkeit § 36 Rn. 1, dazu nachfolgend Rn. 29 f.) zunächst die Frage, ob die mit der Prüfung von Amtshaftungsansprüchen betrauten Zivilgerichte an **Entscheidungen der Verwaltungsgerichte** (zB über die Aufhebung einer rechtswidrig erteilten Genehmigung) gebunden sind. Grds. obliegt den Zivilgerichten eine vollumfängliche Überprüfung der Rechtmäßigkeit des Verwaltungshandelns.[54] An eine unanfechtbare, **in Rechtskraft erwachsene verwaltungsgerichtliche Entscheidung** über die Rechtmäßigkeit (bzw. Aufhebung) eines Verwaltungsakts sind sie jedoch **gebunden** (vgl. § 121 VwGO); das Zivilgericht darf also mit Blick auf die Beurteilung einer hoheitlichen Maßnahme (für die Klärung eines amtspflichtwidrigen Verhaltens) nicht anders entscheiden, als dies unanfechtbar verwaltungsgerichtlich geschehen ist.[55]

Demggü. schränkt die Bindungswirkung wirksamer **Verwaltungsakte** (hierzu § 13 Rn. 3) bzw. deren mit Unanfechtbarkeit eintretende Bestandskraft die zivilgerichtliche Prüfungskompetenz nicht ein.[56] Im Verhältnis zu rechtskräftigen verwaltungsgerichtlichen Entscheidungen weisen sie keinen vergleichbaren Grad an Rechtssicherheit und Rechtsbindung auf (insb. wegen der Aufhebungsmöglichkeiten nach § 48–§ 51 VwVfG, dazu näher § 16), sodass es für eine gleichartige Wirkung im Zivilprozess keine Rechtfertigung gäbe.[57] Andernfalls würde gerade § 839 Abs. 3 BGB unterlaufen, weil die Vorschrift den Amtshaftungsanspruch des Geschädigten (eben) nur entfallen lässt, wenn er schuldhaft ein zur Verfügung stehendes Rechtsmittel nicht eingelegt hat; iÜ stehe ihm trotz Bestandskraft des Verwaltungsakts der Amtshaftungsanspruch zu.[58]

11 Probleme können Konstellationen bereiten, in denen **Amtspflichtwidrigkeit** und **Rechtswidrigkeit auseinanderfallen**; hierzu kann es kommen, weil Amtspflichten nicht nur aus Außenrechtssätzen, sondern auch aus Innenrecht resultieren. Widerruft ein Amtswalter in rechtmäßiger Weise die einem Bürger erteilte Baugenehmigung, handelt

---

52 BVerfG NJW 2013, 3630, 3633, Rn. 44, anhand des Richterspruchprivilegs nach § 839 Abs. 2 BGB (vgl. Rn. 28) in der Auslegung von BGHZ 187, 286; BGH NVwZ 2002, 124, 125; NVwZ 2007, 485; näher hierzu Rohlfing BauR 2006, 947; zum Gesetz über den Rechtsschutz bei überlangen Gerichtsverfahren und strafrechtlichen Ermittlungsverfahren (§§ 198 ff. GVG) vgl. Schenke DVBl. 2016, 745 ff.; Hofmarksrichter, Rechtsschutz bei überlangen Gerichtsverfahren im Lichte der Vorgaben des EGMR, 2017; Reich, Richterliche Beschleunigungspflichten, 2015; zu den zentralen Begriffen (unangemessene Verfahrensdauer, § 198 Abs. 1 S. 1 GVG/ schwerwiegender Fall, § 198 Abs. 4 S. 3 Hs. 1 GVG) BVerwG DVBl. 2013, 1388: einzelfallabhängige Abwägung; BVerwGE 156, 229, 232 ff. Rn. 15 ff.
53 Vgl. Maurer/Waldhoff, § 26 Rn. 22; Voßkuhle/Kaiser JuS 2015, 1076; Wittreck/Wagner Jura 2013, 1213, 1215.
54 BGHZ 9, 129, 131.
55 Eingehend BGH NJW 2019, 2400, 2401 Rn. 17; NVwZ-RR 2021, 66, 67 Rn. 15; s.a. BVerwGE 171, 24, 31 Rn. 19. Verwaltungsgerichtliche Eilentscheidungen entfalten dagegen keine Bindungswirkung, BGHZ 149, 50; im Zusammenhang mit der Fortsetzungsfeststellungsklage bereits § 20 Rn. 48.
56 BGHZ 113, 17, 18 f.; krit. Hellermann in: Steinbach, S. 331, 336 f.; Jeromin NVwZ 1991, 543; Stuttmann NJW 2003, 1432; Erwiderung von Steinweg NJW 2003, 3037; vgl. auch Beaucamp DVBl. 2004, 352.
57 Windthorst JuS 1995, 892, 893.
58 Maurer/Waldhoff, § 26 Rn. 51.

er aber insoweit einer ausdrücklichen Weisung seines Dienstvorgesetzten zuwider (weil dieser eine Aufhebung der Genehmigung untersagt hat), führt dieses amtspflichtwidrige, aber rechtmäßigen Verhalten nach ü.M. zu keiner Amtshaftung. Denn ein intern dienstpflichtwidriges Verhalten führt erst dann zu einer amtshaftungsbegründenden Handlung, wenn damit ein Eingriff in den Rechtskreis eines anderen verbunden ist und dieser im Widerspruch zur Rechtsordnung steht.[59] Die Rechtswidrigkeit ist also als gemeinsames Merkmal aller unerlaubten Handlungen auch für die Feststellung einer Amtspflichtverletzung zu fordern.

Erlässt ein Sachbearbeiter dagegen aufgrund einer rechtswidrigen Weisung seines Vorgesetzten einen Verwaltungsakt, handelt er dann zwar nach außen (im Verhältnis zum Bürger) rechtswidrig, aber ggü. seinem Vorgesetzten weisungs- und daher amtspflichtgemäß. Die fehlende Amtspflichtwidrigkeit führt aber nicht zu einem Haftungsausschluss ggü. dem Bürger, sondern lediglich zu einer Haftungsverschiebung:[60] Unmittelbar amtspflichtwidrig und mittelbar auch rechtswidrig handelt nämlich der anweisende Amtswalter; diesem wird das an den Bürger gerichtete Verhalten des Angewiesenen zugerechnet und er somit haftbar gemacht.[61] Praktische Auswirkung hat die Haftungsverlagerung vom angewiesenen auf den anweisenden Amtswalter, wenn beide verschiedenen Anstellungskörperschaften angehören; es haftet dann die Körperschaft der anweisenden Stelle.[62]

c) Drittrichtung der Amtspflicht

Aus Gründen der Haftungsbegrenzung fordern Art. 34 S. 1 GG wie § 839 Abs. 1 BGB,[63] dass die verletzte Amtspflicht **„einem Dritten gegenüber"** besteht, diesen mithin schützen muss. Daran fehlt es, wenn die verletzte Amtspflicht ausschließlich den Interessen der Allgemeinheit bzw. des Staates dient.[64] Bspw. heißt es in § 4 Abs. 4 FinDAG, dass die Bundesanstalt für Finanzdienstleistungsaufsicht (BaFin) ihre Aufgaben und Befugnisse nur im öffentlichen Interesse wahrnimmt.[65] Ob eine solche drittschützende Amtspflicht gerade ggü. dem geschädigten Dritten besteht, richtet sich danach, ob diese neben der Erfüllung allgemeiner und öffentlicher Zwecke jedenfalls auch den Sinn hat, seine Interessen wahrzunehmen. Der Geschädigte muss zu dem Personenkreis gehören, dessen Belange nach dem Zweck und der rechtlichen Bestimmung des Amtsgeschäfts geschützt und gefördert werden sollen, und zwar dahingehend, dass in qualifizierter und zugleich individualisierbarer Weise auf schutzwürdige Belange eines abgrenzbaren Personenkreises Rücksicht zu nehmen ist.[66]

---

59 Dazu BGHZ 34, 375, 380.
60 Windthorst JuS 1995, 892, 893.
61 BGH VersR 1985, 588, 589; BGHZ 205, 63, 69; s.a. Schlick NJW 2020, 2690, 2691 f.
62 Krit. Ossenbühl/Cornils, S. 59, weil der Tatbestand der Amtspflichtwidrigkeit und die Rechtswidrigkeit nicht in einer Person erfüllt seien und die Gefahr bestünde, der Bürger könne in Unkenntnis verwaltungsinterner Weisungen den richtigen passivlegitimierten Beklagten nicht bestimmen. Zur Frage des Haftungsträgers bei Amtshaftungsansprüchen Rn. 31.
63 Ausdrücklich BGHZ 129, 17, 19; s.a. BGH NVwZ 2018, 1333, 1334 (haftungsbegründend und -begrenzend); NVwZ 2021, 1315, 1317 Rn. 21; Schlick NJW 2020, 2690, 2692 f.
64 BGH NJW 2013, 604 f. Schon insoweit besteht eine Parallele zur Schutznormtheorie betreffend die Bestimmung subjektiv-öffentlicher Rechte, vgl. hierzu § 9 Rn. 3 ff.; Wienhues in: Baldus/Grzeszick/ders., Rn. 125 ff. mwN.
65 Dazu etwa Kaufhold in: Schmidt/Wollenschläger, § 14 Rn. 28 ff. mwN.
66 BGHZ 212, 303, 310 Rn. 21; BGH NJW 2018, 2264 f.; NVwZ 2018, 1333, 1334 f.; NVwZ 2021, 1315, 1316 Rn. 11.

Bei der Bestimmung der Drittgerichtetheit der Amtspflicht ist ähnlich wie bei der Schutznormtheorie zur Klärung des **subjektiv-öffentlichen Charakters** von Rechtsnormen vorzugehen.[67] Die Drittgerichtetheit der Amtspflicht ist durch **Auslegung** der sie begründenden Vorschrift(en) und der Natur des Amtsgeschäfts zu ermitteln.[68] Im Einzelfall ist zu prüfen,

- ob die Amtspflicht Drittrichtung aufweist,
- ob der Geschädigte zum dergestalt geschützten Personenkreis gehört (personelle Betroffenheit) und
- ob sein beeinträchtigtes Interesse bzw. Rechtsgut der drittgerichteten Schutzwirkung der Amtspflicht unterfällt (sachliche Betroffenheit).[69]

Zur Frage, ob eine Amtspflicht Drittwirkung entfaltet, hat sich eine umfangreiche Judikatur entwickelt.[70]

Beispiele:

- Die Pflicht, keine unerlaubten Handlungen zu begehen, ist individualschützend für die Träger der durch §§ 823 ff. BGB geschützten Rechtsgüter und Rechte. Sie ist zB verletzt, wenn ein Beamter bei einer öffentlich-rechtlich einzuordnenden Dienstfahrt[71] einen Unfall verursacht, durch den das Fahrzeug eines Verkehrsteilnehmers beschädigt wird.
- Der Pflicht, fehlerfreie Auskünfte und Genehmigungen zu erteilen, wird wegen des hierdurch begründeten Vertrauensschutzes Drittgerichtetheit zuerkannt.[72] Die Pflicht der Kfz-Zulassungsstelle zur Prüfung vor der Abstempelung, ob das zugeteilte Kennzeichen richtig auf dem Schild abgedruckt ist, soll den Inhaber davor bewahren, irrtümlich für Vorfälle im Zusammenhang mit dem Betrieb eines anderen Fahrzeugs zur Verantwortung gezogen zu werden.[73]
- Die Pflicht, bei der Aufstellung von Bebauungsplänen auf altlastenverdächtigen Flächen keine Wohngebiete auszuweisen, besteht auch zugunsten von (dort) Ansiedlungswilligen.[74]
- Der Remonstrationspflicht von Amtswaltern (§ 36 Abs. 2 BeamtStG, § 63 Abs. 2 BBG) im Falle rechtswidriger dienstlicher Anordnungen fehlt nach Ansicht des BGH der drittschützende Charakter, da die Regelungen nach ihrem Standort allein das Beamten-

---

67 Vgl. § 9 Rn. 2 ff. Infolge der Umsetzung von Unionsrecht kann es indes zu Abweichungen von dieser Parallelität kommen, wenn unional individuelle Ansprüche zu Gemeinwohlzwecken begründet werden, wie es vornehmlich im Umweltrecht der Fall ist; exemplarisch gilt dann für den Umweltinformationsanspruch aus §§ 3 ff. UIG. Dann kommt es für die Drittrichtung der Amtspflicht nicht entscheidend darauf an, ob die verletzte Vorschrift einen Anspruch verleiht, sondern darauf, ob und inwieweit sie bezweckt, individuelle Rechtspositionen des Geschädigten zu wahren, vgl. BGHZ 140, 380, 382.
68 BGHZ 212, 303, 311 Rn. 23; s. zu dem aus § 14 S. 1 SGB I entnommenen Anspruch auf umfassende Beratung BGH NVwZ-RR 2021, 671, 672 Rn. 11; Siegel, Rn. 953; teilw. wird insoweit auch die Risikoverteilung als Abgrenzung haftungsrechtlicher Verantwortungsbereiche herangezogen, vgl. Kümper, Risikoverteilung im Staatshaftungsrecht am Beispiel amtshaftungsrechtlicher Gefahrvermeidungspflichten bei fehlerhafter Planung, Genehmigung und Aufsicht, 2011, S. 144 ff.: nach Nähe bzw. Beherrschbarkeit der Gefahrenquelle. Zur (Amts-)Haftung beim vorhabenbezogenen Bebauungsplan (§ 12 BauGB) BGH DVBl. 2006, 1326; zu Fehlern im Rahmen von BSE-Tests insoweit BGH NVwZ 2006, 966.
69 Auch Maurer/Waldhoff, § 26 Rn. 19.
70 Überblick über die Rspr. des BGH zur Drittbezogenheit der Amtspflichten im Baurecht bei Hebeler VerwArch 40 (2007), 136.
71 Zur Frage, wann eine Dienstfahrt öffentlich-rechtlichen Charakter hat, § 5 Rn. 17.
72 Etwa Hebeler VerwArch 40 (2007), 136; BGHZ 123, 191, 198; „Verlässlichkeitsgrundlage", so für Genehmigungen bspw. BGHZ 144, 394, 396 f.
73 BGH NJW 2018, 2264, 2265.
74 Verlässlichkeitsgrundlage, BGHZ 106, 323, 332 ff.; 110, 1, 10; näher Kümper ZUR 2012, 395, 404.

- verhältnis betreffen, vorrangig das Spannungsverhältnis zwischen Weisungsbindung des Beamten und seiner Pflicht zu rechtmäßigen Diensthandlungen auflösen sollen und die damit zugleich bezweckte Sicherung der Gesetzmäßigkeit der Verwaltung im öffentlichen Interesse erfolge.[75]
- Die Verkehrs*regelungs*pflicht[76] der Straßenverkehrsbehörden zur ordnungsgemäßen Ausstattung der öffentlichen Verkehrsflächen mit Verkehrszeichen, Ampeln usw. stellt eine den Verkehrsteilnehmern und ggf. Anliegern ggü. bestehende Amtspflicht dar.[77]
- Die Verkehrs*sicherungs*pflicht richtet sich auf die Herstellung und Aufrechterhaltung eines verkehrssicheren Zustands öffentlicher Straßen, Wege und Plätze zugunsten insoweit potenziell gefährdeter Verkehrsteilnehmer.[78]
- Bei der Kommunalaufsicht ist zu beachten, dass diese im Verhältnis zu den Bürgern allein im öffentlichen Interesse erfolgt. Schreitet eine Kommunalaufsichtsbehörde nicht ein, kann sich eine Privatperson deshalb mangels Drittgerichtetheit nicht auf eine Verletzung der Regelungen über die Wahrnehmung der Kommunalaufsicht berufen (anderes gilt hins. der zu beaufsichtigenden Gemeinden, s. unten).[79]
- Bei der Pflicht der Gemeinden, nicht durch unberechtigte Verweigerung des Einvernehmens nach § 36 Abs. 1 S. 1 BauGB (zur Baugenehmigung, vgl. dazu bereits § 12 Rn. 30) ein zulässiges Bauvorhaben zu vereiteln oder zu verzögern, handelte es sich nach bislang überwiegender Auffassung um eine drittgerichtete Amtspflicht der Gemeinde ggü. dem Bauwilligen.[80] Weist jedoch das Landesrecht – wie vielfach geschehen – die Ersetzung des (verweigerten) Einvernehmens nach § 36 Abs. 2 S. 3 BauGB der Baugenehmigungsbehörde zu,[81] entfällt die mit der Verweigerung ggü. der Baugenehmigung einhergehende Blockadewirkung – und damit zugleich der Grund für die Annahme der drittgerichteten Amtspflicht der Gemeinde.[82] Die Kritik hins. der durch die Versagung des Einvernehmens bewirkten Verzögerung hat der BGH nunmehr insoweit aufgegriffen, als sich eine solche Haftungsfrage allenfalls dann stellen kann, „wenn diese Verzögerung von idR wenigen Wochen tatsächlich zurechenbar einen Schaden verursacht hat".[83]
- Aus der Garantie effektiven Rechtsschutzes (Art. 19 Abs. 4 S. 1 GG bzw. Rechtsstaatsprinzip) ergibt sich die drittschützende Pflicht des Gerichts ggü. den Bürgern zur Entscheidung innerhalb angemessener Frist.[84]

---

75 BGHZ 223, 72, 84 Rn. 38 ff. mwN zur gegenteiligen Ansicht.
76 Im Unterschied zur Verkehrssicherungspflicht, zu dieser Rn. 6.
77 Dazu Maurer/Waldhoff, § 26 Rn. 23 mwN. Entsprechendes gilt für die Feststellung der ersatzfähigen Leistungen durch die Beihilfestelle ggü. dem Beamten, BGHZ 191, 187: beruhend auf der beamtenrechtlichen Fürsorgepflicht; dazu näher Dörr BayVBl. 2013, 613, 618 f.
78 Und zwar unabhängig von der Erkennbarkeit der Gefahrenquelle durch die Verkehrsteilnehmer, BGH NVwZ-RR 2012, 831, anhand § 7 BerlStrG; anders, dh keine Haftung bei Erkennbarkeit der Gefahrenlage, OLG Stuttgart NVwZ-RR 2014, 254, Ls., unter Hinweis auf die insoweit abweichende Rechtslage in Baden-Württemberg.
79 Allg. zur Amtshaftung der Kommunalaufsicht Brinktrine Verw 43 (2010), 273.
80 Vgl. (auch) BGH DÖV 2003, 295; anders mit guten Gründen Desens DÖV 2009, 197; auch Wortha VBlBW 2010, 219.
81 Ein etwaig eingeräumtes Ermessen soll letztlich wegen der Grundrechtsposition des Bauwilligen aus Art. 14 GG auf Null reduziert sein, BGHZ 187, 51.
82 BGH NVwZ 2013, 167; BGHZ 231, 297, 304 Rn. 19 ff.
krit. unter Hinweis auf den weiterhin eintretenden Verzögerungseffekt infolge des verweigerten Einvernehmens Dörr BayVBl. 2013, 613, 617 f.; Shirvani Verw 50 (2017), 571, 587 f.
83 BGHZ 231, 297, 309 Rn. 28.
84 BGHZ 187, 286, anhand des Zivilprozesses; anhand Art. 19 Abs. 4 GG und der Dauer eines sozialgerichtlichen Verfahrens BVerfG BayVBl. 2011, 208, 209 mwN: Die Unangemessenheit (der Verfahrensdauer) hängt von einer Abwägung im Einzelfall ab; hohe Verfahrensbelastung ist allein kein Rechtfertigungsgrund. Inzwischen als Reaktion auf die vom EGMR angenommene Verletzung der Art. 6, 13 EMRK (etwa EGMR NJW 2001, 2694): Gesetz über den Rechtsschutz bei überlangen Gerichtsverfahren und strafrechtlichen

13 Auch **Hoheitsträger** können als „Dritte" Amtshaftungsansprüche geltend machen,[85] vorausgesetzt, die verletzte Amtspflicht dient zugleich deren Schutz. Dies ist der Fall, wenn der amtspflichtwidrig handelnde Hoheitsträger dem geschädigten Hoheitsträger in einer Weise gegenübertritt, die für das Verhältnis Staat – Bürger charakteristisch ist. Das erfordert eine außengerichtete „Gegnerschaft" in der Interessenwahrnehmung, die bei Schädigung von Selbstverwaltungskörperschaften im Rahmen der Wahrnehmung von Angelegenheiten ihres eigenen Wirkungskreises (zu Selbstverwaltungsträgern bereits § 6 Rn. 18) anzunehmen ist,[86] etwa einer Gemeinde durch rechtswidrige Verweigerung der Genehmigung zu ihrem Bebauungsplan[87] durch die Aufsichtsbehörde.[88] Die Kommunalaufsicht des Staates begründet den zu beaufsichtigenden Gemeinden ggü. eine Amtspflicht zu deren sachgemäßer Ausübung, um deren Interessen zu schützen und zu fördern.[89]

14 Probleme bereitet die **Amtshaftung für legislatives Unrecht** (zu den Besonderheiten der Haftung bei fehlerhafter oder fehlender Umsetzung von unionsrechtlichen Rechtsakten in innerstaatliches Recht vgl. § 38 Rn. 9 ff.). Mitglieder des Parlaments (die für formelle Gesetze zuständig sind), der Regierung (bei Rechtsverordnungen, vgl. Art. 80 GG) oder des Gemeinderates (die für Satzungen zuständig sind, bspw. Bebauungsplan), ferner vorgesetzte Stellen in der Verwaltung (Erlass von Verwaltungsvorschriften) sind Beamte im haftungsrechtlichen Sinne. Die an der Rechtsetzung beteiligten Personen trifft die Pflicht, das höherrangige Recht zu beachten. Demnach bedeutet der Erlass einer rechtswidrigen Rechtsnorm die Verletzung einer Amtspflicht. Problematisch ist indes die Drittrichtung der Amtspflicht zum Erlass rechtmäßiger Normen.[90] Bei Erlass von Verwaltungsvorschriften scheitert sie bereits an deren fehlender Außenwirkung.[91] IÜ soll in dem generell-abstrakten Charakter von Außenrechtssätzen der Grundsatz zum Ausdruck kommen, dass der Gesetzgeber nur im Allgemeininteresse und nicht (zugleich) im Interesse bestimmter Personen oder Personenkreise tätig wird.[92] So ver-

---

Ermittlungsverfahren (ÜVerfBesG) v. 24.11.2011, BGBl. I S. 2302; bereits § 22 Rn. 1; das Gesetz eröffnet einen verschuldensunabhängigen (zum Verschulden als Amtshaftungsvoraussetzung nachfolgend Rn. 15 ff.) und auch Nichtvermögensschäden erfassenden (demggü. nachfolgend für Amtshaftungsansprüche Rn. 24) Entschädigungsanspruch und steht neben dem Amtshaftungsanspruch, vgl. Begründung Gesetzentwurf der Bundesregierung, BT-Drs. 17/3802, S. 16; s.a. Ossenbühl DVBl. 2012, 857; Guckelberger DÖV 2012, 289. Beim Amtshaftungsanspruch wirkt allerdings wiederum das Richterspruchprivileg des § 839 Abs. 2 BGB in seinem rechtsprechungsbedingt weiten Verständnis einengend, vgl. Rn. 28.

85 Zur Sonderregelung des Art. 104a Abs. 5 GG (wechselseitige Haftung für eine ordnungsgemäße Verwaltung im Verhältnis von Bund und Ländern), dem schon deshalb kaum Bedeutung zukommt, weil das dort vorgesehene Ausführungsgesetz bislang, dh seit 1969 (!), nicht zustande gekommen ist, Maurer/Waldhoff, § 26 Rn. 57.

86 BGHZ 116, 312, 315 ff.; eingehend zu damit zusammenhängenden Fragestellungen Komorowski VerwArch 93 (2002), 62; grds. gegenteilig Stelkens DVBl. 2003, 22.

87 Zum selbstverwaltungsrechtlichen Charakter der Aufstellung von Bebauungsplänen vgl. § 26 Rn. 2 f.; näher Erbguth in: Tettinger/ders./Mann, Rn. 813 f.

88 Maurer/Waldhoff, § 26 Rn. 56. Anders im Fall der Schädigung eines Landkreises als Rechtsnachfolger eines Landeswohlfahrtsverbandes aufgrund fehlender Information des Verbands über ein schwebendes verwaltungsgerichtliches Verfahren, BGH NVwZ-RR 2012, 54; dazu Dörr BayVBl. 2013, 613, 618. Näher zum Problemkreis Burgi, Kommunalrecht, § 9 Rn. 26 ff., unter argumentativer Bezugnahme auf die Parallele zum Primärrechtsschutz.

89 BGH NVwZ-RR 2013, 896, 897.

90 Vgl. etwa Maurer/Waldhoff, § 26 Rn. 53.

91 Vgl. § 27 Rn. 6; anders bei normkonkretisierenden Verwaltungsvorschriften, § 27 Rn. 8.

92 StRspr, vgl. nur BGHZ 56, 40, 46; BGH NVwZ 2021, 1315, 1316 Rn. 12. für Verwaltungsvorschriften zB BGHZ 63, 319, 324 f.; Voßkuhle/Kaiser JuS 2015, 1076, 1077; Wittreck/Wagner Jura 2013, 1213, 1217; krit. mit guten Gründen Maurer/Waldhoff, § 26 Rn. 53: Maßgebend sind nicht die zu erlassenden Regelungen, sondern die zu beachtenden höherrangigen Rechtsvorschriften, etwa die Grundrechte; anders (anhand des Glücksspiel-

neinte der BGH einen Amtshaftungsanspruch wegen fehlerhaften Verhaltens des Infektionsschutzgesetzgebers, da der Gesetz- und Verordnungsgeber insoweit ausschließlich Aufgaben ggü. der Allgemeinheit und nicht ggü. bestimmten Personen oder Personengruppen als Dritte wahrnehme.[93]

Lediglich ausnahmsweise, wenn Gesetze einen persönlich und sachlich eng begrenzten Bereich erfassen und somit Belange von Einzelpersonen berührt werden, wird eine Drittrichtung in Erwägung gezogen.[94] Das gilt etwa bei (rechtswidrigen) **Einzelfallgesetzen** (vgl. Art. 19 Abs. 1 S. 1 GG), die an einen konkreten, nicht wiederholbaren Sachverhalt anknüpfen, und im Fall von **Maßnahmegesetzen**, die nach Anlass und Inhalt ebenfalls situationsgebunden sind, aber in diesem Rahmen für eine unbestimmte Vielzahl von Fällen Geltung beanspruchen (zB Investitionsmaßnahmengesetz über den Neubau einer bestimmten Eisenbahnstrecke).[95] Ein derartiger Drittbezug ist auch für **Bebauungspläne** anerkannt, weil sie wegen ihres konkreten Grundstücksbezugs und des räumlich begrenzten Plangebietes nur einen eingeschränkten Personenkreis betreffen.[96] Entsprechendes wird zunehmend für Rechtsverordnungen gefordert.[97] Fraglich ist, ob nicht die nunmehr vom BVerfG angenommene grundrechtliche Fundierung der Amtshaftung eine viel weitergehende Haftung für legislatives Unrecht nach sich ziehen muss.[98] Der BGH hat eine solche Erweiterung im Wege der richterlichen Rechtsfortbildung aus Gewaltenteilungsgründen abgelehnt, da eine Verflüchtigung des Drittbezugs der Amtspflicht zu einem bloßen „Drittschutz" die Konzeption des Amtshaftungsanspruchs als Mittel zur Regulierung individueller Schadensfälle qualitativ verändern würde. Würde man bei jedem unzulässigen Eingriff des Gesetzgebers in Art. 2 Abs. 1 GG die Drittgerichtetheit der Amtspflicht bejahen, würde das Tatbestandserfordernis des „Dritten" innerhalb des Amtshaftungsanspruchs weitgehend leerlaufen. Angesichts der weitreichenden Folgen für die Staatsfinanzen bei einer Haftung für legislatives Unrecht obliege es dem Gesetzgeber, über die Ausgestaltung derartiger Ansprüche zu befinden.[99]

---

rechts) auch Hartmann/Jansen DVBl. 2015, 752, 756 f.: Es geht nicht um die erlassene Rechtsnorm, sondern die diesbzgl. verletzte Amtspflicht. Zu den unterschiedlichen Positionen in Bezug auf den Parlamentsgesetzgeber (keine Haftung wegen freien Mandats, keine drittbezogene Amtspflicht, uU doch wegen der Grundrechte), Schmitt/Werner NVwZ 2017, 21, 24 f.

93 BGH NZM 2022, 340, 347 f. Rn. 65; s.a. Rinze/Schwab NJW 2020, 1905, 1906 ff.; in diese Richtung auch bei Allgemeinverfügungen Itzel DVBl. 2020, 795; anders und auf das regelmäßig fehlende Verschulden bei Allgemeinverfügungen abstellend, Dünchheim/Gräler VerwArch 112 (2021), 38, 44. Krit., weil der bloße Verweis auf die Größe des Personenkreises nicht der entscheidende Maßstab sein kann, Müller Anm. zu BGH Urt. v. 28.1.2021 – III ZR 25/20, NVwZ 2021, 1319, 1320. Dass der französische Conseil d'Etat in drei Grundsatzentscheidungen eine Haftung für legislatives Unrecht im Wege der Rechtsfortbildung bejaht hat, Geiger NVwZ 2020, 1234 ff. Zur Möglichkeit der Amtshaftung in anderen Konstellationen, etwa bei fehlerhafter Verabreichung eines Impfstoffs, Dutta NJW 2022, 649, 653.
94 BGHZ 102, 350, 367; s.a. Siegel, Rn. 954.
95 Vgl. BGH NVwZ 2021, 1315, 1316 Rn. 12. Detterbeck/Windthorst/Sproll, § 9 Rn. 153.
96 Dies gilt dann, wenn die dem Bebauungsplan zugrundeliegende (verletzte) Vorschrift drittschützenden Charakter hat; vgl. BGHZ 106, 323, 333, für das Abwägungsgebot des (§ 1 Abs. 7) BauGB; Voßkuhle/Kaiser JuS 2015, 1076, 1077.
97 Maurer/Waldhoff, § 26 Rn. 55.
98 S.a. BVerfG Beschl. v. 30.6.2022 – 2 BvR 737/20, Rn. 85 ff. juris, wonach es keine Pflicht des Gesetzgebers zur rückwirkenden Beseitigung sämtlicher Folgen verfassungswidriger Eingriffe gibt.
99 BGH NVwZ 2021, 1315, 1318 Rn. 26.

3. Verschulden

a) Verschuldensmaßstab und Mitverschulden

15 Der Amtshaftungsanspruch setzt nach § 839 BGB voraus, dass der Amtsträger schuldhaft – dh vorsätzlich oder fahrlässig – gegen seine Amtspflicht verstoßen hat. Eine **vorsätzliche** Amtspflichtverletzung ist anzunehmen, wenn der Beamte die Amtshandlung willentlich und in Kenntnis der die Amtspflichtwidrigkeit objektiv begründenden Tatsachen vornimmt oder unterlässt – wenn er sich also bewusst über eine Vorschrift hinwegsetzt.[100]

Fahrlässigkeit bestimmt sich nach dem Sorgfaltsmaßstab des § 276 Abs. 2 BGB.[101] Sie liegt vor, wenn das amtspflichtwidrige Verhalten nicht der gebotenen behördlichen Sorgfalt entspricht. Abzustellen ist also nicht auf den konkreten Amtswalter, sondern den „**pflichtgetreuen Durchschnittsbeamten**". Maßgebend sind Kenntnisse und Fähigkeiten, die für die Führung des jew. Amtes im Durchschnitt erforderlich sind;[102] über welche Fähigkeiten der Amtswalter tatsächlich verfügt, ist unbeachtlich. Sollte er die für die Führung des jew. Amtsgeschäfts notwendigen Rechts- und Verwaltungskenntnisse nicht besitzen, ist er gehalten, sich diese ggf. unter Zuhilfenahme von Sachverständigen zu verschaffen.[103]

Mitglieder von Gemeindevertretungen sind idS verpflichtet, die von ihnen zu treffenden Beschlüsse sorgfältig vorzubereiten. Sie handeln bspw. in fahrlässiger Weise amtspflichtwidrig, wenn sie einen Bebauungsplan für ein ehemaliges Deponiegelände beschließen, der dieses Gelände als allgemeines Wohngebiet festsetzt, obwohl es Hinweise auf eine Kontaminierung des Bodens durch Altlasten gibt.[104]

16 Eine weitere Objektivierung erfolgt über das sog. **Organisationsverschulden**. Das Merkmal „Verschulden eines Amtswalters" ist zu verstehen als „Verschulden irgendeines Amtswalters". Der Geschädigte braucht den Namen des schuldhaft Handelnden nicht zu nennen.[105] Das wird ihm häufig ohnehin nicht möglich sein, weil der Bürger einem für ihn anonymen Verwaltungsapparat gegenübersteht, dessen Organisationsstruktur von außen nicht erkennbar ist. Kommt es aufgrund behördeninterner Organisationsmängel (etwa fehlender Vertretungsregelung, unausgewogener Verteilung der Geschäfte auf die verschiedenen Sachbearbeiter) zu Schäden bei Dritten, so begründet dies den Amtshaftungsanspruch, wenn ein Organisationsverschulden bei demjenigen vorliegt, der sicherzustellen hat, dass der betreffende Mangel nicht auftritt.[106] Führt zB die personelle Unterbesetzung einer Behörde zu einer amtspflichtwidrigen Verzögerung der Bearbeitung von Bauanträgen, liegt die Verletzung der Amtspflicht nicht bei den Amtswaltern, welche die Anträge bearbeiten, sondern bei der Stelle, die es schuldhaft versäumt hat, für ausreichend Personal zu sorgen (idR Behördenleiter).

---

100 BGHZ 120, 176, 181.
101 Zur Haftung für jede Art von Fahrlässigkeit BGH MDR 2019, 667, 669 Rn. 30.
102 Etwa Maurer/Waldhoff, § 26 Rn. 24; Schlick NJW 2020, 2690, 2693.
103 Detterbeck/Windthorst/Sproll, § 9 Rn. 177. IÜ sind Konkretisierungen durch Verwaltungsvorschriften (zu diesen § 7 Rn. 8 und näher § 27) beachtlich, ggf. auch dann, wenn deren Geltung ausgelaufen ist, BVerwG NVwZ-RR 2010, 675.
104 BGHZ 106, 323, 328; zur Entwicklung Schlick DVBl. 2007, 457; auch Rn. 14.
105 So schon RGZ 100, 102, 103; Voßkuhle/Kaiser JuS 2015, 1076, 1077.
106 Vgl. Hinweise bei Siegel, Rn. 958. Dazu, dass sich die Behörde entlasten kann, wenn der Haushaltsgesetzgeber die Stellen nicht entsprechend ausstattet, und Ansprüche gegen Letzteren wegen Handelns im Allgemeininteresse ausscheiden, Shirvani Verw 50 (2017), 571, 586.

Ist eine vom Amtsträger zu entscheidende **Rechtsfrage zweifelhaft oder umstritten**, muss er nach sorgfältiger rechtlicher und tatsächlicher Prüfung einer vertretbaren Rechtsauffassung folgen. Bei Beachtung dieser Grundsätze besteht die Gefahr einer Amtshaftung selbst dann nicht, wenn die entsprechende Rechtsauffassung vom Gericht verworfen wird.[107] Verschulden wird dagegen angenommen, wenn die Auslegung gegen den klaren und eindeutigen Gesetzeswortlaut verstößt oder der höchstrichterlichen Rechtsprechung widerspricht.[108]

Ein Verschulden wird im Regelfall auch dann verneint, wenn ein mit mehreren rechtskundigen Berufsrichtern besetztes **Kollegialgericht** die Position des Amtsträgers für rechtmäßig erachtet hat (sog. Kollegialgerichts-Richtlinie).[109] Dahinter steht die Erwägung, dass von einem Amtswalter keine profunderen Rechtskenntnisse erwartet werden können als von einem mit mehreren Rechtskundigen besetzten Gericht. Abweichendes gilt freilich, wenn das Gericht an entscheidender Stelle einen unzutreffenden Sachverhalt zugrunde gelegt oder evident falsch entschieden bzw. im einstweiligen Rechtsschutz (§ 80 Abs. 5, § 123 VwGO) die Sach- und Rechtslage lediglich summarisch geprüft hat.[110]

Das Verschulden muss sich auf die Amtspflichtverletzung beziehen, nicht jedoch auf den Schaden. Schuldhaft amtspflichtwidrig handelt bspw. ein Polizeibeamter, wenn er entgegen der ihm bekannten Dienstvorschrift seine Pistole im Aufenthaltsraum reinigt, wobei sich ohne sein Verschulden ein Schuss löst und seinen Kollegen verletzt.[111]

b) Beweislast

Trotz öffentlich-rechtlichen Streitgegenstandes ist der Amtshaftungsanspruch kraft Verfassungsrechts vor den Zivilgerichten (Art. 34 S. 3 GG, § 71 Abs. 2 Nr. 2 GVG: Landgerichte) geltend zu machen. Da es sich dabei um einen **Zivilprozess** handelt, findet der Beibringungsgrundsatz Anwendung.

Der Kläger muss also alle Tatsachen und Umstände für die Begründung des Amtshaftungsanspruchs vortragen bzw. darlegen und beweisen.[112] Das gilt auch für das Verschulden. Insoweit sind die für den Anspruch aus unerlaubter Handlung gem. §§ 823 ff. BGB maßgeblichen Grundsätze anzuwenden; es gelten die Beweislastregeln des § 832,[113] § 836 und § 833 S. 2 BGB entsprechend.[114] Eine – darüber hinausgehende – **Umkehr der Beweislast** (vgl. § 280 Abs. 1 S. 2 BGB, wonach der Kläger ein Verschulden nicht beweisen muss) findet angesichts der Objektivierung des Verschuldens hingegen **nicht** statt. In vielen Schadensfällen kann aber aufgrund der allgemeinen Lebenserfahrung und nach dem gewöhnlichen Lauf der Dinge davon ausgegangen werden, dass die begangene Pflichtverletzung und der daraus resultierende Schaden auf einem schuldhaften Handeln beruhen.[115] Dies bedeutet, dass sich der Geschädigte bzw. Kläger darauf beschränken kann, die Amtspflichtverletzung sowie die Schädigung

---

107 BGHZ 119, 365, 367; BGH NVwZ-RR 2021, 66, 67 Rn. 16; Schlick NJW 2020, 2692, 2693.
108 BGH NJW 2013, 3176, 3177; Shirvani Verw 50 (2017), 571, 592.
109 BGHZ 17, 153, 158; BGH NJW 2019, 68, 70 f.; krit. Maurer/Waldhoff, § 26 Rn. 25.
110 BVerwG GewArch 2013, 402, 406 mwN. S.a. BGHZ 215, 344, 355 f.; BGH NVwZ-RR 2021, 66, 67 Rn. 18; s.a. Schlick NJW 2020, 2692, 2693 f.
111 BGHZ 34, 375, 380.
112 BVerfG EUGRZ 2013, 563, 570 Rn. 64.
113 Anhand der Aufsichtspflichtverletzung von Kindergärtnerinnen BGH NJW 2013, 1233.
114 Dazu anhand der Rspr. des BGH Dörr BayVBl. 2013, 613, 619.
115 BGH VersR 1969, 539, 541.

zu beweisen. Gelingt ihm das, spricht eine **tatsächliche Vermutung** dafür, dass der Amtswalter auch schuldhaft gehandelt hat.[116] Es ist dann Sache des Verwaltungsträgers, diese Verschuldensvermutung auszuräumen. Man spricht insoweit von einem Anscheinsbeweis.[117] Im Übrigen kann ausnahmsweise den Schädiger eine sog. sekundäre Darlegungslast treffen, wenn der Geschädigte so sehr außerhalb des von ihm darzulegenden Geschehensablaufs steht, dass er von den maßgebenden Tatsachen keine nähere Kenntnis haben kann, der Anspruchsgegner dagegen schon und für ihn solche näheren Angaben zumutbar sind.[118]

4. Schaden

21   Es muss ein Schaden entstanden sein, der durch die Amtspflichtverletzung verursacht wurde.

a) Kausalität

22   Die Feststellung der Kausalität zwischen Amtspflichtverletzung und Schaden folgt der im Schadensrecht geltenden Adäquanztheorie. Danach ist zu fragen, wie die Entwicklung bei pflichtgemäßem Handeln verlaufen wäre und wie sich die Vermögenslage des Betroffenen in diesem Fall darstellen würde.[119] Ein Tun oder Unterlassen ist kausal, wenn es im Allgemeinen und nicht nur unter besonders eigenartigen und ganz unwahrscheinlichen Umständen die Eignung aufweist, den Schaden herbeizuführen.[120] Deshalb sind auch durch das Eingreifen Dritter verursachte Schäden zu ersetzen. Etwas anderes gilt nur, wenn dadurch der Kausalverlauf so verändert wird, dass der Schaden bei einer wertenden Betrachtung in keinem inneren Zusammenhang mehr zum Fehler des Anspruchsgegners steht, etwa bei einem völlig ungewöhnlichen und unsachgemäßen Eingreifen des Dritten in den schadensträchtigen Geschehensablauf.[121]

23   Bei gebundenen Entscheidungen (und einer diesen gleichzusetzenden Ermessensreduzierung auf Null, vgl. § 14 Rn. 48) ist maßgeblich, wie der Amtswalter hätte entscheiden müssen (zB ob er eine versagte Genehmigung hätte erteilen müssen). Schwierig gestaltet sich die Prüfung der Kausalität ermessens- oder beurteilungsfehlerhafter Entscheidungen, die auch bei ordnungsgemäßer Ausübung des Ermessens oder Beurteilungsspielraums hätten getroffen werden können. In diesen Fällen liegt die Kausalität nach der Rspr. nur vor, wenn feststeht, dass bei korrekter Handhabung des Entscheidungsspielraums der Behörde anders entschieden worden wäre.[122]

An der Kausalität fehlt es, wenn der Schaden auch bei pflichtgemäßem Verhalten eingetreten wäre (Einwand des sog. **rechtmäßigen Alternativverhaltens**). Dies gilt zB bei

---

116   Näher Tremml/Karger/Luber, Rn. 619 ff. So aber bezogen auf die Kausalität BGH Urt. v. 4.4.2019 – III ZR 35/18, Rn. 24 juris.
117   So unter Kausalitätsgesichtspunkten OLG Naumburg NVwZ-RR 2014, 88, wenn ein Straßenbaum behördlicherseits nicht auf Schäden überprüft worden ist und Verkehrsteilnehmer durch Astbruch geschädigt werden.
118   BVerfG EuGRZ 2013, 563, 570 Rn. 64.
119   Maurer/Waldhoff, § 26 Rn. 26.
120   BGHZ 96, 157, 172. Zum Ursachenzusammenhang beim Unterlassen, wenn der Schaden bei pflichtgemäßem Verhalten mit an Sicherheit grenzender Wahrscheinlichkeit vermieden worden wäre, BGH NVwZ-RR 2021, 620, 622, Rn. 24. Zu den diesbzgl. Problemen im Falle einer Staatshaftung für Luftverschmutzung Rapp ZUR 2021, 541, 545 ff.
121   BGH NVwZ-RR 2021, 620, 622 Rn. 25.
122   BVerwG GewArch 2013, 402, 406 mwN; BGH NJW 1959, 1316, 1317; BGHZ 146, 122, 128 ff.

verfahrensfehlerhaften Entscheidungen, die bei Beachtung der Verfahrensvorschriften gleichermaßen hätten ergehen müssen, und entspricht der Regelung in § 46 VwVfG.[123] Der Einwand rechtmäßigen Alternativverhaltens greift nur, wenn ders. Erfolg effektiv herbeigeführt worden wäre, und scheidet aus, wenn das alternative Verhalten dem in Kenntnis der rechtlichen Problematik gebildeten Behördenwillen widerspricht.[124]

b) Art und Umfang des Schadens

Nach § 839 Abs. 1 BGB ist jeder durch die Amtspflichtverletzung entstandene Vermögensschaden auszugleichen, also nicht nur der Schaden an den durch § 823 BGB geschützten Rechtsgütern.[125] Grds. gelten für den Amtshaftungsanspruch die allgemeinen schadensrechtlichen Vorschriften der §§ 249 ff., 843–846 BGB, allerdings mit einer Besonderheit: Der Schadensersatz erfolgt durch Geld- oder Wertersatz. Der dem Geschädigten zu leistende Geldersatz ist seiner Höhe nach so festzulegen, dass der Betroffene so gestellt wird, wie er ohne das schädigende Ereignis stünde.[126] Eine **Naturalrestitution** (Wiederherstellung des ursprünglichen Zustands, § 249 Abs. 1 BGB) kommt grds. **nicht** in Betracht. Das bedingt zum einen die Konstruktion der übergeleiteten Staatshaftung (Art. 34 S. 1 GG): Der Anspruch aus § 839 BGB ist gegen den Beamten persönlich gerichtet. Ursprünglich handelte es sich um eine Eigenhaftung des Beamten. Dieser kann aber als Privatperson keine hoheitlichen Akte vornehmen bzw. aufheben, sondern nur Schadensersatz in Geld leisten.[127] Zum anderen soll durch den Ausschluss der Naturalrestitution die Ausübung von Rechtszwang auf die weitere Amtsausübung, etwa durch die Verurteilung zur Aufhebung eines rechtswidrigen Verwaltungsakts, vermieden werden.[128]

Ein **Mitverschulden des Geschädigten** wird in entsprechender Anwendung des § 254 BGB berücksichtigt. Darüber darf es nach der Rspr. aber zu keinem vorschnellen Haftungs*ausschluss* kommen. So wird bei Verletzungen der straßenrechtlichen Verkehrssicherungspflicht (dazu Rn. 6, etwa Räum- und Streupflicht) die Haftung nur im Fall einer „ganz besonderen, schlechthin unverständlichen Sorglosigkeit" des Betroffenen ausgeschlossen.[129]

5. Ausschlussgründe des § 839 BGB[130]

Trotz Vorliegens der Voraussetzungen entfällt der Amtshaftungsanspruch, wenn ein Haftungsausschlussgrund eingreift.

---

123 BGHZ 63, 319, 325; BGH VersR 2018, 31, 35 Rn. 53 juris; anhand der rechtswidrigen Versagung eines Bauvorbescheids BGH ZfBR 2008, 575; anschaulich OVG Münster BauR 2007, 684, 687 (Fortsetzungsfeststellungsklage); zu § 46 VwVfG vgl. § 15 Rn. 19 f.
124 BGHZ 214, 360, 364.
125 Zur Ersatzfähigkeit von Verteidigerkosten infolge der Amtspflichtverletzung BGH NJW 2018, 2264, 2266.
126 BGHZ 34, 99, 105 f.; BGH NVwZ-RR 2017, 579, 582.
127 VGH München Beschl. v. 24.1.2022 – 8 C 21.1411, Rn. 37 juris; Detterbeck/Windthorst/Sproll, § 11 Rn. 10; Lege JA 2016, 81, 82; Sauer, Reaktionsrecht, S. 125; s. aber BVerfG Nichtannahmebeschl. v. 23.9.2019 – 2 BvR 171/19, Rn. 4 juris, wonach je nach den Verhältnissen im Einzelfall der Ausgleich auch anders vorgenommen werden kann.
128 BGH NVwZ-RR 2017, 579, 582.
129 VGH BayVBl. 2014, 764, 765: auch dann nicht gegeben, wenn Nutzung der fraglichen Straßenfläche aufschiebbar war; anders, dh haftungsausschließendes Mitverschulden, wenn Fußgänger sich auf eine erkennbar spiegelglatte Eisfläche begibt und dort zu Fall kommt, BGH NJW 1985, 482, 483.
130 Zu – inzwischen praktisch kaum noch bedeutsamen – Haftungsbeschränkungen außerhalb des § 839 BGB vgl. Maurer/Waldhoff, § 26 Rn. 37 ff.; zur Unzulässigkeit einer Haftungsbeschränkung in einer Satzung, sondern der Notwendigkeit einer besonderen gesetzlichen Grundlage BGHZ 217, 50, 62; neue Beschrän-

a) Subsidiaritätsklausel

26 § 839 Abs. 1 S. 2 BGB bezweckt eine Privilegierung der vielfach nur fahrlässig handelnden Amtsträger. Unter solchen Umständen sollen sie nur in Anspruch genommen werden, wenn der Verletzte nicht auf andere Weise, also von einem Dritten, Ersatz zu erlangen vermag, sofern dieser Ersatzanspruch in zumutbarer Weise tatsächlich durchgesetzt werden kann.[131] Konstellationen dieser Art sind regelmäßig dadurch gekennzeichnet, dass neben staatlichen Stellen auch Private den Schaden des Anspruchstellers mitverursacht haben und dafür (zivilrechtlich) haften (Gastwirt neben Polizist beim Rauswurf des dabei Verletzten aus dem Lokal).[132]

27 Die Subsidiaritätsklausel ist im Lichte der historischen Entwicklung des Amtshaftungsanspruchs zu sehen.[133] Sie sollte die ursprünglich bestehende persönliche Haftung des (finanziell leistungsschwachen) Beamten begrenzen. Mit der Haftungsübernahme durch den Staat ist ihre Berechtigung jedoch weitestgehend entfallen, sodass sie nunmehr **restriktiv ausgelegt** wird.[134] Nach der Rspr. scheidet die Anwendung der Klausel in folgenden vier Fallkonstellationen aus:

- Der anderweitige Ersatzanspruch richtet sich gegen denselben oder einen anderen **Hoheitsträger** („Einheit der öffentlichen Hand").[135]

- Der anderweitige Ersatzanspruch richtet sich gegen eine **gesetzliche** oder **private Versicherung** (Kranken-, Lebens-, Kasko-, Rechtsschutzversicherung), beruht mithin auf eigenen Leistungen des Geschädigten. Solche Versicherungsansprüche, die sich der Geschädigte durch eigenen Arbeitsaufwand verdient resp. unter Aufwendung eigener Mittel verschafft hat, sollen den Geschädigten absichern und nicht den Schädiger begünstigen.[136]

- Ein Beamter verursacht im Rahmen **hoheitlicher Tätigkeit** einen **Verkehrsunfall**. Hat der Geschädigte – weil an diesem Unfall außer dem Beamten noch andere Verkehrsteilnehmer schuldhaft beteiligt waren – gleichzeitig Ansprüche gegen Dritte (zB aus § 823 BGB), ist der Amtshaftungsanspruch nicht ausgeschlossen (**Grundsatz der haftungsrechtlichen Gleichbehandlung aller Verkehrsteilnehmer**, zum Meinungsstand § 5 Rn. 17). Etwas anderes gilt, wenn ein Amtswalter Sonderrechte nach § 38 Abs. 1, 2 StVO (Einsatz von Blaulicht oder Martinshorn) in Anspruch nimmt, weil er dann nicht wie jeder andere Verkehrsteilnehmer berechtigt und verpflichtet ist.[137]

- Der Amtshaftungsanspruch beruht auf der **schuldhaften Verletzung einer öffentlich-rechtlichen Straßenverkehrssicherungspflicht**.[138] Verursachen bspw. die Halter

---

kungen dieser Art müssen sachlich geboten sein und durch formelles Gesetz eingeführt werden (also nicht durch gemeindliche Satzung, BGHZ 61, 7), dies., aaO, § 26 Rn. 42.
131 BGHZ 120, 124, 126; 215, 344, 353; BGH NVwZ-RR 2021, 620, 623 Rn. 32; Voßkuhle/Kaiser JuS 2015, 1076, 1077.
132 BGH NVwZ 1993, 602.
133 Krit. Ipsen, Rn. 1282. Für einen Wegfall der Subsidiaritätsklausel plädierend Stangl JA 1995, 572.
134 Zu Sinn, Zweck und Wegfall des Schutzzwecks Detterbeck/Windthorst/Sproll, § 10 Rn. 8; Voßkuhle/Kaiser JuS 2015, 1076, 1077; Wittreck/Wagner Jura 2013, 1213, 1220.
135 BGHZ 13, 88, 101; BGH NVwZ 2018, 1333, 1336.
136 BGHZ 79, 26, 31; BGH NJW 2018, 2264, 2266; anders sieht es daher bei Zwangsversicherungen, etwa der Kfz-Haftpflichtversicherung, aus; dazu und zu weiteren Fragen OLG Nürnberg NVwZ 2001, 1324; BGHZ 146, 385.
137 Zur Differenzierung ebenfalls bereits § 5 Rn. 17; BGHZ 85, 225, 228; 113, 164, 167 ff. Zur Amtshaftung bei rettungsdienstlichen Tätigkeiten Ehmann NJW 2004, 2944.
138 BGH NJW 2020, 3106, 3108 Rn. 29; dazu Rn. 6 aE.

A und B einen Unfall, weil die Gemeinde G ihrer Streupflicht nicht nachgekommen ist, haftet G sowohl ggü. A als auch ggü. B aus § 839 BGB iVm Art. 34 GG, obwohl A und B auch gegeneinander Ansprüche zustehen (§ 7 StVG).[139]

b) Richterspruchprivileg

Nach dem Richterspruchprivileg des § 839 Abs. 2 S. 1 BGB hat ein Richter für eine Verletzung einer Amtspflicht bei einem Urteil nur einzustehen, wenn die Pflichtverletzung eine Straftat (Richterbestechlichkeit gem. § 332 Abs. 2 StGB, Rechtsbeugung gem. § 339 StGB) verwirklicht. Der Anwendungsbereich dieses Ausschlussgrunds wird auf Urteilen gleichkommende gerichtliche Entscheidungen ausgedehnt, die zumind. eine Instanz in einem Erkenntnisverfahren unter Gewährung rechtlichen Gehörs beenden und der (materiellen) Rechtskraft zugänglich sind.[140] Sinn und Zweck des Richterspruchprivilegs ist es, die Rechtskraft gerichtlicher Entscheidungen, welche den im Rechtsstaatsprinzip verankerten Grundsätzen der Rechtssicherheit und des Rechtsfriedens dient, zu sichern;[141] ein rechtskräftig abgeschlossenes Verfahren soll nicht mit der Begründung, der Richter habe falsch entschieden, durch einen Amtshaftungsprozess neu aufgerollt werden.[142]

Aufgrund des verfassungsrechtlich verankerten Beschleunigungsgebots (nach Art. 19 Abs. 4 S. 1 GG und dem Rechtsstaatsprinzip ist wirksamer Rechtsschutz, dh innerhalb angemessener Zeit zu gewähren) gilt die Haftungseinschränkung aber **nicht**, wenn der Richter seine Amtsausübung pflichtwidrig verweigert oder verzögert (vgl. § 839 Abs. 2 S. 2 BGB)[143] – oder wenn es um keine spruchrichterliche Tätigkeit geht (nicht „bei dem Urteil", etwa ermittlungsrichterliche Tätigkeiten oder solche im Rahmen der freiwilligen Gerichtsbarkeit[144]); obwohl es letzterenfalls zu einer uneingeschränkten Haftung kommen müsste, schränkt der BGH diese auf besonders grobe Verstöße oder darauf ein, dass die Entscheidung bzw. das fragliche richterliche Verhalten unvertretbar war.[145] Diese Sicht wird auch hins. der Dauer des Gerichtsverfahrens eingenommen.[146] Allerdings gelten bei judikativen Verstößen gegen das **Unionsrecht** – wie noch zu zeigen sein wird – Besonderheiten (dazu § 38 Rn. 9).

---

139 BGHZ 75, 134, 136.
140 Näher BGHZ 161, 298, 301 f.; Dörr BayVBl. 2013, 613, 619 mwN; Beschlüsse über die Gewährung von Prozesskostenhilfe fallen nicht darunter, OLG Frankfurt aM NVwZ-RR 2011, 668: kein umfassendes Erkenntnisverfahren. Die Rspr. nimmt allerdings – contra legem – auch bei gerichtlichen Beschlüssen, die nicht unter den Begriff der gerichtlichen Entscheidung (vorstehend im Text) fallen, eine Amtshaftung nur bei vorsätzlichem oder grob fahrlässigem Handeln „bei Unvertretbarkeit der richterlichen Rechtsansicht" an, BGHZ 155, 306, 310; BGH NJW 2007, 224; nachfolgend im Text.
141 BVerfG NJW 2013, 3630, 3632. Vgl. Detterbeck/Windthorst/Sproll, § 10 Rn. 39; Shirvani Verw 50 (2017), 571, 593 f.
142 BVerfG NJW 2013, 3630, 3632.
143 BVerfG NJW 2013, 3630, 3632 f. (auch zur Notwendigkeit der engen Auslegung entscheidungsvorbereitender Maßnahmen).
144 Vgl. Dörr EuZW 2012, 86; Wittreck/Wagner Jura 2013, 1222.
145 Um der verfassungsrechtlich gesicherten richterlichen Unabhängigkeit gerecht zu werden, BGHZ 155, 306, 309 f.; s.a. BGH NJW 2019, 2400, 2402 Rn. 21; dazu Dörr BayVBl. 2013, 613, 619; krit. Shirvani Verw 50 (2017), 571, 595 f.
146 Pflichtwidrigkeit von Verfahrensverzögerungen anzunehmen, wenn bei voller Würdigung einer funktionsfähigen Zivilrechtspflege das richterliche Verhalten nicht mehr verständlich ist, BGHZ 187, 286 Rn. 15 ff.: unangemessen nachsichtiger Umgang mit Sachverständigem/Terminierung erst acht Monate nach Eingang der Berufungsbegründungen, aaO Rn. 22. So auch BVerfG NJW 2013, 3630, 3632; bereits aus verfassungsrechtlicher Sicht (Art. 19 Abs. 4, 2 Abs. 1, Art. 20 Abs. 3 GG) BVerfG NVwZ 2007, 807.

c) Rechtsmittelversäumnis

29 Nach § 839 Abs. 3 BGB tritt die Ersatzpflicht nicht ein, wenn es der Verletzte **vorsätzlich oder fahrlässig unterlassen** hat, den **Schaden durch Gebrauch eines Rechtsmittels abzuwenden**. Auf diese Weise wird verhindert, dass der Einzelne zunächst eine Amtspflichtverletzung hinnimmt, um später Schadensersatz geltend zu machen (sog. dulde, aber liquidiere).[147] Rechtsmittel sind alle Rechtsbehelfe iwS, die eine Beseitigung oder Berichtigung der schädigenden Anordnung und zugleich Abwendung des Schadens bezwecken und ermöglichen.[148] Gemeint sind v.a. Widerspruch und verwaltungsgerichtliche Klagen (zB Anfechtungsklage, dazu allg. § 20), ferner vorläufige Rechtsschutzmöglichkeiten,[149] nach umstrittener Auffassung auch Aufsichtsbeschwerde und Gegenvorstellung,[150] aber nicht der öffentlich-rechtliche Folgenbeseitigungsanspruch.[151] Der Rechtsbehelf hat sich unmittelbar gegen die Amtspflichtverletzung zu richten. Die Einlegung des Rechtsmittels muss überdies zumutbar und die Nichteinlegung des Rechtsbehelfs für den Schadenseintritt kausal iSd Adäquanztheorie (dazu vorstehend Rn. 22 f.) sein. Der Haftungsbeschränkung liegt der Gedanke des Mitverschuldens zugrunde,[152] außerdem entspricht die Beschränkung dem Vorrang des Primärrechtsschutzes, der auf Abwehr bzw. Beseitigung von Rechtsverletzungen gerichtet ist, ggü. dem Sekundärrechtsschutz, aufgrund dessen Rechtsverletzungen lediglich finanziell kompensiert werden.[153]

30 Nur ausnahmsweise, bei Bestehen eines ausreichend gewichtigen Grundes,[154] kann die Amtshaftung ausgeschlossen werden. Dafür reicht jedoch eine Satzung, die auf die allgemeine kommunale Satzungsbefugnis gestützt ist, nicht aus, sondern bedarf es einer besonderen Rechtsgrundlage.[155]

6. Schuldner des Anspruchs

31 Art. 34 S. 1 GG erklärt den Staat oder die Körperschaft, in deren Dienst der Amtsträger steht, zum Haftungssubjekt. Über den Wortlaut des Art. 34 S. 1 GG richtet sich der Amtshaftungsanspruch gegen diejenige juristische Person des öffentlichen Rechts, in deren Dienst der Amtsträger steht, was auch bei einer rechtsfähigen Anstalt oder Stiftung der Fall sein kann.[156] Entscheidend ist, dass es sich beim Haftenden um einen Träger von Hoheitsgewalt handelt.[157] Für die Ermittlung des richtigen Anspruchsgegners haben sich drei Theorien herausgebildet:

---

147 Voßkuhle/Kaiser JuS 2015, 1076, 1077; Wittreck/Wagner Jura 2013, 1213, 1220 f.
148 Sprau in: Grüneberg, § 839 Rn. 69; s.a. OLG Saarbrücken NVwZ-RR 2018, 348, 352, auch zur Notwendigkeit eines, wenn auch nur leichten, Verschuldens.
149 Vgl. allg. § 21.
150 Dörr BayVBl. 2013, 613, 620 mwN; anders Maurer/Waldhoff, § 26 Rn. 32; Wittreck/Wagner Jura 2013, 1213, 1221.
151 BGHZ 197, 375, 382 f.; Shirvani Verw 50 (2017), 571, 596 f.
152 Vgl. am Beispiel eines Bauherrn, der trotz Nachbarwiderspruchs sein (rechtswidrig) genehmigtes Bauvorhaben in Angriff nimmt, BGH BauR 2008, 1577. Das Mitverschulden des Geschädigten lässt allerdings nur in Extremfällen die Haftung der öffentlichen Stelle gänzlich entfallen, vgl. anhand eines infolge unzureichender Räumungs- und Streuarbeiten der Verwaltung unfallbedingt Geschädigten BGH NVwZ-RR 2013, 909: nur bei einer „ganz besonderen, schlechthin unverständlichen Sorglosigkeit" des Betroffenen, aaO, 911.
153 Maurer/Waldhoff, § 26 Rn. 32; Erbguth VVDStRL 61 (2002), 221, 229 f.
154 Nach Art. 34 S. 1 GG trifft die Verantwortlichkeit „grundsätzlich" den Staat. Dazu BVerwGE 137, 377, 380.
155 BGH NVwZ 2008, 238, 239 ff.; vgl. zur Satzung § 26 Rn. 2 ff.
156 Maurer/Waldhoff, § 26 Rn. 43; vgl. § 6 Rn. 14 ff.; Voßkuhle/Kaiser JuS 2015, 1076, 1078.
157 Detterbeck/Windthorst/Sproll, § 11 Rn. 2.

Die **Anstellungstheorie** fragt danach, welche Körperschaft den Amtsträger angestellt hat.[158] Nach der **Funktionstheorie** haftet derjenige Hoheitsträger, dessen Aufgabe im konkreten Fall wahrgenommen wurde.[159] Der vermittelnden, vom BGH favorisierten **Anvertrauenstheorie**[160] zufolge haftet die (öffentliche) Stelle, die dem Amtsträger die Aufgaben, bei deren Wahrnehmung die Amtspflichtverletzung begangen wurde, übertragen hat. Im Regelfall ist das die Anstellungskörperschaft, die dem Amtsträger die Möglichkeit der Amtsausübung eröffnet hat.[161]

Die **Anvertrauenstheorie** hat neben einer begrifflichen und funktionalen Nähe zu Art. 34 GG[162] den Vorteil, dass sich mit ihr auch solche Fälle lösen lassen, in denen die Anknüpfung an die Anstellung versagt, zB wenn ein Amtswalter **keine Anstellungskörperschaft** hat, etwa weil er Beliehener ist.[163] Dann haftet der Hoheitsträger, der dem Amtswalter die Erfüllung der öffentlichen Aufgabe übertragen hat.[164] Das gilt auch in sonstigen Fällen der Einbeziehung Privater in die öffentliche Aufgabenstellung (etwa bei Übertragung des Rettungsdienstes in Landkreisen oder kreisfreien Städte auf das Deutsche Rote Kreuz eV).[165]

Hat ein Beamter **mehrere Dienstherren,** so trifft die Haftung denjenigen Hoheitsträger, dessen Angelegenheiten er im Zeitpunkt der Amtspflichtverletzung wahrgenommen hat.[166]

Beamte mit zwei Dienstherren (Beamte mit Doppelstellung) sind bspw. Landräte. Sie sind Organe des Landkreises, aber auch untere staatliche Verwaltungsbehörde (vgl. auch § 6 Rn. 13). Soweit der Landrat Aufgaben der unteren staatlichen Verwaltungsbehörde wahrnimmt, haftet das Land, iÜ der Landkreis.[167]

7. Verjährung des Amtshaftungsanspruchs

Auf den Amtshaftungsanspruch finden die zivilrechtlichen Verjährungsvorschriften Anwendung, §§ 195 ff. BGB.

32

Übersicht 34: Voraussetzungen des Amtshaftungsanspruchs nach § 839 BGB iVm Art. 34 GG

  I. **Handeln in Ausübung eines öffentlichen Amtes**
   1. Öffentliches Amt: jedes öffentlich-rechtliche Handeln, Beamtenstatus nicht erforderlich
   2. In Ausübung: äußerer und innerer Zusammenhang zwischen schädigender Handlung und öffentlich-rechtlicher Tätigkeit
  II. **Verletzung einer drittgerichteten Amtspflicht**
   1. Amtspflicht: jede durch (Außen-)Rechtsnormen und/oder verwaltungs-

---

158 Dazu anhand von Ethikkommissionen Rieck, Staatshaftung gem. Art. 34 GG für Ethikkommissionen iSd Arzneimittel- und Medizinproduktegesetzes, 2012, S. 120 ff.
159 BGHZ 99, 326, 330.
160 Oder: Amtsübertragungstheorie, Maurer/Waldhoff, § 26 Rn. 45.
161 BGHZ 213, 270, 274 Rn. 13; BGH NVwZ-RR 2019, 245, 247; 830, 830 Rn. 10.
162 Maurer/Waldhoff, § 26 Rn. 45.
163 BGHZ 122, 85, 87; 147, 169, 171; 213, 270, 274 Rn. 13.
164 BGHZ 213, 270, 274 Rn. 13. Für Amtspflichtverletzungen des TÜV im Rahmen der Fahrzeugüberprüfung nach § 29 StVZO haftet also etwa das jeweilige Bundesland. S.a. BGH NVwZ-RR 2019, 245, 247.
165 Dazu OLG Nürnberg NVwZ 2001, 1324; BGH NVwZ-RR 2019, 245, 247.
166 BGHZ 99, 326, 330 f.
167 Dörr BayVBl. 2013, 613, 615, anhand der Rechtslage in Bayern.

interne Regelungen auferlegte Pflicht des Amtswalters
2. Drittrichtung der Amtspflicht, wenn
   – sie nicht nur Interessen der Allgemeinheit, sondern auch Belange eines abgrenzbaren Personenkreises schützt,
   – Geschädigter zum geschützten Personenkreis zählt und
   – das beeinträchtigte Interesse des Geschädigten von der Drittrichtung der verletzten Amtspflicht erfasst wird.

III. **Verschulden des Amtswalters**
Vorsatz oder Fahrlässigkeit, gemessen an einem pflichtgetreuen Durchschnittsbeamten, auch bei Organisationsverschulden

IV. **Kausalität:** zwischen Amtspflichtverletzung und Schaden iSd Adäquanztheorie

V. **Kein Vorliegen von Ausschlussgründen**
1. Fahrlässigkeit des Amtswalters und anderweitiger Ersatzanspruch, § 839 Abs. 1 S. 2 BGB, wobei restriktive Auslegung dieser Vorschrift
2. Richterspruchprivileg, § 839 Abs. 2 BGB
3. Schuldhaftes Rechtsmittelversäumnis, § 839 Abs. 3 BGB

VI. **Keine Verjährung:** §§ 194 ff. BGB

VII. **Anspruchsinhalt:** Schadensersatz in Geld, ggf. Berücksichtigung von Mitverschulden (§ 254 BGB)

▶ **Zu Fall 1:** Fraglich ist, ob F einen Amtshaftungsanspruch gem. § 839 BGB iVm Art. 34 S. 1 GG geltend machen kann. Weil B den Antrag auf Aufnahme der T in eine Tageseinrichtung bzw. in die Kindertagespflege verlegt hat, wurde dieser nicht rechtzeitig bearbeitet. Mangels Betreuungsplatzes musste F die T zu Hause betreuen und konnte ihrem Beruf nicht nachgehen. Da sich der Anspruch aus § 24 Abs. 2 SGB VIII gegen die staatlichen Stellen richtet und sichergestellt sein muss, dass jedes Kind ab Vollendung des ersten Lebensjahres einen Betreuungsplatz bekommt, kann unproblematisch davon ausgegangen werden, dass B in Ausübung eines öffentlichen Amtes eine Amtspflichtverletzung durch Unterlassen begangen hat. Aus der Regelung ergibt sich, dass rechtzeitig gestellte Anträge so zu bearbeiten sind, dass der T mit Ablauf ihres ersten Lebensjahres ein Betreuungsplatz zur Verfügung steht. Die F kann sich jedoch nur dann auf einen Amtshaftungsanspruch berufen, wenn diese Amtspflicht – wenn auch nicht notwendig allein – auch den Sinn hat, gerade die Interessen der F zu schützen. Dies könnte vorliegend fraglich sein. Denn die Anspruchsnorm des § 24 Abs. 2 SGB VIII erwähnt ihrem Wortlaut nach nur das Kind als anspruchsberechtigte Person. Weil der Gesetzgeber mit dieser Regelung jedoch auch die Entlastung der Eltern zugunsten der Aufnahme und Weiterführung einer Erwerbstätigkeit erreichen wollte, ergibt sich aus dieser Vorschrift auch eine drittschützende Amtspflicht im Hinblick auf die Eltern. Wie angesichts dieser Regelungsintention deutlich wird, umfasst der Drittschutz dieser Regelung das Erwerbsinteresse der Eltern.[168] Da ein Durchschnittsbeamter den Antrag nicht verlegt hätte, ist auch das Verschulden zu bejahen (Fahrlässigkeit iSd § 276 Abs. 2 BGB). Zugunsten der F besteht in Bezug auf das Verschulden des Amtsträgers ein Beweis des ersten Anscheins.[169] Hätte B den Antrag rechtzeitig bearbeitet, hätte der

---

168 BGHZ 212, 303, 312 Rn. 26; Brade DVBl. 2017, 621, 623 f.; Shirvani Verw 50 (2017), 571, 589; aA Kümper NVwZ 2015, 1739, 1743.
169 BGHZ 212, 303, 317 Rn. 40; Brade DVBl. 2017, 621, 624.

T ein Betreuungsplatz zugewiesen werden müssen. Denn der zuständige Träger der öffentlichen Jugendhilfe muss für eine ausreichende Anzahl an Betreuungsplätzen sorgen, indem er diese selbst zu schaffen oder durch geeignete Dritte bereitzustellen hat.[170] Mithin war die Amtspflichtverletzung adäquat kausal für den der F entstandenen Schaden. Da keine Haftungsausschlussgründe (§ 839 Abs. 1 S. 2, Abs. 3 BGB) ersichtlich sind, steht F folglich ein Amtshaftungsanspruch zu. ◄

III. Regress gegen den Amtsträger

Nach Art. 34 S. 2 GG kann der Staat Regress bei dem Amtswalter nehmen, allerdings nur bei Vorsatz und grober Fahrlässigkeit. Entsprechende Regelungen finden sich in § 75 BBG, § 48 BeamtStG. Durch diese Beschränkung des Regresses soll zum einen die Entschlussfreudigkeit der Amtsträger und die Effektivität hoheitlichen Handelns gefördert werden; zum anderen wird dadurch der Fürsorgepflicht des Dienstherrn ggü. seinen Bediensteten Rechnung getragen.[171] Da diese Motive auf Private, die etwa aufgrund einer Beleihung als Amtsträger im haftungsrechtlichen Sinne tätig werden, nicht zutreffen, findet Art. 34 S. 2 GG auf sie keine Anwendung.[172] Jedoch bestimmt § 44 Abs. 3 S. 4 BHO, dass der Bund im Falle der Staatshaftung wegen Ansprüchen Dritter ggü. einer beliehenen juristischen Person des Privatrechts nur bei Vorliegen von Vorsatz oder grober Fahrlässigkeit Rückgriff nehmen kann.

33

IV. WIEDERHOLUNGS- UND VERSTÄNDNISFRAGEN

> Wer ist Amtswalter iSv Art. 34 GG, § 839 BGB, für dessen Fehlverhalten eine Amtshaftung in Betracht kommt? (→ Rn. 4 f.)
> Wann liegt eine Verletzung einer drittbezogenen Amtspflicht vor? (→ Rn. 8 ff.)
> Worauf muss sich das im Rahmen des Amtshaftungsanspruchs zu prüfende Verschulden beziehen? (→ Rn. 19)
> Wie ist der durch die Amtspflichtverletzung entstandene Schaden auszugleichen? (→ Rn. 24)
> Wen trifft die Haftung für die Amtspflichtverletzung? (→ Rn. 31)
> Wann ist ein Amtshaftungsanspruch ausgeschlossen? (→ Rn. 25 ff.)

---

170 BGHZ 212, 303, 317 f. Rn. 41; Brade DVBl. 2017, 621, 622 f.
171 BVerwGE 137, 377, 381 f.; s.a. BVerwG LKV 2017, 226, 228.
172 BVerwGE 137, 377, 381 f.

§ 38 Haftung bei Verletzung von Unionsrecht

▶ **FALL 2:** In Dänemark wird bei männlichen nicht kastrierten Schweinen nach dem Schlachtvorgang durch Skatolmesseinrichtungen zu sehr geruchsbelastetes Schweinefleisch ausgesondert. Die Bundesrepublik stellt sich wider besseres Wissen auf den Standpunkt, dass die Geruchsbelastung derartigen Schweinefleisches auf das Hormon Androstenon zurückgeht. Sie setzt deshalb die dafür einschlägige EU-Richtlinie fehlerhaft in das deutsche Recht um, indem gesetzlich vorgegeben wird, dass in Deutschland zu verkaufendes Schweinefleisch einen bestimmten Androstenon-Wert nicht überschreiten darf. Infolgedessen werden zahlreiche Schweinefleischlieferungen aus Dänemark von den deutschen Behörden wegen Überschreitung dieses Werts zurückgewiesen. Schweinezüchter und Schweinefleischlieferant L aus Dänemark, dessen Produkte von den deutschen Stellen mehrfach zurückgewiesen wurden, musste wegen der Haltung der deutschen Stellen seine Produktion umstellen. Zuvor hatte er sich erfolglos an das dänische Landwirtschaftsministerium gewandt, damit dieses Deutschland zur Einhaltung des Unionsrechts ermahnt. Verwaltungsgerichtliche Rechtsbehelfe standen mangels Statthaftigkeit nicht zur Verfügung. L bittet Sie um Prüfung, ob er von der Bundesrepublik Schadensersatz verlangen kann, und möchte insb. wissen, wie es um die Verjährbarkeit eines solchen Anspruchs steht. ◀

1 Im Rahmen der unionsrechtlichen Staatshaftung sind zwei Fallkonstellationen zu unterscheiden:
- zum einen die Haftung der EU selbst (wenn Unionsorgane oder -behörden gegen Unionsrecht verstoßen) – sog. **außervertragliche Haftung der EU**[1] – und
- zum anderen die **mitgliedstaatliche Haftung** (sofern nationale Organe oder Behörden Normen des Unionsrechts zuwiderhandeln).[2]

I. Haftung der Europäischen Union

2 Gem. **Art. 41 Abs. 3 GRCh** hat jede Person einen Anspruch darauf, dass die Union den durch ihre Organe oder Bediensteten in Ausübung ihrer Amtstätigkeit verursachten Schaden nach den allgemeinen Regelungen ersetzt, die den Rechtsordnungen der Mitgliedstaaten „gemeinsam" sind (= Grundrecht auf Schadensersatz). Dieser Anspruch ergibt sich aus der in **Art. 340 Abs. 2 AEUV** geregelten sog. außervertraglichen Haftung.[3] Über derartige Streitsachen entscheiden ausschließlich die Unionsgerichte (Art. 268 AEUV).[4] Im Unterschied zur Amtshaftung nach deutschem Recht wird also auf Unionsebene keine persönliche Haftung des Amtswalters übergeleitet, sondern **haftet die EU unmittelbar**.[5]

3 Nach dem Wortlaut des Art. 340 Abs. 2 AEUV beinhaltet die Vorschrift keine abschließende Normierung, sondern bedarf der Konkretisierung und Ergänzung. Der EuGH ist

---

[1] Eingehend dazu die Ausführungen in der Vorauflage Erbguth/Guckelberger, 10. Aufl. 2020, § 38 Rn. 1 ff.; s.a. Jacob/Kottmann in: Grabitz/Hilf/Nettesheim EUV/AEUV, Art. 340 AEUV Rn. 27 ff.; Thiele in: Terhechte, § 40 Rn. 16 ff.

[2] Eingehend Dörr in: EMRK/GG, Kap. 33 Rn. 141 ff.; Thiele in: Terhechte, § 40 Rn. 69 ff. Zum hiervon zu unterscheidenden, völkerrechtlich bedingten Entschädigungsanspruch nach Art. 5 Abs. 5 EMRK vgl. BGH JZ 2013, 1161 (mit Anm. Breuer), anhand Schadensersatz und Passivlegitimation sowie BGH Urt. v. 18.4.2019 – III ZR 67/18, juris.

[3] Zusammenfassend Ehlers Jura 2009, 187; insoweit zur Rechtsprechungsentwicklung Breuer JA 2004, 813.

[4] EuGH Urt. v. 15.7.2021 – C-758/19, Rn. 21 juris; zur erstinstanzlichen Zuständigkeit des EuG gem. Art. 256 Abs. 1 AEUV Cremer in: Calliess/Ruffert, EUV/AEUV, Art. 268 AEUV Rn. 1.

[5] Thiele in: Terhechte, § 40 Rn. 24, 27.

insoweit zur Rechtsfortbildung und Entwicklung unionsrechtlicher Haftungskriterien berechtigt.[6] Nach stRspr. hängt die außervertragliche Haftung der Union von drei kumulativen Voraussetzungen ab: Durch ein **dem Unionsorgan zurechenbares Verhalten** muss ein **Recht des Einzelnen verletzt** worden sein. Dadurch muss diesem ein **tatsächlicher Schaden** entstanden sein. Schließlich muss **zwischen dem Verhalten des Organs und dem Schaden ein unmittelbarer Kausalzusammenhang** bestehen.[7]

Übersicht 35: Voraussetzungen der Haftung der EU nach Art. 340 Abs. 2 AEUV

  I. Organ oder Bediensteter der EU
  II. Verstoß gegen eine Rechtsnorm
     1. die bezweckt, dem Einzelnen Rechte zu verleihen, und
     2. hinreichend qualifizierter Rechtsverstoß
  III. unmittelbarer Kausalzusammenhang zwischen Rechtsverletzung und Schaden

II. Mitgliedstaatliche Haftung

Außerdem etablierte der EuGH eine Haftung der Mitgliedstaaten für Schäden, die einer Person infolge dem Staat zuzurechnender Verstöße gegen das Unionsrecht entstehen.[8] Das gilt insb. für die Haftung von Mitgliedstaaten im Zusammenhang mit der Umsetzung von (EU-)Richtlinien.[9] Für Schäden, die wegen fehlender oder fehlerhafter Umsetzung derartiger Richtlinien entstehen, hilft die Geltendmachung eines Amtshaftungsanspruchs nach deutschem Recht nicht weiter. Die erforderliche Verletzung einer drittgerichteten Amtspflicht schließt regelmäßig Schadensersatzansprüche wegen Erlasses rechtswidriger Gesetze oder wegen fehlenden Erlasses von Gesetzen aus (keine Haftung für legislatives Unrecht).[10] Diese (auch nach dem Recht anderer Mitgliedstaaten zu verzeichnende) Lücke wird mit dem **unionsrechtlichen Staatshaftungsanspruch** geschlossen. Letztlich erfasst der unionsrechtliche Haftungsanspruch alle möglichen Unionsrechtsverstöße nationaler Stellen, egal, ob sie den Bereich der Gesetzgebung,[11] der Verwaltung oder der Judikative betreffen.[12]

4

---

6 Tremml/Karger/Luber, Rn. 1316.
7 Näher zu den Voraussetzungen Dörr in: EMRK/GG, Kap. 33 Rn. 126 ff. S. insb. zum Kausalverlauf nur EuGH NZKart 2019, 32 f.
8 EuGH Urt. v. 18.1.2022 – C 261/20, Rn. 42 juris mwN; Ausführlich zur unionsrechtlichen Staatshaftung der Mitgliedstaaten Wolff/Bachof/Stober/Kluth, Bd. 2, § 70 Rn. 34 ff.; Frenz/Götzkes JA 2009, 759; Otto Ad Legendum 2019, 116 ff.; zur Entwicklung Dörr EuZW 2012, 86.
9 EuGH Slg 1991, 5357 (Francovich); bestätigt durch Slg 1996, I-4845 (Dillenkofer); zu alldem Burger DVBl. 2012, 207 f. Zur Staatshaftung wegen Nichtumsetzung des europäischen Gentechnikrechts Palme EuZW 2005, 109.
10 Vgl. § 37 Rn. 14; zur staatlichen Haftung unter europäischem Einfluss Säuberlich EuR 2004, 954.
11 EuGH Slg 1996, I-1029 (Brasserie du Pêcheur).
12 Dörr BayVBl. 2013, 613, 622; Siegel, Europäisierung, Rn. 242. Zur Haftung der Mitgliedstaaten für unionsrechtswidrige richterliche Entscheidungen Rn. 7.

1. Rechtsgrundlage des Anspruchs

5 Nach Auffassung des EuGH handelt es sich bei der unionsrechtlichen Staatshaftung um ein Institut, das seine **Grundlage unmittelbar im System der Verträge** findet.[13] In den Anfangszeiten begründete er die Haftung zusätzlich mit dem **effet utile** der Gemeinschaftsrechtsordnung, dem Recht des Einzelnen auf effektiven Rechtsschutz (s. heute Art. 47 GRCh) sowie dem **Loyalitätsgrundsatz** (heute in Art. 4 Abs. 3 UAbs. 2, 3 EUV). Der in Art. 340 Abs. 2 AEUV geregelte Grundsatz der außervertraglichen Haftung der Union stelle nur eine besondere Ausprägung des auch in den mitgliedstaatlichen Rechtsordnungen anzutreffenden allgemeinen Rechtsgrundsatzes dar, dass öffentliche Stellen einen von ihnen rechtswidrig verursachten Schaden zu ersetzen hätten.[14] Aus diesem Grund sind die Haftungsvoraussetzungen – zu Recht – weitgehend der unionalen Haftung angeglichen.[15]

2. Voraussetzungen des Anspruchs

a) Schutznormverletzung

6 Das mitgliedstaatliche Verhalten muss gegen eine Rechtsnorm des Unionsrechts verstoßen, die zumindest auch **bezweckt, dem Einzelnen Rechte zu verleihen**.[16]

Beispiele:

- Solche individualschützenden Normen sind in den unmittelbar geltenden Grundfreiheiten (Primärrecht) zu sehen, bspw. Warenverkehrsfreiheit gem. Art. 34 f. AEUV[17] oder Diskriminierungsverbot, Art. 18 AEUV.[18] Allerdings ist zu beachten, dass die Grundfreiheiten nur auf Sachverhalte Anwendung finden, die über die Grenzen eines Mitgliedstaats hinausweisen.[19] Des Weiteren sind die Unionsgrundrechte drittschützend.

- Auch die Verletzung von Sekundärrecht, dessen Ziel es ist, dem Einzelnen Rechte zu verleihen (vgl. § 3 Rn. 1, 3 f.), erfüllt die Tatbestandsvoraussetzung der Schutznormverletzung.

Derartiges wird etwa für den Anspruch auf Umweltinformationen nach der Umweltinformations-Richtlinie angenommen.[20] Dies trifft selbst auf Richtlinien zu, die idR nicht unmittelbar Rechte begründen, soweit sie die Verleihung von Rechten bezwecken.[21] Eine Schutznormverletzung wurde zB in der Nichtumsetzung der Konkursausfangrichtlinie über den Schutz von Arbeitnehmern bei Zahlungsunfähigkeit des Arbeitgebers gesehen.[22]

---

13 EuGH Slg 1991, 5357, 5414 (Francovich); EuGH NJW 2022, 927, 929 Rn. 42; s.a. Kischel EuR 2005, 441, der zugleich für eine Exklusivität des Anspruchs und damit gegen ein Nebeneinander zu sonstigen staatshaftungsrechtlichen Ansprüchen plädiert; vgl. ferner BGHZ 134, 30, 60; Burger DVBl. 2012, 207, 208 mwN.
14 Nachweise bei Guckelberger EuR 2011, 75; s.a. Siegel, Europäisierung, Rn. 241. Eingehend zur Herleitung des Anspruchs sowie der daran geäußerten Kritik Thiele in: Terhechte, § 40 Rn. 70 ff.
15 Otto Ad Legendum 2019, 116, 117; Shirvani EuR 2011, 619, 626 f.
16 EuGH WM 2019, 156, 162; Otto Ad Legendum 2019, 116, 117.
17 Dazu EuGH Slg 1996, I-1029 (Brasserie du Pêcheur); NVwZ 2009, 771, 772 (Danske Slagterier).
18 Dazu EuGH Slg 2005, I-9981. Das gilt auch bei der Verletzung von Richtlinien, die im Wesentlichen nur bestimmte Grundfreiheiten konkretisieren, EuGH NVwZ 2009, 771 (Danske Slagterier), Rn. 23; dazu Dörr EuZW 2012, 86, 87.
19 EuGH Urt. v. 15.11.2016 – C-68/15, Rn. 47 ff. juris.
20 Richtlinie 2003/4/EG des Europäischen Parlaments und des Rates v. 28.1.2003 über den Zugang der Öffentlichkeit zu Umweltinformationen und zur Aufhebung der Richtlinie 90/313/EWG, ABl. EG v. 14.2.2003, L 41, S. 26. Vgl. nur Kümper ZUR 2012, 395, 397 f., unter Hinweis auf Art. 6 und Erwägungsgrund 19 der Richtlinie; anders im nationalen Kontext, vgl. § 37 Rn. 12.
21 Otto Ad Legendum 2019, 116, 118. Vgl. § 3 Rn. 4.
22 EuGH Slg 1991, 5357 (Francovich). Im sog. Dieselskandal stellte sich der BGH NVwZ 2022, 896 f. auf den Standpunkt, dass sich der Schutzzweck der RL 46/2007/EG sowie der VO 715/2007/EG nicht auf das

§ 38 Haftung bei Verletzung von Unionsrecht

Bei unterlassener oder unvollständiger Umsetzung von Richtlinien greift die mitgliedstaatliche Haftung jedoch nur subsidiär ein, und zwar dann, wenn sich der Einzelne nicht unmittelbar auf die Richtlinie berufen kann.[23]

b) Hinreichend qualifizierter Rechtsverstoß

Die Staatshaftung wird nur bei einem **hinreichend qualifizierten Verstoß** gegen das Unionsrecht ausgelöst. Der Mitgliedstaat muss in offenkundiger und schwerwiegender Weise gegen EU-Recht verstoßen haben.[24] Bei dieser Prüfung sind folgende, **nicht abschließend** aufgezählte Gesichtspunkte zu berücksichtigen, die **keinesfalls alle kumulativ erfüllt** sein müssen:[25]

- das Maß an Klarheit und Genauigkeit der verletzten Vorschrift,
- wie groß der Umfang des Entscheidungsspielraums ist, den die unionsrechtliche Norm den nationalen Stellen bei der Umsetzung oder der Anwendung belässt (zB ob sie mehrere vertretbare Deutungsmöglichkeiten eröffnet); reduziert sich der Spielraum auf Null, galt bislang schon der Verstoß an sich als hinreichend qualifiziert,[26]
- ob der Verstoß vorsätzlich oder unbeabsichtigt begangen wurde,
- ob der Verstoß unentschuldbar oder wegen eines etwaigen Rechtsirrtums entschuldbar gewesen ist,
- eine etwaige Mitverursachung des Verstoßes durch das Verhalten eines Unionsorgans.

Im **Exekutivbereich** kann es zu einem hinreichend qualifizierten Rechtsverstoß zB kommen, wenn der Anwendungsvorrang des Unionsrechts[27] nicht gewahrt wird,[28] etwa weil aufgrund unzureichender Prüfung ein Widerspruch des nationalen Rechts zum Unionsrecht übersehen oder verneint wird.[29] Wegen der Andersartigkeit des Erfordernisses eines hinreichend qualifizierten Rechtsverstoßes wäre es unionsrechtswidrig, wenn das nationale Recht den Entschädigungsanspruch von der vorsätzlichen Verursachung des Schadens durch die nationale Behörde abhängig machen würde.[30]

Nach stRspr. des EuGH greift der unionsrechtliche Staatshaftungsanspruch im Unterschied zum Amtshaftungsanspruch auch bei Unionsrechtsverstößen durch den **Gesetzgeber** oder die **Judikative**. Denn alle staatlichen Stellen sind zur Einhaltung des

---

wirtschaftliche Selbstbestimmungsrecht der Fahrzeugkäufer erstreckt. Allerdings stellte sich GA Rantos in seinem Schlussantrag v. 2.6.2022 in der Rs. C-100/21 Rn. 44 ff. auf den Standpunkt, dass die RL-Vorschriften sehr wohl individualschützend sind.

23 Vgl. Thiele in: Terhechte, § 40 Rn. 80. Zur unmittelbaren Geltung von Richtlinien § 3 Rn. 4.
24 EuGH WM 2019, 156, 163; BGH EuZW 2013, 194, 195; Otto Ad Legendum 2019, 116, 119.
25 Vgl. EuGH WM 2019, 156, 163; BVerwG GewArch 2013, 402, 406 mwN; BGH NJW-RR 2019, 528, 529 Rn. 22. Dörr BayVBl. 2013, 613, 622; eingehend ders. EuZW 2012, 86, 88 ff.; Otto Ad Legendum 2019, 116, 119.
26 Näher Dörr EuZW 2012, 86, 87 f.; s.a. Otto Ad Legendum 2019, 116, 119.
27 Entsprechendes gilt für die Judikative, s. BVerwG NVwZ 2016, 1417, 1419.
28 EuGH Urt. v. 25.11.2010 – Rs. C-429/09, juris (Fuchs); zur Bedeutsamkeit des Verschuldens, aber eben nicht als formelle Haftungsvoraussetzung Thiele in: Terhechte, § 40 Rn. 83.
29 Näheres bei Burger DVBl. 2011, 985, 992. Abgelehnt allerdings für die Laufzeit einer vom BVerfG zugestandenen Übergangsfrist bei einem (auch) für verfassungswidrig erklärten Gesetz, vgl. BGH NJW 2013, 168: Regelungen zum Sportwettenmonopol; krit. zu Recht Dörr BayVBl. 2013, 613, 622 f.: Einräumung von Übergangsfristen bei unionsrechtswidrigen nationalen Normen allenfalls durch EuGH, nicht durch Gerichte der Mitgliedstaaten.
30 EuGH WM 2019, 156, 164 f.

Unionsrechts verpflichtet.[31] Sonst könnten die Mitgliedstaaten durch die Verteilung der Staatsfunktionen auf den Ersatz derartiger Schäden Einfluss nehmen.[32] Somit führt der unionsrechtliche Staatshaftungsanspruch zu einer **Haftung für legislatives Unrecht**, wenn der Mitgliedstaat bei der Wahrnehmung seiner Rechtsetzungsbefugnisse, bei denen er oftmals über einen Spielraum verfügt, seine Grenzen offenkundig und erheblich überschritten hat.[33] Daran ist etwa bei einem erheblich verringerten oder gar auf Null reduzierten Normsetzungsermessen zu denken.[34] Praxisrelevantes Anwendungsbeispiel hierfür ist die Nichtumsetzung einer EU-Richtlinie, sofern diese nicht unmittelbar anwendbar ist.[35] Ein hinreichend qualifizierter Rechtsverstoß ist aber auf jeden Fall gegeben, wenn ein Mitgliedstaat sein Verhalten trotz Feststellung der Pflichtwidrigkeit durch den EuGH weiterhin fortsetzt.[36]

Auch **judikatives Unrecht** kann zu einem unionsrechtlichen Staatshaftungsanspruch führen.[37] Hiernach müssen die Mitgliedstaaten für Entscheidungen **letztinstanzlicher** (!) Gerichte (solche, deren Entscheidungen nicht mehr mit Rechtsmitteln des nationalen Rechts angefochten werden können) einstehen, wenn das Gericht die geltende Rechtslage und die einschlägigen Entscheidungen des EuGH offenkundig verkannt hat (oder von einer Vorlage an den EuGH entgegen Art. 267 Abs. 3 AEUV abgesehen hat).[38] Nach dem EuGH liegt ein offenkundiger Verstoß gegen das Unionsrecht bereits vor, wenn ein mitgliedstaatliches Gericht das Recht resp. die europäische Rspr. ersichtlich fehlerhaft auslegt oder den Sachverhalt bzw. die Beweise entsprechend würdigt.[39]

c) Unmittelbare Kausalität

8   Zwischen dem Verstoß gegen die dem Staat auferlegte unionsrechtliche Verpflichtung und dem Schaden, der dem/den Geschädigten entstanden ist, muss ein **unmittelbarer Kausalzusammenhang** bestehen.[40] Die Kausalität beurteilt sich anhand der Adäquanztheorie.[41] Im Fall von Ermessensentscheidungen gilt nach der Rspr. Entsprechendes wie bei der (nationalen) Amtshaftung (dazu § 37 Rn. 23): An einer Kausalität fehlt es, wenn nicht ausgeschlossen werden kann, dass der Schaden auch bei fehlerfreier Ermessensausübung eingetreten wäre.[42]

---

31 S. EuGH NJW 2022, 927, 929 Rn. 43, wonach gleichgültig ist, welche staatliche Stelle den Verstoß begangen hat. S.a. BGH NJW-RR 2019, 528, 529 Rn. 22.
32 Otto Ad Legendum 2019, 116, 118.
33 BGH VersR 2013, 324, 327; NJW-RR 2019, 528, 530.
34 BGH NJW-RR 2019, 528, 530 Rn. 26.
35 BGH NJW-RR 2019, 528, 534 Rn. 63; Thiele in: Terhechte, § 40 Rn. 85, während bei einer fehlerhaften Umsetzung bei einer vertretbaren Auslegung einer Richtlinienbestimmung oft ein hinreichend qualifizierter Verstoß zu verneinen ist. Zur Bejahung eines Verstoßes bei fehlerhafter Umsetzung EuGH Urt. v. 16.7.2020 – C-129/19, Rn. 34 ff. juris.
36 OVG Münster NWVBl. 2017, 250, 251.
37 EuGH NJW 2003, 3539; bezogen auf das Festhalten Deutschlands an den Honoraren für Architekten und Ingenieure EuGH Urt. v. 18.1.2022 – C-261/20, Rn. 46 f. juris.
38 EuGH Urt. v. 28.7.2016 – C-168/15, Rn. 26 juris; s.a. BGH, NJW-RR 2019, 528, 539; Thiele in: Terhechte, § 40 Rn. 86.
39 EuGH EuZW 2006, 561 mit Anm. Seegers; Haratsch JZ 2006, 1176; abgelehnt hins. der Unionsrechtswidrigkeit des nationalen Sportwettenmonopols im Zeitraum vor EuGH NVwZ 2010, 1409, durch EuGH EuZW 2013, 194, 198 f.
40 EuGH Urt. v. 28.7.2016 – C-168/15, Rn. 25 juris; WM 2019, 156, 162.
41 Detterbeck/Windthorst/Sproll, § 6 Rn. 46; s.a. Dörr in: EMRK/GG Kap. 33 Rn. 149. Vgl. § 37 Rn. 22.
42 BVerwG GewArch 2013, 402, 406.

3. Geltendmachung des unionsrechtlichen Staatshaftungsanspruchs

Die Voraussetzungen des Staatshaftungsanspruchs wurzeln im Unionsrecht, die Folgen des verursachten Schadens sind jedoch aus Rücksichtnahme auf die **Verfahrensautonomie der Mitgliedstaaten** (Art. 291 Abs. 1 AEUV) im Rahmen des nationalen Haftungsrechts zu beheben.[43] Aus diesem Grund richtet sich die Bestimmung der zuständigen Gerichte und die Ausgestaltung des oder der Klageverfahren nach dem nationalen Recht.[44] Nach § 40 Abs. 2 S. 1 VwGO ist der Rechtsweg zu den Zivilgerichten eröffnet,[45] im Falle einer beamtenrechtlichen Streitigkeit sind jedoch die Verwaltungsgerichte zuständig, wobei nach dem BVerwG der Anspruch mittels der allgemeinem Leistungsklage geltend zu machen ist.[46] Soweit das innerstaatliche Recht maßgeblich ist, ergeben sich für dieses aus dem unionsrechtlichen **Äquivalenz- und Effektivitätsgrundsatz** Grenzen. Infolge des Äquivalenzgrundsatzes dürfen die im nationalen Schadensersatzrecht festgelegten Voraussetzungen nicht ungünstiger sein als bei den rein nationalen Ansprüchen. Aus dem Effektivitätsgrundsatz folgt, dass die nationalen Anforderungen nicht so ausgestaltet sein dürfen, dass sie die Erlangung des Schadensersatzes praktisch unmöglich machen oder übermäßig erschweren.[47] Relevant werden diese Vorgaben vor allem bei der Anwendbarkeit von innerstaatlichen **Haftungsbeschränkungen**. Die Grundsätze des Mitverschuldens (§ 254 BGB) und des Vorrangs des Primärrechtsschutzes (vgl. § 839 Abs. 3 BGB) können von den Mitgliedstaaten als Haftungsbegrenzung vorgesehen werden, letzterenfalls aber nur bei einer Zumutbarkeit der Inanspruchnahme des Rechtsbehelfs.[48] Demggü. dürfen die Einschränkungen des § 839 Abs. 1 S. 2 BGB nicht zur Abweisung des unionsrechtlichen Anspruchs führen. Auch die Begrenzung der Haftung wegen fehlerhafter Urteile findet, wie soeben behandelt (vorstehend Rn. 7), keine Anwendung auf den unionsrechtlichen Anspruch: Das Richterspruchprivileg des § 839 Abs. 2 BGB gilt nicht. Es ist str., ob der Schadensersatz nur in Geld zu gewähren ist oder grds. auch ein Ausgleich durch Naturalrestitution in Betracht kommt.[49] Für letzteres spricht, dass der unionsrechtliche Staatshaftungsanspruch im Unterschied zur Amtshaftung zu einer direkten Haftung des jew. Hoheitsträgers führt.[50] Zudem müssen Art und Umfang der Entschädigung im Hinblick auf den zugefügten Schaden angemessen sein. Eine Begrenzung des Vermögensschadens auf 50% des Schadens würde gegen den Effektivitätsgrundsatz ver-

---

[43] EuGH Slg 1991, 5357 (Francovich); ferner ausführlich Stelkens DÖV 2005, 770.
[44] EuGH WM 2019, 156, 162 f., 165; Otto Ad Legendum 2019, 116, 120 f.; Ossenbühl/Cornils, S. 596; zum Anspruchsverpflichteten OVG Münster NWVBl. 2017, 250, 251 f.
[45] Dörr in: EGMR/GG, Kap. 33 Rn. 153.
[46] BVerwGE 168, 220, 222 Rn. 9 und in 48 dazu, dass der Dienstherr nach dem Grundsatz sparsamer Haushaltsführung grds. zur Erhebung der Verjährungseinrede auch verpflichtet ist.
[47] S. nur EuGH WM 2019, 156, 164 f.; Otto Ad Legendum 2019, 116, 120. Dazu, dass der unionsrechtliche Staatshaftungsanspruch eine zeitnahe Geltendmachung des Anspruchs beim Dienstherrn voraussetzt, BVerwGE 168, 220, 223 Rn. 15 ff.; dazu auch BVerfG Nichtannahmebeschl. v. 22.7.2019 – 2 BvR 1702/18, Rn. 8 ff. juris.
[48] Vgl. EuGH Slg 1996, I-1029, 1157 (Brasserie du Pêcheur); NVwZ 2009, 771, 775 f. (Danske Slagterier): Zumutbarkeit ist vom erkennenden Gericht im Einzelfall zu klären. Das wird grds. zu bejahen sein; anders EuZW 2012, 86, 91, hins. des Rechtsschutzes vor Feststellung des Widerspruchs einer (nationalen) Rechtsnorm zum Europarecht. S.a. EuGH WM 2019, 156, 165 f.
[49] Dazu, dass die Entschädigung bei rechtswidrig angeordneter Mehrarbeit primär auf Freizeitausgleich gerichtet ist, OVG Bremen Urt. v. 13.3.2019 – 2 LC 332/16, Rn. 39 juris; gegen das Vorliegen eines Schadens iSd § 199 Abs. 2, 3 BVerwGE 168, 236, 242 Rn. 23. Zur Uneinigkeit hins. des Ausschlusses der Naturalrestitution Otto Ad Legendum 2019, 116, 120. Zur Pfändbarkeit des Anspruchs BGH NJW-RR 2020, 995, 996 Rn. 13 ff.
[50] Thiele in: Terhechte, § 40 Rn. 90.

stoßen,[51] ebenso ein Ausschluss entgangenen Gewinns.[52] Schließlich kann sich aus der Verjährung, soweit diese ausreichend lange bemessen ist, eine weitere Anspruchsgrenze ergeben.[53] Insoweit ist auf die für Amtshaftungsansprüche geltenden Verjährungsregelungen (analog) zurückzugreifen.[54] Haftungsgegner ist bei Umsetzungsdefiziten der hierfür national verantwortliche Hoheitsträger.[55] Die Inanspruchnahme gerichtlichen Rechtsschutzes darf von der Entrichtung einfacher oder streitwertabhängiger Gebühren abhängig gemacht werden, sofern diese mit dem Äquivalenz- und Effektivitätsgrundsatz in Einklang stehen.[56]

4. Verhältnis zu nationalen Haftungsansprüchen

10 Das Unionsrecht erlaubt zwar, dass ein Staat nach nationalem Recht unter weniger strengen Voraussetzungen für Unionsrechtsverstöße haftet, aber nicht die Einführung zusätzlicher Voraussetzungen zu den drei vom EuGH entwickelten Kriterien.[57] Nicht durchgesetzt hat sich die Sichtweise, den unionsrechtlichen Staatshaftungsanspruch in die Prüfung des Amtshaftungsanspruchs zu integrieren und diesen unionsrechtskonform auszulegen (zB hinreichend qualifizierter Verstoß statt Verschulden).[58] Vielmehr prüfen die Gerichte den unionsrechtlichen Staatshaftungsanspruch als einen **eigenständigen (ungeschriebenen) Schadensersatzanspruch**.[59] Erklären lässt sich dies wohl damit, dass sich so europäische Überformungen oder Änderungsdruck auf eingefahrene Sichtweisen und Systematiken hins. der im nationalen Recht wurzelnden Ansprüche vermeiden lassen.[60] Soweit es um Fehler der Verwaltung geht, konkurriert der unionsrechtliche Staatshaftungsanspruch mit nationalen Amtshaftungsansprüchen, sodass beide Ansprüche in der Klausur hintereinander zu prüfen sind.[61] Der unionsrechtliche Staatshaftungsanspruch tritt neben die Ansprüche des nationalen Haftungssystems.[62]

Übersicht 36: Voraussetzungen des unionsrechtlichen Staatshaftungsanspruchs

> I. **Schutznormverletzung:** Verletzung einer Rechtsnorm des Unionsrechts, die zumindest auch bezweckt, dem Einzelnen Rechte zu verleihen
>
> II. **Hinreichend qualifizierter Rechtsverstoß:** offenkundiger und schwerwiegender Verstoß gegen Unionsrecht
>
> III. **Kausalität:** unmittelbarer Kausalzusammenhang zwischen Rechtsverstoß und eingetretenem Schaden iSd Adäquanztheorie

---

51 EuGH Urt. v. 10.12.2020 – C-735/19, Rn. 98 f. juris.
52 Vgl. EuGH Slg 1996, I-1029, 1156 f. (Brasserie du Pêcheur).
53 Eingehend Guckelberger EuR 2011, 75 ff.
54 Vgl. § 37 Rn. 32; näher EuGH NVwZ 2009, 771, 773 ff. (Danske Slagterier); dazu Armbrüster/Kämmerer NJW 2009, 3601. S.a. BVerwGE 168, 236, 240 Rn. 15 ff.; Insoweit gilt der (deutsche) Grundsatz der Schadenseinheit, vgl. näher Dörr EuZW 2012, 86, 90 f. mwN; BGH NJW-RR 2019, 528, 537.
55 Bei Anwendung einer unionsrechtswidrigen Norm die dies betreffende öffentliche Stelle; näher zu alldem Burger DVBl. 2012, 207, 208 ff.
56 EuGH WM 2019, 156, 165.
57 EuGH WM 2019, 156, 164.
58 S.a. Otto Ad Legendum 2019, 116, 122.
59 Dörr in: EGMR/GG, Kap. 33 Rn. 142. Zum Streit, ob es sich hierbei um einen unionsrechtlichen Anspruch oder ein unionsrechtskonform anzuwendendes Institut des nationalen Rechts handelt, Nachweise bei Guckelberger EuR 2011, 75, 77 ff.
60 Dörr in: EGMR/GG, Kap. 33 Rn. 142.
61 Dörr in: EGMR/GG, Kap. 33 Rn. 142; Otto Ad Legendum 2019, 116, 122.
62 Dörr BayVBl. 2013, 613, 622.

IV. Haftungsfolgen:
1. Kein Haftungsausschluss bzw. -minderung durch Mitverschulden (§ 254 BGB) oder Vorrang des Primärrechtsschutzes (§ 839 Abs. 3 BGB)
2. Keine Begrenzung gem. § 839 Abs. 1 S. 2 und Abs. 2 S. 1 BGB
3. Schadensersatz
4. Kein Ablauf der Verjährungsfrist (§§ 194 ff. BGB)

▶ Zu Fall 2: Fraglich ist, ob L ein Schadensersatzanspruch gegen die Bundesrepublik zusteht. Zunächst könnte ein Amtshaftungsanspruch gem. § 839 BGB iVm Art. 34 GG gegeben sein. Die nicht richtige Umsetzung einer EU-Richtlinie in innerstaatliches Recht stellt eine fehlerhafte gesetzgeberische Tätigkeit dar. Allerdings scheidet nach der Rspr. des BGH eine Amtshaftung des Gesetzgebers mangels Verletzung einer drittbezogenen Amtspflicht aus.[63] Es könnte aber ein Anspruch aus unionsrechtlicher Staatshaftung in Betracht kommen. Nach ständiger EuGH-Rspr. wohnt der Grundsatz der Haftung eines Mitgliedstaats für Verstöße gegen das Unionsrecht dem System der Verträge inne. Dieser Anspruch besteht unabhängig davon, welche staatliche Stelle gehandelt hat. Erste Voraussetzung ist, dass die Unionsnorm, gegen die verstoßen wurde, bezweckt, dem Geschädigten Rechte zu verleihen. Vorliegend wurde durch die nicht richtige Umsetzung der EU-Richtlinie, die im Übrigen unionalen Handelsverkehr mit frischem Fleisch fördern soll, die Warenverkehrsfreiheit des L (Art. 34 AEUV) als eine ihn unmittelbar schützende Unionsrechtsvorschrift verletzt. Zweite Voraussetzung ist, dass in hinreichend qualifizierter Weise gegen das Unionsrecht verstoßen wurde. Auch wenn den Mitgliedstaaten bei der Umsetzung einer Richtlinie ein Spielraum zukommt, dürfen sie nicht wider besseres Wissen eine Regelung aufstellen, die dieser Richtlinie inhaltlich zuwiderläuft. Es handelt sich um einen offensichtlichen und besonders schwerwiegenden Verstoß. Drittens muss ein unmittelbarer Kausalzusammenhang zwischen dem Verstoß und dem Schaden des Geschädigten bestehen. Hätte die Bundesrepublik nicht den fehlerhaften Wert vorgegeben, hätte L seine Produkte ohne Beanstandungen in Deutschland verkaufen können. Alle drei vom EuGH entwickelten Haftungskriterien sind somit zu bejahen.

Im Übrigen obliegt es den Mitgliedstaaten aufgrund ihrer Verfahrensautonomie, die Folgen des entstandenen Schadens im Rahmen ihres nationalen Haftungsrechts zu beheben, sofern der Äquivalenz- und Effektivitätsgrundsatz gewahrt wird. § 839 BGB würde vorliegend dem Schadensersatzanspruch nicht entgegenstehen, da L sich an das dänische Landwirtschaftsministerium gewendet hatte, damit es auf die Beseitigung des Verstoßes durch Deutschland hinwirkt. Statthafte verwaltungsgerichtliche Rechtsbehelfe zur Erlangung von Primärrechtsschutz gab es laut dem Sachverhalt nicht. Die Verjährung erschwert die Durchsetzung des Staatshaftungsanspruchs. Andererseits trägt sie zur Rechtssicherheit bei. Soweit die anzuwendende Verjährungsregelung auch auf nationale Ansprüche angewendet wird, ist der Äquivalenzgrundsatz gewahrt. Da nach § 195 iVm § 199 Abs. 1 BGB die regelmäßige Verjährungsfrist von drei Jahren mit Schluss des Jahres beginnt, ab dem der Anspruch entstanden ist und der Gläubiger von den anspruchsbegründenden Umständen sowie der Person des Schuldners Kenntnis erlangt hat oder ohne grobe Fahrlässigkeit erlangen müsste, steht dem L ein ausreichend langer Zeitraum zur Durchsetzung seines

---

63 Etwa auch Bundesland, Dörr EuZW 2012, 86, 92 mwN; bereits § 37 Rn. 14.

Anspruchs zu und wird dadurch die Geltendmachung des Schadensersatzanspruchs weder unmöglich gemacht noch übermäßig erschwert.[64] ◄

III. Sekundärrechtliche Haftungsansprüche

11 Auch aus dem Sekundärrecht können sich Schadensersatzansprüche ergeben. So hat nach Art. 82 Abs. 1 DSGVO jede Person, der wegen eines Verstoßes gegen diese Verordnung ein materieller oder immaterieller Schaden entstanden ist, Anspruch auf Schadensersatz gegen den Verantwortlichen oder gegen den Auftragsverarbeiter. Behörden machen sich bei DSGVO-Verstößen also schadensersatzpflichtig. Wie der BFH vor kurzem entschieden hat, handelt es sich bei diesem Schadensersatzanspruch um eine originäre Haftung der Behörde, der sich insoweit von der Amtshaftung nach § 839 BGB iVm Art. 34 GG unterscheidet.[65]

IV. Haftung im Europäischen Verwaltungsverbund

12 Vermehrtes kooperatives Verwaltungshandeln im europäischen Verwaltungsverbund, insb. dessen Variantenreichtum (bereits § 3 Rn. 9), wirft schwierige Haftungsfragen auf, die noch weitgehend ungelöst, jedenfalls keineswegs rechtssystematisch gesichert erfasst sind. Das gilt v.a. für die Frage, welcher staatliche Träger im Rahmen des mehrstufigen Miteinanders **Haftungsgegner** ist. Immerhin wird als Leitlinie Folgendes Geltung beanspruchen:

Während teilweise aus rechtstaatlichen Gründen, insb. der Erkennbarkeit für den Bürger, diejenige Ebene als haftbar angesehen wird, die das administrative Verwaltungshandeln im europäischen Verwaltungsverbund nach außen verantwortet, also die Maßnahme insoweit verbindlich festlegt („Vollzugsbehörde"),[66] wird überwiegend vertreten, dass die für den Schaden materiell verantwortliche Behörde dafür einzustehen hat. Zwar erleichtert die gegenteilige Ansicht die Bestimmung des Anspruchsgegners, vernachlässigt aber, dass es oft an dem materiellen Anspruch gegen die Vollzugsbehörde fehlen wird.[67]

Im Beispiel zum transnationalen Verwaltungsakt (vgl. § 12 Rn. 55 f.) ist danach im „Normalverfahren" der Erlassstaat der richtige Haftungsgegner.[68]

V. Wiederholungs- und Verständnisfragen

> Nach welcher Vorschrift haftet die EU im außervertraglichen Bereich? (→ Rn. 2)
> Welche Fälle einer Haftung der Mitgliedstaaten wegen Missachtung von Unionsrecht sind denkbar? (→ Rn. 4)
> Welches sind die Voraussetzungen der mitgliedstaatlichen Haftung? (→ Rn. 6 ff.)

---

64 Der Sachverhalt wurde abgewandelt, s. dazu auch EuGH EuZW 2009, 334 ff.; BGHZ 181, 199, 214 ff.; Guckelberger EuR 2011, 75 ff. S. zur Verjährung auch BGH NJW-RR 2019, 528, 536 ff.; BVerwGE 168, 236, 240 Rn. 15 ff.; 220, 228 Rn. 27 ff.
65 BFH Beschl. v. 28.6.2022 – II B 92/21, Rn. 16 ff. juris.
66 Shirvani EuR 2011, 619, 629; s.a. Guckelberger/Geber, Allgemeines Europäisches Verwaltungsverfahrensrecht, S. 64 f.
67 Thiele in: Terhechte, § 40 Rn. 99 f.; s.a. Ludwigs in: Kahl/ders., II, § 36 Rn. 39.
68 Ludwigs in: Kahl/ders., II, § 36 Rn. 39.

§ 39 Entschädigungsansprüche bei Eigentumseingriffen

I. Überblick über die Entschädigungsregelungen

Für die Entschädigung bei Eingriffen in das Eigentum stehen mehrere Haftungsinstitute zur Verfügung:[1]

- **Enteignungsentschädigung** für Eingriffe in das Eigentum, die auf einem den Anforderungen des Art. 14 Abs. 3 GG entsprechenden Gesetz beruhen (dazu Rn. 2 ff.),
- **Ausgleichspflichtige Inhalts- und Schrankenbestimmungen** für besondere Belastungen im Rahmen der gesetzlichen Bestimmung von Inhalt und Schranken des Eigentums nach Art. 14 Abs. 1 S. 2 GG (vgl. Rn. 23 ff.),
- **Entschädigung für enteignungsgleiche Eingriffe** bei rechtswidrigen Eingriffen in das Eigentum (dazu Rn. 29 ff.),
- **Entschädigung für enteignende Eingriffe** bei enteignend wirkenden Nebenfolgen rechtmäßigen Verwaltungshandelns (vgl. Rn. 40 ff.).

II. Enteignungsentschädigung[2]

▶ **FALL 3:** Um Kennzeichen krimineller Rockergruppierungen effektiv aus der Öffentlichkeit zu verbannen, wurde in § 9 VereinsG ein an jede Person gerichtetes Verbot normiert, wonach Kennzeichen, zu denen ua Abzeichen und Uniformstücke gehören, von verbotenen Vereinen und Ersatzorganisationen nicht mehr öffentlich, auf einer Versammlung oder medial verwendet werden dürfen. Der davon betroffene Rocker R, der sehr an seiner mit Kennzeichen versehenen Kutte hängt, aber juristisch nicht sehr bewandert ist, möchte eine Antwort auf die Frage erhalten, ob darin ein Eingriff in sein Eigentum, genauer eine entschädigungspflichtige Enteignung liegt. ◀

Enteignungen entziehen nach Art. 14 Abs. 1 S. 2 GG (individuell) ausgeprägtes Eigentum und sind nur unter engen Voraussetzungen zulässig. Sie dürfen insb. lediglich durch Gesetz oder aufgrund eines Gesetzes vorgenommen werden, das gleichzeitig eine Entschädigungsregelung enthält (Art. 14 Abs. 3 S. 2 GG). **Anspruchsgrundlage** für die Geltendmachung von Entschädigungsansprüchen wegen Enteignungen ist somit nicht Art. 14 Abs. 3 GG, sondern das enteignende **Gesetz** selbst. Die über Art. 14 Abs. 1 S. 1 GG gewährleistete Bestandsgarantie des Eigentums wandelt sich im Falle von rechtmäßigen Enteignungen nach Art. 14 Abs. 3 GG in eine **Wertgarantie** um.[3]

1. Eigentum

Erste Voraussetzung einer Enteignung und des darauf gerichteten Entschädigungsanspruchs ist die Verletzung einer Eigentumsposition. Art. 14 Abs. 1 S. 1 GG gewährleistet das Eigentum.[4] Aus Art. 14 Abs. 1 S. 2 GG folgt jedoch, dass Inhalt und Schranken des Eigentums durch Gesetze festgelegt werden; es handelt sich also um ein sog. **norm-**

---

[1] Eingehend zu Art. 14 GG Lege Jura 2011, 507 und zum Staatshaftungsrecht ders., aaO, 826; zu den nachfolgend behandelten Entschädigungsansprüchen näher Gaier in: Münchener Kommentar zum BGB, Bd. 7, Sachenrecht, Vorb § 903 Rn. 28 ff.; C. Ernst, dort auch, Vorb § 903 Rn. 68 ff.
[2] Vertieft Wolff/Bachof/Stober/Kluth, Bd. 2, § 71.
[3] BVerfG NJW 2017, 217, 221; NVwZ 2021, 56 f.; Maurer/Waldhoff, § 27 Rn. 39.
[4] Als Instituts- und als Individualgarantie, Maurer/Waldhoff, § 27 Rn. 37.

geprägtes Grundrecht:[5] Eigentum ist kein der Rechtsordnung vorgegebenes Recht, sondern entsteht erst im Wege der Ausgestaltung durch den Gesetzgeber.[6] Dieser legt fest, was im Einzelnen unter Eigentum zu verstehen ist. Dabei muss er berücksichtigen, dass sich das verfassungsrechtlich gewährleistete Eigentum durch **Privatnützigkeit** und die grds. **Verfügungsbefugnis** darüber auszeichnet sowie sein Schutz besonders ausgeprägt ist, soweit es auf die Sicherung der persönlichen Freiheit der Einzelnen abzielt.[7] Da der Gebrauch des Eigentums nach Art. 14 Abs. 2 S. 1 GG zugleich dem Allgemeinwohl dienen soll, ist ein ausgewogenes Verhältnis zwischen der Freiheitssphäre des Einzelnen und dem Wohl der Allgemeinheit herzustellen, „das nicht nur Orientierungspunkt, sondern auch Grenze für die Beschränkung des Eigentums ist".[8]

4 Zum verfassungsrechtlich geschützten Eigentum gehören daher grds. **alle vermögenswerten Rechte**, die den Berechtigten so zugeordnet sind, dass sie die damit verbundenen Befugnisse aufgrund eigenverantwortlicher Entscheidung zum privaten Nutzen ausüben dürfen.[9] Hierzu zählen in erster Linie alle **privatrechtlich** zugewiesenen vermögenswerten Rechte, wie das zivilrechtliche Sacheigentum, die Möglichkeit, es zu nutzen, etwa zu vermieten oder zu bebauen, aber auch der Besitz (ins. des Mieters),[10] Anwartschaften,[11] Anteilseigentum in Form von Aktien,[12] Patent- und Urheberrechte oder privatrechtliche Forderungen.[13] Seit geraumer Zeit lässt das BVerfG offen, ob das als sonstige Recht gem. § 823 Abs. 1 BGB anerkannte Recht am eingerichteten und ausgeübten Gewerbebetrieb den Schutz des Art. 14 Abs. 1 GG genießt.[14] Richtigerweise ist dies bei Eingriffen in die Substanz des Betriebs zu bejahen.[15]

Bei **öffentlich-rechtlichen** vermögenswerten Rechten handelt es sich um schützenswerte Eigentumspositionen, wenn sie dem Rechtsträger iSe Ausschließlichkeitsrechts als privatnützig zugeordnet sind und auf nicht unerheblichen Eigenleistungen des Bürgers beruhen,[16] zB Ansprüche auf Rente aus der gesetzlichen Rentenversicherung.[17] Entsprechendes gilt bei existenzieller Angewiesenheit des Bürgers auf die Ansprüche, etwa im Sozial(hilfe)bereich, oder bei sonstiger Zuweisung öffentlich-rechtlicher Ansprüche bzw. Leistungen zur ausschließlichen und eigenverantwortlichen Nutzung des Einzelnen.[18] Genehmigungen zur Zulassung gefährlicher Anlagen, etwa im Atomrecht oder nach der Seeanlagenverordnung für Windenergieanlagen in der ausschließlichen Wirtschaftszone, stellen lediglich deren Vereinbarkeit mit den öffentlich-rechtlichen

---

5 Vgl. BVerfG NJW 2018, 2036, 2037; Maurer/Waldhoff, § 27 Rn. 38; näher Grochtmann, Die Normgeprägtheit des Art. 14 GG, 2010.
6 Hierzu Detterbeck/Windthorst/Sproll, § 14 Rn. 2; ein materielles Gesetz reicht aus, BVerfGE 8, 71, 79; zum Gesetzesbegriff allg. § 7 Rn. 3 ff.; anders Jasper DÖV 2014, 872: der einfachgesetzlichen Inhaltsbestimmung vorgelagert.
7 BVerfG NJW 2017, 217, 221; NJW 2018, 3007, 3008; NVwZ 2021, 56 Rn. 21.
8 BVerfG NVwZ 2021, 56, 57.
9 BVerfGE 155, 238, 270 Rn. 74.
10 BVerfG NJW 2019, 3054, 3059 Rn. 72 und zur baulichen Nutzung BVerfG Kammerbeschl. v. 29.4.2022 – 1 BvL 2/17, Rn. 20 juris.
11 BVerfGE 153, 358, 382 Rn. 57.
12 BVerfGE 14, 263, 276; 100, 289, 301; Wendt in: Sachs, Art. 14 Rn. 24. Im Näheren kommt es auf den Umfang der einfachgesetzlichen Zuweisung an, vgl. Rn. 7 mit Nachweis.
13 BVerfG NJW 2018, 3007, 3008; zum Urheberrecht und schuldrechtlichen Ansprüchen BVerfG NJW 2018, 2036.
14 BVerfGE 155, 238, 274 Rn. 86; BVerfG NVwZ 2021, 1464, 1466 Rn 26.
15 S.a. Dünchheim/Gräler VerwArch 2021, 38, 54; Shirvani DÖV 2022, 54, 58.
16 BVerfGE 72, 1, 18 f.; 116, 96, 121; BVerfG NJW 2018, 3007, 3008.
17 BVerfG NJW 1996, 185; NZA 2020, 724, 725.
18 Maurer/Waldhoff, § 27 Rn. 44.

Vorschriften fest, sollen den Berechtigten aber keine einem Eigentümer vergleichbare Rechtsposition verschaffen.[19] Investitionen als solche sind bloße Ausgaben. Sofern jedoch eine eigentumsfähige Position vorliegt, entnimmt das BVerfG aus dem Grundsatz des rechtsstaatlichen Vertrauensschutzes, dass das Eigentumsgrundrecht allerdings nur berechtigtes Vertrauen in den Bestand der Rechtslage als Grundlage für Investitionen in das Eigentum schützt.[20]

Das **Vermögen** als solches ist mangels einfachgesetzlicher Zuweisung (Art. 14 Abs. 1 S. 2 GG) **kein Eigentum** iSd Art. 14 Abs. 1 GG. Daher stellt die Auferlegung von Geldleistungspflichten (Abgaben, Steuern) grds. keinen Eigentumseingriff dar (außer bei sog. Erdrosselungssteuern), sondern allenfalls eine Verletzung von Art. 2 Abs. 1 GG.[21]

Der Umfang des in Art. 14 Abs. 1 GG verbrieften Schutzes bezieht sich auf den Bestand der vermögenswerten Rechtspositionen: Die Eigentumsgarantie schützt das Erworbene, nicht jedoch den Erwerb; Letzterer ist aber dem Schutz durch Art. 12 Abs. 1 GG zugänglich.[22] Deshalb werden bloße **Gewinn- und Erwerbschancen**, also künftige Rechtspositionen, etwa Verdienstmöglichkeiten,[23] **nicht von Art. 14 Abs. 1 GG** geschützt.

2. Enteignung

Die Ansichten zum Vorliegen einer Enteignung können auf eine abwechslungsreiche Geschichte zurückblicken.[24] Nach heutiger Auffassung des BVerfG ist eine **Enteignung** die vollständige oder teilweise **Entziehung** einer konkreten vermögenswerten Rechtsposition iSd Art. 14 Abs. 1 GG durch einen **gezielten (finalen) hoheitlichen Rechtsakt** (entweder in Gestalt eines formellen Gesetzes oder aufgrund eines Gesetzes, Art. 14 Abs. 3 GG, jedoch nicht durch Realakt),[25] der **stets auch eine Güterbeschaffung** zugunsten des Staats oder eines sonstigen Enteignungsbegünstigten enthalten muss. Das BVerfG begründet die Notwendigkeit der Begrenzung der Enteignung auf Güterbeschaffungsvorgänge mit funktionalen Erwägungen. Denn ein praktischer Bedarf für einen bloßen Eigentumsentzug ohne Übergang des Eigentums würde sich v.a. dann ergeben, wenn dieses bemakelt ist oder mit einer sonstigen Gemeinwohllast wahrgenommen wird. Vor dem Hintergrund der grds. Sozialpflichtigkeit des Eigentums (Art. 14 Abs. 2 GG) müsse in solchen Konstellationen ein Eigentumsentzug ohne Bindung an die engen Voraussetzungen des Art. 14 Abs. 3 GG (insb. Entschädigungspflicht) möglich sein. Im Übrigen lasse sich dadurch die Enteignung besser von bloßen Nutzungs- und Verfügungsbeschränkungen als Inhalts- und Schrankenbestimmung des Eigentums

5

---

19 BVerfGE 155, 238, 271 Rn. 76 ff., anders dagegen bei der bergrechtlichen Bewilligung.
20 BVerfGE 143, 246, 383 Rn. 372. S. zu dieser Thematik auch Blandfort, Investitionsschutz im Mehrebenensystem, 2020.
21 Vgl. BVerfGE 87, 153, 169; BVerfG Beschl. v. 30.6.2022 – 2 BvR 737/20, Rn. 74 f. juris; zur erdrosselnden Wirkung einer Hundesteuer iHv 2000 Euro BVerwG Urt. v. 15.10.2014 – 9 C 8/13, Rn. 13, 22 ff. juris.
22 Vgl. Detterbeck/Windthorst/Sproll, § 14 Rn. 38.
23 BVerfG NJW 2017, 217, 223, 229.
24 S. dazu Erbguth/Guckelberger, 10. Auflage 2020 § 39 Rn. 5.
25 Insb. seit dem Nassauskiesungsbeschluss, BVerfGE 58, 300, 330 f.; BVerfG NJW 2017, 217, 225; dazu Lege JZ 2011, 1084; vgl. auch BVerfGE 42, 263, 299; 52, 1, 27; zwischenzeitlich BGHZ 99, 24, 29. Ausführlich zu den Folgen des Nassauskiesungsbeschlusses Schlick in: Depenheuer/Shirvani, S. 111 ff. und zum Enteignungsbegriff Cornils in: Depenheuer/Shirvani, S. 137 ff.

abgrenzen.²⁶ Beispiel für eine nach diesen Kriterien vorliegende Enteignung ist der Zugriff auf Privatgrundstücke und deren „Wegnahme", um sie für die Anlage eines Flughafens zu nutzen und damit die Infrastruktur zu fördern.

6   Nach der Regelungssystematik des Art. 14 GG sind Enteignungen von **Inhalts- und Schrankenbestimmungen** (Art. 14 Abs. 1 S. 2 GG) abzugrenzen, die – da sie keine Enteignung sind – **keine Entschädigungspflicht nach Art. 14 Abs. 3 GG** auslösen (zu den ausnahmsweise ausgleichspflichtigen Inhalts- und Schrankenbestimmungen Rn. 26 f.). Wie geschildert, beinhaltet eine **Enteignung den Entzug des Eigentums** durch Änderung der Eigentumszuordnung **zur Güterbeschaffung** für den Staat oder einen Dritten.²⁷ Inhalts- und Schrankenbestimmungen beinhalten dagegen abstrakt-generelle Regelungen, mit denen der Gesetzgeber die Rechtsstellung des Eigentümers begründet und ausformt.²⁸ Der konkrete und gezielte Entzug einer Rechtsposition zur Güterbeschaffung unterscheidet die Enteignung mithin von Bestimmungen nach Art. 14 Abs. 1 S. 2 GG, die Inhalt und Schranken des Eigentums für die Zukunft in allgemeiner Form festlegen.²⁹ Zur Bestimmung von Inhalt und Schranken des Eigentums zählen bspw. Ausweisungen über die Bebaubarkeit von Grundstücken in Bebauungsplänen³⁰ oder die Einführung einer „Mietpreisbremse".³¹ Es ist dem Gesetzgeber unbenommen, einmal gewährte Eigentumspositionen im Wege einer Änderung der bisherigen Inhalts- und Schrankenbestimmung zu verändern und fortzuentwickeln, selbst wenn sich dadurch die Nutzungsmöglichkeiten bestehender Eigentumspositionen verschlechtern,³² wie dies etwa bei naturschutzrechtlichen Nutzungsverboten und -beschränkungen,³³ Bauverboten in Wasserschutzgebieten³⁴ und aus Gründen des Denkmalschutzes der Fall ist.³⁵

7   So können auf der Grundlage von Inhalts- und Schrankenbestimmungen Einzelmaßnahmen erlassen werden, die konkrete, vom Schutz des Art. 14 Abs. 1 GG umfasste Rechtspositionen völlig beseitigen.³⁶ Bspw. stellt die Anordnung des Abrisses eines einsturzgefährdeten Gebäudes, obwohl sie auf den Entzug einer konkreten Eigentumsposition zielt, keine Enteignung dar. Da die Eigentumsposition nicht auf den Staat oder einen Dritten übergeht, handelt sich vielmehr um eine bloße Konkretisierung von Inhalts- und Schrankenbestimmungen. Die in den Landesbauordnungen bzw. Polizei- und Ordnungsgesetzen geregelte Zustandsverantwortlichkeit des Eigentümers, die zu derartigen gefahrenabwehrenden Maßnahmen berechtigt, ist mithin als Ausdruck der

---

26   BVerfG NJW 2017, 217, 225; krit. hins. der Begründung des BVerfG Berkemann DVBl. 2017, 793, 797 ff.; s.a. BVerfGE 145, 20, 104, wonach in einer Übergangsregelung bereits deshalb keine Enteignung gesehen werden kann, weil es an einer staatlichen Güterbeschaffung fehle; VerfGH BW Beschl. v. 6.4.2017 – 1 VB 12/17, Rn. 7 juris; aA Dürig JZ 1954, 4, 9 f.; Schwarz DVBl. 2013, 133, 138. Teilw. krit. ggü. dem Enteignungsbegriff des BVerfG Cornils in: Depenheuer/Shirvani, S. 137 ff.
27   BVerfG NJW 2017, 217, 224.
28   BVerfGE 52, 1, 27; Erbguth/Schubert, Öffentliches Baurecht, § 2 Rn. 34.
29   Näher zur Inhalts- und Schrankenbestimmung sowie zur Enteignung anhand von (Grund-)Fällen Jochum/Durner JuS 2005, 320 ff., 412 ff.; s.a. Lege in: Depenheuer/Shirvani, S. 221 ff.
30   BVerfG Kammerbeschl. v. 29.4.2022 – 1 BvL 2/17, Rn. 20 juris; vgl. auch Erbguth/Schubert, Öffentliches Baurecht, § 2 Rn. 49 f.
31   BVerfG Nichtannahmebeschl. v. 18.7.2019 – 1 BvL 1/18 ua, Rn. 94 juris.
32   BVerfG NJW 2017, 217, 224, 225 f.; NJW 2019, 3054, 3059.
33   BVerwG NJW 1996, 409.
34   BVerwG NVwZ 1997, 887, 889; näher Maurer/Waldhoff, § 27 Rn. 47, anhand des Begriffs der teilweisen Entziehung, vgl. Rn. 6.
35   Guckelberger NVwZ 2016, 17, 20.
36   Zum Vorliegen einer Inhalts- und Schrankenbestimmung bei Statuierung einer Frist zur Geltendmachung des Rechts BVerwGE 169, 54, 62 Rn. 24.

Polizei- bzw. Sozialpflichtigkeit des Eigentums (vgl. Art. 14 Abs. 2 GG) eine (zulässige) Inhalts- und Schrankenbestimmung.[37] Je nach Konstellation muss der Gesetzgeber aber prüfen, ob nicht aus verfassungsrechtlichen Gründen die Intensität des Eingriffs in das Eigentum mittels Härteklauseln bzw. adäquaten Übergangsfristen, letztlich durch Gewährung eines finanziellen Ausgleichs (vgl. noch Rn. 26) abzumildern ist.[38]

3. Zulässigkeitsvoraussetzungen der Enteignung

Enteignung ist nach Vorstehendem der mit einer Güterbeschaffung verbundene gezielte Eigentumsentzug zur Erfüllung einer öffentlichen Aufgabe. Die Rechtmäßigkeit ist kein Begriffsmerkmal der Enteignung, sondern bildet den Oberbegriff für ihre nachfolgend zu behandelnden Zulässigkeitsvoraussetzungen.[39] Da die Enteignung regelmäßig einen schweren Eingriff in das verfassungsrechtlich garantierte Eigentum beinhaltet, muss sie den einengenden Anforderungen des Art. 14 Abs. 3 GG entsprechen und auch sonst mit der Verfassung und rechtsstaatlichen Grundsätzen (kein Verstoß gegen die Verhältnismäßigkeit, Willkürverbot) in Einklang stehen.

8

a) Ermächtigungsgrundlage

Grundlage einer Enteignung darf nur ein formelles Gesetz sein, das selbst bestimmt, für welche Vorhaben, unter welchen Voraussetzungen und für welche Zwecke (sowie mit welcher Entschädigungsfolge, Art. 14 Abs. 3 S. 2, 3 GG) eine Enteignung zulässig ist.[40] Nach Art. 14 Abs. 3 S. 2 GG darf die Enteignung nur „durch Gesetz oder auf Grund eines Gesetzes" erfolgen.

9

- Erfolgt die Enteignung unmittelbar durch (formelles, s.o.) Gesetz, spricht man von **Legalenteignung**. Aufgrund der eingeschränkten Rechtsschutzmöglichkeiten des Betroffenen gegen ein formelles Gesetz[41] bildet die Enteignung durch Gesetz die **Ausnahme**.[42] Dafür streitet auch der typisch administrative Charakter enteignender Maßnahmen.[43] Bei der Legalenteignung entscheidet der Gesetzgeber selbst, welche Eigentümer von einer Enteignungsmaßnahme betroffen werden und welche Wirkungen diese hat.[44] Beispiel für eine Enteignung unmittelbar durch ein Gesetz ist das Hamburger Deichordnungsgesetz vom 29.4.1964,[45] durch das nach einer Flutkatastrophe im Jahre 1962 Deichgrundstücke direkt in öffentliches Eigentum

---

37 Vgl. BVerfG NJW 2000, 2573, 2574 f. Ebenso für die Kürzung von Emissionsberechtigungen BVerfG NVwZ 2018, 972, 976 und für die Anordnung der Tötung seuchenverdächtiger oder bereits erkrankter Tiere aufgrund § 24 Abs. 1 bzw. § 66 TierSchG BVerfG NJW 1999, 2877.
38 BVerfGE 83, 201, 211 ff.; BVerfG NVwZ 2021, 398, 402 vgl. auch Lösung zu Fall 3.
39 Maurer/Waldhoff, § 27 Rn. 55, mwN auf gegenteilige Sichtweisen.
40 BVerfG DVBl. 2017, 1174, 1175 f. Allein die (Enteignungs-)Ermächtigung für ein dem Allgemeinwohl entsprechendes Vorhaben reicht nicht, BVerfG NVwZ 2014, 211, Ls.; näher zu den Enteignungsgesetzen Maurer/Waldhoff, § 27 Rn. 76 ff.
41 BVerfGE 95, 1, 22; s.a. BVerfG NJW 2022, 139, 141 ff. Rn. 101, 149, wonach unmittelbar gegen Gesetze fachgerichtlicher Rechtsschutz regelmäßig an sich nicht offensteht, aber möglicherweise dennoch eine Feststellungs- oder Unterlassungsklage zumutbar sein kann.
42 BVerfGE 95, 1, 22; zu den verschiedenen Ansichten auch Guckelberger in: Ziekow, Aktuelle Fragen des Luftverkehrs-, Fachplanungs- und Naturschutzrechts, 2006, S. 237, 259 f.
43 Maurer/Waldhoff, § 27 Rn. 57.
44 Guckelberger in: Ziekow, Aktuelle Fragen des Luftverkehrs-, Fachplanungs- und Naturschutzrechts, 2006, S. 237, 258.
45 Dazu BVerfGE 24, 367; s. zum Investitionsmaßnahmegesetz „Südumfahrung Stendal", das im Rahmen der Verkehrsprojekte „Deutsche Einheit" erlassen wurde; BVerfGE 95, 1, 22.

überführt wurden, weil die dringende Notwendigkeit bestand, das Deichsystem auszubauen.

10 ■ Infolgedessen bildet die Enteignung durch sonstigen Hoheitsakt (regelmäßig Verwaltungsakt, aber auch durch Satzung oder Rechtsverordnung[46]) aufgrund eines (formellen) Gesetzes den Regelfall, sog. **Administrativenteignung**. Fachgesetze enthalten bspw. Ermächtigungen an die jew. zuständigen Behörden, Enteignungen etwa zum Bau von Bundesfernstraßen (§§ 19, 19a FStrG) oder zur Anlegung von Bundeswasserstraßen (§ 44 WaStrG) vorzunehmen.

b) Allgemeinwohl

11 Nach Art. 14 Abs. 3 S. 1 GG ist eine Enteignung **nur** zum **Wohle der Allgemeinheit** zulässig. Es ist Aufgabe des Gesetzgebers, den unbestimmten Rechtsbegriff „Wohle der Allgemeinheit" zu konkretisieren. Dabei steht ihm ein weiter Spielraum zu.[47] Er muss den Zweck der Enteignung in den jew. Enteignungsgesetzen näher, also hinreichend bestimmt umreißen.[48] Enteignungen kommen in Betracht, wenn sie einem dringlichen, vom Gemeinwohl geforderten Vorhaben dienen, zB den Entzug des Eigentums an einem Grundstück für Zwecke des Straßenbaus[49] oder zur Versorgung des Marktes mit Rohstoffen[50] ermöglichen. Von Verfassungs wegen scheiden dagegen rein fiskalisch motivierte Enteignungen aus.[51] Gleiches gilt für Enteignungen, die vom Grundgesetz missbilligte Zwecke verfolgen oder ausschließlich den Interessen Privater dienen.[52]

Daraus folgt im Umkehrschluss, dass eine Enteignung **zugunsten eines privatrechtlich organisierten Unternehmens** zulässig sein kann, wenn diesem die Erfüllung einer dem Gemeinwohl dienenden Aufgabe zugewiesen ist. Damit sind bspw. Enteignungen zugunsten von privatrechtlich betriebenen Unternehmen der Daseinsvorsorge (etwa Energieversorgungsunternehmen) zulässig.[53] Allerdings steigen dann die Anforderungen an das verfolgte (Gemeinwohl-)Ziel: Es muss sich um ein schwerwiegendes, spezifisch öffentliches Interesse handeln.[54] Der Gemeinwohlnutzen soll sich darüber hinaus als mittelbare Folge der Unternehmensbetätigung ableiten können, wenn zB die mit einer Enteignung bezweckte Unternehmenserweiterung zwar vorrangig im privatwirtschaftlichen Interesse des Unternehmens steht, zugleich aber einer Verbesserung der regionalen Wirtschaftsstruktur und der Schaffung von Arbeitsplätzen oder dem Umweltschutz

---

46 Siegel, Rn. 1006. Auch dann gilt das Erfordernis der formell-gesetzlichen Grundlage, vgl. allg. für Satzungen § 26 Rn. 2; Maurer/Waldhoff, § 27 Rn. 57.
47 BVerfGE 134, 242, 292; BVerfG WM 2017, 548, 549; zum Gemeinwohlerfordernis auch Guckelberger in: Ziekow, Aktuelle Fragen des Luftverkehrs-, Fachplanungs- und Naturschutzrechts, 2006, S. 237, 240 ff.
48 Ossenbühl/Cornils, S. 243.
49 BVerfGE 56, 249, 278. Zur Notwendigkeit der Überprüfung eines Planfeststellungsbeschlusses, wenn eine darauf basierende Enteignung aufgrund nachträglicher Änderung der Sach- oder Rechtslage nicht mehr dem Gemeinwohl dienen würde, BVerfG NVwZ-RR 2021, 873, 875.
50 BVerfG NVwZ 2014, 211, in verfassungskonformer Auslegung von § 79 Abs. 1 BBergG. Krit. wegen der Absenkung der Anforderungen durch BVerfG DVBl. 2017, 1174, 1175 f. hins. des Abstellens auf die Gewährleistung der Transportsicherheit von Ethylen Ogorek DÖV 2018, 465, 469 ff.
51 BVerfG NJW 1999, 1176; NVwZ 2017, 949, 950.
52 BVerfG NVwZ 2017, 949, 650.
53 BVerfGE 66, 248, 257 f. Das gilt auch für den Braunkohlenabbau BVerfG NVwZ 2014, 211. Vgl. zu Unternehmen der Daseinsvorsorge § 5 Rn. 13 und § 29 Rn. 3.
54 BVerfG NVwZ 2014, 211; NVwZ 2017, 949, 952 .

dient.⁵⁵ Dann gelten weiter erhöhte Anforderungen. Insb. muss sich aus der gesetzlichen Regelung eindeutig ergeben, ob und für welche Vorhaben die Enteignung eröffnet ist und welches Eigentum herangezogen werden kann.⁵⁶ Gesetzgeberisch muss sichergestellt sein, dass der begünstigte Private das enteignete Gut iSd Gemeinwohlziels auch wirklich verwendet bzw. einsetzt – und zwar grds. dauerhaft.⁵⁷

c) Verhältnismäßigkeit

Aus allgemeinen rechtsstaatlichen Grundsätzen ergibt sich, dass die Enteignung dem Grundsatz der Verhältnismäßigkeit entsprechen muss, dh **geeignet, erforderlich** und verhältnismäßig im engeren Sinne, also **angemessen** zu sein hat (zur Verhältnismäßigkeit bereits § 14 Rn. 53).

12

- Das gilt bereits für das Enteignungsgesetz mit dem dort festgelegten Gemeinwohlziel (vgl. Rn. 11) und (natürlich) für die Enteignung selbst.⁵⁸
- Hins. Letzterer wird von der Rspr. erneut unterschieden, und zwar zwischen der einzelnen Enteignungsmaßnahme und dem Vorhaben, für das diese Maßnahme eingesetzt wird (bspw. Bau einer bestimmten Straße). Dies findet sich auf die Erforderlichkeit wie auf die Angemessenheit gleichermaßen erstreckt.
- Hiernach gelten die normalen Anforderungen der **Erforderlichkeit** nur ggü. dem **konkreten Enteignungsakt**: Es darf kein milderes Mittel geben, das gleichermaßen geeignet ist, das verfolgte Vorhaben zu verwirklichen.⁵⁹ Als im Verhältnis zur Enteignung weniger einschneidende Maßnahme kommt möglicherweise die Auferlegung einer dinglichen Belastung an einem Grundstück in Betracht (bspw. für die Verlegung von Versorgungsleitungen).⁶⁰ Nicht erforderlich ist ein Enteignungsakt auch, wenn das benötigte Grundstück im Wege eines privatrechtlichen Kaufvertrags erworben werden kann. Was die Erforderlichkeit des Vorhabens **zur Erreichung des (gesetzlichen) Gemeinwohlziels** anbelangt, ist man großzügiger. Insoweit reicht es aus, dass das Vorhaben zum Wohl der Allgemeinheit „vernünftigerweise geboten" ist.⁶¹ Das soll etwa bei einem Braunkohleabbauvorhaben („Garzweiler II") zur Sicherung der Rohstoffversorgung der Fall sein.⁶²
- Bei der **Angemessenheit** ist hins. der **Einzelmaßnahme** eine bipolare Abwägung vorzunehmen, nämlich zwischen ihrem Beitrag zur Verwirklichung des Vorhabens einerseits und dem Gewicht des Eingriffs in das Eigentum andererseits.⁶³ Bzgl. des **Vorhabens selbst** hat demggü. eine „Gesamtabwägung" zwischen dem hiermit verfolgten Gemeinwohlziel und den dadurch beeinträchtigten Belangen zu erfolgen.⁶⁴

---

55 BVerfGE 74, 264, 284 ff.; zu einer Rohrleitungsanlage BVerfG NVwZ 2017, 399, 401; Maurer/Waldhoff, § 27 Rn. 61; etwa im Gefolge von privatnützigen Planfeststellungen ieS, dazu OVG Hamburg NordÖR 2004, 354; Ramsauer/Bieback NVwZ 2002, 277; Jarass NuR 2004, 69, 71; Erbguth NordÖR 2005, 51.
56 Je weniger der Geschäftsgegenstand des begünstigten Unternehmens auf das gemeine Wohl ausgerichtet ist, umso genauer müssen die diesbzgl. gesetzlichen Vorschriften sein, BVerfG NVwZ 2014, 211; 2017, 399 402; bereits BVerfGE 74, 264, 285 f.; Elgeti NVwZ 2022, 280, 283; näher und krit. Muckel BayVBl. 2011, 225.
57 BVerfG NVwZ 2017, 949, 950. Ausnahme: Die Verwendung ist ihrer Natur nach auf einmalige Inanspruchnahme beschränkt, BVerfG NVwZ 2014, 211; 2017, 399, 401; bereits BVerfGE 38, 175, 180; 74, 264, 286.
58 Maurer/Waldhoff, § 27 Rn. 59.
59 BVerfG NVwZ 2014, 211, mit der etwas überzeichneten Begrifflichkeit „unverzichtbar".
60 Vgl. BVerwGE 29, 248, 254 ff.
61 BVerfG NVwZ 2014, 211.
62 BVerfG NVwZ 2014, 211, 228 ff.
63 BVerfG NVwZ 2014, 211.
64 BVerfG NVwZ 2014, 211; dazu Kühne NVwZ 2014, 321, 323 f.

Kraft gesetzlicher Anordnung kann es freilich Vorabbindungen zugunsten der Verhältnismäßigkeit (und auch des Allgemeinwohls, Rn. 12) geben, sodass es im Enteignungsverfahren nur noch um die näheren Modalitäten des staatlichen Zugriffs, nicht aber um sein „Ob" oder den Standort des Vorhabens geht. Beispiele für eine derartige **„enteignungsrechtliche Vorwirkung"** finden sich insb. im Planfeststellungsrecht, etwa betreffend den Straßenbau (vgl. § 19 Abs. 1, 2 FStrG).[65]

d) Entschädigungsregelung

13   Das enteignende Gesetz muss eine Regelung über Art und Ausmaß der Entschädigung enthalten, Art. 14 Abs. 3 S. 2 GG (sog. **Junktimklausel**).[66] Damit wird primär eine Schutzfunktion zugunsten des Bürgers, des Weiteren eine Warnfunktion ggü. dem Gesetzgeber (Einsatz von Haushaltsmitteln!) verfolgt und schließlich dessen Haushaltshoheit geschützt (Kompetenzfunktion).[67] In den Vorschriften müssen die näheren Anforderungen der Enteignung und der damit ausgelösten Pflicht zur Zahlung einer Entschädigung in hinreichender Weise bestimmt werden.[68] Sog. **salvatorische Entschädigungsklauseln**[69] ohne nähere Konkretisierung der Voraussetzungen sowie von Art und Umfang der Entschädigung („Sofern eine Maßnahme nach diesem Gesetz eine Enteignung darstellt, ist Entschädigung zu leisten."),[70] werden Art. 14 Abs. 3 S. 2 GG nicht gerecht.[71]

14   Fehlt eine Entschädigungsregelung oder entspricht sie nicht den Anforderungen des Art. 14 Abs. 3 GG, ist das Enteignungsgesetz und damit die Enteignung rechtswidrig. Infolge der Verfassungswidrigkeit und Nichtigkeit des enteignenden Gesetzes entfällt die Grundlage für Entschädigungszahlungen. Verwaltung und Gerichte dürfen dann auch nicht unter direktem Durchgriff auf Art. 14 Abs. 3 GG Entschädigung für eine (rechtswidrige) Enteignung gewähren.[72] Der Betroffene muss vielmehr in einem solchen Fall den rechtswidrigen Eingriff gerichtlich abwehren (**Vorrang des Primärrechtsschutzes und kein „dulde und liquidiere"**).[73] Im Falle der Administrativenteignung wird ihm regelmäßig die Möglichkeit der Anfechtungsklage (§ 42 Abs. 1 Alt. 1 VwGO) gegen die eigentumsbeeinträchtigende Maßnahme der Behörde offenstehen.[74] Gegen eine unmittelbar durch Gesetz vorgenommene Enteignung kann er Verfassungsbeschwerde zum BVerfG erheben (Art. 93 Abs. 1 Nr. 4a GG, vgl. vorstehend Rn. 9).

---

65 Maurer/Waldhoff, § 27 Rn. 60. Ausdrücklich insoweit § 71 WHG bei Planfeststellungen für den Gewässerausbau nach § 67 ff. WHG; dazu näher Fröhlich ZfW 2014, 183; s.a. Guckelberger in: Ziekow, Aktuelle Fragen des Luftverkehrs-, Fachplanungs- und Naturschutzrechts, 2006, S. 237, 261 ff.
66 Instruktiv OVG Weimar ThürVBl. 2005, 60.
67 Maurer/Waldhoff, § 27 Rn. 63.
68 Maurer/Waldhoff, § 27 Rn. 64; Rn. 15 f.
69 Vorfindlich teilw. in Naturschutz-, Wasser- sowie Denkmalschutzgesetzen, etwa § 23 DSchG M-V.
70 Die Entstehung der salvatorischen Entschädigungsklauseln beruht auf dem (früheren) weit gefassten Enteignungsverständnis von BVerwG und BGH, vgl. Erbguth/Guckelberger, 10. Aufl. 2020, § 39 Rn. 5 sowie BGHZ 6, 270, 280; BVerwGE 5, 143, 145.
71 BVerwGE 84, 364. Zu salvatorischen Klauseln bei ausgleichspflichtigen Inhalts- und Schrankenbestimmungen Rn. 26.
72 Seit BVerfGE 58, 300; Kompetenzfunktion, s. Rn. 14. Anders die vorher vom BGH vertretene Auffassung, wonach jeder ein Sonderopfer abverlangende Eingriff als Enteignung angesehen und wie eine Enteignung aufgrund Art. 14 GG entschädigt wurde, vgl. BGHZ 6, 270, 290. Zu Entschädigungsansprüchen insoweit, aber außerhalb von Art. 14 Abs. 3 GG, vgl. Rn. 29 ff.
73 Sauer JuS 2012, 800, 802. Vgl. § 36 Rn. 1.
74 Näher zur Anfechtungsklage § 20 Rn. 17 ff.

4. Rechtsfolge: Entschädigung

Liegt eine (rechtmäßige) Enteignung vor, steht dem Betroffenen **Entschädigung** zu, Art. 14 Abs. 3 S. 2, 3 GG. Der Entschädigungsanspruch gewährt ausschließlich Ersatz für den durch den Eingriff in das Eigentum eingetretenen Vermögensverlust.[75] Die Entschädigung soll den Betroffenen in die Lage versetzen, eine Sache gleicher Art und Güte zu beschaffen und damit seinen Verlust auszugleichen. Die Entschädigung umfasst folglich (anders als der Schadensersatz) keinen Ausgleich entgangenen Gewinns. Neben dem Ersatz des Sachwertes erstreckt sich der Entschädigungsanspruch auf unmittelbare Folgeschäden oder Folgekosten (wie Umzugskosten).[76] Die Entschädigung ist idR auf Zahlung von Geld gerichtet, kann aber auch in der Verschaffung von Ersatzland oder (eher selten) von Wertpapieren bestehen.[77]

15

Die **Höhe der Entschädigung** ist unter gerechter Abwägung der Interessen der Allgemeinheit und der Beteiligten zu bestimmen (Art. 14 Abs. 3 S. 3 GG). Als maßgebend wird der Verkehrswert des entzogenen Gutes angesehen.[78] Grds. ist voller Wertersatz zu leisten.[79] Die Auffassung, nach der sich der Wert um einen aus der Sozialpflichtigkeit des Eigentums (vgl. Art. 14 Abs. 2 GG) folgenden „Sozialbindungs-Abzug" reduziert,[80] vermag nicht zu überzeugen.[81] Sie käme einer Aushöhlung der aus der Bestandsgarantie fließenden Wertgarantie des Eigentums gleich und widerspräche dem Grundsatz gerechter Lastenverteilung, nach dem ein eher zufälliger Zugriff auf das konkrete Eigentum nicht zulasten des Betroffenen gehen darf.[82]

16

Vom vollen Wertersatz darf nur in Ausnahmefällen abgewichen werden. So führen etwa mitwirkendes Verschulden bei der Enteignung (§ 254 BGB)[83] und ein zu erwartender Vorteilsausgleich (zB Berücksichtigung von planungsbedingten Wertsteigerungen des verbleibenden Restgrundstücks bei Teilentziehungen) zu einer Reduzierung der Entschädigung.[84]

5. Haftungsgegner

Die Pflicht zur Entschädigungsleistung trifft den durch die Enteignung begünstigten Verwaltungsträger.[85] Im Fall der Enteignung zugunsten eines privaten Unternehmers haftet dieser.[86]

17

---

75 BGHZ 91, 243, 257.
76 BGHZ 55, 294, 296 ff.; Siegel, Rn. 1015; vgl. auch die gesetzlichen Regelungen in § 93 Abs. 2 Nr. 2, § 96 BauGB. Bloß mittelbare Folgekosten, etwa Maklerkosten, sind dagegen nicht entschädigungsfähig, vgl. BGHZ 41, 354, 359.
77 Detterbeck/Windthorst/Sproll, § 16 Rn. 146. S.a. Petz in: Spannowsky/Uechtritz, BeckOK BauGB, 45. Edition, 1.11.2018, § 99 Rn. 15, zur Entschädigung in Form von Wertpapieren im Rahmen des § 99 BauGB.
78 Marktwert, vgl. nur BGHZ 11, 156, 162; Lege JA 2016, 81, 84 f.
79 Näher Maurer/Waldhoff, § 27 Rn. 70.
80 Zum Begriff Papier in: Dürig/Herzog/Scholz, 82. EL 2018, Art. 14 Rn. 613. Heute unter dem Begriff der Wertreduktion Papier/Shirvani in: Dürig/Herzog/Scholz, Art. 14 Rn. 720.
81 Detterbeck/Windthorst/Sproll, § 16 Rn. 147 ff.; krit. auch Maurer/Waldhoff, § 27 Rn. 71.
82 Vgl. Maurer/Waldhoff, § 27 Rn. 71.
83 BGHZ 45, 290, 294 ff.
84 BGHZ 62, 305.
85 BGHZ 72, 211, 213; 90, 17, 20; Siegel, Rn. 1017.
86 Maurer/Waldhoff, § 27 Rn. 74; Siegel, Rn. 1017.

6. Verjährung

18 In entsprechender Anwendung der § 195, § 199 Abs. 1 BGB verjähren Ansprüche auf Enteignungsentschädigung regelmäßig in drei Jahren. Ohne Rücksicht auf die in § 199 Abs. 1 BGB genannten subjektiven Umstände gilt gem. § 199 Abs. 4 BGB (analog) eine absolute Verjährungsfrist von zehn Jahren seit Entstehung des Anspruchs.[87]

7. Rechtsweg

19 Soweit es nur um die Höhe der (Enteignungs-)Entschädigung geht, ist im Streitfall gem. **Art. 14 Abs. 3 S. 4 GG** der **Rechtsweg zu den Zivilgerichten** eröffnet. Das gilt auch für die Frage, ob überhaupt ein Anspruch auf Enteignungsentschädigung besteht.[88] Aus Art. 14 GG folgt insoweit zugleich die Verpflichtung auf effektiven Rechtsschutz.[89]

8. Enteignungsverfahren

20 Die Enteignung darf nur aufgrund eines Verfahrens erfolgen, das die Berücksichtigung und ordnungsgemäße Abwägung aller wesentlichen rechtlichen und sachlichen Gesichtspunkte sichert, insb. der betroffenen Privatinteressen. Dies folgt auch ohne ausdrückliche Regelung in Art. 14 Abs. 3 GG aus der die Entscheidungsinhalte beeinflussenden Wirkung des Verfahrens (allg. § 15 Rn. 14), resp. der verfahrensrechtlichen Dimension der Grundrechte.[90]

Das Baugesetzbuch regelt bspw. im Rahmen seiner Enteignungsvorschriften (§§ 104 ff. BauGB) das Enteignungsverfahren; vergleichbare Vorgaben enthalten die Landesenteignungsgesetze (zB § 10 EntEigG M-V; §§ 14 ff. SaarlEntEigG).

9. Rückenteignung

21 Gelegentlich kommt es vor, dass sich das Vorhaben, zu dessen Durchführung ein Grundstück enteignet wurde, nicht realisieren lässt oder das Grundstück für den mit der Enteignung verfolgten Zweck nicht (mehr) benötigt wird.[91] In einem solchen Fall hat der Enteignete einen Anspruch auf **Rückübereignung** seines ehemaligen Grundstücks.[92] Dieser Anspruch wird größtenteils durch die jew. Gesetze (zB § 102 BauGB[93]) näher geregelt. Er ergibt sich, sofern eine diesbzgl. gesetzliche Regelung fehlt, unmit-

---

87 Detterbeck, Rn. 1130; aA Koch/Rubel/Heselhaus, § 9 Rn. 121; eingehend zu alldem Kellner, Die Auswirkungen der Schuldrechtsreform auf die Verjährung im Staatshaftungsrecht, 2002, S. 395 ff.
88 Die Verwaltungsgerichte sind indes für die Anfechtung einer rechtswidrigen Enteignungsmaßnahme zuständig.
89 Verfahrenssichernde Funktion des Grundrechtsschutzes; die Effektivitätsanforderungen entsprechen denjenigen des Art. 19 Abs. 4 GG. Alleinige Schutzfunktion kommt Art. 14 GG insoweit dort zu, wo Art. 19 Abs. 4 GG nicht originär wirkt, also (bereits) im Verwaltungsverfahren und ggü. Legislativakten (Legalenteignungen); vgl. BVerfG VBlBW. 2009, 384, 386 f.; s.a. BVerfG NVwZ 2018, 573, 574.
90 Hins. Letzterem einschränkungslos Maurer/Waldhoff, § 27 Rn. 65; bereits § 2 Rn. 4; § 15 Rn. 14. Zum sog. Vollüberprüfungsanspruch bei enteignungsrechtlicher Vorwirkung des Planfeststellungsbeschlusses, allerdings mit gewissen Einschränkungen, BVerwG Beschl. v. 24.5.2012 – 7 VR 4/12, Rn. 11 ff. juris.
91 Ob darunter neben der ursprünglichen Zweckverfehlung auch der spätere Zweckfortfall fällt, ist zweifelhaft und wird anhand der jeweils einschlägigen einfachgesetzlichen Rechtsmaterie (dazu sogleich im Text) zu beantworten sein; ablehnend BVerwG NJW 1994, 1749: Eisenbahnstrecke; bejahend BVerwGE 107, 196: militärisch genutzte Grundstücke; Maurer/Waldhoff, § 27 Rn. 66.
92 Dazu auch BGH NJW 2019, 2618, 2620 Rn. 22.
93 Zur diesem Gedanken folgenden ergänzenden Vertragsauslegung iSe Verpflichtung zur Rückübertragung im Fall der vertraglichen Veräußerung des Grundstücks zur Abwendung der Enteignung vgl. BGHZ 135, 92, 95 ff.

§ 39 Entschädigungsansprüche bei Eigentumseingriffen

telbar aus Art. 14 GG.[94] Mit der Rückenteignung wird dem engen Zusammenhang zwischen Gewährleistung des Eigentums und Enteignungsentschädigung Rechnung getragen, indem sich bei Wegfall des Enteignungszwecks die Bestandsgarantie nach Art. 14 Abs. 1 S. 1 GG wieder durchsetzt. Nur der Vollständigkeit halber sei darauf hingewiesen, dass aus vergleichbaren Erwägungen ein Planfeststellungsbeschluss mit enteignungsrechtlicher Vorwirkung aufzuheben ist, wenn feststeht, dass eine Enteignung zu dessen Verwirklichung infolge einer nachträglich eingetretenen Änderung der Sach- oder Rechtslage nicht mehr dem Gemeinwohl dienen würde.[95]

Übersicht 37: Anspruchsvoraussetzungen einer Enteignungsentschädigung

I. **Anspruchsgrundlage:** Gesetz nach Art. 14 Abs. 3 S. 2 GG

II. **Tatbestandsvoraussetzungen der Anspruchsgrundlage,** insb.:
1. Eigentum: Vorliegen einer von Art. 14 Abs. 1 S. 1 GG geschützten, weil nach Art. 14 Abs. 1 S. 2 GG gesetzlich zugewiesenen Rechtsposition
2. Enteignung: gezielter hoheitlicher Zugriff auf das Eigentum zur Güterbeschaffung

III. **Zulässigkeitsvoraussetzungen der Enteignung**
1. Enteignung nur zum Wohle der Allgemeinheit, Art. 14 Abs. 3 S. 1 GG
2. Verhältnismäßigkeit der Enteignung
3. Junktimklausel, Art. 14 Abs. 3 S. 2 GG: Gesetz muss Art und Ausmaß der Entschädigung regeln

IV. **Verjährung:** grds. drei Jahre, § 195, § 199 Abs. 1 BGB analog

V. **Rechtsfolge:** Entschädigung, Art. 14 Abs. 3 S. 3 GG

▶ **Zu Fall 3:** Eine Enteignung gem. Art. 14 Abs. 3 GG muss sich auf eine durch Art. 14 Abs. 1 GG geschützte Eigentumsposition beziehen. Bei den Kennzeichen als Gegenständen und den Kutten, auf denen sie angebracht sind, handelt es sich um zivilrechtliches Sacheigentum, das samt Besitz und Nutzungsmöglichkeit in den Schutzbereich des Art. 14 Abs. 1 GG fällt.[96] Ferner wies das BVerfG darauf hin, dass die Nutzung erworbener Markenrechte jedenfalls dann von der Eigentumsgarantie geschützt ist, wenn es sich dabei um schutzwürdige, rechtmäßig eingetragene und anerkannte Markenzeichen handelt.[97] Eine Enteignung iSd Art. 14 Abs. 3 GG würde aber nur dann vorliegen, wenn dem R die Kutte mit Kennzeichen zum Zweck der Güterbeschaffung entzogen würde. Vorliegend behält er jedoch das Eigentum und den Besitz an seiner Kutte mit den Kennzeichen. § 9 VereinG bewirkt somit keine Enteignung, sondern enthält nur eine Inhalt- und Schrankenbestimmung des Eigentums iSd Art. 14 Abs. 1 S. 2 GG durch den Gesetzgeber.[98]

III. Ausgleichspflichtige Inhalts- und Schrankenbestimmungen

▶ **Fall 4:** E ist Verleger in Frankfurt/M. und hat sich darauf spezialisiert, hochpreisige Bücher in geringer Auflage herzustellen. Nach dem hessischen Gesetz über Freiheit und Recht

---
94 BVerfGE 38, 175, 179 ff.
95 BVerfG NVwZ-RR 2021, 873, 875.
96 BVerfG NVwZ 2020, 1424, 1428.
97 BVerfG NVwZ 2020, 1424, 1428.
98 BVerfG NVwZ 2020, 1424, 1428.

der Presse sind (alle) Verleger verpflichtet, je ein Belegstück einer Druckschrift unentgeltlich bei bestimmten Bibliotheken abzuliefern. Nachdem E vier Werke zu einem Gesamtpreis von 700 € abliefern musste, erhob er zunächst Widerspruch und sodann Klage. Das Verwaltungsgericht legte gem. Art. 100 Abs. 1 GG dem BVerfG die Frage zur Entscheidung vor, ob die hessische Regelung zur generell kostenlosen Ablieferungspflicht für Bücher mit Art. 14 GG vereinbar ist. ◀

22 Zwar führen Inhalts- und Schrankenbestimmungen (zur Definition bereits Rn. 7; auch vorstehend Lösung Fall 3, Art. 14 Abs. 1 S. 2 GG) anders als Enteignungen zu keiner Enteignungsentschädigung nach Art. 14 Abs. 3 S. 2 GG. Zur Wahrung ihrer Rechtmäßigkeit kann jedoch ausnahmsweise eine Ausgleichspflicht des Staates und ein hierauf gerichteter Anspruch des Betroffenen notwendig werden.[99]

1. Rechtmäßigkeit von Inhalts- und Schrankenbestimmungen

23 Im Rahmen von Inhalts- und Schrankenbestimmungen obliegt es dem Gesetzgeber, Eigentum rechtlich auszugestalten bzw. neu zu ordnen;[100] dabei unterliegt er freilich verfassungsrechtlichen Anforderungen, nämlich[101]

- dem Gebot, den Schutz des Privateigentums (Art. 14 Abs. 1 S. 1 GG)[102] und die Sozialpflichtigkeit des Eigentums (Art. 14 Abs. 2 GG) zu einem ordnungsgemäßen Ausgleich zu bringen;[103] je stärker der soziale Bezug des Eigentumsobjektes ist, desto weiter kann der Gesetzgeber Inhalt- und Schranken des Eigentums bestimmen,[104]
- dem Grundsatz der Verhältnismäßigkeit,[105]
- dem Gleichheitsgrundsatz,[106]
- der Wesensgehaltsgarantie (Art. 19 Abs. 2 GG) und
- der Pflicht, effektiven Rechtsschutz zu gewährleisten.[107]

24 **Entschädigungspflichtige Enteignungen** und **grds. entschädigungslos hinzunehmende Inhalts- und Schrankenbestimmungen** schließen sich gegenseitig aus.[108] Eine (rechtswidrige) Inhalts- und Schrankenbestimmung wird folglich auch dann zu keiner entschädigungspflichtigen Enteignung, wenn sie das Eigentum als Rechtsposition aushöhlt und völlig entwertet (etwa im Fall einer mit einem Abbruchverbot verbundenen denkmalschutzrechtlichen Unterschutzstellung eines leerstehenden historischen Gebäudes,

---

99 Dazu anhand von BVerfG Nichtannahmebeschl. v. 15.9.2011 – 1 BvR 2232/10, Rn. 38 juris; Muckel JA 2012, 314.
100 BVerfG VBlBW 2009, 384, 386 ff.
101 BVerfGE 101, 239, 259; Detterbeck/Windthorst/Sproll, § 14 Rn. 15 ff.; Erbguth/Schubert, Öffentliches Baurecht, § 2 Rn. 51; Sellmann NVwZ 2003, 1417.
102 Art. 14 Abs. 1 S. 1 GG betrifft sowohl den Bestandsschutz des Eigentums als auch dessen institutionelle Garantie (Privatnützigkeit, Verfügungsfähigkeit). Näher etwa Erbguth/Schubert, Öffentliches Baurecht, § 2 Rn. 26 ff.
103 BVerfG NJW 2019, 3054, 3057 Rn. 55.
104 BVerfG NJW 2019, 3054, 3057 Rn. 55.
105 BVerfG NJW 2019, 3054, 3057 Rn. 55.
106 BVerfG NJW 2017, 217, 236.
107 Das gilt als verfahrenssichernde Funktion des Art. 14 GG nicht nur bei Enteignungen, sondern auch bei Inhalts- und Schrankenbestimmungen nach Art. 14 Abs. 1 S. 2 GG; hins. der Reichweite ergibt sich ebenfalls nichts Abweichendes, vgl. Rn. 21.
108 BVerfGE 58, 300, 331 f.; 83, 201, 211; zur Fiskustheorie des absoluten Staates im 17. und 18. Jahrhundert vgl. Maurer/Waldhoff, § 2 Rn. 4.

das der Eigentümer abreißen möchte, weil Unterhalt und Sanierung für ihn einen erheblichen, unverhältnismäßigen Kostenaufwand bedeuten).[109] Überschreitet die Inhalts- und Schrankenbestimmung die verfassungsrechtlichen Grenzen, ist sie verfassungswidrig (und ggf. nichtig). Der Betroffene muss sie auf gerichtlichem Wege beseitigen lassen (Vorrang des Primärrechtsschutzes und kein „dulde und liquidiere").[110]

Die das Eigentum beschränkenden **Maßnahmen zur Bekämpfung der Coronapandemie** basierten auf Regelungen zur Ausgestaltung von Inhalt und Schranken des Eigentums. Sollte zur Herstellung der Verhältnismäßigkeit eine Ausgleichspflicht notwendig sein, können die Gerichte einen solchen Ausgleich ohne gesetzliche Regelung nicht zusprechen. Aus Gewaltenteilungsgründen muss der Gesetzgeber darüber befinden.[111] Allerdings wird sich erst noch erweisen müssen, ob die bislang vor allem auf Härtefälle zu Lasten einzelner Eigentümer konzipierte ausgleichspflichtige Inhalts- und Schrankenbestimmung überhaut das geeignete Mittel zur Herstellung einer gerechten Lastenverteilung zur Pandemiebewältigung ist.[112] Der BGH verneinte dies, da nach seiner Meinung Hilfeleistungen für von der Pandemie schwer getroffene Wirtschaftsbereiche keine Aufgabe der Staatshaftung, sondern Folge des Sozialstaatsprinzips sind.[113] Andererseits ist das BVerfG in einer Entscheidung im 57. Band hins. der damals maßgeblichen Entschädigungsregelung für Ansteckungsverdächtige davon ausgegangen, dass Tätigkeitsverbote das Grundrecht aus Art. 12 Abs. 1 GG und bei längerfristigen und existenzgefährdenden Maßnahmen möglicherweise auch aus Art. 14 Abs. 1 GG berühren. Solche seien im Interesse der Allgemeinheit sicherlich zulässig, „aber unter Umständen nur dann verhältnismäßig, wenn den Betroffenen eine Entschädigung gewährt wird, die demgemäß nicht im freien Belieben des Gesetzgebers stünde".[114] Prinzipiell ist es denkbar, dass Pandemiemaßnahmen durch einen Billigkeitsausgleich abgemildert werden, zur Vermeidung unverhältnismäßiger Eingriffe in das Eigentum einzelner Personen daneben eine ausgleichspflichtige Inhalts- und Schrankenbestimmung erforderlich sein kann, wobei jedoch aufgrund der Sozialpflichtigkeit des Eigentums das Erreichen der Unverhältnismäßigkeitsschwelle sorgfältig zu prüfen ist.[115]

2. Ausgleichspflicht bei Inhalts- und Schrankenbestimmungen

Eigentumsbeschränkende Inhalts- und Schrankenbestimmungen, die der Gesetzgeber aus Gründen des öffentlichen Interesses für geboten erachtet, sind **grds. entschädigungslos** hinzunehmen.[116] Sofern sie jedoch ausnahmsweise zu unverhältnismäßigen Beeinträchtigungen Einzelner (also einem „Sonderopfer") führen und damit im vorstehenden Sinne verfassungswidrig wären, sind sie dennoch mit Art. 14 GG vereinbar, wenn sie vom Gesetzgeber mit einer **finanziellen Ausgleichsregelung** verbunden werden, welche die **Unverhältnismäßigkeit** kompensiert.[117] Die ausgleichspflichtige Inhalts- und Schrankenbestimmung ist ein Mittel zur Minderung der Eingriffsintensität in die Eigentumsgarantie.[118]

25

BEISPIELE: Nach § 42 Abs. 1 BImSchG kann der Eigentümer einer betroffenen baulichen Anlage bei Überschreitung der durch Rechtsverordnung festgelegten Immissionsgrenzwerte grds. eine angemessene Entschädigung vom Träger der Baulast verlangen (etwa Hauseigen-

---

109 BVerfGE 100, 226.
110 BVerfG NJW 2017, 217, 226. Vgl. bereits Rn. 15, ferner § 36 Rn. 1.
111 BGH NVwZ 2022, 814, 820; Fischer-Uebler/Gölzer/Schaub JA 2022, 491, 496.
112 Befürwortend Fischer-Uebler/Gölzer/Schaub JA 2022, 491, 496.
113 BGH NVwZ 2022, 814, 821; s.a. Brenner DÖV 2020, 660, 661; Cornils Die Verw 54 (2021), 477, 486 ff.; Itzel DVBl. 2020, 792, 795.
114 BVerfGE 57, 107, 117.
115 Näher dazu Bergwanger NVwZ 2020, 1804, 1806 ff.
116 S.a. VerfGH BW Beschl. v. 6.4.2017 – 1 VB 12/17, Rn. 7 juris.
117 BVerfGE 58, 137, 149 f.; vgl. § 74 Abs. 2 S. 3 VwVfG, der überdies mehr als das eigentumsrechtlich Erforderliche gewährt BGHZ 122, 76, 78 f.; BVerwGE 77, 295, 297; weitere Beispiele nachfolgend im Text. S.a. Sauer JuS 2012, 800, 803.
118 BVerfG NVwZ 2021, 398, 401 Rn. 28.

tümer für passive Schallschutzmaßnahmen an Schienenwegen). Besondere Relevanz haben ausgleichspflichtige Inhalts- und Schrankenbestimmungen auch bei belastenden Nutzungsbeschränkungen des Denkmal-,[119] Natur-, Landschafts- und Gewässerschutzes[120] (Schutzgebietsausweisungen uÄ).

26 Das BVerfG hat für die Zulässigkeit von ausgleichspflichtigen Inhalts- und Schrankenbestimmungen und eines entsprechenden Ausgleichsanspruchs folgende Maßgaben aufgestellt:[121]

- **Subsidiarität** des finanziellen Ausgleichs: Eine Ausgleichsregelung zur Abmilderung von unverhältnismäßigen Maßnahmen kann sich immer nur als Ausnahme darstellen. Wegen des in Art. 14 Abs. 1 GG verankerten Bestandsschutzes sind zur Wahrung der Verhältnismäßigkeit ua Ausnahme- und Befreiungsvorschriften (zB § 52 Abs. 1 S. 3 WHG) oder auch Übergangsregelungen vorrangig in Erwägung zu ziehen, ein finanzieller Ausgleich ist nur als letztes Mittel zulässig.[122] Entzieht der Gesetzgeber Eigentum, das aber mangels Güterbeschaffung die Enteignungskriterien nicht erfüllt, ist besonders sorgfältig zu prüfen, ob ein solcher Entzug ohne angemessenen Ausgleich verhältnismäßig ist.[123]

- Erfordernis einer **gesetzlichen Grundlage**:[124] Andernfalls ist die Inhalts- und Schrankenbestimmung rechtswidrig. Der Eigentümer braucht eine unverhältnismäßige Eigentumsbelastung nicht hinzunehmen und kann gegen diese gerichtlich vorgehen.[125] Gerichten und Verwaltungsbehörden ist es in solchen Fällen nicht gestattet, eine Entschädigung von sich aus zu gewähren. In den Worten des BVerfG eröffnet die Verfassung dem Eigentümer „kein Recht zur Wahl, eine unverhältnismäßige Inhalts- und Schrankenbestimmung hinzunehmen und stattdessen einen angemessenen Ausgleich zu fordern".[126] Die Junktimsklausel des Art. 14 Abs. 3 S. 2 GG findet auf ausgleichspflichtige Inhalts- und Schrankenbestimmungen keine (analoge) Anwendung.[127]

- Letztere müssen aber zugleich **verfahrensrechtlich** sicherstellen, dass bei einem die Inhalts- und Schrankenbestimmung aktualisierenden Verwaltungsakt über den zu gewährenden Ausgleich (mit)entschieden wird (zumindest über das Bestehen des Anspruchs dem Grunde nach).[128] Dieser Anforderung genügen salvatorische Klauseln vielfach nicht.[129]

- Erfordernis einer **einheitlichen Regelung**: Die ausgleichspflichtige Maßnahme aufgrund der Inhalts- und Schrankenbestimmung ist nur dann rechtmäßig, wenn die Behörde mit dem eigentumsbeschränkenden Verwaltungsakt zugleich den finanziellen Ausgleich festsetzt, jedenfalls dem Grunde nach (entsprechend der gesetzlichen Regelung, s.o.).

---

119 Näher dazu Guckelberger NVwZ 2016, 17, 20 ff.
120 S. § 52 Abs. 4 WHG, dazu auch OVG Lüneburg Urt. v. 20.12.2017 – 13 KN 67/14, Rn. 178 juris.
121 BVerfGE 100, 226.
122 BVerfG Urt. v. 6.12.2016 – 1 BvR 2821/11, Rn. 260 juris. Das soll aus Gründen des vorrangigen Bestandsschutzes folgen, Maurer/Waldhoff, § 27 Rn. 86; krit. ggü. diesem Vorrang Lege JA 2016, 81, 86 f.
123 BVerfG NJW 2017, 217, 226.
124 BVerfGE 100, 226, 244.
125 BVerfGE 143, 246, 339 Rn. 260.
126 BVerfG Urt. v. 6.12.2016 – 1 BvR 2821/11, Rn. 260 juris.
127 BVerfGE 100, 226, 246.
128 BVerfGE 100, 226, 247; krit. Hendler DVBl. 1999, 1503; großzügiger noch BVerwGE 94, 1, 10 f.; BGHZ 126, 379, 381 ff.
129 Stüer/Thorand NJW 2000, 3737, 3741; Roller NJW 2001, 1003, 1009.

Hins. des **Entzugs von Kernkraftwerksbetreibern zugewiesener Zusatzstrommengen** stellte das BVerfG zunächst heraus, dass der Gesetzgeber aufgrund von Art. 14 Abs. 1 S. 2 GG Eigentumsrechten einen neuen Inhalt geben darf und somit auch durch die Eigentumsgarantie geschützte Eigentumspositionen beseitigen könne. Aus Gründen der Verhältnismäßigkeit muss das für einen solchen Eingriff sprechende öffentliche Interesse aber so schwerwiegend sein, dass es ggü. dem Vertrauen der Betroffenen auf Fortbestand ihrer Rechtsposition überwiegt. Motiv des beschleunigten Ausstiegs aus der Atomkraft ist die Minimierung des mit der Nutzung der Kernenergie verbundenen Restrisikos. Das Vertrauen der davon betroffenen Kernkraftwerksbetreiber stufte das BVerfG als gering ein, weil es sich um unternehmerisches Eigentum mit besonders ausgeprägtem sozialen Bezug handelt (Hochrisikotechnologie) und die zugewiesenen Reststrommengen auch nicht auf einer besonderen Eigenleistung der betroffenen Unternehmen beruhen. Deswegen hielt es die Entziehung der Reststrommengen grds. ohne Gewährung eines Ausgleichsanspruchs für verfassungsmäßig. Lediglich bei zwei Unternehmen, die im Vergleich zu den anderen Unternehmen die ihnen 2002 zugesprochenen Reststrommengen bis zur Abschaltung ihrer Kraftwerke auch nicht im Wesentlichen vollständig verstromen können, hielt es im Hinblick auf ihr enttäuschtes Vertrauen unter Rekurs auf den Gleichheitsgrundsatz aus Gründen der Verhältnismäßigkeit eine Kompensation für notwendig. Dabei betonte es das diesbzgl. Gestaltungsermessen des Gesetzgebers. Die Kompensation könne auch durch die Einräumung individueller Laufzeitverlängerungen geschehen. Sofern der Gesetzgeber dies jedoch angesichts des Ziels des beschleunigten Atomausstiegs nicht wolle, ist dafür ein Anspruch auf angemessene Entschädigung für frustrierte Investitionen vorzusehen.[130] Zwar kann der Gesetzgeber von einer staatlichen Ausgleichszahlung absehen, wenn eine zumutbare Vermarktungsmöglichkeit ausgeschlagen wird. Das BVerfG beanstandete jedoch die in der 16. AtG-Novelle getroffenen Regelungen über den Ausgleich nicht verstromter Elektrizitätsmengen, weil die Betroffenen im Handlungszeitpunkt nicht wissen konnten, auf welche Übertragungsbedingungen sie sich einlassen (Risiko der Akzeptanz unangemessener Konditionen oder der Kompensationslosigkeit). Angesichts des besonderen verfassungsrechtlichen Hintergrunds durfte der Gesetzgeber den Ausgleich nicht bloß rudimentär ausgestalten und der Konkretisierung der Betreiber mit ihren gegenläufigen Interessen überlassen.[131]

3. Entschädigung

Maßgebend für die Bestimmung der Entschädigungshöhe ist die auszugleichende übermäßige Belastung. Diese muss „angemessen" sein (vgl. Rn. 16 f.). 27

4. Rechtsweg

Aufgrund des § 40 Abs. 2 S. 1 Hs. 2 VwGO ist für Streitigkeiten über das Bestehen und die Höhe des Ausgleichsanspruchs im Rahmen von Art. 14 Abs. 1 S. 2 GG der Rechtsweg zu den Verwaltungsgerichten eröffnet. 28

▶ **Zu Fall 4:** Die im Streit stehende Regelung beinhaltet eine Ablieferungspflicht für jew. ein Exemplar eines Druckwerkes bei bestimmten Bibliotheken. Dabei handelt es sich nicht um eine Enteignung iSv Art. 14 Abs. 3 GG. Die Vorschrift enthält keine Ermächtigung der Verwaltung, durch Einzelakt auf ein bestimmtes von ihr benötigtes Belegstück zurückgreifen zu dürfen. Vielmehr wird in abstrakt-genereller Weise der Inhalt des Eigentums an Druckwerken bestimmt. Es ist schon bei seiner Entstehung mit der Verpflichtung zur Ablieferung bei Bibliotheken belastet. Diese Verpflichtung wird durch die vom Verleger vorzunehmende Ablieferung bei einer bestimmten Bibliothek aktualisiert.[132] Es handelt sich daher um eine Inhalts- und Schrankenbestimmung gem. Art. 14 Abs. 1 S. 2 GG.

---

130 BVerfG NJW 2017, 217, 225 f.
131 BVerfG NVwZ 2021, 390, 398.
132 BVerfGE 58, 137, 144; näher dazu Lege JA 2016, 81, 87.

Beim Erlass von Regelungen nach Art. 14 Abs. 1 S. 2 GG hat der Gesetzgeber sowohl die grundgesetzliche Anerkennung des Privateigentums als auch seine Sozialbindung (Art. 14 Abs. 2 GG) zu beachten und beide Interessen einem gerechten Ausgleich zuzuführen.[133] Publikationen sind jenseits ihrer privaten Verfügbarkeit geistiges und kulturelles Allgemeingut. Aus dieser sozialen Bedeutung ergibt sich ein legitimes Anliegen, literarische Erzeugnisse wissenschaftlich und kulturell Interessierten möglichst geschlossen zugänglich zu machen. Dem Bedürfnis kann durch eine Ablieferungspflicht bei Bibliotheken Rechnung getragen werden.[134] Die Pflicht zur unentgeltlichen Ablieferung eines Belegstücks ist danach grds. eine zulässige Regelung iSd Art. 14 Abs. 1 S. 2 GG. Dies gilt jedoch unter Verhältnismäßigkeitsgesichtspunkten nur soweit, als die daraus im Einzelfall resultierende Belastung des Verlegers nicht ins Gewicht fällt, wie es bei Massen- und Billigproduktionen der Fall ist.[135] Die unterschiedslose unentgeltliche Ablieferungspflicht wird hingegen nicht mehr von Art. 14 Abs. 1 S. 2 GG getragen, wenn Druckwerke mit großem Aufwand sowie in nur kleiner Auflage hergestellt werden und ihre Produktion mit hohen Kosten für den Verleger verbunden ist. Aus diesem Blickwinkel ist die Inhalts- und Schrankenbestimmung unverhältnismäßig und damit verfassungswidrig. Der Gesetzgeber hatte jedoch die Möglichkeit, ihre Verfassungswidrigkeit durch Aufnahme einer Ausnahme- oder Erstattungsregelung für solche besonderen Ausnahmefälle aufzufangen (vgl. näher Rn. 26 f.). ◄

IV. Enteignungsgleicher Eingriff

▶ **FALL 5:** A fährt in der Stadt R mit seinem Pkw in eine Kreuzung ein und stößt dort mit dem von B gesteuerten Fahrzeug zusammen. Es stellt sich heraus, dass die Ampelschaltung infolge eines Schaltfehlers in alle Fahrtrichtungen „Grün" anzeigte. Zur Verhinderung der Freigabe einander feindlicher Verkehrsströme („feindliches Grün") ist die Ampel mit einer Signalsicherung versehen, die zwar im Unfallzeitpunkt ausgefallen war,[136] ansonsten aber stets zuverlässig funktioniert hatte. Die zuständige Straßenverkehrsbehörde weist nach, dass die mit der Aufstellung und Überwachung der Ampelschaltung beauftragten Beamten hins. der aufgetretenen Störung kein Verschulden trifft. Können A und B eine Entschädigung verlangen?[137] ◄

1. Definition und Rechtsgrundlage des enteignungsgleichen Eingriffs

29 Entschädigungsansprüche bei Eigentumsbeeinträchtigungen können nach der Konzeption des Art. 14 GG (abgesehen vom Sonderfall der ausgleichspflichtigen Inhalts- und Schrankenbestimmungen) grds. nur (rechtmäßige) Enteignungen auslösen. Für rechtswidrige Eigentumseingriffe ist keine Entschädigung vorgesehen. Das dadurch entstehende Haftungsdefizit hat der BGH mit der Rechtsfigur des **enteignungsgleichen Eingriffs** ausgeglichen: Wenn schon im Wege der Enteignung ein Entschädigungsan-

---

133 BVerfGE 37, 132, 140 f.
134 BVerfGE 58, 137, 149.
135 BVerfGE 58, 137, 148.
136 Ein solcher Fall wird auch dann angenommen, wenn für die untergeordnete Straße „Grün" angezeigt wird, die Ampelanlage der bevorrechtigten Straße hingegen ausgeschaltet oder ausgefallen ist: widersprüchliche/rechtswidrige Verkehrsregelung Waldhoff JuS 2014, 1055, 1056, anhand OLG Karlsruhe NVwZ-RR 2014, 331.
137 Vgl. zu solchen Konstellationen Ossenbühl/Cornils, S. 289; OLG Karlsruhe NVwZ-RR 2014, 331; dazu Waldhoff JuS 2014, 1055.

spruch für rechtmäßige Zugriffe auf das Eigentum gewährt wird, muss es erst recht eine Entschädigung für solche rechtswidriger Art geben.[138]

Beispiele:

- Ein Bundeswehrpanzer rollt wegen leichtsinnigen Verhaltens des fahrzeugführenden Soldaten durch einen Vorgarten und beschädigt ein Gartenhaus.[139]
- Ein Gewerbebetrieb wird durch nicht ordnungsgemäß geplante oder durchgeführte Straßenbauarbeiten beeinträchtigt.[140]

Diese Haftungslücke wird durch einen Rekurs auf die Rechtsfigur des enteignungsgleichen Eingriffs geschlossen, die aus der allgemeinen **Aufopferung** nach §§ 74, 75 der Einleitung zum Allgemeinen Landrecht für die Preußischen Staaten (1794) in ihrer richterrechtlichen Ausprägung abgeleitet[141] und auch als Gewohnheitsrecht eingestuft wird.[142] Der enteignungsgleiche Eingriff beinhaltet eine **verschuldensunabhängige Rechtswidrigkeitshaftung** des Staates für unmittelbare Eigentumsbeeinträchtigungen.[143] Verschiedene Polizei- und Ordnungsgesetze,[144] wie § 51 Abs. 2 Nr. 1 BPolG, enthalten Entschädigungsregelungen für rechtswidriges schadensverursachendes Verhalten von Polizei- und Ordnungsbehörden, die teilweise den Haftungsumfang auch auf den Ersatz entgangenen Gewinns bzw. Schmerzensgeld erstrecken.[145] Soweit solche **spezialgesetzlichen Anspruchsnormen** vorhanden sind, gehen sie dem allgemeinen Anspruch aus enteignungsgleichem Eingriff vor.

2. Voraussetzungen

a) Eigentum als Eingriffsobjekt

Der enteignungsgleiche Eingriff setzt zunächst eine durch Art. 14 Abs. 1 GG geschützte Rechtsposition voraus.[146]

Eine Erweiterung, etwa auf Grundrechtspositionen nach Art. 2 Abs. 2 GG oder Art. 12 Abs. 1 GG, wird von der Rspr. im Hinblick auf die Grenzen richterlicher Rechtsfortbildung abgelehnt.[147]

b) Rechtswidriger hoheitlicher Eingriff

In diese Rechtsposition muss rechtswidrig von hoher Hand durch eine hoheitliche Maßnahme eingegriffen worden sein.[148] Als Eingriff kommen alle hoheitlichen Maßnahmen in Betracht, die eine solchermaßen geschützte Rechtsposition beeinträchtigen, zB Verwaltungsakte.[149] Der enteignungsgleiche Eingriff ist jedoch nicht auf hoheitli-

---

138 BGHZ 6, 270, 290; krit. zu diesem „Erst-Recht-Schluss" des BGH Ipsen, Rn. 1306.
139 BGH NJW 1964, 104.
140 BGHZ 57, 359, 362.
141 BVerfG NJW 2006, 2542, 2544; NVwZ 2021, 398, 400; dagegen Maurer/Waldhoff, § 27 Rn. 88: Art. 14 Abs. 1 GG; zu alledem auch fallbezogen Waldhoff JuS 2014, 1055. Dazu, dass sich aus der unterschiedlichen Verortung keine Konsequenzen ergeben, Ernst/Kämmerer, Fall 20 S. 288.
142 BayVerfGH Entsch. v. 7.3.2019 – Vf. 15-VII-18, Rn. 66 juris; Shirvani DÖV 2022, 54, 55; Siegel, Rn. 1021.
143 BVerwG Urt. v. 24.10.2013 – 7 C 13/12, Rn. 53 juris; s.a. OLG Karlsruhe Urt. v. 9.5.2018 – 4 U 2/17, Rn. 20 juris.
144 ZB § 59 Abs. 2 ASOG Berl; § 39 Abs. 1 lit. b OBG NRW; § 68 Abs. 1 S. 2 SaarlPolG.
145 Maurer/Waldhoff, § 27 Rn. 103.
146 BGH NJW 2017, 1322, 1324; BGHZ 223, 72, 94 Rn. 64. Hierzu oben Rn. 3 f.
147 BGHZ 111, 349, 355 ff.; Brenner DÖV 2020, 660, 663 f. krit. Maurer/Waldhoff, § 27 Rn. 106; Ehlers VVDStRL 51 (1992), 211, 243 f. Für eine Ausdehnung des Anspruchs auf den Erwerb von mit einem hoheitlichen Legalitätsanschein bemakelten Eigentum aus Gründen einer Staatshaftung getäuschter Hoheitsträger Grosche Verw 52 (2019), 181, 195 ff.
148 OVG Weimar Urt. v. 26.1.2022 – 1 N 247/19, Rn. 37 juris.
149 Vgl. Hendler, Rn. 781.

che **Rechtsakte** beschränkt. Als Verletzungshandlungen kommen gerade auch (öffentlich-rechtliche) **Realakte** in Betracht,[150] wie die Durchführung von Maßnahmen zum Straßenbau mit zugehörigen Entwässerungsanlagen.[151] Da die Aufopferungsansprüche nach dem ALR jedoch nur für Sachverhalte des alltäglichen Verwaltungshandelns entwickelt wurden, ist es nach dem BVerfG nicht zu beanstanden, wenn für Kriegsschäden nicht aufgrund enteignungsgleichen Eingriffs gehaftet wird.[152]

Fraglich ist, ob ein **Unterlassen** der Verwaltung einen derartigen Eingriff darstellen kann. Nach hM zieht dies grds. keinen Anspruch aus enteignungsgleichem Eingriff nach sich. Denn eine „Enteignung" bestehe in einem Nehmen,[153] beim Unterlassen werde dem Betroffenen nur etwas vorenthalten. Eine noch nicht vorhandene, lediglich begehrte Rechtsposition unterfällt aber nicht dem Schutz des Art. 14 Abs. 1 GG.[154] Etwas anderes muss jedoch gelten, wenn das Unterlassen ausnahmsweise einem eingreifenden Handeln in den Rechtskreis des Betroffenen gleichzustellen ist. Das trifft v.a. auf Genehmigungen in Form eines präventiven Verbots mit Erlaubnisvorbehalt zu (etwa bei der Baugenehmigung, zB § 72 Abs. 1 LBauO M-V; § 73 Abs. 1 S. 1 Saar-LBO).[155] Wird eine solche Genehmigung abgelehnt, liegt darin nur formell gesehen ein Unterlassen der Erteilung eines begünstigenden Verwaltungsakts. Materiell wirkt die Entscheidung wie ein Eingriff in (Grund-)Rechtspositionen des Bürgers, etwa in sein Eigentum.[156] Solche Fälle werden daher zu Recht dem sog. **qualifizierten Unterlassen** zugeordnet und einem Eingriff durch Handeln gleichgesetzt.[157]

Die eigentumsbeeinträchtigende Maßnahme muss ferner **rechtswidrig** sein. Aufgrund dieses Kriteriums unterscheidet sich der enteignungsgleiche Eingriff sowohl von der Enteignung (dazu Rn. 5 ff.) als auch vom enteignenden Eingriff.[158]

Eine Haftung für **legislatives Unrecht**[159] ist im Wege des enteignungsgleichen Eingriffs prinzipiell ebenso wenig eröffnet wie nach Amtshaftungsrecht.[160] Dementsprechend lehnte der BGH eine Entschädigung aus enteignungsgleichem Eingriff für Beeinträchtigungen des Eigentums infolge der Coronapandemie ab, da dieser Anspruch nicht Fälle legislativen Unrechts erfasst, „in denen durch eine rechtswidrige bzw. verfassungswidrige gesetzliche Norm oder auf ihrer Grundlage durch Verwaltungsakt oder eine untergesetzliche Norm in eine durch Art. 14 GG geschützte Rechtsposition einge-

---

150 Maurer/Waldhoff, § 27 Rn. 91; Michl/Joseph Ad Legendum 2019, 101, 107; auch § 23.
151 OLG Bamberg BayVBl. 2008, 766, 767.
152 BVerfG NVwZ 2021, 398, 400; krit. zu einer solch restriktiven Betrachtung Starski/Beinlich JÖR 66 (2018), 299, 307.
153 Michl/Joseph Ad Legendum 2019, 101, 107.
154 BGHZ 92, 34; allg. vorstehend Rn. 4.
155 Bereits § 12 Rn. 39; das steht eher auf rechtsdogmatisch sicheren Beinen als eine Gleichstellung immer vorzunehmen, wenn eine Rechtspflicht zum Handeln besteht (Ossenbühl/Cornils, S. 308 ff.), oder auf die akzidentelle Austauschbarkeit von Unterlassen und Eingriff hinzuweisen (Schwabe NJW 1971, 1657); unentschieden Maurer/Waldhoff, § 27 Rn. 93.
156 Vgl. Maurer/Waldhoff § 27 Rn. 93; § 12 Rn. 39; Siegel, Rn. 1024 f.
157 OLG Hamm Urt. v. 18.1.2019 – 11 U 153/17, Rn. 16 juris. Dazu, dass das bisherige Anknüpfen an die Enteignung mit der Ablösung des Anspruchs aus Art. 14 Abs. 3 GG hinfällig wurde, Michl/Joseph Ad Legendum 2019, 101, 107.
158 Vgl. Rn. 41. S.a. BGH NJW 2019, 227, 229.
159 Richtet sich auf formelle Gesetze.
160 Argument: Gewaltenteilung, Übersteigen der Grenzen der richterlichen Rechtsfortbildung; s. BGHZ 100, 136; 102, 350, 359; BayVerfGH Entsch. v. 7.3.2019 – Vf. 15-VII-18, Rn. 66 juris; Schmitt/Wagner NVwZ 2017, 22, 23 f.; vgl. § 37 Rn. 14, dort auch zu Ausnahmen; anders Schenke NJW 1988, 857.

griffen wird".[161] Bei Rechtsverordnungen mit einem begrenzten Adressatenkreis und Satzungen (etwa Bebauungsplänen, § 10 BauGB) kann es hingegen, wenn die weiteren Voraussetzungen erfüllt sind, zu Ansprüchen wegen enteignungsgleichen Eingriffs kommen.[162]

c) Unmittelbarkeit des Eingriffs

Der enteignungsgleiche Eingriff verlangt anders als die Enteignung keinen gezielten (finalen) Eingriff in das Eigentum; die hoheitliche Maßnahme muss die Beeinträchtigung des Eigentums nur **unmittelbar** bewirken.[163] Damit können – wie zuvor dargestellt – auch unvorhergesehene, eher zufällige Schäden in den Anwendungsbereich des enteignungsgleichen Eingriffs fallen. Unmittelbarkeit ist nicht allein anhand von Kausalitätskriterien zu beurteilen; insb. muss der Eingriff nicht die zeitlich letzte Ursache für die Eigentumsbeeinträchtigung gesetzt haben. Was unmittelbar ist, ergibt sich vielmehr aufgrund einer **wertenden Zurechnung**.[164] Maßgebender Gesichtspunkt ist, ob sich eine in der hoheitlichen Maßnahme enthaltene typische Gefahr in Form des Eingriffs verwirklicht hat, es sich also nicht lediglich um zufällige Begleiterscheinungen handelt.[165]

32

Unmittelbarkeit ist bspw. zu bejahen, wenn infolge abirrender Geschosse bei Schießübungen von Streitkräften im Wald Holz in Brand gesetzt wird,[166] wenn Häuser durch Kanalisationsarbeiten beschädigt werden[167] oder wenn die fehlerhafte Herstellung von Entwässerungsanlagen bei Starkregen zur Überflutung von Grundstücken führt.[168] Demggü. fehlt die Unmittelbarkeit, wenn ein von der Polizei sichergestelltes und zur Verwahrung in eine dafür angemietete Halle verbrachtes Fahrzeug von unbekannten Tätern beschädigt wird.[169]

d) Sonderopfer

Der enteignungsgleiche Eingriff setzt ein **Sonderopfer** voraus. Dieses wird regelmäßig durch die Rechtswidrigkeit des Eingriffs indiziert.[170]

33

Dergestalt leitet sich die Rechtswidrigkeit durchweg von der Eingriffshandlung ab; **maßgeblich** ist aber das **Erfolgsunrecht**. Deshalb scheidet eine Rechtswidrigkeit bei nur formell rechtswidrigen, aber materiell rechtmäßigen Zugriffen auf das Eigentum aus.[171]

---

161 BGH NVwZ 2022, 814, 821; aA hins. Beschränkungen aufgrund von Rechtsverordnungen Rinze/Schwab NJW 2020, 1905, 1909; Shirvani DÖV 2022, 54 ff., da die Entschädigungen im IfSG keine Sperrwirkung haben, die Haftung für legislatives Unrecht nicht bei untergesetzlichen Rechtsvorschriften greife und das Sonderopfer durch die Rechtswidrigkeit indiziert werde.
162 BGHZ 78, 41, 43; 110, 1; 111, 349, 352 f.; LG München WuM 2019, 38, 40.
163 BGHZ 28, 310, 313; BGH NJW 2017, 1322, 1324.
164 Detterbeck/Windthorst/Sproll, § 17 Rn. 32; Siegel, Rn. 1026.
165 BGHZ 92, 34, 41; Michl/Joseph Ad Legendum 2019, 101, 107.
166 BGHZ 37, 44.
167 BGH NJW 1978, 1051.
168 OLG Bamberg BayVBl. 2008, 766, 767 f.
169 BGHZ 100, 335, 337 f.
170 BGH NJW 2019, 227, 229; Detterbeck/Windthorst/Sproll, § 17 Rn. 33; Michl/Joseph Ad Legendum 2019, 101, 107; Shirvani DÖV 2022, 54, 59; Gegen ein Sonderopfer bei Vertretbarkeit einer richterlichen Maßnahme BGH NJW 2019, 2618, 2621 Rn. 28.
171 Maurer/Waldhoff, § 27 Rn. 95; BGHZ 58, 124, 127 f.; s.a. Michl/Joseph Ad Legendum 2019, 101, 108.

e) Vorrang des Primärrechtsschutzes

34 Der Grundsatz vom **Vorrang des Primärrechtsschutzes**[172] gebietet es, dass der Betroffene den rechtswidrigen hoheitlichen Eingriff in sein Eigentum nach Möglichkeit abwehren muss. Entsprechend dem Rechtsgedanken des § 254 BGB sind Ansprüche aus enteignungsgleichem Eingriff ausgeschlossen, wenn es der Eigentümer schuldhaft versäumt hat, Rechtsbehelfe (in Betracht kommen bspw. Widerspruch und Anfechtungsklage, dazu § 20) einzulegen.[173] Allerdings muss eine Rechtsschutzmöglichkeit überhaupt bestanden haben,[174] die Einlegung des Rechtsmittels objektiv zumutbar gewesen sein und die Nichteinlegung dem Betroffenen subjektiv iSe Verschuldens vorgeworfen werden können.[175]

Ordnet die zuständige Behörde zB in rechtswidriger Weise den Abriss eines Gebäudes an, ist der Eigentümer des Hauses zunächst verpflichtet, gegen die Abrissverfügung vorzugehen. Geschieht dies nicht und lässt die Behörde das Haus später abreißen, so steht dem Eigentümer wegen schuldhafter Rechtsbehelfsversäumung kein Anspruch aus enteignungsgleichem Eingriff zu. Anders liegt es hingegen in Fällen plötzlich eintretender Unfallschäden (v.a.) durch Realakte (wie Eigentumsverletzungen bei Schießübungen oder beim Panzerfahren), die nicht mit solchen Mitteln abgewehrt werden können (bereits Rn. 31).

3. Entschädigung

35 Die Entschädigung muss **angemessen** sein.[176] Der Ausgleich für das Sonderopfer bestimmt sich nach Art und Umfang grds. anhand der Grundsätze, wie sie zur Enteignungsentschädigung dargestellt worden sind (Rn. 16 f.).

§ 254 BGB ist auch auf **sonstiges Mitverschulden** (zB Verstoß gegen die Schadensminderungspflicht) seitens des Geschädigten analog anzuwenden.

Im Fall beschädigter Fahrzeuge bei „feindlichem Grün" (Fall 5) sind demzufolge der Selbstbehalt der Kasko-Versicherung, die Höherstufung in der Versicherung und die Anwaltskosten für die Verfolgung des Entschädigungsanspruchs auszugleichen, nicht aber Kosten des Bußgeldverfahrens, etwa für die anwaltliche Vertretung.[177]

4. Haftungsgegner

36 Die Entschädigungspflicht obliegt nach vorherrschender Auffassung nicht dem eingreifenden, sondern dem **begünstigten Hoheitsträger**.[178] Dies ist zunächst derjenige, dem die zu einer Schädigung führende Maßnahme unmittelbar zugutegekommen ist.[179]

---

172 VGH Mannheim VBlBW 2017, 162, 163. Bereits § 36 Rn. 1.
173 BGHZ 90, 17, 31; VGH München BayVBl 2021, 604, 606; Michl/Joseph Ad Legendum 2019, 101, 108. Das ist insb. bei rechtswidrigen Enteignungen aufgrund eines Gesetzes zu beachten, das keine oder eine den Anforderungen des Art. 14 Abs. 3 S. 2, 3 GG nicht entsprechende Entschädigungsregelung enthält, bereits Rn. 14 f.
174 Etwa als Unterlassungsanspruch ggü. einer rechtswidrig geplanten Straßenausbaumaßnahme, OVG Greifswald NordÖR 2012, 42, 44.
175 Vgl. Detterbeck/Windthorst/Sproll, § 17 Rn. 37; ggf. muss eine Schadensteilung vorgenommen werden, Maurer/Waldhoff, § 27 Rn. 99.
176 BGH NJW-RR 2016, 1150, 1151; OLG Karlsruhe Urt. v. 9.5.2018 – 4 U 2/17, Rn. 24 juris.
177 Dazu Waldhoff JuS 2014, 1055, 1056; OLG Karlsruhe NVwZ-RR 2014, 331.
178 Michl/Joseph Ad Legendum 2019, 101, 108. Anders Hartmann, Öffentliches Haftungsrecht, Ökonomisierung – Europäisierung – Dogmatisierung, 2013, S. 135: Träger des rechtswidrig handelnden Amtsträgers; allerdings differenziert auch die hM, vgl. nachfolgend im Text.
179 BGHZ 76, 387, 396.

§ 39 Entschädigungsansprüche bei Eigentumseingriffen   § 39

Liegt ein solcher Vorteil nicht vor, handelt es sich beim Haftungsgegner um denjenigen Verwaltungsträger, zu dessen Verantwortungsbereich die Aufgabe gehört, bei deren Wahrnehmung dem Betroffenen das Sonderopfer abverlangt worden ist.[180]
In Fällen „feindlichen Grüns" (vgl. Fall 5) ist dies die Straßenverkehrsbehörde, weil es sich um Vorgänge im Straßenverkehr handelt.[181]

5. Verjährung

Hins. der Verjährung kann auf das zur Enteignungsentschädigung Dargelegte verwiesen werden (Rn. 18). 37

6. Rechtsweg

Weil es sich um Ansprüche aus Aufopferung handelt, sind Entschädigungsansprüche aus enteignungsgleichem Eingriff vor den Zivilgerichten geltend zu machen, § 40 Abs. 2 S. 1 Hs. 1 VwGO.[182] 38

7. Anspruchskonkurrenzen

Die Ansprüche aus enteignungsgleichem Eingriff und aus Amtshaftung stehen nebeneinander.[183] 39

Übersicht 38: Anspruchsvoraussetzungen einer Entschädigung wegen enteignungsgleichen Eingriffs

    I. **Anspruchsgrundlage:** allgemeiner Aufopferungsanspruch (§§ 74, 75 Einl. Preuß. ALR)
   II. **Voraussetzungen**
      1. Vermögenswerte Rechtsposition iSv Art. 14 Abs. 1 GG
      2. Rechtswidriger hoheitlicher Eingriff
      3. Unmittelbarkeit
      4. Sonderopfer: durch Rechtswidrigkeit des Eingriffs indiziert, Bezug auf Eingriffsfolgen
      5. Vorrang des Primärrechtsschutzes
  III. **Rechtsfolge:** angemessene Entschädigung, beachte etwaiges Mitverschulden

▶ **Zu Fall 5:** Schadensersatzansprüche von A und B aus Amtshaftung gem. § 839 BGB iVm Art. 34 S. 1 GG kommen nicht in Betracht, weil es vorliegend an einer schuldhaft verletzten Amtspflicht fehlt. Zu prüfen ist indes, ob A und B ein Entschädigungsanspruch aufgrund

---

[180] Ossenbühl/Cornils, S. 317 f.; allein für den verantwortlichen Verwaltungsträger als Entschädigungspflichtigen Maurer/Waldhoff, § 27 Rn. 101.
[181] Nicht: zuständige Behörde für Straßenverkehrssicherung oder Straßenbaulastträger; Waldhoff JuS 2014, 1055, 1056, anhand OLG Karlsruhe NVwZ-RR 2014, 1055, 1056; s.a. OLG Karlsruhe Urt. v. 9.5.2018 – 4 U 2/17, Rn. 14, 21 juris.
[182] VGH München Beschl. v. 24.1.2022 – 8 C 21.1411, Rn. 36 juris; Maurer/Waldhoff, § 27 Rn. 116; vgl. bereits § 5 Rn. 26. Dazu, dass die Gerichte von Amts wegen prüfen, ob die deutsche Gerichtsbarkeit nach dem Grundsatz der Staatenimmunität eröffnet ist, BGHZ 217, 153, 157.
[183] BGHZ 13, 88, 93 ff.; 136, 182, 184; OVG Weimar Urt. v. 26.1.2022 – 1 N 247/19, Rn. 37 juris; Dazu, dass der Anspruch aus enteignungsgleichem Eingriff meistens, aber nicht immer hinter der Höhe des Schadensersatzanspruchs zurückbleibt BGH NJW-RR 2016, 1150, 1151.

enteignungsgleichen Eingriffs zusteht, der im Unterschied zur Amtshaftung verschuldensunabhängig ist.
Die im Eigentum von A und B stehenden Fahrzeuge sind beschädigt worden; die Verletzung einer vermögenswerten Rechtsposition iSd Art. 14 Abs. 1 GG liegt daher vor. Als Eingriff bzw. hoheitliche Maßnahme sind die Lichtzeichen der Ampelanlage zu werten, die Verwaltungsakte in Form von Allgemeinverfügungen (bereits § 12 Rn. 22 f.) darstellen und sich an anwesende Verkehrsteilnehmer richten. Unerheblich ist, dass sie durch Automaten bzw. Computer gesteuert wurden; diese Mechanismen werden der Behörde bzw. deren Mitarbeitern, die für Einstellung und Kontrolle der Ampelanlage die Verantwortung tragen, zugerechnet.[184] Irreführende Verkehrszeichen sowie Verkehrsregelungen, die geeignet sind, Verkehrsteilnehmer zu gefährden, sind rechtswidrig.[185] Unerheblich ist auch, dass die Ampelschaltung entweder nur bzgl. A oder ggü. B rechtwidrig war, weil sie in eine Richtung richtigerweise „Grün" anzeigte. Die Freigabe einander feindlicher Verkehrsströme durch „Grün" führt insgesamt zur Fehlerhaftigkeit der Ampelschaltung und damit zur Rechtswidrigkeit der Maßnahme.
Problematisch ist, ob die Eigentumsbeeinträchtigung unmittelbar verursacht worden ist. Die Lichtzeichen „grün" bedeuteten sowohl für A als auch für B, dass der Verkehr freigegeben war (§ 37 Abs. 2 Nr. 1 StVO). Beide durften darauf vertrauen, dass sie in die Kreuzung einfahren konnten und sollten, weil sie von jedem Seitenverkehr abgeschirmt waren. Bei Befolgung dieser Anordnung musste es zwangsläufig zu einem Zusammenstoß der Fahrzeuge kommen.[186] Die Rechtswidrigkeit der Maßnahme indiziert das A und B entstandene Sonderopfer. Das „feindliche Grün" hat das Verhalten von A und B und damit ihren Unfall unmittelbar verursacht. Rechtsschutz zur Abwehr der Maßnahme kam hier nicht in Betracht; auch Mitverschulden war A und B nicht vorzuwerfen.
A und B haben demnach jeweils einen Anspruch auf Entschädigung aus enteignungsgleichem Eingriff. ◀

V. Enteignende Eingriffe

▶ **FALL 6:** B ist Eigentümer eines landwirtschaftlichen Betriebs im Außenbereich der Gemeinde R. Etwa 30 m von der Grundstücksgrenze seines Hofes (ebenfalls im Außenbereich) betreibt die Gemeinde in rechtmäßiger Weise eine Mülldeponie. Seit ihrer Inbetriebnahme wurden Krähen und Möwen von den abgelagerten Abfällen angelockt. Obwohl R bemüht war, den Abfall rasch abzudecken, geschah es häufig, dass Vögel auf den Feldern des B Saatschäden verursachten. Im Herbst des vorletzten Jahres säte B Winterweizen aus. Aufgrund der milden Witterung im Winter war der Boden nicht gefroren und auch nicht von einer schützenden Schneedecke bedeckt. Als die Pflanzen einige Zentimeter hoch waren, wurden sie von Krähen und Möwen aus der Erde gerissen und vertrockneten. B erleidet einen kompletten Ernteausfall. Er verlangt von der Gemeinde R Entschädigung. Zu Recht? ◀

---

184 BGHZ 99, 249, 253; auch OLG Karlsruhe NVwZ-RR 2014, 331. Zur Zurechnung eines Fahrzeugschadens aufgrund einer automatisch bewirkten Schranke OLG Karlsruhe Urt. v. 9.5.2018 – 4 U 2/17, Rn. 14 juris.
185 BGHZ 99, 249, 253.
186 BGHZ 99, 249, 254 f.

§ 39 Entschädigungsansprüche bei Eigentumseingriffen

1. Definition und Rechtsgrundlage des enteignenden Eingriffs

Der Anspruch aus enteignendem Eingriff dient dem **Ausgleich unzumutbarer, regelmäßig atypischer und unvorhergesehener Nebenfolgen** einer an sich **rechtmäßigen Eigentumsbeeinträchtigung**, welche die Grenze zum Sonderopfer überschreitet.[187]

40

Es handelt sich daher trotz Rechtmäßigkeit des hoheitlichen Handelns um rechtswidrige Beeinträchtigungen und damit Verletzungen des Eigentums; auch insoweit (wie beim enteignungsgleichen Eingriff, vgl. Rn. 34) ist der Erfolgsunwert maßgeblich.[188] Als Beispiel sei die Vernichtung eines Fischbestands genannt, weil beim (ordnungsgemäßen) Betrieb einer kommunalen Kläranlage nicht geklärte Abwässer in einen Fischteich geraten.

Auch der enteignende Eingriff ist als richterrechtliche Rechtsfortbildung auf der Grundlage des **allgemeinen Aufopferungsanspruchs** gewohnheitsrechtlich anerkannt.[189] Von der Enteignung grenzt er sich dadurch ab, dass er zufällige Nebenfolgen hoheitlichen Handelns (meist Realakte) betrifft; die Enteignung bedingt hingegen einen gezielten (finalen) Entzug von Eigentumspositionen zur Güterbeschaffung (vgl. Rn. 6). Während der enteignungsgleiche Eingriff ein rechtswidriges Handeln voraussetzt, knüpft der enteignende Eingriff an ein **rechtmäßiges Verwaltungshandeln** an.[190] Schwierigkeiten bereitet seine Abgrenzung zu ausgleichspflichtigen Inhalts- und Schrankenbestimmungen (zu diesen Rn. 23 ff.). Beide Anwendungsbereiche überschneiden sich insoweit, als Letztere (gesetzliche) Kompensationsregelungen für Folgen eigentumsbeeinträchtigender Maßnahmen, die ebenfalls die Zumutbarkeits- bzw. Opfergrenze überschreiten, vorsehen (müssen). Kompensatorische Inhalts- und Schrankenbestimmungen beziehen sich jedoch auf typisierbare, vom Gesetzgeber vorhergesehene Beeinträchtigungen. Atypische, unvorhergesehene Sachverhalte (meist Zufalls- oder Unfallschäden) werden von solchen Ausgleichsregelungen nicht erfasst. Für sie verbleibt ein (Rest-)Anwendungsbereich des enteignenden Eingriffs.[191] Der BGH verneinte eine Entschädigung für Eigentumsbeeinträchtigungen durch Maßnahmen zur Bekämpfung der Coronapandemie aufgrund des Haftungsinstituts des enteignenden Eingriffs. Dieses diene dem Ausgleich seltener Sonderopfer, beinhalte aber keine geeignete Grundlage zum Ausgleich massenhaft auftretender Schäden. Auch im Hinblick auf das Budgetrecht des Parlaments und aus Gründen der Gewaltenteilung müsse der Parlamentsgesetzgeber über die Zubilligung derartiger Ansprüche entscheiden.[192]

Die Rspr. des BGH lässt dem enteignenden Eingriff allerdings auch ohne Weiteres vorhersehbare und nicht nur faktische (Neben-)Folgen hoheitlicher Maßnahmen unterfallen.[193]

---

187 BGHZ 91, 20, 26; BGH NVwZ 2022, 814, 819 Rn. 56.
188 Maurer/Waldhoff, § 27 Rn. 110 f.
189 BGH NJW 1965, 1908; OLG Hamm Beschl. v. 2.2.2021 – I-22 U 201/20, Rn. 13 juris; zum enteignungsgleichen Eingriff insoweit Rn. 30 aE; krit. ggü. der Herleitung des Anspruchs Osterloh in: FS für H.-J. Papier, 2013, S. 547, 555 ff.: Gefährdungshaftung ohne (einfach-)gesetzliche Grundlage und allg. zum enteignenden Eingriff nach dem Nassauskiesungsbeschluss dies. in: Depenheuer/Shirvani, S. 235, 245 ff.
190 BVerwG Urt. v. 24.10.2013 – 7 C 13/12, Rn. 53 juris; BGH NJW 2019, 227, 229; s.a. BGH NVwZ 2022, 814, 819 Rn. 56.
191 Maurer/Waldhoff, § 27 Rn. 109; Michl/Joseph Ad Legendum 2019, 101, 108.
192 BGH NVwZ 2022, 814, 820 Rn. 59; Cornils Die Verw 54 (2021), 477, 483 ff. Für die Richtigkeit streitet auch die Billigung der Beschränkung der Ansprüche aus enteignungsgleichem Eingriff und Aufopferung auf „Sachverhalte des alltäglichen Verwaltungshandelns" durch BVerfG NVwZ 2021, 398, 400.
193 Etwa BGH Urt. v. 14.3.2013 – III ZR 253/12, juris: Schäden am Inventar bei einer polizeilichen Wohnungsdurchsuchung. Allg. näher Osterloh in: FS für H.-J. Papier, 2013, S. 547, 553.

Der enteignende Eingriff kommt nicht zur Anwendung, wenn **spezialgesetzliche Entschädigungsansprüche** vorhanden und einschlägig sind. Dazu zählen zB die Vorschriften der Polizei- und Ordnungsgesetze über die Inanspruchnahme von Nichtstörern.[194] Nach § 51 Abs. 1 Nr. 1 BPolG ist jemandem, der infolge einer rechtmäßigen Maßnahme nach § 20 Abs. 1 einen Schaden erleidet, ein angemessener Ausgleich zu gewähren.

Im Infektionsschutzrecht enthält § 56 IfSG eine Entschädigungsregelung. Wer auf Grund dieses Gesetzes als Ausscheider, Ansteckungs- bzw. Krankheitsverdächtiger oder als sonstiger Träger von Krankheitserregern seiner Erwerbstätigkeit nicht nachgehen kann und einen Verdienstausfall erleidet, erhält nach § 56 Abs. 1 S. 1 IfSG eine Entschädigung, ebenso nach Satz 2 eine Person im Falle einer Absonderung. Außerdem enthält § 56 Abs. 4 S. 2 IfSG eine Regelung zur Entschädigung Selbstständiger, deren Betrieb oder Praxis während der Dauer einer Maßnahme nach Absatz 1 ruht. Da sich diese Vorschriften nur auf bestimmte Personen unter engen Voraussetzungen beziehen und sich die in § 65 IfSG enthaltene Regelung nur auf behördliche Maßnahmen zur Verhütung, nicht jedoch zur Bekämpfung übertragbarer Krankheiten bezieht,[195] wird eine analoge Anwendung dieser Vorschriften für Entschädigungen bei zwangsweisen Betriebsschließungen diskutiert. Verneint man dies aufgrund der vom Gesetzgeber bewusst vorgenommenen Anspruchsbegrenzung und der Detailliertheit der Vorschriften,[196] ist als nächstes zu klären, ob eine Entschädigung wegen enteignenden Eingriffs in Betracht kommt. Der BGH lehnt dies konsequent ab, weil der Gesetzgeber mit den Entschädigungsregelungen der § 56, § 65 IfSG umfassend den von der Rechtsprechung entwickelten Aufopferungsanspruch ersetzen wollte, „dem damit insoweit keine lückenschließende Funktion mehr zukommt".[197] Gegenstimmen in der Literatur berufen sich demggü. darauf, dass dem Gesetzgeber bewusst gewesen sein musste, dass aufgrund der engen Konzeption dieser Ansprüche ein Ausgleich auch in anderen Fällen notwendig werden könne und verneinen deshalb eine solche Sperrwirkung.[198] Folgt man dem, sprechen aber, wie bereits dargestellt (Rn. 40), Gewaltenteilungsgründe gegen eine Entschädigung aufgrund des Instituts des enteignenden Eingriffs. Daran vermag auch die Kritik nichts zu ändern, dass bei der Pandemiebekämpfung einzelne Branchen gezielt herausgegriffen wurden.[199]

2. Voraussetzungen

a) Eigentum als Eingriffsobjekt

41 Wie beim enteignungsgleichen Eingriff muss eine Eigentumsposition iSd Art. 14 Abs. 1 GG beeinträchtigt worden sein (vgl. Rn. 3 f.).

---

194 ZB Art. 87 Abs. 1 BayPAG; § 72 SOG M-V; § 80 Abs. 1 NdsSOG, die zugleich spezialgesetzliche Regelungen des Aufopferungsanspruchs darstellen, vgl. § 40 Rn. 3. Näher zu Ausgleichs- und Entschädigungsansprüchen aus dem Polizei- und Ordnungsrecht anhand der hessischen Rechtslage Will VerwArch 106 (2015), 55.
195 Fischer-Uebler/Gölzer/Schaub 2021, 491 f.
196 BVerwG Beschl. v. 1.6.2022 – 3 B 29/21, Rn. 16 f. juris; Cornils Die Verw 54 (2021), 477, 480 ff.; Dünchheim/Gräler VerwArch 2021, 38, 42 f.
197 BT-Drs. 14/2530, S. 87; BGH NVwZ 2022, 814, 820 Rn. 57; Cornils Die Verw 54 (2021), 477, 483 f.
198 Fischer-Uebler/Gölzer/Schaub JA 2012, 492 f.; Rinze/Schwab NJW 2020, 1905, 1906.
199 Fischer-Uebler/Gölzer/Schaub JA 2021, 495.; ebenfalls für eine Entschädigung Dünchheim/Gräler VerwArch 2021, 38, 56 f.; s.a. Rinze/Schwab NJW 2020, 1905, 1910.

b) Rechtmäßiges hoheitliches Handeln

Der Entschädigungsanspruch aus enteignendem Eingriff greift nur bei einem **an sich rechtmäßigen hoheitlichen Handeln**, das bei dem Betroffenen regelmäßig zu atypischen und unvorhergesehenen Nebenfolgen führt.[200] Die einzelfallbezogenen Eigentumsbeeinträchtigungen können auf hoheitliche Realakte oder Verwaltungsakte, zB straßenrechtliche Planfeststellungsbeschlüsse, zurückgehen.[201]

42

c) Unmittelbarkeit des Eingriffs

Insoweit ergibt sich Ähnliches wie zum enteignungsgleichen Eingriff,[202] wobei nach der erwähnten Rspr. (vgl. Rn. 40 aE) (gerade) auch typische und vorhersehbare Folgen das Kriterium der Unmittelbarkeit des behördlichen Eingriffs erfüllen.

43

Beispiel: Wenn die Polizei die Wohnung eines Mieters wegen Verdachts auf Drogendelikte durchsucht hat und der Vermieter/Wohnungseigentümer Ersatz der dabei entstandenen Schäden am Inventar geltend macht, obwohl er wusste oder hätte wissen müssen, dass die Wohnung zur Begehung derartiger Straftaten genutzt werden sollte resp. wurde, verneint die Rspr. die Unmittelbarkeit.[203]

d) Sonderopfer

Da der enteignende Eingriff rechtmäßiges öffentliches Handeln voraussetzt, muss das **Sonderopfer** stets bezogen auf den jeweiligen Einzelfall begründet werden.[204]

44

Ein Sonderopfer liegt vor, wenn die Einwirkung auf die Rechtsposition des Betroffenen die Sozialbindungsschwelle überschreitet. Dies ist bei einer gleichheitswidrigen Belastung im Verhältnis zu nicht betroffenen Personen oder dann anzunehmen, wenn der Eigentumseingriff und seine unmittelbaren Folgen für den Eigentümer derart schwerwiegend sind, dass sich eine entschädigungslose Hinnahme als unzumutbar erweist.[205] Zutreffend vertritt die Rspr., dass sich das (Nicht-)Vorliegen eines Sonderopfers nur aufgrund einer umfassenden Beurteilung der Umstände des jew. Einzelfalls beurteilen lässt.[206] Ein Sonderopfer wurde bspw. angenommen, wenn infolge unvermeidbarer (und daher rechtmäßiger) Straßenbauarbeiten der Zugang zu einem Gewerbebetrieb (sog. Kontakt nach außen) gänzlich unterbrochen wird und dies zum Erliegen des Betriebs führt – oder wenn aufgrund ordnungsgemäß durchgeführter Ausschachtungsarbeiten Risse an einem benachbarten Haus entstehen.[207] Am „Abverlangen" eines Sonderopfers im öffentlichen Interesse fehlt es, wenn sich der Betroffene **freiwillig** in eine gefährliche Situation begeben oder durch **eigenes Verhalten** eine zuvor nicht vorhandene Konfliktlage begründet hat; deren Realisierung durch das behördliche

---

[200] BGH NJW 2019, 227, 229; NVwZ 2022, 814, 819 Rn. 56; BVerwG Urt. v. 24.10.2013 – 7 C 13/12, Rn. 53 juris; Sauer JuS 2012, 800, 803.
[201] BGH NVwZ 2022, 814, 820 Rn. 58.
[202] Rn. 32. S.a. OLG Frankfurt Urt. v. 27.1.2022 – 1 U 220/20, Rn. 15 juris.
[203] Nicht ausreichend hingegen, wenn es diesbzgl. bei Abschluss des Mietvertrags keinerlei konkrete Anhaltspunkte gab und der Vermieter nur von einer zeitlich zurückliegenden Verstrickung des Mieters in Drogendelikte wusste, BGH Urt. v. 14.3.2013 – III ZR 253/12, Rn. 13 f. juris; dazu Hebeler JA 2014, 558, 560.
[204] BGH NJW 2019, 227, 229, 231.
[205] BGH NJW 2017, 1322, 1324; 2019, 227, 229; auch OVG Greifswald NordÖR 2012, 42, 44: Existenzgefährdung; vgl. auch nachfolgend im Text. S.a. zum Sonderopfer BGH NJW 2018, 1395, 1396 f. Rn. 10 ff.; zum Begriff Sonderopfer Grefrath NJW 2022, 215 217 f.
[206] BGH NJW 2017, 1322, 1325; 2019, 227, 229.
[207] Allg. zu den Grundsätzen OVG Greifswald NordÖR 2012, 42, 43 f. mwN; zu Ersterem bereits Rn. 40 aE.

Handeln ist dann seiner Sphäre zuzurechnen.²⁰⁸ Deshalb kann derjenige, der durch sein eigenes schuldhaftes Verhalten den Anschein einer polizeilichen Gefahr hervorruft, Vermögensnachteile, die ihm aus einer hierauf zurückzuführenden polizeilichen Maßnahme entstanden sind, nicht aufgrund enteignenden Eingriffs ersetzt bekommen,.²⁰⁹

45 Für die Beurteilung der Zumutbarkeit hoheitlicher Immissionen zieht der BGH den Rechtsgedanken des § 906 BGB heran.²¹⁰ Danach hat der Eigentümer hoheitliche Einwirkungen auf sein Grundstück zu dulden, wenn sie nicht das Maß dessen übersteigen, was er auch von einem privaten Nachbarn ohne Ausgleich hinnehmen muss.

e) Primärrechtsschutz

46 Der Vorrang des Primärrechtsschutzes spielt für die Geltendmachung des Anspruchs aus enteignendem Eingriff keine Rolle:²¹¹ Denn gegen rechtmäßiges Handeln gerichtete Rechtsmittel können keinen Erfolg haben.²¹²

3. Weitere Voraussetzungen

47 Hins. der Bestimmung des Haftungsgegners, der Höhe der Entschädigung und der Verjährung kann auf das zum enteignungsgleichen Eingriff Behandelte verwiesen werden (dazu Rn. 36 ff.). Mitverschulden (zB Nichtbeachtung der Schadensminderungspflicht) ist zu berücksichtigen.²¹³ Aus Sicht der Rspr. gilt das ebenfalls für den Rechtsweg, zumal der enteignende Eingriff seine Grundlage im allgemeinen Aufopferungsgedanken findet (vgl. Rn. 40; bereits § 5 Rn. 26); andere verweisen auf Art. 14 Abs. 1 GG und damit auf § 40 Abs. 2 S. 1 VwGO.²¹⁴

4. Anspruchskonkurrenzen

48 Da der Anspruch aus enteignendem Eingriff auf angemessene Entschädigung, der Amtshaftungsanspruch jedoch auf Schadensersatz gerichtet ist, kann der Geschädigte beide Ansprüche geltend machen.

---

208 BGH Urt. v. 14.3.2013 – III ZR 253/12, juris; BGH NJW 2018, 1396, 1397; OLG Frankfurt Urt. v. 27.1.2022 – 1 U 220/20, Rn. 17 juris.
209 BGH NJW 2017, 1322, 1325.
210 BGH NVwZ 1992, 404, 405; s.a. BVerwG Urt. v. 24.10.2013 – 7 C 13/12, Rn. 54 juris; VGH Mannheim VBlBW 2017, 162, 163; OLG Hamm Urt. v. 4.2.2022 – 11 U 96/21, Rn. 18 f. juris.
211 Lediglich Entschädigungsanspruch, deutlich OVG Greifswald NordÖR 2012, 42, 44; Siegel, Rn. 1036; s. aber VGH Mannheim VBlBW 2017, 162, 163.
212 Nicht unbedenklich ist freilich jenseits dessen (!) die apodiktische Ablehnung von Unterlassungsansprüchen selbst bei Existenzgefährdungen (etwa infolge von Straßenbaumaßnahmen, so OVG Greifswald NordÖR 2012, 42, 44, weil damit der Erfolgsunwert der staatlichen Maßnahme (vgl. Rn. 41) und die Auffangfunktion des Sekundärrechtsschutzes (dazu § 36 Rn. 1) verkannt werden.
213 Vgl. Rn. 34. S.a. OLG Hamm Urt. v. 4.2.2022 – 11 U 96/21, Rn. 32 ff. juris.
214 Schwerdtfeger JuS 1983, 110; s.a. VGH München Beschl. v. 24.1.2022 – 8 C 21.1411, Rn. 36 juris.

Übersicht 39: Anspruchsvoraussetzungen einer Entschädigung aufgrund enteignenden Eingriffs

I. **Anspruchsgrundlage:** allgemeiner Aufopferungsgedanke (§§ 74, 75 Einl. Preuß. ALR) bei atypischen, unvorhergesehenen Nebenfolgen rechtmäßigen hoheitlichen Handelns

II. **Voraussetzungen**
  1. Vermögenswerte Rechtsposition iSv Art. 14 Abs. 1 GG
  2. Rechtmäßiger hoheitlicher Eingriff
  3. Unmittelbarkeit
  4. Sonderopfer
  5. Vorrang des Primärrechtsschutzes idR ohne Relevanz, da unvorhergesehene Nebenfolge

III. **Rechtsfolge:** angemessene Entschädigung, beachte etwaiges Mitverschulden

▶ Zu Fall 6: Zu prüfen ist, ob B wegen des Verlustes seiner Ernte ein Entschädigungsanspruch aus enteignendem Eingriff zusteht. Problematisch ist zunächst, ob eine vermögenswerte Rechtsposition gem. Art. 14 Abs. 1 GG verletzt ist. Hier kommt ein Eingriff in den eingerichteten und ausgeübten Gewerbebetrieb in Betracht. Dieser stellt eine vermögenswerte Position iSd Art. 14 Abs. 1 GG dar (str.), wenn sein Bestand, wozu auch einzelne Gewerbegegenstände zählen (näher vorstehend Rn. 4), betroffen wird. Das ist hier der Fall, denn die Pflanzen auf dem Feld wurden vollständig vernichtet. Der Eingriff ist rechtmäßig, weil gegen die Errichtung und den Betrieb der Deponie nach dem Sachverhalt keine Bedenken bestehen.
Fraglich bleibt, ob der Eingriff direkt zur Eigentumsbeeinträchtigung geführt hat. Das könnte zweifelhaft sein, weil die Pflanzen unmittelbar durch die Vögel, nicht aber durch den Betrieb der Abfallentsorgungsanlage zerstört worden sind. Unmittelbarkeit bedeutet jedoch nicht, dass die hoheitliche Maßnahme die zeitlich letzte Ursache des Eingriffs gesetzt haben muss, sondern dass durch sie eine Gefahrenlage begründet worden ist, die sich typischerweise im Schadenseintritt konkretisiert hat (dazu Rn. 32). Durch die Ablagerung großer Mengen von Hausmüll wurden nahrungssuchende Vögel in Scharen angelockt, die ihre Futtersuche zwangsläufig auf die umliegenden Felder, damit auch auf das des B, ausdehnten und Schäden an den Pflanzen anrichteten. Bei mildem Winterwetter verwirklicht sich dies in noch stärkerem Ausmaß.[215] Die Unmittelbarkeit des Eingriffs ist zu bejahen.
Der Eingriff müsste auch enteignende Wirkung haben. § 906 BGB führt hier nicht weiter, weil es sich bei der von den Vögeln verursachten Beeinträchtigung nicht um die Zufuhr unwägbarer Stoffe handelt. Ein Sonderopfer ist danach gegeben, wenn die Beeinträchtigung den Einzelnen besonders trifft und ihn zu einem den Übrigen nicht zugemuteten Opfer für die Allgemeinheit zwingt. Dabei ist auch die Situationsgebundenheit des (Grund-)Eigentums, dh seine Lage und Beschaffenheit sowie seine Einbettung in Natur und Landschaft zu berücksichtigen. Im vorliegenden Fall wird beachtlich, dass sowohl der landwirtschaftliche Betrieb des B als auch die Deponie als privilegierte Vorhaben iSv § 35 Abs. 1 (Nrn. 1, 4) BauGB vorrangig im Außenbereich anzusiedeln sind. Die Umgebung des Landwirtschaftsbetriebs wird daher schon von Gesetzes wegen potenziell durch Anlagen der hier fraglichen Art geprägt. Deponien locken zwangsläufig Vögel an, die Schäden an umliegenden Feldern anrichten (können). Als nicht (mehr) situationsbedingt stellen sich jedoch derart erhebliche

---

215 BGH NJW 1980, 770.

Einwirkungen dar, dass die Ernte eines gesamten Feldes zerstört wird; damit ist das zumutbare Maß überschritten. Ein enteignender Eingriff liegt vor und B hat insoweit Anspruch auf Entschädigung.[216] ◄

VI. Wiederholungs- und Verständnisfragen

> Wie lässt sich der Schutzbereich des Art. 14 Abs. 1 GG definieren? (→ Rn. 4)
> Was versteht das BVerfG unter Enteignung? (→ Rn. 5)
> Unter welchen Voraussetzungen darf enteignet werden? (→ Rn. 8 ff.)
> Wie sind Inhalts- und Schrankenbestimmungen zu definieren? (→ Rn. 6)
> Wodurch unterscheidet sich der enteignungsgleiche vom enteignenden Eingriff? (→ Rn. 40; vgl. auch → Rn. 29)
> Unter welchen Voraussetzungen muss aufgrund enteignungsgleichen Eingriffs und unter welchen Voraussetzungen aufgrund enteignenden Eingriffs entschädigt werden? (→ Rn. 30 ff., 41 ff.)

---

216 Vgl. BGH NJW 1980, 770, 771; Siegel, Rn. 1041 (Lösung Fall 29).

§ 40 Ansprüche aus (allgemeiner) Aufopferung

▶ **FALL 7:** K sitzt als Untersuchungshäftling in der Justizvollzugsanstalt der Stadt S im (Bundes-)Land L. Er wird von einem Mithäftling erheblich verletzt, was durch Aufsichtsmaßnahmen in der Anstalt nicht verhindert werden konnte. Der Täter ist nicht in der Lage, den bei K entstandenen Schaden auszugleichen. Kann K Entschädigung von L verlangen? ◀

Der allgemeine Aufopferungsanspruch gleicht Eingriffe in **nichtvermögenswerte** Rechte (wie **Leben, Gesundheit, Freiheit**) aus.[1]

Bevor auf ihn rekurriert wird, ist zu prüfen, ob es einen **sondergesetzlich geregelten Entschädigungsanspruch** gibt. Diese sind oft sozial motivierter Art und gewähren häufig mehr als das aufopferungsrechtliche Minimum – was unbedenklich ist: § 5 SGB I (soziale Entschädigung), § 1 Nr. 2 iVm § 2 I SGB VII (Entschädigung gesetzlich Unfallversicherter), Opferentschädigungsgesetz.[2] Nach dem BVerfG müssen dem Einzelnen bei schwerer Verletzung der Voraussetzungen staatlicher Überwachungsmaßnahmen Sanktionen zum Schutz seines Persönlichkeitsrechts zustehen, was insb. anzunehmen sei, wenn eine unberechtigte Datenerhebung oder -verwendung mangels materiellen Schadens ohne Ausgleich zur Genugtuung der Betroffenen bliebe.[3] Als Anspruchsgrundlagen bei derartigen Persönlichkeitsverletzungen kommen v.a. Art. 82 DSGVO sowie § 83 BDSG in Betracht.

I. Definition und Rechtsgrundlage des allgemeinen Aufopferungsanspruchs

Der allgemeine Aufopferungsanspruch geht auf §§ 74, 75 Einl. Preuß. ALR zurück.[4] Da es für Ansprüche wegen Eigentumsverletzungen die Institute des enteignenden und enteignungsgleichen Eingriffs gibt, beschränkt sich die Reichweite des Anspruchs folglich zunächst auf **Eingriffe in nichtvermögenswerte Rechte**, wobei in der Rspr. bislang allein jene des **Art. 2 Abs. 2 GG** eine Rolle gespielt haben.[5] Diesen Kernbestand betrifft der heutige **Aufopferungsanspruch ieS**, der gewohnheitsrechtlich anerkannt ist.[6] Seine Existenz wird von § 40 Abs. 2 S. 1 Hs. 1 VwGO vorausgesetzt. Der Aufopferungsanspruch beruht auf dem allgemeinen Rechtsgedanken, dass der Einzelne für ein ihm durch hoheitliches Handeln aus Gründen des öffentlichen Interesses auferlegtes Sonderopfer unter Gleichheitsgesichtspunkten eine billige Entschädigung der Allgemeinheit erhalten soll.[7]

II. Anwendungsbereich

Eine Heranziehung des allgemeinen Aufopferungsanspruchs ist ausgeschlossen, wenn Entschädigungsansprüche in Spezialvorschriften geregelt sind. Solche **Sonderregelungen** finden sich zB in **§§ 60 ff. IfSG für Impfschäden** durch Impfungen gegen das Coronavirus Sars-CoV-2.[8] In der Praxis kommt der **polizeirechtlich geregelten Entschädigungspflicht bei Inanspruchnahme von Nichtstörern** und unbeteiligten Dritten als spe-

---

1 OLG Frankfurt Urt. v. 26.1.2017 – 1 U 31/15, Rn. 23 juris.
2 Gesetz über die Entschädigung für Opfer von Gewalttaten (OEG) v. 7.1.1985, BGBl. I S. 1, geändert durch Art. 3 G v. 20.6.2011, BGBl. I S. 1114; dazu Wältermann NJW 2001, 733. Dazu näher Maurer/Waldhoff, § 29 Rn. 38 ff. mwN.
3 BVerfGE 141, 220, 284.
4 BGHZ 215, 335, 342. Vgl. § 39 Rn. 5.
5 Krit. mit Blick auf die Nichtberücksichtigung der Art. 12 Abs. 1, Art. 2 Abs. 1 GG teilweise das Schrifttum, vgl. dazu Maurer/Waldhoff, § 28 Rn. 8; Siegel, Rn. 1046.
6 BGHZ 215, 335, 342.
7 BGHZ 215, 335, 343.
8 Dutta NJW 2022, 649, 653.

zialgesetzliche Ausformung große Bedeutung zu.[9] Da der Aufopferungsanspruch für Sachverhalte des alltäglichen Verwaltungshandelns konzipiert wurde, können Kriegsschäden hierüber nicht reguliert werden.[10]

III. Voraussetzungen

1. Nichtvermögenswerte Rechtsgüter

4   Zu den nichtvermögenswerten Rechtsgütern iSd Aufopferung gehören diejenigen des Art. 2 Abs. 2 GG (näher Rn. 1 f.): Leben, Gesundheit und persönliche Freiheit.

2. Hoheitlicher und unmittelbarer Eingriff

5
- Der Betroffene muss einer **hoheitlichen Zwangswirkung** ausgesetzt gewesen sein.[11] Dafür reicht bereits eine nur psychische resp. psychologische Wirkung der hoheitlichen Maßnahme aus (etwa Aufforderung durch die Behörde; ferner Anreize, Aufklärung, Inaussichtstellen von Nachteilen).[12]
- Für die **Unmittelbarkeit** der hoheitlichen Maßnahme gilt das zum enteignungsgleichen Eingriff Dargelegte (vgl. § 39 Rn. 32). Angesichts dessen ist ein Eingriff zu verneinen, wenn der eingetretene Schaden auf einem eigenen Verhalten des Geschädigten beruht, dessen Gefährlichkeit ihm bewusst war, sich der Betroffene freiwillig gefährdet (zB als Polizeihelfer) oder sich durch eigenes Verschulden in eine Gefahrenlage gebracht hat (dazu Fall 7).[13]
- Die hoheitliche Maßnahme kann entweder **rechtmäßig** oder **rechtswidrig** sein.[14]

3. Sonderopfer

6   Die Beeinträchtigung muss eine besondere Belastung und damit ein Sonderopfer darstellen.[15] Die **Rechtswidrigkeit indiziert** regelmäßig das (Sonder-)Opfer; im Fall **rechtmäßiger Eingriffe** muss es bezogen auf den jew. Einzelfall **positiv festgestellt** werden.[16] Dabei ist entscheidend, ob die Folgen vom Normzweck noch gedeckt sind.[17] Hiermit steht in Einklang, dass der Aufopferungsanspruch für solche Schäden **keinen Ausgleich** gewährt, in denen sich das **allgemeine Lebensrisiko** verwirklicht hat. Sie liegen unterhalb der Opfergrenze.[18] So stellen kleinere Prellungen bzw. Verstauchungen im Sportunterricht kein Sonderopfer dar.

---

9 ZB Art. 87 Abs. 1, 2 BayPAG; §§ 72, 73 SOG M-V; § 80 Abs. 1 NdsPOG; § 68 SaarlPolG; bereits § 39 Rn. 41. Zum reduzierten Anwendungsfeld auch Lege JA 2016, 81, 85.
10 BGH NJW 2016, 3656, 3658; BVerfG NVwZ 2021, 398, 400.
11 Ossenbühl/Cornils, S. 138 ff.; Sodan/Ziekow, § 88 Rn. 3.
12 „Psychologisches Abfordern", BGHZ 31, 187; „Gewissenszwang", BGHZ 24, 45. Dazu, dass durch psychischen Zwang in die Fortbewegungsfreiheit aus Art. 2 Abs. 2 GG eingegriffen werden kann, BVerfG NJW 2022, 139, 159.
13 BVerfG Kammerbeschl. v. 3.9.2013 – 1 BvR 1419/13, Rn. 30 juris; Maurer/Waldhoff, § 28 Rn. 10; Detterbeck/Windthorst/Sproll, § 16 Rn. 63.
14 LG Frankfurt Urt. v. 15.12.2021 – 2-04 O 165/21 ua, Rn. 101 juris; Siegel, Rn. 1049.
15 BGHZ 45, 58.
16 BGH NJW 2018, 1396; Kratzlmeier Jura 2018, 1239, 1245.
17 Maurer/Waldhoff, § 28 Rn. 12.
18 Detterbeck/Windthorst/Sproll, § 16 Rn. 66. S.a. BGH NJW 2018, 1396, 1397, der ohne auf die richtige Anspruchsgrundlage einzugehen ein Sonderopfer verneint, wenn der Einzelne erst eine halbe Stunde vor dem Boarding bei der Sicherheitskontrolle erscheint und dadurch den Flug verpasst.

4. Vorrang Primärrechtsschutz, kein „Dulde und Liquidiere"

Ist der Eingriff rechtswidrig, entfällt der Aufopferungsanspruch in analoger Anwendung des § 254 BGB, wenn der Geschädigte keinen Primärrechtsschutz verfolgt hat.[19] Handelt es sich um einen rechtmäßigen Eingriff, kommt (selbstredend) kein Primärrechtsschutz in Betracht.

5. Entschädigung

Unter Hinweis auf die Ausgestaltung in § 253 Abs. 2 BGB sowie einzelne spezialgesetzlich ausgeformte Entschädigungsansprüche vertritt der BGH, dass auch für die immaterielle Rechtsgutverletzung selbst Ausgleich verlangt werden kann.[20] IÜ gilt hins. der Entschädigung das insoweit zur Enteignung Dargestellte (vgl. § 39 Rn. 15 f.) entsprechend.

6. Anspruchskonkurrenzen

Der verschuldensunabhängige Aufopferungsanspruch kann neben einem Anspruch aus Amtshaftung geltend gemacht werden. Insoweit wird eine Parallele zum Verhältnis zwischen Letzterem und jenem aus enteignungsgleichem Eingriff gezogen.[21]

Übersicht 40: Voraussetzungen des allgemeinen Aufopferungsanspruchs

I. **Anspruchsgrundlage:** §§ 74, 75 Einl. Preuß. ALR, gewohnheitsrechtlich anerkannt

II. **Voraussetzungen**
   1. Nichtvermögenswertes Rechtsgut: Leben, Gesundheit, Freiheit
   2. Hoheitlicher Eingriff
   3. Unmittelbarkeit
   4. Sonderopfer
   5. Vorrang Primärrechtsschutz

III. **Rechtsfolge:** angemessene Entschädigung, beachte etwaiges Mitverschulden

▶ Zu Fall 7: Ggf. kann K eine Entschädigung aus allgemeiner Aufopferung verlangen. Eine Verletzung seiner körperlichen Unversehrtheit (Art. 2 Abs. 2 S. 1 GG) ist gegeben. Fraglich bleibt, ob diese unmittelbar durch eine hoheitliche Maßnahme verursacht worden ist. Als solche kommt die Inhaftierung des K in Betracht. Allerdings hat sich K durch eigenes strafbares Verhalten in zurechenbarer Weise der Freiheitsentziehung und den damit verbundenen Gefährdungen durch Mithäftlinge ausgesetzt.[22] Infolgedessen fehlt es an der Unmittelbarkeit zwischen hoheitlichem Eingriff und der Verletzung immaterieller Rechte. Ein Aufopferungsanspruch besteht daher nicht. ◀

---

19 Siegel, Rn. 1051.
20 BGHZ 215, 335, 343; Michl/Joseph Ad Legendum 2019, 101, 109.
21 BGHZ 13, 88, 92; § 39 Rn. 40; Maurer/Waldhoff, § 28 Rn. 6.
22 BGHZ 60, 302; ob dies auch in Fällen der hier vorliegenden Untersuchungshaft angenommen werden kann, erscheint zweifelhaft.

IV. Wiederholungs- und Verständnisfragen

> Für Eingriffe in welche Rechtsgüter gewährt der allgemeine Aufopferungsanspruch Entschädigung? (→ Rn. 1, 4)
> Benennen Sie Beispiele für spezialgesetzliche Regelungen des Aufopferungsanspruchs! (→ Rn. 3)

§ 41 Folgenbeseitigungs-, Unterlassungs- und Herstellungsansprüche

▶ **FALL 8:** E ist Eigentümer einer Wohnung, die er an O vermietet hat. Aufgrund eines rechtskräftigen Räumungstitels des Amtsgerichts soll der Gerichtsvollzieher die Räumung der Wohnung durchführen. Da O obdachlos zu werden droht, weist ihn B, der Bürgermeister der Gemeinde, durch Verfügung in die bisherige Wohnung ein und ordnet die sofortige Vollziehung an. Die Einweisung ist auf drei Monate befristet. Trotz Ablaufs der Frist verbleibt O in der Wohnung, weil sie ihm gut gefällt. Daraufhin beantragt E beim Verwaltungsgericht, die Gemeinde zur Räumung der Wohnung zu verpflichten. Kann E aufgrund eines Folgenbeseitigungsanspruchs die Räumung verlangen? ◀

I. Begriff des Folgenbeseitigungsanspruchs

Dem durch hoheitliche Maßnahmen betroffenen Bürger geht es häufig nicht um Geldersatz, worauf Amtshaftungsansprüche und Enteignungsentschädigungen gerichtet sind,[1] sondern um Wiederherstellung des ursprünglichen, vor dem Eingriff bestehenden „unrechtslastenfreien" Zustands.[2] Entsprechend seiner Bezeichnung ist der sog. Folgenbeseitigungsanspruch (nachfolgend: FBA) auf die **Beseitigung der Folgen rechtswidrigen Verwaltungshandelns durch Wiederherstellung des ursprünglichen oder eines vergleichbaren Zustands** gerichtet.[3]

Folgenbeseitigungsansprüche sind in der rechtswissenschaftlichen Literatur entwickelt worden und haben Eingang in die Rspr. der Verwaltungsgerichte gefunden.[4] Nur in wenigen Fällen gibt es zwischenzeitlich **spezialgesetzlich ausgeformte Folgenbeseitigungsansprüche**, etwa im Polizeirecht, s. § 50 Abs. 1 S. 1 BPolG, wonach eine sichergestellte Sache herauszugeben ist, sobald die Voraussetzungen für die Sicherstellung weggefallen sind.

Wie an § 113 Abs. 1 S. 2, 3 VwGO deutlich wird, hat der **Vollzugsfolgenbeseitigungsanspruch** die Beseitigung der durch einen rechtswidrigen Verwaltungsakt geschaffenen Folgen zum Gegenstand,[5] zB die Rückgängigmachung der Folgen der Abschiebung eines Ausländers aus dem Bundesgebiet.[6] Beim **allgemeinen FBA** geht es dagegen um die Beseitigung der Folgen rechtswidriger Beeinträchtigungen durch schlichtes Verwaltungshandeln (Verwaltungsrealakt).[7]

Typische Beispiele des allgemeinen FBA sind Ansprüche auf Widerruf hoheitlicher Äußerungen[8] (Widerruf und Richtigstellung etwa von ehrverletzenden Äußerungen

---

1 Was sich hypothetisch an der Zukunft orientiert: Der Geschädigte soll so gestellt werden, wie er ohne das schädigende Ereignis stehen würde, Maurer/Waldhoff, § 30 Rn. 1.
2 VGH Mannheim VBlBW 2014, 12, 14; zur anderen Stoßrichtung Sauer, Reaktionsrecht, S. 126.
3 BVerwG NVwZ 2017, 481, 484; BVerwGE 168, 178, 199 f. Rn. 66. Dazu Schoch Jura 1993, 478; Sproll JuS 1996, 219. Orientierung an der Vergangenheit, Voßkuhle/Kaiser JuS 2012, 1079, 1081; Detterbeck/Windthorst/Sproll, § 12 Rn. 1 ff.; sie sind Schadensersatz- und Entschädigungsansprüchen damit vorgeordnet, Maurer/Waldhoff, § 25 Rn. 2.
4 Grundlegend Bachof DÖV 1971, 859; BVerwG DVBl. 1971, 858, 860; eingehend Enders in: Hoffmann-Riem/Schmidt-Aßmann/Voßkuhle, Bd. 3, § 53 Rn. 1 ff., 41 ff.; anhand der Rspr. Schoch Verw 44 (2011), 397.
5 Allerdings ohne Erwähnung dieser Begrifflichkeit BVerwGE 151, 228, 235; zur prozessualen Seite s. § 20 Rn. 35; zum Vollzug von Verwaltungsakten vgl. § 19.
6 OVG Lüneburg Beschl. v. 29.3.2019 – 13 ME 519/18, Rn. 12 juris; OVG Koblenz Beschl. v. 24.8.2021 – 7 B 10843/21, Rn. 4 juris.
7 Allerdings ohne Erwähnung dieser Begrifflichkeit BVerwGE 151, 228, 235. Zum schlicht-hoheitlichen Verwaltungshandeln vgl. § 23.
8 Zum FBA bei ehrverletzenden Meinungsäußerungen Faber NVwZ 2003, 159.

in einem Prüfbericht des Bundesrechnungshofs[9]; Richtigstellung in einem Verfassungsschutzbericht,[10] ebenso bei rechtswidrigen Warnungen, Empfehlungen, Bewertungen, Auskünften[11]) oder Abwehr von Immissionen, die von öffentlichen Einrichtungen ausgehen. Mit dem Vollzugs-FBA kann zB neben der Räumung einer Wohnung, in die Obdachlose eingewiesen worden sind (zur diesbzgl. Genese des Anspruchs Rn. 1, Fall 8), die Rückgabe einer sichergestellten Sache nach Aufhebung der entsprechenden Verfügung geltend gemacht werden.

II. Rechtsgrundlage

3   Die Rechtsgrundlage des FBA ist streitig. Er wird zwar in § 113 Abs. 1 S. 2 VwGO erwähnt; die Norm begründet den (Vollzugs-)FBA jedoch nicht selbst, sondern setzt ihn voraus und ermöglicht eine prozessual vereinfachte Geltendmachung des Anspruchs.[12] Manche greifen auf die § 862, § 1004 BGB zugrunde liegenden Rechtsgedanken zurück.[13] Teilweise wird der FBA aus dem Rechtsstaatsprinzip (Art. 20 Abs. 3 GG) hergeleitet[14] (ggf. kombiniert mit anderen Herleitungen). Für die überwiegende Auffassung ergibt sich der Anspruch auf Folgenbeseitigung insb. aus der **Abwehrfunktion der Freiheitsgrundrechte** bzw. den jew. betroffenen subjektiven Verfassungsrechten.[15] Das erscheint – jedenfalls iVm Art. 20 Abs. 3 GG – zutreffend, weil die Grundrechte dem Bürger einen Anspruch darauf vermitteln, dass der Staat Grundrechtseingriffe unterlässt bzw. einen rechtswidrigen Zustand wieder beseitigt.[16] So vertritt auch das BVerfG den Standpunkt, dass die Haftung für staatliches Unrecht nicht nur Ausprägung des Legalitätsprinzips, sondern Ausfluss der jew. betroffenen Grundrechte ist, und spricht vom „grundrechtlich geschützten Folgenbeseitigungsinteresse".[17] Ungeachtet der Meinungsverschiedenheiten ist der FBA als Rechtsinstitut anerkannt und wird daher auch dem **Gewohnheitsrecht** zugeordnet.[18] Angesichts der Einigkeit über Voraussetzungen und Rechtsfolgen des FBA bedarf es in der Klausur keines Streitentscheids zwischen den verschiedenen Herleitungen.[19] Sofern sich der Anspruchsteller aber nicht auf die Grundrechte berufen kann, muss hier der FBA mit anderen Erwägungen (Art. 20 Abs. 3 GG) begründet werden.

---

9   OVG Münster Urt. v. 3.6.2020 – 16 A 2447/12, Rn. 118 juris.
10 OVG Berl-Bbg LKV 2021, 507, 508.
11 Zum Folgenbeseitigungsanspruch bei Beratungsfehlern Eichenhofer Die Verw 53 (2020), 501, 521 f., etwa dahingehend, dass der Einzelne so wie bei Einhaltung einer Frist gestellt wird.
12 Vgl. § 20 Rn. 35. Nach BVerwG NVwZ 2017, 481, 484 hat der FBA „seine Wurzeln" in dem nunmehr in § 113 Abs. 1 S. 2 VwGO positivierten Anspruch. S.a. BVerwGE 168, 178, 199 f. Rn. 66.
13 Brugger JuS 1999, 625, 630.
14 Zurückgehend auf Bachof DÖV 1971, 859. Vgl. auch BVerwGE 69, 366, 370; VGH Mannheim Beschl. v. 20.5.2022 – 1 S 388/22, Rn. 44 juris; Siegel, Rn. 899. Zu Gestalt und Begründung des FBA Brugger JuS 1999, 625; ferner Erbguth JuS 2000, 336.
15 Maurer/Waldhoff, § 30 Rn. 5 mwN; instruktiv anhand Art. 14 GG dies., aaO, Rn. 6; vgl. auch BVerwGE 82, 24, 25; OVG Berl-Bbg Beschl. v. 15.11.2021 – 1 S 121/21, Rn. 12 juris; OVG Münster Beschl. v. 27.10.2021 – 19 A 3383/18, Rn. 38 juris; VGH München Beschl. v. 29.7.2021 – 8 CE 21.1102, Rn. 21 juris; für eine ergänzende Anwendung Siegel, Rn. 899.
16 Ellerbrok Jura 2016, 125, 128; Schoch Jura 1993, 478, 481. BVerwGE 151, 228, 236: aus den jeweils berührten Grundrechten und dem Rechtsstaatsprinzip. Eingehend zur grundrechtlichen Fundierung Grzeszick in: Ehlers/Pünder, § 45 Rn. 111 ff. Für ein Ergänzungsverhältnis der Begründungsansätze Mehde Jura 2017, 783.
17 BVerfG Beschl. v. 30.6.2022 – 2 BvR 737/20, Rn. 85 f., 90 juris.
18 Vgl. BVerwGE 82, 76, 95; VGH Kassel Beschl. v. 3.3.2021 – 7 B 190/21, Rn. 22 juris; Mehde Jura 2017, 783; Siegel, Rn. 899. Überblick zu Rechtsgrundlage, Tatbestandsvoraussetzungen, Rechtsfolge und prozessualer Durchsetzung bei Kemmler JA 2005, 908 und Voßkuhle/Kaiser JuS 2012, 1079; zum Gewohnheitsrecht als Rechtsquelle vgl. § 7 Rn. 9.
19 Kratzlmeier Jura 2018, 1239, 1240.

III. Voraussetzungen

1. Öffentlich-rechtliches Handeln

Der FBA kommt nur bei einem **öffentlich-rechtlichen Handeln** in Betracht; bei einem privatrechtlichen Handeln eines Hoheitsträgers kann der Betroffene nur zivilrechtliche Ansprüche gem. §§ 862, 1004 BGB geltend machen.[20] Grds. kann jede Handlungsform des öffentlichen Rechts (Rechtsakte, Realakte, dazu § 11 Rn. 2) einen FBA auslösen. Ausgenommen sind – wie bei Amtshaftungsansprüchen – formelle Gesetze (str.)[21] und entsprechend § 839 Abs. 2 S. 1 BGB Maßnahmen der rechtsprechenden Gewalt.[22] Bei schlichtem Verwaltungshandeln kann die Zuordnung zum öffentlichen Recht, die nach wertenden Kriterien (Zweck des Handelns, Sachzusammenhang) zu erfolgen hat, Probleme bereiten.[23]

Hoheitliches **Unterlassen** kann keinen FBA auslösen:[24] Es gibt nichts, was wiederherzustellen wäre (bspw. kein (Vollzugs-)FBA bei Unterlassung einer Beamtenernennung).[25]

Abweichendes gilt, wenn die Verwaltung die Beseitigung eines zuvor von ihr geschaffenen Zustandes „unterlässt", etwa eine Sache nach Aufhebung von deren Beschlagnahme nicht herausgibt.[26]

2. Verletzung subjektiver Rechte

Das öffentlich-rechtliche Handeln muss **in ein subjektives Recht des Betroffenen eingreifen**.[27] Das ist bei Grundrechten (zB Art. 14 Abs. 1 GG) stets der Fall.[28] Vorrangig[29] ist allerdings einer Verletzung einfachgesetzlich begründeter Rechte nachzugehen.[30] Bei einer Verletzung von Normen, die allein dem Allgemeininteresse (wie Art. 20a GG) dienen, scheidet der FBA definitionsgemäß (vgl. vorstehend Rn. 3) aus.

3. Fortdauernde rechtswidrige Folgen

Durch das Verwaltungshandeln muss ein **andauernder rechtswidriger Zustand** geschaffen worden sein.[31] Der FBA knüpft also nicht an die Rechtswidrigkeit der hoheitlichen

---

20 BVerwG DVBl. 1974, 239; s.a. BVerwG NVwZ-RR 2016, 225, 226; Ellerbrok Jura 2016, 125, 126; zu den Kriterien für die Abgrenzung von öffentlich-rechtlichem und privatrechtlichem Handeln vgl. § 5 Rn. 6 ff. Zum Ausscheiden eines Folgenbeseitigungsanspruchs bei gerichtlicher Aufhebung einer Entgeltgenehmigung, weil die Rechtsfolgen der Aufhebung auch auf dem Gebiet des Zivilrechts eintreten, BVerwGE 168, 178, 200 Rn. 67.
21 BVerwG NVwZ 2017, 481, 484; OVG Berl-Bbg MMR 2020, 790; Mehde Jura 2017, 783, 784; ebenso in Bezug auf Rechtsverordnungen OVG Münster Beschl. v. 31.1.2020 – 6 A 1829/16, Rn. 160 juris; aA Detterbeck NVwZ 2019, 97, 98 ff. Hierzu § 37 Rn. 14.
22 Mehde Jura 2017, 783, 784. Dazu § 37 Rn. 28; zur mitgliedstaatlichen Haftung insoweit aber § 38 Rn. 11.
23 Ellerbrok Jura 2016, 125, 126. Vgl. auch § 5 Rn. 19.
24 BVerwGE 69, 366; OVG Münster Beschl. v. 20.5.2021 – 1 A 3724/18, Rn. 34 juris; Mehde Jura 2017, 783, 785.
25 BVerwGE 28, 155, 164 f.
26 Maurer/Waldhoff, § 30 Rn. 9. Oder den in eine Wohnung eingewiesenen Obdachlosen nach Ablauf der Einweisungsfrist nicht wieder herausgefördert, Voßkuhle/Kaiser JuS 2012, 1079, 1080.
27 Ossenbühl/Cornils, S. 374; vgl. zur Bestimmung von subjektiv-öffentlichen Rechten § 9 Rn. 3 ff.
28 BVerwG Beschl. v. 27.5.2015 – 7 B 14/15, Rn. 9 juris, wonach die Beeinträchtigung auch an private Rechtsgüter und Rechte anknüpfen kann, die wie das Grundeigentum grundrechtlichen Schutz genießen.
29 S.a. Ellerbrok Jura 2016, 125, 126; Mehde Jura 2017, 783, 785. Zum Anwendungsvorrang insoweit § 7 Rn. 15, 21.
30 Mangels Außenwirkung verneinte der VGH Kassel NVwZ-RR 2021, 168, 169 einen Folgenbeseitigungsanspruch bei Beteiligungsrechten der Frauenbeauftragten und Schwerbehindertenvertretung.
31 BVerwG NVwZ-RR 2016, 225, 226; VGH Mannheim VBlBW 2018, 244.

Maßnahme, sondern an die Rechtswidrigkeit des dadurch geschaffenen Zustandes (Erfolgsunrecht) an.[32]

Ein rechtswidriger Zustand liegt iÜ nur vor, wenn für den Betroffenen keine **Duldungspflicht** besteht. Bei **hoheitlichen Immissionen** kann sich in entsprechender Anwendung der §§ 906 ff. BGB, § 22 BImSchG die Pflicht ergeben, einen rechtswidrigen Zustand (bei unwesentlichen Beeinträchtigungen) zu dulden.[33] Auch ein **Verwaltungsakt** kann Duldungspflichten auferlegen.

Im Hinblick auf den Vollzugs-FBA (vorstehend Rn. 2) ergibt sich daraus eine Besonderheit: Ein rechtswidriger, aber wirksamer Verwaltungsakt stellt eine Rechtsgrundlage für die Aufrechterhaltung des rechtswidrigen Zustands dar. Zur erfolgreichen Durchsetzung des Vollzugs-FBAs ist es deshalb zwingend notwendig, dass der Verwaltungsakt zunächst aufgehoben wird oder von Anfang an nichtig ist.[34] Wird zB ein Pass aufgrund eines rechtswidrigen Verwaltungsakts vernichtet (Verwaltungsvollzug), ist ein auf Ausstellung eines gültigen Passes gerichteter FBA unbegründet, solange der Verwaltungsakt noch besteht. Dementsprechend lässt sich der Vollzugs-FBA gem. § 113 Abs. 1 S. 2 VwGO als **Annexantrag** einer auf Anfechtung des Verwaltungsakts gerichteten Klage geltend machen. An diesem Bsp. zeigt sich zugleich, dass je nach Fall die durch die Vollziehung eines rechtswidrigen Verwaltungsakts geschaffenen Folgen durch den Erlass eines begünstigenden Verwaltungsakts zu beseitigen sein können.[35]

Die gleiche Problematik stellt sich bei einem rechtswidrigen **öffentlich-rechtlichen Vertrag**. Ein FBA kann erst mit Erfolg geltend gemacht werden, wenn der Vertrag aufgehoben (zB durch Kündigung) oder unwirksam (geworden) ist – wie im Falle der Nichtigkeit nach § 59 VwVfG (zur Nichtigkeit § 24 Rn. 22 ff.).

7 Der rechtswidrige Zustand muss noch andauern.[36] Ein FBA entfällt, wenn der rechtswidrige Zustand zwischenzeitlich **legalisiert** wurde.[37] So kann bspw. die Beseitigung eines Straßenstücks, das ohne Widmung über ein Privatgrundstück geführt worden ist, nicht mehr verlangt werden, wenn die fehlende Widmung der Straße nachgeholt wurde (zur straßenrechtlichen Widmung auch § 30 Rn. 9 ff.). Nicht ausreichend ist hingegen, dass der rechtswidrige Zustand legalisiert werden könnte. Besteht jedoch eine hinreichend sichere Erwartung, dass der Hoheitsträger den rechtmäßigen Zustand in Kürze herbeiführen wird, kann dem Anspruchsteller der Einwand unzulässiger Rechtsausübung (Rechtsgedanke des § 242 BGB) entgegengehalten werden.[38]

4. Unmittelbarkeit (Zurechenbarkeit) der Folgen

8 Ziel des FBA ist die Beseitigung der **unmittelbaren** Folgen des öffentlich-rechtlichen Handelns, dh der Folgen, auf deren Herbeiführung die hoheitliche Maßnahme gerichtet war.[39] Wurde bspw. zur Erfüllung einer rechtswidrig auferlegten Bardepotpflicht

---

32 BVerwGE 82, 76, 95; VGH Mannheim Beschl. v. 29.1.2020 – 1 S 3349/19, Rn. 24 juris; Mehde Jura 2017, 783, 786; s.a. Kratzlmeier Jura 2018, 1239, 1240.
33 Detterbeck/Windthorst/Sproll, § 13 Rn. 39; vgl. auch § 39 Rn. 45.
34 Dazu BVerwGE 28, 155, 163; OVG Lüneburg NVwZ-RR 2013, 585; Maurer/Waldhoff, § 30 Rn. 11.
35 BVerwG NVwZ-RR 2016, 225. Näher hierzu § 20 Rn. 35.
36 Vgl. Ossenbühl/Cornils, S. 383.
37 BVerwG NVwZ-RR 2016, 225, 226; Urt. v. 19.9.2019 – 9 C 5/19, Rn. 13 juris; Kratzlmeier Jura 2018, 1239, 1240; Siegel, Rn. 903.
38 Vgl. BVerwGE 80, 178; BVerwG NVwZ-RR 2016, 225, 226; VGH München Urt. v. 26.4.2022 – 8 B 20.1656, Rn. 78 juris; Maurer/Waldhoff, § 30 Rn. 12.
39 BVerwGE 69, 366, 373; BVerwG NVwZ-RR 2016, 225, 226.

(öffentlich-rechtliche Zahlungspflicht) ein Kredit aufgenommen, erfasst der FBA als unmittelbare Folge die Erstattung des zu Unrecht gezahlten Betrages, nicht dagegen die Zinsen für den aufgenommenen Kredit; denn diese stellen keine Folge des rechtswidrigen Eingriffs dar.[40]

Das Merkmal der Unmittelbarkeit hat (vergleichbar mit der entsprechenden Voraussetzung bei enteignungsgleichen und enteignenden Eingriffen, vgl. § 39 Rn. 32) eine haftungsbeschränkende Funktion und bestimmt sich anhand einer wertenden Zurechnung.[41] Weil der FBA keinen umfassenden Freiheitsschutz gewährt, hat der Staat nicht für Freiheitsbeschränkungen aufzukommen, die ihre Ursache im Verhalten Privater haben oder zum allgemeinen Lebensrisiko gehören.[42] Regelmäßig wird man dem Staat das Verhalten Privater zurechnen können, wenn er deren Folgeverhalten bezweckt hat oder für ihn dieses geradezu vorhersehbar war.[43] Die Folgen sind insb. dann nicht mehr unmittelbar, wenn erst der freie Entschluss eines Dritten die Folgen herbeiführt, bspw. wenn ein Obdachloser die Wohnung, in die er von einer Behörde eingewiesen worden ist, demoliert, da der Staat mangels gegenteiliger Kenntnisse vom rechtmäßigen Verhalten einer Privatperson ausgehen darf.[44]

IV. Ausschlussgründe

1. Rechtliche und tatsächliche Unmöglichkeit der Wiederherstellung

Der FBA ist **ausgeschlossen**, wenn die Wiederherstellung des ursprünglichen bzw. eines vergleichbaren Zustands[45] tatsächlich oder rechtlich unmöglich ist[46] (s.a. § 113 Abs. 1 S. 3 VwGO „wenn die Behörde dazu in der Lage ist"). **Tatsächliche Unmöglichkeit** der Wiederherstellung des ursprünglichen Zustands tritt zB ein, wenn ein zu Unrecht beschlagnahmtes Fahrzeug gestohlen wird.[47]

Wegen der Gesetzesbindung der Verwaltung darf der FBA nicht auf die Herstellung eines rechtswidrigen Zustands gerichtet sein, zB die Ausstellung eines nach den einschlägigen Rechtsvorschriften ungültigen Personalausweises.[48] Ein Fall **rechtlicher Unmöglichkeit** kann sich insb. bei „Drittbeteiligungsfällen" ergeben, etwa in der Konstellation, dass der Nachbar eine Baugenehmigung erfolgreich angefochten hat und nunmehr von der zuständigen Behörde im Wege der Folgenbeseitigung den Abriss des Gebäudes verlangt. Hier beschränkt sich die Folgenbeseitigung nicht auf das Verhältnis von Hoheitsträger und Anspruchsinhaber, vielmehr berührt sie notwendigerweise

---

[40] BVerwGE 69, 366, 370; Ossenbühl/Cornils, S. 369 f. ; s.a. OVG Münster Urt. V. 2.3.2021 – 5 A 942/19, Rn. 94 juris.
[41] Ossenbühl/Cornils, S. 368 ff.; Ellerbrok Jura 2016, 125, 127 f.; in der Literatur wird überwiegend darauf abgestellt, ob es sich um „typische" Folgen der Verwaltungstätigkeit handelt, dazu Voßkuhle/Kaiser JuS 2012, 1079, 1081, die dem allerdings ein großzügigeres Verständnis als der Rspr. entnehmen wollen, zu Letzterer nachfolgend im Text. Vgl. auch § 39 Rn. 32.
[42] Ellerbrok Jura 2016, 125, 129; Siegel, Rn. 906.
[43] Ellerbrok Jura 2016, 125, 131 ff.
[44] BGHZ 131, 163; s.a. Ellerbrok Jura 2016, 125, 132.
[45] Zu Recht krit. ggü. der Rspr., die im Fall eines rechtswidrig von der Behörde gefällten Baums von einer fehlenden Wiederherstellbarkeit durch Neupflanzung ausgegangen ist, Voßkuhle/Kaiser JuS 2012, 1079, 1081: Gleichwertigkeit des neuen Zustands reicht. In diese Richtung nunmehr auch BVerwG NVwZ-RR 2016, 225 f.
[46] Detterbeck/Windthorst/Sproll, § 12 Rn. 44; eingehend zu den Rechtsfolgen des FBAs Hain VerwArch 95 (2004), 498.
[47] Näher dazu Mehde Jura 2017, 783, 788.
[48] BVerwG NVwZ-RR 2016, 225, 226; VGH München Urt. v. 26.4.2022 – 8 B 20.1655, Rn. 88 juris; s.a. Mehde Jura 2017, 783, 788.

den Rechtskreis eines Dritten (Hausinhaber). Teilweise wird bereits im FBA als solchen die Legitimation zum Einschreiten der Behörde gegen den Dritten erblickt.[49] Die Beseitigung des rechtswidrigen Zustands stellt sich ggü. dem Dritten jedoch als selbständig belastende Maßnahme dar; nach dem Vorbehalt des Gesetzes (vgl. § 8 Rn. 3 ff.) kann das Vorgehen gegen ihn nur zulässig und damit die Folgenbeseitigung rechtlich möglich sein, wenn hierfür eine eigenständige Rechtsgrundlage existiert und deren Voraussetzungen erfüllt sind.[50] Im Beispielsfall ergibt sich dies aus den bauordnungsrechtlichen Grundlagen zum Einschreiten gegen baurechtswidrige Zustände.[51] Im Rahmen der Voraussetzungen des FBA ist folglich inzident die Rechtmäßigkeit der begehrten Verfügung ggü. dem Dritten zu prüfen. Ein den Behörden nach der jew. Ermächtigungsnorm eingeräumtes Ermessen findet sich freilich mit Blick auf die Folgenbeseitigung regelmäßig auf Null reduziert (sog. Folgenbeseitigungslast).[52]

2. Unzumutbarkeit der Wiederherstellung

11 Eine **weitere Grenze** des FBA liegt nach Auffassung der Rspr. in der **Zumutbarkeit** einer Wiederherstellung des ursprünglichen Zustands.[53] Unzumutbarkeit liegt vor, wenn diese einen unverhältnismäßig hohen Aufwand erfordern würde. Insoweit hat eine Abwägung zwischen den Kosten resp. dem Aufwand der Wiederherstellung des rechtmäßigen Zustands einerseits und dem Ausmaß der Rechtswidrigkeit bzw. dem Grad der Beeinträchtigung andererseits zu erfolgen.[54] Unzumutbarkeit der Wiederherstellung wurde in Fällen rechtswidriger Inanspruchnahme unbedeutender Teile eines Privatgrundstücks beim Straßenbau angenommen, die dem Eigentümer nur unter Einsatz unverhältnismäßiger Kosten hätten zurückgegeben werden können.[55]

Die als Ausdruck des Verhältnismäßigkeitsprinzips verstandene Zumutbarkeitsgrenze[56] des FBA ist jedoch bedenklich.[57] Die Verhältnismäßigkeit dient der Begrenzung staatlicher Machtausübung zugunsten des Bürgers. Sie (umgekehrt) zulasten des Einzelnen zwecks Beschränkung seiner Rechtsposition einzusetzen, stellt eine verfassungsrechtlich bedenkliche Verkehrung des rechtsstaatlichen Prinzips dar.[58] Die Zumutbarkeit kann daher allenfalls als Kriterium herangezogen werden, um sinnlose Entscheidungen zu vermeiden,[59] bzw. sollte in der Praxis sehr restriktiv angewendet werden, um die Grundrechte des Betroffenen nicht vorschnell zu entwerten. Überzeugender

---

49 Schenke DVBl. 1990, 328, 331 mwN; krit. demggü. Voßkuhle/Kaiser JuS 2012, 1079, 1081: Auffassung überholt.
50 Hierzu VGH Mannheim NJW 1987, 1101; Kratzlmeier Jura 2018, 1239, 1241.
51 ZB § 80 Abs. 1 LBauO M-V; vgl. etwa Erbguth/Schubert, Öffentliches Baurecht, § 13 Rn. 49 ff.
52 BGHZ 130, 332, 335; Voßkuhle/Kaiser JuS 2012, 1079, 1081 f.: Folgenbeseitigungslast. S.a. BVerwG NVwZ 2017, 481, 484; OVG Münster Beschl. v. 31.1.2020 – 6 A 1829/16, Rn. 158 ff. juris. Allg. zur Ermessensreduzierung bei gefahrenabwehrrechtlichen Maßnahmen § 14 Rn. 48.
53 Vgl. BVerwG NJW 1972, 269; DVBl. 2004, 1493; auch Kratzlmeier Jura 2018, 1239, 1241; Maurer/Waldhoff, § 30 Rn. 17.
54 Detterbeck/Windthorst/Sproll, § 12 Rn. 47.
55 So zB BVerwG NJW 1972, 269.
56 Vgl. Detterbeck/Windthorst/Sproll, § 12 Rn. 47.
57 So auch Ossenbühl/Cornils, S. 387.
58 Zur Kritik am Zumutbarkeitskriterium Erbguth JuS 2000, 336, 337 f.; s.a. Mehde Jura 2017, 783, 789, der aber darauf verweist, dass der Rechtsstaat nicht blind für praktische Notwendigkeiten ist. S.a. BVerwGE 164, 368, 377 Rn. 20, wonach der FBA keiner Verhältnismäßigkeitsprüfung unterliegt. Zu auf andere verfassungsrechtliche Parameter abgestützten Möglichkeit zur Einschränkung von Sekundäransprüchen BVerfG Beschl. v. 30.6.2022 – 2 BvR 727/20, Rn. 90 juris (Rechtssicherheit und Rechtsfrieden, Grundrechtsschutz Dritter, Funktionsfähigkeit der Verwaltung).
59 Vgl. Ossenbühl/Cornils, S. 387.

dürfte es jedoch sein, in derartigen Fällen der Unzumutbarkeit bzw. Unverhältnismäßigkeit der Folgenbeseitigung keinen Anspruchsausschluss anzunehmen, sondern einen „Umschlag" des auf Wiederherstellung gerichteten FBA in einen **Folgenentschädigungsanspruch**.[60] Insoweit hilft der **§ 251 Abs. 2 S. 1 BGB** zugrunde liegende Rechtsgedanke weiter, wonach der Ersatzpflichtige den Anspruchsinhaber in Geld entschädigen kann, wenn die Herstellung des ursprünglichen Zustands nur unter unverhältnismäßigen Aufwendungen möglich ist.[61] Im obigen Beispiel könnte der Eigentümer von der Behörde danach zwar keine Rückgabe verlangen, jedoch Geldersatz.

V. Rechtsfolge

1. Wiederherstellung des ursprünglichen Zustands

Aufgrund des FBAs soll der frühere Zustand (status quo ante) durch Beseitigung der unmittelbaren Folgen des rechtswidrigen Verwaltungshandelns **wiederhergestellt** werden.[62] Nach zutreffender Ansicht reicht dabei die Schaffung eines dem früheren Zustand gleichwertigen Zustands aus (zB Neuausstellung bei vernichtetem Pass; Blumen, die auf einem Beet neu gepflanzt werden und noch wachsen müssen).[63] Mehr kann über den FBA nicht erreicht werden; er ist **kein allgemeiner Wiedergutmachungsanspruch**.[64] Wurde eine Brücke rechtswidrig beseitigt, kann über den FBA nur die Wiedererrichtung einer Brücke in ihrer bisherigen Form und am bisherigen Standort, nicht aber die Schaffung einer Brücke in anderer Gestalt an anderer Stelle verlangt werden.[65] In diesem Sinne richtet sich der Anspruch auf positives (behördliches) Tätigwerden.[66]

12

2. Mitverschulden

Mitverschulden (§ 254 BGB) ist als Ausdruck eines allgemeinen Rechtsgedankens auch auf den FBA anzuwenden.[67] Probleme bei der Berücksichtigung der Mitverantwortung des Anspruchsinhabers ergeben sich dann, wenn der Gegenstand der Folgenbeseitigung **unteilbar** ist. Zunächst hat das BVerwG die Fälle unter Anwendung des Prinzips „alles oder nichts" entschieden, dh entweder den Anspruch bei einer ins Gewicht fallenden Mitverantwortlichkeit gänzlich entfallen lassen oder ihn bei nur geringfügigem Mitverschulden vollumfänglich gewährt.[68] Um eine gerechte Verteilung vornehmen zu können, hat das Gericht diese strenge Sichtweise zwischenzeitlich aufgegeben. Es geht

13

---

60 Vgl. VGH München NVwZ 1999, 1237, 1238; Kratzlmeier Jura 2018, 1239, 1241. In diese Richtung auch schon BVerwGE 82, 24, 29, wonach bei Mitverschulden eine Umwandlung des FBAs in einen auf Geld gerichteten Ausgleichsanspruch möglich ist, hierzu sogleich Rn. 11. Vgl. zum Folgenentschädigungsanspruch von und zu Franckenstein NVwZ 1999, 158; eingehend Hain VerwArch 95 (2004), 498.
61 Erbguth JuS 2000, 336, 338; für eine Analogie Kratzlmeier Jura 2018, 1239, 1241; Siegel, Rn. 904.
62 BVerwGE 28, 155, 156; Mehde Jura 2017, 783, 787. Zur Abgrenzung vom öffentlich-rechtlichen Unterlassungsanspruch Rn. 17 ff.; zur Umwandlung in einen Anspruch auf (anteiligen) geldwerten Ersatz Rn. 10.
63 Detterbeck/Windhorst/Sproll, § 12 Rn. 52; VGH Mannheim NVwZ-RR 1991, 334, 336.
64 Maurer/Waldhoff, § 30 Rn. 13; Siegel, Rn. 897 ; s.a. OVG Berl-Bbg IÖD 2021, 149, 154.
65 OVG Bautzen Beschl. v. 4.4.2013 – 4 A 163/12, Rn. 6 juris.
66 Nicht auf bloße Abwehr: Diese ist vielmehr grds. vorrangig, so dass der FBA (erst) dann greift, wenn die Abwehr des Verwaltungshandelns ausgeschlossen ist, weil sich der Eingriff bereits realisiert hat; instruktiv Maurer/Waldhoff, § 30 Rn. 14 f.
67 BVerwG NJW 1989, 2484, 2485; OVG Berl-Bbg Beschl. v. 2.3.2021 – 6 S 5/21, Rn. 4 juris; Ossenbühl/Cornils, S. 389.
68 BVerwG DÖV 1971, 857, 859.

nunmehr davon aus, dass der Betroffene, den ein Mitverschulden trifft, in entsprechender Anwendung des § 251 Abs. 1 BGB einen anteilsmäßigen Ausgleich zu zahlen hat.[69]
So kann ein Grundstückseigentümer, den ein Mitverschulden an der Beschädigung einer zwischen seinem Grundstück und der Straße befindlichen Stützmauer trifft, keinen FBA auf sachgemäße Befestigung dieser Mauer durchsetzen; ihm steht lediglich ein um den Anteil seines Mitverschuldens gekürzter Ausgleichsanspruch zu.[70] In der Literatur wird demggü. die dem System der Folgenbeseitigung enger verhaftete Auffassung vertreten, der Bürger habe zwar einen Anspruch auf Wiederherstellung, müsse sich aber an deren tatsächlichen Kosten in Höhe seines Mitverschuldensanteils beteiligen.[71]

VI. Haftungsgegner

14   Anspruchsgegner des (allgemeinen) FBA[72] ist der Hoheitsträger, der rechtlich befugt ist, den ursprünglichen Zustand wiederherzustellen. IdR ist dies die eingreifende Stelle.[73] Der Vollzugs-FBA richtet sich gegen den Verwaltungsträger, dessen Behörde den Verwaltungsakt erlassen hatte.[74]

VII. Verjährung

15   Auf den FBA ist die in § 195 BGB geregelte regelmäßige Verjährungsfrist von drei Jahren entsprechend anzuwenden, der Verjährungsbeginn richtet sich nach § 199 Abs. 1 BGB analog. Die absolute Verjährungsfrist liegt aufgrund von § 199 Abs. 4 BGB (analog) bei zehn Jahren,[75] nach gegenteiliger Ansicht unter Rekurs auf die Rechtslage vor der Schuldrechtsmodernisierung bei dreißig Jahren.[76]

VIII. Geltendmachung des Folgenbeseitigungsanspruchs

16   Als öffentlich-rechtlicher Anspruch ist der FBA vor den Verwaltungsgerichten im Wege der allgemeinen Leistungsklage geltend zu machen.[77] Begehrt der Betroffene die Beseitigung der (Vollzugs-)Folgen eines rechtswidrigen Verwaltungsakts, hat er die Möglichkeit, gleichzeitig mit der auf die Aufhebung des rechtswidrigen Verwaltungsakts gerichteten Anfechtungsklage mittels Annexantrag die Rückgängigmachung von dessen Folgen zu beantragen (§ 113 Abs. 1 S. 2, 3 VwGO; s.o.).[78] Ausnahmsweise kann die Verpflichtungsklage (§ 42 Abs. 1 Alt. 2 VwGO) einschlägig sein, wenn die Folgen des rechtswidrigen Eingriffs durch den Erlass eines Verwaltungsakts zu beseitigen sind, etwa ein Einschreiten gegen einen Dritten in Form eines Verwaltungsakts begehrt wird.[79]

---

69 BVerwGE 82, 24, 29; vgl. auch BVerwG NJW 1989, 2484, 2485; BVerwGE 136, 43, 52 f.; dazu Hain VerwArch 95 (2004), 498, 506 ff.
70 BVerwG NJW 1989, 2484, 2485; Mehde Jura 2017, 783, 790.
71 Vgl. Voßkuhle/Kaiser JuS 2012, 1079, 1081.
72 Vgl. Rn. 2.
73 Ossenbühl/Cornils, S. 390.
74 OVG Lüneburg NVwZ-RR 2013, 585 mwN.
75 Detterbeck, Rn. 1225 mwN.
76 VGH München NJW 1999, 666; Decker in: Posser/Wolff, § 113 Rn. 49; zu den noch bestehenden Unklarheiten in Bezug auf die Verjährung OVG Berl-Bbg Urt. v. 6.10.2016 – OVG 1 B 11.15, Rn. 32 juris.
77 Vgl. Kratzlmeier Jura 2018, 1239, 1241; Maurer/Waldhoff, § 30 Rn. 21. Näher zur Leistungsklage § 23 Rn. 8 ff.
78 Kratzlmeier Jura 2018, 1239, 1241; näher dazu § 20 Rn. 35.
79 Detterbeck, Rn. 1232; Kratzlmeier Jura 2018, 1239, 1241; vgl. § 20 Rn. 18 ff.

§ 41 Folgenbeseitigungs-, Unterlassungs- und Herstellungsansprüche

Übersicht 41: Voraussetzungen des Folgenbeseitigungsanspruchs[80]

I. **Rechtsgrundlage:** Grundrechte iVm Art. 20 Abs. 3 GG; zunehmend: gewohnheitsrechtlich anerkannt

II. **Voraussetzungen**
  1. Öffentlich-rechtliches Handeln
  2. Verletzung subjektiver Rechte
  3. Andauernde rechtswidrige Folgen
  4. Unmittelbarkeit der Folgen

III. **Ausschlussgründe**
  1. Rechtliche und tatsächliche Unmöglichkeit
  2. Unzumutbarkeit der Wiederherstellung

IV. **Rechtsfolge**
  1. Wiederherstellung des ursprünglichen Zustands
  2. Mitverschulden

▶ **Zu Fall 8:** Fraglich ist, ob E einen FBA auf Ausweisung des O aus seiner Wohnung hat. Die hoheitliche Maßnahme besteht in der behördlichen Einweisung des O in die Wohnung des E. Durch das Verbleiben des O in der Wohnung nach Fristablauf wird das Eigentumsrecht (Art. 14 Abs. 1 GG) des E verletzt. Der weitere Verbleib des O in der Wohnung des E stellt sich damit zugleich als rechtswidrig dar. Folglich ist durch hoheitlichen Eingriff ein noch andauernder rechtswidriger Zustand geschaffen worden.
Mit dem FBA können nur unmittelbare Folgen des hoheitlichen Handelns beseitigt werden. Die Unmittelbarkeit könnte hier problematisch sein, weil O aus eigenem Entschluss in der Wohnung des E verbleibt und sein Aufenthalt deshalb ggf. nicht mehr als unmittelbare Folge der behördlichen Einweisung angesehen werden kann. Dass Obdachlose nach dem Ende der Einweisungszeit in den Wohnungen bleiben, ist jedoch – wenn anderer Wohnraum nicht zur Verfügung steht – zwangsläufige Folge der behördlichen Maßnahme.[81] Der durch die Einweisung gesetzte Zustand endet nicht mit Ablauf der Einweisungsfrist, sondern wirkt bis zum Auszug des Eingewiesenen fort und ist der Einweisung daher zurechenbar.
Fraglich kann aber die Möglichkeit der Folgenbeseitigung in sog. Drittbeteiligungsfällen werden, in denen – wie hier – der Anspruchsinhaber ein Einschreiten gegen einen Dritten begehrt. Wegen dieses besonderen Eingriffsgehalts muss die Behörde ihr Vorgehen gegen O auf eine gesetzliche Ermächtigung stützen können. Sie ergibt sich vorliegend aus der Generalklausel des einschlägigen Polizei- und Ordnungsrechts.[82] Die Voraussetzungen für ein Einschreiten zum Zwecke der Gefahrenabwehr sind gegeben: B ist als Gefahrenabwehrbehörde für den Erlass einer Ordnungsverfügung zuständig (etwa § 3 Abs. 1 Nr. 3 SOG M-V; § 80 Abs. 1, 2, § 76 Abs. 3 SaarlPolG). Mit dem Verbleib des O in der Wohnung trotz Fristablaufs ist eine Störung der öffentlichen Sicherheit, die als Schutzgut auch subjektive Rechte wie das Eigentum umfasst, eingetreten. Das der Behörde nach den ordnungsrechtlichen Eingriffsermächtigungen zustehende Ermessen ist regelmäßig mit Blick auf die geforderte

---

80 Umfassend zum Prüfungsaufbau und zu den einzelnen Voraussetzungen Bumke JuS 2005, 22.
81 BGHZ 131, 163; 130, 332, 335 f.
82 Ausführlich Schoch Jura 1993, 478, 485.

Folgenbeseitigung auf Null reduziert.[83] E kann daher die Räumung seiner Wohnung verlangen. ◄

IX. Öffentlich-rechtlicher Unterlassungsanspruch

17 Anders als beim FBA, der auf die Beseitigung der Folgen eines (abgeschlossenen) Eingriffs gerichtet ist, besteht die Zielrichtung des öffentlich-rechtlichen Unterlassungsanspruchs darin, **drohende Rechtsverletzungen abzuwehren** (= Vermeidung künftiger Eingriffe).[84] Die Behörde soll zum Untätigbleiben oder -werden verpflichtet werden.[85] Der Anspruch erlangt vielfache praktische Relevanz, etwa wenn es um das Unterlassen öffentlich-rechtlich verantworteter Immissionen,[86] das Unterbleiben von staatlichen Warnungen[87] bzw. rufschädigender staatlicher Pressemitteilungen oder Internetinformationen,[88] aber auch ehrbeeinträchtigender Äußerungen eines Amtswalters[89] oder das Unterlassen einer automatisierten Kennzeichenerfassung[90] geht.

1. Rechtsgrundlage

18 Trotz unterschiedlicher Zielrichtung steht der Unterlassungsanspruch in enger Verwandtschaft zum FBA. Zu seiner rechtsdogmatischen Herleitung wird teilweise wegen der Ähnlichkeit zum zivilrechtlichen Unterlassungsanspruch als Rechtsgrundlage § 1004 BGB analog herangezogen[91] oder die sich aus dem Rechtsstaatsprinzip ergebende Folgenbeseitigung.[92] Vorzugswürdig ist die auf die Abwehrfunktion der Grundrechte abstellende Ansicht (zB Art. 2 Abs. 2 S. 1 GG und Art. 14 Abs. 1 S. 1 GG bei Lärmimmissionen, allgemeines Persönlichkeitsrecht bei negativen Äußerungen, Art. 12 Abs. 1 GG bei einer Beeinträchtigung der Berufsfreiheit, ggf. iVm Art. 19 Abs. 3 GG). Weil die Grundrechte vor rechtswidrigen Beeinträchtigungen jeder Art schützen, kann der Betroffene gestützt auf das jew. einschlägige Grundrecht Unterlassung verlangen.[93] Letztendlich ist der Unterlassungsanspruch wie der FBA gewohnheitsrechtlich anerkannt, weshalb die Praxis manchmal offen lässt, auf welche Grundlage er im Einzelnen zu stützen ist.[94] Auf den allgemeinen öffentlich-rechtlichen Unterlassungsanspruch darf nur rekurriert werden, sofern es keinen spezialgesetzlichen Unterlassungsanspruch gibt.

---

83 BGHZ 130, 332, 335; bereits Rn. 9. S.a. VG Saarlouis LKRZ 2010, 355 (Räumungsanspruch nach Obdachloseneinweisung). Zur Ermessensreduzierung bei gefahrenabwehrrechtlichen Maßnahmen § 14 Rn. 48.
84 Siegel, Rn. 909.
85 Zum öffentlich-rechtlichen Unterlassungsanspruch Sproll JuS 1996, 313; Kemmler JA 2005, 908, 910 f.
86 Sportplätze, BVerwG NVwZ 1995, 993; Beschl. v. 6.8.2018 – 7 B 4/18, Rn. 9 juris; Glockengeläut, BVerwG NVwZ 1997, 390.
87 Warnung vor schädlichen Lebensmitteln, BVerwG NJW 1991, 1766, 1767; vor dem Handel und Verkauf von E-Zigaretten BVerwG NVwZ-RR 2015, 425.
88 S. etwa OVG Münster Beschl. v. 31.3.2022 – 9 B 158/22, Rn. 10 ff. juris; NVwZ-RR 2021, 973 ff.; DVBl. 2021, 610 ff.
89 S. etwa OVG Bremen NVwZ-RR 2021, 886 ff.
90 BVerwG NVwZ 2015, 906 ff.; zur Speicherung und Nutzung von Telekommunikationsmetadaten durch den BND BVerwGE 161, 76, 77.
91 Vgl. OVG Koblenz NVwZ 1990, 279; VGH Mannheim KommJur 2022, 53, 54; Kratzlmeier Jura 2018, 1234, 1241 für eine Kombination mit den Grundrechten.
92 VGH München NVwZ-RR 2022, 15, 16, im Ergebnis aber offenlassend.
93 Vgl. nur BVerwG NVwZ-RR 2015, 425; OVG Saarlouis Urt. v. 4.4.2019 – 2 A 244/18, Rn. 65 juris; Sproll JuS 1996, 313, 315.
94 Vgl. BVerwG DVBl. 1989, 463, 464; VGH München NVwZ-RR 2022, 15, 16; S.a. Hebeler JA 2021, 703. Zur Verjährung öffentlich-rechtlicher Unterlassungsansprüche Kranz NVwZ 2018, 864 ff.

§ 41 Folgenbeseitigungs-, Unterlassungs- und Herstellungsansprüche

2. Voraussetzungen

a) Hoheitlicher Eingriff

Der öffentlich-rechtliche Unterlassungsanspruch kommt nur bei **hoheitlichen Maßnahmen** in Betracht,[95] insb. solchen durch schlichtes Verwaltungshandeln.[96] Diese müssen in ein **subjektives Recht** (einfachrechtliche Ausgestaltung oder Grundrecht) **eingreifen**.[97] Insoweit ergeben sich im Vergleich zum FBA keine Besonderheiten.[98]

19

b) Der bevorsteht oder Wiederholungsgefahr

Der öffentlich-rechtliche Unterlassungsanspruch greift, wenn die begründete Besorgnis besteht, dass durch hoheitliches Handeln rechtswidrig in die Rechts- und Freiheitssphäre des Anspruchstellers eingegriffen wird.[99] Letztere Situation ist gegeben, wenn die Beeinträchtigung des subjektiv-öffentlichen Rechts mit hinreichender Wahrscheinlichkeit droht (sog. **Erstbegehungsgefahr**).[100] Hat eine Verletzung bereits stattgefunden, so dauert der Eingriff an, wenn **Wiederholungsgefahr** besteht.[101]

20

c) Rechtswidrigkeit des Eingriffs

Der Eingriff (klassisch oder iSd modernen Eingriffsbegriffs) muss **rechtswidrig** sein.[102] Insoweit sei ebenfalls auf die Darstellungen des FBA verwiesen, insb. hins. der die Rechtswidrigkeit ausschließenden Duldungspflichten (vgl. Rn. 6). Soweit ein Eingriff in den Schutzbereich eines Grundrechts bejaht wird, ist bei staatlichen Äußerungen vorrangig zu prüfen, ob die Voraussetzungen für die Verbreitung der Informationen (zB § 40 LFGB oder presserechtlicher Auskunftsanspruch) vorliegen und der Eingriff daher gerechtfertigt wäre.[103] Amtliche Warnungen müssen inhaltlich richtig und sachlich gehalten sein, bei etwaigen Unsicherheiten ist auf diese hinzuweisen.[104] Auch sonstige amtliche Äußerungen müssen sich im Hinblick auf das rechtsstaatlich fundierte Willkürverbot sowie den Verhältnismäßigkeitsgrundsatz innerhalb des sachlich gebotenen Rahmens bewegen (Sachlichkeitsgebot), solche ggü. politischen Parteien mit den Anforderungen aus Art. 21 Abs. 1 S. 1 GG vereinbar sein.[105]

21

---

95 BVerwG NVwZ 2015, 906, 907; Hendler, Rn. 875 f.
96 OVG Bremen NVwZ 2021, 886; OVG Münster NVwZ-RR 2021, 973, 974.
97 OVG Bremen NordÖR 2022, 81, 82. Zur Notwendigkeit der Zurechnung bei Beeinträchtigungen Dritter BVerwG Beschl. v. 10.1.2022 – 7 B 13/21, Rn. 4 juris.
98 Vgl. Rn. 4 f. Dazu, dass ein Unterlassungsanspruch ggü. einem Hoheitsträger nur besteht, wenn ihm das Verhalten Dritter zugerechnet werden kann, BVerwG Beschl. v. 10.1.2022 – 7 B 13/21, Rn. 4 juris.
99 BVerwG Beschl. v. 10.1.2022 – 7 B 13/21, Rn. 4 juris.
100 BVerwG NVwZ 2015, 906, 907; Detterbeck/Windthorst/Sproll, § 13 Rn. 20; Kratzlmeier Jura 2018, 1239, 1241.
101 BVerwG NVwZ-RR 2015, 425; OVG Bremen NVwZ-RR 2021, 886; vgl. § 23 Rn. 13.
102 Hendler, Rn. 875 f.
103 Zum LFGB OVG Münster Beschl. v. 31.3.2022 – 9 B 159/22, Rn. 13 ff. juris; zum Presserecht VGH München Beschl. v. 8.11.2021 – 7 CE 21.1531, Rn. 10 ff juris.
104 Dazu § 23 Rn. 6; s.a. OVG Münster NJW 2022, 1547, 1549 f.
105 Jüngst BVerfG Urt. v. 15.6.2022 – 2 BvE 4/20, Rn. 90 ff. juris; BVerwG Beschl. v. 11.10.2010 – 7 B 54/10, Rn. 14 juris; OVG Münster DVBl. 2017, 131, 133 ff.; NVwZ-RR 2021, 973, 974 f.; zu einem Eingriff des Inhabers eines Regierungsamts im politischen Meinungskampf BVerfGE 140, 225, 227. S.a. Milker JA 2017, 647 ff.

d) Prozessuale Durchsetzung

22 Der Unterlassungsanspruch ist mit der **allgemeinen Leistungsklage** geltend zu machen.[106] Bei einer vorbeugenden Unterlassungsklage ist in besonderem Maße auf die Prüfung eines qualifizierten Rechtsschutzbedürfnisses, dh die Unzumutbarkeit des Abwartens nachgängigen Rechtsschutzes, zu achten.[107]

Übersicht 42: Voraussetzungen des öffentlich-rechtlichen Unterlassungsanspruchs

  I. **Rechtsgrundlage:** Grundrechte; gewohnheitsrechtlich anerkannt
  II. **Voraussetzungen:**
   1. Hoheitlicher Eingriff in ein subjektiv-öffentliches Recht
   2. Begründete Besorgnis des Bevorstehens oder Wiederholungsgefahr
   3. Rechtswidrigkeit des Eingriffs = keine Duldungspflicht
  III. **Rechtsfolge:** Unterlassen bzw. Abwehr des Eingriffs

X. Wiederholungs- und Verständnisfragen

> Welche Arten des Folgenbeseitigungsanspruchs sind zu unterscheiden? (→ Rn. 2)
> Auf welche Rechtsgrundlage stützt sich der Folgenbeseitigungsanspruch? (→ Rn. 3)
> Woraus können sich Pflichten zur Duldung eines rechtswidrigen Zustands ergeben? (→ Rn. 6)
> Was ist in sog. Drittbeteiligungsfällen zu beachten? (→ Rn. 9)
> Worin liegt der Unterschied zwischen dem Folgenbeseitigungs- und dem Unterlassungsanspruch? (→ Rn. 17)

---

106 Vorstehend Rn. 16; näher § 23 Rn. 8 ff., 13; zur vorbeugenden Unterlassungsklage auch Hufen, § 16 Rn. 9 ff.; s.a. Kratzlmeier Jura 2018, 1239, 1241.
107 BVerwGE 161, 76, 79; Kratzlmeier Jura 2018, 1239, 1241; Siegel, Rn. 911.

§ 42 Öffentlich-rechtliche Erstattungsansprüche

▶ **FALL 9:** B zahlt aufgrund öffentlich-rechtlichen Vertrags zwei Jahre lang monatlich 200 € an das Land L, damit er anschließend verbeamtet wird. Nachdem er ernannt wurde, verlangt er anschließend vom Land Erstattung von 4800 €, da dieser Vertrag gem. § 59 Abs. 2 Nr. 4 VwVfG wegen Verstoßes gegen § 56 VwVfG nichtig war. Das Land lehnt dies ab, weil es das Geld verbraucht habe und das Ansinnen des B im Übrigen treuwidrig sei. Es könne die Ernennung nicht mehr revidieren. Muss das Land L die 4800 € zurückzahlen? ◀

I. Begriff der öffentlich-rechtlichen Erstattungsansprüche

Der öffentlich-rechtliche Erstattungsanspruch ist nicht auf Ersatz, sondern auf die **Rückgängigmachung zu Unrecht erfolgter öffentlich-rechtlicher Vermögensverschiebungen** gerichtet.[1] Hauptsächlicher Anwendungsbereich des öffentlich-rechtlichen Erstattungsanspruchs sind rechtsgrundlose öffentlich-rechtliche Zuwendungen von **Hoheitsträgern an Private**. Öffentlich-rechtliche Erstattungsansprüche können aber auch von **Privaten ggü. Hoheitsträgern** geltend gemacht werden.[2] Beispiele bilden die Rückforderung von an eine Hochschule gezahlter Rückmeldegebühren oder zu hoch eingetriebener Erschließungsbeiträge. Auch im Verhältnis von **Hoheitsträgern untereinander** sind öffentlich-rechtliche Erstattungsansprüche möglich, zB wenn die Stadt S vom Bund mit Rücksicht auf eine bestimmte gesetzliche Regelung einen Zuschuss zu den Versorgungsbezügen erhält, die sie ihrem früheren Bürgermeister gewährt, der Bund jedoch den Zuschuss zurückfordert, weil die gesetzlichen Voraussetzungen für die Gewährung des Zuschusses nicht vorgelegen haben.[3]

1

II. Rechtsgrundlagen

Es gibt verschiedene dogmatische Ansätze zur Ableitung des ungeschriebenen öffentlich-rechtlichen Erstattungsanspruchs: Sie reichen von der analogen Anwendung der §§ 812 ff. BGB (Frage: Vergleichbarkeit) über den Rekurs auf das Gesetzmäßigkeitsprinzip der Verwaltung in Art. 20 Abs. 3 GG (Frage: Begründung eines subjektiven Anspruchs), die Grundrechte (Achtung: passt regelmäßig nicht im Verhältnis zweier Hoheitsträger) bis hin zu seiner gewohnheitsrechtlichen Fundierung.[4] Letztendlich kommen alle diese Meinungen zu dem Ergebnis, dass es einen solchen allgemeinen öffentlich-rechtlichen Erstattungsanspruch geben muss. Nach dem BVerwG handelt es sich bei ihm „um ein aus den Grundsätzen des Verwaltungsrechts, insb. der Gesetzmäßigkeit der Verwaltung, abgeleitetes [eigenständiges] Rechtsinstitut".[5] Der allgemeine öffentlich-rechtliche Erstattungsanspruch entspricht in seiner Struktur weitgehend, aber nicht gänzlich[6] dem privatrechtlichen Bereicherungsanspruch aus §§ 812 ff. BGB.

2

---

1 BVerwG Urt. v. 30.6.2016 – 5 C 1/15, Rn. 8 juris; OVG Schleswig NordÖR 2022, 141. Zum öffentlich-rechtlichen Erstattungsanspruch Schoch Jura 1994, 82; Kemmler JA 2005, 659, 660; zur Erstattung unionsrechtswidriger Gebühren vgl. Gundel in: FS für V. Götz, 2005, S. 191.
2 VGH Mannheim NJW 1993, 1812.
3 BVerwGE 36, 108.
4 Gurlit in: Ehlers/Pünder, § 35 Rn. 25. Zur gewohnheitsrechtlichen Fundierung BVerwGE 71, 85, 88; auch Ossenbühl/Cornils, S. 537 f.
5 BVerwG Urt. v. 30.6.2016 – 5 C 1/15, Rn. 8 juris. Zum eigenständigen Rechtsinstitut, BVerwG NVwZ-RR 2018, 539. Dazu, dass die unterschiedliche Verortung sich bei der Begründungslast auswirkt, Siegel, Rn. 916.
6 Vgl. nachfolgend Rn. 4 ff. S.a. BVerwG NVwZ-RR 2018, 539; OVG Lüneburg Beschl. v. 4.12.2020 – 10 LC 402/18, Rn. 39 juris.

Spezialgesetzliche Regelungen des Erstattungsanspruchs sind vorrangig zu prüfen, etwa § 49a Abs. 1 S. 1 VwVfG.[7] Danach sind erbrachte Leistungen zu erstatten, soweit ein Verwaltungsakt mit Wirkung für die Vergangenheit zurückgenommen oder widerrufen worden oder infolge Eintritts einer auflösenden Bedingung unwirksam geworden ist. Bei einem unwirksamen **öffentlich-rechtlichen Vertrag** ist streitig, ob die Rückabwicklung erbrachter Leistungen gem. § 62 S. 2 VwVfG iVm der entsprechenden Anwendung der Zivilrechtsvorschriften oder über den allgemeinen öffentlich-rechtlichen Erstattungsanspruch erfolgt (s. Lösung des Falles 9). Lediglich wenn keine Sonderregelung besteht, kommt der **allgemeine öffentlich-rechtliche Erstattungsanspruch** zur Anwendung.[8]

III. Voraussetzungen

1. Öffentlich-rechtliche Rechtsbeziehung

3   Der allgemeine öffentlich-rechtliche Erstattungsanspruch kommt nur bei einer öffentlich-rechtlichen Rechtsbeziehung in Betracht, andernfalls handelt es sich um einen privatrechtlichen Anspruch nach §§ 812 ff. BGB.[9]

In den Worten des BVerwG sind Erstattungsansprüche gleichsam umgekehrte Leistungsansprüche.[10] Die Rspr. stellt daher darauf ab, ob die Leistung dem Erstattungsschuldner aufgrund eines öffentlich-rechtlichen Leistungsverhältnisses oder zumindest eines vermeintlich öffentlich-rechtlichen Verhältnisses dieser Art erbracht worden ist.[11] Dies ist unproblematisch, wenn die Vermögensverschiebung zwischen den Beteiligten unmittelbar auf öffentlich-rechtlicher Grundlage beruht, wie im Fall der Auszahlung von Geld aufgrund eines nichtigen Bewilligungsbescheids. Aus der öffentlich-rechtlichen Natur des Bewilligungsbescheids (Verwaltungsakt) kann auf eine öffentlich-rechtliche Rechtsbeziehung zwischen Anspruchsinhaber und -schuldner geschlossen werden.

Schwierigkeiten bereitet die Beurteilung, wenn es um fehlgeleitete Leistungen an Dritte geht, etwa um Beihilfeleistungen, die an den Erben eines verstorbenen Beamten gezahlt worden sind. Hier könnte man argumentieren, dass die Verwaltung und der Leistungsempfänger in keinem (auch nicht vermeintlichen) öffentlich-rechtlichen Leistungsverhältnis zueinander stehen und daher eine privatrechtliche Vermögensverschiebung gegeben sei.[12] Die Auffassung lässt indes unberücksichtigt, dass ggü. dem Empfänger kein zivilrechtlicher Leistungszweck verfolgt wird.[13] In der Literatur wird stattdessen zutreffend betont, dass es darauf ankommt, ob die tatsächlich erbrachte Leistung nach Maßgabe des öffentlichen Rechts oder des Privatrechts vorgenommen worden ist.[14] Im vorstehenden Beispiel erfolgten die Beihilfezahlungen aufgrund öffentlich-rechtlicher Vorschriften der Beamtengesetze. Wenn demjenigen, der die Beihilfeleistungen erhalten

---

7   § 16 Rn. 30; eine analoge Anwendung des § 49a VwVfG befürwortend, wenn ein vorläufiger Verwaltungsakt rückwirkend durch einen Verwaltungsakt ersetzt wird, VGH München BayVBl 2022, 237, 238 mit Nachweisen zur gegenteiligen Ansicht.
8   BVerwG NVwZ-RR 2018, 539; VGH München BayVBl 2022, 237, 238.
9   BVerwG NVwZ 2020, 959, 960, wonach der öffentlich-rechtliche Erstattungsanspruch als gleichsam umgekehrter Leistungsanspruch dessen Rechtsqualität teilt; Detterbeck/Windthorst/Sproll, § 24 Rn. 9; Siegel, Rn. 923.
10 BVerwG NVwZ 2022, 990, 991.
11 BVerwGE 84, 274, 276.
12 VGH München NJW 1990, 933, 934; vgl. auch BVerwGE 82, 274, 276.
13 Schoch Jura 1994, 82, 87; Hendler, Rn. 935.
14 Detterbeck/Windthorst/Sproll, § 24 Rn. 12.

hat, nach dem beamtenrechtlichen Beihilferecht weder durch Erbgang noch aufgrund eigenen Rechts ein Anspruch auf deren Gewährung zustand, handelt es sich um die Rückabwicklung einer im öffentlichen Recht zu verortenden Vermögensverschiebung.[15]

2. Vermögensverschiebung

Des Weiteren muss eine **Vermögensverschiebung** im Verhältnis zwischen zwei Rechtssubjekten eingetreten sein.[16] Mit der Vermögensminderung der einen Seite muss unmittelbar ein Vermögenszuwachs auf der anderen Seite verbunden sein. Inhalt und Umfang dieses Tatbestandsmerkmals decken sich mit dem bereicherungsrechtlichen Merkmal „etwas erlangt" iSv § 812 Abs. 1 S. 1 BGB.

3. Rechtsgrundlosigkeit der Vermögensverschiebung

Der öffentlich-rechtliche Erstattungsanspruch setzt ferner voraus, dass die Vermögensverschiebung ohne Rechtsgrund erfolgt oder ihr Rechtsgrund später weggefallen ist.[17]

In Fällen, in denen die Leistung durch Verwaltungsakt festgesetzt worden ist, bildet dieser den Rechtsgrund für die Leistung. Das gilt auch dann, wenn er rechtswidrig ist, weil Verwaltungsakte trotz Rechtswidrigkeit regelmäßig wirksam sind (vgl. § 15 Rn. 1). Ein Erstattungsanspruch ist daher bei Leistungen aufgrund eines Verwaltungsakts nur gegeben, wenn dieser vorher aufgehoben wurde (durch Widerspruch, Anfechtungsklage (vgl. dazu § 20) oder Rücknahme, dazu § 16 Rn. 9 ff.), oder er (ausnahmsweise) nichtig ist,[18] s.a. § 49a Abs. 1 S. 1 VwVfG. Gleichermaßen bildet ein öffentlich-rechtlicher Vertrag, auch wenn er rechtswidrig, aber nicht nichtig ist, die Rechtsgrundlage für Vermögensverschiebungen.[19]

Beruht die Vermögensverschiebung auf einem Realakt (Geldauszahlung ohne vorhergehenden Verwaltungsakt), ist ausschließlich auf die materielle Rechtslage abzustellen; rechtfertigt sie die Vermögensverschiebung, besteht kein öffentlich-rechtlicher Erstattungsanspruch.[20]

IV. Ausschlussgründe

1. Wegfall der Bereicherung

Die zivilrechtlichen Regelungen über den Wegfall der Bereicherung (§ 818 Abs. 3, § 819 Abs. 1 BGB) sind **nicht uneingeschränkt** auf den öffentlich-rechtlichen Erstattungsanspruch anzuwenden:

- Der **Staat oder ein sonstiger Hoheitsträger** kann sich **nicht auf einen Wegfall der Bereicherung** berufen. Der Grundsatz der Gesetzmäßigkeit der Verwaltung (Art. 20 Abs. 3 GG) verlangt die Wiederherstellung des rechtmäßigen Zustandes

---

15 S.a. BVerwG NVwZ 1991, 168 f.
16 BVerwG NVwZ-RR 2005, 416, 417; Detterbeck, Rn. 1241; Maurer/Waldhoff, § 29 Rn. 30.
17 Maurer/Waldhoff, § 29 Rn. 32; Siegel, Rn. 925.
18 BVerwGE 48, 279, 285. Zur Nichtigkeit § 15 Rn. 2 ff.
19 Hierzu auch § 24 Rn. 21; instruktiv zur Nichtigkeit eines Folgekostenvertrags wegen Verstoßes gegen das Koppelungsverbot OVG Lüneburg ZfBR 2007, 804, 805 ff.
20 Detterbeck/Windthorst/Sproll, § 24 Rn. 22.

und schließt ein Vertrauen der Verwaltung auf das Behaltendürfen rechtswidrig erlangter Vermögensvorteile bei Verbrauch aus.[21]

- Beim (speziellen) Erstattungsanspruch wegen Rücknahme, Widerrufs oder Unwirksamkeit eines Verwaltungsakts eröffnet sich dem Bürger nach § 49a Abs. 2 S. 1 VwVfG iVm § 818 Abs. 3 BGB die Berufung auf den Wegfall der Bereicherung – allerdings mit einer Einschränkung: Im Zivilrecht kann der Bereicherte nur dann nicht den Wegfall der Bereicherung geltend machen, wenn er den Mangel des rechtlichen Grundes kannte (§ 819 Abs. 1 BGB). Im öffentlichen Recht ist ihm dagegen die Berufung auf den Wegfall der Bereicherung bereits verwehrt, soweit er jene **Umstände infolge grober Fahrlässigkeit nicht kannte** (§ 49a Abs. 2 S. 2 VwVfG, bereits § 16 Rn. 30).

8 - Nach vorherrschender Auffassung kann sich der Bürger auch beim allgemeinen Erstattungsanspruch im Verhältnis zum Staat nicht auf § 818 Abs. 3, § 819 BGB (analog) berufen. Die Funktion der zivilrechtlichen Vorschriften wird im öffentlichen Recht vom **Grundsatz des Vertrauensschutzes** als Ausdruck rechtsstaatlicher Verhältnismäßigkeit (Angemessenheit, dazu allg. § 14 Rn. 53) übernommen.[22] Es muss daher eine Abwägung des privaten Vertrauensschutzinteresses an der Aufrechterhaltung der rechtswidrig entstandenen Vermögenslage mit dem öffentlichen Interesse an der Wiederherstellung einer dem Gesetz entsprechenden Vermögenslage stattfinden.[23] Hat ein Bürger auf den Fortbestand der Vermögensverschiebung vertraut und ist sein Vertrauen schutzwürdig, kann ein öffentlich-rechtlicher Erstattungsanspruch der Behörde ausgeschlossen sein. Richtlinien bei der Gewichtung der Interessen bilden insb. § 48 Abs. 2, § 49a Abs. 2 S. 2 VwVfG.[24] Schutzwürdig ist das Vertrauen eines Bürgers zB dann nicht, wenn er die Rechtsgrundlosigkeit der Vermögensverschiebung kannte oder infolge grober Fahrlässigkeit nicht kannte.[25] Es reicht aus, wenn der Adressat des Erstattungsanspruchs das Fehlen des Rechtsgrunds und die sich daraus ergebenden Rechtsfolgen gekannt bzw. grob fahrlässig nicht gekannt hat. Dafür ist keine genaue Rechtskenntnis erforderlich.[26]

2. § 814, § 817 BGB sowie Treu und Glauben

9 § **814 BGB**, wonach der Rückforderungsanspruch ausgeschlossen ist, wenn dem Leistenden die Fehlerhaftigkeit der Vermögensverschiebung bekannt war, findet auf den öffentlich-rechtlichen Erstattungsanspruch nach bislang vorherrschender Auffassung **keine Anwendung**.[27] Zur Begründung wird auf die andere Interessenlage im öffentli-

---

21 Vgl. etwa BVerwGE 36, 108, 113 f.; s.a. BVerwG NVwZ 2020, 959, 960; Gurlit in: Ehlers/Pünder, § 35 Rn. 28.
22 BVerwGE 71, 85, 89 ff.; VGH München Beschl. v. 15.7.2020 – 3 ZB 19.553, Rn. 20 juris; Ossenbühl/Cornils, S. 549. Grds. anders bei Leistungen des Staates ohne zwischengeschalteten Verwaltungsakt, Maurer/Waldhoff, § 29 Rn. 36: Grundsatz des Vertrauensschutzes heranziehen.
23 BVerwGE 71, 85, 90.
24 Vgl. Windthorst JuS 1996, 894, 899. Zu § 48 Abs. 2 VwVfG auch § 16 Rn. 12 ff.
25 BVerwG Beschl. v. 28.10.2013 – 5 B 66/13, Rn. 12 juris.
26 Zum speziellen Erstattungsanspruch aus § 12 Abs. 2 BBesG BVerwG Urt. v. 22.5.2017 – 5 C 5/16, Rn. 22 juris, wobei umgekehrt allerdings allein die bloße Kenntnis von Tatsachen hins. des fehlenden Rechtsgrunds ebenfalls nicht ausreicht.
27 BVerwG NVwZ 2003, 993, 994; tendenziell anders OVG Lüneburg ZfBR 2007, 804, 809, wenn freiwillig geleistet wurde (letztlich offengelassen).

chen Recht verwiesen, insb. den Grundsatz der Gesetzmäßigkeit der Verwaltung.[28] Gleiches gilt für den Rechtsgedanken des § 817 BGB.[29]

Grenzziehend wirkt demggü. der **Grundsatz von Treu und Glauben:** Der Erstattungsanspruch ist ausgeschlossen, sofern das Erstattungsverlangen den herrschenden Wertvorstellungen der billig und gerecht Denkenden widerspricht.[30] Das gilt etwa im Fall der Rückabwicklung eines öffentlich-rechtlichen Vertrags, aufgrund dessen ein Investor infrastrukturelle Folgekosten ggü. der Gemeinde übernommen hatte, wenn jene Kosten von ihm (anteilig) an die Käufer der fraglichen Grundstücke weitergegeben worden sind.[31] Hingegen scheitert der Erstattungsanspruch nach jüngerer Rspr. nicht schon dann, wenn bei nichtigem Verwaltungsvertrag die Gegenleistung nicht mehr rückgängig gemacht werden kann.[32] Anderenfalls würde die Nichtigkeitsfolge als Sanktion des § 59 VwVfG vielfach ins Leere gehen; es müssen also zusätzliche Gründe die Rückforderung treuwidrig erscheinen lassen.[33]

V. Verjährung

Der öffentlich-rechtliche Erstattungsanspruch unterliegt – sofern spezialgesetzliche Regelungen fehlen – der dreijährigen Regelverjährung gem. § 195 iVm § 199 Abs. 1 BGB analog, denn dieser Anspruch ist strukturell dem zivilrechtlichen Bereicherungsanspruch nachgebildet.[34] Die absolute Verjährungsfrist beträgt nach § 199 Abs. 4 BGB analog zehn Jahre.

10

VI. Geltendmachung des Erstattungsanspruchs

Fordert die Verwaltung vom Bürger eine Leistung zurück, die durch Verwaltungsakt festgesetzt worden war, ist der öffentlich-rechtliche Erstattungsanspruch ebenfalls im Wege eines Verwaltungsakts geltend zu machen; § 49a Abs. 1 S. 2 VwVfG bildet dafür idR die Rechtsgrundlage.[35] Während die Rspr. davon ausgeht, dass die Verwaltung auch ohne eine solche ausdrückliche Befugnis per Verwaltungsakt handeln darf, wenn die Behörde und der Bürger gerade im Hinblick auf den geltend gemachten Anspruch in einem öffentlich-rechtlichen Über-/Unterordnungsverhältnis stehen,[36] sieht dies die Literatur aus Gründen des Vorbehalts des Gesetzes teils anders.[37] Vermögensverschiebungen aufgrund nichtiger öffentlich-rechtlicher Verträge dürfen grds. nicht im Wege eines Verwaltungsakts rückgängig gemacht werden; vielmehr muss die Behörde ihren Anspruch mit einer allgemeinen Leistungsklage gegen den Bürger verfolgen.[38] Erstat-

11

---

28 Gurlit in: Erichsen/Pünder, § 35 Rn. 29 (wenn der Bürger in Kenntnis der Rechtswidrigkeit leistet). Im Verhältnis zweier Hoheitsträger OVG Schleswig NordÖR 2022, 141, 145.
29 BVerwG NVwZ 2003, 993, 994.
30 Detterbeck/Windthorst/Sproll, § 25 Rn. 23; s.a. VGH München Beschl. v. 15.7.2020 – 3 ZB 19/553, Rn. 20 juris.
31 Vgl. OVG Lüneburg ZfBR 2007, 805, 809: kein endgültiger Nachteil.
32 BVerwGE 111, 162; bereits § 24 Rn. 26; BVerwG BayVBl. 2010, 118, 119 f.; Einzelheiten bei Ziekow/Siegel, Verw-Arch 95 (2003), 593 und 96 (2004), 133; 281; 573; zu alldem und zur früheren gegenteiligen Sicht von und zu Franckenstein BayVBl. 2003, 615.
33 Reidt BauR 2001, 46, 52; zum Vorstehenden zusammenfassend Höfling/Krings JuS 2000, 625.
34 BVerwG NVwZ 2020, 959, 960 ff.; s.a. Hebeler JA 2021, 351 f. Nach BVerwG NVwZ 2022, 488, 490 beginnt die Verjährung mit Festsetzbarkeit des Anspruchs, da die Verjährung nach § 53 VwVfG durch den Erlass des Verwaltungsakts gehemmt werde.
35 Detterbeck, Rn. 1256; Kratzlmeier Jura 2018, 1239, 1242; vgl. § 14 Rn. 6; zur Leistungsklage § 23 Rn. 8 ff.
36 OVG Münster NVwZ-RR 2020, 789. In dieser Richtung aber bezogen auf den Schadensersatzanspruch des § 47a S. 1 BAföG BVerwG NJW 2017, 1560, 1561.
37 Gurlit in: Ehlers/Pünder, § 35 Rn. 32; Siegel, Rn. 927; Windthorst JuS 1996, 900.
38 Vgl. bereits § 14 Rn. 7, § 24 Rn. 27. OVG Münster Urt. v. 17.2.2020 – 5 A 522/17, Rn. 115 ff. juris.

tungsansprüche des Bürgers gegen die Verwaltung sind, sofern über diese nicht durch Verwaltungsakt entschieden wird, ebenso wie diejenigen zwischen verschiedenen Hoheitsträgern gleichfalls im Wege der allgemeinen Leistungsklage prozessual geltend zu machen.[39]

Übersicht 43: Voraussetzungen des öffentlich-rechtlichen Erstattungsanspruchs

I. Anspruchsgrundlage
1. Spezialgesetzliche Vorschrift, zB § 49a Abs. 1 VwVfG
2. Allgemeiner öffentlich-rechtlicher Erstattungsanspruch: Herleitung str., gewohnheitsrechtlich anerkannt

II. Voraussetzungen
1. Öffentlich-rechtliche Rechtsbeziehung
2. Vermögensverschiebung
3. Rechtsgrundlosigkeit der Vermögensverschiebung

III. Rechtsfolge
1. Erstattung des erlangten Vermögenswerts
2. Wegfall der Bereicherung: grds. keine analoge Anwendung von § 818 Abs. 3, § 819 BGB
   a. nicht zugunsten von Hoheitsträgern wegen Art. 20 Abs. 3 GG
   b. zugunsten Privater:
      – Beachte: spezialgesetzliche Regelungen, zB § 49a Abs. 2 VwVfG
      – (ggf.) Anspruchsausschluss bei Vertrauensschutz

▶ **Zu Fall 9:** B hat die 4800 € an das Land aufgrund eines nichtigen öffentlich-rechtlichen Vertrags bezahlt. Wegen Vorliegens einer öffentlich-rechtlichen Rechtsbeziehung könnte B gegen das Land ein öffentlich-rechtlicher Erstattungsanspruch zustehen. Der allgemeine öffentlich-rechtliche Erstattungsanspruch ist nur einschlägig, wenn keine sondergesetzliche Regelung greift. Als solche kommen gem. § 62 S. 2 VwVfG die §§ 812 ff. BGB in Betracht. Während Teile in der Literatur diese Regelung mangels Regelungslücke für vorzugswürdig erachten und im Übrigen darauf verweisen, dass die BGB-Normen nur „entsprechend" angewendet würden, rekurriert die Rspr. auf den allgemeinen öffentlich-rechtlichen Erstattungsanspruch, weil dieser spezifisch für das öffentlich Recht entwickelt wurde.[40] Praktisch kommt diesem Meinungsstreit aber kaum Relevanz zu, da der öffentlich-rechtliche Erstattungsanspruch in Anlehnung an das Bereicherungsrecht entwickelt wurde und die Reichweite des Anspruchs nach beiden Meinungen gleich ist.[41]

Vorliegend besteht zwischen B und dem Land eine öffentlich-rechtliche Rechtsbeziehung. Das Land hat von B 4800 € erlangt. Der Vermögensnachteil des B entspricht dem vom Land erlangten Vermögensvorteil. Dies geschah ohne Rechtsgrund, da der öffentlich-rechtliche Vertrag von Anfang an nichtig war (§ 59 Abs. 2 Nr. 4 iVm § 56 VwVfG).

---

39 Detterbeck/Windthorst/Sproll, § 27 Rn. 11; Siegel, Rn. 927. Dazu, dass bei einem Erstattungsanspruch in Bezug auf ein Owi-Verwarngeld der Verwaltungsrechtsweg nicht eröffnet sein soll, OVG Lüneburg NVwZ-RR 2021, 142, 143.
40 BVerwG NVwZ-RR 2003, 874; Bonk/Neumann/Siegel in: Stelkens/Bonk/Sachs, § 59 Rn. 54.
41 Bonk/Neumann/Siegel in: Stelkens/Bonk/Sachs, § 59 Rn. 54; zu den Unterschieden bei der Begründungslast Siegel, Rn. 916.

§ 42 Öffentlich-rechtliche Erstattungsansprüche § 42

Fraglich ist, ob es Gründe gibt, die den Anspruch ausschließen. Aufgrund der Gesetzesbindung des Landes (Art. 20 Abs. 3 GG) kann es sich nicht auf den Wegfall der Bereicherung berufen. Abgesehen davon, dass dem Sachverhalt nicht zu entnehmen ist, dass B bei Erbringung seiner Leistung Kenntnis von der Nichtschuld hatte, wird eine entsprechende Anwendung von § 814 BGB bei öffentlich-rechtlichen Erstattungsansprüchen aufgrund der Gesetzmäßigkeit der Verwaltung verneint. Möglicherweise könnte dem Anspruch jedoch der Einwand von Treu und Glauben entgegenstehen, da die Ernennung des B rechtsbeständig ist und nicht mehr rückgängig gemacht werden kann. Da § 59 Abs. 2 Nr. 4 VwVfG iVm § 56 VwVfG jedoch den Schutz des Bürgers bezwecken, reicht dies allein nicht aus, um das Ansinnen von B als treuwidrig einzustufen. Dafür müssen weitere, in seiner Person oder in seinem Verhalten liegende, besondere Umstände hinzukommen. Da dafür nichts ersichtlich ist, ist das Land zur Zurückzahlung der 4800 € verpflichtet.[42] ◀

VII. Wiederholungs- und Verständnisfragen

> Worauf ist der öffentlich-rechtliche Erstattungsanspruch gerichtet? (→ Rn. 1)
> Unter welchen Voraussetzungen kann ein öffentlich-rechtlicher Erstattungsanspruch geltend gemacht werden? (→ Rn. 3 ff.)
> Welche Ausschlussgründe gibt es beim öffentlich-rechtlichen Erstattungsanspruch? (→ Rn. 6 ff.)

---

42 BVerwG NVwZ-RR 2003, 874 f.

§ 43 Ansprüche aus öffentlich-rechtlichen Schuldverhältnissen

▶ **FALL 10:** Fußgängerin F findet auf einer Straße der Gemeinde G eine verletzte und akut behandlungsbedürftige Hauskatze. Sie bringt diese in eine Kleintierklinik, füllt ein Formular für Fundtiere aus und meldet auf Anraten von Tierarzt T zusätzlich telefonisch der G den Fund. Ein Vertrag zwischen F und dem Tierarzt wird nicht geschlossen. Nachdem die Katze tierärztlich behandelt wurde, fragt sich der Tierarzt T, ob er von der Gemeinde Aufwendungsersatz bekommen kann, denn die Gemeinde sei nach den gesetzlichen Regelungen Fundbehörde. Wie ist die Rechtslage? ◀

I. Begriff der öffentlich-rechtlichen Schuldverhältnisse

1 Begibt sich die Verwaltung auf die Ebene des Privatrechts und schließt sie privatrechtliche Verträge ab oder geht privatrechtliche Schuldverhältnisse ein (zur Formenwahlfreiheit § 11 Rn. 2, § 29 Rn. 3), gilt für sie das privatrechtliche Haftungsrecht.[1] Schuldrechtliche oder schuldrechtsähnliche Beziehungen zwischen der Verwaltung und den Bürgern gibt es aber auch auf dem Gebiet des öffentlichen Rechts.[2] Beispiele dafür sind der öffentlich-rechtliche Vertrag (§§ 54 ff. VwVfG, hierzu § 24) oder öffentlich-rechtliche Benutzungs- und Leistungsverhältnisse (zB Lieferung von Wasser, Gas, Strom).[3]

Das öffentlich-rechtliche Schuldverhältnis ist eine von Rspr. und Lehre geschaffene Rechtskonstruktion zur Erweiterung der Verantwortlichkeit der öffentlichen Hand, um eine **Annäherung** von zivilrechtlicher und öffentlich-rechtlicher **Haftung** zu erreichen. Ein solches Verhältnis liegt vor, wenn besonders enge öffentlich-rechtliche Rechtsbeziehungen zwischen Verwaltungsträger und Privatrechtssubjekten bestehen, die privatrechtlichen Schuldverhältnissen ähneln.[4]

Zu den anerkannten Fallgruppen verwaltungsrechtlicher Schuldverhältnisse gehören ferner

- die öffentlich-rechtliche Geschäftsführung ohne Auftrag (GoA, vgl. Rn. 2 ff.) und
- die öffentlich-rechtliche Verwahrung (vgl. Rn. 18).

II. Öffentlich-rechtliche GoA

2 Das Institut der öffentlich-rechtlichen Geschäftsführung ohne Auftrag (GoA) ist in Rspr. und Lehre grds. anerkannt.[5] Eine derartige Geschäftsführung liegt vor, wenn jemand (Geschäftsführer) ein fremdes öffentlich-rechtliches Geschäft ohne Auftrag oder sonstige Berechtigung für einen anderen (Geschäftsherr) ausführt.

1. Abgrenzung öffentlich-rechtliche und privatrechtliche GoA

3 Es gibt **unterschiedliche Meinungen** zur **Abgrenzung der öffentlich-rechtlichen von der privatrechtlichen GoA**. Je nach Meinung wird die GoA dem öffentlichen Recht zugeordnet, a) wenn der Geschäftsführer öffentlich-rechtlich handelte, b) wenn der

---

[1] Detterbeck/Windthorst/Sproll, § 19 Rn. 2.
[2] Ausführlich zu öffentlich-rechtlichen Schuldverhältnissen Windthorst JuS 1996, 605.
[3] BVerwGE 140, 34, 40 f. Dazu und zum Folgenden Wolff/Bachof/Stober/Kluth, Bd. 2, § 68 Rn. 7 ff.
[4] S.a. BGHZ 215, 344, 356 f.; ausführlich dazu Ossenbühl/Cornils, S. 402 ff.; dazu, dass die Abgrenzung nicht immer eindeutig ist, Maurer/Waldhoff, § 29 Rn. 5.
[5] BVerwGE 80, 170; BVerwG NJW 2020, 2487; Maurer/Waldhoff, § 29 Rn. 13. Zur öffentlich-rechtlichen GoA auch Schoch Jura 1994, 241.

Geschäftsherr öffentlich-rechtlich gehandelt hätte oder c) wenn der Gesamtzusammenhang dafür spricht. Richtigerweise ist für die Abgrenzung auf die Rechtsnatur des fremden (dh geführten) Geschäfts abzustellen. Denn nach dem Wortlaut des § 677 BGB bildet dieses den Anknüpfungspunkt für die GoA. Eine öffentlich-rechtliche GoA liegt daher vor, wenn das vom Geschäftsführer besorgte Geschäft öffentlich-rechtlicher Natur gewesen wäre, sofern es der Geschäftsherr selbst ausgeführt hätte.[6] Die Feststellung der **Rechtsnatur der hypothetischen Handlung des Geschäftsherrn** richtet sich nach den für die Unterscheidung von zivil- und öffentlich-rechtlichen Handlungen entwickelten Abgrenzungskriterien (vgl. § 5 Rn. 6 ff.). Die Handlung ist mithin ua dem öffentlichen Recht zuzuordnen, wenn sie im engen Zusammenhang mit einer öffentlich-rechtlichen Tätigkeit steht.

Eine öffentlich-rechtliche GoA ist bspw. gegeben, wenn ein Privater anstelle des Trägers der Straßenbaulast eine öffentliche Straße instand setzt, weil dieses Geschäft bei Wahrnehmung durch den an sich zuständigen Hoheitsträger öffentlich-rechtlicher Natur wäre.

2. Anwendbarkeit der GoA-Vorschriften

Die GoA ist im Zivilrecht verankert. Sie knüpft an die Privatautonomie an und regelt den Interessenausgleich bei Hilfsbereitschaft. Für anerkannte Fälle der öffentlich-rechtlichen GoA sind die zivilrechtlichen Vorschriften der **§§ 677 ff. BGB entsprechend** anwendbar. Eine analoge Anwendung der §§ 677 ff. BGB kommt jedoch nur bei einer planwidrigen Regelungslücke in Betracht. Daran fehlt es, wenn das öffentliche Recht eine abschließende spezialgesetzliche Regelung zur Kostentragung trifft.[7] Eine **öffentlich-rechtliche** GoA ist in drei Konstellationen denkbar:

a) Hoheitsträger handelt für ein Privatrechtssubjekt

In dieser Konstellation entstehen keine Ansprüche aus öffentlich-rechtlicher GoA, weil das **Geschäft privatrechtlicher Natur** ist, wenn der Geschäftsherr – der Private – es selbst ausgeführt hätte.[8] Der BGH vertritt einen großzügigen Standpunkt und lässt es für eine GoA genügen, wenn der hoheitliche Geschäftsführer bei Erfüllung seiner öffentlich-rechtlichen Verpflichtung „zugleich das privatrechtliche Geschäft eines Dritten besorgt", was sogar in Fällen gelten soll, in denen die öffentliche Hand hauptsächlich zur Erfüllung ihrer öffentlich-rechtlichen Pflichten tätig wird.[9] Auch in diesen Fällen soll also eine Ersatzpflicht des Geschäftsherrn zugunsten des (hoheitlichen) Geschäftsführers bestehen. Diese Rspr. stößt angesichts der Finanzierung staatlicher Aufgaben durch Steuern und mit Blick auf den **Gesetzesvorbehalt** in der Literatur zu Recht auf Kritik. Für Maßnahmen aus dem Bereich der Eingriffsverwaltung sind aufgrund des Gesetzesvorbehalts (§ 8 Rn. 3 ff.) die Voraussetzungen, Rechtsfolgen und Kosten des hoheitlichen Tätigwerdens ggü. Privaten abschließend geregelt und dürfen nicht durch die Anwendung der GoA-Regeln umgangen werden.[10] Handelt ein Träger öffentlicher

---

6 BGHZ 40, 28, 31; BGH NJW 2018, 2714, 2715; BVerwG NVwZ 2017, 242, 244; s.a. Maurer/Waldhoff, § 29 Rn. 12 f.
7 BVerwGE 148, 175, 189 f.; s.a. BVerwG NJW 2020, 2487; OVG Münster NWVBl 2020, 287, 294.
8 Ossenbühl/Cornils, S. 414; näher zum Bereich der Gefahrenabwehr Schenke in: FS für R. Bartlsperger, 2006, S. 529, 531 ff.; vgl. auch Linke DVBl. 2006, 148.
9 BGH NVwZ 2016, 870, 871; NJW 2018, 2714, 2715.
10 Detterbeck/Windthorst/Sproll, § 21 Rn. 54; Maurer/Waldhoff, § 29 Rn. 15. Dazu, dass eine Unterordnung des Verwaltungsträgers unter den Willen des Geschäftsherrn ausscheidet und sonst die Effektivität des

Gewalt aufgrund gesetzlicher Ermächtigung, ist er dem Bürger ggü. iSv § 677 BGB „sonst berechtigt", so dass eine GoA ausscheidet.[11] Fehlt die erforderliche gesetzliche Ermächtigungsgrundlage, vermögen auch §§ 677 ff. BGB das Handeln nicht zu rechtfertigen; denn die(se) zivilrechtlichen Vorschriften können **keine Eingriffsermächtigung** im Verhältnis Staat – Bürger bilden und nicht als Grundlage für den Ersatz entstandener Kosten dienen.[12] Lässt die Polizei zB ein verbotswidrig abgestelltes Fahrzeug eines Privaten abschleppen, folgt der Anspruch auf Kostenerstattung aus öffentlich-rechtlichen Gesetzen (es handelt sich um eine Ersatzvornahme nach § 10 VwVG oder entsprechenden landesgesetzlichen Regelungen, auch § 19 Rn. 6). Diese Vorschriften sind abschließend. Die Polizei kann deshalb im Wege (öffentlich-rechtlicher) GoA auch bzw. gerade dann keinen Kostenersatz verlangen, wenn die Abschleppmaßnahme rechtswidrig ist.[13]

b) Hoheitsträger handelt für einen anderen Hoheitsträger

6 Die **Rspr.** hält einen Rekurs auf die öffentlich-rechtliche GoA für möglich, wenn ein Träger öffentlicher Gewalt für einen anderen Träger öffentlicher Gewalt handelt und dieser **zur Erfüllung seiner Aufgaben nicht bereit oder in der Lage** ist,[14] zB ein Verwaltungsträger **kraft Notkompetenz** oder irrtümlich Aufgaben eines anderen Verwaltungsträgers übernimmt und anschließend eine Übernahme der Kosten verlangt. Diese Haltung wird in der **Lit.** zu Recht als **verfassungsrechtlich bedenklich** abgelehnt.[15] Die jew. Kompetenzen und die Befugnisse zur Wahrnehmung öffentlicher Aufgaben sind gesetzlich geregelt, woraus zugleich indirekt die Kostenverantwortung des jew. Verwaltungsträgers folgt. Ließe man eine Berufung auf die entsprechend anzuwendenden §§ 677 ff. BGB zu, führte dies zu einer vom Gesetzgeber **nicht gewollten Durchbrechung der gesetzlichen Kompetenzordnung** und der dementsprechenden Verteilung der Kostentragungslast;[16] denn die Annahme einer berechtigten GoA würde nicht nur einen Aufwendungsersatzanspruch auslösen, sondern auch die Geschäftsführung legitimieren und somit kompetenzbegründend wirken.[17]

Ergänzend wird darauf hingewiesen, dass §§ 677, 683, 670 BGB mangels hinreichender Bestimmtheit nicht geeignet sind, eine Veränderung der Zuständigkeitsordnung zu bewirken – (deshalb) auch nicht in analoger Anwendung – und im Übrigen auch nicht den rechtsstaatlichen Anforderungen an die Kostenklarheit genügen.[18]

Die Zuständigkeitsverteilung wird durch eine Reihe von Not- und Eilkompetenzen (Amts- und Vollzugshilfe, zB § 8 Abs. 1 S. 2 VwVfG, Selbsteintrittsrecht, Ersatzvornahme, Eilkompetenz im Gefahrenabwehrrecht, zB § 11 Abs. 1, Abs. 4 S. 3 BPolG) ergänzt. Damit besitzt der ausführende Hoheitsträger in

---

Verwaltungshandelns beeinträchtigt würde, OVG Lüneburg NdsVBl. 2018, 281, 283. S.a. BVerwG NJW 2020, 2487.
11 OVG Lüneburg NdsVBl. 2018, 281, 283 f.
12 Schoch Jura 1994, 241, 244 f.
13 Vgl. Schoch Jura 1994, 241, 245. Die gegenteilige Auffassung des BGH, vgl. BGHZ 63, 167, 172, ist abzulehnen; der BGH nimmt iÜ eine zivilrechtliche GoA an, was aber ebenfalls kritikwürdig ist, Maurer/Waldhoff, § 29 Rn. 16 mwN.
14 Zuletzt OVG Münster DÖV 2014, 129; BVerfGE 18, 429, 436; BGHZ 40, 28; BGH NVwZ 2002, 511, 512; BVerwGE 80, 170; 110, 9, 12; VGH München BayVBl. 2003, 116.
15 Berger DÖV 2014, 662 ff.; Schoch Jura 1994, 241, 242 ff.; anhand gefahrenabwehrenden Handelns Schenke in: FS für R. Bartlsperger, 2006, S. 529, 547 ff.
16 Zu dieser Konnexität näher Berger DÖV 2014, 662, 665; zur Wahrung der Kompetenzordnung auch BVerwGE 162, 71, 81.
17 Berger DÖV 2014, 662, 665 f.; Maurer/Waldhoff, § 29 Rn. 18.
18 Berger DÖV 2014, 662, 665 f.

den meisten Notfällen (Eil-)Zuständigkeiten zum Handeln, so dass ein Rückgriff auf die GoA nicht in Betracht kommt.[19]

Eine öffentlich-rechtliche GoA kann bspw. nicht angenommen werden, wenn Polizeibeamte des Landes L einen bei einer nächtlichen Streifenfahrt entdeckten brennenden Papierkorb einer Gemeinde mit dem eigenen Feuerlöscher gelöscht haben und nun dafür Ersatz verlangen. Hier nimmt die Polizei eine ihr zukommende Aufgabe im Wege der Eilkompetenz wahr und handelt nicht „ohne Auftrag", so dass sie keine Kostenerstattung im Wege öffentlich-rechtlicher GoA verlangen kann.[20] Im Verhältnis von zwei Verwaltungsträgern zueinander muss schließlich die **Verteilung der Kostenlast** beachtet werden. Die Kosten trägt derjenige, der die Aufgaben wahrzunehmen hat (für das Verhältnis zwischen Bund und Ländern vgl. Art. 104a Abs. 1 GG).[21] Handelt ein Hoheitsträger auf der Grundlage einer gesetzlichen Kompetenz, ist er zugleich Träger der Kosten (es sei denn, es existieren spezialgesetzliche Erstattungsansprüche). Für die Geltendmachung der Kosten aufgrund GoA bleibt dann kein Raum.[22] Im Falle einer Mehrfachzuständigkeit, bei der die Wahrnehmung einer Aufgabe durch eine Behörde (Fundbehörde) zugleich ein „auch fremdes Geschäft" für eine andere zuständige Behörde (Tierschutzbehörde) bilden könnte, hat nach dem BVerwG grds. diejenige Behörde, die ihre eigenen Aufgaben wahrnimmt, für ihre Kosten aufzukommen und darf diese nicht unter Rekurs auf die GoA auf die andere abwälzen.[23]

c) Privatrechtssubjekt handelt für einen Hoheitsträger

Dieser Bereich bildet das hauptsächliche Anwendungsfeld der öffentlich-rechtlichen GoA. Jedoch ist (erneut, vgl. vorstehend Rn. 6) zu bedenken, dass Träger öffentlicher Gewalt ihre Aufgaben nach Maßgabe der **gesetzlichen Kompetenzregelungen** erfüllen und dabei auch Prioritäten setzen dürfen. Das gilt in besonderem Maße im Bereich der Eingriffsverwaltung.[24] Mit dieser spezialgesetzlichen Aufgabenverteilung und dem der Verwaltung eingeräumten Handlungsspielraum ist es idR unvereinbar, wenn ein Privater ohne Beauftragung durch die an sich zuständige Stelle hoheitliche Aufgaben erfüllt und hierfür auch noch Ersatz seiner Aufwendungen und Kosten verlangen könnte.[25] Überdies darf das von der Rechtsordnung bereitgestellte **Rechtsschutzsystem** nicht unterlaufen werden; der Private muss hiernach grds. Rechtsschutzmöglichkeiten – auch diejenigen des Eilrechtsschutzes – in Anspruch nehmen, um die Behörde zur Wahrnehmung ihrer Aufgaben anzuhalten.[26] Deshalb kann ein Rekurs auf die öffentlich-rechtliche GoA nur **in seltenen Ausnahmefällen, etwa echten Nothilfe- und Dringlichkeitsfällen**, zulässig sein.[27] Ein solcher Fall ist zB anzunehmen, wenn ein

7

---

19 BVerwG NJW 1991, 2435. Zum Ausschluss der GoA aus Rechtsgründen auch VGH München BayVBl. 2012, 177. Großzügiger OVG Münster NVwZ-RR 2014, 14, Ls.: Wenn der Verwaltungsträger nicht willens oder in der Lage ist, seine Aufgabe selbst wahrzunehmen; vgl. auch BGH NVwZ 2004, 764.
20 OVG Münster NJW 1986, 2526; anders BGHZ 63, 167; 65, 354.
21 Ausführlich dazu Schoch Jura 1994, 241, 243 f.
22 Vgl. Detterbeck/Windthorst/Sproll, § 21 Rn. 52; s.a. Berger DÖV 2014, 662, 665.
23 BVerwGE 162, 71, 82.
24 BVerwG NJW 2020, 2487.
25 Ossenbühl/Cornils, S. 416 ff.; s.a. BVerwGE 162, 71, 79 ff.; BVerwG NJW 2020, 2487, 2489; in diese Richtung OVG Münster NVwZ-RR 2013, 759, 762 f.; vgl. aber auch Schenke in: FS für R. Bartlsperger, 2006, S. 529, 554 ff.
26 BVerwG 80, 170, 172; 162, 71, 79 f.; BVerwG NJW 2020, 2487, 2489.
27 Vgl. BVerwG NJW 1989, 922; NJW 2020, 2487, 2489; OVG Weimar ThürVBl. 2019, 81, 86 f., hält über die Notfälle hinaus eine GoA zum Schutz individueller Rechtsgüter für möglich; krit. zur weitergehenden Rspr. insgesamt Maurer/Waldhoff, § 29 Rn. 17.

Anlieger einen zum öffentlichen Straßengrund gehörenden Baum, der jeden Moment auf die Straßenfläche und sein Haus zu stürzen droht, durch eine Gartenbaufirma fällen lässt und anschließend die entstandenen Kosten vom Träger der Straßenbaulast zurückverlangt.

3. Voraussetzungen

8 Die Voraussetzungen der öffentlich-rechtlichen GoA orientieren sich an denen der zivilrechtlichen GoA, §§ 677 ff. BGB.

a) Fremdes Geschäft

9 Ein Geschäft ist **fremd**, wenn es unmittelbar **in einen fremden Rechts- und Interessenkreis** fällt.[28] Für die Annahme einer öffentlich-rechtlichen GoA muss das fremde Rechtsgeschäft seiner **Rechtsnatur nach öffentlich-rechtlich** sein.[29] Erfüllt ein Privater anstelle eines Hoheitsträgers dessen Aufgabe, liegt ein dergestalt fremdes (öffentlich-rechtliches) Geschäft vor, weil die Angelegenheit dem Hoheitsträger zur alleinigen Wahrnehmung zugewiesen ist.[30]

Als unschädlich wird es angesehen, wenn der Private mit der Wahrnehmung des objektiv fremden Geschäfts gleichzeitig eigene Interessen verfolgt (sog. „**auch" fremdes Geschäft**).[31] Deshalb kann im obigen Beispiel die Entfernung des Baums, die den Interessen des Trägers der Straßenbaulast und zugleich den Interessen des Grundstückseigentümers dient, als fremdes Geschäft eingestuft werden.

b) Fremdgeschäftsführungswille

10 Der **Fremdgeschäftsführungswille** ist gegeben, wenn im jew. Einzelfall das Bewusstsein und die Absicht bestehen, für einen anderen zu handeln.[32] Dieser wird im Falle eines objektiv fremden Geschäfts vermutet.[33] Im Beispiel wollte der Grundstückseigentümer den brüchigen Baum anstelle der Behörde entfernen und handelte folglich mit Fremdgeschäftsführungswillen.

c) Ohne Auftrag oder sonstige Berechtigung

11 Diese Voraussetzung ist erfüllt, wenn der Geschäftsführer weder rechtsgeschäftlich noch gesetzlich oder in sonstiger Weise ggü. dem Geschäftsherrn zur Wahrnehmung des Geschäfts berechtigt ist.[34] Der Grundstückseigentümer im vorstehenden Beispiel besitzt keinerlei derartige Legitimation für seine Handlung.

---

[28] BVerwG NJW 1989, 922, 923; vgl. auch VG Potsdam LKV 2012, 188, 190: nicht der Fall, wenn die eigentlich zuständige Stelle zur Ausführung des Geschäfts zwar berechtigt, aber nicht verpflichtet ist.
[29] Dazu Maurer/Waldhoff, § 29 Rn. 13.
[30] Hendler, Rn. 901.
[31] BVerwGE 80, 170, 172; s.a. BVerwGE 162, 71, 81.
[32] Detterbeck/Windthorst/Sproll, § 21 Rn. 63; dazu und zum auch fremden Geschäft VGH München Beschl. v. 18.3.2020 – 7 ZB 19.1308, Rn. 14 juris.
[33] BVerwG NJW 2020, 2487, 2488.
[34] Hendler, Rn. 907.

d) Berechtigte Übernahme der Geschäftsführung

Die Übernahme der Geschäftsführung muss dem **Interesse und dem wirklichen oder mutmaßlichen Willen des Geschäftsherrn entsprechen**, vgl. § 683 S. 1, § 678 BGB. Weil der Hoheitsträger über die Wahrnehmung seiner Aufgaben selbst entscheidet, ist mit besonderer Sorgfalt zu prüfen, ob es ein besonderes öffentliches Interesse daran besteht, dass gerade in der gegebenen konkreten Situation die Aufgabe durch einen privaten Geschäftsführer wahrgenommen wird.[35] Ein solches kann daher regelmäßig nur in **wirklichen Not- und Dringlichkeitsfällen** bestehen.[36] Dann ist ein etwaiger entgegenstehender Wille der Behörde unbeachtlich, vgl. § 683 S. 2, § 679 BGB.

Im Beispiel drohte der Baum jeden Moment umzustürzen und damit auf der Straße und am Haus des Eigentümers Schäden anzurichten. Aufgrund der Dringlichkeit und Gefährdung bedeutender Rechtsgüter war ein echter Notfall gegeben, so dass die Geschäftsführung im (zumind. mutmaßlichen) Interesse der zuständigen Behörde lag.

4. Ersatzansprüche

Sind die Voraussetzungen der öffentlich-rechtlichen GoA erfüllt, ergeben sich folgende Rechtsfolgen:

a) Aufwendungsersatz

Der **Geschäftsführer** kann vom Geschäftsherrn **Ersatz seiner Aufwendungen** verlangen (§ 683, § 670 BGB analog) – im Beispiel für die aus der Beauftragung der Gartenbaufirma resultierenden Kosten zur Beseitigung des Baums.

b) Schadensersatz

Im Fall einer **unberechtigten oder fehlerhaften GoA** kann der **Geschäftsherr** vom Geschäftsführer **Schadensersatz** verlangen, § 678 BGB analog. Daran ist zB im Falle einer Verletzung der Nebenpflicht aus der analogen Anwendung des § 681 S. 1 BGB zu denken (Anzeige der Übernahme der Geschäftsführung, sobald es tunlich ist, und Abwarten der Entschließung des Geschäftsherrn, wenn mit dem Aufschub keine Gefahr verbunden ist).[37]

c) Herausgabe des Erlangten

Der Geschäftsführer ist dem Geschäftsherrn gem. § 681 S. 2 iVm § 667 BGB analog zur **Herausgabe des durch die Geschäftsführung Erlangten** verpflichtet.

d) Rechtsweg

- Für sämtliche Klagen des Hoheitsträgers gegen einen Privaten ist der **Verwaltungsrechtsweg** nach § 40 Abs. 1 VwGO eröffnet. Dies gilt gleichermaßen für Klagen eines Hoheitsträgers gegen einen anderen Hoheitsträger. Ebenso sind Aufwendungsersatzansprüche des Bürgers auf dem Verwaltungsrechtsweg geltend zu machen.

---

35 BVerwG NJW 1978, 1258; NJW 2020, 2487, 2488; BVerwGE 162, 71, 80 f.; OVG Münster NVwZ-RR 2013, 759, 760.
36 BVerwGE 162, 71, 80 f.; BVerwG NJW 2020, 2487, 2488; bereits Rn. 7.
37 S.a. BVerwG NJW 2020, 2487, 2489 f.

- Bei **Schadensersatzansprüchen** aus der Verletzung öffentlich-rechtlicher Pflichten, die nicht auf einem öffentlich-rechtlichen Vertrag beruhen, ist jedoch nach **§ 40 Abs. 2 S. 1 Hs. 1 VwGO** der **Zivilrechtsweg** eröffnet; das muss auch für Schadensersatzansprüche der Bürger gegen die Verwaltung gelten, die aus öffentlich-rechtlicher GoA resultieren.[38]

▶ **Zu Fall 10:** T könnte gegen die Gemeinde G ein Anspruch auf Aufwendungsersatz aus öffentlich-rechtlicher GoA gem. §§ 683, 677, 670 BGB analog zustehen. Voraussetzung ist, dass er ein „Geschäft für einen anderen" ohne Auftrag besorgt hat (§ 677 BGB analog). Vorliegend möchte T seine tierärztlichen Aufwendungen in Bezug auf die gefundene Katze ersetzt bekommen. Da die behandelte Katze nicht ihm gehört, könnte er ein fremdes Geschäft getätigt haben. Nach den einschlägigen Regelungen sind die Gemeinden Fundbehörden. Gem. § 90a S. 3 BGB finden auf Tiere die Vorschriften über Sachen und damit die §§ 965 ff. BGB über den Fund Anwendung. Besitzlose, aber nicht herrenlose Tiere sind findbar. Vorliegend geht es um eine Hauskatze, bei der nichts darauf hindeutet, dass diese zB infolge Aussetzung herrenlos wurde.[39] Da sich diese außerhalb des Einwirkungsbereichs ihres Halters aufhielt und wegen ihrer Verletzungen auch nicht dorthin zurückkehren konnte, ist sie besitz-, aber nicht herrenlos. Ist der Eigentümer unbekannt, hat der Finder der zuständigen Behörde den Fund anzuzeigen (§ 965 Abs. 2 BGB). Nach § 967 BGB kann die Finderin durch Ablieferung bei der zuständigen Behörde ihre aus § 966 Abs. 1 BGB folgende Verwahrungspflicht beenden. Vorliegend hat die F die Katze nicht bei der G abgeliefert, aber ein Fundformular ausgefüllt und diese über den Verbleib der Katze informiert. Da Tiere nach dem TierSchG nicht ohne vernünftigen Grund Schmerzen und Leiden ausgesetzt werden dürfen, war die Behörde vorliegend auch ohne Ablieferung verpflichtet, ihrer Verantwortung für das Tier nachzukommen. Da T nach Ausfüllung des Formulars und Benachrichtigung der G tätig wurde, hat er kein eigenes Geschäft getätigt, sondern mit Fremdgeschäftsführungswillen gehandelt. Jedenfalls hat er ein auch fremdes Geschäft wahrgenommen. Da die Vorschriften über die Fundbehörde Sonderrecht des Staates sind,[40] handelt es sich um ein öffentlich-rechtliches Geschäft der Gemeinde als Fundbehörde. Deswegen ist auf die öffentlich-rechtliche GoA zu rekurrieren. Wegen der Gesetzesbindung der Verwaltung an das TierSchG kann sich G nicht darauf berufen, dass sie mit der Behandlung der Katze nicht einverstanden gewesen ist (§ 679 BGB analog). Zwar spricht gegen einen Rekurs auf die öffentlich-rechtliche GoA, dass die staatlichen Stellen ihre Aufgaben selbst wahrnehmen und dabei Prioritäten setzen dürfen sowie der Betreffende ggf. unter Inanspruchnahme vorläufigen Rechtsschutzes auf eine Durchführung des Geschäfts durch die staatliche Stelle drängen kann. Da vorliegend aber eine Notsituation gegeben war, wegen der G auf jeden Fall hätte tätig werden müssen, sowie eine Zwischenschaltung der Gerichte unzumutbar war, steht T gegen die G ein Aufwendungsersatzanspruch aus öffentlich-rechtlicher GoA zu.[41] ◀

---

38 Maurer/Waldhoff, § 29 Rn. 22.
39 Dazu, dass eine gegen das tierschutzrechtliche Aussetzungsverbot verstoßende Dereliktion nach § 134 BGB nichtig ist, BVerwGE 162, 71, 74 f.
40 Dazu auch BVerwGE 162, 71, 76 f.
41 VGH München NJW 2016, 1606 f.; s. dazu im Kontext eines vergleichbaren Falls BVerwG NJW 2020, 2487, 2486. Dagegen besteht kein Anspruch, wenn die Ablieferung bei der Behörde möglich und zumutbar gewesen wäre, VGH München BayVBl. 2016, 556 ff. Eingehend zu den Fundfällen Oechsler JuS 2016, 215 ff. (§ 967 BGB als Norm mit öffentlich-rechtlichem Charakter; aA sieht dagegen darin eine Jedermanns-Tätigkeit). Zum Aufwendungsersatzanspruch einer Gemeinde, allerdings gegen einen anderen Verwaltungsträger, bei einem Fundtier aus GoA BVerwGE 162, 71 ff.

III. Öffentlich-rechtliche Verwahrung

▶ **FALL 11:** E ist Eigentümer einer aus Elfenbein geschnitzten Miniatur, die auf einer Ausstellung als Exponat dienen soll. Um sie dorthin zu transportieren, verpackt er die Miniatur in eine Schachtel und verstaut diese in seiner Tasche. Während einer Rast auf einem Autobahnparkplatz fällt die Tasche samt Inhalt aus dem Auto, wird aber kurze Zeit später von einem Polizisten gefunden und der Autobahnwache übergeben. Die Tasche wird einschließlich Schachtel mit Miniatur von der Wache aus an das Fundbüro des Wohnortes des E verschickt. Als E die Tasche dort abholt, bemerkt er, dass sich die Schachtel mit der Miniatur nicht mehr darin befindet. Wo sie abhandengekommen ist, lässt sich nicht feststellen. Kann E wegen Verlustes der Miniatur Schadensersatz verlangen? ◀

Ein **öffentlich-rechtliches Verwahrungsverhältnis** entsteht ua, indem ein Verwaltungsträger bei Wahrnehmung seiner öffentlich-rechtlichen Aufgaben eine fremde Sache in Besitz nimmt und den Berechtigten von Einwirkungen ausschließt. Im Unterschied zum Privatrecht bedarf es für die Entstehung des Rechtsverhältnisses keines Vertrags.[42] Daher wird auch durch die Beschlagnahme eines Gegenstands durch die Staatsanwaltschaft nach § 94 Abs. 2 StPO zu Beweiszwecken ein öffentlich-rechtliches Verwahrungsverhältnis begründet.[43] Lässt eine Straßenverkehrsbehörde zur Vollstreckung eines Wegfahrgebots aus einem Verkehrszeichen ein Fahrzeug durch ein privates Unternehmen im Wege der Ersatzvornahme abschleppen, entsteht zwischen ihr und dem Betroffenen ein öffentlich-rechtliches Verwahrungsverhältnis.[44] Vorrangig richtet sich die Verwahrung nach **spezialgesetzlichen Regelungen**, etwa § 48 BPolG über von der Bundespolizei sichergestellte Sachen.

18

Soweit derartige Rechtsvorschriften nicht abschließend sind oder fehlen, sind auf die öffentlich-rechtliche Verwahrung **die zivilrechtlichen Vorschriften über den Verwahrungsvertrag (§§ 688 ff. BGB) analog** anzuwenden,[45] freilich nur dem Grunde nach. Von vornherein gilt dies nur als **Rechtsfolgenverweisung**, nicht als Rechtsgrundverweisung. Ob bzw. unter welchen Voraussetzungen eine Sache von der Verwaltung in Verwahrung genommen werden darf, beurteilt sich allein nach öffentlichem Recht; die zivilrechtlichen Vorschriften gelten lediglich für die Art und Weise der Aufbewahrung, die diesbzgl. Sorgfalts- und Rückgabepflichten usw.[46] Auch insoweit können nicht sämtliche Bestimmungen der §§ 688 ff. BGB entsprechend herangezogen werden. Das beruht auf der unterschiedlichen Bedeutung der Verwahrung im öffentlichen und im privaten Recht sowie der besonderen Stellung bzw. Aufgabe der öffentlichen Hand; für eine Analogie kann es mithin an der (erforderlichen) vergleichbaren Interessenlage[47] fehlen.

■ So ist es problematisch, auf Behörden die **Haftungserleichterung** des § 690 BGB anzuwenden. Danach hat der Verwahrer (die Behörde) im Falle einer unentgeltlichen Verwahrung nur für diejenige Sorgfalt einzustehen, welche er in eigenen Angelegenheiten anzuwenden pflegt. Angesichts der besonderen Rechtsstellung und -bindung von Hoheitsträgern können sich diese nicht auf § 690 BGB berufen.[48]

---

42 BGHZ 1, 369; 200, 188, 194.
43 BGH NJW 2019, 2618, 2618 f.
44 BGHZ 200, 188, 194; s.a. BGH WM 2019, 514, 515 (Beschlagnahme durch die Staatsanwaltschaft).
45 Vgl. BGHZ 1, 369, 371; 200, 188, 194; BGH NJW 2019, 2618, 2619.
46 Vgl. Maurer/Waldhoff, § 3 Rn. 45.
47 Vgl. nur Wank, Auslegung, S. 85 ff.
48 Ossenbühl/Cornils, S. 408 f.

- Überdies scheidet das jederzeitige **Rückforderungsrecht** des Hinterlegers nach § 695 BGB aus (zB wenn Sachen des Bürgers beschlagnahmt worden sind), weil dieser (dann) gerade nicht berechtigt ist, die Sache in Besitz zu nehmen.[49] Ist die beschlagnahmte Sache herauszugeben, etwa weil sie für die Zwecke des Strafverfahrens nicht mehr benötigt wird, hat die **Rückgabe in entsprechender Anwendung des § 697 BGB an dem Ort der Aufbewahrung** zu erfolgen, da die Rückgabepflicht eine Hol- und keine Bringschuld ist.[50] Nach dem OVG Bautzen können die Kosten der Verwahrung analog § 693 BGB im Falle einer Beschlagnahme nach § 94 Abs. 2 StPO nicht durch Verwaltungsakt geltend gemacht werden, da eine solche VA-Befugnis nicht aus einer privatrechtlichen Regelung entnommen werden kann.[51]

- Bei einer **Beschädigung der verwahrten Sache** werden die §§ 276, 278 sowie §§ 280 ff. BGB analog angewendet.[52] Begeht ein von dem Verwaltungsträger als Erfüllungsgehilfe eingesetzter Abschleppunternehmer eine schuldhafte Pflichtverletzung, hat der Verwaltungsträger für diesen einzustehen und dem Betroffenen Schadensersatz zu leisten.[53] Im Unterschied zur Amtshaftung trägt dabei der Verwaltungsträger aufgrund der **Beweislastregel des § 280 Abs. 1 S. 2 BGB** die Beweislast für fehlendes Verschulden.[54] Diese wird relevant, wenn eine verwahrte Sache nicht herausgegeben werden kann, weil sie aus ungeklärten Gründen abhandengekommen ist (hierzu sogleich Fall 11).

▶ **Zu Fall 11:** Zu prüfen ist, ob E einen Schadensersatzanspruch analog § 695, § 280 Abs. 1, 3, § 283 BGB wegen Unmöglichkeit der Herausgabe seiner Miniatur geltend machen kann. Ein öffentlich-rechtliches Verwahrungsverhältnis kann im Wege der Entgegennahme von Fundsachen durch die Polizei begründet werden.[55] Dadurch, dass der Polizist die Tasche an sich genommen hat, um sie in der Autobahnwache abzugeben, ist ein öffentlich-rechtliches Verwahrungsverhältnis entstanden, für das die Vorschriften der §§ 688 ff. BGB analog gelten. Wird die Rückgabe einer in Verwahrung genommenen Sache infolge eines von dem Verwahrer zu vertretenden Umstandes unmöglich (§ 275 Abs. 1 BGB), so hat der Verwahrer dem Hinterleger den durch die Nichterfüllung entstehenden Schaden zu ersetzen, § 695, § 280 Abs. 1 S. 1, Abs. 3, § 283 BGB entsprechend. Hins. der Beweislast, ob die Unmöglichkeit der Rückgabe die Folge eines vom Verwahrer zu vertretenden Umstandes ist, gilt § 280 Abs. 1 S. 2 BGB analog.[56] Danach hat der Verwahrer den Beweis zu erbringen, dass ihn kein Verschulden am Verlust der Miniatur trifft. Dazu ist hier die Autobahnpolizei jedoch nicht in der Lage. Damit kann E Schadensersatz wegen Unmöglichkeit der Herausgabe verlangen. ◀

IV. Rechtsweg

19 **Ansprüche des Bürgers** gegen einen Hoheitsträger aus öffentlich-rechtlicher Verwahrung sind vor den **ordentlichen Gerichten** zu erheben, § 40 Abs. 2 S. 1 Hs. 1 VwGO. Für sämtliche Schadensersatzansprüche aus öffentlich-rechtlichen Schuldverhältnissen

---

49 Detterbeck/Windthorst/Sproll, § 21 Rn. 6.
50 Ausf. dazu BGH NJW 2019, 2618, 2620.
51 OVG Bautzen Urt. v. 31.3.2022 – 6 A 714/20, Rn. 25 juris.
52 BGHZ 200, 188, 195; BGH NJW 2019, 2618, 2619.
53 BGHZ 200, 188, 195.
54 BGHZ 200, 188, 195; BGH NJW 2019, 2618, 2619.
55 BGH NJW 1990, 1230.
56 Vgl. BGH NJW 2019, 2618, 2619.

(außer aus öffentlich-rechtlichen Verträgen[57]) ist nach § 40 Abs. 2 S. 1 Hs. 1 VwGO ebenfalls der Zivilrechtsweg eröffnet.[58] Demggü. ist der **Verwaltungsrechtsweg** gegeben, wenn ein Hoheitsträger gegen einen Privaten klagt.[59]

V. Anspruchskonkurrenz

Wegen ihrer ergänzenden Funktion (vgl. Rn. 1) steht die Haftung aus öffentlich-rechtlichen Schuldverhältnissen neben der Amtshaftung.

Erstere weist neben den bereits angesprochenen Vorteilen (dazu Rn. 18) weitere Erleichterungen auf; so ist ein Verschuldensnachweis ggü. der Behörde anders als bei der Amtshaftung nicht erforderlich (§ 280 Abs. 1 S. 2 BGB analog); ferner ist der Schadensersatz nicht auf Geld beschränkt, sondern kann sich auch auf Naturalrestitution richten; überdies ist der Anspruch nicht nach § 839 Abs. 1 S. 2 BGB subsidiär und für Mitverschulden gilt nur § 254 BGB, nicht der strengere § 839 Abs. 3 BGB.[60]

VI. Analogie zu zivilrechtlichen Anspruchsnormen

Soweit öffentlich-rechtliche Rechtsvorschriften fehlen (beachte § 62 S. 2 VwVfG beim öffentlich-rechtlichen Vertrag, der auf die entsprechende Anwendung des BGB verweist) und die Eigenart des jew. Rechtsverhältnisses dies zulässt, sind wegen besagter Nähe die **schuldrechtlichen Bestimmungen des Bürgerlichen Gesetzbuchs** entsprechend anzuwenden, sofern „mangels ausdrücklicher gesetzlicher Regelung ein Bedürfnis für eine angemessene Verteilung der Verantwortung innerhalb des öffentlichen Rechts vorliegt".[61] Ein solches Bedürfnis für die analoge Anwendung der Haftungsvorschriften des Zivilrechts besteht insb., wenn der Verwaltung ein Wahlrecht zusteht, die Rechtsbeziehungen zum Bürger in bestimmten Bereichen öffentlich-rechtlich oder privatrechtlich zu gestalten (Daseinsvorsorge, vgl. § 5 Rn. 13, § 29 Rn. 3): Dann darf die Entscheidung für eine öffentlich-rechtliche Ausgestaltung nicht zur Haftungsreduktion führen.

Zu den BGB-Vorschriften, die entsprechende Anwendung finden, zählen **§§ 275 ff. BGB** (Haftung bei Leistungsstörungen). V.a. sind **§§ 280 ff. BGB** analog zu beachten, nach denen der Gläubiger wegen der Verletzung einer Pflicht aus dem Schuldverhältnis gegen den Schuldner einen Schadensersatzanspruch hat, außer der Schuldner hat die Pflichtverletzung nicht zu vertreten (§ 280 Abs. 1 BGB).[62]

Gem. **§ 311 Abs. 2 BGB** entsteht ein Schuldverhältnis mit den Pflichten des § 241 Abs. 2 BGB schon bei Aufnahme von Vertragsverhandlungen (Nr. 1), bei Anbahnung eines Vertrags (Nr. 2) oder bei geschäftsähnlichen Kontakten (Nr. 3). Dieses Haftungsinstitut wird noch immer als culpa in contrahendo (cic) bezeichnet und wurde schon vor der Normierung durch die Schuldrechtsreform gewohnheitsrechtlich anerkannt.[63]

---

57 Str. ist, ob hierzu auch Ansprüche wegen Pflichtverletzungen bei der Vertragsanbahnung uÄ zählen; BVerwG NVwZ 2003, 1383 bejaht dies, wenn der Schadensersatzanspruch in sachlichem Zusammenhang mit der Anbahnung, dem Abschluss oder der Abwicklung eines öffentlich-rechtlichen Vertrags steht; vgl. § 24 Rn. 27.
58 Vgl. Detterbeck/Windthorst/Sproll, § 22 Rn. 2.
59 Hendler, Rn. 884, 889.
60 Grzeszick in: Ehlers/Pünder § 46 Rn. 18; Maurer/Waldhoff, § 29 Rn. 10.
61 BVerwGE 140, 34, 40; s.a. BGHZ 215, 344, 356 f.
62 OVG Münster Beschl. v. 5.5.2021 – 15 E 16/21, Rn. 6 juris; VGH Mannheim Beschl. v. 17.4.2020 – 2 S 1463/19, Rn. 25 juris.
63 Vgl. hierzu BGH DVBl. 1986, 409; zur öffentlich-rechtlichen cic beim vorhabenbezogenen Bebauungsplan (§ 12 BauGB) BGH DVBl. 2006, 1326; s.a. OVG Magdeburg Beschl. v. 10.3.2015 – 2 L 2/14, Rn. 36 juris; zu den Fallgruppen der cic im Verwaltungsrecht Kellner DÖV 2011, 26.

Schadensersatzansprüche entsprechend § 280 Abs. 1, § 311 Abs. 2, § 241 Abs. 2 BGB sind daher denkbar, wenn die angestrebte öffentlich-rechtliche Vereinbarung aufgrund schuldhaft vorwerfbaren Verhaltens eines Beteiligten nicht oder nicht wirksam getroffen worden ist.[64]

Ebenso anerkannt ist die Verantwortlichkeit für Hilfspersonen gem. **§ 278 BGB**.[65] Ein Verwaltungsträger muss für das schuldhafte Verhalten seiner Erfüllungsgehilfen einstehen.[66]

VII. Wiederholungs- und Verständnisfragen

> Wie können öffentlich-rechtliche Schuldverhältnisse definiert werden? (→ Rn. 1)
> Wann liegt eine öffentlich-rechtliche GoA vor? (→ Rn. 2 ff.)
> In welcher Konstellation ist eine öffentlich-rechtliche GoA grds. möglich? (→ Rn. 7)
> Welche Voraussetzungen müssen für eine berechtigte öffentlich-rechtliche GoA erfüllt sein? (→ Rn. 8 ff.)
> Wodurch kann ein öffentlich-rechtliches Verwahrungsverhältnis zustande kommen? (→ Rn. 18)

---

64 OVG Münster Beschl. v. 5.5.2021 – 15 E 16/21, Rn. 7 juris.
65 BGHZ 54, 299, 302 ff.; VGH Mannheim Beschl. v. 17.4.2020 – 2 S 1463/19, Rn. 25 juris.
66 Auch für privatrechtlich beauftragte Privatpersonen, die weder in enger Beziehung zur Verwaltung stehen noch im Rahmen der Eingriffsverwaltung unmittelbar für die Behörde tätig werden, so dass eine Amtshaftung ausscheidet, vgl. § 37 Rn. 5; Maurer/Waldhoff, § 29 Rn. 8.

Anhang: Definitionen

Begriff	Definition
Allgemeinverfügung (§ 35 S. 2 VwVfG)	Die Allgemeinverfügung ist „ein Verwaltungsakt, der sich an einen nach allgemeinen Merkmalen bestimmten oder bestimmbaren Personenkreis richtet [**personenbezogen**] oder die öffentlich-rechtliche Eigenschaft einer Sache [**sachbezogen**] oder ihre Benutzung durch die Allgemeinheit [**benutzungsregelnd**] betrifft". Es handelt sich um eine **konkret-generelle** Regelung. → *§ 12 Rn. 2, 22 f.*
Angemessenheit (Verhältnismäßigkeit ieS)	Angemessen ist das Mittel, wenn das mit ihm verfolgte (öffentliche) Ziel in seiner Wertigkeit **nicht außer Verhältnis** zur Intensität des Eingriffs steht. → *§ 14 Rn. 53*
Anstalt	Bei Anstalten handelt es sich um eine Zusammenfassung sachlicher und persönlicher Mittel, die in der Hand eines Trägers der öffentlichen Verwaltung einem besonderen öffentlichen Zweck dauernd zu dienen bestimmt sind. Der öffentliche Zweck besteht hauptsächlich darin, bestimmte Leistungen zur Verfügung zu stellen. Deshalb werden Anstalten im Gegensatz zu Körperschaften nicht von Mitgliedern getragen, sondern haben **Nutzer**. Sie sind juristische Personen des öffentlichen Rechts, wenn sie durch Gesetz mit Rechtsfähigkeit ausgestattet wurden. → *§ 6 Rn. 19 f.*
Anwendungsvorrang	Im Gegensatz zum Geltungsvorrang bei (höherrangigem) nationalem Recht genießt das **Europäische Unionsrecht** im Kollisionsfall (Rechtsnormen widersprechen einander) lediglich Anwendungsvorrang. Die deutsche Vorschrift, die mit einer unionsrechtlichen Regelung nicht in Einklang steht, ist nicht nichtig, sondern nur im Einzelfall nicht anwendbar. → *§ 7 Rn. 15*
Auflage (§ 36 Abs. 2 Nr. 4 VwVfG)	Die Auflage ist eine Nebenbestimmung, durch die dem Begünstigten ein Tun, Dulden oder Unterlassen vorgeschrieben wird. Im Unterschied zur Befristung, Bedingung und zum Widerrufsvorbehalt begründet die Auflage eine eigenständige, zusätzliche Verpflichtung, die **selbstständig vollstreckbar** ist. → *§ 18 Rn. 6*
Aufschiebende Wirkung (§ 80 Abs. 1 S. 1 VwGO)	Widerspruch und Anfechtungsklage haben aufschiebende Wirkung. Dies bedeutet nach hM (**Vollziehbarkeitstheorie**), dass der Verwaltungsakt nicht vollziehbar, also zunächst nicht mit Zwangsmitteln oÄ durchsetzbar ist (Suspensiveffekt). → *§ 20 Rn. 3,* → *§ 21 Rn. 2*
Außenwirkung (§ 35 S. 1 VwVfG)	Die Maßnahme muss **außerhalb der Verwaltung** Wirkung zeitigen, indem sie erweiternd, einschränkend, feststellend oder sonst regelnd in die Rechtsposition von verwaltungsexternen Personen eingreift → Abgrenzung: innerdienstliche Weisung. → *§ 12 Rn. 24*

Anhang: Definitionen

Begriff	Definition
Bedingung (§ 36 Abs. 2 Nr. 2 VwVfG)	Bei der Bedingung hängt der Eintritt oder der Wegfall einer Vergünstigung oder Belastung von dem **ungewissen Eintritt** eines künftigen Ereignisses ab. Die Ungewissheit kann sich sowohl auf den Zeitpunkt des Eintritts des Umstandes als auch darauf beziehen, ob das Ereignis überhaupt stattfinden wird. Soll das Ereignis zur Folge haben, dass die Vergünstigung oder Belastung (erst dann) eintritt, handelt es sich um eine **aufschiebende** Bedingung. Soll hingegen die Begünstigung oder Belastung infolge des Ereignisses wegfallen, liegt eine **auflösende** Bedingung vor. → *§ 18 Rn. 4*
Befristung (§ 36 Abs. 2 Nr. 1 VwVfG)	Die Befristung ist eine Nebenbestimmung, welche die zeitliche Geltungsdauer des Verwaltungsakts (**aufschiebend** oder **auflösend**) begrenzt. → *§ 18 Rn. 3*
Behörde (§ 1 Abs. 4, § 35 S. 1 VwVfG)	Behörde ist „jede Stelle, die Aufgaben der öffentlichen Verwaltung wahrnimmt" (**funktioneller** Behördenbegriff). → *§ 6 Rn. 5*, → *§ 12 Rn. 6*
Beliehene	Beliehene sind Personen des Privatrechts, denen durch Gesetz oder aufgrund eines Gesetzes einzelne **hoheitliche Aufgaben** zur Wahrnehmung **im eigenen Namen** übertragen worden sind. → *§ 6 Rn. 22*
Berechtigtes Interesse (§ 43 Abs. 1 Hs. 2 VwGO)	Das (Feststellungs-)Interesse muss auf vernünftigen Erwägungen beruhen und kann **rechtlicher**, **wirtschaftlicher** oder **ideeller** Art sein. An (als)baldiger Feststellung besteht ein Interesse, wenn die gerichtliche Beantwortung der streitigen Rechtsfrage zum gegenwärtigen Zeitpunkt erforderlich ist. → *§ 10 Rn. 13*
Eigentum (Art. 14 Abs. 1 GG)	Zum verfassungsrechtlich geschützten Eigentum zählen alle **privatrechtlich** anerkannten vermögenswerten Rechte, nicht jedoch das Vermögen als solches. **Öffentlich-rechtliche** vermögenswerte Rechte sind schützenswerte Eigentumspositionen, wenn sie auf nicht unerheblichen Eigenleistungen einer Person beruhen. → *§ 39 Rn. 3 f.*
Einzelfallregelung (§ 35 S. 1 VwVfG)	Dies ist eine **konkret-individuelle** Regelung. Wird ein bestimmter Sachverhalt hinsichtlich Zeit, Ort und sonstiger Umstände geregelt, liegt eine konkrete Regelung vor → Abgrenzung: Rechtsnorm, Allgemeinverfügung. → *§ 12 Rn. 18 ff.*
Enteignung (Art. 14 Abs. 3 GG)	Nach Auffassung des BVerfG ist eine Enteignung die vollständige oder teilweise Entziehung einer konkreten, nach Art. 14 Abs. 1 S. 2 GG ausgeformten vermögenswerten Rechtsposition durch einen gezielten (finalen) hoheitlichen Rechtsakt (entweder in Gestalt eines formellen Gesetzes oder aufgrund eines Gesetzes, Art. 14 Abs. 3 GG), sog. **enger Enteignungsbegriff**. Die Entziehung muss zudem einen Vorgang hoheitlicher Güterbeschaffung zum Wohle der Allgemeinheit sein. → Abgrenzung: Inhalts- und Schrankenbestimmung. → *§ 39 Rn. 5 ff.*
Erforderlichkeit	Erforderlichkeit liegt vor, wenn es **kein milderes Mittel** gibt, das den Erfolg mit gleicher Sicherheit und vergleichbarem Aufwand herbeiführen würde. → *§ 14 Rn. 53*

Anhang: Definitionen

Begriff	Definition
Ermessen (§ 40 VwVfG)	Auf Rechtsfolgenseite der Norm kommt der Behörde ein Entscheidungsspielraum zu. Das Ermessen kann sich darauf beziehen, **ob** die Verwaltung überhaupt tätig wird (**Entschließungsermessen**) und **wie** sie tätig wird (**Auswahlermessen** hinsichtlich Maßnahme und Adressat). → *§ 14 Rn. 36 ff.*
Ermessensausfall	Ermessensausfall (bzw. Ermessensnichtgebrauch) liegt vor, wenn die Behörde von dem ihr eingeräumten Ermessen überhaupt **keinen Gebrauch** macht – etwa weil sich die Behörde irrig in ihrer Entscheidung für gebunden hielt. → *§ 14 Rn. 44*
Ermessensfehlgebrauch	Von Ermessensfehlgebrauch/Ermessensmissbrauch spricht man, wenn der Behörde bei der Abwägung ein **Fehler** unterläuft (zB unvollständige Tatsachenermittlung, Fehlgewichtung, sachfremde Erwägungen). → *§ 14 Rn. 46*
Ermessensreduzierung auf Null	Dies ist der Fall, wenn von den im Gesetz vorgesehenen Handlungsmöglichkeiten im Einzelfall nur eine rechtlich zulässige übrig bleibt, und zwar regelmäßig aus Gründen höherrangigen Rechts. Dann ist allein diese eine Entscheidung ermessensfehlerfrei möglich – und die Wahl einer Handlungsalternative wäre fehlerhaft. Dergestalt wird aus der Ermessensbetätigung der Verwaltung **faktisch** eine **gebundene Entscheidung**. → *§ 14 Rn. 48*
Ermessensüberschreitung	Um den Fehler der Ermessensüberschreitung handelt es sich, wenn die Behörde zwar erkennt, dass ihr Ermessen eingeräumt ist und sie auch alle Handlungsvarianten erfasst, aber irrtümlich oder bewusst annimmt, dass ihr gesetzlich ein **größerer Entscheidungsspielraum** zusteht, als dies der Fall ist. → *§ 14 Rn. 45*
Fortsetzungsfeststellungsinteresse	Es liegt vor bei **Wiederholungsgefahr** (wenn es konkret möglich erscheint, dass sich der Streitfall unter vergleichbaren tatsächlichen und rechtlichen Umständen in absehbarer Zeit erneut ereignen wird), im Falle des **Rehabilitationsinteresses** (von der angegriffenen Maßnahme geht eine diskriminierende Wirkung aus), der **Präjudizwirkung** (Kläger verfolgt Staatshaftungsanspruch) und (str.) bei einem **tiefgreifenden Grundrechtseingriff**. → *§ 20 Rn. 48*
Formelles Gesetz (Art. 76 ff. GG)	Als formelle Gesetze werden die Rechtsnormen bezeichnet, die von der **Legislative** in dem verfassungsrechtlich vorgeschriebenen Gesetzgebungsverfahren erlassen sind (Parlamentsgesetze). Es handelt sich um die vom Bundestag und den Landtagen erlassenen einfachgesetzlichen Normen. → *§ 7 Rn. 3 f.*
Geeignetheit	Geeignetheit iSd Verhältnismäßigkeitsgrundsatzes liegt vor, wenn das angestrebte Ziel mit dem eingesetzten Mittel **gefördert** oder (gar) erreicht werden kann. → *§ 14 Rn. 53*
Geltungsvorrang	Geltungsvorrang bedeutet, dass im Kollisionsfall (Rechtsnormen widersprechen einander) das **ranghöhere** das rangniedere Recht bricht. Der Regelung auf niedrigerer Stufe kommt dann keine Geltung (mehr) zu. → *§ 7 Rn. 15*
Gemeingebrauch (zB § 7 Abs. 1 S. 1 FStrG)	Gemeingebrauch bedeutet, dass jedermann die öffentliche Sache im Rahmen der **Widmung ohne besondere Zulassung** benutzen darf. → *§ 31 Rn. 1 ff.*

Anhang: Definitionen

Begriff	Definition
Gewohnheitsrecht	Gewohnheitsrecht entsteht durch längere und gleichmäßige **Übung** und muss von der Überzeugung der Beteiligten getragen sein, dass diese Übung rechtlich geboten ist. → *§ 7 Rn. 9*
Hoheitlich (§ 35 S. 1 VwVfG)	Hoheitlich meint ein **einseitiges** Gebrauchmachen von Befugnissen des öffentlichen Rechts → *§ 12 Rn. 5*
Inhalts- und Schrankenbestimmung (Art. 14 Abs. 1 S. 2 GG)	Inhalts- und Schrankenbestimmungen stellen **abstrakte und generelle Regelungen** dar, mit denen der Gesetzgeber die Rechtsstellung des Eigentümers ausformt → Abgrenzung: Enteignung. → *§ 39 Rn. 7, 24*
Körperschaft	Bei Körperschaften des öffentlichen Rechts handelt es sich um **mitgliedschaftlich** verfasste und vom Wechsel der Mitglieder unabhängige Organisationen. Sie werden durch Gesetz oder aufgrund eines Gesetzes eingerichtet, um bestimmte öffentliche Aufgaben idR mit hoheitlichen Verwaltungsmitteln (Hoheitsbefugnissen) und unter staatlicher Aufsicht zu erfüllen. → *§ 6 Rn. 15 ff.*
Maßnahme (§ 35 S. 1 VwVfG)	Als Maßnahme einer Behörde gilt jegliches Handeln mit **Erklärungsgehalt**, das ihr zurechenbar ist. → *§ 12 Rn. 4*
Materielles Gesetz	Gesetze im nur materiellen Sinne sind **untergesetzliche Rechtsnormen**, die durch die Verwaltung erlassen werden: Rechtsverordnungen, Satzungen. → *§ 7 Rn. 5*
Nichtverfassungsrechtliche Streitigkeit (§ 40 Abs. 1 S. 1 VwGO)	Abgrenzung von der verfassungsrechtlichen Streitigkeit: Letztere liegt nur bei sog. **doppelter Verfassungsunmittelbarkeit** vor (hM), dh wenn die Streitigkeit unmittelbar aus der Verfassung folgende Rechte und Pflichten zum Gegenstand hat (materielles Element) und von unmittelbar am Verfassungsleben beteiligten Parteien (formelles Element) ausgetragen wird. → *§ 5 Rn. 25*
Öffentlich-rechtliche Streitigkeit (§ 40 Abs. 1 S. 1 VwGO)	Nach der **modifizierten Subjektstheorie** (auch Sonderrechtstheorie, hM) ist eine Norm öffentlich-rechtlich, wenn sie einen Hoheitsträger als solchen berechtigt oder verpflichtet, sich also ausschließlich an den Staat oder einen sonstigen Träger hoheitlicher Gewalt in ebendieser Funktion richtet. → *§ 5 Rn. 6 ff.*
Öffentlich-rechtlicher Vertrag (§ 54 S. 1 VwVfG)	Ein öffentlich-rechtlicher Vertrag ist eine **Vereinbarung** auf dem Gebiet des **öffentlichen Rechts** zur Begründung, Aufhebung oder Änderung eines Rechtsverhältnisses → *§ 24 Rn. 3*
Organ	Hierbei handelt es sich um nichtrechtsfähige Verwaltungsstellen, durch welche die Verwaltungsträger ihre **Aufgaben** erfüllen. → *§ 6 Rn. 4*
Parlamentsvorbehalt	Für alle **wesentlichen Entscheidungen** ist eine parlamentarische Zustimmung, die oft in Gestalt eines formellen Gesetzes erfolgt, notwendig (Wesentlichkeitstheorie des BVerfG). „Wesentlich" sind zunächst die zur Verwirklichung der Grundrechte bedeutsamen Angelegenheiten. Auch Maßnahmen, die keine unmittelbare Grundrechtsrelevanz aufweisen, aber grundlegende Entscheidungen für das Gemeinwesen darstellen, können ein formelles Gesetz erfordern. → *§ 8 Rn. 6*

Anhang: Definitionen

Begriff	Definition
Realakt (schlicht-hoheitliches Handeln)	Realakte sind öffentlich-rechtlicher Natur, erfüllen aber nicht die Kriterien eines Verwaltungsakts. IdR sind sie nicht auf einen Rechtserfolg, sondern auf einen **tatsächlichen Erfolg** gerichtet. → *§ 12 Rn. 12,* → *§ 23 Rn. 2 ff.*
Rechtsverordnung (Art. 80 Abs. 1 GG)	Rechtsverordnungen stellen (materielle) generell-abstrakte Rechtsnormen dar, die von der **Exekutive** aufgrund einer gesetzlichen Ermächtigung zur Regelung staatlicher Angelegenheiten erlassen werden → Abgrenzung VA, Satzung. → *§ 7 Rn. 6,* → *§ 25 Rn. 2*
Reformatio in peius (Verböserung)	Diese liegt vor, wenn auf den Widerspruch des Adressaten eines Verwaltungsakts dieser für ihn in seiner **belastenden** Wirkung durch den Widerspruchsbescheid verstärkt wird. → *§ 20 Rn. 13*
Regelung (§ 35 S. 1 VwVfG)	Eine **Regelung** liegt vor, wenn die Maßnahme nach ihrem objektiven Sinngehalt auf die Begründung, Änderung, Aufhebung, aber auch verbindliche Festlegung von Rechten und Pflichten oder eines Rechtsstatus gerichtet ist, kurz: Ein Verwaltungsakt muss unmittelbar auf die Herbeiführung einer Rechtsfolge zielen → Abgrenzung: Realakt. → *§ 12 Rn. 10 f.*
Regelungsanordnung (§ 123 Abs. 1 S. 2 VwGO)	Sie ist einschlägig, wenn der Antragsteller seinen **Rechtskreis erweitern**, also seine Rechtsposition verbessern möchte. → *§ 21 Rn. 30,* → *§ 23 Rn. 26*
Satzung	Öffentlich-rechtliche Satzungen sind (materielle) Rechtsvorschriften, die von einer dem Staat zugeordneten juristischen Person des öffentlichen Rechts im Rahmen der ihr gesetzlich verliehenen **Autonomie** mit Wirkung für die ihr angehörenden Personen erlassen werden. → *§ 7 Rn. 7,* → *§ 26 Rn. 1*
Schutznormtheorie (hM)	Danach liegt ein subjektiv-öffentliches Recht vor, wenn die (zwischen Verwaltung und Bürger im Streite stehende) Bestimmung nicht nur dem öffentlichen Interesse dient, sondern **auch den Einzelnen schützen** will. → *§ 9 Rn. 5*
Sicherungsanordnung (§ 123 Abs. 1 S. 1 VwGO)	Die Sicherungsanordnung ist statthaft, wenn der Antragsteller seine Rechte durch **Beibehaltung** eines bestehenden Zustands wahren will, und ermöglicht ausschließlich sichernde Maßnahmen. → *§ 21 Rn. 30,* → *§ 23 Rn. 26*
Sondernutzung	Es handelt sich um eine über den **Gemeingebrauch hinausgehende** und damit regelmäßig erlaubnispflichtige Nutzung einer öffentlichen Sache. → *§ 31 Rn. 4 ff.*
Spruchreife	Spruchreife setzt voraus, dass das Gericht nach Klärung der Sach- und Rechtslage eine abschließende Entscheidung über das Klagebegehren treffen kann. Hieran fehlt es, wenn der Verwaltung ein gerichtlich nicht voll überprüfbarer **Beurteilungsspielraum oder ein Ermessen** eingeräumt und dieses (im Einzelfall) nicht auf Null reduziert ist. → *§ 20 Rn. 18, 37*
Stiftung	Unter Stiftungen des öffentlichen Rechts versteht man organisatorisch eigenständige und rechtsfähige Institutionen zur Verwaltung eines von einem Stifter übergebenen Bestandes an Vermögenswerten für einen **bestimmten Zweck**. Stiftungen haben weder Mitglieder noch Nutzer, sondern Nutznießer, sog. Destinatäre. → *§ 6 Rn. 21*

Anhang: Definitionen

Begriff	Definition
Subjektiv-öffentliches Recht (§ 42 Abs. 2 Hs. 2 VwGO)	Subjektiv-öffentliches Recht ist die **einer Person (einem Bürger) zuerkannte Rechtsmacht**, vom Staat zur Verfolgung eigener Interessen ein bestimmtes Verhalten verlangen zu können → prozessuale Bedeutung: Klagebefugnis → *§ 9 Rn. 2*
Subvention	Bei Subventionen handelt es sich um **vermögenswerte Zuwendungen** eines Trägers öffentlicher Verwaltung an Privatpersonen. → *§ 29 Rn. 5*
Unbestimmter Rechtsbegriff	Generalklauselartige Formulierungen, die der Auslegung und Interpretation bedürfen und idR voll gerichtlich überprüfbar sind (**kein Beurteilungsspielraum**). → *§ 14 Rn. 26*
Verhältnismäßigkeitsgrundsatz	Der Verhältnismäßigkeitsgrundsatz verlangt, dass eine hoheitliche Maßnahme **geeignet, erforderlich** und **angemessen** ist, den mit ihr verfolgten legitimen Zweck zu erreichen. → *§ 14 Rn. 53*
Verlorener Zuschuss	Dabei handelt es sich um **nicht zurückzuzahlende Subventionen**. Derartige Subventionsverhältnisse sind gänzlich öffentlich-rechtlich ausgestaltet. Die Subvention wird durch Verwaltungsakt bewilligt und daraufhin ausbezahlt. → *§ 29 Rn. 7*
Verwaltungshelfer	Dieser handelt nicht selbstständig, sondern nimmt bloße Hilfstätigkeiten **im Auftrag und nach Weisung** der ihn betrauenden Behörden wahr. Sein Handeln wird unmittelbar der Behörde und dem entsprechenden Hoheitsträger zugerechnet, für die er tätig wird. (Bsp. Schülerlotse) → Abgrenzung: Beliehener. *§ 6 Rn. 23*
Verwaltungsträger	Verwaltungsträger sind grds. – eine Ausnahme bildet der Beliehene – **juristische Personen des öffentlichen Rechts**, die öffentliche Aufgaben wahrnehmen. → *§ 6 Rn. 3*
Verwaltungsvorschrift	Verwaltungsvorschriften sind generell-abstrakte Regelungen an eine nachgeordnete Stelle oder eines Vorgesetzten an die ihm unterstellten Verwaltungsbediensteten, zB: **norminterpretierende** (bestimmen die Auslegung und Anwendung von Rechtsnormen, ins. bei unbestimmten Rechtsbegriffen), **normkonkretisierende** (standardisieren unbestimmte Rechtsbegriffe, ins. des technischen Sicherheitsrechts), **ermessenslenkende** (bestimmen, in welcher Weise von dem der Verwaltung eingeräumten Ermessen Gebrauch gemacht werden soll), **gesetzesvertretende** (werden erlassen, wenn für bestimmte, normierungsbedürftige Bereiche gesetzliche Regelungen fehlen) Verwaltungsvorschriften. → *§ 7 Rn. 8*, → *§ 27 Rn. 1 f.*
Vorbehalt des Gesetzes	Ein Tätigwerden der Verwaltung ist nur dann rechtmäßig, wenn die Verwaltung gesetzlich zu ebendiesem Handeln **ermächtigt** wird (kein Handeln ohne Gesetz). → *§ 8 Rn. 3*
Vorrang des Gesetzes	Das Verwaltungshandeln darf **nicht gegen** gesetzliche Vorschriften verstoßen (kein Handeln gegen Gesetz). → *§ 8 Rn. 2*
Widmung	Die Widmung ist ein besonderer Rechtsakt (zB VA, Satzung, Rechtsverordnung), durch den die **öffentliche Sachherrschaft** begründet und der **öffentliche Zweck**, dem die Sache dienen soll, bestimmt wird. → *§ 30 Rn. 9*

Anhang: Definitionen

Begriff	Definition
Zusage	Die – gesetzlich nicht geregelte – Zusage ist eine einseitige, **verbindliche Willenserklärung einer Behörde**, in Zukunft eine bestimmte Handlung, die nicht in einem Verwaltungsakt besteht, vorzunehmen oder zu unterlassen. Der in einer Zusage enthaltende Bindungswille unterscheidet diese von der Auskunft, mit der die Behörde nur informieren will. → *§ 12 Rn. 48*
Zusicherung (§ 38 Abs. 1 VwVfG)	Die Zusicherung beinhaltet die **verbindliche Absichtserklärung**, einen bestimmten **Verwaltungsakt** zu erlassen oder zu unterlassen. Während sich die Zusage auf eine nicht in einem Verwaltungsakt bestehende Maßnahme bezieht, erfasst die Zusicherung nur ein künftiges (Nicht-)Handeln durch Verwaltungsakt. → *§ 12 Rn. 46*

Stichwortverzeichnis

Die Angaben verweisen auf die Paragrafen des Buches (**fette Zahlen**) sowie die Randnummern innerhalb der einzelnen Paragrafen (magere Zahlen).
Beispiel: § 9 Rn. 10 = **9** 10

Abgaben **19** 30, **21** 4, 9, 14, 24, **24** 16
Abhilfe(entscheidung) **20** 4
Abordnung eines Beamten **12** 26
Abschleppen **6** 23, **13** 3, **14** 48, **37** 5, **43** 18
Absprache
– informelle **23** 7
Abwägung **21** 28, **28** 9, **39** 20
Abwägungsfehler **14** 51
Abweichungskompetenz
– Länder **7** 15
Administrativenteignung **39** 9, 10, 14
Akteneinsicht **14** 21
– Heilung **15** 16
– Rechtsschutz **14** 16
Algorithmen **27** 1
Allgemeine Grundsätze **12** 49
Allgemeine Leistungsklage **19** 27, **23** 8 ff., **24** 27 f., **38** 9, **41** 16, 22, **42** 11
– allgemeine Zulässigkeitsvoraussetzungen **23** 14 f.
– Begriff **23** 9
– Begründetheit **23** 16
– Bescheidungsantrag **23** 16
– besondere Zulässigkeitsvoraussetzungen **23** 10 ff.
– Klagebefugnis **23** 10
– Klagefrist **23** 11
– Klagegegner **23** 12
– Kommunalverfassungsstreit **23** 19
– Normerlass **23** 9
– Prüfungsschema **23** 17
– Rechtsschutzbedürfnis **23** 13, 15
– Statthaftigkeit **23** 9
– vorbeugende Leistungsklage **23** 9, 13
– Widerspruchsverfahren **20** 7, **23** 11
Allgemeine Rechtsgrundsätze **7** 11
Allgemeines Verwaltungsrecht **5** 2
Allgemeinverfügung **12** 2, 18, 22 f., **14** 20, **23**, **30** 12
– Bekanntgabe **13** 11
– benutzungsregelnde **12** 23
– personenbezogene **12** 23
– sachbezogene **12** 23
– Verfahren **12** 22

– Widmung **31** 3
Altkleidercontainer **31** 5
Amt, Ämter **6** 7
Amtsbetrieb
– Verwaltungsprozess **20** 52
Amtshaftung **7** 18, **14** 17, **20** 48, **24** 27
– Amtspflicht **37** 9 ff.
– Anscheinsbeweis **37** 20
– Anstellungstheorie **37** 31
– Anvertrauenstheorie **37** 31
– Art und Umfang des Schadens **37** 24
– Aufopferung **40** 9
– Auslandseinsatz **37** 5
– Ausschlussgründe **37** 25 ff.
– Ausschluss Satzung **37** 30
– Beamtenbegriff **37** 4, 14
– Beliehener **37** 5
– Beweislast **37** 20
– Bindung Zivilgericht **37** 10
– Dauer Gerichtsverfahren **37** 28
– Dienstfahrt **5** 17, **37** 12, 27
– Dritter **37** 13 f.
– Drittrichtung der Amtspflicht **37** 12 ff.
– Enteignender Eingriff **39** 48
– enteignungsgleicher Eingriff **39** 39
– Folgenbeseitigung **41** 1
– Funktionstheorie **37** 31
– Geld- oder Wertersatz **37** 24
– Haftungsgegner **37** 12, 31
– Historie **37** 2
– in Ausübung **37** 7
– Kausalität **37** 22 f.
– Kollegialgerichts-Richtlinie **37** 18
– legislatives Unrecht **37** 14, **38** 4
– Mitverschulden **37** 24
– normative Verankerung **37** 1 ff.
– öffentliches Amt **37** 4 ff.
– Öffentlich-rechtliche Verwahrung **43** 20
– Organisationsverschulden **37** 16
– Primärrechtsschutz **37** 10
– Privatrecht **37** 6
– Rechtmäßiges Alternativverhalten **37** 23
– Rechtsanwendung **37** 17
– Rechtsmittelversäumnis **37** 29 f.
– Rechtsweg **5** 26
– Regress **37** 1, 33

645

Stichwortverzeichnis

- Richterspruchprivileg 37 28
- Schuldner des Anspruchs 37 12, 31
- Tun 37 10
- Unionsrechtlicher Staatshaftungsanspruch 38 10
- Unterlassen 37 10
- Verjährung 37 32
- Verkehrssicherungspflicht 37 6, 12, 19, 27
- Verschulden 37 15 f.
- Versicherungsansprüche 37 27
- Verwaltungshelfer 37 5
- Verwaltungsvorschrift 37 11
- Weisung 37 11
- Werkzeugtheorie 37 5
- Zivilrechtsweg 37 20

Amtshaftungsanspruch 5 5, 37 1 ff.
- Subsidiaritätsklausel 37 26 f.

Amtspflicht 37 9 ff.
- Drittrichtung 37 12 ff.
- Verletzung 37 10 f.

Amtswalter 6 7

Analogie 7 4

Androhung 19 14, 27

Anfechtung
- öffentlich-rechtlicher Vertrag 24 24

Anfechtungsklage 11 4, 15 8 f., 19 25, 27 f., 20 1, 17 ff., 23 19, 39 14, 42 5
- allgemeine Zulässigkeitsvoraussetzungen 20 25 ff.
- Annexantrag Folgenbeseitigung 41 6, 16
- Annexantrag Vollzugsfolgenbeseitigung 20 35, 41 3
- Aufschiebende Wirkung 21 2 ff.
- Begründetheit 20 34 ff.
- Beteiligungsfähigkeit 20 26
- Gegenstand 20 17
- Inzidentrechtsschutz 25 10, 28 4
- isolierte 20 18, 29
- Klagebefugnis 9 11, 20 20
- Klagefrist 20 22 f.
- Klagegegner 20 24
- Konkurrentenklage 20 19
- maßgebliche Sach- und Rechtslage 20 34
- Nebenbestimmungen 18 15 ff.
- nichtiger Verwaltungsakt 15 7
- örtliche Zuständigkeit 20 31
- passive Prozessführungsbefugnis 20 24
- Passivlegitimation 20 24
- Postulationsfähigkeit 20 28
- Prozessfähigkeit 20 27
- Prüfungsschema 20 36

- Rechtsschutzbedürfnis 20 29 f.
- Statthaftigkeit 20 17
- Teilaufhebung 18 17
- Teilrechtswidrigkeit 15 12
- Verfahrenshandlung 14 16
- Verwirkung 20 30
- Widerspruchsbescheid 20 17
- Widerspruchsverfahren 20 7, 21

Anhörung 14 18 ff., 19 28
- Allgemeinverfügung 12 22
- Anordnung sofortige Vollziehung 21 6
- Begünstigung 14 19
- Entbehrlichkeit 14 20
- Heilung 15 16 f.
- Umdeutung 15 22
- Verwaltungsvollstreckung 19 14 f.
- Widerspruchsverfahren 20 15

Anhörungsrüge 22 5

Anliegergebrauch 31 8, 39 4

Anordnung aufschiebende Wirkung 21 9 ff.
- Antragsgegner 21 13
- Beschwerde 22 4

Anordnung der aufschiebenden Wirkung 19 25, 27, 30, 21 1
- Antragsbefugnis 21 13, 24
- Antragsfrist 21 13
- Begründetheit 21 15 f., 25
- Begründetheit bei Infrastrukturvorhaben 21 28
- Erhebung Anfechtungsklage 21 11
- Erhebung Widerspruch 21 11
- gerichtliche Anordnung, VA mit Drittwirkung 21 23 ff.
- Prüfungsschema 21 18, 29
- Rechtsschutzbedürfnis 21 14, 24
- Statthaftigkeit 21 10 ff.
- summarische Prüfung 21 15
- Unionsrecht 21 15, 17
- Verwaltungsakt mit Drittwirkung 21 19 ff.
- Vollzugsfolgenbeseitigung 21 12, 16, 27

Anordnung der sofortigen Vollziehung 19 12 f., 25, 21 5 ff., 7
- Anhörung 21 6
- Begründung 21 6
- Behörde 21 22
- behördliche Anordnung 21 20
- gerichtlich 21 26
- kein Verwaltungsakt 21 5
- öffentliches Interesse 21 7
- überwiegendes Interesse 21 7
- Zuständigkeit 21 6

Stichwortverzeichnis

Anordnung sofortige Vollziehung
- Verwaltungsakt **12** 13

Anschluss- und Benutzungszwang **26** 2

Anstalt **26** 1, **33** 1, **37** 31

Anstalt des öffentlichen Rechts **6** 19 f.
- Rechtsfähigkeit **6** 20

Anstaltsgebrauch **33** 1 ff.

Anstellungstheorie **37** 31

Anvertrauenstheorie **37** 31

Anwendungsvorrang **7** 15, 21, **38** 7
- Identitätskontrolle Ultra-Vires-Kontrolle **3** 2
- Unionsrecht **28** 16

Äquivalenzgrundsatz **3** 8

Arglist **16** 15, 20, **24** 24

Asylrecht
- Rechtsschutz **20** 21, **21** 13

Atomausstieg
- Entschädigung **39** 26

Aufgabenprivatisierung **29** 20

Aufhebung
- Teilaufhebung **18** 17
- Verwaltungsakt **12** 37, **14** 39, **15** 12, **16** 1 ff., **24** 21

Auflage **16** 26 f., **18** 6, 9 ff., **16** f.
- modifizierende **18** 12, 17
- Rechtsnatur **18** 8

Auflagenvorbehalt **18** 7 f., **16** f.

Aufopferung **7** 9, **40** 1 ff.
- Amtshaftung **40** 9
- Entschädigung **40** 8
- Freiheit **40** 4
- Herleitung **40** 2
- Hoheitlicher Zwang **40** 5
- Leib und Leben **40** 2, 4
- Nichtvermögenswerte Rechte **40** 1
- Primärrechtsschutz **40** 7
- Rechtsweg **5** 26
- Sonderopfer **40** 6
- Spezialgesetz **40** 1, 3
- Unmittelbarkeit **40** 5

Aufopferungsanspruch **39** 29, 40

Aufrechnung **12** 5, 17, **19** 31

Aufschiebende Wirkung **19** 25 f., 27, **20** 3, **21** 2 ff.
- Anordnung **21** 9 ff.
- Ausnahme aufgrund behördlicher Anordnung **21** 5 ff.
- Ausnahme kraft Gesetzes **21** 4

- Begriff **21** 2
- Feststellung **21** 12
- keine **19** 12
- Rechtsfolgen **21** 2
- Suspensiveffekt **21** 2
- Vollziehbarkeitstheorie **21** 2
- Voraussetzungen **21** 3
- Wiederherstellung **21** 9 ff.
- Wirksamkeitstheorie **21** 2

Aufsicht
- Beliehener **6** 22
- staatliche **6** 24 ff.

Aufsichtsklage **9** 11

Auftragsverwaltung **6** 28

Ausfertigung **25** 7, **26** 3, **28** 11

Ausgleichspflichtige Inhalts- und Schrankenbestimmung **39** 6 f., 22 ff.
- enteignender Eingriff **39** 40
- Entschädigungshöhe **39** 27
- Rechtsweg **39** 28
- Salvatorische Klausel **39** 26
- Sonderopfer **39** 25 f.
- Subsidiarität **39** 26
- Verwaltungsakt **39** 26

Auskunft **12** 12, 14, 48, **14** 21, **23** 2, 8, **37** 9, 12

Ausschlussfrist **16** 20, 26 f., **28** 11

Außenrecht **5** 3, **7** 1, **27** 6 f.

Außenwirkung
- Verwaltungsvorschrift **27** 6 ff.

Außervertragliche Haftung
- EU **38** 2 f.

Aussetzung der Vollziehung
- Behörde **21** 21, 24

Aussetzung Vollziehung **19** 30, **21** 9
- Antrag Behörde **21** 14

Austauschvertrag **24** 13 ff., **23**, 26
- Angemessenheit Gegenleistung **24** 14
- hinkender **24** 13
- Koppelungsverbot **24** 14

Auswahlermessen **14** 39, 48

Autobahn GmbH **29** 17 f.

Bankenaufsicht **37** 12

Baugenehmigung **9** 6, **12** 39

BauNVO **25** 3

Baurecht
- Rechtsnachfolge **13** 14
- Treu und Glauben **13** 14

beA **20** 25

647

Beamtenrecht
- Feststellungsklage **10** 15
- Verwaltungsrechtsweg **5** 22

Beamtenverhältnis **10** 2, 6, **12** 26, 37, **14** 6, 32, **15** 16, 21, **20** 7, 31, **23** 3, 11, **24** 16, 20, **38** 9, **42** 3
- Konkurrentenklage **20** 19, 29

Beamter **37** 4
- im beamtenrechtlichen Sinn **37** 4
- im haftungsrechtlichen Sinn **37** 4
- im haftungsrechtlichen Sinne **37** 14

Bebauungsplan **1** 3, **6** 27, **7** 20, **9** 4, 8, 13, **11** 2, **12** 28, **14** 51, **26** 3 f., **28** 3, 9 ff., 13, 21, **37** 12 f., 14, 15, **39** 6
- Heilung **28** 15

beBPO **20** 25

Bedingung **18** 4, 9 f.
- auflösende **18** 4
- aufschiebende **18** 4

Befangenheit **14** 17

Befehlender Verwaltungsakt **12** 36

Befristung **18** 3

Begründetheit
- Rechtsverletzung **9** 12

Begründung **14** 23, 40
- Allgemeinverfügung **12** 22 f.
- Anordnung sofortige Vollziehung **21** 6
- Heilung **15** 16
- Nachschieben von Gründen **15** 18
- Rechtsverordnung **25** 7
- Widerspruchsbescheid **20** 15

Begünstigender Verwaltungsakt **12** 41

Behörde **6** 4 f., **12** 6, **20** 26
- Beliehener **6** 22
- Postulationsfähigkeit **20** 28
- Prozessfähigkeit **20** 27
- Unabhängigkeit **29** 25

Behördenprinzip **20** 24, 26

Behördenprivileg **28** 12
- Postulationsfähigkeit **20** 28

Behördliche Warnung **8** 8, **12** 12

Beihilfe **24** 25
- Unionsrecht **16** 34

Beiladung **20** 33, **21** 24

Beitreibung **19** 4, **28** ff.

Bekanntgabe
- ab **13** 9
- Allgemeinverfügung **12** 22
- amtlich veranlasst **13** 7

- Bekanntgabewille **13** 7
- elektronische **13** 9 f.
- Fehler **13** 13
- Fiktion **13** 9
- förmliche **13** 10
- formlose **13** 9
- Heilung **13** 13
- Internet **13** 9
- öffentliche **13** 11
- ortsübliche Bekanntmachung **13** 11
- OZG **13** 9
- Post **13** 9
- schriftlicher Verwaltungsakt **13** 9 f.
- Verkehrszeichen **13** 12
- Verwaltungsakt **20** 22, **21** 3
- Verwaltungsvorschrift **27** 4, 8
- Widerspruchsfrist **20** 9
- Zeitpunkt **13** 9 ff.
- Zustellung **13** 10

Bekanntmachung
- Rechtsvorschrift **28** 11

Belastender Verwaltungsakt **12** 41

Beliehener **6** 4, 22, **20** 5, **24** 6, **29** 19, **37** 5, 31, 33
- Behörde **12** 6

Benehmen **12** 30

Benotung, Klausur
- Verwaltungsakt **12** 16

Benutzungsverhältnis **10** 2, 6, **29** 8, **43** 1

Beratung **14** 17, **37** 9

Berichtigung **15** 23, **16** 4, 5

Berufung **22** 2

Bescheidungsklage **20** 20

Beschlagnahme **43** 18

Beschleunigung
- Gerichtliche Verfahren Infrastrukturvorhaben **20** 31, 52, **21** 28
- Rechtsschutz Infrastrukturvorhaben **20** 22

Beschwerde **22** 4

Besonderes elektronisches Anwaltspostfach **20** 25

Besonderes elektronisches Behördenpostfach **20** 25

Besonderes Gewaltverhältnis **10** 5

Besonderes Verwaltungsrecht **5** 2

Bestandskraft des Verwaltungsakts **12** 33, **14** 6, **15** 10, **16** 1, 10, **17** 7, **20** 22, 44, **37** 10
- formelle **15** 10

Stichwortverzeichnis

- materielle **15** 10
- Verwaltungsakt **20** 9

Bestechung **16** 15, 20, **24** 24

Bestimmtheitsgebot
- Ermächtigungsgrundlage Rechtsverordnung **25** 4
- Rechtsverordnung **25** 8

Bestimmtheitsgrundsatz **3** 3, **14** 25, 54

Beteiligungsfähigkeit **14** 17, **20** 26, **28** 12
- Organstreit **23** 22
- Widerspruchsverfahren **20** 11

Betteln **31** 9
- Gemeingebrauch **31** 9

Beurteilungsfehler **14** 30, 31

Beurteilungsspielraum **12** 32, **14** 25 ff., **15** 20, **27** 7, **37** 23
- Dienstherr Beamte **14** 32
- Ermächtigungslehre **14** 28
- Ermessen **14** 36
- Gerichtliche Kontrolldichte **14** 35
- pluralistische Gremien **14** 33
- Prognoseentscheidung **14** 34
- Prüfungsentscheidungen **14** 29 ff.
- Spruchreife **20** 37
- Umweltrecht **14** 34
- Unionsrecht **14** 34

Beweismittel
- neu **17** 5
- Verwaltungsprozess **20** 52

Beweiswürdigung
- Verwaltungsprozess **20** 52
- Verwaltungsverfahren **14** 17

Bierbike **31** 7

Bindungswirkung
- Verwaltungsakt **13** 3, **19** 12

BSI **6** 12

Bundesbehörden
- oberste **6** 11
- untere **6** 11

Bundesnetzagentur **6** 11, **29** 24 f.

Bundesoberbehörde **6** 12

Bundespolizei **6** 11

Bürgerbegehren **23** 18

Bürgermeister **6** 4

Bußgeldbescheid **28** 20
- Rechtsschutz **28** 1

BVerwG
- Zuständigkeit **20** 31

Chancengleichheit
- Partei **23** 6

Corona-Verordnung **25** 4, 7, 10, **28** 4, 18 ff.

Culpa in Contrahendo **43** 21
- öffentlich-rechtlicher Vertrag **24** 27

Daseinsvorsorge **5** 13, **29** 3, 20, **43** 21

Datenschutzaufsichtsbehörde
- Bundesbeauftragte/r für den Datenschutz **6** 11
- Europäischer Verwaltungsverbund **3** 9
- Klagemöglichkeit **9** 9

Datenschutzrecht
- Akteneinsicht **14** 21

Dauerverwaltungsakt **16** 4, **17** 5
- Maßgebliche Sach- und Rechtslage **20** 34

Devolutiveffekt **20** 4, 15

Dienstaufsicht **6** 25

Dienstbarkeit **30** 5 ff., **31** 2

Dienstfahrt **23** 2, **37** 12, 27

Dienstleistungsrichtlinie **3** 10

Dispositionsgrundsatz **20** 52

Doppelfunktionale Maßnahme **5** 26

Drittwirkung
- Amtspflicht **37** 12 ff.
- Grundrechte **29** 12 f., 15
- Verwaltungsakt **12** 43, **16** 8, **31** ff., **21** 19 ff.

Drohnen
- Ausland **9** 12

Drohung **16** 15, 20, **24** 24

DSGVO
- Schadensersatz **38** 11, **40** 1

„dulde und liquidire" **37** 29, **39** 14, 24, 26, **40** 7

E-Bike **31** 7

Effektivitätsgrundsatz **3** 2, 8, **9** 9, 13, **16** 34, **38** 9

E-Government **11** 2
- Onlinezugang **2** 1
- Verwaltungsrechtsverhältnis **10** 1

EGovG **14** 15, 21 f.

Ehrbeeinträchtigende Äußerungen **5** 18, **23** 6, 18 f., **41** 2, 17 f.

Ehrenmann-Theorie **10** 12

Eigentum **39** 3 f., 30, 41
- Gewässer **32** 1
- öffentliche Sache **30** 5 ff.

649

Stichwortverzeichnis

- öffentlich-rechtliche Positionen 39 4
- privatrechtliche Positionen 39 4
- vermögenswerte Rechte 39 4

Eigenverwaltungsrecht, Union 3 8
Eingriffsverwaltung 5 13, 8 4, 8, **12** 52, **14** 5, **29** 2, 17, 20, **37** 5, **43** 7
Einheitliche Stelle **14** 16
Einstweilige Anordnung **21** 30 f., **23** 19, 24 ff.
- Anordnungsanspruch **23** 27 f.
- Anordnungsgrund **23** 27 f.
- Antragsbefugnis **23** 27
- Beamtenernennung **20** 19
- Begründetheit **23** 28 f.
- Bescheidung **23** 29
- Beschwerde **22** 4
- faktischer Vollzug **21** 12
- Glaubhaftmachung **23** 28
- Normenkontrolle **28** 18 ff.
- Prüfungsschema **23** 30
- Rechtsschutzbedürfnis **23** 27
- Regelungsanordnung **23** 26
- Sicherungsanordnung **23** 26
- Statthaftigkeit **23** 25 f.
- summarische Prüfung **23** 28
- Unionsrecht **21** 31, **23** 27
- Vorverfahren **23** 27
- Vorwegnahme Hauptsache **23** 29
- Zuständigkeit **23** 27

Einvernehmen **9** 7, **15** 20, **20** 33
- Gemeinde **12** 30, **15** 14, **37** 12

Elektronische Bekanntgabe **12** 32
Elektronische Form **14** 15
- Bekanntmachung **28** 11
- Klage **20** 25
- Normenkontrollantrag **28** 12
- öffentlich-rechtlicher Vertrag **24** 18
- Rechtsbehelfsbelehrung **20** 22
- Verfahren **14** 16
- Verwaltungsakt **12** 32, **14** 22, 36
- Widerspruch **20** 9

E-Mail **20** 9
- Bekanntgabe **13** 9

EMRK **7** 15, **9** 8 f., **23** 6
- Staatshaftung **36** 1

Energieversorgung **25** 3
Enteignender Eingriff **39** 40 ff.
- Amtshaftung **39** 48
- Coronapandemie **39** 40
- Eigentum **39** 41
- Entschädigung **39** 47

- Haftungsgegner **39** 47
- Herleitung **39** 40
- Mitverschulden **39** 47
- Rechtmäßiges hoheitliches Handeln **39** 42
- Rechtsgrundlage **39** 40
- Rechtsweg **5** 26, **39** 47
- Sonderopfer **39** 44
- Unmittelbarkeit **39** 43
- Verjährung **39** 47

Enteignung **39** 2 ff., 40
- Administrativenteignung **39** 9, 14
- Begriff **39** 5
- Entschädigung **39** 15 f.
- Entschädigungsanspruch **39** 2
- Ermächtigungsgrundlage **39** 9
- Haftungsgegner **39** 17
- Inhalts- und Schrankenbestimmung **39** 6, 24
- Junktimklausel **39** 13
- Legalenteignung **39** 9, 14
- Mitverschulden **39** 16
- Rechtsweg **5** 26, **39** 19
- Rückenteignung **39** 21
- Verfahren **39** 20
- Verhältnismäßigkeit **39** 12
- Verjährung **39** 18
- Wertersatz **39** 16
- Wertgarantie **39** 2
- Wohl der Allgemeinheit **39** 11
- zugunsten Privater **39** 11, 17

Enteignungsgleicher Eingriff **39** 29 ff., 40
- Amtshaftung **39** 39
- Eigentum **39** 30
- Entschädigung **39** 35
- Haftungsgegner **39** 36
- Herleitung **39** 29
- Hoheitlicher Eingriff **39** 31
- Legislatives Unrecht **39** 31
- Mitverschulden **39** 35
- Primärrechtsschutz **39** 34
- Rechtsgrundlagen **39** 29
- Rechtsweg **5** 26, **39** 38
- Rechtswidrigkeit **39** 31
- Sonderopfer **39** 33
- Sonderregelung **39** 29
- Unmittelbarkeit **39** 32
- Unterlassen **39** 31
- Verjährung **39** 37

Enteignungsrechtliche Vorwirkung **39** 12, 21
Entreicherung **16** 30, 34

Stichwortverzeichnis

Entschädigung 20 48
- Atomausstieg 39 26
- Enteignung 39 2 ff.
- Rücknahme Verwaltungsakt 16 19
- Überlange Gerichtsverfahren 22 1
- Widerruf 16 26

Entschließungsermessen 14 39, 48

Entwidmung 30 14

Erbfall 13 14

Erledigung 13 1, 4, 19 13, 20 39 ff.
- Heilung 15 14 f.
- Verwaltungsakt 19 25

Ermessen 12 32, 14 25, 36 ff., 15 20, 16 26, 30, 19 8, 21 7, 24 20, 33 4, 37 9, 23
- Arten 14 39
- Auswahlermessen 14 39
- Begründung 14 23
- Einräumung 14 37
- Entschließungsermessen 14 39 f.
- Ermessenslenkende Verwaltungsvorschrift 27 2, 6 f.
- Fehler 14 42 ff.
- Gesetzliche Bindung 14 41
- Grundrechte 14 47
- Heilung 15 17
- Nachschieben von Gründen 15 18
- Nebenbestimmung 18 13 f., 16 f.
- öffentlich-rechtlicher Vertrag 24 16
- Ratio 14 38
- Reduzierung 14 48 f.
- Repressives Verbot 12 38
- Rücknahme 16 9, 10, 17 f.
- Sondernutzung 31 5, 9
- Spruchreife 20 18, 37, 23 16
- Subjektives Recht 14 49
- Teilnichtigkeit 15 6
- Umdeutung 15 21 f.
- Unionsrecht 14 47
- Verhältnismäßigkeit 14 53
- Widerspruch 20 12
- Widerspruchsverfahren 20 2
- Wiederaufgreifen des Verfahrens 17 7
- Zweck 14 41

Ermessensausfall 14 44

Ermessensfehler 14 42 ff.
- Sondernutzung 31 5

Ermessensfehlgebrauch 14 46

Ermessensnichtgebrauch 14 44, 46

Ermessensreduzierung 12 32, 14 45, 48, 15 20, 20 12, 21 7 f., 31 9
- Folgenbeseitigungslast 41 10

- Rücknahme 16 10
- Sondernutzung 31 5
- Unionsrecht 16 34, 35
- Wiederaufgreifen des Verfahrens 17 7

Ermessensschrumpfung 14 48 f.

Ermessensüberschreitung 14 45

Ersatzvornahme 19 6 f., 14, 16, 27 f., 43 18
- Fremdvornahme 19 7
- Kosten 19 6, 20 40, 21 4, 43 5
- Selbstvornahme 19 7
- sofortiger Vollzug 19 17 f.
- unmittelbarer Zwang 19 9
- Zwangsgeld 19 8

Erstattungsanspruch 23 10, 24 26, 42 1 ff.
- Entreicherung 16 30, 34
- Rücknahme 16 30
- Widerruf 16 30
- Zinsen 16 30

Erwerbswirtschaftliche Betätigung 29 14 f.

E-Scooter 10 10, 31 7

Europäischer Bürgerbeauftragter 3 8

Europäischer Verwaltungsverbund 1 3, 3 9, 12 54, 38 12

Europäische Verwaltungszusammenarbeit 3 10

Fachaufsicht 6 25 ff., 12 28
- Bund ggü. Land 6 28
- Gemeinde 6 27

Faktischer Vollzug 21 12, 16, 21, 25

Fax 20 25

Festsetzung
- Zwangsmittel 19 15

Feststellender Verwaltungsakt 12 14, 40

Feststellungsklage 10 9 ff., 11 4, 15 7, 19 27, 20 42, 25 10, 28 4, 6 ff.
- allgemeine Zulässigkeitsvoraussetzungen 10 17
- Begründetheit 10 18
- besondere Zulässigkeitsvoraussetzungen 10 13 ff.
- erledigter Verwaltungsakt 20 41
- Feststellungsinteresse 10 13, 23 21
- Klagebefugnis 10 14
- Klagefrist 10 15
- Klagegegner 10 16
- Kommunalverfassungsstreit 23 19
- Präjudizialität 10 13
- Rechtsverhältnis 10 10 f.
- Statthaftigkeit 10 10
- Subsidiarität 10 12, 23 19

651

Stichwortverzeichnis

- Unionsrecht 10 11
- vorbeugende 10 13, 14
- Widerspruchsverfahren 10 15, 20 7

Feststellungswirkung
- Verwaltungsakt 13 3

Fiskalisches Handeln
- s. Fiskalverwaltung 29 10 ff.

Fiskalverwaltung 5 13, 29 10 ff.
- erwerbswirtschaftliche Betätigung 29 14 f.
- fiskalisches Hilfsgeschäft 29 11 ff.
- Vermögensverwaltung 29 16

Flächennutzungsplan 28 3

Flucht ins Privatrecht 29 9

Flugblätter 31 9

Folgenbeseitigungsanspruch 23 10, 41 1 ff.
- allgemeiner 41 1, 2
- Einschreiten ggü Drittem 41 10, 16
- Geldentschädigung 41 13
- gerichtliche Durchsetzung 41 16
- Haftungsgegner 41 14
- Herleitung 41 3
- Judikative 41 4
- Legalisierung 41 7
- Mitverschulden 41 13
- öffentlich-rechtliches Handeln 41 4
- Rechtsgrundlage 41 3
- Rechtsschutz 23 9
- rechtswidriger Zustand 41 6
- Spezialgesetz 41 1
- subjektiv öffentliches Recht 41 5
- Unmittelbarkeit 41 8
- Unmöglichkeit 41 9
- Unterlassen 41 4
- Unzumutbarkeit 41 11
- Verjährung 41 15
- Vollzugsfolgenbeseitigungsanspruch 41 2, 6, 14, 16
- Voraussetzungen 41 4 ff.
- Wiederherstellung 41 12

Folgenentschädigungsanspruch 41 11

Form 15 20

Formelle Privatisierung 29 3, 18

Formeller Verwaltungsakt 12 9, 20 17

Formelles Gesetz 26 1
- Normverwerfung 7 19

Formenwahlfreiheit 24 6, 8, 29 3, 43 21
- Verwaltungsakt 14 22

Fortsetzungsfeststellungsinteresse
- Präjudizwirkung 20 48
- Rehabilitationsinteresse 20 48
- schwerwiegender Grundrechtseingriff 20 48
- Wiederholungsgefahr 20 48

Fortsetzungsfeststellungsklage 20 1, 39 ff.
- allgemeine Zulässigkeitsvoraussetzungen 20 49
- Begründetheit 20 50
- besondere Zulässigkeitsvoraussetzungen 20 43 ff.
- Erledigung vor Klageerhebung 20 41
- Fortsetzungsfeststellungsinteresse 20 48
- Klagebefugnis 20 43
- Klagefrist 20 46
- Klagegegner 20 47
- Präjudizwirkung 20 48
- Prüfungsschema 20 51
- Rehabilitationsinteresse 20 48
- schwerwiegender Grundrechtseingriff 20 48
- Statthaftigkeit 20 39 ff.
- Verpflichtungssituation 20 42
- Widerspruchsverfahren 20 44 f.
- Wiederholungsgefahr 20 48

Fundtier 43 17

Funktionale Privatisierung 29 19, 23

Funktionstheorie 37 31

Funktionsträgerprinzip 23 22

Gas 20 31, 21 4, 13, 28, 25 3

Gebietskörperschaft 6 16, 27

Gebühr
- Sondernutzung 31 5

Gebundene Entscheidung 14 36 f., 53, 15 20, 16 25, 30, 18 13, 16, 20 29, 24 14, 33 4, 37 23
- Nebenbestimmung 18 17
- Spruchreife 20 18
- Teilnichtigkeit 15 6
- Umdeutung 15 22
- Widerspruch 20 12

Gefährderansprache 12 10

Gegendarstellung 23 9

Geltungsvorrang 7 15

Gemeinde 6 15, 16 ff., 9 8, 26 1 f., 29 20, 22, 37 12 f.
- Beteiligungsfähigkeit 20 26
- Durchgriffsverbot 6 18
- Einvernehmen 20 33
- erwerbswirtschaftliche Betätigung 29 14
- Fachaufsicht 6 27

652

Stichwortverzeichnis

- Kommunalverfassungstreit **23** 18 ff.
- Öffentliche Einrichtung **29** 8, **33** 1, 3 f.
- Privatisierung **29** 17 f.
- Rechtsaufsicht **6** 27
- Satzung **7** 7, **8** 8
- Selbstverwaltungsrecht **6** 18, 27, **12** 28, **20** 12
- Übertragener Wirkungskreis **6** 18, 27, **12** 28
- Zuständigkeit **6** 8, **14** 10

Gemeinderat **6** 4, **37** 15
- Amtshaftung **37** 4
- Beteiligungsfähigkeit **20** 26

Gemeingebrauch **31** 1 ff.
- Abgrenzung Sondernutzung **31** 7
- Anliegergebrauch **31** 8
- Flugblätter **31** 9
- Religionsausübung **31** 9
- Sondernutzung **31** 9
- Straßenkunst **31** 9

Gemischtwirtschaftliches Unternehmen **29** 8 f., 22

Genehmigung **12** 37
- Eigentum **39** 4

Genehmigungsfiktion **13** 1, **14** 1, 14, **16** 1, 18, **21** 10
- Bescheinigung **12** 40, **23** 2

Generalklausel **7** 10, 16, **14** 5, 39, 48, **25** 4
- Nichtigkeit **15** 2, 5
- Polizeirecht **9** 6, **14** 49
- Verwaltungsrechtsweg **5** 21, **23** ff.

Gentlemen's Agreements **23** 7

Gerichtliche Kontrolldichte **14** 27
- Abwägung **14** 51
- Beurteilungsspielraum **14** 35
- Ermessen **14** 42

Gerichtliches Verfahren, Verfahrensgrundsätze **20** 52

Gerichtsverfahren
- überlange **22** 1

Geschäftsführung ohne Auftrag **43** 2

Geschäftsordnung **23** 19, **28** 4

Gesetz **7** 3 ff., **41** 4
- formelles **7** 4, 15, **8** 9, **25** 1, **28** 4 f., **37** 9
- materielles **7** 4 ff., 15, **25** 1

Gesetzesvollziehungsanspruch **9** 1

Gesetzesvorbehalt **8** 3 ff., **12** 41, **14** 5, **27** 5, **31** 5, **42** 11, **43** 5
- öffentlich-rechtlicher Vertrag **24** 20
- Realakt **23** 6

Gesetzesvorrang **24** 20, **26** 4, **27** 5
- Realakt **23** 6 f.

Gesetzgebungskompetenz
- Staatshaftungsrecht **36** 2

Gesetzliche Vertretung
- Prozessfähigkeit **20** 27

Gesetzmäßigkeit **16** 2, 10, **37** 9, **42** 2, 7, 9
- Abweichungsverbot **8** 2
- Anwendungsgebot **8** 2
- Folgenbeseitigung **41** 3
- Staatshaftung **36** 1

Gesetzmäßigkeit der Verwaltung **8** 1 ff.

Gestaltender Verwaltungsakt **12** 37 ff.

Gewährleistungsverwaltung **2** 1, **29** 19, 23

Gewässer **32** 1

Gewohnheitsrecht **7** 1, 9, **30** 6, 11, **39** 29, 40, **40** 2, **41** 3, 18, **42** 2

Glaubhaftmachung **23** 28

Gleichheitsgrundsatz **8** 10, **14** 47, **16** 10, **27** 7, **33** 4

Governance **1** 4

Grundfreiheiten **20** 48, **38** 6

Grundrechte **2** 2 ff., **10** 5, **14** 25, 48, **29** 20, **41** 5, 18, **42** 2
- Abwehrrechte **9** 8
- Ausland **9** 12, **37** 5
- Beliehener **6** 22
- Drittwirkung **29** 12, 15
- eingehende Begründetheitsprüfung **21** 15
- Eingriff **23** 17
- erwerbswirtschaftliche Betätigung **29** 14
- Juristische Person des öffentlichen Rechts **29** 12
- Leistungsansprüche **9** 8 f.
- Organstreit **23** 20
- Privatrechtliches Handeln **29** 8 ff.
- Schranken **8** 4
- Staatshaftung **36** 1, **37** 5, 14, **41** 3
- Unionsrecht **7** 15, **38** 6
- unmittelbare Geltung **29** 12, 15

Haftung der EU
- außervertragliche **38** 2 f.

Handlungsfähigkeit
- Widerspruchsverfahren **20** 11

Handlungsformen
- Verwaltung **11** 1 ff.
- Wahlfreiheit **11** 2

Handwerkskammer **6** 3

Haushaltsplan **7** 4, **8** 9, **27** 2

653

Stichwortverzeichnis

Hausverbot 5 20, 34 2
Heilung
- Anhörung 21 6
- Bebauungsplan 28 15
- Begründung 21 6
- Erledigung 20 50
- Gerichtsverfahren 15 16
- Satzung 26 5
- Unionsrecht 15 16
- Verfahrens- und Formfehler 15 15 ff.
- verfristeter Widerspruch 20 9
- Verwaltungsakt 20 34
- Widerspruchsverfahren 15 17
Hierarchischer Aufbau
- Verwaltung 6 11, 26

IHK 6 16 f.
- Pflichtmitgliedschaft 6 17
Immissionen 5 19, 9 6, 23 2, 39 45, 41 2, 6, 17 f.
Impermeabilitätstheorie 23 18
Impfschaden 40 3
Individualrechtsschutz 9 10 ff.
Infektionsschutz
- Staatshaftung 39 24
Infektionsschutzrecht 10 11, 20 3, 21 4, 25 3 ff., 7, 10, 28 18, 39 40, 40 3
- Amtshaftung 37 14
- Corona-Verordnung 7 6
- Enteignungsgleicher Eingriff 39 31
- Verwaltungsrechtsweg 5 22
Informationen 41 21
- Richtigkeit 23 6
- Sachlichkeit 23 6
Informationsfreiheit 14 21
Informelle Absprache 24 4
Infrastrukturvorhaben 20 22
Inhalts- und Schrankenbestimmung 39 3, 6, 22 ff.
- Ausgleichspflicht 39 25 f.
- Enteignung 39 24
- Rechtsweg 5 22
- Verfassungsrecht 39 23
- Verhältnismäßigkeit 39 23
Innenrecht 5 3, 7 1, 8, 27 6, 28 4
Intendiertes Ermessen 14 40, 16 15
- Widerruf 16 28
Interessentenklage 9 11
Interessentenschutz 9 13
Interessentheorie 5 8

Interföderaler Verwaltungsakt 12 57
Interorganstreit 23 18
Intraorganstreit 23 18
Inzidentrechtsschutz 25 10, 28 4, 11

Judikatives Unrecht 38 7
Junktimklausel 39 13, 26
Juristische Person des öffentlichen Rechts 6 3, 10, 14 ff., 26 1, 37 31
- Anstalt 6 19
- Aufsicht 12 28
- Grundrechte 9 8, 29 12
- Körperschaft 6 15 ff.
- Postulationsfähigkeit 20 28
- Stiftung 6 21
- Vertrauensschutz 16 20
- Verwaltungsvollstreckung 19 23

Kehrseitentheorie 14 6
Klage
- Fax 20 25
- Schriftform 20 25
Klageänderung 20 41
- Klagefrist 20 22
Klageantrag
- Auslegung 20 52
Klageart sui generis
- Organstreit 23 19
Klagebefugnis 9 10 ff., 20 8, 18, 20
- Adressatentheorie 9 12, 20 20
- Allgemeine Leistungsklage 23 10
- Antragsbefugnis 21 13, 28 9
- Ausschluss Popularklage 23 10
- Feststellungsklage 10 14
- Fortsetzungsfeststellungsklage 20 43
- Möglichkeitstheorie 9 12
- Öffnungsklausel 23 10
- Organstreit 23 20
- Präklusion 9 12 f., 14 16
- unionsrechtskonforme Auslegung 9 13
- Verbandsklage 9 11 ff.
- Widerspruchsbefugnis 20 8
Klagebegründung
- Frist 20 22
Klagefrist 20 22 f., 23 11
- Fortsetzungsfeststellungsklage 20 46
Klagegegenstand
- Anfechtungsklage 20 17
- Widerspruchsbescheid 20 29
Klagegegner 20 24, 26
- Behördenprinzip 6 6 f.

654

Stichwortverzeichnis

- Beliehener 6 22
- Fortsetzungsfeststellungsklage 20 47
- Organstreit 23 22
- Rechtsträgerprinzip 6 6

Klagehäufung 20 32
Klimaklagen 9 12
Klimaschutz 14 41
Kollegialorgan 6 4
Kommunalaufsicht 37 12 f.
Kommunalverfassungsstreit 5 25, 23 18 ff.
- Begründetheit 23 23
- Beteiligungsfähigkeit 23 22
- Klagebefugnis 23 20
- Klagegegner 23 22
- Kosten 23 23
- organschaftliches Recht 23 20
- Prozessfähigkeit 23 22
- Rechtsschutzbedürfnis 23 22

Konkurrentenklage 20 19
- beamtenrechtliche Konkurrentenklage 20 19d
- Konkurrentenabwehrklage 20 19a
- Konkurrentengleichstellungsklage 20 19b
- Konkurrentenverdrängungsstreit 20 19c
- negative Konkurrentenklage 20 19a
- positive Konkurrentenklage 20 19b

Konkurrenz 9 8
- Unionsrechtlicher Staatshaftungsanspruch 38 10

Konzentrationsmaxime 20 52
Konzentrationswirkung 14 16
Koppelungsverbot 18 14, 23 7, 24 14, 23
Koppelungsvorschrift 14 50
Körperschaft 26 1, 37 31
Körperschaft des öffentlichen Rechts 6 15 ff.
- Gebietskörperschaft 6 16 f.
- Personalkörperschaft 6 16
- Realkörperschaft 6 16
- Selbstverwaltungskörperschaft 6 17
- Verbandskörperschaft 6 16

Körperschaften
- Organstreit 23 18

Kosten 19 30, 21 4, 9, 14, 24
- Ersatzvornahme 19 6, 14, 20 40
- Verwaltungsvollstreckung 19 13, 25, 28

Kostenbescheid 19 28
Kriegsschäden 39 31, 40 3
Künstliche Intelligenz (KI) 12 32, 27 1

Landesoberbehörden 6 13

Landesorganisationsgesetz 6 13
Landesverwaltung
- unmittelbare 6 13

Landrat 6 13, 37 31
Lebensmittel
- Information 23 5 f.

Legalenteignung 39 9, 14
Legislatives Unrecht 36 1, 37 14, 38 4, 7, 39 31
Leistungsklage 10 12, 11 4, 12 15
Leistungsverwaltung 5 13, 8 4, 9, 12 52, 14 5, 29 3, 17 f., 20
Lex posterior 7 16
Lex specialis 7 16, 14 4 f., 15, 16 3, 24 1, 39 29, 40, 40 1, 3, 41 1, 42 2, 43 4
- Nebenbestimmungen 18 1
- Vollstreckung 19 4

Luftreinhalteplan 9 9, 13

Maßgebliche Sach- und Rechtslage 20 34, 37
Materielle Privatisierung 29 20, 23
Materielles Gesetz
- Normverwerfung 7 19

Medienöffentlichkeit 20 52
Mehrebenensystem 1 3
Mehrstufiger Verwaltungsakt 12 30, 44
Mehrstufige Verwaltungsverfahren 3 9
Mitverschulden
- Rücknahme 16 19

Mitwirkungsbedürftiger Verwaltungsakt 12 44
Mündlichkeitsgrundsatz 20 52

Nachschieben von Gründen 15 18, 20 34
Nebenbestimmungen 18 1 ff.
- Abgrenzung 18 11
- Akzessorietät 18 1
- Arten 18 2 ff.
- Auflage 16 26 f., 18 6, 16 f.
- Auflagenvorbehalt 18 7 f., 16 f.
- Auslegung 18 11 f.
- Bedingung 18 4
- Befristung 18 3
- Inhaltsbestimmung 18 12, 17
- modifizierende Auflage 18 12 f.
- rechtliche Zulässigkeit 18 13 f.
- Rechtsnatur 18 8
- Rechtsschutz 18 15 ff., 20 34, 21 2
- Spezialregelung 18 1

655

Stichwortverzeichnis

- Widerrufsvorbehalt 16 26, 18 5, 13
Neue Verwaltungsrechtswissenschaft 1 4
Neutralitätsgebot 14 17
- Regierung 23 6
Nichtigkeit 8 2
- Bekanntgabe 13 13
- Gesetzen 7 15
- öffentlich-rechtlicher Vertrag 24 16, 18, 21 ff., 41 6, 42 5, 11
- Rechtsfolge 15 7
- Rechtsverordnungen 25 9 f.
- Satzung 26 5
- Teilnichtigkeit 15 6, 24 26
- Verwaltungsakt 14 54, 15 1 ff., 10, 16 5, 19 13, 21 3, 24 23, 26, 41 6, 42 5 f.
Normenkontrolle 7 19, 9 12, 23 19, 25 10, 26 5, 28 1 ff.
- Antragsbefugnis 28 9 f.
- Antragsbefugnis einstweilige Anordnung 28 20
- Antragsform 28 12
- Antragsfrist 28 11
- Antragsgegner 28 12
- Bebauungsplan 28 3, 9
- Begriff 28 1 f.
- Begründetheit 28 2, 14 ff.
- Begründetheit einstweilige Anordnung 28 21
- Behörde 28 9
- Beiladung 20 33
- Beteiligungsfähigkeit 28 12
- Bündelungsfunktion 28 1
- Bundesrecht 28 5
- einstweilige Anordnung 28 18
- Entscheidungswirkung 28 15
- erga omnes-Wirkung 28 15
- Normerlass 28 8
- objektives Beanstandungsverfahren 28 2, 10, 14, 21
- Postulationsfähigkeit 28 12
- Präklusion 28 10
- Prozessfähigkeit 28 12
- Prüfungsschema 28 17
- Rechtsschutzbedürfnis 28 13
- Rechtsschutzbedürfnis einstweilige Anordnung 28 20
- Rechtsvorschrift 28 4 f.
- Rechtswidrigkeitsfeststellung 28 16
- Statthaftigkeit 28 3 ff.
- Statthaftigkeit einstweilige Anordnung 28 19
- subjektives öffentliches Recht 28 9

- Umweltschutzvereinigung 28 10
- Unionsrecht 28 16
- Unwirksamkeit 28 15
- Verwaltungsrechtsweg 28 1, 20
- Verwaltungsvorschrift 27 8
- Wiedereinsetzung 28 11
- Zuständigkeit 28 1
Normerlassklage 28 8
Normverwerfung
- Gericht 7 19
Nutzerkonto
- OZG 20 25

Objektives Recht 9 1
Öffentliche Aufträge 29 13
Öffentliche Einrichtung 5 10, 6 20, 10 12, 24 5, 8, 18, 29 3, 8 ff., 33 1
- begrenzte Kapazität 33 4
- Begriff 29 8
- Benutzung 33 3 f.
- Benutzungsverhältnis 29 8
- Verschaffungsanspruch 29 8, 33 4
- Widmung 30 11
Öffentliche Sache 30 1 ff., 31 1 ff., 32 1 f., 33 1 ff., 34 1 f.
- Anstaltsgebrauch 33 1 ff.
- Dienstbarkeit 30 5 ff., 31 2 f.
- Eigentum 30 5 ff.
- Gemeingebrauch 31 1 ff.
- Gemeinwohlfunktion 30 2, 4
- Indienststellung 30 15, 33 2
- konkludente 33 2
- ohne öffentlich-rechtlichen Status 30 3
- Sachherrschaft 30 7 ff.
- Satzung 33 2
- Sondergebrauch 32 1 f.
- Verwaltungsakt 33 2
- Verwaltungsgebrauch 30 16, 34 1 f.
- Voraussetzungen 30 2
- Widmung 30 9 ff., 31 3, 5, 33 2 f.
- Zivilgebrauch 30 16
Öffentliches Eigentum 30 5 f.
Öffentliches Recht 9 3, 14 15, 42 3, 43 18
- Amtshaftung 37 4
- formelles 41 4
- Geschäftsführung ohne Auftrag (GoA) 43 3
- Realakt 23 3
- Vertrag 24 6
Öffentliches Recht, Abgrenzung zum Privatrecht 5 5 ff.
- Abgrenzungstheorien 5 7 ff.

Stichwortverzeichnis

- Interessentheorie 5 8
- modifizierte Subjektstheorie 5 10
- Subordinationstheorie 5 9

Öffentliche Unternehmen 29 15

Öffentlichkeitsarbeit 23 6
- Regierung 23 17

Öffentlichkeitsbeteiligung 14 16
- förmliche 14 16
- frühe 14 16

Öffentlichkeitsgrundsatz 20 52

Öffentlich-Private Partnerschaft 24 1, 10, 29 17, 19, 22

Öffentlich-rechtliche GoA 43 2
- Abgrenzung 43 3
- „auch fremdes Geschäft" 43 5 f., 9
- Aufwendungsersatz 43 14
- fremdes Geschäft 43 9
- Fremdgeschäftsführungswille 43 10
- Handeln für Privaten 43 5
- Herausgabe des Erlangten 43 16
- Hoheitsträger für Hoheitsträger 43 6
- Kompetenzordnung 43 6 f.
- Notfall 43 6 f.
- ohne Berechtigung 43 11
- Privater für Hoheitsträger 43 7
- Rechtsfolgen 43 13 ff.
- Rechtsweg 43 17
- Schadensersatz 43 15
- Spezialgesetz 43 4
- Voraussetzungen 43 8 ff.
- Wille des Geschäftsherrn 43 12

Öffentlich-rechtlicher Erstattungsanspruch 24 26, 42 1 ff.
- Durchsetzung 42 11
- Entreicherung 42 7
- Herleitung 42 2
- Öffentlich-rechtliche Rechtsbeziehung 42 3
- ohne Rechtsgrund 42 5
- Rechtsgrundlage 42 2
- Spezialgesetz 42 2
- Treu und Glauben 42 9
- Verjährung 42 10
- Vermögensverschiebung 42 4
- Vertrauensschutz 42 8
- Voraussetzungen 42 3

Öffentlich-rechtlicher Unterlassungsanspruch 5 18, 41 17 ff.
- bevorstehender Eingriff 41 20
- Durchsetzung 41 22
- Grundrechte 41 18
- Herleitung 41 18
- hoheitlicher Eingriff 41 19
- Rechtsgrundlage 41 18
- Rechtswidrigkeit 41 21
- Voraussetzungen 41 19 ff.

Öffentlich-rechtlicher Vertrag 10 7, 12 5, 14 6, 23 7, 9, 24 1 ff., 29 6, 31 5, 41 6, 42 5, 11, 43 1, 21
- (schwebende) Unwirksamkeit 24 19
- Anpassung 24 28
- Arten 24 9
- Austauschvertrag 24 13 ff., 23, 26
- culpa in contrahendo 24 27
- Einigung 24 4
- Einsatzgebiete 24 1
- elektronische Form 24 18
- Ermessen 24 16
- Fachrecht 24 1
- Formverstoß 24 24
- gemischter Vertrag 24 7
- Gesetzesverstoß 24 25
- Gesetzesvorrang 24 20
- kollusives Handeln 24 23
- Kooperationsvertrag 24 11
- koordinationsrechtlicher 24 10, 12
- Koppelungsverbot 24 23
- Kündigung 24 28
- Leistungsstörung 24 27
- Nichtigkeit 24 16, 18, 21 ff.
- Privatrecht 24 6 f.
- Rechtsverhältnis 24 5
- Rückabwicklung 24 26, 42 2, 9
- Schriftform 24 18
- Sinn und Zweck 24 1
- subordinationsrechtlicher 24 10, 12, 22 ff.
- Teilnichtigkeit 24 26
- Unionsrecht 24 25
- Urkundeneinheit 24 18
- Verfahren 14 13 ff.
- Verfügungsvertrag 24 19, 21
- Vergleich 24 12, 23
- Verpflichtungsvertrag 24 19, 21
- Vertragsformverbot 24 16, 25
- Verwaltungsvertrag 24 2
- Vollstreckung 19 3, 24 27
- Wegfall der Geschäftsgrundlage 24 28
- Wirksamkeit 24 21
- zusammengesetzter Vertrag 24 7
- Zuständigkeit 24 17
- Zustimmung Behörde 24 19
- Zustimmung Dritte 24 19

657

Stichwortverzeichnis

Öffentlich-rechtliches Schuldverhältnis 10 7, 43 1 ff., 21
- öffentlich-rechtliche Geschäftsführung ohne Auftrag (GoA) 43 2
- öffentlich-rechtlicher Vertrag 24 1 ff.
- Verwahrungsverhältnis 43 18

Öffentlich-rechtliche Verwahrung 43 18 ff.
- Amtshaftung 43 20
- Rechtsgrundlagen 43 18
- Rechtsweg 43 19
- Spezialgesetz 43 18

Öffnungsklausel 9 11
- Klagebefugnis 23 10

Ordnungsidee 5 2

Organ 6 4

Organisationsakt 12 31

Organisationsprivatisierung 29 18

Organschaftliches Recht 23 20

Organstreit 23 18 ff.
- Begründetheit 23 23
- Beteiligungsfähigkeit 23 22
- Klagegegner 23 22
- Kosten 23 23
- organschaftliches Recht 23 20
- Prozessfähigkeit 23 22

Organtreue 23 22

Organwalter 6 4

OVG/VGH
- Zuständigkeit 20 31

OZG 20 25
- Bekanntgabe 13 9

Parlamentsvorbehalt 8 5 f.

Partei
- Chancengleichheit 23 6
- politische 41 21

Perpetuatio fori 20 31

Personalkörperschaft 6 16

Pflichtmitgliedschaft
- IHK 6 17

Planerische Abwägung 14 51

Planfeststellung 13 11, 15 14

Planfeststellungsbeschluss 14 16, 51, 21 4, 39 12, 21, 42

Planfeststellungsverfahren/Planung 14 16, 51
- informelles Verfahren 23 7

Plangenehmigung 20 21, 21 4

Polizeirecht 5 26, 23 5
- Aufopferung 40 3
- enteignender Eingriff 39 40
- Enteignungsgleicher Eingriff 39 29
- Ermächtigungsgrundlage 14 4
- Ermessen 14 39
- Folgenbeseitigungsanspruch 41 1
- Realakte 23 2
- Rechtsnachfolge 13 14
- Vollstreckung 19 4

Polizeiverordnung 12 19, 25 1, 28 4, 33 3

Polizeivollzugsbeamte
- Anordnungen 21 4

Popularklage 9 11, 23 10

Postulationsfähigkeit 20 28, 28 12

Präklusion 9 12 ff., 14 16, 28 10
- innerprozessuale 20 22

Präventives Verbot mit Erlaubnisvorbehalt 12 39, 14 19, 39 31

Presse
- Auskunftsanspruch 14 21, 23 9, 29, 41 21
- Subvention 8 10

PreußALR 39 29, 31, 40 2

Primärrechtsschutz 36 1, 37 10, 29, 38 9, 39 14, 24, 26, 34, 46, 40 7

Privatisierung 29 17 ff.
- formelle 29 18
- funktionale 29 19, 23
- Grenzen 29 17, 20
- materielle 29 20, 23
- Public-Private Partnership 29 19, 22
- Vermögensprivatisierung 29 21

Privatrecht 43 18
- Geschäftsführung ohne Auftrag (GoA) 43 3
- Haftung 37 6
- s. privatrechtliches Handeln 29 1 ff.
- Sondernutzung 31 6
- subjektives Recht 9 3

Privatrechtliches Handeln 5 5, 13 ff., 29 1 ff.
- Grenzen 29 2

Privatrechtsgestaltender Verwaltungsakt 12 8, 37

Prokuratorisches Recht 9 13

Prozessfähigkeit 20 27, 28 12
- Organstreit 23 22

Prozesskostenhilfe 28 11

Prozessstandschaft 9 11

Stichwortverzeichnis

Prozessunfähigkeit 20 27
Prozessvergleich 24 12
Prozessvollmacht 20 28
Prüfungsentscheidung 14 29 ff., 16 26, 24 16
– Beurteilungsfehler 14 31
– Überdenkungsverfahren 14 31

Qualifizierte Signatur 14 22, 20 9, 25

Rangordnung der Rechtsquellen 7 15 ff.
Realakt 12 12 f., 19 16, 21, 27, 23 1 ff., 30 15, 39 31, 42, 2, 4, 19, 42 5
– Rechtsschutz 20 42
– Verfahren 14 13
– Verwaltungsrechtsverhältnis 10 8
Realkörperschaft 6 16
Rechtmäßigkeit
– formelle 14 2
– materielle 14 2, 25 ff.
Rechtsaufsicht 6 25 ff., 12 28
– Bund ggü. Land 6 28
– Gemeinde 6 27
Rechtsbehelf
– Verfahrenshandlung 14 16
Rechtsbehelfsbelehrung 14 24, 20 4, 9, 46
– Elektronische Form 20 22
– unrichtige 20 22
Rechtsbehelfsfrist
– keine Bekanntgabe 13 14
Rechtsfortbildung
– richterliche 7 10 f.
Rechtshängigkeit 20 31
Rechtskraft 17 8, 20 33, 45, 37 10, 28
– Gerichtsentscheidung 14 55
Rechtsmittel 22 1 ff.
Rechtsnachfolge 13 14
Rechtsnorm 37 14
– Normerlassklage 23 9, 28 8
– selbstvollziehend 25 10
– Unterlassungsklage 23 13
– Verwaltungsakt 12 19, 25 1
Rechtsquellen 7 1 ff.
Rechtsreflex 9 4 f.
Rechtsschutz 10 9 ff., 22 1 ff., 28 1 ff.
– Europäischer Verwaltungsverbund 3 9
– Nebenbestimmungen 18 15 ff.
– Realakt 23 8 ff.
– Rechtsverordnungen 25 10
– Satzungen 26 5

– Verwaltungsakte 15 9 ff., 20 1 ff.
– Verwaltungsvollstreckung 19 13, 24, 30
– vorläufiger 21 1 ff.
Rechtsschutzbedürfnis 20 29, 21 24, 28 13
– Anordnung/Wiederherstellung aufschiebende Wirkung 21 14
– einstweilige Anordnung 23 27, 28 20
– Fortsetzungsfeststellungsinteresse 20 49
– Organstreit 23 22
– qualifiziertes 23 13
– Widerspruch 20 10
Rechtsträgerprinzip 20 24, 26, 23 12, 28 12
Rechtsverhältnis 21 19, 24 5, 25 10, 28 7
Rechtsverordnung 7 6, 25 1 ff., 26 2, 27 1, 28 3 f., 4, 30 11, 37 9, 14, 39 31
– abgeleitete Rechtsetzung 25 2
– Allgemeinverfügung 12 18
– Ausfertigung 25 7
– Begründung 25 7
– Bestimmtheit 25 8
– Bund 25 3, 10
– Delegation Zuständigkeit 25 5, 7
– Ermächtigung 8 5
– Ermächtigungsgrundlage 25 2, 4
– Länder 25 3, 10
– materielle Rechtmäßigkeit 25 8
– Motive 25 2
– Nichtigkeit 25 9
– Normsetzungsermessen 25 8
– Rechtsschutz 25 10
– Verfahren 25 6
– Verfassungsbeschwerde 25 10
– Zitiergebot 25 7
– Zuständigkeit 25 5
Rechtsweg, öffentlich-rechtliches Schuldverhältnis 43 19
Referenzentscheidung 12 56
Reformatio in peius 20 21, 34, 52
– Anfechtungsklage 20 17
– Lex specialis 20 14
– Widerspruchsverfahren 20 13 ff.
Regelung 12 10 ff.
Regierung
– Neutralitätsgebot 23 6
Regress
– Amtshaftung 37 1, 33
Regulierung 29 23 f.
– Begriff 29 25
Regulierungsermessen 14 50
Regulierungsverwaltungsrecht 29 25

659

Rekommunalisierung 29 17
Religionsausübung 31 9
Remonstration 7 19, 27 1, 5, 37 12
Repressives Verbot mit Befreiungsvorbehalt 12 38, 32 1
Revision 22 3
Richterlicher Hinweis 18 17, 20 18, 52
Richterrecht 7 10
Richtlinie 3 4, 7 13, 38 4, 6 f., 7
Rückenteignung 39 21
Rücknahme 16 1 ff., 42 5 f.
– Arglist 16 15, 20
– begünstigender Verwaltungsakt 16 11 ff.
– begünstigender Verwaltungsakt mit Drittwirkung 16 31 f.
– belastender Verwaltungsakt 16 10
– Bestechung 16 15, 20
– Drohung 16 15, 20
– Entschädigung 16 19
– Ermessen 16 9, 17 f.
– Erstattung 42 2
– Geldleistung 16 12 ff.
– Intendiertes Ermessen 16 15
– leistungsgewährender Verwaltungsakt 16 12 ff.
– rechtswidriger Verwaltungsakt 16 4
– Rücknahmefrist 16 20 ff.
– sonstiger begünstigender Verwaltungsakt 16 18 ff.
– unionsrechtswidriger Verwaltungsakt 16 10, 33
– unrichtige Angaben 16 15
– Verbrauch Leistung 16 16 f.
– Vermögensdisposition 16 16 f.
– Verwaltungsakt 16 9 ff.
– Zuständigkeit 16 9
Rücknahmefrist 16 20 ff.
– Ausschlussfrist 16 20
– Bearbeitungsfrist 16 22
– Beginn 16 22 f.
– Entscheidungsfrist 16 22
– Unionsrecht 16 34
– Zweck 16 21

Salvatorische Entschädigungsklausel 39 13, 26
Sammelverwaltungsakt 12 23
Satzung 7 7, 26 1 ff., 27 1, 28 3 f., 30 11, 37 9, 30, 39 31
– Ausfertigung 26 3
– Ermächtigungsgrundlage 26 2

– Gemeinde 8 8
– Heilung 26 5
– Materielle Rechtmäßigkeit 26 4
– Nichtigkeit 26 5
– Normverwerfung 7 19
– Rechtsschutz 26 5
– Unionsrecht 26 4
– Verfahren 26 3
– Verfassungsrecht 26 4
– Verkündung 26 3
– Zuständigkeit 26 3
Schadensersatz
– Vergabeverstoß 29 13
Schein-Verwaltungsakt 12 6
Schlicht-hoheitliches Handeln 12 12, 23 1 ff.
Schriftform
– öffentlich-rechtlicher Vertrag 24 18, 24
Schulverhältnis 12 27
Schutznormtheorie 9 5 ff., 13
Sekundärrecht 38 11
Sekundärrechtsschutz 36 1
Selbstbindung 9 8, 14 47, 16 10, 17 7, 27 7, 31 5, 33 4, 34 1
Selbsteintritt 20 15
Selbsteintrittsrecht 14 11, 43 6
Selbstverwaltung
– Organstreit 23 18
Selbstverwaltungskörperschaft 6 17
Selbstverwaltungsrecht 26 2, 37 13
– Gemeinde 20 12
Sicherstellung 43 18
Sittenwidrigkeit 15 3, 24 24
Sofortiger Vollzug 19 17 ff.
Sofortige Vollziehung
– behördliche Anordnung 21 20
– gerichtliche Anordnung, VA mit Drittwirkung 21 23 ff.
– s. Anordnung sofortige Vollziehung 21 5 ff.
Soll-Vorschrift 14 37
Sondergebrauch 32 1 f.
Sondernutzung 31 4 ff.
– Abgrenzung Gemeingebrauch 31 7
– Einschreiten 31 5
– Ermessen 31 5, 9
– Gebühr 31 5
– Gemeingebrauch 31 9
– privatrechtliche 31 6

660

Stichwortverzeichnis

- Straßenkunst 31 9
Sondernutzungserlaubnis 24 5
- öffentlich-rechtlicher Vertrag 24 25
Sonderopfer 39 25 f., 33, 44, 40 6
Sonderrechtstheorie 5 10
Spruchreife 20 18, 37
- Realakt 23 16
Sraßenverkehrssicherungspflicht 37 27
Staatsaufsicht 6 24 ff., 12 28, 37 12 f.
- Dienstaufsicht 6 25
- Fachaufsicht 6 25
- Rechtsaufsicht 6 25
Staatshaftung 7 9
Staatshaftung, Unionsrecht 38 4 ff.
Staatshaftungsgesetz 36 2
Staatshaftungsrecht 36 1 ff.
- Gesetzgebungskompetenz 36 2
- Materien 36 3
- Rechtsweg 36 3
Staatsverwaltung 6 9 ff.
- mittelbare 6 2, 10, 14 ff.
- unmittelbare 6 2, 10, 11 ff.
Stellplatzablösungsvertrag 24 14
Stiftung 6 21, 37 31
Straße 30 6, 8, 15
- (Um-)Benennung 16 3
- Gemeingebrauch 31 1
- Sondernutzung 31 5
- Widmung 30 9 f., 12 f., 31 3
Straßenbaulast 30 8, 43 3, 7, 9
Straßenkunst 31 9
Straßenrecht 31 3
Straßenverkehrsrecht 31 3
Stundung 12 17
Subjektiv öffentliches Recht 9 1 ff., 28 9, 41 5, 19
- Ermessen 14 49
- organschaftliches Recht 23 20
Subjektstheorie, modifizierte 5 10
Subordinationstheorie 5 9
Subsidiarität der Klage 10 12
Substraktionsmethode 1 3
Subvention 5 14, 6 17, 8 9 f., 12 12, 32, 52, 14 5, 6, 16 34, 24 5, 25, 27 2, 7, 29 3 ff., 42 3
- Begriff 29 5
- Rücknahme 16 12
- verlorener Zuschuss 29 7

- Widerruf 16 27
Summarische Prüfung
- einstweilige Anordnung 23 28
- vorläufiger Rechtsschutz 21 15 f.
Suspensiveffekt 19 25 f., 27, 20 3
- s. aufschiebende Wirkung 21 2
TA Lärm/Luft 27 2, 8, 28 4
Tatbestandswirkung
- Verwaltungsakt 13 3
Teilaufhebung 20 34
- Verwaltungsakt 18 17
Teilbarkeit
- Verwaltungsakt 20 34
Teilgenehmigung 12 16, 51
Tierschutz 9 11
Tierschutzrecht 9 12
Titelfunktion 12 33, 14 6, 20 40
- Verwaltungsakt 19 2
Totalvorbehalt 8 7, 9
Transnationaler Verwaltungsakt 12 54 ff., 38 12
Transnationale Verwaltungsentscheidung 12 54, 38 12
Trennungsgrundsatz
- Rechtsschutz, Europäischer Verwaltungsverbund 3 9
Treu und Glauben 7 11, 13 14, 16 10, 22, 20 9, 19, 29 f., 24 26, 41 7, 42 9
Umdeutung 15 21 f., 16 5
- Gerichte 15 21
Umsetzung eines Beamten 12 31
Umweltinformationen 14 21, 20 21, 38 6
Umweltrecht
- Europäischer Verwaltungsverbund 3 9
Umwelt-Rechtsbehelfsgesetz 9 11 ff., 15 20, 20 20, 22, 31, 28 3, 10, 14
UmwRG 23 10
Unabhängigkeit
- Behörde 6 11, 24, 29 25
Unbeachtlichkeit
- Verfahrensfehler 20 34
- Verfahrens- und Formfehler 15 14, 19 f., 20 50
Unbestimmter Rechtsbegriff 14 25, 26 ff., 27 2
- Auslegung 14 26
- Beurteilungsspielraum 14 27 ff.
- Gerichtliche Kontrolldichte 14 27

661

Unfall
- Dienstfahrt 5 17

Unionsrecht 3 1 ff., 7 12 ff., 15, 9 7, 14 47, 23 6, 26 4, 28 16, 29 25, 38 11
- Äquivalenzgrundsatz 3 2, 38 9
- Aufhebung Verwaltungsakt 16 33 ff.
- Beihilfen 16 34
- Beschluss 3 3
- Beurteilungsspielraum 14 34
- Effektivitätsgrundsatz 3 2, 8, 9 9, 13, 16 34, 38 9
- Empfehlung 3 5
- Feststellungsklage 10 11
- Grundfreiheiten 9 9
- Grundrechte 9 9
- Haftung bei Unionsrechtsverstößen 38 1 ff.
- Keine Unterscheidung Ermessen - Beurteilungsspielraum 14 25
- öffentlich-rechtlicher Vertrag 24 25
- Primärrecht 3 1, 3, 7 12, 9 9
- Privatisierung 29 17
- Richtlinie 3 4
- Rücknahme 16 10
- Sekundärrecht 3 1, 3, 7 13, 9 9
- Staatshaftung 36 1
- subjektives öffentliches Recht 9 9, 13
- Tertiärrecht 3 1
- Verfahrensfehler 15 14, 16, 20
- Verordnung 3 3, 8
- Verwaltungsvorschrift 27 9
- vorläufiger Rechtsschutz 21 7, 15, 17, 31, 23 27
- Wiederaufgreifen des Verfahrens 17 7

Unionsrechtlicher Staatshaftungsanspruch 38 4 ff.
- Art und Umfang Ersatz 38 9
- Herleitung 38 5
- hinreichend qualifizierter Rechtsverstoß 38 7
- judikatives Unrecht 38 7
- Konkurrenz 38 10
- legislatives Unrecht 38 7
- Mitverschulden 38 9
- Rechtsweg 38 9
- Schutznormverletzung 38 6
- unmittelbare Kausalität 38 8
- Verjährung 38 9
- Verschulden 38 7
- Voraussetzungen 38 6 ff.
- Vorrang Primärrechtsschutz 38 9

Unmittelbare Ausführung 19 20

Unmittelbarer Zwang 19 9, 16, 27, 23 3
- sofortiger Vollzug 19 18

Unmöglichkeit 14 25, 55, 15 3, 5, 41 9
- Vollstreckungshindernis 19 22

Untätigkeitsklage 20 18, 21, 22, 23

Unterlassungsanspruch 5 18, 23 10
- IHK 6 17
- s. öffentlich-rechtlicher Unterlassungsanspruch 41 17 ff.

Unterlassungsklage 23 9, 13, 41 22
- vorbeugende 10 12, 23 9

Untersuchung, amtsärztliche
- Beamter 12 26

Untersuchungsgrundsatz 12 32
- gerichtliches Verfahren 20 52, 37 20
- Verwaltungsverfahren 14 17

Unvordenkliche Verjährung 30 11

UVP 9 13, 14 28, 15 14, 20, 23 7

Verbandsklage 9 11 ff., 13, 20 20, 34, 28 14
- Begründetheit 9 12
- Normenkontrolle 28 10

Verbandskompetenz 14 10

Verbandskörperschaft 6 16

Verbandszuständigkeit 14 10

Verböserung
- s. Reformatio in peius 20 13

Verbot der Mischverwaltung 6 9

Verbraucherinformation 23 5

Verfahren
- Rechtsverordnung 25 6

Verfahrensautonomie 3 8, 16 33 ff.
- Mitgliedstaaten 38 9

Verfahrensfehler 15 14 ff., 20 29, 34, 21 28
- absoluter 15 14, 20
- Unbeachtlichkeit 15 19 f.
- Unionsrecht 15 14

Verfahrenshandlung
- Rechtsbehelfe 14 16

Verfahrensrecht
- absolutes 9 7, 13
- Realakt 23 7
- relatives 9 7, 13

Verfahren über eine einheitliche Stelle 14 16

Verfassungsbeschwerde
- Rechtsverordnung 25 10

Verfassungsrecht 7 2

Vergaberecht 5 14, 29 13

Vergleich 24 12, 23

Stichwortverzeichnis

Verhältnismäßigkeit 2 3, 7 11, 14 25, 38,
   45, 47, 53, 39 23, 41 11
- Enteignung 39 12
- Verwaltungsvollstreckung 19 16
- Zwangsmittel 19 8 f.
Verhältnismäßigkeitsgrundsatz 23 6
Verjährung
- Erstattungsanspruch 16 30
Verkehr
- fließender 31 7
- kommunikativer 31 5, 7
- ruhender 31 3, 7
Verkehrsregelungspflicht 37 12
Verkehrssicherungspflicht 37 6, 12, 19
Verkehrszeichen 12 23, 13 12, 14 20, 19 12,
   20 9, 21 4, 37 5, 43 18
Verkündung 25 7, 26 3, 28 8
- elektronische 28 11
Verlorener Zuschuss 29 7
Vermögensprivatisierung 29 21
Verordnung EU 3 3, 7 13
Verpflichtungsklage 11 4, 19 26, 20 1,
   18 ff., 31, 23 9, 19, 41 16
- allgemeine Zulässigkeitsvoraussetzungen
   20 25 ff.
- Begründetheit 20 37
- Bescheidungsantrag 20 18
- Bescheidungsurteil 20 37
- besondere Zulässigkeitsvoraussetzungen
   20 20 ff.
- Beteiligungsfähigkeit 20 26
- Inzidentrechtsschutz 28 4
- Klagebefugnis 20 20
- Klagefrist 20 22 f.
- Klagegegner 20 24
- Konkurrentenklage 20 19
- Nebenbestimmungen 18 15
- passive Prozessführungsbefugnis 20 24
- Passivlegitimation 20 24
- Postulationsfähigkeit 20 28
- Prozessfähigkeit 20 27
- Prüfungsschema 20 38
- Rechtsschutzbedürfnis 20 29 f.
- Spruchreife 20 18
- Statthaftigkeit 20 18 f.
- Untätigkeitsklage 20 18
- Versagungsgegenklage 20 18
- Vornahmeklage 20 18
- Widerspruchsverfahren 20 7, 21
Versagungsgegenklage 20 18

Verschaffungsanspruch 33 4
- Öffentliche Einrichtung 29 8
Versetzung eines Beamten 12 26
Vertragsformverbot 24 16
Vertrauensschutz
- Aufhebung 16 2
- Erstattungsanspruch 16 30, 42 8
- Juristische Person des öffentlichen
   Rechts 16 13, 20
- Rücknahme begünstigender Verwaltungs-
   akte 16 11 ff., 34
- Rücknahme sonstiger begünstigender Ver-
   waltungsakt 16 18 f.
- Verwaltungsakt mit Drittwirkung 16 31
- Widerruf begünstigender Verwaltungsak-
   te 16 26
Verwahrungsverhältnis 43 18
Verwaltung, Begriff 1 2 f.
- im formellen Sinn 1 2
- im materiellen Sinn 1 2
- im organisatorischen Sinn 1 2
Verwaltungsabkommen 24 2
Verwaltungsakt 12 6, 29 6, 30 11 f., 31 5,
   39 26, 31, 42, 41 2, 4, 6, 42 2, 3, 5
- Allgemeinverfügung 12 2, 22
- Anfechtbarkeit 15 8 ff., 20 17 ff.
- Anhörung 14 18 ff.
- Anordnung sofortige Vollziehung 21 5
- Arten 12 34 ff.
- Aufhebbarkeit 15 8, 11, 16
- Aufhebung 16 1 ff., 24 21
- Auslegung 12 10
- Außenwirkung 12 24 ff., 23 2, 19
- äußere Wirksamkeit 13 2
- befehlender 12 36, 19 3
- Begriff 12 1
- Begründung 14 23, 40
- begünstigender 16 6 ff., 11 ff., 26 ff.
- Bekanntgabe 13 5 ff.
- belastender 16 6 ff., 10, 25
- Bestimmtheit 14 54
- Bindungswirkung 13 3, 19 12, 37 10
- Dauerverwaltungsakt 16 4, 20 34
- dinglicher 13 14, 30 12
- Doppelwirkung 12 42 f., 21 2
- Drittwirkung 12 43, 21 2, 19 ff.
- Einzelfall 12 18 ff.
- Erledigung 15 14 f.
- Ermächtigungsgrundlage 14 4 ff.
- Existenz 13 6
- feststellender 14 6, 19 3, 21 2
- Feststellungswirkung 13 3

663

- Form **14** 22 f.
- formeller **5** 24, **20** 17
- formelle Rechtmäßigkeit **14** 8 ff.
- Funktionen **12** 33
- Gebiet des öffentlichen Rechts **12** 7 f.
- gestaltender **19** 3, **21** 2
- Heilung von Verfahrens- und Formfehlern **15** 15 ff.
- hoheitlich **12** 5
- Informationszugang **14** 21
- innere Wirksamkeit **13** 2
- interföderaler **12** 55
- Maßnahme **12** 4
- materielle Rechtmäßigkeit **14** 25 ff.
- mehrstufiger **12** 44
- mitwirkungsbedürftiger **12** 44, **24** 4
- Nebenbestimmungen **18** 1 ff.
- Nichtigkeit **14** 54, **15** 1 ff., 10, **21** 3
- Noten **12** 16
- personaler **13** 14
- privatrechtsgestaltend **12** 8
- rechtliche Unmöglichkeit **14** 55, **15** 5
- Rechtsbehelfsbelehrung **14** 24
- Rechtsnorm **12** 19, 25 1
- Rechtswidrigkeit **14** 1 ff., **15** 1
- Regelung **12** 10 ff., **23** 2
- relativer **12** 29
- Rücknahme **16** 9 ff.
- Sammelverwaltungsakt **12** 23
- Tatbestandswirkung **13** 3
- tatsächliche Unmöglichkeit **14** 55, **15** 3
- Teilbarkeit **18** 17, **20** 34
- Teilrechtswidrigkeit **15** 12 f.
- Titelfunktion **19** 2 f., **20** 40
- transnationaler **12** 55 f., **15** 1, **38** 12
- Umdeutung **15** 21
- unanfechtbarer **17** 3, **19** 12 f.
- Unbeachtlichkeit von Verfahrens- und Formfehlern **15** 19 f.
- unionsrechtswidriger **16** 33 ff., 35
- unselbstständige Verfahrenshandlung **12** 13
- Verfahren **14** 13 ff.
- Verhältnismäßigkeit **14** 53
- Verwaltungsrechtsverhältnis **10** 6
- vollständig automatisiert **12** 4, 32, **14** 25, **20** 2
- Vollstreckbarkeit **12** 35 f.
- Vollstreckung **19** 1 ff., **12** f.
- Vorbereitungsakt **12** 16
- vorläufiger **12** 52
- vorsorglicher **12** 53
- Widerruf **16** 24 ff.
- Wiederaufgreifen des Verfahrens **17** 1 ff.
- Wirksamkeit **13** 1 ff., **15** 1, **19** 13
- Zusage **12** 49
- Zusicherung **12** 47

Verwaltungsaktbefugnis **14** 6 f., **16** 30, **20** 29, **42** 11

Verwaltungserklärung **12** 17

Verwaltungsgebrauch **34** 1

Verwaltungsgericht
- Zuständigkeit **20** 31

Verwaltungshelfer **6** 23, **29** 19, **37** 5

Verwaltungsleistung **11** 2

Verwaltungsorganisation **6** 1 ff.

Verwaltungsprivatrecht **29** 9

Verwaltungsrecht **5** 2
- allgemeines **1** 1
- besonderes **1** 1

Verwaltungsrechtsverhältnis **10** 1 ff.
- Arten **10** 2 ff.
- Begriff **10** 1
- Begründung **10** 6

Verwaltungsrechtsweg **5** 6, **21** ff., **11** 3, **24** 27, **28** 1, 20, **29** 24, **39** 28, **41** 16, **43** 17, 19
- abdrängende Sonderzuweisung **5** 26
- aufdrängende Sonderzuweisung **5** 22
- Generalklausel **5** 23 ff.
- nichtverfassungsrechtliche Streitigkeit **5** 25
- Unionsrechtlicher Staatshaftungsanspruch **38** 9
- Vergaberecht **29** 13
- Widerspruchsverfahren **20** 6
- Zwei-Stufen-Theorie **29** 5

Verwaltungsrechtswissenschaft, neue **1** 4

Verwaltungsträger **6** 2 f.

Verwaltungsverbund, europäischer **1** 4, **3** 9, **38** 12

Verwaltungsverfahren **14** 13 ff.
- Beginn **14** 14 ff.
- Begriff **14** 13
- dienende Funktion **15** 14
- Ende **14** 14
- enges Verständnis **14** 13
- nichtförmliches **14** 16
- Untersuchungsgrundsatz **14** 17
- Verfahrensarten **14** 16

Verwaltungsverfahrensrechtsverhältnis **10** 6

Verwaltungsverfassungsrecht **2** 1 ff.

Verwaltungsvertrag
- s. öffentlich-rechtlicher Vertrag 24 1 ff.

Verwaltungsvollstreckung 19 1 ff., 43 18
- Androhung 19 14, 27
- Anhörung 19 14 f.
- Anwendung des Zwangsmittels 19 16
- Begriff 19 1
- Einstellung 19 26
- Einwendungen 19 31
- Ersatzvornahme 19 6 f., 14, 16 ff., 27
- Festsetzung 19 15
- gegen Hoheitsträger 19 23
- Geldforderung 19 29
- gestrecktes Verfahren 19 11 ff.
- Grundverwaltungsakt 19 12 ff., 17 f.
- Kosten 19 28
- Landesrecht 19 4
- Rechtsgrundlagen 19 4
- Rechtsschutz 19 13, 24 ff., 30 f.
- Selbstvollstreckung 19 2
- sofortiger Vollzug 19 17 ff.
- unmittelbare Ausführung 19 20
- unmittelbarer Zwang 19 9, 16, 18, 27
- Verfahrensarten 19 10
- Verhältnismäßigkeit 19 16
- Vertrag 19 3
- Vollstreckungsanordnung 19 29
- Vollstreckungshindernis 19 22
- VwVG Bund 19 4
- Zwangsgeld 19 14 ff., 18
- Zwangshaft 19 8

Verwaltungsvorschrift 7 8, 8 9 f., 10 5, 18 13, 25 1, 27 1 ff., 28 4, 37 9, 11, 14
- Änderung 27 4
- Arten 27 2 f.
- Außenwirkung 27 6 f.
- Begriff 27 1
- Bekanntgabe 27 4, 8
- Bindungswirkung 27 6 ff.
- ermessenslenkende 27 2, 6 f., 31 5
- gesetzesvertretende 27 2, 7
- Gesetzesvorbehalt 27 5
- Gesetzesvorrang 27 5
- intersubjektiv 27 3
- intrasubjektiv 27 3
- Nomenklatur 27 1
- norminterpretierende 27 2, 6 f.
- normkonkretisierende 27 2, 8
- Remonstration 27 5
- Selbstbindung 27 7
- Unionsrecht 27 9

Verweisung
- dynamische 25 4

- Unzuständigkeit 20 31

Verweisung Rechtsstreit 5 27

Verwerfungskompetenz Verwaltung 7 18 ff.

Verwirkung 9 12, 16 22, 20 30, 46, 23 11
- Klage 20 22
- Widerspruch 20 10

Verzicht 9 12

Völkerrecht 7 14 f., 9 12
- Vertrag 24 2

Vollständig automatisierter Verwaltungsakt 12 32

Vollstreckbarkeit
- Verwaltungsakt 12 35 f.

Vollstreckung 14 54, 15 7
- Anhörung 14 20
- Auflage 16 26
- öffentlich-rechtlicher Vertrag 24 27

Vollzug des Unionsrechts
- direkter 3 8
- indirekter 3 8
- Recht auf gute Verwaltung 3 8
- ReNEUAL-Musterentwurf 3 8

Vollzugsfolgenbeseitigungsanspruch 20 35, 40, 21 12, 16, 27, 41 2, 14, 16
- Annexantrag 20 34

Vorbehalt des Gesetzes 8 3 ff.

Vorbescheid 12 16, 50, 21 4

Vorläufiger Rechtsschutz
- Beiladung 20 33

Vorläufiger Verwaltungsakt 12 52 f.

Vorsorgegrundsatz 9 6

Vorverfahren
- s. Widerspruchsverfahren 20 1

Vorwegnahme Hauptsache
- Einstweilige Anordnung 23 29

VwVfG 14 15 ff.
- Anwendungsbereich 14 15
- Bereichsausnahmen 14 15
- Bund 14 15
- Länder 14 15
- Verfahrensarten 14 16

Warnung 23 2, 41 17, 21
- Regierung 23 17

Wasserrecht
- Repressives Verbot 12 38

Wegfall der Geschäftsgrundlage
- öffentlich-rechtlicher Vertrag 24 28
- Zusicherung 12 46

665

Stichwortverzeichnis

Weisung 12 25 ff., 37 9, 11
Werbung 31 8
- Sondernutzung 31 5
Werkzeugtheorie 37 5
Wesentlichkeitstheorie 7 4, 8 6, 14 5, 25 4, 26 2, 27 5
Widerruf 14 40, 16 1 ff., 42 5 f.
- Ausschlussfrist 16 26
- begünstigender Verwaltungsakt 16 26 ff.
- begünstigender Verwaltungsakt mit Drittwirkung 16 31 f.
- belastender Verwaltungsakt 16 25
- ehrbeeinträchtigende Äußerung 41 2
- Entschädigung 16 26
- Ermessen 16 26
- Erstattung 42 2
- Geldleistung 16 27
- Intendiertes Ermessen 16 28
- rechtmäßiger Verwaltungsakt 16 4
- rechtswidriger Verwaltungsakt 16 29
- Rücknahme 16 29
- unionsrechtswidriger Verwaltungsakt 16 35
- Verwaltungsakt 16 24 ff.
- Widerrufsvorbehalt 16 26
Widerrufsvorbehalt 16 26, 29, 18 5, 13
Widerspruch 20 3, 37 29, 42 5
- Aufschiebende Wirkung 21 2 ff.
- Auslegung 20 9
- Elektronische Form 20 9
- Form 14 22
- Frist 20 9
- Schriftform 20 9
- verfristet 20 9
- Zurücknahme 20 10
Widerspruchsbefugnis
- Klagebefugnis 9 11
Widerspruchsbehörde 20 5
- Anordnung sofortige Vollziehung 21 6
Widerspruchsbescheid 20 4
- Anfechtungsklage 20 17
- Klagegegenstand 20 29
- Zustellung 13 10
Widerspruchsverfahren 14 16, 20 1 ff., 23 11
- Abgabenachricht 20 4
- Abhilfe 20 4
- Ablauf 20 3 f.
- Akteneinsicht 14 21
- Anhörung 20 15
- Ausnahmen 20 21

- Begründetheit 20 12
- Begründung 20 15
- Beteiligungsfähigkeit 20 11
- Bundesländer 20 2, 7
- Devolutiveffekt 20 4
- Entbehrlichkeit 20 7
- Form Widerspruch 20 9
- Fortsetzungsfeststellungsklage 20 44 f.
- Funktionen 20 2
- Handlungsfähigkeit 20 11
- Heilung 15 17
- Janusköpfigkeit 20 2
- Landesrecht 20 2, 7
- reformatio in peius 20 13 ff.
- Sachbescheidungsinteresse 20 10
- Statthaftigkeit 20 7
- Verwaltungsrechtsweg 20 6
- Widerspruch 15 8 f., 21 1
- Widerspruchsbefugnis 20 8
- Widerspruchsbescheid 20 4
- Widerspruchsfrist 20 9
- Zulässigkeit 20 6 ff.
- Zuständigkeit 20 5
- Zweckmäßigkeit 20 12
- Zweckmäßigkeitskontrolle 15 9
Widmung 12 23, 14 20, 30 2, 9 ff., 31 3, 5, 33 2 f., 41 7
- Änderung 30 13
- Aufhebung 30 14
- Entwidmung 30 14
- Formen 30 11 f.
- konkludente 30 11, 15
- Straße 31 3
- Verwaltungsakt 30 11 f.
Wiederaufgreifen des Verfahrens 17 1 ff.
- Ermessen 17 7
- Ermessensreduzierung 17 7
- im engeren Sinne 17 1, 3
- im weiteren Sinne 17 1, 7
- Rechtsgrundlage Aufhebung 17 6
- Wiederaufgreifensgrund 17 5
Wiederaufnahme
- Gerichtsverfahren 17 8
Wiedereinsetzung in den vorigen Stand 28 11
- Widerspruchsverfahren 20 9
Wiederherstellung aufschiebende Wirkung 19 25, 21 1, 9 ff.
- Antragsbefugnis 21 13, 24
- Antragsfrist 21 13
- Antragsgegner 21 13
- Begründetheit 21 16, 25

666

Stichwortverzeichnis

- Begründetheit bei Infrastrukturvorhaben 21 28
- Beschwerde 22 4
- Erhebung Anfechtungsklage 21 11
- Erhebung Widerspruch 21 11
- Formelle Rechtswidrigkeit ASoV 21 16
- gerichtliche Anordnung, VA mit Drittwirkung 21 23 ff.
- Prüfungsschema 21 18, 29
- Rechtsschutzbedürfnis 21 14, 24
- Statthaftigkeit 21 10 ff.
- Summarische Prüfung 21 16
- Unionsrecht 21 17
- Verwaltungsakt mit Drittwirkung 21 19 ff.
- Vollzugsfolgenbeseitigung 21 12, 16, 27

Wiederholende Verfügung 12 13, 17 2, 4

Wildtierverbot 26 2, 4

Willkürverbot 23 6

Wirksamkeit
- öffentlich-rechtlicher Vertrag 24 21
- Verwaltungsakt 13 1 ff.

Wirtschaftliche Betätigung 9 8
- Kommunen 5 10

Wirtschaftlichkeit und Sparsamkeit 14 40, 16 28, 30

Wissenserklärung 12 12, 23 2

Zinsen 15 21, 16 30

Zitiergebot 25 7

Zivilrecht 41 4

Zivilrechtsweg 29 11, 36 3, 39 19, 38, 43 17, 19
- Amtshaftung 37 20
- Unionsrechtlicher Staatshaftungsanspruch 38 9
- Vergaberecht 29 13

Zurücknahme
- Widerspruch 20 10

Zusage 12 48 f.
- Verwaltungsakt 12 49

Zusicherung 12 46 f.
- Form 14 22
- Verwaltungsakt 12 47
- Wegfall der Geschäftsgrundlage 12 46

Zuständigkeit 6 8, 16 24, 43 6 f.
- Anordnung sofortige Vollziehung 21 6
- behördliche 14 9 ff.
- gerichtliche 20 31
- instanzielle 14 11
- öffentlich-rechtlicher Vertrag 24 17
- örtliche 14 12, 15 20
- Realakt 23 6
- Rechtsverordnung 25 5
- Rücknahme 16 9
- sachliche 14 10, 15 20
- Verböserung Widerspruchsverfahren 20 15
- Widerspruchsverfahren 20 5
- Wiederaufgreifen 17 3

Zustellung 13 10
- Androhung 19 14
- Arten 13 10
- Fiktion 13 10
- Heilung 13 13
- Widerspruchsbescheid 20 4, 22

Zwangsgeld 19 8, 16
- Beugemittel 19 8
- Festsetzung 19 15
- Höhe 19 8
- Verwaltungsvollstreckung 19 14

Zwangshaft 19 8

Zwangsmittel 19 5 ff.
- Ersatzvornahme 19 6 f.
- unmittelbarer Zwang 19 9
- Zwangshaft 19 8

Zwangsmittelandrohung 13 14

Zwei-Stufen-Theorie 5 14, 29 4 ff.

Zweitbescheid 12 13, 17 2, 6